근대 한국학 교과서 해제

성신여대 인문융합연구소 **편**

제이앤씨
Publishing Company

근대 한국학 교과서의 탄생

1.

근대 교과서는 당대 사회의 복잡한 사회·역사·정치·문화의 상황과 조건들의 필요에서 나온 시대의 산물이다. 한국 근대사는 반봉건과 반외세 투쟁 속에서 자주적인 변혁을 이루어야 했던 시기였고, 특히 1860년대부터 1910년에 이르는 시간은 반봉건·반외세 투쟁을 전개하면서 근대적 주체를 형성해야 했던 때였다. 주체의 형성은 근대사에서 가장 중요한 과제였는 바, 그 역할의 한 축을 담당한 것이 근대 교육이다.

근대 초기 교과서 개발은 1876년 개항 이후 도입된 신교육 체제를 구현하기 위한 구체적인 과제였다. 교과서가 없이는 신교육을 실행할 수 없었기 때문에 개화 정부는 교육개혁을 시행하면서 우선적으로 교과서 개발을 고려한다. 갑오개혁에 의해 각종 학교의 관제와 규칙이 제정되고 이에 따라 근대적 형태의 교육과정이 구성되는데, 교육과정이 실행되기 위해서는 교육내용을 전하는 교과서를 먼저 구비해야 했다. 당시 교과서 편찬을 관장했던 기구는 '학부(學部) 편집국'이다. 편집국은 일반도서와 교과용 도서에 관한 업무를 관장해서 ① 도서의 인쇄, ② 교과용 도서의 번역, ③ 교과용 도서의 편찬, ④ 교과용 도서의 검정, ⑤ 도서의 구입·보존·관리 등의 사무를 맡았다. 학부는 교과서의 시급성을 감안하여 학부 관제가 공포된 지 불과 5개월만인 1895년 8월에 최초의 근대 교과서라 할 수 있는『국민소학독본』을 간행하였고, 이후『소학독본』(1895)과『신정심상소학』(1896) 등을 연이어 간행해서 1905년까지 40여 종의 교과서를 출간하였다.

학부 간행의 교과서는 교육에 의한 입국(立國) 의지를 천명한 고종의 '교육조서'(1895.2)에 의거해서 이루어졌다. 교육조서는 ① 교육은 국가 보존의 근본이고, ② 신교육은 과학적 지식과 신학문과 실용을 추구하는 데 있고, ③ 교육의 3대 강령으로 덕육(德育)·체육(體育)·지육(智育)을 제시하고, ④ 교육입국의 정신을 들어 학교를 많이 설립하고 인재를 길러내는 것이 곧 국가 중흥과 국가보전에 직결된다는 것을 천명하였다. 이는 오늘날의 바람직한 국민상을 육성하기 위한 교육 목표와 동일한 것으로, 이런 취지를 바탕으로 학부는 신학문의 흡수와 국민정신의 각성을 내용으로 하는 교재를 다수 출간한다. 학부는『조선역사』,『태서신사』,『조선지지』,『여재촬요』,『지구약론』,『사민필지』,『숙혜기략』,『유몽휘편』,『심상소학』,『소학독본』,『서례수지』,『동국역사』,『동국역대사략』,『역사집략』,『조선역사』 등 역사와 지리, 수신과 국어 교과서를 연속해서 간행했는데, 특히 역사와 지리 교과서가 다수 출판된 것을 볼 수 있다.

이 시기 교과서를 제대로 이해하기 위해서는 우선 교과서 편찬 주체가 누구인가를 알아야 한다. 불과 두세 달의 시차를 두고 간행되었지만 교과의 내용과 정치적 입장, 역사 인식 등에서 큰 차이를 보이는『국민소학독본』과『신정심상소학』을 비교해봄으로써 그런 사실을 알 수 있다.

『국민소학독본』이 간행된 1895년 전후의 시기는 민비와 대원군을 둘러싼 갈등과 대립이 극에 달했던 때였다. 『국민소학독본』은 박정양이 총리대신으로 있던 시기에 간행되었는데, 당시 교과서 편찬의 실무는 이상재(학부참서관), 이완용(학부대신), 윤치호(학부협판) 등 친미·친러파 인사들이 맡았다. 그런 관계로 『국민소학독본』에는 일본 관련 글은 거의 없고 대신 미국과 유럽 관련 글들이 대부분을 차지한다. 전체 41과로 구성되어 우리의 역사와 인물, 근대생활과 지식, 서양 도시와 역사와 위인을 다루었는데, 미국 관련 단원이 10과에 이른다. 그런데, 『신정심상소학』은 민비가 시해되고 대원군이 집권하면서 김홍집이 총리대신으로 있던 시기에 간행되었다. 친일 내각의 등장과 함께 일제의 개입이 본격화되어 책의 '서(序)'에는 일본인 보좌원 다카미 가메(高見龜)와 아사카와(麻川松次郎)가 관여한 사실이 소개되고, 내용도 일본 교과서인 『尋常小學讀本(신정심상소학)』을 그대로 옮겨놓다시피 했다. 근대적인 체계를 앞서 갖춘 일본의 교재를 참조한 것이지만, 일본인 명사 2명이 소개된 것처럼 교과 내용이 친일적으로 변해서 이전 교과서와는 상당히 다른 모습이다.

1906년 일제의 통감이 파견되고 일인 학정참정관이 조선의 교육을 장악하면서부터 교과서의 내용은 이전과 확연히 달라진다. 1906년 2월에 통감부가 서울에 설치되고 초대 통감으로 이토 히로부미(伊藤博文)가 부임해서 한국 국정 전반을 지휘·감독하였다. 일제는 교과서야말로 식민지 건설에 가장 영향력 있는 수단으로 간주해서 교과서 출판에 적극 개입하였다. 조선의 역사와 지리 그리고 국어과 교과서 출판에 대해서는 극심한 통제를 가했고, 한국인 출판업자가 출원하는 검정 교과서는 이른바 '정치적 사항에 문제가 있다' 하여 불인가 조치를 가하는 경우가 빈번하였다. 그 결과 한국사 및 한국 지리 교과서는 거의 간행되지 못하고, 대신 친일적인 내용의 교과서가 다수 간행된다. 1909년 5월에 보통학교용으로 『수신서』 4책, 『국어독본』 8책, 『일어독본』 8책, 『한문독본』 4책, 『이과서』 2책, 『도화 임본』 4책, 『습자첩』 4책, 『산술서』 4책이 출간된다. 이들 교과서에는 일본 관련 단원이 한층 많아져서, 『보통학교학도용 국어독본』(1907)에서 볼 수 있듯이, 우리나라와 일본의 국기가 나란히 걸린 삽화가 게재되고(1권 「국기」), 『일본서기』를 근거로 한 일본의 임나일본부설이 수록되며(6권 「삼국과 일본」), 심지어 세계 6대 강국이 된 군국주의 일본의 강성함을 선전하는 내용의 글(8권 「세계의 강국」)이 수록되기에 이른다.

민간인에 의한 교과서 출판은 을사늑약 이후 활발하게 이루어진다. 일제의 강압 아래 추진된 학부 간행의 교과서를 비판하면서 자주적 한국인 양성에 적합한 교과서를 편찬하고자 힘을 모으는데, 편찬의 주체는 민간의 선각이나 학회와 교육회였다. 이들은 교과서를 '애국심을 격발시키고 인재를 양성'하는 도구로 간주하였다. "학교를 설립하고 교육을 발달코자 할진데 먼저 그 학교의 정신부터 완전케 한 연후에 교육의 효력을 얻을지니 학교의 정신은 다름 아니라 즉 완전한 교과서에 있"다고 말하며, 학교가 잘 설비되어 있더라도 교과서가 "혼잡·산란하여 균일한 본국정신"을 담고 있지 못하다면 "쓸데없는 무정신교육"이 되어 국가에 별 이익이 없을 것이라고 주장했는데, 그것은 교과서가 "애국심을 격발케 하는 기계"(「학교의 정신은 교과서에 재함2」, 《해조신문》, 1908, 5.14.)라고 보았기 때문이다. 당시 민간 선각이나 학회들이 대대적으로 교과서 간행에 나선 것은 이런 배경을 갖고 있었다.

민간에서 간행된 최초의 교과서는 대한민국교육회의 『初等小學(초등소학)』(1906)이다. 당시 4년제인 보통학교의 전 학년이 배울 수 있도록 각 학년에 2권씩 모두 8권이 간행되었는데, 『초등소학』에서 무엇보다 두드러지는 것은 자주독립과 충절로 무장한 국민을 만들고자 하는 의지이다. 국가의 운명이 백척간두에 달한 현실에서 『초등소학』은 단군, 삼국시대, 영조, 세종, 성종 등 민족사의 성현들의 행적을 소환한다. 민족이란 발전하는 실체라기보다는 발생하는 현실이자 지속적으로 수행되고 또 다시 수행되는 제도적 정리 작업이라는 점에서 부단히 새롭게 규정될 수밖에 없는데,『초등소학』은 그런 작업을 과거의 역사와 영웅적 인물들의 소환을 통해서 시도한다. 여기서 곽재우와 송상현, 조헌의 수록은 각별하다. 곽재우는 임진왜란 때 일제의 침략을 물리친 장군이고, 송상현 역시 동래부사로 있으면서 죽음으로 왜군을 막은 장수이며, 조헌은 일본군과 싸우다 금산성 밖에서 전사한 인물이다. 이들을 통해서 풍전등화의 민족적 위기를 극복하고자 하는 취지를 보여준다. 또,『초등소학』에서 언급되는 한국사는『大東歷史略(대동역사략)』의 내용을 그대로 집약한 것으로, 중국과의 관계에서 조선의 자주성이 강조되고 일본의 침략을 경계하는 내용이 주를 이룬다.『대동역사략』은 신라가 마한의 뒤를 이어 삼국을 주도한, 한국사의 계통을 중화 중심에서 벗어나 자주적이고 주체적인 시각에서 서술하여 민족의 자부심을 고취시키고자 하는 취지를 갖고 있었다.

이런 내용의『초등소학』을 시발로 해서『유년필독』,『몽학필독』,『노동야학독본』,『부유독습』,『초등여학독본』,『최신초등소학』,『신찬초등소학』,『초목필지』,『초등국어어전』,『윤리학 교과서』,『초등소학수신서』,『대한역사』,『보통교과대동역사략』등 수신과 역사, 지리 등의 교재들이 간행되었다.

사립학교의 대부분은 남학교였지만, 한편에서는 여성교육이 강조되고 여학교가 설립되기도 하였다. 1880년대부터 선교사들에 의하여 이화학당을 비롯한 여학교들이 설립되고, 민간에서도 1897년경 정선여학교가, 1898년에는 순성여학교가 설립되었다. 순성여학교를 설립한 찬양회는 여성단체의 효시로 여성의 문명개화를 위하여 여학교를 설립하였다. 이들 여학생을 위해서 각종 여학생용 교과서가 간행된다.『녀ㅈ쇼학슈신셔』,『부유독습』,『초등여학독본』등의 교과서에서는, 여성이 맺는 여성 혹은 남성과의 관계에서 동등한 지위를 차지해야 한다는 담론이 등장하고, 유교적·전통적 성격의 여성상과 기독교적·서구적 성격의 여성상이 일정 수준 이상으로 혼재하고, 국모(國母)의 양성이 강조된다.

2.

『근대 한국학 교과서 총서』에는 총 54종 133권이 수록되었다. 여기서 교과서를 국어과, 수신과, 역사과, 지리과로 나누어 배치한 것은 다분히 편의적인 것이다. 근대적 의미의 교과(敎科)가 분화되기 이전에 간행된 관계로 개화기 교과서는 통합교과적인 특성을 갖고 있다. 특히 국어와 수신 교과서는 내용이 중복되어 분간이 어려울 정도이다. 그럼에도 교과를 나눈 것은 다음과 같은 최소 기준에 의한 것이다.

'국어과'는, 교재의 제명이 독본(讀本), 필독(必讀), 필지(必知), 독습(讀習), 보전(寶典), 작문(作文) 등 다양하게 나타나지만, 당대의 문화, 역사, 정치, 경제적 정체성을 '국어'로 반영했다는 데서 국어과로 분류하였다. 당시 국어과 교과서는 "다른 교과목을 가르칠 때에도 항상 언어 연습을 할 수 있도록 하고, 글자를 쓸 때에도 그 모양과 획순을 정확히 지키도록 지도"(보통학교령, 1906) 하는 데 초점을 두었다. 근대지의 효율적인 생산과 유통에서 무엇보다 긴절했던 것은 '국어'에 대한 인식과 국어 사용 능력의 제고였다.『신정심상소학』,『보통학교학도용 국어독본』,『최신 초등소학』등 이 시기 대다수의 국어 교과서가 앞부분에서 국어 자모나 어휘와 같은 국어·국자 교육을 실행한 까닭은 근대적 지식을 용이하게 전달하기 위한 교육적 필요 때문이었다.

'윤리과'는 '수신(修身)'이라는 제명을 가진 교과서를 묶었다. 학부에서 발간을 주도한 수신과 교과서는 대체로 초등학교용에 집중되어 있고, 중등학교용이나 여학교용은 이 영역에 관심이 있던 민간단체나 개인이 주로 발간하였다. 수신과 교과서는 발간의 주체가 다양했던 관계로 교과서의 내용이나 전개 방식이 다채롭다. 역사에서 뛰어난 행적을 남긴 인물들의 사례를 연령대별로 모아 열거한 경우도 있고(『숙혜기략』), 근대적 가치를 포함시키고 삽화에 내용 정리를 위한 질문까지 곁들인 경우도 있으며(『초등소학 수신서』), 당시 국가가 처한 위기 상황과는 맞지 않게 일제의 영향으로 충군과 애국 관련 내용을 소략하게 수록한 경우도(『보통학교학도용 수신서』) 있다. '중등학교용' 수신과 교과서는, '초등학교용'에 비해 다채로운 방식으로 내용이 전개되지는 않지만 교과서 발간 주체들이 전통적 가치와 대한제국으로 유입되던 근대적 가치들을 조화시키기 위해 노력한 흔적을 보여준다. 또한 발간 시기가 1905년 을사늑약 이후로 집중되어 있어서인지 전체적으로 교과서 내용의 수준이 심화되고 분량도 늘어나는 가운데 충군과 애국 관련 내용이 증가하고, 그 표현의 어조도 한층 강화된 것을 볼 수 있다.

'지리과'는 '지리(地理), 지지(地誌)' 등의 제명을 갖는 교과서를 대상으로 하였다. 지리과 교과서 역시 발행 주체에 따라 학부 간행과 민간 선각에 의한 사찬 교과서로 구분된다. 학부 교과서는 종류와 승인·보급된 수량이 적고 특히 을사늑약 이후 일본의 식민치하에서는 발행이 매우 제한적이었다. 1895년 학부 간행의 『조선지지』는 우리나라 최초의 지리 교과서로, 조선의 지정학적 위치를 설명한 뒤, 한성부에서 경성부에 이르는 전국의 23부를 원장부전답·인호·명승·토산·인물 등으로 구분·기재하였다. 반면에 민간 선각들에 의한 발행은 일본의 교육 식민화를 저지하기 위한 목적에서 간행된 다양한 특성의 교과서들이다. 이 시기에는 세계지리를 다룬 만국지리 교과서의 발행이 증가하였는데, 세계 대륙과 대양의 위치 및 관계를 서술하고, 사회 진화 정도(야만, 미개, 반개, 문명)에 따라 세계 지역을 구분하는 등 사회진화론적 인식체계를 보여주었다. 『초등만국지리대요』에서는 '청국 남자는 아편을 좋아하고, 한족 부녀는 전족을 한다'는 부정적 서술이 있는 등 중국 중심의 유교적 철학과 사대주의적 관념에서 벗어나 문명 부강을 추구하는 서구적 문명관으로 재편되고 있음을 볼 수 있다.

'역사과'는 학부에서 발행한 관찬 사서 6권과 사찬 사서 20권으로 대별된다. 관찬 사서 6권은 모두 갑오개혁기(1895)와 대한제국기(1899)에 발행되었고, 사찬 사서 20권은 계몽운동기(1905~1910)에 발행되었다. 갑오개혁기 교과서에서는 모두 '大朝鮮國 開國 紀元'이라는 개국 기원을 사용해 자주독립 의식을 표현하고 있는 점이 특징이다. 하지만 자주와 독립의 의미를 강조하면서도 개국과 근대화 과정에서 일본의 역할과 관계를 강조하는 시각이 투사되어 있다. 교과서에 대한 통제가 본격화된 통감부 시기에 간행된 교과서에는 일제의 사관이 한층 깊이 개입된다. 현채의 『중등교과 동국사략』의 경우, 일본 다이스케 하야시의 『朝鮮史(조선사)』(1892)의 관점을 수용해서 개국과 일본에 의한 조선 독립이라는 내용이 삽입되어 있다. 이후 발행된 다양한 자국사 교과서들 역시 비슷한 관점에서 서술된다. 외국사 교과서는 1896년에 발행된 『萬國略史(만국약사)』부터 1910년에 발행된 『西洋史敎科書(서양사교과서)』까지 모두 유사한 관점으로 되어 있다. 제국주의 침략에 맞서 문명개화 노선으로 부국강병을 꾀하려는 의도를 담고 있지만, 문명개화국과 그렇지 않은 국가 간의 우열을 그대로 드러내는 사회진화론적 관점을 보여서 세계 각 나라를 야만→ 미개 → 반개 → 문명으로 나누어 서술하였다. 유럽은 문명을 이룩하여 강대국이 되었으나, 조선은 반개(半開)의 상태로 야만과 미개는 아니지만 문명에는 미달한다고 서술한 것을 볼 수 있다.

3.

그동안 근대 교과서에 대한 관심이 적었던 것은 교과서 자체가 온전한 형태로 복원되지 못했기 때문이다. 여기저기 자료들이 산재해 있었고, 그것의 내역과 계통을 파악하지 못한 경우가 많았다. 그러다 보니 학계의 관심 또한 저조하기 이를 데 없었다. 이에 필자는 근대 교과서를 조사하고 체계화하여 이렇게 그 일부를 공간한다. 상태가 온전하지 못하고 결락된 부분도 있지만, 지금 상황에서 최선을 다한 것임을 밝힌다. 이들 자료는 국립중앙도서관, 국회도서관, 서울대 중앙도서관, 규장각도서관, 고려대 도서관, 이화여대 도서관, 한국학중앙연구원 한국학도서관, 세종대학교 학술정보원, 한국교육개발원, 제주 항일기념관, 한국개화기교과서총서(한국학문헌연구소편) 등에서 취합하고 정리하였다. 작업에 협조해 준 관계자분들께 감사를 표하며, 아울러 본 총서 간행을 가능케 한 한국학중앙연구원의 지원에 감사를 드린다.

영인본의 명칭을 『근대 한국학 교과서』라 칭한 것은 다양한 내용과 형태의 교과서를 묶기에 적합한 말이 '한국학(Koreanology)'이라고 생각한 때문이다. 한국학이란 범박하게 한국에 관한 다양한 분야에서 한국 고유의 것을 연구·계발하는 학문이다. 구체적 대상으로는 언어, 역사, 지리, 정치, 경제, 사회, 문화 등 제 분야를 망라하지만, 여기서는 국어, 역사, 지리, 윤리로 교과를 제한하였다. 이들 교과가 근대적 주체(한국적 주체) 형성에 결정적으로 기여하였고, 그것이 이후의 복잡한 사회·역사·정치·문화의 상황과 길항하면서 오늘의 주체를 만들었다고 믿는다.

모쪼록, 이들 자료가 계기가 되어 교과서에 대한 다양한 관심과 연구가 촉발되기를 소망한다.

2022년 5월 1일
강진호

목차

3. 일제강점기 관찬(49종 49편)

1) 조선어과

2) 국어과(일본어과)

5. 해제 대상 교과서 목록

1
개화기 관찬 독본

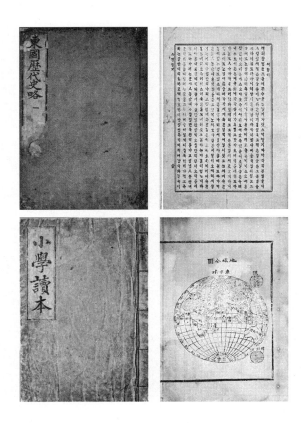

1) 국문정리
2) 국민소학독본
3) 동국역대사략
4) 만국약사
5) 보통교과동국역사
6) 보통학교학도용국어독본, 국어독본
7) 보통학교학도용수신서
8) 보통학교학도용일어독본
9) 보통학교학도용한문독본
10) 사민필지
11) 서례수지, 셔례슈지
12) 소학독본
13) 소학만국지지
14) 숙혜기략
15) 신정심상소학
16) 유몽휘편
17) 조선역대사략
18) 조선약사십과
19) 조선역사
20) 조선지지
21) 중등만국지지
22) 지구약론
23) 한국지리교과서
24) 한문독본

『국문정리(國文正理)』

서 명 『국문정리(國文正理)』
저 자 이봉운(李鳳雲, 생몰년 미상)
형 태 24.5×16(cm)
발 행 경성묘동국문국 인쇄
소장처 국립중앙도서관

『국문정리』 표지

1. 개요

『국문정리(國文正理)』는 한글로 쓰여진 문법 연구서인 동시에 문법 교과서의 성격을 지닌다. 이봉운(李鳳雲)이 저작과 발행을 했고 '경성묘동국문국'에서 인쇄하였다.

2. 저자

이봉운은 생애와 경력이 잘 알려지지 않았다. 서울 묘동(현 돈화문 앞)에서 살았고 일본어에 능통했던 걸로 알려져 있다. 1895년에 일본인 境益太郎과 일본어 학습서『單語連語日話朝儁』(1895)을 공저, 간행했다. 그의 단독저서인『국문정리』(1897)를 보면 일본어 외에 한문에도 조예가 깊었고, 외국인들과 교유 관계가 있었음을 알 수 있다.

3. 내용 및 구성

『국문정리』는 한글로 쓰여진 문법 연구서이자 문법 교과서이다. 서문과 목록 2장, 본문 12장 등 전체 14장 1책으로 구성되었다. '서문'에는 이봉운이『국문정리』를 저술하게 된 배경과 까닭이 실려 있고, 본문은 '자모규식, 장음반절규식, 단음반절규식, 받침규식, 언어장단규식, 문법론, 문법말규식, 속담규식, 탁음규식, 어토규식, 새언문규식" 등의 순서로 내용이 구성되었다. 책의 마지막 부분에 해당하는

11장에는 "경성 묘동 리봉운 저작 겸 발행"이라고 저자 사항을, 12장에는 '학부대신 민종묵, 협판 민영찬' 등 6인의 '열람' 사실을 명기했다. '목록'을 통해 알 수 있듯이 한글의 자모와 발음, 낱말 등 국문 문법을 체계적으로 구성했고, 일부 항목에서는 문법 내용에 대한 저자의 견해를 덧붙였다.

『국문정리』 책머리의 「서문」에서 이봉운은 "국문을 안다 하는 사람도 이치와 자음과 청탁과 고저를 분명히 알아 행문케 하고 동몽도 교육하면 우리나라 글이 자연 밝을 것"이라고 명시하고 국문을 "독립 권리와 자주 사무에 제일 요긴한 것"이라고 저술 의도를 밝혔다. 「서문」에서 "조선 사람은 남의 나라 글만 숭상하고 본국글은 아주 이치를 알지 못하니 절통하다"라고 하며, "국문 학교와 선생이 없어 이치와 규범을 가르치며 배우지 못하고 입만 놀"리는 현실을 개탄했다는 점은 『국문정리』의 의도를 말해준다. 이봉운은 "문명의 제일 요긴한 것은 국문인데 반절 이치를 아는 사람이 적기로 이치를 궁구"하고, 국문의 "자음과 청탁과 고저를 분명히" 알려주기 위한 "언문옥편"으로서 『국문정리』의 성격을 밝혔다.

> 나라。위ᄒ기ᄂᆞᆫ。려항의。션ᄇᆡᄂᆞ。죠졍의。공경이ᄂᆞ。츙심은。혼ᄀᆞᆺ지기로。진졍을。말ᄒᄂᆞ니。대뎌。각국。사룸은。본국。글을。숭샹ᄒᆞ야。학교를。셜립ᄒᆞ고。학습ᄒᆞ야。국졍과。민ᄉᆞ를。못홀。일이。업시ᄒᆞ야。국부。민강。ᄒᆞ것ᄆᆞᄂᆞ。죠션。사룸은。ᄂᆞᆷ의。나라。글믄。숭샹ᄒᆞ고。본국。글은。아죠。리치를。알지못ᄒᆞ니。졀통ᄒᆞᆫ지라。
> 셰죵죠。ᄭᅴ옵셔。언문을。ᄆᆞᆫᄃᆞ셧것ᄆᆞᄂᆞ。ᄌᆞ고로。국문。학교와。션ᄉᆡᆼ이。업셔。리치와。규범을。ᄀᆞᆯ치며。ᄇᆡ호지。못ᄒᆞ고。입믄。놀녀。가。갸。거。겨。ᄒᆞ야。음믄。입에。올녀。안다ᄒᆞᄃᆡ。음도。분명히。모ᄅᆞ니。흔심ᄒᆞᆫ지라。금쟈에。문명。진보ᄒᆞ랴。ᄒᆞᄂᆞᆫ。ᄯᆡ요。또。태셔。각국。사룸과。일。쳥。사룸들이。죠션에오면。위션。션ᄉᆡᆼ을。구ᄒᆞ여。국문을。ᄇᆡᅵ호기로。반졀。리치를。무ᄅᆞ면。ᄃᆡ답지。못ᄒᆞᆫ즉。각국。사룸들이。말。ᄒᆞᄃᆡ。너희。나라。말이。쟝단이。잇시니。언문에도。그。구별이。잇셔야。올흘거신ᄃᆡ。글과。말이。ᄀᆞᆺ지。못ᄒᆞ니。가히。우습도다ᄒᆞ고。멸시ᄒᆞ니。그러흔。슈치가。어ᄃᆡ。잇시리오。외국。사룸의。션ᄉᆡᆼ。노룻ᄒᆞᄂᆞᆫ。사룸믄。슈치가。아니오。젼국이。다。슈치가。되니。그러흔。슈치。봇ᄂᆞᆫ거시。통분ᄒᆞ고。또。ᄌᆞ쥬。독립의。리치로。말。ᄒᆞ야도。ᄂᆞᆷ의。나라。글믄。위쥬。홀거시。아니오。또。비유로。말ᄒᆞ야도。그。부모ᄂᆞᆫ。공경치。아니ᄒᆞ고。ᄃᆞ른。사룸만。ᄉᆞ랑ᄒᆞᄂᆞᆫ。모양이니。문명의。뎨일。요긴흔거슨。국문이ᄃᆡ。반졀。리치를。알。사룸이。젹기로。리치를。궁구ᄒᆞ야。언문。옥편을。ᄆᆞᆫᄃᆞᆯ。죠야에。발힝ᄒᆞ야。이왕。국문을。안다ᄒᆞᄂᆞᆫ。사룸도。리치와。ᄌᆞ음과。쳥탁과。고뎌를。분명히。알아。ᄒᆡᆼ문케。ᄒᆞ고。동몽도。교육ᄒᆞ면。우리。나라。글이。ᄌᆞ연。붉을거시오。독립。권리와。ᄌᆞ쥬。ᄉᆞ무에。뎨일。요긴흔거시니。여러。군ᄌᆞᄂᆞᆫ。깁히。싱각。ᄒᆞ시기를。바라옵。
>
> 리봉운 ᄌᆞ셔
> (「셔문」, 『國文正理』)

『국문정리』의 특이점으로는 책의 마지막에 '열람'과 '관허 판권 소유'라는 면이 수록되어 있는 점이다. "학부 대신 민종묵씨"를 비롯한 학부 관계자들의 이름을 밝혀 학부의 열람 기록을 명시한 것으로 보아 학부의 인정 교과서였던 것으로 보인다. "관허 판권 소유"에서는 '관허 판권 소유'의 뜻과 법률적 효력을 설명한 것으로 볼 때 근대적 의미의 서적 출판과 저작권에 대한 의식을 볼 수 있다.

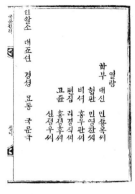
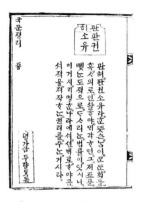

『국문정리』 열람 　　　　『국문정리』 판권소유

『국문정리』는 한 면이 9행~11행 정도의 분량으로 구성되었다. 문법의 단위에 따라 내용을 배열한 것으로 보아 내용의 난이도를 고려한 것으로 보인다. 그러나 개별 문법 지식에 저자의 주관적인 견해를 기술한 부분이 포함되어 있어 문법 교과서보다는 문법 연구서의 성격이 강해 보인다. 『국문정리』가 띄어쓰기를 시도하고 있는 점도 눈여겨 볼 부분이다. 『국문정리』의 띄어쓰기는 낱말과 낱말 사이에 'ㅇ'를 표시하고, 조사는 앞 말에 붙여쓰기를 하는 방식으로 실현하고 있다.

　　금쟈에。 셔찰。 왕복。 ᄒᄂᆞᆫᄃᆡ。 국문。 쓰ᄂᆞᆫ。 법이。 일뎡ᄒᆞᆫ。 규식이。 업셔。 이계。
　　희혹ᄒᆞᆫ즉。 등셔ᄒᆞᄂᆞᆫ칙도。 그러ᄒᆞ지라。 그러ᄒᆞᄃᆡ。 혹。 문법ᄃᆡ로。 쓰ᄂᆞᆫ사름도。 잇시니。
　　무슨。 문장을。 짓ᄂᆞᆫ거슨。 문법으로。 쓰ᄂᆞᆫ거시오。 올ᄒᆞᄃᆡ。 각국사름이。 죠션말。 비호기ᄂᆞᆫ。 분
　　간ᄒᆞ기。 어려오니。 언문은。 본ᄃᆡ。 말을。 위ᄒᆞ야。 내인。 글이니。 말ᄃᆡ로。 쓰ᄂᆞᆫ거시。 올코。 문
　　장꿈이ᄂᆞ거슨。 문법으로。 쓰ᄂᆞᆫ거시。 올흐니。 샹량ᄒᆞ옵。　　　　　　　　（「문법론」, 『국문정리』)

『국문정리』는 자모규식, 언어 장단, 받침, 탁음, 속담 등 국문 규칙들이 주요 내용을 이룬다. 목록의 첫머리에 해당하는 「자모규식」에는 '국문정리', '반절글자청탁표', '자모와 궁상각치우 분음규식' 등의 세부 내용이 실려 있다. '국문정리'에서 "단군 이후로 기자때까지는 우리 조선말이 같더니" 삼한, 삼국시대 이후 외국인의 이주에 따라 함께 들어온 외국어가 합해지면서 우리말이 혼란스럽게 되었다며 조선말을 사용하기 위해서는 국문의 이치를 아는 것이 중요하다고 언급했다. 그리고 "세종조께서 조선말을 한문으로 쓰려 하신 즉 되지 아니하고 말이 되게 쓸 글을 궁구"한 것으로 국문 창제의 동기를 밝히고 있다. 그러나 "음은 범서로 좇고, 자양은 고전을 조금씩 변하여 자형을 만"든 것으로 국문 자모의 기원을 두었고 'ㅎ, ㅇ, ㅿ'을 각각 '이, 으, 스'의 단음이라고 규정했다. '반절글자청탁표'에서는 국문은 청탁이 분명한 글자인데 이를 모르는 사람이 많기 때문에 청탁표를 제시하였고, '자모와 궁상각치우 분음규식'에서는 'ㅎ, ㅇ, ㅿ'세 자모는 시속에서 사용하지 않지만 단음자모를 만들 때 28자모가 되었다고 했고, 자음체계는 궁, 상, 각, 치, 우의 오음에 의하여 분류했음을 언급했다.

'장음반절규식'에서는 "한문 글자도 획수를 가감하여 변제하였기로 그 이치를 좇아 하였"다고 하여 한자의 자획 변경 방식을 따라서 장음 반절의 일부를 삭제하거나 변형해서 단음 반절을 만들었음을 언급한다. '단음반절규식'은 장음 음절의 자모의 모양이나 위치를 약간 변형하여 단음 글자를 만든 것을

사례와 함께 제시했고 'ㅣ 외이 받침하는 규법'에서는 '게, 계', '메, 몌', '제, 졔' 등과 같이 '외이'를 가진 음절에 대해서 '새로 규법'을 만들어야 함을 주장했다.

그리고 말의 길이에 따라 뜻이 달라진다고 했으며 'ㅏ'는 'ㅣ'와 'ㆍ'을 합한 것이니 장음이 되고, 'ㆍ'는 점뿐이니 단음이 되어야 한다고 했다. 이봉운은 탁음을 만드는 방법에 관한 의견도 내 놓았다. 받침으로 쓰는 'ㅇ, ㄴ, ㅁ'을 글자 위에 받쳐 적도록 하고 받침과 다음 글자를 빨리 붙여서 발음해야 탁음이 된다고 했다. '어토명목'에서는 용언의 시제, 명사를 형용하는 사례, 부사, 조사 등 품사와 용어의 활용 사례를 제시했고 마지막 '새언문규법 서언'에서는 본문에서 이봉운이 제시한 자모 표기법, 단음 반절 규식과 외의 받침규식 등을 적용하는 시도를 보였다.

4. 핵심어

국문정리, 이봉운, 「자모규식」, 「문법론」, 「새언문규식」

5. 참고문헌

김두식, 「'국문정리'에 나타난 한글 글꼴 특성에 관한 연구」, 『한국출판학연구』 통권 제47호, 한국출판학회, 2004.
유예근, 「'국문정리'연구」, 『한국언어문학』 제8-9집, 1970.
최경봉, 「근대 학문 형성기, 구어(口語)의 발견과 문법학적 모색」, 『우리어문연구』 49집, 2014.

『국민소학독본(國民小學讀本)』

서 명 『국민소학독본(國民小學讀本)』
저 자 학부(學部)
형 태 21.7×14.4(cm)
발 행 학부편집국, 1895년 (고종 32년)
소장처 국립중앙도서관

『국민소학독본』 표지, 속표지

1. 개요

『국민소학독본(國民小學讀本)』은 1895년(고종 32년) 7월(음력)에 '학부편집국'에서 간행된 국한혼용체의 국어과 교과서이다. 소학교 대상의 읽기 교재로, 근대적인 인재 양성과 근대 사회를 지향하는 취지의 글을 담고 있다.

2. 저자

학부(學部)는 학무아문을 개칭한 중앙관청으로 오늘날의 교육부에 해당한다. 1895년 4월에 학부로 명칭을 변경하고 산하에 학무국과 편집국을 두었다. 편집국에서는 외국 서적의 번역과 출판된 도서의 검정, 새 교과서의 편찬 업무를 담당하였다. 1910년 경술국치에 이르기까지 존속하면서, 「교육에 관한 조칙」과 「소학교령」에 의거하여 학무 업무를 수행하여 소학교용 수신, 국어(독본), 역사, 지리 교과서 등을 편찬하였다. 학부대신은 임금이 직접 임명하는 칙임관으로, 학정·교육에 관한 사무를 총괄하여 지휘·감독했는데, 초대 학부대신은 박정양이었다. 『국민소학독본』은 박정양이 학부대신으로 재임한 시기(1894.7~1895.5)에 기획되어, 이완용이 학부대신으로 근무하던 시기(1895.6~10.8)에 간행되었다. 당시 총리대신은 박정양, 학부참서관은 이상재, 학부협판은 윤치호가 맡고 있었고, 『국민소학독본』에는 이들 개화파의 입장이 투사되어 있다.

3. 내용 및 구성

『국민소학독본』은 서문이 없고 목차와 본문만으로 구성된 144쪽의 책이다. 판권지가 없기 때문에 저자와 편찬자, 인쇄소 등의 서지 사항은 알 수 없다. 다만 박정양이 총리대신으로 재임하던 시기에 간행되어, 학부참서관 이상재와 학부협판 윤치호가 편찬 업무에 관여한 것으로 추정된다. 이들은 갑오개혁을 전후로 권력의 중심에 진입한 이른바 '정동파'로 불리는 인사들로, 삼국간섭(1895)을 전후한 시기에 반일정책을 표방하면서 정치집단화되었다. 이들은 반일·친미외교를 적극적으로 추진하였는데, 『국민소학독본』은 이들이 실세로 활약하던 시기에 간행되었다. 『국민소학독본』은 전체 41과로 구성되어 우리의 역사와 인물과 지리, 근대생활과 지식, 서양 도시와 역사와 위인 등의 내용을 담고 있다. 41개 단원 중에서 미국과 관계된 단원이 10개나 되는 것은 미국에 우호적인 인사들이 교재를 편찬했음을 시사해준다.

『국민소학독본』의 문체는 국한혼용체이다. 한자만을 진문(眞文)이라고 생각하던 시절에 국한혼용체를 구사했다는 것은 그만큼 한글의 위상이 높아졌다는 뜻이다. 이 국한혼용체를 통해서 『국민소학독본』은 조선의 민족적 정체성을 정립하고자 하였다. 제1과인 「대조선국」에서부터 「한양」, 「세종대왕 기사」, 「조약국」, 「을지문덕」 등은 조선의 특성과 역사에 대한 설명이다. 조선은 독립국의 하나이고, 역사적으로는 "단군·기자·위만과 삼한과 신라·고구려·백제와 고려를 거쳐 온 오래된 나라이며, 태조대왕이 개국하신 후 5백여 년에 걸쳐 왕통이 이어진 나라"이다. 「조약국」에서는 조선은 현재 8개의 나라와 평등한 조약을 맺고 있는 독립국이라는 것을 말한다. 조선의 역사적 정체성을 정립하려는 노력은 「세종대왕 기사」와 「을지문덕」 등에서도 확인할 수 있다. 「세종대왕 기사」에는 세종대왕의 업적이 상세하게 나열된다. 『농사집설』이라 하는 책을 지었고 형벌의 참혹함을 측은히 여겨 태배법(笞背法)을 없앴으며, '삼강행실'을 간행하고 '용비어천가'를 지어 조상의 덕을 찬양하였다. 또 외국에는 모두 그 나라의 문자가 있으나 우리나라에는 없기 때문에 훈민정음을 만들었다. "중국의 요순우탕 임금이 아무리 성인이라 하나 우리 세종대왕의 성신(聖神)하신 덕"을 당할 수 없을 것이라고 단언한다. 「을지문덕」에서는 을지문덕은 작은 나라의 장수에 지나지 않으나 뛰어난 지혜와 용맹으로 중국의 백만 대군을 물리쳤다는 사실을 말한다. 나라의 강약은 그 대소에 있지 않고 그 나라 사람의 마음과 기(氣)에 있다는 것, 그런데 지금은 쇠잔한 청인도 이기지 못하는 지경이 되었다고 탄식한다.

『국민소학독본』의 또 다른 특성은 근대 지식과 실용에 대한 소개이다. 「아가」, 「식물 변화」, 「시계」, 「낙타」, 「봉방」, 「경렵」, 「기식 1, 2」, 「악어」, 「동물 천성」, 「원소」 등은 사물의 원리를 과학적으로 설명해서 근대 지식을 전하려는 취지의 글이고, 「광지식」, 「상사 급 교역」, 「지나국 1, 2」, 「까휠드 1, 2」, 「합중국 광업」 등은 그것을 실생활에 응용해야 한다는 취지의 글이다. 「아가(我家)」는 우리가 사는 집을 과학적으로 설명한다. '우리 집'이라 하면 온갖 가재도구는 물론이고 함께 사는 부모와 형제와 자매와 노비까지 모두 포괄하며, 심지어 닭과 소 등 가축을 사육하고 화초를 기르는 것도 포함된다. 우리 집은 이 여러 요소들과 긴밀하게 얽혀 있고 또 그것을 건축하는 데도 많은 경비와 노동이 요구된다. 설계도가 있어야 하고, 목수와 석수, 석장(席匠)과 도배장이 등이 각기 맡은 역할을 수행해야 하며, 심지어 일체의 가재도구와 의복·취사에 필요한 도구를 갖추어야 겨우 '우리 집'이라 할 수 있다는 내용이다. 「식물 변화」에서는, 식재료가 되는 식물의 변화를 사람이 마땅히 알아야 한다는 전제 아래, 식물은 토지와 기후에 따라 변한다는 내용을 사례를 들어 보여준다. 「시계」에서는 갈릴레오가 흔들리는 추를 발명한 이후 사람마다 가볍고 편리한 시계를 갖게 되었다는 사실과, 시계가 시간을 가리키는 것은 그 기계 속에 흔들리는 추가 있기 때문이라는 설명이다. 「지식 일화」에서는 과학적 지식을 실제 생활에서 응용할 것을 주문하는데, 가령 노인과 아이가 대화를 나누면서 전달하고자 하는 것은 '지식의 응용'이다. 아이가 노인에게 '오늘날 지식이 옛날보다 풍부한 것은 각종 책을 보고 각종 일을 발명하기 때문'이라고 말하자, 노인은 "무릇 지식의 귀함은 실제 응용에 있을 뿐"이라고 대답한다. 책을 보고 각종 일을 아는 것보다 '그 아는 것을 좋은 일에 응용함'이 귀하다는 주장이다. 「지나국 1, 2」에서 주목한 것도 '응용'이다. 중국이 아시아의 대국이고 또한 오랜 역사를 지닌 나라임에도 불구하고 오늘날처럼 쇠락하여 외국에 패하고 국토를 유린당하게 된 근본 이유는 "가르침의 실제를 진정으로 연구하지 않고 한갓 허문만을 숭상하며 또한 앞사람들의 뜻을 헤아리지 못하고 그 마땅함을 잃어 날로 갱신하지 못"한 때문이라고 한다. 『국민소학독본』 전체의 주제라 할 수 있는 이런 주장은 공리공론에서 벗어나 구체적인 현실에서 근대지식을 응용하고 실천해야 살아남을 수 있다는 당대의 가치관을 반영한 것으로 볼 수 있다.

미국의 역사와 인물에 대한 관심은 그 연장에서 이해할 수 있다. 『국민소학독본』에서 역사와 관련된 단원은 전체의 1/3 이상인데, 그중에서 10개 단원이 미국에 관한 내용이다. 「까휠드」, 「아메리카 발견 1-2」「아메리카 독립 1-3」은 모두 미국의 역사와 인물을 소재로 한다. 「까휠드」는 가필드(J.A. Garfield)가 미국의 20대 대통령이 된 것은 순전히 교육 때문이라고 한다. 가난한 고학생이었던 가필드는 남의 밭을 갈았고, 황무지를 개간하였으며, 건축업을 배워 사람들에게 여러 채의 곡창을 만들어 주었다. 그리고, 수부(水夫)가 되어 여러 곤경을 극복하는 등의 경험을 통해서 부단히 노력한 결과 국회의원이 되고 대통령이 되었다. 특히 오하이오 주의 국회의원이 되어서는 시간적 여유가 전혀 없으면서도 학문을 닦고 연구하는 일을 게을리하지 않았다. 허문을 숭상한 것이 아니라 부단히 실제 현실과 관계를 가지면서 연구하고 노력한 끝에 마침내 "인생의 관면(冠冕)을 화려히 대(戴)"하였다는 주장이다. 「아미리가 독립 3」에서 미국 독립의 아버지 워싱턴을 칭찬하면서 강조한 것은 "미국의 독립은 비록 그 나라 사람들의 뜻과 기운이 응결되어 이루어졌"으나, 사실은 워싱턴이라는 지도자의 수완과 함께 '건국한 지 얼마 되지 않아 바로 교육을 실시'했기 때문이라고 한다. 「뉴욕(紐約)」에서는, 뉴욕은 세계에서 1, 2위를 다투는 상업 도시이고, 도시의 철로는 거미줄과 같이 전국 각지에서 모이고, 고가철로는 도로 위에 쭉 이어져 왕래하는, 런던과 파리와 함께 어깨를 겨루는 대도시라고 소개한다. 「시간각수」에서는 사람이 성공하려면 시간을 지켜야 하는데, 그 사례로 미국 대통령 워싱턴의 일화가 소개된다. 시간을 정확히 지키는 것이 근대인의 습관이고 동시에 사업에 성공할 수 있는 비결이라는 것. 「아메리카 발견」은 미국을 발견하게 된 콜럼부스의 항해 과정을 소개한다. 선원들의 원망과 거기에 맞선 콜럼부스의 단호한 결단과 의지로 마침내 신대륙을 발견한다는 내용이다. 「아메리카 독립」에서는, 콜럼부스의 발견 이후 유럽인의 왕래가 빈번해지면서 인구가 날로 증가하고 상업과 공업이 번성했으며, 이 과정에서 영국이 과도하게 세금을 거둔 까닭에 독립전쟁이 발발하였다. 치열한 전투를 수년 동안 치른 뒤 마침내 1783년에 독립을 이루었고, 워싱턴이 대통령으로 추대되어 8년을 재직하면서 미국 100년의 기초를 튼튼하게 세웠다는 내용이다.

『국민소학독본』에서는 일제의 개입이 거의 드러나지 않는다. 『국민소학독본』의 저본이 되는 일본의 『고등소학독본』(문부성, 1887)과 단원의 80% 이상이 동일하지만, 그 구성과 내용을 빌려 왔으나 한국의 처지와 현실에 맞게 선별하고 조정한 결과이다. 『고등소학독본』에 수록된 글을 요약하거나 축소해서 옮겼고, 동일한 소재를 다룬 몇 개의 단원을 정리해서 한 단원으로 만들었으며, 심지어 글의 형식을 그대로 차용한 뒤 내용을 일부 바꾸어 수록한 경우도 있다. 『高等小學讀本』에서 중요하게 언급된 것은 일본의 역사와 인물, 베를린과 파리와 로마 등인데, 『국민소학독본』에서는 전혀 언급되지 않고 대신 미국만이 큰 비중으로 소개된다. 『국민소학독본』이 나온 1895년 이후 간행된 학부 교과서는 대부분 일인 학정참정관의 개입과 간섭하에서 편찬되었다. 『신정심상소학』의 서문에는 일본인 보좌원 다카미 가메(高見龜)와 아사카와 마쓰지로(麻川松次郎)가 편집에 참여했다는 사실이 소개되고, 책의 내용도 일본에서 간행된 『심상소학독본』을 상당 부분 옮기거나 발췌해서 수록하였다. 교과서에 대한 이러한 개입은 을사늑약 이후 더욱 노골화되지만, 『국민소학독본』은 이런 일제의 간섭이 본격화되기 직전에 만들어진 교재이고, 그래서 개화파 인사들이 추구했던 가치와 이념이 구체적으로 투사된 것을 볼 수 있다.

4. 핵심어

국민소학독본, 세종대왕, 을지문덕, 윤돈, 지나국, 아미리가 발견, 성길사한(成吉思汗)

5. 참고문헌

강신항, 「이윤재」, 『한국근대인물백인선』, 동아일보사, 1970.

강진호, 「'국어'교과서의 탄생과 근대 민족주의; 『국민소학독본』을 중심으로」, 『상허학보』36, 상허학회, 2012.

전용호, 「근대 지식 개념의 형성과 '국민소학독본'」, 『우리어문연구』, 2005.

김혜정, 「근대적 텍스트의 구조적 특성과 함의-'국민소학독본'을 중심으로」, 『국어교육』, 2004.

윤치부, 「'국민소학독본'의 국어교과서적 구성 양상과 그 의미」, 『새국어교육』, 2002.

김만곤, 「'국민소학독본'고-그 출현의 배경에 대하여)」, 『국어문학』, 1979.

허형, 「한국개화기 초의 교과서 '국민소학독본'에 나타난 주제 분석」, 『교육과정연구』, 1993.

송명진, 「'국가'와 '수신', 1890년대 독본의 두 가지 양상」, 『한국언어문화』, 2009.

『동국역대사략(東國歷代史略)』(권1-권6)

서 명	『동국역대사략(東國歷代史略)』(권1-권6)
저 자	학부편집국
형 태	24.5×16.6(cm)
발 행	학부편집국, 1899년
소장처	국립중앙도서관

『동국역대사략』 표지

1. 개요

　『동국역대사략(東國歷代史略)』은 1899년에 학부편집국에서 발행되었다. 순한문으로 쓰여졌으며 중등 역사교육용으로 편찬한 교과서이다. 단군조선기에서 고려기까지의 변천사를 정리한 축약식 국사교과서로 전통적인 편년체로 서술되어 있다.

2. 저자

　학부(學部)는 1895년(고종 32) 4월에 설치되어 1910년 대한제국이 일제에 의해 강제병합되는 시기에 이르기까지 존속한 관청이다. 1894년 갑오개혁기에 예조가 맡았던 업무를 계승하였던 학무아문(學務衙門)을 개칭한 것이 시초이며, 학무아문은 1895년 2차 갑오개혁의 관제개혁 과정에서 8아문을 7부로 개편하면서 학부로 개칭되었다. 학부의 구체적인 기능은 현재의 교육부와 유사하다고 볼 수 있다. 관원으로는 대신 1인, 협판(協辦) 1인, 국장 2인, 참서관(參書官) 3인, 주사 11인을 정원으로 하였고, 그뒤 1900년 참서관 1인을 증원하였다. 소속 관청으로 대신관방(大臣官房) · 학무국(學務局) · 편집국(編輯局) 등이 설치되었고, 관상소(觀象所) · 성균관(成均館) · 사범학교 · 중학교 등을 부속기관으로 관할하였다. 학부 편집국은 교과 · 도서의 편집 · 번역 · 검정에 관한 사무를 관장한 부서이다. 따라서 갑오개혁기~대한제국기의 관찬 교과서 편찬의 주체는 학부 편집국이라고 할 수 있다.

3. 내용 및 구성

『동국역대사략』은 단군조선에서 삼국까지를 1책(권1·2), 통일신라와 고려 의종까지를 2책((권3·4), 고려 명종에서 고려 말까지를 3책(권5·6)으로 나누어 편년체로 서술하고 있다. 내용은 단군조선-기자조선-위만조선-삼한-삼국-통일신라-고려로 이어지는 계보도로 구성되어 있다. 삼국시대 서술에서는 초기에 마한의 연기(年紀)를 삼국연기 보다 앞에 서술하여 마한의 정통성을 내세웠다는 점이 특징적이다.

먼저 상고사 부분은 삼조선(三朝鮮) 체계를 취하여 기자조선~마한으로 연결되는 마한정통론의 논리와는 다른 궤적으로 기술했다. 단군조선기(檀君朝鮮紀) 서술은 단군이 태백산 단목(檀樹) 아래로 내려왔는데 사람들이 군주로 삼았고 단군이라고 불렸고 국호를 조선이라 하였으며, 도읍을 평양으로 정했다는 내용 등이 서술되어 있다. 기자조선에 관해서는 기자조선기(箕子朝鮮紀)에 나와 있다. 기자가 은나라의 태사(太師)이며 기자가 남녀 5천 명과 함께 와서 예악(禮樂)을 가르치고 8개 조를 만들어 시행하였음을 강조하고 있다. 이후 위만으로 인하여 남쪽으로 쫓겨났다는 내용으로 마무리하고 있다. 위만조선기(衛滿朝鮮紀)는 한나라 때 연나라 지역 사람 위만이 무리 천 여명을 이끌고 들어와서 왕검성을 빼앗은 내용으로 시작해서 한무제가 위만조선을 공격하여 한사군을 설치하였다는 내용이 서술되어 있다.

마한의 역사는 마한기(馬韓紀)에 나와 있다. 고조선의 준왕 즉 기준이 위만에게 쫓겨난 후 남쪽 금마군(金馬郡)에 이르러 건국하고 한왕이라 칭했다는 내용으로 시작한다. 그리고 마한의 원양국(爰襄國), 모수국(牟水國), 상외국(桑外國), 소석색국(小石索國), 대석색국(大石索國), 우휴모탁국(優休牟涿國), 신분고국(臣濆沽國), 백제국(伯濟國) 등 54개국의 국명과 마한의 인구 등에 대한 정보가 기술되어 있다. 그리고 마한왕의 이름과 재위 기간이 서술되어 있다. 애왕(哀王) 재위 1년, 무강왕(武康王) 재위 4년, 안왕(安王) 재위 32년, 혜왕(惠王) 재위 13년, 명왕(明王) 재위 31년, 효왕(孝王) 재위 42년, 양왕(襄王) 재위 15년, 원왕(元王) 재위 26년, 계왕(稽王) 재위 16년, 왕학(王學) 재위 25년 등이 그것이다. 이후에 온조에 의해서 멸망하였다고 서술하고 있다. 진한은 이후에 신라 시조에게 병합당하고, 변한은 가락국 시조에게 병합당했다고 서술하고 있다.

삼국시대 서술은 삼국기(三國紀)에 서술되어 있다. 신라는 박혁거세의 탄생 설화부터 시작하여 진한 땅을 도읍으로 정한 내용과 알영부인 비(妃)로 삼은 내용을 서술하고 있다. 특이한 것은 왜(倭) 즉 일본의 관계를 비중있게 다루면서 왜의 침공 및 교류 상황을 상세하게 다루고 있다는 점이다. 신라의 삼국 통일 과정도 자세하다. 김춘추가 무열왕으로 등극하고 김유신과 더불어 삼국을 통일하는 과정이 매우 구체적이다. 당나라군 13만과 신라군 5만이 연합하여 백제를 공격하며 백제를 멸망시키는 과정과, 이후 문무왕 대에 백제 부흥군을 정벌하고, 당나라 군대와 연합하여 고구려를 공격하여 668년 고구려 보장왕으로부터 항복을 받았다는 내용을 서술하고 있다. 나당전쟁 역시도 상세하게 묘사하였다. 예컨대 신라군이 웅진도독부를 공격하고, 당나라 소속의 말갈군과 교전하는 등의 내용을 다루고 있다. 고구려 관련 내용은 시조인 고주몽의 탄생설화를 언급한 후 고주몽이 동명왕이 되어 고구려를 건국하는 과정을 언급하고 있다. 이후 고구려의 정복사업에 대한 내용도 자세하다. 구체적으로는 비류국왕(沸流國王)의 항복과 옥저를 멸망시킨 것 등 다양한 사례들을 언급하고 있다. 광개토왕 즉위 후의 전투 과정과 영토 확장에 대해서는 다른 왕보다 많은 분량을 할애하고 있는 점도 특징적이다. 백제 관련 내용은 시조인 온조왕이 위례성에서 도읍을 하고 국호를 백제로 하여 건국하는 과정을 서술하는 것으로 시작하고 있다. 또한 백제가 일본에 천자문 1권을 전해주어 문자가 시작되고 불경을 전해주어 불법이 시작되었다고 하는 등 일본에 대한 시혜적인 관점이 내포되어 있음을 알 수 있다. 이후 근초고왕 대의 백제의 성장과정과 전성기에 대해서 다루고 있다. 그러나 말기에 가면 백제왕이 타락하여 좌평 성충의 간언을 받아들이지 않는 등 경계를 소홀히 하여 멸망했다고 하였다. 통일신라에 관한 내용은 권3 신라기에 서술되어 있는데, 문무왕 대의 고구려 멸망과 삼국통일로 시작하여 통일신라 말기의 혼란과 후삼국의 분화과정 및 신라의 멸망에 대해서 상세하게 그려내고 있다.

고려시대 관련 내용은 권4 고려기에 서술되어 있다. 태조 왕건이 후백제를 멸망시키고 신라의 항복을 받아내는 과정을 시작으로 광종대 역시 많은 내용을 풍부하게 다루고 있다. 우선 노비안검법을 실시했다는 내용이 나와있는데 노비를 안검하여 그 시비를 가릴 것을 명하였다는 점을 언급하고 있다. 아울러 광종 9년에 실시된 과거에 대한 내용으로 이어진다. 다음으로 의종대에 무인정변이 일어나서 문신들을 살해하고 권력을 잡은 내용과 고종 대의 대몽항쟁이 최우 정권을 중심으로 활발하게 전개된 내용 등을 상세하게 서술하고 있다. 또한 충렬왕대 이후 원나라의 간섭이 심화되는 내용에 대해서도 언급하고 있다. 이러한 원간섭기를 지나 공민왕 대에 이르면 반원개혁이 진행된다. 공민왕은 우선 기철 일가를 숙청하였고 원나라의 간섭기구인 정동행성이문소를 철폐하였으며, 원이 고려 영토 내에 설치한 쌍성총관부를 공격하여 탈환하였는데 권6에는 이러한 내용들이 상세하게 서술되어 있다.

이러한 내용들에 대하여 『동국역대사략』에서는 내용 중간중간에 '안(按)'이라 하여 사론(史論)을 붙이고 있는 점도 특징적이다. 아울러 역년(歷年) 표시에는 해당 시기의 중국과 일본은 물론 서력 기원까지 함께 부기하고 있는 점도 주목할 필요가 있다. 그리고 당시의 국사 교과서 가운데 역사적 내용을 다양한 사료들을 통해서 매우 상세하게 정리되어 있다는 점도 특징적이다.

4. 핵심어

삼조선(三朝鮮), 단군조선, 마한(馬韓), 왜(倭), 편년체

5. 참고문헌

김려칠, 「개화기국사교과서를 통해서 본 역사인식(1) : 역사집약을 중심으로」, 『사학지』 14-1, 1980.
송인주, 「대한제국기의 초등 역사 교육에 관한 연구」, 『역사교육논집』 25, 1999.
노관범, 「조선약사십과 초록」, 『조선약사십과』, 국립중앙도서관, 2015.

『만국약사(萬國略史)』(권1-권2)

서 명	『만국약사(萬國略史)』(권1-권2)
저 자	학부편집국
형 태	23×15.2(cm)
발 행	학부편집국, 1896년
소장처	국립중앙도서관

『만국약사』 표지

1. 개요

『만국약사(萬國略史)』(1, 2권)는 1896년에 학부편집국에서 발행되었다. 국한문혼용체이며 학부 편집국장 이경직(李庚稙)의 발문이 수록되어 있다. 자국의 역사를 정리한 교과가 아닌 세계 여러 나라의 역사를 알리기 위하여 간행된 우리나라 최초의 세계사 서적이다.

2. 저자

학부(學部)는 1895년(고종 32) 4월에 설치되어 1910년 대한제국이 일제에 의해 강제병합되는 시기에 이르기까지 존속한 관청이다. 1894년 갑오개혁기에 예조가 맡았던 업무를 계승하였던 학무아문(學務衙門)을 개칭한 것이 시초이며, 학무아문은 1895년 2차 갑오개혁의 관제개혁 과정에서 8아문을 7부로 개편하면서 학부로 개칭되었다. 학부의 구체적인 기능은 현재의 교육부와 유사하다고 볼 수 있다. 관원으로는 대신 1인, 협판(協辦) 1인, 국장 2인, 참서관(參書官) 3인, 주사 11인을 정원으로 하였고, 그 뒤 1900년 참서관 1인을 증원하였다. 소속 관청으로 대신관방(大臣官房)·학무국(學務局)·편집국(編輯局) 등이 설치되었고, 관상소(觀象所)·성균관(成均館)·사범학교·중학교 등을 부속기관으로 관할하였다. 학부 편집국은 교과·도서의 편집·번역·검정에 관한 사무를 관장한 부서이다. 따라서 갑오개혁기~대한제국기의 관찬 교과서 편찬의 주체는 학부 편집국이라고 할 수 있다.

3. 내용 및 구성

『만국약사(萬國略史)』는 제1편 총론에서 지구구형설과 땅과 바다의 분포 및 비율에 대해서 언급하고 더 나아가 6대주의 주민과 인종도 소개하고 있다. 본문에서는 우선 제2편에서는 아시아주의 역사를 소개하고 있다. 아시리아·바빌로니아·이스라엘·말레이시아·싱가포르·베트남·타이·인도·중국·일본·한국이 그 대상이다. 제3편에서는 아프리카의 이집트 역사를 기술하고 있다. 제4편에서는 유럽의 그리스·이탈리아·터키·스페인·포르투갈·프랑스·오스트리아·독일·러시아·덴마크·스위스·스웨덴·노르웨이·벨기에·폴란드·네덜란드·영국의 역사를 서술하고 있다. 제5편에서는 북아메리카대륙의 미국·캐나다 등의 약사(略史)를 기술하고 있으며, 제6편에서는 오세아니아주의 역사를 소개하면서 끝을 맺고 있다.

갑오개혁기 신식 학제 도입 이후 외국사가 교과과정에 자리잡게 된다. 그런 변화로 인해 소학교에는 <외국역사> 과목, 한성사범학교에는 <만국역사> 과목이 개설되었다. 따라서 외국사 교재에 대한 필요성도 증대되었다. 이런 과정에서 만들어진 외국사 교재가 바로 『만국약사』이다. 『만국약사』는 갑오개혁기 국사 교재였던 『조선역대사략(朝鮮歷代史略)』, 『조선역사(朝鮮歷史)』, 『조선약사(朝鮮略史)』과 함께 출간되었다. 이 가운데 『만국약사』는 지리와 역사를 연계시켜 서술하고 있는 점이 특징적이다. 그것은 이 교과서가 내용 전체를 5대양 6대주로 나눈 후, 그 바탕 위에서 각 지역의 역사를 정리한 것에서도 드러난다.

또한 『만국약사』는 관련 용어나 서술의 시각에서 당시 일본의 유럽사 중심 세계사 인식 체계와 유사한 측면이 많이 보인다. 당시 일본에서는 다수의 외국사 번역서가 간행되고 있었고, 그 관점은 철저하게 유럽중심주의적이었다. 『만국역사』 또한 이와 같은 체계를 참작했던 것이다. 그리고 이것은 구체적인 서술에서도 드러난다. 예컨대 아시아 대륙은 아시리아와 바빌로니아부터 시작해서 페니키아, 이스라엘, 메디아, 페르시아, 아라비아로 이어진다. 이후 동남아시아의 베트남과 타이 등의 역사를 거쳐 인도와 중국, 일본으로 이어지는 방식으로 서술되고 있다. 이것은 갑오개혁기 개화파 관료들의 대외인식과 문명관이 일본의 근대화에 우호적이었던 것과 관련이 있다. 따라서 일본의 세계사 인식이 그대로 투영되어 있다. 이러한 시각은 『만국약사』의 중국 관련 서술에서 두드러진다. 우선 중국의 국명도 '支那'로 호칭하는 것은 물론 대체적인 서술도 중국을 폄하하는 경향이 있다. 예컨대 청대 이후의 역사를 필연적 멸망의 과정으로 서술하고 있다. 강희제는 정복 사업에 힘을 낭비하여 중국의 국력이 쇠락해졌고, 선종 대에 이르러 풍속이 무너지고 그 독이 전 영토에 미치고 있다고 서술하면서 중국을 퇴락하는 노쇠한 대국으로 묘사하고 있다. 반면에 일본에 대한 서술은 매우 우호적이다. 온화한 기후, 수려한 산수(山水)는 물론 토지도 비옥하다고 서술하고 있다. 그리고 그 역사는 동양에 매우 독립적이며, 외국의 침략을 받지 않고 개국 삼천년 동안 만세일계(萬世一系)의 천황이 재위하여 오늘에 이르고 있다는 서술이다. 관련 연구에 의하면 이러한 일본사에 대한 서술 태도는 일본인의 관여하에 『만국약사』가 만들어졌던 것이 그 이유라고 볼 수 있다.

다음으로 『만국약사』는 문명론적 관점에 입각하여 서술하고 있다. 우선 세계 여러 지역을 풍속과 제도, 윤리 등의 기준에 따라 개화의 등급을 나누고 만이(蠻夷), 미개, 문명으로 분류하고 있다. 오시아니와와 아메리카 주의 土民 즉 원주민과 일부 아시아 지경 주민은 산과 들, 바닷가에 살면서 고기잡이와 사냥으로 생계를 유지하고 동굴 등에서 생활하기 때문에 만이(蠻夷)로 칭한다. 그리고 아프리카의 흑인과 아시아 일부 지역 주민들은 조야한 주거환경과 풍속이 잔인하다는 점, 문자를 사용하지 않고 있긴

하지만 야만보다는 약간 나은 미개로 위치짓고 있다. 중국과 인도 그리고 터키, 기타 아시아인들에 대해서는 농업과 공업, 상업 활동을 하고 문자를 익히고 있으므로 야만과 미개한 사람들보다는 다른 대열에 두었다. 하지만 구습에 집착하고 새로운 문명으로 나아가지 않으며, 허례허식에 사로잡혀 있으므로 반개화로 분류하고 있다. 문명의 단계에 있는 것은 유럽 각국과 미국, 일본이다. 이 국가들은 산업이 왕성하고 기예와 학문이 발달하였음은 물론 인쇄, 철도, 전선 등 각종 문명의 기구를 활용하여 국가의 발전에 힘쓰고 있기 때문에 최고 수준의 문명에 도달한 국가들이라고 규정했다.

이러한 맥락에서 만국의 역사를 배우는 것은 문명개화로 나아가기 위한 목적이라는 기조를 분명히 하고 있다. 이것은 각 지역별 역사 서술에서도 드러난다. 아시아 지역 역사는 문명국, 즉 제국주의 열강의 관점에서 서술이 되어 있다. 베트남 역사에 대해서는 베트남 국왕이 청나라와 친할 뜻을 결심하여 프랑스를 적대했으므로 프랑스가 군대를 보내어 속방을 삼았다고 서술하고 있는데, 그 방향성과 시점이 철저하게 프랑스의 입장을 대변하고 있다. 태국 역사에 대해서는 태국왕과 친분 관계가 있었던 일본 상인이 태국왕이 위기에 처했을 때 왕을 보좌하다가 목숨을 잃은 사건을 집중 조명하면서 그를 의사(義士)로 칭하고 있다. 또한 프랑스의 태국 식민지화 기술에 대해서도 태국 국민이 고루하면 자주의 기개가 없으므로 자연히 멸시할 대상이라고 언급하면서 프랑스가 태국을 식민지로 삼는 것은 당연하다는 식으로 서술하고 있다. 이것은 영국의 인도 식민지화 서술에 대해서도 마찬가지였다. 인도 역사는 영국과 프랑스 간의 식민지 쟁탈전의 맥락에서만 다루고 있고 인도의 민족해방운동에 대한 움직임은 제대로 다루지 않았다. 오히려 한 사람도 인도를 위해 독립을 도모하는 자가 없다는 식의 왜곡된 서술을 할 뿐이었다. 아프리카 역사에 대한 서술도 유사하다. 영국과 프랑스, 독일, 스페인 등 열강의 식민지 분할 상태를 서술하고 해당 지역은 대개 미개하며 야만적인 부락이 섞여있는 상태라고 일축하고 있다. 다만 그중에서 가장 뛰어난 나라로 이집트를 열거하면서 이집트의 역사만 서술하고 있다. 반면 유럽의 역사는 가장 체계적이고 자세하게 다루고 있다. 그리스 문명에서부터 시작된 유럽의 역사는 로마에게로 계승된다는 관점으로 서술하고 있다. 그리고 오스만 터키 → 스페인과 포르투갈 → 프랑스 → 러시아의 순서로 서술되어 있다. 유럽 역사의 핵심은 정치 체제의 변화에 있는데 특히 프랑스 혁명과 나폴레옹 정권, 러시아의 전제정치 등을 상세하게 설명하고 있다.

4. 핵심어

외국사, 야만, 문명개화, 유럽사 중심, 문명론

5. 참고문헌

조동걸, 「한말 사서와 그의 계몽주의적 허실(상)」, 『한국독립운동사연구』 1, 1987.
양정현, 『근대개혁기 역사교육의 전개와 역사교재의 구성』, 서울대학교 박사학위논문, 2001.
백옥경, 「한말(韓末) 세계사 저, 역술서에 나타난 세계 인식」, 『韓國思想史學』 35, 2010.
고유경, 「대한제국 후기(1905~1910) 서양사 교과서에 나타난 유럽중심주의」, 『역사학연구』 41, 2011.
양정현, 「중등 역사과에서 한국사와 외국사의 연계 논리와 형식」, 『역사교육연구』 23, 2015.

『보통교과동국역사(普通敎科東國歷史)』(권1-권5)

- **서 명** 『보통교과동국역사(普通敎科東國歷史)』(권1-권5)
- **저 자** 현채(玄采, 1856~1925)
- **형 태** 22.9×15.1(cm)
- **발 행** 학부편집국, 1899년
- **소장처** 국립중앙도서관

『보통교과동국역사』 표지

1. 개요

『보통교과동국역사(普通敎科東國歷史)』는 2책 5권으로 구성되어 있으며 국한문 혼용체이다. 1899년에 학부 편집국 위원이자 다수의 역사서를 저술한 현채(玄采)가 편저를 담당했고, 학부편집국에서 간행하였다. 이 교과서의 정식 명칭은 『보통교과동국역사(普通敎科東國歷史)』이다. 같은 해 학부편집국에서 발행한 순한문체 『동국역대사략(東國歷代史略)』을 국한문혼용체로 변환하여 소학교용으로 사용할 목적으로 편찬되었다. 『동국역대사략』과 마찬가지로 단군조선기에서 고려기까지가 서술 대상이며, 편년체를 바탕으로 하되 기사본말체식의 서술도 일부 들어있다.

2. 저자

현채(玄采)는 1856년에 출생하였고 1925년에 사망하였다. 호는 백당(白堂)이다. 1873년에 식년시역과(譯科)로 급제하여 1892년 부산항감리서에서 번역관을 지냈고, 1894년에는 통리교섭통상사무아문 주사를 역임했다. 1895년 관립외국어학교 부교관과 한성사범학교 부교관을 거쳐 1899년에 학부편집국 위원으로 임명되었다. 이후 1907년까지 학부 주사로 근무했다. 1905년에는 한성법학교 교장, 1906년에는 대한농회 의원과 국민교육회 보강요원, 1907년에는 대동학회 평의원, 1908년에는 기호흥학회 찬무원, 대한중앙학회 평의원을 역임했다. 학부 근무 중 『보통교과동국역사(普通敎科東國歷史)』(1889)와 『유년필독(幼年必讀)』(1907) 등 많은 사서를 편찬했고, 『월남망국사(越南亡國史)』(1906) 등을 번역・간행하였다. 또한 하야시 다이스케(林泰輔)의 『조선사(朝鮮史)』(1892)를 역술한 『동국사략(東國史略)』(1906)를 간행하였다. 『동국사략』은 현채가 근대적인 역사 서술 방법에 의하여 저술한 역사서로 근대 역사학 서술의 대표적인 저작으로 평가받고 있다.

3. 내용 및 구성

『보통교과동국역사』는 1899년에 저술된 중등용 역사교과서 『동국역대사략(東國歷代史略)』을 학부 편집국 위원이던 현채가 초등용 국한문으로 풀어쓴 것이다. 그러나 단순히 풀어쓴 것만은 아니고 현채 자신의 사관에 의해 내용을 수정・보완한 것이 특징이다. 서(序)와 권말의 지(識)는 당시 학부 편집국장 이규환(李圭桓)이 작성한 것이다

이 책은 서문, 역대일람(歷代一覽), 역대왕도표(歷代王都表)와 목록, 본문, 발문으로 구성되어 있다. 역대일람과 역대왕도표는 갑오개혁 이후 편찬된 교과서에서 처음 등장하는 형식이다. 역대일람은 고조선에서 삼국시대, 고려, 조선의 왕조 왕호, 성명, 부계의 항렬, 모친, 재위 연수, 연령 등이 기록되어 있다. 역대왕도표는 역대 왕조의 도읍 건설 연대, 당대의 도읍명과 현재 도읍명 등을 서술하고 있다. 본문은 2책 5권으로 구성되어 있는데, 권1 앞에 권수(卷首)가 별도로 구성되어 있고 그 안에 단군조선기, 기자조선기, 위만조선기와 삼한 관련 내용이 서술되어 있다. 권1에서는 삼국기(三國記), 즉 신라 고구려 백제 관련 내용이 나와있으며, 권2는 신라기(新羅紀)로 삼국통일 이후 신라의 멸망까지 서술되어 있다. 권3은 고려기(高麗紀)로 고려 건국부터 고려 의종대까지의 내용이며, 2책의 권4는 명종대부터 충렬왕대까지이며 권5에서는 충선왕대부터 고려의 멸망까지를 다뤘다. 한편 목차에는 권6, 권7, 권8에서 본조기(本朝記) 즉 조선의 역사를 다루는 것으로 구성되어 있으나 실제로는 고려시대까지만 서술하고 있다. 책 말미에 원래는 단군대부터 본조(本朝)까지 8편을 만들려고 하였으나 그 후로 의론이 점차 달라져 편찬이 고려에서 그쳤다고 언급하고 있다.

이 책은 1895년 2월에 반포된 교육입국조서에 입각하여 그해 7월에 공포된 소학교령에 의거하여 설립된 소학교의 교재이다. 편저자인 현채는 이 책을 누구든지 쉽게 읽고 이해하여 충군애국정신을 고취시키고 만국에 명예를 떨칠 수 있는 교과서로 만들고자 하였다. 기년 표시는 국왕의 재위 연대 밑에 각각 중국과 일본, 그리고 서기를 같이 표기하고 있다. 또한 이 책은 즉위년 칭원법 즉 새 왕이 즉위한 해를 원년(元年)으로 삼는 방식이 아니라 왕 즉위 다음 해를 원년으로 계산하는 유년(踰年) 칭원법을 사용한 것도 특징이다. 아울러 『동국역대사략』과 마찬가지로 '안(按)'이라고 하여 본문의 내용을 보완하는 서술을 하고 있다.

이 책이 만들어진 1899년이라는 시기는 갑오개혁, 독립협회 운동이라는 일련의 근대적 변화의 영향을 받으면서도 조선왕조의 국왕 고종이 조선을 황제국으로 전환했던 격동기였다. 정치적으로는 대한국국제를 통해 전제군주제를 강화했고, 대외적으로는 특정 국가에게 휩쓸리지 않는 대외 중립을 표방하면서 자주독립국임을 강조하던 시기였다. 이 책에는 이러한 시대상이 잘 반영되어 있다. 국내의 정치 사회적 상황만 서술한 것이 아니라 인접국인 중국・일본과의 외교적 변화를 정밀하게 서술하고 있다.

이 책의 주요 내용은 다음과 같다. 우선 고대사 관련 서술이다. 이 책은 권수(卷首)에서 단군조선, 기자조선, 위만조선을 다루고 있는데 이 중에서 단군조선은 근거로 삼을 문헌이 없어 상고할 수 없다고 언급하고 있다. 이것은 단군조선에 대해서는 비교적 객관적으로 근대역사학의 서술 원칙을 지키고 있음을 알 수 있다. 그런데 또 한편으로 중국의 하(夏)나라가 각 제후들의 회의를 소집했을 때 단군조선에서 조알(朝謁)했던 사실을 삭제하고 있는데 이것은 갑오개혁 이후 대한제국을 건설하는 과정에서 청국

에 대한 자주독립 의식이 고양되고 있었던 시대 분위기와 관련된다고 볼 수 있다. 그리고 삼국시대와 통일신라에 대한 서술의 기본적인 관점은 신라정통론이었다. 이것은 신라의 삼국통일 과정을 비교적 자세하게 서술하고 신라군의 활약과 나당전쟁을 상세하게 접근한 것에서도 드러난다. 다만 여기서 신라의 백제·고구려 멸망 과정을 '삼국통일'이라고 이해하지는 않았다는 점은 짚어둘 필요가 있다. 즉 "금(今)에 삼한(三韓)이 통일(統一)하고 백성이 이심(異心)이 무(無)하니"라고 하여 '삼한일통(三韓一統)' 혹은 '삼한통일(三韓統一)'이라는 방식으로 삼국통일을 이해하고 있었다.

한편 신라정통론의 입장을 고수하면서도 고구려와 발해 등의 북방고대사에 대한 서술도 자세한 것을 주목할 필요가 있다. 예컨대 발해의 성립과 발전 등 제반 발해사의 전개과정, 거란의 소손녕과 담판했던 서희가 고려는 고구려를 계승하였기 때문에 국호를 고려라 하였다고 고구려 계승의식을 표명한 부분, 발해를 멸망시킨 거란에 대한 고려 태조의 반거란 정책 등을 다루고 있는 점은 이 책이 북방고대사까지 같이 아우르는 시각을 견지하고 있음을 보여준다. 고대 일본에 관한 시각은 당대적 인식이 투영된 점이 특징이다. 예컨대 고대 일본의 국호를 왜국(倭國)이라고 딱 한 번 표현한 것 외에는 전부 일본이라고 표기하고 있는 점을 들 수 있다. 또한 대가야를 일본에서 임나(任那)라고 부른다고 명시하거나 탐라의 조상들이 일본 천황의 딸과 혼인하여 그들이 가지고 온 곡물과 가축으로 인해 부유하게 되었다고 서술하는 점도 마찬가지다.

고려시대 이후의 서술은 유교적 역사관에 입각하여 서술되고 있다. 왕과 나라에 대한 충성과 효, 정절 등 유교적 가치 기준이 중요한 평가의 기준이 된다. 따라서 어진 군주와 용감한 장수와 군주에게 직언하는 충신 등의 언행을 높이 평가하는 방식으로 서술한다. 이런 관점에서 고려 태조 왕건과 성종, 김부식과 서희, 강감찬, 최영, 이성계, 정몽주 등을 높이 평가하고 광종과 의종, 최충헌을 비롯한 무인정변 세력 등을 비판적으로 인식하고 있는 점이 특징적이다.

고려 태조 왕건에 관한 서술에서는 왕건의 위엄과 인자함을 강조한다. 후백제 정벌에 관한 서술에서 귀순한 후백제의 신검을 살려주는 내용이 있고 왕건이 사망할 당시에는 좌우에서 너무 애끓게 울어 울음소리가 더 이상 나오지 않을 정도로 울부짖었다고 서술하고 있다. 서희에 대해서는 소손녕과 담판하는 과정을 상세하게 묘사하면서 그에 대해 말투가 강개(慷慨)하고 말이 지혜롭고 사리에 밝다고 평가하고 있다. 귀주대첩에서 큰 공을 세운 강감찬에 대해서는 성품이 청렴하고 검소하고 학문을 좋아하여 싫증 내지 않고 지략이 뛰어났다고 평가하고 있다. 의종에 대해서는 도참(圖讖)을 믿어서 여러 동생을 증오해서 유배를 보내고, 사치스러운 연회를 여는 등의 인물이라고 폄하하고 있다. 그리고 무인정권의 담당자들에 대한 비판적 견해를 드러냈다. 예컨대 최우의 아들 최항의 경우 무뢰한 문도들을 모아서 재물 늘리는 것을 일삼았고 금과 비단, 그리고 미곡을 많이 축적했다고 비판적으로 서술했다.

4. 핵심어

국한문, 역대왕도표, 자주독립, 삼한통일(三韓統一), 신라정통론, 유교적 역사관

5. 참고문헌

송인주, 「대한제국기의 초등 역사 교육에 관한 연구」, 『역사교육논집』 25, 1999.
조동걸, 「한국근대사학사」, 『우사조동걸전집』 14, 역사공간, 2010.
나애자 역, 『근대역사교과서 1 : 보통교과 동국역사』, 소명출판사, 2011.

『보통학교학도용국어독본(普通學校學徒用國語讀本)』(권1-권8)
/『국어독본(國語讀本)』(권1-권2, 권6-권8)

서 명 『보통학교학도용국어독본(普通學校學徒用國語讀本)』(권1-권8)
      /『국어독본(國語讀本)』(권1-권2, 권6-권8)
저 자 대한제국학부/학부
형 태 14.8×22(cm) / 15.1×21.8(cm)
발 행 한국정부인쇄국인쇄 · 대일본도서주식회사인쇄/대일본도서주식회사인쇄
소장처 국회도서관 / 국립중앙도서관

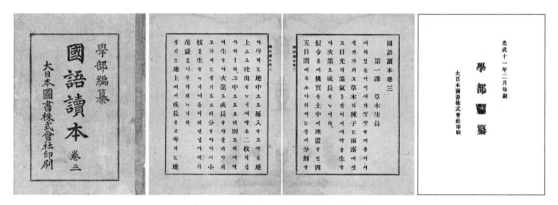

『국어독본』권3 표지, 본문, 판권지

『보통학교학도용국어독본』판권지

1. 개요

『보통학교학도용국어독본(普通學校學徒用國語讀本)』(전 8권)은 1906년 보통학교령에 의한 '국어' 교과의 등장에 따라 1907년 2월부터 1910년 8월까지 편찬되었던 보통학교용 국어과 교과서이다. 대한제국 학부가 편집하고 '대일본도서주식회사'에서 인쇄했으며 4년제 보통학교의 체제에 따라 한 학년에 두 권씩 사용했다. 1권은 한글 학습 내용 중심이고 2권부터 8권까지는 역사와 정치, 지리, 이과, 과학, 윤리, 위생 등의 범교과 제재를 중심으로 하는 읽기 자료 중심의 교과서이다.

『국어독본(國語讀本)』은 1907년 '학부'가 편찬하고, '대일본주식회사'에서 인쇄한 보통학교용 국어 교과서이다. 같은 시기 1권에서 국문 학습을 수록했던『보통학교학도용국어독본(普通學校學徒用國語讀本)』과는 달리 1권부터 8권까지 독본 형식의 교과서이다.

2. 저자

학부(學部)는 1895년(고종 32) 4월에 설치되어 1910년 대한제국이 일제에 의해 강제병합되는 시기에 이르기까지 존속한 관청이다. 1894년 갑오개혁기에 예조가 맡았던 업무를 계승하였던 학무아문(學務衙門)을 개칭한 것이 시초이며, 학무아문은 1895년 2차 갑오개혁의 관제개혁 과정에서 8아문을 7부로 개편하면서 학부로 개칭되었다. 학부의 구체적인 기능은 현재의 교육부와 유사하다고 볼 수 있다. 관원으로는 대신 1인, 협판(協辦) 1인, 국장 2인, 참서관(參書官) 3인, 주사 11인을 정원으로 하였고, 그 뒤 1900년 참서관 1인을 증원하였다. 소속 관청으로 대신관방(大臣官房)·학무국(學務局)·편집국(編輯局) 등이 설치되었고, 관상소(觀象所)·성균관(成均館)·사범학교·중학교 등을 부속기관으로 관할하였다. 학부 편집국은 교과·도서의 편집·번역·검정에 관한 사무를 관장한 부서이다. 따라서 갑오개혁기~대한제국기의 관찬 교과서 편찬의 주체는 학부 편집국이라고 할 수 있다.

3. 내용 및 구성

『보통학교학도용국어독본(普通學校學徒用國語讀本)은 4년제 보통학교의 교과서로서 전체 8권으로 편찬되었다. 서문은 따로 없으며, 교과서의 표지와 목차, 본문과 판권지로 구성되었다. 『보통학교학도용국어독본(普通學校學徒用國語讀本)』은 '국어' 교과의 공식적인 교재로서 1권은 한글의 음운과 단어, 문장, 단락 등 한글 깨치기 학습 자료를 수록하였고 2권부터는 수신, 역사, 지리, 이과, 실업 등 범교과 내용을 중심으로 하는 다양한 읽기 자료를 수록했다. 1권은 전체 45단원으로 이루어졌고 1과부터 40과까지는 한글의 음운, 단어, 문장, 단락 중심의 언어 교육 내용이 주를 이룬다. 2권부터 8권까지는 각각 25개, 23개, 22개, 23개, 26개, 24개, 23개의 단원으로 이루어졌다. 범교과적인 지식과 관련된 내용이 대부분으로서「正直之利」,「玉姬의 慈善」 등 수신,「三國의 始起」,「支那의 關係」 등 역사,「漢城」,「平安道」, 「滿洲」,「韓國의 地勢」 등 지리,「太陽曆」,「鳥類」 등 이과,「養鼇」,「廢物利用」,「石炭과 石油」 등 농업과 자원 등의 단원이 수록되어 있다.

『보통학교학도용국어독본(普通學校學徒用國語讀本)』은 책머리에 특별한 서문이 없어 교과서의 성격이나 편찬의 의도를 파악하기가 쉽지 않다. 다만 1906년「보통학교령」과「보통학교시행규칙」에 의해 편찬된 국어과 교과서라는 점에서『국어독본』의 성격을 유추할 수 있다.「보통학교령」이 '학도의 신체 발달에 유의하여 도덕교육, 국민교육, 일상생활에 필요한 보통지식과 기예를 전수'하는 것을 '보통학교'의 취지로 명시했고, 「보통학교시행규칙」에서는 '일상 수지의 문자와 문체를 알게 하고 정확히 사상을 표창하는 능력과 덕성을 함양하고 보통 지식을 전수'하는 교과이자 '발음, 한글 학습, 독법과 서법, 작문' 등을 세부 내용으로 하며 '타 교과와 연락하는' 도구교과로 국어과의 성격을 제시했다. 『보통학교학도용국어독본(普通學校學徒用國語讀本)』은 보통학교의 국어과 교과서로서의 성격을 반영하여, 학습자가 기본적인 의사소통능력을 기르고 일상생활에 필요한 지식과 덕목을 갖출 수 있도록 교과서의 내용을 구성했을 것으로 보인다. 그리고 『보통학교학도용국어독본(普通學校學徒用國語讀本)』이 1907년 통감 시기, 대한제국 학부의 편집국장이었던 어윤적과 학정 참여관 미츠지 추조(三土忠造)의 주도로 편찬되었다는 점, 1권은 대한제국 학부에서 그리고 2권부터 8권까지는 '대일본도서주식회사'에서 인쇄되었다는 점, 1904년 일본 문부성에서 간행한 『심상소학독본』과 비교할 때 내용과 형식이 유사하다는 점 등으로 볼 때 일본 교과서의 영향 또한 적지 않았을 것이라는 사실에서 『보통학교학도용국어독본(普通學校學徒用國語讀本)』의 성격이나 편찬 의도를 짐작할 수 있다.

『보통학교학도용국어독본(普通學校學徒用國語讀本)』은 1권에서 교과서 앞표지 다음에 '자모'를 제시했고 이어서 1과부터 15과까지 어휘와 구, 문장 등의 순서로 한글 학습 자료를 수록했다. 음운에서 의미를 전달하는 어휘와 문장의 순서로 배치하는 방식을 취하여 학습 내용의 난이도와 학년의 위계를 고려하여 교과서 체제를 구성하였다는 점도 특이할 만한 요소이다.

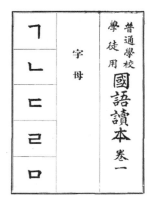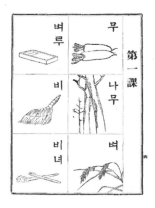

『보통학교학도용국어독본(普通學校學徒用國語讀本)』의 1권은 1과~7과는 단일어, 8과~11과는 복합어를 수록하여 어휘의 구성 양상에 따른 어휘 학습을 유도하고 있다. 단일어를 학습하는 단원에는 사실적인 삽화를 제시하여 학습자의 이해를 돕는 장치를 마련했다. 어휘 학습 자료에 이어 12과부터는 문장 학습 자료를 수록했다. 12과~16과까지는 주어와 서술어로 이루어진 문장을, 17과부터는 주어, 서술어 외에 다른 문장 성분이 포함된 문장을 제시하여 어휘 학습과 마찬가지로 문장 구성의 난이도에 따라 학습 자료를 배치했다. 1권의 마지막에 수록된 '국문철자(國文綴字)'에서도 '받침이 없는 음절, 종성부(終聲附) 받침, 중성부(重中聲), 격음(激音) 된시옷, 중종성 겹받침' 등을 난이도에 따라 음절을 배치하여 위계적인 학습을 가능하도록 설정했다.

『보통학교학도용국어독본(普通學校學徒用國語讀本)』의 2권부터 8권까지의 단원은 전통적인 윤리와 근대 실용 지식 등의 범교과적인 내용을 수록하고 있다. 단원의 세부적인 주제를 보면 개인의 윤리와 위생 등 수신 관련 내용과 역사와 정치, 지리 등의 국가 관련 지식과 이과 및 사회, 제도 등의 근대 과학과 실용 지식 관련 내용으로 구분된다. 개인의 덕목과 위생, 근검 등 수신 관련 내용은 「게으른 사람」(2권 6과), 「정직의 이로움」(3권 21과), 「피부 관리」(5권 4과) 등의 단원으로 편성했으며 주로 저학년에 많이 수록되었다. 고학년용 교과서로 갈수록 「고대조선」(5권 1과), 「삼한」(5권 7과), 「삼국과 일본」(6권 2과), 「개국기원절」(3권 18과), 「통감부」(8권 17과), 「세계의 강국」(8권 23과) 등 국가나 통치 제도 등에 관한 지식이나 「태양의 힘」(2권 18과), 「공기」(3권 4과), 「식물의 효과」(4권 12과), 「물의 증발」(6권 21과) 등에서 근대 과학과 실용 지식을 담았으며, 「우편국」(2권 14과), 「시계」(3권 6과), 「권업모범장」(8권 6과), 「회사」(8권 14과) 등에서는 근대 사회 제도와 관련된 단원을 구성하였다. 『보통학교학도용국어독본(普通學校學徒用國語讀本)』에는 오늘날 문학에 해당하는 시가와 우화, 전기 등도 수록하고 있으며 「紙鳶과 팽이」(5권 6과), 「문덕대승」(4권 13과), 「욕심 많은 개」(2권 18과) 등이 있다.

『보통학교학도용국어독본(普通學校學徒用國語讀本)』을 주의깊게 살펴야 하는 것은 국가와 역사에 대한 편찬자의 시선이다. 『보통학교학도용국어독본(普通學校學徒用國語讀本)』은 국가 관련 지식을 구성하면서 단군 조선에서 삼한, 삼국시대, 고려, 조선에 이르기까지 우리 민족의 각 시기를 호명하면서 민족의 기원이나 정체성에 대하여 소극적인 인식을 보여주고 있다. "단군이 평양에 도읍을 정하고, 국호를 조선이라 칭하였으나 그 연대를 증거할 문헌이 없다"(「고대조선」)든가 "이 삼국이 처음 생긴 시기는 지금으로부터 몇 백년 전인지 상세하지 않다"(「삼한」)는 기술 방식이 그 예이다. 우리 민족의 역사나 정체성에 대해서는 모호한 입장을 보이면서 일본과의 관계는 상대적으로 명확하게 기술하고 있다. 예를 들면 "삼한과 일본은 서로 비슷한 바가 아주 많으니" "우리나라와 일본의 관계는 더욱 왕래하면 더욱 깊어졌다"(「삼국과 일본」)는 식으로 한국과 일본이 기원적으로 유사하고 역사적으로 돈독한 관계를 유지해 왔다는 점을 강조하고 있다.

> 日露戰爭 後에 日本이 我國과 協議ᄒ야 京城에 統監이라 稱ᄒᄂ 大官을 置다. 統監은 韓國政治를 改善ᄒ고 敎育이 普及ᄒ고 農商工業을 發達케 ᄒ야써 韓國人民의 安寧幸福을 쐬ᄒ고. 또 韓國에 在留ᄒᄂ 日本人을 監督홈으로 任務를 삼ᄂ니라. 統監의 官廳을 統監府라 稱ᄒᄂ니 統監府에ᄂ 數多ᄒ 官吏가 잇셔셔 統監의 指揮를 承ᄒ야 諸般事務를 分掌ᄒ다. 釜山、馬山、大邱、木浦、羣山、仁川、京城、平壤、鎭南浦、新義州、元山、城津、淸津、十三處에ᄂ 理事官을 置ᄒ지라. 理事官은 統監의 指揮를 承ᄒ야 各該地方에 居留ᄒᄂ 日本人을 監督홈이 其職務니라. 理事官의 官衙를 理事廳이라 稱ᄒᄂ니 理事廳 잇ᄂ 곳은 大概 日本人이 多住ᄒᄂ 土地니라.
>
> 統監府ᄂ 設置된 後로 其日은 猶淺ᄒ나 韓國의 政治 敎育 農商工業은 漸次 改進ᄒᄂ 데로 向ᄒ얏ᄂ지라. 이 形勢로써 數十年을 經過ᄒ면 韓國은 全然히 面目을 一新ᄒ리로다.
>
> (「第十七課 統監府」,『보통학교학도용국어독본(普通學校學徒用國語讀本)』, 43면)

그리고 "통감부가 설치된 후"부터 한국의 정치, 교육, 농공상공업이 개선되었으며 "이 형세로 수십 년이 지나면 한국은 완전히 모습을 새롭게 할 것"(「통감부」)이라고 하여 통감 설치에 대한 긍정적 시선을 강화하고 있다. 다음으로 근대 실용 지식과 관련된 내용에서 일상을 영위하는 데 필요한 생활지식 수준으로 내용을 구성했다. 쌀과 보리, 나무와 꽃 등의 농작물이나 식물 등과 닭이나 오리, 소와 말, 누에와 꿀벌, 기러기 등에 관한 내용이 과학 지식의 대개를 이루고 있을 뿐이다. 수신 관련 내용 역시 주로 개인적인 덕성 함양과 위생이나 건강과 관련된 일상생활과 관련된 내용으로 구성되어 있다. 이 단원들은 주로 근면(「게으른 사람」)이나 탐욕에 대한 경계(「욕심 많은 개」), 정직, 순서, 효, 편협함에 대한 경계 등의 도덕 의식을 강조한 후 마지막에 당부나 요구(「박쥐 이야기」)를 덧붙이는 방식으로 기술되어 있다.

『보통학교학도용국어독본(普通學校學徒用國語讀本)』은 보통 교육 수준의 국문 교육과 범교과적인 지식을 전수하기 위한 독본 형식의 국어 교과서이다. 아울러 같은 『보통학교학도용국어독본(普通學校學徒用國語讀本)』이라는 제명을 달고 있지만 1권 표지의 '한국정부인쇄국인쇄'라는 표기와 2권 표지의 '대일본주식회사인쇄'라는 표기는 대한제국 학부의 국정 교과서로 편찬되었음에도 불구하고 일본의 통제 속에서 편찬된 교과서였다는 사실을 보여준다.

같은 시기의 『국어독본(國語讀本)』 역시 국어 교과서로서 1907년 대한제국 학부가 편찬하고 '대일본도서주식회사'에서 발행되었다. 1906년 보통학교령에 의한 4년제 보통학교에서 사용하기 위해 편찬했으며 제명에서 알 수 있듯이 독본 형식의 교과서이다. 같은 시기 『보통학교학도용국어독본(普通學校學徒用國語讀本)』이 1권 표지에 '학부 편찬', '한국정부인쇄국인쇄'로 표기되어 있는 것과 달리 『국어독본(國語讀本)』은 1권의 표지에 '학부 편찬', '대일본도서주식회사'라고 표기되어 있다.

 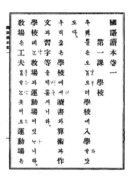

『보통학교학도용국어독본(普通學校學徒用國語讀本)』이 1권에서 국문 학습으로 시작하고 있는 것과는 달리 『국어독본(國語讀本)』은 1권부터 8권까지 학교, 우편국 등 근대 제도와 역사, 전통적 가치와 덕목을 내용으로 수록했다. 1권 첫단원인 「학교」는 "우리들은 오늘부터 학교에 입학하였다"고 하며, 학교에서 독서, 산술, 작문, 습자 등의 교과를 배운다고 소개하고 있으며, 2권의 마지막 단원인 「학년말」에서는 "작년 4월에 보통학교에 입학"한 후로 일어, 국어, 한문 등을 배웠다며 학생으로서 기쁨을 표현한다. 특히, 보통학교의 일본어 교육에 대하여 "지금은 숙습(熟習)되어 우리나라 언어와 같이 쉽도다 선생이 하는 말도 잘 들리고 우리가 하는 일어도 선생에게 능히 통하니 어찌 즐겁지 않으리오"라는 내용은 『국어독본(國語讀本)』이 1906년 보통학교령 이후 '대일본인쇄주식회사'에서 인쇄한 관찬 교과서의 성격을 잘 보여준다.

우리들이 昨年四月에 普通學校에 入學ᄒᆞ얏도다 我等이 처음 이 學校에셔 相面ᄒᆞᆯ 째ᄂᆞᆫ 서로 姓名도 모로더니 至今은 兄弟와 ᄀᆞ치 親ᄒᆞ도다.
先生이 敎授ᄒᆞᄂᆞᆫ 日語ᄂᆞᆫ 다만 奇怪ᄒᆞᆫ 것이라고 싱각ᄒᆞ얏더니 至今은 熟習되야 우리나라 言語와 ᄀᆞ치

쉽도다 先生이 니르는 말도 잘 듣니고 우리가 흐는 日語도 先生에게 能히 通흐는지라. 엇거 즐겁지 아니리오.

닑기 어렵던 漢文도 漸漸 쉬워지고 國語作文흐난 格式도 알고. 算術도 알기 쉬워지고 心算도 甚히 速 흐도다 學年初에 習字흔 것을 본즉 自己가 보아도 可히 우슬지로다 父母쯰셔 一年間에 민우 進就되얏 다고 稱贊흐시도다. (「학년말」, 『국어독본(國語讀本)』)

학교에 대한 학습은 「童子」, 「懶者」 등에서 학교와 교육의 중요성으로 반복적으로 연결되고, 특히 「우편국」, 「시계」, 「태양력」 등과 같이 근대 과학과 실용 지식에 대한 학습으로 확장된다. 『국어독본(國語讀本)』은 『보통학교학도용국어독본(普通學校學徒用國語讀本)』의 1권과 목차와 내용이 다르지만 6권 과 8권은 목차와 내용이 거의 동일하다. 8권의 경우, 1단원 「미술공예의 발달」부터 마지막 단원 「세계 의 강국」 등 전체 23개 단원의 순서와 내용이 동일하다.

4. 핵심어

보통학교학도용국어독본, 국어독본, 학부, 자모, 국어철자

5. 참고문헌

강진호, 「근대 국어과 교과서의 검정과 검열」, 『돈암어문학』 39, 2021.

김성기, 「보통학교 학도용 국어독본(1907)의 내용과 특성」, 『어문학논총』 36, 2017.

김혜련, 「국정(國定) 국어 교과서의 정치학−『보통학교학도용국어독본(普通學校學徒用國語讀本)』(학 부편찬, 1907)을 중심으로」, 『반교어문연구』 35, 2013.

『보통학교학도용수신서(報通學校學徒用修身書)』(권1-권4)

서 명 『보통학교학도용수신서(報通學校學徒用修身書)』(권1-권4)
저 자 학부(學部)
형 태 21.8×14.5(cm)
발 행 삼성당서점(三省堂書店), 1907, 1908년
소장처 국립중앙도서관, 규장각, 대구시립도서관

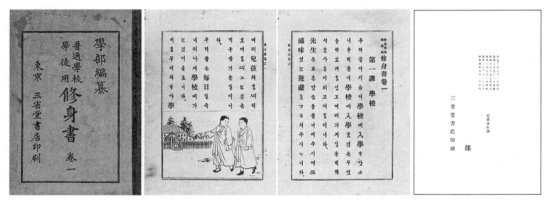

『보통학교 학도용 수신서』표지, 본문, 판권지

1. 개요

『보통학교 학도용 수신서(普通學校 學徒用 修身書)』의 권1에서 권3까지는 동경(東京)의 '삼성당서점'에서 1907년(光武 11年) 2월 1일에 초판 발행되었고, 권4는 같은 곳에서 1908년(隆熙 2年) 3월 1일에 초판 발행되었다. 학부가 발행을 주도한 수신 교과서로, 내용의 수준이 해당 연령대에 부합하고 삽화도 덧붙어 있는 등 교과용 도서로서의 외형적 측면은 갖추었으나, 충군·애국과 관련된 내용이 부족하고 대한제국에 대해서도 부정적인 이미지가 제공되는 등의 문제를 드러내고 있다.

2. 저자

학부(學部)는 1895년(고종 32) 4월에 설치되어 1910년 대한제국이 일제에 의해 강제병합되는 시기에 이르기까지 존속한 관청이다. 1894년 갑오개혁기에 예조가 맡았던 업무를 계승하였던 학무아문(學務衙門)을 개칭한 것이 시초이며, 학무아문은 1895년 2차 갑오개혁의 관제개혁 과정에서 8아문을 7부로 개편하면서 학부로 개칭되었다. 학부의 구체적인 기능은 현재의 교육부와 유사하다고 볼 수 있다. 관원으로는 대신 1인, 협판(協辦) 1인, 국장 2인, 참서관(參書官) 3인, 주사 11인을 정원으로 하였고, 그 뒤 1900년 참서관 1인을 증원하였다. 소속 관청으로 대신관방(大臣官房)·학무국(學務局)·편집국(編輯局) 등이 설치되었고, 관상소(觀象所)·성균관(成均館)·사범학교·중학교 등을 부속기관으로 관할

하였다. 학부 편집국은 교과·도서의 편집·번역·검정에 관한 사무를 관장한 부서이다. 따라서 갑오개혁기~대한제국기의 관찬 교과서 편찬의 주체는 학부 편집국이라고 할 수 있다.

3. 내용 및 구성

『보통학교 학도용 수신서』는 학부에서 발행을 주도한 수신 교과서들 가운데 유일하게 '수신서'라는 명칭을 붙이고 있기 때문에, 교과서의 성격 분류에 있어서는 별다른 의심의 여지가 없다. 내용은 국한문혼용체로 기술되어 있고, 전체 4개의 권으로 구성되어 있으며, 권마다 앞에 목차가 붙어 있다. 권1-2의 경우에는 책을 구성하는 행(15줄)과 열(8줄)의 수가 적고 국문의 비중이 높으나, 권3-4의 경우에는 행(18줄)과 열(10줄)의 숫자가 늘어나고 한자의 비중도 큰 폭으로 증가한다.『보통학교 학도용 수신서』 권1은 '학교(學校)'로부터 '약속(約束)'에 이르기까지 총 15개 주제[課]로 구성되어 있고, 권2는 '생물(生物)'로부터 '존덕(尊德) 이(二)'에 이르기까지 총 14개 주제로 구성되어 있으며, 권3은 '규칙(規則)'으로부터 '절제(節制)'에 이르기까지 총 13개 주제로 구성되어 있고, 권4는 '독립자영(獨立自營)'으로부터 '친구[朋友]'에 이르기까지 총 13개 주제로 구성되어 있다. 이 교과서는 경술국치(庚戌國恥) 이후 1911년에서 1912년에 조선총독부(朝鮮總督府)에서 다시 발행하는데, 식민주의 논리가 한층 강화된다.

서문이나 결문의 기능을 하는 부분은 별도로 없지만, 권1의 시작인 제1과 '학교'의 내용이 학교 입학과 관련된 것이고, 권4의 마지막인 제13과 '친구'의 내용이 학교 졸업과 관련된 것임을 고려할 때, 이 교과서의 내용이 보통학교에 입학하고 졸업하는 과정을 염두에 두고 구성되었음을 짐작할 수 있다. 보통학교에서 사용된 교재인 만큼 올바른 친구 관계를 맺거나 예절 있는 태도를 갖출 것을 거듭 언급하고 있고, 정직이나 절제, 박애 등의 가치에 대해서도 강조하고 있다. 일례로 친구 관계에 대해서 권1, 권2, 권4에서 지속적으로 거론하고 있는데, 권1의 제4과 '의좋은 친구'에서는 넘어진 한 친구를 도와주는 두 친구의 사례가 제시되어 있고, 권2의 제5과 '친구'에서는 청(淸)의 순거백(荀巨伯)이라는 인물이 도적의 침략과 위협에도 불구하고 친구의 곁을 지켜 도적을 감동시킨 사례가 수록되어 있으며, 권4의 제13과 '친구'에서는 졸업한 이후에도 서로 경계하고 가르쳐줄 이는 친구라는 점을 언급하면서 "하루아침에 친구의 우정을 깊이 맺은 후에는, 서로 신의를 지키며 이익을 꾀하여 사귄 정이 더욱 향하고 더욱 두터워지게 해야 할 것이다. 만약 혹시라도 친구가 과실이 있으면 충고로 선도할 것이요, 또 친구의 충고를 받거들랑 기쁜 마음으로 잘 듣고 좇는 것이 옳다. 시시하고 자질구레한 일의 실마리로 인하여 우정을 상하고 서로 질시하는 것은 소인의 행위다. 아무리 친한 친구라도 오랜 세월의 사이에는 피차에 불미스러운 일도 있는 것이다. 이와 같은 때에도 결단코 노하지 말고 서로 용서하여 의견이 맞지 않는 바를 차분하고 침착하게 말하는 것이 옳다."라고 하여 친구 관계에서도 조심해야 할 부분이 있음을 안내하고 있다.

『보통학교 학도용 수신서』에는 두 가지 특이점이 있는데, ① 첫째, 수록된 인물의 국적이 동서양에 걸쳐 다양하지만, 주목할 만한 한반도의 인물은 거의 없다. 중국의 인물에는 선진(先秦) 시기의 공자(孔子)와 자공(子貢), 증자(曾子), 인상여(藺相如), 염파(廉頗) 등과 당(唐)의 장공예(張公藝)와 장진국(張鎭國), 송(宋)의 사마온공(司馬溫公)과 여몽정(呂蒙正), 청의 순거백 등이 있고, 서양의 인물에는 미국의 워싱턴[華盛頓]과 프랭클린[흐란그린], 영국의 나이팅게일[나이딩겔], 스위스의 뒤낭[쥬난] 등이 있으며, 일본의 인물은 존덕(尊德)과 영목(鈴木) 정도이지만 분량으로 볼 때 비중 있게 다뤄지고 있음을 알 수 있다. 그러나 우리 역사에서 주목할 만한 인물로는 고려조의 서필(徐弼)이 제시될 뿐이다. (이외에도 권3의 제6과 '타인의 명예'에서 이응선(李應善)과 장구용(張九容)이라는 인물이 등장하지만, 우리 역사에서 주목할 만한 인물로 보이지 않는다.) 고려의 정치인이자 외교관이었던 서희(徐熙)의 아버지인 서필도 주요한 인물이지만, 교과서의 내용과 주제들을 보면 더 많은 한반도의 위인이 반영될 수 있었을 것인데도 그런 시도가 보이지 않는다는 점에서, 당시 교과서 발행에 통감부(統監府)가 깊이 관여했음을 간접적으로 파악할 수 있다. 훗날 조선총독부에서 다시 발행한 『보통학교 학도용 수신서』에서는 이 서필에 대한 내용조차 삭제된다. ② 둘째, 같은 맥락에서 충군·애국과 관련된 내용도 매우 부족하고, 심지어 대한제국에 대한 부정적 이미지가 다양한 방식으로 나타난다. 가령 권2의 제12과 '청결(淸潔)'에서는, 우리나라 사람들이 의복은 자주 세탁하지만 목욕은 적게 함을 지적하고, 또 "도로에 대소변을 누며 집 밖으로 대소변을 흘려보내어 악취가 코를 찌르게 하는 것은 문명국에서는 결코 없는 일이다."라고 하였다. 그리고 권3의 제4과 '적당히 근무(勤務)하고 적당히 유희(遊戲)함'에서는, 영국 사람들이 보여주는 바른 경우와 대비하여 "우리나라에서는 일을 하는 데 근면함도 없고 노는 데 즐거움도 없이 시간을 쓸데없이 허비하는 사람들이 매우 많아서, 일을 하든지 길을 가든지 긴 연죽을 입에 물고 나태함이 극도에 이르러 국민의 원기(元氣)가 떨치지 못하니, 이것은 하루라도 바삐 고칠 습관이다."라고 언급하였다. 이런 부분은 수록된 삽화들에서도 발견할 수 있는데, 근사하고 말끔하게 그려진 다른 국가와 관련된 삽화들과 비교하여, 대한제국과 관련된 삽화들은 왜곡된 형태이거나 다소 우스꽝스럽게 그려져 있기도 하다.

『보통학교 학도용 수신서』는 개인과 가정, 사회 유지와 관련된 기본 덕목들(효도, 우애, 의리, 공사 구별, 박애 등)을 교육한다는 측면에 있어서는 학부에서 발행한 수신 교과서들 중에서 상당히 높은 수준을 보여준다고 할 수 있다. 하지만 대한제국과 그 국민을 낮추어보려는 일본의 의도가 엿보이고, 당시 국내외의 정세를 극복하기 위해 요구되던 충군·애국 관련 내용과 제국주의에 대한 비판 의식을 북돋우는 내용이 대단히 소략하다는 점에서 한계를 드러낸다고 평가할 수 있다.

4. 핵심어

학교, 워싱턴[華盛頓], 존덕(尊德), 프랭클린(흐란그린), 위생

5. 참고문헌

박병기, 김민재 역, 『근대학부편찬수신서』, 소명출판, 2012.
김민재, 「개화기 '學部 편찬 修身書'가 지니는 教科用 圖書로서의 의의와 한계」, 『이화사학연구』 42, 2011.
강정구·김종회, 「식민화 교육 담론의 자체 모순과 혼란」, 『현대문학의 연구』 45, 2011.
강정구·김종회, 「식민주의 교육담론의 內的 矛盾」, 『어문연구』 39(4), 2011.

『보통학교학도용일어독본(普通學校學徒用日語讀本)』(권1-권8)

서 명 『보통학교학도용일어독본(普通學校學徒用日語讀本)』(권1-권8)

저 자 대한제국 학부

형 태 22×15(cm)

발 행 대한제국 학부, 권1-4 광무 11년(1907) 2월 1일, 권5-8 융희2년(1908) 3월 1일

소장처 국립중앙도서관

『일어독본』속표지, 첫 페이지

1. 개요

　『학부편찬 보통학교 학도용 일어독본(學部編纂普通學校學徒用日語讀本)』은 1906년 보통학교령이 공포되면서 초등교육 기관인 보통학교(1907~1910)에서 필수과목으로 선정한 일본어 수업시간에 사용할 교재로 학부(學部)에서 출판한 교과서이다. 이전의 전문 역관(譯官)을 위한 전문서적이 아니라 초등교육을 위해 국가가 최초로 발행한 기초 일본어 교과서라는 점에서도 중요한 가치를 지닌다. 당시 편찬인 교체로 인해 '일어독본'은 총 3종이 존재하나 여기에서는『학부편찬 보통학교 학도용 일어독본』을 중심으로 살펴본다.

2. 저자

　조선 말 대한제국 시기에 학무행정을 담당했던 학부에서 편찬하였다. 구체적으로는 교과서 편집, 번역 및 검정에 관한 사무를 관장했던 학부 편집국에서 편찬, 발행하였다.

3. 내용 및 구성

　주지하는 바와 같이 1904년 제1차 한일협약에 의해 고문정치(顧問政治)가 시작되고, 1905년 제2차 한일협약에 의해 조선은 일본의 보호국이 되었으며, 1906년 통감부 설치로 인해 1910년 한일병합 이

전부터 조선은 실질적인 일본의 지배하에 놓이게 된다.

허재영(2010)에 의하면 통감시대에 나타나는 일제의 식민 교육정책의 특징은 '노예 교육'과 '동화 교육'으로 요약할 수 있다. 노예 교육정책은 근대식 학제가 도입된 이후 설립되기 시작한 관공립 학교와 사립학교를 전면적으로 통제함으로써 한국에서 자생적인 교육이 이루어지지 못하게 하는 정책이며, 동화 교육 정책은 각종 학교령과 학교 규칙을 반포하여 일본어 보급을 확대하고 일본인 교사를 파견하여 한국 교육을 전면적으로 지배하고자 하는 정책이라고 할 수 있다. 이 과정에서 교과서편찬, 발행, 발매 등의 통제는 필수적인 사항이었다. 다만 이러한 정책은 통감부 산하 '학부'를 중심으로 진행되었기 때문에 표면상으로는 한국 정부가 학교와 교과서를 통제하는 것처럼 진행되었으나 실질적으로는 일제의 식민 교육 정책이 실행되는 과정에 불과하였다.

한편, 통감부 시기에 편찬된 '일어독본'은 총 3종이 존재하는 것으로 밝혀졌다.

첫째는 『학부편찬 일어독본(이하 학부본이라 칭함)권1-2』으로 학부편집국에서 출판한 것이다. 두 번째는 『학부편찬 일어독본(이하 오쿠라본이라 칭함)권1-4』으로 위의 책과 제목은 같으나 판권지를 살펴보면 학부편집국 출판이 아니라 오쿠라서점 인쇄로 되어 있다. 마지막으로 『학부편찬 보통학교 학도용 일어독본(이하 학도본이라 칭함)권1-8』이라는 제목으로 오쿠라서점 인쇄로 되어 있는 본이 있다. 이 3종의 '일어독본'을 판권지에 기록된 발행년도를 바탕으로 비교하면 '학부본'은 판권지가 없어 연도를 가름하기 어려우나 '오쿠라본'의 권1-4는 광무11년(1907)년에 편찬되었음을 알 수 있다. 이를 바탕으로 '학부본'은 1906년 무렵에 출판되었을 것으로 추정한다. '학도본'은 같은 해인 광무11년(1907) 2월에 권1-4가 발행되었고, 융희2년(1908) 11월에 5권에서 8권까지가 편찬, 발행되었다. 이를 통해 '학도본'의 권1-4는 '오쿠라본'을 그대로 차용하였을 가능성에 무게가 실린다.

『학부편찬 일어독본(학부본)』은 대한제국 당시 학무행정(學務行政)을 관장하던 학부(學部)에서 발행되었으나 일본인 학정참여관의 영향 아래 편찬이 이루어졌다. 을사조약(乙巳條約)이 체결된 1905년 11월 17일 당시 학부본청(學部本廳)에 근무한 일본인은 시데하라 다히라(幣原坦, 학정참여관), 우에무라 마사미(上邨正巳, 학정참여관 부통역관), 와타제 쓰네요시(渡瀨常吉, 학부 교과서편집 촉탁), 다카하시 도오루(高橋享, 학부 교과서편찬 촉탁)로 4명 가운데 통역관을 제외한 나머지 3명은 모두 교과서 편찬 관계자였다고 한다. 기록에 의하면 이 당시 시데하라 다히라는 『학부편찬 일어독본(학부본)』의 권1, 2를 완성한 것으로 보인다. 편찬이 시급하게 이루어졌기 때문에 편찬취의서(編纂趣意書)와 교수 세안(敎授細案)이 별도로 제작되지 않아 정확한 편찬 경위와 방침은 알려진 바가 없다. 『학부편찬 일어독본』이 시급하게 발행되었던 이유는 을사조약(乙巳條約, 1905)에 의하여 한국에 통감부(統監府)가 설치되면서 학부관제(學部官制)가 개정되었기 때문이다.

한편, 이후 통감(統監)으로 부임한 이토 히로부미(伊藤博文)는 교과서 편찬 추진이 지연되자 시데하라(幣原坦, 학정참여관)를 행정력 무능으로 해임하는 동시에 새로운 학정참여관(學政參與官)으로 동경고등사범학교(東京高等師範學校) 교수인 미쓰지 쥬조(三土忠造)를 임용하여 정책에 부합하는 교과서 편찬에 힘을 기울였다. 『학부편찬 일어독본(학도본)』은 이와 같은 역사적 배경으로 『학부편찬 일어독본(오쿠라본)』을 바탕으로 일본인 학정참여관의 지휘 아래 편찬된 최초의 일본어 교과서이다.

그렇기 때문에 우에다 타카히로(上田崇仁, 1999)에 의하면 3종의 내용상의 차이는 크게 보이지 않는 것으로 나타난다. 접속사 혹은 한자의 수정 이상의 큰 변화는 없다. 또한, 1910년 한일병합 이후의 혼란기에 교과서 편찬 과정에서 『학부편찬 보통학교 학도용 일어독본(학도본)』의 일부 내용을 수정하여 『정정 보통학교 학도용 국어독본(訂正普通學校學徒用國語讀本)』으로 편찬하여 1911년 제1차『보통학교 국어독본』이 편찬되기까지 사용하였다.

각 권의 자세한 내용에 대해서는 김보예(2014)를 통해 살펴볼 수 있는데『학부편찬 보통학교 학도용 일어독본』의 본문은 표제어 '第一課' 제시 후 신출 어휘가 나오고 본문 내용을 도입하는 형태로 학습주제와 목표를 사전에 인지할 수 있는 구조로 되어있다. 또한, 연습문제를 수록하여 학습자의 반복 학습을 통한 실력 향상을 도모하고 있다.『학부편찬 보통학교 학도용 일어독본』이 이후 발행되는『보통학교 국어독본』과 가장 큰 차이를 보이는 점은 바로 제1과부터 한자가 사용된 점이다. 일반적으로 조선총독부에서 발행한『보통학교 국어독본』권1의 제1과는 가타카나어로 시작하는 것이 대부분이다. 현대에 와서는 히라가나를 먼저 학습하고 가타카나를 외우는 것이 일반적이지만 일제강점기『보통학교 국어독본』은 초기에는 가타카나 단어를 먼저 외우는 방식으로 학습이 이루어졌다. 그러나『학부편찬 보통학교 학도용 일어독본』과『정정 보통학교 학도용 국어독본』은 한자어로 시작되고 있다. 당시 보통학교에 입학하는 연령은 8-12세였으나 한국의 실정을 감안하여 만 14세까지 입학을 허용하였다고 한다. 당시 한국인 가운데에는 서당 등에서『천자문』,『논어』등을 통해 한자를 수학하고 보통학교에 입학하는 사례가 많았는데 이러한 이들을 위해 그들에게 익숙한 한자어를 먼저 익히는 방식으로 교과서가 구성되었다.

『학부편찬 보통학교 학도용 일어독본』은 권1 39과, 권2 28과, 권3 25과, 권4 26과, 권5 30권, 권6 22과, 권7 20과, 권8 20과로 총 210과로 구성되어 있고, 그 중 삽화는 권1에는 15개, 권2 17개, 권3 13개, 권4 13개, 권4 14개, 권6 10개, 권7 13개, 권8 9개로 총 104종이 수록되어 있다.

『학부편찬 보통학교 학도용 일어독본』권1의 본문에 등장하는 인명, 지명, 삽화의 배경은 대부분 한국을 중심으로 편찬되었다. 학습대상자가 한국인임을 고려하여 친근감 형성을 위해 의도적으로 등장인물 및 배경을 한국으로 선정한 것으로 생각된다. 문자는 한자와 가타카나만 제시하여 학습에 대한 부담감을 줄이고 문체는 경체(敬體)로 통일하여 학습 분량이 과하지 않도록 편찬되어 있다. 권2의 주요 수록 내용은 권1과 유사한 점이 많다. 본문은 한자 가타카나 혼용문으로 구성되어 있으므로 문자 교육은 한자와 가타카나를 중심으로 이루어졌음을 알 수 있다. 문자는 이로하(伊呂波)순서가 아니고 50음도 순서로 제시되고 문체는「です, ます, ございます」체인 경체(敬體)로 통일하고 있으며 숫자 학습을 주요 학습사항 가운데 하나로 삼고 있다. 권3에서는 새로운 문자를 학습하며 외래어가 처음으로 등장한다. 새로운 문자는 히라가나로 권3의 제2과부터 나타나는데 본문이 끝난 후에 히라가나로 된 단어를 2~3개씩 제시하는 방식을 취하고 있다. 권3에 쓰인 히라가나는 문자 학습을 위한 것이므로 본문은 한자 가타카나 혼용문으로만 되어 있다. 권4부터는 한자 가타카나 혼용문과 한자 히라가나 혼용문을 병용하여 본문에 제시하고 있다. 당시 일본에서 일반적으로 통용되는 문서는 가타카나와 히라가나 양 문자를 모두 사용하였으므로, 양 문자의 중요성을 인식하고『학부편찬 보통학교 학도용 일어독본』편찬에 있어서 각각의 혼용문을 수록한 것으로 보인다. 권5에서는「インド」가 신출외래어로 등장하는데 표기에 있어서 본문은 히라가나로 수록되어 있지만 외래어만은 가타카나로 표기하고 있다. 이는 이전에 등장한 외래어「ステーション」과「マッチ」가 본문에 표기된 가타카나를 사용하여 수록하는 것과 대조된다. 1900년대 이전까지의 일본어 학습서는 일본과 한국의 관계를 주로 다루었는데『학부편찬 보통학교 학도용 일어독본』에서는 일본 이외의 나라를 주제로 한 내용이 수록되기도 한다. 당시 서양 열강에 대한 이해를 넓히고자 했던 것으로 파악된다. 권1에서 권3까지는 인물의 행동 양상을 묘사 설명하는

표현에 대하여 학습하고 권4에서 권5에 걸쳐서는 자신의 경험을 이야기하는 본문이 늘어나며, 권6에 들어서는 타인에게 구체적이고 논리적으로 자신의 의견을 전하는 본문이 수록되면서 여러 상황에서 의사소통이 원활히 이루어지도록 다양한 내용의 본문을 제시하고 있다. 권7에서는 일본을 소개하는 본문이 다수 출현하며 본문 주제에 맞추어 근대화된 일본 마을의 전경을 삽화로 수록하고 있다. 권8의 특징적인 주제로서는 권7에 이어 1900년대 초기에 일어난 역사적 사건인 천진조약(天津條約), 러일전쟁(露日戰爭), 청일전쟁(淸日戰爭)에 관한 글이 실려있다. 그러나 그 내용은 일본이 승리한 부분만을 주로 다루고 있으며, 전쟁 발발의 배경 또한 일본 측의 입장에 유리하게 서술되어 있어 왜곡된 역사관을 심어주고 있다.

4. 핵심어

일어독본, 보통학교 국어독본, 대한제국 학부, 통감부, 한일병합, 일제강점기 국어교육정책

5. 참고문헌

김보예, 「학부편찬『일어독본의 연구-일본어교육의 관점을 중심으로-』」, 고려대학교 대학원 박사학위 논문, 2014.

우에다 타카히로, 「植民地朝鮮における言語政策と「国語」普及に関する研究」, 広島大学審査学位論文, 1999.

허재영, 『통감시대 어문교육과 교과서 침탈의 역사』, 경진, 2010.

『보통학교학도용한문독본(普通學校學徒用漢文讀本)』(권1-권4)

서 명	『보통학교학도용한문독본(普通學校學徒用漢文讀本)』(권1-권4)
저 자	학부(學部)
형 태	14.9×22.1(cm)
발 행	학부, 1907년(권1, 권2), 1910년(권3), 1909(권4)
소장처	국립중앙도서관

『보통학교학도용한문독본』 권3 표지, 본문, 판권지

1. 개요

『보통학교학도용한문독본(普通學校學徒用漢文讀本)』(4권)은 '박문관'에서 1907년 2월 1일에 초판 발행되었다. 권1, 권2는 1907년에, 권3은 1910년에, 권4는 1909년에 발행되었다. 1906년 보통학교령 (普通學校令)에 따라 설치된 초등교육기관에 해당하는 보통학교(普通學校)에서 사용할 목적으로 편찬된 한문 교과서로, 기초적인 한자와 한문 문법, 생활 한문과 고전 한문을 아울러 수록하였다.

2. 저자

통감부(統監府) 학부(學部)는 오늘날의 교육부에 해당하는 기관으로, 1895년(고종 32) 4월에 설치되어 1910년 경술국치에 이르기까지 존속하였다. 학부 소속 관청 중의 하나인 편집국(編輯局)이 교과 (敎科)·도서(圖書)의 편집·번역 및 검정에 관한 사무를 관장하였다는 점에서 『보통학교학도용한문독본』의 저자는 통감부 학부 편집국이라 할 수 있다. 임상석에 의하면, 『보통학교학도용한문독본』은 당시 학부의 서기관이었던 미쓰지 추우조[三土忠造]의 지휘로 발간되었다고 보이지만, 그가 한문 교과서를 직접 편찬한 기록을 확인할 수 없다는 점을 감안하면 편찬의 실무는 다른 인사들이 담당했을 확률이 높다.

보통학교학도용한문독본 **47**

3. 내용 및 구성

『보통학교학도용한문독본』은 1906년 <보통학교령(普通學校令)>에 따라 설치된 초등교육기관인 보통학교(普通學校)에서 사용할 목적으로 편찬된 한문 교과서이다. 권1은 52과, 권2~권4는 각 41과로 구성되어 있다. 이 책은 서문이나 범례 등이 따로 없어 편찬 목적이나 의도를 표면적으로 적시하지 않았다. 또한, 이 책은 단원명을 달지 않고 출전을 밝히지 않았는데, 이는 총독부가 이후 편찬한『조선어급한문독본(朝鮮語及漢文讀本)』의 한문부(漢文部)가 단원명을 달고 출전을 밝힌 것과 구별된다.

권1은 한문의 기초문법서의 성격을 띠고 있다. 제1과와 제2과에서는 일(一)에서 십(十), 일(日) 월(月) 산(山) 천(川) 등 기초적인 낱글자로 구성하였다. 제4과 이후로는 사방(四方), 일월(日月), 산천(山川) 등 2자 조어, 고산(高山) 청수(淸水) 등과 같이 수식 관계를 보여주는 2자 조어, 산고(山高) 수청(水淸) 등과 같이 주술 관계를 보여주는 2자 조어, 남산고(南山高) 하수청(河水淸) 등과 같이 수식 관계와 주술 관계가 복합된 간단한 문장을 제시하여 점차 학습의 수준을 상향하였다. 제24과와 제25과에서는 왈(曰)의 용법을, 제26과에서는 '형은 아우를 사랑하고, 아우는 형을 공경한다(兄愛弟, 弟敬兄)'와 같이 간단한 대구를 구성하였다. 이처럼 권1은 한문의 기초문법서의 성격을 띠고 있다.

이 책의 주요한 특징 중 하나는 당대 물상이나 학교생활을 담은 예문을 일부 섞어서 통감부 시절의 교육을 반영한 점이다. 예를 들면, 제28과의 "오전 9시에 경성을 출발하여 오후 5시에 평양에 도착한다(午前九時發京城, 午後五時着平壤)", 제32과의 "동경은 우리나라의 수도이다. 경성은 조선의 제일 도회이다(東京我國之首府也, 京城朝鮮第一都會也)"와 같이 식민지 현실을 반영하고 있다. 또한, 제31과의 "학도들이 책을 펼치고 일제히 읽는다. 선생님이 질문하면 학도가 대답할 수 있다.(學徒開卷一齊讀之, 先生發問, 學徒能答之)", 제40과의 "남자는 8세가 되면 모두 보통학교에 입학한다. 박군은 16세에 처음 실업학교에 입학하였다.(男子八歲, 則皆入普通學校. 朴君十六歲, 始入實業學校)"와 같이 통감부 시대의 학교 교육을 강조하였다.

권1의 제39과부터 고전에서 선발한 한문 문장이 나타나기 시작한다. "공자는 이름이 구이고, 노나라 사람이다. 맹자는 이름이 가이고 추나라 사람이다(孔子名丘, 魯人也. 子名軻, 鄒人也)"가 그 첫 예문이다. 이후 좌정관천(坐井觀天), 호가호위(狐假虎威) 등의 고사를 설명한 비교적 짧은 문장을 제시하거나『논어』<공야장(公冶長)>에 출전을 둔 '回也聞一以知十'과 같이 비교적 쉬운 문장을 경서류에서 선발하였다. 제51과는『몽구(蒙求)』의 '왕람우제(王覽友弟)'의 앞 단락을 절록하였고, 제52과는『한서(漢書)』의 <주매신전(朱買臣傳)>을 절록하였다. 이같은 중국 고전 선발이라는 특징은 이 책이 한문 교과서이면서 수신서(修身書)의 성격을 띠고 있다는 사실과 연관된다. 권2~권4는 중국의 옛 전적에서 선발하였는데, 주로 충효, 우애, 인의, 절개 등의 전통적 윤리관을 내용으로 하였다.『소학(小學)』,『명심보감(明心寶鑑)』,『논어』,『맹자』,『순자(荀子)』,『장자(莊子)』,『근사록(近思錄)』 등에서 문장을 선발하였다.

이 책의 세 번째 특징으로는 임상석(2016)도 지적하였듯이, 보통학교 학생들에게 상당히 어려웠으리라 짐작되는 중국 고전을 활용한 점이다. 그 예로, 제27과 "제 경공이 사냥을 나가 산에 올라 호랑이 보니(齊景公出獵, 上山見虎)"로 시작한 예문을 들 수 있다. 이 예문의 출전은 서한(西漢)의 학자인 유향(劉向)이 편저한『설원(說苑)』으로, 일반적으로 전통적인 한문 교육에서도 어린 학생들이 접하기 쉽지 않은 문헌이다. 제30과는『후한서(後漢書)』<고봉열전(高鳳列傳)>을, 제36과는『삼국지(三國志)』위서(魏書) <사마지전(司馬芝傳)>이 출전인데, 이 역시 보통학교 학생들이 학습하기에는 상당히 어려운 문장으로 보인다.

기초문법서의 성격을 띤 권1을 제외하면, 이 책은 대체로 선진(先秦) 시대에서 북송(北宋)시대에 이르는 시대를 단원의 무대로 삼았다. 고대 중국의 교훈과 고사를 위주로 편찬된 이 통감부의 한문독본에는 학습자의 주의를 당대 식민지 모순으로부터 돌리게 하려는 의도가 분명하게 나타난다. 이 책은 총독부의 『조선어급한문독본』이 출간되는 1913년 이전까지 보통학교 한문독본으로 사용되었으며, 총독부 체제에서 5판까지 발행되었다.

4. 핵심어

보통학교학도용한문독본, 학부, 논어, 맹자, 장자, 근사록(近思錄), 몽구

5. 참고문헌

임상석, 「統監府 發行 "普通學校 漢文讀本"의 성격과 배경－계몽기 한국 독본과의 비교연구－」, 『대동한문학』 제49집, 대동한문학회, 2016.

『사민필지(士民必知)』

서 명 『사민필지(士民必知)』
저 자 호머 헐버트(Hulbert, H.B.)
형 태 본문 50장 18×28(cm)
발 행 1889년
소장처 성신여대 중앙도서관, 고려대 중앙도서관(한글본)
／ 국립중앙도서관, 한국학중앙연구원, 서울대 규장각(한문본)

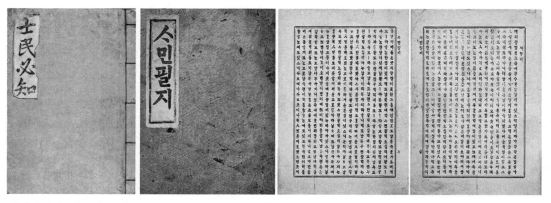

『사민필지』한문본 표지　　　　　　『사민필지』한글본 표지, 본문

1. 개요

　『사민필지(士民必知)』는 1890년부터 1909년까지 약 19년간 총 네 가지 판본이 출간되었다. 첫 번째 판본은 1890년 헐버트가 간행한 것으로 '초판본『사민필지(士民必知)』'이고 두 번째 판본은 1895년 김택영이 한역한 '한역본『士民必知』'(이하 한역본)이다. 세 번째 판본은 초판본『사민필지』를 1906년 헐버트가 개정간행 한 것으로 '개정본『사민필지』'(이하 개정본)이며 마지막 네 번째 판본은 1909년 오성근이 위임 간행한 '3판본『사민필지』'(이하 3판본)이다. 『사민필지(士民必知)』는 한국 최초의 근대적 공립학교인 육영공원(育英公院)의 교사 헐버트가 세계의 지리와 문화를 소개하는 내용을 담아 저술한 우리나라 최초의 한글 교과서이자, 세계지리 교과서이다.

2. 저자

　호머 헐버트(Hulbert, H.B.)는 1886년 한국 최초로 설립된 왕립영어학교인 육영공원의 교사이다. 육영공원은 1886년 고종의 직접지시에 의해 미국을 통한 새로운 서양식 문물을 받아들이려고 설립된 기관이며, 호머 헐버트는 이곳의 미국인 교사 세 명 중 한 사람이었다. 『사민필지(士民必知)』는 헐버트가 직접 제작한 한글지리·역사교과서이다. 또 이『사민필지(士民必知)』를 의정부 편사국 김택영이 1895년도에 교과서로 활용하기 위한 목적으로 한역하기도 했다. 헐버트는 단순한 지식 전달자로서 교사가 아닌 한국인이 알아야 할 지식을 한국의 언어로 생산하는 주체로 활약하였고, 한글 지리·역사 교과서로 처음 작성된『사민필지(士民必知)』가 이러한 사실을 방증한다. 헐버트에 의해 생산, 소개된 서양의 지식은 한국 정부의 학부가 이를 다시 한문으로 번역해 간행할 정도로 중요하게 인식한 것이었다.

헐버트는 당시 한국인들에게 가장 필요한 교과목은 지리학이며, 여기에는 정치·산업·교육·종교·군사·식민지 등 정치지리와 인문지리 내용이 포함되어야 한다고 생각했다. 이를 위해 'Whitaker's Almanack'과 'Statesman's Year-book'을 저본으로 삼았다. 서문을 통해 지금의 정세는 예와 크게 다르며 교접국과 사람·물건·풍속을 교류하는 세상이 되었기 때문에 천하 형세에 대한 공부가 필요하다고 말하면서『사민필지』편찬의 목적을 분명히 하고 있다. 또한 한국의 언문이 지식 습득에 쉽고 편하기에 이 우수한 언어를 통해 세계 각국의 지도와 풍속을 정리하였다고 언급하며, 한글로 편찬한 이유를 밝히고 있다.

3. 내용 및 구성

한국 최초의 근대적 교육행정 정부 기구인 학부는 1894년 갑오경장을 계기로 설치되었다. 이는 1차 갑오개혁기의 학무아문을 계승한 것이었다. 학부는 당시 국가적인 차원에서의 교육의 근대화와 국민의 계몽 및 개화를 실행하는 중요한 기관으로서, 일제의 강제합병 전까지 한국 교육의 근대화에 있어서 일정한 역할을 수행하였다. 가장 중요한 역할 중 하나는 교과서의 편찬과 이를 통한 근대식 교육의 실행이었다. 1895년~1905년 기간 동안 학부는 총 41종의 도서를 출판 했는데, 비중으로 보면 지리와 역사 관련 도서들이 가장 많다. 지리서적(교과서)은 소학만국지지(小學萬國地誌), 조선지지(朝鮮地誌), 여재촬요(輿載撮要), 지구약론(地球略論), 사민필지(士民必知), 대한지지(大韓地誌), 중등만국지지(中等萬國地誌) 등 모두 7종이다.『사민필지(士民必知)』는 지리서적 중 하나로 세계지리서이다. 고종실록에는 학부의 고시 4호의 내용이 담겨 있다. 당대 실용적인 내용을 담고 이를 통해 국민 교육과 영토에 대한 이해를 도우려는 목적 아래 다음과 같은 내용들이 고시되었다.

"교육은 개화(開化)의 근본이다. 나라를 사랑하는 마음과 부강해지는 기술이 모두 학문으로부터 생기니나라의 문명(文明)은 학교의 성쇠에 달려 있다. 지금23개 부(府)에 아직 학교를 다 세우지 못하씀지만 우선 경성(京城) 안에 장동(壯洞), 정동(貞洞), 묘동(廟洞), 계동(桂洞) 네 곳에 소학교(小學校)를 세워 아동을 교육하는데 정동 이외의 세 곳에 있는 학교는 건물이 좁기 때문에 장동의 학교는 매동(梅洞)의 전(前) 관상감(觀象監)으로, 묘동의 학교는 혜동(惠洞)의 전(前)혜민서(惠民署)로, 계동의 학교는 재동(齋洞)으로 옮겨 설치하라. 학생은 8세 이상 15세까지 더 모집하고 그 과정은 오륜 행실(五倫穠實)로부터《소학(小學)》과 우리나라 역사와 지리, 국문, 산술 그 외에 외국 역사와 지리 등 시의(時宜)에 맞는 책을 일체 가르치면서 헛된 형식을 버리고 실용을 숭상하여 교육을 완전하게 하기에 힘써라"　　　　(고종 33권, 32년(1895 을미 / 청 광서(光緒) 21년) 9월 28일(을축) 1번째기사)

『사민필지(士民必知)』는 1890년부터 1909년까지 약 19년간 총 네 가지 판본이 출간되었다. 첫 번째 판본은 1890년 헐버트가 간행한 것으로 '초판본『사민필지(士民必知)』'이고 두 번째 판본은 1895년 김택영이 한역한 '한역본『士民必知』'(이하 한역본)이다. 세 번째 판본은 초판본『사민필지』를 1906년 헐버트가 개정간행 한 것으로 '개정본『사민필지』'(이하 개정본)이며 마지막 네 번째 판본은 1909년 오성근이 위임 간행한 '3판본『사민필지』'(이하 3판본)이다.

1880년대 한국 근대 교육의 성립기에 설립된 민간학교나 선교 계통의 학교에서는 신교육의 내용에 맞는 교과서를 필요로 했다. 전통 교육에서 탈피하여 근대 교육으로 나아가는 과정에서 과거의 교육기관에서 사용되어 온 교재가 아닌 새로운 교재를 필요로 한 것이다. 그러나 이 시기에 설립된 학교에서는 교과서의 편찬이 계획적으로 이루어지지 못했다. 당시 학교의 교육활동이 교육과정에 의해 이루어지지 않았고, 학제에 따라 학교가 운영된 것도 아니기 때문이었다. 그리고 당시의 여러 여건상 교과서를 새롭게 편찬하는 일은 불가능한 일이었다. 이렇듯 교과서 제작과 사용이 제한적인 상황에서, 당시 중국이나 일본에서 수입되어 서양의 신문물을 소개하는 도서들 그 자체가 교과서의 역할을 하기도 했으며, 서양인 교사들이 소지한 도서나 직접 그들이 작성한 노트가 주된 교과서로 활용되었다. 육영공원의 교사 헐버트가 교과서로 사용하기 위해 순 한글로 저술한『ᄉ민필지』도 이러한 상황에서 만들어진 것이다. 이 책은 서양에 대한 학생들의 호기심에 호응하여 세계의 역사와 지리에 관한 내용을 정리한 것이다. 후에 한문으로 번역되기도 하였으며 많은 신식 학교에서 교과서로 활용하였던 것으로 보아 한국 최초의 근대적인 교과서라고 할 수 있다.

『사민필지(士民必知)』초판본은 지리학과 역사 등 교육에 필요한 저작을 일반인들이 알기 쉽게 번역하고자 했던 헐버트의 의도를 담고 있다. 당시 한국인들에게 가장 필요한 교과목으로서 지리학을 기본으로 삼고 정부와 세입, 산업, 교육, 종교, 군사, 식민지와 더불어 기타 주요 문제를 담은 자세한 것이어야 한다고 판단하고 이를 위해 영어로 되어 있는 지리과학적 용어 등을 한국어로 번역해 사용하였다. 이 책은 1895년 육영공원이 폐원된 이후에도 내용의 간결성과 중요성 때문에 많이 활용될 정도로 대중적 인기를 누렸다. 이후 갑오경장 당시 김홍집이 김택영에게『사민필지』의 한역을 지시하였다는 기록이 있다. 한역본『士民必知』는 초판본을 토대로 유교중심주의적 사상을 가진 보수관료에 의해 간행되면서 그들의 정치적 이해와 국정운영의 상이 담긴 교과서가 되었다. 헐버트는 1902년 한국에서 새로운 한글 교과서 12종을 기획하고 이를 간행할 구상을 수립하였고, 1905년『사민필지』의 개량증보 작업을 추진해 1906년 개정본을 간행할 수 있었다. 이 개정본은 1907년 2월 1일『황성신문』에서『개량 사민필지』라는 이름으로 판매 광고가 되기도 하였다.

헐버트와 김택영의 교과서를 상호 비교하면 양자의 차이를 쉽게 알 수 있다. 헐버트는 새로운 국제질서 아래에서 세계 각국과 교통하고 통상하기 위해 꼭 필요한 각국의 역사와 지리정보를 한국인에게 손쉽게 가르칠 수 있는 언문으로 교과서를 작성하였다. 반면, 김택영은 언문의 우수성을 배제한 채 전통적 교육 도구인 한문을 통해 한국을 포함해 아시아를 독자층을 대상으로 지식을 전달하고자 하였다는 사실을 파악할 수 있다. 헐버트의 초판본은 서양의 지식을 언문이라는 새로운 언어로 재창출해낸 작업이었고 한역본은 이를 한국 문식자들에게 전달하기 편한 한자식 표현으로 개념화하는 작업이었다. 또 한역본에 반영된 당시의 한자어 개념은 개정본과 3판본에 영향을 끼치며 사회화되는 과정을 거친다. 즉 서양인에 의해 생산된 지식이 한국인에 의해 변용되었으며 나아가 순국문 초판본『사민필지』가 국한문 병용의『사민필지』로 재탄생하게 되는 것이다.

원래 헐버트가 1890년 간행한『사민필지』는 인류의 보편적 가치를 추구한 교과서이고, 한국의 지배계급에게 필요한 권력화된 지식을 제공하는 도구가 아니었다. 하지만 학부의 보수적 지배자들은『사민필지』를 바탕으로 언어·지식 권력을 공고히 하는『士民必知』를 간행했다. 한역본이 국가에 의해 교육

기관에 본격적으로 유통·활용되면서 근대 지식은 변용·정착되었다. 유통·활용 과정에서 개정본 및 3판본『사민필지』는 개념을 점차로 수정하고 당시의 시대적 상황을 반영하는 양상을 띠었다. 결국 근대 교과서의 시초라 할 수 있는『사민필지』는 단순히 서양의 지식을 모방한 것이 아니라 개화기 한국의 전통적인 교육을 근대적 지식체계에 맞게 재해석하고 변용하는 과정에서 탄생한 것이다. 특히 이러한 지식 창출과 변용 그리고 사회화 과정이『사민필지』초판본과 한역본 그리고 개정본 및 3판본으로 이어지는 과정에서 잘 나타난다고 할 수 있다.

『사민필지』는 범례나 목차가 없이 태양계를 그린 그림으로 시작한다. 그림에 이어 지구를 의미하는 '땅덩이'를 기술하고 지구의 서반구와 동반구 지도를 첨부하였다. 다음으로 유럽대륙지도가 등장하며 유럽국가부터 기술하였다. 당시 다른 세계지리교과서는 우리나라와 중국, 일본부터 기술한 것에 비해 서양인의 시각에 입각하여 유럽부터 기술한 것으로 보인다. 국가별 내용을 살펴보면, 건국과 관련한 역사를 가장 먼저 제시하고 국가별로 약간의 차이는 있지만 대체로 위도와 경도를 포함한 위치·면적·수도를 포함한 도시에 대한 설명·지리지형과 국경선·산업(생산물)·인구·인종·언어·수출입품과 수출입액·정치체제·형벌·국민의 신분·학업·종교·세금제도·군사제도·군사력·철도와 도로·풍속 등을 서술하였다.

『사민필지』는 육영공원 폐원 이후 설립된 한성사범학교 등 헐버트가 교사로 근무하던 학교를 비롯해 서양 선교사들이 소속된 학교에서 주로 활용된 것으로 보인다.『사민필지』는 한국 최초의 근대 교과서라는 교육사적 특성과 개화기라는 사회적 상황에서 중요한 의미를 가지는 지리·역사교과서라는 점, 그리고 언문 작성이라는 어학적 요소, 선교사에 의해 간행되었다는 점에서 근대성과 종교적 특수성 등을 반영하는 매우 중요한 의미를 갖는 교과서이다.

4. 핵심어

텬하 형세, 텬하 만국이 언약, 각국 일홈, 디방, 국정과 국셰, 국직와 군ᄉ, 풍속과 학업, 도학의 엇더홈, 외국 교졉

5. 참고문헌

서태열,「개화기 학부발간 지리서적의 출판과정과 그 내용에 대한 분석」,『사회과교육』52(1), 53-69, 2013.

최보영,「『사민필지』의 간행·한역과 근대 지식의 변용」,『역사와 세계』57, 181-206, 2020.

『서례수지(西禮須知)』, 『셔례슈지』

서 명　『서례수지(西禮須知)』, 『셔례슈지』
저 자　존 프라이어(John Fryer, 중국 이름은 傅蘭雅)
형 태　23.7×15(cm)
발 행　학부편집국(學部編輯局), 1902년
소장처　단국대학교 율곡도서관(한문본), 서울대학교 중앙도서관(한글본)

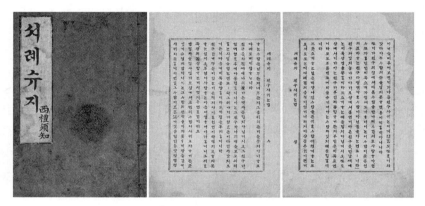

『셔례슈지』 표지, 본문

1. 개요

　『서례수지(西禮須知)』는 '학부편집국(學部編輯局)'에서 1902년(光武 6年) 8월에 한문본이 중간(重刊), 한글본이 신간(新刊)되었으며, 한문본의 신간은 1896년에 이루어진 것으로 추정된다. 원저자는 영국의 선교사였던 존 프라이어(John Fryer, 중국 이름은 傅蘭雅)이고, 그가 이 책을 지은 본래 목적은 서양의 예법을 중국에 소개하기 위해서였다. 따라서 처음에는 중국에서 발행되었던 것을 학부편집국에서 한문본(『西禮須知』), 한글본(『셔례슈지』)의 두 종류로 나누어 발행한 것이다.

2. 저자

　존 프라이어는 선교사이자, 번역을 통해 서양의 과학을 중국에 전파한 인물로 널리 알려져 있다. 1839년에 영국에서 성공회 목사의 아들로 태어났으며, 부모의 영향으로 어릴 때부터 중국 선교에 대한 준비를 할 수 있었던 것으로 보인다. 1860년에 런던의 하이버리(Highbury) 사범대학을 졸업하였고, 곧 홍콩의 성바오로 서원의 교장으로 부임했다. 종교적·신학적인 방식의 선교보다는 교육적인 선교에 관심이 있었던 프라이어는, 1863년에는 북경의 동문관(同文館)에서 영어를 가르쳤고, 1865년에는 상해의 영화(英華) 서원에서 교장을 지냈다. 1866년에는 <상해신보(上海新報)>의 편집장을 맡았으며, 당시 과학교육을 장려하던 중국의 교육 분위기에 맞추어 서양의 과학서적들을 번역, 소개했다. 1868년부터는 상해에 설치된 군기 공장인 강남제조국(江南制造局)의 번역관으로 일했고, 이후 1896년 미국의 캘리포니아(California) 대학교 버클리(Berkeley) 분교로 갈 때까지 대략 28년 동안 많은 번역서들을 내어 놓았다. 강남제조국의 번역관 일을 하는 와중에 1876년에는 과학 잡지인 <격치휘편(格致彙編)>의 발행을 주도했고, 교육기관인 격치 서원 및 서점인 격치 서실의 개원에도 적극적으로 참여했다. 그리고 1877년부터는 교과서 발간을 주요 임무로 삼았던 익지서회(益智書會)에서 편집을 맡아 보았으며, 미국으로 간 다음에도 중국의 교육에 지속적인 관심을 보였다. 덧붙여 1895년에는 대중의 계몽을 위해 소설 창작 공모를 하는 등 중국 근대화에 적지 않은 기여를 했고, 양계초(梁啓超)에게도 영향을 미쳤으며, 1928년에 사망하였다.

3. 내용 및 구성

『서례수지』는 본래 존 프라이어가 1866년에 저술했던 것을 중국의 번역가 겸 평론가 왕도(王韜)가 서문을 붙여 1886년에 상해의 격치 서원에서 발행한 것이다. 학부편집국에서 중간 및 한글화한 『서례수지』가 바로 이 격치 서원에서 발행한 서적이다. 중간된 한문본 『서례수지』와 신간된 한글본 『셔례슈지』는 모두 단권으로 이루어져 있는데, 먼저 한문본은 「총설(總說)」, 「결교(結交)」, 「연객(宴客)」, 「배객(拜客)」, 「담서(談敘)」, 「용어(用扵)」, 「의식(衣飾)」, 「취악(取樂)」, 「영사(零事)」의 순서로 구성되어 있고, 한글본은 「총론」, 「친구 사귀는 법」, 「손님을 청하여 잔치하는 법」, 「친구 찾는 법」, 「친구와 수작하는 법」, 「담배 먹는 법」, 「의복 입는 법」, 「즐기는 일」, 「항용 예절」의 순서로 구성되어 있다.

한문본과 한글본의 내용이 미세한 부분에서는 차이가 있으나 전체적으로 대동소이한 까닭에 여기서는 한글본 『셔례슈지』를 중심으로 내용을 살펴보면, 「총론」에서는 예절의 필요성과 세상에 통행하는 예절을 배워야 하는 당위성을 언급하였다. 현대어로 풀어서 일부만 소개하자면, "세상에서 무식한 사람이 항상 말하기를 예란 것은 헛된 문채요 모양이란 것은 거짓 행실이니 우활하고 어리석은 일이라고 하는데, 이렇게 말하는 사람은 예절이 사람에게 크게 관계되는 일임을 모르는 까닭이다. 또 세계 각국에 풍속이 각각 같지 않으니, 이곳에서 행하는 예절이 어찌 다 다른 곳에 합당하겠는가. 이제 만일 서양 사람을 대하면서 내 풍속만 행하고자 하면 반드시 무식한 사람을 면하지 못할 것이니, 어찌 애석하지 않으리오. 그런 까닭에 세상에 통행하는 예법을 배우는 것이 옳으니라."라고 하였다. 인용한 내용을 통해, 학부편집국에서 『서례수지』를 발행한 취지가 학생들로 하여금 점차적으로 확장되어가는 서양인들과의 만남에서 필요한 예절을 익히도록 하려는 것이었음을 알 수 있다.

「총론」에서 이어지는 내용을 요약, 제시하면, 「친구 사귀는 법」에서는 사람이 친구를 사귀는 두 가지 방법으로서 소개와 천거를 언급하였고, 「손님을 청하여 잔치하는 법」에서는 잔치에서 손님의 성별이나 상황에 따라 대접하는 예절과 잔치에 참석했을 때의 기본예절 및 음식 먹는 방법 등을 기술하였다. 「친구 찾는 법」에서는 친구 집에 방문했을 때의 예절과 경우에 따라 친구를 찾는 방법들을 언급하였으며, 「친구와 수작하는 법」에서는 친구와 이야기를 나눌 때 필요한 태도 및 조심해야 할 부분들을 기술하였다. 「담배 먹는 법」에서는 담배를 피울 때 유의해야 할 사항들을 언급하였고, 「의복 입는 법」에서는 사치스러운 의복과 패물보다는 정갈한 것이 더 낫다는 조언을 기술하였다. 「즐기는 일」에서는 서양인들이 모여서 노는 세 가지 방법인 풍류와 춤, 투전할 때의 유의점을 언급하였으며, 「항용 예절」에서는 길에서 부녀자를 만나거나 악수할 때, 품위가 높은 사람이 낮은 사람에게 인사할 때, 귀인에게 인사할 때, 낯선 손님을 만났을 때 등의 다양한 상황에서 요구되는 기본예절을 기술하였다.

『서례수지』의 특이점은 다음과 같다. ① 첫째, 영국의 예절을 중심으로 하면서, 다른 국가들의 예절도 소개하였다. 예를 들어, 프랑스[법국]에서는 손님이 먼저 주인을 찾지만 영국은 반대라든가(「친구 사귀는 법」), 프랑스 등에서는 시집간 부인이 명편(名片)에다가 자기의 본래 성(姓)과 남편의 성을 같이 써서 보내지만 영국은 그렇게 하지 않는다든가(「친구 찾는 법」), 프랑스·독일[덕국]·러시아[아국]·이탈리아[의드리] 등의 국가에서는 남성이 여성을 어느 곳에서 보았든지 (비록 소개하는 예절을 행하지 않았을지라도) 다시 보면 남성이 여성에게 모자를 벗는 예를 행한다든가(「즐기는 일」) 등을 꼽을 수 있다. ② 둘째, 예절이 시간의 흐름에 따라 바뀔 수 있음을 밝혔다. 가령 「손님을 청하여 잔치하는 법」에서는, "(잔치를 할 때) 영국의 옛적 규칙은 탕과 고기를 먹은 후에 술 먹기를 피차 권하는 것이었는데, 근래에는 술을 맡은 하인이 술을 가지고 손님의 양대로 따라 드리거니와, 만일 옛적 규칙을 찾는 손님이 있어서 먹기를 권하거든 남녀가 모두 사양하지 못한다. 그러나 내 마음대로 약간 먹어도 괜찮으며, 또 혹 품위가 높고 나이가 많은 사람이 술을 지목하여 권할 때에 내가 그 술을 본래 싫어하거나 혹 먹기 어렵거든 다른 술을 청할지니라."라고 했고, "영국이 수십 년 전에는 잔치할 때 매우 술 권하기를 좋아하여 억지로 먹이더니 근래에는 풍속이 변하였는데, 대저 술이란 것은 손님의 마음을 화창하게 하고자 함이거늘, 어찌 이처럼 강권하는가."라고도 했다. ③ 셋째, 『서례수지』에서는 상대방이나 상황에 따른 예절이 구체적으로 기술되어 있는 경우가 많은데, 특히 여성에 대한 예절이 그렇다. 일례로 「항용 예절」에서는, "더운 때에 아는 부녀를 만나 악수하는 예절을 행할 경우, 장갑을 벗었거든 다시 끼지 말거니와 만일 본래 끼었거든 벗지 않는 것이 더욱 좋으니, 이는 더운 때에 손에 땀이 있을까 염려한 것이다. 또 손이 과하게 덥든지 과하게 차가우면 그 손을 펴서 쥐게 하지 말고, 나의 손이 차든지 덥든지 그 연유를 말해야 한다."라고 하였다.

『서례수지』는 해당 국가의 기본예절이나 그 예절이 이루어지는 상황을 안내해주는 사람이 없으면 제대로 이해하기가 쉽지 않다는 점에서, 실효적인 교과용 도서는 아니라고 판단된다. 그러나 서구적 가치와 문물이 밀려 들어오던 때를 맞이하여 서양인의 예절에 대한 학습자의 이해를 향상시키고, 실제 서양인들과 교류하는 상황에서도 적절히 대처할 수 있도록 하기 위해 학부편집국에서 선정, 발행한 서적이라고 평가할 수 있다.

4. 핵심어

교제ᄒᆞ는 례, 셔양 사람, 셰샹에 통ᄒᆡᆼᄒᆞ는 례, 결교(結交), 연객(宴客), 배객(拜客), 담서(談敍), 용어(用於), 의식(衣飾), 취악(取樂), 영사(零事)

5. 참고문헌

설충수, 「존 프라이어(John Fryer) 연구」, 『한국교회사학회지』 56, 2020.

오순방, 「현대중국번역의 초석을 다진 선교사 존 프라이어와 한국기독교박물관 所藏 존 프라이어의 漢籍들」, 『숭실대학교 논문집』 30, 2020.

허재영, 「화법 교육사의 차원에서 본 『서례수지(西禮須知)』 연구」, 『화법연구』 29, 2015.

J. Fryer, 허재영 엮음, 『(존 프라이어 著) 서례수지』, 경진, 2015.

『소학독본(小學讀本)』

서 명	『소학독본(小學讀本)』
저 자	학부(學部)
형 태	18.3×28.3(cm) 한지 한장본, 목활자
발 행	학부편집국, 1895년 11월 (고종 32년)
소장처	국립중앙도서관

『소학독본』 표지, 속표지

1. 개요

『소학독본(小學讀本)』은 학부에서 편찬·발행한 초등학교용 국정 교과서이다. 입지(立志), 근성(勤誠), 무실(務實), 수덕(修德), 응세(應世) 등 5개 단원으로 구성되었고, 새로운 시대에 요구되는 삶의 가치와 덕목을 담고 있다.

2. 저자

학부(學部)는 학무아문(學務衙門)을 개칭한 중앙관청으로 오늘날의 교육부에 해당한다. 1895년 4월에 '학부'로 명칭을 변경하고 산하에 학무국과 편집국을 두었다. 편집국에서는 외국 서적의 번역과 출판된 도서의 검정, 새 교과서의 편찬 업무를 담당하였다. 1910년 경술국치에 이르기까지 존속하면서 「교육에 관한 조칙」과 「소학교령」에 의거하여 학무 업무를 수행하여 소학교용 수신, 국어(독본), 역사, 지리 교과서 등을 편찬하였다. 학부대신은 임금이 직접 임명하는 칙임관으로, 학정·교육에 관한 사무를 총괄 지휘 감독하였는데, 초대 학부대신은 박정양이다. 『소학독본』은 박정양이 총리대신으로 재임하던 시기에 『국민소학독본』과 함께 간행되었다. 두 책이 간행될 당시 총리대신은 박정양, 학부참서관은 이상재, 학부협판은 윤치호가 맡고 있었고, 『소학독본』에는 이들의 가치와 지향이 투사되어 있다.

3. 내용 및 구성

『소학독본』은 총 30장, 60쪽으로 된 초등학교용 교과서이다. 속표지의 중앙에 '소학독본(小學讀本)'이라는 책명이, 오른편에는 '학부편집국신간', 왼편에는 '대조선개국오백사년중동'(1895년 음력 11월)이라는 간행 시기가 표시되어 있다. 서문이나 목차는 없고 '입지 제일'(立志 第一)에서 근성(勤誠), 무실(務實), 수덕(修德), 응세(應世) 등 5개 항목으로 나누어져 각각의 내용이 서술되는데, 이는 『소학』(주희)처럼 교육의 과정에서 들어선 학생들에게 필요한 덕목을 단계적으로 제시하려는 의도로 볼 수 있다. 『소학』은 '내편'과 '외편'으로 나뉘고, '내편'에서 유가의 덕목을 제시하고 '외편'에서는 그에 부합되는 선행과 가언을 나열했지만, 『소학독본』은 한 장에 그 두 개가 결합되어 있다. 각 장의 앞부분에 유가의 덕목이 제시되고 다음에 그 덕목에 부합되는 우리 옛 성현들의 일화가 소개된다. 이런 단원 배치와 함께 전체 목차를 비교해보면, 『소학독본』은 『소학』의 축약 형태인 것을 알 수 있다. 그런데, 『소학』에서는 중국의 성현을 통해 행위와 가치의 모범을 제시했다면, 『소학독본』은 그것을 조선의 역대 인물들로 대체해 놓았다.

『소학독본』은 당대 개화파의 현실적 필요에 의해 구성된 근대적 교재이다. 중세의 경전 학습서와 같고 심지어 '개화에 역행하는 인상을 준다'고 평가받기도 하지만, 사실은 한학 위주의 사고에 젖어 있던 지배층을 대상으로 시대적 과제와 임무를 교육하기 위한 근대적 교재이다. 그것은 교재의 구성과 내용이 근대적인 의도와 기획의 산물이라는 데서 알 수 있다. 책명에 근대적 용어인 '독본'이라는 말을 명기한 것이나, 재래의 『소학』과는 달리 당대 현실에 맞는 실용과 치세를 내용으로 본문을 구성한 점, 인용되는 인물들이 중국이 아니라 우리나라의 성현들이라는 점, 과거제도를 비판하고 실용적인 학문을 권장하는 내용 등에서 이전과는 확연히 다른 근대적 의도를 볼 수 있다. 한문체에서 벗어나 한주국종체로 서술된 문체 역시 사대부층의 기호를 고려해서 근대적 현실에 맞게 변형한 것이다.

1장의 「입지」에서는, 무릇 남자가 뜻을 세워 부지런히 배워야 한다는 교훈을 제시한 뒤, 그 구체적 사례로 맹문정공, 송시열 등의 일화가 소개된다. 송시열은 사람의 배움은 임금과 나라를 위한 것이라는 사실을 알려주었고, 이퇴계는 배움을 시작하는 때부터 덕의(德義)를 길러야만 백성을 위하고 만물을 성취하는 근본 토대를 마련하게 된다는 것을 가르쳐 주었다. 2장의 「근성」에서는, '근성(勤誠)'이라는 두 글자는 쉽고도 어렵기에 처음 배우는 사람들은 그것을 힘써야 한다고 말한 뒤, 조선 전기의 문신 정구(鄭逑)가 정성을 다해서 배움을 구해 1년 만에 문장을 이루었다는 내용과, 이율곡의 '마음의 거울을 한번 닦으면 백 가지 일에 어려움이 없을 것이니, 만일 일을 도모하고자 한다면 반드시 정성스럽게 해야 한다'는 가르침이 언급된다. 3장의 「무실」에서는, 허(虛)한 것을 폐하고, 실(實)한 것을 힘쓰는 것이 이른바 무실(務實)이라는 사실을 말한 뒤, 김굉필의 '말이 참되면 친구가 스스로 다가오고 행동이 실하면 복과 명예가 스스로 온다'라는 말과, 송준길의 '얻는 것도 스스로 취하는 것이고 잃는 것도 스스로 취하는 것'이라는 교훈이 제시된다. 4장 「수덕」에서는, '도의(道義)로 성정을 닦아 인애(仁愛)가 마음에 넉넉해지면 어질고 넉넉한 덕의 기운이 저절로 밖으로 드러난다'는 것을 언급한 뒤, 그 구체적 사례로 조선 중기의 문신인 조광조와 신흠, 서화담이 소개된다. 그리고, 5장의 「응세」에서는, 기쁨과 노여움을 가벼이 하지 말아야 하고, 또 물건에 대한 애증을 소중히 하지 말아야 한다는 교훈을 제시한 뒤, 구체적인 사례로 남효온, 이율곡, 정몽주, 유몽인, 이항복 등의 일화가 언급된다.

여기서 인용된 인물들은 정몽주, 백문보와 같은 고려 후기 명신에서부터 조선시대의 맹사성, 송시열, 조목, 이황, 김집, 김장생, 정구, 이이, 김굉필, 송준길, 김성일, 신흠, 조광조, 남효온, 유몽인, 이항복, 이덕형, 윤두수, 이수광, 김인후, 서경덕, 이지함 등에 이르기까지 매우 다양하다. 이들은 조선 전기에 나라의 기틀을 다진 인물에서부터 조선 후기의 문신, 학자들에 이를 정도로 폭이 넓다. 이들 인물 제시는 중국과는 다른 우리나라의 역사와 현실에 대한 자각을 전제한다. 『국민소학독본』에서 우리의 역사와 인물에 대한 자각을 통해 중국에 대한 사대주의를 부정하고 중국을 몰락하는 병든 나라로 조롱했던 것처럼(「지나국」 참조), 여기서는 중국의 인물들을 우리 성현들로 대체함으로써 중국과는 다른 우리나라의 문화와 역사에 대한 차별화된 인식을 보여준다. 중세 보편주의를 부정하고 개별 민족의 문화와 정치 현실에 대한 자각을 전제하는 것이 민족주의라면, 여기서 목격되는 우리 성현들에 대한 관심과 수용은 바로 그런 민족주의의 산물이다. 『소학독본』에 『채근담』 전·후집 중에서 특히 전집의 내용이 집중적으로 수록된 것도 현실에 대한 실제적 인식과 무관하지 않다. 고종이 '교육조서'에서 강조한 '실용적 교육사상'에 맞게 교재를 편찬했고, 그 결과 『소학독본』은 이와 같은 실용적 내용들로 채워진 것이다.

『소학독본』에는 일본에 대한 경계의 심리도 투사되어 있다. 「입지」 끝부분의 일화에서 그런 사실을 알 수 있다. 1592년 임진왜란 때 호조정랑이 되어 명나라 군사의 군량 조달에 큰 공을 세운 김장생의 일화가 소개된다. 김장생은 어릴 때부터 성행이 순박하고 두터워서 화려함을 사모하지 않고 실심으로 배움에 힘써 마침내 유학의 거두가 되었다. 일찍이 정산 현감 시절에 왜인들이 노략질을 하기 위해 나라 안으로 쳐들어 왔는데, 김장생은 백성과 피난 온 사대부 사람들의 마음을 어루만지고 위로하며 정성껏 돌보았고, 이런 사실을 목격한 백성들은 그를 따르고 존경했다는 내용이다. 이는 외견상 '넉넉한 인품을 갖추어야 아래로 백성을 돌보고 위로는 나라를 섬기는 인물이 된다'는 것을 보여주기 위한 사례로 보이지만, 이 책이 러일전쟁 직후 일제의 침략이 본격화된 시점에서 간행된 사실을 고려하자면, 그리고 박정양, 이상재 등 친미적이고 반일적인 인사들에 의해 간행된 것을 감안하자면, 일제에 대한 경계의 심리를 표현한 것으로 볼 수 있다.

그렇지만 『소학독본』이 지향하는 세계가 근대 국가가 아니라 조선 왕정이라는 데서 근대에 대한 인식이 성숙하지 못한 것을 볼 수 있다. 교재 전체의 내용이 '무릇 사람의 배움은 임금과 나라를 위한 것이다'로 요약되는 것은 그런 사실을 말해준다. (물론 그런 점은 이 책만의 한계라고 볼 수는 없다. 『국민소학독본』이 근대적인 국민의 양성과 문명강국의 건설이라는 근대적 지향을 담고 있음에도 불구하고 궁극적으로는 왕권 강화와 애국심 고취를 소망한 것과 비교해 볼 수 있다. 「조약국」이나 「지나국 2」에서 볼 수 있듯이, 중국의 허문 숭상의식을 비판하면서도 오히려 조선의 충실한 신민이 되기를 소망하는데, 이는 근대적 의식이 아직은 근대 국가를 지향할 정도로 성숙하지는 못했다는 것을 시사해 준다.) 『소학독본』 편찬을 주도한 박정양과 이상재는 친서구적 가치관을 갖고 있었음에도 불구하고, 유교적 기반에서 벗어나지 못하였다. 이들의 세계관을 담고 있었던 관계로 『소학독본』은 전근대와 근대가 뒤섞인 혼종적 특성을 보여준다.

『소학독본』은 전통 교육이 어떻게 근대 교육으로 변화되었는가를 보여주는 좋은 사례로 이해될 수 있다. 갑오개혁으로 신(新)학제가 채택되고 소학교는 국민교육기관으로 천명되었지만, 그런 정부의 의지와는 달리 근대 교육이 활발하게 전개되지는 못했다. 『소학독본』이 외견상 전통적인 효와 충, 성과 근을 강조하지만, 한편으로는 당대 정부의 교육 이념에 따른 현실적 가치들이 중요하게 언급된다. 『소학독본』의 기획 의도와 취지는 근대적이지만, 지향하는 가치는 여전히 전근대적이라는 점에서 『소학독본』은 전통과 근대의 과도기적 교재라 할 수 있다.

4. 핵심어

『소학독본』, 학부, 입지, 근성, 무실, 수덕, 웅세, 정몽주, 백문보, 맹사성, 이황, 이이, 이항복, 이지함

5. 참고문헌

강진호, 「전통교육과 국어 교과서의 형성-『소학독본』을 중심으로」, 『상허학보』, 상허학회, 2014.10.

임상석, 「소학독본, 한문전통과 계몽의 과도기; 번역과 의도적 차명에 대하여」, 『우리어문연구』, 우리어문학회, 2016.9.

박붕배, 『한국 국어교육 전사』(상), 대한교과서주식회사, 1987.

유임하, 「'소학독본'의 재검토」, 『개신어문연구』, 개신어문학회, 2013.

진원, 「'소학'의 편찬이유와 이론적 입장」, 『한국학논집』, 계명대한국학연구원, 2012.12.

『소학만국지지(小學萬國地誌)』

서 명 『소학만국지지(小學萬國地誌)』
저 자 학부(學部)
형 태 18.5×28.4(cm)
발 행 학부편집국(學部編輯局), 1895년
소장처 국립중앙도서관, 한국학중앙연구원, 서울대 규장각

『소학만국지지』 표지, 속표지

1. 개요

『만국지지(萬國地志)』는 '학부편집국'에서 1895년 6월에 편찬한 우리나라 최초의 세계지리 교과서이다. 겉표지의 표제는 '만국지지(전) (萬國地誌 全)'이지만, 내제는 「소학만국지지 (小學萬國地誌)」이다. 1895년 한문으로 번역, 발간한 헐버트(H.B. Hulbert)의 『사민필지』, 오횡묵의 순한문체 『여재촬요』와 더불어 국한문혼용체로 간행된 우리나라 근대 초기의 세계지리 교과서이다. 또한 같은 해에 먼저 발간된 『조선지지』와 교육과정상 연계된 교과서이면서 1902년 학부편집국에서 편찬한 『중등만국지지』와도 연계되는 교과서이다. 『만국지지(萬國地志)』는 서문 2장과 목차 5장, 그리고 본문 84장으로 구성되어 있다.

2. 저자

1894년 갑오개혁으로 과거제가 폐지되고 신교육이 시작되면서 우리나라 최초의 근대식 교육행정 정부기구인 학부가 탄생하게 되었다. 학부는 학무아문을 계승한 기관으로 당시 국가적인 차원에서 교육의 근대화와 국민의 계몽 및 개화를 실행하는 데 역할을 담당했다. 1895년 2월 고종의 교육입국조서가 발표되면서 근대식 학제가 마련되었고, 4월에는 관제개혁으로 설치된 학무아문이 학부 (學部)로 개칭되었다. 대한제국의 행정 기관인 학부 (學部)는 학교 정책과 교육에 관한 사무를 맡아 처리하는 대표적인 기관이다. 또한 예부의 일부 업무와 각 부처에 분산된 교육, 훈련의 업무, 각 학교와 향교의 교직원

인사 업무를 관장하였다. 이런 학부(학무부)는 산하관청으로 학무국과 편집국 두 곳을 두었고, 학무국은 2등국으로 편집국은 3등국으로 한다. 이중 학부편집국은 교과서의 편집과 번역, 검정에 관한 사항을 주로 담당하였다. 학부편집국은 『심상소학 (尋常小學)』(1895년 5월 24일)과 함께 『소학만국지지』를 최초로 편찬하였다. 이는 당시 지리교육의 중요성을 인식한 국가의 교육관을 반영한 것이었다.

3. 내용 및 구성

우리 개화기 당시 지식인들은 부국강병과 근대화의 주요 수단으로서 교육을 강조하였으며 특히 지리와 역사교육을 중시하였다. 개화기 지식인들에게 신지식의 보급은 가장 우선적인 과제로 인식되었으며, 신식 교과서의 저술과 보급은 신문, 잡지, 신서적의 발행과 함께 그 핵심을 이루는 것이었다. 특히 교과서는 매우 중요한 특징을 가지고 있다. 교과서는 교사와 학생의 대면적 관계에서 이루어지는 소통을 전제로 할 뿐만 아니라 매우 공식적이며 표준적인 해석을 위해 만들어진다는 점에서 구별되는 위치에 있다. 교과서 가운데서도 『만국지지(萬國地志)』와 같은 세계지리 교과서의 역할과 영향력은 더욱 특별하다.

『만국지지(萬國地志)』는 학부에서 편집한 최초의 지리교과용 만국지지교과서로서, 소학교령이 공포되기 1개월 전에 발행되었는데, 이는 당시 학부에서 교과용 도서 편집사업을 각급 학교령 공포 전에 착수하였음을 보여준다. 이 책의 편집에 일본인 보좌원 高見龜氏와 학부편집국장 이강식이 참여하였다. 그리고 이 책은 외국의 지리서를 번역한 것이다. 이완용의 서문에 따르면 학부 편집국장인 이경직이 세계지리서의 편집에 대한 건의를 했으며 일본인 高見龜에게 번역을 위촉하고 그 번역본에 의거하여 이 책이 편집, 발간되었다. 『만국지지(萬國地志)』는 1908년 교과용 도서 검정 규정 발표 이후 금서로 지정되기 전까지 당시의 조선지지와 함께 지리교육에 중요한 역할을 하였다. 이 교과서는 초등 및 중등학교 지리교과서로서 출판되었지만 당시 외국문물에 어둡던 일반일들에게는 신학문의 일종으로 읽혔을 것으로 추정된다. 이 시기 지리교과서는 사회의 개화와 국민 계몽에 크게 공헌한 것으로 여겨진다.

이 책은 이완용의 서문을 제외하고는 국한문혼용체로 되어 있다. 신교육을 구실로 많은 사람들이 쉽게 볼 수 있는 국한문 혼용체를 사용함으로써 한성순보의 출간 때에 국한문 혼용을 반대한 적이 있는 수구파들의 전통적인 보수 정신을 억누르려는 저의가 내포되어 있다고 볼 수 있다. 그리고 이 교과서는 '본국지리에 이어 외국지리의 개양의 요점을 가르쳐 생활과 관련된 중요한 사항을 이해하게 하고, 이와 함께 애국정신을 함양하도록 하며', '대양, 대주, 오대의 분별과 각 대주의 지형, 기후와 산물, 인종과 더불어 일본, 중국 및 우리나라의 관계에 중요한 여러 나라 지리의 개략을 가르치기' 위함이라는 목표를 설정하고 있다. 구체적인 편찬 배경이나 목적은 우리나라 초·중등학교 교육과정의 시초라 할 수 있는 '소학교교칙대강 제6조'에서 찾아볼 수 있다.

총론은 세계가 구 모양의 유성이라는 설명으로 글을 시작하는데 원문은 아래와 같다.

> "空間에 懸흔 太陽의 周圍에 運行ᄒᄂ 거슬 遊星이라 ᄒ니 吾人의 捿息ᄒᄂ 바 世界는 卽 遊星의 一이니 其形이 球의 類이라"

'범 우주적인 관점에서 지구를 인식하고, 범 세계적인 관점에서 지구상에서 나타나는 자연지리(천작)와 인문지리(인위)적 현상을 탐구하는 지리학'을 통해서 애국심을 함양하고 부국자강의 필요성을 인식하도록 국민을 계몽하기 위한 시대적 요청이 반영된 교과서로서, 지리학의 정의, 지구, 대륙, 반도, 산지, 대양, 육지와 해양의 면적, 세계의 인구, 정부의 체제 등이 요약되어 있다. 표지와 속표지, 만국지지서, 목차, 총론과 6편의 각 지역별지역별 지지의 구성을 갖추었으며 1권 분량이다.

『만국지지(萬國地志)』 구성은 다음과 같다. 목차가 있으며, 내용은 1편 아시아 16국, 2편 아프리카 8국, 3편 유럽 18국, 4편 북아메리카 11국, 5편 남아메리카 11국, 6편 오세아니아·말레이군도·오스트레일리아군도·폴리네시아군도로 구성되어 있다. 이 교과서는 지표를 5대양 6대주로 대분하고, 세계를 지역 스케일에 따라 대륙, 국가, 지역의 규모로 구분하여, '조선'이 위치하고 있는 아시아를 중심으로 아프리카 → 유럽 → 아메리카 → 오세아니아의 순으로 지평을 확대하는 6편의 지역별 지지로 구성되어 있다. 각 국가나 지역은 총론 개관과 함께 자연지리에서 인문지리에 이르는 주제의 순서로 서술되어 있는데, 이는 근대적 지지 구성 방식에 따른 내용체계이다.

목차 구성을 구체적으로 살펴보면 지리학 술어에 대한 해설이 있고, 제1편과 2편은 아시아와 아프리카 주에 관한 내용이다. 먼저 제1편에는 아세아주 16개 국가(朝鮮, 日本, 支那, 亞細亞魯西亞], 西土耳其斯坦, 亞細亞土耳其, 亞刺伯, 波斯, 阿富汗, 皮路其, 斯坦, 印度, 緬甸, 暹羅, 佛領交趾, 東蒲寨, 安南 / 조선, 일본, 지나(중국), 아세아로서아(아시아 러시아), 토이기사탄(투르키스탄), 앗아토이기(터키), 아날백(사우디 아라비아), 파사(이란), 아부한(아프카니스탄), 피로기사탄(파키스탄), 인도, 면전(미얀마), 선라(타이), 불령교지(프랑스령 남부 베트남), 동포채(캄보디아), 안남(베트남))를 다루었다. 각 편은 각 주의 위치, 면적을 먼저 서술하는 것으로 시작한다. 1편 '아시아주'의 경우, 아시아주는 육대양 가운데 가장 크며 남부는 해안에 굴곡한 데가 많다[亞細亞洲는 六大洲 中에 第一크니 南部는 海岸에 屈曲흔 되가 多ㅎ며]는 문장으로 시작한다. 이어서 주에 속한 각 나라의 위치, 면적, 기후 등 자연지리를 중심으로 기술하였는데, 수도와 산업도 설명하고 있다. 그런데 우리나라는 별도의 지지가 있으므로 생략하였다. 제2편에 아불리가주 8개 국가(土耳其管轄, 英國領, 佛國領, 日耳曼領, 葡國領, 西班牙領, 獨立諸邦, 獨立地方/ 아불리가주, 토이기관할, 영국령지, 불국령지, 일이만령지(독일령), 포국아령지(포루투갈령), 서반아령지(스페인령), 독립제국, 독립지방)이 해당된다. 제3편은 유럽 주에 관한 내용으로 구체적으로 보면 구라파주 18개국(歐羅巴洲十八國(弗列顚諸島, 瑞典諾威, 丁抹, 荷蘭, 白耳義, 佛蘭西, 西班牙, 葡萄牙, 瑞西, 伊太利, 土耳其, 羅馬尼亞, 塞爾維亞, 門斗尼骨, 希臘, 露西亞, 日耳曼, 墺地利/ 구라파주, 불열전제도(영국), 서전제위(스웨덴-노르웨이), 정말(덴마크), 화란(네델란드), 백이의(벨기에), 불란서(프랑스), 서반아(스페인), 포도아(포르투칼), 서서(스위스), 이태리(이탈리아), 구라파토이기(터키), 라마니아(루마니아), 색이유아(세르비아), 문두니골(몬테네그로), 희랍, 구라파로서아(유럽러시아), 일이만(독일), 오지리흉아리(오스트리아와 헝가리))을 다루었다. 제4편과 제5편 제6편은 각각 북아메리카, 남아메리카, 오세아니아 주의 내용을 다루었다. 제4편은 북아미리가주 11개국(北亞米利加洲十一國(哥里蘭, 加奈太, 新著大島, 北米合衆國, 墨西哥, 英領閣都拉斯, 瓜地馬拉, 閣都拉斯, 三薩■多, 尼加拉瓜, 哥斯德里加/ 북아미리가주, 가리란(그린란드), 가내태(캐나다), 산저대도(뉴펀들랜드), 북미합중국(미국), 묵서가(멕시코), 중앙아메리카), 서인도제도, 파뮤다스제도(버뮤다제도)), 제5편 나아미리가주 11개국(哥倫比亞, 委内瑞拉, 巴西, 幾亞那, 厄瓜多, 秘露, 玻里比亞, 智利, 알젠틴共和國, 巴拉圭, 烏兒圭, 호굴난드諸島/ 남아미리가주, 가륜비아(콜롬비아), 위내서랍(베네수엘라), 기아나(가이아나), 파서(브라질), 액과다(에콰도르), 비로(페루), 파라비아(볼리비아), 지리(칠레), 알잰틴공화국(아르헨티나), 파랍규(파라과이), 오아규(우루과이), 호굴난드(포클랜드제도)), 제6편에 아서아니아주(馬來羣島, 濠太利亞羣島, 波里尼西亞羣島/ 아서아니아주, 마래군도(말레이제도), 호태리아(호주)군도, 파리니서아(폴리네시아)군도) 등을 다루고 있다. 아프리카와 북·남아메리카 등지는 언어와 인종, 식민과 독립 여부를 자세하게 기술하고 있어서 당시 국제 정세를 파악할 수 있도록 돕는다.

본문에서는 위치, 기후, 지형, 토지, 역사, 언어, 종교, 인구, 국민, 정치, 물산, 풍경, 도회 등의 내용을 다룬다. 지역에 따라 내용이 상이하기는 하지만 열거한 항목을 중심으로 설명하고 있다. 이 교과서는 번역서로서 본문에서 다룬 용어 중에 만과 곡해가 있는데 이는 Gulf와 Bay의 번역어이다. 또 해협과 협곡이 있는데 이는 Strait 와 Channel을 구별하여 사용하기도 하였다.

당시의 세계지리서들과 마찬가지로 계몽주의적이며 사회진화론적인 인식을 그대로 반영하고 있는 『만국지지(萬國地志)』는, 각 국가의 수도와 대도시, 정체, 국민(인민), 식민과 독립의 역사, 천연자원과 물산 등의 실상을 통해서 최선개화국과 쇄국, 개화와 개명, 제국주의와 식민지, 전쟁과 영토 상실, 독립 공화국과 부국강병, 상공업과 무역 발달의 지리적 지식을 서술하고 있다. 이를 통해서 밖으로는 중국 중심의 세계관에서 벗어나 근대적 세계관을, 안으로는 문명화와 근대화를 통한 부국자강의 국가관을 확립하는 구체적이고 실질적인 지식을 제공하였다.

당시 『만국지지(萬國地志)』에는 지도와 첨화가 없지만 '조선지지'와 함께 지리교육에 중요한 역할을 했다. 후에 보활자본으로 동일한 내용의 책이 발행되었는데 이 책에는 서문도 없고 발행소와 인쇄 연도가 기록되어 있지 않다. 세계 각지역의 지명에 대한 한글 표기가 본격적으로 시작된다는 것은 지명의 자국화란 점에서 의미가 크다. 내용 서술에서 일부 조사와 서술어 정도만 한글로 표기되었지만, 세계 여러 국가나 지역들의 주요 지명의 한글 표기는 적극적으로 이루어진다.

4. 핵심어

空間(공간), 太陽의 周圍(태양의 주위), 亞細亞洲十六國(아세아주십대국), 朝鮮(조선), 世界(세계), 此地球上(차지구상), 水陸山河(수륙산하), 形勢位置(형세위치), 氣候風土의 差異(기후풍토의 차이), 草木禽獸의 狀態(초목금수의 상태), 各國人民(각국인민), 政體宗敎(정체종교), 言語敎化(언어교화), 生業(생산), 地球上의 顯象(지구상의 현상), 大陸(대륙)

5. 참고문헌

『만국지지』 서문

강창숙, 「근대 계몽기 세계지리 교과서 소학만국지지의 내용체계와 서술방식」, 『한국지역지리학회지』 11, 747-763, 2013.

강창숙, 「개화기 세계지리 교과서 '만국지지'의 내용체계와 특징」, 『한국지역지리학회지 학술대회 발표집』 2, 107-109, 2013.

김영훈, 「개화기 교과서 속의 세계와 역사 : 만국지리와 만국사를 중심으로」, 『비교문화연구』 16(2), 5-30, 2010.

남상준, 「日帝의 對韓 植民地 敎育政策과 地理敎育: 韓國地理를 중심으로」, 『地理敎育論集』 17, 1-21, 1986.

서태열, 「개화기 학부발간 지리서적의 출판과정과 그 내용에 대한 분석」, 『사회과 교육』 52(1), 53-69, 2013.

이호상, 「지리학 용어로서의 地方에 관한 역사적 고찰: 관찬연대기와 초기 지리교과서를 중심으로」, 『대한지리학회지』 38(2), 224-236, 2003.

장보웅, 「개화기의 지리교육」, 『대한지리학지』 5(1), 41-58, 1970.

『슉혜기략(夙惠記略)』

서 명	『슉혜기략(夙惠記略)』
저 자	학부편집국(學部編輯局)
형 태	21.5×14.3(cm)
발 행	학부(學部), 1895년
소장처	국립중앙도서관

『슉혜기략』 표지

1. 개요

『슉혜기략(夙惠記略)』은 1895년경에 '학부(學部)'에서 발행된 것으로 추정된다. 국한문혼용체로 작성된 수신 교과서로, 사람이 태어나서 20세 정도의 청년기에 이르는 시기를 연령별로 구분하여 이름 있는 학자나 정치가, 문장가 등의 일화들을 모아서 엮어 놓았다.

2. 저자

학부(學部)는 1895년(고종 32) 4월에 설치되어 1910년 대한제국이 일제에 의해 강제병합되는 시기에 이르기까지 존속한 관청이다. 1894년 갑오개혁기에 예조가 맡았던 업무를 계승하였던 학무아문(學務衙門)을 개칭한 것이 시초이며, 학무아문은 1895년 2차 갑오개혁의 관제개혁 과정에서 8아문을 7부로 개편하면서 학부로 개칭되었다. 학부의 구체적인 기능은 현재의 교육부와 유사하다고 볼 수 있다. 관원으로는 대신 1인, 협판(協辦) 1인, 국장 2인, 참서관(參書官) 3인, 주사 11인을 정원으로 하였고, 그 뒤 1900년 참서관 1인을 증원하였다. 소속 관청으로 대신관방(大臣官房)·학무국(學務局)·편집국(編輯局) 등이 설치되었고, 관상소(觀象所)·성균관(成均館)·사범학교·중학교 등을 부속기관으로 관할하였다. 학부 편집국은 교과·도서의 편집·번역·검정에 관한 사무를 관장한 부서이다. 따라서 갑오개혁기~대한제국기의 관찬 교과서 편찬의 주체는 학부 편집국이라고 할 수 있다.

3. 내용 및 구성

'夙慧'라고도 표기하는 '숙혜(夙惠)'는 어린 나이에도 명민하다는 의미로, 남조(南朝) 송(宋)의 유의경(劉義慶)이 편찬한 『세설신어(世說新語)』의 편명 중 하나이다. 이 용어를 책 제목으로 삼은 『숙혜기략』은 그 의미 그대로 어린 나이이지만 뛰어난 행적을 남긴 인물들의 일화를 기록해 놓은 교과용 도서이다. 사람이 태어나서 20세 정도의 청년에 이르는 시기를 연령별로 구분한 뒤, 편찬자가 추출한 명사들의 일화를 배치해 놓은 것이다. 뚜렷한 구분은 없지만 전체적으로는 서문[序], 본문, 결문[跋]의 구조를 취하고 있으며, 연령별 구성은 '태어남[始生]'과 '돌[周歲]'에서부터 '20세'와 '이하 소년'에 이르기까지 다양하다. 그런데 이 가운데 '5세'와 '7세'에 배치된 일화들의 숫자가 각각 16개, 18개로 눈에 띄게 많다는 점에서 발행 당시 소학교용 교과서로 사용되었음을 추측할 수 있다.

별도로 '서문'이라고 표기되어 있지는 않으나 유사한 역할을 맡고 있는 『숙혜기략』의 도입부에서, 편찬자는 정명도(程明道)가 남긴 말이나 여본중(呂本中)의 『동가훈(童家訓)』, 양억(楊億)의 『가훈(家訓)』 등의 서적에 수록된 내용들을 언급하였다. 이 언급들은, 아이의 재능은 헤아리지도 않은 채 원대하고 많으며 심오한 내용을 강요해서는 안 되고, 가르침이란 모름지기 적고 비근한 데서부터 출발해야 하는 것이라는 편찬자의 의중을 뒷받침하고 있다. 이런 의중은, '결문'이라고 표기되어 있지는 않으나 비슷한 역할을 담당하는 이 책의 결말부에도 나타나는데, 편찬자는 타고난 재능이 뛰어난 성취에 부합하지는 않을지라도 부합하려는 생각조차 없어서는 안 된다는 점을 지적함과 동시에, 총명하고 민첩한 사람은 선을 행하는 것도 쉽지만 악을 행하는 것도 쉬우니 배움과 수양이 함께 이루어져야 한다는 점을 강조하고 있다.

연령별로 일화를 소개하는 방식의 사례를 몇 가지만 살펴보면, 먼저 '태어남[始生]'에서는 "석가불(釋迦佛)은 태어나서 능히 말을 하였다."라고 하였고, "노자(老子)의 이름은 이(耳)요 또 다른 이름은 담(聃)이며 자(字)는 백양(伯陽)이니, 태어나서 이수(李樹)를 가리키며 말하기를, 이것은 나의 성(姓)이다."라고 하였다. 그리고 '3세'에서는 일례로 "송나라 절효(節孝) 선생 서적(徐積)은 삼세에 아버지가 사망하니, 새벽부터 해가 질 때까지 마루 아래에서 아버지 찾기를 매우 애달피 하였고, 『효경(孝經)』을 읽으면서는 눈물을 능히 그치지 못하였으며, 아버지의 이름이 석(石)이었던 까닭에 평생에 돌을 밟지 아니하고 돌로 만든 기구도 사용하지 않았다."라고 하였으며, '7세'에서는 일례로 "한나라 진원방(陳元方)은 태구(太丘)의 장(長)이었던 진식(陳寔)의 맏아들이다. 칠세 때에 진식[太丘]가 벗과 갈 시간을 정오로 기약하였는데, 정오가 넘어도 도착하지 아니하여 진식이 포기하고 떠났다. 그런데 그 후에 벗[客]이 도착하였다. 원방이 문밖에 나가 보니, 벗이 묻기를 아버님[尊君]은 계시냐고 하였다. 원방이 답하기를, 아버님께서 기다리시다가 도착하지 않으시어 이미 가셨다고 하였다. 벗이 문득 노하여 말하기를, 사람이 아니다, 같이 갈 것을 기약하였다가 내버리고 떠났다고 하였다. 원방이 말하기를, 당신이 아버님과 정오로 기약하고 도착하지 않았으니 이는 신용이 없는 것이요, 자식을 대하여 아비를 욕하니 이는 예의가 없는 것이라고 하였다. 벗이 부끄러워하며 수레에서 내려 끌어당기고자 하였으나, 원방은 돌아보지 아니하고 문으로 들어갔다."라고 하였다. 연령별로 수록된 일화들의 개수(최소 1개, 최대 18개) 또는 분량에는 많고 적음의 차이가 있으나, 소개하는 방식 자체는 이상에서 인용한 내용들과 크게 다르지 않다. 즉, 편찬자의 관점에서 해당 연령에 '본보기(model)'가 될 만한 사례들을 추출해 모아 놓은 것이다.

『숙혜기략』의 특이점을 몇 가지 제시하면, ① 첫째, 수록된 인물들의 국적이 중국에 매우 편중되어 있으면서도, 그 안에서는 범위가 넓다. 비교적 한반도에 큰 영향을 미쳤기에 빈번하게 등장하는 국가인 한(漢), 당(唐), 송(宋) 등의 인물들로부터 한 차례만 등장하는 주(周), 제(齊), 촉한(蜀漢), 수(隋), 금(金) 의 인물들에 이르기까지, 중국의 역사로 한정해서 보면 사례 추출의 범위가 넓다고도 할 수 있다. 하지 만 대한제국에서 발간된 관찬·사찬 교과서들에서 소개하는 인물들의 국적이 점차 유럽이나 미국을 포함하는 방향으로 진행되고 있었다는 사실을 고려할 때, 『숙혜기략』에 수록된 인물들의 국적은 중국 으로 쏠려 있다는 인상이 강하다. ② 둘째, 인물과 일화의 선정 기준이 뚜렷하지 않다. 『숙혜기략』에는 성리학(자) 이외에도 석가불과 노자를 비롯해 양명학의 창시자인 왕수인(王守仁)의 일화도 수록되어 있고, 분류상으로는 정치가나 문학가, 화가 등도 다수 있다. 그럼에도 삼국이나 고려의 인물은 아예 없 고, 조선의 인물도 '8개월'에 포함된 김시습(金時習), '5세'에 포함된 김인후(金麟厚), '7세'에 포함된 이 이(李珥)의 세 명에 불과하다. 또한 유교 수신서에서는 빠지지 않는 맹자(孟子)나 주희(朱熹) 등은 발견 되지 않고, 거론하고 있는 국가들에서도 당시에 정치나 문학, 예술의 측면에서 더 유명한 인물들이 있 었음에도 일화가 누락되어 있다는 점을 미루어 볼 때, 편찬자가 어떤 기준으로 인물과 일화를 선정하였 는지 가늠하기가 어렵다. ③ 셋째, 소학교용 교과서로서의 활용도가 낮아 보인다. 그 이유는 우리 주변 에서 찾아보기 어려운 '천재형' 인물의 일화들이 사례의 대부분을 차지하고 있고, 일화를 제대로 파악 하기 위해서는 난자(難字)나 한시도 알아야 하는 등 일정 수준 이상의 선행 지식을 요구하는 내용들이 많기 때문이다. 덧붙여, '6세'에 수록된 육적(陸績)이라는 인물의 이름을 '육속(陸續)'으로 잘못 표기하 기도 하고, 한시나 대화를 옮기는 과정에서 글자를 틀리게 적기도 하는 등의 실수가 엿보이는 바, 교과 용 도서로서의 완성도 역시 그다지 높아 보이지 않는다.

그럼에도 『숙혜기략』은, '소학류(小學類)'에 속하는 서적들과 유사하게 인물들의 일화를 엮어 놓는 방식을 채택하였지만 유자만을 강조하지 않았고, (다른 서적에 수록된 '학부편집국 개간서적 정가표' 를 통해 추정한 것이기는 하나) 대한제국 학부에서 공식적으로 발행을 주도한 희소한 수신 교과서라는 점에서 역사적 가치가 있다. 또한 꾸준히 유통되거나 시상품으로 활용된 흔적들이 발견되고 필사본도 남아 있어, 향후에 다각적인 측면에서 비교 연구할 만한 가치가 있다고 평가할 수 있다.

4. 핵심어

숙혜(夙惠), 『여씨동가훈(呂氏童家訓)』, 『양문공가훈(楊文公家訓)』, 석가불(釋迦佛), 노자(老子)

5. 참고문헌

김민재, 「개화기 '學部 편찬 修身書'가 지니는 敎科用 圖書로서의 의의와 한계」, 『이화사학연구』 42, 2011.

박병기·김민재 역, 『근대학부편찬수신서』, 소명출판, 2012.

이성후, 「『夙惠記略』 研究」, 『금오공과대학교 논문집』 6, 1985.

이철찬, 「大韓帝國時代 學部의 圖書編纂 및 刊行에 관한 研究」, 『한국비블리아학회지』 27(3), 2016.

정은진, 「영남대 소장본 『夙惠記略』 고찰」, 『민족문화논총』 48, 2011.

『신정심상소학(新訂尋常小學)』(권1-권3)

서 명	『신정심상소학(新訂尋常小學)』(권1-권3)
저 자	학부(學部)
형 태	17.1×23.5(cm) 금속활자본, 3권 3책
발 행	학부편집국, 1896년(고종 33년)
소장처	국립중앙도서관

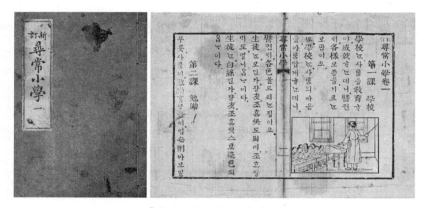

『신정심상소학』 표지, 본문

1. 개요

『신정심상소학』은 1896년 2월(고종 33년)에 '학부편집국'에서 간행된 소학교 대상의 국한혼용체의 국어과 교재이다. 애국심을 고취하고 근대 지식을 교육하려는 의도를 담고 있는 교과서이지만, 일제의 적극적인 개입으로 친일적인 내용이 다수 포함된, 일제의 침탈이 구체화된 최초의 교과서이다.

2. 저자

학부(學部)는 학무아문을 개칭한 중앙관청으로 오늘날의 교육부에 해당한다. 1895년 4월에 '학부'로 명칭을 변경하고 산하에 학무국과 편집국을 두었다. 편집국에서는 외국 서적의 번역과 출판된 도서의 검정, 새 교과서의 편찬 업무를 담당하였다. 1910년 경술국치에 이르기까지 존속하면서 「교육에 관한 조칙」과 「소학교령」에 의거하여 학무 업무를 수행하여 소학교용 수신, 국어(독본), 역사, 지리 교과서 등을 편찬하였다. 학부대신은 임금이 직접 임명하는 칙임관으로, 학정・교육에 관한 사무를 총괄 지휘・감독하였는데, 초대 학부대신은 박정양이다. 『국민소학독본』이 박정양이 총리대신으로 재임하던 시기에 간행되었다면, 『신정심상소학』은 김홍집의 친일내각이 집권한 이후에 편찬되었다. 『신정심상소학』이 친일적이고 친중국적인 태도를 보인 것이나 서문에 '건양(建陽) 원년 2월 상한(上澣)'(1896년 2월 상순)이라고 밝힌 구절은 그런 사실을 말해준다. 친일 정권 집권기에 간행된 관계로 일본인 학정보좌관의 적극적인 개입으로 일본의『尋常小學讀本』을 상당 부분 옮기거나 발췌해서 수록하였다.

3. 내용 및 구성

『신정심상소학』은 3권 3책으로 되어 있다. 1권은 28장 56쪽, 2권은 38장 76쪽, 3권은 49장 98쪽이다. 국한문혼용체로 되어 있지만 저학년용인 1권과 2권은 한글의 비중이 높다. '서문'에는 한글의 효용과 교육의 필요성, 일인의 도움으로 책을 편집하게 되었다는 내용이 언급되고, 이어서 '목차'와 본문이 제시되고, 책의 끝부분에 정가가 표시되어 있다. (권1 34전, 권2 36전, 권3 16전)『신정심상소학』은 학생들의 능력과 수준을 고려해서 단원을 배치하였고, 곳곳에 삽화를 넣어서 이해를 도왔다. 1권에서는 한글 자모표를 앞부분에 제시하였고, 본문에서는 학교와 개미, 동서남북, 사대문, 말과 소, 새벽, 참새, 부엉이 등 친숙한 사물과 현상을 소개·설명하였다. 2권에는 예(禮)와 신(信)과 의(義) 등 수신과 관계된 내용과 함께 자연과학적 내용이 많으며, 3권은 자연과학적 내용에다가 국내외의 역사와 지리에 관한 단원이 큰 비중으로 수록되었다.

『신정심상소학』에는 한글에 대한 고양된 의식이 반영되어 있다.『국민소학독본』이 한자에 토를 다는 형태였다면,『신정심상소학』은 세종대왕의 말을 빌려 국문의 중요성을 피력하고 "국문을 상용흠은 여러 아해들을 위선 깨닷기 쉽고ᄌ 흠이오"라고 서문에서 밝혀놓았다.

> 배우는 자는 전혀 한문만 숭상하여 옛것을 배울 뿐 아니라 시세를 헤아려 국문을 참호(參互)하여 또한 지금도 배워야 지식을 널릴 것이니 아국의 세종대왕께서 말씀하시되 세계 각국은 다 국문이 있어 인민을 개효(開曉)하되 우리나라는 홀로 없다 하시어 특별히 훈민정음을 지으셔 민간에 광포하심은 부유(婦孺)와 여대(輿儓)라도 알고 깨닫기 쉬운 연고이다. (중략) 국문을 상용함은 여러 아이들을 우선 깨닫기 쉽게 하고자 함이고 점차 또 한문으로 진계(進階)하여 교육할 것이니 무릇 우리 군몽은 국가의 실심으로 교육하심을 몸바다 각근(恪勤)하고 면려하여 재기를 속성하고 각국의 형세를 운련(韻鍊)하여 병구자주(並驅自主)하여 아국의 기초를 태산과 반석같이 배치하기를 일망하노라.
> (「서(序)」에서)

『신정심상소학』이 한글을 의도적으로 강조한 것은, 소학교 고학년을 대상으로 한『국민소학독본』과 달리 저학년부터 사용한 교과서라는 까닭도 있지만, 한편으로는 국문의 효용성에 대한 인식이 한층 강화되었기 때문이다. 한문만을 진문(眞文)으로 여기고 이를 아는 일부 계층만을 교육의 대상으로 생각했던 것과는 달리 국문은 누구나 알기 때문에 전 계층에게 교육의 기회를 제공할 수 있다고 본 것이다.

그렇지만『신정심상소학』은 일본인의 적극적인 개입에 의해 만들어졌다. '서문'에는 일본인 보좌원 다카미 카메(高見龜)와 아사카와 마츠지로(麻川松次郎)이 관여했다는 사실이 명기되고, 책의 내용도 일본 교과서『尋常小學讀本』을 상당 부분 옮기거나 발췌해서 수록하였다.『신정심상소학』이 마침표와 띄어쓰기 부호 등을 사용하여 구어에 가까운 국한혼용체를 사용한 것이나 '~하니이다' 식의 경어체를 사용한 점도 일본 교과서의 영향이다. 두 책을 비교해보면 제목이 같고 내용이 동일한 단원이 많아서 총 97개 단원 중에서 24개가 동일하다. 그렇지만 일본 책을 그대로 옮겨 놓았음에도 불구하고 우리의 현실에 맞게 내용과 용어를 적절하게 조정한 것을 볼 수 있다.

『신정심상소학』에서 가장 큰 비중으로 수록된 것은 인격 수양과 관계되는 수신(修身)적 내용이다. 저학년용에 해당하는 1권에서는 전체 31개 단원 중에서 21개가 수신과 관련된다. 2권, 3권으로 갈수록 수신의 비중이 줄어들지만 그럼에도 전체의 1/3이 근면, 탐욕에 대한 경계, 정직, 저축, 효 등 수신적 내용이다. 「김지학」은 김지학이라는 손재주가 있는 아이가 봄이 되어 연을 만들어 팔고, 그 돈을 모아서 지필묵을 사고 나머지를 저축한다는 내용이다. 「정직흔 아해」는 박정복이라는 정직한 아이의 이야기로, 주변에 보는 사람이 없는데도 결코 남의 배를 따 먹지 않는다는 내용이며, 「지성의 지혜라」는 나무 구멍에 빠진 제기를 찾기 위해 구멍에 물어 붙고 제기를 뜨게 해서 찾아내는 지혜로운 어린이의 이야기이다. 「장유의 이이기라」는 속리산의 사찰에서 10년을 공부한 장유가 천하의 이치를 통달하고, 선조가 그 소식을 듣고 벼슬을 제수하였다는 이야기이다. 개인의 성실과 근검과 지혜를 말한 것 외에도 특히 주목되는 것은 개인위생에 대한 단원이다. 「손가락 씻이라」에서는 한 상인이 점원을 고를 때 손톱을 보는데, 그것은 손톱이 깨끗한 사람이 마음도 정결하다는 생각에서이다. 위생이 단순한 개인 문제가 아니라 사회생활을 하는 데 있어서 필수적이라는 사실을 예화를 통해 보여준 것이다.

다음으로 많은 비중을 차지하는 것은 이과적 내용이다. 「동서남북이라」는 해를 바라보고 섰는 아이를 통해서 동서남북의 방위를 설명하고, 「시(時)」는 1일은 24시이고 1시간은 60분이며 1분은 60초라는 것, 이런 시간은 모두 시계로 헤아린다는 것을 말한다. 「홍(虹)」에서는 비가 개인 뒤에 해와 상향처(相向處) 구름 사이에 나타나는 무지개의 원리에 대한 설명이고, 「산응성이라」는 메아리에 대한 설명이다. 용복이가 산에서 메아리를 듣고 어머니에게 사람이 자기를 욕하는 것이라고 말하니, 어머니가 그것은 산응성(山應聲)이라고 알려준다는 내용이다. 「시계를 보는 법이라」(일, 이)는 시계를 보는 법을 형제간의 대화를 통해서 보여준다.

지리와 역사에 대한 단원으로는 「사대문과 및 사소문이라」를 들 수 있다. 경성 사방에 사대문과 사소문이 있는데, 동에는 흥인문, 서에는 돈의문, 남에는 숭례문, 동북에는 혜화문을 4대문이라 칭하고, 또 북에는 숙정문, 동남간에는 광희문, 서남간에는 소의문, 서북간에는 창의문을 사소문이라 칭한다. 이외에 동남간에 남소문이 있다는 것을 말한다. 「아국」에서는 조선의 특성을 말한다. 인구는 1천 오백만이고, 풍속이 순박하고, 서울인 한양에는 대군주 폐하께서 계시며 크고 번화하기가 조선에서 제일이라는 것. 「영조조게옵서 욕(褥)를 환급ㅎ신 이이기라」에서는 영조가 좋은 요를 얻어 사용하니 잠자리가 매우 편안하지만 점점 게을러져서 일찍 자고 늦게 일어나매 백성의 고통을 돌볼 여가가 없다는 것을 깨달아 요를 돌려주었다는 내용이다. 「이시백이 꼿을 밧치지 아니ㅎ는 이이기라」는 이시백의 집에 모란이 무성했는데 효종대왕이 중관을 보내서 구하니, 시백이 정색을 하고 '내 비록 불초하나 삼공이 되어 어찌 이목의 완호(玩好)로써 인군을 섬기리오' 하고, 곧 모란을 꺾어 버리고 북향 재배했는데, 임금이 이를 듣고 대단히 후회하여 더욱 정치에 힘썼다는 내용이다. 「기원절이라」는 태조대왕이 어위에 오르신 날에 대한 설명이다.

『신정심상소학』에서 특히 주목되는 것은 일본인이 여러 명 나온다는 것과 군사와 무기 등 전쟁과 관련된 내용이 다수 수록된 점이다. 「小野道風의 이이기라」 소야도풍은 일본에서 이름난 필가(筆家), 개구리가 나뭇가지에 붙고자 하여 여러 번 떨어지되 더욱 힘써 마침내 그 가지에 붙었다, 이를 본 도풍이 감동하여 아무 일이라도 인내하여 힘을 쓴다면 못될 것이 없다 하고 그 후 열심히 글씨를 배워 드디어 유명한 필가가 되었다는 내용이다. 「塙保己一의 사적이라」는 일본의 이름난 박학자 塙保己一의 일화이다. 7세에 맹인이 되어 15세부터 탄금법과 도인법을 배워 항상 독서함을 좋아하여 타인을 시켜 강해하고 그것을 암송하더니 마침내 유명한 선생을 청하여 착실히 공부하여 일본의 서적뿐 아니라 조선과 중국의 글까지 섭렵하였다. 성공한 후에 학당을 개설하여, 많은 제자를 두었다는 내용이다.

한편, 병사, 군사 등이 등장하는 전쟁과 관련된 부분은 특히 삽화의 내용이 특징적이다. 2권 1과 「병사라」에 삽입된 그림은 일본 병사의 모습을 하고 있으며, 3권 33과 「무기라」에서는 구식 무기와 신식 무기의 특징을 그림을 통해 보여주는, 구식 무기는 조선의 장수가 들고 있고 신식 무기는 일본 장수가 들고 있는 그림이다. 「훈련이라」(16과)에서는 여러 아이들이 훈련을 받는 모습, 모두 다 강하고 장수의 호령대로 행진하며 군가를 큰소리로 부른다는 내용이다. 그리고 3권 후반에 「제이십과 일본거류지의 지도라」는 일본 공사관 영사관의 위치를 지도로 그려 동생에게 설명하는 내용이다.

『신정심상소학』은 학부에서 학생들의 수준과 성장 단계를 고려해서 편찬한 최초의 근대 교과서이다. 애국심을 고취하고 근대 지식을 교육하려는 의도에서 삽화를 활용하고 문장도 띄어쓰기와 구두점을 사용하여 한층 구어에 가까운 국한혼용체로 되어 있다. 그렇지만 일제의 적극적인 관여로 인해 친일적인 내용이 다수 포함되는 등 일제의 침탈이 구체화된 최초의 교과서이기도 하다.

4. 핵심어

『신정심상소학』, 서(序), 高見龜, 麻川松次郎, 김지학, 장유, 小野道風, 塙保己一

5. 참고문헌

송명진, 「'국가'와 '수신', 1890년대 독본의 두 가지 양상―『국민소학독본』과 『신정심상소학』을 중심으로」, 『한국언어문화』, 한국언어문화회, 2009.8.

강진호, 「한·일 근대 국어 교과서와 '서사'의 수용―『신정심상소학』을 중심으로 」, 『일본학연구』, 동국대 일본학연구소, 2014.11.

구자황, 「근대계몽기 교과서의 생산과 흐름―『신정심상소학』의 경우」, 『한민족어문학』, 한민족어문학회, 2013.12.

오현숙, 「아동독자와 아동서사의 형성」, 『스토리앤이미지텔링』, 건국대 스토리앤이미지텔링연구소, 2015.12.

『유몽휘편(牖蒙彙編)』(권1(상)-권2(하))

서 명 『유몽휘편(牖蒙彙編)』(권1(상)-권2(하))
저 자 학부(學部)
형 태 18.3×28.3(cm)
발 행 학부편집국, 1895년
소장처 국립중앙도서관, 국회도서관, 한국학중앙연구원, 고려대학교 도서관

『유몽휘편』 표지

1. 개요

　『유몽휘편(牖蒙彙編)』은 대한제국 학부 편집국에서 1895년에 간행한 것으로 추정되는 초등용 독본류 교과서다. 『유몽휘편』은 『국민소학독본』과 『소학독본』, 『숙혜기략』과 함께 개화기 초등교육의 근간이 되는 국어, 수신, 작문 교과의 교과서로 만들어졌다. 상권에서는 유교 전통의 우주 자연관으로부터 시작하여 삼강오륜에 기반을 둔 도덕적 기율을, 하권에서는 중국 역사의 흥망성쇠에 대한 간략한 기술을 통해 유가의 전통과 문화적 유대감을 지향했다. 이는 삼강오륜에 바탕을 둔 『소학독본』이나 『숙혜기략』이 지향하는 교육이념이자 가치의 토대가 소중화의식에서 연유한 중체서용(中體西用)에 근거해 있음을 말해준다.

2. 저자

　학부(學部)는 학무아문을 개칭한 중앙관청으로 오늘날의 교육부에 해당한다. 1895년 4월에 학부로 명칭을 변경하고 산하에 학무국과 편집국을 두었다. 편집국에서는 외국 서적의 번역과 출판된 도서의 검정, 새 교과서의 편찬 업무를 담당하였다. 1910년 경술국치에 이르기까지 존속하면서, 「교육에 관한 조칙」과 「소학교령」에 의거하여 학무 업무를 수행하여 소학교용 수신, 국어(독본), 역사, 지리 교과서 등을 편찬하였다. 학부대신은 임금이 직접 임명하는 칙임관으로, 학정·교육에 관한 사무를 총괄하여

지휘·감독했는데, 초대 학부대신은 박정양이었다.

3. 내용 및 구성

『유몽휘편』의 간행 시기는 광무 10년(1906)으로 알려져 있으나, 경상북도 달성에 소재한 광문사 판본의 존재를 참고하면 그보다 이전부터 독본류 교과서로 활용되었음을 알 수 있다. 『유몽휘편』의 서명은 1896년에 간행된 『신정심상소학』 말미의 '학부 편집국 개간서 적정가표'에 등장한다. 때문에 『국민소학독본』이 간행된 1895년 8월이나, 『소학독본』이 발행된 같은 해 11월에 이후의 시기, 그리고 『신정심상소학』이 간행된 1896년 2월 이전의 시기에 『숙혜기략』과 함께 간행되었을 것으로 추정할 수 있다.

『유몽휘편』은 2권 1책의 체재이며 교육을 처음 시작하는 아동을 대상으로 삼고 있는 독본 교과서이나, 중화주의 전통에 근거해 있다. 『유몽휘편』은 『국민소학독본』, 『소학독본』 그리고 『숙혜기략』과 함께 사용된 목활자 한장본인데, 이들 교과서는 동일한 국한문혼용의 만연체 문장이며 동일한 편찬자가 동일한 교육 이념을 바탕으로 삼고 있다. 이러한 사실은 『소학독본』이 취하고 있는 전통 소학의 근대적 체제화를 『유몽휘편』 또한 따르고 있음을 방증한다. 이 교과서는 중국의 신화시대 이래의 아동/청년 천재(天才) 이야기를 배열한 『숙혜기략』에 앞서서, '어휘 중심의 유년 교육서'라는 편제를 취하고 있다.

'유몽(牖蒙)'은 '들창'을 열어젖히듯 환하게 사리를 깨우치는[蒙] 어휘 중심의 아동용 교과서라는 의미를 지닌다. 유교문화의 전통을 감안한 인물 중심 아동용 교과서인 『숙혜기략(夙慧記略)』이나 『소학독본』과 같이 전통교육의 틀 위에서 기획된 교과서이다. 학부 발간의 초기 교과서가 전통에서 출발하여 근대 교육과 균형을 이루도록 배치하는 방식으로 교육개혁을 구현하고자 했음을 시사한다.

『유몽휘편』 상권은 모두 19쪽으로, 총론을 포함하여 모두 12장으로 구성되어 있다. 각 장은 다음과 같다. 총론은 '천지인'이고, 나머지 장은 천도(天道, 천지 자연의 이치)(1장), 지도(地道, 땅의 이치)(2장), 사람의 도리인 '부자유친'(3장), '군신지의'(君臣之義)(4장), 부부지별(夫婦之別)(5장), 장유지서(長幼之序)(6장), 붕우지신(朋友之信)(7장), 음식의 예절(8장), 화초수목과 금수와 같은 만물(9장), 유학(10장), 그릇과 궁궐(11장)이다. 『유몽휘편』 총론에서는 하늘의 도리와 땅의 도리, 인간의 도리를 교육하고 이를 바탕으로 군왕과 신하, 부자, 부부, 친교에 이르는 사회적 인간관계를 순차적으로 설명한다.

어휘란 그 저변에 놓인 세계들을 지칭하는 것을 넘어 사유의 체계를 담지한다. 이 점에서 보면 『유몽휘편』에서 거론되는 어휘들은 중체서용을 근간으로 삼아 주체적인 문물 수용을 위한 예비적인 발판으로 활용되고 있는 셈이다. 어휘들의 분포를 좀 더 세밀하게 살펴보면, 아버지와 자식, 임금과 신하, 지아비와 지어미, 형과 아우, 친구에 이르는 인간의 서열과 관계에 대한 것이다. 이들 인간 서열 관계는 음식과 자연 만물에 대한 이치로 이행한 뒤 유학의 대강을 거론하는 방식을 거쳐, 제기용품과 궁궐의 명칭을 세밀하게 언급하는 순서로 나아간다. 어휘의 순서에 담긴 위계는 유교의 우주론에 근거하고 있으며 자연 및 인간관, 부자, 군신, 부부와 형제, 교우와 같은 삼강오륜의 관계망을 핵심으로 삼는다. 이러한 위계를 삼라만상으로 확장한 다음, 유학에 관해 언급한 뒤 제기용품과 궁궐에 대한 언급으로 이어가는 것이다.

한편 『유몽휘편』의 하권은 중국 역사 문화의 개괄을 통해 당대의 혼란스러운 국내외 상황을 우회적으로 이해하게 해주는 방식을 취하고 있다. 모두 12장으로 구성된 상권과는 달리, 하권은 장절 구분 없이 만연체 문장으로 우주 창세로부터 명나라에 이르는 중국의 신화와 역사를 기술하고 있다. 하권의 분량은 모두 13쪽으로, 분량과 내용상 상권과 어느 정도 균형을 이루고 있다. 하권의 주된 내용은 중국의 고대신화 속 인물로부터 하·은·주, 당·송·위·진·수·명·청에 이르기까지의 흥망성쇠의 역사이다. 하지만 중국 역사 개괄은 소중화주의에 입각하여 교과서가 기술되고 있음을 보여준다.

인간의 탄생에서 으뜸 되는 '만물의 조상'과 '조화의 주인'을 후편 서두에 전재한 것은 근왕사상에 기초한 것임을 시사한다. 천황씨의 간지(干支) 창안, 지황씨의 우주의 운행 제정을 거쳐 인황씨에 이르러 구주가 나누어지고 나라와 임금과 신하가 탄생하는 신화의 시대를 설명함으로써 국가와 군왕, 신하의 오랜 유래가 밝혀진다. 국가와 군왕, 신하의 유래를 아득히 먼 과거에서 찾는 까닭은 그것에 신성한 권위를 부여하려는 데 있다.

다음 내용은 풍속과 제례에 대한 것이다. 팔괘를 그린 복희씨, 쟁기와 보습을 만들고 의약을 다스린 신농씨, 법령과 셈법을 만들고 궁궐을 짓고 벼슬과 의상을 만든 헌원씨, 경쇠를 지은 소호씨, 달력을 만든 전패씨, 종과 피리를 만든 제곡씨를 살핀 후에 요순 시대를 서술하는데, 이는 단순한 중국 문명 개괄이 아니라 우주론적 사고의 한 축이 중국문명에 기초해 있다는 점에서 '소중화의식'의 방증이다.

하지만 소중화의식에 근거한 우주관조차 근대세계를 지향한다는 점도 주목해 보아야 한다. 명나라 역사서술 부분에서는 망국의 폐단이 언급된다. 내부와 외부에 걸친 당리당략, 왜구에 의한 침탈과 사회 혼란, 거듭된 반란과 반란 세력들의 발호, 왕실의 방탕 등이 그 폐단이다. 이러한 서술에는 청인들에게 도움을 청해 적을 토벌하려다가 국권을 빼앗긴 경과를 적시함으로써 개화 초기 정세를 환기하려는 의도가 담겨 있다. 피교육 주체가 위난에 처한 국가를 구원하는 신민으로서 역할 해주기를 열망했던 당대 교육의 절박한 이념을 담고 있는 셈이다.

4. 핵심어

『유몽휘편』, 학부 편집국, 국한문혼용의 만연체 기술, 어휘 중심 유년 교육서, 중화주의, 소중화의식, 중체서용, 유교 전통의 우주론, 중국 역사 개괄

5. 참고문헌

이승원, 『학교의 탄생』, 휴머니스트, 2005.

『조선역대사략(朝鮮歷代史略)』

서 명 『조선역대사략(朝鮮歷代史略)』
저 자 학부편집국
형 태 불명
발 행 학부편집국, 1895년
소장처 국립중앙도서관

『조선역대사략』 권1 표지

1. 개요

『조선역대사략(朝鮮歷代史略)』(총 3권)은 학부편집국에서 1895년 음력 10월에 발간하였다. 순한문의 편년강목체 역사서로 고대사부터 1895년까지의 당대사까지 서술하고 있다.

2. 저자

학부(學部)는 1895년(고종 32) 4월에 설치되어 1910년 대한제국이 일제에 의해 강제병합되는 시기에 이르기까지 존속한 관청이다. 1894년 갑오개혁기에 예조가 맡았던 업무를 계승하였던 학무아문(學務衙門)을 개칭한 것이 시초이며, 학무아문은 1895년 2차 갑오개혁의 관제개혁 과정에서 8아문을 7부로 개편하면서 학부로 개칭되었다. 학부의 구체적인 기능은 현재의 교육부와 유사하다고 볼 수 있다. 관원으로는 대신 1인, 협판(協辦) 1인, 국장 2인, 참서관(參書官) 3인, 주사 11인을 정원으로 하였고, 그 뒤 1900년 참서관 1인을 증원하였다. 소속 관청으로 대신관방(大臣官房)·학무국(學務局)·편집국(編輯局) 등이 설치되었고, 관상소(觀象所)·성균관(成均館)·사범학교·중학교 등을 부속기관으로 관할하였다. 학부 편집국은 교과·도서의 편집·번역·검정에 관한 사무를 관장한 부서이다. 따라서 갑오개혁기~대한제국기의 관찬 교과서 편찬의 주체는 학부 편집국이라고 할 수 있다.

3. 내용 및 구성

『조선역대사략(朝鮮歷代史略)』은 고대사부터 1895년까지의 당대사까지의 역사를 서술하고 있다. 크게 세 권으로 구성되어 있는데 권1에는 단군조선 → 기자조선 → 삼한(마한 진한 변한) → 위만조선 → 4군 2부 → 신라 → 고구려 → 백제의 순으로 서술되어 있다. 총목범례를 11개 항목으로 구성하여 이 책의 서술원칙을 설명하고 있는 점이 특징적이다. 고대사는 삼한정통론적인 역사인식, 즉 고조선 위만(衛滿)이 나라를 찬탈하였으므로 그를 기자조선 정통의 정당한 계승자로 볼 수 없고, 그 정통은 기준(箕準)이 남쪽으로 옮겨와 세웠다고 하는 마한(馬韓)으로 이어진다는 논리로 서술하고 있다. 그리고 삼국시대 서술에서는 세 나라를 한꺼번에 편년체로 서술하고 있는 것이 특징적이다. 권2는 고려시대 부분이다. 고려시대 부분에서는 대외항쟁 부분의 서술이 두드러지는데 특히 무인정권의 대외항쟁 부분에 대한 설명이 자세하다. 그리고 해당 부분의 내용은『여사제강(麗史提綱)』의 서술을 참고하고 있다. 조선시대 서술은 본조기(本朝紀)라는 이름으로 다루고 있는데 조선 개창부터 1895년까지의 역사를 다루고 있다. 조선시대 역사서술에서는 갑오개혁 정권의 권력 기반에 따라 노론 집권층의 당파적 시각이 반영되어 있다는 점, 당대사 서술이 본격적으로 서술되어 있다는 점이 특징적이다.

이 책은 기본적으로 18세기 초에 작성된 홍만종(洪萬宗)의『동국역대총목(東國歷代總目)』을 바탕으로 하고 있다. 따라서 체제와 내용은『동국역대총목』을 거의 대부분 그대로 따르고 있는데,『동국역대총목』이 조선 현종대까지 서술하고 있으므로 그 이후의 역사를 보충하여 서술하고 있다. 다만 고려시대 부분은『여사제강』에 기반한 내용이 많다. 편년체로 서술하고 있으며, 주자의 강목체(綱目體)에 기반한 정통론을 고수하는 점, 중국 연호도 병기하고 있다는 점도 유념할 필요가 있다.

반면 역사적 사실로 보기 어려운 기록을 과감하게 삭제하거나 나름대로의 과학적 고증을 시도한 것이 특징적이다. 예를 들면 동부여왕(東扶餘王)이 금와(金蛙)를 얻었다는 이야기와 금와가 유화(柳花)를 얻었다는 설화를 믿을 수 없는 사실이라고 비판하고 있다. 또『삼국유사』,『고려사』,『동국통감』등의 사서가 있지만 원전에 누락과 착오가 많아 이를 수정하고 있는 등 착오 및 오류를 나름대로의 고증을 거쳐서 수정하고 보충하고 있다. 이처럼 과학적 방법을 동원하여 역사를 연구하는 태도는 근대적인 역사연구방법에 접근해가고 있는 모습을 보여준다. 다만 그 한계도 분명하다. 김수로왕(金首露王)과 부인 허씨(許氏)에 관한 신화를 비판없이 기록하고, 또 신라 소지왕(炤智王)의 왕비와 분수승(焚修僧) 사이의 일화를 싣고 있는 것은 믿기 어려운 내용을 삭제한다는 취지와는 일치하지 않는다. 하지만 역사서술의 일반적 원칙을 제시하고 자료에 대한 비판적이며 고증적인 태도는 그 이후에 간행된 국사교과서의 모범이 되었다고 볼 수 있다.

다음으로 연대 표시는 조선왕조의 개국을 기원으로 하고 있는데, 이는 한국사의 주체성을 강조하는 것으로 이해된다. 이와 함께 갑오개혁 정권의 정치외교적 방향인 대청 자주의식을 표방하고 있다. 그것은 국호인 조선을 서명으로 하고 조선 개국 기원을 사용한 것에서도 드러난다. 갑오개혁기에는 국내 공문서와 외교 문서에 조선 개국 기원을 사용하도록 하였는데, 이것은 전통적인 조공책봉 질서의 탈피를 의미한다. 이것은 중국에 대한 사대의식에서 벗어나 중립적인 태도를 취하고 있는 것에서도 드러난다. 예컨대 중국에 관한 서술이 중조(中朝)를 명(明)이라고 쓰고, 皇朝는 명정(明廷), 대명(大明)은 명(明)으로 변환하여 쓰고 있는 것이다. 이러한 방향성에 기반하여 주로 당대사의 중요한 비중을 두고 있고 많은 분량을 할애하고 있다.

우선 1876년 조일수호조규에 대해서는 "일본과의 옛 우호를 다시 강화(復講舊好)한다"고 서술하고 있다. 이 내용은 조일수호조규 전문에 나와 있는 내용이다. 요컨대 "대일본국과 대조선국은 본디 우의를 두텁게 하여 세월을 지냈다. 지금 양국의 정의(情誼)가 미흡함을 보게 되었으므로 옛 우의를 다시 닦아 친목을 굳게 다지고자 한다(大日本國與 朝鮮國 素敦厚誼 歷有年所 今兩國情誼 視猶有未洽處 更欲重修舊好固親睦)"는 것에 대한 축약인 것이다. 그렇다면 이 '重修舊好(중수구호)'는 어떻게 해석해야 할까. 이 표현에 대해 한 연구는 조선 정부가 개항 반대세력의 반발을 피하기 위해 제시한 것이라고 보고 있다. 요컨대 조선 정부가 이 조약이 기존의 교린관계의 연장임을 대외적으로 인식시키기 위해 해당 항목을 전문에 삽입했다는 것이다. 실제로 조선 측 전권대사였던 신헌은 "저쪽 사신이 왔을 때 우리가 접견했던 것은 옛 우호를 중수하기 위한 것이요, 새로 강화하려는 것이 아니었다."고 주장하기도 하였다. 따라서 이러한 조선측의 입장이 역사서술에 반영되지 않을 수 없었다.

그러나 조일수호조규로 인해 조선이 항구를 열고 세계 자본주의 체제에 편입된 것은 명백한 사실이었다. 실제로 김기수의 1차 수신사 파견과 박정양의 전권대신 파견 부산과 원산, 제물포 등의 개항에 대해서도 서술하고 있다. 또한 미국과 독일, 영국, 프랑스, 러시아 등의 유럽 국가와 통상조약을 체결한 점 또한 빠짐없이 기록하고 있다. 따라서 『조선역대사략』 단계에서 조일수호조규가 '개국'과 조선근대화 과정에서 중요한 전환점임을 명확히 지적하고 있다고 볼 수 있다.

갑신정변에 대해서는 김옥균, 서광범, 서재필 등의 개화파가 일본군을 불러들였고, 일본군이 퇴각한 부분도 서술하고 있다. 동학에 관해서도 서술하고 있는데 동학 창도 단계부터 '東學罪人(동학죄인) 崔福述(최제우)', '東學(동학) 惑世誣民(혹세무민)'이라는 서술에서 보이듯이 매우 부정적으로 인식하고 있었다. 그리고 1894년 동학농민전쟁에 대해서도 '兩湖匪類(양호비류)'라는 표현에서 보이듯이 동학에 대한 부정적 인식을 강하게 드러내고 있다.

4. 핵심어

삼한정통론, 『동국역대총목(東國歷代總目)』, 강목체(綱目體), 개국기원, 당대사, 대청자주의식

5. 참고문헌

김여칠, 「개화기국사교과서를 통해서 본 역사인식(1) : 역사집략을 중심으로」, 『사학지』 14-1, 1980.
조동걸, 「한말 사서와 그의 계몽주의적 허실(상)」, 『한국독립운동사연구』 1, 1987.
양정현, 『근대개혁기 역사교육의 전개와 역사교재의 구성』, 서울대학교 박사학위논문, 2001.
김헌주, 「근대전환기(1895~1910) 개국·조선독립론 중심 '한국근대사' 서술의 구조」, 『한국학논집』 82, 2021.

『조선약사십과(朝鮮略史十課)』

서 명 『조선약사십과(朝鮮略史十課)』
저 자 학부편집국
형 태 21.1×14.3(cm)
발 행 학부편집국, 1895년
소장처 국립중앙도서관

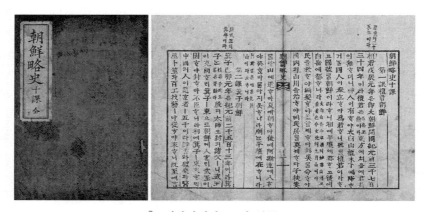

『조선약사십과』 표지, 본문

1. 개요

『조선약사십과(朝鮮略史十課)』는 1895년에 학부편집국에서 발행되었다. 국한문 혼용으로 초등 역사 교육을 위하여 편찬한 교과서. 초등교과서이자 국사교과서이다. 우리나라의 변천사를 서술한 축약식 국사교과서로, 단군조선 이래 각 국사(國史)를 각 1과로 배열하여 전체 10과 체제로 서술했다.

2. 저자

학부(學部)는 1895년(고종 32) 4월에 설치되어 1910년 대한제국이 일제에 의해 강제병합되는 시기에 이르기까지 존속한 관청이다. 1894년 갑오개혁기에 예조가 맡았던 업무를 계승하였던 학무아문(學務衙門)을 개칭한 것이 시초이며, 학무아문은 1895년 2차 갑오개혁의 관제개혁 과정에서 8아문을 7부로 개편하면서 학부로 개칭되었다. 학부의 구체적인 기능은 현재의 교육부와 유사하다고 볼 수 있다. 관원으로는 대신 1인, 협판(協辦) 1인, 국장 2인, 참서관(參書官) 3인, 주사 11인을 정원으로 하였고, 그 뒤 1900년 참서관 1인을 증원하였다. 소속 관청으로 대신관방(大臣官房)·학무국(學務局)·편집국(編輯局) 등이 설치되었고, 관상소(觀象所)·성균관(成均館)·사범학교·중학교 등을 부속기관으로 관할하였다. 학부 편집국은 교과·도서의 편집·번역·검정에 관한 사무를 관장한 부서이다. 따라서 갑오개혁기~대한제국기의 관찬 교과서 편찬의 주체는 학부 편집국이라고 할 수 있다.

3. 내용 및 구성

『조선약사십과(朝鮮略史十課)』는 표지에 『朝鮮略史』라고 되어 있지만, 목차와 내용에서 모두 『朝鮮略史十課』로 표기되어 있다. 구성은 권수에 본문의 전체적인 짜임새를 보여 주는 '조선약사십과목차(朝鮮略史十課目次)'가 있고, '범례' 4개 항이 실려 있다. 범례에는 첫째, 제1과에 대조선 기원을 특서(特書)한 이후에 제2과 이후에는 기원년만 기록한다는 내용이 있다. 둘째, 제3과에 고조선 준왕 기준(箕準) 원년부터 그 후가 203년이지만 그중에 186년은 신라 기원 중에 혼입하여 있으므로 기준의 독립 년 수가 17년이라는 점을 명기하고 있다. 셋째, 중국의 역사를 지나로 칭한다는 것 넷째, 제7과에서 부여의 금와 및 유화 공주 설화 등이 황당하지만 고사를 따라서 기록한다는 내용 등이 실려 있다.

이어서 제1과 단군조선, 제2과 기자조선, 제3과 삼한, 제4과 위만조선, 제5과 사군이부(四郡二府), 제6과 신라, 제7과 고구려, 제8과 백제, 제9과 고려, 제10과 본조(本朝) 조선 등 전체 10개 단원이 나열되어 있다. 책의 구성에서 두드러진 점은 서술 체재라고 할 수 있다. 요컨대 이 책은 1책 46면으로 된 간략한 개설서로서 자세한 역사적 사실을 이해하는 것에는 많은 문제가 있다. 다만 체재면에서 근대사학의 서술체재를 시도한 최초의 역사서라고 볼 수가 있다. 예컨대 10개의 주제 중 1과에서 5과(단군조선~4군2부)까지는 정치와 문화를 종합적으로 기술하고 있고, 삼국은 신라, 고구려, 백제의 역사를 각각 독립적으로 기술하고 있다. 다른 편년체 교과서와 같이 삼국의 역사를 연대에 맞추어 함께 기술하고 있지 않은 점이 특이하다. 내용의 구성에서도 정치와 문화를 구별하여 문화에서는 각국의 관제, 연호, 판도, 국교, 학교, 사원, 사적, 의관, 음식, 거처, 외교, 공예 등으로 다양하게 구분하여 각 과마다 대략적인 서술을 하고 있다. 이처럼 주제를 중심으로 문화, 사회, 외교 분야에 많은 비중을 두고 편찬된 특징은 개항 초기 다른 교과서에서는 볼 수 없는 것으로서 비록 약간 미비한 점이 있지만 근대 역사학적 편재의 시초로 볼 수 있는 측면이 있다. 근대역사학의 본령인 사실을 문제의 중심에 두고 발전적 인과관계를 증명하려고 노력했기 때문이다. 또한 이 책은 학문적 목적이 아닌 교육용으로 활용하기 위해 만들어진 교과서라는 점도 유의해야 한다.

내용은 단군조선기부터 당대사까지 서술되어 있다. 제1과는 단군조선의 역사를 서술하고 있다. 단군이 태백산 단목(檀木) 아래로 내려왔는데 사람들이 군주로 받들었고 호를 단군이라고 하고 국호를 조선이라 하였다. 아들 부루를 도산(塗山)에 보내서 하나라에 조공하였으며, 아사달(阿斯達)에 들어갔는데 끝난 바를 알지 못하며, 묘는 평양에 있다는 내용 등이 서술되어 있다. 제2과는 기자조선에 관한 내용이다. 국호는 조선이고 평양에 도읍하였다. 기자는 은나라의 태사(太師)이며 기자가 동쪽으로 5천 명과 함께 와서 예악(禮樂)을 가르치고 8개조의 약(約)을 시행하였으며, 위만으로 인하여 남쪽으로 천도하기까지 그 역사가 929년이었다고 서술하고 있다. 제3과는 삼한의 역사를 서술하고 있다. 마한의 역사는 고조선의 준왕 즉 기준이 위만에게 쫓겨난 후 남쪽 금마군(金馬郡)에 이르러 건국하고 한왕이라 칭했고, 이후에 온조에 의해서 멸망하였다고 서술하고 있다. 진한은 이후에 신라 시조의 도읍이 된다는 점을 강조하고 있고 변한은 그 시작을 모르며 진한에 속하여 후에 신라에 항복한다고 서술하고 있다. 제4과는 위만조선의 역사를 기술하고 있다. 위만이 기준을 쫓아내고 왕검성(평양성)에 도읍을 정해서 통치하다가 위만의 손자 우거왕 때에 한무제가 위만조선을 공격하여 한사군을 설치하였다는 내용이 서술되어 있다. 제5과는 4군 2부 즉 한사군의 역사를 서술하고 있다. 4군은 낙랑(樂浪)과 임둔(臨屯), 현토(玄菟), 진번(眞蕃)인데 낙랑은 평양, 임둔은 강릉, 현토는 함흥, 진번은 요동으로 비정하고 있다. 2부는 현토군과 진번군이 소속된 평주도독부(平州都督府), 낙랑군과 임둔군이 소속된 동주도독부이며 한

나라 원제(元帝) 때에 고구려에게 병합되었다고 서술하고 있다.

다음으로 제6과는 신라, 제7과는 고구려 제8과는 백제 역사를 서술하고 있다. 신라는 박혁거세의 탄생설화부터 시작하여 진한 땅에 도읍 정한 것을 기술하고 있다. 아울러 신라의 정치제도, 연호, 판도, 국교(國敎), 인물, 의관, 음식, 외교 등에 대해 서술하고 있다. 제7과는 고구려의 시조인 고주몽의 탄생설화를 언급한 후 고주몽이 동명왕이 되어 고구려를 건국하는 과정을 언급하고 있다. 이후 정치제도, 연호, 판도, 국교(國敎), 인물, 의관, 음식, 외교 등을 기술하고 있다. 8과는 백제의 시조인 온조왕이 위례성에서 도읍을 하고 국호를 백제로 하여 건국하는 과정으로 시작하고 있다. 역시 백제의 정치제도, 연호, 판도, 국교(國敎), 인물, 의관, 음식, 외교 등을 기술하고 있다.

이렇게 8과까지 고대사 관련 내용을 서술하고 제9과에 들어서야 비로소 고려의 역사를 기술하고 있다. 고려 부분은 왕건이 송악에 도읍하여 국호를 고려로 하였다는 것을 언급하고 있다. 고려에 관한 서술에서도 마찬가지로 정치제도, 연호, 판도, 국교(國敎), 인물, 의관, 음식, 외교 등에 대해 기술하고 있다. 제10과는 본조 조선이라고 명명하며 조선 개창의 과정을 상세히 설명한 후 조선의 정치제도, 연호, 판도, 국교(國敎), 인물, 의관, 음식, 외교 등에 대해서 서술하고 있다. 그 내용은 당대사까지도 포함하여 서술하고 있다. 이렇듯 『조선약사십과』는 우리나라의 역사를 분류사로 서술함으로써 각 왕조에 대한 정치·문화사적인 변천을 전달하였다는 점이 특징적이라고 하겠다.

4. 핵심어

주제중심, 편년체, 근대사학 서술체계, 당대사, 분류사

5. 참고문헌

김려칠, 「개화기국사교과서를 통해서 본 역사인식(1) : 역사집약을 중심으로」, 『사학지』 14-1, 1980.
송인주, 「대한제국기의 초등 역사 교육에 관한 연구」, 『역사교육논집』 25, 1999.
노관범, 「조선약사십과 초록」, 『조선약사십과』, 국립중앙도서관, 2015.

『조선역사(朝鮮歷史)』(권1-권3)

서 명	『조선역사(朝鮮歷史)』(권1-권3)
저 자	학부편집국
형 태	21.6×14.5(cm)
발 행	학부편집국, 1895년
소장처	국립중앙도서관

『조선역사』표지

1. 개요

『조선역사(朝鮮歷史)』(총 3권)는 학부편집국에서 1895년에 발간하였다. 고활자체로 인쇄된 국한문 혼용체이며, 갑오개혁 후 실시된 신교육제도에 의해 1895년 8월에 설립된 소학교용 교과서이다.

2. 저자

학부(學部)는 1895년(고종 32) 4월에 설치되어 1910년 대한제국이 일제에 의해 강제병합되는 시기에 이르기까지 존속한 관청이다. 1894년 갑오개혁기에 예조가 맡았던 업무를 계승하였던 학무아문(學務衙門)을 개칭한 것이 시초이며, 학무아문은 1895년 2차 갑오개혁의 관제개혁 과정에서 8아문을 7부로 개편하면서 학부로 개칭되었다. 학부의 구체적인 기능은 현재의 교육부와 유사하다고 볼 수 있다. 관원으로는 대신 1인, 협판(協辦) 1인, 국장 2인, 참서관(參書官) 3인, 주사 11인을 정원으로 하였고, 그 뒤 1900년 참서관 1인을 증원하였다. 소속 관청으로 대신관방(大臣官房)·학무국(學務局)·편집국(編輯局) 등이 설치되었고, 관상소(觀象所)·성균관(成均館)·사범학교·중학교 등을 부속기관으로 관할하였다. 학부 편집국은 교과·도서의 편집·번역·검정에 관한 사무를 관장한 부서이다. 따라서 갑오개혁기~대한제국기의 관찬 교과서 편찬의 주체는 학부 편집국이라고 할 수 있다.

3. 내용 및 구성

『조선역사(朝鮮歷史)』는 갑오개혁기 학부에서 편찬한 국사 교재로 『조선역대사략(朝鮮歷代史略)』을 축약한 것이다. 『조선역대사략』이 성균관 등에서 고등교육 교재로 사용된 것이었다면 『조선역사』는 내용을 줄이고 국한문혼용체로 쉽게 읽을 수 있도록 하였다. 그리고 『조선역사』는 『조선역대사략』의 체제도 그대로 따르고 있다. 따라서 전반적인 내용 또한 『조선역대사략』과 유사하다.

구체적으로 살펴보면 다음과 같다. 『조선역사』는 『조선역대사략』과 마찬가지로 고대사부터 1895년까지의 당대사까지의 역사를 서술하고 있다. 세 권으로 구성되어 있는데 권1에는 단군조선 → 기자조선 → 삼한(마한 진한 변한) → 위만조선 → 4군 2부 → 신라 → 고구려 → 백제의 순으로 서술되어 있다. 총목법례를 11개 항목으로 구성하여 이 책의 서술원칙을 설명하고 있는 점도 동일하다. 구체적인 서술 역시 두 책이 같다. 예를 들어 보자면 고대사는 삼한정통론적인 역사인식, 즉 고조선 위만(衛滿)이 나라를 찬탈하였으므로 그를 기자조선 정통의 정당한 계승자로 볼 수 없고, 그 정통은 기준(箕準)이 남쪽으로 옮겨와 세웠다고 하는 마한(馬韓)으로 이어진다는 논리로 서술하고 있다. 그리고 삼국시대 부분에서 세 나라를 한꺼번에 편년체로 서술하고 있는 것도 동일하다. 권2는 고려시대 부분이다. 고려시대 부분에서는 대외항쟁 부분의 서술이 두드러지는데 무인정권의 대외항쟁 부분에 대한 설명이 자세하다. 그리고 해당 부분의 내용을 『여사제강(麗史提綱)』의 서술을 참고하고 있는 것도 두 책이 유사하다. 조선시대 서술은 본조기(本朝紀)라는 이름으로 다루며 조선 개창부터 1895년까지의 역사를 서술하였다. 조선시대 역사서술에서는 갑오개혁 정권의 권력 기반을 반영하여 노론 집권층의 당파적 시각이 반영되어 있으며, 당대사가 본격적으로 서술되어 있다.

『조선역사』는 편년체로 서술되어 있으며, 주자의 강목체(綱目體)에 기반한 정통론을 고수하는 점, 중국 연호도 병기하고 있다는 점도 유념할 필요가 있다. 그리고 연대 표시는 조선왕조의 개국을 기원으로 하고 있는데, 이는 한국사의 주체성을 강조하는 것으로 이해된다. 역사서술의 일반적 원칙을 제시하고 자료에 대한 비판적이며 고증적인 태도는 그 이후에 간행된 국사교과서의 모범이 되었다고 볼 수 있다.

『조선역사』의 모본인 『조선역대사략』은 18세기 초에 작성된 홍만종(洪萬宗)의 『동국역대총목(東國歷代總目)』을 바탕으로 재편집한 것이 책이다. 따라서 『조선역사』의 체제와 내용 역시 『동국역대총목』을 거의 대부분 그대로 따르고 있다. 그리고 갑오개혁 정권의 정치외교적 방향인 대청 자주의식을 표방하고 있는 태도 역시 동일하다. 예를 들면 국호인 조선을 서명으로 하고 조선 개국 기원을 사용하고 있다. 갑오개혁기에는 국내 공문서와 외교 문서에 조선 개국 기원을 사용하도록 하였는데, 이것은 전통적인 조공책봉 질서의 탈피를 의미한다.

『조선역대사략』과 마찬가지로 역사적 사실로 보기 어려운 기록을 과감하게 삭제하거나 나름대로의 과학적 고증을 시도하였다. 그러나 김수로왕(金首露王)과 부인 허씨(許氏)에 관한 신화를 비판 없이 기록하고, 또 신라 소지왕(炤智王)의 왕비와 분수승(焚修僧)이 서로 내통하여 왕을 죽이려고 했다는 일화를 싣고 있는 것은 믿기 어려운 내용을 삭제한다는 취지와는 일치하지 않는다. 이는 『조선역사』가 가지는 일정한 한계라고 할 수 있을 것이다.

또한 삼국 부분은 나라를 구분하지 않고 연도순으로 중요한 사건을 서술하고 있으나 중심에는 신라를 두고 고구려와 백제의 사건들을 부가하는 방식을 취하고 있다. 예를 들면 신라의 시조인 혁거세(赫居世)를 제일 먼저 서술하고 있으며, 분량도 주몽(朱蒙)이나 온조(溫祚)에 비하여 많다. 다만 가야의 시조인 김수로(金首露)에 관한 내용도 상당히 자세하게 서술하고 있다. 말갈(靺鞨)에 대한 서술도 비교적 자세하다. 말갈에 대해서는 삼국시대 뿐만 아니라 이후 아골타(阿骨打)가 금(金)을 세운 후 요(遼)를 멸망시키고 송을 압박하다가 원(元)에 의해 무너지는 내용까지 서술하고 있다.

그리고 『조선역사』 또한 『조선역대사략』과 마찬가지로 당대사에 중요한 비중을 두고 있는 것이 특징적이다. 당대사에 관한 서술은 권지삼(券之三) 본조기(本朝紀)에서 볼 수 있다. 우선 조일수호조규에 관한 내용은 일본과의 옛 우호를 다시 강화(復講)한다고 서술되어 있다는 점은 『조선역대사략』과 유사하다. 예컨대 이 부분은 "대일본국과 대조선국은 본디 우의를 두텁게 하여 세월을 지냈다. 지금 양국의 정의(情誼)가 미흡함을 보게 되었으므로 옛 우의를 다시 닦아 친목을 굳게 다지고자 한다(大日本國與 朝鮮國 素敦厚誼 歷有年所 今兩國情誼 視猶有未洽處 更欲重修舊好固親睦)"는 부분의 축약이다. 실제로 조선 측 전권대사였던 신헌은 "저쪽 사신이 왔을 때 우리가 접견했던 것은 옛 우호를 중수하기 위한 것이요, 새로 강화하려는 것이 아니었다."고 주장하기도 하였다. 따라서 이러한 조선 측의 입장이 역사서술에 반영되지 않을 수 없었다.

아울러 『조선역사』는 조일수호조규 이후 시작된 근대사의 중요한 변화들에 대해서 빠짐없이 서술하고 있다. 그리고 미국과 독일, 영국, 프랑스, 러시아 등의 유럽 국가와 통상조약을 체결한 점 또한 기록하고 있다. 그밖에 제물포 등 각 항구의 개항에 대해서 지면을 할애하고 있다. 김기수의 1차 수신사 파견과 박정양을 미국에 전권대신으로 보낸 것 등 체약국 사신 파견에 대해서도 상세히 언급하고 있다. 갑신정변과 동학에 대해서는 『조선역대사략』과 유사하다.

4. 핵심어

『조선역대사략(朝鮮歷代史略)』, 강목체(綱目體), 개국기원, 당대사, 대청자주의식

5. 참고문헌

조동걸, 「한말 사서와 그의 계몽주의적 허실(상)」, 『한국독립운동사연구』 1, 1987.
양정현, 『근대개혁기 역사교육의 전개와 역사교재의 구성』, 서울대학교 박사학위논문, 2001.
김헌주, 「근대전환기(1895~1910) 개국·조선독립론 중심 '한국근대사' 서술의 구조」, 『한국학논집』 82, 2021.

『조선지지(朝鮮地誌)』

서 명 『조선지지(朝鮮地志)』
저 자 학부편집국
형 태 28×18(cm)
발 행 1895년
소장처 서울대학교 규장각

『조선지지』 표지

1. 개요

『조선지지(朝鮮地志)』는 1895년 학부편집국에서 발간한 한국지지교과서이다. 목활자본 국한문혼용체로 쓰였으며 지도·삽화·도표 등이 거의 없다. 책머리에 위치·지세·역사·지역구분 등이 개괄적으로 서술되어 있는데, 예를 들어 강릉부의 명승부분에는 "우산도(芋山島)는 울진에 있다"라고 표기되어 있어 독도가 울진에 속한 우리의 영토임을 나타내고 있다. 대체적으로 '여지승람(輿地勝覽))'류의 한국지리 교과서이다.

2. 저자

1895년 2월 고종의 '교육입국조서'가 발표되면서 근대식 학제가 마련되었고, 4월에는 관제개혁으로 설치된 학무아문이 학부 (學部)로 개칭되었다. 대한제국의 행정 기관인 학부 (學部)는 학교 정책과 교육에 관한 사무를 맡아 처리하는 대표적인 기관이다. 또한 예부의 일부 업무와 각 부처에 분산된 교육, 훈련의 업무, 각 학교와 향교의 교직원 인사 업무를 관장하였다. 이런 학부(학무부)는 산하관청으로 학무국과 편집국 두 곳을 두었고, 학무국은 2등국으로 편집국은 3등국으로 한다. 이중 학부편집국은 교과서의 편집과 번역, 검정에 관한 사항을 주로 담당하였다.

책을 편찬한 '학부'는 1894년 갑오개혁으로 과거제가 폐지되고 신교육이 시작되면서 설립된 우리나라 최초의 근대식 교육행정 정부기구이다. 이는 학무아문을 계승한 기관으로 당시 국가적인 차원에서 교육의 근대화와 국민의 계몽 및 개화를 실행하는 데 역할을 담당했다. 그뿐만 아니라 근대적 공교육기관의 기반이 되는 교사 양성과 교과서 편찬 등에도 중요한 역할을 했다.

3. 내용 및 구성

『조선지지(朝鮮地志)』는 1895년 학부편집국에서 신간으로 편찬한 최초의 한국지지 교과서이다. 이 책은 한장본 국한문체 목활자본으로, 본문 50장으로 구성되어 있다.

총론에서 종래의 지리서 형식을 혁파하려는 노력이 보이기는 하나 종래의 여지승람류를 벗어나지 못하고 있다. 이 책의 서술에 있어서는 주로 '신증동국여지승람'과 '증보동국문헌비고'를 축약한 듯하다. '여지승람(輿地勝覽)'류의 전통적 지리서의 형식을 따르고 있으며 우리나라 각 지역의 원장부전답(元帳付田畓), 명승(名勝), 토산(土産), 인물(人物)을 중심으로 기술하고 있다.

총론에 해당하는 권두에 "조선이 아세아주 동단에 재(在)하니, 동남은 동해(원문에는 일본해)에 면하고, 서는 황해에 임하고, 북은 압록·두만 두 강이 요동(遼東)과 만주로 더불어 접양(接壤)하여 노(露)·청(淸) 2국에 인(隣)이 되니 주회(周回) 1만 920리다. 북으로 경흥(慶興)에서부터 남으로 기장(機張)에 지(至)하여 3,615리오, 동으로 기장에서부터 해남(海南)에 지하여 1,080리오(하략)"라는 서술을 통해 우리나라의 위치·지세·역사·지역구분 등을 개괄적으로 알리고 있다. 이 다음으로 경도(京都)·궁전(宮殿)·묘사(廟社)·궁내부(宮內府)·내각(內閣)·중추원(中樞院)·내부(內部)·외부(外部)·군부(軍部)·법부(法部)·탁지부(度支部)·학부(學部) 등 중앙관서와 경무청(警務廳)에 관하여 그 위치·연혁·기구를 간단히 설명하고 있다. 다음에는 한성부(漢城府)에서 경성부(鏡城府)에 이르는 전국의 23부(한성, 인천이부, 충주, 홍주, 공주 삼부, 전주, 남원, 나주, 제주, 사부, 진주, 동래, 대구, 안동 사부, 강릉, 삼천 이부, 개성, 해주 이부, 평양, 의주, 강계, 함흥, 갑산, 경성 삼부)를 원장부전답(元帳付田畓)·인호(人戶)·명승(名勝)·토산(土産)·인물(人物) 등으로 구분하여 기재하였다. 지리서에서 중요시되는 지도·삽화·도표 등은 거의 없는, 계몽적인 초보적 지리교과서이다.

여전히 승람(勝覽)류의 서술방식을 따르고 있는 점, 근대식 지리서에 등장하는 목차나 지도 등이 없는 것은 전통적 지리서의 형식과 내용에서 탈피하지 못한 한계로 볼 수 있다. 그렇지만 국한문체를 혼용한 점, 전통지리서의 백과사전식 나열 방식에서 벗어나 지역에 대한 구체적 서술이 이루어진 부분 등은 이후 학부가 편찬하는 근대적 지리교과서의 과도기적 성격을 보여주는 것으로 평가할 수 있다.

본문 '개요' 가운데서 '경도' 관련 내용을 구체적으로 살펴보자.

京都ᄂᆞᆫ 漢陽이니 亥坐巳向이라 東으로 寧海六百四十里ᄅᆞᆯ 距ᄒᆞ고 西으로 豊川五百六十二里ᄅᆞᆯ 距ᄒᆞ고 南으로 海南一千七里ᄅᆞᆯ 距ᄒᆞ고 北으로 穩城二千九十二里ᄅᆞᆯ 距ᄒᆞ니 東西ㅣ 一千二百二里오 南北이 三千九十八里라 本은 高句麗北漢山郡이니 百濟溫祚ㅣ 取ᄒᆞ고 近肖古王이 南漢山으로붓터 移都ᄒᆞ더니 蓋鹵王에 至ᄒᆞ야 高句麗長壽王이 來圍ᄒᆞ니 蓋鹵王이 出走ᄒᆞ니라 新羅眞興王이 北漢山州軍을 置ᄒᆞ고 景德王이 漢陽郡이라 改ᄒᆞ고 高麗初에 楊州라 改ᄒᆞ고 成宗이 神策軍이라 改ᄒᆞ고 顯宗이 改ᄒᆞ야 楊廣道에 隷ᄒᆞ고 文宗이 陞ᄒᆞ야 南京이라ᄒᆞ고 忠烈王이 漢陽府ㅣ라 改ᄒᆞ고 恭讓王이 京畿左道에 隷ᄒᆞ얏더니 我太祖三年에 此에 定都ᄒᆞ샤 漢陽이라 稱ᄒᆞ시니라 大槩 그 地ᄂᆞᆫ 華岳이 北에 聳出ᄒᆞ고 漢水ㅣ 襟帶되야 風氣ㅣ 淸淑ᄒᆞ고 山川이 壯麗ᄒᆞ니 八道의 中央이 되야 四通五達ᄒᆞ니 盛哉라 帝王의 都여진실노뼈 八域

에 卓冠ᄒ야 國家의 億萬年悠久ᄒ 基業이 됨이 宜ᄒ도다

개요는 '경도는 한양'이라는 서술로 시작하며, 그것의 동서남북의 위치와 역사적 유래부터 개괄적인 내용까지 다루고 있다.

漢城府ᄂ [前京畿監營]觀察使一이오 參書官一이오 主事十五오 郡守十一이라
漢城京畿內 楊州六十里 廣州五十里 積城一百二十里 抱川一百里 永平一百四十里 加平一百三十里 漣川一百四十里 高陽四十里 坡州八十里 交河八十里라

위 인용문은 '한성부[옛 경기감영] 관찰사일이오, 참서관일이오 주사십오 군수십일이라, 서울 경기내 양주 60리광주 50리 적성120리 포천100리 영평140리 가평 130리 연천 140리 고양 40리 파주 80리 교하 80리라'라고 밝히면서 한성부의 관내 관찰영역과 범주에 대해 설명하고 있는 부분이다.

4. 핵심어

亞細亞洲東端(아세아주동단), 土産(토산), 黃海(황해), 鴨綠豆滿二江(압록두만이강), 漢水(한수), 漢陽(한양), 景福宮(경복궁), 宗廟(종묘), 社稷(사직), 內閣(내각), 外部(외부), 軍部(군부), 法部(법부), 度支部(도지부), 學部(학부), 農商工部(농상공부), 警務廳(경무청), 國都의 主山(국도의 주산), 人物(인물)

5. 참고문헌

장보웅, 「개화기의 지리교육」, 『대한지리학회지』 5(1), 41-58, 1970.
한국민족문화대백과사전

『중등만국지지(中等萬國地誌)』(권1-권3)

서 명 『중등만국지지(中等萬國地誌)』(권1-권3)
저 자 주영환, 노재연 역
형 태 한장본, 국한문체, 15×23(cm)
발 행 학부편집국
소장처 국회도서관. 국립중앙도서관, 서울대학교 중앙도서관

『중등만국지지』 1권, 2권, 3권 표지

1. 개요

　『중등만국지지(中等萬國地誌)』는 근대식 학제에 의거하여 학부편집국에서 발간한 3권의 세계지리 교과서이다. 책의 서문에서 일본 矢津昌永의 『萬國地誌』를 번역·편찬한 것이라 밝히고 있다. 다시 말해서 이전에 학부에서 편찬한 만국지지의 내용이 미비한 까닭으로 일본 교관 주영환과 허재연에게 맡겨 일본인 矢津昌永의 만국지지를 번역하여 발간한 책이다. 두 사람의 역자가 광무 6년 3월 학부편집국 신간으로 출판하였다. 구성은 1권은 서문 2면, 범례 4면, 목차 4면, 본문이 230면으로 이루어져 있고, 제2권은 목차 2면, 본문 182면으로 이루어져 있다. 제3권은 목차 2면, 본문 218면, 별호 2면 등으로 1, 2, 3권이 구성되어 있다.

2. 저자

　『중등만국지지(中等萬國地誌)』는 일본지리학자 야즈 쇼에이(矢津昌永, 1863~1922)의 『萬國地誌』(1896)를 번역하여 편찬한 것이다. 야즈 쇼에이는 메이지 시기 일본의 지리학 교육에 영향력 있는 업적을 남긴 지리학자이다. 그는 중고등학교 교장, 동경전문학교 문학부 강사, 동경고등사범학교, 와세다(早稻田) 대학 지리과 교수 등을 역임하였다. 또한 지리학 총서, 일본지리, 세계지리, 지도 분야에서 방대한 단행본과 연구 논문을 남겼다. 『중등만국지지(中等萬國地誌)』는 1902년 본과 같은 활자를 3책으

로 다시 중간한 것으로, 학부가 1906년 2월에 설치된 통감부의 통제와 감독 및 1908년 '교과용 도서 검정 규정' 발포와 함께 이루어진 '교과용 도서 검정 조사 사업'으로 교과서를 전면적으로 통제하기 직전에 발간한 것이다.

『중등만국지지(中等萬國地誌)』는 대한제국 "중학교령"과 "중학교규칙"에 의거, 학부가 중학교용으로 발간한 세계지리 교과서이다. 현채가 편집한 『대한지지(大韓地誌)』와 함께 오랫동안 중요한 지리교과용 도서였으며, 1909년 일본 통감부에 의해 금지 처분을 받았다고 하지만, 제2권의 겉표지 다음 장에 "조선총독부도서관"대출카드가 부착된 것으로 보아 이후에도 대출과 열람이 가능했을 것으로 예상된다.

학부가 근대적 교육의 실행을 위하여 근대적 지리교과서를 편찬한 것은 교육사적인 측면에서도 매우 중요한 의미를 가질 뿐만 아니라, 당시 서구의 근대 지식을 일본을 통해 번역, 모방하여 수용하였다는 점에서 문화사적 전환의 의미도 지대하다. 비록 일본의 지리교과서를 번역, 발간한 것이지만『중등만국지지(中等萬國地誌)』는 근대 계몽기에 근대적 개혁과 민족주권의 수호라는 둘이면서 하나인 대과제를 창조적으로 수행하고자 신지식·신교육·신문화를 이 땅에 펼치기 위해 발간된 서적이다.

민영소(閔泳韶)는 서문을 통해『중등만국지지(中等萬國地誌)』를 번역한 목적을 밝히고 있는데, 제국주의 침탈의 세계정세에서 대한제국의 '주권수호'를 위해 학생들의 배움이 중요하며 이를 위해 세계지리에 대한 내용을 모두 갖추고 체계적으로 구성되었다고 생각하는 일본의『중학만국지지』를 번역하게 되었다는 것을 밝히고 있다. 비록 일본 지리교과서를 번역하였지만, 원저의 내용을 그대로 옮긴 것이 아니라 당시 우리나라의 실정을 고려하였다는 것을 강조했다.

3. 내용 및 구성

『중등만국지지(中等萬國地誌)』는 일본인 矢津昌永이 저술한『만국지지』를 주영한, 노재연이 나누어 번역하고 현채가 교정한 것으로 알려져 있으며, 1902년 학부가 초간을 발행 인쇄하였다. 1908년 재간되었는데, 초간 구성은 2권 2책, 재간은 3권 3책이다. 1권에서는 아시아 지역을 2권에서는 구주지역을 총괄하고 있다. 지역 총론에서는 위치, 지형, 범해, 기후, 우량, 풍, 천산물, 국체와 정체 등의 항목에 따라 설명하고 개별국가의 서술은 주민, 인정, 습속, 종교, 면적, 지세, 기후, 무역, 정치, 병제, 교통 등의 항목들로 구분하여 설명하고 있다.

아시아 총론에서는 지나(중국) 제국을 시작으로 13개 국가 및 지역으로 나누어 설명하고 있고 구주의 경우 15개 국가 및 지역으로 서술하고 있다. 1권과 2권을 합쳐 총 400면으로 상당한 양이다. 지리교과서와 마찬가지로 사회의 등급을 소개하고 있는데 미개, 반개, 개명의 3단계로 설명하고 있으며 이를 바탕으로 각국의 상황을 사회 진화론적 시각에서 서술하고 있다.

식민지로 전락한 나라들이 반복적으로 기술되고는 있으나 주권을 강제적으로 강탈한 제국에 대한 어떤 비판적 내용도 찾아볼 수 없다. 오히려 주권 강탈의 원인을 주민의 몽매함에서 찾으려는 태도가 드러나 있다. 이에 반해 개별국가에 대한 기술 중에서 일본제국에 대한 설명이 77면에 이를 만큼 가장 길며 특히 제국군함 등 군사항목, 제국학교 등이 매우 구체적으로 소개되고 있다. 아시아의 맹주였던 중국의 경우엔 불과 39면, 당시 최강으로 인식되었던 영국의 경우엔 23면 정도가 할애된 것을 보더라도 일본인이 쓴 일본 중심의 만국지지라는 점이 드러난다. 또한 세계 여러 지역과 고유명사들을 표기할 때 영문을 괄호 안에 병기한 것이 눈에 띄는 특징이다.

이 책은 광무 6년 3월 학부편집국 신간으로, 구성은 1권은 서문 2면, 범례 4면, 목차 4면, 본문이 230면으로 이루어졌고, 제2권은 목차 2면, 본문 182면으로 이루어져 있다. 제3권은 목차 2면, 본문 218면, 별호 2면 등으로 1, 2, 3권이 구성되어 있다.

『중등만국지지(中等萬國地誌)』의 범례에서 역자는 번역 시에 유의하였던 점을 다음과 같이 기술하고 있다.

○ 이 책은 인명과 지명은 국한문으로 번역하여 출판하되, 국문은 5호 소자를 사용하여 해석하고 사용하여 자형이 극히 세심히 작성하여 번역하였다.
○ 또 인명과 지명에 영자를 겸용하였으니 독자는 영자를 참고하라
○ 각국 화폐도량균등의 수량은 본국제로 개혁하여 본국과 비교하기 용이하게 하고,
○ 각국 화폐는 본국 통화로 교등하되, 호리의 징세한 자는 불허하오니 좌표를 참조하라

1권의 '총서' 부분의 내용은 지구와 천체, 지구의 운동, 수륙의 배치, 생업 및 천산물, 사회, 인종, 종교, 국가, 국체이며, '아세아주' 부분의 내용은 총론, 지향제국, 일본제국, 안남, 건라왕국, 마래반도, 인도, 토이기소탄, 파기왕국, 아리차아, 아세아 토이기, 서백리이다. 각 국가의 지지는 계통지리와 지역지리로 나뉘는데 즉, 중등만국지지 총서에서는 근대지리학의 포괄적인 주제들을 계통지리로 서술하고, 아시아주 총론에서는 아시아대륙의 특성을 나타내는 주요 주제들을 계통적으로 서술하고 있다. 각국지에서는 중국을 비롯하여 일본과 대만, 베트남, 태국, 미얀마, 말레이시아, 인도, 시암, 쿠르키스탄, 아프카니스탄과 파키스탄, 이란, 아라비아, 터키, 시베리아(아시아러시아) 등 16개 국가나 지역의 지리적 상황을 지역지리로 서술하고 있다.

본문 서술이 시작되는 "중등만국지지 총서"에서는 '지구와 천체'에서 '국체'에 이르는 근대지리학의 계통적 주제들을 주요 내용으로 서술하고 있다. 무엇보다 '아시아주 총론'의 '국체와 정체'부분에서는 이 책의 서술 배경이자 편저자들의 '주권수호와 자주독립 인식'이 구체적인 지리적 사실을 근거로 표명된다. 당시 아시아 정세를 직시하면서 그리고 일본의 대한제국 침탈의 현실 앞에서 '주권수호'와 '자주독립인식'의 필요성과 그 당위성을 역설하고 있다. 이점이 『중등만국지지(中等萬國地誌)』를 단순히 일본의 그것을 번역한 책으로 그 의미를 제한할 수 없음을 밝힐 수 있는 주요 근거라 할 수 있다.

제2권에서는 구라파주(총론, 파건반도, 총지리, 개(갈)아리, 일이만, 정미, 단전, 내위, 로서아, 영길리, 화란, 백이의, 불란서, 단서, 서구아, 이태리)에 대해 설명하고 있다. 제2권의 내용은 크게 목차, 구주총론, 각국지로 구성되어 있다. 세 권의 책 중 가장 체계적으로 구성되어 있고, 각 지역의 지지 서술이 중심이 되고 있다. 시작은 구라파주 총론으로 시작되는데, 그 내용은 다음과 같다.

"구라파는 6대주중에 현재 가장 진보 번영한 여러 국가들이 모여 있는 곳이요. 우리와 교제하는 제국이니 그 이름을 짧게 구주라 부른다. 또 그 위치가 우리 동쪽 대양의 서쪽이면서 대서양에 위치하기 때문에 서양제국이라 칭하니 즉, 동양의 대칭이다" 지명유래에 대한 내용이다."

제3권은 목차, 아불리가주 총론과 각국지, 아불리가주(총론, 니유자국, 파이파리제국, 남부아불리가, 동부아불리가, 남부아불리가, 아불리가 제도), 북아미리가주(총론 가내지, 합중국, 흑서구, 중앙아미리가, 서인도), 대양주 및 호태리아주(총론, 멜나네시아, 마래서아, 폴니네시아, 미구로네시아), 남아미리가주(총론, 각 국지), 발문으로 구성되어 있다. 세 권의 책 중 제3권이 가장 많은 지역을 서술하고

있으며 서술 내용과 방식도 복잡한 편이다. '아불리가주 총론'의 첫머리 내용을 보면 다음과 같다.

> "세상 사람들이 아불리가를 말하면 모두 야만미개라 칭하니 이는 육대주 중에서 인사가 발달치 아니한 대륙이라는 이유이다. 이로 인해 암흑아불리가, 최암흑대륙 등의 명칭이 있으니 이는 본 대륙의 지리적 형세가 그렇게 되도록 함이다"

위와 같은 서술 내용은 당시 아프리카에 대한 세계의 보편적 인식이었다는 관점에서 이해할 수 있을 것으로 생각된다.

북아미리가주 처음은 아래와 같이 시작된다.

> "본 주는 서력 1492년에 유명한 閣龍氏가 발견한 신세계니 그 광활함이 거의 구세계의 절반이 되고 또 토지가 비옥하나 주민이 희소하고 그 지역으로 인하여 북아미리가주, 남아미리가주로 구분한다"이다.

북아미리가주 총론에서는 위치에서 지방구획에 이르는 11개 하위주제를 서술한다. 각국지는 5개 지역으로 구분하여 서술한다. 태양주 혹은 호태라리아주 총론에서는 하위 주제에 대한 기호 표기 없이 범위, 면적, 인구, 구주각국의 점령 상황, 4개 군도로 구분되는 지역에 대해 서술하고 있다.

남아미리가주는 총론이 없다. 위치와 면적, 몰롬비아에서 포클랜드에 이르는 12개 지역을 제시한 후 연해에서 연혁시사에 이르는 하위 주제를 서술한다. 11개 지역에 대해 서술하는 각국지에서는 모두 하위 주제에 대한 기호 표기 없이 문장 혹은 문단 단위로 구분되어 서술된다.

전체적으로 볼 때 각 대륙 총론은 위치, 경역, 해안, 지세, 기후, 천산물, 인지, 언어, 종교, 교육, 국체 정체, 국세 등의 내용이 구분되어 기술돼 있다. 각 국지는 위치, 지세, 기후, 생업산물, 통상무역, 도읍, 국민, 인구, 정치, 군제, 연역시사 등으로 지지를 기술하고 있다. 그리고 외국 지명은 국한문으로 쓰고 라마자로 병기하였고 원음에 충실을 기하였다고 보인다. 이처럼 각 나라에 대해서는 자연지리와 인문 지리적인 내용을 구체적으로 모두 기술하였다. 인명과 지명을 국한문으로 혼용하여 독자의 이해에 도움을 주었다고 할 수 있지만, 당시 서구의 근대적 지식을 수용하는 데는 제한적이라 평가할 수 있다. 또한 일본 지리학자의 책을 공식적으로 번역하여 편찬한 교과서라는 점은 지리교육사는 물론 문화사적 전환의 측면에서 의미가 크다.

4. 핵심어

地理學(지리학), 人事(인사), 政治地理(정치지리), 世界地誌學(세계지지학), 太陽系 我地球(태양계 아지구), 宇宙間(우주간), 遊星(유성), 其周圍(기주위), 公轉及自轉 地球(공전 및 자전 지구), 氣候帶(기후대), 地球上産物(지구상 산물), 人類(인류), 相互結合(상호결합), 社會의 組織(사회의 조직), 國民의 興論(국민의 여론), 人民이 富饒(인민이 부강), 國體가 甚强(국체가 기강), 幸福을 享有(행복을 향유)

5. 참고문헌

강창숙, 「근대 계몽기 세계지리 교과서『중등만국지지』의 내용체계와 근대 지식의 수용과 변용」, 『문화역사지리』28(2), 1-19, 2016.

장보웅, 「개화기의 지리교육」, 『대한지리학회지』5(1), 41-58, 1970.

『지구약론(地球略論)』

서 명	『지구약론(地球略論)』
저 자	학부편집국
형 태	본문 20장 19.6×30(cm)
발 행	미상, 1897년
소장처	서울대학교 규장각, 한국학중앙연구원 장서각

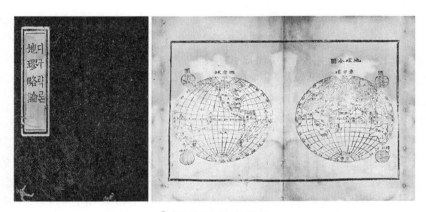

『지구약론』 표지, 본문

1. 개요

『지구약론(地球略論)』은 1897년 학부에서 편찬한 근대식 지지(地誌) 교과서이다. 표지와 판권이 남아 있지 않기 때문에 정확한 서지 사항을 밝히기는 어려우나, 1895년 학부에서 편찬한 「신정심상소학(新訂尋常小學)」의 '학부편집국 개간 서적 정가표(學部 編輯局 開刊 書籍 定價表)'에 이 책명이 들어 있음을 고려할 때, 「국민소학독본」, 「신정심상소학」, 「숙혜기략」 등과 함께 편찬된 교과서로 추측된다.

2. 저자

1895년 2월 고종의 교육입국조서가 발표되면서 근대식 학제가 마련되었고, 4월에는 관제개혁으로 설치된 학무아문이 학부 (學部)로 개칭되었다. 대한제국의 행정 기관인 학부 (學部)는 학교 정책과 교육에 관한 사무를 맡아 처리하는 대표적인 기관이다. 우리나라 최초의 근대식 교육행정 정부기구인 학부는 출범한 직후부터 지리교과서의 출간을 우선시하였다. 『만국지지』와 『조선지지』에 이어 『지구약론』은 학부에서 세 번째로 편찬한 지리교과서이다. 문답형식으로 구성되어 있어서 앞서 편찬된 두 권의 교습서 역할을 한다. 전체를 국문으로 썼는데, 단어의 이해를 돕기 위해 중요한 단어에는 한자를 병기하였다. 또한 예부의 일부 업무와 각 부처에 분산된 교육, 훈련의 업무, 각 학교와 향교의 교직원 인사 업무를 관장하였다. 이런 학부(학무부)는 산하관청으로 학무국과 편집국 두 곳을 두었고, 학무국은 2등국으로 편집국은 3등국으로 한다. 이중 학부편집국은 교과서의 편집과 번역, 검정에 관한 사항을 주로 담당하였다.

3. 내용 및 구성

개화기의 지리서는 대부분 교과서 형식을 띠며, 구체적으로는 일반 계몽과 학교 교육을 위한 세계지리와 한국 지리로 나뉜다. 제국주의 국가들의 침략에 맞서 국가의 자주권을 회복하고 근대화를 이루고자 하는 의지에서 서구의 근대적 문물과 제도를 대거 수용하고자 노력하였고, 서구 문물과 근대적 제도를 수용하는 데 지리서는 큰 역할을 하였다. 개화사상을 담고 있는『서유견문』을 필두로, 이후 지리적 내용을 담은 교과서 형식의『여재촬요』,『사민필지』가 초기에 제작되었다. 한국 지리 지역 분석의 내용으로 구성된『여재촬요』와 세계 지리 내용의『사민필지』는 이후 한국 지역의 지형과 역사를 기반으로 한 문화 환경, 그리고 세계의 지리 지식과 문화의 특성을 설명하는 교과서의 원형이 되었다.

『지구약론』은 지구와 한국, 세계지리를 청소년에게 교육하기 위해 광무 연간(1897~1906)에 학부에서 간행한 지리교과서이다. 편찬자와 간행 연도가 명시되어있지 않으나, 학부 편집국에서 1896년 간행한『신정심상소학』각 권 끝에 '학부편집국개간서적정가표'라는 제목 아래 열거된 교과서 목록에『지구약론』이 포함되어 있고, 이를 통해 1896년 이전에 처음 간행되었을 것이라 추정할 수 있다.

권두의 서명은 "地球略論"이라는 한자와 함께 '디구략론'이라 씌어 있다. 주로 한글로 되어 있고 중요단어는 한자를 병기하였다. 형식적 구분이 없이 문답의 형식으로 총 196개 항목으로 구성되어 있다. 20장의 소책자로 문답식으로 풀이된 지리책은 그 내용이 크게 지구·조선지지·세계지지의 3부로 나누어져 있다. '지구'에서는 모양·운동·크기, 육지와 해양의 비율, 대륙과 대양 등을 다루고 있고, '조선지지'에서는 위치·행정구역·백두산과 대지(大池)주·감영(監營)·감사(監司)·영문(營門)에 대하여 기술한 뒤 팔도의 지지를 도별로 다루고 있다. 각 도의 지지에서는 산·강·포구·감영·병영·읍·산물·명소·영(嶺) 등을 다룬다.

'세계지지'에서는 대륙별 주요 국가를 다루고 있는데 주로 위치·수도·행정구역·산·강·포구 등을 설명하고 있다. 국가마다의 특색도 고려하고 있는데, 가령 '인도'에서는 백성의 품수(品數), 유다국(이스라엘)에서는 기독교에 관한 문답을 추가했다. 영국은 "영국英國에 붓친 쏘히 만흐니라."라며 영국의 식민지에 대하여 언급하고 있다. 미국은 세계 각처의 사람들이 모여 살아 다양한 인종이 있다고 설명한다. 그리고 세계에서 가장 더운 곳과 추운 곳, 여러 인종의 피부색과 특징, 대륙별 분포 등의 내용을 백과사전식 문답으로 다루고 있다. 세계 지리의 내용은 먼저 편찬된『만국지지』의 내용을 정리하여 문답하는 형태이다. 당시 국제사회와 정세를 파악할 수 있는 정보를 담겨 있기에 학부가 지향하는 근대적 교육이라는 취지에 부합하는 계몽적인 교과서로 평가할 수 있다.

『지구약론』에는 지도, 삽화, 목차, 서문이 없다. 내용의 배분을 따져보면 '지구 및 오대양 육대주'가 1~6면, 우리나라의 지지가 7~28면, 세계지지가 29~40면을 차지하는데, 구성상 우리나라의 지리 설명에 큰 비중을 두었음을 알 수 있다. 아세아의 경우 '청국, 일본, 인도, 아라사, 유다국'의 순서로 설명하고 있고, 그다음으로 아프리카, 유럽에 있는 나라를 소개한다. 특히 유다국 설명이 비교적 상세한데, 이스라엘과 이집트의 역사를 기술하면서 모세의 탈출을 비교적 상세하게 설명한 점을 고려하면, 이 교과서를 편찬할 때 서양 선교사의 지리 관련 서적의 영향을 받았을 것으로 추정된다.

내용에서의 특징은 '백두산'을 우리나라의 주산(主山)으로 설정하고, 두만강이 '동해(東海)'로 흘러

들어가는 점, 울릉도와 독도(우산도)를 강원도 소재 섬으로 기술한 점 등이며, 이러한 특징을 근거로 교과서 편찬 과정에서 자주 의식이 반영되었다고 볼 수 있다.

설명 과정에서 어려운 단어는 협주를 사용했는데, 주석은 쌍행(雙行)을 사용하였다. 인·지명 표기에서 국문과 부속문의 대응 방식이 흥미로운데, 예를 들어 순국문의 '둑겁강'은 원편에 '蟾津江'으로 한자표기를 부속하였다. 이는 외국 인·지명도 마찬가지인데, 순국문 표기에서는 현실음에 가까운 '에지부도, 이스레일' 등과 같이 음차 표기를 하고, 부속문에는 '埃及, 尼塞列'과 같은 한자 차자를 표기하였다.

구체적인 내용을 자세히 살펴보자. 몇 가지 내용을 옮겨 보면 다음과 같다.

> 문問 디구地球가 무슴 모양貌樣이뇨 / 지구가 무슨 모양인가?
> 답答 둥근 모양貌樣이니라 / 둥근모양이다.
> 문問 디구地球가 안정安靜[움작이지 안는 형용形容]ᄒᆞ뇨 / 지구가 안정(움직이지 않는)한가?
> 답答 디구地球가 늘마다 흔번식 도ᄂᆞ니라 / 지구가 날마다 한번씩 돈다.
> 문問 디구地球가 돌면 엇지 되ᄂᆞ뇨 / 지구가 돌면 어찌되나?
> 답答 낫晝과 밤夜이 되ᄂᆞ니라 / 낮과 밤이 된다.

위 인용문은 첫 부분에 지구의 자전에 대한 내용을 다루고 있다.

> 문問 아셔아亞西亞 동남東南 바다 밧긔 엇던 ᄯᅡ히 잇ᄂᆞ뇨 / 아시아 동남 바다 바깥쪽에는 어느나라
>   가 있나?
> 답答 오스틀렬라澳大利亞 ᄯᅡ히 잇ᄂᆞ니라 / 오스트레일리아가 있다.
> 문問 됴션朝鮮 동편東偏 바다 밧긔 엇던 나라히 잇ᄂᆞ뇨 / 조선 동쪽 바다 바깥쪽에 나라가 나란
> 답答 일본국日本國이 잇ᄂᆞ니라 / 일본국이 있다.
> 문問 됴션朝鮮 븍편北偏에 엇던 나라히 잇ᄂᆞ뇨 / 조선의 북쪽에는 어떤 나라가 있나?
> 답答 아라사국俄羅斯國이 잇ᄂᆞ니라 / 아라사국(러시아)이 있다
> 문問 됴션朝鮮 셔븍간西北間에 엇던 나라히 잇ᄂᆞ뇨 / 조선 서북간에는 어떤 나라가 있나?
> 답答 청국淸國이 잇ᄂᆞ니라 / 청국이 있다.

위 인용문을 통해 우리나라 주변 동서남북 인접한 국가들에 대한 위치와 설명을 문답형식으로 다루는 모습을 볼 수 있다.

> 문問 됴션朝鮮 디방地方이 몃 리里뇨 / 조선 지방이 몇리인가?
> 답答 남븍南北은 삼천三千 리里오 동셔東西ᄂᆞ 구빅九百 리里니라 / 남북은 삼천리요, 동서는 구백리다
> 문問 됴션朝鮮에 몃 도道가 잇ᄂᆞ뇨 / 조선에는 몇 도가 있나?
> 답答 팔도八道가 잇ᄂᆞ니라 / 팔도가 있다.
> 문問 동편東偏에 무슴 도道가 잇ᄂᆞ뇨 / 동쪽에 있는 도는 어느곳인가?
> 답答 강원도江原道가 잇ᄂᆞ니라 / 강원도이다.

위 인용문은 우리나라의 면적, 길이, 행정구역에 관한 구체적인 내용을 문답형식을 취해 설명하는 부분이다.

4. 핵심어

문(問), 답(答), 디구(地璆), 모양(貌樣), 대양(大洋), 길이 아셔아(亞西亞), 유롭프(歐羅巴), 아프리쌰(亞非利加), 오스틀럴랴(澳大利亞), 남아미리쌰(南亞米利加), 븍아미리쌰(北亞米利加), 강(江), 됴션국(朝鮮國), 일본국(日本國), 아라사국(俄羅斯國), 청국(淸國), 빅두산(白頭山), 고을

5. 참고문헌

오상학, 『한국 전통지리학사』, 들녁, 2015.
장보웅, 「개화기의 지리교육」, 『대한지리학회지』 5(1), 41-58, 1970.
한국민족문화대백과사전.

『한국지리교과서(韓國地理敎科書)』

서 명	『한국지리교과서(韓國地理敎科書)』
저 자	학부편집국
형 태	확인불가
발 행	학부편집국, 1910년
소장처	국립중앙도서관

『한국지리교과서』표지, 판권지

1. 개요

『한국지리교과서(韓國地理敎科書)』는 1910년 학부편집국에서 일제가 관찬한 지리교과서이다. 국한문체 한국지리교과서이나 민족주의적 색채가 배제되어 있다.

2. 저자

1895년 2월 고종의 '교육입국조서'가 발표되면서 근대식 학제가 마련되었고, 4월에는 관제개혁으로 설치된 학무아문이 학부 (學部)로 개칭되었다. 대한제국의 행정 기관인 학부 (學部)는 학교 정책과 교육에 관한 사무를 맡아 처리하는 대표적인 기관이다. 또한 예부의 일부 업무와 각 부처에 분산된 교육, 훈련의 업무, 각 학교와 향교의 교직원 인사 업무를 관장하였다. 이런 학부(학무부)는 산하관청으로 학무국과 편집국 두 곳을 두었고, 학무국은 2등국으로 편집국은 3등국으로 한다. 이중 학부편집국은 교과서의 편집과 번역, 검정에 관한 사항을 주로 담당하였다. 학부는 1907년 9월부터 모든 교과서 및 서적을 일일이 조사하기 시작했다. 즉, 통감부가 설치된 이후 일제의 영향 아래서 각종 교과서를 검정하는 주요 기관으로 변질한 것이다. 이후 1908년 8월 28일 일제에 의해 '교과용도서검정규정'(학부령 제16호)이 제정·공포되면서 '교과서 검인정 제도'가 적용되었다. 이 제도는 결과적으로 학교에서의 교육내용을 통제하기 위한 것이었다. 이와 더불어 내부대신의 이름으로 이른바 출판법을 제정하여 모든 출판물에 대한 검열을 실시하면서 통감부의 교과용도서에 대한 통제는 이중으로 진행되었다. 이와 같은 일제의 통제로 학교에서 사용할 수 있는 도서는 '學部編纂 敎科用圖書'·'學部檢定 敎科用圖書'·'學部認可 敎科用圖書'로 제한되었으며, 다른 교과서는 사용할 수 없도록 금지하였다. 교과서 검정 이후 1909년 3월까지 9종, 1910년 5월까지는 33종, 1910년 8월까지는 모두 15개 교과에 걸쳐 41종의 교과서가 검정되었다. 이들 도서는 학부대신의 인가를 따로 받을 필요가 없이 사용할 수 있었다.

3. 내용 및 구성

1904년 8월 제1차 韓日協約이 체결됨에 따라 이른바 고문정치가 시작되어 정부 각 부처에 일본인이 배치되었는데 학부에는 시데하라(幣原坦)가 學部參與官의 명칭으로 교육에 직접 참여하게 되었다. 일본인은 이미 갑오개혁 당시부터 정부에 고빙되어 학부의 교과서 편찬에 깊이 관여하였으나 이때부터 본격적으로 교육침략정책을 주도하게 되었다.

통감부의 교육정책은 한민족의 자주독립정신을 억압하기 위한 수단으로 한국인이 일제의 침략과 관련된 정치문제에 관심을 갖지 못하도록 근원적으로 봉쇄하기 위해 실용적 교육을 강조하는 것이었다. 이를 달성하기 위하여 통감부는 우선적으로 학제를 전면 개편하였으며 일본어 시간을 늘리는 대신 애국교과를 삭제 또는 축소하고 각급 학교에 일본인 교사를 배치하였다.

각급 학교의 학교령이 1906년에 1차로 발표되고 곧이어 시행규칙이 발표되었으며 1909년에 다시 개정된 학교령과 시행규칙이 발표된 것을 알 수 있다. 1909년 개정된 학교령의 내용은 교과서 사용에 대한 규정으로서 1908년에 발표된 교과서 검정 규정에 따라 교과서의 검정을 실시하면서 각급 학교의 교과서 사용을 엄격하게 통제하기 위한 것이었다.

개편된 학제에 따라 각급 학교의 교과목 역시 바뀌었다. 소학교는 보통학교로 바꾸어 부르고 수업연한이 4년으로 변경되었으며 교과목에 일본어가 포함되고 실업 관련 교과목이 추가되었다.

보통학교의 교과목은 수신·국어 및 한문·일본어·산술·지리역사(1909년, 지리·역사)·이과·도화·체조·수예·창가·수공·농업·상업 등으로 구분되는데, 지리·역사는 특별한 시간을 정하지 아니하고 국어독본과 일어독본의 내용으로 교수하였다. 이는 실제로 지리·역사 시간이 삭제되었음을 뜻한다.

출판법으로 그동안 사립학교에서 자체 편찬하여 사용하던 교과서나 민간에서 제작하여 사용하던 모든 교과용 도서와 함께 일반출판물도 검정에 앞서 내부대신의 허가를 받지 않으면 안 되었다. 교과용 도서에 대한 통제는 1907년부터 구체적으로 나타났으며, 통감부에서는 학교에서 사용할 수 있는 교과서와 사용할 수 없는 교과서를 분류하여 제시하기에 이르렀다.

학교에서 사용할 수 있는 도서는 '學部編纂 敎科用圖書'·'學部檢定 敎科用圖書'·'學部認可 敎科用圖書'로 제한되었으며, '學部不認可 敎科用圖書'나 '檢定無效 및 檢定不許可 敎科用圖書', 그리고 출판법에 의거한 '內部大臣 發賣頒布禁止圖書'는 사용할 수 없도록 금지하였다.

검정이 실시되는 1908년 이후 한국인학교에서 사용되는 교과용 도서는 엄격한 통제를 받게 되었다. 통감부의 교과용 도서에 대한 통제는 검정 제도의 실시와 함께 내부대신의 이름으로 이른바 출판법을 제정하여 모든 출판물에 대한 검열을 실시하면서 이중으로 진행되었다.

1909년 12월 보통학교용 교과서는 일단 편찬이 끝나고 고등학교용 교과서의 편찬이 진행되어 1910년 8월까지 완료되었다. 이들 교과서는 관공립학교는 물론 사립학교에서도 사용할 수 있었으며 사립학교에서 사용할 경우 학부대신의 인가를 받지 않아도 되었다. 한편 교과용 도서검정 규정은 1910년 8월 29일 국권 침탈 직후에도 적용되었다.

이러한 시대적 배경 속에서, 『한국지리교과서(韓國地理敎科書)』는 학부편집국에 의해 1910년도에 편찬되었다. 이 책은 고등용 지리교과서인데, 일제가 관찬한 책이므로 우리 국민들의 애국심이나 민족주의 의식을 일깨울 수 있는 민족주의적 색채가 엄격히 배제되었다. 1910년 7월 이후 인가 도서 가운데서 불인가도서로 바뀌거나 불인가도서로 추가 분류되는 도서가 늘어나 1년 6개월이 지난 1911년 12월에는 불인가도서의 숫자가 이전의 배 이상 늘어났다. 새롭게 불인가도서로 분류된 도서들은 국어·한문·역사·지리 교과서가 상당수였다. 특히 역사와 지리교과서는 거의 모두 불인가로 분류되었는데 이는 통감부나 총독부가 실시한 교육정책을 이해할 수 있는 근거가 된다.

『한국지리교과서(韓國地理敎科書)』는 서문이나 발문이 없고 목차와 내용으로 구성되어 있다. 전체 3편 18장, 특히 부속지도를 15개 포함하여 구성하고 있다. 구체적으로 살펴보면 제1편은 천연을 주제로 제1장은 지형, 제2장은 지세, 제3장은 기후, 제4장은 해류 및 조석, 제5장은 생산물을 중심으로 구성되어 있다. 제2편은 처지(處誌)를 주제로 가장 많은 9장으로 구성되어 있다. 행정구역상 한성 및 경기를 비롯하여 각 도 지역을 남북으로 나누어 설명하고 있다. 제2편의 제1장은 개괄적인 내용 중심으로 지역구분에 관해 설명하고, 제2장부터는 지역별 상세한 내용을 설명하고 있다. 제2장 평안도, 제3장은 함경도. 제4장은 강원도, 제5장은 황해도, 제6장은 한성 및 경기. 제7장은 충청도, 제8장은 전라도, 제9장 경상도이다. 제3편은 인문을 주제로 제1장은 인종 및 인구, 제2장은 종교, 제3장은 교육, 제4장은 정치, 제5장은 교통 및 통신. 제6장은 산업, 제7장은 재정 및 금융으로 나누어 상세히 다루고 있다. 특히 부속지도 15개가 이 부분에 첨부되어 있다. 지도는 지형전도, 고저전도, 산계약도를 게재하고 있고, 각 지역지도, 본향교통도, 내외교통연결도 등을 담고 있다는 점이 특징적이라고 볼 수 있다. 지도는 교과서의 부도 역할을 하는 것으로서 이 책은 교과서와 지리과 부도가 결합된 형식을 보여준다.

지리 교과서에는 당시 영토에 대한 인식이 드러나기 마련인데, 『한국지리교과서』에는 '백두산'이라는 고유명사 대신 '장백산맥'이라는 고유명사가 활용되고 있으며, '동해'를 '일본해'로 대체하여 표현하였는데 이것은 기존의 한국지리교과서와 비교되는 부분이며 일제의 의도대로 편찬된 지리교과서라는 것을 보여준다.

몇 가지 사례를 통해 확인해보면 다음과 같다.

> 我國은 滿洲 南方에 突出흔 半島라. 地形이 南北은 長ᄒ고 東西는 狹ᄒ니. 南北의 最長흔 處는 百九十里에 達ᄒ고 最短흔 處라도 百五十里에 不下ᄒ며. 東西의 最狹흔 處는 僅히 四十五 里오 最廣흔 處이 七十里에 不過ᄒ니. 面積은 大約 日本의 二分一이 되ᄂ니라.

위 인용문은 제1편 천연의 내용 일부로서 나라나 지역의 가장 기본적이고 개괄적인 내용인 지형, 넓이와 길이 등에 대해 다루고 있다.

다음의 인용문과 같이 더위와 추위, 강우량과 강설량 등 기후 관련 내용을 다룬 내용도 있다.

> 我國은 北緯 三十三度로브터 四十三度에 在ᄒ야 日本國 本州와 大略 同緯度에 位ᄒ나 氣候는 大概 大陸的 性質을 帶흠으로 日本 同緯度 地方과 比較ᄒ면 寒暑가 俱甚ᄒ며 且晝夜朝夕을 因ᄒ야 其溫度의 差異

가 顯著ᄒᆞ니 一日間에 寒暖計가 二十度를 昇降홈이 例事이오 又同節期에 在ᄒᆞ야도 氣候의 激變이 有ᄒᆞ니 俗語에 三寒四溫이라 云홈은 寒氣가 三日 繼續ᄒᆞ면 其後 四日은 寒氣가 顯著히 減退홈을 謂홈이니 此變化ᄂᆞᆫ 冬節에 特히 確然히 循環하야 四溫에 當ᄒᆞᄂᆞᆫ 日은 嚴冬에라도 春暖의 感覺이 有ᄒᆞ니라.

다음의 인용문은 비와 눈에 관한 내용이다.

我國은 日本國 等에 比ᄒᆞ면 一個年間 降雨의 量이 甚小ᄒᆞ니 京城 以北은 尤少ᄒᆞ고 南方은 稍多ᄒᆞ니라. 降雨의 時期ᄂᆞᆫ 南北을 隨ᄒᆞ야 多少의 遲速이 有ᄒᆞ나 大綱 六月 下旬에 始ᄒᆞ야 八月 中旬에 終홈이 常例오. 特히 降雨가 頻繁ᄒᆞ며 雨量이 最多홈은 七月이니 雨期 外에ᄂᆞᆫ 晴天이 多ᄒᆞ고 陰翳의 日이 甚稀ᄒᆞ니라.

일제 관찬 교과서의 전형이라 할 수 있는 『한국지리교과서』는 역사를 기반으로 한 지역의 문화와 정서, 인심, 생리 등에 대한 환경은 모두 배제된 채, 기온과 수확량, 인구수 등의 지역 정보를 수집하여 놓은 듯한 자료서의 성격을 지니고 있다.

4. 핵심어

天然(천연), 地形(지형), 地勢(지세), 氣候(기후), 海流 及 潮汐(해류 및 조수), 生産物(생산물), 處誌(처지), 人文(인문), 宗敎(종교), 敎育(교육), 政治(정치), 交通及 通信(교통 및 통신), 産業(산업), 財政及 金融(재정 및 금융), 地圖(지도)

5. 참고문헌

장보웅, 「개화기의 지리교육」, 『대한지리학회지』 5(1), 41-58, 1970.
http://contents.history.go.kr/

『한문독본(漢文讀本)』(권2, 권4)

서 명	『한문독본(漢文讀本)』(권2, 권4)
저 자	학부(學部)
형 태	22.2×14.8(cm)
발 행	박문관(博文館), 1907년
소장처	국립도서관

『한문독본』 권4 표지, 권2 판권지

1. 개요

『한문독본(漢文讀本)』(4권)은 '박문관'에서 1907년 2월 1일에 초판 발행되었다. 통감부 학부 편집국에서 한문 교육을 위하여 편찬한 한문 교과서로, 『논어(論語)』와 『맹자(孟子)』 등 전통적인 유가 경전과 『사기(史記)』와 『한서(漢書)』 등에서 한문 문장을 선발하였다.

2. 저자

1906년 전후의 시기는 통감부(統監府)의 지배 아래 국가의 교육정책 전반에 대한 철저한 통제가 이루어 졌기에, 교과서 개발 및 검인정 등을 통감부가 직접 행하였다. 1906년 8월 27일 공포된 보통학교 시행령 제31조에 따르면, 보통학교용 교과용 도서는 학부에서 편찬한 것을 사용하되, 특별한 경우에는 학교장이 학부대신의 인가를 받아 학부 편찬 이외의 도서를 사용할 수 있도록 규정되었다. 이에 따라 오늘날의 교육부에 해당하는 기관인 통감부 학부(學部)에 소속된 편집국(編輯局)이 교과(敎科) · 도서(圖書)의 편집 · 번역 및 검정에 관한 사무를 관장하였으므로, 『한문독본』의 저자는 통감부 학부 편집국이라 할 수 있다.

3. 내용 및 구성

『한문독본』은 4권으로 이루어져 있으며, 단원명 없이 각각 41과(課)로 구성된 한문 교과서이다. 주로 『논어』와 『맹자』 등 전통적인 유학의 경전류와 『사기』와 『한서』의 열전(列傳) 등에서 한문 문장을 선발하여 나열하는 방식으로 각 과를 구성하였기에, 종래의 서당 교육에서 사용하던 한문 교재와 별 차이가 없다. 토나 글자 풀이, 주석 등이 없으며, 문장의 출처를 밝히지 않았다. 다만, 한문 문장에 구두점을 찍어 학습의 편이를 제공하였다.

유학 경전류에서 한문 문장을 선발한 예를 들어보면 다음과 같다. 권2의 제1과는 『논어』 <술이(述而)>에서 선발한 문장 "子曰, 三人行, 必有我師焉, 擇其善者而從之, 其不善者而改之.", 『논어』 <이인(里仁)>에서 선발한 문장 "子曰, 見賢, 思齊焉, 見不賢, 而內自省也.", 『중용』에서 선발한 "有弗學, 學之弗能, 弗措也. 有弗問, 問之弗知, 弗措也, 有弗思, 思之弗得, 弗措也. 有弗辨, 辨之弗明, 弗措也. 有弗行, 行之弗篤, 弗措也."으로 구성되어 있다. 공통된 주제나 유사한 내용 등을 염두에 두고 선발한 것으로 보인다.

다음으로 이 책은 『사기』와 『한서』의 열전(列傳)을 많이 활용하였다. 예를 들면, 『사기』의 <관중열전(管仲列傳)>, <인상여열전(藺相如列傳)>, 『한서』의 <주매신전(朱買臣傳)> 등에서 한문 문장을 선발하였는데, 전문을 수록하지는 않고 중요한 대목만 절록(節錄)하였다. 또한 유향(劉向)이 편찬한 『설원(說苑)』에서 선발하기도 하였는데, 예를 들면 권4의 제26과 "昔成王封周公, 周公辭不受~"의 문장은 『설원』 제10권 경신(敬愼) 편을 출전으로 한 예이다. 이 외에 호가호위(狐假虎威)의 고사나 효녀 제영(緹縈)의 고사 등을 수록하기도 하였다.

이상에서 보듯이, 『한문독본』은 유학의 경전류와 중국의 사서 중 인물전을 중심으로 한문 교과서를 구성하였고, 각 과의 한문 수록에 일정한 기준이나 순서가 없이 고전에서 자유롭게 선발하였다. 이 책은 초학자나 하급생에게는 매우 어려운 교재였으리라 보인다. 따라서 서당 교육을 일정 정도 받아 이미 한문에 익숙한 학생들을 학습자로 염두에 둔 것으로 추정할 수 있다. 개화기의 교과용 도서 가운데 한문 교과서의 편찬과 개발은 거의 답보상태에 있었는데, 이 교과서 역시 편집과 체재 등이 서당식 한문 교재처럼 문장만을 제시하는 형식을 취하였다는 점에서 종래의 서당식 교육에서 사용하던 한문 교재와 다를 바 없다. 다만, 정부에서 편찬한 초기의 한문 교과서라는 점에 의의가 있다.

4. 핵심어

한문독본, 학부, 논어, 사기 열전, 한서 열전, 설원

5. 참고문헌

강윤호, 『開化期의 敎科用 圖書』, 교육출판사, 1973.
강진호, 『국어 교과서와 국가 이데올로기』, 글누림, 2007.
강진호, 『국어 교과서의 탄생』, 글누림, 2017.

2
개화기 사찬 독본

1) 고등소학독본
2) 고등소학수신서, 보통교과수신서
3) 국어문법
4) 국어철자첩경
5) 녀ᄌ독본
6) 녀자소학수신서
7) 노동야학독본
8) 대동역사
9) 대한문전(최광옥)
10) 대한문전(유길준)
11) 대한신지지
12) 대한지지
13) 대한지지교과서
14) 동몽수신서
15) 동서양역사
16) 동양사교과서
17) 만국사기
18) 만국사기속편
19) 몽학필독
20) 몽학한문초계
21) 문답대한신지지
22) 문장지남
23) 보통교육국민의범
24) 보통교과대동역사략
25) 보통교육한문신독본
26) 부유독습
27) 서양사교과서
28) 신정동국역사
29) 신정중등만국신지지
30) 신정중등만국지지
31) 신찬외국지지
32) 신찬초등소학
33) 신찬초등역사
34) 신편대한지리
35) 실지응용작문법
36) 여재촬요
37) 역사집략

38) 월남망국사
39) 유년필독
40) 유년필독석의
41) 유학자취
42) 윤리학교과서
43) 정선만국사
44) 중등교과동국사략
45) 중등동양사
46) 중등만국사
47) 중등수신교과서
48) 초등국어어전
49) 초등대동역사
50) 초등대한역사
51) 초등대한지리
52) 초등대한지지
53) 초등본국약사
54) 초등본국역사(유근)
55) 초등본국역사(안종화)
56) 초등소학(국민교육회)
57) 초등소학(보성관)
58) 초등소학수신서
59) 초등수신
60) 초등여학독본
61) 초등윤리학교과서, 초등수신교과서
62) 초등작문법
63) 초목필지
64) 초학디지
65) 최신고등대한지지
66) 최신초등대한지지
67) 최신초등소학

『고등소학독본(高等小學讀本)』(권1-권2)

서 명	『고등소학독본(高等小學讀本) 권1-권2』
저 자	휘문의숙 편집부, 휘문관
형 태	2책, 15.1×22.2(cm)
발 행	휘문의숙출판부, 1906년 11월, 1907년 12월, 휘문관(재판), 1908년 4월.
소장처	한국학중앙연구원 중앙도서관, 국립한글박물관

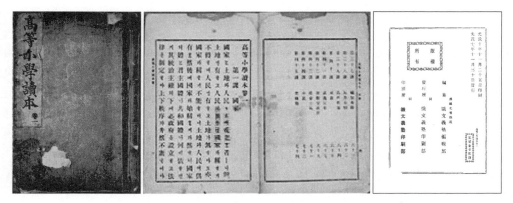

『고등소학독본』 표지, 목차와 본문, 판권지

1. 개요

『고등소학독본』은 휘문의숙 편집부(휘문관)에서 자체 편찬하여 사용한 민간 독본으로, 1권은 1906년 11월, 2권은 1907년 1월에 발간되었고, 재판이 1908년 4월 발행되었다. 1권에서는 국가와 국민, 애국심과 충의, 독립, 충효 등 '애국'에 기반을 둔 논설을 서두에 편성하였고, 2권에는 교육과 자강, 자기 수양 등, 교육의 가치와 지향, 배움의 중요성과 관련된 예화를 편성하여 국권상실의 단계에 접어든 현실에서 수행된 민간교육의 일단을 보여주고 있다.

2. 저자

휘문관은 휘문의숙 설립(1905) 당시, 창립자인 민영휘가 숙감(塾監) 유근(柳瑾) 등과 뜻을 모아 교육부 외에 편집부와 인쇄부를 함께 설립한 출판기구의 다른 명칭이다. 편집부 총무는 민형식(閔衡植), 인쇄부 총무는 김홍경(金鴻卿)이 맡아 운영했으며, 민간 교과서의 저자 또한 대부분 휘문의숙 교사진으로 구성되었다. 휘문관은 학교가 자체로 편찬한 교재와 함께 민간 교과서용 도서를 편찬, 보급하는 출판기구였으나, 국권 침탈기에 독립정신의 고취 및 반일·항일 사상을 전파하는 문화적 거점으로서의 역할도 수행했음을 보여준다.

3. 내용 및 구성

휘문관『고등소학독본』은 1권 76면 45개 과, 2권 86면 45개 과로 편성되어 있다. 1권은 국가의 가치와 국민의 의무, 애국심 등의 주제를 전면에 배치해 놓았다. 2권에서는 보통교육의 근본을 강조하는 한편, 예화를 통해 배움의 다양한 효과를 편성해 놓아, 동서양 열강의 야욕 속에 위기에 빠진 현실을 전제로 하였을 뿐만 아니라 '애국하는 신민'으로서의 국민 양성(1권)과 교육을 통한 자강(2권)을 통해 '교육을 통한 부강한 나라의 건설[敎育立國]'이라는 당대 교육의 이념과 지향을 충실하게 담아놓은 셈이다.

독본 1권 1장의 첫 문장은 "國家는土地와人民으로써成立ㅎ者ㅣ니但, 土地만有ㅎ고"로 시작한다. 원문은 지금의 띄어쓰기와 문장 부호를 사용하지 않아 현토문에 가깝다. 독본의 이런 특징은 민간에서 편찬한 독본 교재가 지금과 같은 어문규정과 국문 전용체가 성립되기 전의 표기 관습을 담은 참고자료이자 1905년 이후 일제가 노골적으로 지배를 점차 강화하는 시점에 민간 교육기관에서 수행한 교육의 실상을 보여준다는 점에서 교육사적 의의도 충분하다.

독본의 체제는 권별로 9개 과씩 하나의 교과 단위(또는 단원)를 이루고 있다. 1권을 예로 들면 1-9과는 '국가와 국민'에 해당하는 내용으로 편성되어 있다. 세부 항목은 국가의 정의와 존재 이유(제1과 '국가'), 국민 된 자의 권리와 의무인 납세와 병역(제2과 '인민'), 대한의 유구한 역사(제3과 '대한') 등으로 세분해서 서술하였다. 이 중에서도 특히 애국심은 3개 과에 걸쳐 편성해 놓았다(제4과 애국심, 제5과 애국심(속), 제6과 '애국의 실(實)'). 이외에도, 충의(제7과 '충의')와 자조(自助, 자기 발전을 위해 스스로 애씀), 독립의 정신무장(1권 8과 '독립'), 가족 간 사랑(제9과 '가족의 상애(想愛)')을 배치하였다.

10-18과는 '입지와 수양'의 세부항목으로 편성되었다. 서양 우화를 차용하여 참된 지혜와 배움의 중요성(제10과 '지조(智鳥)'), 일찍 자고 일찍 일어나는 건강한 일과(제11과 '조기조면(早起早眠)'), 학교 생활에서 스승에게 순종하기(제12과 '순사(順師)'), 시간을 아껴가며 공부하는 근면(제13과 '시간'), 문맹의 괴로움과 부지런한 독서의 권장(제14과 '근독(勤讀)') 등이 주된 내용이다. 또한, 까마귀와 양의 우화에 빗댄 자강(自强)(제15과 '아기양약(鴉欺羊弱)'), 세계 인종 소개와 자강의 필요성(제16과 '세계 인종'), 배움과 실행(제17과 '창승토묵(蒼蠅吐墨, 하늘 나는 파리가 먹을 토함)), 철의 제련에 비유한 배움의 가치 역설(제18과 성기(成器, 도량이 갖추어짐)) 등이 편성되어 있다.

19과-27과는 '수신과 탐구'에 해당하는 주제들이 편성되었다. 주제들을 열거하면 다음과 같다. 친구를 가려 사귐(제19과 '택교(擇交)'), 사농공상의 이해(제20과 '사민(四民)'), 사물의 이치 탐구(제21과 '명리'(明理, 이치를 탐구함)), 우화에 빗댄 지혜와 어리석음(제22과 '암실(暗室, 어두운 방)'), 거짓말장이 목동 우화와 거짓말을 경계함(제23과 '계광(戒誑, 거짓말을 경계함)), 우화에 빗댄 상호부조의 강조(제24과 '소서노규'(小鼠老蛙, 작은 쥐와 늙은 개구리), 배움과 때를 놓치는 권학(勸學)(제25과 '급시(及時)'), 개미 구조 일화와 어진 행동의 실천(제26과 '구의시인'(救蟻施仁, 개미를 구하며 어짊을 베풂)), 서로 돕고 경쟁하며 사회 모범이 되려는 정신을 함양하기(제27과 '쟁선(爭先)')가 있다.

28-36과는 '응세(應世, 세상살이)와 학도의 자세'에 해당하는 내용들을 배치하였다. 음식 절제와 건강 및 위생의 강조(제28과 '절(節)음식'), 벌에게 쏘인 곰의 우화에 빗댄 '작은 일도 실행하지 못하면 큰 일을 성취하지 못한다'는 교훈'(제29과 '웅피봉침(熊被蜂針)'), 유교의 성인인 공자와 계승자인 맹자의 생애(제30과 '공자', 제31과 '맹자') 등을 편성해 놓았다. 또한, 국민의 자강과 나라의 자강(제32과 '본국(本國)'), 자립된 삶의 강조(제33과 '자립'), 학교 규례 지키기와 정직함의 강조(제34과 '학도(學徒)의

정직'), 나뭇단 일화에 빗댄 합심과 단결(제35과 '속목비유'(束木譬喩, 나뭇단 비유)), 동물의 길들임에 빗댄 습관 바꾸기와 기질 변화(제36과 '변화 기질(氣質)') 등이 편성되었다.

37-45과는 '배움과 탐구'에 해당하는 내용들을 편성해 놓았다. 개미굴을 파서 샘을 얻은 제환공(齊桓公) 일화와 본받아야 할 옛사람의 탐구심(제37과 '의지수로'(蟻知水路, 개미가 물길을 알다), 아동의 놀이와 사물의 이치 탐구(제38과 '완롱유오'(玩弄有悟, 놀이에 깨달음이 있다)), 위험에 빠진 아이를 구해낸 말과 측은지심(제39과 '마(馬)의 구동(救童)'), 탐욕을 경계함(제40과 '계탐(戒貪)'), 편안함을 도모하다 도리어 고단하게 일한 가마꾼 일화(제41과 '모일반로(謀逸反勞)') 등, 배움의 즐거움과 사물의 이치 탐구를 편성해 놓았다.

이렇게 살펴본 결과 독본 교과서는 국가의 가치를 알고 국민 된 의무를 다하기 위해 근면하고 탐구하는 자세를 강조하는 등 지향점이 비교적 선명하다. 곧 국민 개개인이 정부에만 의존하지 말고 국민의 의무를 다하며 분발하고 자립하기를 권고하고(제41과 '물관망정부(勿觀望政府)'), 선비의 기개를 배양할 것을 요청하며(제43과 '배양사기(培養士氣)'), 작은 쥐와 쥐덫 우화에 빗대어 치밀하게 사세를 판단하여 실행하기를 권고하기도 하고(제44과 '소서(小鼠)'), 흡연의 해로움을 경고하면서 건강한 신체를 위해 금연을 권고(제45과 '금흡연(禁吸烟)')하는 등 개화기 현실이 요청하는 과제를 지향하고 있다.

'교육입국의 이상'은 독본 교과서를 관통하고 있다. 이 이상은 식민지로 전락할 위기감이 고조되는 가운데 직접적인 기술로써 교과서에 표현된다. "근대에 이르러서는 문약(文弱)의 폐단으로 인해 국력이 부진함에 이르렀"(1권 3과 '대한')다는 대목이나, "국민된 자는 마땅히 충의를 숭상하여 투생(偸生, 죽음을 두려워하여 욕되게 살고자 함)을 수치로 삼고 감사(敢死, 죽기를 두려워하지 않음)를 영예로 여기며 애국의 정성을 수유(須臾, 잠시)도 게을리 하지 말아야 한다"(이상은, 1권 7과 '충의')는 대목이 그러하고, 교육입국의 이상이 실현되는 날은 "융성한 나라에는 외국인이 감히 그 국민을 업신여기지 못하는"때라는 전제나, "나라가 강하면 국민에게는 영광이고 나라가 약하면 국민에게 수치"라는 언급, "자신을 건강하게 한즉 신체가 강해지고 행동을 돈독히 하면 덕이 강해지고 배움에 힘쓰면 곧 지혜가 강해진다"는 주장과 "사람마다 다 자강하면 자국이 지구에서 막강의 나라"(이상은, 1권, 32과 '본국(本國)')가 된다는 기술은 고조되는 시대적 위기감을 잘 반영하고 있다.

또한 독본에서는 이상적인 청년 학생을 "애국의 실속이 있는 자"로 설정해 놓았다. 이들은 "자신의 학문을 힘쓰고 자신의 지식을 확충하"는 자이고, "자신의 의지를 확립하며, 자신의 신체를 건강히 하"는 자이며 "외국의 언어와 문자를 배우되 반드시 자국의 정신을 키우며 자국의 문자를 귀중히 하"는 자이다. 이들은 "농업과 공업과 상업의 실업을 연구하여 토지의 이익을 잃어버리지 않게 하며, 생산품의 버려지는 재료를 적게 하는 자"이다(1권, 제6과 '애국의 실(實)'). 이들이야말로 "의지와 기개를 드높이기에 힘써서 개개인이 독립의 정신을 뇌수 깊이 간직하고 자조(自助, 자기발전에 애씀)의 생각을 잠시도 잊어서는"(1권, 8과 '독립') 안되는 자들인데, '위기에 빠진 국가를 건져내고 구부강함을 도모하는 신민(臣民)'이기 때문이다. 청년·학생은 "배움에 힘써 탐구함을 게을리하지" 않고 "지혜와 식견의 깨달음을 얻"는 존재(1권, '지조(智鳥)')로 설정되어 있다.

일제의 실효적인 지배가 시작되자마자, 조선총독부 경무총감부(警務總監部)에서는 독본의 내용 중에 이국에서 선진학문을 배우기에 힘쓸 것을 강조한 내용이 담긴 1권 제5과 「연가연향비애국(戀家戀鄕非愛國)」, 교학(教學)을 통해 새로운 지식을 만들어내고 새로운 생각을 만들어 세대의 발전을 도모하기를 권고한 2권 제14과 「교학의 효과」, 조선조 태종 이후 활자 주조의 역사를 되새기며 세계 만국에서 활자문화의 효시라 명시한 2권 제23과 「주자 鑄字」) 등을 문제 삼아 발매 및 반포 금지 처분을 내렸다.

4. 핵심어

『고등소학독본』, 휘문관, 민간 독본, 국가주의, 신민, 국민의 의무, 교육입국, 국한문혼용 현토, 국권 상실기 민간교육, 일화 중심, 유교 성인 일화, 서양 일화, 조선총독부, 발매 및 반포 금지 처분

5. 참고문헌

강윤호, 『개화기의 교과용도서』, 교육출판사, 1975.
강진호, 「근대국어교과서의 탄생과 근대민족주의-『국민소학독본』(1895)를 중심으로」, 『상허학보』
　　　36, 2012.
권두연, 「보성관의 출판활동 연구」, 『현대문학의 연구』 44, 한국현대문학연구회, 2011.
김찬기, 「근대 초기 국어 교과서와 계몽의 언어」, 『민족문화연구』 58, 2013.
성윤아, 「개화기 『국민소학독본』의 이문화 커뮤니케이션교육」, 『중앙사론』 41, 2015.
윤인숙, 『조선 전기의 사림과 소학』, 역사비평사, 2016.

『고등소학수신서(高等小學修身書)』,
『보통교과수신서(普通敎科修身書)』

서 명 『고등소학수신서(高等小學修身書)』,『보통교과수신서(普通敎科修身書)』
저 자 휘문의숙편집부(徽文義塾編輯部), 휘문관(徽文舘)
형 태 22.2×15.2(cm), 20.2×14.5(cm)
발 행 휘문관(徽文舘), 1907년, 1910년
소장처 한국학중앙연구원

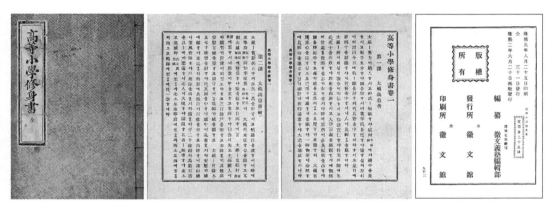

『고등소학수신서』표지, 본문, 판권지

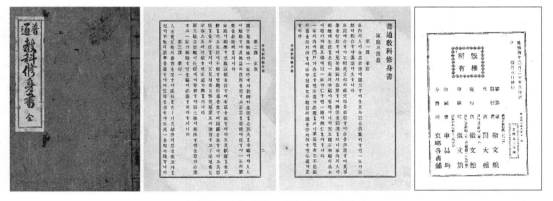

『보통교과수신서』표지, 본문, 판권지

1. 개요

『고등소학수신서(高等小學修身書)』는 한성(漢城)의 '휘문관'에서 1907년(隆熙 元年) 8월 31일에 초판 발행되었고, 학부 검정을 통과한 이후의 개정판에 해당하는 『보통교과수신서(普通敎科修身書)』는

같은 곳에서 1910년(隆熙 4年) 4월 5일에 초판 발행되었다. 휘문의숙의 고학년 학생들을 대상으로 제작된 것으로 보이는『고등소학수신서』에서는 전통적인 성격의 가치·덕목과 근대적인 성격의 가치·덕목들을 여러 예시와 함께 다루었으며, 외세의 침탈에 대응하고 국권에 대한 의식 강화를 목적으로 하는 내용들도 수록하였다. 반면에『보통교과수신서』에서는 학생들의 애국심과 역사·민족의식을 고취할 수 있는 내용들을 삭제하거나 상당 부분 축소했다.

2. 저자

장지연(張志淵)의 문집인『위암문고(韋庵文稿)』에 수록된 연보(年譜)에는, 그가 휘문의숙의 숙장으로 있을 때『고등소학독본(高等小學讀本)』과『중등수신교과서(中等修身敎科書)』의 편찬에 관여하였다는 기록이 있지만,『고등소학수신서』에 대해서는 별도의 언급이 없다. 그러나 이 시기에 장지연을 포함해 유근(柳瑾), 안종화(安鍾和) 등도 휘문의숙의 숙장을 역임했다는 사실로 미루어볼 때, 현재로서『고등소학수신서』의 저본이 정확히 무엇인지 판단하기는 어려우나, 이 책의 발행에 장지연이 직·간접적으로 개입했을 가능성은 높다고 할 수 있다. 덧붙여『고등소학수신서』의 개정판인『보통교과수신서』의 판권지에는 편찬 겸 발행자가 휘문관으로 되어 있고 대표가 민대식(閔大植)이라는 인물로 표기되어 있는데, 학부편집국(學部編輯局)에서 발행한『교과용도서일람(敎科用圖書一覽)』에는『보통교과수신서』의 저작자로 이 민대식의 이름이 등재되어 있다. 민대식은 일제강점기의 관료이자 친일반민족행위자로 분류된 민영휘(閔泳徽)의 맏아들로, 주로 재계에서 활동하였다. 1920년에 한일은행(韓一銀行)의 장으로 취임하였고, 친일단체 동민회(同民會)에서도 활동하였으며, 이런 이력으로 조선총독부(朝鮮總督府)에서 발간한『조선공로자명감(朝鮮功勞者銘鑑)』에 수록된 인물이다.

3. 내용 및 구성

『고등소학수신서』와『보통교과수신서』는 두 책 모두 내용이 국한문혼용체로 작성되었고, 단권으로 이루어져 있다. 앞서 발행된『고등소학수신서』는 전체 9개의 대주제 분류 하에 120개 과(課)들로 구성되어 있는데, (편의상 대주제로 분류했으나 주제명이 없는) 제1주제는 제1과 '태조고황제(太祖高皇帝)'로부터 제11과 '모략(謀略)'까지로 구성되어 있고(11개), 제2주제「가정에 대한 주의(注意)」는 제12과 '가정'으로부터 제24과 '주인과 비복(속)'까지로 구성되어 있으며(13개), 제3주제「학교에 대한 본무(本務)」는 제25과 '학교'로부터 제34과 '학문(속)'까지로 구성되어 있다(10개). 제4주제「사람에 대한 주의」는 제35과 '경장(敬長)'으로부터 제46과 '공중(公衆)'까지로 구성되어 있고(12개), 제5주제「자기에 대한 주의」는 제47과 '신체'로부터 제63과 '지식'까지로 구성되어 있으며(17개), 제6주제「덕성에 대한 주의」는 제64과 '자기'로부터 제73과 '언어(속)'까지로 구성되어 있다(10개). 제7주제「인격에 대한 본무」는 제74과 '품위'로부터 제86과 '학리(學理)'까지로 구성되어 있고(13개), 제8주제「수양에 대한 본무」는 제87과 '재지(才智)'로부터 제105과 '계주(戒酒)'까지로 구성되어 있으며(19개), 제9주제「국민에 대한 주의」는 제106과 '국가에 대한 본무'로부터 제120과 '총론'까지로 구성되어 있다(15개). 목차상에는 제1주제와 동일하게 제2주제도 주제명이 없는데 본문에는「가정에 대한 주의」로 표기되어 있고, 목차상에는 제7주제명의 인격이 '人恪'이라고 표기되었는데 본문에는 '人格'으로 정정되어 있는 부분도 눈에 띈다.

학부 검정 통과 이후에 발행된『보통교과수신서』는 대주제 및 하위에 속하는 과들의 수가 많이 줄어서, 전체 5개의 대주제 분류 하에 90개 과들로 구성되어 있다. 제1주제 「가정에 대한 주의」는 제1과 '가정'으로부터 제12과 '주인과 비복(이)'까지로 구성되어 있고(12개), 제2주제 「학교에 관한 주의」는 제13과 '학교(일)'로부터 제22과 '학문(오)'까지로 구성되어 있으며(10개), 제3주제 「타인에게 대한 주의」는 제23과 '경장'으로부터 제35과 '중신(重信)'까지로 구성되어 있고(13개), 제4주제 「자기의 수양에 관한 주의」는 제36과 '자기'로부터 제87과 '예의'까지로 구성되어 있으며(52개), 제5주제 「국민된 자의 주의」는 제88과 '국가에 대한 일[務]'로부터 제90과 '애국심'까지로 구성되어 있다(3개). 『고등소학수신서』와 비교할 때, 『보통교과수신서』의 목차에는 기존에는 있던 '본무'라는 표현이 없어지고, 주제명이 없던 제1주제는 전체 삭제되었다. 또한 제9주제였던 「국민에 대한 주의」는 제5주제 「국민된 자의 주의」로 바뀌면서 분량이 대폭 축소되었고, 제4주제인 「자기의 수양에 관한 주의」가 총 90개 과 중 52개를 차지하면서 다른 대주제들에 비해 매우 비대해졌다. 여기에서는 『고등소학수신서』를 중심으로 내용을 살펴본 뒤, 『보통교과수신서』가 어떤 점에서 변경, 축소되었는지 특이점 부분에서 안내할 것이다.

『고등소학수신서』에 별도의 '서문'이나 '결문'은 없지만, 제120과 '총론'이 그 역할을 하고 있는 것으로 보인다. '총론'에서는 우선 "사람이 이 세상에 태어나서 마땅히 실천해야 할 본무가 있으니, 도덕(道德)이 이것이다. 그러나 이것을 수양하는 솜씨가 없으면 실행하기가 어렵기에 느끼고 이해하는 방법을 편술하여 이로써 배우는 자의 교과에 구비케 하니, 이것이 어찌 나의 의견을 망령되이 고집하는 것이리오. 오직 동서양 국가들의 선성(先聖)과 선현(先賢)의 아름다운 말과 행동을 채택하여 쓴 것이다."라고 하여, 휘문의숙편집부 내에서 『고등소학수신서』의 발행을 주도한 이가 본서를 편술하면서 어떤 부분에 초점을 맞추었고 내용은 어떻게 채웠는지 개략적으로 밝혔다. 그리고 곧장 이어서 "대저 사물은 근본과 말단이 있고 일은 시작과 끝이 있으니, 사람이 마땅히 실천해야 할 방법도 역시 먼저와 뒤의 구별이 없을 수가 없다. 따라서 도덕을 가르침으로써 수신의 처음 과정으로 삼는다. 충효는 인륜의 큰 것으로 우리 대한제국 교육에서 특별히 드러나는 강령이거니와, 형제·부부·장유·붕우에 대하는 도리와 사회·국가에 대하는 의무도 역시 순서를 따라서 여기에 대략 갖추었으니, 바라건대 배우는 이들로 하여금 선을 기르고 악을 제거하는 데 얼마간이라도 도움이 되기를 바라노라."라고 하여, 학생들이 양선거악(養善去惡)이라는 궁극적인 목적을 위해 이 책을 공부하되, 자신이 맺는 여러 관계에서 올바른 도리를 함양하고, 당시 대한제국이 처한 상황에서 사회와 국가에 대한 의무도 다할 수 있기를 권장하였다.

이상과 같은 전제 아래, 먼저 주제명이 없는 제1주제에서는 태조고황제[李成桂]와 세종대왕(世宗大王)의 문무를 넘나드는 치적, 이순신(李舜臣)이 보여준 기개와 거북선을 만든 지혜 및 청렴과 공정함, 곽재우(郭再祐)·김천일(金千鎰)이 보여준 충의(忠義), 임경업(林慶業)의 큰 뜻[大志] 등을 언급하였고, 제2주제 「가정에 대한 주의」에서는 가정과 가족의 화목 및 이를 위해 요구되는 부자간·부부간·형제자매간의 도리와 조상·친족에 대한 예의, 주인과 비복(婢僕)간의 올바른 관계 등을 설명하였으며, 제3주제 「학교에 대한 본무」에서는 학교의 종류와 학교교육의 필요성, 학교교육과 가정교육의 상호적인 관계, 스승에 대한 공경과 옛 스승 잊지 않기, 학문의 의미와 방법 및 꾸준하게 공부하기 등을 안내하였다. 제4주제 「사람에 대한 주의」에서는 웃어른과 친구에 대한 예의 및 사회와 공익의 의미, 다른 사람의 자유·명예·신체·재산에 대한 권리 존중과 박애[愛人], 자선, 공중도덕 등을 언급하였고, 제5주제 「자기에 대한 주의」에서는 정결과 음식 절제 같은 신체 건강을 위해 필요한 태도에서 검약, 도량, 정직, 공평, 공정, 청렴, 겸손, 침정(沈靜), 온화, 용기, 지식 같은 자기가 맺는 관계에서 요구되는 마음가짐과 자세들에 이르기까지 다양한 가치·덕목들을 설명하였으며, 제6주제 「덕성에 대한 주의」에서는 자살의 패악, 뜻 세움의 중요성, 반성과 자경(自警) 및 인내, 언어를 사용함에 있어서의 유의사항 등을 안내하였다. 제7주제「인격에 대한 본무」에서는 만물 중에서 사람이 갖는 품위와 직업에 종사해야 하는 까닭, 사람 상호간에 믿음이 필요한 이유, 자립자영(自立自營)의 정신, 높은[高尙] 뜻과 약속 잘 지키기, 경쟁하는 자세와 사은(謝恩), 이치를 궁구함과 앞서려는 마음가짐 등을 언급하였고, 제8주제「수양에 대한 본무」에서는 재능·지혜의 갖춤과 수덕(修德), 시간을 아끼고 규율을 지키며 바른 습관 익히기, 부지런히 일하되 나태함을 경계하고 예술적 쾌락을 즐기되 중도에 맞도록 할 것, 온공(溫恭)과 허탄(虛誕), 개과(改過)와 자제(自制) 및 결단과 용감, 학문함에 의문을 가지고 예의를 갖추며, 적절한 수면과 운동을 취하되 술은 경계해야 함 등을 설명하였으며, 마지막으로 제9주제「국민에 대한 주의」에서는 국가의 구성 요소들과 황실에 대한 의무, 깊은 애국심에 근거한 대한제국의 문명국화 등을 강조함과 동시에 당시 대한제국이 처한 상황을 국치(國恥)라고 표현하면서 이런 상황을 타개하기 위한 국민의 충의, 단결력, 독립·진취정신의 고양 등을 안내하였다.

　『고등소학수신서』의 특이점을 몇 가지 제시하면, ① 첫째, 전통적인 가치·덕목들 이외에도 당시 유입되던 근대적인 가치·덕목들을 다양하게 수록하였고, 이것들을 보다 쉽게 설명하기 위한 사례나 격언들이 매우 풍성한데 특히 한반도의 구국영웅과 역사적 인물들의 경우가 상당수를 차지한다. 보다 구체적으로 말해,『고등소학수신서』에서는 효행, 우애, 경장, 온공, 충의, 입지 등의 전통적인 가치·덕목들을 기본으로 하되, 사회와 공익·공중도덕, 타인의 기본권을 침해해서는 안 된다는 등의 내용 및 국가의 구성 요소들도 기술하고 있다. 그리고 워싱턴[華盛頓](제52과 '도량')과 프랭클린[富蘭士克](제89과 '수덕(속)', 제93과 '근로')의 사례 이외에도, 제87과 '재지', 제89과 '수덕(속)', 제92과 '습관', 제116과 '독립' 등에서는 서양의 교육학 원리나 격언 등을 인용하고 있다. 그러나 가장 많은 경우를 차지하는 사례는 한반도의 역사적 인물들이 남긴 언행으로, 귀산(貴山)·추항(箒項), 김유신(金庾信), 최석(崔碩), 안향(安珦), 정몽주(鄭夢周) 등을 제외하면 조선의 성리학자들이 다수이기는 하나, 조선의 인물들에서도 왕과 무인, 처사 등도 발견되기에 수록된 인물의 지위나 계급은 폭넓은 편이라고 할 수 있다. ② 둘째, 대한제국이 처한 국내외적 상황에 대한 비판적 인식이 엿보이고, 이런 상황을 타개하는 방법으로 자기반성에 기초한 실력 양성 및 애국심의 고양을 꾀하였다.『고등소학수신서』에는 학생들로 하여금 지식과 재주 및 국가를 위한 의기(義氣)를 기르게끔 유도하는 내용이 많은데, 관련 과들은 대체로 무명의 제1주제 및 제9주제「국민에 대한 주의」에 속해 있다. 그런데 유도하고 강조만 하는 것이 아니라 자기반성을 전제로 하고 있다는 점이 주목된다. 제85과 '쟁선(爭先)', 제86과 '학리', 제112과 '국치', 제116과 '독립', 제119과 '진취' 등에서 이 같은 성격의 내용이 발견되는데, 일례로 제112과 '국치'에서는 "(당시 대한제국이 철도, 전기·우편, 광산, 산림 등의 개발을 국가의 의지대로 하지 못하는 상황을 비판한 뒤) 개개의 인간에게 모욕을 당해도 반드시 분하고 원통한 마음이 있는데, 하물며 국가와 국가 사이에 이러한 수치를 당하면 어떻겠는가. 이 부끄러움을 씻어내는 방법은 다른 데 있지 아니하고, 일반 국민이 자강의 마음을 발휘해 나아가고 또 나아가는 것을 그치지 않는 데 있으니, 힘낼지어다. 청년이여."라고 하였다. ③ 셋째, 학부 검정을 통과한 이후에 다시 발행된『보통교과수신서』에서는 애국이나 책임 의식, 국가에 대한 병역의 의무 관련 내용 등이 삭제되거나 상당히 축소되었다.『고등소학수신서』는 내용의 성격으로 인해 1909~1910년에 학부에서 교과용 도서로 불인가되어 사용과 발매가 금지되었는데, 이 책의 내용을 변경하여 재발행한『보통교과수신서』를 살펴보면 여러 곳에서 수정이 있었지만 가장 큰 변화는, 기존의 제1주제(무명)와 제9주제(「국민에 대한 주의」)에 속한 과들이 전체 삭제되거나 대폭 축소되었다는 것이다. 앞서 밝혔듯이, 이 두 주제에 속한 과들은 한반도의 구국영웅과 역사적 인물들을 중심으로 학생들에게 충의와 의용, 애국심을 진작시키는 데 그 목적이 있었다. 그런데 이 내용들을 삭제, 축소했다는 것은 통감부(統監府)의 의도를 짐작케 하는 부분이다. 또한 본래 제9주제에 속했던 과들은 『보통수신교과서』에서는 제5주제 「국민된 자의 주의」의 단 3개 과로 축소되었는데, 그 내용들조차 압축적으로는 법령의 준봉(遵奉), 조세의 수납, 자녀의 교육 및 근면한 재산 관리 등에 불과하다. 무엇보다 『보통수신교과서』의 마지막 과인 제90과 '애국심'의 내용은 건설적 자기반성이 아닌 자기비하로 읽히는데, "우리나라가 금일에 문명이 크게 세계 각국에 비해 못하여 국력이 이와 같이 빈약한 것은 어떤 이유에서인가. 고래로 농업, 공업, 상업 등의 실업을 경시하여 이를 개량하거나 진보시키지 아니하고, 온전하게 국가 부영(富榮)의 길에 힘을 다할 것을 망각함으로 말미암은 것이다."라고 한 뒤, 애국하는 마음은 자립을 꾀하거나 독립·진취정신의 함양이 아닌 성실한 마음으로 각기 직분을 다하는 것뿐이라고 못 박고 있다.

『고등소학수신서』는 휘문의숙의 고학년 학생들을 대상으로 제작된 수신 교과서로, 한반도의 구국영웅과 역사적 인물들이 남긴 언행을 활용하여 전통과 근대의 다양한 가치·덕목들을 가르칠 수 있게끔 만들어진 실효성이 있는 교과용 도서이다. 그리고 자기반성에 근거해 학생들의 실력 양성 및 애국심 고양을 꾀하고 있다는 점도 주목해야 할 부분으로 평가할 수 있다. 그러나 학부 검정을 통과한 이후에 다시 발행된 『보통교과수신서』에서는 바로 이 내용들이 삭제되거나 축소되었다. 『초등윤리학교과서』와 『초등수신교과서』의 관계처럼 『고등소학수신서』와 『보통교과수신서』를 비교하면, 일제가 수신 교과서 발행에 어떤 방식으로 관여하였고 그 목적은 무엇이었는지 더욱 소상히 파악할 수 있다.

4. 핵심어

태조고황제(太祖高皇帝), 국가에 대한 본무(本務), 애국심, 국치(國恥), 국광(國光), 독립

5. 참고문헌

강윤호, 「開化期의 教科用 圖書 (1)」, 『韓國文化硏究院論叢』 10, 1967.

김민재, 「근대 수신 교과서를 통해 살펴본 '도덕과 교육'의 연속성」, 『한국문화연구』 19, 2010.

김민재, 「근대계몽기 중등용 수신 교과서의 도덕교육적 시사점 연구」, 『윤리교육연구』 31, 2013.

서경희 「『고등소학수신서』 해제」, 김남이 외 역, 『근대수신교과서 2』, 소명출판, 2011.

오미일, 「관료에서 기업가로-20세기 전반 閔泳徽一家의 기업 투자와 자본축적」, 『역사와 경계』 68, 2008.

이승구·박붕배, 『한말 및 일제강점기의 교과서 목록 수집 조사』, 한국교과서연구재단, 2001.

이종국, 『한국의 교과서 변천사』, 대한교과서, 2008.

장지연, 『韋庵文稿』.

學部編輯局, 『教科用圖書一覽』, 學部編輯局, 1910.

홍인숙 「『보통교과수신서』 해제」, 김남이 외 역, 『근대수신교과서 2』, 소명출판, 2011.

澤田哲, 「徽文義塾編纂の二修身教科書について―『中等修身教科書』(1906)·『高等小学修身書』(1907)への日本の影響」, 『日本の教育史学: 教育史学会紀要』 41, 1998.

한국사데이터베이스(http://db.history.go.kr/)

『국어문법(國語文法)』

- **서 명** 『국어문법(國語文法)』
- **저 자** 주시경(周時經, 호는 한힌샘, 한흰메, 1876.11.7 ~ 1914.7.27)
- **형 태** 108쪽. 22.(cm)
- **발 행** 박문서관(博文書館), 1910년
- **소장처** 서울대학교 중앙도서관, 고려대학교 도서관

『국어문법』 속표지

1. 개요

『국어문법(國語文法)』(1권)은 1910년 4월 15일 경성의 '박문서관'에서 초판 발행되었다.

2. 저자

주시경은 가정과 서당에서 한문을 수학하다가 1894년에 배재학당, 1895년에 탁지부의 관비생으로 선발되었다. 인천 관립 이운학교(利運學校) 속성과까지 마쳤으나 정계의 혼란으로 실무를 이어가지 못하고 1897년 배재학당에 재입학했다. 서재필과의 인연으로 독립협회와 독립신문사에서 일을 했고, 신학문에 대한 열정이 강하여 흥화학교와 유일선이 수리학(數理學)을 가르치기 위해 세운 정리사(精理舍)에서 3년간 공부했다. 주시경은 여러 학교에서 국어를 가르치며 하기강습소를 설치, 운영했고, 한글학회의 연원으로 알려진 국문연구학회를 조직하여 활동하는 등 다양하게 국어·국문 활동을 수행했다.

주시경의 국문 연구는 1897년 『독립신문』에 발표한 논설 「국문론」을 필두로 우리말을 핵심으로 한 국어문법의 체계화가 중심이었다. 주된 업적은 필사본 『국문문법』(1905), 유인본 『대한국어문법』(國文講義, 1906), 국문연구소 유인본 「국문연구안」(1907~1908), 『국어문전음학』(1908), 필사본 『말』(1908년 경), 국문연구소 필사본 『국문연구』(1909), 유인본 『고등국어문전』(1909년 경) 등이며, 학문적 축적을 거쳐 대표적 저술인 『국어문법』(1910)을 이룩했고, 순우리말로 서술한 『말의 소리』(1914) 가 있다.

3. 내용 및 구성

『국어문법(國語文法)』은 주시경이 근대적 국어 의식을 바탕으로 국어문법의 원리와 체계를 제시하기 위해 편찬했다는 점에서 국어문법 이론서의 성격과 함께 국어문법 교재로서의 성격도 지닌다. 『국어문법(國語文法)』의 정확한 제명은 표지에 쓰인 『國語文法全』이고, 1909년 원고본과 국권 상실 후 용어에 변화를 준 1911년의 『朝鮮語文法』의 정본 성격에 해당한다. 『朝鮮語文法』은 국권상실 후인 1911년 12월 29일 경성 신구서림에서 발행된 것으로 『국어문법(國語文法)』에서 제명에 변화를 준 정도이고, 1913년 같은 신구서림에서 재판으로 발행된 『朝鮮語文法』은 내용의 변개가 많아 1910년 『국어문법(國語文法)』과 동일한 텍스트로 보기는 어렵다는 평가이다. 주시경은 『국어문법(國語文法)』의 명칭을 『國語文法全』으로 발행하기는 했지만 '서(序)'의 내용으로 보아 『국어문법(國語文法)』을 완결된 저술이라기보다는 자신의 국어 연구의 성과가 축적되고 발전되는 과정으로 인식했던 것으로 보인다. 『국어문법(國語文法)』의 구성은 머리말 성격의 '서(序)'와 본문에 해당하는 '國文의 소리·기난갈·짬듬갈·기난갈의 난틀·기몸박굼·기몸헴·기뜻박굼'과 꼬리말에 해당하는 '이온글의 잡이'의 순서로 제시되었고 차례나 단원을 구분하는 별도의 표시는 없다. 주시경은 '서'를 통해서 『국어문법(國語文法)』의 편찬 배경과 의도를 분명히 밝혔다. 그는 근대적인 언어의식을 바탕으로 언어와 민족(인종)의 관계를 강조한 후 국문의 우수성, 한문과 국문의 위상, 당대 언어생활의 문제 인식, 자전(字典)과 문전(文典) 편찬의 필요성, 국어 연구와 교육의 중요성 등에 대한 자신의 신념과 의지를 표출했다.

> 本朝 世宗朝게서 天縱의 大聖으로 國語에 相當한 文字가 無함을 憂慮하사 國文二十八字를 親制하시매 字簡音備하여 轉換記用에 不通함이 無하니 此는 天然特性의 我國文이라 國文이 成한 後에 國語로 著作하는 文字가 繼出하여 其籍이 頗多하나 오히려 國文을 鮮用하고 漢文을 是崇하더니 往年甲午에 科擧法을 廢한 後로 漢文의 聲勢가 退縮하여 學習하는 者가 稀貴할뿐더러 近者에는 我國에 敎育新法이 行하매 前日과 如히 專業하고자 하나 不得할지니 漢文의 衰殘은 免하기 不能한 바요 國文은 近來로 公私間에 盛用하니 可히 漸進의 運을 當하엿다 謂할지라 然하나 至于今字典을 未修하여 由來의 文字와 今日의 行用함이 다 正音의 原訓과 國語의 本體를 未得하고 其連發의 音만 僅搆하매 此音을 彼音으로 記하고 彼語를 此語로 書하며 二音을 一音으로 合하고 一音을 二音으로 分하며 上字의 音을 下字에 移하고 下字의 音을 上字에 附하며 書書不同하고 人人異用하여 一個言을 數十種으로 記하며 文字를 誤解하는 獘가 語音에 及하고 語音을 未辨하는 害가 文字에 至하여 文言이 不同하며 前人의 謬를 後人이 襲하고 彼人의 誤에 此人이 醉하여 苟且相因하고 混亂相尋에 穿鑿無稽한지라 今日로 觀하면 漢文은 已衰하고 國文은 如斯하여 有함이 無함과 一般이요 進함이 退함에 同歸함이니 我韓이 엇지 有文의 國이라 謂함을 得하리오 噫라 文政의 任에 據하며 敎育의 壇에 立하신 諸公은 此를 深思할지어다 余가 鹵莽의 見으로 去戊戌에 此書를 著하매 友人이 有하여 刊行하기를 言하거늘 그 硏究가 鄙拙하며 措辭가 粗雜함으로 辭却하고 高明한 硏究家의 出함을 是竢하더니 近者에 國文硏究所가 官設되며 國語를 硏究하는 人士가 日增月加할새 此書에 參互할 바가 有할가 하여 請求하는 이가 一二에 止하지 안이함으로 이에 井蛙의 觀이 萬一의 補가 될가 하여 剞劂에 付하노니 有志諸公은 我言文을 深究精硏하여 字典文典을 制하며 後生을 奬勵하여 我民國의 萬幸이 되게 하소서
>
> 隆熙三年七月 日 周時經 書 (서, 국어문법)

『국어문법(國語文法)』의 '서'에서 엿볼 수 있는 주시경의 국어의식은 언어와 민족의 관계에 대한 인

식과 관계가 깊다. 그는 '언어는 독립의 성(性)이라 성(性)이 없으면 몸이 있어도 몸이 아니요 터가 있어도 터가 아니니 국가의 성쇠(盛衰)도 언어의 성쇠(盛衰)에 있고 국가의 존부(存否)도 언어의 존부(存否)'에 있다고 하며 언어와 민족(국가)의 본질적 관계를 강조했다. 또한 우리나라의 국문이 '글자가 간략하고 음이 갖추어져 전환하여 기록하고 쓰는 데 통하지 않음이 없는 문자'라는 점에서 국문의 우수성을 인식했다. 그런데도 한문을 숭상하고 국문을 사용하지 않는 당시 언어생활의 문제를 지적하고, 사전의 편찬과 언문일치 언어생활의 중요성을 강조했다. 『국어문법(國語文法)』에서 특기할 만한 부분으로 주시경이 『국어문법(國語文法)』의 독자로 '文政의 任에 據하며 敎育의 壇에 立하신 諸公'을 호명하고 있는 부분이다. 그는 문정과 교육을 담당하는 사람들 특히 국어 관련 연구자나 국어 교육자들에게 '언문(言文)을 깊고 정밀하게 연구하여 자전문전(字典文典)을 만들고 후학을 장려'할 것을 당부하고 있다. 이는 『국어문법(國語文法)』이 국어 문법 이론서이자 교육적 목적을 위한 국어 문법 교재로서의 성격도 지니고 있다는 점을 보여준다.

『국어문법(國語文法)』의 본문은 '國文의 소리', '기', '듬'으로 구분되었고, 각각 국문의 소리(音)와 단어, 문장에 관한 설명이 실려 있다. 주시경이 문법을 설명하는 방식은 문법 개념에 대한 정의와 설명을 제시하고, '본'과 '풀이'에서 예시와 부연 설명을 제공하는 형식을 취하고 있다. 꼬리말에 해당하는 '이온글의 잡이'에서는 문법 용어를 고유어로 만들어 사용하는 까닭을 언급하였고 국어문법의 성격을 다시 강조했다.

『국어문법(國語文法)』은 '국문의 소리'에서 '此는 言語를 記用하는 文字의 音學인 故로 그 規模가 律呂나 物理의 音學과 不同하되 其理는 一般이니라'를 통해 언어를 기록하고 사용하는 문자의 소리에 대한 이론이라는 점을 밝혀 해당 장의 내용을 안내하고 있다. 이어서 '음의 발원', '음의 퍼짐', '음성' 등의 문법 용어를 규정하고 그 의미와 예시를 제시하고, '풀이'를 통해 용어나 이론에 대한 해설을 덧붙였다. 그리고 문법 설명을 할 때 용비어천가나 훈몽자회, 등의 이전 문헌에서 이론의 근거를 찾아 해당 소리의 성격을 과학적으로 재구하는 방식을 취하고 있다. 'ㅿ'의 내용을 훈민정음, 사성통해, 삼운성휘, 정음통석, 규장전운, 박통사석언 등 관련 문헌을 인용하여 비교 검토하는 방식으로 설명하고 있다. '국문의 소리'장의 기술 방식은 구체적인 언어 현상을 예를 들어 근거를 보이거나 선행 이론과의 비교 검토를 통해 과학적으로 재구하는 방식을 통하고 있는데 반해, '기난갈'은 '잇의 갈래' 설명하는 방식으로 '한덩이가 되게만 하랴고 사이에 두는 것'이라고 뜻을 밝힌 후, '본'에서 '와, 과, 고'를, '풀이'에서 '벼루와 먹이 잇소' 등을 제시하는 순서로 문법 용어의 정의와 설명, 예시의 제시 등의 구조를 사용하고 있다. '짬듬갈'은 '기난갈'과 유사하게 정의와 설명을 취하고 있으면서 문장의 구성을 계층적으로 시각화하여 분석하는 방식을 취하고 있다. 『국어문법(國語文法)』에서 특이한 점은 현재 학교 문법의 용어와 달리 고유어로 문법 용어를 규정하고 있는 점과 단어가 문장 구성에 작용하는 기능에 따라 '기난갈'(품사분류)과 '기갈래의 난틀'(품사 하위 분류) 사이에 짬듬갈'(문장구성론)을 다루고 있다는 점이다.

『국어문법(國語文法)』의 마지막에 해당하는 '이온글의 잡이'에서는 『국어문법(國語文法)』이 '우리나라 말에 맞게 한 것'이며 '우리나라 '말듬'을 모두 포괄하여 구성한 것 '이라고 언급한다. 아울러 책의 제목이 '國語文法'인 것은 광무 2년에 만들었던 것이고, 그 때의 이름대로 두었다는 점과 우리나라 말로 고쳐서 만들고자 했지만 바빠서 다 고치지 못하여 사시사이에 한문이 있다는 점을 밝히고 있다. 또한 『국어문법(國語文法)』의 대상 독자를 '글 다스리는 일을 맡은 이들과 우리나라 말에 이름이 높은 사람들, 우리나라에서 자라는 사람의 가르침을 맡은 이들과 우리나라 말을 바르게 써서 좋은 글이 되게 하고자 하는 이들, 우리나라 말의 자전을 만들고자 하는 이들과 나머지 우리나라 말을 발달하게 하고자 하는 뜻이 있는 이들'을 대상으로 한다고 강조함으로써 국어문법서이자 국어문법교육서로서의 성격을 분명히 제시하고 있다.

『국어문법(國語文法)』의 「서」에서 주시경은 언문일치의 언어생활의 타당성을 밝히고 한문 중심의 문자 생활에서 국문 중심의 문자 생활로 나아가야 함을 주장하고 있다. 특히 교육에 종사하는 사람들을 대상으로 '문정의 임무'를 강조하고 국문에 대한 인식과 국문 교육의 중요성을 언급한다. 마지막에는 '우리 언문을 연구하고 정련하여 자전문전(字典文典)을 만들어 후생을 장려'할 것을 당부하고 있다.

『국어문법(國語文法)』은 '서'와 '이온글의 잡이'에서 국어 문법 교육에 편찬 목적을 두고, 문법 용어를 고유어로 새롭게 정의하고, 이전의 훈민정음, 훈몽자회 등을 인용하며 문법 이론의 논리를 보여주고 있다. 아울러 국어 문법을 쉽게 이해할 수 있도록 다양하고 관련이 깊은 예를 제시하여 자세히 설명하는 방식을 취하고 있다는 점에서 문법 이론서이자 근대적 문법 교재로서의 성격을 갖추고 있다고 볼수 있다.

4. 핵심어

국어문법, 주시경, 자전문전(字典文典), 「국문의 소리」, 「이온글의 잡이」

5. 참고문헌

고영근, 「주시경 '국어문법'의 형성에 얽힌 문제-검열본을 중심으로-」, 『대동문화연구』 30, 1995.
고춘화, 「주시경 '국어문법'(1910)의 텍스트 분석」, 『어문학』 125, 2014.
김계곤, 「한힌샘 주시경 선생의 이력서에 대하여」, 『한힌샘주시경연구』 4, 1991.
김민수, 『주시경연구』, 탑출판사, 1977.
김병문, 『언어적 근대의 기획:주시경과 그의 시대』, 소명출판, 2013.

『국어철자첩경(國語綴字捷徑)』

서 명 『국어철자첩경(國語綴字捷徑)』
저 자 한승곤(1881~1947)
형 태 12.5×18.5(cm)
발 행 평양 광명서관(光明書觀), 1908년
소장처 국립중앙도서관

『국어철자첩경』 속표지, 판권지

1. 개요

『國語綴字捷徑』(국어철ㅈ첩경)은 융희(隆熙) 2년(1908년) 9월에 한승곤(韓承坤)이 순한글 중심으로 편찬한 책으로서 평양의 광명서관(光明書觀)에서 출간했다.

2. 저자

한승곤(韓承坤)은 1881년 1월 28일, 평안남도 평양시 하수구리에서 부친 한경홍(韓慶洪 1845~?)의 아들로 태어났다. 어릴 때 한문과 유학을 공부했고 평양의 소학교에서 교사로 근무했다. 1903년 22살 때 숭실중학교에 입학하여 4년간 신학문을 수학했고 1907년 평양신학교에 입학, 1912년에 졸업한 후 장로교회 목사로 부임했다. 1913년 미국으로 망명하여 교민들을 상대로 목회활동을 했고, 1917년 도산 안창호와의 인연을 계기로 흥사단에 들어간 후 목회활동과 민족정신 함양을 위한 활동을 펼쳤다. 한글 교육과 한글의 표준화에 관심이 많았던 그는 1908년 평양신학교 시절 《국문첩경》과 《국어철자첩경》 두 권의 책을 평양 광명서관에서 출판했다. 두 책 모두 순국문체 중심으로 된 국어 맞춤법 교재로 평가된다. 1912년에 《초학첩경》을, 1914년에는 《바울행적공부》(광명서관), 《신약전서대지》(광명서관)을 출간했다. 1929년에는 미국에서 《언문첩경》을 출간했다. 1947년 66세를 일기로 작고한 것으로 알려져 있다. 대한민국 정부는 한승곤의 애국과 민족 운동을 기리어 1993년 건국훈장 애족장을 추서했다.

3. 내용 및 구성

『국어철자첩경』은 1권으로 되어 있고 전체 구성은 '표지, 광명서관신간서, 서문, 본문, 판권, 광명서
관신간광고'로 이루어졌다. 한글 교육과 한글 철자법의 표준화를 위해 편찬한 교본(教本) 성격을 지니
고 일부 한자어의 의미를 명확하게 하기 위한 한자 사용을 제외하면 한글 중심으로 쓰여진 교재이다.
편찬 당시 국어 사용의 실상을 어휘와 문장, 담화 상황으로 수록했고, 적절한 표기와 그릇된 표기 양상
을 보여주는 방식을 통해 철자법의 기준을 제시했다. 『국어철자첩경』의 편찬 취지는 한승곤의 「국어철
ᄌ첩경셔문」에서 확인할 수 있다.

> 우리나라 이쳔만 동포를 향ᄒ야 감샤흠을 드리옵ᄂ 거슨 우리나라이 몃 힌 젼브터 남녀로쇼업시
> 다 공부를 힘쓰고 ᄌ데 교육을 열심쥬의 흠으로 지금은 젼국에 학교도 흥왕ᄒ여 가고 학문도 발달
> ᄒᄂ 모양이라 이러케 힘써 교육을 홀 것 ᄀᆺᄒ면 몃 힌 아니되여셔 과연 문명흔 나라이 될 줄노 밋ᄂ
> 소망이 싱기오니 진실노 감샤흔 일이올셰다 저도 우리나라 이쳔만 인구 즁에 흔 분ᄌ가 되여셔 쥬
> 야로 경영ᄒ고 싱각ᄒᄂ거슴 엇더케 ᄒ여야며 쳥년 교육을 발달케 ᄒ며 열심으로 교육을 쥬의ᄒ시
> ᄂ 동포들을 만분의 일분이라도 도아줄고 ᄒᄂ 싱각이라 져 ᄀᆺᄒᆫ 쳔견박식으로 무어슬 도아주겟다
> ᄒ릿가마ᄂ 사름마다 이ᄀᆺ치 싱각ᄒ고 홀 수 업다고만 ᄒ면 안된줄 아ᄂ 고로 쳔박흔 ᄉ샹을 대강
> 허비ᄒ야 몃 가지 칙을 믄ᄃᄂ 즁에 우리 동포들이 불가불 알으야 됴흘 국어 쳘ᄌ 칙 흔 권을 편즙
> ᄒ엿습네다 국문은 비호기 쉬올 뿐만 아니라 우리 나라 박인을 좃차 지은 거시니 국문으로ᄂ 긔록
> 지 못홀거시 업고 ᄇ로만 긔록ᄒ면 한문으로 긔록ᄒᄂ 것보다 미우 분명흔지라 그러나 탄식홀만흔
> 거슨 우리 동포님들 즁에 국문은 업수히 넉여셔 분명히 비홀 싱각은 아니ᄒ고 함부로 긔록ᄒ여 밋
> 을만흔 문ᄌ가 되지 못ᄒ게 ᄒ니 진실노 가셕ᄒ도다 한문은 문장이라 홀만흔 사름이라도 국문은
> ᄇ로 쓰지 못ᄒᄂ 이가 만흐니 졔 나라글도 분명히 아지 못ᄒ면셔 외국 글을 비혼다ᄂ 거시 춤 붓그
> 럽도다 가령 어린 ᄋ희가 몬져 제 부모의 말은 비호지 안코 외국 사름의 말만 비호면 무슴 유익이 잇
> 스리오 부모의 말은 아니 비와도 관계치 안타 ᄒ고 외국 말만 비호면 부모의게 무슴 홀 말이 잇슬
> 때에ᄂ 엇지 ᄒ리오 그와 ᄀᆺ치 국문은 우리 동포가 몬져 비홀 부모님 나라의 글이라 이 글을 잘 비화
> 스면 내 나라 안희셔ᄂ 막히ᄂ 것 업시 쓸 거시니 한문과 영문과 일문도 힘써 비호려니와 몬져 국문
> 을 분명히 비호야 홀 거시라 ᄯ 외국 글을 비호ᄂ딕도 국문 율법딕로 잘 비혼이라 야속히 씌ᄃ를 거
> 시라 이 국어 쳘ᄌ 쳡경은 미국 박학ᄉ 긔일씨가 믄ᄃᆫ 한영 ᄌ뎐 쳘ᄌ법을 의빙ᄒ여 믄드럿ᄉ오니
> 국문 고하ᄌ와 국어를 비호려 ᄒᄂ 이ᄂ 이 칙을 흔 번 구ᄒ여 보시고 속히 씌돗기를 ᄀ졀히 ᄇ라옵
> ᄂ이다
>
>
>
> 륭희 이년 구월 일 한승곤 은ᄌ셔
> (「국어쳘ᄌ쳡경셔문」, 『국어철자첩경』)
>
>

『국어철자첩경』에서 한승곤은 "몇 해 전부터 남녀노소 없이 모두 공부에 힘쓰고 자제 교육에 열심히
주의를 기울여와서 지금은 전국에 학교도 흥왕하고 학문도 발달하는 모양"이라고 언급하고, 자신이
"청년 교육을 발달하게 하며 열심히 교육에 주의하는 동포들을 만분의 일이라도 도와줄까 하는 생각"
으로 『국어철자첩경』을 편찬했다고 밝히고 있다. "국문은 배우기 쉽고, 한문보다 쉽고 분명하게 기록
할 수 있는데도 국민 중에 국문을 업신여겨서 분명히 배우려 하지 않는 것이 애석하다"고 함으로써 편
찬 당시 어문생활에 대하여 비판적인 시각을 가지고 있었던 것으로 보인다. 이어서 "어린 아이가 먼저

제 부모의 말은 배우지 않고 외국 사람의 말만 배우면 무슨 유익이 있으리오 부모의 말은 아니 배워도 관계치 않다 하고 외국 말만 배우면 부모에게 무슨 할 말이 있을 때에는 엇지 하리오 그와 같이 국문은 우리 동포가 먼저 배울 부모님 나라의 글"이라고 강조한 데서 『국어철자첩경』의 의도를 이해할 수 있다.

『국어철자첩경』의 본문은 과나 장과 같은 별도의 단원 구분 표지가 없으나 내용상으로 크게 세 가지 범주로 나눌 수 있다. 첫 번째는 '표제어와 한자, 그리고 잘못 사용하는 예'에 관한 범주이다. 여기서는 표기상의 기준이 되는 형태를 '표제어'로 제시하고, 그에 해당하는 한자를 명시한 다음, '그릇쓰는 것'이라 하여 해당 형태에 대해 잘못 표기되는 사례를 다음과 같이 제시하였다.

> 아바님 父主
> ○그릇 쓰는 것
> 압아림 옵ᄋ림 압ᄋ림 옵아님 ᄋᄇ님 아ᄇ님 ᄋ바님
>
> 날이 됴타 日清
> ○그릇 쓰는 것
> 늘이 조타 늘이 죠타 날이 좃투 랄이 돗타 룰이 좃타 날이 좃타

'아바님 父主'에서 '날이 됴타 日清'에 이르기까지 79개의 어휘와 어구를 제시했다. 제시한 표제어는 다음과 같다.

> 아바님 父主·어마님 母主·누의님 姉主·죡하 姪·머리털 頭髮·니마 額·ᄃ리 脚·허리 腰·무릅 膝·허파 肺·사름 人·벼루 硯·됴희 紙·구름 雲·바람 혹 바름 風·셔리 霜·가치 鵲·오리 鳧·노루 獐·일희 狼·샤량 舍廊·ᄃ락 樓·학당 學堂·바리 鉢·치마 裳·슈건 巾·져고리 襦·거리 街·나뷔 蝶·라발 喇叭·파리 蠅·자라 鱉·하ᄂ님 上帝·바다 海·나라 國·나무 樹·조긔·가라지 稂·다라난다 奔走·니러난다 起·ᄂ려온다 下來·아니온다 不來·도라온다 歸來·드러간다 入去·ᄀ르친다 敎·ᄇ라본다 望見·ᄀ리우다 掩·가로센다 橫立·목ᄆ르다 渴·소릐난다 聲·ᄂ라가다 飛去·ᄂ호아먹다 分食·소문낫다 所聞播·어름 젓다 氷凍·의론ᄒ다 論·거러간다 步去·부른다 呼·맛나다 遇·간난ᄒ다 貧·이긔엿다 己勝·니엿다 續·ᄉ허졋다 斷·부드럽다 柔·깁흔 우물 深井·믯그럽다 滑·어즈럽다 亂·좃차가다 隨去·ᄇ리다 棄·다르다 異·아름답다 美·써러지다 落·게으르다 惰·것브다 喜·슯흐다 悲·념려ᄒ다 念慮·굴이 깁다 窟深·ᄃ리 압흐다 脚痛·개 기른다 養犬·날이 됴타 日清

『국어철자첩경』의 내용에서 두 번째 범주는 음운에 따라 따라 다르게 사용되는 단어의 용례를 자음의 순서로 제시한 부분이다. 모음 '아'와 'ᄋ', '아'와 '야', '어'와 '여', '오'와 '요', '우'와 '유'를 구별하고 그에 따른 어휘를 한자와 함께 다음과 같은 방식으로 제시하였다.

> 가와 ᄀ의 분간
>
> 가°라지 稂, 갓°다 ᄅ去, 가°치 鵲, 감°초 甘草, 흔 개° 一犬, 갈°으다 分析, 간°고ᄒ다 艱苦, 가래 鍤, 가°

쟝 家長

ᄀᆞᄅ치다 敎, ᄀᆞᆺ다 如, ᄀᆞᆺ치 如, ᄀᆞᆷ초다 藏, ᄒᆞᆫ 기 一箇, ᄀᆞᆯ왇 曰, ᄀᆞ구ᄒ다 懇來, ᄀᆞ리우다 掩, ᄀᆞ장 最

'가ᄋ'와 'ᄀᆞ'로 구별하여 표기해야 하는 어휘를 9개씩 사례로 제시하여 '가와 ᄀᆞ의 분간'을 분명히 밝혀 표기해야 함을 명시하였다. 한승곤은 당시 통용되었던 '아래 아'와 단모음, 이중모음을 구별하고, 한자어 표기에서도 'ㄷ'과 'ㅌ'나 조사 '이'와 '의', '에'의 표기를 구별하여 사용하도록 다양한 어휘 사례를 제시했다. 음운에 따라 구별해야 할 표제의 목록은 모두 58개이고, 각 어휘의 용례는 1개~11개씩 다양하게 수록했다.

가와 ᄀᆞ의 분간 · 거와 겨의 분간 · 고와 교의 분간 · 구와 규의 분간 · 나와 ᄂᆞ의 분간 · 나와 냐의 분간 · 너와 녀의 분간 · 노와 뇨의 분간 · 다와 ᄃᆞ의 분간 · 더와 뎌의 분간 · 도와 됴의 분간 · 라와 ᄅᆞ의 분간 · 라와 랴의 분간 · 로와 료의 분간 · 루와 류의 분간 · 마와 ᄆᆞ의 분간 · 머와 며의 분간 · 모와 묘의 분간 · 사와 ᄉᆞ의 분간 · 사와 샤의 분간 · 서와 셔의 분간 · 소와 쇼의 분간 · 수와 슈의 분간 · 바와 ᄇᆞ의 분간 · 버와 벼의 분간 · 아와 ᄋᆞ의 분간 · 아와 야의 분간 · 어와 여의 분간 · 오와 요의 분간 · 우와 유의 분간 · 자와 ᄌᆞ의 분간 · 자와 쟈의 분간 · 조와 죠의 분간 · 주와 쥬의 분간 · 차와 ᄎᆞ의 분간 · 차와 챠의 분간 · 처와 쳐의 분간 · 초와 쵸의 분간 · 추와 츄의 분간 · 카와 ᄏᆞ의 분간 · 코와 쿄의 분간 · 타와 ᄐᆞ의 분간 · 터와 텨의 분간 · 토와 툐의 분간 · 파와 ᄑᆞ의 분간 · 퍼와 펴의 분간 · 포와 표의 분간 · 푸와 퓨의 분간 · 하와 ᄒᆞ의 분간 · 허와 혀의 분간 · 호와 효의 분간 · 후와 휴의 분간

디와 지의 분간 · 댱의 쟝의 분간 · 뎌와 져의 분간
텬과 천의 분간 · 이와 익의 분간 · 긔와 기의 분간 · 의와 에의 분간 · 수와 슈의 代用字

『국어철자첩경』의 본문에서 특이한 부분은 세 번째 범주로 상황에 따른 대화체 문장을 사례로 수록했다는 점이다. 일상 언어 생활에서 담화 상황을 '인사질', '공부질', '편지질', '우체국', '매매질', '음식질', '구경질', '화륜차', '학교질' 등 모두 9가지의 표제어로 구분했고 각 표제어의 사례를 문장이나 담화 단위로 제시했다. 제시 방식은 다음과 같다.

인ᄉ질

안녕ᄒ시오닛가/안녕히 가십시오/안녕히 ᄃ녀오십닛가/안녕히 주무십시오/안녕히 ᄃ녀오십시오/안녕히 계십시오/평안ᄒ십닛가/평안히 가십시오/평안히 곕시오/진지 잡수셧습닛가/진지 잡수십시오/병이 좀 쾌츠ᄒ시닛가/지금은 좀 낫습네다/어듸로 오십닛가/어듸 가시겟습닛가/어듸 가셧엇습닛가
흠의 갑세다/다시 뵈입겟습니다

（『국어철자첩경』, 45면）

공부ᄒᆞᄂᆞᆫ 법

아바님 공부ᄒᆞᄂᆞᆫ 법을 제게 ᄀᆞᄅᆞ쳐 주십시오

글을 잘 외랴면 엇더케 ᄒᆞ여야 됨닛가

정신을 치려셔 그 ᄯᅳᆺ슬 싱각ᄒᆞ면셔 찬찬히 여러 번 닑으면 잘 외일 수 잇ᄂᆞ니라

예 어졔브터 그러케 ᄒᆞ겟습네다

글시를 잘 쓰랴면 엇더케 ᄒᆞ오릿가

글시를 잘 쓰랴면 붓슬 곳게 쥐고 ᄒᆞᆫ 획이라도 정신 먹어셔 잘 쓰ᄂᆞᆫ 힝습을 ᄒᆞ면 얼마 아니ᄒᆞ여셔 글시 쓰ᄂᆞᆫ 눈치가 싱거ᄂᆞ니라

한문 공부ᄂᆞᆫ 엇더케 ᄒᆞ릿가

한문 공부ᄂᆞᆫ 첫재 힘쓸 거슨 글ᄌᆞ를 분명히 알ᄃᆡ 글 ᄌᆞ음과 식음과 ᄯᅳᆺ슬 잘 알으야 ᄒᆞᆯ 거시니 가령 道ᄌᆞ를 빈홀 것 ᄀᆞᆺᄒᆞ면 음은 도요 식음은 길이오 ᄯᅳᆺ슨 ᄃᆞ니ᄂᆞᆫ 길인 줄 분명히 빈홀 거시오 둘재 힘쓸 거슨 쇽문ᄒᆞᄂᆞᆫ 법을 깁히 연구ᄒᆞᄃᆡ 어느 ᄌᆞ이 아래 잇스면 무슴 ᄯᅳᆺ시 되며 어느 ᄌᆞ이 우희 잇스면 무슴 ᄯᅳᆺ시 되ᄂᆞᆫ 걸슬 잘 분간ᄒᆞᆯ 거시니 가령 人見이라 쓰면 사람이 본다ᄂᆞᆫ ᄯᅳᆺ시오 見人이라고 쓰면 사람을 본다ᄂᆞᆫ ᄯᅳᆺ시 되ᄂᆞ니 이 ᄀᆞᆺᄒᆞᆫ 문리를 잘 연구ᄒᆞ여 보며 어조ᄉᆞ(語助詞)之於焉乎也 ᄀᆞᆺᄒᆞᆫ ᄌᆞ를 잘 분간ᄒᆞᆯ 거시니라

국문 빈호ᄂᆞᆫ 법은 엇더ᄒᆞ니잇가 아부님

국문 빈호ᄂᆞᆫ 법은 한문과 ᄀᆞᆺ치 음과 식음과 ᄯᅳᆺ시 각각 ᄂᆞ호인 거시 아니오 셩음이 되면 ᄯᅳᆺ슨 절노 나타나니 빈호기 쉬우나 특별히 힘쓸 거슨 쳘ᄌᆞ법이니 만일 쳘ᄌᆞ법을 빈호지 안코ᄂᆞᆫ 무슴 ᄎᆡᆨ을 보던지 쓰던지 ᄒᆞᆯ ᄯᆡ에 변ᄒᆞ야 다른 ᄯᅳᆺ시 되고 마ᄂᆞ니 가령 뉘가 면보ᄒᆞ기를 누의(妹) 보내시오 ᄒᆞ엿ᄂᆞᆫᄃᆡ 보ᄂᆞᆫ 사람은 누에(蠶)인 줄 알면 안 될 거시오 또 면보ᄒᆞᄂᆞᆫ 사람이 누의(妹)를 누에(蠶)로 면보ᄒᆞ면 안 될 거시니 불가불 법ᄃᆡ로 보고 법ᄃᆡ로 쓰여야 ᄒᆞᆯ 거시니라   (『국어철자첩경』, 54면)

『국어철자첩경』은 다양한 담화 상황에 따른 적절한 문장 표기의 사례를 제시했다. 9개의 담화에 따른 문장의 사례를 10가지 내외의 문장으로 수록했다. '우체국'에서는 '유표 삽셰다/삼 젼자리 유표 ᄒᆞᆫ 쟝 줍시오/ 예 여긔 잇습네다 //십 젼자리도 ᄒᆞᆫ 쟝 줍시오/ 예 그리ᄒᆞᆸ시오 //면보지 ᄒᆞᆫ 쟝 줍시오 /예 여긔 잇습네다// 면보 ᄒᆞᆫ 쟝 노와줍시오/ 예 그럽시오 //엽셔[하각긔] 열 쟝 줍시오/ 예 그리ᄒᆞᆸ시오 //쇼포[小包] 갑시 얼마닛가/ 삼십 젼이올셰다 // 환간으로 온 돈 줍시오 / 뉘가 보내엿습네가 셔울 김광원이올셰다//' 등과 같이 다시 7개의 하위 담화 상황을 제시하여 문장 사용의 기준을 수록했다.

『국어철자첩경』은 마지막에 '공부하는 법'을 제시하여 한문 공부법과 국문 공부법을 담화로 구성했다. 아버지와 자식의 문답 형식으로서 "아바님 공부ᄒᆞᄂᆞᆫ 법을 제게 ᄀᆞᄅᆞ쳐 주십시오 글을 잘 외랴면 엇더케 ᄒᆞ여야 됨닛가"라는 자식의 질문에 대하여 아버지가 "정신을 치려셔 그 ᄯᅳᆺ슬 싱각ᄒᆞ면셔 찬찬히 여러 번 닑으면 잘 외일 수 잇ᄂᆞ니라"와 같이 답을 제시하는 방식을 취하고 있다. 주요 내용은 글 읽는 방법, 글씨 쓰는 법, 한문 공부하는 법, 국문 공부하는 법 등에 대한 문답 내용이다. '공부하는 법'에서는 특히 철자법을 배우지 않으면 책을 읽고 쓸 때 다른 뜻으로 이해할 수 있으므로 철자법 공부가 중요하다는 내용을 수록하여 『국어철자첩경』의 편찬 의도를 본문에서 강조하고 있다는 점이 눈에 띈다. 『국어철자첩경』의 담화 상황별 문장 표기 자료는 편찬 당시의 일상 어문 생활에서 상황에 따른 다양한 종결 어미와 문장 표기 사례를 제시했다는 점에서 의미가 있다.

『국어철자첩경』은 당시 통용되었던 오류 사례를 통해 어휘와 문장, 담화 등에서 기준이 되는 표기법을 제시했다. 아울러 『국어철자첩경』에 수록된 다양한 사례들은 당시 어문 생활에서 자주 사용되는 어휘나 문장의 실상을 보여준다. 서문에서 밝힌 바와 같이 한승곤은 혼란스러운 국문 표기 현상을 적절한 표기와 그릇된 표기로 구분하여 기준이 되는 표기법을 제시하는 방식을 취했고, 이러한 편찬 방식과 기준은 '미국인 선교사 Gale(긔일)'이 집필한 『한영즈뎐』 철자법을 기준으로 삼았다.

4. 핵심어

국어철자첩경, 한승곤, 가와 ㄱ의 분간, 인사질, 공부하는 법

5. 참고문헌

국사편찬위원회, 한국역사정보통합시스템(한승곤)

김민수, 「한승곤 '국어철자첩경' 해설」, 『역대한국문법대계』 3-08, 1986.

우형식, 「'국어철자첩경'(1908)을 통해 본 개화기의 한글 표기 양상」, 『한국어문화교육』 14, 2021.

하동호, 「국어철즈첩경 해제」, 『한글』 151, 한글학회, 1973.

『녀ᄌ독본(女子讀本)』

- **서 명** 『녀ᄌ독본(女子讀本)』
- **저 자** 장지연(張志淵, 호는 韋庵, 崇陽山人, 南嵩山人 등, 1864~1921)
- **형 태** 22×15.(cm)
- **발 행** 광학서포(廣學書舖), 1908년
- **소장처** 국립중앙도서관

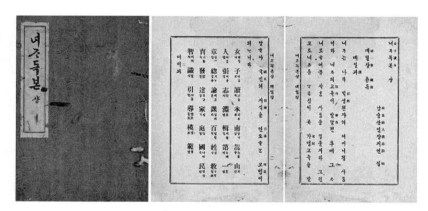

『녀ᄌ독본』 표지, 본문

1. 개요

『녀ᄌ독본(女子讀本)』(상, 하권)은 '광학서포'에서 1908년 4월 5일에 발행되었다. 여성의 계몽과 교육을 목적으로 한 열전(列傳) 형식의 교과서로 상권에서는 한국의 여성, 하권에서는 중국과 서양의 여성에 대해 다룬다.

2. 저자

장지연은 대한제국기 황성신문사의 사장, 경남일보 주필 등을 역임한 언론인이다. 1895년 을미사변이 일어나자 의병궐기 호소 격문을 각처에 발송하였고, 1896년 아관파천 때에는 고종 환궁을 요청하는 만인소(萬人疏)를 기초하기도 하였다. 1897년에는 사례소(史禮所) 직원으로 『대한예전(大韓禮典)』 편찬에 참여하였고, 같은 해 7월에는 독립협회(獨立協會)에 가입해 활동하기도 했다. 1898년 <황성신문(皇城新聞)>이 창간되자 기자로 활동하였고, 같은 해 11월에는 만민공동회(萬民共同會)의 총무위원으로 활동하였으며, 독립협회와 만민공동회가 해산되면서 체포되기도 하였다. 1902년에는 <황성신문(皇城新聞)>의 사장으로 취임하였다. 대중적으로 가장 유명한 그의 글은 1905년 11월 17일 을사늑약(乙巳勒約)이 체결되자 <황성신문(皇城新聞)>을 통해 게재한 「시일야방성대곡(是日也放聲大哭)」으로 당대의 대표적인 항일언론활동이었다. 그 후로도 블라디보스토크의 <해조신문(海朝新聞)>, <경남일보

(慶南日報)> 등의 주필로 활발히 활동하였다. 1914년부터 1918년까지 <매일신보(每日申報)에 연재한 글 가운데 친일성향의 글이 있다는 연구결과도 있다.

3. 내용 및 구성

『녀즈독본(女子讀本)』은 상권은 총 64과, 하권은 56과로 총 120과로 구성되어 있다. 독자를 여성으로 한정하였으며, 책 속에 등장하는 모든 인물도 여성이다. 상권에는 한국의 여성 중 본받을 만한 여성의 이야기를, 하권에서는 서양과 중국의 여성 중 본받을 만한 여성의 이야기를 싣고 있다. 서문은 없으나 상권의 제1장 총론의 첫 줄에 이 책의 의도와 목적이 잘 드러나 있다. 장지연은 여기에서 "녀즈는 나라 백성(百姓)된쟈의 어머니될 사름이라 녀즈의교육(敎育)이 발달(發達)된 후에 그 즈녀로흐여곰 착흔 사름을 일울지라 그런고로녀즈를 ᄀᆞ릇침이 곳 가뎡교육을 발달흐야 국민(國民)의 지식(智識)을 인도(引導)흐는 모범(模範)이 되ᄂᆞ니라"고 썼다. 즉, 이 책의 편찬 의도는 여성을 충실히 교육하는 것이 곧 가정교육을 발달시키고 나아가 국민의 지식을 인도하므로, '어머니'로서의 여성을 잘 교육하기 위함이다. 『녀즈독본』 상권은 크게 5장으로 구성되어 있는데, 1장 총론(總論), 2장 모도(母道), 3장 부덕(婦德), 4장 정열(貞烈), 5장 잡편이 그것이다. 하권은 특별한 구성없이 쭉 인물명으로 나열되었다.

상권에서 소개되는 첫 번째 여성 인물은 "김유신 모친"이다. 본인의 이름이 아닌 김유신의 어머니로 소개되는 이 여인의 덕목은 아들이 어린 시절부터 "날마다 ᄀᆞ릇침을 엄(嚴)히흐"여 동류(同類), 창녀(娼女)와 어울리지 못하게 한 점이다. 우리에게 익숙한 김유신이 말의 목을 벤 이야기를 소개하면서도 그 이야기의 말미에 "이거슨 그 모친의 어짐으로 써 큰 사름이 되니라"고 의미 부여하고 있다. 두 번째로 소개된 여성 인물 또한 이와 크게 다르지 않은 형식이다. 문헌 정여창이 친구들과의 방탕한 생활을 그만두고, 일대 명현(名賢)이 된 것 또한 어머니의 꾸짖음 때문이라는 내용이다. 이로써 장지연이 강조하는 한국의 바람직한 어머니상의 첫 번째 자질은 자식이 올바른 길로 갈 수 있도록 엄하게 나무라는 것에 있음을 알 수 있게 된다. 뒤이어 등장한 이오성(李鰲城)의 모친 "최부인(崔夫人)"이나 이율곡(李栗谷)의 모친 신부인(申夫人) 사임당에게서는 "부인의 직덕"이 특별히 강조되며, 이런 어머니에게 가정교육을 받아 자식이 일국의 명현이 되었다는 식의 서술이 줄을 잇는다. 이중 홍학곡(洪鶴谷) 모친 류부인(柳夫人)의 이야기는 주목할 만하다. 1884년 박재형이 저술한 『해동송소학(海東續小學)』에도 소개된 이 이야기는 집이 가난한 류부인이 여종을 보내 고기를 사오게 하였는데, 고기의 빛깔을 보니 상한 듯 하자 자신의 머리장식을 팔아 돈을 마련해 여종에게 나머지 고기를 모조리 사오게 한 후 담장 밑에 묻어버렸다는 선행에 관한 이야기다. 그러한 이야기 가운데 장지연이 강조하고자 한 것은 이 행위가 아들에게 미친 영향이다. "홍공이 믜양 굴ᄋᆞ딕 모친의 이 ᄆᆞ암은 가히 신명(神明)에 통흘지라흐더라"와 같은 서술로, 어머니의 선한 마음과 지감(智鑑)이 아들을 훌륭한 인물로 만들었다는 이야기다. 상권에 등장하는 한국의 어머니들은 주로 단호하고, 애정에 휩쓸리지 않는 강인한 모습이 강조되고 있다. 부녀자의 덕행을 기록한 3장에서는 신라 소나(素那)의 처, 고구려 온달(溫達)의 처에 뒤이어 평강공주 이야기가 전례 없이 길게 서술된다. 이 이야기에서 강조된 대목은 온달 모자가 이렇게 귀한 사람을 결혼 상대로 삼을 수 없다는 말에 "흔말 곡식도 씨여보아야 알고 흔자 뵈도 쉐민보아야 안다흐니 진실노 ᄆᆞ음이 굿흐면 엇지 부귀(富貴)한 연후에 흠씌흐리오" 라고 답하는 대목이다. 궁에서 가지고 나온 자신의 패물로 완전한 가산(家産)을 이루고 온돌을 제대로 된 장수로 만드는 데 기여하는 부분으로, 부녀자의 희생과 헌신을 강조하고 있다. 다음은 뇌물을 받지 않은 유응규의 처, 너그러운 인열왕후, 목숨을 바쳐 의를 지키라는 말로 남편을 부끄럽게 한 신숙주의 처 윤부인, 그밖에도 "지식이 붉음"이 미덕인 리부인 등이 차례로 소개된다. 절개있는 부녀들을 따로 기록한 4장의 내용을 보면, 주로 나라를 위해 의로운 죽음을 선택한 남편의 뒤를 따르거나, 자신의 정절을 지키기 위해 목숨을 바친 여인이 소개된다. 혼인을 약속한 남자를 오랜 세월에 거쳐 끝까지 기다리고, 사람의 정성으로 호랑이마저 감화케 하는 여성 인물들이 묘사되고 있다.

하권은 세계의 본받을 여성들에 대한 서술로 채워져 있다. 총 56과로 구성된 하권에서 가장 많은 분량으로 서술된 인물을 꼽자면 5개 과에 걸쳐 소개된 남정격이, 4개 과에 걸쳐 소개된 부란지스, 여안, 3개 과에 걸쳐 소개된 목란, 적량공이모, 사로탈, 마리타, 라란부인, 비다를 들 수 있다. 하권에서 가장 처음 소개된 인물은 '맹모(孟母)'다. 맹모삼천지교(孟母三遷之敎)에 대한 이야기가 1과에 소개되고, 2과에서는 맹자가 공부를 중단하자 배움을 게을리하면 재난이 닥쳐올 것이라는 매섭고 엄한 호령으로 그를 다시 배움의 길로 이끈 어머니의 모습이 강조된다. 맹모의 이야기가 가장 먼저 소개되는 것은 여성에게 있어 무엇보다 중요한 것은 자녀의 교육에 있음을 가르치기 위함이다. 5과에 소개되는 리긔(李寄)의 이야기는 흥미진진하다. 마을에 길이가 무려 팔장(八丈 : 약 24미터), 넓이가 일장(一丈 : 약 3미터)에 이르는 뱀이 살면서 사람들을 해치자, 관민이 매년 어린 여자아이를 바친 지 10년이 지났다. 이때 리탄(李誕)의 딸 '긔'가 자신이 직접 재물이 되기를 청하고 나선다. 자신의 장신구와 물건들을 팔아 칼과 뱀을 무는 개를 산 긔는 먼저 떡을 만들어 뱀을 현혹한 다음 떡을 삼키는 사이 개와 칼을 이용해 뱀을 죽이는 데 성공한다. 월왕(越王)이 이를 듣고 긔는 후(后)로 삼는 이야기다. '긔'의 이야기는 지략을 이용하여 자신을 물론 마을 사람들까지 구해내는 일종의 영웅담으로 정숙한 부인, 효심깊은 딸, 엄격하고 현명한 어머니 등 다른 여성 인물들에 담고 있는 메시지와는 차별점이 크다. 7과에 소개되는 목란 역시 전설의 영웅 '화목란'으로 아버지를 구하기 위해 남장을 하고 전장에 나갔던 인물로, 나라를 위한 충성심, 부모에 대한 효심이 모두 반영된 이야기다. 하권에서는 나라를 구하기 위해 용맹하게 나선 인물들이 주로 소개되며 전반부에는 중국의 여성인물들, 후반부에는 서양여성들에 대한 이야기가 주를 이룬다.

『녀ᄌ독본』의 하권은 롤랑 부인, 루이제 아우구스타 빌헬미네 아말리, 해리엇 비처 스토 같이 정치적인 활동을 한 인물들, 또는 전장에 직접 참여한 군인, 애국지사들에 대한 소개가 주를 이룬다. 그런 의미에서 동서양 여성 인물에 대한 평가 기준 및 시각은 일관적이라 볼 수 없다. 서양 여성에 대한 서술을 할 때에도 부모가 "교육에 쥬의(注意)하"였다, "부모가 교육을 맛하"와 같은 표현으로 교육의 중요성을 강조하고 가정교육을 잘 받은 여성에 대해 긍정적으로 의미부여 하고 있기는 하지만, 잔 다르크의 경우는 문맹이었고, 아니타 또한 교육을 많이 받은 인물은 아닌만큼 동양 여성에 대해 서술할 때처럼 이것이 가장 중요한 기준이 되지는 않는다. 미국의 유명 교육자인 프란시스 윌라드, '부란지사'에 대해 서술하는 부분을 보면 "부란이 일즉이 사람을 즁국(中國)에 보내엿더니 즁국은 녜로 좃차 이러흔 말을 듯지 못ᄒ야 능히 ᄭᅵᆺ지 못ᄒᆫ고로 젼디구(全地球)의 풍속과 인심이 다 부인의 손에 올마스되 아쥬(亞洲)의 대륙(大陸)은 오히려 침침(沉沉)흔 밤과 ᄀᆞᆺ흐니 부인들의 어리셕고 어두옴으로 말미암음이 아니리오ᄒ더라"는 대목이 있다. 이는 선진교육에 대한 동양의 폐쇄적인 태도를 비판하면서 이를 여성들의 어리석고 어두움 때문이라고 설명한 것이다.

그러나 중요한 것은 장지연에게서 엿보이는 동서양 여성에 대한 관점의 차이가 아니다. 누구는 이름이 있고, 누구는 이름이 없다의 문제가 아니다. 조선 여인들은 누구의 딸, 누구의 어머니, 누구의 누이로밖에 기록되지 못했다는 점은 분명 주목할 만한 차이지만, 동서양을 막론하고 이들 여성 인물들에게 강조된 공통된 자질이자 미덕은 이타적, 봉사적, 희생적인 면모이기 때문이다. 그러니까『녀즈독본』에 소개된 이 많은 여성인물은 그 누구도 자기자신의 이익, 입신양명, 욕망이나 소망을 위해 살았던 것이 아닌 나라와 가족, 특히 부모를 위해 목숨도 아끼지 않는 희생적인 인물들이라고 규정하는 것이 더 정확한 표현일 것이다.

4. 핵심어

여자독본, 장지연, 모도(母道), 부덕(婦德), 정열(貞熱)

『녀자소학수신서』

서 명 『녀ᄌ소학슈신셔』
저 자 노병희(盧炳喜, 생몰년 미상)
형 태 21.2×14.1(cm)
발 행 박문서관(博文書舘), 1909년
소장처 한국학중앙연구원

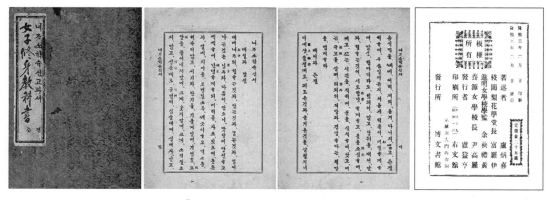

『녀ᄌ소학슈신셔』 표지, 본문, 판권지

1. 개요

『녀ᄌ소학슈신셔』는 경성(京城)의 '박문서관'에서 1909년(隆熙 3年) 2월에 초판 발행되었다. 기본적으로는 순우리말로 되어 있고 특정한 단어에 한자를 병기해 내용을 기술한 여학생용 수신 교과서로, 여성 교육의 필요성을 언급하고 있으나 전체적으로는 부덕(婦德)의 강조가 주를 이루고 있다.

2. 저자

저술자로 표기된 노병희(盧炳喜)의 행적은 뚜렷하지 않다. 선행연구에서는 노병희를 노병선(盧炳善, 盧秉鮮(盧炳善의 오기))으로 안내한 경우들이 있는데, 연유는 학부편집국(學部編輯局)에서 발행한 『교과용도서일람(敎科用圖書一覽)』에 노병선으로 표기되어 있기 때문으로 사료된다. 또한 정경숙, 「대한제국말기 여성운동의 성격 연구」(이화여자대학교 박사학위논문, 1989)에서도 노병선으로 표기하고 있는데, 이 논문에 따르면 진명여학교(進明女學校學)의 교사이자 협성회(協成會) 부회장을 역임한 계몽사상가 노병선이라는 인물이 『여자수신교과서(女子修身敎科書)』를 발행하였고, 감수한 이는 뒤에 기술할 윤고라(尹高羅)였다. 그런데 이 『여자수신교과서』는 총 25개 과인 반면, 『녀ᄌ소학슈신셔』는 총 53개 과로 분량상에 차이가 있다. 다만 논문에 소개된 25개 과의 내용이, 『녀ᄌ소학슈신셔』의 해당 부분들과 일치한다. 정황상 노병희(盧炳喜)와 노병선(盧炳善)은 동일한 인물로 보이나 『녀ᄌ소학슈신셔』의 판권지에는 정확하게 노병희로 기록되어 있기에, 이 부분에 대해서는 후속 연구를 기다린다. 『녀ᄌ소학슈신셔』의 교열자는 이화학당장(梨花學堂長) 부라이(富羅伊), 진명여학교학감(進明女學校學監) 여메례황(余袂禮黃), 양원여학교장(養源女學校長) 윤고라 등이다. 먼저 부라이는 스크랜턴(Mary F. Scranton)이 창설한 이화학당에서 4번째로 학당장을 역임했던 루루 프라이(Lulu E. Frey)로, 1893년에 입국하여 이화학당에서 교사로 재직하다가 1907년에 학당장이 되었고, 1910년에 대학과를 설치하였다. 여메례황은 이화학당 출신인 황메례(黃袂禮, 원래 성이 여(余)인 까닭에 여메례라고도 함)를 가리키는데, 스크랜턴의 양녀였으며, 1907년에 하란사(河蘭史)와 함께 이화학당의 토론 동아리이자 훗날 비밀 결사대로 심화되는 이문회(以文會)를 조직하기도 하였다. 윤고라는 윤고려(尹高麗)라고도 하는데, 일제강점기의 정치인이자 친일반민족행위자로 분류된 윤치오(尹致旿)의 부인으로, 본래 성은 김(金)이나 윤치오와 혼인 후 성을 윤으로 바꿨다. 윤고라는 양심여학교(養心女學校)를 창설하여 교장을 역임했고, 동시에 양원여학교의 교장도 겸임했다.

3. 내용 및 구성

『녀ᄌ소학슈신셔』는 순우리말로 기술되어 있고, 단권으로 이루어져 있다. 내용은 특정한 주제나 장별로 묶지 않은 채 제1과 '얌전'에서 제53과 '여자수신총론'에 이르기까지 전체 53개의 짧은 과(課)들로 구성되어 있다. 목차상에는 제53과의 제목이 '권하는 말'로 되어 있는데, 본문에는 '여자수신총론'이라고 되어 있는 부분이 눈에 띈다. 『녀ᄌ소학슈신셔』는 1909~1910년에 학부(學部)로부터 교과용 도서로 불인가되어 사용과 발매가 금지되었다.

'서문'이나 '결문'은 따로 없지만, 마지막 과인 '여자수신총론'이 서문과 결문의 역할을 모두 하고 있는 것으로 보인다. '여자수신총론'에서는 "사람이 세상에 태어남에 마땅히 행해야 할 본무(本務)는 도(道)와 덕(德)이다. 그러나 도덕을 닦는 공부가 없으면 도와 덕을 얻어 행하기가 어려운 까닭에, 인륜을 깨달아 행동하는 것을 궁구하고 생각하여 그 방법을 기록해 여자 학교에서 교과서로 사용할까 한다. 좋은 여자가 되고자 해도 이 책을 공부할 것이요, 남의 좋은 어머니와 좋은 시부모와 좋은 며느리와 좋은 동서와 좋은 올케와 좋은 자녀가 되고자 해도 이 책을 공부할 것이다. 그러나 이것이 어찌 내 의견을 망령되이 잡아 저술한 것이겠는가. 옛적의 어진 여자와 어진 남자의 금 같은 말과 향기로운 행실을 들어 기록할 뿐이다. 대저 일은 먼저 행할 것도 있고 나중에 행할 것도 있으니, 먼저 마음을 바르게 하고 몸을 닦아야 천만가지 행하는 일에 단단한 기초가 될 것이다. 그런고로 오륜에 대하는 도리를 간략히 써 여자로 하여금 못된 것은 버리고 좋은 것은 취하는 한에서 도움이 되기를 깊이 바라노라."라고 하였다. 저자는 여성이 맺는 관계 속에서 '좋은' 사람이 되기 위해서는 여성 교육이 필요하다고 보았으며, 그 과정에서 『녀ᄌ소학슈신셔』가 도움이 될 것임을 자부하고 있었던 것으로 판단된다.

『녀ᄌ소학슈신셔』의 특이점을 몇 가지 제시하면, ① 첫째, 형식적인 측면에서 볼 때, 순우리말로 되어 있고, 주요 단어 오른편에는 작은 글자로 한자가 병기되어 있으며, 띄어쓰기도 부호로 표시되어 있다. 이것은 이 책이 수신 교과서로서의 역할만 한 것이 아니라, 여성들의 읽고 쓰는 능력을 향상시키기 위한 독본(讀本)의 역할도 한 것임을 짐작하게 한다.

② 둘째, 기독교와 관련된 내용이 엿보이고, 남녀의 권리가 동등하다는 관념도 간접적으로 나타나며, 여성의 역할에 있어서도 새로운 모습이 강조되는 등 근대지향적인 측면이 발견된다. 기독교와 관련해, 제11과 '아내의 직분'에서는 "하나님의 명령으로 음양이 나뉘어 남녀가 되고 배필이 된 후에는, 서로

불화하면 하나님에게 죄를 범하는 것이다."라고 하였고, 제12과 '삼강과 오륜'에서는 "세 가지의 벼리와 다섯 가지의 윤기(倫氣)가 있으니, 마땅히 좋은 뜻으로 지켜야만 하늘에 있는 영원한 복과 녹(綠)을 즐겁게 누릴 것이다."라고 하였으며, 제46과 '용서'에서는 서양성인(西洋聖人, 예수)의 말이라고 하여 『마태복음』의 구절을 인용하였다. 남녀의 권리가 동등하다는 관념과 관련해, 제8과 '본분'과 제20과 '어진 어머니'에서는 여중군자(女中君子)라는 표현을 사용하였고, 교과서의 후반부에 해당하는 제47과 '교육', 제48과 '공부', 제49과 '학문', 제52과 '나라' 등에서는 교육을 받고 공부하는 자세, 나라를 향한 마음가짐 등에 있어서 여성의 역할을 남성과 별다른 차이 없이 기술하였다. 여성의 역할에 있어 새로운 모습이란 특히 제23과 '시어머니'에서 잘 나타나는데, 집안에 들어온 며느리를 함부로 대해서는 안 되며, 늙은이의 잔소리를 젊은이는 다 좋아하지 않는다고 충고하였다. 그러면서 "며느리의 어짊과 어리석음은 자식이 스스로 알 것이니, 자기 생각으로 헤아리지 말고, 늙은이와 젊은이가 함께 즐기기를 일삼아야 한다. … 며느리의 효도를 바란다면 자기의 몸을 살필지니, 마땅히 마음을 바르게 해야 한다. 하늘의 도가 증거하여 우레 소리와 번갯불로 갚으실 것이다."라고 하였다.

③ 셋째, 이상에서 밝힌 형식상·내용상의 특이점들이 있음에도 불구하고, 『녀ᄌ소학슈신셔』의 내용은 기본적으로 부덕(婦德)과 숙덕(淑德)을 중요하게 내세웠고, 여전히 여성의 역할에 제약을 두었다. 시작인 제1과 '얌전'에서는 "대저 여자의 행하는 것과 앉는 것과 눕는 것과 일어나는 것은 남자와 다름이 많으니, 마땅히 얌전하고 씩씩하며 단정하게 하되, 머리를 자주 빗으며, 웃옷과 아래치마는 거친 재질일수록 깨끗이 하고, 매사를 허술하게 하지 말고, 서기와 앉기를 기울게 하지 말며, 거만한 모양을 드러내지 말며, 크게 웃지 말며, 크게 소리 지르지 말고, 성품대로 공연히 심술 내며 성내지 말고 …"라고 하였다. 그리고 제4-5과 '여자의 배울 것'에서는 방적(紡績)과 침선(針線), 즉 실뽑기와 바느질 및 음식 만들기를 거론하였다. 앞서 한 차례 언급했던 제11과 '아내의 직분'에서는 "남편을 섬기되 거스르지 않기에 마음을 써야 한다."라고 하였으며, 제14과 '신부'에서는 "신부가 며느리 노릇을 할 때 억울하고 분한 일이 많이 있으니, 먼저 참고 견디면 후에 큰 복이 될 것이다."라고 하였다. 전체적으로 여성의 교육을 강조하지만, 이것도 실상은 여성 자신의 자아실현보다는 여성이 배워야만 '좋은' 어머니가 될 수 있기 때문이다. 그래서 제26과 '죄에 있어 형벌(연속)'에서는 "여자는 나라 백성의 어머니가 될 자이니, 어머니가 될 자가 무식하고 학문이 없으면 그 나라 백성이 어떤 백성이 되겠는가. 실상으로 생각하면 여자의 직책이 남자의 책임보다 몇 배가 더하니, 청년 여자 학생들아. 마음을 깨끗이 하고 몸을 단정히 가져, 후일에 국민을 낳고 기르고 가르치는 좋은 어머니가 되소서. 그리하면 집에 복이 있고, 집에 복이 있으면 나라에 큰 행복이 되리라."라고 했던 것이다.

『녀ᄌ소학슈신셔』는 당시 교육계의 화두로 부각되었던 여성 교육을 위해 제작된 교과서로, 교육 대상의 기본적인 읽기·쓰기 능력의 향상까지 고려한 실효성이 높은 교과용 도서이다. 또한 기독교적인 요소 및 (당시 유입되던 서구적인 가치·덕목까지는 아니지만) 남녀동등의 관념도 엿보이는 등 주목해야 할 부분이 많은 서적이다. 그럼에도 여전히 여성이 갖추어야 할 태도를 관계망 속에 한정시키고 있고, 여성 본연의 모습에 관심을 가지는 부분까지는 이르지 못했다는 점에서 시대적 한계를 안고 있는 수신 교과서라고 평가할 수 있다.

4. 핵심어

조은 녀ᄌ, 얌전, 삼강과 오륜, 어진 안히, 싀어머니, 녀즁군ᄌ(女中君子), 셔양셩인(西洋聖人)

5. 참고문헌

고혜령, 「최초의 여학사, 하란사의 생애와 활동」, 『유관순 연구』 16, 2011.

김경남, 「근대계몽기 여자 교육 담론과 수신·독본 텍스트의 내용 변화」, 『한국언어문학』 89, 2014.

김경희, 「韓國近代女性私學의 展開過程에 관한 硏究」, 『誠信硏究論文集』 21, 1985.

김민재, 「근대계몽기 여학생용 초등 수신서의 특징과 한계 연구」, 『초등도덕교육』 43, 2013.

김소영, 「근대 한국의 여성 공론장 형성과 『여자지남(녀ᄌ지남)』 발행」, 『전북사학』 62, 2021.

김수경, 「『녀자소학슈신셔』 해제」, 허재영 외 역, 『근대수신교과서 1』, 소명출판, 2011.

송인자, 「개화기 남녀 수신교과서의 지향점 분석」, 『한국문화연구』 13, 2007.

윤정란, 「구한말 기독교 여성의 삶과 여성교육운동: 여메례를 중심으로」, 『여성과 역사』 11, 2009.

이수진, 「한국 근대 초기 기독교 여성교육」, 감리교신학대학교 대학원 석사학위논문, 2014.

이숙진, 「초기 한국 기독교의 교육공간과 말하는 주체의 탄생」, 『기독교교육논총』 62, 2020.

이승구·박붕배, 『한말 및 일제강점기의 교과서 목록 수집 조사』, 한국교과서연구재단, 2001.

이종국, 『한국의 교과서 변천사』, 대한교과서, 2008.

정경숙, 「大韓帝國末期 女性運動의 性格硏究」, 이화여자대학교 대학원 박사학위논문, 1989.

정충량·이효재, 「女性團體活動에 관한 硏究」, 『韓國文化硏究院論叢』 14, 1969.

정혜중, 「미국 북감리교 여성해외선교부와 이화학당 대학과」, 『여성학논집』 36(2), 2019.

조경원, 「대한제국 말 여학생용 교과서에 나타난 여성교육론의 특성과 한계」, 『교육과학연구』 30, 1999.

學部編輯局, 『敎科用圖書一覽』, 學部編輯局, 1910.

홍인숙, 「근대계몽기 지식, 여성, 글쓰기의 관계」, 『여성문학연구』 24, 2010.

기독교대한감리회 인물사전(https://kmc.or.kr/dic-search)

한국사데이터베이스(http://db.history.go.kr/)

한국민족문화대백과사전(http://encykorea.aks.ac.kr/)

『노동야학독본(勞動夜學讀本)』

서 명 『노동야학독본(勞動夜學讀本)』
저 자 유길준(俞吉濬, 호는 구당(矩堂), 1856~1914.
형 태 15.1×22.3(cm)
발 행 경성일보사(京城日報社), 1908년
소장처 국립중앙도서관

『노동야학독본』 표지, 삽화, 판권지

1. 개요

『노동야학독본(勞動夜學讀本)』은 '경성일보사'에서 1908년 7월 13일에 발행되었다. 노동자를 위한 수신교과서로 사람의 도리와 자격, 나라의 독립과 애국, 노동의 의의와 종류, 노동자의 자질과 덕목 등에 관한 글이 수록되어 있다.

2. 저자

유길준은 개화 사상가, 정치가, 교육가이다. 전통 유학 교육을 받다가 박규수의 문하에 들어가 김옥균, 박영효, 김윤식 등 초기 개화파 인사들과 교류하며 실학과 개화사상을 접했다. 국비 유학생 자격으로 1881년 6월부터 약 1년 6개월 동안 후쿠자와 유키치(福澤諭吉)의 게이오의숙(慶應義塾)에서 수학했다. 그리고 1883년 말부터 1885년 초까지 약 1년 6개월 동안 국비 유학생 자격으로 생물학자 에드워드 모스(Edward S. Morse)의 개인지도 아래 미국 덤머아카데미(Dummer Academy)에서 대학 입학 예비 교육을 받았다. 갑신정변 실패의 여파로 약 7년간 연금 상태에 있었으며, 1887년에서 1889년 사이 서양의 근대 문명을 소개하는 『서유견문(西遊見聞)』을 썼다. 1896년 아관파천이 일어나자 일본으로 망명했다가 1907년 귀국하였다. 귀국 후 흥사단 부단장, 한성부민회 회장, 노동야학회 고문, 제국실업회 회장 등을 역임했으며 수진측량학교, 융희학교, 은로학교 등을 설립하여 국민 계몽에 주력했다. 정치, 외교, 법률에 관한 글을 많이 썼으며, 『보로사국후례두익대왕칠년전사(普魯士國厚禮斗益大王七年戰史)』 등의 번역서와 『대한문전(大韓文典)』과 같은 국어문법서도 출간했다. 주요 저서로 『서유견문』, 『노동야학독본』, 『대한문전』, 『구당시초(矩堂詩抄)』 등이 있다.

3. 내용 및 구성

유길준의 『노동야학독본』은 총 50과로 구성되어 있다. 유길준은 1-13과에서 사람의 도리와 자격, 사람을 둘러싼 환경으로서 집과 나라에 관해 언급한다. 그리고 14-30과에서는 근대사회의 물질적 조건과 노동의 의의, 노동의 종류와 특징 등에 관해 설명한다. 또한, 31-50과에서는 검약·자선·청결·단합·질서 등 국민이 지녀야 할 자질과 덕목에 관해 역설한다. 유길준은 각 단원을 작성하면서 비유, 분류, 비교, 대조, 예시 등의 방식을 이용하여 독자들이 노동과 노동자의 개념을 이해하기 쉽게 설명한다.

내용상 14-50과에 저자의 의도가 집약되어 있으며, 주요 독자를 노동자로 상정한 점에 비춰볼 때 14-30과에 독본의 핵심에 해당하는 내용이 담겨 있다고 하겠다. 이 부분에서 유길준은 노동이 국가 및 사회의 근본이며 부강과 문명의 원천이라 하여 노동의 소중함을 일깨우고 노동자 스스로 자신의 역할에 자부심을 갖도록 이끈다. 산업의 발달이 나라의 운명을 좌우하는 현실에서 유길준은 노동에 대한 기존의 인식을 버리고 대중이 노동의 의의와 노동자의 존재 가치를 깨닫도록 유도한다. 그리고 노동자가 신지식과 신사상을 습득함으로써 국민의 자격을 획득할 수 있다고 강조한다.

『노동야학독본』의 표지에는 '勞動夜學讀本'이라는 책 제목이 있고, 그 밑에 작은 글씨로 '一'을 적어 제1권임을 표시하였다. 이 책에는 서문이 따로 없으나, 목차 앞에 상징적인 삽화 한 장이 실려 있다. 삽화에는 코트를 입고 구두를 신은 '노동야학회 고문 유길준 씨'와 바지를 무릎까지 걷어 올리고 맨발에 짚신을 신은 '노동자'의 대화 장면이 담겨 있다. 노동야학회는 교육사업을 하던 한영규(韓榮奎), 김태유(金泰裕) 두 사람이, 정부 및 사회에서 주의를 기울이는 중등 이상의 교육과 달리 하등자에 대한 교육이 이루어지지 않음을 애석하게 생각하여 설립한 단체이다. 흥사단 활동을 하던 유길준은 이 단체의 고문 역할을 하였다. 노동야학회 고문으로서 유길준이 노동자에게 나라 위하여 일하고 배워야 한다고 말하자, 노동자는 고마움을 표시하며 그리 하겠다고 답한다. 이 삽화에는 노동을 국민의 의무로 강조하는 독본의 메시지와 노동자를 사회적 하층민으로 규정하면서도 그들의 교육을 강조하는 당시 사회적 분위기가 집약되어 있다.

『노동야학독본』의 특이점은 독자가 독본을 읽기 쉽도록 본문의 오른쪽에 작은 활자로 한자의 음이나 뜻을 달아두고 있으며, 노래나 연설 등의 형식을 이용했다는 점이다. 또한, 유길준은 자신이 중요하다고 판단한 부분에는 글자 위에 강조점을 찍어두기도 했다. 유길준이 『노동야학독본』에서 국문체와 구어체를 지향한 점은 독자인 노동자를 의식한 결과라 하겠다. 유길준은 글뿐 아니라 말과 행실의 중요성을 언급하며, 배우기 쉬운 국문을 익히면 바른 행실을 할 수 있다고 생각했다. 그리하여 「노동연설(勞動演說)4」에서 '한문(漢文)도 쓸 데 없고 일본문(日本文)도 쓸 데 없고 영국문(英國文)은 더군다나 쓸 데 없으니 우리나라 사람에게는 우리나라의 국문(國文)이라야' 한다고 말함으로써 배움은 자국의 언어로 시작해야 함을 강조한다. 그는 독본의 중간에 「육조가(六條歌)」, 「애국가(愛國歌)」, 「노동가(勞動歌)」와 같이 4·4조의 노래를 삽입하여 앞서 서술한 내용을 정리한다. 이러한 기획은 독자가 리듬감 있는 짧은 형태의 가사로 읽기 쉽고, 암기하기 쉽고, 즐겁게 공부할 수 있도록 배려했던 저자의 뜻을 담고 있다. 또한, 저자는 연설의 형태로 서술된 「노동연설(勞動演說)」 1-5와 「연설에 대하는 답사(演說에 對하는 答

辭)」,「경쟁연설(競爭演說)」이라는 장을 마련하여 대화체로 노동의 중요성과 노동자의 권리와 의무를 강조하는 태도를 취한다. 이와 같은 부분 역시 지식에 대한 독자의 접근과 이해를 돕는다.

『노동야학독본』에 수록된 글들은 주로 사람의 도리와 의무, 나라의 독립과 애국, 노동의 의의와 종류, 국민으로서의 자질과 덕목 등을 다룬다. 유길준은 노동과 노동자에 대한 서술에 앞서 「사람(人)」, 「사람의 도리(人의 道理)」 등의 단원에서 '사람', '나'와 관련한 주제로 논의를 시작하는데, 이는 노동자가 노동자이기에 앞서 인격을 가진 사람임을 강조하기 위해서이다. 유길준은 「사람의 자격(人의 資格)」에서 "사람의 자격은 사람 노릇하는 지식(知識)이 있은 연후(然後)에 비로소 갖추나니"라고 말함으로써 무지한 노동자는 배워야 함을 당부한다. 그리고 지식의 습득이 집과 나라, 사회를 이롭게 하는 방식임을 언급한다. 1-13과의 경우, '사람'이나 '나'를 '국민', '노동자'로 치환하여도 내용상 무리가 없을 정도인데, 이는 저자가 국가라는 체계 속에서 노동자의 사회적 위치, 권리 및 의무를 문제 삼기 때문이다.

『노동야학독본』에서 가장 많은 부분을 차지하는 것은 노동, 노동자와 관련한 내용이다. 「노동의 정업(勞動의 定業)」, 「노동의 잡업(勞動의 雜業)」과 같은 단원에서 알 수 있듯 유길준은 근대 조선에 생겨난 직업의 다양성을 인지하고, 그 직업을 크게 정신노동과 육체노동으로 나누어 설명한다. 그리고 육체노동을 다시 "정업(定業)"과 "잡업(雜業)"으로 나누고 그것을 농·공·상으로 분류하여 설명한다. 독본에서는 조선의 모든 사람이 노동자라는 논리와 함께 근력으로 일하는 육체노동자에 대한 구분과 교화의 논리가 공존한다. 이때, 육체노동자는 가난과 수치라는 수식어로부터 자유롭지 못하다. 그러나 유길준은 「노동의 거룩한 일(勞動의 巨祿한 事)」에서 '낮은 일이라고 싫어마오. 벌이하기에는 귀천(貴賤)이 없나이다'와 같은 내용에서처럼 노동에 대한 통상적 가치평가를 비판하는 태도를 취한다. 유길준의 언어는 노동자에 대한 기존의 통념을 비판하고 노동의 중요성을 부각하면서도 상대적으로 정신노동의 우월함과 육체노동의 열등함을 부각하는 결과를 낳는다. 그는 그중에서도 잡업, 즉 뜬 일에 종사하는 노동자들의 가난과 불안, 무지를 언급하며 '가련하다'고 말한다. 하층 노동자에 대한 감정적 표현에는 노동자에 대한 지식인 유길준의 동정적 시선이 투영되어 있다. 이처럼 『노동야학독본』은 대한제국기에 형성되어 있던 노동의 분야와 형태를 알려주는 동시에, 노동자를 둘러싼 인식과 감정의 기원들을 접할 수 있는 자료다.

다음으로 많은 부분을 차지하는 것은 나라의 독립과 애국이며, 세계의 변화 속에서 국민으로서 갖추어야 할 자질이 함께 강조된다. 개화기에는 발전에 대한 강박관념이 큰 위력을 발휘했는데, 그것은 대한제국이 처해 있던 정치적 위기 상황과 밀접한 관련을 맺는다. 「국민 되는 의무(國民 되는 義務)」, 「용기(勇氣)」, 「단합(團合)」, 「분발(奮發)」, 「경쟁(競爭)」, 「경쟁연설(競爭演說)」과 같은 단원에서는 국민의 법률적, 군사적, 도덕적, 교육적, 경제적 의무를 강조한다. 그리고 나라를 위한 국민의 용맹, 충의, 단합, 필사의 정신을 역설하여 국가의 독립을 환기한다. 특히, 이 단원들은 사회진화론의 영향을 보여 준다. 이 단원들은 우승열패가 지배하는 시대에 노동자의 자각이 부국강병, 자주독립을 도모하는 근본임을 강조한다. 그 내용은 서양의 경우를 예시로 삼아 서술된다. 유길준은 이 글에서 노동의 가치를 사회－국가－세계로 확장하고, 노동자의 문명화가 국가의 세계적 경쟁력을 획득하는 길이라고 주장한다. '외국의 침노', '나라의 위태한 때'와 같은 표현이 대한제국의 정치적 상황을 암시한다면, '죽기로써 맹세', '충의', '단합', '동심 합력하여 나라를 일으키세' 등의 내용은 그 위기 앞에서 국민이 보여줄 수 있는 집단정신과 희생 의지 등을 자극한다. 그리고 '국권 회복', '국가의 독립' 같은 어휘는 유길준이 지녔던 구국에 대한 열망을 드러낸다.

유길준은 근대사회로의 전환을 위해서는 교육적 혜택을 받지 못한 노동자의 계몽만이 아니라, 노동이나 노동자에 대한 국민 전체의 의식 변화가 필요하다고 생각했다. 『노동야학독본』은 노동자를 주요 교육 대상으로 삼고, 노동의 개념과 의의를 중심 내용으로 삼았다는 점에서 근대 교육사에서 큰 의미를 지닌다. 노동야학은 공교육의 혜택을 받지 못한 노동자들이 새로운 시대에 대한 정보와 지식을 획득하는 교육장으로 기능했다. 노동자들은 노동야학에서 사람, 집단, 더 넓게는 사회, 국가라는 범주를 상상할 수 있었다. 유길준은 『노동야학독본』을 간행하여 노동과 교육의 중요성을 설파하고 나라의 독립과 부강을 도모했다. 그는 『노동야학독본』의 문체와 내용을 보완하여 1909년 1월 동문관(同文館)에서 『노동야학』을 발행한다. 이는 당시 노동자 계몽에 대해 유길준이 지니고 있었던 열정과 교육사상을 보여준다. 이 책은 1913년 7월 19일 치안법 위반으로 금서 처분된다.

4. 핵심어

노동야학독본, 유길준, 노동, 노동자, 지식, 국가, 국민의 의무, 독립

5. 참고문헌

강재순, 「한말 유길준의 실업활동과 노동관」, 『역사와 경계』 50, 부산경남사학회, 2004.

배수찬, 「『노동야학독본』의 시대적 성격에 대한 연구: 지식 체계와 교재의 구성 방식을 중심으로」, 『국어교육』 119, 한국어교육학회, 2006.

안용환, 『유길준, 개화사상과 민족주의』, 청미디어, 2010.

유길준, 조윤정 편역, 『노동야학독본』, 경진, 2012.

유길준, 허경진 역, 『서유견문』, 서해문집, 2005.

조윤정, 「노동자 교육을 둘러싼 지식의 절합과 계몽의 정치성: 유길준의 노동야학독본(勞動夜學讀本) 고찰」, 『인문논총』 69, 서울대학교 인문학연구원, 2013.

조윤정, 「유길준의 『노동야학독본』과 『노동야학』 비교 고찰」, 『구보학보』 19, 구보학회, 2018.

『대동역사(大東歷史本)』(권1-권12)

- **서 명** 『대동역사(大東歷史)』(권1-권12)
- **저 자** 정교(鄭喬, 1856~1925)
- **형 태** 22.6×15.5(cm)
- **발 행** 간행자 미상, 1905·1906년
- **소장처** 국립중앙도서관

『대동역사』표지

1. 개요

조선말기~대한제국기 관료이자 개화지식인 정교가 역사 교육을 위하여 편찬한 역사교과서로 12권 4책이며, 순한문으로 서술되었다. 편년체로 서술하였으며 단군조선에서 통일신라시대까지 다루었다.

2. 저자

정교(鄭喬)는 1856년 서울에서 출생하여 1925년 사망하였다. 호는 추인(秋人)이다. 1894년에 궁내부 주사로 임명되면서 관직 활동을 시작했고 이후 수원판관(水原判官)과 장연군수 등을 역임한 후 1895년 관직을 사임했다. 1898년 7월에 중추원의관, 8월에는 시종원 시종으로 임명되기도 하였다. 또한 1898년부터는 독립협회에서 서기·제의(提議), 총대위원 등의 역할을 하였다. 특히 윤치호(尹致昊)·이상재(李商在) 등 독립협회 주요 인물들과 함께 만민공동회(萬民共同會)에서 큰 역할을 하였다. 1898년 12월 독립협회가 해산된 후 아펜젤러(Appenzeller)의 도움으로 배재학당으로 피신하였다가 러일전쟁이 일어나자 귀가하였다. 1904년 10월 제주군수가 되었다가 1906년 1월 학부참서관을 거쳐서 같은 해 12월 곡산군수가 되었다. 이듬해에 관직을 내려놓고 은거하였다. 그는『대한자강회월보(大韓自强會月報)』,『대한협회회보(大韓協會會報)』에 논설을 썼고, 저서로는『홍경래전 (洪景來傳)』·『대한계년사(大韓季年史)』·『대동역사(大東歷史)』등이 있다.

3. 내용 및 구성

『대동역사』의 구성과 내용 등을 언급하기 전에 먼저 간행 과정을 살펴볼 필요가 있다.『대동역사』는 1896년에 최경환(崔景煥)이 초고를 쓰고 정교가 평열(評閱)한 단군시기부터 마한시기까지의 역사를 저술한 글이 있었으나 독립협회에 대한 정부의 탄압으로 간행하지 못하다가 이후 두 번에 걸쳐 책이 발행된다. 첫 번째는 1905년에 최경환이 편집하고 정교가 평열을 진행하여 간행한 책이며, 두 번째는 1906년에 정교가 편집하고 조신용(趙臣鏞)과 김정현(金鼎鉉)이 참교(參校)한 책이다. 1905년판은 단군시기부터 마한시기까지가 서술 범위였으며, 1906년판은 기존 판본에 삼국시기와 통일신라시기를 보충하여 합본했다. 그리하여 이 책을 교과서로 사용하려 했으나 학부의 검인정을 통과하지 못해 1909년 이후 사용이 금지되었다.

정교는 서문에서 한민족은 건국 초부터 당당한 자주독립국이며 민족적 전통이 면면히 이어져 온 유구한 역사를 소유한 민족이라는 것을 강조하였다. 아울러 1906년에 간행된 대동역사 발문에는 종래의 역사서가 중국의 역사서의 관점을 그대로 계승하여 문제가 많았는데『대동역사』가 출간되어 잘못된 설은 세상에 통용되지 못하게 되고 후세의 독립대의가 더욱 빛나게 되었다고 언급하였다. 그리고 이러한 독립대의는 청나라에 대한 독립의식이었는데 이건 당시 다수의 교과서에서도 나타난 관점이었다. 다른 대부분의 교과서들도 청일전쟁 이후 청국에 대한 사대를 극복하고 대한제국이 독립국임을 승인하였다는 관점을 견지했다. 물론 이것은 대한제국의 독립성을 강조하는 것이었지만, 상대적으로 일본에 대한 대립의식과 독립성을 강조하는 의식은 부족하였다. 이 점은 이 책의 러일전쟁 서술 부분에서 잘 드러난다. 즉 당시 국제정세에서 대한제국과 일본을 동문동종(同文同種) 즉 문자와 인종이 같고, 순치보거(脣齒輔車) 즉 입술과 이, 광대뼈와 잇몸의 관계처럼 서로 의지하는 밀접한 관계로 설정하고 있었던 것이다.

또한 정통론도 도입하였다. 당시 정통론은『동사강목』의 계보에 근거하여 단군－기자－마한을 정통으로 하고 삼국은 무정통으로, 이후는 신라를 정통으로 보고 있다. 이같은 마한정통론은 당시 교과서들에게서 일반적으로 드러나는 양상인데『대동역사』에서는 단군조선의 계통이 부여－고구려로 계승되었다고 주장한 점이 특징적이라고 할 수 있다. 단군조선에 대한 서술에서는 단군시대부터 문물제도와 문화를 갖춘 국가였음을 강조하였고, 그 부분 사론에서 당시 서구가 무지한 지역이었다고 지적했다. 이는 당시 시대적 분위기였던 민족주의의 영향이었음과 동시에 중화의식에서 탈피했다는 증거이기도 했다. 하지만 동시에 독립의 명분을 춘추대의에서 찾았다는 점도 유념할 필요가 있다. 즉 의(義)라는 가치를 강조하면서 유교적 가치관에 따른 포폄을 중시하는 태도를 함께 보이고 있다. 이 점은 책의 편제와 내용에서도 드러나는데, 체제와 범례는 주자의 강목체를 따랐고 용어 사용과 포폄도 철저했던 것이다.

이렇듯 정교는 역사서술의 계통과 정통성을 중요시했다. 이런 관점에서 정통과 정통이 아닌 것을 엄격히 구별해야 한다고 주장하였다. 그는 정통이 있는 군주에게는 붕(崩)이라고 쓰고, 정통이 없는 군주에게 조(殂)라고 쓴 것처럼 포폄(褒貶)을 엄격하게 해야 한다고 주장했다. 이런 맥락에서 삼국시대 연호에 관한 서술도 유년법에 입각하여 원래 사서의 내용을 고쳤다. 아울러 각 항목마다 '사씨왈(史氏曰)'로 시작되는 사론(史論)이 있으며 간단하게 해설하는 정의(正義)가 있다. 이 사론과 사실 서술에서는 해당 국가제도의 완비와 군사력 문제를 강조하는 한편으로 혜성과 일식과 월식 등의 천재지변 등도 기록하여 천인감응설에 따른 사론을 전개시키고 있다는 점도 특징적이라고 하겠다.

다음으로 내용을 살펴보면 우선 권1은 조선단군기(朝鮮檀君記) 즉 단군조선의 역사부터 시작하고 있다. 단군이 묘향산 단목(檀木)에서 탄생하였고 장성하여 왕이 되었다는 내용의 설화 내용을 바탕으로 단군조선의 역사를 설명한다. 이후 권2와 권3에서 후조선기(後朝鮮紀) 즉 기자조선에 관해 서술하고 있다. 중국의 기자가 왕위에 올랐고 그를 조선 태조 문성왕(文聖王)이라고 불렀다는 점은 기자조선에 대한 계승 의식 또한 분명히 하고 있음을 보여준다. 권4, 권5의 마한기(馬韓紀)에서는 삼한 즉 마한(馬韓), 진한(辰韓), 변한(弁韓)의 성립과 해당 국가체들의 성쇠과정과 그것이 이후 백제, 신라 등의 역사와 어떻게 접목되는 지를 마한 중심으로 서술하고 있다. 권6~10에서는 삼국시대 즉 신라·고구려·백제의 성립과 전개 과정에 대해 서술하고 있다. 권 6에서는 신라 남해왕 시기, 고구려 유리왕, 백제 온조왕 시기부터 시작하면서 삼국이 각축하는 과정을 그리고 신라가 당나라와 연합하여 백제와 고구려를 공격하여 백제와 고구려를 멸망시키는 과정까지 서술하고 있다. 4권은 통일신라시대의 역사에 대해 상세하게 논하고 있다.

그리고 각 왕의 역년에 발해에 관한 사실을 기록하고 있는데 이것은 발해의 역사를 통일신라의 정통에 포함시켰다는 것을 의미하며, 이는 곧 한국사의 범위에 발해사가 들어갔다는 것을 보여준다. 아울러 범례에서 정통(正統) 기록 원칙을 세우고 정통으로 보는 왕조를 중심으로 같은 시기의 다른 나라 국왕은 군(君)으로 표시하였다는 점도 특징적이다. 예컨대 마한기에서는 초기 삼국의 왕을 모두 군으로 표기하였고, 신라기의 통일신라 말기 부분에서 고려를 기록할 때는 고려군(高麗君)이라 하여 정통론의 원칙을 지키고 있다. 이것은 역사에서 대의(大義)를 강조하는 인식이 반영된 것이라고 하겠다. 이같이 정통과 자주성을 강조하는 교과서였으므로 통감부의 검열 대상이 되었고, 1909년 이후에는 당시 다른 교과서들과 마찬가지로 학부불인가도서(學部不認可圖書)로 지정되어 교과서로 활용될 수 없었다.

4. 핵심어

검인정, 발해, 정통론, 강목체(綱目體), 자주독립, 민족주의

5. 참고문헌

조동걸, 「한말 사서와 그의 계몽주의적 허실(상)」, 『한국독립운동사연구』 1, 1987.
이시영, 「鄭喬의 『大東歷史』 연구」, 한국정신문화연구원 대학원 석사학위논문, 1998.
김은주, 「한말 정교의 정치활동과 정치개혁론」, 이화여자대학교 석사학위논문, 1999.
양정현, 『근대개혁기 역사교육의 전개와 역사교재의 구성』, 서울대학교 박사학위논문, 2001.

『대한문전(大韓文典)』

서 명 『대한문전(大韓文典)』

저 자 최광옥(崔光玉, 1877~1910)

형 태 15.1×22(cm)

발 행 안악면학회(安岳勉學會), 1908년

소장처 국립중앙도서관

『대한문전』표지, 속표지, 판권지

1. 개요

『대한문전(大韓文典)』(1권)은 '안악면학회'에서 1908년 1월에 발행하였다. 성음(聲音), 품사(品詞), 문장(文章) 등 음운부터 통사에 이르기까지 우리말 문법을 기술한 문법서이다.

2. 저자

최광옥은 교육자이자 신문화계몽운동가이다. 19세인 1896년에 독립협회에 참여하면서 주시경과 함께 우리말 연구에 관심을 갖게 되었다. 1901년 숭실학당 입학 전 도산 안창호와 함께 점진학교를 설립하였다. 숭실학당을 졸업한 1904년에 일진회(一進會)가 조직될 때 참여하여 기록서기를 맡았으나 그 배후를 알고는 곧 탈퇴하였다. 이후 일본으로 건너가 세이소쿠학교(正則學校), 동경고등사범학교, 메이지대학(明治大學) 등에서 유학하면서 유학생 단체인 태극학회 창립에 관여하고 평의원으로 활동하였다.

일본에서 유학하던 중 폐결핵에 걸려 학업을 중단하고 1906년 7월에 귀국하였다. 귀국 후 연동의 경신학교에서 교사로 근무하면서 학생들에게 수학, 과학, 역사와 국어를 가르쳤다. 1906년 가을에 안악에 온 최광옥은 1906년 음력 11월에 김홍량, 김용제 등 당시 황해도 유지들의 후원을 받아 안악면학회(安岳勉學會)를 조직하여 청소년을 계몽하고 교사를 양성하였다. 안악면학회에서는 1907년 면학서포

(勉學書舖)를 설립하여 교과서와 참고서를 출판하였는데 이때 첫 사업으로 일본어 번역서인『교육학(教育學)』과 표지에 최광옥의 저술로 기록되어 있는『대한문전(大韓文典)』을 출판하였다. 안악면학회에서 1908년에 개최한 제2회 하계사범강습회가 끝난 후 최광옥이 황해도 전 지역을 대표하는 교육기관을 결성할 것을 제안하여 해서교육총회(海西敎育總會)가 결성되었다. 최광옥은 1907년 6월 안창호(安昌浩), 이동녕(李東寧), 이동휘(李東輝) 등과 함께 신민회(新民會)를 창립하고 구국수호운동에도 힘썼다.

또 평안북도 의주에 기독교인들이 설립한 양실학교(養實學校)에서 교원 및 교장으로 있으면서 의주 최고의 민족교육학교로 발전시켰다. 해서교육총회(海西敎育總會)의 교육 운동이 활발히 전개되던 시기에는 배천군수(白川郡守) 전봉훈이 설립한 사범강습소를 맡아 운영하면서 후진 양성에도 힘썼다. 배천군수의 초청으로 배천읍 토성에서 열띤 강연을 펼치던 중 피를 토하고 의식을 잃은 이후 건강을 회복하지 못하고 1910년 7월 19일 33세의 나이로 요절하였다.

『한국민족문화대백과사전』에서는 최광옥의 출생년도를 1879년으로 제시하고 있으나 내용 중에 1910년 33세 나이로 요절했다고 하였으므로 1877년의 오류로 추정된다.

3. 내용 및 구성

이 책『대한문전』의 내지에는 '著述 崔光玉', '校閱 李商在', '發行 安岳勉學會', '隆熙二年 一月 日'라고 되어 있어 최광옥(崔光玉)이 저자이며 이상재(李商在)가 교열하고, 안악면학회에서 융희2년, 즉 1908년에 발행했음을 알 수 있다. 이와 같이 책의 내지에 적힌 바대로 애초에는 저자를 최광옥(崔光玉)으로 보고 유길준(兪吉濬)의『대한문전』(1909)과 다른 책으로 생각했다. 그러나 최근의 연구에 의해 두 책 모두 유길준의 저서이며 최광옥의『대한문전』(1908)으로 알려진 이 책은 유길준『대한문전』(1909)의 이본인 것으로 밝혀졌다.

먼저 내용면에서는 1897~1907년 사이의 필사본이나 유인본으로 유포되던 유길준의『조선문전』이나『대한문전』(1907)과 거의 같다. 다만『대한문전』(1908)에는 이상재(李商在)의 서(序)가 있으나 유길준의『조선문전』에는 이 부분이 없고, 또『대한문전』(1908) 제1편 언어론의 앞부분인 국어(國語), 성음운(聲音韻), 모음(母音), 부음(父音), 자음(子音), 시종음(始終音), 반모음(半母音), 직음(直音), 요음(拗音), 비음(鼻音), 촉음(促音), 합음(合音), 전음(轉音), 팔품사(八品詞) 등 1~9면까지가 유길준의『조선문전』에는 없다. 그러나『대한문전』(1908) 제1편 언어론의 앞부분을 이후 유길준의『대한문전』(1909)에서는 제1편 총론에서 음운(音韻), 문자(文字)로 나누어 다루고 있다. 이외에도『대한문전』(1908)은 단순한 오탈자뿐 아니라 내용의 누락이 많아 전후 문맥이 통하지 않는 부분이 적지 않은 것으로 보고되었다. 즉, 최광옥의『대한문전』(1908)로 알려진 이 책은 유길준의『조선문전』이나『대한문전』(1907)과 비교하여 구성상의 차이는 거의 없고, 제1편 언어론의 앞부분이 더 들어간 차이나 단순한 오탈자, 내용의 누락 정도만이 있을 뿐이어서 유길준『대한문전』(1909)의 이본으로 보게 된 것이다. 다만, 당시에 이미『대한문전』의 내용이 널리 유포되어 있었고 구체적인 저자가 누구인지 모르는 상태에서 교재용으로 널리 유포되어 문법 교재로 쓰였기 때문에 저자 이름으로 최광옥을 넣을 수 있었던 것으로 추정되고 있다.

유길준의『대한문전』(1909)의 서언에서 저자는 국어문법 연구로 30여 년을 보내는 동안 8차에 걸쳐 원고를 고쳐 이 책을 이루었다고 하고, 그 제4차 원고본이 세간에 잘못하여 배포되었는데 인쇄되어 나간 것이 이미 재판에 이른다고 밝히고 있다. 현재까지의 연구에서는 그의 제4차 원고본에 해당하는 것이 곧 최광옥 저술로 발간된 『대한문전』(1908)이라고 이해되고 있다. 따라서, 1908년 간행된 것과 1909년에 간행된 『대한문전』은 모두 유길준이 일본에 있을 때 저술한 것이며, 그 가운데 최광옥의 이름으로 출간된 『대한문전』(1908)이 유길준의 제4차 원고본이며, 1909년 유길준 저술로 출간된 『대한문전』이 유길준의 제8차 원고본이자 마지막 완정본(完定本)이라고 할 수 있다.

여기의 『대한문전』(1908)은, 앞에서 언급한 바 있지만, 목록이 제시된 데에 이어서 이상재(李商在)가 쓴 서문, 서론에 해당하는 '文典 大意', 제1편 언어론(言語論), 제2편 문장론(文章論), 마지막에 부론(附論)으로 구성되어 있다.

제1편 언어론(言語論)에서는 먼저 '國語'에서 언어와 국어의 개념을 제시하였다. 뒤이어 음운론에 해당하는 항목들로서 성음운(聲音韻), 모음(母音)/부음(父音)/자음(子音), 시종음(始終音), 반모음(半母音), 직음(直音), 요음(拗音), 비음(鼻音), 촉음(促音), 합음(合音), 전음(轉音) 등 10개 항목으로 나누어 각기 설명하였다.

이어서 '팔품사(八品詞)'에서 품사론을 다루고 있다. 품사의 정의나 품사 설정의 근거에 대한 논의는 없이 '言語는 八種으로 分ᄒᆞ여'라고 하면서 명사, 대명사, 동사, 형용사, 부사, 후사(後詞), 접속사, 감탄사의 8품사를 제시하고 있다. 이러한 분류는 『일본문전』의 품사 분류를 그대로 적용한 유길준의 『조선문전(朝鮮文典)』의 품사 분류를 그대로 받아들인 것이다. 명사는 '보통명사(普通名詞)'와 고유명사에 해당하는 '특별명사(特別名詞)'로 분류하고, 보통명사에 다시 '소리'를 뜻하는 '소리', '추위'를 뜻하는 '츄의'와 같이 형태가 없어 볼 수 없는 무형명사(無形名詞, 지금의 추상명사)', '깃븜, 깃브기'처럼 동사나 형용사에서 변하여 명사가 된 '변체명사(變體名詞, 지금의 파생명사)'가 있다고 보았다. 대명사는 '보통대명사'(普通代名詞, 지시대명사 중 일부에 해당), '인대명사'(人代名詞, 지금의 인칭대명사), '문대명사'(問代名詞, 지금의 의문대명사), '지시대명사(指示代名詞)', '관계대명사(關係代名詞)'로 분류하였다.

'동사(動詞)'에 대해서는 명사 혹은 대명사에 부종(附從)하여 그 작용 혹은 형상을 발현(發現)하는 것이라고 설명하고 작용하는 성질에 따라 자동사와 타동사로, 작용하는 관계에 따라 주동사(主動詞)와 피동사(被動詞), 또 그 작용하는 변화에 따라 정격동사(正格動詞)와 변격동사(變格動詞)로 분류하였다. 용언에 실현되는 문법 범주인 시제와 대해 동사와 관련해서는 '시기(時期)'로, 형용사와 관련해서는 '단(段)'으로 달리 명명(命名)하다. 동사의 '시기(時期)'에는 '현재, 과거, 미래, 대과거'로, 형용사에는 '현연단(現然段, 예: 풀은)', '장연단(將然段, 예: 풀을)', '기연단(旣然段, 예: 풀으든)'으로 분류하였다. 동사와 형용사의 시제 관련 활용 양상에 차이가 있음을 인식했기 때문으로 보이는데, 무엇을 어떻게 인식한 것인지 분명히 알기 어렵다. 또 어미에 해당하는 '조동사(助動詞)'를 '동사의 일종'으로 보아 동사항에서 다루고 있다.

후사(後詞)는 명사의 뒤에 붙어서 그 앞뒤 관계를 보이는 것으로, 지금의 격조사 중 일부가 여기에 포함된다. 후사는 명사의 자격을 정하는 것이라고 하면서 주(主)되는 것을 말하는 주격(主格, 지금의 주격)과 빈(賓)이 되는 것을 말하는 빈격(賓格, 지금의 목적격)을 제시하였다.

접속사는 단어나 구를 접속하는 말로 풀이하고 명사의 접속에 결합하는 접속조사와 접속부사, 일부 보조사, 연결어미 등이 포함되어 있다. 이 책에서는 접속사를 상하의 단어나 구를 접속하여 그 의미를 서로 연결해 주는 '연체접속사(連體接續詞)'와 상하의 단어나 구를 접속할 뿐 의미는 접속하지 않는 '순체접속사(順體接續詞)', 상하의 단어나 구를 접속하는 것 중 그 의미를 상반되게 하는 '반체접속사(反體接續詞)'로 분류하였다.

제2편 문장론은 통사론에 해당하는 내용이다. 주어·설명어, 객어, 수식어·주부·객부·설명부, 단문·복문, 연구문(聯構文), 도치구(倒置句), 호응(呼應), 구법(句法) 등의 항목으로 나누어 설명하였다. 이 가운데 문장의 종류를 한 개의 주어와 설명어로 되어 있는 '단문(單文)'과 2개 이상의 주어와 설명어로 되어 있는 '복문(複文)'으로 나누고, '-고, -며' 등으로 이어진 문장을 '연구문(聯構文)'이라 하였다. 문장의 호응을 설명하고 있는 '호응(呼應)'에서는 '동체호응(同體呼應), 이체호응(異體呼應), 결미호응(結尾呼應)' 등으로 구분하였다. 이때의 호응은 시제와 관련된 개념으로, 주절과 종속절의 시제가 같은 것을 동체호응(同體呼應), '즉, -나' 등으로 연결되는 선행절과 후행절에서 시제가 일치하지 않는 것을 이체호응(異體呼應)이라 하였다.

마지막 '부론(附論)'에서는 '축어법(縮語法)'과 '상음하몽법(上音下蒙法)'을 언급하고 있다. 축어법은 '달니어 → [달녀]'와 같은 축약 현상을 말한 것이며, '상음하몽법(上音下蒙法)'이란 '곳이 → [고시]'와 같은 연음(連音) 현상을 말하는 것이다.

4. 핵심어

대한문전, 최광옥, 이상재, 안악면학회, 팔품사(八品詞), 언어론, 문장론, 연구문(聯構文), 호응(呼應)

5. 참고문헌

김동길, 「교육을 통해 나라사랑의 가능성을 제시한 최광옥」, 『사학연금』 21, 1986.

김민수, 「'大韓文典'攷 : 國語 文法學史의 한 課題인 崔光玉·俞吉濬의 兩 文典에 對하여」, 『서울대학교 논문집』 5-인문·사회과학-, 129-193, 1957.

김영희, 「최광옥」, 『한국민족문화대백과사전』, 한국학중앙연구원, 1995.

이명화, 「최광옥 선생과 위대한 유산」, 『生活科學論集』 18, 연세대학교 생활과학연구소, 2004.

최낙복, 「최광옥 문법의 형태론 연구」, 『국어국문학』 22, 동아대학교 국어국문학과, 2003.

김민수, 「대한문전(大韓文典)」, 『한국민족문화대백과사전』, 한국학중앙연구원, 1995.

한재영, 「俞吉濬과 『大韓文典』」, 『語文硏究』 33-1, 한국어문교육연구회, 455-475, 2004.

최이권, 『최광옥약전(崔光玉略傳)과 유저문제(遺著問題)』, 동아출판사, 1977.

『대한문전(大韓文典)』

서 명 『대한문전(大韓文典)』
저 자 유길준(兪吉濬, 자는 聖武, 호는 矩堂, 1856~1914).
형 태 15.5×22.5(cm)
발 행 융문관(隆文館), 1909년
소장처 국회도서관, 국립중앙도서관

『대한문전』표지, 속표지, 판권지

1. 개요

『대한문전(大韓文典)』은 1909년 2월 18일에 동문관(同文館)에서 인쇄하고 융문관(隆文館)에서 발행되었다. 갑오개혁 이후 한국인이 저술한 문법서 중 가장 오래된 문법서이고 체계를 갖춘 최초의 문법서로 8차례에 걸쳐 수정한 원고의 완결본이다.

2. 저자

유길준은 개화사상가이면서 정치가이고 국어학자이다. 유길준이 우리말에 대해 관심을 갖게 된 것은 한자의 지나친 사용 때문이었던 것으로 알려져 있다. 그로부터 언문불일치(言文不一致)를 극복하기 위해 문전(文典)의 필요하다는 것을 인식하고 여러 해에 걸쳐서 우리말을 연구하여 책으로 펴낸 것이 『대한문전(大韓文典)』이다.

유길준은 어려서부터 아버지와 외할아버지 이경직(李敬稙)에게 전통 한학을 배워 과거에 합격하였으나 1870년 박규수(朴珪壽, 1807~1877)와의 만남으로 실학 사상을 배우면서 신학문을 접하게 되었다. 그의 나이 26세 때인 1881년 5월 어윤중(魚允中)의 수행원으로 조사시찰단(朝士視察團, 이칭: 신사유람단)에 참가하여 게이오기주쿠[慶應義塾]에 입학하면서 우리나라 최초의 정식 일본 유학생이 되었다. 일본 유학 당시 유길준은 근대 신문을 처음 접하면서 조선을 개화하고 국민을 계몽하는 데 신문이 큰 역할을 할 수 있다는 것을 알게 되었다. 1883년 2월 유길준이 통리교섭통상사무아문의 주사로 임명된 후, 박영효(朴泳孝)의 지시로 신문 발행을 준비하면서 국한문혼용체로 장문의 「신문창간사」와 신문에 대한 해설문을 작성하였다. 이후 1882년 일어난 임오군란 후 민영익(閔泳翊)의 권유로 학업을 중단하고, 1883년 1월에 귀국하게 된다.

1883년 7월 유길준은 미국에 파견되는 보빙사(報聘使) 대표 민영익의 수행원으로 함께 미국으로 건너가 그 이듬해 담머 고등학교[Governor Dummer Academy]에 입학하면서 우리나라 최초의 미국 유학생이 되었다. 1884년 갑신정변이 실패했다는 소식을 듣고 미국에서의 학업을 중단하고 돌아오게 된다. 유럽의 여러 나라를 둘러보고 한성(漢城: 지금의 서울)에 도착하자마자 개화파 일당으로 몰려 7년간 연금되었다. 이 기간에 그동안 접하였던 서양의 문물과 사상 등을 소개하는『서유견문(西遊見聞)』을 집필하기 시작하여 1895년에 출간하게 된다.

아관파천(俄館播遷)이 있었던 1896년 유길준은 친일 내각이 붕괴되자 일본으로 망명하였다. 이후 12년간 망명 생활을 하는 동안 우리말 문법을 연구하고『보로사국후례대익대왕칠년사(普魯士國厚禮大益大王七年史)』,『영법로토제국가리미아전사(英法露土諸國哥利米亞戰史)』,『이태리독립전사(伊太利獨立戰史)』같은 외국의 역사서를 번역하여 조선인을 계몽하고자 하였다. 1907년 8월 망명 12년 만에 귀국한 후 1914년 59세로 세상을 마감할 때까지 유길준은 계몽, 교육, 사회 사업에 정진하였다. 귀국 후 계산학교(桂山學校)를 설립하였고 그 2년 후『대한문전』(1909)를 간행하게 되었다. 또 생전에 교과용 도서를 여럿 저술하기도 하였는데『노동야학독본(勞動夜學讀本)』,『정치학(政治學)』,『파란쇠망전사(波蘭衰亡戰史)』등이 있다.

3. 내용 및 구성

『대한문전(大韓文典)』은 갑오개혁 이후 한국인이 저술한 가장 오래된 문법서이다. 이 책은 저자인 유길준이 우리말과 글에 대한 연구가 매우 중요하다는 인식 아래 우리말 문법 연구를 시작한 이후 30여 년 동안 8차에 걸쳐 원고를 고친 결과 1909년에 완정본이 이루어진 것이다. 그 과정에서『대한문전(大韓文典)』의 이본이 여럿 존재하게 되었는데 현재까지 총 7종이 전하는 것으로 알려져 있다. 서명이『조선문전(朝鮮文典)』인 것이 4종,『대한문전(大韓文典)』인 것이 3종이다. 이중 필사본『조선문전』2종이 각각 1897~1904년(고려대학교 박물관 소장본), 1905년(하동호 소장본)에 간행된 것으로 가장 오랜 초기의 원고이고, 그 외에 1906년 경에 간행된 유인본『조선문전』2종, 1907년 경에 간행된 유인본『대한문전』, 1908년 간행된 활판본『대한문전』, 1909년에 간행된 활판본『대한문전』이 있다. 이중 1908년에 간행된 활판본『대한문전』은 저자가 최광옥(崔光玉, 1879~1910)으로 명시되어 있으나 최광옥의『대한문전』(1908)은 유길준의『조선문전』이나『대한문전』(1907)과 비교하여 구성상의 차이는 거의 없는 것으로 알려져 있다. 다만, 최광옥의『대한문전』(1908)에서 제1편 언어론의 앞부분이 더 들어간 내용이 있고 단순한 오탈자나 내용의 누락 정도만이 있을 뿐이라는 최근의 연구를 통해 유길준『대한문전』의 이본으로 밝혀졌다.

여기의『대한문전』(1909)은 8차 원고본, 즉 최종본이다. 유길준이 최종본『대한문전』을 간행하게 된 이유는 유길준의 4차 원고본이 인쇄되어 배포되었으나 잘못된 부분이 많기 때문에 이를 바로잡기 위해서였다. 표지 뒷면에 붙인 속표지 오른쪽 상부에는 '천민거사(天民居士) 유길준저(兪吉濬著)'라 표시되어 있어 저자와 발행자가 유길준(兪吉濬)임을 알 수 있다. 1909년 2월 18일에 발행되었으며, 인쇄소는 동문관(同文館)이고, 원매소(元賣所, 발행소)는 융문관(隆文館)이다. '서언(緖言)' 2쪽, '대한문전 자서(大韓文典 自序)' 6쪽, '대한문전 목차(大韓文典 目次)' 6쪽, 본문 128쪽 그리고 책 끝의 간기를 합하여 총 143쪽으로 되어 있다.

여기의 『대한문전』(1909)은 편, 장, 절의 구분이 명확하게 구분되어 있다. 두 줄 아래에 편의 제목을, 편명보다 한 줄 아래 장의 제목을, 장 제목보다 한 줄 아래에 절의 제목을 제시하였다. 본문과 예문도 엄격히 구분하고 있는데 예문은 활자 크기를 본문보다 조금 작게 하였을 뿐만 아니라 본문보다 한 줄 내려 썼다. 본문은 모두 세 편으로 구성되어 있는데 제1편 총론(總論), 제2편 언어론(言語論), 제3편 문장론(文章論)이다.

제1편 '총론(總論)'의 제1장 '문전(文典)의 의의(意義)'에서는 우선 '문전(文典)'을 "人의 思想을 正確히 發表ᄒ는 法을 記載혼 學問"(1쪽)으로 정의하였다. 이어서 사람의 사상을 궤범(軌範)과 법칙(法則)에 따라 '성음(聲音)'으로 표현한 것이 '어(語)'이고, '문자(文字)'로 표현한 것이 '문(文)'인데 각각 법칙을 따르지 않으면 입에서 나오는 '성(聲)'은 되지만 '어(語)'가 되지 못하고, 쓰는 '자(字)'는 되지만 '문(文)'이 되지 않는다고 주장하였다. 이는 법칙, 곧 문전(文典)의 적용 여부에 따라 사람의 말과 글을 구분하는 규범적 태도가 드러난 것으로, 유길준의 규범적 문법관을 엿볼 수 있다. 이어 제2장 '음운(音韻)'에서는 '음(音)'을 기류가 성대에만 접촉하는 것과 다른 기관에 접촉하는 것으로 구별하여 '모음(母音)'과 '부음(父音, 지금의 자음)', 그리고 부음과 모음이 결합하여 내는 소리인 '자음(子音)'으로 구분된다고 하였다. 제3장 '문자(文字)'에서는 각 소리에 해당하는 문자를 열거하고 반절표를 제시하였다. 이어서 'ㄲ'과 같은 된소리를 '격음(激音)'이라 하고, '각, 닭'과 같은 폐음절(閉音節)은 '지음(支音)'이라고 규정하면서 '각' 등은 '단지음(單支音)', '닭' 등은 '복지음(複支音)'이라 하였다.

한편, 저자가 최광옥(崔光玉, 1879~1910)이라 되어 있으나 유길준의 4차 원고본으로 밝혀진 『대한문전』(1908)에서는 본문과 별도의 '부론(附論)'에서 언급했던 '상음하몽법(上音下蒙法)'과 '축어법(縮語法)'도 여기의 『대한문전』(1909)에서는 총론의 제4장 '몽수급축약(蒙受及縮約)'에서 다루고 있다. 제목에서 '몽수(蒙受)'로 제시한 '상음하몽법(上音下蒙法)'은 '꽃이→[꼬시]'와 같은 연음(連音) 현상을 말하고, '축음법(縮音法)'이라고 설명한 '축약(縮約)'은 '가지안(가지 않−)→[가잔]'과 같이 발음되는 현상을 말한다.

제2편 '언어론(言語論)'은 국어의 품사를 다룬 부분이다. 여기의 『대한문전』(1909)에서는 국어의 품사를 명사, 동사, 조동사, 형용사, 접속사, 첨부사(添附詞), 감동사의 8품사로 구분해 놓았다. 8품사 분류 체계는 서구의 이론을 참고한 것으로 보인다. 특히 '조동사', '접속사', '관계대명사'를 설정한 것이나 형용사를 명사의 형상이나 성질을 표현하는 말로 정의를 내리면서도 '분사(分詞)' 또는 '전성형용사(轉成形容詞)' 즉 지금의 동사 관형사형으로 설명한 것에서도 서구 이론을 참고한 사실을 엿볼 수 있다. 특기할 만한 것은 동일한 문법 범주인 시제를 동사에서는 '시기(時期)'로, 형용사에서는 '기절(期節)'로 달리 제시하고 있다는 것이다. 이는 유길준의 4차 원고본으로 밝혀진 『대한문전』(1908)에서 동사에서는 '시기(時期)'로, 형용사에서는 '단(段)'으로 분류한 것과 맥을 같이 하는 것이다. 동사와 형용사의 시제 관련 활용 양상에 차이가 있음을 인식했기 때문으로 보이는데, 무엇을 어떻게 인식한 것인지 분명히 알기 어렵다. 접속사는 말의 중간에 삽입되어 그 뜻을 서로 통하게 해 주는 것이라고 하면서 '정체접속사(正體接續詞)'와 '연체접속사(連體接續詞)', '순체접속사(順體接續詞)', '반체접속사(反體接續詞)' 네 가지로 분류하였다. 이중 정체접속사와 연체접속사는 조사를 다룬 것으로, 정체접속사에는 '이/가, 을/

롤' 등의 격조사와 '은/는' 등의 보조사가 포함되었고, '연체접속사'에는 명사와 명사를 결합하는 '의, 와', 구를 이어주는 '또'도 함께 다루었다. '순체접속사'와 '반체접속사'는 선, 후행 내용의 의미에 따른 구분으로 전자는 상하의 단어나 구를 접속하여 그 의미를 통하게 하는 것으로 '−면, −ㄴ고로' 등이, 후 자는 상하의 단어나 구를 접속하면서 그 의미를 상반되게 하는 것으로 '−나, −ㄹ지언정'이 포함되었 다. 첨부사(添附詞)는 지금의 부사(副詞), 감동사(感動詞)는 지금의 김탄사(感歎詞)이다.

제3편은 문장론(文章論)인데, '문장론'은 통사론에 해당하는 내용이다. 여기의 『대한문전』(1909)에 서는 '문장'을 '사람의 말을 일단의 문자로 기록하여 일정한 생각을 나타내는 것'이라고 정의하였다. 문장론에서 가장 주목할 만한 것은 '문장(文章)의 본원(本原)'이라 하여 문장 성분을 설명하고 있는 제2장 이라 할 수 있다. '본원(本原)'이라는 용어를 설정하고 문장 성분을 묶어 기술할 수 있는 틀을 마련했다. 이 책에서는 문장의 '본원(本原)'을 '주어, 설명어, 객어, 보족어(補足語), 수식어'의 5가지로 나누었다. '주어'를 형식에 따라 네 가지로 나누었는데, 주어가 한 개인 것을 '단주어(單主語)', 명사구 접속에 의 해 두 개 이상의 주어가 나타난 것을 '복주어(複主語)'라 하면서 '가을은 달이 밝소'와 같은 이중주어문 에서 '가을은'을 '총주어(總主語)'라 하였다. 마지막으로 '놉흔 산'과 같이 다른 말과 합하여 한 개의 주 어를 이룬 것을 '수식주어(修飾主語)'라 하였다. 또 성질에 따라서는 문법상 주어와 논리상 주어로 구분 하였다. 이하 설명어, 객어 등의 구분이 대체로 이와 유사하게 이루어져 있다. 이어진 '본원(本原)의 부 분(部分)'에서는 '주어, 설명어, 객어, 보족어'가 '수식어'와 결합하여 각각 '주부(主部), 설명부(說明部), 객부(客部), 보족부(補足部)'를 이루는 것에 대해 설명하였다. 지금의 서술부에 해당하는 '설명부'의 설 정은 당시 다른 문법서에서는 찾아보기 어려운 독창적인 내용이라 할 수 있다.

문장론의 제3장은 문장을 이루는 단위로서 '구(句)'와 '절(節)'을 설명하는 '문장(文章)의 부분(部分)' 이다. '구(句)'는 2개 이상의 문장 성분이 결합되었으나 완전한 절을 이루지 못한 것인 반면, '절(節)'은 문장같이 관련 문장 성분을 모두 갖추었으나 다른 문장의 성분으로 결합된 것이라고 설명하고 있다. '달 밝은 밤에, 멀히 가는 사람'의 '달 밝은'이나 '멀히 가는'도 절이 아닌 구, 특히 형용사구로 파악하고 있는 점이 특이하다. '구(句)'와 달리 '절(節)'에서는 '독립절(獨立節)'을 설정하고 있는 점 또한 특징적 인데 이는 '−고'와 같은 대등적 연결어미로 연결된 절을 가리킨다.

『대한문전』(1908)과 마찬가지로 여기의 『대한문전』(1909)에서도 문장론의 제5장에서 '문장(文章) 의 호응(呼應)'을 설명하고 있다. 다만, 『대한문전』(1908)에서는 '호응(呼應)'이 선행절과 후행절, 혹은 주절과 종속절의 시제와 관련된 내용을 설명한 것인 반면 『대한문전』(1909)에서의 '호응(呼應)'은 절 이 연결될 때 상하의 의미가 서로 '화동(和同)'하느냐 반대되느냐에 대한 것으로 '순체호응(順體呼應)' 과 '반체호응(反體呼應)'으로 나누었다.

제3편 문장론에서도 외국 이론을 참고한 것이 두루 엿보인다. 문장 성분을 다루고 있는 '문장의 본 원'에서 '총주어'와 '보족어'를 설정하였음을 앞서 언급한 바 있는데, 이들은 모두 일본 문법서의 영향 이다. 또 문장론의 끝 부분인 제6장 '문장(文章)의 해부(解剖)'도 당시 일본에서 활발히 전개되었던 문 장론의 영향을 받았음을 보여주는 부분이다.

『대한문전』은 우리나라 사람의 손으로 연구된 가장 오래된 국어 문법서일 뿐만 아니라 근대적인 문 법연구서이다. 전체적인 체계나 용어는 일본 문법서의 영향을 받은 것이 분명하지만 세부적인 내용에 있어서는 우리말에 대한 깊이 있는 관찰의 결과가 엿보이는 독창적인 면모가 있으며 국어 문법 체계의 확립을 도모하였다는 점에서 그 가치가 인정된다.

유길준의 『대한문전』(1909)은 국회도서관과 국립중앙도서관 등에 소장되어 있는데 국회도서관본은 제3편 문장론의 제4장 문장의 종류까지만 남아 있고 125~128쪽에 해당하는 제5장 '문장(文章)의 호응(呼應)'과 제6장 '문장(文章)의 해부(解剖)', 그리고 간기(刊記) 부분은 남아 있지 않은 낙장본이다.

4. 핵심어

대한문전, 유길준, 문전(文典), 언어론, 문장론, 본원, 설명부, 조동사, 형용사, 접속사, 첨부사, 감동사, 호응

5. 참고문헌

이희승, 『국어학개설』, 민중서관, 1955.

강복수, 『국어문법사연구』, 형설출판사, 1972.

김민수·하동호·고영근 편, 『역대한국문법대계』1-2, 탑출판사, 1979.

김민수, 「「大韓文典」攷 : 國語 文法學史의 한 課題인 崔光玉·兪吉濬의 兩 文典에 對하여」, 『서울대학교 논문집』5-인문·사회과학-, 129-193, 1957.

유영익, 「갑오경장 이전의 유길준」, 『한림대학논문집』 4, 1986.

유영익, 「유길준(兪吉濬)」, 『한국민족문화대백과사전』, 한국학중앙연구원, 1995.

김민수, 「대한문전(大韓文典)」, 『한국민족문화대백과사전』, 한국학중앙연구원, 1995.

한재영, 「兪吉濬과 『大韓文典』」, 『語文研究』33-1, 한국어문교육연구회, 455-475, 2004.

장윤희·이용, 「兪吉濬, 『大韓文典』, 漢城: 隆文館, 1909, 국판, 14+128쪽」, 『형태론』2-1, 173-187, 2000.

황재문, 「유길준의 문체 실험과 '언문일치'의 의미」, 『춘원연구학보』 20, 춘원연구학회, 53-80, 2021,

하수미, 「兪吉濬의 교육활동에 나타난 전통과 근대」, 홍익대학교 대학원 박사학위논문, 2014.

『대한신지지(大韓新地誌)』乾(1권), 坤(2권)

서 명 『대한신지지(大韓新地誌)』乾, 坤
저 자 장지연
형 태 한장본, 국한문체, 15×22(cm)
발 행 휘문관
소장처 국립중앙도서관, 국회도서관, 서울대학교 중앙도서관

『대한신지지』乾, 坤 표지 및 수록된 대한전도, 판권지

1. 개요

『대한신지지(大韓新地誌)』乾, 坤은 乾이 제1권, 坤이 제2권으로 이루어져 있다. 광무 11년 6월 15일 발행되었고, 융희 2년 12월 15일 재판, 발행되었다. 1907년 일본인의 근대적 지지 편찬 방법을 활용하고 일본인 편찬서 번역한 것을 한국식 편집을 거쳐 작성한 책이다.

2. 저자

저자인 장지연은 1864년 11월 30일 경상도 상주군(尙州郡) 출생으로, 1890년 상경하여 과거에 응시했는데 이때 민영규(閔泳奎)의 눈에 띄어 그의 문객이 되었다. 그는 1894년 2월 소과(小科)에 합격하여 입신의 발판을 마련할 수 있었으나, 갑오개혁이 시작되면서 후원자였던 민영규가 실각으로 그는 곧바로 관직에 진출할 수 없었다.

장지연은 1895년 을미사변이 일어나자 의병을 일으킬 것을 호소하는 격문을 작성하면서 두각을 나타내기 시작하였다. 그는 이후 여러 정치적 사건에 문장가로서 참여하였다. 그는 아관파천이 일어나자 환궁을 요청하는 만인소(萬人疏)를 제술하였으며 고종이 경운궁으로 환궁한 후에는 이를 종묘사직에 고하는 고유문(告由文)을 작성하기도 하였다.

장지연은 1899년 1월 『시사총보(時事叢報)』의 주필로 초빙되는 것을 통해 언론계에 첫발을 내딛게

되었다. 이후 1898년 9월 『황성신문』에서 참여하여, 가장 큰 활약은 무엇보다도 「시일야방성대곡」을 지은 일이라고 할 수 있다. 이 논설은 1905년 11월 20일자 『황성신문』에 게재되었는데 이 기사에 이어 「오조약청체전말(五條約請締顚末)」이란 제목의 보도기사를 함께 실어 사건의 전말을 낱낱이 폭로하였다. 이 논설이 게재된 신문이 배포된 11월 20일 오전 6시 30분 경찰대가 『황성신문』에 들이닥쳐 미처 배포되지 못한 신문 2,280부를 압수하고 인쇄기계 전부를 폐쇄 봉인하였다. 사장 장지연을 비롯한 직원 전원을 체포하였으며 『황성신문』에는 무기정간령을 내렸다. 이로 인해 『황성신문』의 사장직에서는 물러나게 되었다.

장지연이 황성신문사를 그만둔 후 국권회복을 위한 실천 활동에 직접 투신하면서 본격적인 애국운동을 전개하게 되었다. 그는 의병활동보다는 문화적 방법을 통한 실력 양성을 도모하는 이른바 애국계몽운동에 참여하였다. 그 첫 번째 실천이 1906년 4월 대한자강회(大韓自強會)를 조직한 것이다. 이 단체는 이준(李儁)과 양한묵(梁漢默) 등이 조직한 헌정연구회(憲政硏會)를 확대 개편한 것으로 신교육을 보급하고 산업을 일으켜 장차 독립의 기초를 마련한다는 취지로 조직되었다. 대한자강회는 1907년 8월 일부 회원이 고종양위에 반대하는 시위운동을 벌인 탓에 강제 해산되었다.

장지연은 같은 해 11월 대한자강회 세력을 주축으로 권동진(權東鎭), 오세창(吳世昌) 등 천도교 계열의 인사들까지 끌어들여 대한협회를 결성하였다. 하지만 대한협회는 시간이 갈수록 일진회와의 연합까지 시도될 정도일제에 타협적인 태도가 드러나면서 대한협회에서 탈퇴하였다. 대한자강회를 거쳐 대한협회로 이어지는 그의 애국계몽운동은 실패로 돌아가고 만 것이다. 그는 1900년 현채(玄采), 양재건(梁在謇) 등과 함께 이미 폐간된 『시사총보』의 인쇄시설을 이용하여 광문사(光文社)라는 출판사를 세웠으며 스스로 편집원이 되어 고전 편찬사업을 벌였다. 이곳을 통해 많은 저작을 남겼는데 주로 다룬 분야가 지리, 역사, 문학, 농학 등 다양하였다.

3. 내용 및 구성

『대한신지지(大韓新地誌)』는 광무 11년 6월 15일 초판이 발행되었고, 융희 2년 12월 15일에 재판이 발행되었다. 발행인은 남장희로 휘문관에서 인쇄된 것으로 알려져 있다. 1906년 통감부가 설치된 이후 1908년에 교과용 도서 검정제도가 실시되면서 기존에 출간되었던 사립학교 도서들 가운데 불인가 도서가 생겨났다. 『대한신지지』는 1907년 9월 21일 지리과 교과용 도서로 학부의 검정을 받았으나, 1909년 1월 30일 검정 무효를 당하였다. 1910년 8월 이후에는 통감부의 통제가 더욱 엄격해지면서 과거 학부에서 편찬하였던 도서도 불인가로 분류되기도 했다.

이 책의 구성은 이승철의 서문 2면과 저자인 장지연의 서문 4면, 목차 4면, 상권(건)은 본문 164면, 하권(곤)은 140면으로 이루어졌으며 부록도 48면에 달한 것으로 알려져 있다.

초판이 발행된 1907년 9월 21일 지리과 교과용 도서로 학부의 검정을 받았지만, 일본의 압력으로 인하여 학부는 내용이 불순하다는 이유를 들어 1909년 1월 30일 검정을 무효화 하게 되었다. 그러나 당시 한국 지지류의 도서 중에서는 비교적 과학적으로 내용을 구성하고 서술한 지리 교과서로 내용이 우수하며 수요가 많다는 이유에서 1년 6개월만인 1908년 12월 15일 재판을 발행하였다.

『대한신지지(大韓新地誌)』는 개국 504년 이래 지리적 내용을 과학적으로 체계화한 본격적인 지리서이다. 그 주요 내용을 보면 제1편 지문지리에 명의, 위치, 경계, 도표, 연혁, 해안선, 지세, 산세, 수지, 조류, 기후, 생산물 등 12장으로 이루어졌다. 제2편에는 인문지리에는 인종, 족제(가족제도), 언어 및 문자, 풍속 및 성질, 가옥, 의복 및 음식, 종교, 호구, 황실 및 정례, 재정, 병제, 교육, 화폐, 산업, 교통 등 15장으로 구성되어 있다. 제3편에 13도를 위치, 경계, 연혁, 지세. 산령, 하류, 해만, 도회승지 등으로 나누어 기술하고 있다.

부록에도 제1장에 각 군의 연역 및 거리방면 결호 경계표, 제2장에 도리표가 있다. 또 하나 특징적인 사항은 1권(건)에서는 경기도 충청북도 충청남도 2권에는 전라북도 전라남도 경상북도 경남남도 강원도 황해도 평안남도 평안북도 함경남도 함경북도 지도를 수록하여 지역 관련 내용을 상세히 다루고 있다.

본문의 한국지리의 경우 지문지리(地文地理)·인문지리(人文地理)·각도(各道)로 구분되어 있다. 1권 『대한신지지 건』에 수록된 대한전도를 살펴보면 한반도 동쪽 바다는 '대한해(大韓海)' 대마도와 일본 규슈 사이의 바다는 대마해협으로 기재되어있다. 대한해 가운데에 '울도(鬱島)'가 타원형으로 그려져 있으며 독도는 나타나지 않는다. 『대한 신지지』에 수록된 대한 전도에는 조선 시대 전통적인 지도에는 보이지 않는 일본의 일부가 동남쪽 모서리에 그려져 있고, 대마도의 윤곽도 이전과 달리 사실에 가깝게 그려져 있다. 또한 서해는 황해(黃海)로, 동해는 대한해(大韓海)로 표시하고 있다. 이는 이 시기에 중국을 비롯한 일본·러시아 등의 주변 국가에 대한 지리적 인식이 고조되었음을 보여주는 대목이다. 해안 지역에는 크고 작은 많은 섬들이 매우 상세하게 그려져 있어서 이 지역의 중요성이 부각되었다. 무엇보다 두만강 북쪽과 토문강 사이의 간도 지역 일부가 우리나라의 영토로 표시되어 있어 간도 영유권에 대한 대한제국 정부의 공식 입장을 짐작할 수 있는 것으로 나타났다.

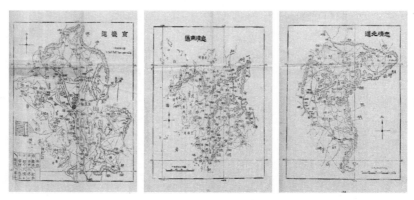

『대한신지지』 본문에 수록된 경기도, 경상남도, 충청북도 지도

2권 『대한신지지 곤』 제3편 각도(各道) 제6장 경상북도 해만급도서(海灣及 島嶼)조에는 울릉도와 함께 우산도(于山島)를 서술하고 있다. 옛 울릉도(鬱陵島)인 울도(鬱島:북위 130도 45분에서 35분, 동경 37도 34분에서 31분까지)는 울진 동쪽 300여 리에 있고 일명 우릉(羽陵)이고 또 무릉(武 陵)이라고 불렀다는 내용이 포함되어 있다.

『대한신지지(大韓新地誌)』 본문의 제1편 제1장은 단군이 등장하여 평양에 수도를 정하고 국호를 조선이라 정하면서 '조선'이라는 명의가 정해진 배경을 시작으로, 우리나라의 위치, 국경(경계), 연혁 등 우리나라 지지의 내용을 자세히 설명하고 있다. 특히 도 지역의 지도를 수록하여 제시하면서 구체적인 내용을 다루고 있다.

저자인 장지연은 서문에서 지리학을 통한 애국심 고취를 말한다. 장지연이 다산(茶山) 정약용(丁若鏞)의『아방강역고(我邦疆域考)』의 취지를 수용하여 저술한 책으로서, 민족의 수난기에 국학을 통해 애국심을 고취하고 민족적 긍지를 높이려는 의도가 엿보인다. 즉 지리에 대한 관심은 세계관의 확대와 함께 자주권 확보를 위한 중요한 방안의 하나로 강조되었다.『대한 신지지』는 지문 지리와 인문 지리 내용에서 일본인 다부치 도모히코[田淵友彦]의『한국 신지리(韓國新地理)』를 참고한 흔적이 보이나, 전통적인 지리지를 바탕으로 하여 근대적인 내용 체계를 수립하였다는 점에서 의의가 크다고 볼 수 있다.

이 책의 곳곳에 애국심 고취를 위한 내용들이 상당히 다루어지고 있다. 대표적인 예로 대한 전도를 들 수 있는데, 서구 열강과 중국·일본·러시아 등의 주변 국가들과의 관계 속에서 우리의 애국심을 고취하려는 목적에서 제작된 교육용 지도라고 할 수 있다. 이 지도는 전통적 지도 제작 기법이 서구지식의 수용 과정에서 변용되어 가는 모습을 보여주며, 대한 전도의 윤곽에서 지도의 내용과 범례에 이르기까지 거의 완벽하게 현대식 지도의 모습을 갖추고 있다는 점에서도 그 의미가 크다고 할 수 있다.

4. 핵심어

名義(명의), 位置(위치), 境界(경계), 廣義(광의), 沿革(연혁), 海岸線(해안선), 地勢(지세), 山經(산경), 水誌(수지), 潮流(조류), 氣候(기후), 人文地理(인문지리), 各道(각도), 道里表(도리표), 大韓全圖(대한전도)

5. 참고문헌

장보웅, 「개화기의 지리교육」, 『대한지리학회지』 5(1), 41-58, 1970.
부산역사문화대전
http://busan.grandculture.net/Contents?local=busan&dataType=01&contents_id=GC04200163

『대한지지(大韓地志)』(권1-권2)

서 명 『대한지지(問答大韓新地誌)』(권1-권2)
저 자 현채
형 태 국한문체, 1권 128장, 2권 138장, 15×22(cm)
발 행 학부편집국
소장처 국립중앙도서관, 서울대학교 중앙도서관

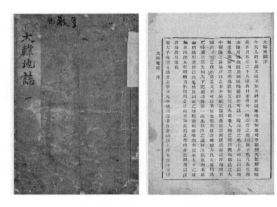

『대한지지』 표지, 서면

1. 개요

『대한지지(大韓地志)』는 대한제국 시기인 1899년에 현채(玄采)가 국한문체로 번역·편집한 책이다. 대한지지 저본의 저자와 연대는 미상이나 주로 고마쓰 스스무(小松運)의 『조선팔도지(朝鮮八道誌)』(1887)와 마쓰모토 니키『조선지지요략(朝鮮地誌要略)』(1894)으로 추정하고 있으며, 그들의 기술체제를 따랐다고 평가된다. 현채(玄采)는 자서에서 일본인들의 여러 조선지지류를 기본으로 삼고 조선의 동국여지승람 연혁 등을 참고하여 서술하였다고 밝히고 있다. 1899년에 초판이 발행되었고 1901년에 재판이, 그리고 1906년에 3판이 발행되었다. 19세기 말 한반도의 지리를 간략히 설명한 책으로, 한국의 학교 교육에서도 사용되었으나 1909년 일본 통감부의 교과용 도서 검정 규정에 의하여 금지 처분을 받고, 다시 1910년 7월 1일 내부 교과서 용도로 불인가 도서로 지정되었다가, 1910년 11월 19일에 조선총독부로부터 금서 처분을 당하였다. 『대한지지(大韓地誌)』는 종래의 지지류와 달리 1편 총론에서 한국의 자연지리, 인문지리를 취합한 최초의 지리서이다. 이 당시에는 혁신적인 문체였던 국한문 혼용체를 씀으로써 대중에게 가독성을 높일 수 있었고, 지리용어를 범례에서 해설하여 지리관념의 소통에 기여하였다고 알려져 있다.

2. 저자

현채(玄采)는 1856년 출생으로 본관은 천녕(川寧), 호는 백당(白堂)이고, 필명은 백당촌수(白堂村受)로 알려져 있다. 대한제국과 일제강점기의 역관으로 활동했고, 교육인이자, 역사학자로 알려져 있다.

1892년 부산항 감리서 역학으로 있다가 12월 번역관에 임명되었고, 1894년 7월 통리교섭통상사무아문 주사에 임명되었다. 또 1895년 5월 관립외국어학교 부교관과 한성사범학교 부교관을 지냈다. 눈에 띄는 활동은 1899년 학부 편집국 위원에 임명되었으며, 이후 1907년 1월까지 학부 주사 및 보좌원으로 활동했다. 학부 재직 시절인 1899년 학교용 국사 교과서인『동국역사』의 편찬을 담당했다. 1900년에는 장지연과 함께 기존의 '시사총보사'를 광문사로 개칭하고 고서 출판 사업을 일으켜 교육과 관련된 다양한 책을 출간하는 등 출판 사업을 진행하였다고 알려져 있다. 1905년 1월 사립 한성법학교 교장을 역임했다. 1906년 10월 대한농회 의원으로 활동했고, 같은 달 국민교육회 보강요원으로 참여하는 등 교육자로서도 활동했던 것으로 확인된다.

1910년 11월에는『동국역사』,『대한지지』등이 발매, 반포 금지 처분을 받았고, 최남선, 박은식 등이 주도하여 설립한 조선광문회를 통해 고전의 간행과 보급에 참여하기도 하였다. 1919년 12월 조선사편찬위원회 조직과 함께 위원에 임명되어 1925년 2월 사망할 때까지 재직했다. 그가 조선사편찬위원회 활동 기간동안『중등교과동국사략(中等教科東國史略)』을 저술했는데, 이는 일본인 하야시의『조선사』,『조선근세사』를 역술(譯述)한 것에 가까운 것으로 알려져 있다.

3. 내용 및 구성

『대한지지(大韓地誌)』는 대한제국 개화기에 현채(玄采)가 번역·편집한 지리교과서이다. 현채편집, 양저가 저술한 책으로, 한장본, 국한문체로 이루어졌다. 이 책은 광무 3년 12월 초판이 발행되었고, 광무 9년 7월 재판이 발행되었다.

이 책의 구성은 서문 2면, 범례 2면, 목록 2면, 1권 본문 128면, 2권 본문 138면 강진 발 2면, 현채 발 2면으로 구성되어 있다. 현채는『대한지지』의 발문에서, "본서는 일본인이 저술한 한국 지리관계 도서를 주로 하고『동국여지승람』에 나타난 연혁을 참고로 역술하였다."라고 밝히고 있는데, 고마쓰 스스무(小松運)의『조선팔도지(朝鮮八道誌)』(1887)와 마쓰모토 니키치(松本仁吉)의『조선지지요약(朝鮮地誌要略)』(1894)을 주로 참고한 것으로 추정되며, 조선의『동국여지승람(東國輿地勝覽)』의 기술체제를 따른 것으로 평가된다. 특히 총론 부분은『조선지지요약』을 많이 참조하고 지방지 부분은『조선팔도지』를 많이 참조한 것으로 보인다.

일본인 저자의 기술 내용 가운데 틀린 부분은 필자가 수정을 가한 것으로 보인다. 초판과 재판을 비교해보면 내용은 같으나 자구(字句)의 수정이 많이 더해졌다. 한 가지 예를 들면 초판에서는 면적이 大略萬四千方里로 되어 있으나 재판에서는 대략 萬二千方英里로 수정되었다.

『대한지지(大韓地誌)』교과서 내용은 대체로 전통적 지리관을 극복하고, 실학사상에 근거하여 과학적 지식을 도입한 계몽적인 내용으로 구성되었다. 또한 자연지리 내용을 중요시하고, 지지적 접근방법으로 총론 및 행정구역에 따라 한국의 각 지방을 기술하였다. 목차를 통해 구성을 살펴보면 서문, 종문을 제외하고 내용은 총14편으로 구성되어 있다. 제1편은 총론이고 나머지 9편은 도(道)별로 분류하여 그 내용을 다루고 있다. 제2편은 경기도, 제3편은 충청북도, 제4편은 충청남도, 제5편은 전라북도, 제6편은 전라남도, 제7편은 경상북도, 제8편은 경상남도, 제9편은 황해도, 제10편은 평안남도. 제11편은 평안북도, 제12편은 강원도, 제13편은 함경남도, 제14편은 함경북도로 이루어져있다. 제2편에서 제13편 까지 13도를 위치, 지세, 연역, 산맥, 하류, 해만, 도서, 돗회, 승지, 부군위치, 고호, 호, 결, 토산 등으로 나누어 기술하였다.

　범례에서는 전야(田野)·사막·고원(高原)·해만(海灣)·해협(海峽) 등 자연 지리 용어를 정의하고, 총론에서는 우리나라 전체의 위치·폭원(幅員)·해안·지세·지질·기후·물산·인정·풍속·연혁· 정체·구획 등을 기술하였다. 도별지지는 위치·지세·연혁·산맥·하류(河流)·해만·도서·도회· 승지(勝地)·부군위치(府郡位置)·고호(古號)·방면(坊面)·호(戶)·결(結)·토산(土産) 등을 요약하고 있다. 이와 같은 내용에 따라 이 교과서는 자연지리와 인문지리를 모두 종합적으로 기술한 우리나라 최 초의 지리서로 평가받는다. 책머리에는 한반도 전체를 그린 〈대한전도〉가 첨부되어 있고, 각 도 지지 의 첫머리에도 도별지도를 첨부하였다. 1909년 일본 통감부의 교과용 도서 검정 규정에 의하여 금지 처분을 받고, 다시 1910년 7월 1일 내부 교과서용도로 불인가 도서로 지정되었다가 1910년 11월 19일 자 조선총독부 관보 제69호 고시 제72호로 금서로 지정되었다.

　백과사전적으로 현상과 사실을 포괄하고 있으므로, 그 내용이 조직화, 구조화되지는 못하고 있다. 내용체계와 지명분석의 특징은 다음과 같다. 첫째, 국한문으로 기술되어 어려운 한문을 해석하는 고충 을 어느 정도 덜게 하였다. 둘째, 어려운 지형용어를 범례에서 쉽게 풀이하였다. 셋째, 산맥, 하류의 경 우 지세, 지형을 기술하고, 명승지, 성곽, 광물자원, 역사적 사건 등도 병기하였다. 넷째, 해만, 도서의 경우에도, 기복, 수심, 항만 발달조건, 해수의 특성 등을 기술한 점으로 합리적 자연관의 인식의 틀을 제 공해 주었다.

　조선인이 주체가 되어 저술한 근대적 지리서가 아닌 일본의 관점을 비판 없이 수용했다는 지적이 일 부 있으나, 일본을 통해 서양의 지리 개념을 수용한 것으로서, 최신의 대한전도를 첨부하고 있으며 근 대적인 한국지지의 효시로 평가받고 있다.

4. 핵심어

位置(위치), 幅員(폭원), 海岸(해안), 地勢(지세), 地質(지질), 氣候(기후), 産物(산물), 海灣(해만), 島嶼 (도서), 都會(도회), 勝地(승지), 府郡位置(부군위치), 古號(고호), 坊面(방면), 戶(호), 結 土産(토산)

5. 참고문헌

강철성, 「현재의 대한지지 내용분석: 자연지리를 중심으로」, 『한국지리환경교육학회지』 14(2), 109- 118, 2006.

남상준, 「日帝의 對韓 植民地 敎育政策과 地理敎育: 韓國地理를 중심으로」, 『地理敎育論集』 17, 1-21, 1986.

장보웅, 「개화기의 지리교육」, 『대한지리학회지』 5(1), 41-58, 1970.

『대한지지교과서(大韓地志敎科書)』

서 명	『대한지지교과서(大韓地誌敎科書)』
저 자	대동서관
형 태	한장본, 국한문체, 15×22(cm)
발 행	보문사
소장처	세종대학교

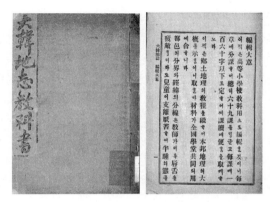

『대한지지교과서』표지 및 편찬목적을 기록한 내용

1. 개요

『대한지지교과서(大韓地志敎科書)』는 대동서관에서 융희 2년 6월 25일 발행하였다. 고등소학 사립학교 지리교과용 도서이다.

2. 저자

대동서관은 1906년 3월 평양에 설립된 우리나라 최초의 사립 공공도서관이다. 이 당시 서울에서는 대한도서관의 설치 운동이 활발하게 진행되고 있었는데, 서북지방 신문화운동의 중심지였던 평양에서도 유지 진문옥(秦文玉)·곽용순(郭龍舜)·김흥윤(金興潤) 등이 뜻을 같이하여 8,000원의 설립기금을 마련하여 대동서관을 개관하였다. 대동서관은 설립 이후 자본금 부족 등으로 사업의 진행이 지지부진했던 대한도서관과는 달리 유지들을 중심으로 이미 상당액의 자본금을 확보하여 시작했기 때문에 운영이 순조로웠던 것으로 이해된다. 이런 배경으로『대한지지교과서(大韓地誌敎科書)』는 대동서관이 편집하여 1908년에 발행할 수 있었던 것으로 알려져 있다.

대동서관은 비록 규모는 작지만 무료입관과 출판사업 시행 등 근대 도서관으로서의 특징을 지녔다는 점에서 도서관사적인 의의가 크다고 생각된다. 그뿐만 아니라 지방에 설립된 최초의 근대적 공공 도서관이었다는 의미도 가지고 있다. 대동서관의 설립을 계기로 다른 지방 유지들의 도서관 설립 사업이 본격화되고 다른 지방으로의 확산도 이루어질 수 있었다.

3. 내용 및 구성

『대한지지교과서(大韓地誌敎科書)』는 고등소학 사립학교 지리 교과용 도서로 편집된 책이다. 제1장 세계대세에서는 지구의 표면에 대한 개괄적인 내용을 다루고 있다. 예를 들면 지구의 표면은 물과 뭍으로 이루어졌고, 물은 오대양에서 육대주로 흐른다고 설명하면서 시작된다. 본격적인 본문은 제2장에서 부터 시작된다. 제2장 본국대세는 기본적인 개관으로 우리나라 전체의 위치와 경계, 연해, 동해안 서해안 남해안 도서, 지세, 북한의 지세, 남한의 지세 등의 내용을 설명하고 있다. 제3장 산맥은 장백산, 강남산맥, 북한 남부의 산맥 차령산맥, 소백산맥, 태백산맥에 대해 다룬다. 제4장에서는 수계에 대한 내용을 다루면서 대표적인 강인 두만강, 낙동강, 섬진강, 금강, 한강, 대동강, 압록강 등을 설명한다. 제5장 구역, 제6장 기후는 지방기후와 전국기후로 분류하여 다루었고, 제7장 천산물은 식물산, 동물산, 광물산으로 분류하여 설명했다. 제8장 주민, 제9장 교통은 도로와 철도, 제10장 산업은 농업, 공업, 삼림, 광업으로 나누어 상세히 설명하였다. 제11장부터는 경기도를 시작으로 황해도, 강원도, 경상남도, 경상북도, 함경북도, 함경남도, 평안남도, 평안북도, 충청북도, 충청남도, 전라북도, 전라남도 등 각 도 지역에 대해 모두 69과로 구체적이고 방대한 분류를 통해 편성되어 구체적으로 설명하고 있다.

『대한지지교과서(大韓地誌敎科書)』는 권두에는 "편집대의"가 있는데 이를 간추려 보면 다음과 같다.

○ 향토지리의 교정을 기하여 본방 지리의 대개를 보이고, 전국 학당에서 공용할 수 있도록 하였다.
○ 풍토와 명승을 박거하여 아동으로 하여금 사방여행의 뜻을 보이고 있다.
○ 풍경 한정(閒情)을 부하여 아동의 흥미를 증진하여 오래 기억토록 하였다.
○ 산지는 일본인 矢津昌永의 "한국지리"를 차용하였다.

내용에는 각 승지의 설명과 일본 군인들을 격파한 의사, 열사의 기사가 많고 한국의 주체성을 크게 내세우고 있다. 내용 중 "제2과 위치와 경계"의 일부는 다음과 같다.

"우리 대한제국은 아시아 동부에 있으니 청국의 만주로 붙어 황해 대한해 사이에 위치한 반도라, 대한해에 임하고 동남은 대한해협을 즈음 차 일본 대마도와 서로 마주보고 있고, 남은 대한해에 면해 있고, 서는 황해에 북은 압록강 두만강을 즈음 차 청국 만주와 서로 연해 있고, 동북은 두만강 하류를 즈음 러시아 영지와 서로 접해 있다"(제2과 위치와 경계)

"철도는 근년 이래로 흥축(興築)에 종사하여, 부설된 것이 경인철도, 경부철도, 영남철도, 경의철도라, 이 가운데 경부철도는 남반부의 중앙을 종관하고 경의철도는 서북부의 요점을 통과하여 부산으로 붙어 압록강에 이르니 전국교통의 일대 관건(一關 大鍵)되니, 이 어찌 아한전도(我韓前途)의 희망이 아니리오. 현재 경영 중(건설 중)에 있는 이는 호남철도와 경원철도이니 호남철도는 아한호남철도회사에서 개공을 시작하니라"(제9장 제34과 철도).

"농업은 제국의 대본이라 일반토지가 농경에 적합하고 삼남지방이 더욱 비옥하되 오직 농사를 오히려 경법에 沿하니 맛당하 개량할 바가 많으니라. 벼는 출구 화(出口 貨)의 大宗이 되니 경상, 전라가 주산지요. 초선(草線)은 품질이 우량하니 또한 전라도가 주산지요. 인삼은 경작법이 농업중에 가장 발달되니 강원, 경상이 주산지가. 그 밖에 맥두서율(麥豆黍栗)이다. 함경도의 삼과 충청도의 모시가 또한 유명하니라"(제10장 산업 제35과 농업)

위 인용문처럼 당시 우리나라에 건설이 완공되어 운행되고 있는 철도와 건설중인 철도에 대한 내용을 설명하기도 하고, 농업은 우리나라의 근본이라고 말하면서 지역별 특산 곡물과 유명한 작물에 대해 설명한다.

4. 핵심어

鄕土地理(향토지리), 各道(각도), 本邦地理(본방지리), 都邑(도읍), 分界(분계), 經緯의 分線(경위의 분선), 半睡의 態(반수의 태), 風土(풍토), 名勝(명승), 天趣가 活潑(천취가 활발), 四方旅行(사방여행), 山脈(산맥), 地球의 表面(지구의 표면), 沿海(연해), 東海岸(동해안), 西海岸(서해안), 南海岸(남해안), 北韓(북한), 南韓(남한), 地勢(지세), 水系(수계), 區域(구역), 氣候(기후), 天産物(천산물), 住民(주민), 交通(교통), 産業(산업)

5. 참고문헌

김봉희, 『한국 개화기 서적문화연구』, 이화여자대학교 출판부, 1999.
장보웅, 「개화기의 지리교육」, 『대한지리학회지』 5(1), 41-58, 1970.
한국민족문화대백과사전 http://encykorea.aks.ac.kr/Contents/Item/E0014257

『동몽수신서(童蒙修身書)』

서 명 『동몽수신서(童蒙修身書)』

저 자 이덕무(李德懋, 호는 靑莊館, 1741~1793.01.), 역술자 이풍호(李豊鎬, 미상)

형 태 확인불가

발 행 우문관(右文館), 1908년

소장처 한국학중앙연구원

『동몽수신서』 표지, 판권지

1. 개요

『동몽수신서(童蒙修身書)』는 황성(皇城)의 '우문관'에서 1908년(隆熙 2年) 6월에 초판 발행되었다. 저본은 18세기의 실학자인 이덕무(李德懋)의 『사소절(四小節)』로, 저본이 본래 선비와 부녀자, 아동 등을 위한 교훈서였던 만큼 『동몽수신서』에서도 유사한 성격이 발견된다. 그러나 근대적 가치・덕목에 대한 부분은 거의 발견되지 않고, 애국심의 고양이나 당시의 국내외 정세에 대한 비판 의식도 다루고 있지 않다는 한계를 가지고 있는 교과서이다.

2. 저자

저본인 『사소절』의 저자 이덕무는 문장과 시가 뛰어났던 인물로, 유득공(柳得恭)과 박제가(朴齊家) 등 북학파(北學派)로 분류되는 실학자들과 교유했다. 초대 규장각검서관(奎章閣檢書官)을 지냈으며, 그가 남긴 글들은 『청장관전서(靑莊館全書)』로 묶여서 전한다. 이덕무의 『사소절』을 저본으로 『동몽수신서』를 역술한 이풍호의 행적은 정확히 밝혀진 바가 없어 후속 연구를 기다리며, 여기서는 이 책의 교열자인 원영의(元泳義, 1852.11.~1928.12.)에 대해서 살펴본다. 원영의는 위정척사(衛正斥邪)의 이론적 기반을 닦은 이항로(李恒老)의 문인 유중교(柳重敎)에게서 수학했으며, 한학자이자 교육자로 활동한 인물이다. 처음에는 성리학을 익혔으나, 갑오개혁(甲午改革)을 맞이해 신교육의 필요성을 느껴 한성사범학교의 속성과(速成科)를 졸업한 다음, 관립소학교와 한성사범학교의 교원을 지냈다. 계산학교(桂山學校) 설립에 힘을 보탰고, 장지연(張志淵)과 유근(柳瑾), 안종화(安鍾和)의 뒤를 이어 휘문의숙(徽文義塾)의 숙장을 역임했으며, 서북학회(西北學會)와 기호흥학회(畿湖興學會), 대한자강회(大韓自强會), 대한협회(大韓協會) 등에서 활동하면서 애국계몽 운동에 기여하였다. 1907년에는 일본 헌병들이 이미 발행된 원영의의 저서나 미발행 원고들을 압수했고, 경술국치(庚戌國恥) 때는 그의 집을 포위하여 출입을 통제했다. 이후에 고향으로 돌아가 후학을 양성하다가 1928년 12월에 사망하였다. 국어, 한문, 역사, 지리 등 여러 교과에 해당하는 많은 교과서들을 집필, 교열하였는데,『신정동국역사(新訂東國歷史)』(1906), 『몽학한문초계(蒙學漢文初階)』(1907),『소학한문독본(小學漢文讀本)』(1908),『국문과본(國文課本)』(1908),『초등작문법(初等作文法)』(1908),『상밀조선산수도경(詳密朝鮮山水圖經)』(1911),『근고문선(近古文選)』(1918),『공자실기(孔子實紀)』(1921) 등을 단독 혹은 공동 집필하였고, 안종화가 역술한『초등윤리학교과서(初等倫理學教科書)』(1907) 및 이풍호가 역술한『동몽수신서』등을 교열하였다.

3. 내용 및 구성

『동몽수신서』는 내용이 국한문혼용체로 기술되어 있고, 단권으로 이루어졌으며,『사소절』로부터 발췌 및 변형된 생활 지침들이 전체 6개의 장(章) 아래 나열되어 있다. 지침들은 절(節)이나 과(課) 단위의 구분 없이 해당 장에 나열되어 있는데, 제1장「동지(動止)」에는 43개의 지침들이 수록되어 있고, 제2장「언어(言語)」에는 13개의 지침들이 수록되어 있으며, 제3장「복식(服食)」에는 29개의 지침들이 수록되어 있다. 계속해서 제4장「교습(教習)」에는 43개의 지침들이 수록되어 있고, 제5장「경장(敬長)」에는 22개의 지침들이 수록되어 있으며, 제6장「사물(事物)」에는 42개의 지침들이 수록되어 있다. 전체적으로 지침들의 개수가 불균형적인데, 어떠한 이유 혹은 원칙으로 지침들을 나열하였는지에 대해서는 명확하지 않다. 저본인『사소절』의 구성이 선비의 예법을 담고 있는「사전(士典)」편, 부인의 예절을 담고 있는「부의(婦儀)」편, 아동의 행동 지침을 담고 있는「동규(童規)」편으로 이루어져 있으며, 각각의 편 이하의 내용도 상당히 풍성하고 (판본에 따라 차이는 있으나) 체계적으로 나누어져 있다는 점을 고려할때,『동몽수신서』의 구성은 저본과는 차이가 있다. 또한『동몽수신서』라는 책 제목에 표기된 '동몽'을 염두에 두면『사소절』내에서도 가장 관련 있는 것은「동규」편으로 보이지만 다른 편들로부터도 관련 내용을 추출해 수록하였으며,『사소절』에서 선정한 지침들을 1개의 지침으로 묶어서『동몽수신서』에 포함시킨 경우도 있다.

『동몽수신서』에는 교열자인 원영의의 '서문'이 있는데, 그는 이 서문을 통해『동몽수신서』가 만들어진 과정과 배경 등에 대해 밝혔다. 이풍호가 먼저『사소절』에서 아동들에게 교훈이 될 만한 것을 뽑아내어 요점을 번역한 다음, 그것을 다시 원영의가 교열했다는 것이다. 그러나 원영의도 교열 과정에서 적지 않은 노력을 했던 것으로 보이는데, 시대가 바뀌고 사세도 변하여 옛날과 지금의 마땅함에 달라진 부분이 있으므로, 저본인『사소절』을 얻어 비교하면서 번다한 부분은 삭제하고 이설들도 참고했다고 하였다. 이렇게 책을 완성하고 난 뒤에서야『동몽수신서』라는 제목을 붙였는데, 이 맥락에서 그는 "동몽은 인간이라는 종(種)의 싹[苗]이요, 수신(修身)은 인도(人道)의 근본이다. 싹이 거친데 열매가 맺기를 바랄 수는 없고, 근본이 어지러운데 말단이 다스려짐이 있을 수는 없으니, 병통이 어찌 일개인에게 그치겠는가. 그 영향이 국가에도 미칠 것이다."라고 하면서, 동몽에 대한 교육의 필요성을 강조하였다. 이외에도 원영의는 당시 교과서류를 편찬하는 저(역)자들이 지나치게 새로운 것을 좇고, 교과서 내용의 폭·깊이가 너무 넓거나 혹은 깊어서 "마치 젖니로 딱딱한 것을 씹는 것을 강요받는 것과 같은 상황" 등에 대해 비판적으로 인식하고 있었음이 서문에 나타난다.

이상과 같은 전제 아래, (각 장의 명칭에서 해당 장의 성격을 짐작할 수 있으므로) 수록된 지침들을 장별로 하나씩만 소개하면, 제1장 「동지」에서는 "문에 출입할 때 견고하게 닫지 못하는 것은 노비의 천한 모습이요, 층계에 오르내리면서 도약을 잘하는 것은 개나 송아지의 행습(行習)이다."라고 하였고, 제2장 「언어」에서는 "언어의 큰 병은 중얼거림과 재잘거림, 산만함과 지체함, 질질 이어짐과 끊어짐, 힘없고 완전하지 못함과 사납고 성급함 등이다."라고 하였으며, 제3장 「복식」에서는 "혹시 다른 사람의 집에서 음식을 먹게 되거든 짜다든지 싱겁다든지 말하지 말고, 귀가해서도 그 음식물의 좋지 못함을 평가하지 말아야 한다."라고 하였다. 이어서 제4장 「교습」에서는 "스승과 나이 많은 어른의 엄정함을 싫어하고 고통스럽게 여겨 가르치고 깨우쳐 줌을 잘 하지 못한다고 속여 칭하면서, 보잘 것 없거나 세속적인 사람에게 가서 따르는 자는 하품(下品)의 사람이 될 것이다."라고 하였고, 제5장 「경장」에서는 "어른이 문자를 베끼고자 하거든 종이와 벼루를 정돈이 준비하고, 조심해서 먹을 갈되 과하게 진력하지 말며, 어른의 종이와 붓을 함부로 쓰지 말고, 어른이 보관을 명한 사물은 잘 보전하여 지켜야 한다."라고 하였으며, 제6장 「사물」에서는 "나무껍질을 산 채로 벗기거나 새의 꼬리를 산 채로 뽑거나 장벽을 더럽히거나 기둥에 그림을 새기는 것은 잔악하고 야박한 마음이다."라고 하였다.

이렇게 여러 지침들을 장별로 제공한 후, 『동몽수신서』의 마지막에서는 본래 『사소절』의 「사전」편에 있던 내용을 끌어와 변형시킨 후 다음과 같이 수록하였다. "상술한 바를 어린아이가 스스로 알기는 어려우니, 다만 어른이 잘 가르치는 데 달려있는 것이다. 대저 어린아이를 가르칠 때에는 엄하게 단속해서는 안 되니, 엄하게 단속하면 정신이 약한 아이는 경계하고 겁을 내며, 기운이 왕성한 아이는 사나워지고 답답하여 원망하고 미워하는 마음이 생긴다. 그렇다고 느슨하거나 늘어져서도 안 되니, 느슨하거나 늘어지면 뜻이 옹졸한 아이는 게을러지고 달아나며, 성질이 강한 아이는 제멋대로 하고 방자하여 오만하고 업신여기는 마음이 생긴다. 다만 말을 몰 때 쓰는 채찍[御馬鞭]과 매로 사냥을 할 때 쓰는 끈[使鷹條]과 같은 것을 항상 손에 두고 조종을 알맞고 마땅하게 하는 것이 옳다."라고 하였다. 결국 동몽 교육의 성공은 가르치는 이에게 크게 좌우되며, 어린아이들을 너무 엄하게 단속하거나 반대로 너무 느슨하고 늘어지게 해서도 안 된다는 조언을 하고 있는 셈이다.

『동몽수신서』는 역술자 이풍호와 교열자 원영의가 저본인 『사소절』로부터 당시 아동들의 생활 및 예절교육에 필요하다고 생각되는 내용들을 가려 뽑아 만든 교과용 도서이다. 신학제에서 사용할 목적으로 제작하였으나, 전통 수신서에 가까운 모습을 보여주고 있다는 것이 특이점이다. 그러나 근대적 가치·덕목에 대한 부분은 거의 발견되지 않고, 애국심의 고양이나 당시의 국내외 정세에 대한 비판 의식도 다루고 있지 않다는 한계를 함께 가지고 있는 수신 교과서라고 평가할 수 있다. 첨언해 둘 사항은, 『동몽수신서』가 경술국치 이후 조선총독부(朝鮮總督府)로부터 불인가(不認可) 처분을 받았다는 사실이다. 이 책은 경술국치 이전에는 신청한 사립학교에 한해 사용할 수 있도록 학부(學部)에서 인가를 받았다. 하지만 1912년에 불인가 되었는데, 그 이유는 "시세변혁(時勢變革)의 결과로 불인가"한다는 것이었다. 추측건대 조선총독부에서 이 책을 불인가시킨 배경에는, 『동몽수신서』의 내용보다는 저본인 『사소절』의 저자가 조선의 뛰어난 학자였다는 점, 교열자가 원영의였다는 점 등이 자리하고 있었던 것이 아닌가 짐작된다.

4. 핵심어

이풍호(李豊鎬), 이덕무(李德懋), 동지(動止), 언어, 복식(服食), 교습(敎習), 경장(敬長), 사물

5. 참고문헌

김영주, 「元泳義의『蒙學漢文初階』연구」, 『漢文敎育硏究』47, 2016.

김영주, 「개화기 한문교재의 편찬 의식과 현재적 시사」, 『東方漢文學』70, 2017.

朝鮮總督府, 『敎科用圖書一覽』, 朝鮮總督府, 1912.

최미경, 「元泳義의『小學漢文讀本』硏究」, 성균관대학교 교육대학원 석사학위논문, 1999.

學部編輯局, 『敎科用圖書一覽』, 學部編輯局, 1910.

한미경, 「이덕무의『四小節』에 대한 연구」, 『書誌學硏究』58, 2014.

한국사데이터베이스(http://db.history.go.kr/)

한국민족문화대백과사전(http://encykorea.aks.ac.kr/)

『동서양역사(東西洋歷史)』(권1-권2)

서 명 『동서양역사(東西洋歷史)』(권1-권2)
저 자 현채(玄采, 1856~1925)
형 태 23.2×16.2(cm)
발 행 보성관(普成館), 1907년
소장처 국립중앙도서관

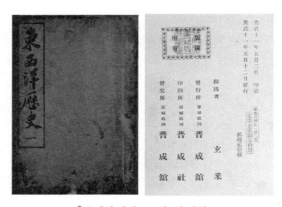

『동서양역사』 표지, 판권지

1. 개요

『동서양역사(東西洋歷史)』(총 2권)는 보성관에서 1907년에 발간하였다. 국한문 혼용체이며, 대한제국기에 학부편집국 위원을 역임했고 다수의 역사서를 집필한 현채가 중등학교의 역사교육을 위하여 편찬한 역사교과서이다.

2. 저자

현채(玄采)는 1856년에 출생하였고 1925년에 사망하였다. 호는 백당(白堂)이다. 1873년에 식년시 역과(譯科)로 급제하여 1892년 부산항감리서에서 번역관을 지냈고, 1894년에는 통리교섭통상사무아문 주사를 역임했다. 1895년 관립외국어학교 부교관과 한성사범학교 부교관을 거쳐 1899년에 학부편집국 위원으로 임명되었다. 이후 1907년까지 학부 주사로 근무했다. 1905년에는 한성법학교 교장, 1906년에는 대한농회 의원과 국민교육회 보강요원, 1907년에는 대동학회 평의원, 1908년에는 기호흥학회 찬무원, 대한중앙학회 평의원을 역임했다. 학부 근무 중『보통교과 동국역사(普通敎科東國歷史)』(1889)와『유년필독(幼年必讀)』(1907) 등 많은 사서를 편찬했고,『월남망국사(越南亡國史)』(1906) 등을 번역·간행하였다. 또한 하야시 다이스케(林泰輔)의『조선사(朝鮮史)』(1892)를 역술한『동국사략(東國史略)』(1906)를 간행하였다.『동국사략』은 현채가 근대적인 역사 서술 방법에 의하여 저술한 역사서로 근대 역사학 서술의 대표적인 저작으로 평가받고 있다.

3. 내용 및 구성

현채(玄采)가 역술한 책이며 1907년 5월에 보성관에서 발행되었다. 책은 2권으로 구성되어 있다. 권 1은 「동양부」인데 본문이 163쪽이며 상고사・중고사・근고사・근세사로 구분하여 서술하고 있다. 권 2는 「서양부」인데 본문이 172쪽이며, 마찬가지로 상고사・중고사・근고사・근세사로 서술하고 있다. 모두 국한문혼용으로 서술되어 있다.

1895년 7월 19일 공포된 소학교령(小學校令)에 의해 소학교에서는 3년 또는 2년 과정의 심상과(尋常 科)를 통해 자국의 역사를 가르쳤다. 3년 과정의 고등과(高等科)에는 외국 역사도 교육과정에 포함되어 있었다. 이와 같은 정책이 실시된 까닭은 애국심을 기르는 수단으로 역사 교육이 중요하다고 보았기 때 문이다. 아울러 역사 교과서는 당시 급변하는 세계정세를 보는 시각을 확대하고 신문물을 습득하는 통 로로 인식되기도 하였다. 따라서 당시 지식인들은 서양에서 출판된 서적에 깊은 관심을 보였고, 마침내 학교 교육 혹은 대중적 보급을 필요로 하는 도서들을 선별해서 해당 텍스트들을 번역하고 역술하는 형 식으로 출판하였다. 이후 대한제국 후기 즉 1905년 을사조약 강제 체결 이후부터 1910년 일제의 대한 제국 강제병합에 이르는 시기가 되면서 서양사 교육이 본격적으로 시작되었다. 특히 이때 출판된 다양 한 서양사 교과서를 통해 서양사에 대한 교육의 구조와 인식이 일정하게 체계를 갖추었는데, 그것은 바 로 유럽중심주의였다. 현채의 『동서양역사』(1907) 역시 김상연의 『정선만국사(精選萬國史)』(1906), 유 승겸의 『중등만국사(中等萬國史)』(1907) 등과 함께 바로 이 시기에 간행된 대표적인 교과서이다.

당대 세계사 저서에서 나타난 세계인식으로 가장 중요한 특징은 '동양'과 '서양'을 구분한 것, 더 정 확히 얘기하자면 '동양'을 타자화한 것이다. 당시에 출판된 세계사 저서 중 『만국사기(萬國史記)』 (1905)를 제외하고는 모두 '동양'과 '서양'을 이분법적으로 범주화하는 개념을 쓰고 있다. 그리고 이러 한 동서양의 구분의 기준이 되는 것은 문명의 발전 정도였다. 여기서 말하는 문명이라는 것은 단순히 과학기술과 산업의 발달만을 가리키는 것은 아니며 제도, 사상과 문화 등의 형이상학적 범위까지 포함 하는 것이다. 그런데 '동양'문화권은 이러한 기준에는 한참 미달되었기에 과거 고대 문명의 발흥지였 음에도 불구하고 지금은 문명 수준에 미달한 지역으로 설정되었던 것이다. 반면에 서양의 역사 전개 과 정은 진취적인 기상이 있었음은 물론, 민권 사상도 발달하여 근세~근대의 발전을 주도하였다고 인식 하였다. 중세 기독교의 정신적 지배와 봉건체제 하에서 쇠퇴를 거듭했던 서양은 15세기 말~16세기 초 의 급격한 변화를 통해 문명을 건설한다. 구체적으로 과학이 크게 진보하고 공업이 융성하였으며, 군사 비가 확장되고 교육이 보급되며 그 바탕 하에서 선교와 자선사업까지 진행했다. 이것이 바로 서양이 이 루어낸 문명과 근대의 상징이었던 것이다. 이러한 관점에서 서양과 동양의 역사는 각각 발전/정체로 대 비되었던 것이다.

이러한 관점에서 당시에 세계사 교과서를 저술・역술한 지식인들은 '문명화된'유럽의 국가들의 역 사를 교육하는 것에 큰 의미를 두었다. 이런 시각에서 『서양사교과서』를 분석해 보면 서양 근대 역사학 이 설정한 시공간적 인식의 전제들을 그대로 내면화한 것을 볼 수 있다. 예컨대 『서양사교과서』에서는 19세기 유럽에서 보편화된 서양의 시대구분법을 그대로 받아들였다. 그것은 곧 고대-중세-근대의 3분 법이다. 문제는 이러한 시대구분이 유럽 중심의 시각이라는 점이다. 그들은 유럽을 세계의 대표자로 간주했고, 자연스럽게 비유럽 지역은 그들의 세계사 서술에서 배제되었다. 식민지화가 진행되던 시기

대한제국의 지식인들은 서양 역사학의 유럽중심주의적 견해와 밀접하게 연결된 사회진화론을 수용했다.

그런데 당대 지식인들의 이러한 유럽중심주의에 대한 수용에는 대한제국을 미개한 문명에서 발전된 문명으로 변화시키기 위한 사회진화론적 사고가 전제되어 있었다. 구체적으로는 식민지화가 진행되던 당대의 시대정신이었던 민족 문제에 대한 경각심이 바탕이 되었다고 볼 수 있다. 이것은 이 책이 서술된 시점이 일본이 대한제국을 보호국으로 설정하고 외교권과 내정권을 장악하여 곧 식민지로 전락할 가능성이 높았던 시기였던 것과 관련이 있다고 하겠다. 즉 이와 같은 현실에서 대한제국의 지식인들은 당면한 현실을 엄중하게 되돌아보고, 대한제국이 국가 간 경쟁에서 도태되어 약소국이 된 이유가 과연 무엇인지, 그리고 문명화가 어떤 의미가 있는 것인지에 대해 진단하고 대응논리를 모색하려 한 것이다. 이미 세계사를 역술한 저자들은 이 엄혹한 현실에서 민족적 위기와 세계사가 어떤 관계가 있는지를 잘 알고 있었다. 이처럼 세계사에 관심 있는 지식인들은 세계사의 저술을 통해 민족과 국가가 나아가야할 방향을 제시할 수 있다고 믿었다.

이러한 서양중심적 세계관 하에서 서양이 설정한 시대구분론을 따라야 한다는 것은 당대 세계사 교과서들이 공통적으로 가지고 있던 인식이었다. 예컨대 『정선만국사』는 고대 → 중세 → 근세의 구분법을 채택하고 있었고, 『동서양역사』는 상고 → 중고 → 근고 → 근세로 시대를 구분했다. 그리고 이러한 시대구분론은 단순히 특정한 기준으로 시대를 나누는 것이 아니라 전세계가 근대를 향해 역사가 진보해왔음을 전제하는 인식체계였다. 이들의 역사인식에 따르면 세계사는 원시적인 고대의 문명단계부터, 점진적으로 문명에 눈을 뜬 중간단계를 지나서 공예와 기술, 문학, 상업 등이 발전하여 제반 개량과 발명 등이 일어나는 근세와 근대에 이르는 과정이었다. 그리고 이러한 과정을 주도한 것은 서양이었으며 서양의 역사 노정은 곧 역사발전의 길이었다.

『동서양역사』 역시 비슷한 관점에서 상고사·중고사·근고사·근세사로 시대구분을 했지만 권1 「동양부」에서는 중국 고대로부터 프랑스의 베트남 점령에 이르는 동양사를 폭넓게 다루었다. 또한 중국사에 비중을 두었지만, 일본을 비롯한 동양 각국의 변천사도 비교적 균형 있게 다루었다. 한국의 역사도 포함되어 있는데, 주로 중국 및 일본과의 관계 속에서 국권을 수호한 점을 강조했다. 예컨대 최근세사로서 조선과 청국과의 관계, 기독교박해, 병인양요(1866)와 신미양요(1871)의 발발, 쇄국정책과 강화도조약(1876)에 이르는 일련의 근대사도 비교적 구체적으로 정리했던 것이다.

권2 「서양부」 또한 권1과 같은 4분법으로 구성했다. 여기에서 근대로 간주되는 '문운부흥'(文運復興) 즉 르네상스나 '지리상 발견'을 중세로 분류하고 있는 점이 특징적이다. 진정한 근대라고 할 수 있는 근고의 시점은 절대 왕정을 배경으로 한 '초기 근대 국가의 성립기'로 설정하고 있다. 이처럼 『동서양역사』는 한국사의 시야를 세계사로 확장하고, 더 나아가 중등학교 교과서로 보급되어 역사 이해의 영역을 넓혔다고 볼 수 있다. 하지만 1911년 8월 9일 출판법 위반으로 발매 반포 금지 처분을 당하게 되었다.

4. 핵심어

유럽중심주의, 문명화, 타자화, 근대, 사회진화론

5. 참고문헌

조동걸, 「한말 사서와 그의 계몽주의적 허실(상)」, 『한국독립운동사연구』 1, 1987.

양정현, 『근대개혁기 역사교육의 전개와 역사교재의 구성』, 서울대학교 박사학위논문, 2001.

백옥경, 「한말(韓末) 세계사 저, 역술서에 나타난 세계 인식」, 『韓國思想史學』 35, 2010.

고유경, 「대한제국 후기(1905~1910) 서양사 교과서에 나타난 유럽중심주의」, 『역사학연구』 41, 2011.

양정현, 「중등 역사과에서 한국사와 외국사의 연계 논리와 형식」, 『역사교육연구』 23, 2015.

『동양사교과서(東洋史敎科書)』

서 명	『동양사교과서(東洋史敎科書) · 중등동양사(中等東洋史)』
저 자	유옥겸(兪鈺兼, 1883~1922)
형 태	22×15.2(cm)
발 행	학부편집국, 1908년
소장처	국립중앙도서관

『동양사교과서』 표지, 판권지

1. 개요

『동양사교과서(東洋史敎科書)』(총 1권)는 유옥겸(兪鈺兼)이 저술하고, 유성준(兪星濬)이 교열하여 1908년 우문관(右文館)에서 국한문혼용체로 간행한 동양사 교과서이다.

2. 저자

유옥겸(兪鈺兼)은 유길준(兪吉濬)과 유성준(兪星濬)의 조카이며, 1883에 출생하여 1922에 사망하였다. 어린 나이에 전문학교를 졸업하고 이후 교육 활동에 매진하는 한편 교과서 편찬에도 많은 노력을 기울였다. 『중등외국지리(中等外國地理)』(1900)를 시작으로, 『중등동양사(中等東洋史)』(1908), 『동양사교과서(東洋史敎科書)』(1908), 『대조서양사연표(對照西洋史年表)』(1909), 『서양사교과서(西洋史敎科書)』(1910), 『간명교육학(簡明敎育學)』(1908), 『소학교수법(小學敎授法)』(1908), 『서양교수법(西洋敎授法)』(1909) 등 많은 교과서를 편찬하였다. 1908년에는 기호흥학회와 법학협회, 1909년 청년학우회 등에 참여하여 활동하기도 하였다. 합방 이후에도 교육 활동에 전념하여 보성학교, 중앙학교, 대성학교 등에 나가 법률과 역사를 가르쳤다.

3. 내용 및 구성

『동양사교과서(東洋史教科書)』는 동양사를 왕조 중심 역사관에 입각하여 서술한 책이다. 국가적으로는 중국을 중심으로 조선과 일본·동남아시아·몽골, 인도와 페르시아도 다루었다. 시기적으로는 태고부터 1908년까지의 역사를 상고·중고·근고·근세로 구분하여 서술하였다. 수편(首編) 서론은 전체 3장, 제1편 상고사는 전체 9장, 제2편 중고사는 전체 29장, 제3편 근고사는 15장, 제4편 근세사는 13장으로 구성되어 있다.

1895년 7월 19일 공포된 소학교령(小學校令)에 의해 소학교에서는 3년 또는 2년 과정의 심상과(尋常科)를 통해 자국의 역사를 가르쳤고, 3년 과정의 고등과(高等科)에는 외국 역사도 교육과정에 포함하여 가르쳤다. 이와 같은 정책이 실시된 것은 애국심을 기르는 수단으로서 역사 교육이 중요하다고 보았기 때문이다. 아울러 역사 교과서는 당시 급변하는 세계정세를 보는 시각을 확대하고 신문물을 습득하는 통로로 인식되기도 하였다. 따라서 당시 지식인들은 서양에서 출판된 서적에 깊은 관심을 보였고, 마침내 학교 교육 혹은 대중적 보급을 필요로 하는 도서들을 선별해서 해당 텍스트들을 번역하고 역술하는 형식으로 출판하였다. 이러한 시대적 상황에서 편찬된 것이 바로 『동양사교과서』이다. 저자인 유옥겸은 전문학교 졸업한 후 법률·역사 교수를 지냈으며, 일본어 교과서와 중국책들을 참고하여 『중등동양사(中等東洋史)』를 비롯하여 다양한 저서들을 집필했다.

이 책을 비롯한 당대 세계사 저서에서 나타난 세계인식으로 가장 중요한 특징은 '동양'과 '서양'을 구분한 것, 더 정확히 얘기하자면 '동양'을 타자화한 것이다. 당시에 출판된 세계사 저서 중 『만국사기(萬國史記)』(1905)를 제외하고는 모두 '동양'과 '서양'을 이분법적으로 범주화하는 개념을 쓰고 있다. 이것은 이 책 수편(首編) 서론(緒論)에서 "현근 세계상 문화의 관리자는 동양, 서양의 이대민족이 있으므로 강습의 편리상 세계사를 두 부분으로 나누어 하나는 동양사라 칭하여 저 서양사에 대하노니 즉 동양 제반 민족의 성쇠 및 방국(邦國)의 흥망을 서술한 것이니라."라고 쓴 것에서도 드러난다. 그리고 이러한 동서양의 구분의 기준이 되는 것은 문명의 발전 정도였다. 여기서 말하는 문명이라는 것은 단순히 과학기술과 산업의 발달만을 가리키는 것은 아니며 제도, 사상과 문화 등의 형이상학적 범위까지 포함하는 것이다. 그런데 '동양'문화권은 이러한 기준에는 한참 미달되었기에 과거 고대 문명의 발흥지였음에도 불구하고 지금은 문명 수준에 미달한 지역으로 설정되었던 것이다.

그렇다면 이러한 인식은 어떻게 한국에 받아들여졌을까? 한국이 동양문화권의 일원이라는 점을 감안하면 이런 인식의 수용은 다소 자학적이기까지 하기 때문이다. 이러한 인식이 수용 가능했던 까닭은 당시 조선 지식인들이 일본의 근대역사학이 구축한 탈아입구론에 입각한 동양학 담론을 받아들였기 때문이다. 탈아입구론은 근대 일본이 서구 문명을 적극적으로 받아들인 일본이 아시아에서 탈피하여 유럽화되었다고 인식하는 담론체계를 말한다. 주지하듯 메이지유신 이후 일본은 당시 세계질서를 주도하던 유럽의 정치, 제도, 사상에서 문화와 생활양식까지 서양 문명을 체화하면서 부국강병을 도모했던 국가였다. 이렇게 급격하게 유럽을 따라잡고 그 힘으로 청일전쟁과 러일전쟁까지 승리하면서 동아시아의 패권국가로 올라섰고 스스로는 세계 열강의 반열에 올라섰다고 자부했다. 그럼에도 불구하고 일본은 여전히 유럽 강대국들과의 관계에서 대등한 관계를 확립하지 못했다. 아무리 신흥 강대국인 일본일지라도 당시 유럽인들에게 오리엔탈리즘의 한 대상일 뿐이었다.

이러한 현실을 인식한 당대의 일본 지식인들, 특히 역사학자들은 오리엔트라는 서양이 설정한 범주에서 벗어나고 동시에 자신들의 정체성을 잃지 않고 근대화를 이루어야 한다는 목적을 설정하고 그 수단으로 역사를 동원하였다. 이런 문제의식에서 유럽의 진보와 발전론적인 근대역사학의 담론체계를 수용한 것이 바로 일본의 '동양학'이라고 볼 수 있다. 먼저 그들은 유럽이 설정한 범주를 벗어나고 유럽과 대등한 관계를 맺기 위해 일본이 포함된 '동양'이라는 새 영역을 창출했다. 이것은 '보편적 역사'의 질서 하에서 서술된 서양사(유럽 열강 국가들이 공유하는 역사)에 비슷하면서도 일정한 경쟁관계가 되는 범주가 되었다. 다음으로 '동양'이라는 범주 안에서도 다른 국가들과 일본과의 차별점을 강조하기 위해 노력했다. 그리고 그 차별화의 집중 대상이 바로 중국이었다. 사실 중국은 동아시아 문화권의 제반 정치, 사상, 무역을 주도했던 압도적인 패권국가였다. 그리고 일본과도 고대부터 관계를 맺으면서 동양문화의 정수와 사상을 일본에 전수했던 국가였다. 그런데 일본은 당시 일본이 근대화 경쟁에서 중국보다 우위에 섰다는 것을 전제로 유럽열강에게 유린당하고 있었던 중국에 우월의식을 가졌고 그 맥락에서 나온 것이 바로 '지나'라는 용어였다.

이런 논리 구조하에서 일본은 동양 안에 있으면서도 동양을 관찰자 시선으로 볼 수 있는 위치에 서게 되었다. 따라서 일본이 창출한 동양학의 맥락에서 본다면, 일본을 제외한 동양 제반 국가들은 모두 문명에 미달하는 국가로 인식된다. 당시 대한제국의 지식인들은 이러한 일본의 동양사 서술체계를 수용했고, 따라서 이런 인식을 내면화하여 중국 대신에 지나(支那)라는 개념을 사용하고 있다.

『동양사교과서(東洋史敎科書)』는 국가별 정치사와 제도사를 중점적으로 서술하고 있다. 기본적으로 중국 역사의 변화를 중심으로 다루고 있지만 일본, 동남아, 북아시아, 남아시아, 동남아시아, 서아시아도 범위에 넣었다. 수편 서론에서는 동양사의 의의와 범위, 그리고 시기구분을 다루었다. 그리고 제1편은 상고사로 그 연대는 태고로부터 단기 2085년(BC 249)까지이다. 1편에서는 중국의 상고사 즉 요순시대와 하나라, 은나라, 주나라 그리고 춘추전국시대의 역사를 서술했다. 그리고 인도 상고사와 불교의 흥기 과정에 대해서도 다루었다. 중고사는 단기 2086년(BC 248)에서부터 3539년(1206)까지의 시기를 다루었고 진(秦)의 흥기에서 전한과 후한의 역사, 삼국시대와 5호 16국, 남북조시대와 수당시대, 송나라의 역사를 서술했다. 그 외에는 발해와 서하의 역사, 일본 및 사라센 제국(대식국大食國)과 인도의 역사까지도 범위에 넣었다. 근고사는 단기 3539년(1206)부터 3977년(1644)까지의 역사이다. 몽골이 발흥해서 송나라가 멸망하고 원나라가 통일하면서 전성기를 이루는 과정, 명나라의 초기부터 말기까지의 역사를 다루고 있다. 아울러 원대의 조선과 일본의 역사, 조선과 명, 일본의 관계와 무굴제국의 성쇠, 유럽인의 동래와 기독교 포교까지 서술하고 있다. 근세사는 단기 3977(1644)년 이후의 역사이다. 청의 개국과 통일부터 시작해서 동양에서 유럽 열강들의 경쟁, 영국 지배하의 인도, 아편 전쟁과 프랑스의 인도 경략(經略) 등 주로 열강의 동아시아 침략 과정을 다루고 일본의 메이지 유신과 청일전쟁을 거쳐 마지막으로 러일전쟁과 동양의 현세를 서술하고 있다. 전체적으로 내용을 요약한 어휘로 두주를 달았으며, 외래어를 한자나 한글 자모로 표기하였다는 점 등은 특징적이다.

4. 핵심어

타자화, 문명화, 오리엔탈리즘, 동양학, 지나(支那)

5. 참고문헌

조동걸, 「한말 사서와 그의 계몽주의적 허실(상)」, 『한국독립운동사연구』 1, 1987.
양정현, 『근대개혁기 역사교육의 전개와 역사교재의 구성』, 서울대학교 박사학위논문, 2001.
양정현, 「중등 역사과에서 한국사와 외국사의 연계 논리와 형식」, 『역사교육연구』 23, 2015.

『만국사기(萬國史記)』(권1-권32)

서 명	『만국사기(萬國史記)』(권1-권32)
저 자	현채(玄采) 역술
형 태	22.9×15.4(cm)
발 행	간행자 미상, 1905년
소장처	국립중앙도서관

『만국사기』 표지

1. 개요

　『만국사기(萬國史記)』(총 32권)는 학부편집국 위원이자 저술가인 현채가 14종의 외국 역사서를 참조하여 역술한 책으로 1905년에 발간되었다. 국한문혼용체이며, 갑오개혁기 설립된 소학교용 교과서이다.

2. 저자

　현채(玄采)는 1856년에 출생하였고 1925년에 사망하였다. 호는 백당(白堂)이다. 1873년에 식년시 역과(譯科)로 급제하여 1892년 부산항감리서에서 번역관을 지냈고, 1894년에는 통리교섭통상사무아문 주사를 역임했다. 1895년 관립외국어학교 부교관과 한성사범학교 부교관을 거쳐 1899년에 학부편집국 위원으로 임명되었다. 이후 1907년까지 학부 주사로 근무했다. 1905년에는 한성법학교 교장, 1906년에는 대한농회 의원과 국민교육회 보강요원, 1907년에는 대동학회 평의원, 1908년에는 기호흥학회 찬무원, 대한중앙학회 평의원을 역임했다. 학부 근무 중『보통교과 동국역사(普通敎科東國歷史)』(1889)와『유년필독(幼年必讀)』(1907) 등 많은 사서를 편찬했고,『월남망국사(越南亡國史)』(1906) 등을 번역・간행하였다. 또한 하야시 다이스케(林泰輔)의『조선사(朝鮮史)』(1892)를 역술한『동국사략(東國史略)』(1906)를 간행하였다.『동국사략』은 현채가 근대적인 역사 서술 방법에 의하여 저술한 역사서로 근대 역사학 서술의 대표적인 저작으로 평가받고 있다.

3. 내용 및 구성

『만국사기(萬國史記)』는 총 14책 32권으로 구성되어 있다. 크게 보면 목록 1권, 본문 29권, 속편 2권으로 구성되어 있다. 세계를 아시아, 유럽, 아프리카, 아메리카, 오세아니아로 구분한 후 각 대륙에 소속된 국가들을 분야별로 서술하였다. 그리고 본문 29권 중 유럽사에 21권이 할애된 점에서 유럽중심주의적 시각이 강한 것을 알 수 있다. 유럽사 중에서도 특히 당시 세계 최강국이었던 영국과 프랑스사의 비중이 높았다. 영국사는 4권이었고, 프랑스사는 무려 7권을 할애하여 전체 국가 중 가장 큰 비중을 차지했다. 그렇다면 프랑스사의 비중이 높은 이유는 무엇인가. 이는 현채가 총설에서 서술한 바와 같이 지난 백 년간 세계사의 가장 큰 변화를 인권주의와 사회계약설이라고 생각했기 때문이다. 이러한 변화를 주도한 것이 프랑스인 점을 감안하면, 프랑스사에 대한 비중이 높은 이유를 이해할 수 있을 것이다.

이러한 텍스트의 특성상 현채는 많은 외국 사서를 참조했다. 예컨대 일본인 오카모토 칸스케(剛本監輔)가 지은 『만국사기(萬國史記)』와 시게노 야스츠구(重野安繹)의 『일본유신사(日本維新史)』, 영국인 매켄지(Mackenzie, R.)의 『태서신사(泰西新史, A History of the Nineteenth)』 등 총 14종의 외국 역사서를 번역하여 이 책을 완성했다. 뿐만 아니라, 『中東戰記』라는 청일전쟁 당시의 공문서와 전보 등을 수록한 원사료집을 참고하기도 했다. 많은 책을 참고하기는 했지만 저본은 오카모토 칸스케의 『만국사기』였다. 이것은 이 책의 서두에서 원서(元書)는 전문을 쓰고 서목(書目)은 인용한다고 한 것에서도 드러난다. 원서는 『만국사기』로 볼 수 있다. 그것은 이 책 내용 중 다수를 차지한 각국의 기록은 전거를 밝히지 않고 '한국현채 역'이라고 썼기 때문이다. 나머지 기록에는 구체적 각주를 밝힌 것을 보면 이 책은 오카모토의 『만국사기』를 저본으로 하고 다른 책을 추가로 참고해서 완성된 것임을 알 수 있다. 서명이 같은 것도 이러한 이유로 해석할 수 있을 것이다. 추가로 참고한 책 중에서 가장 많이 활용한 책은 상술한 매켄지의 『태서신사』이며, 『보법전기(普法戰記)』도 『태서신사』 다음으로 많이 참고한 책이다.

이 책의 편찬의도는 이 시기의 시대적 상황과 결부된다. 당시 대한제국은 내부적으로는 광무 연간의 근대화가 진행되고 있었지만, 외부적으로는 일제의 침략이 가속화되고 있던 시기였다. 그러므로 역사에 대한 관심이 증가하고 역사교육이 강조되면서 많은 역사서와 교과서들이 간행하고 있었다. 또한 이 시기 벌어졌던 신구학 논쟁으로 인해 근대적 지식의 수용에 대해서 많은 논쟁이 벌어지게 되었다. 그 중 근대적 지식의 수용을 강조한 지식인들이 세계사에 대한 지식이 필수적임을 강조하면서 세계사를 다룬 역사서 간행의 필요성이 증대되게 된다. 그런데 중국과 일본의 세계사 서적이 읽기 힘들고 착오도 많은 점을 개탄하면서 국한문 혼용의 모범적인 세계사를 의도하고 『만국사기』를 간행했던 것이다.

이 책은 각국의 역사를 국명, 연도, 사건 등으로 구분하여 기사본말체(紀事本末體) 형식의 서술방식을 취하고 있다. 구체적으로 각국의 정치·경제·사회·종교·관습 등 모든 분야를 망라해 서술 대상으로 삼고 있는데 특히 근대사 중심으로 서술한 점이 특징이다. 「중국기(中國記)」에서는 청일전쟁의 배경과 전개 결과에 대해서 상세하게 서술했다. 「일본기(日本記)」에서는 일본의 근대화과정, 특히 메이지유신의 배경과 전개에 대해 소개했다. 아울러 이탈리아와 터키의 근대사에 관해서도 많은 지면을 할애했다. 이것은 일제에 의해 침략을 당하고 있었던 대한제국의 현실을 타파하는데 도움이 된다고 인식한 문제의식의 산물이었다. 즉 폴란드와 터키, 이탈리아, 영국, 미국, 프랑스 등 제반 열강들의 부강과 쇠멸을 동시에 보여주면서 교훈을 주겠다는 의지가 드러나는 부분이었다. 이것은 자서(自敍)에서 현채가

『만국사기』의 편찬 이유를 국가의 위망(危亡)이 하나로 연결되어 있는데 안정되지 못하고 끊어질 듯한 실낱이 된 국가의 운명 앞에서 통탄만 하기보다는 무엇인가를 해야 한다는 사명감으로 이 책을 번역했다고 한 것에서도 알 수 있다. 따라서 이 책의 출간은 교과서로서의 의미에 머무는 것이 아니라 계몽운동의 맥락에서 이해할 수 있다고 하겠다.

이 책의 이러한 문제의식에는 제국주의 침략에 맞서 문명개화 노선으로 부국강병을 꾀하려는 의도가 들어가 있다. 구체적으로는 식민지화가 진행되던 당대의 시대정신이었던 민족 문제에 대한 인식이 바탕이 되었다고 볼 수 있다. 이것은 이 책이 서술된 1905년 전후의 시점이 일본이 대한제국을 보호국으로 설정하고 외교권과 내정권을 장악하여 곧 식민지로 전락할 가능성이 높았던 시기였던 것과 관련이 있다고 하겠다. 즉 이와 같은 현실에서 대한제국의 지식인들은 당면한 현실을 엄중하게 되돌아보고, 대한제국이 국가 간 경쟁에서 도태되어 약소국이 된 이유가 과연 무엇인지, 그리고 문명화가 어떤 의미가 있는 것인지에 대해 진단하고 대응 논리를 모색하는 움직임이 활발해지고 있던 것이다. 여기서 문명화란 문명개화한 유럽과 문명개화하지 못한 반개화국의 관계를 국제질서의 전제로 삼고 문명개화국과 그렇지 않은 국가를 우열로써 드러내는 사회진화론적 사고를 내포하는 것이다. 이것은 전 지구의 인종과 민족을 야만 → 미개 → 반개(半開) → 문명으로 나누는 것에서 확연히 드러난다. 이 중에서 유럽은 문명을 이룩하여 강대국이 되었으나, 조선은 반개의 상태로 야만과 미개는 아니지만 문명에는 미달한다고 보았던 것이다. 이런 문제의식에서 현채는 한국인들이 옛 관습에 얽매여서 식견이 고루하다고 비판적으로 보고 있었으며, 따라서 이 망국의 위기를 극복하기 위해 세계사의 이해를 강조하였다.

다만 『만국사기』에서 현채는 망국을 단순히 왕조가 바뀌는 것이 아닌, 국가가 멸망하여 백성은 물론이고 인종도 모두 소멸하는 것이라고 보았다. 당시 사회진화론이 풍미하던 시대에 많은 계몽주의자들과 같이 현채도 진화의 실체를 국가로 설정하였다. 따라서 국가가 사라지는 것으로 민족도 문화도 남김없이 소멸한다고 여기고 식민통치에 순응하는 경향을 보였다. 반면 진화의 실체를 민족이라고 본 사람들은 국가가 망해도 민족은 이어지기 때문에 민족의 미래를 위해 독립운동에 매진하였다. 즉 현채와 같이 국가주의적 사상의 계몽주의자들은 국가가 멸망하기 이전에는 『만국사기』를 통해 망국의 위기를 넘어서려 하였으나, 대한제국이 멸망하자 점차 친일적인 경향을 보였으며 이는 현채 역시 마찬가지였다. 이는 『만국사기』를 독해할 때에 주의해야 할 부분일 것이다. 그러나 이러한 다양한 한계들에도 불구하고 이 책은 당시의 시대적 분위기 속에서 나름의 역할을 한 중요한 역사서라는 것은 부정할 수 없을 것이다.

4. 핵심어

사회진화론, 국가, 문명개화, 부국강병, 망국, 계몽운동

5. 참고문헌

조동걸, 「한말 사서와 그의 계몽주의적 허실(상)」, 『한국독립운동사연구』 1, 1987.
정구복·이영화, 「현채 편역 『만국사기(萬國史記)』의 사학사적 성격」, 『청계사학』 13, 1997
양정현, 『근대개혁기 역사교육의 전개와 역사교재의 구성』, 서울대학교 박사학위논문, 2001.
백옥경, 「한말(韓末) 세계사 저, 역술서에 나타난 세계 인식」, 『韓國思想史學』 35, 2010.
고유경, 「대한제국 후기(1905~1910) 서양사 교과서에 나타난 유럽중심주의」, 『역사학연구』 41, 2011.
양정현, 「중등 역사과에서 한국사와 외국사의 연계 논리와 형식」, 『역사교육연구』 23, 2015.

『만국사기속편(萬國史記續編)』(권1-권2)

서 명 『만국사기속편(萬國史記續編)』(권1-권2)
저 자 현채(玄采, 1856~1925)
형 태 22.9×15.4(cm)
발 행 1905년
소장처 국립중앙도서관

『만국사기속편』 첫 페이지

1. 개요

『만국사기속편(萬國史記續編)』(총 2권)은 학부편집국 위원이자 저술가인 현채가 14종의 외국 역사서를 참조하여 역술한 책으로 1905년에 발간된『만국사기』의 속편이다. 국한문혼용체이며, 갑오개혁기 설립된 소학교용 교과서이다.『만국사기』의 내용에서 청국무술정변기(淸國戊戌政變記)와 청국단비기사(淸國團匪記事)를 추가했다.

2. 저자

현채(玄采)는 1856년에 출생하였고 1925년에 사망하였다. 호는 백당(白堂)이다. 1873년에 식년시 역과(譯科)로 급제하여 1892년 부산항감리서에서 번역관을 지냈고, 1894년에는 통리교섭통상사무아문 주사를 역임했다. 1895년 관립외국어학교 부교관과 한성사범학교 부교관을 거쳐 1899년에 학부편집국 위원으로 임명되었다. 이후 1907년까지 학부 주사로 근무했다. 1905년에는 한성법학교 교장, 1906년에는 대한농회 의원과 국민교육회 보강요원, 1907년에는 대동학회 평의원, 1908년에는 기호흥학회 찬무원, 대한중앙학회 평의원을 역임했다. 학부 근무 중『보통교과 동국역사(普通敎科東國歷史)』(1889)와『유년필독(幼年必讀)』(1907) 등 많은 사서를 편찬했고,『월남망국사(越南亡國史)』(1906) 등을 번역·간행하였다. 또한 하야시 다이스케(林泰輔)의『조선사(朝鮮史)』(1892)를 역술한『동국사략(東國

史略)』(1906)를 간행하였다. 『동국사략』은 현채가 근대적인 역사 서술 방법에 의하여 저술한 역사서로 근대 역사학 서술의 대표적인 저작으로 평가받고 있다.

3. 내용 및 구성

『만국사기(萬國史記)』는 총 14책 32권으로 구성되어 있다. 크게 보면 목록 1권, 본문 29권, 속편 2권으로 구성되어 있다. 세계를 아시아, 유럽, 아프리카, 아메리카, 오세아니아로 구분한 후 각 대륙에 소속된 국가들을 분야별로 서술하였다. 그리고 본문 29권 중 유럽사에 21권이 할애된 점에서 유럽중심주의적 시각이 강한 것을 알 수 있다. 유럽사 중에서도 특히 당시 세계 최강국이었던 영국과 프랑스사의 비중이 높았다. 영국사는 4권이었고, 프랑스사는 무려 7권을 할애하여 전체 국가 중 가장 큰 비중을 차지했다. 그렇다면 프랑스사의 비중이 높은 이유는 무엇인가. 이는 현채가 총설에서 서술한 바와 같이 지난 백 년간 세계사의 가장 큰 변화를 인권주의와 사회계약설이라고 생각했기 때문이다. 이러한 변화를 주도한 것은 프랑스인 점을 감안하면, 프랑스사에 대한 비중이 높은 이유를 이해할 수 있을 것이다.

이러한 텍스트의 특성상 현채는 많은 외국 사서를 참조했다. 예컨대 일본인 오카모토 칸스케(岡本監輔)가 지은 『만국사기(萬國史記)』와 시게노 야스츠구(重野安繹)의 『일본유신사(日本維新史)』, 영국인 매켄지(Mackenzie, R.)의 『태서신사(泰西新史, A History of the Nineteenth)』 등 총 14종의 외국 역사서를 번역하여 이 책을 완성했다. 뿐만 아니라 『中東戰記』라는 청일전쟁 당시의 공문서와 전보 등을 수록한 원사료집을 참고하기도 했다. 많은 책을 참고하기는 했지만 저본은 오가모토 칸스케의 『만국사기』였다. 이것은 이 책의 서두에서 원서(元書)는 전문을 쓰고 서목(書目)은 인용한다고 한 것에서도 드러난다. 원서는 『만국사기』로 볼 수 있다. 그것은 이 책 내용 중 다수를 차지한 각국의 기록은 전거를 밝히지 않고 '한국현채 역'이라고 썼기 때문이다. 나머지 기록에는 구체적 각주를 밝힌 것을 보면 이 책은 오카모토의 『만국사기』를 저본으로 하고 다른 책을 추가로 참고해서 완성된 것임을 알 수 있다. 서명이 같은 것도 이러한 이유로 해석할 수 있을 것이다. 추가로 참고한 책 중에서 가장 많이 활용한 책은 상술한 매켄지의 『태서신사』이며, 『보법전기(普法戰記)』도 『태서신사』 다음으로 많이 참고한 책이다.

이 책의 편찬의도는 이 시기의 시대적 상황과 결부된다. 당시 대한제국은 내부적으로는 광무 연간의 근대화가 진행되고 있었지만, 외부적으로는 일제의 침략이 가속화되고 있던 시기였다. 그러므로 역사에 대한 관심이 증가하고 역사교육이 강조되면서 많은 역사서와 교과서들이 간행하고 있었다. 또한 이 시기 벌어졌던 신구학 논쟁으로 인해 근대적 지식의 수용에 대해서 많은 논쟁이 벌어지게 되었다. 그 중 근대적 지식의 수용을 강조한 지식인들이 세계사에 대한 지식이 필수적임을 강조하면서 세계사를 다룬 역사서 간행의 필요성이 증대되게 된다. 그런데 중국과 일본의 세계사 서적이 읽기 힘들고 착오도 많은 점을 개탄하면서 국한문 혼용의 모범적인 세계사를 의도하고 『만국사기』를 간행했던 것이다.

이 책은 각국의 역사를 국명, 연도, 사건 등으로 구분하여 기사본말체(紀事本末體) 형식의 서술방식을 취하고 있다. 구체적으로 각국의 정치·경제·사회·종교·관습 등 모든 분야를 망라해 서술대상으로 삼고 있는데 특히 근대사 중심으로 서술한 점이 특징이다. 「중국기(中國記)」에서는 청일전쟁의 배경과 전개 결과에 대해서 상세하게 서술했다. 「일본기(日本記)」에서는 일본의 근대화과정, 특히 메이지유신의 배경과 전개에 대해 소개했다. 아울러 이탈리아와 터키의 근대사에 관해서도 많은 지면을 할애했다. 이것은 일제에 의해 침략을 당하고 있었던 대한제국의 현실을 타파하는데 도움이 된다고 인식한

문제의식의 산물이었다. 즉 폴란드와 터키, 이탈리아, 영국, 미국, 프랑스 등 제반 열강들의 부강과 쇠멸을 동시에 보여주면서 교훈을 주겠다는 의지가 드러나는 부분이었다. 이것은 자서(自敍)에서 현채가 『만국사기』의 편찬 이유를 국가의 위망(危亡)이 하나로 연결되어 있는데 안정되지 못하고 끊어질 듯한 실낱이 된 국가의 운명 앞에서 통탄만 하기보다는 무엇인가를 해야한다는 사명감으로 이 책을 번역했다고 한 것에서도 알 수 있다. 따라서 이 책의 출간은 교과서에서 머무는 것이 아니라 계몽운동의 맥락에서 이해할 수 있다고 하겠다.

『만국사기속편』은 『만국사기』에서 청국무술정변기(淸國戊戌政變記)와 청국단비기사(淸國團匪記事)가 추가되었다. 권1 청국무술정변기에는 무술변법과 그에 대한 반동인 무술정변의 과정이 상세하게 서술되어 있다. 청일전쟁 이후의 위기를 극복하려는 움직임이 캉유웨이(康有爲)와 량치차오(梁啓超) 등의 지식인들에 의해 제기되었고 당시 황제였던 광서제가 이를 수용하여 1898년 무렵에 근대화 개혁으로 무술변법(戊戌變法)을 추진한다. 그러자 서태후를 중심으로 한 보수파가 이러한 혁신 변법에 대하여 불만을 품고 정변을 일으켰던 것이다. 권2 청국단비기사에는 이른바 단비사건(團匪事件)에 대해 다루고 있다. 단비사건은 청나라 말기에 청국의 비밀조직인 의화단이 산동성과 베이징 등지에서 배외주의를 내세우며 일으킨 사건을 말한다. 서태후가 정변으로 광서제를 유폐시키고 개혁 세력을 축출하자, 민중들 사이에서 반기독교 및 반외세 운동이 일어나게 된다. 기독교와 유럽 열강들에 대한 증오심을 키워오던 중국인 중 의화단이라는 단체는 스스로 서양 세력을 응징하는 운동을 하면서 "서양 귀신들을 몰아내고 우리 것을 지키자!"라는 구호를 내세웠다. 의화단의 봉기는 폭발적으로 확대되었지만 결국 열강과의 대결에서 패배한 청국 정부에 의해 진압되었던 것이다.

이 책의 이러한 문제의식에는 제국주의 침략에 맞서 문명개화 노선으로 부국강병을 꾀하려는 의도가 들어가 있다. 구체적으로는 식민지화가 진행되던 당대의 시대정신이었던 민족 문제에 대한 인식이 바탕이 되었다고 볼 수 있다. 이것은 이 책이 서술된 1905년 전후의 시점이 일본이 대한제국을 보호국으로 설정하고 외교권과 내정권을 장악하여 곧 식민지로 전락할 가능성이 높았던 시기였던 것과 관련이 있다고 하겠다. 즉 이와 같은 현실에서 대한제국의 지식인들은 당면한 현실을 엄중하게 되돌아보고, 대한제국이 국가 간 경쟁에서 도태되어 약소국이 된 이유가 과연 무엇인지, 그리고 문명화가 어떤 의미가 있는 것인지에 대해 진단하고 대응 논리를 모색하는 움직임이 활발해지고 있던 것이다. 여기서 문명화란 문명개화한 유럽과 문명개화하지 못한 반개화국의 관계를 국제질서의 전제로 삼고 문명개화국과 그렇지 않은 국가를 우열로써 드러내는 사회진화론적 사고를 내포하는 것이다. 이것은 전 지구의 인종과 민족을 야만 → 미개 → 반개(半開) → 문명으로 나누는 것에서 확연히 드러난다. 이 중에서 유럽은 문명을 이룩하여 강대국이 되었으나, 조선은 반개의 상태로 야만과 미개는 아니지만 문명에는 미달한다고 보았던 것이다. 이런 문제의식에서 현채는 한국인들이 옛 관습에 얽매여서 식견이 고루하다고 비판적으로 보고 있었으며, 따라서 이 망국의 위기를 극복하기 위해 세계사의 이해를 강조하였다. 이러한 다양한 한계들에도 불구하고 이 책은 당시의 중요한 역사서임을 이해할 필요가 있다.

4. 핵심어

기사본말체, 부국강병, 문명개화, 계몽운동, 사회진화론

5. 참고문헌

조동걸, 「한말 사서와 그의 계몽주의적 허실(상)」, 『한국독립운동사연구』 1, 1987.

정구복・이영화, 「현채 편역 『만국사기(萬國史記)』의 사학사적 성격」, 『청계사학』 13, 1997

양정현, 『근대개혁기 역사교육의 전개와 역사교재의 구성』, 서울대학교 박사학위논문, 2001.

백옥경, 「한말(韓末) 세계사 저, 역술서에 나타난 세계 인식」, 『韓國思想史學』 35, 2010.

고유경, 「대한제국 후기(1905~1910) 서양사 교과서에 나타난 유럽중심주의」, 『역사학연구』 41, 2011.

양정현, 「중등 역사과에서 한국사와 외국사의 연계 논리와 형식」, 『역사교육연구』 23, 2015.

『몽학필독(蒙學必讀)』

서 명 『몽학필독(蒙學必讀)』
저 자 최재학(崔在學, 호는 克菴, 1870년대)
형 태 22.5×15.4(cm)
발 행 보서관
소장처 확인불가, 아세아문화사 판『한국학개화기교과서총서』수록

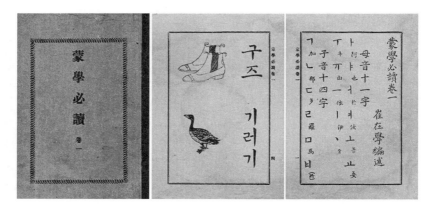

『몽학필독』표지 및 본문

1. 개요

『몽학필독(蒙學必讀)』은 어린이를 대상으로 한 한글 학습서로, 본문의 '최재학 편술'이라는 저자 정보 외에 알려진 내용이 거의 없다.

2. 저자

최재학의 생몰연도는 명확히 밝혀진 바 없으나 1905년에 평양 유생들과 함께 을사조약에 반대하는 상소를 올리다 체포되었다는 기록 등을 토대로 1870년대 즈음 출생한 것으로 추정된다. 1905년부터 1910년 무렵까지 보성학교 교사, 협성학교 교감, 양영학교 교장을 거치고 야학 설립을 추진하는 등 교육가, 교과서 편찬자로서 다양한 교육운동을 하였다. 여성 교육에도 힘써 1908년 윤치오(尹致旿)·강윤희(姜玧熙) 등과 함께 여자보학원유지회(女子普學院維持會)를 설립하여 여성 교육기관인 여자보학원(女子普學院)을 후원하는 한편, 여성지『녀즈지남』을 간행하는 데에도 참여하였다. 대한자강회(大韓自强會) 간사원, 서북학회(西北學會) 평의원, 대한협회(大韓協會) 평의원으로서 애국계몽단체의 구국정치 활동에 참여하였다. 주요 저서로『간명물리교과서(簡明物理敎科書)』,『문장지남(文章指南)』,『실지응용 작문법(實地應用作文法)』,『몽학필독(蒙學必讀)』이 있다.

3. 내용 및 구성

『몽학필독(蒙學必讀)』은 표지의 '최재학 편술'이라는 표기로 보아 최재학의 편찬으로 알려져있는 것 외에 발행 연대나 발행소 등에 관한 정보는 알려지지 않았다. 현재 전하고 있는 책은 1권이고 표지와 목차, 104면까지의 본문으로 구성되었다. 본문은 국문으로 쓰여졌으며 본문에 내용과 관계 있는 삽화를 제시하여 학습자가 쉽게 이해할 수 있도록 교재의 장치를 마련하였다.

『몽학필독(蒙學必讀)』이 한글의 모음과 자음, 낱말, 문장 등을 삽화와 함께 제시했으며, 특히 본문의 지면 하나에 하나의 문장을 수록한 것으로 보아 어린이를 대상으로 한 한글 학습서였을 것으로 보인다. 『몽학필독(蒙學必讀)』의 내용은 '모음십일자(母音十一字)−자음십사자(子音十四字)−초종성통용구자(初終聲通用九字)−합자(合字)−삼합자(三合字)'의 순서로 제시했다. 『몽학필독(蒙學必讀)』이 과(課)나 장(章)과 같이 단원을 구분하는 분명한 표시를 사용하고 있지는 않지만 학습의 난이도에 따라 내용을 구성하고 있는 점이 특징적이다.

'모음십일자'와 '자음십일자'를 차례로 제시한 후 음절과 어휘를 사전식으로 제시했으며 그 중 대표적인 어휘를 삽화와 함께 제시하여 학습자의 이해를 돕고 있다.([그림 1] 참고) 수록된 삽화들은 사실적이고 본문에서 차지하는 비중이 커서 어린이를 대상으로 한 시청각 교재로서의 면모도 보여준다.

『몽학필독』 7면

『몽학필독』 95면

『몽학필독(蒙學必讀)』은 「모음십일자(母音十一字)」와 「자음십사자(子音十四字)」에서 모음 11자와 자음 14자의 음운을 발음을 나타내는 한자와 함께 제시했다. "ㅏ阿 야也 어於 여汝 오吾 요要 우牛 유由 의依 이伊 ·牙"와 같이 모음 11자와 "ㄱ加 ㄴ那 ㄷ多 ㄹ羅 ㅁ馬 ㅂ(所) ㅅ沙 ㅇ牙 ㅈ子 ㅊ此 ㅋ ㅌ他 ㅍ波 ㅎ何"와 같이 자음 14자와 각 음운의 발음을 나타내는 한 음절의 한자를 제시했다. 이어서 '나무·너구리'와 같이 자음과 모음을 결합한 낱말을 삽화와 함께 사례로 제시하고, 같은 방식으로 '가갸 거겨 고교 구규 그기 ᄀᆞ'와 같이 자음과 모음을 결합한 음절의 쌍을 제시하여 음운의 결합을 통한 음절과 낱말을 익힐 수 있도록 구성했다.

　　母音十一字
　　ㅏ阿 야也 어於 여汝 오吾 요要 우牛 유由 의依 이伊 ·牙

子音十四字
ㄱ加 ㄴ那 ㄷ多 ㄹ羅 ㅁ馬 ㅂ(所) ㅅ沙 ㅇ牙 ㅈ子 ㅊ此 ㅋ ㅌ他 ㅍ波 ㅎ何

가마
가갸 거겨 고교 구규 그기 ㄱ
나비
나무 너구리
나냐 너녀 노뇨 누뉴 느니 ㄴ
다리 두루미
도미
다댜 더뎌 도됴 두듀 드디 ㄷ   (『몽학필독(蒙學必讀)』의 일부)

　　다음으로 「초종성통용구자(初終聲通用九字)」에서는 'ㄱ其亦 ㄴ尼隱 ㄷ池(末) ㄹ梨乙 ㅁ眉音 ㅂ非邑 ㅅ
時(衣) ㅇ異凝 ㅣ外伊'와 같이 초종성으로 통용되는 8자와 모음(ㅣ)의 모양에 발음을 나타내는 한자를
병기했다. 「합자(合字)」에서 는 삽화와 함께 '감'과 같이 '초성−중성−종성'으로 이루어진 글자를 사례
로 제시한 후, '가ㄱ각 가ㄴ간 가ㄷ갇 가ㄹ갈 가ㅁ감 가ㅂ갑 가ㅅ갓 가ㅇ강 가ㅣ개'과 같은 방식으로 '초
성과 중성'으로 이루어진 '가'에 'ㄱ'을 합하면 '각'이 되는 원리를 'ㄱ'부터 'ㅎ'까지 자음의 순서대로
제시하여 합자로 이루어진 음절을 익히게 했다. 이어서 '즁앙총부는 이층양옥으로 지엇습니다', '종로
에셔 뎐동으로 올나가면 안동네거리가 잇고 네거리에서 대안동으로 올나가면 즁앙총부가 잇습니다'
등 12개의 합자 문장을 통해서 합자의 원리를 다시 학습할 수 있도록 구성했다.

「初終聲通用九字」
ㄱ其亦 ㄴ尼隱 ㄷ池(末) ㄹ梨乙 ㅁ眉音 ㅂ非邑 ㅅ時(衣) ㅇ異凝 ㅣ外伊

「合字」
칼
카ㄱ칵 카ㄴ칸 카ㄷ칻 카ㄹ칼 카ㅁ캄 카ㅂ캅 카ㅅ캇 카ㅇ캉 카ㅣ캐
탑
타ㄱ탁 타ㄴ탄 타ㄷ탇 타ㄹ탈 타ㅁ탐 타ㅂ탑 타ㅅ탓 타ㅇ탕 타ㅣ태
팟
파ㄱ팍 파ㄴ판 파ㄷ팓 파ㄹ팔 파ㅁ팜 파ㅂ팝 파ㅅ팟 파ㅇ팡 파ㅣ패
학도
하ㄱ학 하ㄴ한 하ㄷ핟 하ㄹ할 하ㅁ함 하ㅂ합 하ㅅ핫 하ㅇ항 하ㅣ해

즁앙총부는 이층양옥으로 지엇습니다
종로에셔 뎐동으로 올나가면 안동네거리가 잇고 네거리에서 대안동으로 올나가면 즁앙총부가 잇
습니다
아바지 가지셰개가 죠롱죠롱 열녓스니 보기에도 참좃습니다

그러ᄒ냐 이것이 다 하날님의 쥬신것인쥴 알것이니라

형님 쟝에 잇ᄂ 새ᄂ 엇지하야 져와갓치 파리ᄒ엿습닛가

아지못ᄒᄂ냐 하늘님이 쥬신 나래를 펴지못ᄒᄂ 연고이니라

벼와 보리와 무우ᄂ 다 우리의 먹ᄂ 물건으로 된것이니 참귀ᄒ고 죻ᄒ것이올시다

(『몽학필독(蒙學必讀)』의 일부)

『몽학필독(蒙學必讀)』에서 본문의 마지막에 해당하는 「삼합자(三合字)」는 초성에 오는 겹자음(ㅆ)을 학습하고, 앞의 합자의 원리를 활용하여 '삼합자'를 학습하는 내용으로 구성되었다. '싹 싼 쌀 쌀 쌈 쌉 쌋 쌍 쌔'로 '삼합자'를 학습하고 '가마귀ᄂ 싹싹ᄒ고 노루ᄂ 쌍퉁쌍퉁 쒸여가오'와 같은 11개의 문장으로 삼합자를 다시 학습할 수 있도록 구성했다.

「三合字」

싹 싼 쌀 쌀 쌈 쌉 쌋 쌍 쌔

가마귀ᄂ 싹싹ᄒ고 노루ᄂ 쌍퉁쌍퉁 쒸여가오

봄은 따뜻ᄒ고 가을은 셔늘ᄒ며 여름은 덥고 겨을은 춥슴니다

(『몽학필독(蒙學必讀)』의 일부)

『몽학필독(蒙學必讀)』에서 특이한 부분은 '합자'의 후반부 문장들과 '삼합자'의 문장들에서 찾을 수 있다. 문장 학습 부분은 홑문장과 겹문장, 그리고 짧은 담화에 이르기까지 다양하게 구성되었다. 내용의 대부분은 천도교 중앙총부의 위치와 모습, 천도교의 기초 교리, 교조 최재우 등 천도교 관련 내용들이고 그 외에 가지를 보며 나누는 아버지와 아들의 대화와 새장 속의 새에 관한 형과 아우의 대화 등이 대화문의 형식으로 수록되었다. 이와 같은 내용들로 인해 『몽학필독(蒙學必讀)』은 어린이 학습자를 대상으로 한 한글 교재의 성격도 지니지만 천도교의 교리 입문서의 성격도 지니는 것으로 알려져 있다.

4. 핵심어

몽학필독(蒙學必讀), 최재학, 「합자(合字)」, 「삼합자(三合字)」, 천도교, 최재우

5. 참고문헌

강남욱, 「<蒙學必讀>에 대한 解題 : 전통과의 연계성 탐색 및 발행연도 추적을 더하여」, 『선청어문』 33, 2005.

김은솔・한영균, 「근대계몽기 국어 교과서에 실린 한글 학습 자료의 특징」, 『한국어문교육』 34, 2021.

『몽학한문초계(蒙學漢文初階)』

서 명　『몽학한문초계(蒙學漢文初階)』

저 자　원영의(元泳義, 자 성구(性求), 호 장은(漳隱) 또는 삼수재(三洙齋), 1852~1928.

형 태　22.2×15.2(cm)

발 행　중앙서관(中央書館), 1907년

소장처　장서각, 이화여자대학교 도서관

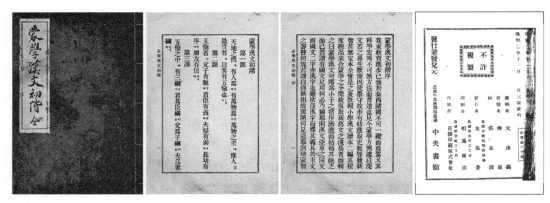

『몽학한문초계』 표지, 본문, 판권지

1. 개요

　『몽학한문초계(蒙學漢文初階)』(1권 1책)는 '중앙서관'에서 1907년 10월에 초판 발행되었다. 원영의가 어린이의 한문 교육을 위하여 편찬한 교과서로, 이 책은 신구(新舊) 한문 가운데 유교의 전통적인 가치 덕목을 담은 이해하기 쉬운 일상 한문과 민족의식과 애국심을 고취하기 위한 한문을 함께 수록하였다.

2. 저자

　원영의는 근대를 대표하는 한학자이자 교육가이다. 그의 스승인 성재(省齋) 유중교(柳重敎)가 화서(華西) 이항로(李恒老)의 고제(高弟)였기에, 원영의의 사상적·학문적 연원은 위정척사파(衛正斥邪派)에 닿아 있다. 그런데 그는 교육 등의 분야에서는 서구의 학문 지식을 비롯한 신문물의 수용에도 개방적이었으며, 고종이 주도한 광무개혁의 시기에는 애국계몽운동가로서 교육사업과 교재 편찬 등 다양한 활동을 벌였다.

　원영의는 1896년 사범학교 속성과에 입학하여 반년 만에 졸업한 뒤 관립 소학교 교원이 되었고, 1897년 사범학교 교원이 되었다. 1905년 일제가 을사늑약을 강제로 체결하자 원영의는 학부의 직위를 사임하고 은거를 결심하였다. 또 이즈음 막역지우인 장지연(張志淵)이 『황성신문』에 게재한 사설 '시일야방성대곡(是日也放聲大哭)'에서 늑약의 부당함을 비판한 이유로 체포되자 실의에 빠지게 되었다. 그 때 평소 그와 뜻을 같이하던 유근(柳瑾)·안종화(安鍾和)·현채(玄采)·원대규(元大圭) 등이 그를 찾아와 사립학교를 건립하여 교육을 통해 국가 발전을 위해 노력할 것을 설득하였다. 이에 민형식(閔衡植)·유성준(兪星濬)까지 합세하여 계산학교(桂山學校)을 창설하였다. 또, 그는 저널리스트로 활동하면서 주로 계몽에 관한 기사를 신문 등에 투고하였다. 계몽적이고 민족적인 원영의의 교육 활동은 일제의 탄압을 받아, 1907년 그가 편찬한『소학한문독본(小學漢文讀本)』『몽학한문초계(蒙學漢文初階)』『동사보편(東史補編)』『수필견문록(隨筆見聞錄)』등이 압수되어 소각당하였다. 그는 1910년 이후 일제의 심한 감시와 탄압으로 연천으로 귀향하여 후학을 양성하며 만년을 보냈다. 원영의는 80권에 달하는 방대한 문집을 남겼는데, 특히 한문 교육에 가장 많은 공력을 들였다.

3. 내용 및 구성

『몽학한문초계』는 구한말 한학자이자 교육가인 원영의가 편찬한 한문 교과서이다. 원영의는 국가 발전을 위한 가장 급선무를 교육이라 여기고, 특히 아동교육의 필요성을 강조하였다. 그 과정에서 원영의는『소학한문독본(小學漢文讀本)』(1907),『몽학한문초계』(1907),『초등작문법(初等作文法)』(1908) 등의 한문교재를 편찬하였다. 책의 제목에 보이는 '몽학(蒙學)'은 '어린아이의 공부'라는 말로 덜 익은 학문을 이르고, '초계(初階)'는 첫 단계를 이르는 말이다. 원영의는 1907년 당시 아동용 한문교재의 문제점을 극복하기 위해 아동 학습을 위한 교재로『소학한문독본(小學漢文讀本)』을 편찬하였는데,『소학한문독본』역시 한문 학습자의 기초로 삼기에는 난이도가 부적절함을 인지하고, 내용 수준을 낮추고 당시의 신식 학교에서 가르치는 교과들을 간략하면서도 폭넓게 수용하여『몽학한문초계』를 편찬하였다. 이 책의 교열은 유근(柳瑾)과 장지연(張志淵)이 맡았다.

<몽학한문초계서(蒙學漢文初階序)>를 바탕으로 이 책의 교재관을 정리한 김영주에 의하면, 원영의는 한문이 동아시아의 공통 문자이고, 한자는 실제 우리말의 다수를 구성하고 있으므로 한자·한문 학습이 필수적이고 역사적 당위임을 역설하였다. 또한, 원영의는 아동의 완전한 인격 향상을 위해서 한문교육이 필요함을 주장하였다. 마지막으로, 전통적인 한문교재가 학습대상자의 수준과 능력을 고려하기보다는 교수자 일방의 유가적이고 훈화적인 내용 전수를 우선시하는 문제점을 인식하고 학습자의 수준과 능력에 맞는 신식 교재를 구성하고자 하였다.

『몽학한문초계』총 213과는 특별한 분류기준 없이 한문 문장을 구성하였으며, 각 과의 한문 문장에는 한글로 토를 달아서 학습의 편의를 도모하였다. 내용을 보면, 전통적인 도덕관념과 근대의 실용적 관념이 함께 나타난다. 예를 들면, 제1과에서 제7과까지는 삼강오륜(三綱五倫), 군사부일체(君師父一體), 부부유별(夫婦有別), 붕우책선(朋友責善) 등 유학의 윤리관을 담은 한문 문장으로 구성하였고, 제8과 이후는 아동을 위한 교훈을 생활사례와 우화 중심으로 구성하였다. 또한, 근대의 실용적 지식이나 당시 유입되기 시작한 외래문물을 설명하는 한문 문장을 구성하였다. 예를 들면 '목재로서의 쓰임[材用]'을 강조한 송백(松柏), 소화기·배설기·감각기를 설명한 문장, 마호메트(摩哈麥)·야소기독(耶蘇基督) 등을 설명한 문장 등이 그러한 예이다.

이 책의 가장 큰 특징은 민족이 처한 현실을 인식하고 그를 극복하려는 애국 의식을 교과서에서 구현하려 한 점이다. 생활의 친근한 소재를 활용하여 자주, 자유, 자존 등 애국 의식을 고취하였고, 또 '토끼와 거북이의 경주'나 '狡猾흔 馬'같이 이솝 우화를 활용하기도 하였다. 또한, 조선의 인물과 역사에 대하여 많은 부분을 할애하였는데, 예를 들면 단군조선·기자조선 등 조선에 관해 비교적 주체적인 설명을 하였고, 을지문덕(乙支文德)·김유신(金庾信)·이순신(李舜臣) 등 조선의 명장을 소개하여 민족의식을 고취하기도 하였다. 이러한 민족적, 애국적 성격 때문에 이 책은 1908년 9월에 학부에서 발표한 교과서 편찬 불합격 기준에 의거해, 1909년 발매 금지의 처분을 받았다.

4. 핵심어

몽학한문초계, 원영의, 몽학한문초계서, 삼강오륜, 군사부일체, 부부유별, 붕우책선, 이솝 우화

5. 참고문헌

강윤호, 『개화기의 교과용 도서』, 교육출판사, 1973.

손인수, 『한국개화교육연구』, 일지사, 1980.

김영주, 「元泳義의 『蒙學漢文初階』 연구」, 『漢文敎育硏究』 第47號, 韓國漢文敎育學會, 2016.

김영주, 「개화기 한문교재의 편찬 의식과 현재적 시사－元泳義의 한문교재 편찬을 중심으로」, 『동방한문학』 70권, 동방한문학회, 2017.

최미경, 「元泳義의 小學漢文讀本硏究」, 성균관대 교육대학원 석사학위 논문, 1999.

『문답대한신지지(問答大韓新地誌)』

서 명	『문답대한신지지(問答大韓新地誌)』
저 자	이태국 편찬, 1908년
형 태	국한문체, 1권 128장, 2권 138장 , 15×22(cm)
발 행	박문서관
소장처	국립중앙도서관, 국회도서관

『문답대한신지지』 표지, 서문, 판권지

1. 개요

일제는 1906년 통감부를 설치해 식민지 정책을 본격화하면서 지리교육도 이에 따라 재편되었다. 『문답대한신지지(問答大韓新地誌)』는 통감부의 학교령 시행기인 1906년 8월에서 1911년 8월 사이인 1908년 발행된 책이다. 이 책은 우리나라의 지리적 지식을 전달하고자 했던 우리나라 지리 교재 중 조선 최초로 문답식으로 교과 내용을 구성한 문답 지리서이다.

2. 저자

『문답대한신지지(問答大韓新地誌)』는 박문서관 편집부에서 발행되었으나, 현채가 서문에 쓴 내용에 따르면 이태국이 저술하였다고 한다. 그러나 이태국에 관한 기록은 거의 존재하고 있지 않다. 박문서관은 1907년 노익형이 서울에 설립한 서점 겸 출판사이다. 서관의 특색은 내외도서 1만 종의 서적과 문방구 각종을 구비하고, 박리다매주의와 신용 본위로 판매하였다. 1920년대는 「짠발쟌 이야기」·「하므레트」·「카르멘」·「나나」·「무쇠탈」·「첫사랑」·「부평초」 등의 번역물·번안물을 많이 출판하였다. 1920년 중반 이후 한국 소설도 출간하여 염상섭(廉想涉)의 「견우화 牽牛花」, 현진건(玄鎭健)의 「지새는 안개」, 이상협(李相協)의 「정부원 貞婦怨」, 이광수(李光洙)의 「젊은 꿈」·「마의태자」 등이 출판되었다. 1930년대에 이광수의 「사랑」이 성공하고 『현대걸작장편소설전집』 전 10권, 『신선역사소설전집』 전 5

권이 문학전집으로 성공하였다. 그리고 박문문고(博文文庫) 전 18권을 발행하여 고금동서문화의 최고작을 망라함으로써 양서보국의 기치를 내세웠다. 또한, 최초의 수필전문지인『박문(博文)』을 통권 제23권까지 발행하였다. 1940년대는 물질통제를 받으면서 이광수의 문단생활 30년기념 출판으로『춘원시가집(春園詩歌集)』을 출간하였고, 양주동(梁柱東)의『조선고가연구(朝鮮古歌硏究)』, 방정환(方定煥)의『소파전집(小波全集)』등 출판을 통하여 겨레의 정신을 고취하였다. 이처럼 박문서관은 일제강점기하의 대표적인 출판사의 하나로 민족정신의 고취와 국민계몽에 기여하였다.

3. 내용 및 구성

『문답대한신지지(問答大韓新地誌)』는 1908년 박문서관 편집부에서 편찬한 교재이다. 1894~1905년에는 학교 관제와 규칙들이 제정, 공포됨에 따라 지리가 교과목 편제에 중요한 과목으로 다루어졌다. 이후 1905년~1910년 시기에는 일제 통감부의 식민지화 교육정책의 일환으로 지리교육의 목적과 내용이 크게 왜곡, 축소되는 과정을 거쳤다. 이런 상황에서 한국 근대 지리교과서는 어느 때보다는 자연지리 내용을 중요시했다.『문답대한신지지(問答大韓新地誌)』역시 자연지리를 중심으로 지지적 접근, 즉 행정구역에 따라 한국의 각 지방을 질문과 응답 형식으로 기술하고 있다.

『문답대한신지지(問答大韓新地誌)』의 내용 구성을 살펴보면 제1장 총론에서는 위치, 영역, 기후, 면적, 장광(거리와 폭), 경도와 위도, 전국의 산세, 전국의 하류, 인구, 풍속, 종교, 하천의 결빙, 주요 산물, 국호, 13도의 명칭 순으로 구성되어 질문과 응답의 형식을 취하고 있다.

제2장 각론에서는 각도의 위치와 영역, 제3장 각도의 지세, 제4장 각도의 연혁, 제5장 산세, 제6장 하류, 제7장 도서와 해만, 제8장 산물, 제9장 고시전쟁지, 제10장 명승지, 제11장 사찰의 순으로 역시 질문과 응답의 형식을 취해 기술되었다.

실제 조선 지리의 내용은 정보 나열 위주의 백과사전적인 구성을 띠고 있어서 내용이 구조화, 조직화 되었다고 볼 수 없다. 그러나 조선의 지리적 사실 및 현상을 계몽적으로 애국심을 고취하는 한 방편으로 이용했다는 점은 높이 평가할 만하다. 이러한 편찬 취지는 서문에 잘 드러나 있다. 편찬체제는 총론과 각론으로 구분되어 기술되었으며, 총론은 계통적 접근방법을, 각론은 지지적 접근방법을 취했다. 이는 당시 지리 교과 편찬의 주요 형태이다. 특히 의미가 큰 부분은 일반적인 서술방식을 취하던 그 당시 교과서의 내용기술 양식과는 달리 질문과 응답의 방식을 통해 서술해, 학생뿐 아니라 일반 서민들까지도 쉽게 이해할 수 있도록 기술했다는 점이다.

일제 강점기 시기 통감부의 학교령 시행기인 1906년 8월에서 1911년 8월 사이에는 한국 지리 보다는 외국 지리 그것도 "我國과 중요관계가 있는" 외국의 지리를 중점적으로 교수하도록 되어 있었다. 이 시기에 통감부 및 일본인 관리의 지배하에 있었던 학부가 추진한 식민지 교육정책은 소위 "문명적" 교육과 "실(實)"학주의적 교육에 바탕을 둔 "모범교육"이었다. 문명적 교육이란 "지도하는 일본민족, 지도받는 한국민족"이라는 취지에 바탕을 둔 한국침략의 논리였으며, 실학주의적 교육이란 한국인들의 머리를 비우고 저급한 기술만을 갖춘 기능인으로서 만족하게 하려는 의도를 미화한 것이다. 나아가 이러한 논리에 기초한 모범교육이란 한국민의 주체적인 민족교육의 발전을 저지하고 일제의 한국침략에 적당한 식민지 교육을 추진하려는 기도였다. 다시 말하면 학교령의 목표는 인적, 물적 정비는 물론 교과의 모범적 운영을 바탕으로 한 타의 모범이 되는 교육 시행이었지만, 실제로는 관공립 학교에 일본인 교원 배치, 국사와 한국지리 교과의 배제, 교과서의 편찬 통제를 위한 수단이었던 것이다. 따라서 이 시기에는 당시의 학정참여관을 중심으로 한 교과용 도서편찬위원회에서 1909년 초까지 보통학교용 수신서, 국어독본, 일어독본, 한문독본, 理科書, 圖書臨本, 習字帖, 산술서, 창가교과서 등은 서둘러 간행했으면서도 국사와 한국지리 교과서는 의도적으로 편찬하지 않았다. 위 정책적·사회적·교육적 방면의 심사기준에 적합한 도서들만을 검정, 인가해 주어 출판되었다. 그러자 이러한 학부의 매국적인 교과용 도서편찬방침에 대항하여 자주독립과 애국사상을 고취하는 교과서를 비롯한 각종 도서가 출판되었다. 이에 대하여 정부에서는 내부고시 제27호로 이 책들의 발매금지조치를 취했다. 이렇게 발매금지된 교과용 도서 가운데『문답대한신지지(問答大韓新地誌)』가 포함되어 있다.

앞서 말했듯이『문답대한신지지(問答大韓新地誌)』는 문답형식으로 내용이 구성되어 있다.

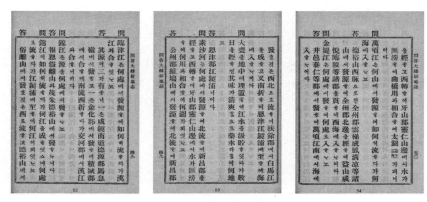

『문답대한신지지(問答大韓新地誌)』 본문

예를 들면 아래와 같은 형태로 질문과 답을 하는 문답 형식으로 개괄적인 내용부터 상세한 분야까지 다루고 있다.

問 我國의 位置는 何處에 在ㅎ뇨(질문: 우리나라의 위치는 어디에 있나요?)
答 亞細亞洲의 東部에 在ㅎ니이다(답변: 아시아의 동쪽에 있습니다.)

問 金剛山은 何處에 在ㅎ며 其峰이 幾何뇨(금강산은 어디에 있나요?)
答 江原道 淮陽郡에 在ㅎ니 俗稱 一萬二千峯이라ㅎ느이다
(강원도 회양군에 있고, 만이천봉이다)

問 人口는 幾何며 其 性質은 大槪 如何오(질문: 인구는 몇 명이고, 성질은 대개 어떤가?)
答 人口는 二千萬이오 其 性質은 大槪 剛毅勤儉ㅎ며 溫直寬柔ㅎ니이다
 (답: 인구는 이천만이고, 성질은 대개 강인하고 근검하며, 온화하고 권유하다)

問 我國의 風俗으로 世界에 第一되는 것이 何뇨
 (질문: 우리 풍속으로 세계 제일인 것은 무엇인가?)
答 我國은 本來 禮節을 崇尙ㅎ여 忠과 孝로 本을 삼는 故로 倫理가 世界에 第一되느이다.
 (답: 본래 예절을 숭상하여 충과 효로 근본을 삼아, 윤리가 세계 제일이다.)

問 宗敎는 何道를 信奉ㅎ며 此外에 何敎도 信奉ㅎㄴ뇨

　(질문: 종교는무엇을 믿나요?)

答 宗敎는 儒道요 此外에 信奉ㅎ는 敎는 佛敎와 基督敎니이다

　(답: 종교는 유교, 신봉하는 종교는 불교와 기독교이다)

4. 핵심어

問(문), 答(답), 位置(위치), 境城(경성), 地球上何方(지구상하방), 地球上北溫帶(지구상북온대), 面積(면적), 經度와 緯度(경도와 위도), 英國 그린위치天文臺(영국 그린위치천문대), 全國의 山勢(전국의 산세), 人口(인구), 宗敎(종교), 國號(국호)

5. 참고문헌

강철성, 「문답 대한신지지 내용분석: 자연지리를 중심으로」, 『한국지형학회지』 17(4), 17-27, 2010.

장보웅, 「개화기의 지리교육」, 『대한지리학회지』 5(1), 41-58, 1970.

『문장지남(文章指南)』

서 명 『문장지남(文章指南)』
저 자 최재학(崔在學, 호는 克菴, 1870년대 ?~?)
형 태 22.1×15.3(cm)
발 행 휘문관, 1908년
소장처 장서각, 이화여자대학교 도서관

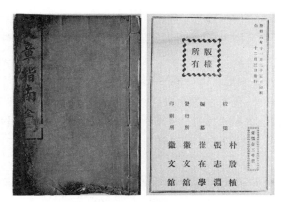

『문장지남』 표지, 판권지

1. 개요

『문장지남(文章指南)』은 '휘문관'에서 1908년 초판 발행되었다. 중국의 한문 문장들을 문체별로 구분하여 수록한 한문 교과의 사찬(私撰) 작문 교재로서, 한문 문법과 표현 방법을 국한문 혼용체의 글쓰기 원리와 방법에 적용하고자 하였다.

2. 저자

최재학의 생몰연도는 명확히 밝혀진 바 없으나 1905년에 평양 유생들과 함께 을사조약에 반대하는 상소를 올리다 체포되었다는 기록 등을 토대로 1870년대 즈음 출생한 것으로 추정된다. 1905년부터 1910년 무렵까지 보성학교 교사, 협성학교 교감, 양영학교 교장을 거치고 야학 설립을 추진하는 등 교육가, 교과서 편찬자로서 다양한 교육운동을 하였다. 여성 교육에도 힘써 1908년 윤치오(尹致旿)·강윤희(姜玧熙) 등과 함께 여자보학원유지회(女子普學院維持會)를 설립하여 여성 교육기관인 여자보학원(女子普學院)을 후원하는 한편, 여성지 『녀ᄌ지남』을 간행하는 데에도 참여하였다. 대한자강회(大韓自強會) 간사원, 서북학회(西北學會) 평의원, 대한협회(大韓協會) 평의원으로서 애국계몽단체의 구국정치 활동에 참여하였다. 주요 저서로 『간명물리교과서(簡明物理敎科書)』, 『문장지남(文章指南)』, 『실지응용작문법(實地應用作文法)』, 『몽학필독(蒙學必讀)』이 있다.

3. 내용 및 구성

『문장지남(文章指南)』은 최재학이 편찬하고, 장지연, 박은식이 교열한 한문 교재이다. 최재학은 한문의 중요성을 강조하고 중국과 한국의 한문 명문들 중에서 논(論)·설(說)·기(記)·전(傳)·서(序)·문(文)·제(題)·발(跋)·찬(贊)·명(銘)·송(頌) 등 11개의 문종으로 쓰여진 글들을 수록하였다. 수록한 글에는 전통적인 기승포결을 표시하고 본문의 마지막에는 '석의(釋義)'를 통하여 어려운 글자와 구절에 대하여 풀이를 덧붙였다. 최재학의 다른 글쓰기 교재인 『실지응용작문법』이 당대의 사람이 쓴 국한문혼용체 글을 수록한 반면 『문장지남(文章指南)』은 중국과 한국의 대표적인 명문들을 수록하였다. 『실지응용작문법』이 작문 교재로서 국한문혼용체의 모범적 사례의 제시를 통해 새로운 문체 실험에 대응하고자 했다면, 『문장지남(文章指南)』은 한문 문법을 국한문혼용체의 글쓰기의 원리에 적용하고자 했다.

『문장지남(文章指南)』은 '자서'와 '범례', '목록', 그리고 60과로 이루어진 본문으로 구성되어 있다. 최재학은 책머리의 『자서(自序)』를 통해 "한문을 폐지할 수 없는 것이 명백하다. 오늘날 공부하는 자는 옛날과 같이 한문에만 종사하여 머리가 새도록 경서를 궁구하며 밤을 새워 꼿꼿이 앉아 있을 필요는 없다. 배워서 문장을 쓰려는 자는 다만 구두(句讀)에 통하고 문법(文法)을 이해하면 족할 것이다. 그러나 구두에 통하고 문법을 이해하는 일이 어찌 쉽사리 이루어지겠는가? 나는 이러한 까닭에 이 책을 편찬하여 그 기승포결(起承鋪結)을 표시해서 결구의 법(結構之法)을 해명했다. 제목은 지남(指南)으로 한다"라고 『문장지남(文章指南)』의 편찬 배경과 제명의 까닭을 밝혔다.

余之編是書也客有過而愕然者曰今天下果非四十世紀之新天地乎政治法律學問技藝尙矣莫論鳥獸草木山川江河亦莫不逞其新光彩舊者日益漸滅新者日益發生奄過一小紀六洲大陸變成桑海面目凜乎其不可犯若是其極也顧乃韓柳歐蘇之輩出於唐宋之間不務實地徒尙虛文其言論彌高而去聖人之道益遠其文章尤巧而背當世之務烈不襯於舊不襯於新而一雕虫小技而已矣夫我韓國文出於世宗之睿聖其完全無缺應用便易莫此爲美今子欲摭拾歐蘇輩之餘唾以敎後進無乃自誤而誤人者歟余曰噫吾豈惜然不知者今夫天下之文皆因其國之聲音而成字言語而成文便於行用易於記事也洒者漢文出於支那其聲音之判然語言之不同與吾楚越然我國自檀箕以來由漢文以開文明故數千年來便成慣習認若自國固有之文言語聲音亦因而染化者多几歷史掌故誥訓政法以至日用彝倫之間行事之際周旋往覆名物度數捨此莫由故至於敎科之譯述新學之飜膽亦必以漢文作法爲準繩此豈可一朝卒變而遽廢哉近者日本紳士屢唱漢文之廢止竟不得逐者抑亦以此也況東洋之大局支那爲其宗主而與我有密接之關係則捨漢交將何以情意之相通哉然則漢文之不可廢也審矣今之學者不宜如舊時之從事漢文皓首窮經焚繼兀兀欲學爲文章者但通句讀解文法而止然通句讀解文法豈容易可言哉余是以緝述此書点其起承鋪結以明結搆之法而顏之以指南者也客曰唯於是付之剞劂乃驪興閔大植也
隆熙二年孟冬編述者自識

(自序, 『문장지남(文章指南)』)

최재학은 한문을 배우는 목적을 '句讀에 통하고 文法을 이해'하는 것으로 한정하였다. 한문의 고유한 표현 방법과 구성 방식을 적절하게 활용하여 당시의 국한문혼용체 글쓰기에 적용시키고자 했던 것이 최재학이 『문장지남(文章指南)』을 편찬한 의도였다. 한학자이자 구국 교육가인 최재학이 편찬했다는 점도 『문장지남(文章指南)』의 성격과 의도를 말해준다. 최재학은 국문으로 글쓰기를 하는 것이 당연한 원칙이지만 문명 자체와 신학문들이 한문으로 표기된 개념들이 많이 있기 때문에 한문 공부를 배워야 한다고 밝히고 있다.

『문장지남(文章指南)』의 특이한 점은 『문장지남(文章指南)』에 수록된 글들이 '(기)起-(승)承-(포)鋪-(결)結'의 4단 구성 방식을 사용하고 있다는 점이다. 최재학은 이 구성 방식을 취하는 까닭에 대하여 『문장지남(文章指南)』과 연결되는 교재이자 자신의 작문 교재인 『실지응용작문법(實地應用作文法)』에서 "起ᄂᆞᆫ 文頭를 起홈이니 其 趣旨明白ᄒᆞ야 人의 頭面眉目과 如ᄒᆞ고, 承은 起句의 意를 承홈이니 善히 疏通ᄒᆞ야 人의 咽喉와 如홈이 貴ᄒᆞ고, 鋪ᄂᆞᆫ 承의 次에 其事를 鋪張홈이 或 其條理가 整齊ᄒᆞ며 或 其脉絡이 縱橫ᄒᆞ야 人의 心胸과 如홈이 貴ᄒᆞ고, 結은 一篇의 文을 收結홈"이라고 설명하고 있다. 구성 단계의 유기적 연결의 중요성에 대해서는 『문장지남(文章指南)』의 '자서'에서 글쓰기에서 4단 구성의 단계가 서로 유기적으로 연결되어야 한다는 점을 인체에 비유하여 강조하였다. 최재학은 '기(起)-승(承)-포(鋪)-결(結)' 구성법을 중국의 한문 문장 뿐만 아니라 국한문 혼용체의 글에도 적용하고자 했다. 다음은 『문장지남(文章指南)』 중에서 소식(蘇軾)의 범증론(范增論)을 수록한 부분이다.

(起)漢用陳平計間疎楚君臣項羽疑范增與漢有私稍奪其權增大怒曰天下事大定矣君王自爲之願賜骸骨歸卒伍未至彭城疽發背死. (承)蘇子曰增之去善矣不去羽必殺之獨恨其不早耳　然則當以何事去增勸羽殺沛公羽不聽終以此失天下當於是耶曰否增之欲殺沛公人臣之分也羽之不殺猶有君人之度也增曷爲以此去哉. (鋪)易曰知幾其神乎詩曰相彼雨雪先集維霰增之去當於羽殺卿子冠軍時也. 陳涉之得民也以項燕扶蘇項氏之興也以立楚懷王孫心 而諸候畔之也以弑義帝且義帝之立增爲謀主矣義帝之存亡豈獨爲楚之盛衰亦增之所與同禍福也未有義帝亡而增獨能久存者也. 羽之殺卿子冠軍也是弑義帝之兆也. 其弑義帝則疑增之本也豈必待陳平哉.

『문장지남(文章指南)』에는 우리나라의 권근(權近)의 「밀봉설(蜜蜂說)」, 이색(李穡)의 「운금루기(雲錦樓記)」, 이규보(李奎報)의 「계양자오당기(桂陽自娛堂記)」, 이종인(李宗仁)의 「제천봉시고후(題千峰詩藁後)」, 정초(鄭招)의 「삼강행실발(三綱行實跋)」 등과 중국의 구양수(歐陽脩), 소식(蘇軾) 등 13인의 명문들이 수록되었다.

4. 핵심어

문장지남, 최재학, 기승포결(起承鋪結), 「밀봉설(蜜蜂說)」 「범증론(范增論)」

5. 참고문헌

남궁원, 「개화기 글쓰기 교재 實地應用作文法 과 文章指南 연구」, 『한문고전연구』 12, 2006.
정우봉, 「근대계몽기 作文 敎材에 대한 연구 - 『實地應用作文法』과 『文章指南』을 중심으로」 28, 한문교육연구, 2007.

『보통교육국민의범((普通敎育)國民儀範)』

서 명 『보통교육국민의범(普通敎育國民儀範)』
저 자 진희성(陳熙星) 역술, 윤태영(尹泰榮) 교열
형 태 1책(124면, 12행 24자) 22.1×15(cm)
발 행 의진사(義進社), 1908년
소장처 서울대학교 중앙도서관, 이화여자대학교 도서관

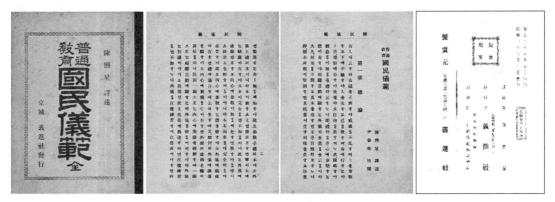

『보통교육국민의범』 표지, 본문, 판권지

1. 개요

『보통교육국민의범』(1책)은 대한제국시기의 신교육정책에 따라 신설된 각급학교 수신 교과에서 사용된 교과서의 하나이다. 이 책은 일본 도쿄사범학교에서 간행한 『의례교범(儀禮敎範)』을 번역하여 실정에 맞게 교열한 것으로, 일반인과 고등보통학교 이상 학생들에게 예절의 중요성을 강조하며 시대 변화에 따라 개인의 품격과 국격에 맞게 새로운 행동규범과 공공질서를 세우기 위한 목적을 지향하며 동서양 문명국의 예절과 공공 의례를 소개하고 전파할 목적으로 간행되었다.

2. 저자

번역자 진희성은 1895년 관비 2기 유학생으로 선발되어 게이오의숙(慶應義塾)에서 수학한 인물로 태극학회 회원, 보성관에 소속된 번역자로 활동하였고, 『신편소학교수범(1)』(1907), 『신찬외국지지』(일신사, 1907), 『초등물리교과서』(의진사, 1908), 『최신전야산림실지측량법(最新田野山林實地測量法)』(의진사, 1908) 등을 저술했다. 교열자 윤태영은 『한문학교과서』(여규형과 공저, 보성관, 1907)를 편찬한 경력을 지닌 교육자이다.

3. 내용 및 구성

1895년 2월 갑오교육개혁이 단행되면서 시행된 신교육교과과정에서는 소학교에서 사범학교에 이르는 전 교과과정에 수신 교과가 설치되었다. 교육과정 개편에 따라 기존의 수신 교과서인 '소학(小學)'을 대체하는 각급학교용 수신 교과서를 편찬하기에 이른다. 『보통교육 국민의범』은 당시의 일본 도쿄사범학교('동경고등사범학교'를 거쳐 현재는 '츠쿠바대학교')에서 간행한 『의례교범(儀禮敎範)』을 번역, 교열한 것이다. 이 교과서는 소학교(심상과)나 중등학교 교사를 양성하는 속성과, 고등보통학교의 수신과, 일반 성인들을 위한 예절교육과 공공의례의 지침서를 지향했던 것으로 보인다. 이 점은 당대 신문에 실린 이 책의 광고에서 잘 확인된다.

광고에서 『보통교육 국민의범』은 다음과 같이 서술되어 있다.

"무릇 문명한 의례를 잘 모르면 비루하고 거칠다는 책망을 면하기 어렵기에 동서양에서 통용되는 의례를 밝히고 모아서 일반인들과 교육계의 수신과에 필요한 물건을 완비코자 편찬 간행하였으니 모든 학식 있는 분들은 계속 사서 읽고 가르치고 배워서 문명의 길로 함께 가시기를 힘써 바람[원문: 대저(大抵) 문명(文明)흔 의례(儀禮)에 몽매(蒙昧)하면 비야(鄙野)의 초(誚)를 난면(難免)이옵기 동서양 통행의례(東西洋通行儀禮)를 소석채취(昭晳採取)하와 일반학계(一般學界)의 수신과(修身科)에 필요품(必要品)을 완비(完備)코자 자(玆)에 편간 발행(編刊發行)이오니 첨군자(僉君子)는 육속 구람 교수(陸續購覽敎授)하시와 문명궤도(文明軌途)로 병진(並進)하심을 무망(務望)]"(『황성신문』, 1908.8.30) 이렇듯, 교과서는 일반인들과 사범학교 과정, 고등보통학교, 교사 속성양성과정 '속성과' 등에 필수적인 책임을 강조하고 있다.

교과서 체제는 24장 70절로 구성되어 있다. 1장부터 4장까지는 이 책의 총론에 해당하는데, 주로 예법의 전통적 개념 정의, 시대에 걸맞은 예법의 필요성, 예의를 갖추기 위한 마음의 수양 등의 내용으로 구성되어 있다(1장 '총론', 2장 '예의의 필요', 3장 '예의는 옛 예의, 옛실상에만 의지할 것이 아니다', 4장 '예의에 관하여 일반적으로 주의할 것'). 5장~8장에서는 몸가짐과 복장, 언어 등 주로 개인 관습을 다루고 있다(5장 신체, 6장 복장, 제7장 언어, 제8장 자세). 9장~24장에는 경례(9장), 방문과 접객(10장), 향응(11장), 집안 살림살이(12장 거택(居宅)), 문과 창문 단속(13장), 물건 다루는 법(14장), 물품 빌리는 법(15장), 편지 쓰는 법(16장), 선물하는 법(18장), 집회 방법(19장), 소개 방법(20장), 의식을 위한 식장, 시간, 순서, 칙어 봉독과 국가연주시 예법(21장), 공중집회와 공공물에 대한 예절(22장), 장례 치르는 법(23장), 기타 연장자의 장수 축하하는 자리, 학교 예절, 여행중 주의사항, 잠자는 일과 먹는 일(24장 기타) 등, 주로 공중도덕과 사회적 관례에 대한 예절과 의례, 준칙들을 담아 놓았다.

교과서는 일본의 『의례교범(儀禮敎範)』을 단순히 직역한 것이 아니라 당대의 실정에 맞게 근대지식을 주체적으로 수용하는 근대 초기 번역서의 특징인 '역술(譯述)'의 특징이 발견된다.

총론에 해당하는 부분에서는 전통적인 '예'를 정의하고 이를 근본으로 삼되 '예절과 의례'가 문명국으로 나아가는 데 필수적인 조건임을 밝히고 있다. "소위 문명이라는 것은 다만 나라가 부유하고 병사가 강한 것만 말함이 아니며 외부의 문물과 제도가 정제된 것만 말함이 아니라 실로 덕의를 중시하며 예의를 숭상하여 사회의 풍속을 돈후하고 고상하며 아름답게 함이 실로 문명에서 빠뜨리지 못할 요소[원문: 소위 문명이라 흐는 자는 다만 국(國)이 부(富)ㅎ며 병(兵)이 강흔 것만 운(云)홈이 아니며 쏘흔 외부적 문물과 제도가 정제(整齊)흔 것만 운홈이 아니라 실로 덕의(德義)를 중시ㅎ며 예의를 숭상ㅎ야 사회의 풍속을 돈후(敦厚)ㅎ고 고상우미(高尚優美)홈이 실로 문명에 흠결(欠缺)치 못홀 요소]"(2장 예의의 필요)라고 서술하고 있다. 곧, 예절과 의례는 '개인의 품위'와 '국가의 체면'과 직결된다는 점에서 새로운 시대에 걸맞은 형식을 필요로 한다는 점이 강조되고 있다.

'새로운 예절'이 강조되는 배경은 다음과 같이 기술되어 있다. "광무유신(光武維新) 이후 십여 년이 흘렀으나 아직도 과도기요, 아직 정돈된 시대에 이르지 못하였으나 그런 까닭에 사회의 모든 일과 물건이 점차 정돈하고자 하는 때에는 예의 또한 진흥케 할지니 예의란 본래 시대의 산물로 시대가 달라짐에 따라 예의 또한 달라짐은 자연스러운 이치[원문: 유신(維新)한 후로 십유여년을 기경(己經)하얏스되 상차과도(尙且過渡)의 시대요 아즉 정돈한 시대에 지(至)치 못하얏스느 연이느 사회에 만반사물(萬般事物)이 점차로 정돈코즈 하느 시(時)에느 예의도 역(亦) 진흥케 홀지니 예의느 원(元, 본래) 시대적 생산물로 시대가 이(異)흠을 종(從)하야 예의도 역(亦) 이(異)흠은 자연(自然)한 수(數)라]"(3장 예의는 고례고실(古禮古實)에만 의(依)흠이 불가(不可)하니라)라고 규정하고 있다. 이는 새로운 시대에 걸맞게 동서양 문명국의 예절과 의례를 익혀야 한다는 점이 강조되고 있는 셈이다.

교과서의 내용은 국민에게 필요한 개인의 예법, 대인관계에 필요한 규범, 더 나아가 공공 집회나 국가 의례 등의 준칙들이 망라되어 있다. 교과서에 국한되지 않고 문명국으로 나아가는 데 필요한 '신식' 예절 규범서를 지향하고 있는 셈이다. 이 교과서는 당대 사회에서 전통적 가치와 새롭게 수용되는 국가 의례와 공공질서, 장례 절차와 같은 생활문화상을 살필 수 있다는 점에서 사료적 가치도 충분하다.

5장 '신체'에서는 두발을 매달 한 번씩 깎아 청결을 유지해야 하며 여자의 머릿결은 자주 감고 빗질하는 데 게을리하지 않아야 한다는 것, 눈과 코와 귀 또한 청결하게 한다는 것, 손발과 손톱을 적당한 위치에 두고 일주일에 한 번 손톱을 깎아 개인의 위생이 습관화되어야 함을 기술하고 있다. 6장 '복장'에서는 검소하고 소박하되 깨끗하고 단정한 복장으로 개인의 품격을 갖추어야 한다는 것, 육군과 해군, 경찰관의 제복 착용, 학교에서의 직원과 학생들이 제복을 반드시 착용해야 한다는 점도 서술되어 있다. 7장 '언어'에서는 언어가 '마음의 소리[심신성야(心身聲也)]'이고 사람의 품격과 관계됨을 지적하며 대화 예절을 지켜야 한다는 점, 연설과 토론의 방법과 준칙 등에 관해서도 서술해 놓았다. 10장 '방문과 접객'에서는 축하 방문, 위문, 조문, 통상방문, 유사 방문, 피로연 및 고별 방문 등, 방문 목적에 따른 규범과 주의사항을 적시해 놓았다. 방문 중 명첩(명함)을 내어놓는 관습, 손님에게 접대하는 도구로 열거된 찻잔과 과자 그릇, 담뱃갑, 화로 등은 당대의 일상에 사용된 신문물의 일단을 짐작하게 해준다. 대례복과 프록코트의 병용, 연회 시 샴페인이나 빵과 스프를 음용하는 공공 예절에서부터 우편함, 명함, 기차와 기선 등에 이르는 신문물 이용법을 소개하는 대목에서는 신문물 수용에 따른 새로운 생활양식으로 자리잡아가는 면모가 나타나고 있다. 이 교과서는 일본 메이지 개혁 당시에 수집한 동서양 의례를 당대 사회가 수용한 구체적인 사례이다.

4. 핵심어

『보통교육국민의범』, 『의례교범』 번역, 공공의례, 『소학』 대체, 중등학교 교사 양성 속성과, 고등보통학교 수신과, 일반성인 대상 예절교육서, 공동의례 지침서, 예법의 필요성, 몸가짐, 복장, 언어, 문단속, 집회방법, 소개방법, 식장, 칙어봉독, 국가연주시 예법, 의례, 준칙

5. 참고문헌

허재영, 「『고등국민의범』 해제」, 안종화 외, 허재영 외 공역, 『근대수신교과서』 1, 소명출판, 2011.

허재영, 「근대계몽기 지식 유통의 특징과 역술 문헌에 대하여」, 『어문론집』 63, 2015.
허재영, 「근대계몽기 신문 잡지의 번역과 역술 문화」, 『동악어문학』 66, 2016.
홍선표 외 공저, 『근대의 첫 경험: 개화기 일상 문화를 중심으로』, 이화여자대학교출판부, 2006.
강영심, 「보통교육국민의범」, 『한국민족문화대백과사전』, 한국학중앙연구원, 2014.

『보통교과대동역사략(普通敎科大東歷史略)』

서 명　『보통교과 대동역사략(普通敎科 大東歷史略)』
저 자　유성준(兪星濬, 1860~1934)
형 태　23.4×16.1(cm)
발 행　박학서관(博學書館), 1908년
소장처　국립중앙도서관

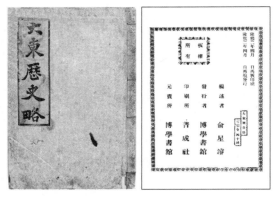

『보통교과 대동역사략』 표지, 판권지

1. 개요

『보통교과 대동역사략(普通敎科 大東歷史略)』은 1908년에 유성준이 편찬한 초등학교 역사교과서이다. 이 책은 1906년에 국민교육회에서 편찬한 동일한 명칭의 책을 새롭게 편집하고 일부 글자를 교정하여 편찬한 것이다.

2. 저자

유성준(兪星濬)은 1860년에 태어났고 1934년 사망하였다. 유길준(兪吉濬)의 동생이다. 1883년에 일본으로 건너가 게이오 의숙(慶應義塾)에서 공부했다. 1885년에 귀국해 외무아문 주사에 임명되었다가 1887년 9월에는 내무부 주사가 되었다. 1894년 갑오개혁 당시에는 탁지아문 주사에 임명되었고, 1895년 5월에는 견습수세사무(見習收稅事務)가 되어 일본에 갔다가 11월에 귀국했으나 당시 국사범이라는 혐의를 받아서 이듬해 일본으로 망명했다. 이후 도쿄부기전문학교(東京簿記專門學校), 메이지법률학교(明治法律學校) 등에서 수학하다가 1899년 귀국하였다. 1902년 국사범으로 체포되어 유배를 당하였다. 1905년 유배에서 풀려난 이후 통진군수, 내부 경무국장, 학부 학무국장 등의 관직을 거쳤다. 또한 기호학회에 참여하여 계몽운동을 진행했으며, 1907년에는 내부 협판과 내각 법제국장을 지냈다. 저서로는 『법학통론』(1905)이 있다.

3. 내용 및 구성

국립중앙도서관에 소장되어 있는 유성준의『보통교과 대동역사략』(이하『대동역사략』)은 국민교육회에서 1906년에 편찬된 동일한 책을 1908년 4월에 유성준이 편술하여 박학서관에서 재판으로 발행한 것이다. 이화여대 중앙도서관 소장본에는 판권이 나와 있지 않지만 1906년 6월 국민교육회에서 편찬하고 발행한 것으로 알려져 있다. 두 책은 편집이 일부 바뀌고 일부 글자의 차이가 있으나 내용은 거의 동일하다.『대동역사략』은 기본적으로 단군조선에서 고려 말까지 국왕 중심의 사실을 간단하게 기록한 통사이다. 최경환(崔景煥)의『대동역사(大東歷史)』(1905)와 정교(鄭喬)의『대동역사(大東歷史)』(1905)를 소학교 교재로 재편집한 책이며, 고려사 관련 내용은『동국역대사략』(1899)과『동사집략(東史輯略)』(1902)의 내용을 간추린 것이다.

그리고『대동역사략』에는 서문과 목차가 없다. 표지 바로 다음에 역대왕의 도표와 역대 일람이 나온다. 역대왕 도표에는 도읍을 건설한 연대, 도읍명 등의 항목이 있다. 조선기자(朝鮮箕子)-조선위만(朝鮮衛滿)-고구려-백제-신라-고려의 순서로 도읍의 변화과정을 설명하고 있다. 그런데 이 순서는 역대 일람과 본문의 서술 순서와는 다르다. 예컨대 역대 일람과 본문에서는 단군조선-기자조선-마한 순으로 서술하여 단군조선과 마한을 강조하고 위만조선은 별도의 항목으로 설정하지 않았다. 그리고 역대 일람에는 왕호와 성씨, 이름, 부친 및 항렬, 모친, 재위 년 수, 나이와 후비(后妃) 항목을 설정하였다. 왕의 아버지 뿐만 아니라 어머니, 후비까지 밝히고자 한 부분이 주목된다. 단군조선-기자조선-마한-신라-고구려-백제-고려 순으로 정리하였다.

『대동역사략』은 본문이 7권으로 이루어져 있다. 권1은 단군조선기, 권2는 기자조선기, 권3은 마한기, 권4는 신라기에 고구려와 백제 등을 부가적으로 서술하며 삼국시대의 역사를 그려내고 있다. 권5는 신라기로 통일신라의 역사를 서술하고 있다. 권6과 권7은 고려기이다. 고려기는 세 부분으로 나뉘어 있는데 태조~의종대가 권6의 앞부분이고, 명종~충렬왕대가 권6의 뒷부분이다. 충선왕~공양왕이 권7에 해당하는데, 183면에는 책을 읽은 독자가 고려기 위에 '後'자를 써놓았다. 권6은 고려전기, 권7은 고려후기에 해당한다. 권6의 뒷부분이 시작하는 147면에 '권6 대동역사략'이라는 표제가 인쇄되어 있다. 서술분량을 살펴보면, 고조선~신라의 내용은 소략하고 고려시대 특히 무신집권기에서 몽골침입기까지의 내용이 풍부하다.

이어서『대동역사략』의 특징을 정리해보면 다음과 같다.

첫째, 단군부터 고려시대까지의 편년체 통사(痛史)이며 최경환의『대동역사』(1905)와 정교의『대동역사』(1905)와 기본 시각이 비슷하다. 그리고 고려사 부분은『동국역대사략(東國歷代史略)』(1899)과『동사집략(東史集略)』(1902)을 간추려 번역한 것이다.

둘째, 단군 기원이 아니라 조선 개국 년을 기준으로 대한 개국기원 전후로 된 개국기년(開國紀年)을 사용하고 있다. 이는 왕조별 기년에 비해 통시대적이다.

셋째, 외국 연기(年紀)를 배제하고 우리의 대한제국의 연기만을 사용하고 있다.

넷째, 단군-기자-마한-신라로 이어지는 정통성을 부각하고 있다. 이는『조선역사(朝鮮歷史)』(1895)의 고대사 체계와 동일하다. 개화기 교과서에서 일반적인 삼한정통론과 같으면서도 기자-마한, 마한-신라의 계승과정을 한층 강조한 것이다.

다섯째, 당시 소개되고 있었던 임나일본부설을 부정했다.『대동역사』·『동사집략』·『역사집략(歷史集略)』(1905)처럼 임나를 삼한 당시에 존재하던 소국으로 파악하였고, 독립국 임나는 마한의 지배로 멸망하였다고 서술하고 있다.

여섯째, 현종대의 거란 침입과 고종대의 몽골 침입에 항전한 내용을 기술하고 있다. 특히 현종대에 거란 대장 소손녕이 10만 명의 대군을 거느리고 침범하자 상원수 강감찬이 지휘하는 고려군이 귀주에서 소손녕의 부대를 크게 무찔렀다는 내용을 상세하게 서술하고 있다. 또한 고려 고종대인 1231년 가을에 몽골이 침략했고 이후 6차에 걸쳐 침입했고, 이에 고려 관민이 합세하여 1259년까지 지속적으로 항전한 내용 등도 상세하게 기록하고 있다.

일곱째, 삼국통일론과 신라의 나당전쟁을 강조하면서 대외항쟁과 자주의 관점을 견지하고 있다. 즉 "문무왕 8년(668)에 신라가 천하(宇內)를 통일"하였다고 서술하면서 삼한일통론(三韓一統論)과는 다른 삼국통일론의 입장을 강조하고 있다. 아울러 한때 연합했던 당나라와의 전투 과정에 대해 서술하여 당나라와 대립했던 과정도 상세하게 그려내고 있다.

여덟째, 공민왕의 반원정책의 과정을 상세히 설명하고 있다. 누이동생이 원나라 황제와 결혼해서 황후가 된 후 친원파로 득세하게 된 기철 일파를 처단한 내용, 원나라에게 빼앗긴 강역을 수복하기 위해 쌍성총관부를 공격하는 등의 과정을 밝히고 있다.

이렇듯『대동역사략』은 전체적인 서술에서 주체성을 견지하고 있었다. 위만조선과 한사군을 배제하고 임나일본부설을 부정했으며, 삼한 정통론을 취하고 있는 점이 이를 증명한다. 1910년 11월 경무총감부가 많은 서적의 발매와 반포를 금지하고 압수하였는데 그 항목에『대동역사략』도 포함되어 있다.

또한 1906년 의무교육이 전격적으로 시행되어 여성교육과 보통교육이 강조되면서 보통교육에 사용할 수 있는 교과서의 필요성이 강하게 요구되었는데『대동역사략』은 이러한 요구를 충족시켜주었다는 점에서도 역사적으로 중요한 가치가 있다고 하겠다. 물론, 이미 1899년에 현채가『보통교과 동국역사』를 편찬한 바 있지만, 그것은 학부에서 편찬했으며, 그 내용 또한 위만조선을 중심으로 삼한의 역사를 서술하고 있는 점 등은 이 책과 역사 인식을 달리하고 있었다고 볼 수 있다.

4. 핵심어

삼한정통론, 개국기년(開國紀年), 임나일본부설, 삼국통일론, 국민교육회

5. 참고문헌

조동걸,「한말 사서와 그의 계몽주의적 허실(상)」,『한국독립운동사연구』1, 1987.
양정현,『근대개혁기 역사교육의 전개와 역사교재의 구성』, 서울대학교 박사학위논문, 2001.
박광연 역,『근대 역사 교과서. 3: 보통교과 대동역사략』, 소명출판, 2011.

『보통교육한문신독본(普通敎育漢文新讀本)』

서 명	『보통교육한문신독본(普通敎育漢文新讀本)』
저 자	이종하(李琮夏, 확인불가)
형 태	확인불가
발 행	광덕서관(廣德書舘) 유일서관(唯一書舘), 1910년
소장처	이화여자대학교 도서관

『보통교육한문신독본』 표지

1. 개요

『보통교육한문신독본(普通敎育漢文新讀本)』(4권)은 '광덕서관(廣德書舘) 유일서관(唯一書舘)'에서 1910년 2월에 초판 발행되었다. 이종하가 편찬한 이 책은 사립학교의 한문과 초등교육 학도용으로 인가된 한문 교과서로, 기초 한자 및 기초문법서의 성격을 띤 한문 문장, 중국과 우리나라의 옛 문헌에 선발한 한문 문장, 근대의 지식을 담은 실용 한문 문장이 혼재되어 있다.

2. 저자

『보통교육한문신독본』의 저자이면서 발행자이기도 한 이종하(李琮夏)는 그의 생애나 사적을 구체적으로 기록한 자료를 현재 찾아볼 수 없다. 다만, 『각사등록(各司謄錄)』근대편에서, 이종하가 1909년 학부(學部) 편집국(編輯局)의 주사로 재직하였음이 확인된다. 당시 편집국 직원 명단을 보면, 국장 어윤적, 편찬관 현수, 기사 이돈수·유한봉, 주사 이종하·이공식, 편찬관보 홍기표, 기수 전태선·이응선·이효진, 위원 이규진·어재승이었다. 오늘날의 교육부에 해당하는 기관인 통감부(統監府) 학부(學部)가 1895년(고종 32) 4월에 설치되어 1910년 경술국치에 이르기까지 존속하였으며, 학부 소속의 편집국이 교과(敎科)·도서(圖書)의 편집·번역 및 검정에 관한 사무를 관장한 점을 고려해 보면, 이종하는 학부 편집국에서 한문 교과서 편찬에 관여한 경험 등을 살려 이 책을 개인적으로 편찬한 것으로 보인다.

한편, 이종하의 교육자로서 면모는 그가 1908년 2월 25일『대동학회월보(大東學會月報)』제1호에 발표한 '新舊學問이 同乎아 異乎아'를 통해 짐작해 볼 수 있다. 한문 문장에 한글 토를 단 방식으로 작성한 이 기사문은 신학문과 구학문이 보세치민(保世治民)의 목적과 효용에서 같음을 역설하였다. 친일적 성향의 대동학회가 발간한『대동학회월보』는 한문의 비중이 다른 잡지에 비해 월등하게 컸는데, 이러한 잡지에 유려한 한문 문장 기사문을 작성한 점, 기사문의 주제가 신구학문의 비교인 점 등을 고려해 보면, 이종하는 전통의 한학에 대한 소양을 바탕으로 신문물을 수용한 교육자로 보인다.

한편,『보통교육한문신독본』의 교열자는 여규형(呂圭亨, 1848년~1921년)이다. 여규형은 1882년(고종 19)에 문과에 급제하여 외아문주사(外衙門主事)에 임명된 인물로, 관직과 유배를 오가다가 통감부가 설치되면서 유배에서 풀려나 서울에 돌아와서 사립학교인 대동학교(大東學校)의 교사가 되었으며, 그 후 한성고등학교에서 한문과를 담당하였다. 그는 뛰어난 문장과 해박한 지식, 그리고 숱한 기행(奇行)으로 이건창(李建昌)·김윤식(金允植)·정만조(鄭萬朝) 등과 한문학사의 대미를 장식한 한학자로서 평가되기도 하지만, 만년에 일제의 노선에 동조하였다.

3. 내용 및 구성

『보통교육한문신독본』(4권)은 1908년 12월 24일자 학부 검정도서 제도에 따라 사립학교 한문과 초등교육 학도용으로 인가되었다. 권1은 102과, 권2는 66과, 권3은 41과, 권4는 40과로 구성되어 있으며, 토를 달지 않았고, 한자음 혹은 한자의 뜻에 관한 설명이나 주석이 없다. 권2부터는 난외 상단에 인물에 대한 간단한 주석을 달고 있다.

권1은 천지일월(天地日月), 산천하해(山川河海), 수화토석(水火土石), 춘하추동(春夏秋冬) 같이 기초적인 한자를 4자로 묶어 각 과를 구성하였고, 이어 지연필묵(紙硯筆墨) 궤상서책도화(几床書冊圖畫) 같이 글자 수를 늘려갔다. 제24과부터 쉬운 글자로 간단한 한문 문장을 보여주는 방식으로 구성하였다. 예를 들면 산고(山高), 해심(海深) 같이 2자로 주술 관계를, 모옥(茅屋), 와가(瓦家) 같이 수식 관계를 보여주는 2자 조어를 각 과에 6개씩 구성하였다. 이후 점차 글자 수를 늘리고 문장이 좀 더 복잡해지는 예문을 구성하였다. 대개 그 내용은 생활 한자어와 실용적인 내용을 위주로 하였다. 제60~86과는 한자의 용법, 이를테면 '이(以)' '능(能)' '물(勿)' '지(之)'의 용례를 매우 짧은 문장으로 구성해 보았다. 제94과나 제102과 등에서는 한문 문장에 교훈적 내용을 담기도 하였다.

권2는 유가의 효, 충, 신 등을 담은 쉬운 한문 문장으로 시작하였으나 교육의 필요성과 학교의 중요성을 설명하거나 당시 학교생활을 보여주는 문장, 근대적 상식 등을 담은 한문 문장으로 구성하였다. 예를 들면, 제19과에서는 청결한 위생 복장을 강조한 문장을 만들어 실었다. 그러나 무엇보다 주목되는 것은 우리나라의 역사를 간략하게 서술한 한문 문장을 여러 과에 걸쳐 수록한 점이다. 고조선에서 시작하여 대한국(大韓國)에 이르는 역사(제26과), 삼국시대와 통일신라 시대(제27과), 태봉 후백제 고려 건국(28과), 조선 건국에서 대한제국까지(29과)이다. 이와 함께, 조선의 관료나 문인, 학자의 일화를 많이 선발하였다. 예를 들면 제47과는 조원기(趙元紀)의 9세 때 일화인데, 출전은『임하필기(林下筆記)』이다. 제48과는 이상의(李尙毅)의 아이 적 일화로, 제51과는 홍서봉(洪瑞鳳)의 어머니 일화로, 둘 다『해동속소학(海東續小學)』이 출전이다. 제52과는 윤회(尹淮)의 아이 적 일화로, 출전이『국조휘어(國朝彙語)』이다. 제64과는 허종(許琮)의 아이 적 일화로, 출전은『해동야언(海東野言)』이다. 제65과는 황희(黃喜)의 일화로, 출전이『지봉유설(芝峯類說)』이다. 이렇게 조선 명현들의 소년 시절 일화를 소개하는 교과서 구성을 통해 학생들에게 교훈을 주려 하였다.

이상을 통해 보면, 이 책은 우리나라의 역사교육을 중시한 것으로 보이지만, 동시에 일본의 역사 개관, 신사와 무협을 숭상하는 일본의 풍조, 명치 초 서양의 압박을 받아 쇄신 정치를 열어 실업이 진흥한 결과 열국과 나란히 학업 진보를 성취한 내용을 구성함으로써 당대 식민지 현실을 긍정하고 있다.

권3은 제1과에서 오륜(五倫)과 같은 전통적 윤리를 내용으로 하였지만, 전통적인 경전류에서 한문 문장을 뽑지 않고 당시 학교생활을 가상하여 성품과 행실 가르치는 내용으로 구성하였다. 특히 근대적 실용 지식이나 상식을 한문 문장으로 만든 것이 특징적이다. 예를 들면, '언 손이나 언 발을 뜨거운 물로 녹이려 들면 안 되고 찬물로 씻어서 닦아 말려야 한다.'(제7과), '살균 작용을 위해 물을 끓여 먹거나 망으로 걸러 먹어야 한다.'(제10과) 등이 그러한 예이다. 그런데 후반부에 이르면, 공자 일생을 간략히 설명한(제14과) 뒤, 『논어』『소학』『맹자』 등에서 문장을 선발하기도 하고, 윤지완(尹趾完)의 일화(제21과), 이의준(李義駿) 일화(제22과) 등 다시 조선 문인의 교훈적 일화로 구성하기도 하였다. 또한, 일본과 관련된 문장을 만들어 넣기도 하였는데, 제39과에서는 모군의 일본 유학을 가상하여 만든 문장을, 제40과에서는 일본 메이지 시대[明治時代] 초기의 계몽사상가·교육가·문학자인 나카무라 마사나오(中村正直)를 소개하였고, 제36과에서는 도쿠가와 시대[德川時代] 초기의 철학자·식물학자이며 기행문 작가인 가이바라 에키켄(貝原益軒)의 일화를 소개하였다.

권4(총 40과)는 권1~권3과 달리 중국 유학 경전에서 한문 문장을 선발하였기에 전통적인 한문교재와 구별되지 않는다. 제1과는 『논어』의 안연, 자로, 위령공에서 문장을 뽑아 구성하였고, 제2과는 『논어』의 양화와 위령공 등에서 문장을 뽑아 구성하였다. 제3과는 소식(蘇軾)의 <사변론(士變論)>을 절록하여 약간 변용하였다. 이후 『논어』『소학』『순자(荀子)』 등 유학의 경전에서 문장을 선발하였다. 이처럼 권4의 각 과는 주로 중국의 경전류에서 문장을 뽑았지만, 이철보(李喆輔)의 부인 박씨 일화를 수록하기도 하였다. (제18과와 제19) 또한, 음식물의 소화를 담당하는 위의 작용을 설명하고 위를 보호해야 한다는 내용(제37과), 호흡을 설명하면서 실내공기를 깨끗하게 해야 한다는 내용(제38과)과 같이, 앞의 단원들과 내용상 맥락이 닿지 않는 근대 계몽적 지식을 담기도 하였다. 특히 제40과는 조선의 사농공상(士農工商)의 구분을 비판하면서, 의학이나 농공에 힘쓰는 서양 유자(西儒)를 배워야 한다는 문장을 구성하기도 하였다.

이상에서 보면, 이 책은 일관된 한문 교재 구성의 기준이나 분류 방식을 갖추지 않은 채, 종래의 전통적 한문 교재의 양상과 신식의 근대적 한문 교재 양상이 혼재되어 있다. 이는 이 책의 저자인 이종하의 전통을 계승한 한학자로서의 소양과 통감부 학부(學部) 편집국(編輯局) 출신 교육자의 면모가 동시에 작용한 결과로 보인다.

4. 핵심어

보통교육한문신독본, 이종하, 조선 명현들의 일화, 나카무라 마사나오(中村正直), 가이바라 에키켄(貝原益軒), 논어, 소학, 순자

5. 참고문헌

강윤호,『개화기의 교과용 도서』, 교육출판사, 1973.

『부유독습(婦幼讀習)』(권1(상)-권2(하))

서 명	『부유독습(婦幼獨習)』(권1(상)-권2(하))
저 자	강화석(姜華錫, 호는 西川, 1868~1929)
형 태	21.9×15.2(cm)
발 행	황성신문사, 1908년
소장처	국회도서관, 이화여자대학교 도서관, 고려대학교 도서관

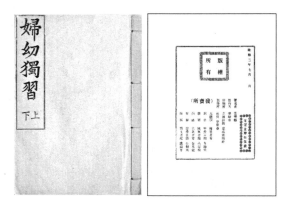

『부유독습』상, 하 표지, 하 판권지

1. 개요

『부유독습(婦幼獨習)』(상, 하권)은 독학을 하는 여성과 어린이를 위한 한문 교과서로, 2천 2백여 개의 한자가 수록되어 있다. 강화석(姜華錫)이 편찬하고 이준구(李駿求)가 발행했으며, 1908년 7월 황성신문사(皇城新聞社)에서 출간했다.

2. 저자

강화석(姜華錫)은 조선 말 교육자이자 학자이다. 1896년 독립신문을 창간한 독립협회에서 사법위원을 역임했다. 이상재(李商在), 윤치호(尹致昊), 남궁억(南宮檍) 등과 대한황성신문(大韓皇城新聞)을 운영했다. 애국운동, 계몽운동을 목적으로 하는 서우학회(西友學會)의 평의원을 역임했고, 한북흥학회(漢北興學會)와 서우학회를 통합하여 재조직한 서북학회(西北學會)에서도 평위원으로 활동하였다. 서북협성학교(西北協成學校) 5대 교장을 역임하며 교육활동에 적극 참여했다. 주요 저서로『婦幼獨習』이 있다.

3. 내용 및 구성

『부유독습(婦幼獨習)』은 가정에서 독학을 하는 여성과 어린이를 위한 한문 교육서로 상, 하 두 권의 책으로 구성되었다. 수록된 한자는 상권 865자, 하권은 1,346자 등 전체 2,211자이다. 교과서의 지면을 상단과 하단으로 구분하여 상단에는 한자를 제시한 후 작은 크기의 글자로 훈음(訓音)과 괄호 안에 한 자의 용례를 표기하고 하단에는 문장을 통해 한자의 의미와 쓰임을 이해할 수 있도록 하는 방식을 취했다. 그리고 장(章)이나 과(課) 등을 사용하여 단원을 구분하는 교과서의 보편적인 편제를 따르지 않고, 개별 한자와 문장의 용례를 나열하는 구성 방식을 취하였다.([그림1], [그림2] 참고)

[그림 1] 『부유독습』(상), 3면　　　[그림 2] 『부유독습』(하), 89면

　"독습은 혼자 공부한다는 말"이라는 책머리의 부제에서 알 수 있듯이, 강화석은 『부유독습(婦幼獨習)』의 편찬 목적을 "집안 살림이 빈한하여 학교에서 공부하기 어려운 어린 아이들이나 나이 이삼십이 되어 집안일에 얽매어 공부하기 어려운 어린 부인네들이 집안에서 혼자 공부할 수 있도록 하기 위해서 이 책을 내니 부인네와 동몽에게 조금이라도 도움이 있기를 바란다"와 같이 밝히고 있다. 강화석이 한학자이면서 교육자였다는 점 역시 『부유독습(婦幼獨習)』의 성격과 편찬 의도를 말해준다.

　　婦지어미부 幼어릴유 獨홀노독 習닉일습 독습은 혼자 공부ᄒ다 말

　　뎌뎌뎐디만물즁에ᄀ장귀혼사룸은 남녀가일반인디엇지ᄒ야 남ᄌ만학문을공부ᄒ고 녀ᄌ는학문을
　　모로리로 우리나라녀ᄌ들을 구미각국녀ᄌ의게 비ᄒ면령혼육신이잇는 ᄀᆺ혼사룸이라고ᄒ기가 붓
　　그렙도다 그러므로 혹가도가빈한ᄒ야 학교에셔공부홀수 업거나 혹나히 이삼십되여 가ᄉ에 얽믹
　　여 공부ᄒ기어려운 어린ᄋ히들이 집안헤잇셔셔 혼자공부ᄒ기위ᄒ야 아ᄎᆨ을내여부인네와 동몽의
　　게 일반분이라도 유조ᄒ기를ᄇ라옵
　　한문혼글ᄉᄌ에 토를혼번식만 둘앗스니 만일즁간에셔 보시든지혹뒤에ᄉᄌ를 니셔ᄇ리고보면 뒤
　　에ᄉᄌ의 토를 춫노라고골몰홀터이니 그리아시고 뒤에ᄉᄌ를 닉이안후에 쏘압헤ᄉᄌ를 빅호게ᄒ
　　시읍
　　이ᄎᆨ에한문혼글ᄉᄌ에 사김토를혼번식 만든것은 공부힘써 ᄒ기를위홈이라 만일ᄌᄌ이 토를돌면
　　토만ᄽ라늙고 한문ᄉᄌ에는 힘이직게쓰일거시니 그러면글ᄉᄌ가눈에 박이지아닐지라 연고로토
　　를혼번식만 든거시오
　　○ 이ᄎᆨ이 언문의 근본문법으로 썻스니 혹입으로닑기가 슌치안타고 혐의치말지어다 이제대게 두
　　　어ᄯᆺ흘 설명ᄒ노니 비유컨대[이거시]라ᄒ면입이슌ᄒ나 본문법이[이것이]니 이거슬 이거세 이

거스로ᄒᆞᄂᆞᆫ것이다[이것을]이거스로 이러케 입을ᄯᅡ아홀지라도 만일글노쓰면[이것이][이것을]
[이것에][이것으로]이러케 쓰ᄂᆞᆫ것이올흘거시오

○ 무엇과ᄀᆞ치ᄒᆞᄂᆞᆫ것이 입에셔는 슌홀지라도[ᄀᆞ하][ᄀᆞ흔][ᄀᆞ히]ᄒᆞ는거시 본문법이외다

○ 이칙샹하권에 새로새ᄌᆞ가 이쳔여ᄌᆞ가되니 이두권을비흔후에는 온갖국한문칙이나 국한문신문
을 보시기가 무려히 넉넉ᄒᆞ오니 보시다가 간혹모를ᄌᆞ는 옥편체ᄎᆞ자보시면 그만이오 하필학교
에가거나 독션싱을쳥ᄒᆞ리오

○ 이칙에 씨ᄌᆞ를노흔 것은 사름의 셩씨라말이오   (『부유독습(婦幼獨習)上』, 2면)

강화석은『부유독습(婦幼獨習)』상권 책머리의 서언(序言)에 해당하는 글을 통해『부유독
習)』을 한자 학습을 위한 교재로 규정하고, 한자 제시 방법을 설명하였다. 저자는 이 책에서 '한문 한 글
자에 토를 한번씩만 달았는데 까닭을 앞의 글자를 충분히 안 후에 뒤의 글자를 배우도록 하기 위해서'
라고 밝혔다. 즉 한자를 반복해서 수록했을 때는 처음 나왔을 때만 토를 달았고 처음 한자가 나왔을 때
충분히 공부를 하게 하려는 데 교육적 의도를 두었다고 명시한 것이다. 그리고 저자는『부유독습(婦幼
獨習)』을 공부하는 학습자들에게 이 책의 편찬 방식에서 알아두어야 할 내용 네 가지를 일러두기 형식
으로 덧붙였다. 첫째에서 이 책은 '언문의 근본 문법'을 바탕으로 만들었다는 점을 밝힌 후 "[이거시]라
ᄒᆞ면입이슌ᄒᆞ나 본문법이 [이것이]니 이거슬 이거세 이거스로ᄒᆞᄂᆞᆫ것이다[이것을]이거스로 이러케 입
을ᄯᅡ아홀지라도 만일글노쓰면 [이것이] [이것을] [이것에] [이것으로]이러케 쓰ᄂᆞᆫ것이올흘거시오"라
고 비유를 들어 설명했다. 이 내용은 두 번째에서 "무엇과ᄀᆞ치ᄒᆞᄂᆞᆫ것이 입에셔는 슌홀지라도 [ᄀᆞ하]
[ᄀᆞ흔] [ᄀᆞ히]ᄒᆞ는거시 본문법이외다"와 같이 다시 강조했다. 세 번째에서는 이 책에 제시한 새로운 한
자가 2천여 자가 되니『부유독습(婦幼獨習)』상, 하 두권을 학습하면 국한문으로 된 서적이나 신문을 읽
는 것이 수월할 것이라고 하며 혹시라도 모르는 한자가 있을 때는 옥편(玉篇)이나 학교 혹은 독선생의
도움을 받으라고도 덧붙였다. 마지막 항목은 이 책에 사용된 '씨'자는 사람의 성씨임을 알려 주었다.

『부유독습(婦幼獨習)』에는 날씨나 계절 등 간단한 일상에 관한 내용부터 여성의 권리와 임무, 여성
교육과 학교의 중요성 그리고 자주독립과 애국에 관한 내용에 이르기까지 다양한 주제의 내용들이 실
려 있다. 교과서라는 성격을 반영하여 상권보다 하권의 수록 한자가 많고 문장의 수준 또한 높다. 상권
에는 '春봄츈 風바람풍 吹불취'와 같이 비교적 간단하고 서로 관련 있는 한자를 결합하여 하나의 단어
혹은 하나의 문장이 되도록 배치했다. 하권은 '宮집궁[황宮] 司ᄀᆞ음알ᄉ 마을ᄉ[태복寺] 屬 붓흘쇽[친
屬, 소屬] 許허흘허[許락] 至 니ᄅᆞ지[至극ᄒᆞ다] 尊놉흘존[尊쟝] 咫지쳑지[咫尺지地] 府마을부[관찰府] 重
무거울즁[즁ᄒᆞ다][거들ㅂ] 禁금흘금[禁法] 肅엄슉슉 叅참예참[叅셔관]'와 같이 비교적 난도 높은 한자
를 두 개씩 6열로 배치했다. 한자의 쓰임을 문장 속에서 연습하는 방식 역시 상권은 '봄바람이불면 빅
화초목이 다발양이되고'처럼 국문 문장으로, 하권은 '宮內府에는 各院과 各司와 所屬官廳이 許多ᄒᆞ니 至
尊咫尺에서 王室을 尊重ᄒᆞ며 宮禁을 肅淸ᄒᆞ고 政府大臣會에는 不叅ᄒᆞᄂᆞ이다 지존은님금이오 궁금은궐
니라'처럼 국한문 혼용 문장으로 제시했다. 상권은 짧고 평이한 한자와 문장이 많고, 하권은 다소 추상
적이고 어려운 한자와 문장이 많은 편이다. 특히 하권 하단에 실려 있는 문장은 가사체로 되어 있어서
일정한 운율이 있다.

焉知禍也 언지화야, 화인줄을 엇지 알니

焉知福也 언지복야, 복인줄을 엇지 알니

言無足而千里 언무죡이쳘리, 발 업는 말이 千里가지

嚴刑遠配 엄형원빈, 엄형ᄒ여 멀니 귀향보낸다

如兄若弟 여형약뎨, 親兄弟 ᄀ갓다

逆悖而入 역패이입, 逆理로 드러온 것

然則奈何 연즉내하, 그런 즉 엇지홀고

永世不忘 영세불망, 永遠히 닛지 못홀 일

(『부유독습(婦幼獨習)下』)

한문 교재로서『부유독습(婦幼獨習)』의 특징은 문장을 통한 한자의 학습 방법을 시도한 점이다. 먼저 한자의 뜻(訓)과 음(音)을 학습한 후, 다음 문장에서 한자의 쓰임을 익히게 하였다. 문맥을 통해 한자의 음과 뜻을 새기게 하는 방식으로 한자를 그 자체로 습득하게 하지 않고 문장을 통해 이해하고 활용할 수 있도록 유도하는 방식은 한자 교육의 다각적인 시도의 하나라고 볼 수 있다. 상권에서는 국문 문장을, 하권에서는 국한문 혼용 문장을 제시하여 상권에서 865자의 익힌 한자 학습을 하권의 문장을 통해 학습하도록 구성하였다. 그리고『부유독습(婦幼獨習)』은 주로 주변에서 보고 들을 수 있는 구체적이고 일상적인 상황을 문장으로 제시하여 부녀자와 어린이 학습자가 친근하게 배울 수 있도록 하였다. '門 外밧외 柳버들류[柳씨] 庭前앞젼 杏살구힝'의 한자를 열거한 후, 이 한자들을 이용하여 '문 밖에 버드나무가 있고 뜰 앞에 살구꽃이 있으니 버들가지로 채찍을 만들고 꽃 꺽어 머리에 꽃자'와 같이 친근하고 일상적인 상황을 문장으로 제시하고 있다. 전통적인 한문 교재들이 관념적이고 일상과 거리가 있는 철학적인 내용 중심이었던 것에 비해『부유독습(婦幼獨習)』은 주로 일상 생활에서 사용하는 한자와 문장을 중심으로 편찬했기 때문에 대중적이고 계몽적인 성격을 지니는 것으로 보인다. 하권의 중반부부터 일상 생활에서 자주 사용하거나 중요한 한자성어를 국어사전의 배열 순서로 수록하였다. '見蚊拔釖 견문발검, 모긔보고 칼 쎈다, 見物生心 견물싱심, 물건을 보면 욕심 난다, 堅如盤石 견여반셕, 굿기가 반셕 ᄀ갓다, 堅如金石 견여금셕, 쇠와 돌과 ᄀ갓다, 結者解之 결쟈ᄒ지, 미즌 놈이 스른다, 結草報恩 결초보은, 풀을 미져 은혜을 갑다' 등과 같은 한자성어를 수록하여 일상 언어 생활에서 활용할 수 있도록 구성했다. 하권에서는 '而·於·焉·哉·乎·之·耶·也·于·矣·歟·兮' 등 어조사 12자를 소개했다. 한문을 자연스럽게 읽고 그 뜻을 이해하기 위해서 문장 속에서 다양한 용법으로 사용되는 어조사에 대한 지식이 필요하다.

『부유독습(婦幼獨習)』은 수록된 한자어와 문장들을 통해 전통적인 가치와 덕목을 교과서의 내용으로 구성했다. '曰글오왈 仁義 禮례도례 智지혜지 信밋을신[信표]'의 한자를 제시한 후 '인과 의와 례와 지와 신은 사ᄅ음의, 량심에 근본 잇ᄂ것이니라'를 통해 인과 의, 예, 지, 신 등의 덕목을 인간의 기본적인 가치로 강조하거나 '父 子 恩은혜은[恩뎐] 夫 婦지어미부 從조츨죵[從人]'의 한자어 학습을 통해서 부ᄌ간에는 은정이 근본이오 부부간에는 슌죵ᄒ여야 쓸거시오'와 같은 문장으로 부자 간의 은정과 부부 간의 순종을 설명한다.

다음으로 많은 비중을 차지하는 것은 계몽과 교육의 중요성에 관한 내용이다. '徒무리도 흔갓도 責칙홀칙 직칙칙 韓한국한[韓씨] 養기를양 공양홀양[치다] 恢클회 復거들ㅂ복 다시부 千일쳔쳔[千씨] 里마올리[九萬里長天] 疆디경강[疆土] 背등비[비반비] 肩엇개견 負질부[져ㅂ리다][勝負]'의 한자어 학습 후에 '今日學徒들의 責任을 議論ᄒ면 엇지 重大치 아니리오 我韓의 文明進步도 學徒들에게 在ᄒ고 民智開發

도 그러코 國力養成도 그러코 國權恢復도 그러ᄒ야 三千里疆土는 學徒들의 背와 肩에 擔負홈이라'를 문장으로 제시하여 문명진보와 민지계발, 국력배양과 국권회복이 오늘날 학도들의 책임이라는 점을 서술한다. 그리고 '況ᄒ물며황 現나타날현[現在] 競다톨경[競賣所] 敵디덕덕[敵手] 野들야[野만] 昧어두울미[昧ᄉᄒ다] 勢형세세[勢力] 要요긴요[必要] 關관계관 집관 普넓을보[普天下] 條가지됴[條目] 擴느릴확[穫쟝ᄒ다]'의 한자를 가르치기 위해서 '又況現今은 人種競爭ᄒᄂ 時代라 少數가 多數를 敵지 못ᄒ며 野昧가 文明을 抗치 못ᄒᄂ 것은 固然ᄒ 勢라 我韓人口二千萬에 女子가 其半數ㅣ니 此男女가 敎育이 無ᄒ면 엇지 他國人民의 一致開明ᄒ 것을 對敵ᄒ리오 故로 女子敎育은 人種의 一大機關이라'와 같은 문장을 제시하여 인구 이천만의 반에 해당하는 여자 교육의 중요성을 강조하고 있다.

『부유독습(婦幼獨習)』은 부유(婦幼)의 독학을 위한 한문 교과서로, 2천 여개의 한자어를 다양한 내용의 문장으로 익힐 수 있도록 편찬했다. 강화석은 학습자들이 국한문 책과 국한문 신문을 읽을 수 있도록 하기 위해서 한자를 국문 문장과 국한문 문장을 통해 익히고 활용할 수 있도록 했으며 한문을 이해할 때 필요한 어조사를 수록하고, 일상 언어 생활에서 자주 사용하는 한자성어를 풀이와 함께 제시했다.

4. 핵심어
부유독습(婦幼獨習), 강화석(姜華錫)

5. 참고문헌
한민족문화대백과(부유독습)

『서양사교과서(西洋史敎科書)』

서 명 『서양사교과서(西洋史敎科書)』
저 자 유옥겸(兪鈺兼, 1883~1922)
형 태 21.9×14.9(cm)
발 행 학부편집국, 1910년
소장처 국립중앙도서관

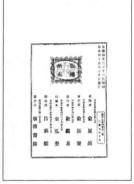

『서양사교과서』 표지, 판권지

1. 개요

『서양사교과서(西洋史敎科書)』(총 1권)는 광한서림(廣韓書林)에서 1910년에 발간하였다. 저자는 유옥겸(兪鈺兼)이며 유성준(兪星濬)이 교열하였다. 1909년 학부 검정을 거쳐 사립학교 역사과에서 교과서로 사용되었다.

2. 저자

유옥겸(兪鈺兼)은 1883에 출생하여 1922에 사망하였다. 유길준(兪吉濬)과 유성준(兪星濬)의 조카이다. 어린 나이에 전문학교를 졸업한 이후 교육하는 활동에 매진하는 한편 교과서 편찬에도 많은 노력을 기울였다. 『중등외국지리(中等外國地理)』(1900)를 시작으로, 『중등동양사(中等東洋史)』(1908), 『동양사교과서(東洋史敎科書)』(1908), 『대조서양사연표(對照西洋史年表)』(1909), 『서양사교과서(西洋史敎科書)』(1910), 『간명교육학(簡明敎育學)』(1908), 『소학교수법(小學敎授法)』(1908), 『서양교수법(西洋敎授法)』(1909) 등 많은 교과서를 편찬하였다. 1908년에는 기호흥학회와 법학협회, 1909년 청년학우회 등에 참여하여 활동하기도 하였다. 합방 이후에도 교육 활동에 전념하여 보성학교, 중앙학교, 대성학교 등에 나가 법률과 역사를 가르쳤다.

3. 내용 및 구성

이 책은 유옥겸이 저술하고 유성준이 교열하였고 1909년 학부 검정을 거쳐 사립학교 역사과에서 교과서로 사용되었다. 전체 구성은 기본적으로 상고사(上古史)−중고사(中古史)−근고사(近古史)−근세사(近世史)의 시대구분법을 취하고 있다

1895년 7월 19일 소학교령(小學校令)이 공포되었다. 소학교령에 의해 소학교 3년 또는 2년 과정의 심상과(尋常科)에서 자국의 역사를 가르쳤고, 3년 과정의의 고등과(高等科)에서는 외국 역사도 교육과정에 포함시켰다. 이와 같은 정책이 실시된 것은 애국심을 기르는 수단으로 역사 교육이 중요한 학습 대상이라고 보았기 때문이다. 아울러 역사 교과서는 당시 급변하는 세계정세를 보는 시각을 확대하고 신문물을 습득하는 통로로 인식하기도 하였다. 따라서 당시 지식인들은 서양에서 출판된 서적에 깊은 관심을 보였고, 마침내 학교 교육 혹은 대중적 보급을 필요로 하는 도서들을 선별해서 해당 텍스트들을 번역하고 역술하는 형식으로 출판하였다. 그리고 이런 상황에서 서양사 교육이 본격적으로 시작된 시점이 바로 대한제국 후기, 즉 1905년 을사조약 강제 체결 이후부터 1910년 일제의 대한제국 강제병합에 이르는 시기이다. 이 시점에 서양사에 대한 교육의 구조와 인식이 일정하게 체계를 갖추었는데, 그 관점은 유럽중심주의적인 것이었다. 이러한 시대적 상황에서 이 시기에 간행된 김상연의『정선만국사』(1906), 유승겸의『중등만국사』(1907), 현채의『동서양역사』(1907) 등과 함께 간행된 책이 바로 유옥겸의『서양사교과서』(1910)이다.

그리고 이 책을 비롯한 당대 세계사 저서에서 나타난 세계인식으로 가장 중요한 특징은 '동양'과 '서양'을 구분한 것, 더 정확히 얘기하자면 '동양'을 타자화한 것이다. 당시에 출판된 세계사 저서 중『만국사기』를 제외하고는 모두 '동양'과 '서양'을 이분법적으로 범주화하는 개념을 쓰고 있다. 그리고 이러한 동서양의 구분의 기준이 되는 것은 문명의 발전 정도였다. 여기서 말하는 문명이라는 것은 단순히 과학기술과 산업의 발달만을 가리키는 것은 아니며 제도, 사상과 문화 등의 형이상학적 범위까지 포함하는 것이다. 그런데 '동양'문화권은 이러한 기준에는 한참 미달되었기에 과거 고대 문명의 발흥지였음에도 불구하고 지금은 문명 수준에 미달한 지역으로 설정되었던 것이다. 반면에 서양의 역사 전개 과정은 진취적인 기상이 있었음은 물론, 민권 사상도 발달하여 근세~근대의 발전을 주도하였다고 인식하였다. 중세 기독교의 정신적 지배와 봉건체제 하에서 쇠퇴를 거듭했던 서양은 15세기 말~16세기 초의 급격한 변화를 통해 문명을 건설한다. 구체적으로 과학이 크게 진보하고 공업이 융성하였으며, 군사비가 확장되고 교육이 보급되며 그 바탕 하에서 선교와 자선사업까지 진행했다. 이것이 바로 서양이 이루어낸 문명과 근대의 상징이었던 것이다. 이러한 관점에서 서양과 동양의 역사는 각각 발전/정체로 대비되었던 것이다.

이러한 관점에서 당시에 세계사 교과서를 저술・역술한 지식인들은 '문명화된'유럽의 국가들의 역사를 교육하는 것에 큰 의미를 두었다. 이런 시각에서『서양사교과서』를 분석해 보면 서양 근대 역사학이 설정한 시공간 인식의 전제들을 그대로 내면화한 것을 볼 수 있다. 예컨대『서양사교과서』에서는 19세기 유럽에서 보편화된 서양의 시대구분법을 그대로 받아들였다. 그것은 곧 고대−중세−근대의 3분법이다. 문제는 이러한 시대구분이 유럽 중심의 시각이라는 점이다. 그들은 유럽을 세계의 대표자로 간주했고, 자연스럽게 비유럽 지역은 그들의 세계사 서술에서 배제되었다. 식민지화가 진행되던 시기 대한제국의 지식인들은 서양 역사학의 유럽중심주의적 견해와 밀접하게 연결된 사회진화론을 수용했다.

그런데 당대 지식인들의 이러한 유럽중심주의와 사회진화론적 사고의 수용은 대한제국을 미개한 문명에서 발전된 문명으로 변화시키기 위한 목표에 의한 것이었다. 구체적으로는 식민지화가 진행되

던 당대의 시대정신이었던 민족 문제에 대한 인식이 바탕이 되었다고 볼 수 있다. 이것은 이 책이 서술된 1910년 전후의 시점이 일본이 대한제국을 보호국으로 설정하고 외교권과 내정권을 장악하여 곧 식민지로 전락할 가능성이 높았던 시기였던 것과 관련이 있다고 하겠다. 즉 이와 같은 현실에서 대한제국의 지식인들은 당면한 현실을 엄중하게 되돌아보고, 대한제국이 국가 간 경쟁에서 도태되어 약소국이된 이유가 과연 무엇인지, 그리고 문명화가 어떤 의미가 있는 것인지에 대해 진단하고 대응 논리를 모색하는 움직임이 활발해지고 있던 것이다. 이미 세계사를 역술한 저자들은 이 엄혹한 현실에서 민족적위기와 세계사가 어떤 관계가 있는지를 잘 알고 있었다. 이처럼 세계사에 관심 있는 지식인들은 세계사의 저술을 통해 민족과 국가가 나아가야할 방향을 제시할 수 있다고 믿었다.

이러한 서양중심적 세계관 하에서 서양이 설정한 시대구분론을 따라야 한다는 것은 당대 세계사 교과서들이 공통적으로 가지고 있던 인식이었다. 예컨대『정선만국사』는 고대 → 중세 → 근세의 구분법을 채택하고 있었고,『동서양역사』는 상고 → 중고 → 근고 → 근세로 시대를 구분했다.『중등만국사』의경우에는 고대사 → 중세사 → 근세사 → 최근세사의 구분법을 취하고 있었다. 그리고 이러한 시대구분론은 단순히 특정한 기준으로 시대를 나누는 것이 아니라 전세계가 근대를 향해 역사가 진보해왔다고전제하는 인식체계였다. 이들의 역사 인식에 따르면 세계사는 원시적인 고대의 문명단계부터, 점진적으로 문명에 눈을 뜬 중간단계를 지나서 공예와 기술, 문학, 상업 등이 발전하여 제반 개량과 발명 등이일어나는 근세와 근대에 이르는 과정이었다. 그리고 이러한 과정을 주도한 것은 서양이었으며 서양의역사 노정은 곧 역사발전의 길이었다.

『서양사교과서』또한 마찬가지였다. 제1편 상고사에서는 이집트의 흥망에서 시작해서 바빌로니아,페르시아의 역사를 다루고 그리스 도시국가의 발흥과 펠로폰네소스 전쟁, 마케도니아와 알렉산더 대왕의 패업을 거쳐 로마의 영토확장과 황제정의 건설 및 제국의 분열까지를 다루고 있다. 제2편 중고사에서는 동로마제국과 신성로마 제국의 역사, 십자군 전쟁과 영국의 대헌장, 프랑스, 스페인, 포르투갈, 이탈리아의 할거 상태를 서술하고 르네상스와 지리상의 발견 등도 언급하고 있다. 유럽 국가들이 서술의중심이었지만 몽골제국의 침략과 오스만 투르크의 부흥도 일부 서술하고 있다. 제3편 근고사는 종교개혁으로 시작하여 네덜란드의 독립과 영국의 종교개혁 및 30년 전쟁 등을 언급하고 있다. 이후 프러시아가 발흥하고 영국과 프랑스의 식민지 충돌과 유럽 각국의 프랑스 혁명 전후 상황과 미합중국의 독립 등의 사건을 서술하고 있다. 제4편 근세사에서는 프랑스 혁명의 발단과 진행, 프랑스 혁명 후의 상황, 나폴레옹의 성쇠 등을 서술하고 있다. 아울러 미국의 독립과 유럽 각국의 최근 형세 등을 서술하고 있다.

4. 핵심어

유럽중심주의, 시대구분법, 타자화, 문명, 역사발전

5. 참고문헌

조동걸,「한말 사서와 그의 계몽주의적 허실(상)」,『한국독립운동사연구』1, 1987.
양정현,『근대개혁기 역사교육의 전개와 역사교재의 구성』, 서울대학교 박사학위논문, 2001.
백옥경,「한말(韓末) 세계사 저, 역술서에 나타난 세계 인식」,『韓國思想史學』35, 2010.
고유경,「대한제국 후기(1905~1910) 서양사 교과서에 나타난 유럽중심주의」,『역사학연구』41, 2011.
양정현,「중등 역사과에서 한국사와 외국사의 연계 논리와 형식」,『역사교육연구』23, 2015.

『신정동국역사(新訂東國歷史)』(권1-권2)

서 명 『신정동국역사(新訂東國歷史)』(권1-권2)
저 자 원영의(元泳義, 1852~1928), 유근(柳瑾, 1861~1921)
형 태 11.4×17.7(cm)
발 행 휘문의숙인쇄부(徽文義塾印刷部), 1906년
소장처 국립중앙도서관

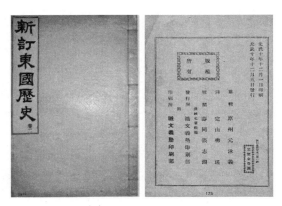

『신정동국역사』표지, 판권지

1. 개요

『신정동국역사(新訂東國歷史)』(총 3권)는 휘문의숙인쇄부(徽文義塾印刷部)에서 1906년에 발간하였다. 원영의(元泳義)와 유근(柳瑾)이 초등학교의 역사교육을 위해 편찬한 초등용 국사교과서이다.

2. 저자

원영의(元泳義)는 1852년에 출생하여 1928년에 사망하였다. 한학자이자 교육가로 위정척사운동에 참여했던 성재(省齋) 유중교(柳重敎)의 제자였으나, 스승과는 달리 개화정책에 개방적이었다. 특히 갑오개혁 이후 동도서기적인 사고를 가지고 전통을 근간으로 하되 우수한 근대 서양문물 수용하여 활용해야 한다고 보고 교육사업과 교재편찬 등의 활동에 노력하였다. 1095년 이후에는『황성신문』,『대한민보』등의 신문에 글을 투고하는 한편 유근(柳瑾), 안종화(安鍾和), 현채(玄采) 등과 교류하며 계몽운동에 매진하였다.『소학한문독본(小學漢文讀本)』(1908),『몽학한문초계(蒙學漢文初階)』(1907) 등의 저서가 있다.

유근(柳瑾)은 1861년에 1921년에 사망하였다. 근대 언론인이자 계몽운동가이다. 1906년 2월『황성신문』이 속간되자 그해 9월 총회에서 사장으로 선출되었고, 이후 1910년 6월까지 신문발간의 책임을 맡았다. 1906년 대한자강회, 1907년 신민회 등에서 활동하였다. 1909년에는 나철(羅喆), 오기호(吳基

鎬), 김교헌(金教獻) 등이 단군교(檀君敎)를 창립하자 여기에도 가입했다. 저서로『신정동국역사(新訂東國歷史)』·『초등본국역사(初等本國歷史)』·『신찬초등역사(新撰初等歷史)』등이 있다.

3. 내용 및 구성

『신정동국역사』는 2권으로 이루어져 있고 단군조선부터 고려까지의 역사를 편년체로 개설한 국사 교과서이다. 원영의와 유근이 편찬했고, 책머리에 장지연(張志淵)의 '서(序)'가 실려 있다. 이 세 명은 모두 계몽운동에 나섰던 인물들이고 이 책들은 그들의 문제의식이 반영된 교재였다. 책은 단군조선기, 기자조선기(附위만조선기), 삼한기(마한 진한 변한), 삼국기(신라 고구려 백제 附가락기), 고려기로 구성되어 있고, 이중 고려기는 상·하 두 편으로 분류했다. 먼저 상편은 태조 왕건 즉위년인 918년에서 원종 말년인 1274년까지, 하편은 충렬왕이 즉위한 해인 1274년에서 공양왕대인 1391년 까지를 하한으로 정했다. 또한 책 본문 중에 옛 지명과 사건 등은 해당 명칭 밑에 설명을 추가했다. 서술은 편년체 형식이며 해당 연월 또는 당해의 봄·여름·가을·겨울을 밝히고 당 시점에 일어난 역사적 사건을 소개하는 방식을 취하고 있다.

장지연은 서문에서 이 책의 편찬 동기를 밝히고 있다. 즉, "두 사람이 애국 진보주의 관념을 이 책으로 내보였다. … 민족의 독립을 밝히고 국한문을 사용함으로써 누구나 쉽게 볼 수 있도록 하였다."라는 것이다. 이 책은 처음에는 휘문의숙 학생들을 위한 교재의 일환이었지만, 이후 시중의 학교 및 일반 대중에게 보급하는 것을 목표로 했다. 또한 조국의 정신과 동족의 감념(感念)을 통하여 애국의 혈성(血性)을 배양하고 독립주의를 천명하는 것이 편찬의 이유였다고 밝히고 있다. 그러면서 자국의 역사를 모르고는 민족교육, 학문, 문명을 제대로 이룩할 수 없다고 언급했다. 국사 과목이 교육의 요체로 중시되어야 한다고 주장했다.

이 같은 편찬 의도는 당대의 상황과 결부된다. 당시 대한제국은 일제의 침략이 가속화되고 있던 시기였다. 당대 상황을 간략히 살펴보자. 한반도의 패권을 두고 러시아와 극렬 대립하던 일본은 1904년 2월 한반도에 군사를 주둔시키면서 한일의정서 체결을 강요하게 된다. 그 핵심 내용은 일본군 군사기지 사용권을 허가하는 것이었다. 1904년 8월에는 제1차 한일 협약이 체결되는데 협약의 주된 골자는 외교와 재정 분야에 외국인 고문 채용을 강요하는 것이었다. 그 결과 외교 고문에 미국인 스티븐스(Durham White Stevens)가 임명되었고 재정 분야에 일본인 메가타(目賀田種太郎)가 고문으로 일하게 되었다. 이후 일본은 내정간섭을 확대하면서도 과거 삼국간섭의 오류를 범하지 않기 위해 대한제국의 통치에 대한 열강의 승인을 받아 가쓰라·태프트밀약(1905), 제2차 영·일 동맹(1905), 포츠머스 조약(1905) 등을 체결하였다.

이와 동시에 1905년 11월 일제에 의해 강제체결된 을사조약으로 인해 대한제국은 국가 주권에서 가장 기본적인 외교권을 박탈당하게 되었다. 즉 일본이 대한제국의 대외교섭을 담당하게 되었던 것이다. 그리고 1906년 2월에 통감부를 설치하여 외교를 장악하고 내정을 간섭하게 된다. 이렇듯 일본이 통감부를 통해 내외정에 대한 간섭을 강화했지만, 고종은 궁내부라는 기구를 별도로 만들어 통치를 지속하고 있었다. 궁내부라는 기구는 갑오개혁 때 왕실과 왕의 권한을 약화하고 내각의 권한을 강화하기 위해서 창설한 기구였다. 그런데 고종은 이 기구를 자신의 친위 기구로 만들고 여기에 작은 정부를 또 하나 만들었다. 이것이 대한제국의 정치 시스템이었다. 통감 이토 히로부미와 일본이 내각과 외교권을 장악했는데도 고종은 아랑곳하지 않고 이 궁내부 속에서 행정권을 별도로 발동했던 것이다. 그래서 일본이

이 시스템을 붕괴시키기 위해 결국 고종 황제의 강제퇴위를 호시탐탐 노리고 있었다.

시대적 분위기가 이러했기에 역사에 대한 관심이 증가하고 역사교육이 강조되면서 많은 역사서와 교과서들이 간행되고 있었다. 또한 이 시기 벌어졌던 신구학 논쟁으로 인해 근대적 지식의 수용에 대해서 많은 논쟁이 벌어지게 되었다. 그 중 근대적 지식의 수용을 강조한 지식인들이 역사에 대한 지식이 필수적임을 강조하면서 역사서 간행의 필요성이 증대되었다. 이런 상황 속에서 『신정동국역사』는 간행되었던 것이다.

『신정동국역사』의 내용은 책의 편찬 목적과 같이 대외항쟁을 강조하고 있었다. 고대사에서는 먼저 고구려의 대외항쟁에 주목하고 있다. 고구려가 건국 이후 초기부터 한사군을 몰아내는 과정을 서술했다. 아울러 선비, 위나라, 전연(前燕), 거란과 항쟁하는 과정을 담았음은 물론 중국 대륙을 통일한 대제국인 수나라와 당나라와 투쟁한 것을 상세하게 서술했다. 특히 광개토왕의 대외 공격 기사를 자세히 묘사한 점이 특징적이다.

그리고 신라의 통일이 '삼한(三韓)'의 통일이 아니라 '삼국 통일'임을 명확히 하고 있다. 신라 문무왕 8년 기사에 "신라 문무왕 8년 춘정월에 왕이 고구려와 백제를 통일(統一)하시다."라고 하면서 신라의 삼국통일론을 강조하고 있다. 이것은 비슷한 시기에 편찬된 현채의 『중등교과 동국사략』의 삼국통일론과도 유사하다. 그리고 나당전쟁의 과정도 다음과 같이 자세하게 묘사하고 있다. 즉, "문무왕 15년 동 11월에 설인귀와 소부리주(所夫里州)에서 전투하여 크게 이기니 이때로부터 당병이 이르지 못했다. 당이 안동도호부를 요동 고성에 옮기며 웅진도독부를 건안고성(建安故城)에 옮기고 당인(唐人)의 동관(東官)된 자를 모두 없앴다."라고 하여 궁극적으로 당나라가 패퇴했다고 정리한 점이 인상적이다. 더불어 고려말 몽고의 침략과 이에 맞선 고려인들의 항쟁과 전투의 과정, 고려말기 왜구 격퇴를 서술한 점 또한 이 책의 성격을 보여준다고 하겠다.

이 책은 편년체 사서라 역사적 사실들을 나열하는 방식을 취했지만, 주요 내용을 빠짐없이 기록했다는 점에서 의미가 있다. 다만 삼국기의 경우는 각 국가별로 정리했다는 점에서 특징적이다. 그리고 이 책은 상술한 바와 같이 대외항쟁을 강조하는 민족주의적 관점이 뚜렷했으므로 대한제국이 강제병합 당한 뒤인 1911년 11월에 출판법 위반 명목으로 발매 반포 금지 처분을 당했다.

4. 핵심어

대외항쟁, 민족주의, 애국, 독립, 민족교육, 삼국통일

5. 참고문헌

김여칠, 「開化後期의 國史敎科書硏究<下>」, 『서울교육대학교 논문집』 19, 1986.
조동걸, 「한말 사서와 그의 계몽주의적 허실(상)」, 『한국독립운동사연구』 1, 1987.
양정현, 『근대개혁기 역사교육의 전개와 역사교재의 구성』, 서울대학교 박사학위논문, 2001.

『신정중등만국신지지(新訂中等萬國新地誌)』(권1-권2)

서 명	『신정 중등만국신지지(新訂 中等萬國新地誌)』(권1-권2)
저 자	김홍경
형 태	국한문체, 2권 2책, 15×22(cm)
발 행	광학서관
소장처	한국학중앙연구원

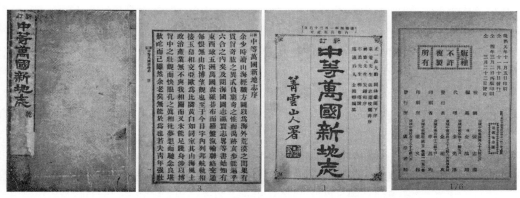

『신정 중등만국신지지』 표지, 속표지, 서문, 판권지

1. 개요

『신정중등만국신지지(新訂中等萬國新地志)』는 김홍경(金鴻卿)이 1907년에 중학교의 지리 교육을 위하여 편찬한 국한문혼용체 세계지리 교과서로 전체 상하 2권으로 구성되어 있다. 장지연(張志淵)이 교열, 안종화(安鍾和)가 서문, 류근(柳瑾)이 발문을 썼고, 휘문관(徽文館)에서 인쇄하고 광학서포(廣學書舖)에서 발행하였다. 민영휘(閔泳徽)는 자신의 사저 일부를 활용하여 1904년 광성의숙(廣成義塾)을 열었는데, 이후 관상감(觀象監) 터에 숙사를 세우고 1906년 휘문의숙(徽文義塾)으로 개숙하였다. 학교의 구성은 교육부·편집부·인쇄부 등 3부로 이루어졌는데, 휘문관은 인쇄부가 주관하는 출판사로 휘문의숙의 교사 김홍경이 인쇄부의 총무를 맡았다. 휘문관은 1906년부터 1913년까지 학부 중심의 교과용 도서에 맞서 독립정신을 높이기 위한 총 56종의 교과서를 발간하였다. 이 가운데 『대한신지지』·『초등본국지리』·『초등외국지리』 등의 지리교과서가 포함되어 있다.

2. 저자

김홍경

3. 내용 및 구성

『신정 중등만국신지지(新訂 中等萬國新地誌)』는 1910년 1월 27일 내부(內部)의 출판 인가를 얻었으며, 민영휘(閔泳徽)·안종화(安鍾和)의 서문, 장지연(張志淵)의 교열과 서문, 유근(柳瑾)의 발문을 실었다. 상·하 2권으로 되어 있는데, 상권에서는 세계지리 총론과 아시아주의 여러 나라를, 하권에서는 유럽주·아프리카주·아메리카주·오스트레일리아주에 속한 여러 나라의 지지를 각각 다루었다. 그 내용은 범론·지세·기후·산물·인민·무역·정치·도부(都府)·영지(領地) 등으로 되어 있다. 서술내용을 살펴보면 자연과 인간과의 상관관계에 관한 이론을 토대로 하고 있으며, 세계의 최신자료를 참고하여 기울어져 가는 조국의 국운에 조금이라도 보탬이 되려는 애국심이 넘쳐흐르고 있다. 저자는 중등교육 지리과의 목적을 '지리학상 보통지식을 수(授)하고, 사상의 범위를 넓혀 처세상 실익을 얻게 함'이라 갈파하고, 우리와 관계 깊은 나라를 먼저 자세히 배워야 한다고 역설하였다.

『신정 중등만국신지지(新訂 中等萬國新地誌)』목차는 상권과 하권으로 분류하였는데, 상권은 서(序)·범례·목차·본문, 하권은 본문·부록·발(跋)·정오표(正誤表) 등으로 구성되어 있다. 서언에서 지리학의 보통 지식을 배워 사상의 범위를 넓히고 사람들과 교제하고 살아가는데 실익을 얻도록 하기 위함, 국권을 만회하고 국가를 융성하게 하려 할 때는 우리 청년이 동양 지리를 필선(必先) 통효(通曉)하게 한 뒤에 관계의 소멸을 따라 제 타국에 이르게 하기 위함을 이 책의 편찬 목적으로 밝히고 있다. 또한 외국 지리는 아국(我國)과 밀접한 관계가 있는 국가에 대해 상세히 기술하고 기타 국가는 간략히 했음을 밝히고 있다.

범례에서는 중등교육을 위한 교과서로, 영국의 백과전서(Encyc-lopedia of Britannica)와 일본인 야마다(山田萬次郎)의 『신찬대지지(新撰大地誌)』, 세계연감 및 기타 지리서 등을 참고하였다고 밝혔다. 상권의 제1장은 세계지리총론에서 천문지리, 지문지리, 인문지리로 나누어 다루었고, 제2장은 아세아주에서 총론과 지방제국, 일본제국, 아령아세아, 불령인도지나, 섬라, 영령해협 식민지 부마내 반도연합주, 영령인도, 아부한사탄, 파로식사탄, 파사, 아라비아, 아세아토이기, 마래군도에 대해 설명하고 있다. 하권은 제3장으로 시작하는데, 구라파주에서 총론, 영길리, 불란서, 독일, 아라사(러시아), 의태리, 오지리 흉아리, 비리시, 단말, 서전낙위, 화란, 서서공화국, 서반아, 포도아, 발칸반도를 다루었다. 제4장은 아불리가주를 총론, 북아불리가, 서아불리가, 남아불리가, 동아불리가, 중앙아불리가를 설명하고 있다. 제5장은 아미리가주에 대해서는 총론, 북미합중국, 묵서가(멕시코), 중앙아미리가, 서인도제도, 베네수엘라, 콜롬비아합중국, 에콰도어, 볼니비아, 지리, 아젠타인공화국, 우루게, 파라게, 브라실합중국, 각국 영토에 대해 다루었다. 제6장에서는 대양주를 총론, 미리내서아, 파리내서아, 미구로내서아, 마래서아의 일부, 그리고 부록 등으로 구성하여 저술하였다.

제1편 제1장 총론의 시작은 다음과 같다. "지리학이라 함은 대지 일체의 학문을 연구하는 배움이라. 이를 세 종류로 나누니 첫째는 산술지리이고 둘째는 지문지리이고 셋째는 정치지리이다. 산술지리라 함은 지구의 형체대소를 논함이고, 지문지리라 함은 수륙산천의 위치와 기후생물의 이별을 논함이고, 정치지리라 함은 군국인민과 토산무역과 호구풍속 등의 일을 논함이다."

『신정 중등만국신지지(新訂 中等萬國新地誌)』의 각국 지지에는 범론(汎論)·지세·기후·산물·인민·무역·정치·도부(都府)·교통·연혁 등이 기술되어 있다. 특히 총론의 인문지리에서는 처음으로 세계의 인종과 외모, 종족, 거주지, 인구를 정리하여 세계에 대한 인식을 확장하고 있으며, 당시의 세계지리 교과서 가운데 체재와 서술내용이 잘 정리된 교과서로 평가된다.

4. 핵심어

中等敎育(중등교육), 天文地理(천문지리), 地文地理(지문지리), 人文地理(인문지리), 英國百科全書(영국백과전서), 里法(이법), 外國地名(외국지명), 世界地理(세계지리), 亞細亞洲(아세아주), 歐羅巴洲(구라파주), 亞弗利加洲(아불리가주), 亞米利加洲(아미리가주), 大洋洲(대양주)

5. 참고문헌

남상준, 「개화기 근대교육제도와 지리교육」, 『地理敎育論集』 19(1), 1988.

안재섭, 「개화기 지리지식의 사상적 원류와 지리교육」, 『地理敎育論集』 37(1), 1997.

장보웅, 「개화기의 지리교육」, 『대한지리학회지』 5(1), 1970.

『신정중등만국지지(新訂中等萬國地誌)』

서 명 『신정중등만국지지(新地訂誌中等萬國地誌)』
저 자 송헌석
형 태 254페이지, 15×22(cm)
발 행 광동서국
소장처 국회도서관

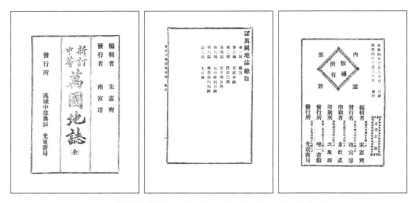

『신정중등만국지지』 속표지, 첫 페이지, 판권지

1. 개요

『신정중등만국지지(新地訂誌中等萬國地誌)』는 송헌석이 1910년(융희4년)에 편찬한 국한문과 영어 혼용체의 세계지리 교과서로 광동서국(光東書局)에서 발행한 중등교육을 위한 지리교과서이다. 총 7편으로 구성되어 있으며, 제1편 총론 이후에 제2편부터 제7편까지는 전 세계를 아세아주, 구라파주, 아비리가주, 북아미리가주, 남아미리가주, 대양주로 나누어 지도와 더불어 설명하고 있다.

2. 저자

송헌석(宋憲奭)의 생애나 행적에 관해 상세하게 알려진 바는 없으나, 1908년 3월에 인천항 사립인명학교 교사로 임명되었으며 1910년 오성학교(五星學校)의 직원으로 근무한 것으로 밝혀졌다. 이 시기에 『신정중등만국지지』를 저술한 것으로 보인다. 송헌석은 다수의 외국어 학습서 및 교과서를 집필하고 소설, 수필 등의 문학 작품과 번역 서적도 출간했다. 특히 일본어와 중국어에 능통하여 여러 권의 학습서를 간행하였다. 이 가운데『신정중등만국지지』외에『수진보해 육대주(袖珍譜解六大洲)』(1909) 와 같은 세계 지리 교과서도 편찬하였다. 그런데 조선총독부에서 간행한『교과용도서일람(敎科用圖書一覽)』개정 6판(1912.1)에서 '시세 변혁의 결과에 따라 불인가도서로 된 도서' 목록이 게재되었는데, 그가 출판한 교과서 가운데 일본어 학습서『정선일한언문자통(精選日韓言文自通)』(1909)와『신정중등만국지지』포함되었다. 이는 이전에 인가를 받아 관립학교에서 교과서로 사용되다가 1911년 12월 28일 날짜로 불인가 처분을 받은 것으로 보인다.

3. 내용 및 구성

『신정중등만국지지(新地訂誌中等萬國地誌)』총목(總目)은 제7편으로 대분류하였다. 제1편은 총론, 제2편은 아세아주, 제3편은 구라파주, 제4편은 아비리가주, 제5편은 북아미리가주, 제6편은 남아미리가주, 마지막 제7편은 대양주 등으로 구성되어 있다. 『신정중등만국지지(新地訂誌中等萬國地誌)』에서 눈에 띄는 부분 중의 하나가 목차 끝 본문 시작 전에 '지구도(地球圖)'가 삽입되어 있다는 점이다. 각 주(洲) 맨 앞에는 해당 대륙에 해당하는 지도를 첨부하고 해당 주에 해당하는 각 국가에 대해 설명하고 있다.

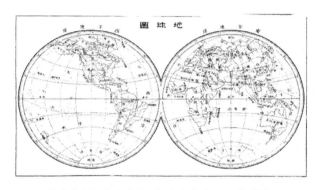

『신정중등만국지지』에 삽입된 지구도(地球圖)

제1편 총론에서는 지구(지형, 지광, 지동), 일계, 지선, 오대, 지의 분계(육, 수), 세계의 대세, 천기(사계, 풍, 우), 물산(동물, 식물, 광물), 세계의 인민(종족, 성정, 언어, 사회), 국가(국체, 정체) 등을 설명하고 있다. 또한 육대주의 면적과 인구수를 표로 작성하여 간략히 비교, 설명하고 있고, 오대양의 면적도 태평양, 대서양, 북빙양, 남빙양으로 분류하여 개괄적으로 설명하고 있다는 점이 눈에 띈다. 세계 인종도 크게 3개 인종인 고가서(高加嗉)종, 몽고종, 아비리가(亞非利加)종으로 분류하여 설명하고 있다. 또한 종교와 종교관련 신도수를 불교, 파라문교, 아소교, 라마교, 희리니교(希利尼敎), 유태교(猶太敎), 회교(回敎), 만교(蠻敎) 등 8개 종교로 분류하여 각각 신도수를 밝히고 있다.

아세아주에서 특징적인 부분은 대만이 당시 식민 지배를 하던 일본의 섬으로 분류된 점이다. 서구국가의 경우 국가명과 지명 등에 한자와 영어를 음차한 국문, 영어를 모두 병기 한 것은 기존의 한자식 서술방식에서 벗어나 인식의 세계를 확장하였다고 평가할 수 있다.

제2편에서는 아세아주 지도를 가장 먼저 제시하고, 아세아주를 지나제국, 일본제국, 아주노서아속지, 토이기(돌궐), 아랍비아(즉천방국우칭아랍백), 파사(퍼시아), 아부한(아푸간이스탄), 비노지(빨누지스탄), 인도(인듸아), 역령석란도(셰일란), 인도지나(인도시나)로 나누어 각 나라의 위치, 지세, 산, 강하, 호수, 섬, 천기, 생물, 인민, 종족, 성정, 풍속, 언어, 정체, 군정, 교육, 종교, 항구 등을 간략히 설명하고 있다.

제3편 구라파주는 해당 지역을 노서아제국(러시아), 구주의토이기제국(터키), 보가리아후국(우칭포가리아), 라마니아왕국(루마니아), 색비아왕국(세르비아), 문적내가라후국(몬테네그로), 희리니왕국(희랍), 의대리왕국(우칭이태리혹의대리), 서반아왕국(에스파냐), 포도아왕국(포르투갈), 불란서민주국(일칭법란서), 영길리왕국(영국), 단맥왕국(우칭정말), 서전나위왕국(스웨덴, 노르웨이), 하란왕국(홀란드), 늑삼보대공국(일명늑극택보), 비리시왕국(일명백이의), 덕의지제국(일명은독일), 서사민왕국(스위스), 오지리제국(오스트리아)로 구분하고 있다.

제4편 아비리가는 북아비리가, 서아비리가, 남아비리가, 동아비리가, 중앙아비리가로 크게 구분하여 각각의 해당 국가를 간략히 서술하고 있다. 예를 들어, 북아비리가에는 모록코제국, 알셰리(아이서리아), 뛰니씨(도니사), 트리포리(덕리파리), 사하라(철합랍), 나일제국, 이집트(애급), 뉴비아(노비아), 아비씨니아제국 등이 포함되어 있고, 서아비리가에는 서반아속지, 세네감비아(삼이간비아), 포속기니, 법속기니, 사랍뢰아니, 내비리아(라이베리아), 상아탄(이보리 코스트), 아찬틱(아산제), 토골랜드(투구란), 다호미(달하미), 법속콩고(경가), 카미론(가몰용), 포속서아비리가 등이 포함되어 있다.

제5편 아미리가는 북아미리가 총론, 녹주(일명 혁림란/그린란드), 영속아미리가, 미리견(우칭합중국), 묵서가(멕시코), 중아미리가, 서인도로 구분하여 서술하고 있다.

제6편 남아미리가는 가윤비아(콜럼비아), 파나마, 분액태랍(베네수엘라), 기니아, 파서(브라질), 애과다(에콰도르), 비로(페루), 파리비아(볼리비아), 파랍규(파라과이), 오로규(우루과이), 아흔제나(일작 아이연정우명은국/아르헨티나), 지리(일명지리/칠레), 팔클랜드(법혁란국도)로 구성되어 있다.

마지막으로 제7편은 대양주, 일명 호태리아로 멜나네시아, 마뢰서아(일작 마래서아), 파리니서아, 매고니서아(일명밀극라내서아), 오서달리아(오스트레일리아)로 구성되어 있다.

4. 핵심어

亞細亞洲(아세아주), 歐羅巴洲(구라파주), 亞非利加洲 (아비리가주), 北亞美利加洲(북아미리가주), 南亞美利加洲(남아미리가주), 大洋洲(대양주), 地球(지구), 日系(일계), 地線(지선), 五帶(오대), 地의 分界(지의 분계), 世界大勢(세계대세), 天氣(천기), 物産(물산), 世界人民(세계인민), 國家(국가), 地球圖(지구도)

5. 참고문헌

장보웅, 「개화기의 지리교육」, 『대한지리학회지』 5(1), 41-58, 1970.

『신찬외국지지(新撰外國地誌)』(상-하)

- **서 명** 『신찬외국지지(新撰外國地誌)』(상-하)
- **저 자** 진희성
- **형 태** 국한문 혼용, 상 하 두권, 21.9×14.9(cm)
- **발 행** 광학서포 발행 및 휘문관 인쇄
- **소장처** 서울대학교 규장각

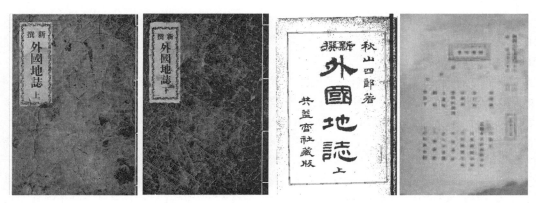

『신찬외국지지』표지, 속표지, 하권 판권지

1. 개요

『신찬외국지지(新撰外國地誌)』는 1907년 진희성에 의해 국학문 혼용으로 쓰인 지지이다. 아시아를 동아시아, 중아시아, 일본으로 구분하여 상당히 세밀하게 서술하고 있고, 유럽의 여러 나라와 미국대륙의 위치 및 대양 관련 지표 상황을 매우 자세하게 기술하고 있다. 외국의 지리 상황에 대하여 머리말이나 후문이 없이 상, 하 두 권의 책으로 구분하여 일신사 언론사 편집부에서 출판하였다. 일본에서 구한 책을 바탕으로 내용을 구성한 것으로 추정되지만, 저자(혹은 일부 번역) 진희성은 책의 내용에 대한 출처를 언급한 바 없다. 신찬외국지지는 중고등학교 수업에서 세계지리를 교육하는 것을 목적으로 오대양, 그리고 전 세계 6개 대륙에 위치한 국가들을 다양한 측면에서 관측하고 설명하고 있다.

2. 저자

진희성(秦熙晟)은 1857년 풍기(豊基)에서 출생하여 1867년 家庭受學를 졸업하였다. 이후 1887년 6월 司勇, 1891년 7월 武科, 1892년 12월 陞六의 관원 이력을 지니고, 1898년 3월 日本國東京與各郡會工業視察를 지낸 후 그 해 11월 歸國하였다. 1902년 1월 23일 任慶尙南道觀察府摠巡 敍判任六等에 올랐고, 1904년 5월 19일 移任中樞院議官 敍奏任六等을 지낸 후 1905년 2월 22일 命兼任黃海道內藏院所管驛屯賭稅査檢官에 오른다. 1905년 4월 25일 陞正三品通政大夫 穆淸殿別單, 1906년 4월 24일 依願免本官, 1906

년 7월 27일 任度支部水道局事務官 敍奏任四等七級, 1906년 12월 27일 賞與二十五円 事務勉勵, 1907년 12월 24일 賞與六十円 事務勉勵, 1908년 1월 1일 移任內部事務官 敍奏任四等七級을 지낸 후 內部事務官正三品에 오른다. 대한제국관원 이력을 지닌 진희성은 1907년 사민필지와 만국지지에 이어 신찬외국지지를 번역하여 전통적 중화적 세계관을 넘어설 수 있는 계기를 마련하였다.

3. 내용 및 구성

『신찬외국지지』는 진희성에 의해 국학문 혼용으로 1907년(순종 원년, 隆熙 元年) 9월에 쓰인 지지서이다. 신활자본으로 상·하 2권 2책으로 되어 있으며 일신사(日新社) 편집부가 발행하였다.

『신찬외국지지』가 간행될 무렵의 시대 상황은 다음과 같다. 1900년대 초 통감부가 설치된 후 학부에서 편찬한 보통학교용 교과서로서 국어독본 등 5종 14권이 출간되었다. 1909년 12월부로 보통학교용 교과서는 일단 편찬이 끝났으나 고등학교용 교과서의 편찬이 계속 진행되어 1910년 8월에 완료되었다. 이들 교과서는 관공립학교는 물론 사립학교에서도 사용할 수 있었으며 사립학교에서 사용할 경우 학부대신의 인가를 받지 않아도 되었다.

을사늑약 이후의 애국계몽운동이 추구하는 기본 목표는 국권 회복을 위해 민력 개발과 독립역량 양성이었다. 당시 출판 운동이 가장 주력했던 분야 중 하나가 계몽서의 발행이었고, 이를 보다 국민에게 널리 보급하기 위해 교과서 형태의 출간물에 힘을 쏟았다. 국가사상을 다룬 책들을 편찬하며 서구의 근대 민족국가 사상과 국민의 권리 및 의무에 대한 내용을 보급하고자 하였고, 사회진화론에 대한 서적들을 출간하며 애국 계몽기에 민족주의가 성립하는데 이론적 기여를 하였다.

민족에 대한 인식이 증대되면서 가장 주목받는 것은 지리학이었고 이에 대한 관심이 확산되고 있었다. 19세기 제국주의 시대 이후 지리학은 국가 간 경계 관념을 철저히 하고 세계 여러 지역에 대한 신문물과 각기 다른 지역의 기후 환경과 생태조건 등 국토와 세계에 대한 공간적 인식을 갖추게 하는 데 매우 큰 역할을 하였다. 보다 직접적으로는 중국과 간도 관할권을 둘러싼 분쟁이 생기면서 영토 문제에 관한 관심이 폭증하는 가운데 이에 대한 인식과 지식을 지원한 것이 지리학의 역할이었다. 이런 관점에서 전통의 지리서들이 새롭게 개정, 출간되었고, 외국 유학을 경험한 사람들에 의해 번역된 서적이 보급되기 시작하였다. 외국 지리서를 보급하면서 한국과 청, 일 등으로 한정되어 있던 세계 인식의 틀이 넓혀지고 새로운 타자들에 대한 인식의 지평을 넓힐 수 있게 되었다. 이처럼 지리서는 중요한 정보의 보급창고의 역할을 한 것이다. 『사민필지』를 시초로하여 『만국지지』가 출간되었고, 1907년 같은 해 진희성에 의해 『신찬외국지지』가 번역되어 출간되었다.

『신찬외국지지』는 중고등학교 수업에서 세계지리를 교육하는 것을 목적으로 오대양, 그리고 전 세계 6개 대륙에 위치한 국가들을 다양한 측면에서 관측하고 설명하고 있다. 이는 17세기 이후 지리학의 본질적 연구방법에 의한 지지서의 형태라 할 수 있다. 위치에 대한 명확한 파악을 위해 기후와 지형 및 식생의 분포를 활용하였고, 대양과 대륙의 입지 관련성에 대한 기술을 통해 공간적 인식을 보여주고 있다.

『신찬외국지지』는 외국의 지리 상황에 대하여 머리말이나 후문이 없이 상, 하 두 권의 책으로 구분되어 있다. 일본에서 구한 책을 바탕으로 내용이 구성된 것으로 추정되지만, 저자(혹은 일부 번역) 진희성은 책의 내용에 대한 출처를 언급한 바 없다. 그러나 내용의 여러 부분에서 일본어의 번역으로 추정되는 문장이 눈에 띄고, 세계 대륙의 분포와 구성에 관한 많은 연구가 반영되어 제작된 교과서라 파악된다. 내용으로 보아 아키야마 시로(秋山四郎)가 저술하고 공익상사서점(共益商社書店)에서 1899년에 출간한 같은 제목의 일본 책을 번역한 것으로 추정된다.

여타 지지서의 내용과 같이 지구표면의 인문지리적 현상을 분류 연구 기록한 서적이라 할 수 있다. 특정한 기준에 의거하여 정해진 범위의 지역에 대해 일정한 항목과 규칙에 따라 체계적으로 서술하여 지역에 대한 이해를 종합적으로 해석한다는 점에서 지지서가 갖추어야 하는 형태를 지니고 있다. 흔히 지역의 범위를 정하는 기준이 정치 행정의 경계가 가장 일반적으로 사용되는데, 신찬외국지지 역시 아시아와 각 대륙별 구분을 통해 지역을 나누고, 체계적인 통치를 목적으로 특정 국가를 지목하여 상당히 자세한 정보를 체계적으로 담아냈다고 보여진다. 아시아가 동아시아 중아시아, 일본이 구분되어 상당히 세밀하게 서술되어있고, 유럽의 여러 나라와 미국대륙의 위치 및 대양 관련 지표상황이 매우 자세하게 기술되어있다.

첫 면과 마지막 면이 표지로 구성되어 있고, 첫 표지 이후 신찬외국지지 각 권의 목록이 제시되어 있으며 이후 신찬외국지지 권 상, 그리고 권 하의 내용이 각 대륙과 나라별로 나뉘어 서술되어 있다. 아시아주, 총론, 동아시아, 지나, 북아시아, 일본, 시베리아, 남아시아, 중앙아시아, 캅카스, 아시아 터키, 아라비아 지방, 이란 대지, 남아시아, 인도, 교로 인도, 말레이 군도, 오세아니아, 호주, 오스트레일리아 연안의 제도 등이 상권의 내용으로 구성되어 매우 자세하게 지구상의 지지를 설명하고 있다.

상권에는 여섯 대륙 중에서 아시아주(亞細亞洲)와 오세아니아주(大洋洲)를 담고 있고 하권에는 유럽주(歐羅巴洲), 아프리카주(亞弗利加洲), 아메리카주(亞米利加洲)를 차례대로 설명하고 있다.

구체적인 내용을 살펴보면 먼저 각 주별로 위치와 경계, 연안, 지형지세, 산맥, 구획, 수계, 기후, 주요 산물(동물, 식물, 광물, 석유, 광물 등)과 인종, 인구, 종교, 교통 등을 구분하여 상세하게 소개하고 있다. 주에 대한 총괄적인 설명을 한 후에는 주요 나라들에 대해 서술하고 있다. 각 국가별로 기후, 종교 및 교육, 관료제도, 외국과의 관계와 조약, 주요 도시와 지역, 군사제도, 주요 인물과 묘소, 유적, 운하 및 철도를 비롯한 교통, 학문 및 기술, 역사적 수도 등을 상세하게 기술하였다.

1908년 이후 교과서 검정이 실시되어 한국인 학교에서 사용하는 교과서에 대해 검열과 통제가 시행되었다. 통감부는 교과용 도서에 대한 검정제도를 시행하면서 출판법까지 제정하여 교과서로 활용될 모든 출간물은 검정은 물론 검열까지 이중으로 받아야 하는 지경에 이른다. 불인가도서들은 대부분 1906년 통감부가 설치된 이후 개인이 저작하고 발행하여 사립학교에서 사용되고 있던 대부분의 교과용 도서들이다. 일본인이 저작한 도서도 일부 포함되어 있는데, 이러한 상황에서 진희성의『신찬외국지지』는 불인가도서로 분류되지 않았다. 1910년 이후 검정 규정이 발표되기 이전 간행된 교과서와 검정 규정 부칙 제15조에 부합하여 검정이 무효 판정을 받아 교과용으로 부적당하다고 결정된 교과서에 대하여 다시 검정 규정을 불허가하였다. 이중에도『신찬외국지지』는 재검정에 따른 불허 판명을 받지 않았다. 그런데 같은 시기 진희성의「보통교과국민의범」은 검정 규정에 의거하여 불허가 판정을 받게 된다. 이러한 사정에 근거할 때, 지리 교과서의 역할은 국민적 사고와 민족적 사상에 관한 것이기보다는 정치·외교를 포함한 세계진출을 크게 강조하는 데 있다고 볼 수 있다.

4. 핵심어

亞細亞洲(아세아주), 支那(지나, 차이나), 日本(일본), 伊蘭臺地(이란대지), 印度(인도), 交趾印度(교지인도), 馬來群島(마래군도), 大洋洲(태평양), 澳太利亞(오태리아), 澳太利亞沿岸諸島(오태리아연안제도),

미구로네지아 보리네지아 歐羅巴洲(구라파주), 露西亞(로서아), 瑞典(서전), 諾威(낙위), 丁抹(정말), 獨逸(독일), 澳地利, 匈牙利(오지리, 흉아리), 瑞西(서서), 佛蘭西(불란서), 白耳義(백이의), 荷蘭(하란), 吉利(길리), 西班牙(서반아), 葡萄牙(포도아), 伊太利(이태리), 希臘(희랍), 土耳其(토이기), 門的內格羅(문적내격라), 塞爾維亞(색이유아), 羅馬尼亞(라마니아), 亞弗利加洲(아불가리주), 埃及(애급), 阿比時尼亞(아비시니아), 的利波利(적리파리), 撒哈拉大沙漠(살합랍대사만), 蘇丹(소단), 杜蘭斯勃(두란사발), 砢蘭日(아란일), 希望峯殖民地方(희망봉식민지방), 金剛自由國(금강자유국), 屬島(속도), 亞米利加洲(아미리가주), 加拿陀領(가나타령), 合衆國(합중국), 墨西哥(묵서가), 中央亞米利加(중앙아미리가), 西印度諸島(서인도제도), 南亞米利加(남아미리가), 哥倫比亞(가륜비아, 콜럼비아), 別涅玆微拉(별열자미납, 베네수엘라), 葉夸達(엽과달), 比魯(비노), 波利比亞(파리비아), 智利(지리), 亞然丁(아연정), 烏拉乖(오랍괴), 巴拉乖(파랍괴), 巴西(파서), 基阿那(기아나), 仆克蘭諸島(부극란제도), 地理統計表(지리통계표)

5. 참고문헌

국사편찬위원회, 「교과서의 실태, 근대교육운동, 신문화운동」, 『신편한국사』 45권.

서태열, 「개화기 학부발간 지리서적의 출판과정과 그 내용에 대한 분석」, 『사회과 교육』 52(1), 53-69, 2013.

이호상, 「지리학 용어로서의 地方에 관한 역사적 고찰: 관찬연대기와 초기 지리교과서를 중심으로」, 『대한지리학회지』 38(2), 224-236, 2003.

장보웅, 「개화기의 지리교육」, 『대한지리학회지』 5(1), 41-58, 1970.

참빛아카이브, 「우리의 고전과 옛 교과서 629책, 222 新撰外國地誌 上」, 『참빛복간총서』, 2019.

참빛아카이브, 「우리의 고전과 옛 교과서 629책, 223 新撰外國地誌 下」, 『참빛복간총서』, 2019.

채백, 「근대민족주의의 형성과 개화기 출판」, 『한국언론정보학회지』 통권41, 2008.

『신찬초등소학(新撰初等小學)』(권1-권6)

- **서 명** 『신찬초등소학(新撰初等小學)』(권1-권6)
- **저 자** 이상익(李相益, 호는 東湖, ?)/현채(현채, 1856~1925)
- **형 태** 22.4×15(cm)
- **발 행** 보성사(普成社), 1909년
- **소장처** 국회도서관, 서울대학교 중앙도서관, 이화여자대학교 도서관

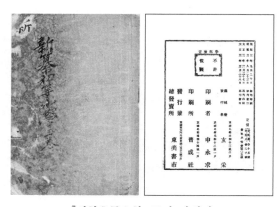

『신찬초등소학』 표지, 판권지

1. 개요

『신찬초등소학(新撰初等小學)』(전 6권)은 '보성사'에서 1909년 현채에 의해 편찬·발행되었고 1913년에 재판이 나왔다. 학부의 검정을 거친 초등용 국어과 교과서로, 삽화와 부도를 포함한 실용 지식과 한국의 지리와 역사, 사람이 갖추어야 할 덕목 등을 우화, 전기(일화), 설명 등의 다양한 문종으로 수록되어 있다.

2. 저자

현채(玄采, 1856~1925)는 서울 출생으로, 한성사범학교 부교관, 아무아문 주사 등을 거쳐 1896년 말에서 1907년까지 학부편집국에서 외국 도서의 번역, 교열을 담당했다. 1873년에 한어 역과(譯科)에 급제할 만큼 한문에 조예가 깊었고 중국어와 일본어를 능숙하게 구사했고, 러시아어와 영어도 가능했던 것으로 알려져 있다. 현채는 대한자강회, 기호흥학회, 대한중앙학회 등에서 활동했고 광문사 창립과 국채보상운동에 참여했다. 주요 번역, 저술로, 러시아사를 정리한『아국약사(俄國略史)』(1898.4.)를 비롯하여『보통교과 동국역사』(1899),『대한지지』(1899)를 냈고, 이후 1908년까지『만국사기』(1905),『동국사략』(1906),『유년필독』(1907), 그리고 이과 도서인『식물학』(1908),『신찬초등소학(新撰初等小學)』등 다수의 교과서 등이 있다. 역사·지리서가 많고 식물학이나 이과서 등의 이과학 교재도 다수 있다.

『신찬초등소학』은『유년필독』간행 2년 후에 '출판법'과 '교과용도서검정규정'을 통과한 교과서로 알려져 있다.

3. 내용 및 구성

『신찬초등소학(新撰初等小學)』은 국한문 혼용체의 인쇄본 교과서로서 1909년에 전체 6권으로 초판 발행되었다. 1913년~1914년에 1권~3권은 단어와 문장, 삽화를 일부 수정하여 자구정정본(字句訂正本)'으로 재간행되었다. 1권을 제외하고 단원마다 제목이 있고, 저학년 교과서일수록 삽화와 부도를 많이 사용하여 내용을 쉽게 이해하도록 했다. 교과서라는 점을 고려해서 각 권의 내용을 난이도에 따라 조절했고, 교과서의 분량도 1년의 학습 기간에 맞추어 편성했다.

 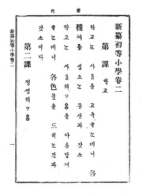

신찬초등소학 권1, 12면 　　　　신찬초등소학 권2, 1면

『신찬초등소학(新撰初等小學)』1권은 주로 기초 언어 학습 자료를 수록했고 한글 자모와 음절, 단어, 문장 학습이 중심을 이룬다. 2권부터는 내용 학습을 위한 자료로 구성되어 지리와 역사, 실용 지식이나 인간이 갖추어야 할 덕목 등 다양한 주제의 읽기 자료들이 학년을 고려하여 편성되었다. 『신찬초등소학(新撰初等小學)』은 2권을 「학교」, 「商工業」, 「時」, 「衛生」 등 38개 단원, 3권은 「開學」, 「向學하는 兒孩」, 「父母의 敎訓을 聽함」, 「時計를 보는 法」, 「禮와 信과 仁」 등 40개 단원, 4권은 「兒孩의 道理」, 「開國紀元節」, 「虎와 狐의 話」, 「汽車와 停車場」, 「古代朝鮮」 등 38개 단원, 5권은 「羅麗濟三國의 起原」, 「孔子」, 「孟子」, 「三國의 衰亡」, 「東西洋諸國」 등 40과, 6권은 「文學의 進步及敎衰退」, 「高麗의 末年」, 「租稅」, 「社會」, 「日本」 등 38개 단원으로 구성하였다.

『신찬초등소학(新撰初等小學)』은 별도의 서문이 없어서 편찬자의 의도나 동기를 파악하기가 쉽지 않다. 다만『신찬초등소학(新撰初等小學)』의 간행 과정을 둘러싼 상반된 시각을 통해 이 교재의 성격을 짐작해 볼 수 있다. 그 하나의 시각은『신찬초등소학(新撰初等小學)』이 '교과용 도서검정규정'(1908년 공포)을 통과했다는 점, 그리고 일본에 의한 강제 병합 이후인 1913년과 1914년에『신찬초등소학(新撰初等小學)』의 6권 중에서 1, 2, 3권이 재간되었다는 점을 두고 이 교재를 친일 성향이 있는 교과서로 평가하는 시각이다. 『신찬초등소학(新撰初等小學)』에 대한 다른 시각은 편찬자인 현채가 애국 계몽 운동을 지속하려는 대의를 위해서 당시의 교과서 검정 요건을 통과할 수 있는 수준에서 편찬한 것으로 보는 시각으로서 이 교재를 친일 교과서로 쉽게 단정하기는 어렵다고 평가한다. 이 시각을 견지하는 이들은 『신찬초등소학(新撰初等小學)』이 대한제국 학부가 편찬한『신정심상소학(新訂尋常小學)』,『보통학교학도용국어독본』(1907), 국민교육회가 간행한『초등소학』(1906) 그리고 현채가 편찬한『유년필독(幼年必讀)』(1907) 등과 겹치는 내용이 적지 않다는 점을 들어『신찬초등소학(新撰初等小學)』을 친일 논리만으로 설명하기 어렵다고 주장한다.

근대 교과서의 역사에서 보면『신찬초등소학(新撰初等小學)』은 학습자의 이해를 돕는 교재의 장치를 잘 마련하고 있는 모습을 볼 수 있다. 그 예로 각 단원의 지면 상단에 신출한자를 제시하고 있고 본문에서 다룬 한자를 교과서의 마지막에 열람표로 다시 수록하고 있는 점을 들 수 있다. 특히 1권의 대부분을 한글 학습 관련 내용으로 편성한 부분은『신찬초등소학(新撰初等小學)』의 국어 교과서로서의 면모를 잘 보여주는 부분이다.

初聲 ㄱㄴㄷㄹㅁㅂㅅㅇㅈㅊㅋㅌㅍㅎ
中聲 ㅏㅑㅓㅕㅗㅛㅜㅠㅡㅣ·　　　　　　　　　(「卷一 字母」,『신찬초등소학(新撰初等小學)』)

　ㄱ 가갸 거겨 고교 구규 그기 ㄱ
　ㄴ 나냐 너녀 노뇨 누뉴 느니 ㄴ
　ㄷ 다댜 더뎌 도됴 두듀 드디 ㄷ
　ㄹ 라랴 러려 로료 루류 르리 ㄹ
　ㅁ 마먀 머며 모묘 무뮤 므미 ㅁ
　ㅂ 바뱌 버벼 보뵤 부뷰 브비 ㅂ
　ㅅ 사샤 서셔 소쇼 수슈 스시 ㅅ
　ㅇ 아야 어여 오요 우유 으이 ㅇ
　ㅈ 자쟈 저져 조죠 주쥬 즈지 ㅈ
　ㅊ 차챠 처쳐 초쵸 추츄 츠치 ㅊ
　ㅋ 카캬 커켜 코쿄 쿠큐 크키 ㅋ
　ㅌ 타탸 터텨 토툐 투튜 트티 ㅌ
　ㅍ 파퍄 퍼펴 포표 푸퓨 프피 ㅍ
　ㅎ 하햐 허혀 호효 후휴 흐히 ㅎ　　　　　(「卷二 綴字」,『신찬초등소학(新撰初等小學)』)

『신찬초등소학(新撰初等小學)』의 1권은 별도의 단원 표시를 하지 않고「자모(字母)」,「철자(綴字)」라는 제목 아래 각각 '初聲 ㄱㄴㄷㄹㅁㅂㅅㅇㅈㅊㅋㅌㅍㅎ'과 '中聲 ㅏㅑㅓㅕㅗㅛㅜㅠㅡㅣ·', 그리고 'ㄱ 가갸 거겨 고교 구규 그기 ㄱ/ㄴ 나냐 너녀 노뇨 누뉴 느니 ㄴ'와 같은 사전식의 순서에 따라 각 철자를 제시했다. 3과부터는 '나무 木', '노루 獐'과 같이 학습해야 할 단어를 신출 한자와 함께 제시하여 학습자가 단어의 뜻을 좀더 쉽게 파악하도록 구성했다. 그리고 '버들 柳/ 버들。나무。밋헤。쇼。탄。목동이。저를。불고。가니。그。소리。듯기。죷소'와 같이 제시한 어휘의 의미와 쓰임을 문장 속에서 이해할 수 있도록 예시 문장을 제시한 것이나 권점(圈點)을 사용하여 띄어쓰기를 표시하는 시도 역시 초등 학습자가 문장의 의미를 명확하게 파악할 수 있도록 한 장치라고 할 수 있다.『신찬초등소학(新撰初等小學)』은 한글 학습의 순서를 음운과 음절, 단어, 문장을 차례로 습득하는 방식을 취하고 있으며 띄어쓰기와 신출한자의 제시를 통해 한글 문장의 의미를 정확하게 이해할 수 있는 장치를 마련하여 초등 학습자들의 한글 능력의 향상을 체계적으로 시도했다는 점에서 국어 교과서로서의 성격을 잘 보여준다고 할 수 있다.

『신찬초등소학』에 수록된 글들은 학교와 시간, 위생 등 근대 제도와 관련된 지식, 지리와 역사, 사람이 갖추어야 할 덕목 등을 내용으로 한다. 첫 글인 「학교」에서는 학교를 '사람을 교육하고, 사람의 마음을 아름답게 하는 곳'으로 언급한다. 근대적 교육기관으로서 학교에 대한 이해를 돕기 위해서 학교를 '각종 씨를 심은 동산'이며 '각 색물을 들이는 곳'으로 말한다. 「시(時)」에서는 '하루는 이십사 시간이고, 한 시간은 육십분, 일분은 육십초'이며 이러한 시간은 '시계'로 셀 수 있다는 것을 안내하고, 「시계 보는 법」에서 시계로 시간을 보는 법으로 연결한다. 「위생(衛生)」에서는 '학교에 갔다가 위생으로 연설하는 것을 듣고' 온 아이가 집안을 청결하게 한다는 내용으로 연결되며 근대적 위생 관념을 강조한다. 『신찬초등소학』에 많이 수록된 근대적 지식에 관한 내용은 지리에 대한 감각을 환기하는 내용으로 이어진다. 「지남침」에서 근대적 기기인 나침반의 모양과 기능을 설명하고, 나침반으로 인해 항해법이 발명되었다고 언급한 후, 「한양」에서 '북에는 삼각산과 백악산이고 남에는 목멱산이고, 지형이 서북은 높고 동남은 낮으며 앞에는 한강이 있다'는 것으로 한양을, 「지세와 경계와 산해급연해안」에서는 한국의 지리를 설명하는 것으로 연결한다. 다음으로 많은 비중을 차지하는 것은 한국의 역사와 인물들을 다룬 단원들이다. 「고대조선」, 「신라 고구려 백제 삼국의 기원」 등의 단원들과 「을지문덕」, 「서희」, 「강감찬」과 같이 나라를 구한 영웅들이나 「황희」와 같은 충신의 이야기를 수록했다.

4. 핵심어

신찬초등소학(新撰初等小學), 현채, 「자모(字母)」, 「철자(綴字)」, 「학교」

5. 참고문헌

노수자, 「백당 현채 연구」, 『이대사원(梨大史苑)』 8, 이화여자대학교 사학회, 1969.
이연희, 「백당 현채 연구」, 성균관대 박사논문, 2006.

『신찬초등역사(新撰初等歷史)』(권1-권3)

서 명 『신찬초등역사(新撰初等歷史)』(권1-권3)
저 자 유근(柳瑾, 1861~1921)
형 태 22.1×15.7(cm)
발 행 광덕서관(廣德書館), 1910년
소장처 국립중앙도서관

『신찬초등역사』 표지, 판권지

1. 개요

『신찬초등역사(新撰初等歷史)』(총 3권)는 유근(柳瑾)이 광덕서관(廣德書館)에서 1910년에 발행하였다. 단군에서 조선조에 이르는 역사적 변천 내용을 알기 쉽게 개관한 초등학교용 국사 교과서로, 군왕을 중심으로 주요 기사를 다루고 있다.

2. 저자

유근(柳瑾)은 1861년에 출생하였고 1921년에 사망하였다. 1894년에 탁지부 주사로 관직에 임용되었으나 아관파천 이후 사직하였다. 이후에는 독립협회에 가입하였고, 1898년 만민공동회에는 간부가 되어서 보수적인 정부의 정책을 비판하였으나 독립협회가 해산당하자 체포되어 고초를 겪었다. 1898년에는 남궁억(南宮檍), 나수연(羅壽淵) 등과 함께 『황성신문(皇城新聞)』을 창간하였다. 1905년 11월 「시일야방성대곡」을 게재하여 정간을 당하였던 『황성신문』이 1906년 2월 속간되자 9월 총회에서 사장으로 선출되었다. 1906년 대한자강회, 1907년 신민회, 대한협회 등에 가입하였다. 1909년에는 나철(羅喆)·오기호(吳基鎬)·김교헌(金敎獻) 등이 단군교(檀君敎)를 만들었을 때도 참여하였다. 이후 언론과 출판 및 교육 등의 분야에서 계몽운동에 매진하였다. 저서로는 『신정동국역사(新訂東國歷史)』, 『초등본국역사(初等本國歷史)』, 『신찬초등역사(新撰初等歷史)』 등이 있다.

3. 내용 및 구성

『신찬초등역사』는 고대부터 조선에 이르는 시기의 역사를 쉽게 풀어 쓴 교과서이다. 군주를 중심으로 서술하였으며, 1910년 2월에 학부 검정을 완료한 초등학교용 국사 교과서이다. 유근 저작이며 교열은 장지연이 담당했다.

『신찬초등역사』의 전체 분량은 3권 3책으로 적지 않은 분량이다. 전체 역사적 주요 사실(史實)을 과(課)라는 항목으로 분류하여 서술한 것이 특징이다. 기본적으로 편년체적인 양식이지만 각 주제별로 서술하면서 연대와 무관한 서술도 하고 있다. 전체 구성은 각 국가의 계보도를 정리한 본국역대도(本國歷代圖)와 제1~3권으로 되어 있다.

제1권은 단군조선기, 기자조선기(附 위만조선기)와 삼한기와 삼국기로 이어지고 있는데 그 하한은 백제와 고구려 멸망과 발해 건국이었다. 제2권의 제목은 신라기(新羅紀)이며 신라의 삼국통일로 시작하여 고려의 건국과 흥망성쇠를 다루고 본조(本朝)인 조선왕조까지 서술했는데 단종대까지를 하한으로 설정했다. 제3권은 제7대 세조대의 역사부터 시작하여 일제가 통감부를 설치하는 과정까지 서술하고 있다. 전체적으로 군주 중심의 서술로 군주에 대한 연대기적 특성을 보여주고 있다.

『신찬초등역사』는 서문이나 별도의 설명이 없어 편찬 의도는 정확히 알 수는 없다. 따라서 전체 내용에 대한 분석을 통해서 편찬 의도와 특징을 추론해보도록 하겠다. 본격적으로 내용과 체계를 살펴보자. 『신찬초등역사』는 전체적으로 비슷한 시기에 간행한 『초등본국역사』와 서술경향이 크게 다르지 않다는 점이 특징적이다. 우선 상고사는 단군조선과 기자조선, 위만조선과 삼한의 역사를 모두 기록하고 있어서 삼한정통론의 입장을 드러내고 있다. 그리고 위만조선의 경우에는 단군조선기 – 기자조선기(附 위만조선기)라는 방식으로 기록하여 단군조선과 기자조선에 비해서는 그 중요도를 달리하고 있다.

삼국시대는 신라, 백제, 고구려의 순서로 기록되어 있는데 각국 시조의 설화와 건국과 역사적 전개과정, 멸망에 대해서 서술하고 있다. 발해는 권 말미에 "고구려의 장수 대조영이 남은 무리들을 이끌고 북으로 백두산 동쪽에 도읍을 정하야 발해국(渤海國)이 되니라"라고 하면서 발해의 건국을 짧게나마 언급하고 있으며, 2권에서는 발해 역사를 부발해(附渤海)로 처리하여 대조영의 출신과 '해동의 강국'이 된 발해의 성장 과정에 대해서 서술하고 있다. 가야사의 경우는 부가락(附駕洛)이라고 제목을 붙이고 시조 수로왕대부터 가야 멸망까지의 역사를 기록하고 있다. 고려기(高麗記)에서는 태조 왕건의 출생부터 시작하여 고려를 건국하는 과정과 고려의 제반 역사적 상황의 전개에 대해 서술하고 있다. 다만 고려기는 고대의 역사와 조선시대에 비해 비교적 적은 분량을 할애하고 있다.

조선시대의 역사를 기록한 본조기(本朝紀)는 태조 이성계(李成桂)에 대한 서술부터 시작해서 조선시대 역사의 전개과정에 대해서 상세하게 서술하고 있다. 상술한 바와 같이 그 하한은 통감부가 설치된 시점까지인데, 마지막 부분은 약간의 오류가 있다. 즉 "을사오조협약이오. 그 후에 아국 정부에서 다시 칠조협약을 정하니 이로부터 일본의 통감은 아국에 와서 주둔하여 정치의 지도를 행함으로"라는 부분은 선후 관계가 맞지 않는다. 일제의 통감부는 1905년 11월 '을사오조협약'의 결과로 1906년 2월에 설치된다. 그리고 '칠조협약'이라고 하는 정미7조약은 1907년 7월에 체결되었다. 따라서 을사오조협약과 칠조협약 이후에 통감이 주둔했다는 설명은 맥락상 부자연스럽다고 볼 수 있다.

그리고 이 텍스트는 시대적 배경 때문인지 일본의 침략성을 은폐하려는 서술이 많이 보인다. 예컨대 가야사 서술에서도 "모두 임나라 칭하니라. 삼국 시기에 일본에 점거되어 가락도(駕洛都)에 일본부를 두었더니"라고 하면서 임나일본부설을 받아들이고 있다. 아울러 백제 문화의 일본전파 과정 또한 중국의 문화를 일본에 전달한 것이며, 백제 문화가 일본에 전달된 것이 아니라고 표현된 점은 일제의 식민지화가 진행되던 시대적 상황과도 관련이 있다. 또한 1875년의 운요호 사건 즉, 일본의 운요호가 강화도에 정박하고 포격을 하면서 교류를 요구했던 함포외교의 전형적인 사례였던 운요호 사건에 대해서는 "일본군함 1척이 중국(支那)에 나아가는데 식료수를 구하기 위하여 우리나라 한국에 와서 정박하였는데 강화도 수병이 이를 포격하였더니 다음 해에 일본이 전권대신 구로다 키요타카(黑田淸隆)와 의관(議官) 이노우에 카오루(井上馨) 등을 파견하여 군함을 이끌고 왔던 전년의 일을 힐책하고 또 수호를 구하니"라고 하여 일본 군함이 음료수를 구하기 위해 강화도 해역에 나타났다는 식으로 서술하고 있다. 아울러 조일수호조규 또한 일본의 우호적인 자세로 요구했다고 왜곡하고 있다. 그러나 이 문제는 일본 해군성 문서 원본이 발견되면서 일본 운요호에서 미리 무장을 하고 있었고, 선제 발포를 했다는 것이 이미 밝혀졌다. 따라서 이 서술은 역사적 사실에 부합하지 않는다고 하겠다.

아울러 일본이 러일전쟁의 참전한 이유도 동양의 평화를 위한 것이며, 을사조약은 대한제국의 부강을 위한 것이었다는 일본 내부의 선전 논리를 그대로 받아들이고 있다. 즉 체결과정에서 명백히 강제성이 있었던 을사조약을 동양의 평화와 대한제국의 부강을 위해 한일간이 '합의'한 결과로 도출된 조약으로 서술했던 것이다. 즉 "러시아가 만주에 세력을 점하여 점점 남하하여 우리나라를 침범할 형세가 있으므로 일본은 이에 반대하고 우리나라를 보전하고자 하여 끝내 양국의 교의(交誼)가 파열되어 인천 해면에서 일본 군함이 러시아 군함을 격파하고 또 북으로 진격하여 압록강을 건너 러시아군을 격파하고 여순(旅順)을 함락하여 더 나아가 봉천(奉天)에서 대승을 얻어 드디어 러시아와 화약을 체결하니라. 이 전쟁이 일어남에 우리 조정은 동양의 평화를 확립하고 또한 러시아의 부강을 협조할 뜻으로써 일본과 조약을 체결하여 양국의 친밀한 교의를 협정하니 이것이 을사오조협약이오. 그 후에 러시아 정부에서 다시 7조협약을 정하니 이때부터 일본의 통감은 우리나라에 와서 머무르며 정치의 지도를 행하므로 양국의 친밀이 더 두터워진 것이라."라고 하는 등 을사조약을 정당화하는 식으로 서술하고 있었던 것이다.

이렇듯 『신찬초등역사』는 단군조선에서 통감부 시대까지 방대한 내용을 대상으로 다루었으나, 전체적으로 설명이 약간 소략하다는 단점이 있다. 하지만 전체적인 역사적 전개 과정을 요점 위주로 정리했고 통사 체계가 잘 잡혀있다는 점에서 의미가 있다고 할 것이다.

4. 핵심어

편년체, 삼한정통론, 임나일본부설, 운요호 사건, 러일전쟁

5. 참고문헌

조동걸, 「한말 사서와 그의 계몽주의적 허실(상)」, 『한국독립운동사연구』 1, 1987.
송인주, 「대한제국기의 초등 역사교육에 관한 연구」, 『역사교육논집』 25-1, 1999.
양정현, 『근대개혁기 역사교육의 전개와 역사교재의 구성』, 서울대학교 박사학위논문, 2001.
김소영, 「통감부시기 역사교과서 편찬과 교과서 검정제-『初等本國略史』 검정청원본과 출판본 분석을 중심으로-」, 『인문연구』 92, 2020.

『신편대한지리(新編大韓地理)』

서 명 『신편대한지리(新編大韓地理)』
저 자 김건중
형 태 한장본, 국한문체, 15×22(cm)
발 행 보성관
소장처 국립중앙도서관, 국회도서관, 이화여자대학교 도서관

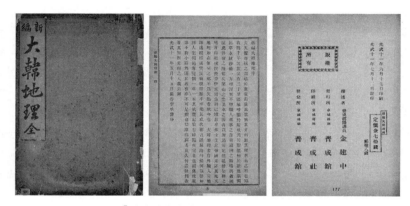

『신편대한지리』 표지, 본문, 판권지

1. 개요

『신편대한지리(新編大韓地理)』는 1907년 일본인의 근대적 지지편찬 방법을 활용하고자 일본인 편찬서를 번역, 한국식 편집을 통해 작성된 책이다. 특히 이 책은 중등학교용으로 지리적 내용을 과학적으로 구체화한 본격적인 지리서로 알려져 있다. 이 책은 보성관(普成館) 번역원 김건중(金建中)이 일본인 다부치(田淵友彦)의 『한국신지리(韓國新地理)』를 국한문혼용체로 번역하여 편찬한 책이며, 도서명에 '지리'라는 용어가 처음 등장한 책이기도 하다.

2. 저자

김건중은 당시 보성관의 번역원으로 근무하였으며, 『신편대한지리』는 일본인 다부치(田淵友彦)의 『한국신지리(韓國新地理)』를 국한문혼용체로 번역한 중등용 지리교과서이다. 1905년 이용익(李容翊)은 보성학교와 함께 부속 기관인 보성관(출판사)과 보성사(인쇄소)를 세워 보성학원의 교재를 출판하였다. 학교용 도서뿐만 아니라 신지식층을 겨냥한 애국계몽 서적들도 출판했다. 특히 보성관은 출판사 자체에 번역부를 두고 전문 번역원을 동원해 단기간에 전문성을 갖춘 다양한 교재들을 번역하였다. 『신편대한지리』 역시 전문적으로 번역된 교과용 도서 가운데 하나이다.

3. 내용 및 구성

『신편대한지리(新編大韓地理)』는 김건중이 1907년(광무 11년) 7월 12일 출판사인 보성관에서 발행하였다. 이 책의 구성은 이승교의 서문 2면, 목록 4면, 본문 168면으로 이루어져 있다. 특히 이 책은 일본인 다부치토모요시(田淵友彦)가 저술한 "한국신지리(韓國新地理)"를 초역한 교과서로서 도서명에 '지리'라는 단어를 처음 사용하였다.

본 책의 내용 구성은 제1편 지문지리, 제2편 인문지리, 제3편 지방지로 나누어 기술하고 있으나 내용은 『한국신지리』와 동일하다. 지문지리편에서는 위치・경계・광포・해안선・지세・산지・수지・기후・조류・조석・생산물 등을, 인문지리편에서는 주민・인종・족제(族制)・언어문자・인구・종교・교육・정치・병제・재정・농업・공업・상업・수산업・목축업・광업・화폐・교통 등을, 그리고 지방지편에서는 경기도・경상남북도・전라남북도・충청남북도・강원도・함경남북도・황해도・평안남북도 등을 다루고 있다. 계통지리적인 내용을 체계적으로 잘 배열하고 있으며, 그 내용도 매우 수준이 높다.

우리나라의 국경에 대한 기술에서는 극동(極東)은 러시아와의 국경으로 두만강(豆滿江)을, 극북(極北)은 토문강(土們江)으로 기술하였다. 이것은 장지연의 『대한신지지』(1907)의 국경 기술 내용과 같은 것인데, 실질적으로 간도지역을 우리의 영토로 해석한 기술이다. 그리고 일본해(日本海)를 조선해(朝鮮海)로 표기했고[東面及南面은 朝鮮海에 臨ᄒ고], 압록강과 불함(장백)산맥을 경계로 청국과의 국경을 정한다고 기술했다.[鴨綠江及不咸[長白]山脉으로 劃界ᄒ고] 불함산은 최남선이 일제의 식민사관(植民史觀)에 대항해 한국 고대문화의 세계사적 위치를 밝히고자 했던 불함문화론(不咸文化論)의 백두산이다. 그리고 지방지에는 임진왜란 때 이순신이 왜군을 크게 물리친 내용을 기술하였다. 대체로 원작인 다부치의 『한국신지리』의 내용을 그대로 따르고 있지만, 한국을 주체적으로 해석한 부분들이 나타난다. 이러한 기술로 인하여 1910년 7월 1일, 학부 불인가 교과용도서로 선정되기도 하였다.

되도록 직역을 피하고 주체성을 살리기 위하여 번역자가 노력한 흔적이 곳곳에서 나타나는데, 그 예로 지방지의 서술에서 임진왜란 때 이순신(李舜臣)이 왜군을 크게 물리친 내용을 담고 있는 것과, 일본해(日本海)를 조선해(朝鮮海)로 고친 점이다. 제3편 제3장 전라도의 지방지에 서술된 우수영(右水營)의 내용을 인용하면 다음과 같다. "차지(此地)는 전일 우수영을 위치한 처(處)라 명양협(鳴洋峽) 동안(東岸)에 재(在)하니 전라 해상의 중요한 지(地)라. 아 선조대왕 25년에 이순신이 차지에서 일본군과 격전하야 전함에 사용하던 대묘(大錨)가 상존하며, 이 부근의 적・백・흑색 납석이 다하야 공작품이 기묘하니라." 또한, 제1편 제7장 수지(水誌) 내용의 일부를 인용하면 "……동면은 조선해사면(朝鮮海斜面)이니 그 해안선이 심장(甚長)한 고로 단소(短少)한 수류가 심다하나 위대한 유역은 백두산으로부터 분수한 두만강뿐이오. 서남은, 즉 황해사면에 배수하는 유역이 유하고……"와 같이 자주성을 살리려고 노력한 점이 돋보인다.

역자는 필요한 부분을 뽑아서 간략하게 엮어 놓았는데, 제1편 지문지리 제1장 위치에 대한 서술은 다음과 같다.

> 我國은 亞細亞洲東部에 在ᄒ니 淸國大陸東南邊으로브터 南方에 突出ᄒ야 狹長흔 半島國이라 其極南은
> 濟州島의 毛瑟浦니 北緯三十三度四十六分에 至ᄒ고 極北은 豆滿江[土們江]沿岸의 柔遠鎭近傍을 因ᄒ야
> 北緯四十三度二分이 되며 極西는 黃海道의 大靑島等이니 東經百二十五度五分[八重山羣島]이 되고 極東

은 露國境을 豆滿江에 隔ᄒ야 東經一百三千度五十八分에 在ᄒ니 全國의 境域이 北溫帶中에 位ᄒ얏ᄂ
니라

"우리나라는 아세아주 동부에 있으니 청국대륙 동남동 남변으로부터 남방에 돌출하여 협장한 반도
국이라. 그 극남은 제주도의 모슬포니 북위 33도 46분에 이르고 극북은 두만강(토문강) 연안의 유원
진 근방으로 인해 북위 43도 2분이 되며, 극서는 황해도의 대청도 등이니 동경 125도 5분(팔중산 군
도)이 되고 극동은 노국경을 두만강에 막혀서 동경 130도 58분에 있으니 전국의 경역이 북온대중에
자리하고 있다."

또한 본문 "제1편 지문지리 제10장 조석"과 관련된 내용을 보면 다음과 같다.

韓國의 東海岸은 潮汐의 出入ᄒᄂ 差가 甚少ᄒ나 西海岸에ᄂ 대ᄒ야 京畿道仁川附近에ᄂ 其差異가 三
十尺에 及ᄒᄂ 故로 退潮時에ᄂ 數里의 泥를 見ᄒ며 南下ᄒ면 漸少ᄒ야 忠淸南道의 淺水灣은 其差가
二十六尺餘가 되며 全羅道西部木浦地方에 至ᄒ면 十四尺餘가 되며 南海岸釜山에 至ᄒ면 五尺에 不滿
ᄒ며 東海岸元山灣은 僅히 一尺五寸에 不過ᄒ니라 現今各地에 高潮時와 潮升量을 示ᄒ즉 如左ᄒ니라

"한구의 동해안은 조석의 출입차가 극소하나 남해안은 그 차이가 크다. 경기도 인천 부근에는 차이
가 삼십척에 달하는 정도로 퇴조시에는 수리의 정도를 넘어선다고 밝히고 있다. 충청남도의 해수
면의 차는 이십육척 정도가 되며 전라도 서부 목포지방에 이르면 십사척 정도가 되며 남해안 부산
에 이르면 오척에 불과하다. 동해안 원산만은 극히 적인 1척 정도에 불과하다"

번역자는 위와 같이 밝히면서 지역별 조석간만의 차이에 대한 동해안과 남해안, 서해안 지역별 특징
을 자세히 다루고 있다.

4. 핵심어

地文地理(지문지리), 位置(위치), 境界(경계), 廣褒(광부), 海岸線(해안선), 地勢(지세), 山誌(산지), 水誌
(수지), 氣候(기후), 潮流(조류), 潮汐(조수), 生産物(생산물), 人文地理(인문지리), 住民(주민), 人種(인
종), 族制(족제), 言語文字(언어문자), 産業(산업), 道路(도로), 鐵道(철도), 海運(해운), 郵便(우편), 電信及
電話(통신및전화), 地方誌(지방지)

5. 참고문헌

장보웅, 「개화기의 지리교육」, 『대한지리학회지』 5(1), 41-58, 1970.

『실지응용작문법(實地應用作文法)』

서 명 『실지응용작문법(實地應用作文法)』
저 자 최재학(崔在學, 호는 克菴, 1870년대 ?~?)
형 태 21.8 x 15.4(cm)
발 행 휘문관, 1909년
소장처 국립중앙도서관, 국회도서관

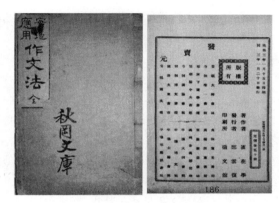

『실지응용작문법』 표지, 판권지

1. 개요

『실지응용작문법(實地應用作文法)』은 '휘문관'에서 1909년 1월 20일에 발행되었다. 국한문혼용체 규범서로, 독자적인 문장 분류 체계를 적용한 최초의 근대적 작문 교재이다.

2. 저자

최재학의 생몰년은 명확히 밝혀진 바 없으나 1905년에 평양 유생들과 함께 을사늑약에 반대하는 상소를 올리다 체포되었다는 기록 등을 토대로 1870년대 즈음 출생한 것으로 추정된다. 1905년부터 1910년 무렵까지 보성학교 교사, 협성학교 교감, 양영학교 교장을 거치고 야학 설립을 추진하는 등 교육가, 교과서 편찬자로서 다양한 교육 운동을 하였다. 여성 교육에도 힘써 1908년 윤치오(尹致旿)·강윤희(姜玩熙) 등과 함께 여자보학원유지회(女子普學院維持會)를 설립하여 여성 교육기관인 여자보학원(女子普學院)을 후원하는 한편, 여성지『녀ㅈ지남』을 간행하는 데에도 참여하였다. 대한자강회(大韓自强會) 간사원, 서북학회(西北學會) 평의원, 대한협회(大韓協會) 평의원으로서 애국계몽단체의 구국정치 활동에 참여하였다. 주요 저서로『간명물리교과서(簡明物理敎科書)』,『문장지남(文章指南)』,『실지응용작문법(實地應用作文法)』,『몽학필독(蒙學必讀)』이 있다.

3. 내용 및 구성

『실지응용작문법』은 근대계몽기에 국한문체를 실제 글쓰기에 적용하려는 목적을 지닌 작문교본이자 규범서로서, 책의 체제는 작문 이론을 설명한 상편(90쪽)과 모범이 될만한 글을 수록한 하편(76쪽)의 합본으로 되어 있다. 상편은 총론(總論)과 정례(正例)로 나뉘며, 구사(構思), 어채(語彩), 문법(文法), 체제(體製)로 구성되었다. 이 네 항목은 각각 논거 구상, 어구(語句) 선택, 수사법, 문체 분류에 관한 설명과 분석에 해당한다. 구성을 세부적으로 살펴보면, '구사(構思)'는 제목(題目), 결구(結構), 포장(鋪張) 등으로, '어채(語彩)'는 순잡(純雜)·아속(雅俗), 어취(語趣) 등으로 나누어 원리를 설명하고 있다. '문법(文法)'에서는 비유법(譬喩法), 화성법(化成法), 포치법(布置法), 표출법(表出法), 기타제법(其他諸法)으로 나누어 설명한다. 여기서 비유법(譬喩法)의 경우를 예로 들면, 직유법(直喩法), 은유법(隱喩法), 유유법(類喩法), 힐유법(詰喩法), 대유법(對喩法), 박유법(博喩法), 간유법(簡喩法), 상유법(詳喩法), 인유법(引喩法), 허유법(虛喩法), 제유법(提喩法), 환유법(換喩法), 풍유법(諷喩法), 성유법(聲喩法) 등으로 세분하여 설명하는 방식이다.

'체제(體製)'에서는 논(論), 설(說), 전(傳), 기(記), 서(序), 발(跋), 제(題), 축사(祝辭), 문(文), 서(書), 찬(贊)으로 글을 분류하여 설명하고 그 예문을 수록하였다. 이론에서는 제시하지 않았으나 상편의 예문에는 송(頌), 명(銘)까지 추가하여 총 13가지의 분류 체제로 살핀다. 그러나 제시한 분류 체계를 동일한 비중으로 다루는 것은 아니고, 논(論), 설(說), 전(傳), 기(記), 서(序)의 양식 비중이 압도적이다. 그중에서도 논(論)은 이론(理論), 정론(政論), 경론(經論), 사론(史論), 문론(文論), 풍론(諷論), 우론(寓論), 가론(假論)으로, 전(傳)은 사전(史傳), 가전(家傳), 탁전(托傳), 가전(假傳), 변전(變傳)으로, 기(記)는 유기(遊記), 사기(事記), 전기(戰記), 잡기(雜記)로 다시 세분화하여 예를 든다. 하편은 상편에서 제시한 체제에 적합한 예문을 100여 편 수록하였고, 국한문혼용체의 정확한 쓰임을 보여주는 비교적 짧은 분량의 글들을 나열하고 있다. 상편과 하편의 예문이 모두 '예여(例如)'라는 이름 아래 수록된 것을 볼 때, 총론에서 제시된 수사법에 따라 그 실례를 보여준다는 의미로 해석할 수 있다.

『실지응용작문법』의 서문은 이기(李沂)가 썼고, 교열은 박은식(朴殷植)과 이기(李沂)가 함께 하였다. 서문에서 한문(漢文)과 국문(國文)을 구분하고 있는 이기(李沂)는, 국한문 혼용의 규정이 있음에도 본래 써오던 방식이 아니라서 오는 폐단을 우려한 최재학이 "국한문 작문법"을 지었다고 밝히며 국한문혼용체를 교육하고 보급하는 것이 목적임을 명기하였다. 저자인 최재학과 교열자인 이기(李沂), 박은식(朴殷植) 모두 학자와 교육자로서 애국계몽운동에 헌신한 인물이라는 점에서 이 책의 성격은 뚜렷하게 드러난다. 즉, 국문이라는 매우 편리한 방식이 있지만 지금까지 사용해 온 한문이라는 전통을 갑자기 폐기할 수 없으니 이 둘을 함께 사용하자는 취지를 담은 근대적 작문 교과서로, 근대계몽기 민족주의적 관점에서 한문 전통이 반영되었음을 알 수 있다. 『실지응용작문법』의 「총론」에서 "국한문을 섞어 쓰는 것이 성행하고 있지만, 체제와 격식은 모두 한문의 그것을 쓰고 있으니, 그러므로 국한문으로 글을 짓는 일에도 한문의 작문법에 의하여 그 문법의 범위에서 벗어나지 않음이 필요"하다고 한 바, 문체의 전환기에서 뚜렷한 의식을 지니고 교재를 집필한 최재학의 의도를 파악할 수 있다.

상편은 이론과 개념을 설명하고 그에 따른 예문을 일부 수록하는 방식으로, 하편은 체제에 알맞은 예문들의 제시로 구성된 이 책의 특이점은 전통적인 방식의 분류법을 응용하여 독자적인 분류체제를 마련하려고 했다는 데 있다. 구사(構思), 어채(語彩), 문법(文法), 체제(體製)라는 네 항목 중에서 '어채(語彩)'는 "본국어로 표준을 삼는다", "타국어, 방언, 비속한 말, 고어, 남조어, 오용어 등의 혼입을 제거한다"와 같은 규정을 제시한다. 이는 당시의 언어 상황에 맞게 안정된 규범을 지향하기 위한 노력으로 보인다. 한편, '문법(文法)'에서 도입한 수사법이나 '체제(體製)'에서 제시한 13종 분류 체계는 전통적인 한문 규범과 서구 및 일본의 수사학적 영향을 반영하면서도 작문과 수사의 원리를 새롭게 규범화하려는 시도이다.

『실지응용작문법』에 수록된 글들은 국한문혼용체 글쓰기의 방법과 원리에 부합하면서 동시에 계몽적인 내용을 담은 것이 주를 이룬다. 관습적 양식에 맞는 전통적 가치관이나 표현이 나타나기도 하지만 대개는 국문에 더 초점을 맞춘 국한문혼용체의 모습을 보여주고 있으며 내용 또한 근대적이고 새로운 의식이 발견된다. 「모주유원기(某州遊園記)」나 「송우인유학해외서(送友人遊學海外序)」와 같은 글은 한문 규범 안에 근대적 내용을 담음으로써 변화된 글쓰기 양상을 보여준다. 전통적 방식으로의 객관적 관찰이나 일반적인 송별의 글쓰기가 아니라 '문명', '국력'의 개념을 담아 시대적 변화를 감지할 수 있는 대표적인 글이다. 마의태자 일화를 삽입하여 애국과 계몽을 강조하는 「유금강산기(遊金剛山記)」, 평양에 여행 가는 친구에게 을지문덕 장군의 애국을 언급하는 「송이군서유서(送李君西遊序)」 또한 이러한 맥락에서 읽힌다. 이처럼 근대적 이념을 토대로 계몽성을 드러내는 글은 매우 큰 비중을 차지하고 있다. 「애국론(愛國論)」은 자국에서 영위하는 삶의 중요성을 설파하면서 애국하기를 강조한다. 「자유론(自由論)」과 「입헌론(立憲論)」은 각각 자유라는 가치와 입헌이라는 근대적 권리를 주장한다.

「권리사상론(權利思想論)」, 「분투적능력설(奮鬪的能力說)」은 문명과 국가를 건설하기 위해 투쟁하여 얻어내야 할 '권리'의 중요성을 보여주는 핵심적인 글이다. 「권리사상론(權利思想論)」은 개인의 존엄과 가치를 구현하는, 인간이라면 반드시 누려야 할 '권리'에 관해 논한다. 개인 간의 분쟁도 국가적 전쟁과 비슷한데 분쟁 대상인 물건이나 땅이 중요한 것이 아니라 거기에 내재한 권리가 더 중요하며, 권리를 쟁취하기 위해서는 '권리 사상'을 지녀야 한다는 것이 이 글의 논지이다. 「분투적능력설(奮鬪的能力說)」은 권리가 위협받는 상황에서는 '분투적 능력'으로 그것을 쟁취해야 하므로, 이 능력이야말로 인간이 갖춰야 할 요건이라고 주장한다. 이처럼 근대적 사유를 담고 있는 예문들은 논리적인 구조로 연결되어 있어, 단순히 구호로 그치는 것이 아니라 설득력 있게 다가온다는 특징을 지닌다. 이러한 구조적 유기성과 일정 수준을 유지하는 문체적 특징은 해당 교재가 최재학 단독 저작일 것이라는 주장을 뒷받침한다. 혹은 당대 활동한 지식인의 글을 일부 가지고 와서 엮은 것이라 하더라도 교재 특성에 맞게 수정하여 수록했을 가능성이 크다.

『실지응용작문법』은 다양한 수사법과 독자적인 문체 분류를 제시한 근대계몽기의 대표적인 국한문혼용체 규범서이다. 전통적인 한문체에서 순국문체로 전환하는 시기에 한문이 절대적인 표기 체계가 아니라는 점을 밝히고 국문의 중요성을 강조함으로써 국주한종(國主漢從)의 국한문혼용체로 나아가는 어문 문체의 지향을 보여준다.

4. 핵심어

실지응용작문법, 최재학, 구사(構思), 어채(語彩), 문법(文法), 체제(體製)

5. 참고문헌

남궁원, 「개화기 글쓰기 교재 『실지응용작문법(實地應用作文法)』과 『문장지남(文章指南)』 연구」, 『漢文古典研究』 12, 한국한문고전학회, 2006.

심재기, 『국어문체변천사』, 집문당, 1999.

이정찬, 「작문사(作文史)적인 관점에서 본 근대 초기 작문 교재 연구」, 『한국언어문학』 79, 한국언어문학회, 2011.

임상석, 「1910년 전후의 작문교본에 나타난 한문전통의 의미: 『실지응용작문법(實地應用作文法)』, 『실용작문법(實用作文法)』, 『문장체법(文章體法)』 등을 중심으로」, 『국제어문』 42, 국제어문학회, 2008.

임상석, 「국한문체 작문법과 계몽기의 문화 의식－최재학(崔在學)의 ≪실지응용작문법(實地應用作文法)≫」, 『한국언어문화』 33, 한국언어문화학회, 2007.

정우봉, 「근대계몽기 作文 敎材에 대한 연구－『實地應用作文法』과 『文章指南』을 중심으로－」, 『한문교육연구』 28(1), 한국한문교육학회, 2007.

『여재촬요(輿載撮要)』

서 명　『여재촬요(輿載撮要)』
저 자　오횡묵(吳宖默, 생몰년 미상)
형 태　국한문체, 17×27.4(cm)
발 행　1893년
소장처　장서각, 국립중앙도서관

『여재촬요』 표지, 서문

1. 개요

　『여재촬요(輿載撮要)』는 원래 오횡묵이 간행한 책으로 기미년(1893년)에 10권으로 발간되었다. 당시로서는 비교적 과학적인 지리서에 속한다고 볼 수 있다. 본문 83장으로 구성된 이 책은 개화기 지리교과서의 효시로서 세계와 우리나라 지리를 모두 포함하여 설명하고 있다. 이 책의 제1권은 세계지리와 관련된 것이고, 제2권에서 제10권까지는 한국지리에 관한 내용이다. 제1권은 기후와 지형 등의 자연지리 부분으로 42면으로 구성되어 있고, 2장은 각 국정교약설, 총론 등의 인문지리적 접근으로 18면이며, 3장은 세계 육대주 51개국에 대한 지역지리로 구성되어 있는데 138면으로 분량이 가장 많다. 제2권은 주로 한양에 대한 것이고, 제3권은 경기도, 제4권은 충청도, 제5권은 전라도, 제6권은 경상도 좌도, 제7권은 경상도우도, 제8권은 강원도, 제9권은 평안도, 제10권은 황해도와 함경도로 구성되어 있다. 이 내용을 한 권으로 축약한 것이 대한제국 학부편집국에서 발간한 지리교과서 『여재촬요(輿載撮要)』이다.

2. 저자

　오횡묵은 1834년 출생하였고, 본관은 해주, 자는 성규, 호는 채원이다. 증조가 호조참판을 지내고, 조부는 호조판서, 아버지는 판중추부사를 지냈다. 오횡묵은 무과에 합격하여 고종이 1884년 설치한 공상소의 감동낭관에 임명되었다. 1886년 영남 별향사로 파견된 후 여러 치적을 쌓아 공로를 인정받아 채원이라는 호를 하사 받았다. 1887년 정선군수를 지내기 시작하여, 이후 경상도 자인현감, 함안군수, 고성부사를 지냈고, 1895년 다시 공상소감동이 되었다. 그리고 이후 전라도 지도군수, 여수군수, 경상도 진보군수, 전라도 익산군수, 경기도 평택군수 등 지역 수령을 지내가 1905년 노쇠하여 스스로 관직을 사퇴하였다. 경상도와 전라도, 남부 경기도의 지방관과 국가관리로 20년 이상을 봉직하였고, 갑오개혁 이후 신설된 전라도 지도군, 여수군의 지방 수령으로 임명된 바를 보면 행정가로써의 능력이 크게 인정되었던 인물이다.

오횡묵은 정선현의 지방수령을 시작했던 1887년부터 1897년 지도군수의 임기를 마칠때까지 10년의 기록을『총쇄록』으로 남겼다. 총쇄록은 '소소하고 자잘한 사실들의 기록'이라는 의미인데 일기형식으로 구성된 이 책은 지도를 포함하여 기후와 왕래길 등의 생리적 환경은 물론 마주치는 사람들과의 일상적 대화 등 지역 인심까지 아우르는 지역지지서의 특성을 지닌다. 지역 수장으로써 지역에 대한 관심과 날씨, 농사, 주민의 삶, 지방행정의 상호관계에 주목한 지리학자적 인식을 지녔다고 판단된다.

오횡묵의 친우(親友) 이헌영이 작성한『여재촬요』서문을 살펴보면, 오횡묵은 성품이 대쪽같이 강하고 기상과 절개가 높은 인물로서, 지방관의 임무를 충실히 수행하여 지방민에게 신망이 두터웠다고 한다. 그리고 공무로 바쁜 와중에도 그는 업무 외적으로 국내·외 지리서인『여지승람(輿地勝覽)』·『해국도지(海國圖志)』등을 탐독했고, 각지의 산천과 인물들을 조사하고, 고을 곳곳을 유람하여 조사한 바를『여재촬요』10책으로 엮어 간행했다고 한다.

3. 내용 및 구성

『여재촬요』는 평생을 목민관으로서 삶을 살아온 오횡묵(吳宖默, 생몰년 미상)이 간행한 지리서이다. 이 책은 대부분의 관직 생활을 목민관으로 지낸 오횡묵 한 개인의 열정만으로 간행된 사찬(私撰) 지리서로서 1894년 10권 10책의 분량으로 간행되었다.

오횡묵은 1886년 박문국(博文局) 주사직을 그만둔 이후, 1887년 3월 정선군수를 시작할 때부터 군수를 끝내는 1897년 5월까지의 10년간『총쇄록』이라는 이름의 기록을 남겼는데,『여재촬요(輿載撮要)』는『총쇄록』에도 기록이 되어있다.『여재촬요(輿載撮要)』는 그가 함평군수로 재임하던 1892년 7월 완성되었다. 그 후 그는 함평에서 고성으로 임지(任地)를 옮기고 1893년 2월부터『여재촬요』의 내용을 목판에 새기기 시작하여, 1894년 5월에서야 마무리할 수 있었다. 즉『여재촬요』는 오횡묵이라는 한 지방관이 바쁜 공무 가운데에서도 자신의 시간, 체력, 건강을 다 바쳐 이루어낸 성과물이다.

오횡묵(1834~1906)은『여재촬요(輿載撮要)』의 완성을 위해 끊임없이 수정을 시도하였다. 오횡묵은 1890년대 본격적으로 지리서 집필에 들어가 1892년『여람촬요』,『승제습유』등의 초고 단계를 거쳐 1893년 세계 지리와 조선 지리를 대상으로 하는『여재촬요』5책본을 만들었다. 그리고 이를 줄여 1책본을 만들어 각자까지 완료하였다. 이어 새로이 세계지도집인『만국여도』를 참조하여 8책본으로 확장하고 1894년에는 10책본으로 확대하였다. 1902년에는 1책본『여재촬요』를 수정하여『여요삼선』을 만들었다. 이같이 오횡묵은 지속적인 수정과 보충의 과정을 통해 교과용에서부터 전문 서적에 이르는『여재촬요(輿載撮要)』를 만들었다.

오횡묵의『여재촬요(輿載撮要)』는 당시로서는 최신의 서구지식을 수용하고 있던『만국여도』의 지구도·지역도와『만국정표』의 세계 인문 정보를 종합하고『동국여지승람』을 바탕으로 우리나라에 대한

지리를 정리한 지리서였다. 조선이나 서양의 일변도 지식이 아니라 서양과 조선의 지리지식을 종합하고 있다.『여재촬요』는 우리나라 전근대 지리학에서 근대지리학으로의 성립과정에서 과도기적인 단계를 보여주는 것으로 평가할 수 있다.『여재촬요』의 축약본은 1894년 판각되었으며 이것을 1896년 학부에서 다시 인쇄하여 근대지리교과의 교과서로 사용하였다.

오횡묵의『여재촬요』는 전통적인 방식에 따라 군현 단위로 인문적인 내용의 지리관련 정보를 서술하면서도 서양의 세계에 대한 지리지식을 기록하였다. 따라서 이 책은 전근대 지리학 학문에서 근대지리학 학문으로의 징검다리 역할을 하고 있을 뿐만 아니라 한국에서 근대지리학이 성립하는데 기여했다고 볼 수 있다. 또한『여재촬요(輿載撮要)』는 한국 지리교과서의 효시라고 평가받는다. 이 책은 여러 지리교육학자들을 통해 이 책의 집필, 편집, 간행, 출판 등에 대한 분석이 시도된 바 있다.『여재촬요(輿載撮要)』는 1권, 5권, 8권, 10권 등 상이한 크기/서지에 따른 다양한 권형이 존재하는데, 이들을 규장각과 국립중앙도서관, 장서각, 그리고 서울대학교, 고려대학교, 연세대학교, 부산대학교 도서관이 소장하고 있다.

오횡묵이 작성한 여러 기록물의 구성과 같이,『여재촬요』는 서문을 완성하였다는 기록과 함께 그 서문을 실었다. 1892년 7월 23일『여재촬요』서문을 완성하면서, 오횡묵은 일기에 "어떠한 사람과『여재촬요』에 대해 이야기를 나누었고, 이 대화 내용을 바탕으로 서문을 완성했"고 기술하였다. 서문 중 주요 부분에서 하나의 일화를 기록하였는데, 어떤 사람이『여재촬요』의 범례가『여지승람(輿地勝覽)』과 비슷한데 왜 내용은 추가되거나 축소된 면이 있는 등 다르냐고 묻자,『여지승람(輿地勝覽)』을 본뜬 것이 아니라 본인이 명승지를 찾아다니는 취미가 있어서 여러 지리서를 모아 한 책으로 엮어서 가지고 다니면서 지리(地理)를 밝히고자 구석구석 찾아 확인한 것이라고 설명했다고 한다. 이렇듯 오횡묵은『여지승람(輿地勝覽)』은 크고 양이 많아 집에다 두어야 하기 때문에 요약해서 갖고 다닐만한 책이 필요하다고 생각하였다. 즉『여재촬요』는 오횡묵이 스스로 이러한 필요에 따라 한 책의 지리서를 만든 것이고, 그 후『여지승람(輿地勝覽)』을 보면서 확인한 내용을 수정하였다고 판단할 수 있다.

『여재촬요』의 10권 중 제1권은 세계지리이고, 제2권에서 제10권까지는 한국지리이다. 제1권의 1장은 기후와 지형 등의 자연지리 부분으로 42면으로 구성되어 있고, 2장은 각 국정교약설(各國政敎略設), 총론 등 인문지리에 관련된 내용이 18면으로 구성되어 있다, 3장은 세계 육대주 51개국에 대한 지역지리로 구성되어 있는데, 138면으로 분량이 가장 많다. 제2권은 주로 한양에 대한 것이고, 제3권은 경기도, 제4권은 충청도, 제5권은 전라도, 제6권은 경상도 좌도, 제7권은 경상도 우도, 제8권은 강원도, 제9권은 평안도, 제10권은 황해도와 함경도로 구성되어 있다. 전술한 바와 같이, 이를 한 권으로 축약하여 대한제국기 학부(學部)에서 지리교과서로 발간하였다.

『여재촬요(輿載撮要)』의 구성은 1892년도의『여람촬요』에서 기본 형태가 마련되었다.「교중지구여지승람목록」에서는 각국별 지리 상황을 편찬한 항목을 수록하고 있으나 표제와는 달리 각국별 정보의 정리는 되어 있지 않다. 그리고「지구전도」로 동반구와 서반구의 지도가 수록되어 있으나 원형의「천하총도」와「중국총도」를 별도로 수록해 전근대적인 세계관에서 벗어나지 못하고 있음을 보여준다. 5책의『여재촬요』는『여람촬요』,『승제습유』를 거쳐 최초의 정리된 형태로 나왔으나 여전히 원형의 천하도를 수록하고 있다. 범례는『만국정표』에서 전재한 5개 항목과 조선에 대해 오횡묵이 추가한 1개 항목 등 6개 항목으로 구성하였으며,『만국정표』의 내용을 바탕으로 이루어졌다.

『여재촬요(輿載撮要)』의 내용 가운데 외국에 관한 내용은 비교적 새로운 것이라고 볼 수 있다. 외국지지에 관한 부분이 17장(20.4%), 한국지지에 관한 부분이 66장(79.6%)으로 한국에 비중을 많이 두고 있다. 그러나 한국에 관한 내용은 여지승람류를 벗어나지 못하고 있어서 새로운 것이 못 된다. 즉 각도를 부, 목, 군, 현으로 분하고 이것을 다시 위치, 관원, 군명, 면, 호, 결, 산천, 토산, 관방으로 나누어 기술하고 있다.

한 권으로 되어 있는 목판본『여재촬요』는 사본으로 된『여재촬요』에서 각종 서문과 발문을 생략하였으며, 양반구도(兩半球圖)와 도별분도(道別分圖)를 제외한 모든 지도를 생략하였다. 단권으로 된 목판본은 학부에서 간행된 것은 확실하나 저자와 간기가 명기되어 있지 않다. 이 목판본은 개화기 교과서의 효시로서 널리 활용되었으며, 국한문혼용으로 된『대한지지 大韓地誌』와『만국지지 萬國地誌』로 점차 전환되었다.

이 책은 1890년대의 전국 읍지를 요약·집성한 것으로, 조선 말기의 지방행정단위·관원수(官員數)와 임기·면수(面數)·호수(戶數)·결수(結數)·토산물 등의 지방지 자료를 손쉽게 얻을 수 있어 백과사전적인 가치를 지니고 있다. 또한, 당시의 어느 지리지보다도 자세하고 정확한 각종 지도를 포함하고 있다. 세계지도는 물론, 각 주별 지도와 주요 국가의 지도가 있고, 우리나라 지지에서는 조선전도·도별도 뿐만 아니라 10권으로 된 책에서 다른 지지서에서 볼 수 없는 각 군현도(郡縣圖)가 삽입되어 있다. 세계지도는 모두 경위선이 표시된 현대적 지도인 데 비하여 우리나라의 전도·도별도·군현도 등은 종래의 지도에서 크게 탈피하지 못하고 있다. 특히, 현대적인 세계지도가 삽입되어 있으면서도 전통적인 세계관을 나타내는 중국 중심의 원형(圓形) 천하총도(天下總圖)가 같이 실려 있어 전통적인 것과 현대적인 것이 서로 섞여 있는 과도적인 것을 의미하고 있다.

이 책은 10책『여재촬요』를 열람이 편리하도록 축약하여 효율성을 높였다. 세계지리와 한국지리를 총망라한 지리교과서로, 전통적 지리서와 근대지리서의 교량적 역할을 하는 교과서로 평가할 수 있다.

4. 핵심어

天文圖(천문도), 地球圖(지구도), 五帶國(오대국), 地球各國(지구각국), 朝鮮交通道里(조선교통도리), 萬國輿圖(만국여도), 天下總圖(천하총도), 郡縣(군계), 別名(별명), 名山(명산), 大川(대천), 物(물), 産(산), 面(면), 倉(창), 戶(호), 軍(군), 結(결), 需(수), 京(경)

5. 참고문헌

박인호,「여재촬요의 편찬과 편찬정신」,『장서각』55(2), 219-230, 2020.
임은진,「개화기 지리교과서 여재촬요(與載撮要)의 집필 및 출판 과정 분석」,『대한지리학회지』39, 272-301, 2020.
장보웅,「개화기의 지리교육」,『대한지리학회지』5(1), 41-58, 1970.
한국민족문화대백과사전 http://encykorea.aks.ac.kr/Contents/Item/E0036472

『역사집략(歷史輯略)』(권1-권11)

서 명 『역사집략(歷史輯略)』(권1-권11)
저 자 김택영(金澤榮, 호는 滄江, 1850~1927)
형 태 24.6× 17.5(cm)
발 행 간행자 미상, 1905년
소장처 국립중앙도서관

『역사집략』표지

1. 개요

　『역사집략(歷史輯略)』(11권)은 1905년에 발행되었다. 갑오개혁 이후 학부 편집국에서 역사교과서 편찬을 주도한 바 있는 김택영이 1902년에 저술한『동사집략(東史輯略)』의 증보판이며, 단군조선부터 고려시대까지의 역사를 편년체로 서술했다.

2. 저자

　김택영(金澤榮)은 1850년에 태어났고 1927년에 사망하였다. 호는 창강(滄江)이다. 한문학에 조예가 깊었으며 동시에 많은 역사 저술을 남긴 역사가이다. 1894년 편사국(編史局) 주사, 1895년 중추원서기 관(中樞院書記官)을 역임하였으며, 1903년에 홍문관 찬집소(纂集所)에서『문헌비고』의 속찬위원(續撰委員)으로 활동하였다. 1905년 을사조약이 강제로 체결되자 관직에서 물러났다. 1908년에 중국으로 망명했하였다. 이후 한문학과 역사학에 관련된 다양한 저술활동에 매진하였다.『안중근전(安重根傳)』을 비롯하여 병합에 항의하면서 자결한 황현(黃玹)에 대한 자료를 수집하여『황현본전(黃玹本傳)』,『매천집(梅泉集)』,『속매천집(續梅泉集)』을 펴냈다. 또 1902년에 저술하였던『동사집략(東史輯略)』을 보완하여『역사집략(歷史輯略)』을 편찬했다. 1910년 이후에도 독립운동의 일환으로 저술활동을 이어가 1916년『교정삼국사기(校正三國史記)』, 1918년『한사계(韓史綮)』, 1922년『한국역대소사(韓國歷代小

史)』를 저술하였다.

3. 내용 및 구성

『역사집략』은 『동사집략(東史輯略)』을 간행한 후에, 여기에 기씨(箕氏) 50왕의 역사와 발해사 부분을 보강해서 1905년에 출간한 책이다. 『역사집략』은 단군에서 고려 말까지 편년체로 서술한 교과서로 서술의 체계성과 풍부한 사료 이용이 강점인 역사서다.

『역사집략』의 구성상의 특징은 다음과 같다. 우선 편년체로 서술하여 서술이 중복되는 것을 피하고 사실을 이해하기 쉽게 정리하였다. 물론 편년체는 기전체 · 기사본말체 등의 서술방식에 비하여 사실을 구조적으로 파악하기 힘든 단점이 있다. 그럼에도 저자인 김택영은 이 책의 교육적 활용을 위하여 이해하기 쉬운 내용으로 서술하는 것에 중점을 두었던 것이다. 다음으로 한국고대사 체계를 단군-기자-마한-삼국-통일신라로 체계화하고 있는 점이다. 이것은 책의 <범례>에서 "단군에 대한 사실은 의심스러운 점이 있으나 『춘추(春秋)』의 의심스러운 것은 의심스러운 것으로 기록하는 예를 따라 기록하였다."는 서술과 "삼국은 본래 무통(無統)이고 가락은 타국에 복속되지 않았으므로 특별히 존비로 구분하지 않고 다른 나라와 동등하게 기록한다"라고 언급한 것에서도 드러난다. 요컨대 이 책은 단군의 실체에 대한 의문을 던지면서도 단군을 한국사의 시작으로 두었고 삼국시대에 관한 서술에서도 특정 국가에 대한 정통의식을 드러내지 않고 있었던 것이다.

김택영이 『역사집략』을 서술한 동기를 서문(自序)을 통해서 분석해보면 세 가지 정도로 분류할 수 있다. 첫째는 초학자를 위한 한국사 교재를 만들기 위한 목적이다. 서문에서 "학부에 근무한 지 여러 해가 되었으나 초학자를 위한 한국사가 없는 것을 항상 한탄해 왔다"고 쓰고 있다. 이런 이유로 서거정의 『동국통감(東國通鑑)』, 유계(兪棨)의 『여사제강(麗史提綱), 안정복의 『동사강목(東史綱目)』, 홍여하의 『발해세가(渤海世家)』등 다양한 기록들을 참고하고 정약용의 강역설 등을 받아들여 단군에서 고려말까지 이르는 한국사 교재를 완성했던 것이다. 둘째로는 조선 후기 이래 일반적이었던 중화주의적 역사관을 극복하고 주체적인 사관을 기르고, 러일전쟁 및 일제의 대한제국 침탈이 가속화되던 당시의 현실을 자각하면서 국가의 장래를 고민하는 역사관을 정립하기 위해서였다. 셋째로는 충실한 문헌고증과 실증적인 연구 방법을 통하여 정확한 역사를 이해시키기고자 하였다. 이런 목적을 달성하기 위해 한국의 고전 역사서와 중국과 일본 등지에서 나온 다양하고 방대한 문헌을 이용하여 서술하였다.

『역사집략』의 구체적 내용을 살펴보자. 제1권은 단군조선기(檀君朝鮮記)를 서술하고 있다. 우선 단군의 기록은 황당하여 믿을 수 없다고 언급하고 있다. 그러므로 단군은 왕(王)이나 제(帝)가 아닌 주(主)의 호칭으로 표기하였고 단군의 죽음에 대해서도 붕(崩)이나 훙(薨)이 아닌 몰(沒)로 썼다. 그럼에도 단군조선기를 독립적으로 기록하고 단군신화의 차원이 아닌 고대국가로서 조선의 기원이 되었던 점을 밝혔으며, 외기(外紀)로 별도로 서술하는 것이 아닌 본국사 안으로 넣어서 서술했다는 점은 주목할 필요가 있다. 이것은 고대사의 상한을 높여주어 한국 역사의 활동영역을 넓혀주었다는 의미가 있기 때문이다. 제2권은 조선기(朝鮮紀)라고 하여 기자조선과 조선왕조의 연결성을 강조했다. 따라서 조선의 개국은 기자조선 시기부터인 것으로 해석되는데 이는 기자(箕子)를 태조문성왕(太祖文聖王)이라 하였다는 점에서도 드러난다. 아울러 기자 이하 50왕의 치세에 대해 각 왕별 치세에 대한 사실을 기술하고 있다. 특히 기자와 마한의 왕세계(王世系)를 밝히고 있는 점은 다른 교과서와 구별되는 부분이라고 하겠다. 그리고 역대 임금과 그 치적을 자세하게 서술하였다. 삼한정통론에 의거하여 마한기(馬韓紀)를 함께 쓰고, 부기(附記)로 위만조선·진한·변한·4군 2부의 역사와 신라·고구려·백제의 발생에 대해 서술했다. 제3권은 3국에 대한 내용으로 후마한(後馬韓), 즉 마한부흥운동과 진한·대가야·가락국·3군(郡)에 대해 서술했다. 제4권에는 고구려·백제·신라 3국의 역사를 서술하고 가락과 대가야는 부기하는 형식으로 정리했다. 제5권은 신라기(新羅紀)로 통일신라를 중심으로 서술하고 발해사를 부기하는 방식이었다. 이처럼『역사집략』에는 본기라는 명시적 표현은 없지만 중심적 국가와 주변국가를 구분하는 정통론적 의식이 있었다. 제6권부터 11권까지는 고려기(高麗紀)로 고려시대의 역사를 서술하고 있는데 이 시기 나온 역사교과서 중에서 고려시대를 가장 상세하게 서술했다고 볼 수 있다.

이 책의 내용상 특징은 다음과 같다. 우선 기자 이하 50왕의 치세에 대해 각 왕별 치세에 대한 사실을 기술하고 있는 점이다. 특히 기자와 마한의 왕세계(王世系)를 밝히고 있는 점은 다른 교과서와 구별되는 부분이라고 하겠다. 다음으로 위만을 고대사의 체계에서 제외하는 대신 발해를 포함하고 있다는 점이다. 위만조선을 '찬적(篡賊)'이 지배한 나라로 인식하고 정통에서 제외했던 것이다. 김택영은 신라와 병립한 발해의 역사가 한국사의 틀 속에서 서술되지 않았던 점을 문제로 여겼고, 그 문제의식에 따라 발해사를 고대사 체계에 포함했다.

다음으로 이 책의 내용에 대한 분류로 연기(年紀), 사실, 사론의 세 부분으로 서술되어 있다. 사론은 역사적 사실에 대한 시비를 가려주면서 동시에 사실의 연관성을 밝히고 있다. 사론은 모두 130편인데 단군조선에 대하여 6편, 기자조선에 8편, 마한에 26편, 삼국에 63편, 통일신라 발해에 32편, 고려시대에 21편이 있다. 사론의 서술적인 특성을 살펴보면 시대별로 상고사와 중고사를 중심으로, 지리지(地誌)와 정치 분야에 관한 것이 많은 비중을 차지한다. 국가별로는 발해에 대한 사론이 10여 편으로 발해에 대한 관심이 컸다는 것을 알 수 있다. 다만 일본관계 사론에서 임나를 대가야로 설정해서 사실상 임나일본부설을 인정하는 식으로 서술하기도 했다.

『역사집략』은 전체적으로 보면 편년체 서술이고, 중세적인 경사일체(經史一體)의 성격이 존재한다. 그리고 단군조선을 별도로 분리했으나 고조선을 중국의 분가(分家)처럼 서술한 중화적 사관은 한계가 있다. 그럼에도 왕실 중심의 서술을 극복하여 사회·문화면의 서술에 힘을 쏟았고, 안설(按說)을 통해서 단순한 나열이 아니라 역사적 사실의 고증 및 제반 학설을 분석한 점은 이 책의 유의미한 성과라고 하겠다.

4. 핵심어

『동사집략(東史輯略)』, 단군, 삼한정통론, 발해, 편년체

5. 참고문헌

김려칠, 「개화기교과서를 통해 본 역사인식-『역사집략(歷史輯略)』을 중심으로-」, 『사학지』14, 1980.

조동걸, 『한국민족주의(韓國民族主義)의 성립(成立)과 독립운동사연구(獨立運動史研究)』, 지식산업사, 1989.

최혜주, 『滄江 金澤榮의 韓國史論』, 한울아카데미, 1996.

최혜주, 「중국 이주 역사가 김택영의 저술활동」, 『반교어문연구』47, 2017.

『월남망국사(越南亡國史)』

서 명 『월남망국사(越南亡國史)』
저 자 현채(玄采, 1856~1925)
형 태 22.6×15.3(cm)
발 행 보성관, 1906년
소장처 국립중앙도서관

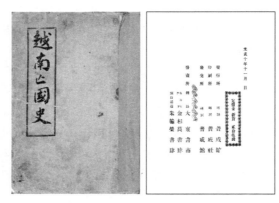

『월남망국사』 표지, 판권지

1. 개요

『월남망국사(越南亡國史)』(총 1권)는 1906년에 발간하였다. 원본『월남망국사』는 베트남의 대표적 반식민지 혁명가 판보이쩌우(潘佩珠)와 량치차오(梁啓超)가 나눈 대담을 1905년 10월 중국 상하이의 광지서국에서 출판한 것이다. 현채가 이것을 1906년에 국한문혼용체로 번역하여 발행하였다.

2. 저자

현채(玄采)는 1856년에 출생하였고 1925년에 사망하였다. 호는 백당(白堂)이다. 1873년에 식년시 역과(譯科)로 급제하여 1892년 부산항감리서에서 번역관을 지냈고, 1894년에는 통리교섭통상사무아문 주사를 역임했다. 1895년 관립외국어학교 부교관과 한성사범학교 부교관을 거쳐 1899년에 학부편집국 위원으로 임명되었다. 이후 1907년까지 학부 주사로 근무했다. 1905년에는 한성법학교 교장, 1906년에는 대한농회 의원과 국민교육회 보강요원, 1907년에는 대동학회 평의원, 1908년에는 기호흥학회 찬무원, 대한중앙학회 평의원을 역임했다. 학부 근무 중『보통교과 동국역사(普通敎科東國歷史)』(1889)와『유년필독(幼年必讀)』(1907) 등 많은 사서를 편찬했고,『월남망국사(越南亡國史)』(1906) 등을 번역·간행하였다. 또한 하야시 다이스케(林泰輔)의『조선사(朝鮮史)』(1892)를 역술한『동국사략(東國史略)』(1906)를 간행하였다.『동국사략』은 현채가 근대적인 역사 서술 방법에 의하여 저술한 역사서로 근대 역사학 서술의 대표적인 저작으로 평가받고 있다.

3. 내용 및 구성

『월남망국사』는 현채가 번역한 것이므로 먼저 원본『월남망국사』가 편찬되게 된 과정부터 살펴볼 필요가 있다. 원본『월남망국사』는 1905년 10월 중국 상하이의 광지서국에서 출판된 책으로 베트남의 대표적인 민족해방운동가인 판보이쩌우(潘佩珠)와 량치차오(梁啓超)가 나눈 대담이 주된 내용이다. 도입부에서는 망명지 일본에서 해후한 량치차오와 판보이쩌우가 의기투합하여 우국의 열변을 교환하는 부분이다. 그리고 월남이 중국으로부터 968년에 독립한 이후 최후의 왕조라고 볼 수 있는 완조(阮朝)가 프랑스 보호국으로 전락하기까지의 약사를 그려내고 있다. 또한 애국지사들의 소전(小傳)도 있는데 대부분 1885년 근왕운동 때 활약한 인물들의 간략한 전기이다. 다음으로 프랑스에 의해 보호국으로 전락한 월남인들의 고통을 서술한다. 구체적으로 프랑스의 세금 착취와 정보정치와 언론정책 등을 비판적으로 서술하고 있다. 마지막으로 월남의 장래에 대하여 판보이쩌우와 량치차오가 대화한 내용이다. 그런데 월남의 미래에 대한 두 사람의 의견 차는 명확했다. 즉 량치차오는 월남의 미래에 대해 비관적이었지만, 판보이쩌우는 매우 희망적이었던 것이다.

발간 직후에 조선에 소개된『월남망국사』는 당초 1906년 8월부터 9월 사이에『황성신문』에 발췌본으로 연재된 바 있었다. 안종화가 작성한 <월남망국사서(越南亡國史序)>에서는 "월남 사람이 스스로 무너진 것을 슬퍼하고 다음은 프랑스인들의 각박함을 슬퍼하며 또한 백당을 슬퍼하니 이것이 월남망국사를 번역하는 의의라."고 하면서 타국의 망국에서 교훈을 찾는다고 번역의 취지를 밝히고 있다. 요컨대 현채는『월남망국사』에 나와 있는 당시 베트남 망국의 상황이 현재 대한제국의 현실과 유사하다고 판단했기 때문에 이 책을 번역한 것이다. 이러한 외국 텍스트를 번역을 통해 당시 대한제국의 모든 구성원들에게 세계정세를 알리는 것은 물론, 망국의 위험성을 각성시킬 수 있는 이중적 효과가 있었다.

현채는 이 책을 1906년에 번역했는데, 이 현채 번역본 월남망국사는 내용적으로는 원본과 거의 일치한다. 즉 <월남망국원인급사실(越南亡國原因及事實)>, <망국시지사소전(國亡時志士小傳)>, <법인곤약우고월남지정상(法人困弱愚瞽越南之情狀)>, <월남지장래(越南之將來)> 등의 내용이 빠짐없이 들어가 있고 해당 내용은 원본과 유사하다. 그러나 구성 측면에서 기존의 원본과 구성 측면에서 많은 차이가 있었다. 즉 현채가 번역한 판본은 원본과 마찬가지로 <월남망국사전록(越南亡國史前錄)>과 <월남망국사(越南亡國史)>의 두 부분으로 구성되어 있다. 이 중 <월남망국사전록>의 구성이 다르다. 물론 내용 자체는 <월남망국사전록>이지만 이 제목에 대한 명기가 되어있지 않고 바로 본문의 첫 부분에 배치되어 있다. 그리고 마지막 단락의 구성도 다르다. 일단 원본에는 <월남망국사전록>이 있었지만 현채의 번역본에는 해당 내용이 없다. 그리고 현채의 번역본에는 부록이 <월법양국교섭(越法兩國交涉)>, <멸국신론(滅國新論)>, <일본지조선(日本之朝鮮)>, <월남제독유영복격문(越南提督劉永福檄文)> 등으로 구성되어 있는데 이것은 원본의 구성과는 차이가 있다. 원본의 부록은 <월남소지(越南小志)>만을 담고 있기 때문이다.

또한 <일본지조선>에서는 일본 언론들이 대한제국 식민지화 과정을 은닉했다고 지적하며 그 은닉 사건을 드러내고자 했다. 예컨대 그는 일본 헌병대가 1904년 12월 30일부터 1905년 1월 5일간 경성 치안을 침탈했던 상황을 날짜별로 기록했다. 그 핵심 내용은 일본군과 공사관의 대한제국의 경찰권을 일본으로 이양시키고 군사경찰 조례를 제정하여 반포했다는 것이었다. 이것은 대한제국 정부 개혁 촉구 집회에 일본 군대가 출동해서 갈등이 격해지던 와중에 벌어진 일이었다. 이 일로 일본은 대한제국인들의 언론과 집회 등을 부정했고 결국 1905년 1월에 한양 및 인근 치안권이 헌병대에 넘어가게 되었던 것이다.

이제 본격적으로 번역본과 기존의 글을 비교해보자. 상술한 바처럼 전체적으로 원본의 내용과 유사한 점이 많지만 차이가 있는 부분도 많다. 우선 <월법양국교섭>의 내용을 살펴보면 해당 부분은 <월남소지> 중 다른 내용들은 모두 제외하고 "여법교섭(與法交涉)"의 내용만을 실은 것이다. 그리고 <멸국신론>과 <일본지조선>은 모두 중국의 량치차오가 편찬(支那梁啓超纂)했다고 명기 되어 있는데 이것은 원본과는 다른 내용이라고 하겠다. 그렇다면 <멸국신론>의 내용은 무엇인가. <멸국신론>은 량치차오가 유럽 열강들이 약소국을 점령하는 과정을 이집트와, 인도 등의 사례를 분석하여 설명하고, 더 나아가 열강들의 침략 마수가 중국에도 뻗칠 것이다는 의견을 제시한 글이다. 그리고 <멸국신론>에 내재되어 있는 세계관은 약육강식과 우승열패와 같은 사회진화론이라고 볼 수 있다.

그리고 원본 내용이 생략되거나 원본에 없는 내용이 번역본에 첨가된 경우와 내용상의 변화 등이 무엇인지 살펴보자. 우선 양계초의 원본 중 2절 <국망시지사소전>에 있는 베트남 열사 20명 중 10명의 명단이 삭제되어 있는 것을 볼 수 있다. 그리고 몽골제국의 태자 오마르를 포로로 사로잡았다가 되돌려 보냈다는 내용의 당시 월남인들의 기상을 노래한 시가 있었는데 그 부분도 삭제했다. 아울러 양계초가 『월남망국사』의 특징을 정리한 부분을 축약하였다. 그 대신에 양계초가 쓴 <멸국신론>과 <일본지조선>을 배치했다. 이와 같은 구성의 변화는 이 텍스트가 단순히 기존 『월남망국사』에 대한 번역만을 목적으로 한 것이 아니라는 점을 잘 드러내고 있다.

당시 조선에서는 『월남망국사』가 큰 인기를 끌었으며, 1909년 통감부에 의해 출판이 금지되었음에도 암암리에 읽혔다. 특히 '구국'의 열망을 고조시키려는 현채의 의도와 함께 제국주의의 침략에 공감하면서 애국 계몽 운동의 일환으로 침략과 민족의 자유에 대한 인식을 환기했다. 또한 필담(筆談)이라는 행위를 통해 침략에 저항하고 민족주의 사상을 고취한다는 점에서 사용하는 문자가 같다는 동문의식(同文意識)을 바탕으로 국경을 넘어 제국주의에 대항하는 아시아 연대의 가능성도 내포하고 있었다. 즉 현채는 월남의 '망국'이라는 역사적 경험을 통해 조선의 현실적 문제에 대응하기 위해 새롭게 해석하고 수용하여 『월남망국사』를 번역하였던 것이다.

4. 핵심어

망국, 민족주의, 제국주의, 사회진화론, 베트남, 애국 계몽 운동

5. 참고문헌

최기영, 「『越南亡國史』에 關한 一考察」, 『동아연구』6, 1985.
조동걸, 「한말 사서와 그의 계몽주의적 허실(상)」, 『한국독립운동사연구』1, 1987.
양정현, 『근대개혁기 역사교육의 전개와 역사교재의 구성』, 서울대학교 박사학위논문, 2001.
박상석, 「기획논문 : 베트남 문학 전근대에서 근대로 ; 『월남망국사』의 유통과 수용」, 『淵民學志』14, 2010.
가영심, 「1900년대 동아시아의 『월남망국사(越南亡國史)』 유통과 수용 – 한국, 중국, 월남을 중심으로 – 」, 『이화사학연구』49, 2014.

『유년필독(幼年必讀)』(권1-권4)

서 명 『유년필독(幼年必讀)』(권1-권4)
저 자 현채(玄采), 호는 白堂, 1856~1925.
형 태 한장본(韓裝本), 변형 국판(22.6×15.2(cm)) 연활자본(鉛活字本)
발 행 휘문관(徽文館), 1907년
소장처 국립중앙도서관

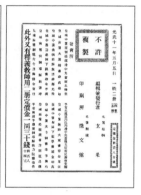

『유년필독』 권2 표지, 1권 속표지, 4권 판권지

1. 개요

『유년필독(幼年必讀)』(2책 4권)은 '휘문관'에서 1907년에 발행되었다. 총 132과로 구성되어 있으며, 근대적 지식의 보급과 애국 사상의 고취를 위해 국내외의 역사, 지리, 사회 등에 관한 내용을 소개하고 있다.

2. 저자

현채는 1856년 서울에서 출생하였다. 그는 천령현씨(川寧玄氏) 출신으로, 천령현씨는 99명의 역과(譯科) 합격자를 배출한 유명한 중인 가문이다. 현채 또한 1873년(당시 18세)에 한어 역과(譯科)에 합격하였으며, 일본어도 능숙하게 구사했던 것으로 알려져 있다. 1892년(당시 37세)에는 일본어 역관으로 부산 왜관에서 근무하였고, 1894년에는 일본인 아유가이 후사노신(鮎貝房之進)이 실무를 맡아 설립한 을미의숙(乙未義塾)의 설립자로 이름을 올리게 되었다. 이때 세워진 을미의숙은 이후 관립 소학교의 모체가 된다. 이외에도 그는 미국 북감리교단이 세운 배재학당 운영에도 관여하면서 본격적인 교육활동을 시작한다. 1895년에는 관립외국어학교 부교관 및 한성사범학교 부교관으로 임명되었는데 이때 한성사범학교에는 일본인 교관으로 다카미 카메(高見龜)와 아사카와 마츠지로(麻川松次郎)가 채용되어 있었다. 이후 현채는 1907년 학부에서 해임되기 전까지 학부와 외무아문을 오가며 편집국 위원, 해외

도서 번역 담당 주사, 보좌원(관) 등의 임무를 수행하였다. 일제에 의한 강제 병합(1910년) 이후에는 조선광문회(1910), 문예구락부(1911) 등에 참여하기도 했으나 두드러진 활동은 하지 않았고, 1922년 조선사편수회 위원이 공식적으로 그가 맡은 마지막 공직이었다. 1925년 2월 5일 자택에서 숙환으로 별세하였다.

3. 내용 및 구성

『유년필독』은 4권 2책으로, 각 권은 33과이며 총 132과로 구성되어 있다. 각 권의 분량은 42쪽(권 1), 48쪽(권 2), 62쪽(권 3), 59쪽(권 4)이다. 국한문 혼용체를 사용하고 있으나 한자에는 한글로 해당 발음을 병기하고 있으며, 일부 위인들의 초상화를 싣거나 실측 지도를 제시하는 점 등이 특징적이다.

이 책은 소학교 2년(4학기)에 학습하는 것을 계획하고 있는데 이를 당시 학사 운영에 적용해 보면 대략 2일에 1과를 공부하도록 구성한 것이다. 각 과의 세부 내용은 수신, 역사, 지리에서부터 인물, 풍속, 종교, 학문 등에 이르기까지 다양한 내용들이 수록되어 있다. 또한 청, 러시아, 일본, 미국 등 당시 조선에 영향력을 행사하던 국가들에 대한 평가도 다루고 있다는 점이 특징적이다. 다만 이 책의 서문에 해당하는 '범례'에서 애국 사상의 고취가 주요 목적(此書專以 喚起國家思想爲主)임을 밝히고 있듯, 이 책은 개인으로서의 국민과 집단으로서의 국가 간의 관계 설정, 그리고 이에 필요한 다양한 근대적 지식의 보급이 주된 내용으로 제시되어 있다.

『유년필독』의 내용을 보면 을지문덕, 계백, 성충, 양만춘에서부터 정약용, 김덕령, 이순신 등에 이르기까지 다양한 위인들의 행적 소개하면서 민족과 나라에 대한 자긍심을 드러내고 있다. 단적으로 을지문덕(권 1의 13~15과)과 양만춘(권 1의 16~18과) 관련 부분은 전쟁의 시말(始末)을 이들의 영웅적 행적을 중심으로 그림을 활용하여 비교적 상세히 다루고 있다는 점에서 이러한 특징을 잘 보여준다 하겠다. 물론 『유년필독』은 우리나라 역사의 어두운 면도 함께 다루고 있다. 임진왜란, 병자호란 등의 외침과 이괄의 난, 홍경래의 난, 갑신정변, 을사조약 등이 대표적인데 이는 불운했던 과거의 사실을 통해 당대 현실을 우회적으로 비판하고자 하는 의도가 담겨있다 하겠다.

이러한 모습은 을사조약의 체결과 민영환의 자결을 다룬 '혈죽가'에서 확인할 수 있다. 권 3의 제25과와 제26과에 수록된 '혈죽가 1, 2'는 노래라는 형식을 통해 민영환의 죽음을 망국의 비운으로 드러내고 있다. 이외에도 권 4에서도 3과에 걸쳐 '독립가 1, 2, 3'을 게재하고 있는데, "우리 청춘 소년들아 우리나라 독립하세, 슬프고 분하다 우리 대한 나라 어이하여 이 지경"을 반복하면서 기울어져 가는 나라의 운명에 대해 비애의 정서를 드러내고 있다. 물론 비애에 대한 감정 외에도 당대 현실에 대한 올바른 인식과 그에 따른 반성을 촉구한 내용도 다수 발견이 된다. 대표적으로 권 2의 제14과와 15과에 수록된 「본분 직힐 일」로, 여기에서는 "여보 우리 동창제군 ~ 우리 본분 지킵시다."를 반복하면서 "수나라와 당나라는 우리에게 패한 장수요, 일본은 우리에게 가르침을 받았던 자"임을 주장하면서 인식의 변화를 촉구하고 있다.

이외에도 『유년필독』에는 우리나라의 지세, 기후, 풍속, 인정 등은 물론 평양, 경주, 개성 및 주요 개항장 등 국내의 지리와 풍속 등에 대한 다양한 내용들을 소개하고 있다는 점에서도 중요한 의미를 갖는다. 가령, 권 2 제1과와 2과에 수록된 '경주'의 경우 "경주는 경상북도 남편에 있으니 기후는 따뜻하고 인구가 번성하며 집경전, 첨성대, 포석정의 옛 자취가 수천년이 되도록 남아 있다."와 같이 주요 도시의 위치, 기후, 문화재 등을 집약하여 소개하고 있다. 끝으로 러시아, 일본, 미국 등의 주변국에 대한 소개와 이들과 관련된 국제 정세 등을 기술한 것도 중요한 특징이라 할 수 있다.

　이같이『유년필독』은 수신, 역사, 인물, 지리, 풍속, 국외 사정 등 다양한 분야를 망라하고 있다. 주요 내용은 앞에서도 언급했듯이 애국을 중심으로 수신, 역사, 인물 등을 다루고 있지만 국내의 지리와 풍속, 국제 정세와 주요 국가에 대한 내용 등을 함께 다루고 있다는 점에서 특징적이다. 그러나 애국 사상의 고취와 독립의 의지를 드러냈다는 것은 곧 일제에 의해 탄압을 받게 된 원인이 되기도 하였다. 1909년 5월 학부는 치안법위반이라는 이유로『유년필독』의 사용금지처분을 내렸고, 이때 함께 사용 금지된 도서(5,767부)들 중『유년필독』은 전체 압수 물량 중 가장 많은 분량(37.4%)을 차지하였다.

　『유년필독』은 1907년에 출간되어 1909년에 사용금지처분을 받아 비록 짧은 기간 유통이 되었지만 민간에서 출간된 교과서 중 당시 사립학교에서 가장 널리 사용되었다는 점에서 중요한 의미를 갖는다. 아울러 애국 사상을 중심으로 하되 그 내용은 특정 교과 및 지식에 한정되지 않고 다양한 소재를 다루고 있다는 점에서도 특징적이라 할 수 있다. 이러한 복합적 특성으로 인해『유년필독』은 구한말 서구사상의 유입과 해석 양상, 자주독립에 관한 이론적 배경 등을 규명할 수 있는 자료로서 중요한 가치를 지닌다고 하겠다.

4. 핵심어

유년필독, 현채, 애국주의, 을지문덕, 혈죽가, 신(新)지식

5. 참고문헌

노수자,「백당 현채 연구」,『梨大史苑』8집, 이화여자대학교 사학회, 1969.

박붕배,『한국국어교육전사』상, 대한교과서주식회사, 1992.

전세영,「현채의 교육 및 애국계몽활동에 대한 정치사상적 평가」,『한국정치학회보』33집, 한국정치학회, 1999.

이만열,『한국근대역사학의 이해』, 문학과지성사, 1981.

이연희,「백당 현채 연구」, 성균관대 박사논문, 2006.

이정찬,「유년필독 의 출간 배경과 논리」,『국제어문』제58집, 국제어문학회, 2013.

최기영,「韓末 교과서《幼年必讀》에 관한 一考察」,『서지학보』9, 한국서지학회, 1993.

『유년필독석의(幼年必讀釋義)』(권1-권2)

- **서 명**　『유년필독석의(幼年必讀釋義)』(권1-권2)
- **저 자**　현채(玄采), 호는 白堂, 1856~1925.
- **형 태**　한장본(韓裝本), 변형 국판(22.6×15.2v(cm)) 연활자본(鉛活字本)
- **발 행**　일한도서인쇄주식회사(日韓圖書印刷株式會社), 1907년
- **소장처**　국립중앙도서관

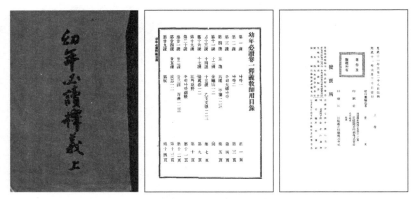

『유년필독석의』 권1 표지, 목차, 판권지

1. 개요

『유년필독석의(幼年必讀釋義)』(상하 2권)는 '일한도서인쇄주식회사'에서 1907년에 발행되었다. 교사들이 『유년필독』을 가르치는 데 참고할 수 있는 내용을 다양하게 다루고 있다. 이 책은 서문에서 외국 위주의 사상 교육이 망국의 원인임을 한탄하면서 애국심을 고취하는 민족주의 교육을 강조하고 있다.

2. 저자

현채의 주요 이력은 『유년필독』에 소개된 내용을 참조하되, 여기서는 이 책이 출간된 전후의 저술 활동을 중심으로 그의 이력을 기술하고자 한다. 1897년 학부에 임명된 현채는 1898년부터 본격적으로 다양한 서적들을 번역 출간하였다. 1898년에는 러시아 역사를 다룬 『아국략사(俄國略史)』와 청일전쟁을 기록한 『중동전기(中東戰記)』를 번역하였고, 우리나라 지리를 다룬 『대한지지(大韓地誌)』를 편역하였다. 이듬해인 1899년에는 『보통교과동국역사((普通敎科東國歷史)』를 편역하였다. 이 책은 한문체로 간행된 『동국역대사략(東國歷代史略)』(1899)을 소학교용으로 편역하여 국한문혼용체로 서술하였다. 주요 내용은 단군부터 고려 말까지를 대상으로 주요 사건과 인물을 다루면서 편년체와 기사본말체를 혼합하고 있는 것이 특징적이다. 1900년에는 양계초가 집필한 『청국무술정변기(淸國戊戌政變記)』를

번역하였고, 장지연과 함께 시사총보사를 광문사로 개칭한 후 정약용의 『목민심서(牧民心書)』와 『흠흠신서(欽欽新書)』를 간행하였다. 1905년에는 한성법학교 교장으로 임명되었고, 『만국사략(萬國史略)』을 편역하였다. 1906년에는 국민교육회에 참여하면서 일한도서인쇄회사의 부사장을 겸직하였다. 이때 하야시다이스케(林泰輔)의 『조선사(朝鮮史)』를 저본으로 하여 『동국사략(東國史略)』을 편역하였고, 양계초가 저술한 『월남망국사(越南亡國史)』도 번역하였다. 1907년 학부에서 해임되었으나, 국채보상운동 참여하는 한편 『유년필독』, 『유년필독석의』, 『동서양 역사』, 『라마사부의태리사(羅馬史附意太利史)』, 『일본사기(日本史記)』 등 다수의 책을 집필, 번역, 편역하였다. 1908년에는 『보법전기(普法戰記)』, 『식물학(植物學)』, 『최신고등소학이과서(最新高等小學理科書)』 등 다양한 분야의 책을 번역 및 편역하였다. 이처럼 그는 1898년부터 1908년까지 대략 30여 책을 출간하였다. 그의 아들 현공렴도 이 시기에 다수의 책을 발행하였기에 사람들은 이들을 '현채가(玄采家)'로 부르기도 하였다.

3. 내용 및 구성

『유년필독석의』는 교사들이 『유년필독』을 가르치는 데 참고할 수 있는 내용을 다루고 있다. 현채는 이 책의 서문에서 외국 위주의 사상 교육이 망국의 원인이라고 주장하면서, 애국심과 자주정신을 고취하기 위해서는 민족주의교육이 실시되어야 함을 주장하였다.

상권에는 『유년필독』의 권3까지를, 하권에는 권4의 내용을 다루고 있다. 특히, 교수의 주안점을 우리나라 역사·지리 등에 두고, 민족주체성의 확립과 애국애족 사상의 고취에 역점을 두고 있다. 이 책은 '보통학교'라는 근대적 교육기관에서 활용될 것을 전제로 집필되었기에 다양한 국내외의 근대적 지식을 대폭 수록하고 있다. 하지만 이 책의 목적은 애국심 및 자주 독립의식의 고취에 있었기에 일제에 의해 『유년필독』과 함께 1909년 치안법위반이라는 이유로 사용금지처분을 받았다.

『유년필독석의』의 내용은 기본적으로 『유년필독』의 내용을 보다 상세히 기술하거나 혹은 관련된 정보를 추가적으로 제공하는 방식으로 구성되어 있다. 가령, 『유년필독』의 '을지문덕'(권1 13~15과)을 보면 '을지문덕은 고구려 대신이라 천이백구십오년 전에 중국의 수나라 임금 양광이 쳐들어오거늘 깃발이 구백육십리에 펼쳐 있고'처럼 수나라의 침입부터 기술되어 있는 반면 『유년필독석의』에서는 '홍랑호의 『명장전(名將傳)』에 이르거늘 고구려 대신 을지문덕은 평양사람이라. 여러 차례 수나라의 침입을 정벌하였더니 지금으로부터 천이백구십오년 전에 수나라 황제 왕광이 병사 백십삼만삼천팔백명 일으켜'와 같이 을지문덕의 출생지와 행적 등에 대한 추가적인 정보를 제공하고 있다. 이외에도 『유년필독』의 권4의 '학문'(1과)에서 '고구려 때에는 학문을 숭상하여 길거리에서 험한 일을 하는 사람들도 돈을 모아 학당을 짓고 그 자제를 교육하였다.'에 대해서도 『유년필독석의』에서는 '고구려는 소수림왕이 대학을 설립하여 자제를 교육하고 또 율령을 반포하였으며, 초기부터 문자를 이용하여 당대 여러 가지 일들을 기록한 것이 백권이나 있으니 그 책을 『유기(留記)』라 이름지었다.'처럼 관련 내용을 보다 상세히 기술하고 있다.

비록 『유년필독석의』가 『유년필독』과 밀접한 관련이 있지만 『유년필독』에서 다루지 않는 내용이 다수 포함되어 있다는 점을 통해 이 책의 독자성을 확인할 수 있다. 이와 관련된 대표적인 것이 하권에 수록되어 있는 양계초(梁啓超) 저술의 번역 부분이다. 여기에는 '월남망국사(越南亡國史)', '월남망국원인급사실(越南亡國原因及事實)', '망국시지사소전(亡國時志士小傳)'에서부터 '멸국신법론(滅國新法論)', '일본의 조선' 등 총 8편(86면)의 양계초 저술을 수록하고 있다. 특히 외세(프랑스)의 침입과 그로인한 베트남의 식민지화를 기술한 6편의 글은 박은식도 번역하여 출간할 정도로 당대에 널리 회자되었던 내용이다. 베트남은 몽골, 중국 등 인접 국가의 침입을 끊임없이 받았으나 이를 물리치고 마침내 1802년에 통일왕조를 건설하였다. 하지만 19세기 후반부터 프랑스의 침입을 받고 1883년 이후로는 식민지화되는 비운을 겪게 되었다. 양계초는 베트남이 식민지화되는 과정을 상세히 기록하면서 외세에 의존하는 세태를 비판하고 망국의 혼란 속에서도 나라를 위해 헌신하는 지사(志士)들의 모습을 보여주었다. 특히 '일본의 조선'에서 '내가 조선망국사략(朝鮮亡國史略)을 저술하니 이것은 그 나라(조선)를 불쌍히 여기기 때문이라 ··· 조선이 조선인의 조선이 아니오, 일본의 조선이로구나.'라고 끝맺음하는 것은 양계초의 입을 통해 시국에 대한 경각심을 주고자 하는 저자의 의도가 담겨있다 하겠다.

『유년필독석의』가 출간된 1907년은 국운이 쇠하고, 일제의 침략이 노골적으로 나타난 시기이기도 하다. 비록 이 책이 『유년필독』을 가르치는 교사를 위해 출간되었다고는 하나 『유년필독』과 관련하여 추가적인 정보를 제공하고, 관련 내용을 상세히 기술하는 한편 『유년필독』에는 부재한 양계초의 저술을 수록하여 저자의 시대 의식을 드러내었다는 점에서 독자성을 갖는 저술이라 할 수 있다.

4. 핵심어

유년필독석의, 유년필독, 현채, 월남망국사, 망국시지사소전, 일본의 조선

5. 참고문헌

노수자, 「백당 현채 연구」, 『梨大史苑』 8집, 이화여자대학교 사학회, 1969.

박붕배, 『한국국어교육전사』 상, 대한교과서주식회사, 1992.

전세영, 「현채의 교육 및 애국계몽활동에 대한 정치사상적 평가」, 『한국정치학회보』 33집, 한국정치학회, 1999.

이연희, 「백당 현채 연구」, 성균관대 박사논문, 2006.

이정찬, 「유년필독의 출간 배경과 논리」, 『국제어문』 제58집, 국제어문학회, 2013.

『유학자취(幼學字聚)』

- **서 명** 『유학자취(幼學字聚)』
- **저 자** 윤치호(尹致昊, 호는 佐翁, 1866~1945)
- **형 태** 25.5×16(cm)
- **발 행** 휘문관, 1909년
- **소장처** 국립중앙도서관

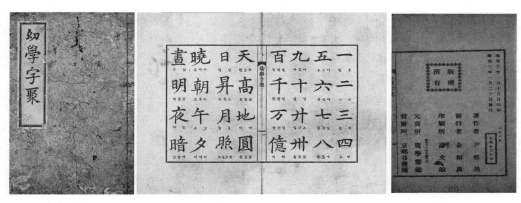

『유학자취』표지, 본문, 판권지

1. 개요

『유학자취(幼學字聚)』는 '휘문관'에서 1909년 1월 20일에 발행되었다. 아동의 문자 교육을 목적으로 편찬한 아동용 한자 학습서이다.

2. 저자

윤치호는 일제강점기 관료, 정치인이다. 1881년 신사 유람단원 어윤중의 수행원으로 일본으로 건너가 일본어와 영어를 배웠고, 1883년 초대 미국주한공사인 푸트(Foote) 공사의 통역으로 귀국하였다. 1895년 갑오개혁에 동참하였고, 같은 해 외부협판(外部協辦)에 임명되었다. 1896년 제일(第一) 남감리교회를 조직하고, 1897년 독립협회에 가담해 독립협회 활동에 참여하였다. 1897년 중추원 부의장에 임명되었고, 1898년 2월 만민공동회 회장, 같은 해 5월에는 『독립신문』 사장으로 취임하였다. 1906년 4월 대한 자강회를 조직하고 회장을 맡아 구국운동을 펼쳤다. 10월 한영서원(韓英書院)을 창립하고 원장을 맡은 바 있으며, 1908년 신민회의 교육 기관인 평양 대성학교(大成學校) 교장에 취임하는 등 교육자로서 활발히 활동하였다. 1912년 '105인 사건' 주모자로 피소되어 수감 생활을 하다가 출옥한 뒤 서울 중앙기독교청년회 회장, 연희전문학교 이사, 조선체육회 회장, 중추원 고문, 연희전문학교 교장, 조선 체육회 회장, 흥업 구락부(興業俱樂部) 회장, 이화여자전문학교 이사를 역임하였다. 1920년부터 교풍회

(矯風會), 각도 조선인 대표자 대회, 조선인 산업 대회 등 친일 단체에 관여하여, 이후 국민정신총동원조선연맹 상무 이사, 국민총력조선연맹 이사, 조선 임전 보국단의 고문, 일본제국의회 귀족원 칙선의원으로 활동하였다. 주요 저서로『우순소리』,『유학자취』,『영어문법첩경』이 있고, 번역서로는『걸리버 여행기』,『이솝 우화』,『의회통화규칙』, 역술서로는『찬미가』등이 있다.

3. 내용 및 구성

『유학자취』는 한문 교육을 위해 약 1,200자의 한자를 엮어 만든 아동용 교재이다. 서문이나 발문이 없어 저술 목적을 정확하게 파악하기는 어려우나 아동을 대상으로 효과적인 한자 학습을 할 수 있도록 고안된 교재로 보인다.

총 1,224자의 한자를 사자성구(四字成句)형의 306구절로 구성하였으며, 정대유(丁大有)의 해서(楷書)로 본문의 한자를 쓰고 그 아래에 국문 활자로 석음(釋音)을 부기한 석판인간본(石版印刊本)으로 본문은 총 77면이다. 한 면에 4줄씩 16자의 한자가 수록되었고 각 한자 아래에 훈과 음이 표기되어 있다. '부모군신(父母君臣)', '형제자매(兄弟姉妹)' 등 네 글자씩 끊어 읽으면서 한자의 뜻과 음을 함께 읽어 학습할 수 있도록 구성되었다. 교재의 첫 글자는 '한 일(一)'로, 비교적 쉽게 익힐 수 있는 숫자를 도입함으로써 학습자의 눈높이를 고려하여 글자의 난이도를 안배한 것을 알 수 있다. 즉, 처음부터 추상적 관념으로 한자에 담긴 철학과 이치를 함께 학습하는 방식과 달리 일반적으로 활용하기 쉬운 숫자(一, 二, 三, 四, 五, 六, 七, 八, 九, 十, 卄, 卅, 百, 千, 万, 億)부터 익히도록 구성한 것이다.

이는 한자 교육의 기본 교재로 활용되었던『천자문(千字文)』의 구성과는 매우 다르다. 한문 습자를 담당했던 대표적인 입문서인『천자문』은 글자 자체의 학습만이 아닌, 전통적인 사상 또한 자연스럽게 익힐 수 있는 고시(古詩)이다. 행 사이를 구분하지 않는 일반적인 한자 교습서의 형식이고, 4자 1구의 성구형(成句型)이라는 점은『천자문』의 방식을 따른 것이지만, 여덟 번째 글자에 압운을 하지 않고, 유별분류(類別分類)를 도입한 것은『유학자취』의 특징이다.『유학자취』는 애국계몽기라는 시대적 변화를 반영한 교과서라는 점에서 이전 한자 학습서와는 다른 면모를 보인다. 반의어, 동의어, 유의어 등 의미 관계를 고려하거나 신체, 동물, 식물 등 종류를 나누어 나열하는 등 보다 쉽게 습득할 수 있도록 글자를 조합하여 제시한 것이 대표적이다. 예를 들어 '조모음양(早暮陰陽)'은 반대되는 자연현상을, '작익금석(昨翌今昔)'이나 '효조오석(曉朝午夕)'과 같은 구절은 날짜와 시간 개념을 함께 익히도록 배치하였다. 이러한 글자의 순서와 배열은 전통적인 한자 체계와는 다른 방식이다. '주명야암(晝明夜暗)'이나 '풍취우강(風吹雨降)' 등 연관 있는 개념으로 조합하여 주술구조가 "낮은 밝고 밤은 어둡다", "바람이 불고 비가 내린다"로 해석되는 구절처럼, 학습자의 연령과 외국어로서의 한자 학습이라는 측면을 모두 고려하였다.

애국계몽기는 갑오개혁을 기준으로 국한문혼용체가 규정·규범화되고 국문이 공교육에 편입되면서 국문의 위상이 높아진 시기이다. 상대적으로 이전까지 학습의 중요한 부분을 담당했던 한문의 위치는 이에 맞게 조정되었다. 그러나 이 시기 공교육 내에서 한문 교육의 방향은 여전히 전통적인 관점을 고수했는데 이는 학부의 인가 및 검정 현황으로 파악할 수 있다. 학부가 편찬한『한문독본(漢文讀本)』을 비롯하여『초등작문법(初等作文法)』이나『초등여학독본(初等女學讀本)』같이 이념과 무관하거나 윤리를 강조하는 교과서는 학부의 인가를 받았고,『대동문수(大東文粹)』,『자전석요(字典釋要)』등도 검정에 통과하였으며, 전통적인 한문 교재인『천자문』,『명심보감(明心寶鑑)』,『논어(論語)』또한 통용되었으나『유학자취』는 학부의 인정을 받지 못한 것이 그 사실을 뒷받침한다. 해당 교재는 기존의 전통 방식과 차별화하면서도 '민본관말(民本官末)', '무승문약(武勝文弱)', '대한제국(大韓帝國)', '독립만세(獨立萬歲)', '의린칙망(依隣則亡)', '자강내흥(自强乃興)' 등 자주성과 독립성을 강조하는 시대정신을 드러낸다.

『유학자취』는 국한문혼용체 전환기에 그 시대적 변화를 감지하고 학습자의 눈높이를 고려하여 저술한 아동용 한자 교본으로 당시 변화된 한자 교육의 한 측면을 보여준다.

4. 핵심어

유학자취, 윤치호, 한자 학습, 아동 교육

5. 참고문헌

우소정,『애국계몽기 한자교재 연구』, 경북대학교 교육대학원 석사학위논문, 2009.

유영렬,「윤치호의 문명개화의식과 반청자주의식」,『한국독립운동사연구』23, 독립기념관 한국독립운동연구소, 2004.

임상석,『식민지 한자권과 한국의 문자 교체』, 소명출판, 2018.

좌옹윤치호문화사업회 편,『윤치호의 생애와 사상』, 을유문화사, 1998.

『윤리학교과서(倫理學敎科書)』(권1-권4)

서 명 『윤리학교과서(倫理學敎科書)』(권1-권4)
저 자 편술자 신해영(申海永, 호는 東凡, 1865~1909.9)
형 태 22.4×16.1(cm).
발 행 보성중학교(普成中學敎), 1906년, 보성관(普成舘), 1908년
소장처 한국학중앙연구원

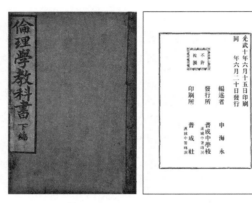

『윤리학교과서』 표지, 판권지

1. 개요

　『윤리학교과서(倫理學敎科書)』의 상책(권1·권2)은 한성(漢城)의 '보성중학교'에서 1906년(光武 10
年) 6월 20일에 초판 발행되었고, 하책(권3·권4)은 같은 곳에서 같은 해 7월 10일에 초판 발행되었다.
이 교과서는 1908년(隆熙 2年) 1월 15일에 경성(京城)의 '보성관'에서 재판 발행되었다. 보성중학교의
학생들을 대상으로 제작된 것으로 보이는 『윤리학교과서』는 대한제국기에 발행된 여러 수신 교과서들
과 비교할 때 매우 방대한 분량이며, 국가주의적 도덕을 강조하되 다양한 학문 분과가 겹쳐 있는 내용
구성을 보여준다. 저본은 일본에서 발행된 『신편윤리교과서(新編倫理敎科書)』인데, 한반도의 역사 및
대한제국의 상황에 따라 내용을 수정하여 충군·애국정신의 고취를 꾀했던 부분들도 발견된다.

2. 저자

　여기서는 편술자인 신해영에 대해서만 살펴본다. 신해영은 대한제국에서 활동한 관리이자 교육자
로, 1865년에 경기도 김포에서 태어나, 갑오개혁(甲午改革) 시기에 관비로 일본에 유학을 가서 경응의
숙(慶應義塾)에서 경제학을 전공했다. (그가 태어난 해와 장소를 1870년, 경기도 이천으로 보는 견해도
있다.) 귀국해서는 주로 관리 및 교육자로서의 행보를 보였는데, 관리로는 1898년에 중추원의관(中樞
院議官)을 지냈고, 1904년에 예식원참리관(禮式院參理官)과 탁지부참서관(度支部參書官)을 맡았으며,

1906년에 학부의 편집국장(編輯局長)으로 임명되었다. 그리고 1907년에 윤치호(尹致昊)의 후임이었던 윤치오(尹致旿)의 뒤를 이어 일본유학생감독(日本留學生監督)으로 추천되었다. 교육자로는 친러파로 분류되던 이용익(李容翊)의 후원으로 보성소학교·중학교·전문학교의 설립을 추진하였고, 1905년과 1906년에 보성전문학교를 포함하여 개교한 학교들의 초대교장을 지냈으며, 1906년에 관립한성일어 학교·한성법어학교·한성사범학교장을 겸임하였다. 그는 대한구락부(大韓俱樂部)와 서우학회(西友學會), 대한흥학회(大韓興學會) 등의 창립과 운영에도 직·간접적으로 참여하였고, 『잠상실험설(蠶桑實驗說)』, 『산술신편』, 『윤리학교과서』, 『경제학(經濟學)』 등의 책을 번역·편술, 감수하기도 하였다. 1909년에 9월에 동경으로 가는 도중 괴질(콜레라)에 걸려 사망하였으며, 대한제국 정부에서는 그의 품계를 종이품(從二品)으로 승품하였다.

3. 내용 및 구성

『윤리학교과서』는 내용이 국한문혼용체로 작성되었고, 전체 4개의 권으로 구성되어 있다. 권1과 권2가 하나의 책으로 묶여 있고, 마찬가지로 권3과 권4가 하나의 책으로 묶여 있으며, 각 권의 분량은 유사하지만 채우고 있는 장(章)의 숫자는 다소 불균형적이다. 상책의 앞에는 목차 다음에 일러두기 성격의 '예언(例言)'이 있고, 하책의 뒤에는 다른 권들에는 없는 '결론'이 있다. 선행연구에 따르면 『윤리학교과서』의 저본은 이노우에 데츠지로(井上哲次郎)와 다카야마 초규(高山樗牛, 高山林次郎)가 공저한 『신편윤리교과서(新編倫理敎科書)』이다. 따라서 『윤리학교과서』와 『신편윤리교과서』의 내용은 유사한 부분이 많지만, 한반도의 역사 및 대한제국의 상황에 따라 내용을 수정한 부분들도 발견된다. 개략적인 비교를 시도했던 선행연구들을 이어 두 책의 같고 다른 점이 무엇인지에 대한 상세 비교는 후속 연구를 기다린다. 여기에서는 『윤리학교과서』가 대한제국의 학교 교육용으로 사용할 목적으로 제작되었다는 사실에 주목해, 상책은 1906년에 초판 발행된 것을, 하책은 1908년에 재판 발행된 것을 대상으로 하여, 체재와 내용 구성의 특징만 밝히도록 한다.

'예언'에서는 몇 가지 사항을 언급하였는데, 이 책이 4개의 권으로 편성된 이유가 중학교의 수업 기한이 4년임을 고려하였기 때문이라는 점, 한 학년당 1개의 권을 가르칠 때 40시간을 염두에 두어 쪽수를 계산, 제한해야 한다는 점, 이 책 이외에도 『대학(大學)』과 『중용(中庸)』, 『논어(論語)』, 『소학(小學)』, 『오륜행실도(五倫行實圖)』 등을 참고해 내용을 보강할 수 있다는 점 등을 유의사항으로 제시하였다. 『윤리학교과서』는 각 권의 시작에 모두 '총론'이 붙어있을 뿐 별도의 '서문'은 없다. 그러나 권4의 마지막에 '결론'이 있어 이 책이 지향하는 도덕과 윤리학의 대강의 의미, 관계 등을 파악할 수 있는데, "도덕의 원리라 함은 무엇을 이르는가. 일언으로써 총괄하면, 선한 행위를 장려하고 악한 일을 경계함에 있는 것이다. 무엇을 선한 행위라 하고 무엇을 악한 일이라 하는가. 이것이 곧 윤리학의 근본적인 문제이니, 인생의 목적을 확실하게 궁구함이 아니면 해석하기 불가능한 것이다."라고 하여, 도덕과 윤리학은 둘이 아니되 전자를 연구하는 것이 곧 후자임을 명시하였다. 그러면서 도덕의 보편성과 상대성, 도덕과 행복의 일체성, 국가적 도덕과 세계적 도덕의 관계 등을 두루 설명한 뒤, 국가적 도덕이야말로 국민의 마음을 결합하고 국가의 성대함을 이룰 수 있는 방법이라고 보면서, 이 국가적 도덕이 국가적 교육의 기초가 되어야 한다고 강조하였다.

이상과 같은 전제 아래, 권1의 제1주제 「수신하는 길」은 제1장 '총론'으로부터 제7장 '수덕(修德)'까지로 구성되어 있고(1개 주제 7개 장), 권2의 제1주제 「가족의 본무(本務)」는 제1장 '총론'으로부터 제7

장 '친척 및 주인과 종'까지로 구성되어 있으며, 제2주제 「친지의 본무」는 제1장 '붕우(朋友)의 본무'로부터 제2장 '사제(師弟)의 본무'까지로 구성되어 있다(2개 주제 9개 장). 이어서 권3과 권4는 주제 명시 없이 장(혹은 절까지)들을 나열하고 있는바, 권3은 제1장 '사회총론'으로부터 제3장 '사회의 공덕'까지로 구성되어 있고(3개 장), 권4는 제1장 '국가총론'으로부터 제6장 '결론'까지로 구성되어 있다(6개 장). 권1·권2에서는 '총론'이라고만 하였는데, 권3·권4에서는 각각 '사회총론', '국가총론'이라고 한 부분이 눈에 띈다. 또한 다른 권들과는 달리 권3에서는 장의 하위에 속한 절(節)까지도 목차에 안내하였는데, 제2장 '사회의 공의(公義)' 아래 3개, 제3장 '사회의 공덕' 아래 2개 절의 명칭을 표시해 두었다.

『윤리학교과서의』의 특이점을 몇 가지 제시하면, ① 첫째, 형식적인 측면에서 볼 때, 세로쓰기 관행을 유지하면서도 휘문의숙편집부(徽文義塾編輯部)에서 편찬한 『중등수신교과서(中等修身敎科書)』(1906)와 마찬가지로 두주(頭註)를 달아 내용의 핵심이 무엇인지 안내하였다. 또한 학생들이 교과서의 내용을 쉽게 찾을 수 있도록 하기 위해, 박정동(朴晶東)이 쓰고 동문사(同文社)에서 발행한 『초등수신(初等修身)』(1909)과 유사한 방식으로 페이지 왼편이나 오른편의 보조단을 활용하여 해당 주제와 장(권1·권2) 내지는 해당 장과 절(권3·권4)의 제목을 써 놓았다. 그러다보니 주제 분류도 없고 절 표시도 없는 권4는 장의 제목만 있게 되었지만, 이 같은 장치들이 한 교과서에서 모두 발견된다는 점에서 주목할 만하다. 두주와 보조단의 활용은 『윤리학교과서』의 저본인 1898년 개정판 『신편윤리교과서』에도 있으나, 『윤리학교과서』가 보조단의 활용에 있어 좀 더 적극적으로 보인다.

② 둘째, 교과서의 내용을 구성함에 있어 관계 맺음의 확장을 염두에 두었다는 것이 나타난다. 그래서 상책의 내용이 주로 자기 수양과 가족 관계, 친구와 사제지간이라면, 하책은 타인 혹은 사회, 국가와 맺는 관계에서 요구되는 마음가짐, 태도 등이 내용이다. 가령 권1의 제1주제 「수신하는 길」의 제1장 '총론'에서는 "요약하건대 우리가 마땅히 행하는 것이 옳은 도덕상의 본무는 그 종류가 허다하지만 그 뿌리가 되는 바는 자신에게서 벗어나지 않으니, 여기에서 자신의 본무를 먼저 논함은 반드시 다른 것에 대해 자신을 스스로 중하게 여기라는 것을 위함이 아니라, 다른 것에 대하는 도덕을 완전하게 함을 위하는 준비가 됨을 분명하게 알아야 한다."라고 하면서, 계속해서 건강, 습관, 자제함, 용기, 공부, 덕을 닦음 등에 대해 설명하였다. 유사한 방식이 이어지는 권들에서도 엿보이는데, ⓐ 권2의 제1주제 「가족의 본무」의 제1장 '총론'에서는 "가족은 도덕의 문"이요 "가족은 비유컨대 한 개의 작은 국가 체제"라고 하면서 계속해서 부자간, 부부간, 형제자매간, 친척 및 주종간, 친구간, 사제지간의 올바른 관계에 대해 언급하였고, ⓑ 권3의 제1장 '사회총론'에서는 "일 개인이 가족에 있는 것은 하나의 가족이 사회에 있는 것과 흡사하다."라고 하면서 계속해서 사회에 속한 타인의 생명과 재산, 명예에 대한 의무 및 사회 공덕으로서의 박애와 공익, 예양(禮讓)과 예문(禮文) 등에 설명하였으며, ⓒ 권4의 제1장 '국가총론'에서는 "국가는 사회질서의 관리자요 또 사회행복의 보호자"라고 하면서 계속해서 법의 준수와 병역, 납세, 자녀 교육 등의 국민의 의무 및 애국심과 황실에 대한 의무, 국제 관계에서의 의무 등을 안내하였다. 이처럼 내용 구성이 관계 맺음의 확장 구도를 띠게 된 것은 유교의 영향 때문인 것으로 보이는데, 만물화육(萬物化育)이나 『중등수신교과서』에서 엿보이는 동물과 천연물(天然物)을 대하는 도리 등은 거의 발견되지 않는다.

③ 셋째, 내용은 저본과 유사하게 상당히 간학문적인 특색을 보여주고 있으며, 한반도의 역사를 반영하고 대한제국의 상황에 따라 내용도 수정하여 충군·애국정신의 고취를 꾀한 흔적들이 있다. 『윤리학교과서』에는 전통 혹은 근대적인 성격으로 분류할 수 있는 가치·덕목들이 많이 수록되어 있고, 공자

(孔子)와 소크라테스[邵久羅斗蘇]를 포함해 동서양 인물들의 격언도 적지 않다. 그리고 초보적인 수준이지만 위생학, 경제학, 정치학 등과 관련된 내용도 있다. 이것이 비록 저본에서 비롯된 것일지라도 해당 내용을 배우는 학생에게는 지식의 습득이라는 측면에서 도움이 되었을 것으로 예상된다. 그러나『윤리학교과서』가 저본과 똑같은 것은 아닌데, 일례로 권4의 제3장 '애국심'에서는 애국심의 표출 사례들을 기존의 것에서 이순신(李舜臣), 조헌(趙憲), 고경명(高敬命), 김상용(金尚容), 정온(鄭蘊), 삼학사(三學士), 민영환(閔泳煥), 조병세(趙秉世) 등으로 교체하였다. 이러한 이유 때문인지,『윤리학교과서』는 1909~1910년에 학부에서 교과용 도서로 불인가되어 사용과 발매가 금지되었다.

『윤리학교과서』는 보성중학교의 학생들을 대상으로 제작된 수신 교과서로, 형식적으로는 두주로 내용의 핵심을 안내하고 페이지의 보조단을 활용해 학습자에게 편의를 제공하는 등 일정 정도 실효성을 갖춘 교과용 도서이다. 상책에서 하책으로 진행될수록, 자신으로부터 가족, 사회, 국가로 관계 맺음이 확장되는 구도로 내용이 배치되어 있으며, 간학문적인 특색도 나타난다. 저본이 일본의 수신 교과서인 것은 분명한 사실이나, 대한제국의 교육용으로 사용하기 위해 한반도의 역사와 당시 국가가 처한 상황을 반영한 흔적들이 엿보이고, 이를 통해 충군·애국정신의 고취도 꾀하고 있다는 점에서 주목해야 할 수신 교과서라고 할 수 있다.

4. 핵심어

신해영(申海永), 수신ᄒᆞᄂᆞᆫ 도(道), 가족의 본무(本務), 사회의 공의(公義), 사회의 공덕(公德), 애국심, 황실에 대한 본무

5. 참고문헌

강윤호,「開化期의 敎科用 圖書 (1)」,『韓國文化硏究院論叢』10, 1967.

김민재 역,『근대수신교과서 3』, 소명출판, 2011.

김민재,「근대 수신 교과서를 통해 살펴본 '도덕과 교육'의 연속성」,『한국문화연구』19, 2010.

김민재,「신해영 편술『윤리학교과서』의 도덕교육사(史)적 함의에 대한 재검토」,『윤리교육연구』62, 2021.

김소영,「한말 修身敎科書 번역과 '국민' 형성」,『한국근현대사연구』59, 2011.

김소영,「대한제국기 '국민' 형성론과 통합론 연구」, 고려대학교 대학원 박사학위논문, 2009.

박학래,「申海永 編述의『倫理學敎科書』에 대한 재검토」,『도덕윤리과교육』76, 2021.

이승구·박붕배,『한말 및 일제강점기의 교과서 목록 수집 조사』, 한국교과서연구재단, 2001.

이종국,『한국의 교과서 변천사』, 대한교과서, 2008.

學部編輯局,『敎科用圖書一覽』, 學部編輯局, 1910.

한국정신문화연구원,『한국인물대사전(ㄱ~ㅅ)』, 중앙M&B, 1999.

井上哲次郞·高山林次郞,『新編倫理敎科書 卷上, 卷下』, 金港堂書籍株式會社, 1898.

한국민족문화대백과사전(http://encykorea.aks.ac.kr/)

한국사데이터베이스(http://db.history.go.kr/)

『정선만국사(精選萬國史)』

서 명 『정선만국사(精選萬國史)』
저 자 김상연(金祥演, 1874~1941)
형 태 21.8×14.9(cm)
발 행 황성신문사, 1906년
소장처 국립중앙도서관

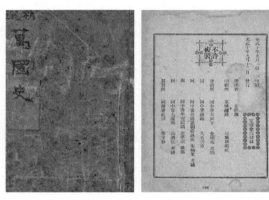

『정선만국사』 표지, 판권지

1. 개요

『정선만국사(精選萬國史)』(총 1권)는 관비유학생 출신으로 황성신문 부사장과 법관양성소 교관을 역임한 김상연이 고등학교의 세계사 교육을 위하여 1906년에 편찬한 세계사교과서이며, 국한문혼용체이다.

2. 저자

김상연(金祥演)은 1873년에 태어나 1941년에 사망하였다. 호는 수송(壽松)이다. 1895년 5월 농상공부 견습생 신분으로 일본으로 건너가서 제4회 권업박람회를 시찰하고, 1899년 일본 와세다대학에 입학하였다. 1903년 귀국한 이후에는 귀국 이후에는 농상공학교와 법관양성소 등에서 교관으로 근무하였으며, 1904년에는 관제이정소(官制釐正所) 위원을 역임했다. 1905년에는 『황성신문(皇城新聞)』 부사장이 되었다. 1907년에는 홍주군수, 1908년에는 용천군수에 임명되기도 하였다. 주요 저작으로 『신찬보통교육학』(1908), 『국가학』(1906), 『헌법(憲法)』(1908) 등의 교육학, 정치학, 법학 등과 관련된 저서가 있고 1906년에 역사책으로 『정선만국사』를 집필했다.

3. 내용 및 구성

『정선만국사』는 세계사의 중요한 사실과 세계의 흐름에 관계된 내용을 취합하여 세계사 교재로 찬술한 교과서이다. 고대·중세·근세의 3시기 구분법으로 서술하였으며, 만국사(萬國史)를 표방했지만 실상은 서양사 즉 유럽 중심으로 서술되었다. 저자인 김상연은 '여러나라 국사의 집합체'인 만국사로 구성하는 것을 목표로 했으나 실제로는 유럽사를 중심에 두고 동양의 역사는 고대와 근세의 일부에 포함시키는 수준으로 정리했다. 전체적인 구성은 3편 9부 58장이며, 고대사는 이집트 건국에서 서로마 멸망까지를 동양과 구주로 나누어 다루었다. 중세사는 서로마 멸망에서 동로마 멸망(기원후 476년~1453년)까지의 역사를 각국의 공통 사건과 유럽 각국의 발달과정을 중심으로 서술하였다. 근세사는 동로마 멸망에서 19세기 중반까지를 다루었다. 각 편마다 해당 시대를 개관한 총론을 배치했고, 중요 사실은 두주(頭註)로 표시하여 독자의 이해를 도왔다.

편찬자인 김상연은 근대화와 문명화를 이루기 위한 방도로 발달한 유럽 열강의 문명화과정과 그 중요성을 배워야 한다는 취지로 이 책을 편찬하였다는 점을 서론에 피력하였다. 그는 세계사를 다룬 역사서가 엄청나게 많지만 문자가 다르고 사실이 너무 많아서 배우는 자들이 빠른 길을 찾기 힘들다고 보았다. 그런 상황에서 김상연 자신이 일찍이 외유를 하여 맑은 경험을 하고 여러 지역을 다니며 탐방하는 와중에 만국사, 즉 세계사를 두루 열람하였지만 무엇을 취해야할지를 판단하지 못하였다고 한다. 그러다가 오대주의 중요 사실 중에 세계 운명에 관계되는 것을 보이는 대로 채집하였다. 그래서 고대·중고·근대로 3시대로 구분하여 세 편을 만들고 말미에 동양의 상황을 첨부하여 『정선만국사(精選萬國史)』라고 이름을 붙였던 것이다. 그리고 '천하고금의 치란흥망(治亂興亡)'의 대강이 모두 있으므로 '민지(民智)를 개발하고 국보(國步)를 진전'시키는데 도움이 될 것이라고 기대했다.

또한 윤정석(尹晶錫)이 쓴 서문에는 "지금 산중에서 문을 꼭 닫고 아직도 천황씨를 말하고, 태고 시대를 논하여 천하대세를 떠벌리고 있으니 나는 벌써 남김없이 다 헤아리고 있다고 하는데, 어떻게 이런 역사인식으로 세상을 한번 깨우칠 수 있으리오? 이 역사서는 비록 만국으로 이름을 붙였지만 육주(六洲)를 두루 살펴 보면 현존하는 나라는 백의 숫자도 채우지 못하는데, 이로부터 다시 몇 년이 지나면 장차 열이 될지 다섯이 될지 또한 알 수 없다. 우리 나라 또한 만국 중 한 나라로서 진실로 두렵지 않은가? 그러니 우리나라를 부강으로 기약하고, 문명으로 기약해 일으킴으로써 우리나라가 영구히 만국 중 한 나라로 남기를 맹세해야 할 것이다."라고 하여서 만국사를 공부할 필요성을 역설하였다.

저자인 김상연은 각국의 역사들의 집합체로서의 만국사를 구성한다고는 했지만 실제로는 동양과 서양을 구분한 후 동양을 타자화시키는 서양 중심주의적 역사인식을 가지고 있었다. 그리고 이 책을 비롯한 당대 세계사 저서에서 나타난 세계인식으로 가장 중요한 특징은 '동양'과 '서양'을 구분한 것, 더 정확히 얘기하자면 '동양'을 타자화한 것이다. 당시에 출판된 세계사 저서 중 『만국사기』를 제외하고는 모두 '동양'과 '서양'을 이분법적으로 범주화하는 개념을 쓰고 있다. 그리고 이러한 동서양 구분의 기준이 되는 것은 문명의 발전 정도였다. 여기서 말하는 문명이라는 것은 단순히 과학기술과 산업의 발달만을 가리키는 것은 아니며 제도, 사상과 문화 등의 형이상학적 범위까지 포함하는 것이다.

그런데 '동양' 문화권은 이러한 기준에는 한참 미달되었기에 과거 고대 문명의 발흥지였음에도 불구하고 지금은 문명 수준에 미달한 지역으로 설정되었던 것이다. 반면에 서양의 역사 전개 과정은 진취적인 기상이 있었음은 물론, 민권 사상도 발달하여 근세~근대의 발전을 주도하였다고 인식하였다. 중세 기독교의 정신적 지배와 봉건체제 하에서 쇠퇴를 거듭했던 서양은 15세기 말~16세기 초의 급격한 변화를 통해 문명을 건설한다. 구체적으로 과학이 크게 진보하고 공업이 융성하였으며, 군사비가 확장되고 교육이 보급되며 그 바탕 하에서 선교와 자선사업까지 진행했다. 이것이 바로 서양이 이루어낸 문명과 근대의 상징이며 서양과 동양의 역사는 각각 발전/정체로 대비된다.

위와 같은 관점에서 당시에 세계사 교과서를 저술·역술한 지식인들은 '문명화된' 유럽 국가들의 역사를 교육하는 것에 큰 의미를 두었다. 이런 시각에서 『서양사교과서』를 분석해 보면 서양 근대 역사학이 설정한 시공간 인식의 전제들을 그대로 내면화한 것을 볼 수 있다. 예컨대 『서양사교과서』에서는 19세기 유럽에서 보편화된 서양의 시대구분법을 그대로 받아들였다. 그것은 곧 고대-중세-근대의 3분법이다. 문제는 이러한 시대구분이 유럽 중심의 시각이라는 점이다. 그들은 유럽을 세계의 대표자로 간주했고, 자연스럽게 비유럽 지역은 그들의 세계사 서술에서 배제되었다. 식민지화가 진행되던 시기 대한제국의 지식인들은 서양 역사학의 유럽중심주의적 견해와 밀접하게 연결된 사회진화론을 수용했다. 이러한 맥락에서 『정선만국사』를 비롯한 당시의 세계사 교과서들은 만국사를 표방했음에도 가까운 시기 역사는 대부분 서양의 역사를 중심으로 서술했고 동양권 국가들의 역사는 고대사를 중심으로 서술했던 것이다.

4. 핵심어

유럽중심주의, 문명, 근대 역사학, 사회진화론, 타자화

5. 참고문헌

조동걸, 「한말 사서와 그의 계몽주의적 허실(상)」, 『한국독립운동사연구』 1, 1987.
양정현, 『근대개혁기 역사교육의 전개와 역사교재의 구성』, 서울대학교 박사학위논문, 2001.
백옥경, 「한말(韓末) 세계사 저, 역술서에 나타난 세계 인식」, 『韓國思想史學』 35, 2010.
고유경, 「대한제국 후기(1905~1910) 서양사 교과서에 나타난 유럽중심주의」, 『역사학연구』 41, 2011.
양정현, 「중등 역사과에서 한국사와 외국사의 연계 논리와 형식」, 『역사교육연구』 23, 2015.

『중등교과동국사략(中等敎科東國史略)』(권1-권4)

서 명	『중등교과동국사략(中等敎科東國史略)』
저 자	현채(玄采, 1856~1925)
형 태	30.7×20.5(cm)
발 행	보성관(普成館), 1906년
소장처	국립중앙도서관

『중등교과동국사략』 표지, 권4 판권지

1. 개요

『중등교과동국사략(中等敎科東國史略)』은 4권 4책으로 1906년 6월에 초판이 발간되고 1907년 10월 재판, 1908년 7월 3판이 간행되었다. 일본인 하야시 다이스케의『조선사』를 역술한 책이며 대한제국기 대표적인 한국사 교과서이다.

2. 저자

현채(玄采)는 1856년에 출생하였고 1925년에 사망하였다. 호는 백당(白堂)이다. 1873년에 식년시 역과(譯科)로 급제하여 1892년 부산항감리서에서 번역관을 지냈고, 1894년에는 통리교섭통상사무아 문 주사를 역임했다. 1895년 관립외국어학교 부교관과 한성사범학교 부교관을 거쳐 1899년에 학부편 집국 위원으로 임명되었다. 이후 1907년까지 학부 주사로 근무했다. 1905년에는 한성법학교 교장, 1906년에는 대한농회 의원과 국민교육회 보강요원, 1907년에는 대동학회 평의원, 1908년에는 기호흥 학회 찬무원, 대한중앙학회 평의원을 역임했다. 학부 근무 중『보통교과 동국역사(普通敎科東國歷史)』 (1889)와『유년필독(幼年必讀)』(1907) 등 많은 사서를 편찬했고,『월남망국사(越南亡國史)』(1906) 등을 번역·간행하였다. 또한 하야시 다이스케(林泰輔)의『조선사(朝鮮史)』(1892)를 역술한『동국사략(東國 史略)』(1906)를 간행하였다.『동국사략』은 현채가 근대적인 역사 서술 방법에 의하여 저술한 역사서로 근대 역사학 서술의 대표적인 저작으로 평가받고 있다.

3. 내용 및 구성

하야시 다이스케(林泰輔)는 고대에서 중세까지의 범주를 통사적으로 서술한 『조선사(朝鮮史)』(1892)를 서술함으로써 일본인임에도 한국사 연구의 선구자가 되었다. 하야시의 『조선사』는 특정 왕조의 역사만을 서술하는 것이 아니라 고조선에서 삼국~통일신라, 고려, 조선으로 이어지는 서사를 구축하여 최초의 근대적 통사를 완성하였다. 현채가 이 텍스트를 번역하여 간행한 것이 바로 『동국사략』이었고 동일한 내용을 교과서로 간행한 것이 『중등교과동국사략』이다. 『중등교과 동국사략』은 1906년 6월 초판 발행 후 1907년 11월 재판되고 1908년 7월 3판이 나왔다. 초판이 1904년 러·일전쟁까지 다룬 것에 비해 3판에서는 을사조약과 헤이그사건과 고종황제의 퇴위, 1907년 정미7조약 등의 사건을 다루고 있다.

현채는 서문(自序)에서 저술 동기에 대해 설명하고 있다. 서문에 나타난 내용을 중심으로 정리하면 첫째, 역사서술 체제의 구축이었다. 현채는 기존 역사서가 체제가 없다고 한탄하였고, 우리 역사를 제대로 서술할 능력이 없어서 일본의 역사서를 역술하는 현실을 부끄럽게 생각하고 있었다. 물론 기존 역사서에는 강목체와 편년체에 입각한 왕조 중심의 역사서술 방법이 있었다. 그러나 그런 방식으로는 역사서술의 체계성과 다양성을 확보할 수 없었다. 그런데 하야시 서술 『조선사』의 경우 증거가 있고 분야별 분류가 잘 되어 있어 이해하기 쉽다고 언급했다. 요컨대 현채는 새로운 근대적 역사서술 체제의 확립을 위해 이 책을 저술했던 것이다.

다음으로는 을사조약 이후 국가적 위기에서 역사를 통해 민족의 아픔을 극복하고자 했다. 그리고 그 방법은 당대의 다른 지식인들처럼 대한제국을 미개한 문명에서 발전된 문명으로 변화시키기 위한 사회진화론적 사고가 내재되어 있었다. 구체적으로는 식민지화가 진행되던 당대의 시대정신이었던 민족문제에 대한 인식이 바탕이 되었다고 볼 수 있다. 이것은 이 책이 서술된 1906년 전후의 시점이 일본이 대한제국을 보호국으로 설정하고 외교권과 내정권을 장악하여 곧 식민지로 전락할 가능성이 높았던 시기였던 것과 관련이 있다고 하겠다. 즉 이와 같은 현실에서 대한제국의 지식인들은 당면한 현실을 엄중하게 되돌아보고, 대한제국이 국가 간 경쟁에서 도태되어 약소국이 된 이유가 과연 무엇인지, 그리고 문명화가 어떤 의미가 있는 것인지에 대해 진단하고 대응논리를 모색하는 움직임이 활발해지고 있었던 것이다. 이처럼 세계정세에 관심있는 지식인들은 역사서의 저술을 통해 민족과 국가가 나아가야 할 방향을 제시할 수 있다고 믿었던 것이다. 서문에서 일본은 천하에 이름을 날려 독일과 영국에 비견되는 반면 우리는 폴란드, 이집트, 인도와 같은 나라에 비유되고 국력이 쇠약해져 간다고 지적했던 것이 그 증거라고 하겠다. 단순히 지적하는 것에서 그치는 것이 아닌 일본과 명백한 힘의 차이가 있는 현실을 비판적으로 성찰하고 해결책으로 역사의식을 육성할 것을 제시했는데 구체적인 방법으로서 자국사에 대한 명확한 인식을 촉구했다.

그리고 서문 말미에 독립국이라는 단어를 사용하면서 '반드시 세상이 바뀌기를 기다려 역사를 지을 것이다'라고 하며 저술 목적을 명확히 드러냈다. 1905년 을사조약으로 인해 외교권이 박탈당하고 통감부가 설치되어 조선의 내정까지 간섭당하던 현실에서 독립국이라는 표현은 분명히 의도적인 것이었다고 볼 수 있다.

다음으로 하야시의 『조선사』와 『중등교과 동국사략』의 차이를 살펴보자.

우선『조선사』에서 Ⅰ. 총설 부분에 지리, 인종, 역대 연혁의 개략 및 정책이 목차에 나와 있는데,『중등교과 동국사략』에서는 이 부분이 삭제되었다. 또한『중등교과 동국사략』에서 위만조선에 대한 서술 또한 삭제되었다. 이것은 이 책이 단군－기자－삼한으로 이어지는 삼한정통론의 입장에 서 있다는 것을 뜻한다. 또한 특징적인 부분은『중등교과 동국사략』에는 당대사 부분이 추가된 점이다. 특히 1894년 이후의 역사를 새롭게 서술했다. 예컨대 을미사변과 아관파천, 독립협회, 용암포 사건 등이 서술되어 있는 것이다. 그리고 하야시의 입론과 역사 용어를 변형시켜 서술한 점도 눈에 띈다. 예컨대 '석비를 종로에 세우다'라는 항목에서 '석비'를 '척화비'로, '대원군의 난'은 '임오군변'으로, '일본병 왕궁을 점령하다'는 '일병궁중난입'으로 수정하는 등의 부분적인 변화가 있었다. 그리고 불필요하거나 왜곡된 내용들은 삭제했다. 즉 상고사의 중국 및 일본과의 관계 부분에서『조선사』에서는 백제가 일본에 조공을 바치는 내용 등이 있었지만, 이런 서술도 삭제해버렸다.

그러나 전체적인 서술 흐름은 하야시가 취하고 있는 논조를 따르고 있다. 특히 당대사 서술에서 조선 속국 문제에 대한 논리가 하야시『조선사』와 유사하다. 구체적으로 '속국'에서 탈피하는데 일본이 큰 역할을 했다고 서술하고 있다. 즉 조선은 오랫동안 청의 압제를 받아서 '속국례'를 지켰고, 조선의 지위에 대한 프랑스와 미국의 문의에 대해 청은 조선이 속국이 아니라고 답했으며, 일본이 해외 각국과 조약을 맺을 때 조선의 독립을 세계에 공언하였다는 것이다. 그리고 천주교의 전래, 두 차례 양요의 중요성, 일본과의 조규 문제, 갑신정변, 수구당과 독립당을 대비시키는 서술은 모두 하야시의 입론과 유사하다. 특히 '정(定) 조선독립'부분에서는 "(강화조약) 제1조가 곧 청의 조선의 독립을 확인"하는 것이며 "이로부터 조선이 온전히 청의 속박을 벗고 독립국"이 된다고 서술하였던 점은 더욱 그렇다.

이 책은 하야시의『조선사』를 역술한 것이므로 그 한계점은 분명하다. 그러나 한국의 근대화 과정이 불가피하게 외세와의 접변이 있었음을 감안하면, 이 책의 의미도 더 잘 드러날 것이다.

4. 핵심어

근대적 역사서술 체계, 문명, 사회진화론, 독립국, 삼한정통론

5. 참고문헌

노수자,「백당현채연구(白堂玄采硏究)」,『이대사원(梨大史苑)』8, 1969.

이만열,『한국근대역사학(韓國近代歷史學)의 이해(理解)』, 문학과 지성사, 1981.

김여칠,「개화기 국사교과서를 통해 본 역사지식(Ⅱ):동국사략을 중심으로」,『史學志』16-1, 1982.

도면회,「한국 근대 역사학의 창출과 통사 체계의 확립」,『역사와 현실』70, 2008.

이신철,「대한제국기 역사교과서 편찬과 근대 역사학」,『역사교육』126, 2013.

『중등동양사(中等東洋史)』

서 명 『중등동양사(中等東洋史)』
저 자 유옥겸(兪鈺兼, 1883~1922)
형 태 22(cm)
발 행 발행처불명, 1908년
소장처 연세대학교 중앙도서관

『중등동양사』 표지

1. 개요

『중등동양사(中等東洋史)』(총 1권)는 유옥겸(兪鈺兼, 1883~1922)이 저술하고 유성준(兪星濬, 1860~1934)이 교열하여 1908년에 국한문혼용체로 간행한 동양사 교과서이며, 유옥겸이 지은『東洋史敎科書』와 목차 및 내용이 동일하다.

2. 저자

유옥겸(兪鈺兼)은 1883에 출생하여 1922에 사망하였다. 유길준(兪吉濬)과 유성준(兪星濬)의 조카이다. 어린 나이에 전문학교를 졸업한 이후 교육하는 활동에 매진하는 한편 교과서 편찬에도 많은 노력을 기울였다. 『중등외국지리(中等外國地理)』(1900)를 시작으로, 『중등동양사(中等東洋史)』(1908), 『동양사교과서(東洋史敎科書)』(1908), 『대조서양사연표(對照西洋史年表)』(1909), 『서양사교과서(西洋史敎科書)』(1910), 『간명교육학(簡明敎育學)』(1908), 『소학교수법(小學敎授法)』(1908), 『서양교수법(西洋敎授法)』(1909) 등 많은 교과서를 편찬하였다. 1908년에는 기호흥학회와 법학협회, 1909년 청년학우회 등에 참여하여 활동하기도 하였다. 합방 이후에도 교육 활동에 전념하여 보성학교, 중앙학교, 대성학교 등에 나가 법률과 역사를 가르쳤다.

3. 내용 및 구성

동양사를 왕조 중심 역사관에 입각하여 서술한 책이다. 국가적으로는 중국을 중심으로 조선과 일본·동남아시아·몽골, 인도와 페르시아도 다루었다. 시기적으로는 태고부터 1908년까지의 역사를 상고·중고·근고·근세로 구분하여 서술하였다. 수편 서론은 전체 3장, 제1편 상고사는 전체 9장, 제2편 중고사는 전체 29장, 제3편 근고사는 15장, 제4편 근세사는 13장으로 구성되어 있다.

1895년 7월 19일 소학교령(小學校令)이 공포되었다. 소학교령에 의해 소학교 3년 또는 2년 과정의 심상과(尋常科)에서 자국의 역사를 가르쳤고, 3년 과정의의 고등과(高等科)에서는 외국 역사도 교육과정에 포함시켰다. 이와 같은 정책이 실시된 것은 애국심을 기르는 수단으로 역사 교육이 중요한 학습 대상이라고 보았기 때문이다. 아울러 역사 교과서는 당시 급변하는 세계정세를 보는 시각을 확대하고 신문물을 습득하는 통로로 인식하기도 하였다. 따라서 당시 지식인들은 서양에서 출판된 서적에 깊은 관심을 보였고, 마침내 학교 교육 혹은 대중적 보급을 필요로 하는 도서들을 선별해서 해당 텍스트들을 번역하고 역술하는 형식으로 출판하였다. 이러한 시대적 상황에서 편찬된 것이 바로 『동양사교과서』이다. 저자인 유옥겸은 전문학교 졸업한 후 법률·역사 교수를 지냈으며, 일본어 교과서와 중국책을 참고하여 『중등동양사(中等東洋史)』를 비롯하여 다양한 저서들을 집필했다.

그리고 이 책을 비롯한 당대 세계사 저서에서 나타난 세계인식으로 가장 중요한 특징은 '동양'과 '서양'을 구분한 것, 더 정확히 얘기하자면 '동양'을 타자화한 것이다. 당시에 출판된 세계사 저서 중 『만국사기』를 제외하고는 모두 '동양'과 '서양'을 이분법적으로 범주화하는 개념을 쓰고 있다. 이것은 이 책 수편(首編) 서론(緒論)에서 "현근 세계상 문화의 관리자는 동양, 서양의 이대민족이 있으므로 강습의 편리상 세계사를 두 부분으로 나누어 하나는 동양사라 칭하여 저 서양사에 대하노니 즉 동양 제반 민족의 성쇠 및 방국(邦國)의 흥망을 서술한 것이니라"라고 쓴 것에서도 드러난다. 그리고 이러한 동서양의 구분의 기준이 되는 것은 문명의 발전 정도였다. 여기서 말하는 문명이라는 것은 단순히 과학기술과 산업의 발달만을 가리키는 것은 아니며 제도, 사상과 문화 등의 형이상학적 범위까지 포함하는 것이다. 그런데 '동양' 문화권은 이러한 기준에는 한참 미달되었기에 과거 고대 문명의 발흥지였음에도 불구하고 지금은 문명 수준에 미달한 지역으로 설정되었던 것이다.

그렇다면 이러한 인식은 어떻게 한국에 받아들여졌을까? 한국이 동양문화권의 일원이라는 점을 감안하면 이런 인식은 다소 자학적이기까지 하기 때문이다. 이것은 당시 조선 지식인들이 일본의 근대역사학이 구축한 탈아입구론에 입각한 동양학 담론을 받아들였기 때문이다. 탈아입구론은 근대 일본이 서구 문명을 적극 받아들인 일본이 아시아에서 탈피하여 유럽화하였다고 인식하는 담론체계를 말한다. 주지하듯 메이지유신 이후 일본은 당시 세계질서를 주도하던 유럽의 정치, 제도, 사상에서 문화와 생활양식까지 서양 문명을 체화하면서 부국강병을 도모했던 국가였다. 이렇게 급격하게 유럽을 따라잡고 그 힘으로 청일전쟁과 러일전쟁까지 승리하면서 동아시아의 패권국가로 올라섰고 스스로는 세계 열강의 반열에 올라섰다고 자부했다. 그럼에도 불구하고 일본은 여전히 유럽 강대국들과의 관계에서 대등한 관계를 확립하지 못했다. 아무리 신흥 강대국인 일본일지라도 당시 유럽인들에게 오리엔탈리즘의 한 대상일 뿐이었다.

이러한 현실을 인식한 당대의 일본 지식인들, 특히 역사학자들은 오리엔트라는 서양이 설정한 범주에서 벗어나고 동시에 자신들의 정체성을 잃지 않고 근대화를 이루어야 한다는 목적을 설정하고 그 수단으로 역사를 동원하였다. 이런 문제의식에서 유럽의 진보와 발전론적인 근대 역사학의 담론체계를 수용한 것이 바로 일본의 '동양학'이라고 볼 수 있다. 먼저 그들은 유럽이 설정한 범주를 벗어나고 유럽과 대등한 관계를 맺기 위해 일본이 포함된 '동양'이라는 새 영역을 창출했다. 이것은 '보편적 역사'의 질서 하에서 서술된 서양사(유럽 열강 국가들이 공유하는 역사)에 비슷하면서도 일정한 경쟁 관계가 되는 범주가 되었다. 다음으로 동양이라는 범주 안에서도 다른 국가들과 일본과의 차별점을 강조하기 위해 노력했다. 그리고 그 차별화된 대상의 집중 타겟은 바로 중국이었다. 사실 중국은 동아시아 문화권의 제반 정치, 사상, 무역을 주도했던 압도적인 패권국가였다. 그리고 일본과도 고대부터 관계를 맺으면서 동양 문화의 정수와 사상을 일본에 전수했던 국가였다. 그런데 일본은 당시 일본이 근대화 경쟁에서 중국보다 우위에 섰다는 것을 전제로 유럽 열강에게 유린당하고 있었던 중국에 우월의식을 가졌고 그 맥락에서 나온 것이 바로 '지나'라는 용어였다.

이런 논리 구조 하에서 일본은 동양 안에 있으면서도 동양을 관찰자 시선으로 볼 수 있는 위치에 서게 되었다. 따라서 일본이 창출한 동양학의 맥락에서 본다면, 일본을 제외한 동양 제반 국가들은 모두 문명에 미달하는 국가로 인식된다. 당시 대한제국의 지식인들은 이러한 일본의 동양사 서술체계를 수용했고, 따라서 이런 인식을 내면화하여 중국 대신에 지나(支那)라는 개념을 사용하고 있다.

『동양사교과서(東洋史教科書)』는 전반적으로 각 국가별 정치사와 제도사를 중심으로 서술되었다. 기본적으로 중국 역사의 변화를 중심으로 다루고 있지만 일본, 동남아, 북아시아, 남아시아, 동남아시아, 서아시아도 범위에 넣었다. 수편 서론에서는 동양사의 의의와 범위, 그리고 시기 구분을 다루었다. 그리고 제1편은 상고사로 그 연대는 태고로부터 단기 2085년(BC 249)까지이다. 1편에서는 중국의 상고사 즉 요순시대와 하나라, 은나라, 주나라 그리고 춘추전국시대의 역사를 서술했다. 그리고 인도 상고사와 불교의 흥기 과정에 대해서도 다루었다. 중고사는 단기 2086년(BC 248)에서부터 3539년 (1206)까지의 시기를 다루었고 진(秦)의 흥기에서 전한과 후한의 역사, 삼국시대와 5호 16국, 남북조시대와 수당시대, 송나라의 역사를 서술했다. 그 외에는 발해와 서하의 역사, 일본 및 사라센 제국(대식국 大食國)과 인도의 역사까지도 범위에 넣었다. 근고사는 단기 3539년(1206)부터 3977년(1644)까지의 역사이다. 몽골이 발흥해서 송나라가 멸망하고 원나라가 통일하면서 전성기를 이루는 과정, 명나라의 초기부터 말기까지의 역사를 다루고 있다. 아울러 원대의 조선과 일본의 역사, 조선과 명, 일본의 관계와 무굴제국의 성쇠, 유럽인의 동래와 기독교 포교까지 서술하고 있다. 근세사는 단기 3977(1644)년 이후의 역사이다. 청의 개국과 통일부터 시작해서 동양에서 유럽 열강들의 경쟁, 영국 지배하의 인도, 아편 전쟁과 프랑스의 인도 경략(經略) 등 주로 열강의 동아시아 침략 과정을 다루고 일본의 메이지 유신과 청일전쟁을 거쳐 마지막으로 러일전쟁과 동양의 현세를 서술하고 있다. 전체적으로 내용을 요약한 어휘로 두주(頭註)를 달았으며, 외래어를 한자나 한글 자모로 표기하였다는 점 등은 특징적이다.

4. 핵심어

동양학, 오리엔탈리즘, 문명, 타자화, 지나

5. 참고문헌

조동걸, 「한말 사서와 그의 계몽주의적 허실(상)」, 『한국독립운동사연구』 1, 1987.
양정현, 『근대개혁기 역사교육의 전개와 역사교재의 구성』, 서울대학교 박사학위논문, 2001.
양정현, 「중등 역사과에서 한국사와 외국사의 연계 논리와 형식」, 『역사교육연구』 23, 2015.

『중등만국사(中等萬國史)』

서 명	『중등만국사(中等萬國史)』
저 자	유승겸(兪承兼, 1876~1917)
형 태	11.1×16.4(cm)
발 행	유일서관(唯一書館), 1909년
소장처	국립중앙도서관

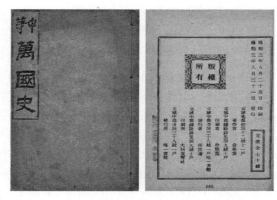

『중등만국사』 표지, 판권지

1. 개요

『중등만국사(中等萬國史)』(총 1권)는 유일서관(唯一書館)에서 발간하였다. 신활자본으로 인쇄된 국한문혼용체이며 유승겸이 편술하여 1909년 학부 검정을 거쳐 사립학교 역사과에서 교과서로 사용되었다.

2. 저자

유승겸(兪承兼)은 1876년에 태어나 1917년에 사망하였다. 자는 응조(應祖), 호는 동은(東隱)이다. 계산학교(桂山學校)에서 학업을 마친 뒤 당숙인 유길준(兪吉濬)의 추천으로 1894년 관비유학생이 되어 일본으로 건너갔다. 이후 게이오의숙(慶應義塾)에 입학해 1900년 졸업하였으며, 일본 대장성(大藏省)에서 사무견습 과정을 마치고 1902년에 귀국하였다. 귀국한 뒤에는 1906년 탁지부에서 주사, 1907년 세무과장, 경리과장 등을 역임하였다. 교육 분야에서도 활동하여 1905년 보성전문학교, 1906년 양정의숙(養正義塾), 농상공학교 등에서 강의를 하였다. 1910년 강제 병합 이후에는 흥덕군수와 정읍군수에 임명되었고, 경제계에도 진출하여 경상조선인상업회의소 특별위원이 되었으며, 1912년 한성은행(漢城銀行) 평양지점 부지배인, 1914년에는 대전지점 부지배인이 되었다. 주요 저서로는 『중등만국사(中等萬國史)』(1909), 『최신경제교과서(最新經濟敎科書)』(1910) 등이 있다.

3. 내용 및 구성

『중등만국사(中等萬國史)』는 1907년 유일서관에서 출간되었으며, 다카쿠와 고마기치가 쓴『중등서양사(中等西洋史)』의 번역서이다. 두 책을 비교해보면 목차가 거의 일치한다. 하지만『중등서양사』가 362면인 것에 반하여 이 책은 246면으로 원서의 내용의 상당 부분이 축약되었다. 이 책의 시대구분은 고대사 → 중세사 → 근세사 → 최근세사의 구분법을 취하고 있었다.

경제학이 주전공이었던 유승겸이 굳이 역사서를 번역한 이유는 서문에서 그 실마리를 찾아볼 수 있다. 그는 "우리 사회를 유익하게 발전시키고자 한다면 반드시 하나의 밝은 거울이 있어 우리의 전후와 사방을 돌아보는 것이 필요하니 이 밝은 거울은 소위 역사"라고 하면서 역사의 교훈성을 강조하고 있다. 또한 그는 역사를 통해 사회발전의 원리와 국민활동의 법칙을 탐구함으로써 평화와 문명을 주조하기 위해 낮은 식견을 부끄러워 하지 않고 역사서를 저술했다고 밝히고 있다.

1895년 7월 19일 공포된 소학교령(小學校令)에 의해 소학교 3년 또는 2년 과정의 심상과(尋常科)에서 자국의 역사를 가르쳤고, 3년 과정의 고등과(高等科)에서는 외국 역사도 교육과정에 포함시켰다. 이와 같은 정책이 실시된 것은 애국심을 기르는 수단으로 역사 교육이 중요한 학습 대상이라고 보았기 때문이다. 아울러 역사 교과서는 당시 급변하는 세계정세를 보는 시각을 확대하고 신문물을 습득하는 통로로 인식하기도 하였다. 따라서 당시 지식인들은 서양에서 출판된 서적에 깊은 관심을 보였고, 마침내 학교 교육 혹은 대중적 보급을 필요로 하는 도서들을 선별해서 해당 텍스트들을 번역하고 역술하는 형식으로 출판하였다. 그리고 이런 상황에서 서양사 교육이 본격적으로 시작된 시점이 바로 대한제국 후기, 즉 1905년 을사조약 강제 체결 이후부터 1910년 일제의 대한제국 강제병합에 이르는 시기이다. 이 시점에 서양사에 대한 교육의 구조와 인식이 일정하게 체계를 갖추었는데, 그 관점은 유럽중심주의적인 것이었다. 이러한 시대적 상황에서 이 시기에 간행된 김상연의『정선만국사』(1906), 현채의『동서양역사』(1907) 등과 함께 간행된 책이 바로 유승겸의『중등만국사』(1907)이다.

그리고 이 책을 비롯한 당대 세계사 저서에서 나타난 세계인식으로 가장 중요한 특징은 '동양'과 '서양'을 구분한 것, 더 정확히 얘기하자면 '동양'을 타자화한 것이다. 당시에 출판된 세계사 저서 중『만국사기』를 제외하고는 모두 '동양'과 '서양'을 이분법적으로 범주화하는 개념을 쓰고 있다. 그리고 이러한 동서양의 구분의 기준이 되는 것은 문명의 발전 정도였다. 여기서 말하는 문명이라는 것은 단순히 과학기술과 산업의 발달만을 가리키는 것은 아니며 제도, 사상과 문화 등의 형이상학적 범위까지 포함하는 것이다. 그런데 '동양'문화권은 이러한 기준에는 한참 미달되었기에 과거 고대 문명의 발흥지였음에도 불구하고 지금은 문명 수준에 미달된 지역으로 설정되었던 것이다. 반면에 서양의 역사 전개 과정은 진취적인 기상이 있었음은 물론, 민권 사상도 발달하여 근세~근대의 발전을 주도하였다고 인식하였다. 중세 기독교의 정신적 지배와 봉건체제 하에서 쇠퇴를 거듭했던 서양은 15세기 말~16세기 초의 급격한 변화를 통해 문명을 건설한다. 구체적으로 과학이 크게 진보하고 공업이 융성하였으며, 군사비가 확장되고 교육이 보급되며 그 바탕 하에서 선교와 자선사업까지 진행했다. 이것이 바로 서양이 이루어낸 문명과 근대의 상징이었으며 서양과 동양의 역사는 각각 발전/정체로 대비되었던 것이다.

위와 같은 관점에서 당시에 세계사 교과서를 저술·역술한 지식인들은 '문명화된' 유럽의 국가들의 역사를 교육하는 것에 큰 의미를 두었다. 이런 시각에서『서양사교과서』를 분석해 보면 서양 근대 역사학이 설정한 시공간 인식의 전제들을 그대로 내면화한 것을 볼 수 있다. 예컨대『서양사교과서』에서는 19세기 유럽에서 보편화된 서양의 시대구분법을 그대로 받아들였다. 그것은 곧 고대-중세-근대의 3분법이다. 문제는 이러한 시대구분이 유럽 중심의 시각이라는 점이다. 그들은 유럽을 세계의 대표자로 간주했고, 자연스럽게 비유럽 지역은 그들의 세계사 서술에서 배제되었다. 식민지화가 진행되던 시기 대한제국의 지식인들은 서양 역사학의 유럽중심주의적 견해와 밀접하게 연결된 사회진화론을 수용했다.

그런데 당대 지식인들의 이러한 유럽중심주의에 대한 수용은 대한제국을 미개한 문명에서 발전된 문명으로 변화시키기 위한 사회진화론적 사고가 내재되어 있었다. 구체적으로는 식민지화가 진행되던 당대의 시대정신이었던 민족 문제에 대한 인식이 바탕이 되었다고 볼 수 있다. 이것은 이 책이 서술된 1910년 전후의 시점이 일본이 대한제국을 보호국으로 설정하고 외교권과 내정권을 장악하여 곧 식민지로 전락할 가능성이 높았던 시기였던 것과 관련이 있다고 하겠다. 즉 이와 같은 현실에서 대한제국의 지식인들은 당면한 현실을 엄중하게 되돌아보고, 대한제국이 국가 간 경쟁에서 도태되어 약소국이 된 이유가 과연 무엇인지, 그리고 문명화가 어떤 의미가 있는 것인지에 대해 진단하고 대응 논리를 모색하는 움직임이 활발해지고 있었던 것이다. 이미 세계사를 역술한 저자들은 이 엄혹한 현실에서 민족적 위기와 세계사가 어떤 관계가 있는지를 잘 알고 있었다. 이처럼 세계사에 관심 있는 지식인들은 세계사의 저술을 통해 민족과 국가가 나아가야할 방향을 제시할 수 있다고 믿었다.

이러한 서양중심적 세계관 하에서 서양이 설정한 시대구분론을 따라야 한다는 것은 당대 세계사 교과서들이 공통적으로 가지고 있던 인식이었다. 예컨대 『정선만국사』는 고대 → 중세 → 근세의 구분법을 채택하고 있었고, 『동서양역사』는 상고 → 중고 → 근고 → 근세로 시대를 구분했다. 그리고 이러한 시대구분론은 단순히 특정한 기준으로 시대를 나누는 것이 아니라 전세계가 근대를 향해 역사가 진보해왔다고 전제하는 인식체계였다. 이들의 역사 인식에 따르면 세계사는 원시적인 고대의 문명단계부터, 점진적으로 문명에 눈을 뜬 중간단계를 지나서 공예와 기술, 문학, 상업 등이 발전하여 제반 개량과 발명 등이 일어나는 근세와 근대에 이르는 과정이었다. 그리고 이러한 과정을 주도한 것은 서양이었으며 서양의 역사 노정은 곧 역사발전의 길이었다.

이러한 시각은 『중등만국사』도 마찬가지였다. 고대사 → 중세사 → 근세사 → 최근세사의 발전론적 시대구분법을 취하고 있는 것에서도 이 책의 인식이 드러난다. 제1편 고대사에서는 이집트, 이스라엘, 바빌로니아, 아시리아 등의 역사로 시작하여 그리스 역사의 전개 과정에 대해서 다루었다. 이후 마케도니아의 맹주시대를 거쳐 로마가 건국되고 왕정에서 공화정으로 변해가는 과정을 서술했다. 아울러 다시 황제정이 되고 그 과정에서 기독교가 포교되고 로마제국이 분열을 겪는 과정을 묘사하고 있다.

제2편 중세사에서는 제1부 중세 전기와 제2부 중세 후기로 구분하고 있는데 중세 후기에서는 튜튼 종족의 이동과 왕국, 동로마 제국의 역사와 사라센 제국과 프랑크 왕국의 역사를 다루고 있다. 제2부 중세 후기에는 신성로마제국과 십자군, 봉건제도에 관해서 설명하고 몽골과 터키의 정략(征略)에 대해서도 다루고 있다.

제3편 근세사에서는 제1부를 15세기 전후의 변천 시기로 규정하고 있다. 르네상스의 인쇄술의 발명, 지리상의 발견, 전제군주정의 고정과 종교개혁 계획 등에 대해서 언급하고 있다. 근세사 제2부는 종교개혁에서 베스트팔렌 조약에 이르는 시기를 다루고 있다. 종교개혁 초기부터 종교개혁에 대한 반동, 네덜란드 독립과 영국 및 프랑스의 종교개혁과 30년 전쟁의 과정을 다룬다. 제3부에서는 베스트팔렌 조약부터 프랑스혁명에 이르는 시기를 서술하였고 제4부에서는 혁명의 원인에서부터 국민의회, 국민집회, 나폴레옹 1세의 성쇠 등을 다루었다.

마지막 제4편 최근세사에서는 빈회의 전후의 정세와 나폴레옹 3세의 등장과 이탈리아, 영국의 상황, 그리스의 독립과 동방문제, 아메리카 대륙의 제반 국가들을 다루었다. 그리고 유럽의 동양 침략과 최근의 형세 등에 대해서 서술했다.

4. 핵심어

진보, 문명, 역사발전, 유럽중심주의, 사회진화론

5. 참고문헌

조동걸, 「한말 사서와 그의 계몽주의적 허실(상)」, 『한국독립운동사연구』 1, 1987.
양정현, 『근대개혁기 역사교육의 전개와 역사교재의 구성』, 서울대학교 박사학위논문, 2001.
백옥경, 「한말(韓末) 세계사 저, 역술서에 나타난 세계 인식」, 『韓國思想史學』 35, 2010.
고유경, 「대한제국 후기(1905~1910) 서양사 교과서에 나타난 유럽중심주의」, 『역사학연구』 41, 2011.
양정현, 「중등 역사과에서 한국사와 외국사의 연계 논리와 형식」, 『역사교육연구』 23, 2015.

『중등수신교과서(中等修身敎科書)』(권1-권4)

서 명	『중등수신교과서(中等修身敎科書)』(권1-권4)
저 자	휘문의숙편집부(徽文義塾編輯部), 휘문관(徽文舘)
형 태	22.3×14.1(cm)
발 행	휘문관(徽文舘), 1906년
소장처	한국학중앙연구원

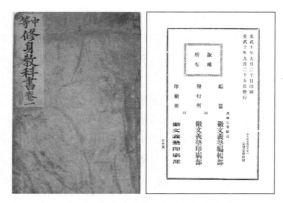

『중등수신교과서』표지, 판권지

1. 개요

『중등수신교과서(中等修身敎科書)』는 한성(漢城)의 '휘문관'에서 1906년(光武 10年) 9월 25일에 초판 발행되었고, 1908년(隆熙 2年) 6월 1일에 재판 발행되었다. 재판본의 표지 상단에 '學部 檢定'이라고 쓰여 있으며, 초판과 재판의 표지 글씨는 모두 윤용구(尹用求)가 제첨(題籤)하였다. 휘문의숙의 저학년 학생들을 대상으로 제작된 것으로 보이는 『중등수신교과서』에서는 전통적인 가치·덕목들 이외에도 당시 유입되던 근대적인 가치·덕목과 개념들(공공심, 자유, 의무교육, 공법 등)을 함께 안내하였으며, 자기 자신으로부터 가족·국가를 넘어 인류(박애)·만물(동물, 자연계)까지 고려하여 내용을 배치하였다. 그리고 한반도의 역사와 황실의 계통에 대한 인식을 기반으로, 충군·애국과 자립·독립정신의 고취를 꾀했던 부분들도 발견된다.

2. 저자

장지연(張志淵)의 문집인 『위암문고(韋庵文稿)』에 수록되어 있는 연보(年譜)에는, 그가 휘문의숙의 숙장으로 있을 때 『중등수신교과서』의 편찬에 관여하였다는 기록이 있다. 따라서 이 책의 저자 혹은 저자들이 어떠한 인물(들)인지 정확하게 알 수는 없어도 장지연이 직·간접적으로 개입했을 가능성은 높다.

3. 내용 및 구성

『중등수신교과서』는 국한문혼용체로 작성되었고, 전체 4개의 권으로 구성되어 있다. 권1과 권2가 하나의 책으로 묶여 있고, 마찬가지로 권3과 권4가 하나의 책으로 묶여 있으며, 각 권은 모두 30개의 과(課)로 채워져 있어 내용이 총 120개 과에 이른다. 상책의 앞에는 휘문의숙(徽文義塾)의 설립자인 민영휘(閔泳徽)의 '서문[序]'이 포함되어 있으며, 하책의 뒤에는 『중등수신교과서』를 맺는 '총론(總論)'이 수록되어 있다. 휘문의숙은 현재의 휘문중·고등학교의 전신이요, 1904년에 개숙한 광성의숙(廣成義塾)을 민영휘가 1906년에 고종(高宗)의 칙명으로 개칭한 학교이다. 선행연구에 따르면 『중등수신교과서』의 기본적인 저본은 (목차를 비교해 미루어 볼 때) 일본의 야마베 지하루(山辺知春)가 편찬한 『중학수신교과서(中學修身教科書)』로 보이는데, 다른 수신 교과서들도 같이 참고하여 제작된 것으로 사료된다. 정확한 저본들의 선정 및 그 저본들과 『중등수신교과서』의 같고 다른 점이 무엇인지에 대한 상세 비교는 후속 연구를 기다린다. 여기에서는 휘문의숙편집부의 『중등수신교과서』에 대한제국의 당시 상황이 반영된 흔적들이 발견되고, 이것은 결국 『중등수신교과서』가 대한제국의 학교 교육용으로 수정된 것이라는 점에 주목하여, 1908년에 재판 발행된 책을 대상으로 해제를 작성하였다.

민영휘의 '서문'에서는 대략 세 가지를 언급하고 있는데, 첫째, "배움의 길이 비록 만 갈래로 다르지만, 도덕(道德)에서 떼어 놓아 능히 작용할 수 있는 것은 없다."라고 하면서, 도덕과 수신(修身), 덕육(德育) 등을 강조하였다. 둘째, 육경(六經)과 논맹(論孟)으로 대표되는 수신서들이 여전히 남아 있지만 한정된 학교 과정에서 여기에만 골몰할 수는 없는 까닭에, 당시 각국이 자국의 상황에 맞는 교과서를 편찬하는 흐름에 발맞춰 지식이 있는 신사들을 맞이해 수신 교과서 편찬을 우선시했음을 밝혔다. 셋째, 양심(養心)과 입지(立志) 등에서 가정, 붕우(朋友), 사회, 국가에 이르기까지 순서에 따라 공부할 수 있도록 내용을 배치했으며, 이 교과서를 성실히 익히면 완전히 덕을 이룰 수 있게끔 될 것이라고 하여 책에 대한 자부심을 표현했다. 도덕에 대한 강조는 『중등수신교과서』의 마지막 부분에서도 나타나고 있는데, '총론'에서는 "우리는 대한제국의 신민(臣民)이며, 또 우주의 인류이다. … 대저 인류는 고등의 정신(精神)으로써 행동하는 자이다."라고 한 다음, "우리가 학업에 종사하여 고등의 기술이 있을지라도 만약 도덕에 부족함이 있을 때는, 근원이 없는 물과 뿌리가 없는 나무와 같아서 공업(功業)을 성취하기 어렵고, 종내는 마르고 시들었다는 한탄을 면하지 못할 것이니, 우리는 어떤 사업을 경영하든지 일생에서 떼어 놓을 수 없는 것은 곧 도덕이 이것이다."라고 하면서, 충효(忠孝), 지식의 확충[格物致知], 성의(誠意)와 행동 등을 도덕의 내용으로 제시하였다.

이상과 같은 전제 아래, 권1의 제1주제 「학생으로서의 주의(注意)」는 제1과 '본분'으로부터 제21과 '용의(容儀)'까지로 구성되어 있고(21개), 제2주제 「붕우에 대하는 주의」는 제22과 '붕우'로부터 제25과 '예양(禮讓)'까지로 구성되어 있으며(4개), 제3주제 「가정에 대한 주의」는 제26과 '가정'으로부터 '조상[祖先]과 가계(속)'까지로 구성되어 있다(5개). 이어서 권2의 제1주제 「처세에서의 주의」는 제1과 '업무'로부터 제17과 '공공심'까지로 구성되어 있고(17개), 제2주제 「국가에 대하는 주의」는 제18과 '국체(國體)'로부터 제21과 '혼란한 때에 주의'로 구성되어 있으며(4개), 제3주제 「수덕(修德)에 관한 주의」는 제22과 '수양'으로부터 제30과 '천선(遷善)'까지로 구성되어 있다(9개). 그리고 권3의 제1주제 「자기에 대한 도리」는 제1과 '자기'로만 구성되어 있고(1개), 제2주제 「신체에 대한 본무(本務)」는 제2과 '자영(自營)'으로부터 제14과 '인격에 대한 본무(속)'까지로 구성되어 있으며(13개), 제3주제 「타인에 대한 도리」는 제15과 '타인의 생명에 대한 본무'로부터 제30과 '의협(義俠)'까지로 구성되어 있다

(16개). 끝으로 권4의 제1주제「가족의 도의(道義)」는 제1과 '가족'으로부터 제6과 '친애(속)'까지로 구성되어 있고(6개), 제2주제「공중과 소속단체에 대한 본무」는 제7과 '단체'로부터 제14과 '단체원의 각종 본무'까지로 구성되어 있으며(8개), 제3주제「국가에 대하는 도리」는 제15과 '국가'로부터 제27과 '전쟁'까지로 구성되어 있고(13개), (제4주제는 없음) 제5주제「인류에 대한 도리」는 제28과 '박애[愛博]'로만 구성되어 있으며(1개), 제6주제「만물[萬有]에 대하는 도리」는 제29과 '동물'로부터 제30과 '천연물'까지로 구성되어 있다(2개). 내용 구성을 보면, 권별로 과가 30개씩인 것은 동일하지만, 권별 하위 주제의 개수나 주제별 하위 과의 개수에는 차이가 있음이 나타난다. 즉, 권1로부터 권3까지는 속한 주제들이 3개인데 권4는 5개이고, 주제에 속한 과의 개수가 1-2개에 불과한 경우들도 있으며, 최대 20개를 넘는 경우도 발견된다. 또한 권4의 주제에 붙은 숫자들을 보면 중간에 4가 빠진 채 3(「국가에 대한 도리」)에서 곧장 5(「인류에 대한 도리」)로 넘어가고 있다는 점이 눈에 띈다.

『중등수신교과서』의 특이점을 몇 가지 제시하면, ① 첫째, 형식적인 측면에서 볼 때, 상책(권1・권2)과 하책(권3・권4)에 수록된 주제와 내용들이 일정 부분 반복, 심화되고 있으며, 세로쓰기 관행을 유지하면서도 두주(頭註)를 달아 내용의 핵심이 무엇인지 안내하였다. 전자와 관련해, 직접적으로는 상책 권1의 제3주제「가정에 대한 주의」및 권2의 제2주제「국가에 대한 주의」가 하책 권4의 제1주제「가족의 도의」및 제3주제「국가에 대하는 도리」와 각각 연결되고, 다른 주제와 내용들도 상책과 하책이 간접적으로 반복, 심화된다. (일례로 상책 권2의 제3주제「수덕에 관한 주의」는 하책 권3의 제2주제「신체에 대한 본무」와 연결된다.) 후자와 관련해, 아마도 저본의 영향인 듯 보이지만, 당시에 발행된 수신교과서들 가운데 신해영(申海永)의『윤리학교과서(倫理學敎科書)』(1906, 1908)와『중등수신교과서』에서는 두주를 달아서 학습자의 편의를 돕고 있다. 다만 휘문의숙의 고학년 학생들을 대상으로 제작된 것으로 보이는『고등소학수신서(高等小學修身書)』와 비교했을 때, 구체적인 예시보다는 설명이 주를 이루고 있어 배우는 이들의 입장에서는 내용이 다소 어렵게 느껴졌을 것으로 예상된다.

② 둘째, 대한제국의 후반기에 발행된 수신 교과서들이 대체로 그러하듯,『중등수신교과서』도 전통적인 가치・덕목들을 중심으로 하되, 타인의 권리(생명・자유・명예・재산 등)와 인격, 감정에 대한 존중 및 국가에 대한 의무(납세・병역・교육 등), 국제공법 같은 근대적인 가치・덕목과 개념들을 적지 않은 비중으로 다루었다. 또한 인류(박애)・만물(동물, 자연계)까지도 내용 요소로 고려하였고, 교육학적인 요소도 반영하였다. 특히 권3의 제2주제「신체에 대한 본무」중에서 제7과 '정신에 대한 본무'에서는 "우리들의 정신의 작용함에는 지(知)와 정(情)과 의지(意志)가 있으니, 지를 계발하며 정을 고상히 하며 의지를 튼튼하게 함은 자기의 가치를 존중히 하며 사람됨의 품격을 완전히 갖추게 하는 이유이니, 이것은 자기에 대한 당연한 본무이다."라고 한 뒤, 지식(제8-10과), 감정(제11과), 의지(제12과)에 대해 상세하게 설명하고, 정신의 통일체로서의 인격에 대한 설명(제13-14과)으로 연결시켰다. 이렇게 보면,『중등수신교과서』의 성격은 상당히 학제적(學際的)이라고 할 수 있다.

③ 셋째, 당시 대한제국이 처한 상황에 대해 반성할 것을 촉구하면서도, 한반도의 역사와 황실의 계통에 대한 인식을 기반으로 충군・애국과 자립・독립정신의 고취를 꾀하였다. 가령 권2의 제10과 '지구(持久)'에서는 "우리나라 사람은 대개 게으른 습관으로 심지(心志)가 굳지 못하여 항상 오랫동안 버티는 용기가 모자란 점이 많으니, 만약 이것을 교정하지 않으면 필경은 경쟁 세계에 서서 열패자를 면치 못할 것이다."라고 하여 부강한 국가가 되기 위한 자기비판을 하면서도, 같은 권의 제13과 '자립'에서는 "대저 국가의 독립도 또한 인민의 자립정신으로 말미암아 모여 이루어지는 것이다. … 무릇 우리

청년(1906년의 초판본에는 '靑年'이 아니라 '國民'으로 되어 있음)은 이를 살펴보아 각자가 남에게 의지하려는 마음과 요행에 대한 바람을 힘을 다해 흩어 버리고, 자립의 정신을 배양하여 우리 사천년 고국(古國)의 독립 기초를 공고히 해야 할 것이다."라고 하여 청년들의 자립심을 강조하였다. 이외에도 권1의 제29과 '조상과 가계', 권2의 제18과 '국체'로부터 제21과 '혼란한 때에 주의'까지 및 권4의 제2과 '가계' 등에도 관련 내용이 수록되어 있다. 이러한 이유 때문인지, 『중등수신교과서』는 1909~1910년에 학부에서 교과용 도서로 불인가되어 사용과 발매가 금지되었다. 여기서 덧붙일 사항은 『중등수신교과서』에 '국체'라는 표현이 자주 등장한다는 것이다. 일례로, 권2의 제18과 '국체'에서는 "국체라 함은 그 국가의 근본이 되는 국가의 체제를 이른다. 어느 국가이든지 각기 특수한 국체가 있으니, 그 건국의 유래와 풍토 및 인민의 성질 등이 이것이다."라고 하면서 단군(檀君)의 조선과 이성계(李成桂, 太祖高皇帝)가 세운 조선, 그리고 대한제국의 연속성을 내세웠고, 황실을 국민의 대종가(大宗家)라고 하여 국가와 황실, 국민[臣民]의 일체성을 강조하였다. 다만 이 국체라는 용어를 통해 『중등교육수신서』의 편찬을 주도한 이들이 지향했던 바가 정확히 무엇이었는지, 그 지향과 의도는 성공적이었는지에 대해서는 이 해제에서 다루지 않는다.

『중등수신교과서』는 휘문의숙의 저학년 학생들을 대상으로 제작된 수신 교과서로, 형식적으로는 상책과 하책을 구성하는 주제와 내용들이 반복, 심화되고 있으며, 두주로 내용의 핵심을 안내하는 등 일정 정도 실효성을 갖춘 교과용 도서이다. 비록 저본은 일본의 수신 교과서들인 것으로 보이지만 대한제국의 교육용으로 수정되었다는 점을 고려해 평가한다면, 내용은 다양한 학문적 요소들을 반영하여 학제적 성격을 띠고 있고, 충군과 애국, 자립과 독립정신의 고취도 꾀하고 있다는 점에서 주목해야 할 수신 교과서라고 할 수 있다.

4. 핵심어

도덕, 공공심(公共心), 애국, 국제공법(國際公法), 박애, 천연물(天然物)

5. 참고문헌

강윤호, 「開化期의 敎科用 圖書 (1)」, 『韓國文化硏究院論叢』 10, 1967.

김남이, 「『중등수신교과서』 해제」, 김남이 외 역, 『근대수신교과서 2』, 소명출판, 2011.

김민재, 「근대계몽기 중등용 수신 교과서의 도덕교육적 시사점 연구」, 『윤리교육연구』 31, 2013.

김소영, 「한말 계몽기 敎科書 속의 '國民' 인식」, 『대동문화연구』 63, 2008.

김소영, 「대한제국기 '국민' 형성론과 통합론 연구」, 고려대학교 대학원 박사학위논문, 2009.

이승구·박붕배, 『한말 및 일제강점기의 교과서 목록 수집 조사』, 한국교과서연구재단, 2001.

이종국, 『한국의 교과서 변천사』, 대한교과서, 2008.

學部編輯局, 『敎科用圖書一覽』, 學部編輯局, 1910.

澤田哲, 「徽文義塾編纂の二修身教科書について—『中等修身教科書』(1906)·『高等小学修身書』(1907)への日本の影響」, 『日本の教育史学: 教育史学会紀要』 41, 1998.

『초등국어어전(初等國語語典)』(권1-권3)

서 명	『초등국어어전(初等國語語典)』(권1-권3)
저 자	김희상(金熙祥, 호는 한빗, 1880~1940)
형 태	14.8×22.3(cm)
발 행	유일서관(唯一書館), 1909년
소장처	초판 권1, 권3 대한민국역사박물관, 권2 이병근 소장, 개정판 권1, 2, 3 세종대학교 도서관, 권1, 3 이화여자대학교 도서관

『초등국어어전』(초판) 권2 속표지 및 판권지

1. 개요

『초등국어어전(初等國語語典)』(3책 3권)은 '유일서관'에서 1909년 3월 20일에 초판이 발행되었다. 학부 검정을 받은 최초의 초등교육 학생용 문법교과서이다.

2. 저자

김희상은 근대 초기의 국어학자이자 사학자이다. 김희상은 1887년 2월 한문사숙(漢文私塾)에 입학하고 1898년 8월 졸업한 후 1899년 9월에 배재학당(培材學堂)에 입학한다. 김희상은 배재학당에서 영어를 공부하기 시작하면서 우리말 문법에 관심을 가지게 되었다. 이후 1902년 8월 배재학당을 마친 직후 관립영어학교에 입학하였다. 관립영어학교 졸업 후 영어를 공부하면서 우리말 문법서가 필요하다는 것을 절실히 느껴 1908년 『초등국어어전(初等國語語典)』을 집필하게 되었다. 이때 보인학교 설립에 동참하게 되어 개교 시기에 맞추어 보인학교가 정식으로 인가를 받기 직전에 『초등국어어전(初等國語語典)』을 간행한 것으로 추정된다. 이후 『초등국어어전(初等國語語典)』을 개편하여 1911년 10월 『조선어전(朝鮮語典)』을 간행하였다.

김희상은 『초등국어어전』의 간행과 함께 국어학자로서의 활동을 시작했다고 할 수 있다. 그러나 『조선어전』을 간행한 이후 10여 년간 상업에 종사하다 1921년 3월부터 매일신보사의 인쇄인으로 활동하면서 다시 우리말 연구를 시작하게 되었다. 1921년 4월 매일신보에 한글맞춤법 개정에 대한 글 2편을 실었고, 『울이글틀』의 초고를 완료한 1924년 말에 호수돈여고보의 일원이 되었다. 교직 생활을 겸하면서 이후 수정 보완을 거쳐 1927년 『울이글틀』을 간행하였다.

1930년대에 들어와서는 더 다양한 국어학자로서의 활동을 볼 수 있다. 먼저 1930년 동아일보에서 '조선어문 공로자'로 표창을 받았다. 동아일보 1930년 9월 4일 기사에 "조선어문 공로자 소개"에 김희상을 소개하고 있다. 1931년 10월 24일에는 동아일보 주최 한글 좌담회에 참석하였고, 1935년 8월 5일부터 9일까지 진행된 "조선어 표준어 사정회" 제2독회에 참석한 이력도 있다. 같은해 10월 28일에는 조선어학회 주최 한글 기념 연회에서 축사를 하기도 하였다. 저서로 『초등국어어전』과 『울이글틀』 외에 『상식편람(常識便覽)』, 『사천년역사국(四千年歷史國) 조선사화(朝鮮史話)』 등이 있다.

그간 김희상의 생몰년이 명확하지 않은 것으로 알려지기도 했으나 1880년 12월에 서울에서 태어나 1940년 9월에서 12월 사이에 61세 나이에 사망한 것으로 추정된다. 1934년 11월 7일 <조선일보>에 실린 김희상의 호수돈여자고등보통학교 근속 10주년 기념식 기사에 김희상의 출생이 '明治十三年十二月 二十三日 京城 出生'으로 명시되어 있어 1880년 12월 23일에 출생했음을 알 수 있다. 또 김희상이 집필한 『조선사화(朝鮮史話)』의 서언이 1940년 9월에 작성되었는데, 1945년 12월 백두진(白大鎭)이 쓴 이 책의 간행사에 '지금으로 붙어 오년 전−다시 말하면 오십사세를 일기로 하고 불귀의 손이 되고 마렷다.'라고 한 것에서 김희상의 사망 시기를 짐작할 수 있다. 다만 '오십사세를 일기로'라고 표현한 것은 오류이다.

3. 내용 및 구성

1908년에 간행된 초판본 『초등국어어전』 권1, 권2, 권3 중 현재 원문을 확인할 수 있는 것은 『역대한국문법대계(歷代韓國文法大系)』 제1부 제6책에 영인된 권2뿐이다. 당시 영인한 초판본 권2는 이병근(전 서울대학교 교수) 소장본으로 이루어졌다. 대한민국역사박물관에 소장되어 있는 초판본 권1과 권3은 박물관 수장고 이전 관계로 현재 열람이 불가능하다.

초판본 『초등국어어전』 권2는 품사론을 다룬 것으로 총 49과로 이루어져 있다. 품사를 명사, 대명사, 동사, 형용사, 부사, 감탄사, 토(吐)까지 7개의 품사로 분류하고, 각 품사의 뜻을 정의하고 해당 용례를 제시하는 등 품사 분류만을 다루고 있다. 학생들이 일상 생활에서 쉽게 접할 수 있는 예를 먼저 제시하고 이를 통해 품사의 뜻을 설명하는 방식으로 기술하여 귀납적 방식을 택하고 있다. 『초등국어어전』을 비롯한 김희상 문법에서는 모두 '토(吐)'를 품사로 인정하고 있는 것이 특징이다. 조사와 어미를 모두 '토(吐)'로 처리하였는데 우리말 문법 연구에서 '토(吐)'를 독립된 품사의 하나로 설정한 것은 김희상이 최초인 것으로 알려져 있다.

개정판 『(개정)초등국어어전』은 권1, 권2, 권3이 세종대학교 학술정보원에, 권1, 권3이 이화여자대학교 도서관에 소장되어 있다. 『(개정)초등국어어전』 권1은 총 30과로 구성되어 있다. 앞 부분에서 언어와 문자 등을 다루고 이어서 어음론의 내용을 수록하고 있다. 이중 제2과 "文字" 결론부분, 제3과 "國語", 제4과 "國文", 제5과 "諺文" 부분인 3~6쪽, 앞 내용의 복습에 해당하는 11쪽의 넷째 줄부터 12쪽의 여섯째 줄까지가 누락되어 있다. 권1에서 다루고 있는 어음론은 '부음(父音)', '모음(母音)', '바침', '된바침', '여러가지바침' 등으로 구성되어 있다. 김희상은 오늘날의 자음(子音)과 모음(母音)을 각각 부음

(父音)과 모음(母音)으로 부르고, 부음(父音)과 모음(母音)이 합해서 이루어진 음을 자음(子音)이라고 했다. 부음(父音)으로는 'ㄱ, ㄴ, ㄷ, ㄹ, ㅁ, ㅂ, ㅅ, ㅇ, ㅈ, ㅊ, ㅋ, ㅌ, ㅍ, ㅎ' 14자를, 모음(母音)으로는 'ㅏ, ㅑ, ㅓ, ㅕ, ㅗ, ㅛ, ㅜ, ㅠ, ㅡ, ㅣ, ·' 11자를 제시하였고, 또 '바침'을 '母音에 각각 다른 음을 나게 하는 것'이라고 정의하면서 'ㄱ, ㄴ, ㄷ, ㄹ, ㅁ, ㅂ, ㅅ, ㅇ' 8개의 받침을 제시했다.

한편, 『(개정)초등국어어전』 권3은 '구어(句語)'를 중심으로 다루고 있는데 이는 문장론을 말하는 것이다. 다만, '구어(句語)'를 본격적으로 다루기에 앞서 '자모(字母)'와 '토(吐)'에 대해 간략히 언급하였고, 뒷 부분에서는 문법과 직접적으로 관련되지 않는 우리말을 한자로 쓰는 것에 대한 '漢文으로 쓰기'나 '漢譯 次序' 등을 다루고 있다. '구어(句語)'를 다루는 부분에서는 주어, 설명어, 객어의 순서로 설명하고 있다. 각 부분을 설명함에 있어 다양한 예를 제시하여 이 예를 통해 주어, 설명어, 객어를 파악하도록 하는 귀납적 방식으로 제시하였다. '주어(主語)'에 대해서는 '흔 句語의 主語라 ᄒᆞᄂᆞ 것은 그 句語의 主者'라고 간략히 설명하고 그 아래 여러 예시를 들어 '주어(主語)'의 개념을 알 수 있도록 하였다. '설명어(說明語)'에서는 동사의 하위 분류에 관해 설명하였다. '객어(客語)'에 대해서는 문장의 서술어가 되는 동사가 타동사가 되어 그 동사가 움직이는 것을 받는 것[句語의 說明語가 되ᄂᆞ 動詞가 他動詞가 되야 그 動詞의 움자기ᄂᆞ 것을 受ᄒᆞᄂᆞ 것]이라고 하면서 동사가 타동사이면 객어가 필요하다고 그 성격을 분명히 설명하고 있다.

권3의 뒷부분에서 다루고 있는 '漢文으로 쓰기'에서는 명사, 동사, 형용사, 부사를 한글로 쓰지 않고 한문으로 쓰는 것을 제시하고 있다. 여기에는 '조희'와 같은 고유어 어휘를 한자어 '紙'로 바꾸어 쓴 다거나 한자어 '칙'을 한자표기 '冊'으로 쓰는 것을 포함해 고유어 어휘 '아히'를 차자표기한 한자 '兒孩'로 바꾸어 쓰는 것도 수록되어 있다. 또 '漢譯 次序'에서는 '漢譯'이라는 것은 언문으로 쓴 말을 한문으로 번역하는 것이라고 하면서 이렇게 번역하면 국한문의 어체(語體)와 문체(文體)를 얻게 된다고 하였다. 그 예로 '사름이 만이 왓다' 같은 우리말 문장을 '人이 多來ᄒᆞ엿다' 같은 국한문체의 문장으로 바꾸는 것을 순차적으로 제시하고 둘다 현재 쓰는 어체와 문체로 보았다.

마지막에는 글쓰기 양식을 기술한 '기록법(記錄法)'도 수록되어 있다. '기록법(記錄法)'에서는 글쓰기 양식으로 무엇을 기록할 때 첫 줄을 다른 줄보다 올리거나 내려서 시작해야 한다는 것, 편지나 서첩 같은 것을 쓸 때에는 타인에 해당하는 명사나 동사는 한 글자를 띄어 쓰는 격간법과 존귀한 사람에 해당하는 명사는 쓰던 줄을 띄우고 새 줄로 올려 쓰는 대두법을 제시하였다.

『초등국어어전』에서는 모든 문법 설명에서 예시를 통해 우리말 문법을 이해하도록 한 후 '연습'을 통해 부연 설명을 하고, '적기(摘記)', '채우기', '말만들기' 등을 통해 학습자의 활동을 유도하고 있다. 이는 교육학적 측면에서 보았을 때 학생 중심의 학습 단계를 제시한 것으로 볼 수 있으며 『초등국어어전』이 체계적이며 단계적인 교수-학습을 지향하고 있다는 점에서 높이 평가할 수 있다.

『초등국어어전』은 김희상이 영문법에 자극을 받아 국어 문법에 관심을 갖게 되어 저술하게 된 것으로 이후 『조선어전』, 『울이글틀』의 초석이 되었다고 할 수 있다. 그래서 김희상 문법의 특징인 7 품사 체계, 어미와 조사를 모두 포괄한 토(吐)의 설정, 구어(句語)와 객어(客語) 등의 문법 용어 등이 바로 『초등국어어전』에서 비롯한다고 볼 수 있다. 초판과 개정재판은 문장 부호의 사용이나 예시가 교체된 정도일 뿐 내용상 차이는 없는 것으로 알려져 있으나 좀 더 세밀한 연구가 요구된다.

4. 핵심어

초등국어어전, 김희상, 부음(父音), 모음(母音), 구어(句語), 주어, 설명어, 객어

5. 참고문헌

김민수·하동호·고영근 편, 『역대한국문법대계(歷代韓國文法大系)』 제1부 제6책, 탑출판사, 1986.

김민수, 『新國語學史』, 일조각, 1980.

강복수, 「國語文法에 미친 外國文法의 影響」, 『한메김영기선생고희기념논문집』, 형설출판사, 1971.

김민수, 「초등국어어전(初等國語語典)」, 『한국민족문화대백과』, 한국학중앙연구원, 1995.

윤혜영, 「김희상」, 『한국민족문화대백과, 』 한국학중앙연구원, 2014.

배수찬, 「근대적 글쓰기의 형성 과정 연구」, 서울대학교 대학원 국어교육과 박사학위논문, 2006

황화상, 「김희상 문법의 재조명」, 『우리어문연구』 22, 2004

황국정, 「김희상(1909, 1911, 1927) 다시 읽기」, 『형태론』 3-2, 2001.

고석주, 「한빗 김희상의 국어학사적 의의에 대하여-생애와 저술을 중심으로 한 시론-」, 『한국어학』 92, 한국어학회, 2021.

고석주, 「김희상의 『초등국어어전』에 대하여」, 『문법 교육』 42, 한국문법교육학회, 2021.

김서경, 「『초등국어어전(1909)』의 교수학적 변환 연구」, 『한국어문교육』 24, 고려대학교 한국어문 교육연구소, 2018.

『초등대동역사(初等大東歷史)』

서 명	『초등대동역사(初等大東歷史)』
저 자	박정동(朴晶東, 미상~1919)
형 태	22.2×15.2(cm)
발 행	학부편집국, 1909년
소장처	국립중앙도서관

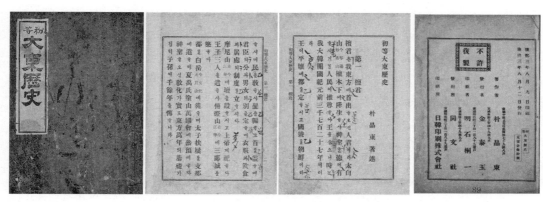

『초등대동역사』표지, 본문, 판권지

1. 개요

『초등대동역사(初等大東歷史)』(총 1권)는 1909년에 계몽운동기에 다수의 글을 집필했던 박정동(朴晶東)이 국한문혼용체로 쓴 학부 검정의 사립학교 초등용 역사 교과서이다.

2. 저자

박정동(朴晶東)은 출생 연도는 불분명하나 1919년에 사망하였다. 1896년 한성사범학교에 입학하였다. 졸업한 이후 1897년 전라남도 남원군 공립소학교, 1898년 관립소학교와 한성사범학교 등에서 교관이 되어 교육 활동에 매진하였다. 1906년 소년한반도사(少年韓半島社) 찬술원(纂述員), 1908년 기호흥학회(畿湖興學會) 평의원(評議員), 교남교육회(嶠南敎育會) 발기인(發起人)이 되었다. 또한 흥사단(興士團)에도 가입하여 편집부장을 맡으면서, 교과서 개발에도 관여하였다. 1910년 이후에는 시천교(侍天敎)에 입문하여 시천교의 역사와 교리를 연구하였다. 주요 저서로는 『초등대동역사(初等大同歷史)』, 『초등수신(初等修身)』(1909), 『초등본국지리(初等本國地理)』(1909), 『개정신찬이화학(改定新撰理化學)』(1910) 등이 있다.

3. 내용 및 구성

『초등대동역사(初等大東歷史)』는 1908년 8월에 박정동(朴晶東)이 저술한 학부 검정의 사립학교 초등교과서이다. 90면의 소략한 분량이지만 근대 역사학의 방법론을 도입한 체제로 유의미한 변화가 있다. 기존의 편년체 서술방식과는 다른 사건 중심의 역사서술을 시도하고 있고, 기본적으로 왕이 주체가 된 서술과는 다르게 역사상 중요한 사건과 위인의 일대기 등으로 방향을 다각화하고 있다.

구체적으로는 단군조선부터~순종 즉위까지 시대별로 나라를 세운 시조와, 정치적·문화적으로 대표적인 인물, 그리고 각 시대별로 이루어졌던 대외항쟁에 관한 역사적 사실 등을 모두 41과로 묶어서 그 내용들을 중심으로 역사상을 그려내고 있다. 즉 종래의 편년체 서술 방법을 지양하여 사건 중심으로 서술하고 있고 관점도 왕에 초점을 맞춘 것이 아니라 민족적 차원의 사건, 역사상의 위인, 명장 등에 맞추고 있는 것이다.

서문이 없으므로 편찬 의도를 정확히 언급하기는 힘들다. 다만 이 시기에 검정을 통과하기 위해서 이 시기 교과서가 보이는 몇 가지 특징들, 예컨대 일본과의 우호적 관계나 혹은 고대 일본의 한반도 점령 등을 인정하는 등의 서술은 보이지 않는다. 이 책은 오히려 일본과의 관계사에서 예민한 부분들을 언급하지 않는 방식을 취했다. 그러면서도 대외항쟁에서 승리한 내용을 은근히 많이 다루면서 자주성을 강조하는 점은 유의미한 특징이라고 하겠다.

이 책의 몇 가지 내용을 살펴보자. 우선 이 책이 전체적으로 견지하고 있는 기본 관점은 대중국 관련 서술에서 중국을 일본과 마찬가지로 '지나(支那)'라고 표현하고 있다는 점이다. 주지하듯 지나(支那)라는 용어는 일본이 중국을 타자화한 용어이고, 조선왕조는 전통적으로 중화계승의식을 강조하며 '소중화(小中華)'를 자처했던 나라였다. 그렇다면 이러한 인식은 어떻게 한국에 받아들여졌을까? 이것은 당시 조선 지식인들이 일본의 근대역사학이 구축한 탈아입구론에 입각한 동양학 담론을 받아들였기 때문이다. 탈아입구론은 근대 일본이 서구 문명을 적극 받아들인 일본이 아시아에서 탈피하여 유럽화하였다고 인식하는 담론체계를 말한다. 주지하듯 메이지유신 이후 일본은 당시 세계질서를 주도하던 유럽의 정치, 제도, 사상에서 문화와 생활양식까지 서양 문명을 체화하면서 부국강병을 도모했던 국가였다. 이렇게 급격하게 유럽을 따라잡고 그 힘으로 청일전쟁과 러일전쟁까지 승리하면서 동아시아의 패권국가로 올라섰고 스스로는 세계 열강의 반열에 올라섰다고 자부했다. 그럼에도 불구하고 일본은 여전히 유럽 강대국들과의 관계에서 대등한 관계를 확립하지 못했다. 아무리 신흥 강대국인 일본일지라도 당시 유럽인들에게 오리엔탈리즘의 한 대상일 뿐이었다.

이러한 현실을 인식한 당대의 일본 지식인들, 특히 역사학자들은 오리엔트라는 서양이 설정한 범주에서 벗어나고 동시에 자신들의 정체성을 잃지 않고 근대화를 이루어야 한다는 목적을 설정하고 그 수단으로 역사를 동원하였다. 이런 문제의식에서 유럽의 진보와 발전론적인 근대 역사학의 담론체계를 수용한 것이 바로 일본의 '동양학'이라고 볼 수 있다. 먼저 그들은 유럽이 설정한 범주를 벗어나고 유럽과 대등한 관계를 맺기 위해 일본이 포함된 '동양'이라는 새 영역을 창출했다. 이것은 '보편적 역사'의 질서 하에서 서술된 서양사(유럽 열강 국가들이 공유하는 역사)에 비슷하면서도 일정한 경쟁관계가 되는 범주가 되었다. 다음으로 동양이라는 범주 안에서도 다른 국가들과 일본과의 차별점을 강조하기 위해 노력했다. 그리고 그 차별화의 집중 대상은 바로 중국이었다. 사실 중국은 동아시아 문화권의 제반 정치, 사상, 무역을 주도했던 압도적인 패권국가였다. 그리고 일본과도 고대부터 관계를 맺으면서 동양 문화의 정수와 사상을 일본에 전수했던 국가였다. 그런데 일본은 당시 일본이 근대화 경쟁에서 중국보다 우위에 섰다는 것을 전제로 유럽 열강에게 유린당하고 있었던 중국에 우월의식을 가졌고 그 맥락에서 나온 것이 바로 '지나'라는 용어였다.

이런 논리 구조 하에서 일본은 동양 안에 있으면서도 동양을 관찰자 시선으로 볼 수 있는 위치에 서게 되었다. 따라서 일본이 창출한 동양학의 맥락에서 본다면, 일본을 제외한 동양 제반 국가들은 모두 문명에 미달하는 국가로 인식된다. 당시 대한제국의 지식인들은 이러한 일본의 동양사 서술체계를 수용했고, 따라서 이런 인식을 내면화하여 중국 대신에 지나(支那)라는 개념을 사용하고 있다.

내용상의 몇 가지 특징을 보면 우선, 당시 다른 역사서들과는 다르게 위만조선을 별도의 목차에 넣지 않았다. 다른 교과서들이 부기의 형태로라도 위만조선을 강조한 것에 비해 여기에서는 제3 애왕 (哀王)의 남천(南遷) 부분에서 위만 관련 내용을 서술하고 있을 뿐 별도의 정통성을 부여하지 않았다. 다만 기자조선에서 마한으로 연결되는 부분을 강조하여 마한정통론적 입장은 분명히 하고 있다. 다음으로 신라의 고구려, 백제 공격 이후의 역사를 설명하면서 "문무왕에 이르러 대각간 김유신을 등용하여 백제를 멸하고 김유신의 동생 흠순(欽純)을 보내어 고구려를 취하니 이에 동방이 신라(新羅)에 통일이 되니라"고 하면서 신라의 삼국통일론을 분명히 하고 있다는 점이다. 전통적인 역사서에서 신라가 고구려와 백제를 멸망시킨 역사적 사건에 대한 해석은 '일통삼한(一統三韓)'이라는 논리가 보편적이었다. 그러나 현채의 『동국사략』에서 삼국통일론이 확립된 이후에 교과서에서 통일신라론이 일반화되었고 이 책도 그러한 관점을 견지하고 있다. 마지막으로 「고구려와 수의 전쟁」, 「고구려와 당의 전쟁」, 「삼별초」, 「양헌수의 전승」 등 다양한 대외항쟁을 강조하고 있다는 점이다. 왕의 이야기는 건국 시조 부분을 빼고는 많이 나오지 않고 주로 외국과의 전쟁, 중요한 명장들과 역사상 위인들의 얘기를 단편적으로 풀어가면서 서사를 구성하고 있다는 점이다. 이 책에서 명장들의 활약과 대외항쟁사가 많은 비중을 차지하고 있는 점은 제국주의 침략에 대한 저항, 자주독립을 강조한 것으로 당시 흥사단 활동을 하면서 실력양성론에 입각한 국권회복운동에 참여하고 있던 저자의 의도가 반영된 것이라고 하겠다.

4. 핵심어

대외항쟁, 자주성, 지나, 타자화, 마한정통론, 삼국통일론

5. 참고문헌

조동걸, 「한말 사서와 그의 계몽주의적 허실(상)」, 『한국독립운동사연구』 1, 1987.

송인주, 「대한제국기의 초등 역사교육에 관한 연구」, 『역사교육논집』 25-1, 1999.

양정현, 『근대개혁기 역사교육의 전개와 역사교재의 구성』, 서울대학교 박사학위논문, 2001.

김소영, 「통감부시기 역사교과서 편찬과 교과서 검정제-『初等本國略史』 검정청원본과 출판본 분석을 중심으로-」, 『인문연구』 92, 2020.

『초등대한역사(初等大韓歷史)』

서 명 『초등대한역사(初等大韓歷史)』
저 자 정인호(鄭寅琥, 1869~1945)
형 태 15.5×22.7(cm)
발 행 옥호서림(玉虎書林), 1908년
소장처 국립중앙도서관

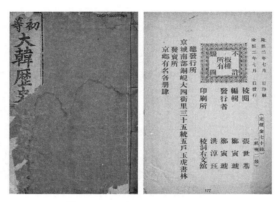

『초등대한역사』 표지, 판권지

1. 개요

『초등대한역사(初等大韓歷史)』(총 1권)는 옥호서림에서 1908년에 발간하였으며 국한문혼용체로 쓰였다. 정인호(鄭寅琥)가 편집하고 장세기(張世基)가 교열하였으며, 초등학교의 역사교육을 위한 목적으로 편찬한 역사 교과서이다.

2. 저자

정인호(鄭寅琥)는 1869년에 출생하였고 1945에 사망하였다. 청도군수를 역임하다 관직에서 물러난 이후 1906년 옥호서림(玉虎書林)이라는 출판사를 운영하며 교육 운동에 매진해 교과서를 간행하였다. 병합 이후에는 독립운동에 투신하였는데 1911년 105인 사건 때 일본 경찰에 체포되어 고문을 받았다. 1919년 3.1운동 이후에는 동지인 장두철(張斗徹)을 상해로 보내서 대한민국 임시정부 요인들과 접촉하였다. 이후 구국단(救國團)을 조직하여 단장이 되어 독립운동을 위한 군자금을 모집해 임시정부로 송부하였다. 그러나 송금하는 과정이 일본 경찰에게 발각되어 1921년 3월에 서울에서 체포되었다. 주요 저서 및 편역서로는 『최신초등소학(最新初等小學)』(1908), 『초등동물학교과서(初等 動物學教科書)』(1908), 『초등식물학(初等植物學) 全』(1908), 『최신고등대한지지(最新高等大韓地誌)』(1909) 등이 있다.

3. 내용 및 구성

『초등대한역사(初等大韓歷史)』는 정인호(鄭寅琥) 편집, 장세기(張世基) 교열로 1908년에 편찬된 초등학교용 자국사 교과서이다. 대상 시기는 단군조선부터 순종이 즉위하는 시기까지이다. 이 책은 일제의 대한제국 강제병합 이후인 1911년 11월에 출판법 위반으로 반포 금지 처분을 받았다.

전체 구성은 총 4편 15장 131절로 되어있으며 제1편에서는 상고(上古)로 단군조선, 기자조선, 위만조선, 삼한의 역사를 다루고 있으며 제2편은 중고(中古)로 신라, 고구려, 백제, 가락국(駕洛國), 가야국(伽倻國), 발해국, 태봉, 후백제의 역사를 서술하고 있다. 제3편 근고(近古)로 고려(高麗)의 역사를 서술하고 있으며 제4편은 현세(現世)로 조선시대부터 현재까지의 역사를 서술하고 있다. 기본적으로 왕조의 역사 중심 특히 단군, 기자, 위만, 주몽, 문무왕, 고려 태조 왕건과 조선 태조 이성계 등 군주 중심의 서술이 기본이 되었다. 그러나 김유신과 이순신을 비롯한 전쟁 영웅들과 해동공자로 불린 최충, 고려 왕조의 충신 정몽주, 조선의 명재상 황희 등의 중요한 역사적 인물들에 대한 서사도 같이 배치하여 역동적으로 구성하였다. 따라서 기본적으로 왕조사적인 구분법이지만 구성의 다양성이 있고 상고-중고-근고-현세의 시대구분을 취하고 있으므로 『중등교과 동국사략』과 같은 신사체(新史體)의 형식이라고 할 수 있다. 그리고 본문 서술 중간중간에 삽화들을 배치하여 읽기 쉽고 이의 편의를 도모하였다. 뿐만 아니라 '사적으로 음식을 준비한 것을 책망한 황희의 그림'이라는 식으로 그림에 대한 설명이 적혀 있다.

서문을 통해 이 책의 편찬 의도를 살펴보자. 서문은 장세기가 지었는데 그는 서론에서 "교육이 정도(程度)가 있고 학년에는 계급이 있는 것이라. 정도는 가까운 데서 먼 것이요, 계급은 비천한 것에서 높은 것이니 그 계급을 따라 등분을 정하는 것은 교수하는 사람의 규모다. 대한역사를 초등으로 칭한 것은 그 중등과 구별이 있으므로 우리가 유치한데서부터 청년이 되고 청년으로써 노인이 되는 것과 같다. 어리고 나이 먹음이 뒤섞여 어수선해서는 안되니 이는 질서를 문란하게 함이다."라고 취지를 쓰고 있다. 요컨대 초등과 중등의 차이를 인정을 하고 그 둘은 구분이 되니 섞이지 말고 질서를 지키자는 뜻이다. 그런 뜻에서 어린 학생들이 이해하기 쉽게 작성되었다. 그래서 특히 이 책에는 중요 인물에 대한 삽화나 지도 등이 풍부하게 수록되어 있다.

특히 저자는 1908년에 『초등대한역사(初等大韓歷史)』뿐 아니라 『최신초등소학(最新初等小學)』등의 교과서를 집필하고 적극적으로 교육계몽운동에 힘썼다. 그리고 초등교육의 중요성도 중요하게 인식하고 있었다. 이것은 식민지화가 진행되고 있던 당시의 시대적 분위기와도 관련이 있었다. 그래서 사회진화론의 우승열패, 약육강식의 인식틀을 수용하여 교육을 통한 자강만이 부국강병의 유일한 길이라고 믿고 교육 운동에 적극 매진했던 것이다. 그리고 대한제국을 식민지화하려고 했던 일본 제국주의는 극복의 대상이면서도 동시에 본받고 싶은 모델이기도 했다. 따라서 일본의 근대 역사학 방법론인 신사체 서술은 계몽운동기에 대한제국의 지식인들에게 많이 수용되었던 것이다. 역사적 사실을 인과관계로 파악한 신사체 방법은 기존의 왕조사와 편년체 방법보다는 좀 더 역동적으로 역사를 인식했다. 예를 들어 각 시대를 절로 나누고 있는데 '기자동래(箕子東來)', '신라통일(新羅統一)'처럼 해당 시대의 유의미한 역사적 사실을 드러내는 방식으로 절 제목을 붙였다. 아울러 전체적인 내용이 정치적 변천 뿐 아니라 사회, 문화, 경제 등 각 분야로 자세히 퍼져있는 것도 중요한 서술의 변화로 볼 수 있다. 그리고 이 책의 연도표시가 순종황제의 원년인 1907년을 기준으로 역산한 점도 특징적이다.

서술내용의 특징을 살펴보면 첫째, 상술한 바와 같이 각 시대별로 중요한 인물과 사건이 나올 때 이해를 돕기위한 삽화 37종을 배치하였고.「고조선과 삼한의 도(圖)」,「삼국정립도」등의 다양한 지도들도 첨부하여 교육자료 활용 면에서 기존의 교과서와 질적으로 차이가 있다.

둘째, 이 책 역시 동시대 다른 책들과 마찬가지로 고대사 서술의 계보에서 단군조선－기자조선－위만조선－마한으로 이어지는 삼한정통론의 계보를 따르고 있다. 그러나 위만조선은 제2장 기자조선의 내용 안에 포함되어 있고 삼한 역시 마한과 진한, 변한이 별도로 서술되어 있다. 그리고 제4장을 오국(五國)이라고 이름 짓고 김수로의 가락국 건국, 대가야 건국, 발해 건국, 태봉의 건국, 후백제의 건국까지 다루고 있는 점도 특징적이다. 그리고 삼국통일이라는 개념이 명확하게 나와 있지 않고 신라가 당과 연합하여 고구려와 백제를 멸망시켰다고만 나와 있다.

셋째, 이 시기 편찬된 다른 역사 교과서와 마찬가지로 대외항쟁에 관한 부분이 강조되고 있다. 그리고 그 구체적인 사건보다는 수나라 군사를 대파한 을지문덕, 이순신과 의병의 활동에 대해서 쓰고 있으며, 민영환이 자결한 이후 그 피로 인해 그의 집에 혈죽이 피었다는 삽화를 게재했다. 헤이그 특사와 이준의 활동에 대해서는 만국사신 앞에서 뜨거운 피를 뿌려 만국을 놀라게 하였다고 서술했다. 1907년 군대해산 이후 서울 시위대와 일본군의 시가전에 대해서도 쓰고 있는데 맥락을 많이 곡해해서 쓰고 있다. 즉 인민이 난동을 하는 와중에 군대가 또 난동하여 일본군과 포환을 교환하고 그 와중에 참령 박승환이 죽었다고 쓰고 있는데 이는 사실과 다르다. 일본이 고종황제의 강제 퇴위와 군대의 강제해산을 명했고, 그 결정에 반대하여 박승환이 자결했기 때문이다.

4. 핵심어

신사체(新史體), 대외항쟁, 삼한정통론, 사회진화론, 계몽운동

5. 참고문헌

조동걸,「한말 사서와 그의 계몽주의적 허실(상)」,『한국독립운동사연구』1, 1987.
송인주,「대한제국기의 초등 역사교육에 관한 연구」,『역사교육논집』25-1, 1999.
양정현,『근대개혁기 역사교육의 전개와 역사교재의 구성』, 서울대학교 박사학위논문, 2001.
강영심 역,『근대 역사 교과서 4 : 초등대한역사·초등대한력사·초등본국역사』, 소명출판, 2011
김헌주,「근대전환기(1895~1910) 개국·조선독립론 중심 '한국근대사' 서술의 구조」,『한국학논집』
　　　82, 2021.

『초등대한지리(初等大韓地理)』

서 명	『초등대한지리(初等大韓地理)』
저 자	안종화(安鍾和, 호는 士應, 1860~1924)
형 태	한장본, 국한문체, 15×22(cm)
발 행	광덕서관, 1910년
소장처	국립중앙도서관, 국회도서관

『초등대한지리』 속표지, 우리나라 지도

1. 개요

　『초등대한지리(初等大韓地理)』는 1910년(융희 4년) 3월 15일에 광덕서관에서 발행되었다. 이 책은 서문 1면, 목차 3면, 본문은 70면으로 구성되어 있다. 이 책은 저자인 안종화가 1907년에 발행한 한국 지리 교과용 도서 『초등대한지지(初等大韓地誌)』와 유사한 부분이 있다. 사립학교의 지리과 초등교육 학도용으로 편찬하여, 1909년에 학부 검정을 받아 사용된 것으로 알려져 있다.

2. 저자

　안종화는 개항기 법부참서, 세자시강원시독, 중추원의관 등을 역임한 교육자이자 역사학자로 알려져 있다. 안종화의 본관은 광주(廣州). 자는 사응(士應). 호는 함재(涵齋). 홍양(洪陽) 출신으로 개항기로부터 대한제국기까지 역사학자이자 계몽운동가·교육자로 활동다. 대한 제국기에는 법부참서와 중추원 의관을 지냈으며, 을사늑약 폐기 상소가 수용되지 않은 뒤에 역사 연구와 지식 보급 및 교육 활동에 전념하였다. 또한 대한자강회(大韓自强會)와 기호흥학회(畿湖興學會) 활동에 참여하면서 다수의 역사·지리 교과서를 개발하였다.

　1894년(고종 31) 식년문과에 병과로 급제한 후, 궁내부낭관(宮內府郎官)·법부참서(法部參書)·세자시강원시독(世子侍講院侍讀)을 거쳐 중추원의관 등을 지냈다. 그가 사망하는 1924년까지 주요 저서를 보면『동사취요』(1878),『동사절요(東史節要)』(1904),『국조인물지(國朝人物誌)』(1907) 등이 있다. 안종화의 역사 저술이 개항기부터 이루어진 점을 고려할 때, 안종화의 역사 인식은 실학자들의 역사의식을 계승·발전시킨 것으로 볼 수 있다. 특히 단군을 최초의 성인(聖人)으로 인식하고, 삼국시대 이전의 역사를 다루고자 노력한 점은 안종화의 역사의식이 민족의식과 밀접한 관계를 맺고 있음을 보여준다.

그 밖에도 조선시대 인물 3,000명을 다룬『국조인물지』를 통해 인물 중심의 한국사를 정리하고자 하였음을 보여준다. 또한 을사늑약 이후 대한자강회와 기호흥학회 활동을 하면서 다수의 교과서를 편찬하였는데,『초등본국역사(初等本國歷史)』(1909),『초등만국지리(初等萬國地理)』(1909),『초등대한지리(初等大韓地理)』(1910) 등의 역사·지리 교과서와『초등생리위생대요(初等生理衛生大要)』(1908),『초등위생학교과서(初等衛生學教科書)』(1909) 등의 위생 교과서가 있다. 이처럼 여러 분야의 교과서를 편찬한 것은 교과서가 부족했던 근대계몽기에 애국 계몽가나 지식인들이 지식 보급의 차원에서 전공이나 전문 분야를 고려하지 않고 자신이 할 수 있는 범위 내에서 여러 분야의 교과서를 저술하고자 한 것으로 보인다.

3. 내용 및 구성

이 책은 사립학교 지리과 초등교육 학도용으로 1909년(융희 3년) 12월 1일 학부 검정을 받았다. 본서는 제1과에서 제24과까지로 구성되어 있으며 각 과는 지구, 위치경계 및 면적, 지세, 명산대천, 항만도서, 호조, 기후, 물산, 도회승지, 연혁, 인종, 언어문자, 의복, 가옥, 족제, 호구, 유출입 및 조세, 교육, 종교, 황실 및 정례, 지방제도, 화폐, 금융·무역, 교통 등의 내용으로 되어 있다.

본 책은 지방지에 관한 것이 없고 기본적인 자연지리서와 인문지리서로 편집되었다. 지도는 대한제국전도가, 삽화로는 무궁화와 가자미의 두 개 그림이 실려 있다. 문장은 간결하고 요령 있게 쓰여 있다.

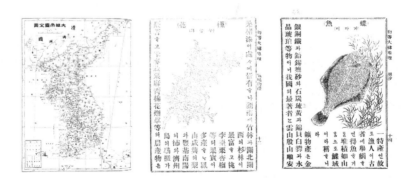

대한제국전도 및 무궁화와 가자미 삽화

"大韓의 地形은 東西南面이 海를 滄한 半島國인 고로 海岸線은 實測이 姑無하나 距離가 極長하니 南北道와 江原道 및 慶尙北道의 東方一部는 滄海를 面해야 東海岸이라 하며 慶尙南道와 全羅南道의 南方一部는 南海岸이라 하며 ...."   (제5과 항만도서)

"대한의 지형은 동서남면이 바다와 접한 반도국이어서 해안선은 실측이 어려우나 거리가 극히 길고, 남북도와 강원도 및 경상북도의 동방인부는 큰 바다(태평양의 의미)와 접해 있어 동해안이라 하며 경상남도와 전라남도의 남방일부는 남해안이라 하며.....”

“古初브터 箕子의 敎化로 洪範大道를 崇信ᄒ더니 三國時에 至ᄒ야 印度의 佛敎가 流入ᄒ야 俗尙이 一變ᄒ얏다가 國朝에 至ᄒ야ᄂ 儒敎를 專崇ᄒ고 佛敎를 痛抑홈으로 倫理와 禮義가 世界에 著名ᄒ니라 近日에ᄂ 耶蘇敎을 信仰ᄒᄂ 者ㅣ 甚衆ᄒ고 쏘 天主敎와 希臘敎도 有ᄒ니라”(제18과 종교)

“종교는 ‘고대부터 교화로 洪範大道를 숭신하더니 삼국시대에 이르러 인도의 불교가 유입되었다가 후에 유교를 숭상하고 불교를 배척함으로서 윤리와 예의가 세계에 저명하게 널리 알려졌고, 최근에는 라마교와천주교와 기독교도 존재한다.

4. 핵심어

地球(지구), 位置境界及面積(위치경계및면적), 地勢(지세), 名山大川(명산대천), 港灣(항만), 島嶼(도서), 氣候(기후), 物産(물산), 人種(인종), 言語文字(언어문자), 衣服(의복), 家屋(가옥), 戶口歲出入及租稅(호구세출입및조세), 敎育(교육), 宗敎(종교), 地方制度(지방제도), 貨幣(화폐), 金融(금융), 貿易及殖産(무역 및 식산), 交通(교통)

5. 참고문헌

장보웅, 「개화기의 지리교육」, 『대한지리학회지』 5(1), 41-58, 1970.
한국민족문화대백과사전 http://encykorea.aks.ac.kr/Contents/SearchNavi?keyword=안종화

『초등대한지지(初等大韓地誌)』

서 명 『초등대한지지(初等大韓地誌)』

저 자 안종화(安鍾和, 호는 士應, 1860~1924), 유근((柳瑾, 호는 石儂, 1861~1921)

형 태 국한문체, 제1권 54장 , 15×22(cm)

발 행 광학서보 발행 및 휘문관 인쇄

소장처 국립중앙도서관, 국회도서관

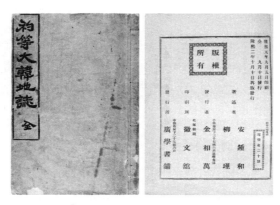

『초등대한지지』 표지, 판권지

1. 개요

　『초등대한지지(初等大韓地誌)』는 1907년(융희 원년) 9월 10일 발행하였고, 1908년(융희 2년) 10월 10일 재판 발행되었다. 안종화의 서문 2면과 대한전도 1매(축척 1/350만분), 목차 2면, 본문이 54면으로 구성되었다. 이 책은 한국지리 교과용 도서이며, 대한제국의 광무연간에 간행된 지리교과서보다 내용·체재 면에서 빈약하다고 알려져 있다.

2. 저자

　『초등대한지지(初等大韓地誌)』는 안종화(安鍾和, 1860~1924)와 유근(柳瑾, 1861~1921)이 함께 1907년에 저술한 국한문혼용체 초등용 한국지리교과서이다. 안종화는 개항기 법부참서, 세자시강원 시독, 중추원의관 등을 역임한 교육자이자 역사학자로 알려져 있다. 안종화의 본관은 광주(廣州). 자는 사응(士應). 호는 함재(涵齋). 홍양(洪陽) 출신으로 개항기로부터 대한제국기까지 역사학자이자 계몽운동가·교육자로 활동하였다. 대한제국기에는 법부참서와 중추원 의관을 지냈으며, 을사늑약 폐기 상소가 수용되지 않은 뒤에 역사 연구와 지식 보급 및 교육 활동에 전념하였다. 또한 대한자강회(大韓自强會)와 기호흥학회(畿湖興學會) 활동에 참여하면서 다수의 역사·지리 교과서를 개발하였다. 1894년(고종 31) 식년문과에 병과로 급제한 후, 궁내부낭관(宮內府郎官)·법부참서(法部參書)·세자시강원시독

(世子侍講院侍讀)을 거쳐 중추원의관 등을 지냈다. 그가 사망하는 1924년까지 주요 저서를 보면『동사취요』(1878),『동사절요(東史節要)』(1904),『국조인물지(國朝人物誌)』(1907) 등이 있다. 안종화의 역사 저술이 개항기부터 이루어진 점을 고려할 때, 안종화의 역사 인식은 실학자들의 역사의식을 계승·발전시킨 것으로 볼 수 있다. 특히 단군을 최초의 성인(聖人)으로 인식하고, 삼국시대 이전의 역사를 다루고자 노력한 점은 안종화의 역사의식이 민족의식과 밀접한 관계를 맺고 있음을 보여준다. 그 밖에도 조선시대 인물 3,000명을 다룬『국조인물지』를 통해 인물 중심의 한국사를 정리하고자 하였음을 보여준다. 또한 을사늑약 이후 대한자강회와 기호흥학회 활동을 하면서 다수의 교과서를 편찬하였는데,『초등본국역사(初等本國歷史)』(1909),『초등만국지리(初等萬國地理)』(1909),『초등대한지리(初等大韓地理)』(1910) 등의 역사·지리 교과서와『초등생리위생대요(初等生理衛生大要)』(1908),『초등위생학교과서(初等衛生學教科書)』(1909) 등의 위생 교과서가 있다. 이처럼 여러 분야의 교과서를 편찬한 것은 교과서가 부족했던 근대 계몽기에 애국 계몽가나 지식인들이 지식 보급의 차원에서 전공이나 전문 분야를 고려하지 않고 자신이 할 수 있는 범위 내에서 여러 분야의 교과서를 저술하고자 한 것으로 보인다.

유근은 대한제국기 황성신문을 창간하고 만민공동회 간부를 지낸 언론인이자 애국계몽운동가로 1962년 건국훈장 독립장에 추서되었다.『신정동국역사(新訂東國歷史)』,『초등본국역사(初等本國歷史)』,『신찬초등역사(新撰初等歷史)』 등을 저술하였다.

3. 내용 및 구성

『초등대한지지(初等大韓地誌)』는 안종화와 유근이 저술한 책으로서 1907년(융희 원년) 9월에 초판이 발행되었고, 2년 후 재판된 한국지리 교과용 도서이다.

내용은 자연지리분야, 인문지리분야, 지방지로 크게 세 분야로 분류하여 기술하였다. 목차의 구성을 구체적으로 살펴보면 제1과에서 제8과까지 위치경계, 연혁, 지세, 명산대천, 기후, 물산, 해안선, 조수 등 자연지리의 분야이고, 제9과까지는 종교, 화폐, 산업, 도회승지, 인종, 족제(가족제도), 언어문자, 가옥·의복, 황실정례, 호구조세 등 인문지리 분야이고, 제20과에서 13도의 군명(郡名)으로 간단하게 지방지를 기술한 것이다.

본문 제1과 가운데 대한의 위치와 경계를 기술한 부분을 아래 인용문을 통해 살펴보자.

"大韓帝國의 位置는 亞細亞洲의 東部에 在ᄒ니 그 境界는 東南은 日本을 鄰ᄒ고 東北은 俄羅斯領土를 接ᄒ고 西와 北은 滿洲를 界ᄒ고 南은 海를 臨ᄒ니 北緯 三十三度十三分에 起ᄒ야 四十三度二分에 止ᄒ고 東經 一百二十五度五分에 起ᄒ야 三十度五十八分에 止ᄒ니 東은 慶尚南道 鬱島郡 鬱陵島ㅣ오 西는 黃海道 長淵郡 長山串이오 南은 全羅南道 濟州島 毛瑟浦오 北은 咸鏡北道 土門江이니 面積이 八萬二千方里니라."

"대한제국의 위치는 아세아주의 동부에 있고, 경계는 동남쪽은 일본을 접하고 있고, 동북은 러시아와 접하고 서와 북은 만주와 경계를 이루고, 남쪽은 바다를 임하고 있다. 북위 33도 12분에서 43도 2분에 위치하고 있고, 동경 125도5분에 서 300도 58분에 위치하고 있다. 동쪽은 경상남도 울릉군 울릉도, 서쪽은 황해도 장연군 장산관이오, 남쪽은 전라남도 제구도 모슬포, 북쪽은 함경북도 토문강이니 면적이 팔만이천방리니라."

이 부분에서 눈에 띄는 것은 우리나라 북쪽의 경계를 토문강이라 기술한 부분이다. 이러한 내용은 장지연의 『대한신지지』에 수록된 《대한전도》의 북방경계와 일치하는 것으로, 만주 지역까지 확장된 영토 인식을 통해 민족계몽 의식을 드러내고 있는 것으로 볼 수 있다.

이 책의 전체 분량은 62페이지 정도로 앞선 광무연간에 간행된 지리 교과서보다 양적·질적으로 내용이 소략하다. 이는 통감부 설치 이후 교과용 도서 검정제도를 의식한 것으로 파악된다.

자연지리 분야의 일부 내용을 인용하면 아래와 같다.

"地方은 東西南 三面이 海를 沿한 半島國인 고로 海岸線 延長이 一萬八千餘里에 달하니 咸鏡南北道와 江原道 및 慶尙北道의 東部一部는 滄海를 面해야 東海라 하며 慶尙南道와 全羅南道의 南方一部는 南海岸이라하여 平安, 黃海, 京畿道와 全羅北道 等地의 南方一部는 黃海를 面해야 西海岸이라 하느니라"
"지방은 동서남 삼면이 바다와 접해 있는 반도국이다. 그리하여 해안선 연장이 일만팔천여리에 달하여, 함경남북도와 강원도 및 경상북도의 동부일부지역은 바다와 접해 있어 동해라 하며, 경상남도와 전라남도의 남쪽 일부는 남해안이라 하여 평안, 황해, 경기도와 전라북도 등지의 남방일부는 황해를 접해야 서해안이라 한다," (제7과 해안선 p.10)

인문지리분야의 일부를 인용하면 아래와 같다.

"貨幣는 高麗時에 鐵錢 及 銅錢을 鑄用ᄒ니 東國通寶와 三韓重寶와 東國重寶ㅣ라 ᄒ고 또 銀甁을 製造ᄒ야 本國地形을 象ᄒ니 名曰 闊口ㅣ라 ᄒ고 國朝初에 箭幣와 布幣와 楮貨를 用ᄒ다가 中葉에 常平通寶를 鑄行ᄒ고 開國 五百三年에 銀銅貨를 鑄行ᄒ고 光武九年에 金貨를 鑄行ᄒ니라"
"화폐는 '고려시대 철전과 동전을 겸용하였으며, 동국승보와 삼한증보와 동국승람에서 '은병'을 제조하여 우리나라 모양을 본떠 만들었고, 국조초기에는 전폐와 포폐를 사용하다가 중기에 상평통보를 만들고 개국 503년에 은동화를 발행하여 광무7년 금화를 발행하였다.'

지방지의 일부 사례를 보면 다음과 같다.

"第二十課 十三道郡名
京畿道 水原 仁川 廣州 開城 江華 揚州 驪州 長湍 通津 坡州 利川 富平 南陽 豊德 抱川 竹山 揚平【砥平合】安山 朔寧 安城 高陽 金浦 永平 麻田 交河 加平 龍仁 陰竹 振威 陽川 始興 積城 果川 漣川 陽智 陽城 喬桐【三十八郡】
忠淸北道 忠州 淸州 沃川 鎭川 淸風 槐山 報恩 丹陽 堤川 懷仁 淸安 永春 永同 黃澗 靑山 廷豊 陰城 文義【十八郡】"
"제20과 13도 군명
경기도, 수원, 인천. 광주, 개성, 강화, 양주, 여주, 장주, 통진, 파주, 이천, 부평, 남양, 풍덕, 포천, 죽산, 양평(砥平合) 안산, *령, 안성, 고양, 김포, 영평, 마전, 교하, 가평, 용인, 음죽, 진위, 양천, 시흥, 적성, 과천, 연천, 양지, 양성, 교통(三十八郡)
충청 북도 청주 충주. 옥천 괴산 보은, 단양, 제천, 청안, 영춘, 영동, 황간, 청산, 연풍, 음성, 문의(十八郡)."

4. 핵심어

大韓帝國의 位置(대한제국의 위치), 沿革(연혁), 地勢(지세), 各山大川(명산대천), 氣候(기후), 物産(물산), 海岸線(해안선),潮汐(조수), 宗敎(종교), 貨幣(화폐), 産業(산업), 都會勝地(도회승지), 人種(인종), 族制(족제), 言語文字(언어문자), 家屋(가옥), 衣服(의복), 皇室政體(황실정체), 戶口租稅(호구조세), 十三道郡名(십삼도군명)

5. 참고문헌

장보웅, 「개화기의 지리교육」, 『대한지리학회지』 5(1), 41-58, 1970.

『초등본국약사(初等本國略史)』(권1-권2)

서 명	『초등본국약사』(初等本國略史)』(권1-권2)
저 자	박정동(朴晶東, 미상~1919)
형 태	22.3×15(cm)
발 행	동문관(同文館), 1909년
소장처	국립중앙도서관

『초등본국약사』 표지, 본문, 판권지

1. 개요

　『초등본국약사(初等本國略史)』는 계몽운동기에 흥사단 편집부장으로 있으면서 교육운동에 관여했던 박정동(朴晶東)이 저술한 역사교과서이다. 1909년 6월 3일 학부 검정을 통과하였으며 같은 해 9월 30일에 동문관(同文館)에서 발행하였다. 국한문혼용체로 작성했으며 총 2권 2책으로 구성되어 있다.

2. 저자

　박정동(朴晶東)은 출생 연도는 불분명하나 1919년에 사망하였다. 그는 1896년 한성사범학교에 입학하였다. 졸업한 이후 1897년 전라남도 남원군 공립소학교, 1898년 관립소학교와 한성사범학교 등에서 교관이 되어 교육 활동에 매진하였다. 1906년 소년한반도사(少年韓半島社) 찬술원(纂述員), 1908년 기호흥학회(畿湖興學會) 평의원(評議員), 교남교육회(嶠南敎育會) 발기인(發起人)이 되었다. 또한 흥사단(興士團)에도 가입하여 편집부장을 맡으면서, 교과서 개발에도 관여하였다. 1910년 이후에는 시천교(侍天敎)에 입문하여 시천교의 역사와 교리를 연구하였다. 주요 저서로는『초등대동역사(初等大同歷史)』, 『초등수신(初等修身)』(1909), 『초등본국지리(初等本國地理)』(1909), 『개정신찬이화학(改定新撰理化學)』(1910) 등이 있다.

3. 내용 및 구성

『초등본국약사』는 총 2권 2책으로 구성되어 있다. 이 책의 저자를 특정하기에는 애매한 부분이 있다. 우선 공식적으로는 표지에 '흥사단편집부 저'라고 되어 있으므로 흥사단편집부가 저자라고 보아야 한다. 그러나 판권 부분의 저작자 명단에 흥사단편집부장 박정동의 이름이 있고 또 박정동이 다양한 교육계몽운동을 전개한 것에 비춰보면 이 책의 저자는 박정동으로 보는 것이 합리적이다.

이 책의 권1은 단군조선에서 시작하여 고려 말기 유교의 수용과정을 서술한 유교의 천명(闡明)까지가 하한이다. 권2는 태조 이성계의 조선 개창부터 시작하여 순종이 즉위하고 유학을 다녀온 후 동적전(東籍田), 즉 나라의 묘사에서 제향에 쓸 곡식을 심는 전담에 친경(親耕)하는 내용으로 마무리를 하고 있다. 그리고 이 교과서는 당시 제정된 교과용도서검정규정(1908)과 출판법(1909)에 의해 검정을 받고 검정에 통과한 역사교과서이다.

이 책은 서문이 명확히 나와 있지 않다. 따라서 편찬 의도는 책의 내용을 토대로 추론할 수밖에 없다. 관련 연구에 따르면 비슷한 시기의 다른 역사교과서인 『초등대동역사』 또한 박정동 명의로 간행되었다. 그런데 『초등대동역사』의 당대사는 소략한 데 반해 흥사단편집부장 명의로 출간한 『초등본국약사』는 당대사에 관한 서술이 풍부하다. 이를 통해 흥사단의 의도를 추론할 수 있는데, 흥사단의 창립목적이 교육 계몽을 통한 국권 회복이라는 것을 감안하면 『초등본국약사』는 계몽과 구국에 좀 더 방점이 찍힌 교과서라는 해석이 가능하다.

이 책의 내용을 살펴보자. 우선 이 책이 전체적으로 견지하고 있는 기본 관점은 『초등대동역사』와 마찬가지로 대중국 관련 서술에서 중국을 '지나(支那)'라고 표현하고 있다는 점이다. 주지하듯 지나(支那)라는 용어는 일본이 중국을 타자화한 용어이고, 조선왕조는 전통적으로 중화계승의식을 강조하며 '소중화(小中華)'를 자처했던 나라였다. 그렇다면 이러한 인식은 어떻게 한국에 받아들여졌을까? 이것은 당시 조선 지식인들이 일본의 근대역사학이 구축한 탈아입구론에 입각한 동양학 담론을 받아들였기 때문이다. 탈아입구론은 근대 일본이 서구 문명을 적극 받아들인 일본이 아시아에서 탈피하여 유럽화하였다고 인식하는 담론체계를 말한다. 주지하듯 메이지유신 이후 일본은 당시 세계질서를 주도하던 유럽의 정치, 제도, 사상에서 문화와 생활양식까지 서양 문명을 체화하면서 부국강병을 도모했던 국가였다. 이렇게 급격하게 유럽을 따라잡고 그 힘으로 청일전쟁과 러일전쟁까지 승리하면서 동아시아의 패권국가로 올라섰고 스스로는 세계열강의 반열에 올라섰다고 자부했다. 그럼에도 불구하고 일본은 여전히 유럽 강대국들과의 관계에서 대등한 관계를 확립하지 못했다. 아무리 신흥 강대국인 일본일지라도 당시 유럽인들에게 오리엔탈리즘의 한 대상일 뿐이었다.

이러한 현실을 인식한 당대의 일본 지식인들, 특히 역사학자들은 오리엔트라는 서양이 설정한 범주에서 벗어나고 동시에 자신들의 정체성을 잃지 않고 근대화를 이루어야 한다는 목적을 설정하고 그 수단으로 역사를 동원하였다. 이런 문제의식에서 유럽의 진보와 발전론적인 근대 역사학의 담론체계를 수용한 것이 바로 일본의 '동양학'이라고 볼 수 있다. 먼저 그들은 유럽이 설정한 범주를 벗어나고 유럽과 대등한 관계를 맺기 위해 일본이 포함된 '동양'이라는 새 영역을 창출했다. 이것은 '보편적 역사'의 질서 하에서 서술된 서양사(유럽 열강 국가들이 공유하는 역사)에 비슷하면서도 일정한 경쟁관계가 되는 범주가 되었다. 다음으로 동양이라는 범주 안에서도 다른 국가들과 일본과의 차별점을 강조하기 위해 노력했다. 그리고 그 차별화된 대상의 집중 타겟은 바로 중국이었다. 사실 중국은 동아시아 문화권의 제반 정치, 사상, 무역을 주도했던 압도적인 패권국가였다. 그리고 일본과도 고대부터 관계를 맺으면서 동양문화의 정수와 사상을 일본에 전수했던 국가였다. 그런데 일본은 당시 일본이 근대화 경쟁에서 중국보다 우위에 섰다는 것을 전제로 유럽열강에게 유린당하고 있었던 중국에 우월의식을 가졌고 그 맥락에서 나온 것이 바로 '지나'라는 용어였다.

이런 논리에서 일본은 동양 안에 있으면서도 동양을 관찰자 시선으로 볼 수 있는 위치에 서게 되었다. 따라서 일본이 창출한 동양학의 맥락에서 본다면, 일본을 제외한 동양 제반 국가들은 모두 문명에 미달하는 국가로 인식된다. 당시 대한제국의 지식인들은 이러한 일본의 동양사 서술체계를 수용했고, 따라서 이런 인식을 내면화하여 중국 대신에 지나(支那)라는 개념을 사용하고 있었는데 『초등본국약사』도 이러한 관점을 견지하고 있다.

상술한 바와 같이 권1은 단군조선에서 고려 후기까지의 내용이다. 우선 고대사 서술에서 특징적인 점은 위만조선이 목차에 없다는 점이다. 제4 삼한 부분에 위만에 관한 내용이 나오지만 무강왕이 '위만의 난'으로 인하여 도읍을 금마군(金馬郡)으로 옮기고 국호를 마한이라 하였다는 내용의 일부분으로 나온다. 곧 위만조선은 고조선 전체 역사 중에서 제대로 자리매김하고 있지 못한 것이다. 다만 『초등대동역사』와 마찬가지로 기자조선에서 마한으로 연결되는 부분을 강조하여 마한정통론적 입장은 분명히 하고 있다.

이 책은 신라의 삼국통일론을 분명히 하고 있다. "문무왕에 이르러 영걸한 사람 김유신이 백제를 멸한 후 8년에 흠순(欽純)이 고구려를 취하니 국(國)이 비로소 신라의 통일한 바가 되니라"고 하면서 신라의 삼국통일론을 분명히 하고 있다는 점이다. 전통적인 역사서에서 신라가 고구려와 백제를 멸망시킨 역사적 사건에 대한 해석은 '일통삼한(一統三韓)'이라는 논리가 보편적이었다. 그러나 현채의 『동국사략』에서 삼국통일론이 확립된 이후에 교과서에서 통일신라론이 일반화되었고 『초등대동역사』도 유사한 입장을 취하고 있는데 이 책 또한 그러한 관점을 견지하고 있다.

선행연구에서 지적한 바와 같이 이 책의 일본 관련 서술이 많이 검열되었다. 예컨대 검정청원본 권1에서는 김방경의 일본 정벌 내용이 있지만 출판본에서는 삭제되었고, 검정청원본 제11과 제목이 원래는 「왕인의 일본문명개도」였는데 이것이 「백제와 일본의 교통」으로 수정되었다. 『초등본국약사』에서 대일본 인식이 가장 극적으로 드러나는 것은 권2의 제28과 일본과의 신협약 관련 서술이다. "러시아(俄羅斯)의 동방경영을 반대하여 병력으로써 그 욕심을 억제할새 인천바다에서 그 군함 3척을 깨트리고 (...) 합중국의 소개로 일본과 러시아 양국이 평화하는 약조를 정하니라. 이 전쟁이 일어나매 조정이 동양의 평화를 확립하기 위하여 아국(我國)의 부강을 협조하는 뜻으로 일본과 조약을 맺어 양국의 친밀한 교의를 협정하니 이는 을사의 오조약이라 이르니라."라고 하면서 러일전쟁은 동양의 평화를 위한 전쟁이며 을사조약은 한국의 부강을 위한 조약이었다는 일본의 논리를 그대로 수용하고 있었다.

4. 핵심어

흥사단, 지나, 삼국통일론, 오리엔탈리즘, 교육계몽

5. 참고문헌

조동걸, 「한말 사서와 그의 계몽주의적 허실(상)」, 『한국독립운동사연구』 1, 1987.
송인주, 「대한제국기의 초등 역사교육에 관한 연구」, 『역사교육논집』 25-1, 1999.
양정현, 『근대개혁기 역사교육의 전개와 역사교재의 구성』, 서울대학교 박사학위논문, 2001.
김소영, 「통감부시기 역사교과서 편찬과 교과서 검정제－『初等本國略史』 검정청원본과 출판본 분석을 중심으로－」, 『인문연구』 92, 2020.

『초등본국역사(初等本國歷史)』

서 명 『초등본국역사(初等本國歷史)』
저 자 유근(柳瑾, 1861~1921)
형 태 21.7×15.1(cm)
발 행 광학서포(廣學書鋪), 1908년
소장처 국립중앙도서관

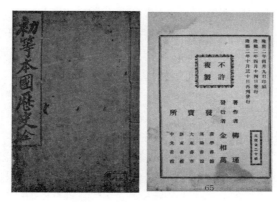

『초등본국역사』 표지, 판권지

1. 개요

『초등본국역사(初等本國歷史)』(총 1권)는 계몽운동기 교육계몽운동을 펼쳤던 유근이 저술하고 안종화·장지연이 교정한 초등학교 역사교육 교과서이다. 국한문혼용체로 1908년 4월 14일에 광학서포(廣學書鋪)에서 발행되었고 총 1권에 65쪽 정도 되는 적은 분량이다.

2. 저자

유근(柳瑾)은 1861년에 출생하였고 1921년에 사망하였다. 1894년에 탁지부 주사로 관직에 임용되었으나 아관파천 이후 사직하였다. 이후에는 독립협회에 가입하였고, 1898년 만민공동회에는 간부가 되어서 보수적인 정부의 정책을 비판하였으나 독립협회가 해산당하자 체포되어 고초를 겪었다. 1898년에는 남궁억(南宮檍), 나수연(羅壽淵) 등과 함께 『황성신문(皇城新聞)』을 창간하였다. 1905년 11월 「시일야방성대곡」을 게재하여 정간을 당하였던 『황성신문』이 1906년 2월 속간되자 9월 총회에서 사장으로 선출되었다. 1906년 대한자강회, 1907년 신민회, 대한협회 등에 가입하였다. 1909년에는 나철(羅喆)·오기호(吳基鎬)·김교헌(金敎獻) 등이 단군교(檀君敎)를 만들었을 때도 참여하였다. 이후 언론과 출판 및 교육 등의 분야에서 계몽운동에 매진하였다. 저서로는 『신정동국역사(新訂東國歷史)』, 『초등본국역사(初等本國歷史)』, 『신찬초등역사(新撰初等歷史)』 등이 있다.

3. 내용 및 구성

『초등본국역사』는 1908년 4월 초판본을 인쇄한 후 1908년 10월에 재간본이 발행되었다. 유근(柳瑾)이 저술하고 안종화(安鍾和)·장지연(張志淵)이 교정하였는데, 교정자 안종화가 1909년 동일한 제목인 『초등본국역사(初等本國歷史)』를 광덕서관(廣德書館)에서 발행하였다.

전체 구성에서 서문은 없으며 바로 목록으로 넘어간다. 제1장 상고에서는 단군·기자·위만·삼한·봉건시대의 역사를 서술하고 있다. 제2장은 중고로 신라·고구려·백제·가락·발해·태봉·후백제 견훤에 대한 역사상을 그려내고 있다. 제3장 근고에서는 고려시대의 역사를, 제4장 국조는 조선 개창부터 순종대까지를 서술하고 있다. 이러한 시대 구분법은 신사체(新史體)에 입각한 것이지만 편년체적인 구성도 혼재했다. 연도 하단에는 연호를 병기했고, 나라 이름이나 지명 아래에는 당대의 명칭을 표기하여 이해의 편의를 꾀했다. 목록 다음에는 본국역대전수도(本國歷代傳授圖)가 있는데 이 도표를 통해서 역대 왕조의 계보도를 설명하고 있다. 먼저 고대사에서는 단군조선과 기자조선에서 위만조선과 한사군(사군 이부) 다음에 고구려로 계승된다고 설정하고 있고, 남쪽 지역에는 마한−백제, 진한−신라, 변한−가야(駕洛)의 구도를 설정하고 있다. 그리고 신라와 고려 사이에 후백제와 태봉을 양옆으로 배치하고 다음에 고려와 조선, 그리고 대한제국으로 이어지는 계보도를 그려내고 있다.

서문이 없으므로 편찬 의도는 정확하게 알 수 없다. 다만 당시 황성신문에 이 책에 대한 광고가 실렸는데 광고에 바로 유년 학생의 교과서로 공급하기 위한 것이었다는 내용이 있다는 점에서 그 내용을 발간 취지로서 유추할 수 있을 것이다.

고대사 서술에서는 단군과 기자, 그리고 위만조선을 연속성을 강조하고 있다. 위만 조선에 별도로 목차를 부여하지 않은 역사서도 있었다는 점을 감안하면 위만조선을 중시한다는 점을 알 수 있다. 그리고 위만 이후의 마한과의 연결성을 언급하고 있어 삼한정통론적 관점을 취하고 있다. 또한 삼한을 봉건시대로 보고 있다는 점이 독특하다. 가야의 역사는 5가야의 관점에서 서술하는데 임나일본부에 대한 언급은 없었다. 그리고 백제의 역사 부분에서 박사 왕인이 일본국에 건너가서 문자를 전해주고 직녀(織女)와 침공(針工)을 보내 방직과 침봉을 가르쳤다고 서술하였다. 이것은 일본과의 관계에 관해서 비교적 자유롭게 서술한 측면이라고 하겠다. 삼국통일에 대한 관점도 명확하게 견지하고 있다. 즉 "태종 무열왕 때에 김유신의 계책을 써서 당병과 연합하여 백제를 멸하고 문무왕 때에 김유신이 또 당병과 더불어 고구려를 멸하니 삼국이 통일하니라"라고 하여 삼국통일론의 맥락에서 서술하고 있다.

발해의 역사는 대조영이 태백산에서 발해를 건국하여 해동성국이라 불린 이후 거란에 멸망하기까지의 과정을 간략하게나마 그 전체적인 과정을 정리하고 있다. 또한 후삼국시대를 삼국시대와 동등하게 바라보고 있다는 점에서 독특한 관점이 드러난다. 고려시대사에 대한 서술에서 특징적인 것은, 고려3에서 몽고의 침략에 대한 항쟁보다도 화친한 사실에 대해 분량을 할애한 부분이다. 즉 "고종대에 몽고가 해마다 침범해오거늘 태자 전(倎)을 보내어 몽고와 화친하고 태손(太孫)으로 몽고 세조의 딸 제국공주(齊國公主)를 취하여 양국이 장인과 사위의 정의를 맺었다"라고 서술하면서 대외항쟁의 역사보다는 화친의 맥락을 강조하고 있었다.

조선시대사에 관한 서술은 대체로 정통론적이고 중화론적인 입장에 서 있다. 우선 세종에 관해서는 "세종께서 학문을 좋아하셨는데 문학의 선비를 뽑아서 집현전에 두고 조석으로 강론하며 의견을 물으셔서 우문(右文)의 치(治)를 숭상하시니 이웃나라 사람들이 동방성인이라 칭하니라"라고 하는 등 매우 호의적인 서술을 하고 있다. 또한 연산군과 광해군 등 당대에 사관들에게 인정받지 못한 왕들에 대해서는 비하적인 서술을 하고 있다. 예컨대 연산군에 대해서는 "연산군은 음탕하고 잔학하며 무도하여 옳은 말하는 신하와 어진 선비를 살육"한다고 하면서 강한 어조로 비판하고 있다. 그리고 "광해군이 정권을 간사한 신하에게 위임하여 큰 옥사를 여러 번 일으켰으니"라고 하면서 광해군의 정통성을 인정하지 않는 입장을 보이고 있다. 아울러 효종의 북벌론에 대해서도 소개한다. 즉 "청은 과인의 원수라. 지금 청국의 구왕(九王)이 죽고 삼번(三藩)이 난을 일으키니 이 때를 틈타 복수하지 못하면 어떤 때를 다시 기대하리오. 가히 대사를 공모할 지사를 구하라"라고 하는 효종의 말을 소개하면서 북벌론을 강조하고 있다.

대원군 집권기 이후 당대사 서술은 대체로 미국, 프랑스, 청국, 러시아에 대한 항쟁의 역사를 기록하고 있지만, 식민지화가 진행되던 당시의 정세상 일본에 대해서는 근대화와 개국의 주선자 역할을 한 존재로 그려내고 있다. 즉 병인양요와 신미양요에 대한 서술은 프랑스 병함이 강화도를 침공하고 양헌수를 파견하자 프랑스가 도망쳤고, 미국병함 5척이 침략하자 어재연이 잘 막아내어 승리했다는 공식으로 되어 있다. 반면에 조일수호조규에 대한 서술은 상반된다. 원래 조일수호조규 전에 일본은 운요호를 보내어 함포를 쏘면서 개항을 요구했고 조선 정부는 그 협박에 못 이겨서 강제로 개항을 하게 된다. 그러나 이 책에서는 일본이 전권대신 구로다 키요타카(黑田淸隆)와 이노우에 카오루(井上馨) 등을 보내서 화친을 청했고, 왕이 신헌 등에게 명하여 강화도에서 통상조약을 체결한 것으로 묘사되고 있다. 이렇듯 두 차례의 양요와 1876년 개항을 중요시하는 개국론을 중심으로 역사를 서술했다는 점은 계몽운동기 다른 교과서들과 동일하다. 다만 운요호 사건을 아예 삭제한 점은 특징적이라고 하겠다. 당시는 아무래도 통감부에서 1908년 9월 1일 「교과용도서검정규정(敎科用圖書檢定規程)」을 시행하여 이미 출판되어 있던 교과서도 사용을 금지하는 등 교과서에 대한 검열을 강화하던 시기였다. 때문에 일본 제국주의에 대한 본격적인 비판은 어려웠다. 따라서 일본에 대한 이러한 우호적인 시선은 어쩔 수 없는 한계라고 할 수 있을 것이다.

4. 핵심어

신사체(新史體), 계몽운동, 중화론, 삼한정통론, 계몽운동

5. 참고문헌

조동걸, 「한말 사서와 그의 계몽주의적 허실(상)」, 『한국독립운동사연구』 1, 1987.
송인주, 「대한제국기의 초등 역사교육에 관한 연구」, 『역사교육논집』 25-1, 1999.
양정현, 『근대개혁기 역사교육의 전개와 역사교재의 구성』, 서울대학교 박사학위논문, 2001.
김헌주, 「근대전환기(1895~1910) 개국·조선독립론 중심 '한국근대사' 서술의 구조」, 『한국학논집』 82, 2021.

『초등본국역사(初等本國歷史)』

서 명 『초등본국역사(初等本國歷史)』
저 자 안종화(安鍾和, 호는 士應, 1860~1924),
형 태 21.8x15.1(cm)
발 행 광덕서관(廣德書館), 1909년
소장처 국립중앙도서관

『초등본국역사』 표지, 판권지

1. 개요

『초등본국역사(初等本國歷史)』(총 1권)는 안종화가 저술하였고 광덕서관(廣德書館)에서 1909년에 초판이 발행되었다. 유근이 저술한 동명의 교과서와 체제와 내용이 유사한 초등용 교과서로 간략하게 사실을 나열한 개설서이며 국한문혼용체이다.

2. 저자

안종화(安鍾和)는 1860에 태어나 1924에 사망하였다. 자는 사응(士應)이고 호는 함재(涵齋)이다. 근대 역사학자이자 계몽운동가, 교육자이다. 1894년 문과에 급제하였고 궁내부낭관(宮內府郎官), 법부참서(法部參書), 세자시강원시독(世子侍講院侍讀) 중추원의관(中樞院議官) 등을 역임하였다. 1905년 을사조약이 강제로 체결되자 폐기 상소를 올렸다. 상소가 수용되지 않자 물러나 연구와 교육 활동에 전념하였다. 대한자강회(大韓自强會), 기호흥학회(畿湖興學會) 활동에 참여하였다. 1878년에 저술한『동사취요(東史聚要)』를 1904년에『동사절요(東史節要)』라는 이름으로 다시 간행하였고, 1909년에는『국조인물지(國朝人物志)』를 저술하였다. 이밖에 교과서로『초등본국역사(初等本國歷史)』(1909),『초등만국지리(初等萬國地理)』(1909),『초등대한지리(初等大韓地理)』(1910),『초등생리위생대요(初等生理衛生大要)』(1908),『초등위생학교과서(初等衛生學教科書)』(1909) 등을 저술하기도 하였다.

3. 내용 및 구성

『초등본국역사』는 1909년에 안종화(安鍾和)가 단군조선시대부터 순종대까지의 시기를 대상으로 근대적 역사서술 방법인 신사체(新史體) 방식으로 저술한 교과서이다. 이 책은 유근이 쓴『초등본국역사』와 명칭 및 체제, 시대구분 및 내용 등이 매우 유사하다. 그러나 안종화의『초등본국역사』는 유근의 책을 저본으로 삼아 서술하긴 했지만 첫째, 목차 부분에서 각 세부 절에서 상고의 문화, 중고의 문화라는 식으로 구성을 달리했다는 점에서 차이가 있다. 목차 구성은 다음과 같다. 제1장 상고는 단군, 기자, 위만, 삼한, 부여, 상고의 문화로 되어 있다. 2장 중고는 신라, 고구려, 백제, 가락, 발해, 태봉, 견훤, 중고의 문화를 다루며 3장 근고는 고려, 근고의 문화 4장 국조(國朝)는 본조(本朝), 근세의 문화로 구성되어 있다.

갑오개혁기인 1895년에 한성사범학교관제(漢城師範學校官制)와 소학교령(小學校令)이 공포되면서 근대식 교과서 편찬과 제도적 정비가 이루어진다. 그리고 학교령 안에 '본국역사'와 '외국역사'가 교수되도록 규정되면서 본격적인 교과서를 통한 역사교육의 토대가 만들어졌다. 이후 그리고 한성사범학교에서 제시한 본국 역사에 대한 교수 내용 및 유의점에서는 국민된 지조(志操)를 기르는 것을 강조하고 있다. 이것은 역사교육의 목적이 곧 국민교육이라는 것을 의미하는 대목이라고 하겠다.

근대의 역사교과서를 발행 주체를 기준으로 분류하면 학부 편집국에서 발행한 관찬 사서 6권과 사찬 사서 20권으로 대별된다. 자국사와 외국사의 기준으로 나눌 수도 있는데 자국사는 관찬 사서 5권, 사찬 사서 11권이다. 외국사는 관찬사서에 1권, 사찬 사서는 9권이 있다. 시기별로 보면 관찬사서 6권은 모두 갑오개혁기(1895)와 대한제국기(1899)에 발행되었고, 사찬 사서 20권은 계몽운동기(1905~1910)에 발행되었다.

『초등본국역사』는 계몽운동기에 발행되었는데 이 시기에는 교과서 서술의 토대가 되는 국가 주권의 향배가 바뀌면서 교과서 서술에도 큰 변화가 생겼다. 통감부는 1906년 8월에 '보통학교령'을 반포하였고, '보통학교령'에 포함된 각 학교 교과서 사용 규정을 근거로 교과용 도서의 번역과 편찬, 검정에 대한 통제를 실시하였다. 아울러 1908년 8월에는 '사립학교령'과 '교과용도서 검정규정'을 반포하면서 교과서 내용에 대한 통제까지 시행하였다.

하야시 다이스케의『조선사(朝鮮史)』(1892)를 역술한 현채의『중등교과 동국사략』의 경우 하야시의 관점을 일부 수정·비판하고 있지만, 전체적으로 개국과 일본에 의한 조선독립이라는 관점을 취하고 있다. 이후 발행된 다양한 자국사 교과서들 역시 거의 비슷한 관점에서 서술되었고『초등본국역사』또한 마찬가지였다. 즉 조선 독립과 속국 문제에 대한『초등본국역사』의 논리 구도는 다음과 같다. 우선 조선은 오랫동안 청의 압제를 받아서 '속국례'를 지켰는데, 조선의 지위에 대한 프랑스와 미국의 문의에 대해 청은 조선이 속국이 아니라고 답했다는 것이다. 그리고 이런 상황에서 일본이 해외 각국과 조약을 맺을 때 조선의 독립을 세계에 공언하였다는 것이다. 요컨대 조선의 자주독립은 일본이라는 외적 충격에 의해 이루어졌다는 관점을 취하고 있는 것이다. 그렇지만 한국인의 자주적인 대외항쟁 서술이 없었던 것은 아니며 오히려 적극적으로 대외항쟁의 역사를 강조하고 있다. 실제로 서문에서 **"조국의 정신과 동족의 감념(感念)을 통하여 애국의 혈성을 기르고 독립주의를 천명(闡明)"**할 것을 강조하고 있기도 하다. 그리고 나당전쟁, 고려의 대외항쟁, 임진왜란, 의병운동 서술, 헤이그 밀사 사건의 피를 뿌린다는 서술, 마지막에 일진회 합방에 대한 국민의 분노 및 이재명의 이완용 피격 사건 등을 배치한 것에서 이 텍스트가 가진 성격을 파악할 수 있다.

이 책의 내용을 살펴보자. 먼저 고대사 서술은 유근의 『초등본국역사』와 거의 유사하다. 우선 이 책은 먼저 삼조선론을 강조하고 있다. 즉 "단씨 조선과 기자 조선과 위씨 조선이 국호는 계속 전하나 그 성은 세 번 바뀌었기 때문에 후세 사람들이 상고 3조선이라 칭하였다."고 하면서 단군조선과 기자조선과 위만조선의 연속성을 강조하고 있다. 그리고 제5절에 부여를 별도로 서술한 것도 특징적이다. 이것은 "국왕 시조 해부루는 즉 단군의 아들이라 칭하였다."는 서술과 같이 부여 시조 해부루가 단군 태자 부루와 같이 단군의 아들이라 규정했던 것과 관련이 있다. 그리고 신라의 삼국 쟁패 과정도 통일론의 관점에서 접근하고 있다. 즉 "무열왕 때에 김유신의 계책을 써서 당병과 연합하여 백제를 멸하고 (...) 얼마 안지나 문무왕이 당병을 몰아내고 평양 이남의 땅을 취하여 신라통일의 업을 이루었다."라고 하면서 삼국통일론의 관점을 명확히 견지하고 있다. 그리고 가야사 역시 유근의 책과 마찬가지로 5가야를 언급하고, 후에 신라에게 병합되었다고 서술하고 있으며, 임나일본부에 대한 서술은 없다.

고려시대사에 대한 서술은 평이하다. 예컨대 몽골에 대한 대외항쟁 부분은 찾기 힘들고 "몽고 세조의 딸 제국공주를 아내로 맞아 양국이 장인과 사위의 정의를 맺었다. 충렬왕, 충선왕, 공민왕에 이르기까지 몽고의 공주를 아내로 맞아 머리를 깎고 옷을 바꾸어 몽고의 습속을 많이 따랐다."라고 하면서 몽골과의 화친을 더 강조하고 있다.

조선시대사의 역사상 또한 유근의 책과 마찬가지로 정통론과 중화론에 입각하여 서술되어 있다. 연산군에 대해서는 "연산군은 음탕하고 잔학하며 무도하여 옳은 말하는 신하와 어진 선비를 죽이고 살육하니"라고 서술하고 있고 광해군은 "광해군이 정권을 간사한 신하에게 위임하여 큰 옥사를 여러 번 일으켰다."고 하면서 두 군주의 한계에 대해서 언급하고 있다. 아울러 효종대의 반청 의지를 강조하고 있다. 즉 "효종께서 왕위에 오르자 남한산성의 치욕을 씻고자 하여 송시열과 대사를 의논하시고 이완에게 병사(兵事)를 소속시켜 남몰래 일을 위한 계책을 정하셨으나..."라고 하면서 북벌론에 입각한 서술을 하고 있는 것이다.

대원군 집권기 이후의 당대사 서술 또한 유근의 책과 거의 유사한데 다만 청일전쟁 이후의 역사가 좀 더 자세히 서술되어 있으며, 한국의 근대화와 독립에서 일본의 역할이 컸다는 식으로 서술되어 있다. 즉 청국은 속방(屬邦)의 난을 구한다고 칭하고 대군을 조선(우리나라)에 보내고, 일본은 우리나라가 청국의 속방이 아니라 주장하여 일청전쟁이 벌어졌다고 서술한다. 시모노세키 강화조약으로 청국이 처음으로 조선(우리나라)의 독립을 공인했다는 관점으로 일본에 의한 '조선 자주독립'이라는 역사상을 그려내고 있다. 그리고 러일전쟁 이후 서술에서는 "광무 8년(1904)에 러시아가 만주에 출병하여 점령하고 우리나라를 해하고자 하는 형세가 있었다. 일본이 재차 출병하여 러시아와 전투하니 (...) 이로부터 우리나라는 다시 일본과 영원토록 변함없는 친교를 굳게 하고"라고 하면서 반러친일적 경향이 두드러지게 서술하였다. 요컨대 일본과의 관계에서 일제의 침략성을 삭제하고 일본의 역할은 한국의 자주독립을 보장해주는 것이라는 관점으로 당대사 서술이 이루어졌던 것이다.

4. 핵심어

신사체(新史體), 자주독립, 당대사, 삼조선(三朝鮮), 삼국통일론

5. 참고문헌

조동걸, 「한말 사서와 그의 계몽주의적 허실(상)」, 『한국독립운동사연구』 1, 1987.

송인주, 「대한제국기의 초등 역사교육에 관한 연구」, 『역사교육논집』 25-1, 1999.

양정현, 『근대개혁기 역사교육의 전개와 역사교재의 구성』, 서울대학교 박사학위논문, 2001.

강영심 역, 『근대 역사 교과서 4 : 초등대한역사·초등대한력사·초등본국역사』, 소명출판, 2011

김현주, 「근대전환기(1895~1910) 개국·조선독립론 중심 '한국근대사' 서술의 구조」, 『한국학논집』 82, 2021.

『초등소학(初等小學)』(권1-권8)

서 명 『초등소학(初等小學)』(권1-권8)
저 자 대한국민교육회
형 태 12.5×18.5(cm)
발 행 경성일보사, 1906년
소장처 국회도서관, 서울대학교 도서관, 고려대학교 도서관

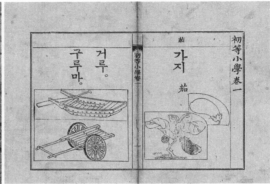

『초등소학』권1 표지 및 본문　　　　　『초등소학』권8 판권지

1. 개요

　『초등소학』은 일제강점기에 간행된 최초의 민간 교과서이다. 국민교육회는 국민교육을 목적으로 해서 설립된 단체로, 그 단체의 설립 취지를 반영해서 『초등소학』을 간행하였다. 우리나라 역사에 나타나는 충신·열사들의 사적과 애국심을 서술하여 역사의식을 고취하고, 우리나라가 세계에서 가장 살기 좋은 나라이니 부강한 국가를 만들어야 한다는 등의 내용으로 되어 있다.

2. 저자

　『초등소학』의 판권에는 저작자는 '국민교육회', 발행자는 '국민교육회와 김상만, 고유상, 주한영'으로 되어 있다. 기존에는 이 세 사람이 저자라고 밝혔지만, 이들은 저자가 아니라 도서를 편찬하는 과정에서 자본을 대거나 후원하면서 판매와 배포를 담당했던 서적업자들이다. 『초등소학』의 저자는 국민교육회에서 교과서 편찬을 담당했던 '10인의 편집위원'으로 추정된다. "국민교육회 회원 제씨가 우리나라 아동교육의 곤란을 안타깝게 여기고 현금 초등 교과서의 정밀하지 못함을 애석히 여겨서 일편의 고심으로 힘을 모아 초등소학을 만들었다"(「초등소학」, <황성신문>, 1907.7.15) 여기서 '회원 제씨'가 누구인지 특정하기는 힘들지만, 국민교육회 회원 중에서 『신찬소박물학』을 발간한 유성준을 비롯해서 학부에서 교과서 편찬을 담당했던 현채, 사범학교 교원 박정동, 탁지부 서기관 출신의 유승겸, 각종 역

사 교과서를 저술한 유근, 유옥겸 등 교과서를 간행한 경력을 갖고 있는 인사들이 『초등소학』 편찬에 관여했을 것으로 추정된다. 8권이나 되는 방대한 분량을 한두 사람이 편찬할 수는 없고 또 당시 교과서를 편찬할 전문 인력도 부족한 상황이었다. 그래서 이들은 '편집위원'이라는 이름으로 편찬에 관여했을 것으로 보인다.

3. 내용 및 구성

『초등소학』은 자모(字母)와 단어 학습 등을 앞부분에 배치하고 뒤로 갈수록 학습의 수준을 높였으며, 단원마다 내용에 맞는 그림을 삽입하여 학습의 효과를 꾀하였다. 이솝우화 등 서사를 적극적으로 활용하여 학생들이 친근하고 쉽게 이해할 수 있도록 하였다. 같은 시기에 간행된 '학부'의 『보통학교학도용 국어독본』(1907)과 비교하자면, 『초등소학』은 상대적으로 투박하고 정비되지 못한 모습이지만, 당시로는 매우 진전된 형태의 교과서이다. 덕육(德育)과 지육(智育)을 근간으로 편찬되었고, 과(科)마다 그림을 삽입하여 학습의 편의를 도모하였으며, 문체는 당대의 일반적 문체인 국한문혼용체를 사용하였다. 물론 저학년용은 단어를 제시하고 거기에 맞는 그림을 삽입하는 등 한글 위주로 이루어지지만, 학년이 올라갈수록 한자를 더 많이 사용해서 점차 한문현토체로 변한다. 『초등소학』의 독특함은 '복습' 단원을 설정한 데 있다. 2권에는 5~6개 단원마다 '복습' 단원이 붙어서 모두 4개가 제시되고, 3권에서는 6개의 복습 단원이 제시된다. '복습'은 오늘날의 '연습문제'처럼 단원의 내용을 질문하고 확인하는 식은 아니고, 학습한 단원을 총괄적으로 정리하고 학습 상태를 점검하는, 반복 학습의 취지와 효과를 활용한 형태이다.

『초등소학』은 내용 면에서 아동들의 일상 현실을 단원의 제재로 활용하였다. 1권의 낱말학습은 주변 일상에서 흔히 접하는 단어들이고, 2~3권의 단문학습은 대부분 아동이 가정과 학교에서 겪음직한 일화를 내용으로 한다. 여기서 눈에 띄는 것은 권위적이지 않은 평이하고 친근한 어투의 사용이다. 권위적이고 명령적인 '학부' 교과서의 문투와는 달리 『초등소학』은 '~ᄒ오이다' 'ᄒᄂ이다' '잇소' '~ᄒ오' 등과 같은 '하오체'를 사용하였다. 이 친근한 어투를 통해서 『초등소학』은 학교와 가정에서 이루어지는 학생들의 일상생활을 서술한다. 『초등소학』 2~3권은 마치 어린 학생들의 가정과 학교로 나누어 일상생활을 정리해 놓은 듯하다. 1과 「아참1」에서는 아침의 풍경이 묘사된다. 참새는 뜰 앞에서 짹짹 지저귀고 해는 동편 하늘에서 솟아오른다. 아이들은 일찍 일어나서 사내아이는 세수를 하고 여자아이는 머리를 빗는다. 「아참2」는 아이들은 부모에게 문안을 드리고, 학교에 등교해서 공부를 한다. 누이 정희는 여학교에서 공부를 하고, 오빠인 정길은 심상소학교에서 공부를 한다. 4과 「뎨조」는 학교에 간 학도들이 교사의 구령에 맞추어 체조하는 장면이, 7과 「혜ᄂ 것」은 수업시간에 아이들이 물건을 헤아리는 법이 소개된다. 3권의 19과 「매암이」에서는 주변에서 흔히 발견되는 매미의 허물을 통해서 매미의 생태를 설명하고, 26과 「곡식」에서는 쌀과 보리, 콩과 조 등 일상적으로 먹는 여러 가지 곡식들을 설명하며, 29과 「밋글 읽기」에서는 시험을 앞둔 사촌 형제가 집에서 밑글을 함께 읽는 모습을 보여준다.

『초등소학』이 주변에서 쉽게 볼 수 있는 친근한 동물들을 적극적으로 활용한 것은 아동의 현실과 이해 수준을 고려한 배려이다. 『초등소학』에 수록된 동물들은 일상에서 쉽게 접하는 개미, 파리, 나비, 거북이, 기러기, 토끼, 병아리, 호랑이, 부엉이, 비둘기, 고양이, 소, 여우, 베짱이, 개구리, 나귀, 쥐, 여우 등이다. 이런 동물들을 통해서 다양한 내용의 교훈을 전하는데, 이는 『국민소학독본』이나 『신정심상소학』이 낙타, 고래, 악어, 기린, 사자 등 외래동물을 소개한 것과는 확연히 구별된다.

『초등소학』에서 무엇보다 두드러지는 것은 자주독립과 충절로 무장한 국민을 만들고자 하는 의지이다. 을사늑약으로 국가의 운명이 백척간두에 내몰린 현실에서 간행된 관계로 『초등소학』은 그것을 타개하려는 강한 열망을 보여준다. <황성신문> 논설에서 언급된 것처럼, 『초등소학』은 "역사 지지 및 교육을 개괄하여 국가사상을 어린이들의 뇌리에 주입"해서 궁극적으로 어린 학생들을 "국가독립의 원동력"(「초등소학」, <황성신문>, 1907.7.15)을 삼겠다는 데 목표를 두었고, 그런 관계로 책에는 우리나라를 건국하거나 위기에서 구한 과거의 역사와 인물들이 다양하게 실려 있다.

민족사에 대한 환기는 단군, 삼국시대, 영조, 세종, 성종 등 인덕(仁德)으로 인민을 사랑한 성군을 기리는 내용과 조선이 탄생하게 된 일련의 과정을 기록한 설명문을 통해서 이루어진다. 「아국 고대의 사기」(7권 1과)는 환인의 손 왕검이 왕이 되어 단군이라 칭하고 국호를 조선이라 정했으며, 그것이 이후 기자, 마한, 고구려, 백제로 이어졌다는 내용이다. 「신라태조 혁거세」(7-14)는 신라는 기씨 조선의 뒤를 이은 왕국으로, 태조 박혁거세가 국호를 신라라 하고 서라벌에 도성을 정하였다고 설명한다. 나라를 다스리매 덕화(德化)가 대행하여 풍속이 극히 선미한 까닭에 일본인이 침범했다가 왕의 성덕을 듣고 퇴각했다는 내용이다. 「고구려사」(7-21)는 주몽이 졸본 부여에서 왕이 되어 국호를 고구려라 칭했고, 나라를 세운지 7백여 년에 신라에 망했다는 내용이고, 「백제의 약사」(8-7)는 백제는 고구려 신라와 더불어 동시에 병립하여 삼국이라 칭했는데, 그 시조는 '고온조'이고 '고주몽'의 아들이라는 것을 언급한다. '단군'이 시조로 숭상되고 만주 전역을 우리 영토로 포괄하는 이러한 사관은 실학자들의 역사 연구에 뿌리를 둔 것으로 전통적인 중화사상에서 벗어나 사료 고증에 의거한 객관적 서술을 무엇보다 중시한 것으로 평가된다.

교재명	우리나라 인물	외국 인물
『국민소학독본』	세종대왕, 을지문덕,	워싱턴, 가필드, 콜롬부스, 칭기즈칸
『신정심상소학』	장유, 영조, 이시백	小野道風(일본), 司馬溫公(중국), 宿瘤(중국), 塙保已一(일본), 華盛頓(미국)
『초등소학』	을지문덕, 강감찬, 양만춘, 단군, 혁거세, 고주몽, 고온조, 조광조, 곽재우, 송상현, 조헌과 7백 의사, 삼학사(홍익한, 오달제, 윤집), 영조, 이시백, 이문원, 문익점	워싱턴, 소격란왕, 한신, 장순, 허원
『보통학교학도용 국어독본』	세종대왕, 을지문덕, 영조, 김속명	공자, 맹자

『국민소학독본』에는 세종대왕과 을지문덕 2명, 『신정심상소학』에 장유, 영조, 이시백 등 3명이 수록되었을 뿐이지만, 『초등소학』에는 그보다 몇 배나 많은 우리 인물들이 수록되어 마치 역사 교과서를 보는 듯하다. 특히 『신정심상소학』에는 일본 인물들이 수록되어 교과서가 점차 일본화되는 모습을 보여준 반면, 『초등소학』에서는 오히려 일제의 침략을 물리친 곽재우와 송상현을 수록하여 대일 저항의 의지를 분명히 하였다.

「곽재우」(7-29)는 임진왜란 때 일본군과 맞서 싸우다 전사한 인물이다. 일본이 대병으로 아국을 침범하고 우리가 거듭 패하여 국세가 자못 위태로운 상황에서, 곽재우는 의병을 모집해서 무수히 적병을 격파했는데, 싸울 때는 항상 붉은 옷을 입었기에 적이 홍의(紅衣)장군이라 칭했다고 한다는 내용이다. 이런 내용을 서술하면서 편자는 국가 존망의 시기에는 '사로써 국(國)을 보(報)'해야 한다고 말한다. 「송상현」(8-4)에서는 국가를 위하여 자기의 생명을 아끼지 말라는 주제를 송상현의 예를 통해서 보여준다. 임진왜란 때 송상현은 동래 부사였고, 죽음으로 적을 방어했으나 중과부적으로 성이 함락되기에 이르렀다. 그런데 공이 평시에 일본인과 교류함에 예의를 다한 관계로 일본인들도 또한 공의 후은에 깊이 감동해서 공에게 성곽 틈으로 피하라고 은밀히 일러주었으나, 공은 응하지 않고 결국 의자에 앉아서 화를 당했다는 내용이다. 「조헌」 역시 같은 주제의 글이다. 일본이 침략하자 조헌은 승(僧) 영규와 함께 맞서 싸우다가 금산성 밖에서 전사하였고, 그를 따르던 군사 7백 명도 모두 조헌과 함께 전사하고 한 사람도 도망한 자가 없었다는 내용이다. 중국과 맞서 싸운 을지문덕과 강감찬과 삼학사를 통해서 강조하는 것도 바로 이 멸사봉공의 충절이다. 강감찬을 모범으로 삼아 임금에게 충성하고 나라를 사랑하고 국가의 독립을 견고케 하는 것이 학생들이 가져야 할 자세임을 강조한다. 「을지문덕」(5-16)에서 강조한 것도 같은 내용이다. 을지문덕이 수나라의 30만 대군을 물리친 일화를 소개하면서 조선이 독립을 보전한 것은 실로 을지문덕의 공이라고 말하고, "國의 강성홈은 地의 대소와 人의 다소에 在치 아니ᄒ니, 諸子들도 을지문덕의 충의와 용맹을 效홀지어다."라고 당부한다.

「삼학사의 충절」(8-14)은 인조 시절에 청병이 우리나라와 맺은 화약을 어기고 침략하자 전국에서 의병이 일어나 격렬하게 싸웠다는 내용이다. 그러나 양국은 피해가 커서 다시 화약을 맺게 되었는데, 3학사(홍익한, 오달제, 윤집)는 그것을 끝까지 반대하고 항거하다가 마침내 청국의 포로가 되었다. 청제가 여러 가지로 유혹하였으나 이들은 끝내 거절하고 죽음을 당하였다는 내용이다. 이런 사실을 말한 뒤 편자는 "국민 되는 자는 다 충애를 진(盡)함이 그 직분이라 유년의 학원 등은 다 삼학사를 효(效)하야 비록 사지를 당할지라도 소지(素志)를 변치 말지니라."고 당부한다. 일제의 거센 압력 속에서 변절자가 속출하는 현실에서, 비록 죽음을 당할지라도 본래의 충절을 버리지 말라는 간절한 부탁인 셈이다. 중국의 장경과 허원이 주목되는 것(「장순 허원」, 7권 6과)도 같은 맥락이다. 중국 당나라 현종 때 안록산이 난을 일으켜 전국을 석권할 때, 회양 태수 허원은 장경과 더불어 성을 지키다가 마침내 함락되었다. 적은 항복하라고 협박하였으나 장경과 허원은 크게 꾸짖으며 죽음을 당했다는 내용이다. 중국이나 일본과 맞서 나라를 지킨 영웅들을 제시하면서 동시에 이와 같은 충신을 등장시킨 것인데, 이는 을사늑약을 전후로 일진회를 비롯한 많은 인사들이 친일로 훼절하는 현실을 염두에 둔 것으로 볼 수 있다. 이런 데서 국정 교과서와는 다른 민족의식으로 무장한 민간 교과서로서 『초등소학』의 특성을 알 수 있다.

4. 핵심어

초등소학, 국민교육회, 곽재우, 송상현, 밋글 읽기, 복습(단원), 삼학사, 장경, 허원

5. 참고문헌

신혜경, 「대한제국기 국민교육회 연구」, 『이화사학연구』 20, 21합집, 1993.

강진호, 「국어 교과서의 탄생과 근대 민족주의」, 『상허학보』, 상허학회, 2012.10,

박붕배, 『한국 국어교육전사』(상), 대한교과서주식회사, 1987.

박영기, 『한국근대 아동문학 교육사』, 한국문과사, 2009.

박치범·박수빈 편역, 대한국민교육회, 『초등소학』(Ⅰ, Ⅱ), 경진, 2012.

윤여탁 외, 『국어교육 100년사 Ⅰ』, 서울대출판부, 2006.

조문제, 「개화기의 국어과 교육의 연구(2)」, 『겨레어문학』, 겨레어문학회, 1983.

『초등소학(初等小學)』

서 명 『초등소학(初等小學)』
저 자 보성관(普成館) 편집부
형 태 12.5×18.5(cm)
발 행 보성관(普成館), 1906년
소장처 국립중앙도서관

『초등소학1』 속표지

1. 개요

　『초등소학(初等小學)1』은 보성관에서 편찬하여 발간한 초급자용 국어교과서이다. 단어와 구문, 간단한 문장을 쉽게 배울 수 있는 체제와 내용이며 삽화와 함께 편성해 놓았다. 초급자용 교과서이기는 하나 자모의 차원, 글자와 단어, 구문과 문장 단위로 편성하여 단계별로 한글을 익힐 수 있도록 체계적으로 구성되어 있으며 계몽적 색채와 함께 민족의식을 담고 있다.

2. 저자

　보성관은 보성학원 설립자인 이용익이 광무 5년(1905)에 많은 도서와 인쇄기기를 도입하면서 설립한 보성학원 직속 편집소이다. 1906년 사립 보성중학이 개교하면서 설립된 보성관은 소학교, 중학교, 전문학교 등 보성 계열 학원에 소요되는 교과서 편찬에 착수했는데, 교과서 편찬의 주축은 보성학원 소속의 교사진이었다. 보성관은 교재 발간 외에도 신지식인층을 대상으로 『을지문덕전』『비사맥전』(비스마르크전)』,『 재정론』 등과 일본의 대학 강의록도 번역 출판하였다. 보성관은 교육과 출판을 병행하며 애국적 출판운동의 거점이었고, 국채보상연합 회의 장소, 잡지『야뢰(夜雷)』의 임시사무실을 비롯하여 각종 학회의 모임장소로 이용되면서 사회운동의 본거지가 되었다. 교과서의 삽화는 이도영(李道榮, 1884~1933)이 그렸다. 이도영은 휘문의숙과 보성중학 도화교사, 조선미술전람회 심사위원 등을 역임한 화가, 교육자로, 국민교육회가 발간한『초등소학』, 보성관의『몽학필독』등, 교과서 삽화와 신소설, 번안 소설의 삽화와 표지화도 많이 그렸다.

3. 내용 및 구성

『초등소학(初等小學)1』은 보성관에서 편찬하여 발간한 초급자용 국어교과서이다. 교과서는 한글의 자모음 익히기, 자모음에 기반을 둔 어휘 구성과 응용, 구문과 문장 구성의 원리 익히기 등으로 구성되어 있다. 교과서의 페이지마다 도판을 배치하여 가독성을 높였다.

1쪽([그림 1])에 있는 '가-거'항목의 예로 들어 보면, '가'에 해당하는 '가지'[가(茄)]의 '가'를, '거루'[소주(小舟)]의 '거'를 연상하며 익힐 수 있도록 삽화와 함께 편성하였다. 발음과 글자를 삽화와 함께 배치하여 초급자의 학습 동기와 흥미를 유도했다([그림 1], [그림 2] 참조).

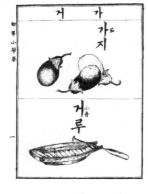 

[그림 1]　　　　　　　　　[그림 2]

2쪽([그림 2])에서는 '가-거' 항목 다음으로 '고-그'와 고초(고추)와 그리마[절지동물로 일명 '돈벌레']를 삽화와 함께 배치하였다. 고추의 '고'와 그리마의 '그'를 연상해서 발음과 표기를 배울 수 있게 편성한 것이다. 2쪽부터는 발음과 표기를 함께 익힐 수 있도록 "가갸 거겨 고교 구규 그기 ᄀᆞ"를 배치하였다.

교과서의 한글 학습 체계는 자모의 발음과 표기 연습(1단계), 글자와 단어의 발음과 표기 연습(2단계), 구문과 문장의 발음과 표기 연습(3단계) 등으로 구성되어 있다.

1단계 '자모의 발음과 표기 연습'은 현재 사용하는 24개의 한글 자모(ㄱㄴㄷㄹㅁㅂㅅㅈㅊㅋㅌㅍㅎ과 ㅏㅑㅓㅕㅗㅛㅜㅠㅡㅣ)에다 '·'(아래ᄋ)를 더한 표기를 기본으로 삼고 순서대로 익힐 수 있도록 하였다(1-19쪽).

'ㄱ'은 '가거'와 '가지-거루'[나룻배]와 '고그'의 '고초'[고추]-'그리마'(가갸 거겨 고교 구규 그기 ᄀᆞ)로(1-2쪽), 'ㄴ'은 '나노'-'나비-노루'(나냐 너녀 노뇨 누뉴 ᄂᆞ)(3쪽), 'ㄷ'은 '다두'의 '다리-두루미'(다댜 더뎌 도됴 두듀 드디 ᄃᆞ)(4쪽)으로 편성되어 있다. 'ㄹ'은 '로리'의 '로어(鱸魚, 농어)-리화[梨花, 배꽃]'(라랴 러려 로료 루류 르리 ᄅᆞ)(5쪽), 'ㅁ'은 '머무'의 '머루-무우'(마먀 머며 모묘 무뮤 므미 ᄆᆞ) (6쪽), 'ㅂ'은 '보벼'의 '벼루-보리'(바뱌 버벼 보뵤 부뷰 브비 ᄇᆞ)(7쪽), 'ㅅ'은 '사소'의 '사자-

소'(사샤 서셔 소쇼 수슈 스시 ㅅ)(8쪽)으로 편성되어 있다. 'ㅇ'은 '아어'의 '아바지－어머니'(아야 어여 오요 우유 으이 ㅇ)(9쪽), 'ㅈ'은 '자조'의 '자루－조'(자쟈 저져 조죠 주쥬 즈지 ㅈ)(10쪽)으로 편성되어 있다. 'ㅊ'은 '초치'의 '초－치자'(차챠 처쳐 초쵸 추츄 츠치 ㅊ)(11쪽), 'ㅋ'은 '코키'의 '코키리[코끼리]－키[箕기]'(카캬 커켜 코쿄 쿠큐 크키 ㅋ)(12쪽), 'ㅌ'은 '토투'의 '토슈(套手 토시)－투서(套署 인장)'(타탸 터텨 토토 투튜 트티 ㅌ)(13쪽), 'ㅍ'은 '파피'의 '파쵸[芭蕉 파초]－피리'(파퍄 퍼펴 포표 푸퓨 프피 ㅍ)(14쪽), 'ㅎ'은 '하호'의 '하ㅅ(하사)－호도(胡桃)'(하햐 허혀 호효 후휴 후휴 흐히 ㅎ)(15쪽)으로 편성되어 있다. 또한, 'ㅘ'항은 '과－화'의 '과ㅈ(과자)－화로'(과궈 놔눠 돠둬 롸뤄 뫄뭐 봐붜 솨쉬 와워)(16쪽)을 편성하였고, 17-19쪽의 내용은 자모와 단어 구성 익히기를 복습하는 내용으로 이루어져 있다. 이렇듯, 1단계가 한글 자모 25개와 복모음 'ㅘ'를 포함해서 음운원리에 기반을 두고 발음과 표기를 배우는 과정으로 편성되어 있다.

2단계 글자와 단어의 발음과 표기 익히기는 20-35쪽에 해당한다. 그 내용은 '아'계열 자모음(가나다라마바사아자차카타파하과)과 복모음(과)를 합쳐 모두 15가지의 사례를 첫말과 끝말로 단어를 만드는 응용 원리를 학습하도록 편성되어 있다. 20-21쪽에서는 '가'항목이 '까 곰 교 국 기'와 'ㄱㄴㄷㄹㅁㅂㅅㅣㅇ'의 조합을 통해 단어를 구성하는 학습 내용으로 편성되어 있다. ㄱ의 복모음인 ㄲ(당대에는 'ㅺ')을 조합해서 '까치[鵲]'라는 단어 구성의 사례를 예시하고 있다(20쪽). '의 긔' 항목에서는 단어의 앞말이 아니라 단어의 뒷말과 연계시킨 학습 사례이기도 하지만, 민족의식과 국가에 대한 관념과 관련시킨 구체적인 사례임을 보여주고 있다. '의긔'의 끝말은 '의기(義氣)'를 연상하기에 충분하다. 민족을 상징하는 '곰(熊)', 교육입국을 상징하는 학교의 '교의(交椅 의자)', 국가의 상징인 '국긔(國旗)' 등을 편성해 놓았기 때문이다. 22쪽에서 '귀 에'항목도 '나'를 기준으로 '농' '누'와 같은 첫말을 결합하여 만든 어휘인 '나귀/ 농부/ 누에' 등을 연상하도록 하는 편성해 놓았다. '가나다라마바사아자차카타파하과'를 중심에 놓고 첫말과 끝말을 다양하게 결합하여 한글을 익힐 수 있도록 한 점이 특징적이다. 이처럼 2단계에서는 글자와 단어의 조합을 통해 다양한 결합방식과 구성원리를 체계적으로 익힐 수 있게 편성했다.

3단계 36-46쪽의 내용은 구문과 문장 익히기 과정으로 구성되어 있다([그림 3] 참조)

[그림 3]

[그림 3]에서 보듯, 주제 항목과 삽화, 본문으로 구성되어 있다. '기는쓸짓/ 고양음'은 '기 고'의 앞글자를 기반으로 삽화를 참조하여 문장을 연습할 수 있도록 편성했다는 점이다. "기는 쓸에서 짓고 고양

이는 마루에서 조읍니다"라는 사례처럼, 문장 단위를 익혀 스스로 문장을 구성하는 능력을 향상시킬 수 있도록 편성되어 있는 점이 특징이다.

『초등소학1』은 초학자용 국어 교과서이지만, 이 책을 통해서 초기 국어교육의 수준이 지금과 그다지 차이나지 않는다는 점을 확인할 수 있다. 또한 음운의 차원, 어휘의 차원, 문장의 차원 3단계로 구성되어 있어서 언어학적 원리에 입각한 체계적인 편성이 돋보일 뿐만 아니라 근대 초기 국어교육에 담긴 민족주의적 성향을 엿볼 수 있다는 점, 현재 사용하지 않는 사물의 명칭과 '아래ㅇ' 표기에 따른 실제 음가와 용례를 확인해 볼 수 있다는 점에서 근대 초기 민간 국어교육의 실상을 담은 사료로 평가할 수 있다.

4. 핵심어

보성관,『초등소학』, 초급자용 국어교과서, 삽화 편성, 자모, 글자와 단어, 구문과 문장, 단계별 학습, 계몽적 색채, 민족의식, 개화기 국어교육 자료

5. 참고문헌

권두연,「보성관(普成館)의 출판 활동 연구 - 발행 서적과 번역원(飜譯員)을 중심으로」,『현대문학의 연구』44, 2011.

김민환,「개화기 출판의 목적 연구」,『언론정보연구』47-2, 2010.

김예진,「관제 이도영의 미술활동과 회화세계」, 한국학중앙연구원 박사논문, 2012.

『초등소학수신서(初等小學修身書)』

서 명　『초등소학수신서(初等小學修身書)』
저 자　유근(柳瑾, 호는 石儂, 1861.9.~1921.5.)
형 태　확인불가
발 행　광학서포(廣學書舖), 1908년
소장처　한국학중앙연구원

『초등소학수신서』 표지

1. 개요

『초등소학수신서(初等小學修身書)』는 대한 황성(皇城)의 '광학서포'에서 1908년(隆熙 2年) 5월 30일에 초판 발행되었다. 모든 주제에 삽화를 붙여서 학생들이 내용을 쉽고 흥미롭게 이해할 수 있도록 만든 초등용 수신 교과서로, 전통적 성격의 가치·덕목과 당시 유입되던 근대적 성격의 가치·덕목이 모두 발견된다.

2. 저자

유근은 대한제국 및 일제강점기 초반에 활동한 언론인이자 교육자, 애국계몽 운동가이다. 1861년 9월에 경기도 용인에서 태어나 한학에 전념하다가, 1894년에 상경하였다. 1895년에는 탁지부(度支部)의 주사(主事)로서 김홍집(金弘集) 내각에 참여하였고, 1896년에는 독립협회(獨立協會)에 가입해 활동을 시작하였다. 1898년에는 만민공동회(萬民共同會)에서 간부 생활을 하였으며, 같은 해에 <황성신문(皇城新聞)> 창간에 기여하였다. 1905년에는 장지연(張志淵)이 작성한 '시일야방성대곡(是日也放聲大哭)'의 마무리와 발행에 관여하였고, 1907년에는 황성신문사의 제5대 사장으로 취임하였다. 1915년에는 중앙학교장에 취임하였으며, 1919년 독립운동을 기점으로 말년에는 <동아일보(東亞日報)> 창간에 힘썼다. 대한자강회(大韓自强會)·대한협회(大韓協會)·신민회(新民會)·조선광문회(朝鮮光文會) 등의 단체에서도 활동하였고, 『신정동국역사(新訂東國歷史)』(1906)·『초등본국역사(初等本國歷史)』(1908) 등을 비롯한 여러 역사 교과서들을 편찬하였으며, 나철(羅喆)이 창시한 대종교(大倧敎)에도 적극 참여하였다. 1921년 5월에 사망하였고, 1962년에 건국훈장 독립장에 추서되었다.

3. 내용 및 구성

『초등소학수신서』는 유근이 저술하였고, 『녀亽독본』의 저자이자 당시 언론인으로 활발히 활동하던 장지연이 교열하였다. 내용은 국한문혼용체로 기술되어 있고 단권으로 이루어져 있으며, 내용은 특정한 주제나 장으로 묶이지 않은 채 제1과 '모생(謀生)'에서부터 제60과 '의충(義蟲)'에 이르기까지 전체 60개의 짧은 과(課)들로 구성되어 있다. 특이하게도 제16과는 목차나 내용 모두에 과의 제목이 누락되어 있다.

별도로 '서문'이나 '결문'이라고 구분되어 있지는 않으나, 제1과 '모생'에서는 "수박[西瓜]의 둥근 것을 취해 수없이 선을 그으니, 그 형상이 지구와 같다. 이것을 물에 띄우고 개미를 잡아다가 그 위에 놓았더니, 개미가 먹을 것을 얻지 못해 죽을 지경을 당하였다. 너희 학도들은 생각해 볼지어다. 사람이 살기를 도모하지 않으면 어찌 지구상에서 살 수 있으리오."라고 하여, 위급한 상황에 처한 개미의 비유를 통해 당시 지구 정세에서 사람이 사람답게 살기 위해서는 무엇이 필요한지, 학생들이 생각해 볼 수 있도록 유도하였다. 그리고 제60과 '의충'에서는 "섬돌 아래에 개미가 수백 마리 모여 산부추 잎 한 마디를 맞들어 가고 있다. 어떤 아이가 보고 선생님에게 묻기를, '산부추 잎 한 마디는 겨우 개미 수 마리의 식량이 될 뿐인데, 어찌하여 수백 마리의 개미가 모여 있습니까?'라고 하였다. 선생님이 답하기를, '개미는 의로운 곤충이라 구멍에서 나와서 물건을 취함에 수백 마리씩 무리를 형성하여, 그 무리를 호위하고 외부의 공격을 방어한단다.'라고 하였다."라고 하여, 작은 일에도 힘을 합쳐 위기를 극복할 것을 학생들에게 권면하였다. 교과서의 시작과 맺음에서 동일하게 개미의 비유를 들고 있다는 점이 눈에 띈다.

『초등소학수신서』의 특이점을 두 가지만 제시하면, ① 첫째, 모든 과에 삽화가 삽입되어 있고, 각 과의 말미에는 '{問}'이라는 표기 다음에 질문이 달려 있다. 이런 장치들은 해당 내용에 대한 학습자의 흥미 진작과 이해 심화에 도움이 되었을 것으로 예상된다. 먼저 삽화의 경우, 소녀는 없지만 소년이 자주 등장하는데, 머리는 대체로 둥글고, 머리카락은 짧으며, 5등신 정도로 그려져 있다. 움직이는 모양새가 잘 표현되어 있고, 옷이나 신체의 나타냄도 자연스러우며, 동물과 사물, 배경 등의 표현도 세밀하다. 삽화들은 서화가 이도영(李道榮)이 그린 것으로 추정된다. 이어서 질문의 경우, 대부분의 질문은 해당 내용을 다시 한번 생각해 보게끔 하거나, 특정 가치·덕목을 고취하는 것이 목적으로 보인다. 가령 제29과 '입지(立志)'에서는, "이군(李君)이 아이를 데리고 등롱을 파는 시장에 들어가서 등롱 한 개를 사려고 하였는데, 아이에게 합당한 것이 없었다. 아이가 돌아와서 등롱 한 개를 스스로 만들어서, 오른쪽에는 '당세의 영웅'이라고 쓰고 왼쪽에는 갑자기 이름을 쓰니, 이군이 말하기를 '이 녀석이 큰 뜻이 있으니 과연 아름답구나.'라고 했다."라는 내용에 대해, "뜻을 세움이 무엇이 아름다운가? 사람이 뜻이 없으면 마땅히 어떠한 사람이 될 것인가?"라는 질문이 이어진다. 그러나 질문들 중에는, "친구와 어머니 중에서 누구와 더 친(親)한가? 이 아이는 어찌하여 친구의 정을 어겼는가?"(제6과 '효아(孝兒)')와 같이 유사 딜레마(dilemma)도 있으며, "원숭이와 고양이 중 누가 지혜로운가? 지혜로운 자도 어리석은 자에게 부림을 당할 수 있는가?"(제15과 '지우(智愚)')와 같이 해당 내용을 다른 관점에서 생각해 보도록 유도하는 것도 있다.

② 둘째, 비유를 들어 설명하는 경우(개미, 메뚜기, 벌, 고양이, 개, 토끼, 소, 거북이 등)가 많고, 전통적인 가치·덕목(효성, 우애, 입지 등)과 당시 유입되던 근대적인 가치·덕목(자유, 자주, 공익 등)의 공존을 꾀하면서도, 보다 직접적으로는 국력 강화 및 국난 극복에 교과서의 초점을 맞추었다. 이러한 이유 때문인지, 『초등소학수신서』는 1909~1910년에 학부에서 교과용 도서로 불인가되어 사용과 발매가 금지되었다. 몇 가지만 예를 들면, 타인에게 모욕을 당함의 견디기 어려움(제2과 '모롱(侮弄)'), 지혜가 없으면 부림을 당하는 신세로 전락함(제3과 '지혜'), 우월한 자의 승리와 열등한 자의 패배(제13과 '우열'), 학생들의 병역 할 의무(제21과 '의무'), 약자도 시기를 잘 이용하면 강자에게 승리함(제24과 '약자승강(弱者勝强)'), 자주권을 잃게 되면 겪는 고통(제25과 '무자주권(無自主權)'), 무능한 자의 희롱 당함(제43과 '무능자의 수롱(受弄)'), 국가와 민족[同種]을 사랑해야 함(제50과 '애국애동종(愛國愛同種)'), 남에게 의지하면 제대로 살기 어려움(제56과 '의뢰(依賴)') 등을 꼽을 수 있다. 이런 내용에 한계가 발견되지 않는 것은 아니다. 흔히 곤충이나 동물로 비유되는 무능한 개인 내지는 열등한 국가는, 그 무능과 열등으로 인하여 모욕을 당해도 괜찮다는 식의 기술은 이 교과서가 가지는 시대적 한계라고 할 수 있다.

『초등소학수신서』는 당시 활용되던 초등용 수신서 또는 수신 교과서들과 비교할 때 여러 측면에서 실효성이 높은 교과용 도서이다. 저자의 관점에서 전통과 근대의 조화를 꾀하면서도, 국가의 위기 극복과 관련된 실천적 가치·덕목들도 강조하고 있다. 또한 많은 삽화와 비유들, 정리 질문의 제시 등으로 대단히 발전된 모습을 보여준다. 물론 소녀에 대한 삽화는 없다거나, 내용과 질문이 어색한 부분이 있다거나, 우승열패식의 사고방식이 발견된다는 점 등은 이 교과서에 나타나는 시대적 한계라고도 할 수 있다. 그러나 당시 대한제국이 처한 국내외의 상황 및 책의 형식상·내용상의 특징을 고려할 때, 분명히 혁신적인 모습을 보여준 수신 교과서라고 평가할 수 있다.

4. 핵심어

유근(柳瑾), 모롱(侮弄), 효아(孝兒), 약자승강(弱者勝强), 무자주권(無自主權), 애국애동종(愛國愛同種)

5. 참고문헌

김민재, 「근대 초등용 수신 교과서에 나타난 가치교육의 변화 연구」, 『초등도덕교육』 36, 2011.
박병기, 「『초등소학수신서』 해제」, 허재영 외 역, 『근대수신교과서 1』, 소명출판, 2011.
송희경, 「유근의 『초등소학수신서』(1908)와 삽화의 시각성」, 『한국문학과 예술』 21, 2017.
이승구·박붕배, 『한말 및 일제강점기의 교과서 목록 수집 조사』, 한국교과서연구재단, 2001.
이종국, 『한국의 교과서 변천사』, 대한교과서, 2008.
學部編輯局, 『敎科用圖書一覽』, 學部編輯局, 1910.
공훈전자사료관(https://e-gonghun.mpva.go.kr/user/index.do)

『초등수신(初等修身)』

서 명 『초등수신(初等修身)』

저 자 박정동(朴晶東, 미상~1919.5.)

형 태 22.2×15.4(cm)

발 행 동문사(同文社), 1909년

소장처 한국학중앙연구원

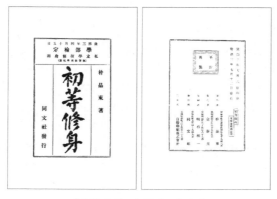

『초등수신』 속표지, 판권지

1. 개요

　『초등수신(初等修身)』은 경성(京城)의 '동문사'에서 1909년(隆熙 3年) 7월 12일에 초판 발행되었다. 쉬운 내용에 삽화를 곁들인 초등용 수신 교과서로, 사립학교에서 사용할 목적으로 학부 검정을 통과하였음을 표지에서 밝히고 있다. 애국이나 당시의 국내외 정세에 대한 비판 의식은 거의 다루고 있지 않다는 한계도 함께 가지고 있는 교과서이다.

2. 저자

　박정동은 대한제국 및 일제강점기 초반에 활동한 교육자이자 종교인이다. 『대한제국관원이력서』에 의하면, 그의 본관은 순천이고 부친은 헌릉참봉(獻陵參奉)을 지닌 박해규(朴海奎)이다. 1896년에 한성사범학교에서 수업을 받았고, 이듬해인 1897년 4월 21일에 사범학교를 3회로 졸업하였다. 졸업하자마자 남원군 공립소학교에 부임하였고, 1898년 11월 3일에 관립소학교로 전임하였으며, 며칠 뒤인 8일에 사범학교로 다시 전임하였다. 1903년 이후 관원이력서에 기록될 당시에도 학부의 사범학교 교원으로 재직 중이었다. 1908년부터 1910년에 이르는 기간에는 『기호흥학회월보(畿湖興學會月報)』와 『교남교육회잡지(嶠南教育會雜誌)』 등에 글을 게재하였는데, 대체로 지리 및 물리와 관련된 것들이다. 1910년대에 들어와서는 천도교에서 이탈한 시천교(侍天教)와 관련된 활동을 하면서 해당 종교의 교단서와 해설서들을 저술하였으며, 1919년 5월에 사망하였다. 다양한 서적의 편찬에 관여하였는데 교과서와 종교서를 중심으로 정리하면, 먼저 교과서는 대부분 1909년에 발행되었는데, 역사 교과서로는 흥사단(興士團) 편집부장 신분으로 저술한『초등대동역사(初等大同歷史)』와『초등본국약사(初等本國略史)』가 있고, 지리 교과서로는『초등본국지리(初等本國地理)』가 있으며, 수신 교과서로는『초등수신』등이 있다. 종교서는『동경대전(東經大全)』을 주해한『천경정의(天經正義)』(1914) 및 교단사를 담아낸『시천교종역사(侍天敎宗繹史)』(1915)와『시천교조유적도지(侍天敎祖遺蹟圖志)』(1915) 등이 있다.

3. 내용 및 구성

『초등수신』은 표지에 몇 가지 정보를 담고 있는데, 저자 이름[朴晶東]과 발행소[同文社] 이외에도, 이 책이 1909년 4월 15일에 학부 검정을 통과하였고 교육 대상은 사립학교의 초등교육 학도용이라는 것이 명시되어 있다. 내용은 국한문혼용체로 기술되어 있고, 단권으로 이루어져 있으며, 전체 5개의 장(章) 아래 총 65개의 주제가 배치되어 있다. 내용 구성에 대해 보다 구체적으로 밝히면, 제1장「신체」는 제1과 '귀'로부터 제22과 '목욕'까지로 구성되어 있고, 제2장「윤리」는 제1과 '부모'로부터 제7과 '붕우(朋友)'까지로 구성되어 있으며, 제3장「잡저(雜著)」는 제1과 '가정교육'으로부터 제19과 '예의'까지로 구성되어 있고, 제4장「가언(嘉言)」은 제1과 '효'로부터 제4과 '공부'까지로 구성되어 있으며, 제5장「선행(善行)」은 제1과 '천교(踐敎)'로부터 제13과 '도량(度量)'까지로 구성되어 있다.

『초등수신』에는 별도로 '서문'이나 '결문'으로 구분된 내용이 없다. 각 장의 내용만을 개략적으로 정리하면, 제1장에서는 신체를 구성하는 각 기관의 명칭과 기능 및 그 기능이 잘 이루어지기 위해서 우리는 어떤 노력을 해야 하는지를 설명하고 있다. 앞부분에서는 주로 기관 자체에 초점을 맞추되, 뒤로 갈수록 걸음[行步]과 잠[寢眠], 운동, 거처, 음식, 의복, 목욕 등 신체를 건강히 유지하기 위한 활동을 기술하고 있으며, 동시에 신체의 건강이 마음의 건강과도 직결되어 있다는 점을 안내하였다. 가령 제1장의 제19과 '거처'에서는 "거처는 신체를 휴식하여 심신(心神)을 유쾌하게 하는 곳이니"라고 하였고, 제22과 '목욕'에서는 "목욕은 신체의 더러움을 없애어 위생에 도움이 되는 방법이다. … 이 목욕하는 방법을 미루어 마음 안의 악덕을 씻어버림을 생각해야 한다."라고 하였다.

이어서 제2장에서는 인간관계에 있어 지켜야 할 윤리에 대해 수록하였다. 먼저 사람이 맺는 관계의 가장 기본이 되는 부모와 형제, 자매의 의미와 그 사이에서 지켜야 할 효, 우애 등의 가치·덕목에 대해 안내한 뒤, 관계의 범위를 할아버지-손자, 숙부-조카, 친척[族戚]과 친구로 확장하고 있다. 일례로 제2장의 제6과 '족척(族戚)'에서는 "족척은 아버지의 집안과 어머니의 집안이니, 같은 성의 친척을 '족'이라고 칭하며, 다른 성의 친척을 '척'이라고 부른다. 족을 사랑하여 척에 미치며, 척을 사랑하여 이웃 마을에 미쳐야 하니, 이렇게 하여 가족이 화목하고 향리가 친목함이 모두 애정으로 되는 것이다."라고 하였다.

다음으로 제3장에서는 부모와 스승의 가르침이 필요한 이유, 학문함의 자세, 사회와 공익의 의미, 타인의 명예와 재산을 소중히 해야 하는 까닭, 다른 사람을 사랑하고 베풂, 지식과 뜻, 언어의 중요성, 직업과 자영(自營), 은혜와 궁리(窮理), 시간을 아껴 쓰기 위한 노력 및 과실을 고치기 위한 반성, 예의 갖춤 등의 주제에 대해 두루 서술하였다. 얼핏 보면 두서없이 보이기도 하지만, 이 장에는 사회 및 공동체(넓게는 사해동포)와 관련된 내용들이 발견된다는 점에 주목해야 한다. 예를 들어 제3장의 제4과 '사회'에서는 "사람은 마땅히 자기의 본분을 닦아서 사회의 공동의 힘을 완전하게 해야 할 것이다."라고 하였고, 제8과 '애인(愛人)'에서는 "비록 서로 친분이 없는 길거리 사람일지라도 그 근원을 거슬러 올라가서 구하면 모두 나의 동포이니, 어찌 서로 사랑하지 않으리오."라고 하였다.

끝으로 제4-5장에서는 한반도의 역사적 인물들이 행한 언행으로부터 해당 주제에 적합한 내용을 추출하여 배치하였다. 제4장에는 효에 이이(李珥), 경애에 이황(李滉), 지신(持身)에 조광조(趙光祖), 공부에 강희맹(姜希孟)의 실례가 있고, 제5장에는 천교(踐敎)에 귀산(貴山)·추항(箒項), 학교에 안유(安裕=安珦), 청렴에 최석(崔碩), 침정(沈靜)에 정몽주(鄭夢周), 격물(格物)에 서경덕(徐敬德), 천약(踐約)에 조식(曺植)·성제원(成悌元), 공직(公直)에 이순신(李舜臣), 의용(義勇)에 곽재우(郭再祐), 병공(秉公)에 이후백(李後白), 자성(自省)에 황종해(黃宗海), 시혜(施惠)에 이지함(李之菡), 치가(治家)에 유정모(柳鼎模), 도량(度量)에 하진(河溍=河溍)의 실례가 있는데, 이 5장은 국가 순(신라, 고려, 조선)으로 인물이 배치되어 있다.

『초등수신』의 특이점을 두 가지만 제시하면, ① 첫째, 형식적인 측면에서 볼 때, 독자가 교과서의 내용을 이해하고 활용함에 있어 도움을 주기 위한 몇 가지 장치가 있다. 우선 학생들이 교과서의 내용을 쉽게 이해할 수 있도록 돕는 삽화들이 있고, 각각의 삽화에는 한자로 제목이 붙어 있다. 삽화의 개수는 28개인데, 65개에 달하는 주제를 모두 표현하지는 않았으나 상당히 많은 수의 삽화가 수록되었다. 그리고 학생들이 교과서의 내용을 쉽게 찾을 수 있도록, 페이지 왼편이나 오른편의 보조단을 활용하여 해당 장이 몇 번째인지, 그 안에서 과나 삽화의 제목은 무엇인지 표시해 두었다. 만약 동일 페이지 안에 과나 삽화의 내용이 여러 개라면, 해당 제목들을 모두 표시하였다. ② 둘째, 내용적인 측면에서 볼 때, 국가가 위기에 처했을 경우 이 국가의 국민으로서 가져야 하는 마음가짐이나 태도에 대한 부분이 전무한 것은 아니지만 매우 적고, 그 내용조차도 당시 대한제국의 상황과 어떻게 결부될 수 있는지에 관해서는 안내하지 않았다. 가령 제5장의 제7과 '공직'에서는 이순신의 일화를 다루고 있지만 이것은 상관의 합당하지 않은 요구에 불응한 사례이지, 충군이나 애국과는 큰 상관이 없다. 이어지는 제8과 '의용'에서는 곽재우가 임진왜란을 맞아서 싸우지 않고 도망간 장수와 지방 수령 등을 꾸짖고 의병을 일으켜 큰 공을 세웠다는 내용이 나오는데, 비판적으로 보면 얼마만큼 큰 승리를 거두었는지 나타나지 않고, 오히려 임진왜란 당시 조선의 모든 도[諸道]가 함락되었는데도 장수나 지방 수령 등은 도망갔다는 내용이 도드라져 보이며, 대한제국이 처한 상황에서 곽재우의 의용이 어떤 도움이 될 수 있는가에 대한 측면도 안내되어 있지 않다.

『초등수신』은 개인과 가정, 사회생활과 관련된 기본적인 가치·덕목들을 학습하기에는 용이하게 구성되어 있는 교과용 도서이다. 그리고 삽화나 페이지의 보조단 등을 활용한 부분도 눈에 띈다. 그러나 학부 검정을 통과했다는 사실에서 어느 정도 예고된 것이기는 하나, 애국이나 당시 국내외 정세에 대한 비판 의식은 거의 다루지 않는다는 시대적 한계를 함께 가지고 있는 수신 교과서라고 평가할 수 있다.

4. 핵심어

박정동(朴晶東), 신체, 윤리, 잡저(雜著), 가언(嘉言), 선행

5. 참고문헌

김소영, 「통감부시기 역사교과서 편찬과 교과서 검정제」, 『인문연구』 92, 2020.
남정희, 「『초등수신서』 해제」, 허재영 외 역, 『근대수신교과서 1』, 소명출판, 2011.
박병훈, 「동학의 영부관(靈符觀) 연구」, 『종교와 문화』 31, 2016.
한국사데이터베이스(http://db.history.go.kr/)
한국민족문화대백과사전(http://encykorea.aks.ac.kr/)

『초등여학독본(初等女學讀本)』

서 명 『초등여학독본(初等女學讀本藝讀本)』
저 자 이원긍(李源兢, 호는 취당(取堂), 1849~미상)
형 태 22.5×15.4(cm)
발 행 보문사, 1908년
소장처 국립중앙도서관

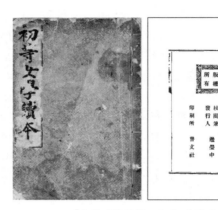

『초등여학독본』 표지, 판권지

1. 개요

『초등여학독본(初等女學讀本藝讀本)』(1권 1책)은 여성 초학자들을 위한 독본 형식의 교과서로, '보문사'에서 1908년 3월 10일에 발행되었다. 표지에 따르면 당시 판매 정가는 삼십전이었다.

2. 저자

이원긍은 조선말의 문신이자 교육자이다. 1873년 진사 시험에 합격하여 음성현감, 춘천판관을 역임했다. 1894년 내무아문참의를 역임했고, 군국기무처의 회의원(會議員)이 되었다. 독립협회 회원으로서 국권회복과 인권운동을 이유로 옥고를 치렀다. 수감되어 있을 때 미국선교사 방커(Bunker, 房巨)의 교화로 기독교신도가 된 후 출옥 후 함태영(咸台永), 조종만(趙鍾萬) 등과 분동교회를 세우기도 했다. 1904년에 이준(李儁), 유성준(兪星濬), 전덕기(全德基), 박정동(朴晶東) 등과 국민교육회를 조직하여 애국 계몽과 교육구국운동에 힘썼다. 주요 저서로 『경성약기(京城略記)』, 『초등여학독본』, 『한문대한지지(漢文大韓地誌)』 등이 있다.

3. 내용 및 구성

『초등여학독본(初等女學讀本)』은 초학자인 여성들의 교육을 위한 교과서로서, 『여계(女戒)』와 『내훈

(內訓)』,『가훈(家訓)』등의 내용 중에서 여성 교육의 가치가 있는 내용을 선별하여 인용하거나 요약했다. 당시 초등 수준의 여성용 교재라는 점을 고려하여 국한문 혼용문으로 본문을 기술한 후 이어서 국문 번역문을 제시하는 방식을 취하고 있다.

[그림 1] 『초등여학독본』 「명륜장(明倫章)」 본문(1)　　[그림 2] 『초등여학독본』 「명륜장(明倫章)」 본문(2)

『초등여학독본(初等女學讀本)』은 1권으로 되어 있으며, 표지, 서언, 목차, 본문, 판권지의 체제로 이루어져 있다. 본문은 명륜장(明倫章), 입교장(立敎章), 여행장(女行章), 전심장(專心章), 사부모장(事父母章), 사부장(事夫章), 사구고장(社舅姑章), 화숙매장(和叔妹章) 등 8개의 장(章)과 각 장에 세부 단원을 총 51개의 과(課)로 구성되었다.

『초등여학독본(初等女學讀本)』책머리의 「서언」에서 이원긍(李源兢)은 여성의 교육은 지육·덕육·체육 중에서 "女學의 德育이 爲尤要"라며 덕육을 기본으로 삼아야 한다고 강조했다. 특히 "現今에 風氣가 大開ᄒ고 女權이 釋放ᄒᄆ 女學이 男學보담 急"하다고 인식하고 "우리나라 여자들이 배우는 것은 재봉과 요리뿐이고 설령 글을 아는 여자가 있더라도 음풍농월이나 가벼운 말짓기를 즐겨 경박해질 뿐이라고" 개탄했다. 이어서 "민족의 반이나 되는 여자를 쓸모없는 사람"으로 만든 현실을 비판한 후 남성교육보다 여성교육이 더 시급하기 때문에 자신이 『초등여학독본(初等女學讀本)』을 저술하게 되었다고 밝히고 있다. 「서언」을 통해 이원긍은 여성 교육의 중심은 덕육이 되어야 하다는 점을 강조하여 수신(修身)을 교육의 내용으로 삼고자 "女誠와 內則과 家訓에 女子의 日用常行之道"에서 『초등여학독본(初等女學讀本)』의 내용을 수집했다고 기술했다. 다음은 『초등여학독본(初等女學讀本)』의 「서언」이다.

教育은 智育과 體育으로 爲用ᄒ고 德育으로 爲基ᄒᄂ니 凡 敎育을 事ᄒᄂ 者ㅣ 皆以此로 模範을 作爲ᄒ되 女學의 德育이 爲尤要ᄒ니 何則고 我國女子ᄂ 敎育이 素無ᄒ야 自立ᄒᆯ 줄을 不知ᄒ고 所學이 다만 縫衣炊飯ᄒ야 供人之具를 事ᄒ고 塗脂抹粉ᄒ야 悅己之容을 作ᄒᆷ에 不過ᄒ니 所謂 德이 烏乎在오 往往이 能文ᄒᄂ 女子ㅣ 不乏ᄒ건만은 惟以吟風詠月之詞와 託興寄情之言으로 佳人才女의 名만 博得ᄒ고 觀者로 ᄒ야곰 心志가 放蕩케 ᄒ니 無益ᄒᆯ 쑨이 아니라 適足以風化를 傷ᄒᄂ 故로 乃曰 女子無才ㅣ 便是德이라 ᄒ야 遂使女子로 幽閉ᄒ야 二千萬民族에 半數ᄂ 無用之人을 作ᄒ니 嗚呼라 現今에 風氣가 大開ᄒ고 女權이 釋放ᄒᄆ 女學이 男學보담 急ᄒ니 入學之初에 修身을 宜先敎之ᄒ야 德育으로 爲基ᄒ고 他日學成에 智育과 體育이 相補以行ᄒ면 女子界進化가 將如男子로 同權矣리니 不佞이 所以로 女誠와

內則과 家訓에 女子의 日用常行之道를 採取ᄒ야 女學讀本을 編成ᄒ니 每課所言이 皆切實可行이오 古人에 言行만 呆叙홈이 아니라 固陋를 不揣ᄒ고 女校의 一助를 竊望ᄒ노라

隆熙二年二月 上澣 著者識　　　　　　　　　　　　　　　　　　　　（「序言」, 『초등여학독본』）

『초등여학독본(初等女學讀本)』이 대상으로 했던 학습자는 목차 앞부분에 '초등여학(初等女學) 제1년 제1학기 독본(讀本)'이라는 표기에서 알 수 있듯이 소학교의 1학년 여학생들이었을 것으로 짐작된다. 특히 [그림 1]과 [그림 2]와 같이 국한문 문장으로 기술한 본문에 국문 번역문을 나란히 제시하여 구성한 것은 한문 문해력이 약한 여성이라도 교재의 내용을 이해하기 쉽도록 하기 위해 마련한 교육적 장치로 보여진다.

『초등여학독본(初等女學讀本)』은 여성의 덕육을 위한 교재라는 성격을 반영하여 주로 가정과 사회에서 여성이 갖추어야 할 덕목과 여성의 역할에 관한 내용과 인권이나 남녀평등, 여성 교육의 중요성을 주요 내용으로 구성하고 있다. 다음은 『초등여학독본(初等女學讀本)』의 내용을 보여주는 장(章)과 하위 제목이다.

明倫章 / 人倫・人權
立敎章 / 姆敎・貞烈・家本・學禮
女行章 / 四行・女德・女言・女容・女功
專心章 / 專心・內外・修心・修身
事父母章 / 孝敬・食飮・養志・獨女・有愼・有責・不怨・驕惡
事夫章 / 夫婦・于歸・敬順・不敬・不順・侮夫・夫言・夫怒・夫病・夫征・懶婦・賢婦・有行・依賴
事舅姑章 / 問安・曲從・姑愛・女憲・冢婦・主饋・虐婦・無禮
和叔妹章 / 叔妹・體敵・謙順

『초등여학독본(初等女學讀本)』에서 '명륜장(明倫章)'(제1과 인륜, 제2과 상동, 제3과 인권)은 사람의 도리로 오륜을 소개하고 부부(夫婦)의 인륜(人倫)과 부화부순(夫和婦順)을 언급하면서 '남녀가 동등하여 본디 자유가 있고 지적이 능력이 남녀가 같아서 각각 잘하는 바가 있거늘 남자만 중히 여기고 여자는 중히 여기지 않으니 공평하지 못하다'고 주장하고 있다. '입교장(立敎章)'(제4과 모교, 제5과 정렬, 제6과 가본, 제7과 학례)에서는 예기를 인용하여 여자가 시집가기 전에 '여범(女範)'을 배워야 함을 전제하고, 여자의 입신은 정렬에 있으며 가정의 근본은 여자에게 있으니 남자교육보다 여자교육이 중요하다고 강조한다. '여행장(女行章)'(제8과 사행 제9과 상동 제10과 여덕 제11과 여언 제12과 여용 제13과 여공)은 여덕(女德), 여언(女言), 여용(女容), 여공(女功) 등 사행(四行)을 여자가 갈고 닦아야 할 행실로 제시했으며 '전심장(專心章)'(제14과 전심, 제15과 상동, 제16과 내외, 제17과 수심, 제18과 수신)은 모름지기 여자는 얼굴과 몸과 마음 등을 깨끗하고 바르게 하여 행실을 닦아야 함을 당부한다. '사부모장(事父母章)'(제19과 효경, 제20과 식음, 제21과 양지, 제22과 독녀, 제23과 유신, 제24과 유책, 제25과 불원, 제26과 교감)에서는 부모에게 효도하는 방법을 음식, 봉양, 몸과 마음을 삼가고 부모가 꾸짖을 때 원망하지 말 것 등 8가지로 제시한다. 14개의 하위 항목으로 구성한 '사부장(事夫章)'에서는 아내가 남편을 섬기는 법을 경순(敬順), 불경(不敬), 불순(不順), 매부(侮夫)의 경우로 설명하고 이어서 부언(夫言), 부노(夫怒), 부병(夫病), 부정(夫征) 등으로 남편의 상황에 부응하는 아내의 역할과 태도를 서술하고 있다. '사구고장(事舅姑章)'(제41과 문안, 제42과 곡종, 제43과 고애, 제44과 여헌, 제45과 몽부, 제46과

주궤, 제47과 학부, 제48과 무례)에서는 시부모를 섬기는 방법을, 마지막 '화숙매장(和叔妹章)'(제49과 숙매, 제50과 체적, 제51과 겸순)에서는 시동생, 시누이와 화목하게 지내는 방법을 수록하였다.

『초등여학독본(初等女學讀本)』의 내용에서 특이할 만한 단원은 「인권(人權)」이다. 주로 전통적인 유교의 가치를 수신의 가치로 제시하는 『초등여학독본(初等女學讀本)』에서 이 단원은 여성과 남성의 평등을 강조하고 있다. 주요 내용은 사람이 처음 태어났을 때 남자와 여자는 동등했다고 한 후 남자가 중요하고 여자는 중요하지 않게 여기는 현상은 공평하지 못하다는 내용이다.

> 陰陽이 殊性ᄒ고 男女ㅣ 異行ᄒ니 男子는 陽剛爲德ᄒ고 女子는 陰柔爲用이라 然이ᄂ 生民之初에 人權은 男女同等ᄒ야 源有自由ᄒ고 知能은 男女同具ᄒ야 各有所長이어늘 重男而不重女ᄒ니 不亦蔽乎아
> 음양이 성품이 다르고 남녀가 힝홈이 다르니 남ᄌᄂ 양의 굿센 거스로 덕을 슴고 녀ᄌᄂ 음의 부드러운 거스로 쓰임을 슴으ᄂ 그러ᄂ 빅셩을 닌든 초에 사람의 권리ᄂ 남녀가 동등ᄒ야 본듸 ᄌ유가 잇고 지릉은 남녀가 동구ᄒ야 각각 소쟝이 잇거늘 남ᄌ만 듕히 녁이고 녀ᄌᄂ 듕히 아니 녁이니 ᄯ 또한 편폐치 아니냐
> (「인권(人權)」, 『초등여학독본(初等女學讀本)』)

사람의 권리가 동등하고 자유와 지능에서도 남녀가 같다는 평등 관념은 교과서의 다른 장(章)에서 시어머니와 며느리, 시동생이나 시누이와 며느리 사이에 존재하는 일방적인 관계에 대한 비판적인 인식을 통해서도 강조된다. 그러나 『초등여학독본(初等女學讀本)』에서 지속적으로 강조하는 여성의 역할이 가정 내에서 정갈한 식사를 준비하고, 옷을 깨끗이 짓고, 친정 부모에게 폐가 되지 않게 하고, 시부모에게 순종하는 모습에 한정하고 있다거나 여성 교육의 목적을 훌륭한 어머니와 순종적인 며느리와 아내가 되는 것으로 설정하고 있는 것은 여성에 대한 양면적인 시각을 보여주는 부분이다.

『초등여학독본(初等女學讀本)』은 이원긍이 여성이 갖추어야 할 덕목과 규율에 관한 기존의 교재인 여계(女戒), 내칙(內則), 가훈(家訓) 등에서 내용을 수집하여 초등 여성 교육을 위해 편찬한 독본 형식의 교과서이다. 특히 기존의 교재를 인용하거나 요약하는 방식으로 교재를 편찬하면서 국한문 문장을 다시 한글 문장으로 쉽게 풀어서 수록했다는 점은 초등 여학용 교육을 위한 교재 편찬의 의도를 보여주는 부분이라고 할 수 있다.

4. 핵심어

초등여학독본(初等女學讀本), 이원긍(李源兢), 「명륜장(明倫章)」, 「입교장(立教章)」, 「인권(人權)」

5. 참고문헌

「한국민족문화대백과사전(이원긍(李源兢)」

김민재, 「근대계몽기 여학생용 초등 수신서의 특징과 한계 연구」, 『초등도덕교육』 43, 한국초등도덕교육학회, 2013.

김수경, 「개화기 여성 수신서에 나타난 근대와 전통의 교차」, 『한국문화연구』 20, 2011.

조경원, 「대한제국말 여학생용 교과서에 나타난 여성교육론의 특성과 한계 : 『녀자독본』 『초등여학독본』 『녀자소학수신서』를 중심으로」, 『교육과학연구』 30, 이화여자대학교 사범대학 교육과학연구소, 1999.

『초등윤리학교과서(初等倫理學敎科書)』 /
『초등수신교과서(初等修身敎科書)』

서 명	『초등윤리학교과서(初等倫理學敎科書)』 / 『초등수신교과서(初等修身敎科書)』
저 자	오상(吳尚, 미상), 역술자 안종화(安鍾和, 호는 涵齋, 1860.11~1924.11)
형 태	22.4×15(cm) / 39쪽 22(cm)
발 행	광학서포(廣學書舖), 1907년 / 1910년
소장처	한국학중앙연구원

『초등윤리학교과서』 표지, 판권지   『초등수신교과서』 표지, 판권지

1. 개요

『초등윤리학교과서(初等倫理學敎科書)』는 황성(皇城, 京城)의 '광학서포'에서 1907년(隆熙 元年) 9월 10일에 초판 발행되었고, 학부 검정을 통과한 이후의 개정판에 해당하는 『초등수신교과서(初等修身敎科書)』는 같은 곳에서 1910년(隆熙 4年) 6월 20일에 초판 발행되었다. 원저자는 중국인 오상(吳尚)으로 신상과 생몰년은 정확하게 알려지지 않았다. 오상의 『초등윤리학교과서』를 안종화가 역술(譯述)한 것이 이 해제에서 소개하는 『초등윤리학교과서』이다. 『초등윤리학교과서』에서는 수기(修己)에 상당한 비중을 두되 다루는 내용을 가족과 사우(師友), 타인과 공동체[羣], 지방과 국가 영역 순으로 확장해 나가면서, 근대적 가치・덕목들도 일정 수준 이상 담아내었다. 반면에 『초등수신교과서』에서는 내용을 상당 부분 축소, 삭제했는데, 대체로 애국이나 책임 의식, 국가에 대한 병역의 의무 등이 그 대상이었다.

2. 저자

역술자 안종화는 조선말과 대한제국에서 활동한 역사학자이자 교육자로, 의금부도사(義禁府都事)를 지냈고 개화파 문인들과도 교유하였으며 당시 위항시인(委巷詩人) 집단에 속해 있던 안기원(安基遠)의 아들이다. 안종화는 1894년에 조선의 마지막 과거 시험이었던 식년시(式年試)를 통과하여 진사가 되었고, 곧 문과에 병과(丙科)로 급제해 궁내부낭관(宮內府郎官)이 되었다. 이후 법부참서(法部參書)와 중추원의관(中樞院議官) 등을 역임하였으며, 1905년에 을사늑약(乙巳勒約)이 체결되자 반대 상소를 올리고 책임의 소재를 따져 처벌할 것을 강력하게 주장했다. 1906년에는 휘문의숙(徽文義塾)의 교원을 지냈고, 1908년에는 휘문의숙의 숙장이 되었으며, 1909년에는 충주에 통명학교(通明學校)를 창설했다. 1910년의 경술국치(庚戌國恥) 이후 낙향하였는데, 1919년의 고종(高宗) 서거 이후에는 술로 슬픔을 달래다가 1924년 11월에 사망하였다. 안종화는 대한자강회(大韓自强會)와 기호흥학회(畿湖興學會) 등의 단체 활동에도 관여하였고, 『동사절요(東史節要)』(1904)와 『국조인물지(國朝人物誌)』(1907) 같은 역사 관련 저술 및 『초등생리위생대요(初等生理衛生大要)』(1908), 『초등위생학교과서(初等衛生學敎科書)』(1909), 『초등본국역사(初等本國歷史)』(1909), 『초등대한지리(初等大韓地理)』(1910) 같은 다수의 교과서 편찬에도 참여하였다. 또한 수학 서적인 『수학절요(數學節要)』(1882)를 지었고, 『국가학강령(國家學綱領)』(1907), 『초등윤리학교과서』(1907) 등을 역술하였다.

3. 내용 및 구성

『초등윤리학교과서』와 『초등수신교과서』는 두 책 모두 한학자 원영의(元泳義)가 교열하였고, 내용은 국한문혼용체로 작성되었으며, 단권으로 이루어져 있다. 인쇄소가 모두 휘문관(徽文館)인 것은 안종화가 휘문의숙에서 교사와 숙장으로 재직했었다는 사실과 무관해 보이지 않는다. 앞서 발행된 『초등윤리학교과서』는 전체 7개의 장(章) 분류 하에 10개 절(節)로 구성되어 있는데, 제1장 「수기」는 제1절 '보강강(保康强)'으로부터 제3절 '진지능(盡知能)'까지로 구성되어 있고, 제2장 「가족」은 제1절 '부모'로부터 제5절 '친척'까지로 구성되어 있으며, 제3장 「사우(師友)」는 제1절 '사제(師弟)'로부터 제2절 '붕우(朋友)'까지로 구성되어 있다. 이하 제4장 「타인」, 제5장 「선군(善羣)」, 제6장 「지방」, 제7장 「국가」의 경우, 목차에서는 하위에 속한 절 구분이 없고, 대신 장에서 다루는 주제들을 {一}, {二}와 같은 방식으로 표기하였다. 학부 검정 통과 이후에 발행된 『초등수신교과서』는 장이 1개 줄어 전체 6개의 장 분류 하에 10개 절로 구성되어 있는데, 제1장 「수기」로부터 제4장 「타인」까지는 목차가 동일하고 그 다음부터 달라진다. 기존의 제5장 「선군」은 「사회」로 바뀌었고, 기존의 제6장 「지방」은 아예 삭제되었으며, 기존의 제7장 「국가」는 제6장 「국민」으로 바뀌었다. 여기에서는 『초등윤리학교과서』를 중심으로 내용을 살펴본 뒤, 『초등수신교과서』가 어떤 점에서 변경, 축소되었는지 특이점 부분에서 안내할 것이다.

'서문'에 해당하는 '자서(自叙)'의 시작에서는 "대저 양지(良知)와 양능(良能)은 천연의 성질이어서 해제지동(孩提之童)이라도 부모를 사랑하고 형을 공경할 줄 모르는 사람이 없으니, 따라서 인도(人道)란 추측컨대 이 의로움을 일으키는 데 말미암는 것이다."라고 하면서, 교육에 있어 이런 인간의 본성을 탐구하는 윤리학(倫理學)이 왜 필요한 것인지 강조하였다. 또한 현금(現今)의 세상은 배움이 없는 곳이 없다고 지적한 뒤, "더욱 소학교에 힘을 들여서 다른 날에 국위(國威)와 국광(國光)이 사해에 알려질 수 있는 기초로 삼아야 할 것이다."라고 하여, 소학교 교육에 힘써야 하는 이유도 밝혔다. 그리고 오상의 『초등윤리학교과서』는 '인간의 선한 본성을 회복하는[復其初] 데' 도움을 줄 수 있는 내용을 담고 있어 나이 어린 학도들이 배워야 할 초등윤리학 교과목의 요결이 되는 까닭에 소개하는 것이라고 하여, 책을 선정하고 역술하게 된 배경에 관해서도 간략하게 부연하였다.

이상과 같은 전제 아래, 먼저 제1장「수기」에서는 관계를 맺고 살아가는 인간의 삶에서 근본적으로 요구되는 것이 자기 수양임을 언급하면서, 자기 수양의 핵심으로 신체의 건강을 유지하고, 도덕을 기르며, 지능을 진작시키는 것을 꼽았다. 보다 구체적으로, ⓐ 신체의 건강 유지에 있어서는 청결을 귀중하게 여기고 규칙[制度]을 지키며 욕심을 경계하고 단련을 부지런히 하는 태도가 필요하고, ⓑ 도덕의 함양에 있어서는 성실하고 근면하며 강직하고 부끄러움을 아는 자세가 필요하며, ⓒ 지능의 진작에 있어서는 일상, 직업, 취미(향)[好尙]에 따른 지능을 구분해 익히는 것이 필요하다고 설명하였다.

이어서 제2장「가족」에서는 부모와 형제, 부부와 주종[主從] 사이 및 친척과의 관계에서 요청되는 자세를 언급하였고, 제3장「사우」에서는 스승과 제자 및 벗들과 관계를 잘 맺기 위해 요구되는 자세를 설명하였는데, 특히 후자에 있어서는 충실과 신뢰, 내 마음을 미루어 다른 사람의 마음을 이해함[恕], 의로움 등이 필수적이라고 하였으며, 제4장「타인」에서는 자신과 특별한 관계를 맺는 가족, 사우를 제외한 다른 사람들을 대할 때의 도리를 담은 동서양 현인들의 말을 소개한 뒤, 인간다움을 유지하기 위해 최소한으로 요구되는 자유·지력·신체·명예·재산 등을 억압하거나 억눌러서는 안 되며 나아가 박애까지 할 수 있어야 한다고 안내하였다.

제5장「선군」에서는 "내가 무리의 한 사람이 되었기에 나의 일언일행이 무리 전체와 관계있는 까닭에, 한 사람이 명예를 얻어도 무리의 영광이오, 한 사람이 명예를 잃어도 무리의 수치이다."라고 하여 자기와 공동체의 상호 결속을 언급하였고, 제6장「지방」에서는 "(도(道), 부(府), 군(郡), 청(廳), 면(面), 동(洞) 단위의) 지방단체에 사는 사람이 되어서 이 단체를 대하기를 그 국가를 대함과 같이 해야 하니, 애국은 반드시 애향하는 마음에서 비롯된다고 함이 이것을 이른다."라고 하면서 지방단체를 위해 책임을 나누는 것과 책임을 다하는 것이 무엇인지 설명하였으며, 마지막으로 제7장「국가」에서는 유태인들과 폴란드[波蘭]·인도 국민이 겪은 망국민의 슬픔을 예로 들어서 국가를 사랑해야 한다는 점을 강조한 뒤, 올바른 정치의 필요성과 수법(守法)·납세·병역[當兵] 등의 의무에 대해 안내하였다.

『초등윤리학교과서』의 특이점을 몇 가지 제시하면, ① 첫째, 제목이나 서문을 통해 이 책이 초등교육 교재라는 점을 드러내면서도, 유근(柳瑾)의『초등소학수신서(初等小學修身書)』(1908)나 박정동(朴晶東)의『초등수신(初等修身)』(1909) 등과 비교해 보면 내용이 다소 어렵다. 이 점은 내용의 기술 방식에서 확연하게 나타나는데,『초등소학수신서』나『초등수신』은 주요 개념과 사례를 중심으로 하여 해당 설명이 뒤에 나오거나 소략한 데 비해,『초등윤리학교과서』는 설명이 앞에 나오고 특정 가치·덕목의 필요성이나 자세의 당위성에 대해 길게 설명할 뿐만 아니라 사례도 어려운 경우들이 적지 않다.

② 둘째, 사례들은 시간상으로는 전통, 공간상으로는 동양의 것들이 대부분이지만, 근대 또는 서양의 예시나 격언, 가치·덕목들도 발견된다. 기본적으로는『논어(論語)』와『맹자(孟子)』, 삼경(三經) 이외에도『예기(禮記)』,『국어(國語)』, 각종 고사 등에서 관련 내용을 발췌해 수록하였고, (안종화가 덧붙인 부분으로 생각되는데) 우리 역사의 김유신(金庾信) 부인, 화랑 관창(官昌) 등의 경우도 수록되어 있다. 이 외에도 서양[泰西] 과학자들이 행한 담배 해독의 실험 결과(제1장 제1절), 스파르타인[斯巴達人]들이 보여준 용기(제7장) 등이 있으며, 특히 제4장「타인」에서는 프랑스의 윤리학자라고 소개된 가남(迦南, 미상)의 원한-덕의 여섯 가지 관계를 소상하게 설명한 뒤, 이것이 잘 지켜지면 적어도 소강(小康)한 세상을 이룰 것이요 잘하면 대동(大同)한 세상을 이룰 것이라고 하였다. 자유와 신체, 재산권, 박애 등을 포함하여 근대적인 가치·덕목들도 수록하였고, 준법이나 납세, 병역 등의 의무를 비롯해 공동체 의식과 애국심의 함양도 강조했다는 점에서, 안종화가 대한제국이 처한 국내외적 상황에 대응하기 위해 이

책을 역술하였음을 짐작할 수 있다. 이러한 이유 때문인지, 『초등윤리학교과서』는 1909~1910년에 학부에서 교과용 도서로 불인가되어 사용과 발매가 금지되었다.

③ 셋째, 학부 검정을 통과한 이후에 다시 발행된 『초등수신교과서』에서는 애국이나 책임 의식, 국가에 대한 병역의 의무 관련 내용 등이 상당히 축소, 삭제되었고, 의용심(義勇心)을 불러일으키는 뉘앙스를 가진 내용도 기술의 방향이 객관적인 쪽으로 변경되었다. 가령 『초등윤리학교과서』에서 제1장 제1절의 단련[操練]을 부지런히 해야 한다는 부분은 『초등수신교과서』에서는 운동(運動)을 부지런히 해야 한다는 것으로 바뀌었는데, 구체적인 내용도 기존에는 강국과 달리 약국(弱國)의 소년들은 체육을 알지 못해서 눈이 흐리멍덩하고 등도 굽었다고 한 데에서, 운동을 하지 않으면 안색이 창백해지고 신체도 약해져 병이 날 것이라고 수정되었다. 두드러지게 바뀐 부분들은 기존의 제4장 「타인」으로부터 제7장 「국가」까지에서 나타난다. 먼저 제4장 「타인」은 윤리학자 가남의 이론 안내가 대폭 축소되고 지켜야만 하는 자유의 권리나 확장해서 실천해야 하는 박애의 정신을 대신해, 재화를 쌓은 뒤에라야 사해 동포심을 구현할 수 있다고 수정되었다. 그리고 제5장 「선군」은 제목이 「사회」로 변경되면서 내용도 전면 교체되었는데, 자기와 공동체의 상호 결속을 언급하던 부분들이 직업 생활에 힘쓰고 공익(公益), 공덕(公德) 등을 권장하는 방향으로 다시 기술되었다. 또한 애국심은 애향심과 직결되므로 지역 및 지방단체를 위한 책임을 나누고 다해야 한다고 했던 제6장 「지방」은 아예 삭제되었으며, 제7장이었던 「국가」의 내용 중에서 망국민의 슬픔이나 병역의 의무가 삭제된 뒤 『초등수신교과서』의 제6장으로 자리 잡았다. 이렇게 보면 내용이 상당히 축소되었음을 미루어 알 수 있는데, 두 책의 행과 열의 글자 수는 동일하지만 『초등윤리학교과서』는 본문이 (54페이지는 내용이 비어있으므로 제외하고) 총 53페이지이고, 『초등수신교과서』는 총 39페이지다.

저본이 별도로 있지만, 『초등윤리학교과서』는 대한제국이 직면한 당시의 상황을 타개하기 위한 역술자의 의도와 노력이 담긴 수신 교과서이다. 초등용이라고 명시되어 있음에도 내용이 다소 어렵고, 그것을 보완하기 위한 삽화 등의 형식적인 장치도 없어서 교과용 도서로서의 실효성은 높아 보이지 않지만, 수기와 가족·사우 관계 같은 전통적인 측면을 중심으로 근대적이고 서구적인 가치·덕목까지 일정 수준 이상 담아내고 있다는 점에서 주목해야 할 수신 교과서라고 평가할 수 있다. 그러나 학부 검정을 통과한 이후에 다시 발행된 『초등수신교과서』에서는 애국이나 책임 의식, 국가에 대한 병역의 의무 관련 내용 등이 의도적으로 삭제되거나 축소, 변경되었다. 두 종의 교과서를 비교하면, 일제가 수신 교과서 발행에 어떤 방식으로 관여하였고 그 목적은 무엇이었는지 더욱 소상히 파악할 수 있다.

4. 핵심어

안종화(安鍾和), 오상(吳尙), 보강강(保康强), 양도덕(養道德), 진지능(盡知能), 선군(善羣), 지방(地方), 국가

5. 참고문헌

오선실, 「근대인의 몸과 마음 길러내기」, 『인문과학연구논총』 42(1), 2021.
이상구 외, 「安鍾和의 <數學節要>에 대한 고찰」, 『數學敎育 論文集』 25(4), 2011.
이승구·박붕배, 『한말 및 일제강점기의 교과서 목록 수집 조사』, 한국교과서연구재단, 2001.
이종국, 『한국의 교과서 변천사』, 대한교과서, 2008.

學部編輯局, 『敎科用圖書一覽』, 學部編輯局, 1910.

한영우, 「開化期 安鍾和의 歷史叙述」, 『韓國文化』 8, 1987.

허재영, 「『초등윤리학교과서』 해제」, 허재영 외 역, 『근대수신교과서 1』, 소명출판, 2011.

디지털당진문화대전(http://dangjin.grandculture.net/dangjin)

한국민족문화대백과사전(http://encykorea.aks.ac.kr/)

『초등작문법(初等作文法)』

|서 명| 『초등작문법(初等作文法)』
|저 자| 원영의(元泳義, 1852~)
|형 태| 15.3×21.6cm (국립한글박물관 재판본(1910)에 따름)
|발 행| 광동서국(光東書局), 1908년
|소장처| 이화여자대학교 도서관, 연세대학교 학술정보원

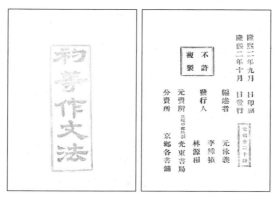

『초등작문법』 속표지, 판권지

1. 개요

　『초등작문법(初等作文法)』(1권)은 원영의(元泳義)가 엮어 1908년 10월 광동서국(光東書局)에서 발행하였다. 국내인이 발간한 최초의 초등학교용 한문문법 교과서이다.

2. 저자

　원영의는 독립투사이자 국어학자이고 사학자이다. 조선 말기에 성리학자로 명성이 높았던 유중교(柳重敎, 1832~1893) 문하에서 성리학을 공부했다. 이와 같은 공부는 원영의가 후에 한문문법 교과서를 집필하는 데 바탕이 되었다고 할 수 있다. 1895년 관립한성사범학교 속성과를 졸업하고 바로 관립소학교 교원이 되었고, 그로부터 3년 이후 한성사범학교의 교원이 되어 국한문, 역사, 지리, 영어 등의 교과목을 가르쳤다. 1905년 10월 사표를 제출하면서 10년 간의 교원 생활을 마쳤다. 이후 장지연(張志淵, 1864~1921), 유근(柳瑾, 1861~1921), 안종화(安鍾和, 1860~1924), 현채(玄采, 1886~1925), 유성준(兪星濬, 1860~1934) 등과 계동에 계산학교를 세우고 학생 교육에 참여하였다. 1908년 9월부터 1909년 3월까지는 휘문의숙(徽文義塾)의 숙장을 역임하였다. 1910년 경술국치(庚戌國恥) 이후 귀향하여 글읽기와 저술 활동, 후진 양성에 매진하다가 1928년 77세 나이로 생을 마감하였다. 저서로는 『공자실기(孔子實紀)』, 『사서강해(四書講解)』, 『근고문선(近古文選)』 등이 있으며, 장지연(張志淵) 등과 함께 저술한

『신정동국역사(新訂東國歷史)』, 『대한지지(大韓地志)』 등이 있다.

3. 내용 및 구성

이 책은 범례와 총론, 명사, 대명사, 동사, 형용사, 부사, 접속사, 전사(轉詞), 탄사(歎詞), 지사(止詞), 조구(造句)의 11장(章)으로 구성되어 있다. 서문이 없으나 범례를 통해 간행 목적과 학습 대상, 지도 방식 등 8개의 조목으로 나누어 저자의 의도를 살펴볼 수 있다.

범례에서 원영의는 어린 학습자[孩蒙]가 한문을 읽을 때 문장을 조직하는 법칙을 이해시키기 위해 이 책을 구성하게 되었음을 밝히고 있다. 또 이 책으로 한문 문법을 학습하는 대상자가 초등학생이므로 학습자의 독해 수준을 고려하여 쉬운 어구들을 예문으로 사용하였으며, 실사는 수가 많고 이해하기 쉽지만 허사는 그 수가 적고 그 쓰임을 꿰뚫기가 어려워 허사를 상세히 설명하였다고 집필의 방향을 제시하였다. 문법에 대한 해설은 국한문혼용으로 하되 예시로 든 문장은 한문을 익힐 수 있도록 하기 위해 번역을 제시하지 않았다고 하였다.

원영의는 범례에서 교수-학습방식에 대해서도 덧붙이고 있어 주목된다. 먼저 교수자가 매 절의 한 항목씩을 설명하고, 이중 가장 중요한 대목의 글자를 써서 보여준 다음 그 글자의 앞뒤에 빈칸을 두어 학습자가 해당 한자가 무엇인지를 생각하게 한다. 실사에 해당하는 한자는 여러 한자를 섞어 놓고 학생들로 하여금 분류하게 하고, 허사의 경우에는 여러 허사를 제시해 주고 실사와 함께 문장을 만들게 한다. 그 다음 한문 문장을 써서 보여주고 이를 국한문 혼용체 또는 순국문으로 번역하게 한다. 다만, 저자가 제시한 방법외에 또다른 효과적 방법이 있다면 그것을 사용하여도 좋다고 하였다. 이러한 언급을 통해 본다면 『초등작문법』은 한문 문법 연구를 위한 연구서라기보다 교수-학습 현장을 상정하고 집필한 교과서라고 할 수 있다.

제1장 총론(總論)에서는 '문법(文法)'을 "文字를 제작하는 道理", 즉 문장을 어법에 맞게 조직하는 이치라고 하였다. 이런 문법을 익히기 위해 먼저 한자의 뜻을 이해하고[해자(解字)] 한자의 부류 즉 품사를 분별한[분류(分類)] 다음, 한자의 쓰임을 분별하여[변용(辨用)] 한자를 연결하여 문장을 만드는[조구(造句)] 순서로 학습할 것을 제시하기도 하였다.

이론적인 측면에서 본다면, 『초등작문법』에서 원영의는 한문 문법에서 최초로 품사를 명사, 대명사, 동사, 형용사, 부사, 접속사, 전사(轉詞), 탄사(歎詞), 지사(止詞)의 9가지로 분류하였다. 이중 '전사(轉詞)'를 제외한 8가지는 대체로 개념이 명확하여 이후에 발간된 문법서에도 수용되었다. 그러나 역접, 가정, 반어에 해당하는 '然, 然則, 雖然' 등을 부사나 접속사가 아닌 '전사(轉詞)'라는 별도의 품사로 제시하기도 하였다. 한편, 동사를 자동사, 타동사, 동동사, 조동사의 네 가지로 나누고 조동사를 다시 14가지로 나누었다. 이중 과거 조동사를 다시 전과거, 반과거로 나누고 있는데 이는 라틴어 문법이나 프랑스 문법 같은 서양 문법 이론의 영향을 짐작케 하는 부분이다.

마지막 제11장 '조구(造句)'에서는 문장 구성이나 화용에 관하여 설명하고 있다. 먼저 단어와 단어를 연결하여 문장을 만드는 것을 '조구(造句)'라 지칭하였다. 문장의 종류를 서술어가 하나인 '단구(單句)', 서술어가 둘 이상인 '첩구(疊句)', 문장이 하나의 단어, 즉 서술어만으로 구성된 '단구(短句)', 내포문으로 구성된 '장구(長句)' 네 가지로 나누었다. 이때 수식어, 목적어, 서술어의 위치 등 어순에 의해 문장의 의미가 성립되는가를 설명한 '통기(通氣)', 어떤 문장이 의미적으로 언중들에게 수용될 수 있는가 없는가 하는 문제를 다룬 '도리(道理)', 독립적으로 쓰일 수 있는 두 문장이 연결되어 복문을 형성할 때 두 문장 간의 호응 관계를 설명한 '연속(聯屬)'과 같은 용어를 제시하였다. 더불어 '문구(文句)의 장단변화(長短變化)'에서는 실제 발화에서 이루어지는 생략과 대용에 대해, '문구(文句)의 신기변화(神氣變化)'에서는 직접 표현과 완곡 표현을 다루었다.

이와 같이 '조구(造句)'에서는 문장 구성이나 수용성의 문제, 호응 관계 등을 다루었는데 이와 같은 내용은『초등작문법』만의 독창적인 부분이라 할 만한 것이다. 그러나 품사 분류를 설명하는 데에 지나치게 치중하고 있어서 한문 문법을 체계적으로 기술했다고 보기는 어렵고 제시한 문법이 불완전하고 부정확한 부분이 있음은 비판받을 만하다. 그러나 서구 문법 이론에 근거하여 발행된 최초의 한문 문법서이며, 한국인이 쓴 최초의 국문법서인『대한문전』(1908)과 같은 해에 발간되어 우리나라에서 한문 문법에 대한 연구의 시작이 결코 국어 문법에 뒤지지 않았음을 보여주는 문법교과서라 하겠다.

4. 핵심어

초등작문법, 원영의, 광동서국, 문법(文法), 조구(造句)

5. 참고문헌

남궁원, 「開化期 漢文文法書『初等作文法』의 著作 背景과 意義」, 『한문교육연구』 26, 한국한문교육학회, 329-356, 2006.

김용한, 「初期 刊行 漢文文法書의 統辭 理論」, 『한문교육연구』 25, 한국한문교육학회, 455-484, 2005.

장호성, 「『初等作文法』 分析」, 『한국한자한문교육학회 학술대회 자료집』, 한국한자한문교육학회, 112-121, 2014.

이미연, 「愛國啓蒙期 漢文教科書 研究」, 부산대학교 교육대학원 한문교육전공 석사학위논문, 1996.

최미경, 「元泳義의『小學漢文讀本』研究」, 성균관대학교 한문교육전공 석사학위논문, 1999.

홍유빈, 「『初等作文法』의 虛詞說에 대한 검토와 이해 (1) – 名詞類부터 副詞類까지를 대상으로 – 」, 『大東漢文學』 69, 대동한문학회, 311-341, 2021.

『초목필지(樵牧必知)』(권1(상)-권2(하))

서 명	『초목필지(樵牧必知)』(권1(상)-권2(하))
저 자	정윤수(鄭崙秀)
형 태	22.2×15(cm)
발 행	보문사(普文社), 1909년
소장처	국립중앙도서관, 이화여자대학교 도서관, 고려대학교 도서관, 전남대학교 중앙도서관

『초목필지』 표지   『초목필지』 하 판권지

1. 개요

『초목필지(樵牧必知)』(상, 하권)은 '보문사'에서 1909년 6월 20일에 초판 발행되었다.

2. 저자

정윤수(鄭崙秀)는 조선 말기의 문신이자 학자로 알려져 있다. 1905년에 문헌비고속찬위원에 임명되었고, 1918년에는 조선총독부의 경학원(經學院)에서 사성(司成)을 역임했다. 주요 저서로『초목필지(樵牧必知)』가 있으며 1917년 김윤식이 저술한 운양집(雲養集)의 교정을 맡은 것으로 알려져 있다.

3. 내용 및 구성

『초목필지(樵牧必知)』는 일반 초학자들이 반드시 알아야 할 지식을 선별하여 편찬한 독학용 교과서로서 상, 하 2권으로 이루어졌다. 교과서 마지막의 판권(板權)지에 '내부검열제(內部檢閱濟)'라는 표시가 있는 것으로 보아 정윤수가 일반인들의 교육을 위해 인정 교과서의 성격으로 편찬한 것으로 보인다. 초학자용 교과서의 성격을 반영하여 본문은 주로 국문으로 쓰여졌고 어렵거나 뜻을 새길 필요가 있다고 생각한 어휘에는 한자를 병기했다. 본문의 끝에는 본문에서 병기한 한자를 다시 제시하고 음과 뜻을 밝혀 본문의 내용의 이해를 도울 뿐만 아니라 한자의 학습까지 유도함으로써 교재의 성격을 잘 보여주고 있다. 『초목필지(樵牧必知)』 전체는 상권 63개, 하권 66개의 장으로 구성되었고, 별도의 서문 없이 표지와 목록(목차), 본문, 판권으로 이루어졌다. 다음은 『초목필지(樵牧必知)』 중 「부ᄌ지은 父子之恩」의 본문이다.

아바지ᄂ 흔집의 하늘이오 어마이ᄂ 흔집의 싸이니 天地텬디 아니면 엇지 써 萬物만물을 닉며 父母부모 아니면 엇지 써 나의 몸이 잇스리오 身體신톄와 髮膚발부ᄂ 부모의 밧은지라 나를 기르시고 나를 ᄀᄅ치시니 德덕을 갑고져 흘진딕 昊天호텬이 岡極망극ᄒ니 남의 아들 된 者쟈ᄂ 졍셩과 힘을 다 ᄒ야 그 은혜의 萬分之一만분지일을 갑흘지니라

樵 나무흘 쵸 牧 칠 목 必 반드 필 知 알지 第 ᄎ례 뎨 一 흔 일 章 글쟝 쟝 父 아비 부 子 아들 ᄌ 之 갈지 恩 은혜 은 天 하늘 텬 地 싸 디 萬 일만 物만물 물 母 어미 모 身 몸 신 體 몸 톄 髮 더럭 발 膚 살 부 德 큰 덕 昊 하늘 호 岡 업슬 망 極 극진 극 者 놈 쟈 分 ᄂ흘 분

（「第一章 부ᄌ지은 父子之恩」, 『초목필지(樵牧必知)』上, 1면）

『초목필지(樵牧必知)』는 제명에서도 알 수 있듯이 전통적인 유교 덕목뿐만 아니라 통치 조직, 세법, 형법과 형벌 등 근대 사회에서 요구되는 새로운 지식 등 일반 초학자들이 반드시 알아야 할 내용을 교과서의 내용으로 구성하고 있다. 상권에는 「부ᄌ지은 父子之恩」, 「ᄉ친지졀 事親之節」, 「츙효일반 忠孝一般」, 「졔ᄉ지졀 祭祀之節」, 「부부지륜 夫婦之倫」, 「남녀지별 男女之別」, 「경쟝지도 敬長之道」 등 전통적인 유교의 덕목에 관한 내용과 「농업 農業」, 「공업 工業」, 「상업 商業」 등 다양한 직종에 관한 내용 그리고 「졍쵸부 鄭樵夫」, 「리긔츅 李起築」, 「최익현 崔益鉉」, 「동쇼남 董邵南」, 「마원 馬援」, 「졔갈량 諸葛亮」 등 모범이 될 만한 인물 이야기가 수록되었다. 하권에는 「궁닉부 宮內府」, 「졍부 政府」, 「외부 外部」, 「닉부 內部」, 「탁지부 度支部」, 「군부 軍部」, 「법부 法部」, 「학부 學部」, 「농샹공부 農商工部」, 「경시텽 警視廳」, 「한셩부 漢城府」, 「각직판소 各裁判所」 등 근대 국가 기구와 관련된 내용과 「총론형법 總論刑法」, 「계범강 戒犯綱」, 「계혼인위법 戒婚姻違法」, 「계간음 戒姦淫」, 「쥰졀도률 准竊盜律」 등 범죄와 처벌 등 형법 관련 내용, 그리고 마지막에는 「딕한뎨국 大韓帝國」, 「쳥국 淸國」, 「일본 日本」, 「영국 英國」, 「법국 法國」, 「아국 俄國」, 「덕국 德國」, 「이틱리 伊太利」, 「미국 米國」와 같은 세계지지와 대한제국을 포함한 세계 여러 국가에 관한 내용이 수록되어 있다.

『초목필지(樵牧必知)』는 저자는 물론 교재의 편찬 의도나 동기 등에 관하여 알려진 내용이 거의 없다. 『초목필지(樵牧必知)』에 수록된 내용을 통하여 교재의 성격을 추론할 수 있는 정도이다. 상권의 「총론초목 摠論樵牧」에서 정윤수는 '초목'은 비천한 일이 아니므로 '樵童초동과 牧豎목수된 자'는 포기하지 말고 학문을 닦아 마음을 스스로 기약하기를 당부한다.

쵸목은 卑賤비쳔흔 일이 아니니 ᄌ고로 賢人현인군ᄌ와 영웅호걸이 혹 가셰빈한ᄒ고 ᄯᅢ를 만나지 못흔쟈ᄂ 몸이 草野쵸야에 숨어 쵸목으로 從事종ᄉᄒ다가 學行학힝을 닥근 쟈도 잇스며 勳業훈업을 셰운 쟈도 잇스니 다 긔록지 못ᄒ고 다만 特異특이 흔 쟈 幾個人긔개인을 긔록ᄒ노니 이ᄂ 몸이 비록 견토에 잇스나 天品텬품이 非常비상ᄒ고 ᄯᅩ 익국셩이 잇셔 일홈이 後世후세에 빗ᄂ스니 무릇 樵童쵸동과 牧豎목슈된 쟈ᄂ 自抛自棄ᄌ포ᄌ기치 말고 영웅ᄉ업을 ᄌ긔ᄒ야 이 긔개인으로 스승을 ᄉ

을지나라 (「總論樵牧총론쵸목」, 『초목필지(樵牧必知)』上, 53면)

저자는 '옛날부터 현인과 군자와 영웅호걸이 집안이 가난하고 때를 만나지 못했을 때 몸을 시골에 숨기고 나무하는 일에 종사하다가 학문과 덕행을 닦은 사람도 있고 큰 공로를 세운 사람도 있다'고 하며 스승을 삼기를 바라는 인물들을 소개한다. '초목'에 종사했으나 큰 문장을 이룬 정초부鄭樵夫)나 이기축(李起築) 등이나 중국의 동소남(董邵南), 마원(馬援) 등 모범이 될 만한 인물들을 개별 단원으로 구성하여 제시하고 있다. 가난하고 비천한 처지일지라도 학문과 덕행을 닦아 모범이 된 인물들을 선별하고 편성한 점은 『초목필지(樵牧必知)』의 편찬 의도를 말해준다. 『초목필지(樵牧必知)』는 가세가 빈한하거나 때를 만나지 못해 교육의 기회를 받지 못한 일반인들을 대상으로 한 교과서라고 할 수 있다.

『초목필지(樵牧必知)』는 전통적 윤리와 덕목, 그리고 역사와 형법, 정치기구, 세계지지 등에 관한 근대적 지식을 독본 형식으로 구성하는 한편, 본문 이해에 필요한 한자를 따로 제시하는 방식을 취했다는 점에서 독본과 한자 학습서의 성격을 동시에 지니는 교재라고 할 수 있다. 『초목필지(樵牧必知)』는 다양한 주제의 글들을 수록했다는 점에서 여타의 독본 교재와 유사하지만 2권 체제를 고려하여 상, 하권의 내용을 조정했다는 점은 특이할 만한 부분이다. 상권은 주로 전통적이고 유교적인 덕목과 모범이 되는 인물들에 대한 내용을 수록했고, 하권은 정치기구와 세제, 호적, 형법, 그리고 지지와 세계의 국가 등과 같은 근대적 지식에 관한 내용을 수록했다. 상권에서 제1장부터 47장까지는 근대의 유교 중심 생활윤리가 대부분이다. 「부ᄌ지은 父子之恩」에서 '아버지는 한 집의 하늘이고 어머니는 한 집의 땅이니 하늘과 땅이 없다면 어떻게 만물이 생성되며 부모가 없다면 어떻게 내 몸이 있겠는가?'라며, '누구의 아들이든 정성과 힘을 다해서 그 은혜의 만분지일이라도 갚아야 한다'고 하면서, 부모의 은혜에 대한 자식의 도리를 강조한다. 「敬長之道경장지도」에서는 '어른과 어린이의 차례는 인륜을 밝힌 바'라고 전제한 후 '혈기왕성해서 나이 높은 어른을 업신여기거나 실없는 농담을 하며 본래의 이름을 부르고 친구로 삼는 것은 사람의 도리로 마땅히 할 바가 아니'라고 가르친다. 이 외에도 스승을 섬기는 도리, 형제 간의 예절, 부부의 예절, 벗을 사귀는 도리, 사람을 만날 때의 예절 그리고 제사의 예절이나 사치를 금하고 재물을 아끼는 예절, 언어와 행실의 예절 등 전통적인 가치 윤리와 사람이 갖추어야 할 덕목 등에 관한 내용이 많다. 다음은 「接人之節뎝인지졀」의 내용이다.

> 사름이 진실로 나에게 禮예ᄒ거든 나도 쏘 禮례ᄒ며 ᄂᆡ게 厚 후ᄒ거든 나도 쏘 후히ᄒ되 나에게 無禮무례홈으로ᄡ 나의 몸을 방ᄉ히 말며 나에게 薄待박ᄃᆡ홈으로써 나의 厚意후의를 잇지 말아 溫言으로 待ᄃᆡ ᄒ며 화긔로 接졉ᄒ고 나보다 勝승흔 자로써 례를 더ᄒ지 말며 나만 ᄀᆞ지 못흔쟈로써 업슈녀기지 말아 親疎친소와 귀쳔을 교게치 아니ᄒ고 졉ᄃᆡ홈이 가ᄒ니라
> 無 업슬 무 意 ᄯᅳᆺ 의 溫 다슬 온 勝 익일 승 疎 성길 소
> (「뎨이십삼장 接人之節뎝인지졀」, 『초목필지(樵牧必知)』상, 23면)

『초목필지(樵牧必知)』에서 다음으로 많은 것은 근대적 국민과 국가, 세계에 관한 내용이다. 「國民義務국민의무」에서 '국가의 공익을 도모하여 조금이라도 국민의 자격을 잃지 말아야'한다고 언급하고, 「愛國之誠ᄋᆡ국지셩」에서는 '국민의 지식이 발전하면 나라의 지식이 발전하'므로 '나라를 나의 집보다

더 많이 사랑하여 나라의 흥망과 안위를 내 한 몸이 책임지고 맡아야 한다'고 강조한다. 국가의 발전을 위해 국민의 의무를 다하기 위해서는 고질적인 습속을 고쳐야 함을 강조하는데, 예를 들어「總論四民총론사민」에서는 '사농공상을 사민이라고 부르며 국가의 근본'이라고 전제한 후, '우리나라는 예부터 문학을 숭상하여 농업, 공업, 상업에 종사하는 사람을 천히 여기는 고질적이 습속이 있으니 어떻게 나라가 부강하겠는가'라고 비판했다.

『초목필지(樵牧必知)』는 교육의 기회를 갖지 못한 일반인을 대상으로 편찬한 교재라는 점에서 정치나 경제, 사회, 국제 관계 등 다양한 분야의 지식을 수록했다. 하권은 1장「皇室과 國家의 區別 황실과 국가의 구별」에서 '황실은 황제폐하의 소유이고 국가는 인민이 공적으로 모여 이룬 것'이라며, 황실과 국가를 구별하기를 요구하고 '국가에는 정부가 있어 국가의 행정사무를 경부대신이 처리'한다고 서술한다. 이어 제2장에서 제12장까지 궁내부, 정부, 외부, 내부, 탁지부, 군부, 법부, 학부, 농상공부 등 국가조직을 개별 단원으로 구성하여 설명하고 있다. 그리고 일반인들이 반드시 알아야 할 지식으로 세법과 형법에 관한 내용을 다수 수록하고 있는 점도 이 교재의 특이한 부분이다.「稅納세납」에서는 '세납이 없는 나라가 없으니 백성된 자가 어찌 세납을 완강히 거부하여 국민의 의무를 지키지 아니하겠는가'라며 국민으로서 납세의 의무를 다할 것을 강조하고,「형법총론」은 '세세한 법률을 알지 못하여 그것을 어기기 쉬운 자에 대해서는 형법대전에 중요한 조항을 개략적으로 기재하고 항목을 나누어 정'하여 법률을 두려워하고 죄를 범하지 않도록 해야 함을 당부한다. 다음은 강도와 절도의 처벌에 관한 내용을 담은「準竊盜律준절도률」이다.

> 强盜강도와 절도는 다 중률을 면치 못하느니 이로 긔록지 못하거니와 또 준절도률이 잇스니 이는 절도죄가 아니로되 다스리는 법률은 절도죄를 准行준힝훔이니 사람을 恐嚇공혁하고 欺騙긔편하야 직물을 取취하거나 타인의 밧에 잇는 穀麻菜果곡마채과나 산에 싸은 柴草木石시초목셕이나 看守간슈치 못한 器物긔물을 쳔단히 취한 자는 臟錢장전을 회게하야 절도률에 준하느니라
>
> (「데이십칠장 準竊盜律준절도률」,『초목필지(樵牧必知)』하, 25면)

『초목필지(樵牧必知)』하권의 마지막 부분은 세계지지와 국가에 관한 내용을 수록했다.「世界地誌撮要세계디지촬요」에서는 세계를 삼대륙과 오대양으로 나누어 삼대륙은 '동대륙은 아시아주, 아프리카주, 구라파주, 서대륙은 북아메리카, 남아메리카, 남대륙은 대양주'로, 오대양은 '태평양, 대서양, 인도양, 북극해, 남극해'로, 인종은 '황인종, 백인종, 흑인종, 동색인종, 종색인종'으로 설명하고 있다. 이어서 제59장부터 제66장까지 각 단원을 '우리나라와 통상하는 각 국가'(「世界地誌撮要세계디지촬요」)를 '청나라', '일본', '영국', '법국', '아국', '덕국', '이태리', '미국' 등 세계 여러 나라의 국토와 인문 지리에 관한 내용을 구성하고 있다.

『초목필지(樵牧必知)』는 전통적 윤리와 덕목에 관한 내용과 근대적 국민과 국가의 제도, 세제와 형법, 세계 지지에 대한 지식 등 다양한 주제의 글들을 '초목'(樵牧)이 반드시 알아야 할 지식('必知')으로 구성하고 있다는 점에서 독본의 성격을 지닌다. 아울러 본문의 내용을 이해하는 데 필요하거나 어렵다고 생각한 한자어의 경우는 본문의 마지막에 한자의 음과 뜻을 제시하고 있다는 점에서 한자 학습서의 성격도 지닌다고 할 수 있다.

4. 핵심어

초목필지, 정윤수, 총론초목, 총론형법, 세계지지촬요

5. 참고문헌

이상혁·권희주, 「전근대의 유교윤리와 근대 지식의 결합」, 『한국개화기국어교과서8 초목필지』 경진, 2012.

『초학디지(初學地誌)』

서 명 『초학디지(初學地誌)』
저 자 엘리자베스 밀러(Edward H. Miller)
형 태 한글, 18.7×26.3(cm)
발 행 대한예수교서회
소장처 서울대학교 중앙도서관

『초학디지』표지

1. 개요

『초학디지(初學地誌)』는 1907년 선교사 에드워드 밀러의 부인인 엘리자베스 밀러가 저술한 순한글판 지리교과서로 세계 각 지역의 특징, 지리에 대한 질문이 정리되어 있고, 지구전후도와 유럽, 아시아, 아프리카 지도 등 세계지도와 대한지도(전도)가 실려있다. 8면에는 천연색 편찬도가 수록되어 있으며, 대한지도에는 경부선, 경의선 철도가 표시되어 있기도 하다.

2. 저자

에드워드 밀러(Edward H. Miller)는 샌프란시스코 신학교에 재학 중이던 1898~1901년 사이에 이미 조선에서 활동 중이던 빈튼 선교사(C. C. Vinton)의 조선 교육에 관한 강연을 듣고서 한국과 인연을 맺었다. 이를 계기로 한국에 파송된 선교사 밀러 일가의 한 사람으로, 그의 어머니 엘리자베스 밀러와 함께 1901년 조선에 도착했다. 1901년부터 1942년까지 경신학교의 교사와 교장으로 가르쳤으며 연희전문학교 화학과 교수로 재직하면서 화학이라는 근대과학의 한 분야를 조선에 처음 소개한 인물이기도 하다. 그는 1906년 부인과 함께 한국뿐만 아니라 중국, 일본 등 세계 각 대륙의 나라에 대한 지도와 설명으로 구성된 지리교과서, 초학지지(An Introduction to World Geography)를 출간하였다. 태평양전쟁 발발 직후 일제에 의해 미국 간첩이라는 혐의로 체포되어 투옥되었고, 1942년 강제추방되어 미국에서 1966년 작고하기까지 한국에 대한 저술과 방송 프로그램 활동을 이어갔다.

3. 내용 및 구성

『초학디지(初學地誌)』는 1907년 출판한 순한글판 지리교과서이다. 『초학디지(初學地誌)』는 대한예수교서외의 미국 북장로교 선교사인 에드워드 밀러가 1906년에 부인과 함께 출간한 지리교과서이다. 한국뿐만 아니라 중국, 일본, 그리고 세계 각 대륙의 나라에 대한 지도와 설명의 내용으로 구성되었다. 이 책은 주로 경신학교를 중심으로 지리교과서로 사용되었다. 경신학교는 1886년 언더우드가 세운 고아원으로부터 시작되어, 이후 예수교학당 혹은 구세학당으로 불리던 것이 이어져서 세워진 학교이다.

이 책의 서문에는 저자인 밀러 부인의 저술의도가 나타나 있다.

> "나라마다 디지를 만들고 만국의 디지를 회집해야 만국 디지를 편집해야 어려서부터 턴하의 너른 강산을 동해와 같이 구경함으로 마음이 넓고 뜻이 커서 세계를 한 집안처럼 알거늘 대한은 이와 같은 책이 많이 없어 매야 근심하는 바이러니......"

이는 세계는 넓어 일일이 다 돌아다닐 수 없으니 다른 나라에서도 지도를 작성하여 곳곳을 살펴보는 것처럼 조선도 역시 그렇게 해야 한다면서 이를 위해 지지를 썼다고 밝히고 있다. 또한 단순히 다른 지역을 아는 것에서 그칠 것이 아니라 이를 통해 마음을 넓게 하고 세계를 향하여 뜻을 펼칠 것을 주문하고 있다.

『초학디지(初學地誌)』는 세계 지리 전반에 걸쳐 기초적인 지식을 알리고자 하는 의도가 다분하다. 사례로 아라비아에 대해 "이땅은 아시아 서편에 있는 큰 반도이니 홍해가 흐르는 터어키국에게 잡힌 바 되고, 그 나머지는 각각 며도에는 호와 수령이 있고, 사는 사람은 집이 없고, 장막을 치고, 이리 저리 옮겨 살며 양을 치다니, 이 땅은 거의 다 모레밭이요 강도 별로 없고 비오는 것도 적으니까 또 이 땅에서 나는 말들은 세상에서 제일 됴혼거시니 매우 빨리 행하며 매우 됴혼 갑비차도 잇나니라"라고 기술하고 있다. 이같이 나라의 위치, 자연환경, 물산, 생활, 풍습 등을 세심히 관찰하여 기록한 것이 전통적 지지서의 형태와 같다. 『사민필지』와 같이 순한글로 이루어진 세계지리 교과서로서 학생들에게 세계에 대한 기초적인 지식을 제공했다는 점이 특징이다.

『초학디지(初學地誌)』는 기독교계 초등학교 교과서로 사용된 것인데 목차를 보면 크게 9개 부분 즉, 총론(방위와 거리, 땅, 물, 지구의 모양), 대한(산이름, 강이름, 경기도, 황해도, 평안남도, 평안북도, 함경북도, 함경남도, 강원도, 충청북도, 충청남도, 경상북도, 경상남도, 전라북도, 전라남도, 제주도) 일본국, 청국, 아시아(아시아아라사, 터키국, 아라비아, 버시아와 압가니스탄과 벨누기스탄국, 인도, 사암국), 유럽(북유럽, 중유럽, 남유럽), 아프리카, 북아메리카(가나다, 미국, 안나스가, 멕스고국), 중아메리카(셔인도섬), 남아메리카, 오세아니아와 태평양으로 세계를 대륙별로 나누어 소개하고 있지만, 특히 『초학디지(初學地誌)』는 우리나라 지지에 관한 부분을 크게 보강했다는 점에서 그 의미가 크다고 할 수 있다.

『초학디지(初學地誌)』는 우리나라 지리에 대해서 국가차원이 아닌 행정구역 단위로 비교적 다른 나라에 비해 훨씬 자세하게 기록하였고, 우리나라와 직접적인 관계를 가진 일본이나 청나라(중국)에 대한 내용을 보다 상세히 서술하고 있다.

세계 각국의 지리를 서술형식으로 위치, 풍토, 정세, 역사 등을 설명하였다. 세계 각 지역의 특징, 지리에 대한 질문이 정리되어 있고, 지구전후도와 유럽, 아시아, 아프리카 지도 등 세계지도와 대한지도(전도)가 실려 있다. 8면에는 천연색 편찬도가 수록되어 있으며, '대한지도'에서 두만강 이북, 장백산 남쪽 동만주 지역을 우리나라 영토로 표시한 것이 눈에 띈다. 또 경부선, 경의선 철도가 표시되어 있기도 하다. 구체적으로 구성을 살펴보면 총론과 대한, 그리고 일본과 청나라를 비롯한 세계 여러 나라에 대한 내용을 다루고 있으며, 각각 부분에서 궁금한 사항에 대한 '묻는 말'이라는 부분이 모든 장마다 포함되어 궁금한 부분에 관한 질문이 포함되어 있다.

『초학디지』 총론 1장 방위와 거리(좌) / 경기도(중) / 일본국(우)

『초학디지(初學地誌)』 총론 제1장은 방위와 거리에서 먼저 동서남북을 정하는 방법을 설명하고 있는데,

"오전에 해를 향하고 서서 오른손과 왼손을 들어 동쪽과 서쪽을 정한다고 말한다. 또는 거리는 일촌에서 시작하여 십촌이면 1척이라고 하고, 삼백 육십 보 면 1리에 해당된다고 설명한다. 방위와 거리에 대한 설명의 끝에는 묻는 말로 "사면이라는 것은 무엇이고, 해가 어느 쪽에서 뜨고 지는지 그리고 오전에 동쪽을 어떻게 알 수 있는가?"

위와 같은 내용을 질문한다. 경기도에 관한 내용 부분을 살펴보면 "경기도는 동쪽에 강원도와 서쪽에 황해와 강화도가 있고. 충청남북도와도 접해 있다. 경기도는 동쪽에서 서쪽으로 흘러 황해로 들어가는 강이 있는데 이는 '한강'이라고 설명하고 있다. 서울이 임금님이 계신 곳이라 한양만 서울이 된 것이라고 설명하고, 고구려는 평양에 도읍을 정해 평양이 서울이었고 고려시대에는 송도가 서울임을 설명하고 있다. 인천은 제물포가 있어 우리나라의 큰 항구로 월미도란 섬이 있고, 항구가 있어 왕래에 유리함을 강조"하고 있다. 묻는 말에서는 "강화도가 어디 있으며, 강화도가 육지에 있는지? 물가에 있는지? 질문하고 있으며, 삼각산은 어디 있고, 서울이 어느 강가에 있는지? 송도가 어디 있는지? 등을 묻고 있다.

세계 여러 국가들에 대한 사례 중 일본국에 대한 내용을 살펴보면 다음과 같다.

"일본의 동쪽에 태평양이, 서남에는 동해가 있고, 서해에는 일본해가 있으며, 우리나라 동쪽에 위치하고 있다. 일본의 산의 화태산과 지라산이 큰 산줄기이고...... 이 나라에는 70여 개의 화산이나 되며, 활화산도 있고 휴화산도 있음을 설명하고 있다.....종교는 불교를 숭상하고 예수교(기독교)도 많아지고 있다. 일본의 서울은 '동경'이며, 가장 큰 성이며 가장 큰 병원이 있다...."

묻는 말에서는 "일본에서 가장 큰 성은 무엇인가? 일본 서울의 이름이 무엇인가? 가장 큰 항구가 무엇인가?" 등에 관해 질문하고 있다. 본문 내용 중 "이 도 동남편 바다 일백십리쯤 되는 곳에 대마도라 하는 섬이 있어 이섬은 본래 대한의 땅이던 것을 지금은 일본이 차지하였으니 이 섬은 부산 항구에서 일기가 맑은 날에 바라보면 볼 수 있다"라고 밝히고 있어 민족주의적 관점에서 특별한 의미를 갖는 부분도 드러난다.

4. 핵심어

대한디도, 데이쟝대한, 산일홈, 백두산 경치, 쟝뵉산, 태빅산, 속리산, 지리산, 대한, 일본국, 청국, 지구의 난홈, 아시아, 유러바, 아프리카, 북아메리카, 남아메리카, 오솟텔리아, 태평양광도, 경선과 위선

5. 참고문헌

서신혜, 「지리교과서 『사민필지』와 『초학디지』」, 『문헌과 해석』 61, 90-108, 2012.
오상학, 『한국 전통지리학사』, 들녘, 2015.
장보웅, 「개화기의 지리교육」, 『대한지리학회지』 5(1), 41-58, 1970.

『최신고등대한지지(最新高等大韓地誌)』

서 명	『최신고등대한지지(最新高等大韓地誌)』
저 자	정인호(鄭寅琥, 또는 鄭仁昊, 1869~1945)
형 태	국한문체, 15×22(cm)
발 행	정인호 편집겸 발행
소장처	국회도서관

『최신고등대한지지』표지, 목차, 판권지

1. 개요

『최신고등대한지지(最新高等大韓地誌)』는 융희 3년 1월 5일 발행되어, 서문은 2면, 목록은 2면, 본문은 143면으로 이루어져 있다. 이 책은 일본이 불편해하는 내용이 많고, 민족의식을 고취하기 위한 내용이 많이 담겨있어서 학부 및 검정이 불허가된 도서이다.

2. 저자

『최신고등대한지지(最新高等大韓地誌)』는 정인호(鄭仁昊, 1869~1945)가 1909년에 국한문혼용체로 편찬한 초등용 한국지리교과서이다. 정인호는 일제강점기 구국단 단장, 대한민국임시정부 군자금 모집원 등을 역임한 독립운동가로 1977년 건국포장, 1990년 애국장이 추서되었다.

3. 내용 및 구성

『최신고등대한지지(最新高等大韓地誌)』는 민족의식을 고취하기 위한 내용을 많이 다루고 있어 일본이 검정이나 인가를 불허한 책이다. 『최신고등대한지지(最新高等大韓地誌)』 목차는 서문과 본문 14편으로 구성되어 있다. 제1편은 총론, 제2편 경기도, 제3편 충청북도, 제4편 충청남도, 제5편 전라북도, 제6편 전라남도, 제7편 경상북도, 제8편 경상남도, 제9편 황해도, 제10편 평안남도, 제11편은 평안북도, 제12편은 강원도, 제13편은 함경남도, 제14편 함경북도이다. 세부 내용을 살피면, 제1편에서는 총론(위치와 폭도), 정도 한양, 한양의 산맥, 한양의 강류, 전국의 산맥, 전국의 강류, 기후와 물산, 상고연혁, 중고연혁, 근고연혁, 종교와 정례)을 다루었다. 제2편에서 제14편까지는 13도를 위치 경계와 지세, 산맥, 강류, 항구, 해만, 도서, 도회, 승지 등으로 구분하여 보다 자세히 기술하고 있다.

이 책은 지도를 23개 지도를 포함하고 있는데, 대한전도, 한양전도를 포함하여 많은 지도를 제공하고 있고, 삽화는 한양의 산맥, 漢江鐵橋輪車圖(한강철교윤차도)를 비롯하여 44개 그림이 있다. 지도의 내용은 전국 각 도의 지도와 도시지도이고 삽화는 주로 명승지에 관한 것이다.

『최신고등대한지지(最新高等大韓地誌)』는 같은 저자 정인호가 쓴 『최신초등대한지지(最新初等大韓地誌)』와 목차와 설명 내용이 거의 비슷하다. 첨가된 삽화도 동일하고 그에 대한 설명도 일치한다.

한양의 전체 지도와 경운궁 대한문, 돈화문 그리고 경회루, 남대문 모습

『최신고등대한지지(最新高等大韓地誌)』의 권두에는 융희 2년 12월 15일 날짜가 적힌 鳳谷 安廓의 서문이 있다. 그 주요 내용을 요약하면 다음과 같다.

○ 지리는 인적생활과 물적 현상의 두 부분의 지식을 결합한 과학이고 국민교육과 처세생활의 관계가 중대한 것
○ 근세에 이르러 지리를 교과에 편입하니 한국교육이 점차 발달됨을 찬하(贊賀)한다.
○ 교수 정도에 대조하니 고등 소학에 적요하다

이 책의 내용 일부를 살펴보면 다음과 같다.

"漢陽은 我太祖 高皇帝께서 定都하신 處이라 北關은 景福宮이오 東關은 景福宮과 昌德宮과 昌德宮이니 今에 太皇帝께서 御臨하신 처이고 西關은 崇政般이오 또 慶運宮이 有하니 今에 太皇帝께서 御臨하신 處이니 城은 昔에 石으로 築하고 八門을 建하였으니 周圍가 四十里오 五部內, 四十九坊에 四萬三千戶와 二十萬 人口가 住하며 十部 衙門과 各社會와 各學校는 前後에 排列하고 物貨가 四方으로 雲集하고 商店이 櫛比하니 帝王의 萬年基地라 光武元年에 國號를 大韓이라하고 全國의 구역을 十三道로 定하니라"(제1편 총론, 제2과 정도한양)

"한양은 태조가 정한 수도이고, 북쪽은 경복궁, 동쪽은 경복궁과 창덕궁에 거처하고, 서관은 숭정반과 경운궁이 있고 태황제께서 거하고 있다. 성은 돌로 구축하고 팔문을 건설하였으니 주위가 사십리오 오부내 사십구방에 사만삼천호와 이십만 인구가 거주하며 십부 아문과 각 사회와 각 학교눈 전후에 배열하고 물화가 사방으로 운집하고 상점이 즐비하니 제왕의 만년토대를 마련했고, 광무원년에 국호를 대한이라하고 전국의 구역을 十三道로 정하였다"

경기도의 지도와 도시와 승지모습 및 인천항

앞서 밝힌 바와 같이 『최신고등대한지지(最新高等大韓地誌)』와 『최신초등대한지지(最新初等大韓地誌)』는 민족의식 고취와 관련된 내용을 다루고 있어서 일본의 많은 제재를 받아 인가와 검정을 받지 못한 책이다. 같은 저자가 두 책을 같은 시기에 쓴 것으로 보인다.

4. 핵심어

本道의 位置(본도의 위치), 境界는 我邦(경계는 아방), 領地(영지), 山脉(산영), 江流(강류), 慶興, 開市場(경흥, 개시장), 城津, 港口(성진, 항구), 海灣과 島嶼(해만과 도서), 都會와 勝地(도회와 승지)

5. 참고문헌

장보웅, 「개화기의 지리교육」, 『대한지리학회지』 5(1), 41-58, 1970.
한국민족문화대백과사전 http://encykorea.aks.ac.kr/Contents/Item/E0057445

『최신초등대한지지(最新初等大韓地誌)』

서 명 『최신초등대한지지(最新初等大韓地誌)』
저 자 정인호(鄭寅琥, 또는 鄭仁昊, 1869~1945)
형 태 한장본, 국한문체, 15×22(cm)
발 행 광덕서관
소장처 숙명여자대학교 중앙도서관

『최신초등대한지지』 표지, 목차, 판권지

1. 개요

『최신초등대한지지(最新初等大韓地誌)』는 저자 정인호가 융희 3년 1월 5일 발행하였다. 이 책은 목차 2면과 본문 96면으로 구성되어 있으며, 지도, 축화 등이 25화가 포함되어 있다. 특히 『최신초등대한지지(最新初等大韓地誌)』는 당시의 정치 상황상 일본이 불편해하는 내용이 많고, 민족의식을 고취하기 위한 내용이 많이 담겨있어서 학부 및 검정 불허가된 초등학생용 도서이다.

2. 저자

『최신초등대한지지(最新高等大韓地誌)』는 정인호(鄭仁昊, 1869~1945)가 1909년에 국한문혼용체로 편찬한 초등용 한국지리교과서이다. 정인호는 일제강점기 구국단 단장, 대한민국임시정부 군자금 모집원 등을 역임한 독립운동가로 1977년 건국포장, 1990년 애국장이 추서되었다.

3. 내용 및 구성

『최신초등대한지지(最新初等大韓地誌)』는 학부용으로 불인가된 도서이고, 검정 불허가 도서이다. 그러나 불인허의 근거는 내용과 체제가 비교육적인 까닭은 아닌 것으로 보인다. 이 책이 과거에 일본인들을 격퇴한 기록을 많이 담아서 민족정신을 고취하려고 한 내용이 많아서라고 추측되는데, 그 한 예로 아래와 같은 내용이 있다.

"......고성 남만은 통제령을 두었던 곳이나 충무공 이순신이 차해면에서 일본 대군을 대파하고 호통
치니 기 중 한산도 등지는 전쟁공로가 크더라...."(제8편 경상북도 제3과 강류와 해만과 조석, p.54)

『최신초등대한지지(最新初等大韓地誌)』는 제1편에서 제14편까지로 구성되어 있으며, 1편부터 순서
대로 총론·경기도·충청북도·충청남도·전라북도·전라남도·경상북도·경상남도·황해도·평안
남도·평안북도·강원도·함경남도·함경북도의 주제를 다룬다. 표지 다음 장에 우리나라 위치와 경
계를 나타내는 우리나라 전도가 수록되어 있어 행정구역의 경계를 확인할 수 있게 하였다. 총론 편은
매우 간략한데 각 도의 지지적 내용은 비교적 많이 담았지만 전체적으로는 지리적 내용이 빈약한 편이
다. 지도는 대한전도를 비롯하여 각 도 지도와 주요 도시 지도 등 24개가 실렸고, 삽화는 한양의 산맥을
비롯하여 주로 명승지의 것이 25개 있다.

이 책은 이전까지의 어느 교과용 지리도서보다도 지도와 축도가 풍부하며 지도와 삽화를 통해 내용
을 효과적이고 가시적으로 전달한다. 제1편 총론에서는 '우리대한제국의 위치와 경계는 아세아주 동
부에 있으니 동남은 일본의 대마도와 상대하고 있고, 동북은 아라의 영지오소리와 경계를 접하고 있고,
서북은 청국의 만주와 땅이 연계되고 있고, 남은 대해와 접해있다'라고 밝히고 있다. '한양'의 경우에
도 지도를 통해 한눈에 위치를 비롯하여 개괄적인 내용과 한양의 산세, 산맥을 다루고 있으며, 교통과
의 연계성도 설명하고 있다.

한양의 전체 지도와 산맥 그리고 교통

경기도의 경우 자세한 위치와 경계, 사회상 및 승지에 대한 설명을 지도와 그림을 활용해 기술하고 있다. 특히 인천 항구에 대한 자세한 설명을 통해 인천항이 한양 서남부의 80리 지점에 위치하고 있으며, 일본의 요청에 따라 개항하여 상선과 병선이 항시 접하고 있음을 기록하고 있다.

경기도의 지도와 도시와 승지모습 및 인천항

4. 핵심어

大韓, 帝國의 位置와 境界(대한, 제국의 위치와 경계), 分十七課(분십칠과), 京畿道(경기도), 忠淸北道(충청북도), 忠淸南道(충청남도), 全羅北道(전라북도), 全羅南道(전라남도), 慶尙北道(경상북도), 慶尙南道(경상남도), 黃海道(황해도), 平安南道(평안남도), 平安北道(평안북도), 江原道(강원도), 咸鏡南道(함경남도), 咸鏡北道(함경북도)

5. 참고문헌

장보웅, 「개화기의 지리교육」, 『대한지리학회지』 5(1), 41-58, 1970.

『최신초등소학(最新初等小學)』(권1-권4)

서 명	『최신초등소학(最新初等小學)』(권1-권4)
저 자	정인호(鄭寅琥, 또는 鄭仁昊, 1869~1945)
형 태	22×15(cm)
발 행	우문관(右文館), 1908년
소장처	국립중앙도서관

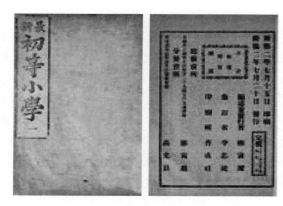

『최신초등소학』표지, 판권지

1. 개요

『최신초등소학(最新初等小學)』(4권 2책)은 1908년 7월 간행된 소학교용 교과서로, 발매소는 경성 동현(銅峴) '옥호서림玉虎書林'이며, '우문관(右文館)'에서 인쇄본으로 제작 유통하였다. 언어를 중점적으로 가르치면서 그 안에 독립사상을 내포한 것이 특징이다.

2. 저자

정인호는 조선말기부터 일제시기에 활동했던 출판인이자 민족운동가다. 경기도 양주에서 태어나 한학을 공부하였으며 구한말 경상북도 청도군수를 지냈다. 1906년 옥호서림(玉虎書林)이란 출판사를 운영하며 근대교과서를 간행하는 등 교육계몽을 위한 구국운동에 앞장섰다. 1919년 3·1운동을 경험하고 나서 단원 20명을 규합하여 구국단(救國團)을 조직하고 본격적인 독립운동에 나섰다. 50세의 나이로 동지들에 의해 동단의 단장으로 추대되었다. 구국단의 주도 세력은 1919년 4월 이후 상해 대한민국임시정부가 수립되어 활동하고 있다는 소식을 듣고 임시정부와 연계된 독립운동을 모색하였다. 임시정부 지원책을 실행하기 위해 단장 정인호는 단원들과 함께 군자금 모집활동에 나섰다. 우선 서울 인의동 자택에 은밀히 활판인쇄기를 설치하고 군자금 모집에 필요한 각종 문서문권을 인쇄하였으며, 거액의 군자금을 모집한 후 이를 상해 임시정부에 송금하였다. 그러나 우체국을 이용해 송금하는 과정에서 그 사실이 발각되었고 1921년 3월 20일 경찰에 체포당했다. 1922년 2월 14일 경성지방법원에서 제령(制令) 7호 및 출판법 위반으로 징역 5년형을 선고받아 옥고를 치렀으며 형기를 다 마치고 출옥하였다. 1977년 건국포장, 1990년 애국장이 추서되었다.

3. 내용 및 구성

『최신초등소학(最新初等小學)』은 4권 2책으로 구성되어 있다. 본문과 주석은 세로쓰기 되어 있으며, 책의 소주(小註)는 교사용으로 마련되었다. 본문에는 '복습' 또는 '뒷글 공부'라는 제목의 과(課)가 마련되어, 학습한 내용을 점검하고 확인할 수 있도록 구성되었다. 이때 '복습'과는 본문에 등장한 문장을 형태 그대로 발췌하여 보여주지 않고, 서술자가 해당 과의 내용을 요약하여 한 문장으로 제시하는 특징을 가지고 있다.

'로다', '더냐', '더라' 등의 어미를 사용하여 언문일치를 꾀하고 있는데, 책에서 사용된 국한문체는 국어의 통사가 거의 완벽하게 구현된 '국주한종체(國主漢從體)'에 해당한다. 연구자들은 이를 개화기 이후 전개된 언문일치 운동의 영향을 강하게 받은 결과라고 추측한다. 1권의 경우 대부분 한글로만 구성되어 있는 것이 특징이며, 한글의 자모를 익히는 것에 주력한다. 한자어의 사용은 주로 개념어에 국한하고 있으며, 적극적으로 우리말을 사용하고 있는 것이 특징이다. 언어를 가르치는 것을 일차적인 텍스트의 목표로 삼고 있으나 그 안에는 독립사상을 고취하고자 하는 의지가 담겨있다. 을지문덕, 정몽주, 거북선 등에 대한 단원들이 있었다고 전해지나 현재 판본에는 삭제되어 있다. 1909년에는 학부 지시로 사용금지 처분이 내려졌으며, 한일병합 이후에는 일제에 의해 압수, 분서처리 되었다.

1권은 자모음의 결합을 통한 각 음이 만들어지는 과정을 상세히 가르친다. ㄱ부터 시작하여 순차적으로 결합되어 만들어질 수 있는 단어들을 소개하는데 이때 단어들은 주변에서 흔히 볼 수 있는 가족 구성원(오라비, 어머니 등), 자연물(파초, 무우, 다리) 등으로 이루어져 있다. 1과는 각과(課)의 구성을 단순히 숫자로 쓰지 않고 날(日)로 쓰는 것이 특징인데, 그중 처음으로 단문이나마 읽기자료가 등장하는 것이 '스무이틀 공부할 과제'다. 닭과 달걀, 병아리의 삽화를 그려놓고 그 모습을 묘사하는 것이다. 그 다음으로는 부모에 대한 행실, 태극기를 소개하고 사람들을 이롭게 하는 면화, 벼 등에 대해 서술한다.

태극기가 자주 등장하는 것이 특징적이다. 1권에는 태극기를 들고 있는 학도들의 모습이 삽화로 제시되고, 2권의 3과에는 태극기를 들고 있는 '동자군(童子軍)'의 삽화와 그들의 용맹함을 강조하는 내용이 등장하기도 한다. 2권의 12과에서는 직접적으로 <운동가>를 써놓았는데, 그 내용은 "어허우리, 大韓帝國, 二千萬의, 男女同胞/ 一千萬은, 男子되고, 一千萬은, 女子로다/ 우리學徒, 學問싹은, 國家棟樑, 되리로다/ 終日토록, 行樂타가, 凱旋歌로, 好還한다/ 萬歲萬歲, 萬萬歲야 大韓帝國, 萬歲歲야"(92쪽)라고 되어 있다. 3권의 6과에서 또한 <운동가>가 등장하는데, 그 내용은 "大韓帝國의富强하기난 우리學徒기擔當함내다 工夫할째에工夫잘하고 運動할째에運動잘하세 許多事業을勘當하랴면 身體康健이第一福이오 一當百하난競爭心으로 太極旗下에愉快運動응 千歲萬歲야우리學徒지 大韓帝國이萬萬歲로다"(13쪽)로, 대한제국의 번영과 이를 이루어낼 학도들의 건강을 기원하고 있다.

정인호는 1, 2권을 통해 꾸준히 공부의 중요성을 강조한다. 1권의 마지막에서 그는 서릿발이 내린 추위 속에서도 홀로 피워 절개를 지키는 국화를 비유적으로 이르는 말인 '고절(孤節)'을 소개하며 학도들에게 공부를 업으로 삼고 높은 절개를 세우라고 당부한다. 특히 동물이나 자연물과의 비교를 통하여 이 세상에 존재하는 모든 것들에는 마땅히 '직분'이 있으며, 우리는 인간으로 태어나 학생이 된 이상 공부가 직분이므로 '쉬지 말고 공부해야 한다', '학교의 공부가 좋은 것이다'와 같은 문장으로 직접적인 메시지를 전달한다. 그렇다면 공부의 목적은 무엇인가. 2권의 21과를 보면 이러한 문장이 있다. "(과실이 열매를 맺는 것처럼) 人도, 學校의, 工夫를, 結果하여야, 人이, 愛하나니라"(48쪽), 즉 사람도 학교에서 공부라는 결실을 맺어야 사람들이 사랑하는 것이라는 뜻이다.

3권은 그 시작부터 학도에게는 '근면함'과 '경쟁심'이 있어야 하고, 학문을 통해야 사람을 국가의 기둥으로 키울 수 있다고 강조한다. 특히 고려시대 '최루백(崔婁伯)'의 일화를 통해 부모와 국가를 위하는 충성스럽고 효심 강한 인간상을 모범적인 모델로 제시하는 등 주로 어떤 사람이 될 것인가에 대한 인성교육에 주력하는 양상을 보인다. 돼지나 버섯, 나무뿌리 등의 자연물을 묘사할 때에도 그것의 특징을 단순히 전달하는 것이 아니라 반드시 이를 통해 배울 점을 이르는 방식으로 서술된다. 이 책에서 가장 핵심적인 내용을 담고 있는 단원은 3권의 21과 '文明한 氣像'과 4권의 12과 '兒童의 義務'이다. 3권에서는 애국사상, 부국강병의 정신을 바탕으로 학도는 장성하여 대한강토를 어깨에 부담하고, 적을 상대로 전진하며, 학사·박사가 되어 협동으로 사회단체를 만들라는 내용이 직접적으로 담겨있고, 4권에서는 구체적으로 사회에 진출하여 연설하고, 잠든 동포를 깨우고, 우매한 청년을 가르쳐 동서양의 제일됨을 의무로 삼으라는 메시지가 담겨있어 주목을 요한다.

4권에 이르면 이러한 문제의식은 더욱 적극적으로 드러나 "우리도, 團體를, 모흐고"(19쪽)와 같은 표현으로 단체를 결성하고 협심하는 것이 중요하다고 강조하거나 나라를 부강하게 만들어야 한다는 주장을 여러 단원에 걸쳐 개진하기도 한다. 특히 '한성(漢城)'의 역사를 설명하는 단원에서는 "우리學徒들은, 禮義東方에서, 五百餘年을德化에, 涵泳하고, 四千餘年을, 自由로昌盛한, 種族의, 子孫이올시다"(26쪽)라고 글을 마무리하는데, 이때 '자유로 창성'하고 '덕화에 함영'했다는 표현은 현실에 대한 비판적 인식을 드러내는 지점으로 해석할 수 있다. 24과 '閔泳煥'에서는 광무 9년 11월 17일, 한국과 일본이 새로운 조약을 맺어 국권이 추락함에 대세를 만회하려다 칼로 자결한 민영환의 이야기를 다루면서, 2천만 동포의 독립정신을 일깨워야 한다고 주장하는 등 국권 회복에 대한 의지를 전면적으로 내세우고 있는 것이 특징이다. 단순히 글자를 가르치던 1권에서부터 학도들에 대한 정신교육에 이르는 4권까지 정인호의 『최신초등소학』은 공부야말로 조선이 당면한 현상황을 타개할 수 있는 가장 중요한 수단이라고 강조한다. 배움을 통해 자주독립을 꾀하고자 한 그의 의지가 담겨있는 텍스트라 볼 수 있다.

4. 핵심어

최신초등소학, 정인호, 자주독립, 애국심, 자강사상, 독립사상, 근면, 효도, 교육

5. 참고문헌

이승윤·김준현, 『최신초등소학』, 도서출판 경진, 2012.
우리역사넷

3
일제강점기 관찬 독본

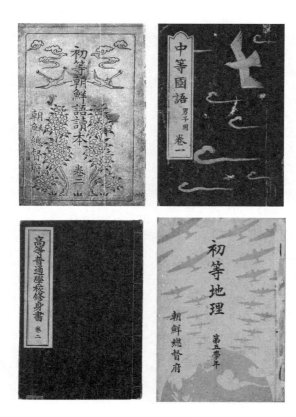

1) 조선어과

  (1) 간이학교용초등조선어독본
  (2) 고등조선어급한문독본
  (3) 고본고등조선어급한문독본
  (4) 보통학교고등과조선어독본
  (5) 보통학교조선어급한문독본
  (6) 정정보통학교학도용조선어독본
  (7) 보통학교조선어독본(1923)
  (8) 보통학교조선어독본(1930)
  (9) 신편고등조선어급한문독본
 (10) 여자고등조선어독본
 (11) 정정보통학교학도용한문독본
 (12) 조선어독본
 (13) 중등교육여자조선어독본
 (14) 중등교육조선어급한문독본
 (15) 초등조선어독본

2) 국어과(일본어과)

  (1) 간이학교국어독본
  (2) 고등국어독본
  (3) 제1기 보통학교국어독본
  (4) 제2기 보통학교국어독본
  (5) 제3기 보통학교국어독본
  (6) 신편고등국어독본
  (7) 신편여자고등국어독본
  (8) 여자고등국어독본
  (9) 정정보통학교학도용국어독본
 (10) 중등교육국문독본
 (11) 중등교육여자국문독본
 (12) 중등국어 실업학교용
 (13) 중등국어 남자용
 (14) 제4기 초등국어독본
 (15) 제5기 초등국어

3) 수신과

  (1) 고등보통학교수신교과서
  (2) 고등보통학교수신서
  (3) 보통학교수신서
  (4) 보통학교수신서 생도용
  (5) 보통학교수신서 아동용
  (6) 여자고등보통학교수신서
  (7) ヨイコドモ / 초등수신
  (8) 정정보통학교학도용수신서
  (9) 중등교육수신서(1935~1939)
 (10) 중등교육수신서(1940~1943)
 (11) 중등교육여자수신서
 (12) 초등수신

4) 역사과

  (1) 보통학교국사
  (2) 초등국사(1937~1938)
  (3) 초등국사(1940~1941)

5) 지리과

  (1) 보통학교지리보충교재 아동용
  (2) 심상소학지리서보충교재 아동용
  (3) 초등지리
  (4) 초등지리서

1)
조선어과

『간이학교용초등조선어독본(簡易學校用初等朝鮮語讀本)』

서 명 『간이학교용초등조선어독본(簡易學校用初等朝鮮語讀本)』
저 자 조선총독부
형 태 21.4×14.7(cm)
발 행 조선총독부, 1939년
소장처 국립한글박물관

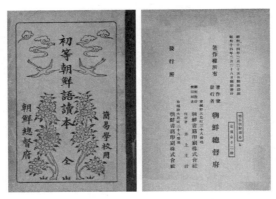

『간이학교용초등조선어독본』 표지, 판권지

1. 개요

『간이학교용초등조선어독본(簡易學校用初等朝鮮語讀本)』은 '조선총독부'에서 1939년 2월 28일에 발행되었다. 조선총독부가 1934년부터 정규 초등 교육기관인 보통학교의 부속으로 설치한 간이학교에서 사용하기 위해 편찬한 아동교육서이다.

2. 저자

조선총독부 학무국 편집과의 주요 업무는 교과용 도서의 편찬과 검정·인가 그리고 민력(民曆)의 편찬이었다. 편집과는 대한제국 학부 편집과에서 시작하여 1942년 학무국 편수과로 개칭되기 전까지 존속한 기구이다. 조선총독부 학무국 직원은 사무관과 판임관의 일반 행정 직렬, 기사와 기수의 기술 직렬, 편수관과 편수서기의 편수 직렬, 시학관과 시학 등으로 구성되었다. 편집과의 직원 구성은 편수관과 편수서기를 중심으로 속, 기사, 통역관, 그리고 촉탁과 고원 등으로 구성되었다. 편집과의 주요 업무는 조선총독부의 각급 학교에서 사용할 교과용도서를 편찬하는 일이었다. 조선총독부가 저작자로 되어 있는 교과서로는 조선총독부의 편수관이나 편수서기가 직접 집필한 교과서와 문부성이 저작권을 가진 교과서를 조선총독부가 발행한 교과서, 문부성의 교과서를 저본으로 하여 조선의 성격에 맞게 재집필한 교과서, 외부 집필진에게 의뢰한 후 조선총독부에서 발행한 교과서 등이 있다. 그러나 조선총독

부의 원칙은 가능한 범위에서 교과서를 직접 편찬하는 것이었다. 수신, 국어(일본어), 조선어 등은 직접 편찬하려 했고, 역사와 지리, 법제경제, 가사 등도 일부 편찬했다. 수학, 이과, 박물, 물리 화학, 실업, 도화, 음악, 수공, 체조, 외국어 등의 교과서는 시기에 따라 조선총독부 또는 문부성의 검정을 거친 교과서를 조선총독부의 인가를 거쳐 사용했다. 교과서의 검정은 외부에 위촉하거나 내부에 해당 전공이 있을 경우 편수관 또는 편수서기가 직접 담당했다. 조선총독부에서 편찬한 국정 교과서의 정확한 목록과 종수는 정확히 알 수 없지만 초등용 교과서 254종 700여 책, 중등용 교과서 134종 398책 등 대략 1,100여 책으로 알려져 있다. 조선총독부에 검정을 출원한 교과서 역시 정확한 숫자를 알기는 어렵지만 1929년부터 1935년까지만 보더라도 검정출원된 교과서는 대략 68종 124책 정도이고 1924년에서 1927년까지 인가된 교과서만 보더라도 1343종에 이를 만큼 검인정 교과서의 양이 늘어났다.

3. 내용 및 구성

『간이학교용초등조선어독본』은 1934년부터 설치된 2년제 간이학교에서 사용된 교과서로, 2권으로 구성된 『초등조선어독본』을 바탕으로 1권으로 축소하여 간행되었다. 간이학교 제도는 조선총독부 학무국이 조선의 문맹 퇴치를 목적으로 보통교육을 보급하기 위한 단기 초급교육기관으로 1934년에 도입하였다. 간이학교의 본래 목적은 소외된 농촌지역의 학생들을 단기간 교육하여 농업의 실전에 활용할 수 있는 인력으로 키워내기 위한 것이었다. 하지만 본래의 목적과는 달리 취학적령기의 아동들을 수용하기 위한 공립보통학교의 수가 부족하여 보조적인 교육기관으로 활용되었다. 즉, 농촌의 실정을 고려하여 기존 공립보통학교 부설로 설치한 간이학교는 보통교과와 직업교과로 나누어 농촌 실태에 맞게 시수를 조정하면서 운영하였다. 간이학교의 입학연령은 10세를 표준으로 하고, 수업연한은 2년, 학급수는 1학급(단급편제)이며, 아동의 수용 정원은 대략 80여 명 정도이다. 교과목은 수신, 국어 및 조선어, 산술을 포함한 보통교과와 직업의 4과목이다. 간이학교의 목적은 "1. 한 사람의 일본 국민을 만드는 것, 2. 국어를 읽고, 쓰고, 말할 수 있도록 하는 것, 3. 직업에 대한 이해와 능력을 갖춘 사람을 만들 것"으로 요약할 수 있다.

『초등조선어독본』은 총 2권으로 구성되었으나 『간이학교용초등조선어독본』은 핵심적인 내용 위주의 1권으로 재편집하여 『초등조선어독본』 권2의 내용은 대부분 제외되었다. 우선 받침 없는 쉬운 단어로 시작한 『초등조선어독본』 1과부터 3과의 내용을 삭제하고, 4과의 "아버지 우리 아버지", 5과의 "어머니 우리 어머니"가 각각 1과와 2과로 재편되어 수록되었다. 여기서 1과의 '아버지' 삽화가 아이의 손을 잡고 농기구를 챙겨 농사일을 하기 위해 가는 모습이라는 점은 동일하다. 그러나 기존 '어머니' 삽화가 집안에서 아이를 돌보며 바느질을 하는 모습인 데 반해, 『간이학교용초등조선어독본』 2과의 '어머니' 삽화는 아이들과 함께 밭일을 하고 있는 모습으로 변경되었다. 아버지가 바깥일을 하고 어머니가 집안일을 하는 구도에서 농업 현실을 반영하여 수정한 대표적인 예로, 이는 간이학교라는 제도적 특성을 알 수 있는 부분이다. 또한 그림과 함께 나오는 단어 학습은 한 권으로 통합하는 과정에서 여러 단어 단원들을 한데 합쳐 수록하는 양상을 보이는데 이는 단기간 내 효율적으로 학습해야 하는 교육 과정을 반영한 것으로 보인다.

한편, 『초등조선어독본』 권2의 내용은 거의 제외되었으나 15과 '개미와 베짱이' 일화는 『간이학교용초등조선어독본』 14과에 그대로 수록되었다. 이 이야기는 열심히 일하지 않은 베짱이의 고난과 평소 "부지런이 먹을 것을 모아둔" 개미의 상황을 대조함으로써 근면·성실하게 수행해야 할 '노동'의 측면을 강조한다. 이러한 논리는 11과 '탐심 많은 개' 일화와 연결되어 욕심을 부리지 않고 성실하게 자신의 위치에서 노동하는 것이 국민의 자세임을 설파하는 것이다.

『간이학교용초등조선어독본』은 조선의 아동을 대상으로 농촌의 근대화라는 목적으로 간행된 교과서이나 여기에는 이중적인 식민 통치의 방식이 발견된다. 즉, 공립 보통학교 부설의 보조적 교육기관인 2년제 초등학교 과정이라는 비교적 짧은 기간 내 효과적으로 황국신민을 양성하려는 의도가 그것이다.

4. 핵심어

간이학교용초등조선어독본, 조선총독부, 간이학교, 농촌 계몽, 황민화 교육

5. 참고문헌

박제홍, 「간이학교의 황민화교육-조선총독부편찬 간이학교용 교과서를 중심으로-」, 『日本語教育』 73, 한국일본어교육학회, 2015.

송숙정, 「일제강점기 간이학교 제도에 관한 고찰」, 『일본문화학보』 87, 한국일본문화학회, 2020.

『고등조선어급한문독본(高等朝鮮語及漢文讀本)』(권1-권4)

서 명 『고등조선어급한문독본(高等朝鮮語及漢文讀本)』(권1-권4)

저 자 조선총독부

형 태 22×15(cm)

발 행 총무국인쇄소(總務局印刷所), 1913년

소장처 국립중앙도서관

『고등조선어급한문독본』표지, 판권지

1. 개요

『고등조선어급한문독본(高等朝鮮語及漢文讀本)』(4권)은 '총무국인쇄소'에서 1913년에 초판 발행되었다. 이 책은 제1차 교육령에 근거하여 편찬한 일제시대 최초의 중등학교 조선어과 교과서로, '조선어급한문(朝鮮語及漢文)'이라고 교과서명을 표방하였지만, 본문은 한문 위주로 구성되어 있다. 한문은 전통의 경사자집(經史子集), 고금(古今)의 잡서(雜書), 신찬(新撰)에서 문장을 선발하였고, 조선문은 조선실업(朝鮮實業)과 관련된 내용을 위주로 하면서, 한문교재를 번역하거나 일본어 교과서인『고등국어독본(高等國語讀本)』을 번역한 것을 수록하였다.

2. 저자

일제강점기의 교과서 개발 주최는 조선총독부였다. 조선총독부는 1912년에는 각급 학교의 일본어과와 조선어과에 해당하는 교과서를 개발 완료하였으며, 국어독본 8책, 국어보충교재 1책, 조선어독본 8책, 한문독본 4책, 습자첩 4책 발행하였다.『고등조선어급한문독본』은 그중 한 교과서이다. 교과서의 편찬은 조선총독부 내무부 산하 학무국이 담당하였다. 조선어급한문의 경우, 조선총독부의 학무 전문 관리인 편수관이나 편수 서기 등이 직접 집필했으리라 여겨진다. 조선어과 교과서의 집필자는 확인하기 어렵지만, 국어 편찬자 중에 한문과 조선어를 전공한 이가 포함되어있는 것으로 보아 국어 교과서 집필자들이 조선어과도 동시에 집필한 것이 아닌가 추정된다.

3. 내용 및 구성

『고등조선어급한문독본』은 범례(凡例), 목차(目次), 각 권의 순서로 구성되어 있으며 한문부(漢文部)와 조선문부(朝鮮文部)를 나누지 않았다. 교과서명을 '조선어급한문(朝鮮語及漢文)'이라 하였지만, 본문은 한문 위주로 구성하였으며, 조선문은 편수도 적을 뿐 아니라 문장도 한문에 토를 단 정도이다.

교과서로서의 성격과 편찬 방식을 상세하게 밝힌 범례의 내용을 정리하면 다음과 같다. 하나, 이 책은 고등보통학교 및 기타 그 과정이 같은 학교의 조선어 및 한문과의 교과용으로 편찬하였다. 하나, 이 책의 수록 교재는 한문을 위주로 하고 조선문은 약간 편을 더하였다. 하나, 한문교재는 대략 세 가지로 구분하였는데, 경사자집(經史子集) 중 중요한 것을 선발한 것이 하나요, 내외(內外) 고금(古今)의 잡서(雜書) 중 교훈이 되는 것을 채록한 것이 두 번째이고, 지금의 신찬(新撰)에서 뽑은 것이 세 번째이다. 여기에 시가(詩歌)를 사이사이 더하여서 학습의 즐거움을 더하였다. 하나, 조선문의 교재는 조선실업(朝鮮實業)과 관계되는 것을 많이 취하였고, 또 본서 중 한문교재 및 『고등국어독본(高等國語讀本)』의 교재 약간 편을 번역하고, 이 번역문은 원문과 비교할 수 있도록 하였다. 하나, 한문교재는 원서(原書)의 전문(全文)을 수록하기도 하고, 절록(節錄)하기도 하고, 간혹 삭제 또는 수정하기도 하였다. 각 편의 끝에 원서의 이름을 부기하였다. 하나, 한문 구두법(句讀法)은 전적으로 조선의 구결(口訣)을 따랐으나, 일본의 관례(慣例)를 가미하여 학생들의 송독(誦讀) 편의를 도모하였다. 하나, 원문의 편찬자 및 수록 저자의 소전(小傳), 장구의 난해처에 단 주석을 난 외 상단에 실어 참조하게 하였다.

권1은 77과, 권2는 92과, 권3은 61과, 권4는 55과로 구성되었으며, 각 과는 일정한 단원명을 설정하였다. 단원명은 글의 주제나 출전을 제목으로 삼기도 하고, 원제목을 글대로 가져오기도 하였다. 예를 들면 '인지일생(人之一生)'(권1의 제1과), '경사(敬師)'(권1의 제5과) 등은 내용을 근거로 단원명을 단 예이고, '논어초(論語抄)' '맹자초(孟子抄)'처럼 출전을 제목으로 삼기도 하였다. 이 경우 한문 문장마다 장의 출처를 부기하였는데, 예를 들면 제4과 '논어초(論語抄)'의 경우, 각 문장 끝에 위정(爲政) 위령공(衛靈公) 태백(泰伯) 자한(子罕) 자장(子張) 학이(學而)를 부기해 놓았다. 또, 중국 당송시대의 산문 등을 선발한 경우, 작품명을 단원명으로 삼았다. 예를 들면 소순(蘇洵)의 '명이자설(名二子說)', 소식(蘇軾)의 '서재숭화우(書載嵩畵牛)' '망처왕씨묘지명(亡妻王氏墓誌銘)', 주돈이(周敦頤)의 '애련설(愛蓮說)' 등이 있다.

범례에서 밝혔듯이 학습의 흥미를 돋우기 위해 중국과 조선의 한시를 사이사이 삽입하였는데, 도잠(陶潛)의 '권학가(勸學歌)', 고계(高啓)의 '춘일유보(春日遊步)', 사마광(司馬光)의 '초하(初夏)', 강희맹(姜希孟)의 '농구(農謳) 권로(捲露)', 정도전(鄭道傳)의 '방김거사야거(訪金居士野居)' 등을 들 수 있다. 한시의 작가는 본문 위 난외(欄外)에 간단한 주석을 달아놓았다.

이 책 한문부의 가장 큰 특징으로는 일본의 학자와 문인들의 글을 대거 선발한 점이다. 대표적으로 에도 시대 전—중기 본초학자(本草學者)·유학자·생물학자·농학자(農學者)인 가이바라 에키켄(貝原益軒, 조선에는 패원독신(貝原篤信)으로 알려짐)의 『선철총담(先哲叢談)』『요언유찬(要言類纂)』 등에서 여러 문장을 선발하였으며, 中村正直과 齋藤正謙의 글도 많이 수록하였다. 예를 들면, 권2의 제84~86과는 齋藤正謙의 '매계유기(梅谿游記)' 1, 2, 3을 수록하였다. 그 외 藤森大雅, 依田朝宗, 重野安繹, 柴野邦彦, 依田朝宗, 鹽谷世弘, 芳野世育, 仲栗愼身 등의 글이 보인다.

일본 문인 학자의 한문과 함께 조선 문인의 교훈적 일화도 선발하였는데, 『해동속소학(海東續小學)』

에서 선발한 '조지서처정씨(趙之瑞妻鄭氏)' '김상국선상인(金相國善相人)', 이덕무(李德懋)의 『사소절(士小節)』에서 선발한 '류정모치산(柳鼎模治産)' 등이 있다. 또한, 조선 문인의 한문으로는 주로 실학자들의 글을 많이 선발하였는데, 그 예로 유형원(柳馨遠), 이익(李瀷), 정약용(丁若鏞), 박지원(朴趾源), 이덕무(李德懋) 등이 있다.

이 책에 수록된 조선문의 특징은 총독부의 정책을 알리거나 총독부 통치 아래 놓인 당대 현실을 설명하는 글, 일본의 역사와 문화를 알리는 글을 수록하여, 조선어 교육을 통해서 식민지 교육의 목적을 추구하였다는 점이다. 예를 들면, 1911년 2월 13일 <조선총독부관보(朝鮮總督府官報)>에서 선발한 '기념수재규정(記念樹栽規程)'(권1의 11과), 조선총독부 간행 <조선농무휘보(朝鮮農務彙報)>에서 선발한 '조선의 농산물(朝鮮의 農產物)'(권1의 22과)과 '조선의 원예작물(朝鮮의 園藝作物)'(권1의 54과) 등은 총독부의 정책을 선전하는 단원이며, '명치천황의 정력과 기억(明治天皇의 御精力과 御記憶)' 등은 일본을 미화한 글이다. 또, 일본어 교과서인 『고등국어독본』에서 선발하여 번역한 글로 조선문을 구성하기도 하였다. 그 예로는 '상업의 고수(商業의 高手)'(권1의 31과), '남조선미의 유래(南朝鮮米의 由來)'(권1의 50과) 등이 있다.

또한, 범례에서도 밝혔듯이 조선의 실업과 관련한 글을 위주하였는바, 권2의 '종묘의 배부(種苗의 配付)' '보험의 법(保險의 法)' '해충의 구제예방(害蟲의 驅除豫防)', '조선의 수산업(朝鮮의 水產業)', 권3의 '조선에 재한 권농기관(朝鮮에 在흔 勸農機關)' '잠업장려에 관한 훈령(蠶業獎勵에 關흔 訓令)' '면작장려에 관한 훈령의 요지(棉作獎勵에 關흔 訓令의 要旨)', 권4의 '미작개량에 관한 훈령의 요지(米作改良에 關흔 訓令의 要旨)' '조선의 공업 1(朝鮮의 工業 一)' '조선의 공업 2(朝鮮의 工業 二)' 등이 있다. 또한, 일본인의 한문과 토를 단 조선문을 나란히 각 과로 구성하기도 하였는데, 예를 들면 中村正直의 '충익설(忠益說)', 重野安繹의 '도기(陶器)'가 그 예이다.

김혜련의 연구에 의하면, 일제강점기에 편찬된 중등학교 조선어과 교과서는 대략 7종인데, 그중 『고등조선어급한문독본』은 제1차 교육령에 근거하여 편찬된 일제시대 최초의 중등학교 조선어과 교과서이다. 조선어급한문(朝鮮語及漢文)이라고 교과서명을 내걸었지만, 본문이 거의 모두 한문으로 구성되어 있고, 조선어과와 관련된 내용 역시 극히 일부여서 조선어 독본이라는 교과서명은 실은 명분에 불과하였다.

4. 핵심어

고등조선어급한문독본, 조선총독부, 범례, 논어초, 맹자초, 시가, 조선실업, 고등국어독본, 가이바라 에키켄(貝原益軒)

5. 참고문헌

김혜련, 『일제 강점기 조선어과 교과서와 조선인』, 역락, 2011.

임상석, 「일제강점기 조선총독부의 조선어급한문 교과서 연구 시론-중등교육 교재 『고등조선어급한문독본』을 중심으로」, 『한문학보』 22, 2010.

정세현, 「일본 식민지기 한국의 한문교육-2차 조선교육령기 『普通學教漢文讀本』, 『高等朝鮮語及漢文讀本』을 중심으로-」, 『한문학보』 32권, 우리한문학회, 2015.

『고본고등조선어급한문독본(稿本高等朝鮮語及漢文讀本)』(권2-권5)

서 명 『고본고등조선어급한문독본(稿本高等朝鮮語及漢文讀本)』(권2-권5)

저 자 조선총독부

형 태 22×14.9(cm)

발 행 총무국인쇄소(總務局印刷所), 1913년

소장처 국립중앙도서관, 국회도서관

『고본고등조선어급한문독본』 표지, 권2 본문, 판권지

1. 개요

『고본고등조선어급한문독본(稿本高等朝鮮語及漢文讀本)』(5권)은 표지가 『고등조선어급한문독본(稿本高等朝鮮語及漢文讀本)』과 같고, 내지에 '고본(稿本)' 두 글자가 따로 표기되어 있다. 권1~권4까지는 범례와 목차, 본문이 『고등조선어급한문독본』과 같고, 1922년 7월에 간행한 권5가 추가된 점으로 보아, 2차 조선교육령기 고등보통학교 수업 연한이 4년에서 5년으로 바뀐 것을 반영하여 기존의 4권에 5권을 추가한 것으로 보인다.

2. 저자

일제강점기의 교과서 개발 주최는 조선총독부였다. 조선총독부는 1912년에는 각급 학교의 일본어과와 조선어과에 해당하는 교과서를 개발 완료하였으며, 국어독본 8책, 국어보충교재 1책, 조선어독본 8책, 한문독본 4책, 습자첩 4책 발행하였다. 『고등조선어급한문독본』은 그중 한 교과서이다. 교과서의 편찬은 조선총독부 내무부 산하 학무국이 담당하였다. 조선어급한문의 경우, 조선총독부의 학무 전문 관리인 편수관이나 편수 서기 등이 직접 집필했으리라 여겨진다. 조선어과 교과서의 집필자는 확인하기 어렵지만, 국어 편찬자 중에 한문과 조선어를 전공한 이가 포함되어있는 것으로 보아 국어 교과서 집필자들이 조선어과도 동시에 집필한 것이 아닌가 추정된다.

3. 내용 및 구성

『고본고등조선어급한문독본』은 권1~권4까지 범례와 목차, 본문이 『고등조선어급한문독본』과 같지만, 『고본고등조선어급한문독본』에는 1922년 7월에 간행한 권5가 추가되어있는 점, 『고등조선어급한문독본』과 구분하여 '高等朝鮮語及漢文讀本' 서명 앞에 '稿本'이란 별도의 표시를 내지에 해둔 점에서 두 책은 구분된다. 2차 조선교육령기 고등보통학교 수업 연한이 4년에서 5년으로 바뀐 것을 반영하여 기존의 4권에 5권을 새로 추가하여 교과서로 만든 것인데, 준비 중인 교과서라 '고본(稿本)'이라 한 것이 아닌가 싶다. 이 책은 1924년 간행된 『신편고등조선어급한문독본(新編高等朝鮮語及漢文讀本)』(5권)이 나오기 전까지 과도기적으로 사용한 교과서로 보인다.

여기서는 새로 추가된 권5를 대상으로 그 특징을 정리해 보면 다음과 같다. 권5의 서두에 실린 범례는 권1~권4에 실린 범례와 같은 글이지만, 간기가 '대정(大正) 11년(1922) 7월'로 되어있다. 총 62과 중 조선어부에 해당하는 조선문이 8과에 불과하다. 조선문의 성격을 가장 잘 보여주는 글로, 일본어와 한국어 어법을 비교한 가나자와 쇼자부로(金澤庄三郎)의 '日鮮兩語語法의比較'(제8과)가 있다. 가나자와 쇼자부로는 1902년 6월 「일·한 양국어 비교론(日韓兩國語比較論)」, 「일·한어 동사론(日韓語動詞論)」이라는 두 논문으로 박사학위를 받았다. 또, '植物上으로觀흔日鮮關係'(제15과)는 일본과 조선의 식물을 비교 설명한 글인데, 일본의 식물학자로 1909년 이후 1940년까지 한반도에서 식물을 채집하여 표본을 만들고 연구한 다케노신 나카이(井猛之進)의 글이다. 이 두 편의 글을 통해, 이 책의 권5가 조선어부를 통해서 식민지 교육을 더욱 강화한 것을 볼 수 있다. 이 외의 조선문으로 조선의 예술, 문화 등을 소재로 삼았지만, '高麗陶磁器'(제25과, 26과)는 이왕가(李王家) 박물관 소장품 사진첩에 수록된 글을 그대로 전재하였고, '慶州의新發掘品'(제47과)이 조선총독부 주관의 고적 조사를 담당한 일본의 고고학자 하마다 고사쿠(濱田耕作)의 글인 점 역시 식민지 교육이 더욱 강화된 예라 하겠다.

한문부는 권1~권4와 같이 중국과 조선의 고전 한문과 일본인의 한문이 혼재되어 있으며, 글의 성격도 일정한 기준이 없다. 유학의 경전에서 선발한 '맹자초(孟子抄)', '중용초(中庸抄)', '논어초(論語抄)' 등이 있는가 하면, 소순(蘇洵)의 '목가산기(木假山記)'와 유종원(柳宗元)의 '종수곽탁타전(種樹郭橐駝傳)'과 같은 당송문(唐宋文)을 비롯한 중국 문인의 산문 작품을 주로 『고문진보(古文眞寶)』에서 선발하였다. 우리나라의 한문으로는 이규보(李奎報)의 '접과기(接菓記)'나 박지원(朴趾源)의 『열하일기(熱河日記)』중 '요동(遼東)' 등의 산문 작품을 선발하기도 하고, 『삼국사기(三國史記)』 열전(列傳)과 『고려사(高麗史)』 열전에서 선발하기도 하였다. 일본의 한문으로는 시게노 야스쓰구(重野安繹, 이 책에는 그의 호를 사용하여 重野成齋로 표기되어 있음)의 '대일본유신사서(大日本維新史序)', 『신정한문독본(新定漢文讀本)』에서 선발한 에도시기 말 유학자 아사까 신((安積信)의 '각룡전(閣龍傳)', 메이지 시기 한학자이자 시문가이면서 외교관이었던 다케조에 신이치로(竹添進一郞)가 북경에 머물 때 사천성의 잔도와 삼협 등지를 100여 일 여행하면 쓴 글인 <잔운협우일기(棧雲峽雨日記)>에서 선발한 '검각(劍閣)', '무협(巫峽)' 등이 있다.

이상에서 살펴본 권5의 구성과 내용을 통해, 이 책이 조선어 교과서의 역할을 하기보다는 조선총독부의 선량한 신민을 양성한다는 교육정책을 충실하게 반영한 교과서라 할 수 있다.

4. 핵심어

고본고등조선어급한문독본, 조선총독부, 고등조선어급한문독본, 범례, 가나자와 쇼자부로(金澤庄三

郎), 다케노신 나카이(井猛之進), 하마다 고사쿠(濱田耕作), 맹자초, 논어초, 당송문, 삼국사기 열전, 고려사 열전

5. 참고문헌

정세현, 「일본 식민지기 한국의 한문교육−2차 조선교육령기『普通學敎漢文讀本』,『高等朝鮮語及漢文讀本』을 중심으로−」,『한문학보』32권, 우리한문학회, 2015.

『보통학교고등과조선어독본(普通學校高等科朝鮮語讀本)』(권1-권2)

- **서 명** 『보통학교고등과조선어독본(普通學校高等科朝鮮語讀本)』(권1-권2)
- **저 자** 조선총독부
- **형 태** 22×15(cm)
- **발 행** 조선서적인쇄주식회사, 1925년
- **소장처** 국립중앙도서관

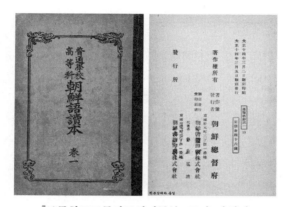

『보통학교고등과조선어독본』표지, 판권지

1. 개요

『보통학교고등과조선어독본(普通學校高等科朝鮮語讀本)』(전 2권)은 '조선서적인쇄주식회사'에서 1925년 3월 2일 번각 인쇄, 3월 5일 번각발행되었고 정가는 40전이었다. 보통학교의 2년제 고등과에서 사용하기 위해 편찬한 조선어과 교과서로, 삽화와 함께 동요, 시조, 편지글, 기행문, 우언, 전기문, 설명문 등이 수록되었다.

2. 저자

조선총독부 학무국 편집과의 주요 업무는 교과용 도서의 편찬과 검정·인가 그리고 민력(民曆)의 편찬이었다. 편집과는 대한제국 학부 편집과에서 시작하여 1942년 학무국 편수과로 개칭되기 전까지 존속한 기구이다. 조선총독부 학무국 직원은 사무관과 판임관의 일반 행정 직렬, 기사와 기수의 기술 직렬, 편수관과 편수서기의 편수 직렬, 시학관과 시학 등으로 구성되었다. 편집과의 직원 구성은 편수관과 편수서기를 중심으로 속, 기사, 통역관, 그리고 촉탁과 고원 등으로 구성되었다. 편집과의 주요 업무는 조선총독부의 각급 학교에서 사용할 교과용도서를 편찬하는 일이었다. 조선총독부가 저작자로 되어 있는 교과서로는 조선총독부의 편수관이나 편수서기가 직접 집필한 교과서와 문부성이 저작권을 가진 교과서를 조선총독부가 발행한 교과서, 문부성의 교과서를 저본으로 하여 조선의 성격에 맞게 재

집필한 교과서, 외부 집필진에게 의뢰한 후 조선총독부에서 발행한 교과서 등이 있다. 그러나 조선총독부의 원칙은 가능한 범위에서 교과서를 직접 편찬하는 것이었다. 수신, 국어(일본어), 조선어 등은 직접 편찬하려 했고, 역사와 지리, 법제경제, 가사 등도 일부 편찬했다. 수학, 이과, 박물, 물리 화학, 실업, 도화, 음악, 수공, 체조, 외국어 등의 교과서는 시기에 따라 조선총독부 또는 문부성의 검정을 거친 교과서를 조선총독부의 인가를 거쳐 사용했다. 교과서의 검정은 외부에 위촉하거나 내부에 해당 전공이 있을 경우 편수관 또는 편수서기가 직접 담당했다. 조선총독부에서 편찬한 국정 교과서의 정확한 목록과 종수는 정확히 알 수 없지만 초등용 교과서 254종 700여 책, 중등용 교과서 134종 398책 등 대략 1,100여 책으로 알려져 있다. 조선총독부에 검정을 출원한 교과서 역시 정확한 숫자를 알기는 어렵지만 1929년부터 1935년까지만 보더라도 검정출원된 교과서는 대략 68종 124책 정도이고 1924년에서 1927년까지 인가된 교과서만 보더라도 1,343종에 이를 만큼 검인정 교과서의 양이 늘어났다.

3. 내용 및 구성

『보통학교고등과조선어독본(普通學校高等科朝鮮語讀本)』에는 시조, 동요 등의 시가와 서간문, 기행문, 일화, 설명문, 감상문 등 다양한 문종(文種)의 글이 수록되어 있다. 저작자 겸 발행자가 '조선총독부'로 되어 있어서 개별 단원의 필자가 누구인지는 정확히 알 수 없다. 교과서의 표지와 목차에 이어 본문, 판권면으로 구성되었고 편찬의 의도나 성격을 기술한 서문이 따로 있지 않다. 수록된 글들의 수준은 『보통학교조선어독본』보다 다소 높고, 본문 중 어려운 낱말이나 부연 설명이 필요한 어휘는 각주로 풀이를 제시하고 있다. 그리고 본문에 삽화를 2년제 고등과 교재를 반영하여 학년별 한 권 체제로 2권이며 1권 27개, 2권 31개 등 전체 58개의 단원으로 이루어졌다.

[그림 1] 「제1과 신학년의 감상」 어휘 풀이   [그림 2] 「제2과 京城의 春色」 삽화

『보통학교고등과조선어독본(普通學校高等科朝鮮語讀本)』은 1922년에 개정된 제2차 조선교육령의 보통학교 6년제 이후의 2년제 고등과 과정에서 사용하기 위해 편찬되었다. 제2차 조선교육령은 당시 조선의 교육 체제를 보통학교-고등보통학교 체제로 정비하고, 예과, 고등과, 보습과 등의 부설 교육시설을 온존시켰다. 이 부설 교육시설은 상급 혹은 동급의 학교 진학 혹은 진학을 위해 필요한 수업 연한의 부족을 채우기 위해 잠정적으로 운영했으며, 그 중 보통학교 고등과는 학교급 수준으로는 5년제 고

등보통학교(여자고등보통학교는 4년제)의 1, 2학년에 해당하는 교육 단계이다. 『보통학교고등과조선어독본(普通學校高等科朝鮮語讀本)』의 내용 중 「박물관」(1권 10과), 「월세계」(1권 20과), 「朝鮮의 産業」(1권 24과), 「河馬」(1권 26과), 「春」(2권 1과) 등은 같은 시기에 편찬된 고등보통학교의 조선어과 교과서인 『신편고등조선어급한문독본(新編高等朝鮮語及漢文讀本)』에도 수록되어 있다.

『보통학교고등과조선어독본(普通學校高等科朝鮮語讀本)』은 독본 형식의 교과서로 주로 읽기 자료 중심으로 이루어져 있다. 특이한 것은 같은 시기 『신편고등조선어급한문독본(新編高等朝鮮語及漢文讀本)』과 『여자고등조선어독본(女子高等朝鮮語讀本)』에는 수록되어 있지 않은 '작문'에 관한 내용을 별도의 단원으로 편성했다는 점이다.

> 사람의 思想을 文字로 發表하는것을 文이라 하나니, 文은 그말하랴하는바를, 遺憾업시 잘 發表하도록 힘쓸것이오, 부즐업시 辭만 飾하고 句만 琢하랴함은, 作文의 能事가 아니니라.
> 文을 作함에는, 眞率하게 할것이오, 浮華치 안케할지나, 그러나 너무 纖巧함에 陷하지 아니할 程度에서, 句를 練하고 辭를 修함은, 決코 眞率함에 害됨이 업나니, 修辭를 適當히 함은, 곳 發表를 有力하게 함이니라.」 然則 文을 作하는 者는, 爲先 그 思想을 整頓하야, 順序 次第를 바르게하고, 記述의 先後를 싱각하야, 譬喩를 用할곳에는 適切한 譬喩를 用하며, 實例를 引할 곳에는 適切한 實例를 引하며, 成語를 揷할 곳에는 適切한 成語를 揷하는 等, 여러가지로 有力한 修辭를 施할것이오, 尙且 漸進하야, 含蓄이 多하고 波瀾이 富한 美文을 짓기를 練習할지니라. 그러나 當初부터 다만 巧妙히 하기만 힘쓰면, 反히 虛妄拙劣에 陷할지니, 善히 文의 本來 目的을 닛지말고, 明晣達意함을 爲主하야, 流暢하고 穩健하고 또 有力한 文詞를 지을지니라.」
>
> (「作文」, 『보통학교고등과조선어독본(普通學校高等科朝鮮語讀本)』, 66면)

「作文」(2권 18과)에서는 '사람의 思想을 文字로 發表하는것을 文이라'고 하며 '문'에 대한 정의를 내리고 '文을 作함에는, 眞率하게 할것이오, 浮華치 안케할지나, 그러나 너무 纖巧함에 陷하지 아니할 程度에서, 句를 練하고 辭를 修함은, 決코 眞率함에 害됨이 업나니, 修辭를 適當히 함은, 곳 發表를 有力하게 함'이라고 설명한 후 작문의 자세를 강조하는 것으로 마무리한다. 『보통학교고등과조선어독본(普通學校高等科朝鮮語讀本)』은 읽기뿐만 아니라 글쓰기의 중요성을 강조하고 있다는 점에서 주목할 만하다. 조선어과 교과서로서 『보통학교고등과조선어독본(普通學校高等科朝鮮語讀本)』은 서(書), 기(記), 동요체(童謠體), 고시(古詩), 시조(時調) 등 다양한 문종을 수록하고 있다. 1권에는 편지글, 기행문, 동요와 속담 등을 수록하였고 2권은 1권에 비해 시가가 많이 수록되었다. 春日遊步(高啓), 漁翁(柳宗元), 田家(朴趾源), 村家(李亮淵) 등 한시를 의역한 작품들과 시조로는 조헌과 작자미상, 이이, 이택의 시조가 각각 1편을 수록했다. 그리고 『보통학교고등과조선어독본(普通學校高等科朝鮮語讀本)』은 각 면을 2단 편집하여 윗단에 인명, 국명 등 어휘와 '氣球의 發明' 등 어구 풀이를 각주 형식으로 제시했다.

『보통학교고등과조선어독본(普通學校高等科朝鮮語讀本)』에서 눈에 띄는 내용으로는 고등과 학생으로서의 자부심과 학문의 자세에 관한 내용이다. 「新學年의 感想」에서는 보통학교 수료 후 고등과에 입학한 자부심과 면학을 다짐하는 내용이며 「春」에서는 '多幸히 高等科 二學年 進級의 光榮을 得한 우리는, 더욱 親密히 지내며 서로 勤勉하야, 後日 卒業의 榮譽를 期'하자는 내용으로 고등과 2학년 진급에 대한 축하와 졸업을 기약하고 있다. 「門生에게 示함에서는」은 '勤勉 不息'을 강조하고 '學은 勇進함을 貴히 녁인다하나, 또한 急迫히 함을 룬하나니, 다만 懈怠치 말고 恆常 聖賢의 書에 優游涵泳함에 잇는 것'으로 학문에 열심히 정진할 것을 당부하고 있다. 2년제 고등과이니만큼 1권에서는 보통학교 졸업 후 고등과의 진학에 대한 기쁨과 면학에의 당부를, 2권에서는 근면과 성실한 자세로 학문을 하여 졸업의 영광을 누릴 것을 다짐하고 있다.

다음으로 『보통학교고등과조선어독본(普通學校高等科朝鮮語讀本)』에는 효도와 고향과 산천에 대한 그리움과 예찬, 덕성의 함양과 관련된 내용도 다수 수록되어 있다. 「아버님 忌日」에서는 기일을 맞아 부친에 대한 그리움을 운율감 있는 시로 표현하고 있다. 「歸省」은 고향과 가족에 대한 그리움을 표현하는 귀성길의 설렘과 기쁨을 노래하고 있으며, 「故鄕」은 '世上에 故鄕처럼 조흔 곳은 업다'면서 '各其境遇와 處地를 隨하야, 異鄕에 가서 學問을 修練하고 事務를 經營하는 일이 잇슬지라도, 恆常 故鄕을 爲하야 盡力함을 勿忘할지어다'라고 언급했다.

『보통학교고등과조선어독본(普通學校高等科朝鮮語讀本)』은 근대적 제도 문물과 관련된 지식을 수록하고 있는데 「보험의 법」에서는 보험이라는 제도를 '경제상 동일한 위험 하'에 처한 사람들을 대상으로 '재산상 수요를 충족할 목적으로 조직하는 단체'로 보험의 뜻을 말하고, 보험의 종류와 장점을 안내하고 있으며, 「금융조합」에서는 조선의 '중산 이하 농공상업자의 금융을 완화'하고 '경제의 발달을 기도'하는 사회법인으로서 금융조합을 근대적 경제 제도 지식으로 구성하고 있다.

『보통학교고등과조선어독본(普通學校高等科朝鮮語讀本)』은 2년제 고등과의 2권 체제 교과서이지만 동요와 시조, 고시 의역시, 서간문, 기행문 등과 전기문, 논설문, 설명문 등 다양한 문종의 글들이 수록되었다. 고등과는 제2차 조선교육령에 의해 보통학교 졸업 후 진학하는 2년제 교육기관으로서 당시 고등보통학교의 저학년에 상응하는 수준이었기 때문에 역사와 산업, 사회 제도 등 근대적 학문과 지식을 교과서의 내용으로 구성하였다. 아울러 교과서의 지면에 삽화와 각주를 적극적으로 제시하여 학습자가 교과서의 내용을 쉽게 이해할 수 있도록 하는 장치를 마련하고 있는 점에서 공식적인 교과서로서의 성격을 잘 드러내고 있다.

4. 핵심어

『보통학교고등과조선어독본(普通學校高等科朝鮮語讀本)』, 「新學年의 感想」, 「作文」, 「門生에게 示함에서는」, 「금융조합」

5. 참고문헌

강명숙, 「일제시대 학교제도의 체계화―제2차 조선교육령 개정을 중심으로―」, 『한국교육사학』 32-1, 2010.

『보통학교조선어급한문독본(普通學校朝鮮語及漢文讀本)』(권1-권6)

서 명	『보통학교조선어급한문독본(普通學校朝鮮語及漢文讀本)』(권1-권6)
저 자	조선총독부
형 태	22×15(cm)
발 행	총무국인쇄소(總務局印刷所), 1915년
소장처	국립중앙도서관, 사이버교과서박물관, 국민대도서관, 국회도서관

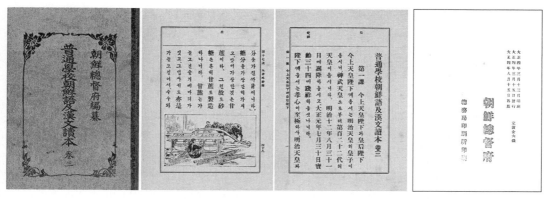

『보통학교조선어급한문독본』 권3 표지, 본문, 판권지

1. 개요

『보통학교조선어급한문독본(普通學校朝鮮語及漢文讀本)』(6권)은 '총무국인쇄소'에서 권1과 권2는 1915년, 권3은 1917년, 권4는 1918년, 권5는 1920년, 권6은 1921년에 초판 발행되었다. 조선총독부가 식민지 교육정책을 철저히 반영하여 편찬한 보통학교용 교과서로, '조선어'와 '한문' 교과를 합친 교과서이다.

2. 저자

조선총독부 학무국 편집과는 1910년 10월 최초의 관제로 내무부학무국에 설치되어 '교과용도서 편찬, 배포 검정 및 인가에 관한 사항'을 담당했다. 1919년 3·1 운동 이후 총독부 기구 개편 강요로 인해, 학무국도 1919년 8월 개편으로 독립한 국이 되었지만, 편집국은 존속했다. 전시 체제로 옮긴 후 1942년 11월의 개편에서 편수과로 개칭하면서 관장하는 사항이 증가하고, '교과용 도서의 편집·발행·조사·검정 및 인가, 교원용 참고 도서의 인정·추천, 국어 조사, 국민학교의 방송·교과용 영화, 모든 학교 교가의 가사·악보, 약력의 출판·배포'에 관한 사항을 장악했다. 1945년 4월의 마지막 개편으로 편수과는 폐지되고 업무는 학무과로 이관되었다.

3. 내용 및 구성

『보통학교조선어급한문독본』은 조선어와 한문 교과를 합친 교과서로, 전체 6권으로 구성되어 있다. 권1부터 권4까지는 <제1차 조선교육령>(1911)과 <보통학교 규칙>(1911)에 따라 초판본의 경우 권1과 권2는 1915년 3월, 권3은 1917년 3월, 권4는 1918년 3월에 간행되었다. 그런데 권5와 권6은 1920년 <조선교육령>이 개정된 이후 보통학교 학제가 4년제에서 6년제로 바뀌면서 간행되었다. 이에 따라 권5는 1920년 8월에, 권6은 1921년 3월에 발행되었다.

이 책의 체제는 『보통학교학도용조선어독본(普通學校學徒用朝鮮語讀本)』(1911)에 비해 체계화되었으나, 한문과 통합 교과서가 되면서 조선어 교과서로서의 정체성은 약화 되었다. '조선어'와 '한문'을 한 교과로 묶은 이유로 두 교과의 긴밀한 관계를 표방하였으나, 실상은 국어 즉 일본어 시수 확대를 위하여 '조선어' 및 '한문'교과 시수를 줄여야 했기 때문이었다. 조선어 교재와 한문 교재를 한 권에 적당히 배정하였으나 '조선어'와 '한문' 단원의 구성상 연계성은 찾기 힘들다. 조선어의 표기법은 1912년 4월에 제정된 '보통학교언문철자법'에 의거하였다.

이 책의 전체 구성은 '앞표지-서언-목차-소단원(본문)-부록-뒷표지'로 되어있다. 서언에서는 편찬 방침과 지도상의 유의점, 표기상의 원칙 등을 밝혀놓았는데, '·', 구개음화, 'ㅅ, ㅆ, ㅈ, ㅊ, ㅉ', 'ㅏ, ㅓ, ㅗ, ㅜ'의 사용, 한자음 표기 문제, 일본어를 한글로 표기할 때 필요한 사항 등에 대하여 설명하고 있다. 소단원(본문)은 '소단원 제목-본문-연습문제 또는 보충'으로 구성되어 있고, 본문 상단에 새로운 한자나 한자어가 표기되어 있다. 소단원 본문 끝에는 연습문제가 나오고, 어휘 학습을 위해 새로운 한자나 한자어가 본분 상단에 추기(推記) 되어 있다. 마지막 소단원 뒤에는 지금의 주에 해당하는 '부록'이 첨부되어 있는데, 일반적으로 '부록'의 내용은 해당 소단원에서 나왔던 지명, 인명 등에 대한 보충 설명이 주를 이룬다. 권1의 일부를 제외하고는 모두 국한문혼용체로 되어 있으며, 한자어의 사용 빈도가 낮고, 한자어를 한글로 표기한 경우도 있다.

이 책의 내용적 특징으로는 천황, 일본의 역사적 인물, 일본 지리 등 일본의 정체성과 관련된 단원을 대거 수록하였고, 일본의 교육 이념이라고 할 수 있는 '敎育에 關ᄒᆞᆫ 勅語'에서 강조한 '수신'과 관련된 내용을 많이 추가한 점을 들 수 있다. 김성기에 의하면, 이 책은 통감부 시기 편찬된 조선어 교과서에 비해 언어적 기능이 약화 되었는데, 그 이유는 일본어가 '국어'의 역할을 담당하였기 때문이다. 언어사용 기능과 언어 지식의 경우, 기초 문식성 교육과 편지, 속담 등 제한된 영역의 내용만 실렸고, 문학은 교훈을 주는 내용 중심으로 단원이 구성되어 있다. 범교과 지식이라고 할 수 있는 도덕교육과 관련된 '수신', 보통 지식과 관련된 '지리', '이과', '실업'과 같은 내용의 경우 통감부 시기 교과서와 중복되어 실린 내용이 매우 많다. 학습의 흥미를 끌어내기 위해 삽화를 많이 활용하였는데, 특히 1학년 교과서에 해당하는 권1의 경우 대부분의 단원에 관련 삽화를 넣었다. 예를 들면 가마, 거울, 구두 등의 단어를 학습할 때 해당 그림을 글자 아래 넣는 방식이다.

권1의 제1과에 모음표, 제2과부터 제10과까지는 자음을 제시하고 그 자음으로 시작하는 단어를 제시하는 방법을 통해 문자-발음-단어 학습이 이루어지도록 하고 있다. 그 뒤에 철자 연습을 위한 해당 단어와 음절표(밧침-중중성-된시옷)가 제시되어 있다. 제16과부터는 주어 서술어 구성으로 된 문장이 나오고, 그 다음으로 다양한 표현을 학습하기 위한 글이 제시되어 있다. 권2부터는 소단원 시작 부분에 단원 번호와 제목이 제시되어 있는데, 문학과 범교과적 내용으로 구성되어 있다. 문학에 해당하는 단원은 우화, 수필, 시가, 전기, 설화 등의 다양한 형식을 활용하여 교훈적인 내용을 수록하였으며, 수신에 해당하는 단원은 '勤實한 生徒'(권1의 제79과), '正直之利'(권2의 제38과), '納稅'(권4의 제55과) 등의 단원명에서 보듯이 '충량한 식민지 국민'을 양성하는 내용을 수록하였으며, 지리에 해당하는 단원으로는 '大日本帝國'(권2의 제17과), '朝鮮 地方의 地勢'(권2의 제33과), '京城'(권2의 제45과) 등의 단원을 통해 일본과 조선의 관계를 설명하고 있다. 이과에 해당하는 단원으로는 '太陽'(권1의 81과), '夏節衛生'(권2의 제19과), '소곰과 砂糖'(권3의 17과) 등이 있으며, 실업에 해당하는 단원으로는 '廢物利用'(권4의 12과), '植物의 貯藏'(권4의 16과), '農家의 餘業'(권4의 44과), '紙幣와 爲替'(권5의 42과), '銀行'(권6의 62과)등이 있다. 그 외 신문물을 소개하거나 정부 기관을 설명하는 단원으로 '朝鮮의 年中行事'(권3의 35과), '朝鮮의 行政 官廳'(권4의 25과), '軍艦'(권4의 38과), '飛行機와 飛行船·氣球'(권6의 19과) 등이 있다.

조선어 단원과 따로 구분하지 않고, 조선어 단원 사이사이에 한문 단원을 배정하였는데, 학년별 난이도에 맞추어 권1의 경우, 쉬운 한자 단어부터 시작하였다. 권1의 제20과가 한문 첫 단원인데, '大人, 一人, 二人, 三人, 四人, 五人, 大人五人'이 그 내용이고, 역시 어른 다섯 명이 그려진 삽화를 넣었다. 권1에서는 주로 2자로 이루어진 한자어를 제시하다가, 29과에 이르러 한글 토를 단 간단한 한문 문장을 제시하였다. 또 조선어 단원에 한자어를 한자로 노출하여 조선어 학습과 한문 학습을 동시에 꾀하였다. 권2 수록 한문 단원은 권1에 비해 난이도가 갑자기 어려워진 것으로 보인다. 제4과 한문 단원은 『예기(禮記)』와 『사문유취(事文類聚)』에서 문장을 선발하여 한글로 토를 달았다. 제6과는 한문 단원명이 '櫻桃及芝蘭'인데, 앵도가 일본이 자랑하는 꽃임을 설명하는 문장을 제시하고, 이어 지란은 『공자가어(孔子家語)』에서 문장을 선발하고 있다. 제11과는 『소학(小學)』에서 문장을 선발하고 있다. 이와 같이 이 책의 한문 단원은 권1 정도가 보통학교의 학습 수준에 맞추어 새롭게 만들어진 내용이라 보이고, 그 이후로는 전통의 한문 교재를 활용하여 토를 단 정도에 머물고 있다.

이 책은 조선총독부가 일본어가 미숙한 보통학교 조선인 학생들을 '충량(忠良)한 (일본)국민, 식민지인'으로 양성하기 위해 근대적 지식을 가르치기 위한 수단으로서 조선어 교육이 필요하다는 관점에서 편찬한 조선어 교과서라 할 수 있다.

4. 핵심어

보통학교조선어급한문독본, 조선총독부, 서언, 연습문제, 부록, 모음, 자음, 우화, 수필, 시가, 전기, 설화, 예기, 사문유취

5. 참고문헌

허재영, 『일제 강점기 교과서 정책과 조선어과 교과서』, 도서출판 경진, 2010.
김성기, 「1910년대 보통학교용 '조선어 교과서'의 내용과 성격에 대한 연구」, 국민대학교 박사학위논문, 2016.

『정정보통학교학도용조선어독본(訂正普通學校學徒用朝鮮語讀本)』
(권2-권8)

- **서 명** 『정정보통학교학도용조선어독본(訂正普通學校學徒用朝鮮語讀本)』(권2-권8)
- **저 자** 조선총독부
- **형 태** 22×15(cm)
- **발 행** 조선총독부, 1911년
- **소장처** 국립중앙도서관

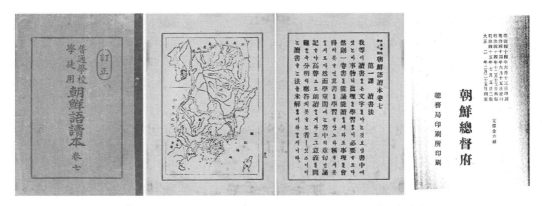

『정정보통학교학도용조선어독본』 권7 표지, 본문, 권2 판권지

1. 개요

『정정보통학교학도용조선어독본(訂正普通學校學徒用朝鮮語讀本)』은 '조선총독부'에서 1911년에 발행되었다. 권1, 권3, 권5, 권7의 발행일은 1911년 3월 11일이고, 권2, 권4, 권6, 권8의 발행일은 6월 15일이다. 『보통학교학도용국어독본』(1907)을 부분적으로 정정하여 '조선어 교육'을 담당하기 위해 편찬한 교과서이다.

2. 저자

조선총독부 학무국 편집과의 주요 업무는 교과용 도서의 편찬과 검정·인가 그리고 민력(民曆)의 편찬이었다. 편집과는 대한제국 학부 편집과에서 시작하여 1942년 학무국 편수과로 개칭되기 전까지 존속한 기구이다. 조선총독부 학무국 직원은 사무관과 판임관의 일반 행정 직렬, 기사와 기수의 기술 직렬, 편수관과 편수서기의 편수 직렬, 시학관과 시학 등으로 구성되었다. 편집과의 직원 구성은 편수관과 편수서기를 중심으로 속, 기사, 통역관, 그리고 촉탁과 고원 등으로 구성되었다. 편집과의 주요 업무는 조선총독부의 각급 학교에서 사용할 교과용도서를 편찬하는 일이었다. 조선총독부가 저작자로 되어 있는 교과서로는 조선총독부의 편수관이나 편수서기가 직접 집필한 교과서와 문부성이 저작권을 가진 교과서를 조선총독부가 발행한 교과서, 문부성의 교과서를 저본으로 하여 조선의 성격에 맞게 재집필한 교과서, 외부 집필진에게 의뢰한 후 조선총독부에서 발행한 교과서 등이 있다. 그러나 조선총독부의 원칙은 가능한 범위에서 교과서를 직접 편찬하는 것이었다. 수신, 국어(일본어), 조선어 등은 직접 편찬하려 했고, 역사와 지리, 법제경제, 가사 등도 일부 편찬했다. 수학, 이과, 박물, 물리 화학, 실업, 도화, 음악, 수공, 체조, 외국어 등의 교과서는 시기에 따라 조선총독부 또는 문부성의 검정을 거친 교과서를 조선총독부의 인가를 거쳐 사용했다. 교과서의 검정은 외부에 위촉하거나 내부에 해당 전공이 있을 경우 편수관 또는 편수서기가 직접 담당했다. 조선총독부에서 편찬한 국정 교과서의 정확한 목록과 종수는 정확히 알 수 없지만 초등용 교과서 254종 700여 책, 중등용 교과서 134종 398책 등 대략 1,100여 책으로 알려져 있다. 조선총독부에 검정을 출원한 교과서 역시 정확한 숫자를 알기는 어렵지만 1929년부터 1935년까지만 보더라도 검정출원된 교과서는 대략 68종 124책 정도이고 1924년에서 1927년까지 인가된 교과서만 보더라도 1343종에 이를 만큼 검인정 교과서의 양이 늘어났다.

3. 내용 및 구성

『정정보통학교학도용조선어독본』은 일제강점기 식민지 어문교육을 담당한 교과서이다. 매년 2권 체제의 총 8권으로 된 교과서로, 수업 연한이 4년인 보통학교에서 사용되었다. 이 교과서는 대한제국의 국정 교과서인 『보통학교학도용국어독본』(1907, 전8권)을 바탕으로 수정하여 '제1차 조선교육령'(1911) 이후 일제의 검열을 거쳐 간행되었다. 초판본을 기준으로 1학기용으로 권1, 권3, 권5, 권7이 1911년 3월 11일 발행되었고, 2학기용으로 권2, 권4, 권6, 권8이 같은 해 6월 15일 발행되었다.

1911년에 공포된 '조선교육령'은 "일본어 보급과 충량한 국민 양성, 실업교육 장려" 등으로 그 내용을 요약할 수 있으며, 전면적인 식민 교육의 발판이 된다. 조선총독부의 「교수상의 주의병 자구 정정표」(1911.2.22)는 이 법령에 의거하여 마련된 검열 기준으로, 이에 따라 『정정보통학교학도용조선어독본』(1911)이 발행되었다. 「조선총독부편찬교과서개요(朝鮮總督府編纂敎科書槪要)」에 의하면 통감부 시기 학부 편찬 교과서의 일부 내용을 '자구 정정(字句 訂正)'한 '과도기(過渡期)'적 교과서라 할 수 있다. 이 교과서는 『보통학교조선어급한문독본(普通學校朝鮮語及漢文讀本)』(1915)이 간행된 이후인 1918년까지 사용되었다.

『정정보통학교학도용조선어독본』은 '통감부본'을 정정한 교과서이므로 체제상의 차이는 없으나 검열에 따라 삭제된 단원으로 인해 삽화의 수도 줄어든 양상을 보인다. 단원 수는 권1의 경우 45과, 권2는 26과, 권3은 22과, 권4는 19과, 권5는 19과, 권6은 21과, 권7은 20과, 권8은 19과로 총 191개의 단원으로 구성되었다. 학습자의 기초 문자 학습을 위해 효과적인 언어 교육을 고려하여 국한문혼용체로 작성되었다. 권1은 한글 자모표를 수록하여 자음과 모음을 차례로 제시하여 한글의 기초를 학습할 수 있도록 하였다. 그다음으로 삽화와 단어를 함께 수록하여 비교적 쉬운 단어에서 어려운 단어 순으로 학습하도록 구성되었다. 단어 학습 이후에는 "산이 높다", "물이 깊다" 등 주어와 서술어로 구성된 문장을 제시하였고, 뒤이어 "내일 다시 뵙겟습니다.", "평안히 가게.", "잘 가거라." 등 문법적 내용을 담은 문장들이 연결된다. 권1이 자모, 단어, 문장 순으로 구성하여 기초적인 언어 사용이 가능하도록 구성된 '국어 교과서'라면, 권2부터는 설명과 이야기의 방식으로 실용적 지식을 담은 내용이 제시되고 권8에 이르면 깊이 있는 독법이 요구되는 다양한 글들로 구성되어 국민으로서의 지녀야 할 소양을 포괄한 '통합 교과서'라고 할 수 있다. 문학 유형으로 살펴보면 권2부터 권4권까지 수필이나 우화의 비중이 높은데 비해, 문해력이 요청되는 전기나 시가의 경우는 상대적으로 뒷부분인 권5에서 권8에 수록된 것 또한 학습자 수준을 고려한 안배라고 할 수 있다.

검열로 인해 조정된 단원을 중심으로 살펴보면 국호와 지명, 그리고 역사를 다룬 부분이 수정되었는데, 그 예로 연호는 '융희'에서 '메이지'로, 축제일은 '일본의 축제일'로 변경되었다. 또한 「영조대왕 인덕」, 「개국기원절」 등 조선의 성군과 국경일을 다룬 단원을 삭제하고 「기원절」, 「천장절」 등의 단원을 추가함으로써 일본을 전면화하는 방식으로 조선과 일본의 역사를 재배치하여 식민 통치의 정당성을 부여하였다.

『보통학교학도용국어독본』이 「사립학교령」과 「교과용 도서검정 규정」의 규제를 받은 '검정' 교과서라면, 1910년 강제병합 이후 간행된 『정정보통학교학도용조선어독본』은 조선총독부에 의해 '검열'된, 일제의 이념과 정책을 반영하여 일제강점기 언어 교육을 담당한 교과서이다.

4. 핵심어

정정보통학교학도용조선어독본, 조선총독부, 자구 정정(字句 訂正), 식민주의, 검열

5. 참고문헌

강진호, 『국어 교과서의 탄생』, 글누림, 2017.

강진호, 「근대 국어과 교과서의 검정과 검열―『국어독본』(1907)과 『조선어독본』(1911)을 중심으로―」, 『돈암어문학』 39, 돈암어문학회, 2021.

정슬아, 「시의 개념과 근대적 분화 과정―근대 국어 교과서 및 독본(1895~1925)을 중심으로」, 『한국근대문학연구』 32, 한국근대문학회, 2015.

『보통학교조선어독본(普通學校朝鮮語讀本)』(권1-권6)

서 명	『보통학교조선어독본(普通學校朝鮮語讀本)』(권1-권6)
저 자	조선총독부
형 태	22.0×15.1(cm)
발 행	조선서적인쇄주식회사(朝鮮書籍印刷株式會社), 1923년.
소장처	국립중앙도서관

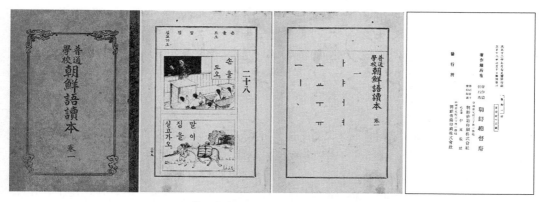

『조선어독본』 표지, 본문 판권지

1. 개요

『보통학교조선어독본(普通學校朝鮮語讀本)』은 '조선서적인쇄주식회사(朝鮮書籍印刷株式會社)'에서 1923년 발행되었다. 보통학교 조선어과 교재로 편찬되었으나 그 내용은 식민주체로서 학생들이 갖추어야 할 덕목 등을 가르치기 위한 목적으로 만들어졌다.

2. 저자

조선총독부 학무국 편집과의 주요 업무는 교과용 도서의 편찬과 검정·인가 그리고 민력(民曆)의 편찬이었다. 편집과는 대한제국 학부 편집과에서 시작하여 1942년 학무국 편수과로 개칭되기 전까지 존속한 기구이다. 조선총독부 학무국 직원은 사무관과 판임관의 일반 행정 직렬, 기사와 기수의 기술 직렬, 편수관과 편수서기의 편수 직렬, 시학관과 시학 등으로 구성되었다. 편집과의 직원 구성은 편수관과 편수서기를 중심으로 속, 기사, 통역관, 그리고 촉탁과 고원 등으로 구성되었다. 편집과의 주요 업무는 조선총독부의 각급 학교에서 사용할 교과용도서를 편찬하는 일이었다. 조선총독부가 저작자로 되어 있는 교과서로는 조선총독부의 편수관이나 편수서기가 직접 집필한 교과서와 문부성이 저작권을 가진 교과서를 조선총독부가 발행한 교과서, 문부성의 교과서를 저본으로 하여 조선의 성격에 맞게 재집필한 교과서, 외부 집필진에게 의뢰한 후 조선총독부에서 발행한 교과서 등이 있다. 그러나 조선총독

부의 원칙은 가능한 범위에서 교과서를 직접 편찬하는 것이었다. 수신, 국어(일본어), 조선어 등은 직접 편찬하려 했고, 역사와 지리, 법제경제, 가사 등도 일부 편찬했다. 수학, 이과, 박물, 물리 화학, 실업, 도화, 음악, 수공, 체조, 외국어 등의 교과서는 시기에 따라 조선총독부 또는 문부성의 검정을 거친 교과서를 조선총독부의 인가를 거쳐 사용했다. 교과서의 검정은 외부에 위촉하거나 내부에 해당 전공이 있을 경우 편수관 또는 편수서기가 직접 담당했다. 조선총독부에서 편찬한 국정 교과서의 정확한 목록과 종수는 정확히 알 수 없지만 초등용 교과서 254종 700여 책, 중등용 교과서 134종 398책 등 대략 1,100여 책으로 알려져 있다. 조선총독부에 검정을 출원한 교과서 역시 정확한 숫자를 알기는 어렵지만 1929년부터 1935년까지만 보더라도 검정출원된 교과서는 대략 68종 124책 정도이고 1924년에서 1927년까지 인가된 교과서만 보더라도 1343종에 이를 만큼 검인정 교과서의 양이 늘어났다.

3. 내용 및 구성

당시 학제에 맞추어 총 6권으로 구성된 『보통학교조선어독본』은 조선어과 교재로 편찬되었으므로 일차적인 교육의 목표는 글자를 가르치고 익히게 함에 있다. 학습자의 이해를 돕기 위한 목적의 표와 삽화가 자주 등장하고, 본문의 상단에는 신생 글자나 단어를 따로 제시하는 것이 구성상의 특징이라 할 수 있다. 고학년용인 후권으로 갈수록 표나 삽화의 비중이 줄어든다. 한국어의 모음과 자음의 결합을 통해 이루어지는 국어의 철자를 설명하는 1권에서는 자형비교(字形比較), 발음비교(發音比較), 응용(應用) 세 가지 항목으로 나누어 이를 효과적으로 교육하고, 2권부터는 각 권의 맨 마지막 부분에 각 과에서 사용된 한자를 풀어서 제시한 '한자해(漢字解)'라는 부록을 두었다.

책은 한 글자 단어로 시작하여 단문에 이르기까지 구성하는 글자의 난이도를 고려하여 단원을 순차적으로 배치하고, 주로 주변에서 자주 볼 수 있는 자연물과 익숙한 풍경에 대한 묘사로 내용을 구성하고 있다. 특정 단원의 뒤에는 '연습(練習)'란을 만들어 본문에서 제시된 문장을 다시 읽거나 써서 익힐 수 있도록 했다. 학업에 대한 강조보다는 저학년들이 흥미를 느낄만한 팽이나 연날리기 등의 놀이를 소개하거나 주변에서 친숙하게 볼 수 있는 닭이나 개와 같은 동물에 대한 내용으로 구성되어 있는 것이 특징이다.

2권은 '조선적인 것'들로 내용을 채우고 있는데, 첫 단원은 조선의 명절인 한식을 소개하는 내용이다. 우리에게 익숙한 속담이나 어른에 대한 공경, 형제간의 우애 등 기본적으로 예절과 도덕에 대해 가르치고 있다. 기본적으로는 유교적 이념에 바탕을 두고 있고 수직적인 관계에 대한 이해와 서열 의식이 내재되어 있다고 볼 수 있는데, 공손하고 친절한 주체를 형성하고자 하는 의도는 당대 사회와 국가의 윤리와 결합되어 복잡한 양상을 띤다. 4권에서 조선의 풍습인 '김장'에 대해 상세히 묘사하는데 특히 삽화 가운데 한복을 입은 여성들이 장독대에 김치를 담고 있는 모습을 표현한 것 등이 인상적이다. 품앗이 문화 또한 소개하고 있다.

[2권 1과 寒食]   [4권 14과 김장]

근대적 '위생'담론이 등장하는 것도 내용상 특징으로 꼽을 수 있다. 2권 15과 '집안일의 助力'을 보면 한 형제가 등장한다. 이들이 선생님으로부터 "누구든지 집안을 정하게 하면, 병이 아니난다"(36쪽)라는 말을 듣고 집안을 매우 청결히 하여 이웃 어른들의 칭찬을 받는다는 내용이다. 4권의 7과를 보면, 여름을 맞은 학생들에게 건강을 위한 여러 당부를 하고 있는데 반드시 끓인 물을 먹을 것, 음식은 잘 익힌 것을 먹을 것 등 일상에서 실천할 수 있는 조언을 하고 항상 집 내외를 청결히 하여 위생상 해가 되는 일이 없도록 하라고 쓰여 있다.

조선적인 것 사이에 침투해있는 '일본적인 것'의 주입도 빼놓을 수 없는 텍스트의 특징이다. 2권의 18과 '天長節祝日'이라는 단원을 보면, 일본 천황의 탄생을 축하하는 이 날에 대한 묘사를 하면서 처음으로 일장기를 내건 조선의 초가집 삽화가 제시되고, 학교와 마을에서 어떤 행사를 치르는지 자세히 소개한다. 3권의 1과에서는 '神武天皇祭日'이 소개된다. 이때 학생들은 학교에 모여 식목(植木)을 하는 관례가 있고 그것이 조선의 붉은 산을 푸르게 만들고 있다는 내용이 등장하는데, 3권의 첫 과에 이 신무천황제일이 소개되는 것은 당대의 학제와 그 궤를 같이한다. 일제강점기에는 4월이 각급 학교의 신학기가 시작되는 시기로, 지금과 같이 3월에 학기가 시작되는 식으로 제도가 바뀐 것은 1962년의 일이다. 그래서 당시 개학과 더불어 이틀이 지나면 바로 이 휴일이 이어졌는데, 이날이면 연례 행사처럼 학생들은 나무 심기 행사에 동원되었다. '산림녹화'야말로 식민통치의 치적을 자랑하기에 좋은 구실이 되었기 때문이다. 그래서『보통학교조선어독본』에서는 조선은 어디든지 붉은 산이 많다, 근처 산이 어서 모두 파랗게 되었으면 좋겠다는 내용이 강조되어 있다. 25과의 '紀元節' 또한 비슷한 형태로 소개되어 있다. 3권의 경우, 2권에서와 마찬가지로 삽화를 보면 등장인물들의 의복은 모두 한복이지만, 국기(國旗)는 모두 일장기로 그려져 있음을 확인할 수 있다.

1, 2권에서 볼 수 없었던 3권 이후의 특징으로는 편지글 형식의 글이 빈번히 등장하여 서간문 쓰는 법을 교육하고 있다는 점이다. 특히 문병하는 내용, 필요한 물건을 요청하는 내용 등 구체적인 상황을 가정하여 편지하고, 답장하는 실례(實例)를 보여준다. 4권에서 이어지는 서간문 교육은 좀 더 상세하게 편지의 겉봉에 주소와 이름을 쓰는 법 등을 삽화로 보여주는 방식으로 이루어져 단순히 상황에 맞는 글쓰기를 넘어서 우편 배달 방식과 형식에까지 닿아있음을 확인할 수 있으며, 17과 '人事'를 비롯하여 22과 등의 여러 단원에서는 상황별로 사용할 수 있는 인사말을 상대와 나의 관계 및 연령을 고려하여 상세히 제시하거나 실제로 가정한 상황을 바탕으로 편지, 답장을 예시로 소개하는 등 한층 구체적인 방식을 취하고 있는 것이 특징이다.

[2권 18과 天長節祝日]　　　　　　　　　　　　[3권 16과 運動會]

　　우화나 위인의 일화를 소개하는 '문학적인' 단원들이 더러 있으나, 이는 단편적인 교훈으로만 일관되어 이야기로서의 재미는 찾기 어렵다. 인물이나 상황을 상세하게 묘사하는 다른 교과서들과는 차이가 있기 때문이다. 4권에서 긴 분량을 할애하여 소개되는 인물로 '심청'이 있으나 특별히 새로운 해석이나 강조점을 찾기는 어렵다. 고학년용인 5, 6권에서는 '근검', '성실', '예의' 등의 덕목이 더욱 구체화되고 강조되는 것이 특징이다. 이를 일제강점기의 당대 사회적 맥락과 일제의 식민 지배 이데올로기 등과 연관시켜 살펴보면 피교육자인 조선인에게 매사 순응하고 공경하는 자세를 주입하는 것으로 해석할 수 있으며, 이러한 행동지침에 대한 교육을 통해 일제가 양성하고자 한 당대 피식민 주체의 모습을 엿볼 수 있다. 『보통학교조선어독본』 속 조선인 학생들은 식민주의의 규율과 제도를 내면화한, 계몽적 대상으로써만 존재한다.

4. 핵심어

효, 예절, 도덕, 규칙, 위생, 황국신민

5. 참고문헌

강진호, 「근대 교육의 정착과 피식민 주체–일제하 초등교육과 『조선어독본』을 중심으로」, 『상허학보』, 상허학회, 2006.
민족문제연구소, 「식민지 역사박물관 전시자료」 8.

『보통학교조선어독본(普通學校朝鮮語讀本)』(권1-권6)

서 명 『보통학교조선어독본(普通學校朝鮮語讀本)』
저 자 조선총독부
형 태 22.2×15(cm)
발 행 조선서적인쇄주식회사(朝鮮書籍印刷株式會社), 1930~1935년.
소장처 국립중앙도서관

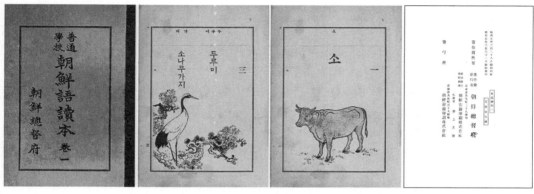

『보통학교조선어독본』 표지 및 본문, 판권지

1. 개요

『보통학교조선어독본(普通學校朝鮮語讀本)』은 '조선서적인쇄주식회사(朝鮮書籍印刷株式會社)'에서 1930년 발행되었다. 4차 교육령기에 발간된 이 책은 보통학교 조선어과 교재로 편찬되었으며 식민정책이 한층 구체적으로 반영되고, '실업'과 '자력갱생'을 골자로 피식민주체를 교육하고자 하는 의도가 담겨 있다.

2. 저자

조선총독부 학무국 편집과의 주요 업무는 교과용 도서의 편찬과 검정·인가 그리고 민력(民曆)의 편찬이었다. 편집과는 대한제국 학부 편집과에서 시작하여 1942년 학무국 편수과로 개칭되기 전까지 존속한 기구이다. 조선총독부 학무국 직원은 사무관과 판임관의 일반 행정 직렬, 기사와 기수의 기술 직렬, 편수관과 편수서기의 편수 직렬, 시학관과 시학 등으로 구성되었다. 편집과의 직원 구성은 편수관과 편수서기를 중심으로 속, 기사, 통역관, 그리고 촉탁과 고원 등으로 구성되었다. 편집과의 주요 업무는 조선총독부의 각급 학교에서 사용할 교과용도서를 편찬하는 일이었다. 조선총독부가 저작자로 되어 있는 교과서로는 조선총독부의 편수관이나 편수서기가 직접 집필한 교과서와 문부성이 저작권을 가진 교과서를 조선총독부가 발행한 교과서, 문부성의 교과서를 저본으로 하여 조선의 성격에 맞게 재

집필한 교과서, 외부 집필진에게 의뢰한 후 조선총독부에서 발행한 교과서 등이 있다. 그러나 조선총독부의 원칙은 가능한 범위에서 교과서를 직접 편찬하는 것이었다. 수신, 국어(일본어), 조선어 등은 직접 편찬하려 했고, 역사와 지리, 법제경제, 가사 등도 일부 편찬했다. 수학, 이과, 박물, 물리 화학, 실업, 도화, 음악, 수공, 체조, 외국어 등의 교과서는 시기에 따라 조선총독부 또는 문부성의 검정을 거친 교과서를 조선총독부의 인가를 거쳐 사용했다. 교과서의 검정은 외부에 위촉하거나 내부에 해당 전공이 있을 경우 편수관 또는 편수서기가 직접 담당했다. 조선총독부에서 편찬한 국정 교과서의 정확한 목록과 종수는 정확히 알 수 없지만 초등용 교과서 254종 700여 책, 중등용 교과서 134종 398책 등 대략 1,100여 책으로 알려져 있다. 조선총독부에 검정을 출원한 교과서 역시 정확한 숫자를 알기는 어렵지만 1929년부터 1935년까지만 보더라도 검정출원된 교과서는 대략 68종 124책 정도이고 1924년에서 1927년까지 인가된 교과서만 보더라도 1,343종에 이를 만큼 검인정 교과서의 양이 늘어났다.

3. 내용 및 구성

당시 학제에 맞추어 총 6권으로 구성된 『보통학교조선어독본』은 조선어과 교재로 편찬되었으므로 일차적인 교육의 목표는 글자를 가르치고 익히게 함에 있다. 당초 이 책의 3권이라 알려진 판본은 『보통학교조선어독본』이 아닌 1937년판 『조선어독본』으로 확인되었다. 그리하여 검토할 수 있는 텍스트는 1, 2, 4, 5, 6권으로 총 다섯 권이다. 그 구성이나 성격은 1923년 판본과 유사하다. 1923년 판본과 동일하게 위에 공란을 만들어, 신출 글자를 따로 정리하고, 저학년용일수록 이해를 도울 수 있는 삽화나 표의 사용이 빈번하다. '단어', '표', '연습', '단문' 등을 제목으로 한 단원들이 읽기 자료 사이에 배치되어 있으며, '연습'에서는 그림만 보고 단어를 쓰거나 말할 수 있도록 일종의 시험문제를 마련해 놓았는데 여기에 출제된 그림들이 반드시 읽기 자료나 '단어'에서 학습한 단어로만 구성되어 있지는 않다. '단문' 단원에서는 '입/잎', '낫/낯'와 같이 동일한 발음을 갖지만 엄연히 다른 한글자 단어들을 제시하여, 그것으로 문장을 만들고 그 차이와 각각의 개념을 이해시키거나, '해가 돋는다/해가 돋으오'처럼 서술어의 어미변화에 따른 존대법 등을 가르치기도 한다.

1923년 판과 비슷한 구성과 형태를 가지고 있으나 두 판본은 발간 시점에 차이가 있는 만큼, 달라진 일제의 식민지배정책이 반영되어 그 내부는 완전히 다른 성격을 갖고 있다. 1923년 판본의 『보통학교조선어독본』이 '공손하고 충량한' 황국신민 만들기에 초점을 두었다면, 1930년 판본의 『보통학교조선어독본』은 조선적인 것을 한층 더 강조하면서, 피식민 주체의 지위를 명확히 인식시키고자 하는 데 서술의 주안점을 두었다. 학생들이 본받고 실천해야 할 덕목으로, '실업'과 '자력갱생'의 태도를 강조하고 특히 수신과 관련된 단원을 가장 큰 비중을 두어 배치한 것이 특징이다. 부지런하고 예의 바른 어린이에 대한 교육은 시대를 막론하고 동일한 교육의 내용처럼 여겨지지만, 이 당시 부지런한 국민성 함양은 일제가 조선의 국민성 개조에 있어 가장 중요시했던 부분이라는 점에서 간과할 수 없는 대목이다.

전통적인 조선의 모습과 근대화된 정경을 함께 묘사하는데, 이는 조선적인 것을 강조하는 동시에 일본의 통치하에 근대화 된 조선의 모습을 보여주려는 의도로 해석할 수 있다. 본문의 내용이나 단원의 구성은 물론이고 주로 삽화를 통해 조선 장날의 모습, 훈장과 아이들이 있는 서당의 전경 등을 전통적인 모습 그대로 제시하고 낙화암이나 평제탑(평제탑은 부여 정림사지 오층석탑을 칭하는 말로, 이 석탑의 탑신 4면에 당나라 장군 소정방이 백제를 무너트린 후 새겨놓은 기공문을 보고, 조선에서는 이를 평제탑이라고 부르면서 백제가 멸망하던 시기에 건립된 것으로 오랜 시간 여겨왔다고 한다. 그러다가 식민지기 이 절터를 조사하는 과정에서 발견된 기와에 '정림사'라는 명칭이 양각되어 있는 것을 보고 이 절의 이름이 '정림사'이며, 탑과 기공문과는 상관없이 탑은 소정방이 기공문을 써넣기 전에 건립되었음을 알게 되었다. 이를 통해 1930년 판본의 『보통학교 조선어독본』이 쓰인 시기는 이곳에 대한 조사가 이루어지기 전이었음을 유추해볼 수 있다.), 석왕사와 같이 조선의 오랜 역사가 담긴 장소를 등장시키기도 한다. 그러나 일본의 명치절 묘사에서 보이는 일장기를 매달아 놓은 모습, 비가 그친 뒤 비질을 하는 아이들이 벚꽃잎이 가득한 땅을 쓸고 있는 모습 등은 모두 조선의 일상 가운데 일본적 색채가 깊이 드리워져 있음을 보여준다. 본문을 통해 전차, 배, 비행선, 축음기 등 일제치하에서 새롭게 발명되거나 일본을 통해 들어온 근대문물들이 자주 소개되는 것도 일본의 지배하에서 근대화되어가는 조선의 모습을 강조하고자 하는 의도로 볼 수 있으며, 이는 곧 조선(인)의 피식민 주체로서의 지위를 은근한 시혜적인 서술태도 안에서 암시하고 있다고 해석할 수 있다.

1923년 판본과 마찬가지로 조선과 일본의 공일(空日)에 대해 비중 있게 다룬다. '추석'을 나는 평범한 조선인 가족의 모습과 풍경을 묘사하거나, '명치절(明治節)'을 기념하는 학내 행사의 면면을 자세히 소개하는 식으로 이루어지는 기술 가운데 눈에 띄는 것은, 이 명치절을 묘사하는 대목에서 "(명치천황으로 인해)우리나라는 모든 일이 매우 진보하게 되엿습니다"(2권 70쪽)와 같은 서술이다. 이는 곧 조선과 일본의 구분을 두고 있지 않다는 점을 의미한다. 이를 또한 잘 드러내고 있는 대표적인 단원이 바로 '이언(俚諺)'(6권 5과)과 '부사산과 금강산'(6권 14과)이다. '이언'은 항간에 퍼져있는 속담 가운데 주로 사물의 형용과 비유 등에 쓰이는 형상적인 말을 뜻하는데, 이 책에서는 같은 의미가 담긴 표현을 공유하는 조선어와 일본어의 유사성을 강조하기 위해 쓰였다. 예컨대 내지어로 "꽃보다 떡"이라는 표현은 조선에서는 "금강산도 식후경"이라는 말로 쓰고, 내지의 "돌다리도 두다려보고 건너라"는 조선에서 "얕은 내도 깊게 건너라"로, 내지의 "사공이 만으면 배가 산으로 간다"가 조선에서는 "상자가 만으면 가마솟을 깨트린다"와 같은 식으로 쓰이고 있음을 이야기하면서 본문은 이언을 통해 보면 내지와 조선뿐 아니라 서양도 통하지 않는 뜻이 없을 것이라고 강조한다. 후지산을 뜻하는 부사산을 금강산과 나란히 소개하면서 각각을 일본과 조선을 대표하는 명산이라 칭하는 '부사산과 금강산' 단원을 보면 이러한 성격은 한층 두드러진다. 부사산에 대해 "형상이 수려하고 사람으로 하야금 속세를 떠나 선경(仙境)에서 노는 늣김"이 나게 한다고 묘사하고, 금강산에 대해서는 "금강산을 보기 전에는 산수를 말하지 말라"는 속담을 인용하면서 이러한 속담이 생긴 것은 당연하다고 상찬한다. 이 글에서는 두 산 중 어느 곳에도 치우침 없이 둘 다 훌륭한 산임을 강조하면서 마지막에는 "우리나라의 명산일 뿐 아니라, 한 세계의 절경"이라고 묶어서 칭한다.

이렇듯 이 시기 『보통학교 조선어독본』에는 아직은 조선과 내지의 경계가 뚜렷이 존재하는 상황에서 이를 관습이나 문화, 환경 등의 '유사성'을 통해 어떤 식으로든 결합해보고자 하는 의지와 노력이 반영되어 있다. 일제의 통치하에서 편리하고 더욱 부강해지는 듯 보이는 조선의 모습을 강조하고, 전통적인 조선의 모습과 근대화된 조선의 모습을 함께 제시함으로써 일제는 자신들의 통치를 정당화한 것이다. 텍스트는 전통과 근대, 조선과 일본이 복잡하게 뒤섞인 과도기적, 혼종적 양상을 보여주고 있으며, 다만 일본의 역사와 기원, 천황에 관한 각종 기념일과 제일에 대해서만큼은 조선인에 대한 이데올로기적 집단훈련을 통해 '하나됨(一體)'를 강조하였다.

4. 핵심어

전통, 근대, 조선, 내지, 제일(祭日), 땀

5. 참고문헌

강진호, 「'조선어독본'과 일제의 문화정치 – 제4차 교육령기 『보통학교 조선어독본』의 경우」, 『상허
　　학보』, 상허학회, 2010.
박수빈, 「일제의 황국신민화 정책과 『조선어독본』 – 4차, 7차 교육령기 『조선어독본』을 통해 본 일제
　　의 식민지배 정책변화」, 『어문연구』, 한국어문교육연구회, 2011.

『신편고등조선어급한문독본(新編高等朝鮮語及漢文讀本)』(권1-권5)

서 명	『신편고등조선어급한문독본(新編高等朝鮮語及漢文讀本)』(권1-권5)
저 자	조선총독부
형 태	21.6×14.8(cm)
발 행	조선서적인쇄주식회사(朝鮮書籍印刷株式會社), 1924년
소장처	국립중앙도서관

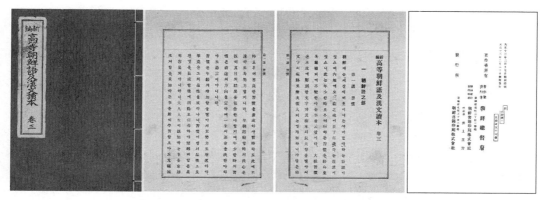

『신편고등조선어급한문독본』 권3 표지 및 본문, 판권지

1. 개요

『신편고등조선어급한문독본(新編高等朝鮮語及漢文讀本)』(5권)은 '조선서적인쇄주식회사'에서 권1, 권2는 1924년, 권3은 1924년, 권4는 1924년, 권5는 1926년 초판 발행되었다. 이 책은 1924 중등2차 교육령에 기초하여 고등보통학교(高等普通學校) 조선어 및 한문과의 교과서로 편찬된 책으로, 조선인 교육의 전면적이고도 효율적인 식민화를 위해 기획된 교과서이다.

2. 저자

일제강점기의 교과서 개발 주최는 조선총독부였다. 조선총독부는 1912년에는 각급 학교의 일본어과와 조선어과에 해당하는 교과서를 개발 완료하였으며, 국어독본 8책, 국어보충교재 1책, 조선어독본 8책, 한문독본 4책, 습자첩 4책 발행하였다. 『신편고등조선어급한문독본』은 그중 한 교과서이다. 교과서의 편찬은 조선총독부 내무부 산하 학무국이 담당하였다. 조선어급한문의 경우, 조선총독부의 학무 전문 관리인 편수관이나 편수 서기 등이 직접 집필했으리라 여겨진다. 조선어과 교과서의 집필자는 확인하기 어렵지만, 국어 편찬자 중에 한문과 조선어를 전공한 이가 포함되어있는 것으로 보아 국어 교과서 집필자들이 조선어과도 동시에 집필한 것이 아닌가 추정된다.

3. 내용 및 구성

『신편고등조선어급한문독본』은 서언(緖言), 목차(目次)를 갖추었고, 조선어부와 한문부를 나누어 구성하였으며, 각 과는 단원명을 달았다. 목차는 교과서의 순서를 그대로 축약해 놓은 것으로, 교과서를 한눈에 파악할 수 있게 해준다. 본문은 상단과 하단 2단 구성을 취하고 있으며 상단에는 중요 단어나 정보를 각주 형식으로 설명하고 있고, 하단에는 단원 내용을 기술하고 있다. 조선어 교육이 이전보다 강화되었으나 한문부가 조선어부에 비해 월등히 많다. 권1은 조선어부 21과 한문부 50과로, 권2는 조선어부 19과 한문부 42과로, 권3은 조선어부 19과 한문부 31과로, 권4는 조선어부 17과 한문부 34과로, 권5는 조선어부 17과 한문부 30과로 구성되어 있어, 전체적으로 한문부가 조선어부의 배가 넘는다.

서언(緖言)에서는 이 책의 성격을 다음과 같이 밝혔다. 이 책은 고등보통학교(高等普通學校) 조선어 및 한문과의 교과서로 편찬한 책으로, 제1학년부터 제5학년까지 각 학년에 한 권씩 배당하여 총 5권으로 구성하였다. 이 책은 교수(敎授)의 편의를 도모하기 위해 조선어와 한문의 양부(兩部)를 나누었으며, 조선어의 언문철자법(諺文綴字法)은 보통학교용(普通學校用) 언문철자법과 동일하다. 한문은 초학생도(初學生徒)를 표준으로 삼아 쉬운 재료부터 시작하여 점차 정도를 높였고, 한문은 권3까지 토(吐)를 달고, 권4 이후는 토를 달지 않았다.

조선어부의 문장은 『고등조선어급한문독본(高等朝鮮語及漢文讀本)』보다 한층 한국어에 근접하였다. 권1의 제1과 '신입학(新入學)'을 보면, 고등보통학교의 1학년 학생을 화자로 한 수필 형식을 취한 것과 같이 수필 형식을 많이 활용하였다. 조선어부에 수록된 글의 내용은 근대적 실용 지식을 전하는 내용, 조선의 역사와 문화를 전하는 내용, 식민지 현실을 반영한 내용 등으로 크게 구분된다. 먼저, 식민지 현실을 반영한 내용의 예로는 '조선총독부박물관(朝鮮總督府博物館)', '요코하마(橫濱)', '후지산(富士山)', '평화박람회(平和博覽會)', '극동경기대회(極東競技大會)', '조선부업품공진회의 개황을 보하는 서(朝鮮副業品共進會의概況을報하는書)' 등의 예에서 보듯이, 일본의 식민지 통치를 자랑하거나 미화하는 소재를 적극적으로 수록하였다. 권2의 제21과의 '우리 故鄕'은 수필 형식의 글인데, 글의 끝에 이르면 "前日에는 敎育機關이 充分치 못하고 交通도 便利치 못하더니 至今은 文明의 德澤으로 學校도 設立되고 汽車와 自動車도 通行하게 되엿소."와 같이 일본의 식민지 통치를 미화하고 있다.

근대적 실용 지식을 내용으로 한 경우, 일본인 榎本秋村이 편찬한 과외교육총서(科外敎育叢書)의 하나인 『생물기담(生物奇談)』에서 '하마(河馬)', '호(虎)' 등을 번역하여 수록하기도 하였고, 福澤諭吉의 <복옹자전(福翁自傳)>을 번역하여 수록하기도 하였다. 또, '위생(衛生)', '생명보험(生命保險)', '폐물이용(廢物利用)', '우표(郵票)', '전기의 응용(電氣의應用)' 등의 단원을 통해 이 책이 식민지 정책을 통한 근대화를 강조하였음을 볼 수 있다.

조선의 역사와 문화를 전하는 내용으로는 '조선의 한자(朝鮮의漢字)', '조선의 음악(朝鮮의音樂)', '조선의 회화(朝鮮의繪畫)', '고려 도자기(高麗陶磁器)' 등과 같이 문화예술을 대상으로 하거나 시조(時調) 등 문학 작품을 수록함으로써, 학습자의 시선이 당대 식민지 현실을 외면하게 하였다.

한문부는 네 종류의 글을 수록하였다. 먼저 '소학초(小學抄)', '맹자초(孟子抄)'와 같이 전통적인 유가 경전류 및 중국 문헌에서 한문 문장을 선발하였다. 고학년에 해당하는 권4와 권5에 이르면, '도화원기(桃花源記)', '어부사(漁父辭)', '고모담기(鈷鉧潭記)', '악양루기(陽樓記)', '화식론(貨殖論)', '사설(師說)' 등과 같이 중국의 고전 산문작품을 대거 수록하였다. 다음으로 조선의 문헌에서 한문 문장을 선발하였는데, 주로 역사적 인물이나 교훈적 일화를 선발하였다. 『동국통감(東國通鑑)』에서 '해동공자(海東孔

子)', ‘왕녀만덕(王女德曼)’ 등, 『삼국사기(三國史記)』에서 ‘김알지(金閼智)’, ‘문무왕(文武王)’ 등을 선발하였다. 그 외 출전으로 삼은 조선의 문헌으로는 『해동언행록(海東言行錄)』, 『지봉유설(芝峯類說)』, 『송와잡기(松窩雜記)』, 『국조명신록(國朝名臣錄)』, 『성호사설(星湖僿說)』, 『고려사(高麗史)』, 『대동운옥(大東韻玉)』, 『문헌비고(文獻備考)』, 『연려실기술(燃黎室記述)』, 『동국여지승람(東國輿地勝覽)』 등을 들 수 있다.

다음으로 일본의 문헌의 경우, 특히 일본 에도(江戶) 시대 유학자가 쓴 한문을 많이 선발하였다. 가이바라 에키켄(貝原益軒)의 『신사록(愼思錄)』, 『초학지요(初學知要)』, 『요언유찬(要言類纂)』, 中村正直의 『경우문집(敬宇文集)』, 原善의 『선철총담(先哲叢談)』 등에서 대거 선발하였다. 이와 함께 한문부는 대만총독부(臺灣總督府)가 편찬하여 1905년 발행한 한문 교과서인 대만교과서용(臺灣敎科用書) 『한문독본(漢文讀本)』에서 선발하기도 하였다. 第17과의 ‘증기(蒸氣)’, 제34과의 ‘거부가 된 일본인(鹽原多助)’, 제21과 ‘우(雨)’, 제46과 ‘염(鹽)’ 등이 그 예이다.

박영미에 의하면, 조선총독부가 1922년 제2차 조선교육령을 발포하였고 이 교육령에 기반해 편찬된 교과서가 『신편고등조선어급한문독본』이다. 이 책은 교과서로 5~6년 정도 사용되다가, 1930년 경성부의 한문교원회가 중심이 되어 학무국에 이 책에 대한 개편 요망건(要望件)이 제출되었다. 한문교원회는 이 책이 배열 순서, 착오 및 중출, 현토의 오류 등에 문제가 있고, 또 학생들의 수준에 맞지 않는 내용도 있음을 비판하였다. 교재의 내용도 문학적인 성취가 있는 것을 넣고, 쉬운 데서 어려운 데로 그리고 단문에서 장문으로 학습할 것을 희망하였다. 이상을 통해 『신편고등조선어급한문독본』의 교과서로서의 문제점과 한계를 알 수 있다.

4. 핵심어

신편고등조선어급한문독본, 조선총독부, 서언, 조선총독부박물관, 평화박람회, 극동경기대회, 생물기담, 선철총담, 대만교과서용 한문독본

5. 참고문헌

김혜련, 『일제 강점기 조선어과 교과서와 조선인』, 역락, 2011.

박영미, 「1930년 『신편(新編) 고등조선어급한문독본(高等朝鮮語及漢文讀本)』 개편 요망건(要望件)에 대하여」, 『한문학논집(漢文學論集)』 56호, 근역한문학회, 2020.

정세현, 「일본 식민지기 한국의 한문교육－2차 조선교육령기 『普通學敎漢文讀本』, 『高等朝鮮語及漢文讀本』을 중심으로－」, 『한문학보』 32권, 우리한문학회, 2015.

『여자고등조선어독본(女子高等朝鮮語讀本)』(권1-권4)

- **서 명** 『여자고등조선어독본(女子高等朝鮮語讀本)』(권1-권4)
- **저 자** 조선총독부(朝鮮總督府)
- **형 태** 22.2×15.1(cm)
- **발 행** 조선서적인쇄주식회사, 1926
- **소장처** 국립중앙도서관

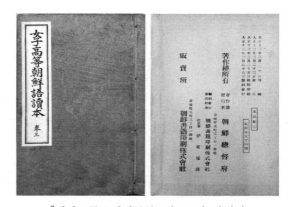

『여자고등조선어독본』 권3 표지, 판권지

1. 개요

『여자고등조선어독본(女子高等朝鮮語讀本)』(전4권, 1923년 2월 15일~1924년 3월 31일)은 '조선총독부'가 저작자 및 발행자이고, '조선총독부학무국인쇄국'가 발행 겸 인쇄를 맡았다. 여자고등보통학교 4년 체제에 맞추어 편찬되었던 국어과(조선어과) 교과서로, 수신, 문학, 역사, 지리, 이과, 실업, 문학. 가사, 기타 사회제반 제도 등을 주제로 하는 글들이 수록되었다.

2. 저자

조선총독부 학무국 편집과의 주요 업무는 교과용 도서의 편찬과 검정·인가 그리고 민력(民曆)의 편찬이었다. 편집과는 대한제국 학부 편집과에서 시작하여 1942년 학무국 편수과로 개칭되기 전까지 존속한 기구이다. 조선총독부 학무국 직원은 사무관과 판임관의 일반 행정 직렬, 기사와 기수의 기술 직렬, 편수관과 편수서기의 편수 직렬, 시학관과 시학 등으로 구성되었다. 편집과의 직원 구성은 편수관과 편수서기를 중심으로 속, 기사, 통역관, 그리고 촉탁과 고원 등으로 구성되었다. 편집과의 주요 업무는 조선총독부의 각급 학교에서 사용할 교과용도서를 편찬하는 일이었다. 조선총독부가 저작자로 되어 있는 교과서로는 조선총독부의 편수관이나 편수서기가 직접 집필한 교과서와 문부성이 저작권을 가진 교과서를 조선총독부가 발행한 교과서, 문부성의 교과서를 저본으로 하여 조선의 성격에 맞게 재

집필한 교과서, 외부 집필진에게 의뢰한 후 조선총독부에서 발행한 교과서 등이 있다. 그러나 조선총독부의 원칙은 가능한 범위에서 교과서를 직접 편찬하는 것이었다. 수신, 국어(일본어), 조선어 등은 직접 편찬하려 했고, 역사와 지리, 법제경제, 가사 등도 일부 편찬했다. 수학, 이과, 박물, 물리 화학, 실업, 도화, 음악, 수공, 체조, 외국어 등의 교과서는 시기에 따라 조선총독부 또는 문부성의 검정을 거친 교과서를 조선총독부의 인가를 거쳐 사용했다. 교과서의 검정은 외부에 위촉하거나 내부에 해당 전공이 있을 경우 편수관 또는 편수서기가 직접 담당했다. 조선총독부에서 편찬한 국정 교과서의 정확한 목록과 종수는 정확히 알 수 없지만 초등용 교과서 254종 700여 책, 중등용 교과서 134종 398책 등 대략 1,100여 책으로 알려져 있다. 조선총독부에 검정을 출원한 교과서 역시 정확한 숫자를 알기는 어렵지만 1929년부터 1935년까지만 보더라도 검정출원된 교과서는 대략 68종 124책 정도이고 1924년에서 1927년까지 인가된 교과서만 보더라도 1343종에 이를 만큼 검인정 교과서의 양이 늘어났다.

3. 내용 및 구성

『여자고등조선어독본』은 앞표지, 서언, 목차, 본문, 판권면, 뒷표지로 구성되어 있다. 4년제 여자고등보통학교에서 사용하기 위해 편찬된 교과서로 학년별 한 권씩 총 4권이 발행되었다. 교과서의 단원은 1학년 28개, 2학년 26개, 3학년 25개, 4학년 24개로 전체 103개 단원이고 권당 분량은 140쪽 전후이다. 여자고등보통학교의 교과서라는 점을 고려하여, 수록된 글들의 수준이 보통 이상이고 다루는 내용역시 수신, 역사, 지리, 기타 사회제반제도, 자연, 문학, 실업 등 다양한 주제에 걸쳐 있다. 학년별 교과서라는 점을 반영하여 1학년 교과서에 해당하는 1권에는 「신입학」, 「유학가신 언니에게」 등 새로운 출발과 다짐을 내용으로 하는 글들이 많고 4학년 교과서에 해당하는 4권에는 「신시대의 요구」, 「사랑하는 매제에게」 등 졸업을 앞둔 학생들을 위한 당부와 격려를 담은 글들도 수록되어 있다.

一. 本書는 女子高等普通學校朝鮮語科敎科書로 編纂한 者이라.
二. 本書는 全部를 四卷으로 하고, 第一學年으로부터 第四學年까지 各學年에 一券式 配當한 者이라.
三. 本書는 京城에서 行用하는 言語로 標準을 삼고, 諺文의 綴法은 本府에서 定한바에 依하며, 純全한 朝鮮語에 對하야는, 發音式을 採用하야, 쟈·댜를 자, 져·뎌를 저, 죠·툐를 조, 쥬, ·듀를 주, 챠·탸를 차, 쳐·텨를 처, 쵸·툐를 초, 츄·튜를 추, 샤를 사, 셔를 서, 쇼를 소, 슈를 수로 書하고, 中聲·는 使用치 아니하며, 又 分明히 漢字로 成한 語音은 本來의 諺文을 使用하니, 生徒로 하야금 恒常 此에 準據케 할지니라.
大正十三年一月
朝鮮總督府

(序言, 『여자고등조선어독본』)

발행자인 조선총독부는 『여자고등조선어독본』의 앞머리인 「서언」에서 세 가지 항목으로 나누어 교과서의 성격과 구성, 표기 언어 등을 명기하였다. 1항은 『여자고등조선어독본』은 "여자고등보통학교 조선어과 교과서로 편찬"했다는 점으로 교과서의 성격을 규정하였고 2항은 "제1학년부터 제4학년까지 각학년에 1권씩 배당한" 전체 4권으로 이루어진 교과서라는 점을 밝히고 있다. 3항은 "경성에서 행용하는 언어로 표준을 삼고, 언문의 철법은 본부에서 정한 바에 의하며, 순전한 조선어에 대하야는 발음식을 채용"한 것으로 『여자고등조선어독본』에 사용한 표기의 원칙을 명기했다. 조선어과 교과서를 통해 중점을 두는 내용이나 목표에 대해서는 별다른 언급이 없다. 『여자고등조선어독본』의 내용상 특징은 비슷한 시기 고등보통학교의 교과서로 편찬된 『신편고등조선어급한문독본』과 공통적으로 수록된 글들이 있고, 『여자고등조선어독본』에만 수록된 글들이 있다는 점에서 드러난다. 『신편고등조선어급한문독본』과 공통적인 내용으로는 주로 조선의 산업과 조선미와 면, 조선의 음악, 조선의 지리 등 조선에 대한 지식 그리고 근대 우편제도나 시간, 적십자사, 보험, 신문 등 근대적 제도에 대한 지식이 많은 부분을 차지한다. 『신편고등조선어급한문독본』과 공통적인 단원의 예를 제시하면 다음과 같다.

新入學/ 博物館/ 河馬/ 朝鮮의産業/ 北風과松樹/ 時計/ 第十課 時間에누리/ 橫濱/ 富士山 勤儉은齊家의基礎라/ 賢明한裁判官/ 防牌의兩面/ 讀書訓/ 碩學李退溪/ 月世界/ 同情/ 우리故鄕　(1권)

春/ 每事에 마음을 專一하라/ 虎/ 開城/ 禽獸의 敎育/ 孟母/ 朝鮮米와 綿/ 兎의 간/ 怠치 말고 時를 惜하라/ 물은 萬物의 母/ 蠅/ 生命保險/ 奈良/ 俚諺/ 세상에서 제일 무서운 것　　　　　　　　(2권)

習慣/ 鸚鵡/ 石炭이의 이약이/ 정몽주/ 臺灣의 夏(一)/ 臺灣의 夏(二)/ 常式의 修養/ 農業의 趣味/ 經學院의 釋尊/ 廢物利用/ 朝鮮의 音樂/ 郵票/ 電氣의 應用/ 典故五則/ 品性　　　　　　　　(3권)

朝鮮의 繪畫(一)/ 朝鮮의 繪畫(二)/ 日記中에서/ 休暇의 利用/ 朝鮮의 工業/ 新聞紙/ 樂書의 名筆/ 朴泰星/ 地殼의 變動/ 蒙古의 風俗/ 關東八景　　　　　　　　(4권)

그리고 『여자고등조선어독본』에만 수록된 단원들의 예를 제시하면 다음과 같다.

虛榮心/貴婦人과 밀가루장사/ 留學가신언니에게/ 家庭/ 裁縫/ 節婦白守貞/ 足의分別/ 近狀을報告키 爲하야舊師께/ 愛國婦人會/ 雞林과月城 등　　　　　　　　(1권)

遠足의 淸遊/ 心身의 淸潔/ 母女間往復書簡/ 薛氏女의 貞節/ 日記中에서/ 學校紀念日/ 忌祭例/ 온달의 처/ 寒中親友에게/ 愛는 人에게 對하는 道/ 赤十字社　　　　　　　　(2권)

귀성/ 濟州道의 海女/ 衣服과 精神/ 山蔘캐기/ 俚諺/ 婦人과 地理/ 下人에 대한 注意/ 笑談/ 講話의 大要를 缺席한 友人에게/ 知恩의 孝養　　　　　　　　(3권)

新時代의 要求/ 蜘蛛/ 京城꽃구경/ 奧村五百子와 광주/ 담화의 심득/箱根路(一)/ 箱根路(二)/ 典故五則/ 朝鮮女子의 詩歌(一)/ 朝鮮女子의 詩歌(二)/ 사랑하는 妹弟에게/ 掃除/ 신흠의 妻 李氏　　　　　　　　(4권)

『여자고등조선어독본』에만 수록된 글들은 여자고등보통학교의 조선어과 교육의 의도를 이해할 수 있게 한다. 그 내용은 주로 여성의 허영과 사치에 대한 경계를 담고 있는 글들이나 부덕을 갖춘 여성을 강조하는 글들이 대부분이다. 『신편고등조선어급한문독본』과 공통적인 단원인 1~3단원을 제외하고 『여자고등조선어독본』을 위해 집필한 1권의 4단원의 제목은 「허영심」이다. 이 단원에서 여성의 허영심을 "동서고금을 막론하여 사치는 여자만의 그릇된 본성"이라고 규정하고 여성의 사치는 '가정의 문란'과 '조선 전래의 가산을 탕진'하게 하는 사회적 불의의 주범으로 설명한다. 「貴婦人과 밀가루장사」
에서는 귀부인의 목걸이를 밀가루 장사의 돌절구와 비교하여 '소용'과 '이익'에 닿지 않는 보석 같은
사치품은 아무짝에도 소용없는 것이라고 강조하고, 값비싼 보석류로 치장한 여자를 "한갓 갑만은 보
석이나 화려한 장식품을 가지고, 무지한 촌민들에게 자랑하는 것으로써 세월을 보내는 이외에는, 아모
것도 할 일이 없"는 "암매한 인물"로 표현한다. 반면, 「신흠의 처 이씨」는 "조곰도 외관을 식함이 없"이
"근검"을 생활화한다는 이유로 "부인 중에 사행있는 분을 논할 때 이씨로서 수위를 삼"아야 한다고 추
앙해야 할 여성을 제시한다. 「유학가신 언니에게」는 언니의 모교에 재학 중인 여동생이 언니가 다니던
시절보다 학교가 학생들을 위해 다양한 교육을 제공하고 있다고 자랑하는 내용의 편지글이다. 여동생
은 학교가 "유명한 화가를 수집하여 전람회를 개"하고, "음악대가를 초빙하여 음악회를 開"하여 "정서
의 교양과 부덕의 함양"을 위한 교육에 "유의"하고 있다는 점을 강조한다.

『여자고등조선어독본』에 수록된 글들은 주로 조선의 역사와 지리, 산업 등과 시간, 청결, 신문 등 근
대적인 지식을 다룬 내용들과 여성고등보통학교의 교과서라는 점을 반영하여 여성의 도리와 자세에
관한 내용도 다수 구성되어 있다. 특히 1학년 교과서에 해당하는 1권에는 여자고등보통학교에 다니는
학생으로서의 자부심을 보여주는 내용들도 있는데 「신입학」에서는 "즉금부터는 我等이 確實한 女子高
等普通學校生徒가 되엿소"라며 생도로서의 자부심을 드러내고, 「留學가신언니에게」에서는 여자고등보
통학교가 "生徒의 將來를 爲하야, 그 聞見을 啓發식히고, 婦德의 修養에 努力"한다는 점을 알린다. 이러
한 시각은 4권의 「新時代의 要求」에서 "新時代에는 第二의 國民을 養育할 重大責任을 가진 女子의 敎育
도, 가장 重要視하는 바"라고 여자교육의 중요성에 대한 언급으로 강조된다.

『여자고등조선어독본』에는 여성으로서 갖추어야 할 자세와 도리, 본받아야 할 여성상에 관한 내
용이 다수 등장한다. 1권의 「가정」, 「재봉」, 「근검은 재가의 기초라」, 「절부백수정」 등과 2권의 「맹모」,
「설씨녀의 정절」, 「온달의 처」 등, 3권의 「의복과 정신」, 「제주도의 해녀」, 「지은의 효양」, 「품성」 등
그리고 4권의 「사랑하는 매제에게」, 「소제」, 「신흠의 처이씨」 등이 대표적이다. 「가정」은 "女子는 家
庭에 잇서서, 家事를 다사리는 것이, 그의 本分"이고, "女子된者는 家庭의 平和와 不和가 恒常自己의 行
動에 달린것인줄을 覺寤"할 것을 당부한다. 「신흠의 처이씨」는 "恒常謙悒한마음을두고, 私謁을하야
附麗할 計를하지아니하고, 오즉날마다 枲麻를 織紝하기만 일삼을 ᄹ"이라며 신흠의 처 이씨의 근검
을 강조한다.

『여자고등조선어독본』은 조선어과 교과서라는 점을 반영하여 조선의 시가, 이언 등을 비롯하여 서
간문 등과 일화, 설명문, 논설문 등의 다양한 글들을 수록하였다. 「이언」, 「전고오칙」, 「조선여자의 시
가」 등과 「모녀간왕복서간」, 「한중친우에게」, 「일기중에서」 등이 대표적이다. 「조선여자의 시가」는
"우리 朝鮮은 古昔으로부터 女流에 詩歌를 能解한 者가 不尠하나, 閨中에 深藏하야 世上에 發表되지못한
者가 多하고, 僅僅히 그 芳名이 史冊에 遺傳된 者"를 설명하며 이 교재가 여자고등보통학교의 조선어과
교과서라는 성격을 반영했다. 이 단원이 제시한 대표적인 작가와 작품은 여옥의 「箜篌引」, 적녀의 「會蘇
曲」, 사임당신씨의 칠언절구인 「踰大關嶺望親庭」, 난설헌허씨의 「江南曲」과 「貧女吟」 등이다.

『여자고등조선어독본』은 같은 2차 조선교육령 시기의 『신편고등조선어급한문독본』보다 먼저 편찬
되었다. 편찬자인 조선총독부가 이 교과서의 편찬 작업을 먼저 진행한 것은 여러 가지 이유가 있지만
무엇보다 "朝鮮人이 日本人과 同化하기는 제일 捷徑이 女子敎育의 進步發展하는 데 在"하기 때문에 "총
독부 정치에 제일 착수할 것은 여자교육"이라는 인식과 관계가 깊다. 『여자고등조선어독본』은 조선어

라는 학습 언어를 활용하여 순응적이고 가부장적인 체제에 적합한 조선 여성을 교육하기 위한 목적으로 편찬되었던 교과서였다.

4. 핵심어

여자고등조선어독본, 조선총독부, 「博物館」, 「허영심」, 「적십자사」, 「新時代의 要求」, 「朝鮮女子의 詩歌」

5. 참고문헌

「여자교육의 방침」, 『매일신보』, 1910년 9월 16일
김혜련, 『일제강점기 조선어과 교과서와 조선인』, 역락, 2011.
장신, 「조선총독부 학무국 편집과와 교과서 편찬」, 『역사문제연구』 16, 2006.

『정정보통학교학도용한문독본(訂正普通學校學徒用漢文讀本)』

서 명　『정정보통학교학도용한문독본(訂正普通學校學徒用漢文讀本)』
저 자　조선총독부
형 태　확인불가
발 행　총무국인쇄소(總務局印刷所), 1911년
소장처　국립중앙도서관, 한국교육개발원

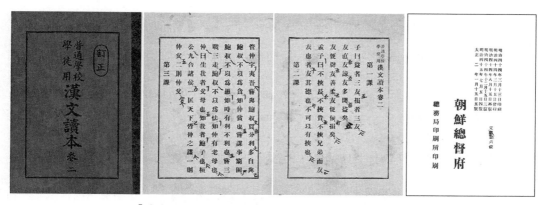

『정정보통학교학도용한문독본』 권2 표지, 본문, 판권지

1. 개요

　『정정보통학교학도용한문독본(訂正普通學校學徒用漢文讀本)』(4권)은 '총무국인쇄소'에서 1911년 3월 15일에 초판 발행되었다. 조선총독부가 1907년 통감부(統監府) 학부(學部)에서 보통학교 한문 교과서로 편찬한 『보통학교학도용한문독본(普通學校學徒用漢文讀本)』(4권)을 정정(訂正)한 책으로, 『보통학교학도용한문독본』의 일부 단원이나 단원 중 한문 문장을 삭제하여 축소한 책이다.

2. 저자

　조선총독부 학무국 편집과의 주요 업무는 교과용 도서의 편찬과 검정・인가 그리고 민력(民曆)의 편찬이었다. 편집과는 대한제국 학부 편집과에서 시작하여 1942년 학무국 편수과로 개칭되기 전까지 존속한 기구이다. 조선총독부 학무국 직원은 사무관과 판임관의 일반 행정 직렬, 기사와 기수의 기술 직렬, 편수관과 편수서기의 편수 직렬, 시학관과 시학 등으로 구성되었다. 편집과의 직원 구성은 편수관과 편수서기를 중심으로 속, 기사, 통역관, 그리고 촉탁과 고원 등으로 구성되었다. 편집과의 주요 업무는 조선총독부의 각급 학교에서 사용할 교과용도서를 편찬하는 일이었다. 조선총독부가 저작자로 되어 있는 교과서로는 조선총독부의 편수관이나 편수서기가 직접 집필한 교과서와 문부성이 저작권을 가진 교과서를 조선총독부가 발행한 교과서, 문부성의 교과서를 저본으로 하여 조선의 성격에 맞게 재집필한 교과서, 외부 집필진에게 의뢰한 후 조선총독부에서 발행한 교과서 등이 있다. 그러나 조선총독부의 원칙은 가능한 범위에서 교과서를 직접 편찬하는 것이었다. 수신, 국어(일본어), 조선어 등은 직접 편찬하려 했고, 역사와 지리, 법제경제, 가사 등도 일부 편찬했다. 수학, 이과, 박물, 물리 화학, 실업, 도화, 음악, 수공, 체조, 외국어 등의 교과서는 시기에 따라 조선총독부 또는 문부성의 검정을 거친 교과서를 조선총독부의 인가를 거쳐 사용했다. 교과서의 검정은 외부에 위촉하거나 내부에 해당 전공이 있을 경우 편수관 또는 편수서기가 직접 담당했다. 조선총독부에서 편찬한 국정 교과서의 정확한 목록과 종수는 정확히 알 수 없지만 초등용 교과서 254종 700여 책, 중등용 교과서 134종 398책 등 대략 1,100여 책으로 알려져 있다. 조선총독부에 검정을 출원한 교과서 역시 정확한 숫자를 알기는 어렵지만 1929년부터 1935년까지만 보더라도 검정출원된 교과서는 대략 68종 124책 정도이고 1924년에서 1927년까지 인가된 교과서만 보더라도 1343종에 이를 만큼 검인정 교과서의 양이 늘어났다.

3. 내용 및 구성

『정정보통학교학도용한문독본』은 학부 편찬의 『보통학교학도용한문독본』을 조선총독부에서 다시 정정(訂正)해서 발행한 것이다. 『보통학교학도용한문독본』은 1907년 발행된 이후, 1909년 11월 15일 5판까지 발행되었던 교과서인데, 조선총독부는 이 책을 정정하여 『정정보통학교학도용한문독본』을 간행하여 1911년에서 1913년까지 보통학교에서 한문 교과서로 사용하였다. 이 책은 앞표지에 '普通學校學徒用 漢文讀本'이란 책 제목이 있고, 그 오른편 상단에 '訂正'이 따로 적혀 있다. 이는 정식으로 새롭게 출간된 교과서가 아니라 기존 학부 편찬의 『보통학교학도용한문독본』을 일부 정정한 것임을 표시함으로써 정정본' 또는 '임시본'임을 나타낸 것이다.

서명에 정정(訂正)이라 하였지만, 학부 편찬의 『보통학교학도용한문독본』을 거의 그대로 사용한 것으로 보인다. 두 책을 비교해 보면, 학부 편찬 『보통학교학도용한문독본』의 권1은 총 53과로 구성되어 있고, 『정정보통학교학도용한문독본』의 권1은 총 52과로 구성되어 있다. 수록 내용은 같은데, 다만 『정정보통학교학도용한문독본』이 식민지로 들어선 이후의 교과서라 용어를 일부 수정하였을 뿐이다. 예를 들면, 우리나라의 수도를 '경성(京城)'에서 '동경(東京)'으로, '조선(朝鮮)'을 '아국(我國)'으로, '일어(日語)'를 '국어(國語)'로, '일어학교(日語學校)'를 '실업학교(實業學校)'로 수정하였다. 1개 과가 줄어든 것은 『보통학교학도용한문독본』 권1의 제47과를 삭제하였는데, 그 내용이 고조선을 건국한 단군 왕검이었기 때문이다. 권2는 『보통학교학도용한문독본』의 실물을 구할 수 없어, 비교할 수 없다. 권3은 두 책이 모두 총 41과로 수록 내용이 같은 것으로 보아, 『정정보통학교학도용한문독본』 권3은 『보통학교학도용한문독본』 권3을 수정 없이 그대로 사용하였다. 『보통학교학도용한문독본』 권4와 『정정보통학교학도용한문독본』 권4의 관계를 정리하면 다음과 같다. 문규영에 의하면, 학부 편찬의 권4는 총 61쪽이고, 조선총독부 편찬의 권4는 49쪽으로 12쪽이 축소되었다. 학부 편찬의 권4는 총 41과로 구성되어 있고, 조선총독부 편찬의 권4는 총 33과로 되어있다. 『정정보통학교학도용한문독본』의 권4가 『보통학교학도용한문독본』의 권4를 삭제, 축소한 내용은 다음과 같다.

제1과 : 1과와 동일
제2과 : 2과와 3과 앞부분 합치고, 3과 뒷부분 삭제
제3과 : 4과와 동일

제4과 : 5과와 동일

제5과 : 6과와 동일

제6과 : 7과와 동일

제7과 : 8과와 동일

제8과 : 9과와 동일

제9과 : 10과와 동일

제10과 : 11과와 동일

제11과 : 12과와 동일

제12과 : 13과와 동일

제13과 : 14과와 동일

제14과 : 15과와 동일

제15과 : 16과와 동일

제16과 : 17과와 동일

제17과 : 18과와 동일

제18과 : 20과와 동일 * 19과 전체 삭제

제19과 : 21과와 동일

제20과 : 22과와 24과 후반부 합침 * 23과 전체 삭제, 24과 앞부분 삭제, 25과 삭제

제21과 : 26과와 동일 * 27과 전체 삭제

제22과 : 28과와 동일

제23과 : 29과와 동일

제24과 : 30과와 동일

제25과 : 31과와 동일

제26과 : 32과 앞부분과 동일

제27과 : 33과와 34과 후반부 합침 * 34과 앞부분 삭제

제28과 : 35과와 동일

제29과 : 36과와 동일

제30과 : 37과와 동일 * 37과 전체 삭제

제31과 : 39과와 동일

제32과 : 40과와 동일

제33과 : 41과와 동일

이상에서 보듯이, 『보통학교학도용한문독본』의 권4의 일부 단원을 전체 삭제하거나 일부 삭제하여, 단원을 합치는 방식으로 41과에서 33과로 단원을 축소하여 학습량을 줄인 것으로 보인다. 자구의 수정이 보이지 않는 이유는 『보통학교학도용한문독본』 권4가 모두 중국의 경전류에 출전을 둔 문장을 선발하였기 때문이다.

일제강점기 한문과 조선어가 하나의 교과로 합쳐지기 전까지 보통학교의 한문 교과서로 사용된 이 책은 한자 학습에서 시작하여 기초문법 학습을 거쳐, 생활 한문, 고전 한문으로 학습해 가도록 구성되어 있다. 지금의 초등학교에 해당하는 보통학교 학생들에게 매우 어려운 한문 교과서였으리라 짐작되

는데, 조선총독부에서 통감부 학부 편찬의 한문 교과서를 일부만 정정하여 계속 사용한 이유는 한문 교육이 일본어 교육에 밑받침이 되었기 때문이었다.

4. 핵심어

정정보통학교학도용한문독본, 조선총독부, 보통학교학도용한문독본, 아국(我國), 국어(國語)

5. 참고문헌

문규영, 「보통학교 학도용 한문독본 연구」, 영남대학교 교육대학원 석사학위논문, 2014.

『조선어독본(朝鮮語讀本)』(권 2, 권3)

서 명 『조선어독본(朝鮮語讀本)』(권2, 권3)

저 자 조선총독부

형 태 22.2×15(cm).

발 행 조선서적인쇄주식회사(朝鮮書籍印刷株式會社), 1937년.

소장처 국립중앙도서관

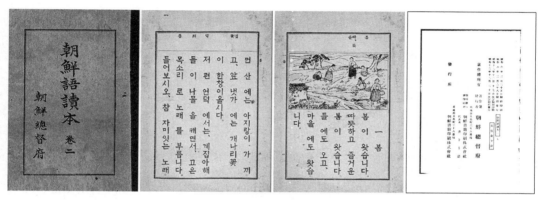

『조선어독본』2권 표지, 본문, 판권지

1. 개요

　『조선어독본(朝鮮語讀本)』은 '조선서적인쇄주식회사(朝鮮書籍印刷株式會社)'에서 1937년 개정번각(改訂翻刻) 발행되었다. 조선어과 교재로 편찬되었으며, 소화 6년(1931)에 발행한 것을 개정한 것이다. 1931년 판본과 비교하여 볼 때 식민정책이 한층 구체적으로 반영되고, 분량도 늘어나 있음을 확인할 수 있다.

2. 저자

　조선총독부 학무국 편집과의 주요 업무는 교과용 도서의 편찬과 검정·인가 그리고 민력(民曆)의 편찬이었다. 편집과는 대한제국 학부 편집과에서 시작하여 1942년 학무국 편수과로 개칭되기 전까지 존속한 기구이다. 조선총독부 학무국 직원은 사무관과 판임관의 일반 행정 직렬, 기사와 기수의 기술 직렬, 편수관과 편수서기의 편수 직렬, 시학관과 시학 등으로 구성되었다. 편집과의 직원 구성은 편수관과 편수서기를 중심으로 속, 기사, 통역관, 그리고 촉탁과 고원 등으로 구성되었다. 편집과의 주요 업무는 조선총독부의 각급 학교에서 사용할 교과용도서를 편찬하는 일이었다. 조선총독부가 저작자로 되어 있는 교과서로는 조선총독부의 편수관이나 편수서기가 직접 집필한 교과서와 문부성이 저작권을 가진 교과서를 조선총독부가 발행한 교과서, 문부성의 교과서를 저본으로 하여 조선의 성격에 맞게 재

집필한 교과서, 외부 집필진에게 의뢰한 후 조선총독부에서 발행한 교과서 등이 있다. 그러나 조선총독부의 원칙은 가능한 범위에서 교과서를 직접 편찬하는 것이었다. 수신, 국어(일본어), 조선어 등은 직접 편찬하려 했고, 역사와 지리, 법제경제, 가사 등도 일부 편찬했다. 수학, 이과, 박물, 물리 화학, 실업, 도화, 음악, 수공, 체조, 외국어 등의 교과서는 시기에 따라 조선총독부 또는 문부성의 검정을 거친 교과서를 조선총독부의 인가를 거쳐 사용했다. 교과서의 검정은 외부에 위촉하거나 내부에 해당 전공이 있을 경우 편수관 또는 편수서기가 직접 담당했다. 조선총독부에서 편찬한 국정 교과서의 정확한 목록과 종수는 정확히 알 수 없지만 초등용 교과서 254종 700여 책, 중등용 교과서 134종 398책 등 대략 1,100여 책으로 알려져 있다. 조선총독부에 검정을 출원한 교과서 역시 정확한 숫자를 알기는 어렵지만 1929년부터 1935년까지만 보더라도 검정출원된 교과서는 대략 68종 124책 정도이고 1924년에서 1927년까지 인가된 교과서만 보더라도 1343종에 이를 만큼 검인정 교과서의 양이 늘어났다.

3. 내용 및 구성

현재 확인되는 『조선어독본』은 2, 3권 두 권이다. 『조선어독본』은 조선어과 교재로 편찬되었으므로 일차적인 교육의 목표는 글자를 가르치고 익히게 함에 있다. 여느 『조선어독본』 텍스트와 마찬가지로 본문은 위에 공란을 만들어, 신출 글자를 따로 정리하고 삽화를 자주 사용하였다. '읽기자료-단어-표-련습'의 구조가 초반 13과까지 두 번 반복되고 이후로는 '읽기자료-단문-표', 좀 더 내용이 진행된 후반부에는 '읽기자료-단문-단문-단문-표'의 구조로 구성이 바뀐다. 이는 모두 학습자의 숙련도를 감안한 것이다. '련습'단원은 앞서 제시된 읽기자료나 단어, 표 등과는 전혀 무관한 단어들에 대한 삽화가 제시되어 있으며 그림을 보고 해당하는 단어를 맞추거나 익힐 수 있도록 구성되어 있다. 질문에 대한 재치 있는 대답을 담고 있는 '수수꺽기(수수께끼)'단원이나 실없는 듯한 농담으로 채워진 '웃으운 이야기' 등 학생들이 흥미를 느낄만한 다양한 형태의 글이 담겨 있는 것도 『조선어독본』의 특징이다. 다만 단원 내에는 수수께끼의 질문만 있을 뿐 정답은 본문에 담겨 있지 않아, 이는 교수자가 수업과정에서 답을 이끌어내고 제시해주는 방식의 교수법을 사용했을 것으로 추측해볼 수 있다. '단문'이라는 제목이 붙은 단원들에서는 대개 삽화를 제시하고 그 아래 표의 형태로 '바다가 넓다/바다가 넓으오' 등과 같이 존대법을 가르치는 것이 일반적이지만, 후반부로 가면 '교의에 앉는다/교의에 앉았다'와 같이 시제를 포함하거나 '값도 싸다/값이 싸다'와 같이 조사의 다른 사용으로 생기는 의미의 차이를 교육하는 등 목표도 다양해지고 난이도도 높아지는 특성을 가지고 있다. '표'단원의 글자들은 '자음-모음-자음'의 결합으로 생기는 받침을 가진 글자들을 여러가지 소개하고 있으나 '욻'자와 같이 현대 한국어에서는 사용하지 않는 글자도 존재하고 있어 당시 표기법에 대한 정보를 얻을 수 있다는 특징이 있다.

표기법에서 특징적인 부분은 한자어 옆에 한글로 음을 병기하는 것이 아니라 일본어 발음을 병기하고 있다는 점이다. 예를 들어, 2권의 3과에서 "本州나 九州"에 대해 소개하는 대목에서는 지명 옆에 '본주', '구주'가 아닌 '혼슈', '규슈'가 병기되었고, 27과에서는 단원의 제목인 '明治節'을 쓰면서 그 옆에 작은 글씨로 '메이찌세쓰'라고 병기하였다. 본문으로 들어가서도 '明治天皇' 옆에는 '메이찌텐노', '今上天皇陛下' 옆에는 '진쑈덴노헤이가'라고 써놓았다. 이는 일관되지 않고 모든 한자어에 해당하는 것도 아니며(예를 들어 31과의 '한석봉'의 경우에는 '石'자에 비해 상대적으로 난이도 높은 한자라고 생각되는 '韓'자와 '峯'자 옆에만 한글로 음을 병기하는 등), 일본의 지명 또는 사람의 이름(30과의 '福山[후구야마]氏') 등 고유명사에 해당하는 한자어에만 적용된 표기방식이지만 이전이나 이후 쓰인 (보통학교 또는 초등)『조선어독본』에서는 찾아볼 수 없는 1937년 판본『조선어독본』만의 특징이다.

내용 면에서 전통적이고 유교적인 가치를 바탕으로 어른을 공경하는 아이의 모습을 강조하고 있는 것이 특징이다. 일상을 묘사하는 일반적인 단원 외에도 15과의 '입에 붙은 표주박'과 같은 옛날이야기를 통해서도 그러한 모습은 강조되고 있다. 이 이야기는 어른께 물을 떠다 드리기에 앞서 목이 마르다는 이유로 먼저 표주박에 입을 댄 젊은이가 표주박과 입이 꼭 붙어 떨어지지 않는 난처한 상황에 처했으나, 어른께 진심으로 사죄한 뒤 감쪽같이 입이 떨어졌다는 내용이다. 가족 간의 화목한 모습과 서로 돕는 생활상을 반복적으로 제시하는 것도 특징이다. 공부의 중요성을 강조하기 위하여 '한석봉'의 이야기를 소개하는 것이나 부지런한 생활 태도를 교육하기 위하여 '개미와 베짱이' 우화를 소개하는 것 또한 내용적인 면에서 다른 시기의『조선어독본』과 유사하다고 볼 수 있다.

조선과 일본의 관계를 엿볼 수 있는 단원들도 있다. 2권의 3과 '섬과 반도'를 보면, 일본과 조선의 전도(全圖)를 한 삽화 속에 함께 그려 "나이지(內地의 일본어 발음)는, 本州[혼슈]나 九州[규슈]나 다 섬이지오. 그러나 조선은, 東西南 세편 쪽이 바다고, 北쪽만 륙지에 잇대여잇스닛가, 반도올시다"(2권 7쪽)와 같은 문장을 통해 일본과 조선의 지형적 특성을 함께 보여주고 있어 특징적이다. 27과 '明治節'에는 메이지천황(明治天皇)으로 인해 "우리나라는 모든 일이 매우 진보하야, 훌륭한 나라가 되엿습니다."라는 표현이 있다. 이는 곧 조선과 일본을 구분 없이 '우리'로 통칭하는 것이라 볼 수 있다. 그러나 이 같은 내선일체(內鮮一體)의 서술 태도나 가치 부여는 모든 단원에서 일관된 것은 아니다. 제일(祭日)이나 기념일 등에 대한 서술에서만 한정적으로 발견되는 것이다. 30과 '온돌'을 보면, 집에 온돌을 까는 것은 조선의 겨울을 나는 방법이자 특징이라 상세히 소개하면서 "근래 內地人[나이지신] 집에서도, 한두 간식 만든 데가 있습니다."라며 서로 영향을 주고받는 내지와 조선의 관계를 강조하기도 했다.

1923년『보통학교조선어독본』에서는 3권의 1과에서 '神武天皇祭日'이 소개되었다. 이때 학생들은 학교에 모여 식목(植木)을 하는 관례가 있다는 내용이 등장하는데, 일제강점기에는 4월이 각급 학교의 신학기가 시작되는 시기였기 때문에 1과에 배치되었다. 1937년『조선어독본』의 3권 1과의 제목은 '식목(植木)'이다. 여기에서는 학교림(學校林)에 나무를 심고 있는 학생들의 모습이 삽화와 함께 묘사되면서, "朝鮮은 內地와 비교하야 나무업는 山이 적지 안타고 하니, 그것은 참으로 붓그러운 일이올시다."(3권 2쪽)라는 문장이 쓰여 있다. 산림녹화를 중시하는 일제의 인식이 공통적으로 드러나 있으면서도, 이전과 달리 그 메시지가 한층 강화되었다고 볼 수 있다.

'노동'의 중요성을 강조하는 것도 빼놓을 수 없는 특징이다. 특히 3권 9과의 '땀'을 보면, 네거리 한가운데서 교통정리를 하느라 온몸이 땀으로 젖은 교통순사, 병원 앞에서 얼음을 끌고 가느라 이마에서 땀을 흘리는 구루맛군, 밭에서 김을 매느라 땀투성이가 된 농부를 본 소년이 "나도 땀을 흘리자, 그러타, 나도 땀을 흘리자"라는 결심을 하면서 이 세상에 도움이 되는 노동하는 사람이 될 것을 다짐하는 대목이 등장한다. 이는 곧 4권에 이르러 집안일과 농사일을 돕는 아이들의 부지런한 생활 태도를 묘사하는 것으로 이어지며, 각자 맡은 바 책임을 다하는 모습이 강조된다. 이때 아이들이 특히 좋아하는 가축은 '소'인데 하루종일 일을 하고도 공치사를 하지 않고 묵묵히 저 할 일만 하며, 살아서도 죽어서도 인간의 삶에 보탬이 되기 때문이다. '재비'를 좋아하는 이유 또한 비가 오나 바람이 부나 부지런히 움직이고 일하는 모습 때문인데, 그런 의미에서 이 시기『보통학교 조선어독본』에서 가장 강조된 것은 노동의 가치라고 할 수 있겠다.

명치절에 대해 소개하는 단원 '神武天皇'(3권 72쪽)에서는 "神武天皇은 우리나라 第一代 天皇이옵신

데"라는 말로 글을 시작하여 눈길을 끈다. 이는 조선과 일본의 구분을 무화하는 내선일체 지향의 성격을 뚜렷이 드러내고 있는 표현이라 볼 수 있다. 이를 바탕으로 볼 때, 1937년판 『조선어독본』은 2권에서는 글자를 가르치고 학습시키는 데에 그 목적을 두고 구성되었으며, 3권은 설득하는 글과 설명하는 글을 통해서 전반적으로 노동의 중요성과 가치를 강조하고 각자 맡은 바 책임을 다하는 사람이 되라는 메시지를 전달하는 데 주력하고 있음을 알 수 있다.

4. 핵심어

예절, 공중도덕, 공경, 식목, 노동, 내선일체

『중등교육여자조선어독본(中等敎育女子朝鮮語讀本)』(권1-권2)

<table>
<tr><td>**서 명**</td><td>『중등교육여자조선어독본(中等敎育女子朝鮮語讀本)』(권1-권2)</td></tr>
<tr><td>**저 자**</td><td>조선총독부</td></tr>
<tr><td>**형 태**</td><td>22.×15.1(cm)</td></tr>
<tr><td>**발 행**</td><td>조선서적인쇄주식회사(朝鮮書籍印刷株式會社), 1936년.</td></tr>
<tr><td>**소장처**</td><td>국립중앙도서관</td></tr>
</table>

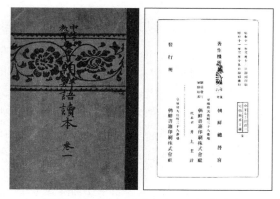

『중등교육여자조선어독본』표지, 판권지

1. 개요

『중등교육여자조선어독본(中等敎育女子朝鮮語讀本)』은 '조선서적인쇄주식회사(朝鮮書籍印刷株式會社)'에서 1936년 3월 15일에 발행되었다. 여자고등보통학교 조선어과 교재로 편찬되었으며 한문교육의 목적을 갖고 있었다.

2. 저자

조선총독부 학무국 편집과의 주요 업무는 교과용 도서의 편찬과 검정·인가 그리고 민력(民曆)의 편찬이었다. 편집과는 대한제국 학부 편집과에서 시작하여 1942년 학무국 편수과로 개칭되기 전까지 존속한 기구이다. 조선총독부 학무국 직원은 사무관과 판임관의 일반 행정 직렬, 기사와 기수의 기술 직렬, 편수관과 편수서기의 편수 직렬, 시학관과 시학 등으로 구성되었다. 편집과의 직원 구성은 편수관과 편수서기를 중심으로 속, 기사, 통역관, 그리고 촉탁과 고원 등으로 구성되었다. 편집과의 주요 업무는 조선총독부의 각급 학교에서 사용할 교과용도서를 편찬하는 일이었다. 조선총독부가 저작자로 되어 있는 교과서로는 조선총독부의 편수관이나 편수서기가 직접 집필한 교과서와 문부성이 저작권을 가진 교과서를 조선총독부가 발행한 교과서, 문부성의 교과서를 저본으로 하여 조선의 성격에 맞게 재집필한 교과서, 외부 집필진에게 의뢰한 후 조선총독부에서 발행한 교과서 등이 있다. 그러나 조선총독

부의 원칙은 가능한 범위에서 교과서를 직접 편찬하는 것이었다. 수신, 국어(일본어), 조선어 등은 직접 편찬하려 했고, 역사와 지리, 법제경제, 가사 등도 일부 편찬했다. 수학, 이과, 박물, 물리 화학, 실업, 도화, 음악, 수공, 체조, 외국어 등의 교과서는 시기에 따라 조선총독부 또는 문부성의 검정을 거친 교과서를 조선총독부의 인가를 거쳐 사용했다. 교과서의 검정은 외부에 위촉하거나 내부에 해당 전공이 있을 경우 편수관 또는 편수서기가 직접 담당했다. 조선총독부에서 편찬한 국정 교과서의 정확한 목록과 종수는 정확히 알 수 없지만 초등용 교과서 254종 700여 책, 중등용 교과서 134종 398책 등 대략 1,100여 책으로 알려져 있다. 조선총독부에 검정을 출원한 교과서 역시 정확한 숫자를 알기는 어렵지만 1929년부터 1935년까지만 보더라도 검정출원된 교과서는 대략 68종 124책 정도이고 1924년에서 1927년까지 인가된 교과서만 보더라도 1343종에 이를 만큼 검인정 교과서의 양이 늘어났다.

3. 내용 및 구성

2권으로 구성된 이 책은 1936년 조선총독부에 의해 발행된 '여자고등보통학교용' 조선어과의 교과서다. 서언(緒言)에 따르면 전부를 4권으로 하여, 각 학년에 1권씩을 배당한다고 되어있으나 현재 확인된 것은 2권이 전부다. 간단하고 편리한 한문을 알리기 위해 각 권에 한문수과(數課)를 편입하고 그 한문은 단문부터 문장의 순서로 하고 있다. 현토(懸吐)는 저학년에는 자세히 하고 학년이 높아질수록 간략히 하는 구성상의 특징을 가지고 있다. 본문 위에는 따로 별도의 칸을 마련하여 해당 면에 등장한 단어의 뜻을 풀어 설명하고, 외국어의 경우에는 따로 단어의 오른편에 줄을 그어 표시하였다. 외국어 단어의 경우에도 위의 공란에 다시 한번 한글과 영문 표기를 병기하고 때에 따라 그 뜻을 풀어 설명하기도 하였다. 1, 2권은 총 38개 과로 구성되었다.

1권의 1과는 여자고등보통학교에 입학한 학도의 일인칭 시점에서 쓰였으며, '입학식'을 시작으로 그의 경험과 감상이 시간 순으로 배치되도록 구성하였다. 고등보통학교의 학도가 되어 기쁘고 긴장되는 마음을 자세히 묘사하여 독자와의 공감대를 형성하고 있으며 1과에서는 특히 입학식에서 이루어진 교장선생님의 훈화말씀을 그대로 반영하여, "品行을 얌전히 가지며 德性을 길러서, 完全한 人格을 이루는 것이, 무엇보다도 貴重한 일이다."라는 메시지를 직접적으로 전달한다. 일기와 같은 형태로 구성되어 '-했다'의 서술어를 사용했던 1과와는 달리, 2과에서는 '-하오'체가 사용된다. 자학자수(自學自修)의 학습태도를 강조하면서 이 책의 독자라 할 수 있는 여자고등보통학교의 학도를 대상으로 본격적인 교육이 시작된다. 3과는 다시 일기(日記) 형식으로 전환되고, 4과는 서간문, 5과는 다시 수필, 주변을 관찰하거나 일상에서 기억할만한 주제를 바탕으로 한 수필형태의 글이 낭만적이고 감상적인 문장으로 쓰였다. 예를 들면 5과 녹수(綠樹)는, 대상에 대한 감상과 그 묘사에 중점을 두어 "가지마다 잎사귀마다, 우로는 물과 같은 푸른 하늘에 또렷또렷이 비치고, 따에는 숫한자지 빛그림자를 던지고 잇다. 벗나무는 잎이 활작 피엿스나, 아즉도 담상담상, 쇠잔한 꽃을 잎사귀 사이에 감추어, 간간히 나비가 나는 듯이 팔랑팔랑 떨어져 나린다."(23쪽)와 같은 식으로 의성어와 의태어를 빈번히 사용하고 시적(詩的)인 묘사법을 주로 사용하는 것이 특징이다. 6과, 11과, 16과는 한문 단문에 대한 해석, 7과는 동요, 8과는 5과와 마찬가지로 자연물에 대한 묘사로 장미와 목단에 대해 다루었다. 한문 단문은 반복적으로 제시되는 과(課)이지만, 특별히 그 내용이 이전 과에서 나왔던 내용을 복습하게 하거나 연관성을 갖고 구성된 것은 아니다. 주로 일상에서 교훈과 경계가 되는 잠언류의 문장으로 이루어져 있다. 9과에서는 '善德女王의 二知'라는 제목으로 선덕여왕의 지혜를, 10과에서는 '농업'이라는 제목으로 농업의 가치와 중요성을 강조한다. 19과 '인도양을 지나면서'는 말레이시아 피낭을 지나는 배 여행기다. "나도 每日 얼굴빛이 검어짐으로, 이대로 가면, 몇 일 안 되어서, 馬來人과 같치 될듯하다"(79쪽)와 같은 서술자가 드러나는 문장이 있지만, 누구인지는 밝히고 있지 않다.

기행문이나 설명문 등 다양한 형태의 글 속에서 '우리', '나'와 같은 행위의 주체가 서술자로 등장하기는 하지만 글을 쓴 사람이 누구인지는 처음부터 끝까지 전혀 밝혀지지 않는다. 구성은 일관되지 않으나 전반적으로 자세한 묘사에 집중하면서 감상적인 수필 형태를 취하고 있다는 점에서 문체적 통일성을 확보하고 있다. 1권의 88쪽 23과에 이르러서야 소개된 '부도삼종(婦道三從)의 신의(新義)'는, 처음으로 이 책의 메시지를 강하게 드러내는 글이다. "明治 三十七八年 戰役에 우리나라가 大勝利를 얻게 되여, 갑작히 우리나라의 名聲이 世界에 드날렷다."라는 문장으로 시작되는 이 글을 통해 처음으로 내선일체의 식민지배 이데올로기가 드러난다. 또한 여기에서의 '우리나라'란 곧 조선을 포함한 일본을 뜻하는 것임이 명확해진다. 이 글의 목적은 아시아의 작은 나라 일본이 어떻게 세계에 이름을 떨치게 되었는지, 일본의 군인들이 특별히 강한 이유는 무엇인지를 분석하여 국민의식을 고취하고자 함이다. 그러면서 24과부터는 본격적으로 '정주의 整理'라는 제목으로 정주간을 어떻게 깨끗하게 관리하여야 하는가를 자세하게 설명하기 시작하는데, 이는 풍류를 즐기고 시를 소개하던 이전 내용과는 완전히 달라 책의 성격 자체가 변화했다고 보아도 무방할 정도이다. 정주가 위생적이어야 하는 이유, 도구들을 어떻게 관리해야 하는지를 자세히 설명하면서 해당 과는 "정주의 整理는, 主婦되는 이의 注意如何에 달린 것이올시다. 그리고 정주 整理如何는, 곳 한집 家事停頓의 基礎가 되는 것이닛가, 그 집으로서는 매우 所重한 일이라 아니할 수 업습니다."라는 문장으로 끝맺으며 집안의 살림살이를 이끌어나갈 여성에게 주부의 덕목을 교육한다.

2권은 1과 '人生의 봄'으로 시작하여, 익숙한 자연의 찬미를 인간의 인생 가운데 '청춘'과 연결해 서술한다. 묘사가 빈번해지고 문장의 길이도 한층 더 길어진 것이 특징이다. 2과의 '梅花', 3과의 '제비' 또한 봄과 함께 나타나는 존재들로 의미를 부여하면서 새로운 시작에 대한 메시지를 담고 있다. 11과의 '여름철과 나의 추억'이나 20과의 '가을', 25과의 '初雪'은 계절의 변화와 자연, 인생의 감상을 연결하는 동일한 방식과 시각의 글쓰기다. 4과 '卒業歸鄕한 동모에게'는 편지글로, 학교를 졸업한 언니에게 안부를 전하면서 "女子로서의 할일과, 家庭婦人으로서의 걸어갈 길도, 정말은 이제부터인즉, 그 方面에 대한 準備에 用心하심이 적지 안으리라고 믿습니다."라고 쓰고 있다. 편지를 쓴 사람인 김옥경(金玉卿)과 받는 사람인 장영란(張英蘭)의 이름이 모두 쓰여 있는데 이는 흔치 않은 사례이다. 5과는 이에 대한 장영란의 답장으로, 당대 시대적 상황을 엿볼 수 있는 '농촌진흥운동(農村振興運動)'에 대한 이야기가 담겨 있어 흥미롭다. 전술한 바와 같이 『중등교육여자조선어독본』에는 당시의 시대상을 엿볼만한 이야기가 거의 등장하지 않는데, 이 편지글에서나마 그 부분에 대한 갈증을 해소할 수 있다. "男女老少를 勿論하고, 제각기 應分의 努力을 하는 것입니다. 그리하야 이 洞里에는, 한 사람도 놀고먹는 사람은 없습니다."(23쪽)는 문장은 당시 제국 일본의 지배하에서 조선에 행해진 여러 정책의 일면을 확인할 수 있게 한다. 주지하다시피 당시의 농촌진흥정책은 조선의 오랜 농촌계몽운동을 흡수하면서 식민적 강연이나 교육 등으로 그 의미를 퇴색시킨 식민지배정책의 일환이기 때문이다. 이 글에는 학교에서는 이론(理論)을 배우고, 실제 고향에 돌아가서는 실습(實習)으로 행한다는 여학생들의 교육의 의의가 잘 드러나 있으나, 그 실습의 내용으로 소개되는 것은 가사, 재봉, 세탁, 취사에 불과하며 그나마 교육을 받고 돌아온 여성이기에 서술자는 부인야학회(婦人夜學會)의 교편을 잡게 되었다고 자신의 안부를 전하고 있다. 후

배에게 마지막으로 당부하는 메시지는 "先生님들의 時時로 訓戒하시고 指導하시는 말씀을, 잘 服從하고 實行함으로써, 女子로서의 훌륭한 人格을 이루며, 또는 將來 훌륭한 主婦가 될만한 資格을 이루는 것이, 第一 重要한 일이라고 생각합니다."(25쪽)로, 당시 여성에게 주어진 교육의 결과란 곧 훌륭한 주부가 되는 것임이 잘 드러나 있다.

전반적으로 당대의 시대상을 엿볼 수 있는 시의성 있는 내용은 전혀 교과내용에 반영되지 않았다. 구성은 물론 '서술자'에 일관성이 없이 그저 읽기 자료를 엮은 듯한 인상을 준다. 5과마다 삽입된 '한문 단문'만이 구성의 일관성을 유지하는 형국이다.

4. 핵심어

협동, 효녀, 주부, 문하생, 농촌진흥운동

『중등교육조선어급한문독본(中等教育朝鮮語及漢文讀本)』(권1-권4)

서 명 『중등교육조선어급한문독본(中等教育朝鮮語及漢文讀本)』(권1-권4)
저 자 조선총독부
형 태 22.2×15.2(cm)
발 행 조선서적인쇄주식회사(朝鮮書籍印刷株式會社), 1933년
소장처 국립중앙도서관

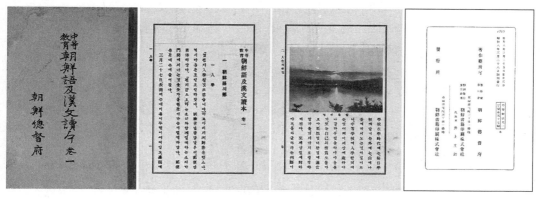

『중등교육조선어급한문독본』 표지, 본문, 판권지

1. 개요

『중등교육조선어급한문독본(中等教育朝鮮語及漢文讀本)』(5권)은 '조선서적인쇄주식회사'에서 1933년 초판 발행되었다. 중등학생을 대상으로 조선어와 한문을 가르치기 위해 조선총독부가 편찬한 교과서로, 식민지 시기에 만들어진 교과서 중 가장 조선적인 것을 지향한 교과서이다.

2. 저자

일제강점기의 교과서 개발 주최는 조선총독부였다. 조선총독부는 1912년에는 각급 학교의 일본어과와 조선어과에 해당하는 교과서를 개발 완료하였으며, 국어독본 8책, 국어보충교재 1책, 조선어독본 8책, 한문독본 4책, 습자첩 4책 발행하였다. 『중등교육조선어급한문독본』은 그중 한 교과서이다. 교과서의 편찬은 조선총독부 내무부 산하 학무국이 담당하였다. 조선어급한문의 경우, 조선총독부의 학무 전문 관리인 편수관이나 편수 서기 등이 직접 집필했으리라 여겨진다. 조선어과 교과서의 집필자는 확인하기 어렵지만, 국어 편찬자 중에 한문과 조선어를 전공한 이가 포함되어있는 것으로 보아 국어 교과서 집필자들이 조선어과도 동시에 집필한 것이 아닌가 추정된다.

3. 내용 및 구성

『중등교육조선어급한문독본』은 서언(緒言)과 목차(目次)를 갖추었으며, 각 권은 조선어부(朝鮮語部)와 한문부(漢文部)로 이원화되어 있다. 이 책의 편찬 의도 및 편찬 방식을 설명하고 있는 서언(緒言)을 정리해 보면 다음과 같이 정리할 수 있다. 1. 이 책은 고등보통학교의 조선어 및 한문과의 교수에 사용하기 위하여 편찬한 것이다. 2. 이 책은 총 5권으로, 각 학년에 1권씩 배당하였다. 3. 이 책은 교수상 편의를 도모하기 위하여 조선어와 한문의 양부를 나누어 편찬하였다. 4. 언문철자법은 소화 5년(1930년) 2월에 개정한 언문철자법에 의거하였다. 5. 한문은 음훈(音訓), 숙자(熟字)로부터 단문(短文) 문장의 순서로 하였다. 6. 한문의 현토(懸吐)는 저학년에는 자세히 하고, 학년이 높아짐에 따라 간략히 하였다. 7. 난자구(難字句), 고유명사, 인용한 어구 중 특히 필요하다고 인정한 것은 상란(上欄)에 적출(摘出)하여 약해(略解)하였다.

이 책의 조선어부 양상을 보면, 권1의 제1과 '입학(入學)'은 중등학교 입학을 앞두고 설렘으로 가득한 학생의 시선으로 쓴 수필 형식의 글이다. 이어서 제2과 '人生의 아침'은 입학생의 포부를, 제3과 '都會로온學生諸君에게'는 교장 선생님의 훈화를 쓴 글이다. 이처럼 조선어부의 시작은 중등학교 입학생에게 친근한 소재의 수필 형식으로 시작함으로써 학습의 흥미를 유발하였다. 문학 작품으로는 주요한의 시 '빗소리'(권1의 제5과), '봄비'(권2의 제4과), '풀밭'(권3위 제3과), 이병기의 시조 '가을' 등이 수록되어 있고, 1920~30년대에 발표된 이병기, 이광수, 현진건, 변영로, 이은상 등의 기행문이 다수 실려 있다. 그런데 필요에 따라 제목을 바꾸거나 민감한 부분을 변형, 삭제하여 수록하기도 하였는데, 예를 들면 이병기의 기행문 '夫餘를찾는길에'(권1의 제11과)는 원제목이 '落花巖을 찾는 길에'이다. 이 글은 이처럼 제목을 바꾸고 원문에서 조선인으로서의 역사를 느끼고 민족 담론을 형성할 수 있는 내용을 삭제하였다. 한편, 1920년대부터 신문이나 잡지에 바람직한 농촌사회로 많이 소개되었던 국가인 덴마크를 예로 들어 농촌의 개발진흥을 강조한 '丁抹과 농촌'(권3의 제4과)처럼 식민지 정책을 전달하는 글을 수록하기도 하였다.

이 책의 한문부 수록 양상을 보면, 서언에서 '한문은 음훈(音訓), 숙자(熟字)로부터 단문(短文) 문장의 순서로' 한다고 하였듯이, 1학년에 해당하는 권1에서는 매우 기초적 한자로 구성하였다. 권1의 제1과는 '음훈(音訓)'이라는 단원명 아래 '父(아비, 부) 母(어미, 모) 天(하날, 천)' 등이, 제2과는 '숙자(熟字)'라는 단원명 아래 '父母 天地 前後左右' 등과 같이 쉬운 낱글자를 구성하였다. 제3과는 '단문(短文)'이라는 단원명 아래 '山高라. 뫼가 높다 水深이라. 물이 깊다' 등과 같이 매우 쉽고 짧은 단문과 번역문 나란히 구성하였다. 과마다 연습(練習)을 끝에 붙여 본문에서 익힌 글자를 활용 학습하게 하였다. 단문을 학습하는 단계를 지나면『소학』,『맹자』등과 같은 유학의 경전류와『한서』,『몽구(蒙求)』등의 중국 문헌에서 선발한 문장,『삼국사기(三國史記)』,『증보산림경제(增補山林經濟)』,『해동명신록(海東名臣錄)』,『해동속소학(海東續小學)』등 조선의 문헌에서 선발한 한문 문장, 이정귀(李廷龜), 남용익(南龍翼), 이익(李瀷) 등 조선 문인이 쓴 한문, 가이바라 에키켄(貝原益軒) 등 일본 문인이 쓴 한문을 특별한 분류기준 없이 수록하였다.

임순영에 의하면,『중등교육조선어급한문독본』은 앞서 만들어진『고등조선어급한문독본(高等朝鮮語及漢文讀本)』(제1차 교육령 시기),『신편고등조선어급한문독본(新編高等朝鮮語及漢文讀本)』(제3차 교육령 시기),『여자고등조선어독본(女子高等朝鮮語讀本)』(제3차 교육령기)과 차별성을 지닌다. 이전의 교과서는 일본어를 습득하는 수단으로서 조선어 교육을 부각해 만들다 보니 한문 중심의 번역이나 번안 투로, 말과 표기의 차이가 커서 이독성(易讀性)이 매우 떨어졌다. 이와 달리 이 책은 문학 제재가 많고, 표기도 훨씬 조선말에 다가섰는데, 한국인 문사 이광수, 최남선, 현진건, 고유섭, 주요한, 이병기, 최현배, 권덕규, 양주동, 변영로, 이은상 등의 논설문, 기행문, 시, 소설 등이 대거 수록한 것이 가장 큰 특징이다. 이렇듯이 이 책이 한국인의 조선어 교육에 대한 요구를 많이 반영한 것으로 보이지만, 꼼꼼히 그 이면을 살펴보면 제1차 교육령(1911.8.23)부터 견지해온 '충량한 국민 양성'이라는 일제의 식민 정책을 교묘하게 담아내고 있다. 이 책은 1937년 마지막 5권이 완간된 직후, 곧이어 1938년 사실상 조선어과가 폐과되기 때문에 사용 기간이 짧았다.

4. 핵심어

중등교육조선어급한문독본, 조선총독부, 서언, 주요한, 이병기, 이광수, 현진건, 변영로, 이은상, 음훈(音訓), 숙자(熟字), 단문(短文), 연습(練習), 소학, 맹자, 증보산림경제, 해동명신록, 가이바라 에키켄(貝原益軒)

5. 참고문헌

임순영, 「『중등교육조선어급한문독본(中等教育朝鮮語及漢文讀本)』을 통해 본 식민지 교과서의 이면 탐색」, 『국어교육』143, 한국어교육학회, 2013.

임순영, 「국어 교과서의 형성과 교과교육론: 中等教育朝鮮語及漢文讀本과 중등국어교본을 중심으로」, 고려대학교 박사학위논문, 2016.

『초등조선어독본(初等朝鮮語讀本)』(권1-권2)

서 명 『초등조선어독본(初等朝鮮語讀本)』(권1-권2)
저 자 조선총독부
형 태 21.4×15(cm)
발 행 조선서적인쇄주식회사(朝鮮書籍印刷株式會社), 1939년
소장처 국립중앙도서관

『초등조선어독본』표지, 본문, 판권지

1. 개요

『초등조선어독본(初等朝鮮語讀本)』은 '조선서적인쇄주식회사(朝鮮書籍印刷株式會社)'에서 1939년 발행되었다. 7차 교육령기에 발간된 이 책은 소학교 조선어과 교재로 편찬되었으며 이전과는 달리 '보통학교(普通學校)'가 아닌 '초등(初等)'이라는 이름이 붙었다.

2. 저자

조선총독부 학무국 편집과의 주요 업무는 교과용 도서의 편찬과 검정·인가 그리고 민력(民曆)의 편찬이었다. 편집과는 대한제국 학부 편집과에서 시작하여 1942년 학무국 편수과로 개칭되기 전까지 존속한 기구이다. 조선총독부 학무국 직원은 사무관과 판임관의 일반 행정 직렬, 기사와 기수의 기술 직렬, 편수관과 편수서기의 편수 직렬, 시학관과 시학 등으로 구성되었다. 편집과의 직원 구성은 편수관과 편수서기를 중심으로 속, 기사, 통역관, 그리고 촉탁과 고원 등으로 구성되었다. 편집과의 주요 업무는 조선총독부의 각급 학교에서 사용할 교과용도서를 편찬하는 일이었다. 조선총독부가 저작자로 되어 있는 교과서로는 조선총독부의 편수관이나 편수서기가 직접 집필한 교과서와 문부성이 저작권을 가진 교과서를 조선총독부가 발행한 교과서, 문부성의 교과서를 저본으로 하여 조선의 성격에 맞게 재집필한 교과서, 외부 집필진에게 의뢰한 후 조선총독부에서 발행한 교과서 등이 있다. 그러나 조선총독

부의 원칙은 가능한 범위에서 교과서를 직접 편찬하는 것이었다. 수신, 국어(일본어), 조선어 등은 직접 편찬하려 했고, 역사와 지리, 법제경제, 가사 등도 일부 편찬했다. 수학, 이과, 박물, 물리 화학, 실업, 도화, 음악, 수공, 체조, 외국어 등의 교과서는 시기에 따라 조선총독부 또는 문부성의 검정을 거친 교과서를 조선총독부의 인가를 거쳐 사용했다. 교과서의 검정은 외부에 위촉하거나 내부에 해당 전공이 있을 경우 편수관 또는 편수서기가 직접 담당했다. 조선총독부에서 편찬한 국정 교과서의 정확한 목록과 종수는 정확히 알 수 없지만 초등용 교과서 254종 700여 책, 중등용 교과서 134종 398책 등 대략 1,100여 책으로 알려져 있다. 조선총독부에 검정을 출원한 교과서 역시 정확한 숫자를 알기는 어렵지만 1929년부터 1935년까지만 보더라도 검정출원된 교과서는 대략 68종 124책 정도이고 1924년에서 1927년까지 인가된 교과서만 보더라도 1343종에 이를 만큼 검인정 교과서의 양이 늘어났다.

3. 내용 및 구성

『초등조선어독본』은 1939년 발행되었다. 발간 시점이 의미하는 바는 매우 크다. 제7차 교육령은 1938년 2월 23일 발표된 것으로 주요 변화는 단선학제 운용으로 개정되었다는 점이다. 이는 곧 내지인과 조선인을 구분하지 않고 '소학교-중학교-고등여학교'의 단선 학제를 운영하도록 함을 의미했다. 신교육령의 중요한 사항과 내면을 살펴보면 다음과 같다. ① 교명을 일본인 학교와 동일하게 개칭하여 교육제도상으로 보아서 한국인과 일본인 간에 차별대우가 철폐되었다고 하였으나, 그 실상은 일본인이 사립학교의 교장이나 교무주임의 자리를 차지하도록 하는 방침이었다. ② 교육목적을 뒷받침하는 교육내용으로 일본어·일본사·수신·체육 등의 교과를 강화하였다. 그리하여 최초로 '초등'이라는 단어가 붙어 발행된 이 『조선어독본』은 조선어 교과를 '수의과목'으로 돌리고, '조선어말살정책'이 강화된 당시의 시대적 맥락과 함께 이해되어야만 한다. 당시 대도시에서는 조선어교과를 운영하는 경우가 없었고, 엄밀히 말해 1938년 이후 조선에서의 조선어과 교육은 존재하지 않았다해도 과언이 아니었던 때였다.

『초등조선어독본』은 조선어과 교재로 편찬되었으므로 일차적인 교육의 목표는 글자를 가르치고 익히게 함에 있다. 2권만이 만들어졌고, 현재 그마저도 온전히 남아있지 않은 상태이다. 1권은 32과, 2권은 19과까지 남아있다. 형태는 이전 교육령기에 발행된 여느 조선어독본과 마찬가지로, 본문의 위에는 공란을 만들어 신출 글자를 따로 정리하고, 저학년용일수록 이해를 도울 수 있는 삽화나 표의 사용이 빈번한 것이 특징이다. 1권의 첫 시작으로 등장한 단어와 삽화는 '소'다. 이는 1923년과 1930년 발행된 『보통학교 조선어독본』에서 노동의 중요성과 모든 것을 내어주는 귀중한 가축으로서 등장하는 소의 의미와 연결되는 면이 있다. 주로 어린아이들이 가장 가까운 가족과의 관계 또는 가정 내에서 접하고 익히게 되는 친숙한 대상에 대한 단어들로 구성되어 있으며, 서술어는 '-올시다'와 '습니다'체를 사용하여 존대법으로 문장을 구성하고, 대부분의 경우 대화체로 쓰인 것도 특징적인 부분이다. 달라진 시대상은 삽화에 반영되었는데 어린 학생들의 의복이나 머리 모양 등이 매우 짧고 단정한 형태로 그려지고 있다. 단어와 문장은 매우 단순한 형태로 이루어져 있어, 특정한 놀이 상황을 묘사하거나 물건을 지칭하는 법, 수를 세는 법 등을 제시한다. 단문과 대화체로 이루어진 단원들의 사이에는 단어와 삽화를 일종의 그림카드처럼 표로 제시하는 단원이 삽입되어 있다. 1권의 22과와 같이, 자음과 모음의 결합으로 만들어질 수 있는 글자들의 종류를 표로 제시하는 경우도 있으나 실제로 사용되거나 의미를 갖는 글자만을 가르친 것은 아니고, 동일한 법칙의 적용으로 만들 수 있는 사례를 모두 보여준다.

『초등조선어독본』은 부모님께 잊지 않고 문안을 드리는 모습이나 공중도덕을 잘 지키고 다른 사람에게 피해를 주지 않는 어린이상(像)을 강조하는 등 어린 학생을 대상으로 하는 여느 조선어독본과 내용의 전개상 큰 차이는 없으나, 1권 25과는 특기할 만한 단원이다.

> "아버지, 오늘 선생님께서 비행기전쟁의 말슴을 해주섯습니다."
> "참 자미잇는 이야기를 들엇구나"
> "그리고, 돈을 만이 내여서, 비행기를 바친 사람이 만타는 말슴도 들엇습니다. 아버지, 우리도 돈을 바첫스면 조켓습니다."
> "아아, 착한 생각이다. 나도 어적게 장에, 가마니를 팔어서 경찰서에 헌금하고 왓다. 이 뒤로도, 자조 헌금할 생각이다."
> "아버지, 나도 모아둔 돈이 팔전이 잇스니, 선생님께 갓다드리고, 헌금하야 줍시사고 하겟습니다."
> "참 조은 말이다. 내가 사 전을 줄 터이니, 이것을 보태서 십이 전을 갓다드려라. 얼마 되지 안는 돈이라도, 여러 사람들이 내여서 모으면, 만은 돈이 되여서, 총도 만들고, 비행기도 만들수가 잇는 것이다."

해당 단원의 내용을 모두 인용한 것으로, 대화체를 살리고 가독성을 높이기 위해 큰 따옴표와 현대 띄어쓰기를 적용하였으나 맞춤법 등은 그대로 두었다. 사실상 어린 학생들을 위해 존재한 일제강점기의 마지막 『조선어독본』인 이 『초등조선어독본』에는 중일전쟁 발발 이후 일제가 조선에서 행했던 황국신민화 정책 및 전시동원체제의 실상이 고스란히 담겨 있다. 당시 일본은 조선에 물자의 애호절약을 강조하는 한편 국방헌금을 꾸준히 걷고 있었는데, 어린아이의 말을 통해 아주 적은 돈이라도 모아 전쟁을 위한 무기를 만드는 데 기여하라는 메시지는 매우 노골적인 전시체제의 가치주입으로 볼 수 있을 것이다. 이는 27과에서도 이어진다. '설'을 앞두고 창가를 새롭게 배운 아이가 설을 기다리며 설날 아침에 부모님께 세배하고 선생님께 세배하고 돌아오겠다는 기특한 하루 계획을 어머니께 이야기한다. 이러한 명절 등의 공일(空日)에 대한 서술은 『보통학교조선어독본』에서 흔히 등장하는 제재이지만 이를 칭찬한 어머니는 이전과는 달리 이런 말을 덧붙인다. "이애, 깃븐 설날에도, 우리 군인들은, 전쟁을 하고 잇겟지. 군인들에게 설 쇨 물건을 보내야하겟구나."(1권 27과)라고 말이다. 즉 7차 교육령기 이후 『조선어독본』은 전쟁, 군인, 헌금, 위문품 등이 중요한 의의를 갖고 일종의 피식민 주체에 대한 전시체제 동원 및 교육을 위해 소개되기 시작한 것이다. 또한 이전에는 단순하게 '국기'라고 부르던 '일장기'를 '히노마루(日の丸)'라고 지칭하는 것도 달라진 점이다. '비행기'가 제재로 여러 번 등장하게 되는데, 이는 근대화된 조선의 상황 등을 소개하고 설명하기 위해 최신 문물에 대해 기술하던 이전 시기 『보통학교조선어독본』들과는 달리 전투능력을 과시하기 위한 목적이라는 점에서 주목할 필요가 있다. 예를 들어, 1권의 32과에 등장하는 "지나 비행기는, 우리나라 비행기를 당할 수가 업다지오"와 같은 서술이나 "우리나라에서 만든 비행기를 가지고 어느 나라와 전쟁을 하든지 걱정이 업다고 합니다"와 같은 표현들이 그것이다. 결정적으로 어린아이는 "저 비행기 중에는 우리들이 바친 돈으로 만든 것도 잇슬 것이라고 생각하니, 참 반갑습니다."라고 말한다. 국방헌금의 결과물을 눈으로 직접 확인하고 자부심을 느끼는 조선인 아이의 묘사는 매우 인상적이다.

2권에서는 더욱 본격적으로 '일본적'인 서술이 주를 이룬다. 첫 시작은 일장기에 대한 감상, 다음으로는 궁성요배(宮城遙拜)를 하는 조선인 가족의 일상이 뒤를 잇는다. 특히 추울 때나 더울 때나, 비가 오나 눈이 오나, 하루도 궁성요배를 빼먹은 일이 없다는 표현을 통해 모범적인 조선인이 되기 위해 일상에서 해야 하는 노력이 어린 학생들에게 교육되고 있음을 알 수 있다. 가족끼리 일상에 대한 감사를 나누는 시간에도 그 말의 끝에는 꼭 "이러케 편안하게 사는 것은 天皇陛下의 은혜다"(2권 8과)라고 말하는 조선인 아버지가 그려지는 것, 초하룻날을 애국일로 정해 온 마을 사람들이 모여 국기를 달고 궁성요배를 한 후 국가를 부르고 '皇國臣民誓詞'를 소리 높여 읽고 목청을 다해 천황폐하만세를 세 번씩 부르고 헤어지는 행사의 내용을 상세히 소개하는 것은 모두 황국신민화 정책을 홍보하고 교육하려는 의도에서다. 당시 '황국신민서사' 아동용의 내용은 이런 내용을 담고 있었다. "우리들은 대일본 제국의 신민(臣民)입니다. 우리들은 마음을 합하여 천황 폐하에게 충의를 다하겠습니다. 우리들은 인고단련(忍苦鍛鍊)하여 훌륭하고 강한 국민이 되겠습니다."

『초등조선어독본』은 '조선적인 것'의 색채는 완전히 사라지고, 조선인을 모범적이고 완전한 일본인으로 만들기 위한 황국신민화정책의 총체적 결과물이라 할 수 있다. 공부의 중요성도 노동의 중요성도 아닌 천황과 일본에 대한 충심(忠心)만이 강조되고 있으며, 조선 고유의 정신을 담고 있는 위인에 대한 이야기나 전통에 대한 서술도 전무하다. 그저 일본의 국기, 일본의 명절, 일본의 행사를 소개하여 그 의미를 가르치고 마침내 2권의 마지막 단원에서는 일본의 은혜를 갚기 위해 기꺼이 천황의 군인(지원병)이 된 조선의 '언니(兄)'를 보여주며 "너도 커서 훌륭한 군인이 되라"고 말하는 조선인 아버지의 모습을 통해 일제의 식민지배 이데올로기가 완전히 내면화된 모범적인 조선인 모델을 제시하는 데 이른다.

4. 핵심어

효, 공중도덕, 국민, 헌금, 전쟁, 위문품, 비행기, 궁성요배

5. 참고문헌

강진호・허재영 편, 『조선어독본』2, 제이앤씨, 2010.
박수빈, 「일제의 황국신민화 정책과 『조선어독본』-4차, 7차 교육령기 『조선어독본』을 통해 본 일제의 식민지배 정책변화」, 『어문연구』, 한국어문교육연구회, 2011.
친일반민족행위관계사료집
한국민족문화대백과사전

2)
국어과(일본어과)

『간이학교 국어독본(簡易學校國語讀本)』(권1-권4)

- **서 명** 『간이학교 국어독본(簡易學校國語讀本)』(권1-권4)
- **저 자** 조선총독부
- **형 태** 22×15(cm)
- **발 행** 조선총독부, 권1 1935년 3월 25일, 권2 1935년 9월 30일, 권3 1936년 3월 15일, 권4 1936년 10월 31일
- **소장처** 국립중앙도서관

『간이학교 국어독본』 권3 표지, 권1-권2 속표지, 권2 판권지

1. 개요

『간이학교국어독본(簡易學校國語讀本)』은 1935년과 1936년에 걸쳐 순서대로 4권 발행되었다. 2년 간의 간이학교 수업연한에 맞추어 한 학기에 한 권씩으로 구성되었는데 간이학교에서는 농촌 실정에 맞는 실질적인 농업교육과 함께 기초적인 일본어 교육이 실시되었기 때문에 교과서의 내용은 농촌의 실생활과 밀접한 관계를 맺고 있는 단원이 많다.

2. 저자

조선총독부 학무국 편집과(朝鮮總督府學務局編輯課)는 1910년 10월 최초의 관제로 내무부학무국에 설치되어 '교과용도서 편찬, 배포 검정 및 인가에 관한 사항'을 담당했다. 1919년 3·1 운동 이후 총독 부 기구 개편 강요로 인해, 학무국도 1919년 8월 개편으로 독립한 국이 되었지만, 편집국은 존속했다. 전시 체제로 옮긴 후 1942년 11월의 개편에서 편수과로 개칭하면서 관장하는 사항이 증가하고, '교과 용 도서의 편집·발행·조사·검정 및 인가, 교원용 참고 도서의 인정·추천, 국어 조사, 국민학교의 방 송·교과용 영화, 모든 학교 교가의 가사·악보, 약력의 출판·배포'에 관한 사항을 장악했다. 1945년 4월의 마지막 개편으로 편수과는 폐지되고 업무는 학무과로 이관되었다.

3. 내용 및 구성

일제강점기 간이학교용 국어독본은 조선총독부에서 총 2번 편찬, 발행되었다. 1차는 1935년에 발행한 『간이학교 국어독본(簡易學校國語讀本)』이며, 2차는 1941년에 발행한 『초등국어독본 간이학교용(初等國語讀本簡易學校用)』으로 본 교재는 1차 편찬, 발행분에 해당한다.

간이학교의 본래 설립목적은 조선에서의 문맹퇴치 전선 확대를 실시해 오던 중 일면일교주의(一面一校主義)가 당시의 농촌 실정에는 맞지 않음을 감안하여 기존의 공립보통학교에 부설로 설치해 짧은 기간 회화를 중심으로 한 언어교육을 실시하고자 함이었다. 아울러 이를 통해 충성된 국민의 성격을 함양하고 국어를 습득하는 것에 힘을 쏟음과 동시에 지방 실정에 가장 적절한 직업도야(陶冶)에 중점을 두는 것이었다. 다만, 당시의 공립보통학교가 6년제였음에도 간이학교의 수업연한은 2년이며, 수업연한 2년을 수학하여도 상급학교로 진학할 수 없는 종결교육이었다는 점은 간이학교가 갖는 특수성과 차별성을 나타낸다.

『간이학교 국어독본』의 내용을 살펴보면, 전체적으로 종래의 국어독본보다 농촌의 실정에 맞는 교재구성으로 이루어져 있다.

1935년에 편찬된 『간이학교 국어독본』의 권1의 내용을 살펴보면 단원의 구별 없이 단어와 문장이 나열되는 형식이며 권1의 첫 단어는 '괭이'로 시작한다. 이어서 '벼, 콩, 독, 소금, 되, 가마니, 짚, 새끼, 호미, 절구, 절굿공이, 멍석, 소, 뿔, 코, 다리'의 단어가 등장한 후에 '어미소와 송아지, 어미개와 강아지'의 문장이 등장한다. 이후 '논, 밭, 나무, 돼지, 닭, 호박꽃, 가로수, 개구리' 등의 일상생활에서 쉽게 접하는 동식물과 자연이 등장하고 '누에치기, 뽕잎따기, 깜부기뽑기, 개량섶 만들기, 싸레질, 송충이 제거, 모내기, 짚신삼기, 비온 후 논 살피기, 보리타작, 풀뽑기, 풀베기, 돌줍기, 씨부리기, 흙 북돋우기' 등의 농사일이 계절에 따라 묘사되어 있다. 특히 누에치기 방법은 상세히 묘사되어 있어 국어독본이라기보다 실업교과서에 가까운 내용으로 구성되어 있다. 국가주의에 관한 내용은 일장기에 관한 설명과 '나는 일본의 국민입니다'라는 문장과 함께 '일본. 대일본. 천황폐하가 다스리시는 오래토록 고귀한 빛나는 나라, 국민. 대국민. 마음을 모아 일에 전념하고 강하게, 바르게 번성할 국민'이라는 시가 실렸으며, '너희 몸은 천황폐하의 것, 부모의 것도 형제의 것, 그리고 자신의 것도 아닙니다'라는 문장을 통해 황국신민화 사상이 강하게 드러나고 있음을 알 수 있다.

권2의 내용을 살펴보면 권2는 총 31과로 구성되어 있으며 크게 신화 및 천황에 관한 국가주의적인 내용의 단원이 8단원으로, 나머지 23단원은 농촌생활, 절기 등에 관한 단원들로 이루어져 있다. 특히 계절의 변화와 함께 농촌에서 이루어지는 일에 관한 내용들이 많으며 권2는 가을학기부터 학습하는 까닭에 주된 내용은 '추수부터 이삭줍기, 겨울나기(비오는 날과 눈이 오는 날에는 새끼를 꼬아 열심히 가마니를 만들며 시간을 보내는 모습), 보리밟기, 콩 고르기, 밭갈이' 등 자연스레 학습하며 농촌에서의 생활을 익히는 단원들로 구성되어 있다. 또한, 주인공의 이름도 '태길, 을성, 동익, 문길, 정희, 정길' 등 친근한 이름의 주인공들이 등장하였고, '지게, 괭이, 곡괭이, 호미, 낫, 가래' 등의 농기구와 '도라지꽃, 마타리, 아카시아, 돼지감자' 등 농촌생활에서 흔히 볼 수 있는 식물명 등이 등장하였다.

권3은 전체 32과로 이루어져 있으며 '진무천황제, 식수기념일, 해군기념일' 등의 국경일에 대한 설명을 다룬 과와 '고구마와 감자, 뽕나무 재배법 및 뽕나무의 종류를 선별하는 방법, 좋은 무를 키우는 방법, 콩심기, 묘판의 곤충잡기, 묘목만들기, 여름김치 담그기, 보리 수확' 등의 농사와 관련된 단원이 주를 이루었으며, '벌레의 일생, 그레골 멘델의 유전법칙, 흙과 태양, 비와 4계절의 자연순환, 바다, 종자의 힘' 등 과학을 주제로 한 단원도 등장한다. 아울러 문익점에 관한 일화와 조선의 위치, 면적, 산과 바다, 도시 및 특산품에 관한 설명까지 상세하게 다루고 있다. 하지만 조선을 소개한 바로 다음 단원인 '우리나라'에서 일본의 구역을 '일본열도, 조선반도, 관동주, 남양제도' 등으로 확대하여 설명하면서 '대동아공영권'을 이루려는 일본의 야욕을 드러내고 있으며, '구천만의 국민은 위로는 만세일계(萬世一系)의 천황을 받들고 각자의 일에 최선을 다하고 있다'라는 문구를 통해서는 '황국사관'의 일면을 드러내고 있다. 또한, 제14과 '위생과 약초'에서는 전염병에 관한 설명과 전염병을 예방하기 위해 더러운 물을 마시지 않을 것과 몸의 청결유지, 그리고 병을 대비하여 약초를 구비해 둘 것을 계몽하고 있다. 그리고 제32과의 '니노미야 긴타로'의 이야기를 통해 '작은 것이 쌓여 큰 것을 이룬다'는 근검절약의 정신을 전달하고 있다. 이처럼 권3에는 다양하면서도 아동들의 생활에 친숙한 주제들이 다루어지고 있음을 알 수 있다.

권4에서 가장 강조하는 것은 '근면성실'이다. 제2과의 '고귀한 농부'를 통해서 근면한 생활의 중요성을 강조하고 있으며, 제4과의 '니노미야 손도쿠'의 예화를 통해 근면성실하면 자수성가 할 수 있다는 예를 보이고 있다. 제5과의 '토지 넓히기'에는 쓸모없다고 생각했던 마을의 산과 들을 개척하여 토지를 늘리는 모습을 보여주며 부농으로 성장해 가는 방법을 설명하고 있다. 제18과에서는 부촌 부락으로 성장하기 위해 마을에서 양계업을 시작하는 모습을 담고 있으며, 제19과 '농가의 수세공과 가공'에서는 농가에서 부수적으로 수입을 늘릴 수 있는 방법들을 소개하고 있다. 예를 들어 가마니짜기, 새끼꼬기, 짚신삼기부터 마을의 못에 잉어를 키우고 산에 평양밤을 심어 수익을 창출하는 방법을 소개하고 있다. 뿐만 아니라 맥아를 고아 엿을 만들고 고구마에서 전분을 얻고 비누나 브러시 등의 가공품을 생산하거나 농작물을 이용하여 잼, 케찹, 햄 등을 만들어 수익을 내는 방법을 소개하고 있다. 이 과에서는 '사용해서 생활을 편리하게 하고, 먹어서 건강을 챙기고, 팔아서 생계를 넉넉히 한다'라고 소개하며 연구와 진취적인 정신이 필요하다고 계몽하고 있다. 또한, 제23과에서는 무엇보다 중요한 일이 가정의 노동력, 자산, 농기구, 경제력 등을 파악하여 근검역행(勤儉力行)하고 자력갱생(自力更生)하는 것임을 강조하며 이러한 정신의 예로 제30과에서 가난을 근면으로 극복한 '충식'의 예화를 들어 설명하고 있다. '충식'의 예화는 권3의 마지막 단원이었던 '니노미야 긴타로'의 얘기와 일맥상통하는 부분이 많다. 결국, 당시의 조선의 국민에게 가장 바라는 바는 게으름에서 탈피하여 근면 성실한 모습으로 자신의 자리에서 충량한 신민의 역할을 담당해 내는 것이었다. 이러한 생각을 강력히 드러내는 단원으로 제25과를 들 수 있다. '비상시'라고 제목을 단 이 과에서는 천황폐하를 위해 근면역행하는 국민정신을 함양하여 명령하면 신명(身命)을 버리고 싸워서 승리해야 하는 것이 국민의 사명임을 강조하며 '일국일가일신(一國一家一身)'을 강조하고 있다. 아울러 이어지는 제26과에서 적의 철조망을 뚫기 위해 몸을 바친 세 명의 용사를 소개하며 이러한 상황에서 자신의 몸을 희생하는 것이 신민의 올바른 태도임을 주입하고 있다. 제31과에서는 납세의 의무의 중요성을 강조하며 '춘식'이라는 등장인물이 세금 납세를 놓고 고민하는 부모를 위해 친구들과 짚신을 삼아 판 돈을 모아 부모에게 드리는 '아동납세신흥회'를 조직한 예화를 미담으로 소개하며 납세의 의무가 국민으로서 반드시 지켜야 할 의무임을 강조하고 있다. 마지막 과인 제32과 '조선의 정치'에서는 주변의 열강, 외세 사이에서 국력이 떨어진 조선을 갱생하며 동양의 평화를 가져오기 위해 메이지 43년(1910) 병합을 하였음을 강조하며, 이로 인해 조선에는 새로운 정치 조직인 '조선총독'이 부임하여 조선의 근대화를 가져왔음을 강조하고 있다. 길을 넓히고 철도를 놓고 항로를 개척하는 이러한 일을 통해 조선의 급속한 근대화를 초래했으며, 교육 보급을 통해 조선 국민의 삶을 향상시켰다고 그들의 병합을 합리화하는 문장을 기록하고 있다. 마지막 문장에 '장래 조선의 문화 향상과 산업 무역의 발전은 한층 빛날 것이며 점점 제국의 진운에 공헌할 것이다'라고 기록되어 있다.

앞에서 언급한 바와 같이 간이학교 교육은 상급학교로의 진학이 어려운 종결교육이었다. 그렇기 때문에 『간이학교 국어독본』에는 그들이 추구하고자 하는 교육정책의 목표와 야욕이 적나라하게 드러나 있다. 위에서도 언급한 바와 같이 각 과의 내용들을 종합해 보면 권1과 권2에서는 국가주의적인 내용보다는 흡사 실업 교과서에 가까울 정도의 농사와 관련된 내용으로 점철되어 있고, 권3과 권4에서는 구체적인 그들의 '황국신민화' 사상이 노골적으로 드러나 있다.

4. 핵심어

황국신민, 한일병합, 만세일계, 근검역행, 조선총독부

5. 참고문헌

송숙정, 「일제강점기 간이학교 제도에 관한 고찰」, 『日本文化學報』 87, 한국일본문화학회, 2020.
송숙정, 「『간이학교 국어독본』의 한자 사용 양상 고찰―제3기 『보통학교 국어독본』과의 비교를 중심으로―」, 『日本語文學』 89, 한국일본어문학회, 2021.

『고등국어독본(高等國語讀本)』(권1-권8)

서 명 『고등국어독본(普通學校國語讀本)』(권1-권8)

저 자 조선총독부

형 태 22.2×15.2(cm)

발 행 조선총독부, 권1 1912년 3월 23일, 권2 1912년 11월 15일, 권3 1912년 3월 23일, 권4 1913년 1월 15일, 권5 1913년 4월 15일, 권6 1913년 12월 15일, 권7 1913년 9월 15일, 권8 1914년 3월 15일

소장처 국립중앙도서관

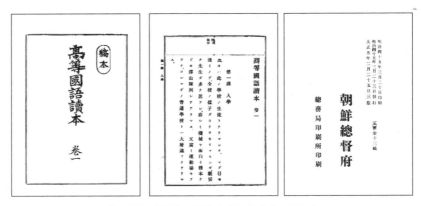

『고등국어독본』 속표지, 첫 페이지, 판권지

1. 개요

1910년 한일병합 이후 제1차 조선교육령이 반포되고 개정된 학제에 의해 중등교육 과정으로 분리된 '고등보통학교'에서의 일본어 교육을 위해 조선총독부가 1912년부터 1914년에 이르기까지 차례로 편찬한 국어(일본어)독본이다. 권1의 서언에 의하면 고등보통학교뿐만 아니라 여자고등보통학교, 실업학교 등에서도 사용해도 상관없다고 하는 것으로 보아 초기 단계에는 다른 교과서를 편찬할 여력이 없어서 3개의 학교에서 공통으로 사용한 것으로 보인다. 여자고등보통학교를 위한 『여자고등국어독본』은 1920년부터 편찬되어 사용되었다.

2. 저자

조선총독부 학무국 편집과(朝鮮總督府學務局編輯課)는 1910년 10월 최초의 관제로 내무부학무국에 설치되어 '교과용도서 편찬, 배포 검정 및 인가에 관한 사항'을 담당했다. 1919년 3·1 운동 이후 총독부 기구 개편 강요로 인해, 학무국도 1919년 8월 개편으로 독립한 국이 되었지만, 편집국은 존속했다. 전시 체제로 옮긴 후 1942년 11월의 개편에서 편수과로 개칭하면서 관장하는 사항이 증가하고, '교과

용 도서의 편집·발행·조사·검정 및 인가, 교원용 참고 도서의 인정·추천, 국어 조사, 국민학교의 방송·교과용 영화, 모든 학교 교가의 가사·악보, 약력의 출판·배포'에 관한 사항을 장악했다. 1945년 4월의 마지막 개편으로 편수과는 폐지되고 업무는 학무과로 이관되었다.

3. 내용 및 구성

『고등국어독본』은 1912년 조선총독에서 편찬한 '고등보통학교'용 국어(일본어) 교재로 4년간의 수업연한에 맞춰 총 8권이 발행되었다. 각 권의 구성은 권1은 39과, 권2는 38과, 권3은 31과, 권4는 32과, 권5는 33과, 권6은 29과, 권7은 29과, 권8은 27과로 총 258과로 이루어져 있다. 각 단원의 작자 및 출처가 기록되어 있는 단원도 있지만, 작자가 누구인지 출처가 어디인지 가름할 수 없는 단원도 다수 존재한다. 이것은 다시 말하면, 작자와 출처를 밝히지 않은 단원은 『고등국어독본』만의 독자적인 문장이라고 할 수 있다. 전체의 본문 내용 중 약 39.2%가 독자적인 문장에 해당한다. 또한, 주목할 점은 권1-3까지는 독자적인 문장의 비율이 적고, 역으로 독본류에서 인용한 것이 많다. 권1-3까지의 독본류의 인용은 권1(19/39), 권2(22/38), 권3(13/31)으로 그 비율이 높은 것으로 나타난다. 인용문의 출처를 살펴보면 '문부성 독본'이라 기록된 단원은 당시 일본의 중등교육 과정에 해당하는 '고등소학교'용 『고등소학독본(高等小學讀本)』에서의 인용으로 보인다. 한편, 일본 문부성에서 발행한 '문부성수신서'에서 인용한 단원도 볼 수 있는데 이것은 당시 일본의 『고등소학수신서(高等小學修身書)』에서의 인용이다. 그러나 『고등국어독본』이 발행된 1912년은 일본에서 [국정독본(國定讀本)]의 시대에 들어서 어느덧 8년이 지난 시기로, 일본에서는 1904년과 1910년 2번에 걸쳐 이미 『고등소학독본』과 『고등소학수신서』가 발행된 시기이므로 많은 부분을 두 교과서에서 인용한 것으로 보인다. '문부성수신서'란 지금의 도덕 교과에 해당하는 것으로 단원의 내용을 살펴보면 학생들을 계몽하는 내용이 많다. 특히, 권2 제35과 '자신의 것과 남의 것'에서는 손님의 지갑을 되돌려 준 말을 끄는 아이를 예로 들어 정직함을 강조하고, 권3 제15과의 '직업'에서는 사람은 누구나 일정한 직업을 갖고 열심히 일하지 않으면 안 된다고 강조하며 이것이 성공하는 제일의 요소라고 말하고 있다.

한편, 『고등국어독본』이 편찬되고 8년 후에 편찬된 『여자고등국어독본』과의 연관성을 살펴보면 권1은 11/39과(28.2%), 권2는 8/38과(21.0%), 권3은 6/31과(19.4%), 권4는 2/32과(6.3%), 권5는 2/33과(6.1%), 권6은 2/29과(6.9%), 권7은 2/29과(6.9%), 권8은 1/27과(3.7%)로 총 34과의 과의 내용이 일치한다.

구체적으로 각 권의 내용을 살펴보면 권1 제1과의 제목은 '입학'으로 보통학교를 졸업하고 입학시험을 통과해 고등보통학교에 들어왔으니 앞으로는 몇 배나 더 열심히 노력해야 함을 강조하고, 이 학교의 상급생은 학문도 깊고 성품도 바르며 신입생들에게 모범이 되어 이들을 이끈다고 되어있다. 이 글의 작자는 일본의 국문학자인 후지오카 사쿠타로(藤岡作太郞)다. 후지오카 사쿠타로는 일본의 국문학자로 『고등국어독본』에만 그의 글이 3편 실려 있다. 후지오카는 동경제국대학의 조교수였는데 당시 동경제국대학의 조교수였던 하가 야이치(芳賀矢一)가 독일로 유학을 떠나자 그 뒤를 이어 조교수가 되었다. 하가 야이치는 일본의 국정교과서를 편찬한 사람으로 후지오카와는 이러한 관계로 기고를 부탁했을 가능성이 크다. 제6과 '우리 나라의 명산'에서는 대만에 있는 '신고산(新高山)'이 우리나라에서 가장 높은 산이며 일본 본토에 있는 후지산(富士山)이 두 번째로 높으며, 조선에 있는 백두산(白頭山)이 세 번째로 높은 산이라 소개하고 있다. 1910년 한일병합 이후의 교과서에는 일본 본토와 조선, 그리고 1985년부터 강점한 대만을 하나의 나라로 인식하고 지역성을 확장하려는 세계관이 드러나는 문장이 자주 등장한다.

권2 제1과 '대일본제국'에서는 세계 50여 개 국 중에서 강국이라고 말할 수 있는 곳은 일본을 제외하고는 7개국 정도이며, 국토 면적은 열강국 중에 네 번째이며, 총인구수는 열강국 중 세 번째라고 설명하고, 특히 만세일계(萬世一系)의 천황을 모시고 개국 이래 수천 년 동안 한 번도 국가의 권위를 잃은 적이 없다고 설명하고 있다. 이러한 내용을 통해 학생들에게 황국사관을 강하게 인식시키려는 의도가 드러나는 단원이다. 또한, 제3과 '남조선 쌀의 유래'에서는 지금 남조선 특히 전라남도, 경상남북도, 경기도에서 재배되는 쌀은 맛이 좋기로 유명한데 그중에서도 목포쌀이 최고로 좋으며, 이렇게 좋은 쌀을 생산하게 된 이유가 약 30년 전에 조선땅에 대홍수가 났는데 그 당시 오곡이 모두 물에 잠겨 아무것도 거둬들일 게 없고 다음 해 종자로 쓸 쌀조차 없을 때, 규슈지방에서 건너온 어부를 비롯한 일본 본토 사람들이 볍씨를 나누어 주어 이 땅에서 일본쌀을 재배하게 되어 지금의 유명한 쌀이 나오게 되었다고 설명하고 있다. 제5과, 6과 '우리나라의 경치'에서는 일본 본토의 경승지에 대한 설명이 주를 이루고 있으며 조선에 관한 설명으로는 두 과를 통틀어 금강산이 전부다. 제17과 '난실법(暖室法)'에서는 조선의 '온돌'에 대해 설명하며 공기를 따뜻하게 뎁혀서 난방을 할 수 있는 좋은 방법이지만 땔감으로 쓰기 위해 무분별하게 벌목하는 것에 대한 주의를 주고 있다. 이 단원의 작자는 권1의 제1과를 쓴 후지오카 사쿠타로(藤岡作太郎)다. 후지오카는 이 밖에도 권4 제17과 '코끼리 이야기'의 작자이기도 하다. 또한, 제14과 '석탄이야기'에서는 석탄이 만들어지는 원리부터 석탄을 활용한 기선, 기차 등의 신문물에 대해 설명하고 있다. 이 단원에서 주목할 것은 이 단원의 글을 쓴 미쓰치 주조(三土忠造)다. 미쓰치 주조는 통감부(統監部) 시기에 학정참여관(學政參與官)이었던 시데하라 타이라(幣原坦)가 해임된 이후 일본어 교과서 편찬을 위해 새로 부임한 학정참여관으로 동경고등사범학교(東京高等師範學校) 교수직을 역임하고 있었으며, 조선으로 건너와『학부편찬 보통학교 학도용 일어독본』을 완성한 인물이다.

권3 제1과 '일장기'에는 일본 국기인 일장기에 담긴 뜻에 관해 서술되어 있다. 이 단원의 작자는 마츠나미 니이치로(松波仁一郎)로 일본의 유명한 법학자이다. 이 단원의 글은 교학국의 교학총서 제7집 '일장기'중에서 발췌된 것이다. 교학국은 1937년 문부성의 외국(外局)으로 설치된 행정기관으로 학생들의 사상대책을 담당하고 있던 사상국(思想局)을 발전적으로 계승한 기관이며 교학의 쇄신과 진흥을 담당했다.

제3과의 '황대신궁(皇大神宮)'은 일본 고대 신화에 등장하는 아마테라스 오오카미(天照大神)의 손자인 니니기노미코토(瓊瓊杆尊)가 5부신과 함께 강림해서 이 땅을 다스리고 이에 만족한 아마테리스 오오가미가 3종의 신기라 불리우는 구슬, 거울, 검을 하사하였다고 한다. 그 후 니니기노미코토의 증손자가 일본의 초대 천황인 진무천황(神武天皇)이 되었으며, 이때 받은 3종의 신기는 황실을 상징하는 물건으로 황위를 이을 때마다 전해 내려오는 물건이라 전하고 있다. 또한, 황대신궁에서는 아마테라스 오오카미를 모시며 국가와 황실에 중요한 일이 있을 때마다 이를 고하러 온다고 전하고 있다. '황대신궁'에 관한 이야기는『보통학교 국어독본』에서도 다루고 있으며, 이러한 신화를 통해 일본은 무궁한 역사를 지니고 있음을 자랑하고, 신화와 황실의 연관성을 언급함으로써 황실의 뿌리를 강조하려는 노력으로 보인다.

뿐만 아니라, 권4의 제1과 '서수국(瑞穗國)'에는 일본은 기후가 온화하고 토양이 비옥하며, 오곡이 생육하기에 적당하므로 예로부터 '서수국'이라 불렸으며, 아마테라스 오오카미가 조, 피, 보리, 콩을 가지고 밭의 종자로 삼고, 벼로 논의 종자로 정하여 사람들에게 경작하게 하였고, 또한, 양잠법을 가르쳤다는 내용이 있다. 그리고 아마테라스 오오카미의 남동생 스사노오노 미코토(素戔嗚尊)는 전국을 다니며 유용한 수종(樹種)을 알리며 나무를 심어 전국을 푸르게 만들고, 그 나무를 이용해 배를 만들어 일본 본토와 조선과의 교통을 편리하게 하였다고 기록하고 있다. 이러한 서술을 통해 일본과 조선은 신화를 바탕으로 하나로 이어진 나라라는 사실을 강조하고 있다.

권5의 제1과에서는 긴죠천황(今上天皇)과 황후에 대해 설명하고 있다. 긴죠천황은 그 당시에 재위 중인 천황을 말하는 것으로, 권5 제1과에 소개된 천황은 이름은 요시히토(嘉仁), 칭호는 하루노미야(明宮) 인 다이쇼천황(大正天皇)을 가리킨다. 제2과에서는 황실에 관련된 단어를 경어로 표현하는 방법을 익히고 있다. 제3과 '우리 국민의 진심'에서는 '우리들은 황실에 대해 의리를 지키고 복종하고 두려워하는 것은 아니다. 대본가(大本家)의 통령(統領)으로 마음 깊은 곳으로부터 존경하고 있는 것이다. 즉 친자적 관계가 성립되어 있는 것이다. 부모의 명령을 자식은 듣지 않으면 안 된다. 부모의 마음을 기쁘게 하지 않으면 안 된다. 부모로부터는 무엇을 받아도 기쁘다. 친자의 애정은 사람의 치정이며, 이것이 '진심'이다. 이 '진심'이 바로 충(忠)이 되며, 또한 효(孝)가 되는 것이다.'라고 서술하고 있다. 이 과를 쓴 작자는 하가 야이치(芳賀矢一)로 일본의 국문학자이다. 그는 『고등국어독본』에만 총 4편의 글을 싣고 있다. 그의 글은 대부분 국민을 계몽하고 선동하는 글들로 이루어져 있다.

권6 또한 제1과에는 메이지 천황의 치세에 관해 기록하고 그 세력이 조선반도에까지 미치고 있음을 치하하고 있다. 제2, 3과에는 교육에 관한 칙어(勅語)와 무신(戊申)칙서를 통해 '국민은 국가의 일분자(一分子)로서 건전한 국가는 건전한 국민으로 이루어지며, 신민(臣民)된 자 모두 각각의 학문을 수양하고 업무를 배우고, 이를 통해 지와 덕을 연마하여 자기 수양을 쌓고, 나아가 지와 덕을 활용하여 널리 공중의 이익을 위하며, 이 세상에서 유용한 일을 함으로 국가, 사회에 공헌해야 한다.'라고 말하고 있으며, 어느 날 사변이 일어나면 일신(一身)을 받쳐 황실과 국가를 위해 힘을 쏟는 것은 신민의 가장 큰 의무라고 하여 '황국신민화'를 위한 교육을 구체화하고 있다.

권7의 제1과에서는 고대 아마테라스 오오카미(天照大神)부터 메이지 천황에 이르기까지의 계보를 설명하며 황실의 정통성을 역설하고 있다. 권8의 제1과에는 전술한 하가 야이치가 쓴 '우리나라는 신국(神國)'의 글이 실려 있다. 일본은 고대로부터 신들에 의해 세워진 나라이며 그 신들을 기리고 나라에 큰 공을 세운 사람들을 기리기 위해 '신사(神社)'가 존재하는 것이며, 이 '신사'는 서양의 어느 마을에서나 볼 수 있는 위인의 동상과 같은 것이고 일본인들에게 '신사'는 종교와 같은 것이라고 설명하고 있다.

이상의 내용을 종합해 볼 때 고등보통학교용 『고등국어독본』은 보통학교용 『보통학교 국어독본』에 비해 천황의 정통성을 역설하고 황국사관을 강요하는 내용이 많고, 또한 조선 국민을 계몽하거나 황국신민화를 위한 문장들이 교과서 내용의 많은 부분을 차지하고 있음을 알 수 있다.

4. 핵심어

고등국어독본, 황국신민화, 후지오카 사쿠타로(藤岡作太郎), 미쓰치 쥬조(三土忠造), 하가 야이치(芳賀矢一)

5. 참고문헌

송숙정, 「일제강점기 조선과 대만의 중등교육 학제와 일본어 교육에 관한 연구」, 『日本文化學報』 78, 2018.
유수연, 「『高等國語讀本』과 『高等朝鮮語及漢文讀本』에 나타나는 일한 양국어의 대응 양상 및 특성－기사의 내용과 일한 양국어의 조사를 중심으로－」, 『일본어교육』 vol.88, 2019.

제1기 『보통학교 국어독본(普通學校國語讀本)』(권1, 권3-권8)

서 명 『보통학교 국어독본(普通學校國語讀本)』(권1, 권3-권8)

저 자 조선총독부

형 태 확인불가

발 행 조선총독부, 권1 1912년 12월 15일, 권2 1913년 1월 15일, 권3 1913년 2월 15일, 권4 1913년 2월 15일, 권5 1914년 3월 15일, 권6 1914년 12월 5일, 권7 1915년 3월 15일, 권8 1915년 10월 15일

소장처 국립중앙도서관

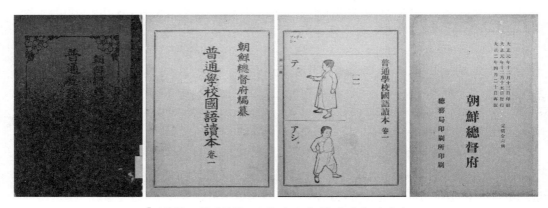

『보통학교 국어독본』 표지, 속표지, 첫 페이지, 판권지

1. 개요

『보통학교국어독본(普通學校國語讀本)』은 1910년 한일병합 이후 조선총독부에서 정식으로 발행한 첫 보통학교용 국어(일본어)교과서이다. 4년의 수업연한에 맞추어 총 8권이 편찬, 발행되었으며 1912년 12월부터 1915년 10월에 이르기까지 약 3년에 걸쳐 차례로 발행되었다.

2. 저자

조선총독부 학무국 편집과(朝鮮總督府學務局編輯課)는 1910년 10월 최초의 관제로 내무부학무국에 설치되어 '교과용도서 편찬, 배포 검정 및 인가에 관한 사항'을 담당했다. 1919년 3·1 운동 이후 총독부 기구 개편 강요로 인해, 학무국도 1919년 8월 개편으로 독립한 국이 되었지만, 편집국은 존속했다. 전시 체제로 옮긴 후 1942년 11월의 개편에서 편수과로 개칭하면서 관장하는 사항이 증가하고, '교과용 도서의 편집·발행·조사·검정 및 인가, 교원용 참고 도서의 인정·추천, 국어 조사, 국민학교의 방송·교과용 영화, 모든 학교 교가의 가사·악보, 약력의 출판·배포'에 관한 사항을 장악했다. 1945년 4월의 마지막 개편으로 편수과는 폐지되고 업무는 학무과로 이관되었다.

3. 내용 및 구성

1910년 한일병합 이후, 조선총독부는 교과서의 내용을 전면 개편한 새로운 교과서 편찬이 불가피하자 통감부 시기에 발행된 교과서의 일부 내용을 수정하여 1911년 3월에『정정 보통학교 학도용 국어독본』을 발행하여 사용하였다. 이후, 조선총독부는 1911년 8월 23일 제1차 조선교육령을 반포하고 같은 해 10월 보통학교, 고등보통학교, 여자고등보통학교 규칙 제정에 따라 교과서 편찬 사업에 착수하였다. 그 결과 1912년『보통학교 국어독본』을 발행하게 되었다.

당시의 국어 교과서는 일본의 역사, 지리, 생물, 과학 등의 교과목까지 포괄하는 종합교과서의 성격을 띠고 있었다. 그러므로『보통학교 국어독본』에는 일제가 추구하는 식민지 정책이 매우 자세하게, 또한 고스란히 담겨 있음을 짐작할 수 있다.

교과서는 한 학년에 두 권씩 학습하도록 계획되었다.『보통학교 국어독본』의 권1은 47개의 단원으로 구성되어 있고 단원의 구분은 있지만 단원의 제목은 없다. 권2부터는 각 단원의 제목이 있으며, 전체 204과(권2 31과, 권3 30과, 권4 28과, 권5 28과, 권6 27과, 권7 29과, 권8 31과)로 이루어졌다.

교과서의 내용 구성 체제를 살펴보면,『보통학교 국어독본』은 맨 앞에 서언이 있고 맨 뒤에 부록이 있으며 각 단원은 제목−신출어휘−삽화−본문−글자모양 비교−발음연습−연습의 구성을 취하고 있다. 글자 모양 비교와 발음 연습은 주로 권1에만 구성되어 있다. 권1의 제25과에서 가타카나 50음도표가 제시되고, 권3의 제7과에서 히라가나 50음도를 추가로 배우게 되어 있다. 즉, 글자를 먼저 가르치기보다 일상 어휘와 표현들을 위주로 말하기를 먼저 가르친 후 문자와 읽기를 학습하게 하는 체계라 할 수 있다.

『보통학교 국어독본』은 언어교육적인 측면에서 아동학습자라는 학습자의 특성을 매우 많이 고려하고 있음을 알 수 있다. 구어 중심으로 가르치다가 문어로 가도록 한 점, 언어의 뜻을 이해시키는 데에 실물, 동작, 회화 등에 의해 직관적으로 가르치게 한 점, 특히 아동학습자임을 고려해 삽화를 적극 활용하도록 한 점 등이 그것이다.『보통학교 국어독본』에는 전체적으로 신체명칭(손, 발, 눈, 코, 귀, 입)으로 시작하여 학용품(책, 붓, 종이) 동・식물(참새, 비둘기, 게) 등의 자연생활에 관한 내용으로 우리 주위에서 쉽게 접할 수 있는 사물을 중심으로 하고 있으며, '가까운 것에서부터 먼 것으로'라는 교수법의 기본 원리에 따르고 있다. 각 권의 내용을 살펴보면 다음과 같다.

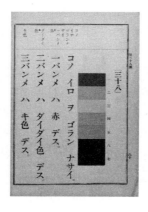

권1은 주변의 사물부터 학교생활에 필요한 단어들을 숙지하고 숫자를 세는 단위인 수사와 차례를 나타내는 서수사에 대해 학습한다. 권1의 제35과에서는 운동장에 모여 체조를 하고 단체로 제식훈련을 하는 모습이 그려져 있다. 또한, 제38과에서는 빨주노초파남보의 7가지 색이 컬러로 삽입되어 색의

이름을 익히도록 되어 있다. 당시에 모든 교과서가 아직 흑백으로 출판되고 있는 상황에서 7가지 색을 컬러로 삽입한 것은 주목할 만하다.

　권1에서는 각 과의 구별은 있지만 과의 제목이 실려 있지 않다. 그에 비해 권2부터는 각 단원의 제목이 명시되어 있다. 권2의 시작은 평범한 일상으로 시작한다. 아침에 일어나 학교에 가고 아침인사와 친구들과 밤을 줍는 단원이 등장한다. 이후 달, 닭, 낙엽에 관한 글이 나오고 제7과에서는 손님을 접대하는 방법이 등장하며 삽화는 일본 기모노를 갖춰 입고 손님에게 차를 대접하는 장면이 묘사되어 있다. 이어지는 제8과에서는 순사와 두 형제가 등장한다. 동생이 순사가 사람을 혼내고 있다고 하자, 나쁜 짓을 하지 않으면 순사에게 혼나지 않는다고 형이 동생을 가르치며 순사를 무서워하는 동생을 달랜다. 당시는 무단통치가 실시되고 있던 시기로 헌병경찰에 의한 강압적이고 비인도적인 탄압을 보아 왔기에 정복을 입은 순사를 보는 것만으로도 동생이 겁을 먹은 것이다. 형이 순사에게 겁먹은 동생을 달래는 장면을 교과서에 실음으로 인해 순사에 대한 오해를 벗고자 하는 의도를 보여준다. 또한, 제18과에서는 신년을 맞는 모습을 묘사하며 집 앞에 일장기가 달려있는 삽화가 등장한다. 다음 장에서는 일본 기모노를 입고 아버지에게 신년인사를 하는 모습이 삽화로 들어가 있다. 권1에 등장하는 삽화에는 아동이 전부 한복을 입고 있으나 권2의 일본의 풍습을 나타내는 과에서는 아동이 일본식 기모노를 입고 있다. 제20과 '천황폐하'의 단원에서는 '천황폐하는 부모가 자식을 사랑하듯이 인민을 사랑해 주십니다. 우리들은 천황폐하의 은혜를 고맙게 생각합니다.'라는 글을 통해 황국사관을 주입하고자 하였다. 이후의 과에 삽입된 삽화는 모두 일본 기모노를 입은 삽화가 등장한다. 또한, 손수건을 사용해야 한다고 계몽하는 내용과 연날리기를 하는 장면, 그리고 집에서 그림책을 보는 장면등 일상의 모습이 일본식으로 바뀌어 있다. 권2의 마지막에는 '모모타로'권3에는 '꽃피우는 할아버지'와 같은 일본 전래동화가 실려 있는데 두 이야기 모두 권선징악에 관한 내용으로 착하고 정의롭게 살면 좋은 일이 생긴다는 의미를 담고 있다. 또한, 권3에서 주목할 것은 제19과에는 대일본제국의 지도를 표시하며 대만, 사할린, 조선까지를 대일본제국의 영토로 서술하고 있다. 아울러 제20과에서는 메이지천황(明治天皇)에 대해 서술하고 있다. 교과서가 발행된 해는 대정2년(1913)이지만 메이지 천황에 의해 일본이 이렇게 번성하게 되었다며 국민들은 그 은혜를 정말로 고맙게 생각하고 있다고 기술하고 있다. 한편, 메이지 천황이 병으로 인해 서거한 날을 '메이지천황제'로 지정하여 국경일로 지키고 있음을 알리고 있다. 또한, 제22과에서는 '천장절(天長節)'에 대해 설명하며 천장절은 당시의 천황의 탄생일을 기념하는 국경일임을 설명하고 있다. 권4의 제1과에서는 국화에 대해 서술하며 국화는 황실의 문장임을 설명하고 있다. 제7과에서는 인간에게 처음으로 벼농사를 가르쳤다는 '아마테라스 오오카미(天照大神)'가 모셔져 있는 '황대신궁(皇大神宮)'에 대해 설명하며, 매년 10월 17일 신상제(神嘗祭)와 11월 23일 신상제(新嘗祭)에는 천황이 황대신궁에 모신 아마테라스 오오카미를 비롯한 여러 신들에게 신곡물을 바치는 행사를 하고 있음을 설명하고 있다. 제13과에는 '기미가요'가 그 가사에 대한 설명과 함께 실려 있다. '기미가요'는 '천황폐하의 수명이 천년, 만년 길게 이어져, 조약돌이 큰 바위가 되어 그 바위에 이끼가 낄 때까지 길게 이어지길 기원합니다. 라는 뜻으로 축하할 날에는 이 노래를 부릅니다.'라고 서술되어있다. 또한, 제14과에는 '스사노오노 미코토'에 대한 설명으로 제1과에서 설명한 '아마테라스 오오카미'의 동생으로 이즈모노구니(出雲國)에 사는 머리가 8개 달린 사람을 잡아먹는 큰 뱀을 퇴치하고 그 뱀의 몸에서 나온 보검을 '아마테라스 오오카미'에게 주었으며, 조선을 왕래했다고 기록되어 있다. 한편, 제16과 '조선'의 단원에는 조선의 지도와 함께 지형과 날씨, 그리고 경성과 부산에 대해 설명하고 있다. 제18과 '진무천황

(神武天皇)'에는 '아마테라스 오오카미'의 자손인 진무천황에 대해 설명하며 천황이 전장에 나아갔을 때 한 마리의 소리개가 천황의 활에 앉았는데 그 빛이 너무 강해서 적들이 눈이 먼 사이에 적들을 물리쳐 승리하고 제1대 천황의 자리에 올랐다는 이야기가 적혀 있다. 아울러, 매년 4월 3일 진무천황이 서거한 날을 '진무천황제(神武天皇祭)'로 지키고 있음을 설명하고 있다. 이 또한 황국사관을 강하게 나타내는 과라 할 수 있다. 제22과에는 일본의 위인이 아닌 알에서 태어난 '신라 박혁거세'의 이야기가 기록되어 있다. 그러나 이 과의 내용은 그동안 우리가 알던 내용과 다르다. 교과서에 의하면 일본 본토 어느 곳에서 그곳의 장(長)의 아내가 큰 알을 낳았으나 알에서 나온 아이가 불길하다고 여겨, 그 알을 아름다운 상자에 넣어 바다에 버렸다. 그리고 그 상자가 이윽고 조선 해안에 흘러 들어가 어느 할머니가 주워 그 상자를 열었더니 아름다운 아이가 있었고, 그 아이가 자라 신라의 왕이 되었다고 한다. 또한, 박혁거세의 신하 중 한 명인 호공(瓠公)은 일본 본토 사람으로 큰 조롱박을 허리에 차고 바다를 건너 조선으로 왔다고 한다. 이는 엄연한 역사 왜곡이며, 이렇게 역사를 왜곡하면서까지 그들은 일본과 조선은 예로부터 하나의 세계관, 하나의 역사관을 공유했다는 정통성을 찾고자 이러한 거짓 역사를 초등학교 저학년부터 주입하여 교육하려 하였다. 권5에서는 이러한 황국사관을 고취하고자 제4과에서는 야마토타케루노 미코토(大和武尊)가 16세에 황태자의 신분으로 규슈에 출몰한 적을 무찌르는 장면을 묘사하고 있다. 제11과에서는 제4과에서 등장한 야마토타케루노 미코토의 손자인 오우진천황(應神天皇)에 대해 설명하며 당시 일본은 매우 왕성하게 국위를 떨치고 있는 시기로 당시 조선은 고려, 백제, 신라, 임나로 나누어져 있었는데 많은 사람들이 내지로 옮겨와 이곳저곳에서 살기 시작했으며, 특히, 백제로부터 온 왕인(王仁)이라는 학자는 논어와 천자문을 헌상하고 황태자에게 학문을 가르치며 그 자손은 대대로 조정에서 일하며 기록을 담당했다고 전하고 있다. 교과서에 이러한 내용을 삽입한 이유는 앞서 밝힌 바와 같이 일본과 조선은 예로부터 깊은 관계를 맺어 왔다는 정통성을 찾기 위함으로 보인다. 제20과에서는 다이쇼천황(大正天皇)에 대해 설명하며 메이지천황(明治天皇)이 서거했을 때 매우 슬퍼하며 장례식 때는 힘든 생활을 하는 인민을 위해 백만엔의 하사금을 지급하여 일본 본토, 조선, 대만, 사할린 및 관동주에 있는 국민들에게 나누었으며, 천황은 일본 본토의 인민도 조선, 대만 등의 인민도 모두 아이와 같이 아끼시고 은혜 베풀어 주심에 감사하다는 내용이 기록되어 있다. 제23과의 닌도쿠천황(仁德天皇)은 제11과에서 나온 오우진천황(應神天皇)의 황태자로 당시에 흉년으로 인민들이 땔감조차 없어 굴뚝에 연기가 나지 않는 것을 보며 3년간 조세를 면제하고 스스로가 검소한 생활을 하였다고 한다. 그리고 강을 파고 둑을 쌓아 수해를 예방하여 인민들이 행복하게 살아갈 수 있도록 하였다. 권6 제3과에는 메이지천황(明治天皇) 재위 46년간의 긴시간 동안 우리나라는 무엇에서도 진보하여 세계 제일의 국가가 되었다고 말하며, 명치43(1910)년에는 조선의 인민에 대해 조세의 일부를 면제하고 양반, 유생 중에서 특히 덕이 있거나 효자, 효부에게 상을 주며 돈을 하사하였고, 천칠백오만 엔의 은사금을 하사하여 조선의 각부군에 배분하여 산업을 장려하였다 기록하였다. 권6에는 조선의 지리와 동경, 오사카, 교토의 대도시에 대한 설명과 규슈와 대만, 홋카이도와 사할린, 그리고 주변국들의 지리적인 위치를 통해 일본영토를 인식하게 하고 세계관을 갖도록 하고 있다. 또한, 제21, 22과에서는 청일전쟁을 제27, 28과에서는 러일전쟁에 대해 설명하고 있다. 또한, 제29과에는 조선은 오랫동안 정치가 제대로 이뤄지지 않아 인민은 안정되게 살 수 없고 외국으로부터 침략도 많았기 때문에 메이지천황이 동양의 평화를 유지하고 인민에게 행복을 주기 위해 총독을 두고 조선을 통치하기 시작하였다고 설명하고 있다. 권7에서는 이러한 과정을 거쳐 일본과 조선이 하나의 나라가 되었으며 하나 된 나라의 멋진 모습과 산물, 도자기, 불

교의 역사 등에 대해 서술하고 있다. 또한, 회사와 은행, 환율, 조합 등에 관한 사회 전반에 걸친 모습에 대한 설명과 전화와 전보 등에 대한 신문물을 설명하고 있다. 권8 제1과에서는 황실에 전해 내려오는 3종 신기에 대해 설명하며, 제2과 와카에서는 메이지천황을 칭송하는 와카를 소개하고 있다. 제3과에서는 제10대 스이닌천황(垂仁天皇)의 시절에 신라의 왕자 아메노히보코(天日槍)가 바다를 건너 일본 조정에 당도하여 여러 가지 선물을 진상하고 타지마노구니(但馬國)을 하사받아 그 땅에 살며 대대손손 황실의 일을 담당했다는 내용이 실려 있다. 31과와 32과에는 대일본제국에 관한 설명으로 각 부처의 구성과 역할 등이 기록되어 있다.

이와 같이 일본은 1910년 한일병합을 통해 조선을 손에 넣은 후, 자신들의 행위를 정당화하고 당위성을 주장하기 위해 이러한 역사 왜곡을 하였으며, 일본의 정통성을 주장하고자 고대 신화로부터 대대에 이르는 천황들의 치세를 높이며, 이러한 황국사관을 식민통치시기 내내 주입하기 위해 초등교육에서부터 많은 노력과 고심을 기울여 교과서를 편찬하였던 것이다.

4. 핵심어

황국신민, 한일병합, 보통교육, 덕성함양, 일본어보급

5. 참고문헌

김윤주, 「일제강점기 『조선어독본』과 『국어독본』의 비교-제1차 교육령기 보통학교 1·2학년 교과서를 중심으로」, 『우리어문연구』 Vol.41, 2011.

송주현, 「일제 강점기 교과서에 나타난 서사 연구『普通學校 國語讀本』(1912~1915)을 중심으로」, 『한국학연구』 Vol.56, 2016.

팽영일, 이은숙, 「제1차 조선교육령기 『普通學校國語讀本』과 일본어 교육」, 『동북아 문화연구』 Vol.25, 2010.

제2기 『보통학교 국어독본(普通學校國語讀本)』 (권3-권8)

서 명 『보통학교 국어독본(普通學校國語讀本)』 (권3-권8)

저 자 조선총독부

형 태 확인불가

발 행 조선총독부, 권1 판권지 없음, 권2 1923년 9월 3일, 권3 1922년 12월 15일, 권4 1923년 9월 20일, 권5 1923년 1월 15일, 권6 1923년 9월 20월, 권7 1924년 1월 18일, 권8 1924년 8월 18일

소장처 국립중앙도서관

『보통학교 국어독본』 권7 표지, 권3 판권지

1. 개요

제2기 『보통학교 국어독본(普通學校國語讀本)』은 제2차 조선교육령기인 1922년부터 1937년까지 사이에 1923년부터 1930년까지 사용한 국어(일본어)교과서이다. 제2차 조선교육령 반포와 함께 새로운 교과서가 필요하였다. 제2차 조선교육령의 가장 큰 특징은 보통학교 수업연한이 4년에서 6년으로 늘어나고 일본어의 주간 시수도 58시간에서 64시간으로 6시간 늘어나게 된 점이다. 하지만 늘어난 학년분의 교과서를 편찬하기에는 시간이 모자라 결국 조선총독부는 1학년부터 4학년 과정인 권1-권8까지를 편찬하고 5, 6학년 과정인 권9-권12는 일본 문부성이 편찬한 『심상소학국어독본(尋常小學國語讀本)』을 차용하였다.

2. 저자

조선총독부 학무국 편집과(朝鮮總督府學務局編輯課)는 1910년 10월 최초의 관제로 내무부학무국에 설치되어 '교과용도서 편찬, 배포 검정 및 인가에 관한 사항'을 담당했다. 1919년 3·1 운동 이후 총독부 기구 개편 강요로 인해, 학무국도 1919년 8월 개편으로 독립한 국이 되었지만, 편집국은 존속했다.

전시 체제로 옮긴 후 1942년 11월의 개편에서 편수과로 개칭하면서 관장하는 사항이 증가하고, '교과용 도서의 편집·발행·조사·검정 및 인가, 교원용 참고 도서의 인정·추천, 국어 조사, 국민학교의 방송·교과용 영화, 모든 학교 교가의 가사·악보, 약력의 출판·배포'에 관한 사항을 장악했다. 1945년 4월의 마지막 개편으로 편수과는 폐지되고 업무는 학무과로 이관되었다.

3. 내용 및 구성

3·1운동을 계기로 일제의 식민지 통치방식이 문화통치로 전환되면서 식민지 교육정책도 수정되었다. 문화통치는 문화주의라는 외피 아래에서 민족 말살과 동화주의 정책을 본격화하는 것으로 이 시기의 교육정책은 이러한 식민지 정책의 틀을 구현하기 위한 융화정책을 반영하게 되었다. 일제는 조선인에 대한 교육에도 융화정책을 반영시켜 교육제도에 수정을 가하였다. 종래에 저급하게 짜여있던 학교 체계를 고쳐, 일본의 학제와 비슷한 제도로 개편했으며, 사립학교에 대한 탄압도 표면상 완화하는 것처럼 보이게 했다. 그러나 근저에 깔린 동화주의와 황민화정책은 결코 수정되거나 포기되지 않았다. 즉 이것은 한국 국민의 반일감정을 무마하려는 유화책에 불과하며, 뿐만 아니라 오히려 일시동인·내선일체·내지연장주의 등의 정책 슬로건을 내세우면서 한국 국민에 대한 동화주의 교육을 더욱 본격화해 갔다. 이러한 사항은 교과서 본문 내용을 통해 구체적으로 확인할 수 있다.

권4 제13과에는 미나모토노 요시쓰네의 '야시마 전투'가 그려져 있다. 미나모토노 요리토모의 동생인 요시쓰네는 일본인들에게 가장 인기 있는 역사적 인물 중의 하나로, 교과서에는 야시마 전투 중 헤이케 군대와의 해전을 다룬 일명 '부채일화'라는 매우 유명한 이야기가 등장한다. 요시쓰네가 속해 있는 겐지군대와 헤이케 군대와의 싸움에서 여세에 몰린 헤이케 군대는 배를 타고 바다로 나갔다. 그러던 중 한 아리따운 여인에게 부채를 들고 선두에 서게 하고 그 부채를 맞추도록 요시쓰네를 놀렸다. 그러자 요시쓰네의 부하 중 한 명인 나스노 요이치에게 활을 쏘게 하였는데 흔들리는 배 위에서 정확히 헤이케 군대의 선두에 있는 부채를 관통했다. 이 일로 헤이케 군대는 사기를 잃고 패전하게 된다. 이 일화는 선봉장이었던 요시쓰네의 치적(治績)으로 높이 평가받고 있으며 지금까지도 요시쓰네는 일본의 영웅으로 대접받고 있다.

권5의 제2과 '조선'에는 조선 반도의 지형과 백두산, 금강산에 대한 설명이 실려있다. 그뿐만 아니라, 두 산에서 흘러나오는 강에 대한 설명과 그 강을 따라 발달한 도시들에 관한 설명이 기록되어 있다. 제3과에는 제주도의 '삼성혈(三姓穴)'에 관한 유래가 등장한다. 이는 제주도의 '삼성혈'에 관련한 이야기이지만 이 세 명의 신에게 처녀와 여러 가지 선물을 보낸 것은 일본국의 왕이라 전하며 일본과 조선은 예로부터 깊은 인연이 있음을 강조하고 있다. '삼성혈'의 이야기는 제3기『보통학교 국어독본』권6 제26과에도 등장한다. 제9과에는 '닌토쿠천황(人德天皇)'의 일화가 소개되어 있다. 어느 날 천황이 성에 올라 사방을 둘러보니 민간에서 연기가 올라오는 것을 볼 수 없어 그 이유를 묻고는 최근 흉년이 계속되어 백성들이 먹을 것이 없다는 말을 듣고 3년 동안 조세를 일절 걷지 못하게 하였다. 그 후 풍년이 되어 모든 집의 굴뚝에서 연기가 피어오르자 천황은 매우 기뻐했다. 하지만 정작 본인의 성은 비가 샐 정도로 낡아서 새로 고쳐야 했지만 조세를 걷지 않아 수리비용을 댈 수 없었다. 이것을 알게 된 백성들은 천황에게 새로 성을 건축할 것을 권하지만 천황은 3년동안 거절하고 결국 3년 후에 새로운 성을 건축하기 시작했는데 남녀노소가 아침부터 밤까지 일을 마다하지 않고 적극 나서서 하고, 새로운 성이 완성되자 백성들이 기뻐했다는 내용으로 이루어져 있다.

권6의 제3과 '일본'에는 일본은 혼슈(本州), 시코쿠(四國), 규슈(九州), 홋카이도(北海道), 대만(臺灣), 카라후토(樺太, 사할린)의 남부 및 조선으로 이루어져 있다고 서술하며, 조선이 아시아대륙에 이어져 있는 것 외에는 일본은 모두 섬이라고 기록하고 있다. 또한, 일본의 기후와 바다, 산물에 대해서도 언급하며 일본에는 풍경이 좋은 곳이 많으며 그중 후지산과 금강산이 널리 알려져 있으며 국민은 7천만 명에 이른다고 적고 있다. 제5과에는 신라의 왕 '석탈해(昔脫解)'에 관한 이야기가 나오는데 석탈해의 아버지는 다파나국(多婆那國)의 왕으로 다파나국은 현재의 일본 효고현이나 후쿠이현이었을 것이라는 주장이 있다. 석탈해에 관한 내용은 제3기『보통학교 국어독본』의 권6 제8과에도 같은 내용의 이야기가 실려 있다. 제15과에는 새해 첫날의 모습이 그려져 있다. 일본의 전통놀이인 '하네코이타(羽子板)'를 하고 새 기모노를 입고 '오조니(お雑煮)'를 먹고 음복주인 '오토소(御屠蘇)'를 마신다. 어디를 봐도 완연한 일본의 정월 초하루의 모습이다. 일본의 강제 병합 이후 10여 년 만에 조선의 전통 명절은 사라지고 일본의 경축일이 조선에 자리잡고 있는 모습이다. 제19과에서는 '기원절'에 관해 설명하며 진무천황이 2500여 년 전 전국의 적을 물리치고 야마토(大和)를 평정하고 즉위한 날임을 설명하고 있다. 그러면서 이날을 잊어서는 안 되기 때문에 학교에서는 식을 올리고 각 집에서는 국기를 달며 축하한다고 서술하고 있다. 이러한 전통성을 강조한 축일에 관한 내용이 많은 것은 권6의 특징이라 할 수 있다.

권7 제25과에는 '동경 대지진'의 모습이 그려져 있다. 1923년 9월 1일에 일어난 지진을 상세하게 묘사하고 있으며 지진으로 인해 모든 것이 파괴되고 비참한 모습은 전 세계에 전해졌고, 각국에서 온정의 손길이 도착했다. 동경을 구하기 위해 각국은 위로금과 구호물자를 보냈고, 동경에 병원을 세우는 나라도 있었다. 교과서에는 동경시민은 국민들과 세계의 동정에 감사하며 부흥에 전력을 기울이고 있다고 기술하고 있다. 권7이 발행된 것은 1924년 1월이므로 교과서에는 몇 달 전 일어난 사건을 생생하게 기록하고 있음을 알 수 있다.

권8의 제1과 '코우타이신궁(皇大神宮)'은 황실의 선조인 아마테라스 오오카미(天照大神)를 기리는 신궁으로 황실에서는 해마다 제사일에는 칙사(勅使)를 통해 황실이나 나라의 중요한 일들을 보고하였다. 또한 국민은 코우타이 신궁을 존경하고 믿는 마음이 매우 깊어 일생에 한 번은 참배하고 싶어하는 곳이라고 설명하고 있다. 제16과의 '노기대장(乃木大将)'은 일본 육군의 장군이자 교육가로 러일전쟁 당시인 1904년 5월 1일 노기대장은 여순(旅順) 요새 공격의 사령관이 되었다. 노기장군에게는 두 아들이 있었는데 둘 다 만주에 출정해 있었다. 이때 장군이 여순으로 가기 위해 동경에서 히로시마에 도착했을 때 큰아들의 전사 소식을 듣는다. 대장은 부인에게 한 사람 죽었다고 장례를 치러서는 안 되고 부자 세 사람의 장례식을 한꺼번에 치루라고 명령한다. 반년 후 둘째 아들은 우안여단(友安旅團)의 부관으로 재직하던 중 적의 공격으로 전사한다. 노기장군은 전사 소식을 듣고 '응, 그렇군'이라며 담담히 대답하며 난공불락의 여순 요새를 계속해서 공격하였다. 이 여순 공격으로 일본군 사상자는 6만여 명에 이르렀고 대장은 이 엄청난 사상자가 나온 이 전쟁을 마음속 깊이 슬퍼했다고 전한다. 전장에서 돌아온 노기장군은 많은 사상자를 낸 전쟁을 치른 것에 대한 책임감에 자결하려 한다. 그때 메이지천황(明治天皇)은 '너의 목숨은 너의 것이 아니니 내가 죽기 전에는 죽을 수 없다'고 한다. 결국 노기장군은 메이지천황이 서거하자 천황을 그리며 따라서 순사(殉死)한다. 이 일로 노기장군은 국제적으로도 저명한 인물이 되었다. 일본에서는 천황에 순복한 영웅으로 존경받고 있다. 노기장군의 일화는 각 시기의『보통학교 국어독본』에 등장한다. 제3기『보통학교 국어독본』권6의 제13과에도 노기장군의 일화가 등장하는데 마을 사람들에게 일장기와 50전씩을 보내 집집마다 일장기를 달게 한다는 내용이다.

제24과에는 '황태자 전하의 해외 순방'을 전하고 있다. 다이쇼(大正)천황의 황태자 히로히토(裕仁)가 동경을 출발하여 오키나와, 홍콩, 싱가폴, 콜롬보, 스웨즈, 몰타섬, 지브랄탈타, 영국 런던까지 가서 영국 황태자와 함께 환영 만찬을 한 기록을 전하고 있다. 식장에서는 '기미가요'의 연주와 함께 모두가 기립하여 환영하며 일동이 경례하는 사이를 지나 연단에 착석했다고 당시의 모습을 세세히 전하고 있다. 이후 프랑스 파리로 건너가 여행한 후 벨기에, 네델란드, 이탈리아 로마를 거쳐 나폴리에서 일본 요코하마로 돌아왔다. 이 일을 교과서에서는 황태자가 건국 이래 처음인 장거(壯擧)를 기쁘게 마친 것에 대해 국민은 매우 기쁨이 넘치며 그 덕을 높이 기린다고 적혀 있다.

이상으로 제2기 『보통학교 국어독본』의 교과서 내용을 살펴보았다. 이를 통해 당시의 교과서에 실린 일본의 영역 인식과 그들의 세계관을 알 수 있었으며, 신화를 통해 반복적으로 그들의 정통성과 황국사관을 강조하는 모습을 볼 수 있다.

4. 핵심어

제2차 조선교육령, 아마테라스 오오카미, 노기장군, 동경대지진, 메이지천황, 다이쇼천황

5. 참고문헌

노영택, 『일제하 민중교육운동사』, 학이시습, 2010.
門田正文, 「英国の対日認識と日英同盟の終焉―第一次世界大戦と米国要因―」, 『海幹校戦略研究』, 2015.

제3기 『보통학교 국어독본(普通學校國語讀本)』 (권1-권12)

서 명 『보통학교 국어독본(普通學校國語讀本)』 (권1-권12)

저 자 조선총독부

형 태 확인불가

발 행 조선총독부, 권1 1930년 2월 5일, 권2 1930년 9월 15일, 권3 1931년 3월 28일, 권4 1931년 9월 25일, 권5 1932년 2월 20일, 권6 1932년 9월 25일, 권7 1933년 3월 25일, 권8 1933년 11월 15일, 권9 1934년 3월 25일, 권10 1934년 3월 25일, 권11 판권지 없음, 권12 1935년 9월 30일

소장처 국립중앙도서관

『보통학교 국어독본』 권5 표지, 판권지

1. 개요

　제3기 『보통학교 국어독본(普通學校國語讀本)』은 1930년에 조선총독부에서 편찬, 발행한 국어(일본어) 교과서로 제3기에는 『보통학교 국어독본(普通學校國語讀本)』과 『국어독본(国語読本)』의 2종류의 국어독본이 존재한다. 제3기에는 1930년과 1937년 총 두 번에 걸쳐 국어독본이 발행되었다. 그 이유는 1930년에 권1-2가 1931년에 권3-4가 편찬된 후 만주사변(1931년 9월 18일 발발)이 일어나 시대 상황을 반영하여 교과서를 수정할 필요가 있었기 때문이다. 1932년에 권5-6, 1933년에 권7-8, 1934년에 권9-10, 1935년에 권11-12의 순으로 차례대로 편찬하였다. 그 후, 1937년에 중일전쟁이 발발하여 기존의 제3기의 교과서의 표기, 어휘 등의 수정을 중심으로 개정 번각을 발행하였고 이때 편찬한 국어독본을 『국어독본(国語読本)』이라 부른다.

2. 저자

　조선총독부 학무국 편집과(朝鮮總督府學務局編輯課)는 1910년 10월 최초의 관제로 내무부학무국에

설치되어 '교과용도서 편찬, 배포 검정 및 인가에 관한 사항'을 담당했다. 1919년 3·1 운동 이후 총독부 기구 개편 강요로 인해, 학무국도 1919년 8월 개편으로 독립한 국이 되었지만, 편집국은 존속했다. 전시 체제로 옮긴 후 1942년 11월의 개편에서 편수과로 개칭하면서 관장하는 사항이 증가하고, '교과용 도서의 편집·발행·조사·검정 및 인가, 교원용 참고 도서의 인정·추천, 국어 조사, 국민학교의 방송·교과용 영화, 모든 학교 교가의 가사·악보, 약력의 출판·배포'에 관한 사항을 장악했다. 1945년 4월의 마지막 개편으로 편수과는 폐지되고 업무는 학무과로 이관되었다.

3. 내용 및 구성

1930년부터 시작된 '민족말살정책'은 '황국신민화'와 '내선일체'를 강조하였다. 이와 함께 조선총독부에서는 새로운 정책에 걸맞는 교과서 개정을 단행하였다. 선행 연구에 의하면 제3기에 해당하는 1930년의 국어(일본어) 교과서는 조선의 실정에 맞는 교과서를 발행한다는 취지 아래 독자적인 교과서를 발행했음을 알 수 있다. 특히, 『보통학교 국어독본』(1930) 권1의 편찬취의서를 살펴보면 제3기의 보통학교 국어독본은 기존의 제2기 『보통학교 국어독본』(1923) 권1에 비해 분량도 늘어나고 어휘도 100개가량 더 늘어났음을 밝히고 있다. 그 이유로 아동들은 새로운 것을 배우려고 하는 의욕이 강하고, 기억력이 왕성하기 때문에 이때에 될 수 있는 한 어휘를 풍부하게 하려는 의도가 있다고 밝히고 있다. 또한, 소재에 있어서도 아동의 생활과 밀접한 것에 주안점을 두지만 조선적인 색체를 농후하게 드러내는 것에도 의미를 두었다고 밝히고 있다. 이와 같은 점은 『보통학교 국어독본』의 권1부터 강하게 드러나고 있다. '꽃, 집, 강아지, 정원, 닭'으로 1단원이 시작되며 권1에는 강, 산, 밭, 들 등의 주변에서 흔히 보이는 자연물에 관한 문장들이 주를 이루고 있다. 또한, 사물을 묻는 문장에서도 '포플러나무, 백합, 해바라기, 과꽃, 민들레' 등 식물 이름을 넣어 문장을 구성하고 있다. '토끼와 거북이' 우화도 소개하고 있으며 권1의 마지막 단원에서는 기러기의 수를 세는 것으로서 1부터 10까지의 숫자가 등장한다.

권2부터는 각 과의 제목이 달려 있고, 제1과 운동회에서는 계주경기를 하는 삽화를 통해 빨강팀과 흰팀을 응원하는 모습을 보여주고 있다. 제2과 '기차'에서는 한강철교를 다니는 기차의 모습을 삽화로 보여주며 기적소리를 내며 달리는 기차에 많은 사람이 타고 있음을 묘사하고 있다. 권2의 제3과의 '체조놀이', 제4과의 '잡화점' 등 각 과에는 삽화와 함께 본문 내용이 실려 있다는 특징이 있다. 삽화는 쉬운 문장과 병행하여 이해력을 높이기 위함이며 아동들에게 흥미를 유발할 수 있는 좋은 도구가 된다.

권3에도 삽화가 등장한다. 제3기 『보통학교 국어독본』에 등장하는 삽화는, '우라시마 타로'와 같은 일본 전통 동화를 제외하고는, 삽화에 등장하는 아동이 치마, 저고리, 바지 등의 한국 전통 의상을 입고 있다. 이것은 이후 시기의 교과서 삽화와 비교하면 차별화 되는 부분이다. 권3은 봄날 아침의 풍경, 세탁, 병아리, 냇가, 그네, 물고기잡이, 송충이 등 일상생활과 관련된 본문이 주를 이루고 있다.

권4에는 가을풍경을 따라 버섯 따기와 낙엽에 관한 글이 실렸고 겨울 풍경을 따라 눈에 관한 시가 실려있다. 또한 제22과에는 '하스비(巴提便)'라는 인물에 관한 이야기가 실려 있다. 이 인물은 긴메이천황(欽明天皇)시절 천황의 명으로 백제로 건너온 인물로 건너올 당시 처자식과 함께였는데 어느 날 자신의 아이의 행방이 묘연해지고 아침이 밝아 주변을 살펴보니 호랑이의 발자국이 남아 있었다. 그래서 발자국을 따라 산속 깊이 들어가 동굴에 숨어 있던 호랑이를 발견하고 분한 마음에 호랑이를 죽이고 가죽을 벗겨 돌아왔다는 내용으로 예로부터 용맹한 무용담으로 자주 언급하는 이야기이다. '하스비'는 '하데스'라고도 불리는데 교과서에는 '하데비'라고 기록되어 있어 이를 주목할 만하다.

제3기『보통학교 국어독본』의 가장 큰 특징은 교과서를 사용하는 시기에 맞춰 계절의 변화를 글로써 학습할 수 있다는 점이다. 봄을 맞이하는 홀수의 권에서는 봄 풍경에서 여름으로 넘어가기까지의 모습이 담겨 있고, 가을을 맞이하는 짝수의 권에서는 가을에서 겨울로 넘어가는 모습이 담겨 있다.

　권5의 제4과에는 '아마테라스 오오카미(天照大神)'의 동생인 스사노오노 미코토(素戔嗚尊)가 머리가 8개 달린 뱀을 처치하고 하나의 뱀 머리에서 나온 검을 아마테라스 오오카미에게 바치는 내용이 실려 있다. 이 검은 고대로부터 내려오는 황실의 존엄을 상징하는 3개의 영물 중 하나로 이 이야기를 통해 황실의 정통성을 강조하고 있다. 권5의 제26과에는 제주도 '삼성혈'에 관한 유래가 등장한다. 교과서에는 당시 제주도를 전라남도 소재지로 소개하고 있다. 어느 날 삼성혈에 등장한 세 명의 신. 어느 날 이들에게 동쪽 바다에서 떠내려 온 나무 상자가 나타나고 그 안에서 나온 사신은 동쪽의 왕이 보냈다고 하며 세 명의 처녀들과 망아지와 송아지, 그리고 쌀과 보리 씨앗을 주고 홀연히 떠난다. 세 명의 신은 세 명의 처녀들을 아내로 맞고 '고을라, 양을라, 부을라'라 이름 짓는다. 활을 만들어 가장 멀리 쏘는 자가 왕이 되기로 하고 '고을라'가 왕이 된다. 이 이야기는 제주도의 '삼성혈'에 관한 이야기이지만 이 세 명의 신에게 처녀와 여러 가지 선물을 보낸 것은 일본국의 왕이라 전하며 일본과 조선은 예로부터 깊은 인연이 있음을 강조하고 있다.

　권6의 제8과에는 신라의 4대 왕인 '석탈해(昔脫解)'에 관한 내용이 실려 있다. 다파나국(多婆那國)의 국왕의 왕비는 7년에 걸쳐 임신했다. 왕비가 커다란 알을 낳아서 불길하다 하여 그 알을 큰 상자에 보물들과 함께 넣어 바다에 띄워 보냈다. 신라의 어느 할머니가 그 상자를 바다에서 건져보니 아이가 들어 있는 것을 보고 그 아이를 자신의 아들로 삼아 키웠고 훗날 그 아이가 신라의 왕이 되었다는 내용이다. 『삼국사기』에 의하면 이 이야기에 등장하는 다파나국은 '왜나라에서 동북으로 천 리'라는 기록이 있다. 당시에는 규슈 지방의 호족 연합을 '왜(倭)'라고 불렀기 때문에 지금의 효고현(兵庫縣)북부 지방이나 후쿠이현(福井縣) 서부지방이었을 것이라는 주장이 있다. 이와 같은 이야기를 교과서에 실은 것은 앞서 권5에서와 마찬가지로 일본과 조선과의 연관성을 되새겨 '일선동조론(日鮮同祖論)'을 주장하기 위해서이다. 제13과에는 '노기장군'이 자신의 별장이 있는 마을 사람들에게 국기와 함께 50전씩을 보내 국기대를 사서 국경일이 되면 국기를 내달도록 한 일화를 소개하며 국기의 중요성에 대해 언급하고 있다. 제21과에서는 일본의 제1대 천황인 진무천황의 즉위식이 열린 기원원년(紀元元年) 2월 11일을 기념하여 그날을 '기원절(紀元節)'로 지키는 유래에 대해 설명하고 있다.

　권7의 제2과에는 '아메노히보코(天日槍)'에 관한 이야기가 실려 있는데 이것은 제1기『보통학교 국어독본』의 권8 제1과에 나온 내용과 일치한다. 제6과의 '우리나라'에서는 일본의 영토는 아시아주에 있으며 일본열도와 조선반도, 그리고 만주국에서 관동주, 남양의 모든 섬까지 그 영역이 넓으며, 열도와 대만까지도 포함하고 있다고 설명하고 있다. 기후는 곳에 따라 다르고 생산되는 산물도 쌀, 보리, 차, 생사, 직물, 도기, 칠기에 이르기까지 다양하며 육지에는 도로와 철도가 발달하고 바다에는 항로가 펼쳐져 기선들이 수시로 왕래하며, 항공로도 열려 교통이 편리하다고 적고 있다. 경치도 뛰어나 유명한 산이 많으며, 이 위에 천황을 모시고 9천만 명의 국민은 각각의 일을 하며 살아가고 있으며 세계에 많은 나라가 있지만 이런 나라가 둘도 없다고 기술하고 있다. 제7과 '피로 쓴 국기'의 배경은 1899년에서 1900년에 걸쳐 일어난 '의화단 운동'으로 1900년 연합군에 맨 마지막으로 참가하게 된 일본군 중 시라이시 대위의 얘기를 담고 있다. 시라이시 대위는 맹렬히 전장에서 싸워 적군의 포대를 점령했지만 국기를 가지고 있던 사람이 아무도 없어 자신이 가지고 있던 손수건에 손가락을 칼로 그어 피를 낸 후 일장기를 만들어 군도 끝에 매달아 흔들며 모두가 만세를 불렀던 상황을 그리고 있다. 이와 함께 '피로 물든 일장기, 이것이야 말로 야마토타마시(일본정신)의 결정이다'라고 표현하며 군국주의를 본색을 드러내고 있다.

권8의 제6과의 '일장기'는 청일전쟁 당시 '이시구로 군의총감'이 천황의 명으로 전장을 둘러보기 위해 조선에 왔을 때, 마침 천장절(天長節) 되어 식을 거행하기 위해 모든 군인이 한자리에 모였는데 한 명의 군사가 식을 멈추라는 소리와 함께 급하게 급조한 일장기를 가지고 왔다. 그 일장기는 우메보시(매실절임)의 즙으로 물들인 일장기였다. 모두 함께 그 기를 걸고 만세삼창을 부르고 이시구로 총감은 일본으로 그 기를 가지고 와서 천황에게 바쳤다. 그 기를 본 천황은 눈물을 흘렸다는 내용으로 당시의 상황을 구체적으로 묘사하고 있다. 이같이 제3기 『보통학교 국어독본』은 전쟁을 겪은 여러 가지 일화를 상세하게 묘사하며 직접적으로 황국신민화와 군국주의 사상을 주입하고 있다.

권9에서는 군대에 징집당한 아들에게 '한 몸 희생하는 것을 두려워하지 말라'고 말하는 어머니의 편지를 통해 군국주의 사상을 엿볼 수 있다. 또한 제23과 '애국조선호'에서는 수많은 군중 위에서 시험비행을 선보이는 애국조선호를 보고 환호하는 장면을 묘사하고 있다.

권11의 제9과에서는 1904년 청일전쟁 당시 전장에 나가기 전의 한 군인의 비장함을 소개하고 있다. 출정 전 친구들의 사진을 들여다보고 자신이 전장에서 전사했을 때를 생각해서 자신의 물건을 정리하고 잠이 든다. 새벽 3시를 알리는 알람을 듣고 일어나 냉수로 몸을 정결히 하고 군복을 입고 천황이 하사한 '선전의 말씀'을 봉독하고 조상에게 예를 갖춘 후 출정한다. 이 때 '나는 이제 폐하에게 바친 몸이 되어 미련한 행동으로 집의 명예를 더럽히는 일은 하지 않겠다'고 다짐하며 연병장으로 나가 정렬하는 모습을 묘사하고 있다. 이어지는 제10과에서는 청일전쟁 당시 전장에서의 모습을 묘사하며 항상 그들이 강조해 온 '황국의 흥망성쇠는 이 전쟁에 달려 있다. 각자 한층 더 분발하여 싸워라!'라고 결전을 다지고 있다. 이를 통해 이들의 세력을 세계 열방에 당당히 드러내는 위세를 떨쳤다라고 적고 있다.

권12의 제24과 '육탄 3용사의 노래'는 '전우의 시체를 넘어 돌격, 오직 나라를 위해! 대군(천황)에게 바친 목숨, 아아! 충렬! 육탄 3용사' 총 4절로 되어 있는 이 노래는 황국의 신민이 되어 천황을 위해 목숨을 바치는 것이 당연함을 강조하며 아동들에게 비장한 마음을 갖게 한다. 제26과 '조선통치'에서는 1910년 강제병합의 이유를 '질서공안 확립, 산업 무역의 발달, 민중의 행복 증진, 동양 평화의 기초를 견고히 다짐'이라고 하며 이를 위해 총독은 '일시동인(一視同仁)'을 실천하기 위해 장족의 산업 발전을 이루고 철도를 깔며 전신, 전화를 개통하며 교육 보급을 통해 국민을 자각시켰으므로 앞으로 희망과 광명이 영원할 것이라고 기술하고 있다. 마지막 과인 제28과에서는 '만세일계(萬世一系)의 천양무궁(天壤無窮)의 황운(皇運)이 여기에서 시작되니 국민은 천황을 신으로 섬기고 부모처럼 존경하며 받들어 몸을 버리고, 집을 버리고, 충군애국의 뜨거운 마음을 받쳐라!'라고 강조하고 있다.

서두에서 제3기 『보통학교 국어독본』에 비해 조선 아동의 생활과 밀접한 내용으로 구성되어 있다고 말했다. 실제 내용을 살펴본 결과 저학년 교과서에는 생활과 밀접한 단어와 내용이 많았으나 권5에서부터는 국가주의, 군국주의, 황국신민화 사상이 강하게 드러나는 내용들이 다수 포함되어 있으며 교과서 내용 자체도 매우 구체적이며 굉장히 노골적으로 묘사되어 있음을 알 수 있었다. 이 때는 1910년 일본이 조선을 강제병합한 이후 20여 년이 지난 시기이므로, 본격적인 내선일체와 대동아건설을 위한 야욕을 교과서 내용을 통해 드러내고 있음을 알 수 있다.

4. 핵심어

황국신민화, 민족말살정책, 대동아건설, 청일전쟁, 러일전쟁

5. 참고문헌

김성애, 「일제강점기 식민지교육정책의 추이」, 인제대학교 교육대학원, 2007.

『신편고등국어독본((新編)高等國語讀本)』(권1-권10)

서 명	『신편고등국어독본(新編高等國語讀本)』(권1-권10)
저 자	조선총독부
형 태	22.4×15.2(cm)
발 행	조선총독부, 권1 1924년 1월 25일, 권2 1924년 8월 10일, 권3 1924년 2월 18일, 권4 1924년 8월 20일, 권5 1923년 2월 25일, 권6 1922년 9월 25일, 권7 1922년 12월 25일, 권8 1923년 9월 18일, 권9 1923년 2월 25일, 권10 1923년 9월 30일
소장처	국립중앙도서관

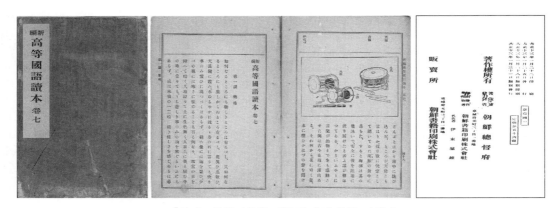

『신편고등국어독본』 권7 표지 및 본문, 판권지

1. 개요

『신편고등국어독본(新編高等國語讀本)』은 제2차 조선교육령기에 편찬, 발행된 중등교육용 국어(일본어) 교과서로 1922년 2월에 조선교육령이 반포되고 그해 9월부터 편찬, 발행되기 시작했다. 흥미로운 점은 권1부터 차례대로 편찬, 발행한 것이 아니라 2학기용 교과서부터 편찬, 발행하였는데 첫해인 1922년에는 권6, 1923년에는 1학기용 권7, 권5, 권9를 편찬하고 여름에 2학기를 대비해서 권8, 권10을 편찬, 발행하였다. 이듬해인 1924년에 1학기용 권1, 권3을 편찬, 발행하였고, 여름에 2학기용 권2와 권4를 편찬, 발행하였다. 그러므로 1922년에 제2차 조선교육령이 반포되었지만 1, 2학년이 사용하는 권1-권4는 1924년이 되어서야 편찬 발행되었다. 새로운 교과서가 발행되기까지 제1차 조선교육령기에 편찬 발행된 『고등국어독본』을 사용하고 있었을 것이라고 짐작하는 대목이다.

2. 저자

조선총독부 학무국 편집과(朝鮮總督府學務局編輯課)는 1910년 10월 최초의 관제로 내무부학무국에 설치되어 '교과용도서 편찬, 배포 검정 및 인가에 관한 사항'을 담당했다. 1919년 3·1 운동 이후 총독부 기구 개편 강요로 인해, 학무국도 1919년 8월 개편으로 독립한 국이 되었지만, 편집국은 존속했다. 전시 체제로 옮긴 후 1942년 11월의 개편에서 편수과로 개칭하면서 관장하는 사항이 증가하고, '교과용 도서의 편집·발행·조사·검정 및 인가, 교원용 참고 도서의 인정·추천, 국어 조사, 국민학교의 방송·교과용 영화, 모든 학교 교가의 가사·악보, 약력의 출판·배포'에 관한 사항을 장악했다. 1945년 4월의 마지막 개편으로 편수과는 폐지되고 업무는 학무과로 이관되었다.

3. 내용 및 구성

'문화정치'를 표방했던 제2차 조선교육령기는 조선의 민족사상을 말살하려는 사이토 마코토(斎藤実)의 교육방침에 따라 일본어의 교육시수가 늘어나며 일본어 교육을 강조하였다. 그러나 실제적인 교과서 내용을 살펴보면 제3차, 제4차 교육령기의 교과서 내용에 비해 황국사관을 강조하거나 군국주의를 강조하는 내용은 적은 편임을 알 수 있다. 타 시기의 교과서의 매 권의 시작이 주로 천황의 말이나 천황을 높이는 시 등으로 시작하는 것에 비해『신편고등국어독본』권1의 시작은 '인생의 봄'이란 글로 고등보통학교에 입학한 신입생들에게 당부하는 말들로 채워져 있다. 여타의 과들도 소소한 일상들을 기록한 수필이 다수를 차지하고 있다. 또한, 타 시기와 다른 점은 단어 선택에 있어서도 느낄 수 있다. 제8과 '내지(內地)의 노래'에서 알 수 있듯이 일본 본토를 '내지'로 구분하여 언급하고 있다. 일제강점의 기간이 길어질수록 '일본'이라는 단어로 통합하여 조선은 더이상 '외지'가 아닌 일본의 한 지방으로 여기는 세계관을 느낄 수 있다.

권2도 명승지 소개와 고래잡이, 버섯따기, 토끼잡이 등의 수렵활동과 소금과 설탕, 난방법 등 생활의 지혜를 전하는 내용들로 채워져 있다.

권3의 제17과 '고대의 조선인과 내지인'에는 메이지유신 이전의 조선과 일본의 관계를 설명하고 있다. 도쿠가와(德川)의 장군의 대가 바뀔 때마다 조선에서는 사신을 보내 축하하였는데 그때 조선에서 온 학자들을 내지 사람들은 매우 귀히 여겨 그들이 머물고 있는 여관에 와서 그들에게 시라도 한 수 받기를 청했고 그들에게 시를 한 수 받으면 도깨비의 목이라도 딴 것처럼 명예롭게 여기며 기뻐했다고 한다. 그러나 작자는 기원전 3천 년 전 고대의 설화를 살펴보면 '아마테라스 오오카미(天照大神)'의 동생인 스사노오노 미코토(素戔嗚尊)가 그의 아들 이타케루노 미코토(五十猛命)를 데리고 신라(新羅)로 건너갔다는 설화와 스사노오노 미코토의 아들 오쿠니누시노 미코토(大国主命)는 이즈모(出雲)를 다스리고 있었는데 해안가에 신라의 사람들을 불러모아 살게 했다는 설화, 신라의 왕자 '아메노히보코(天日槍)'가 오쿠니누시노미코토에게 귀복(歸服)하여 탄바(但馬)지역에 거주하며 그 나라의 호족이 되게 하였다는 설화를 통해 조선 사람들을 일본 본토에 살게 한 자가 적지 않다고 적고 있다. 이처럼 이들이 고대로부터 조선과의 연관성을 강조하며 조선과 일본은 하나일 운명이었다고 '일선동조론'을 강조하지만 이 모든 것은 그들이 근거로 드는 '속일본기(續日本記)'속 설화에 불과하다.

권4와 권5도 어떠한 사상이나 이데올로기를 강조한 문장은 없고 지식 전달과 계몽을 위한 글들이 다수를 차지한다.

권6 제11과 '메이지천황(明治天皇)'에서는 메이지천황의 치적을 찬양하는 내용으로 이루어져 있으며, 특히 메이지천황은 와카(和歌)를 후세에 많이 남겼는데 그의 와카를 소개하고 있다. 제16과 '국호'에서는 고대로부터 일본을 가리키는 명칭이 어떻게 변화해 왔는지를 설명하며 '일본'이라는 명칭은 사용한 지 그리 오래되지 않았다고 서술하며 '일본'이라는 명칭이 가장 먼저 등장하는 것은 일본의 36대

천황인 코우토쿠천황(孝德天皇, (596~654)) 재임시에 고구려 사신에게 '아키쓰카미(明神)로서 일본을 다스리는 천황이 씀'이라 고 스스로 적어 보낸 문서가 '일본'이라는 명칭이 기록된 첫 사례이다. 또한, 이 문장에서 쓰인 '아키쓰카미'는 신성(神性)을 나타내는 말로 자신은 신적인 존재라는 것을 강조하는 말이다. 또한, 제팬이라는 발음은 '일본'이라는 글자의 중국음을 발음한 것이 와전(訛傳)되어 전해진 것이라 기록하고 있다.

권7의 제2과와 제3과에는 1922년 4월 12일 영국의 에드워드 8세가 황태자였던 시절에 일본을 방문한 것을 세세하게 기록하고 있다. 요코하마 항구에서 귀빈을 맞는 것부터 군악대와 행사 전반에 관한 기록이 한 편의 무성영화를 보는 것처럼 선명하게 기록되어 있다. 그러나 특이한 점은 당시 영국의 에드워드 8세를 맞이한 것은 다이쇼천황(大正天皇)이 아닌 미쓰이 다카미네(三井高棟)였다. 기록에 의하면 궁내청(宮內廳)의 의뢰였다고 하지만 그 이면에는 영국을 향한 일본의 태도 변화를 단적으로 내보인 것이라 볼 수 있다. 1902년 영일동맹 이후 오랜 세월 동아시아에서 영국의 든든한 우방국이었던 일본은 1920년대로 접어들며 점차 위협적인 경쟁자로 변해갔다. 특히 제1차 세계대전 이후 많은 해군 장교들이 1921년 영국의 영일동맹 폐기를 배반으로 인식했다. 전쟁 하는 동안 일본 해군은 영국의 요청하에, 남태평양에서 독일 잠수함을 몰아냈으나 영국은 일본을 대영제국의 "감시견"으로 이용하고, 전쟁 이후 걷어차 버렸다. 그리고 영일동맹 폐기 이후에, 영국은 일본 해군에 대한 지원과 특권 인정을 중단했다. 이에 배신감을 느낀 일본이 1922년 영국 황태자의 방일 당시 천황이 맞이하는 대신 일본을 대표하는 가문에게 손님 접대를 맡긴 것은 소소한 복수임이 틀림없다.

한편, 권8 제18과에는 세익스피어 원작의 '햄릿' 제1막 4장 대본이 소개되어 있다. 중등교육용 교과서에 연극 대본이 실린 것은 '햄릿'이 유일하며, 『신편고등국어독본』에는 햄릿과 호레이쇼, 마셀러스의 대사 중 '개인의 경우에도 세상에 나올 때 타고난 약점 같은 것이 있을 수 있지, 이거야 인간 태생이 제 마음대로 되는 것이 아니니, 물론 당사자의 잘못이 아니긴 하지만, 또 어떤 성깔이 좀 지나쳐서 이성의 울타리를 허물기도 하고, 혹은 어떤 성깔이 좀 지나쳐서 이성의 울타리를 허물기도 하고, 혹은 어떤 습성이 발효하여 세상 관습에 어긋나는 일도 저지르는데, 선천적이건 후천적이건 무슨 결점을 가진 사람들은 아무리 순수한 미덕을 많이 가지고 있다 하더라도 그 한 가지 결함 때문에 세상에서 지탄을 받게 되거든. 고귀한 성품도 티끌만한 결점 하나 때문에 오해를 받고 비난을 초래하기 마련이라네.'라는 햄릿의 유명한 대사가 실려있다. 이같이 중등교육용 교과서에 연극 대본이 실린 까닭은 제2차 조선교육령의 반포와 함께 규정된 '고등보통학교 규정'을 살펴보면 알 수 있다. 제10조 ①항은 '국어 및 한문은 보통의 언어, 문장을 요해하고 정확하고 자유롭게 사상을 표창하는 능력을 얻게 하며 문학상의 취미를 기르고 지덕의 계발에 이바지하는 것을 요지로 한다.'라고 되어 있다. 이러한 취지에서 다양한 문학작품을 접하게 하여 학생들의 지덕 계발에 도움을 주기 위함이라 생각된다.

아울러, 『신편고등국어독본』의 특징은 타 시기에 비해 '○○론'의 본문이 다수 등장한다.

권9 제14과 '유행론(流行論)'에서는 '유행의 하나의 기인은 우리들의 모방성에 있는 것이 분명하다. 하등동물 가운데 모방하는 능력을 갖고 있는 동물이 있긴 하지만 그것을 가장 좋아하고 교묘하게 흉내내는 것은 인류뿐이다. 우리들의 모방성이 얼마나 친밀하게 우리의 지능과 기예와의 발달을 가져왔는지 모른다. 옛 학자는 사람을 모방하는 동물이라고 이름 붙였다. 유행도 또한 이 모방성에서 기인하는 것이다.'라고 하였다. 이 글을 쓴 오오니시 하지메(大西祝)는 일본의 철학자로 '일본 철학의 아버지' '일본의 칸트'라 불리며 존경받는 인물이다.

권10 제1과에는 '달관론(達觀論)'에 관하여 다음과 같이 서술하고 있다. '달관해라, 달관해라, 달관하는 것은 반드시 현자뿐만 아니라. 우자 또한 달관해야만 한다. 달관은 수신(修身)의 금열쇠(金鍵)이며, 달관은 처세의 진제(真諦)이며, 달관은 위안을 주는 제일 중요한 것이다. '이 글을 쓴 이는 도쿠토미 소호(德富蘇峰)로 일본의 사상가이며 평론가, 역사가이다. 유명한 저서로는『근세일본국민사(近世日本国民史)』가 있다.

이같이 당시에 주목하는 이론을 교과서에 실어 다양한 사고를 유도하고, 시대에 흐름에 부응하는 인간으로 성장할 수 있도록 지도하려 한 것은 타 시기와 비교하여 큰 변별점이라고 할 수 있다.

4. 핵심어

제2차 조선교육령, 중등국어, 유행론, 달관론, 영일동맹

5. 참고문헌

전홍찬, 「영일동맹과 러일전쟁: 영국의 일본 지원에 관한 연구」,『국제정치연구』vol.15, 2012.

『신편여자고등국어독본((新編)女子高等國語讀本)』(권1-권8)

서 명 『신편여자고등국어독본(新編女子高等國語讀本)』(권1-권8)

저 자 조선총독부

형 태 22×15.2(cm)

발 행 조선총독부, 권1 1923년 2월 25일, 권2 1923년 9월 30일, 권3 1923년 2월 25일, 권4 1923년 9월 30일, 권5 1924년 3월 5일, 권6 1922년 9월 25일, 권7 1922년 12월 25일, 권8 1923년 9월 30일

소장처 국립중앙도서관

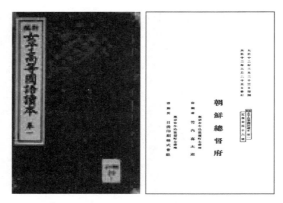

『신편여자고등국어독본』표지, 판권지

1. 개요

『신편여자고등국어독본(新編女子高等國語讀本)』은 4학년제 여자고등보통학교에서의 사용을 목적으로 편찬, 발행된 국어(일본어) 교과서로 각 학년에 두 권씩 총 8권으로 구성되어 있다. 『신편고등국어독본』과 마찬가지로 권6부터 새롭게 편찬, 발행하였다. 권6은 1922년 9월에 그리고 권7은 12월에 나왔으며, 권1과 권3은 해를 넘겨 다음해인 1923년 2월에 편찬 발행하였다. 9월에는 권2, 권4, 권8이 나왔으며 1924년 3월에 마지막으로 권5가 편찬 발행되었다. 1922년 2월에 제2차 조선교육령이 반포되고 2년이 지나서야 새로운 교과서 발행이 완료되었다.

2. 저자

조선총독부 학무국 편집과(朝鮮總督府學務局編輯課)는 1910년 10월 최초의 관제로 내무부학무국에 설치되어 '교과용도서 편찬, 배포 검정 및 인가에 관한 사항'을 담당했다. 1919년 3·1 운동 이후 총독부 기구 개편 강요로 인해, 학무국도 1919년 8월 개편으로 독립한 국이 되었지만, 편집국은 존속했다. 전시 체제로 옮긴 후 1942년 11월의 개편에서 편수과로 개칭하면서 관장하는 사항이 증가하고, '교과

용 도서의 편집·발행·조사·검정 및 인가, 교원용 참고 도서의 인정·추천, 국어 조사, 국민학교의 방송·교과용 영화, 모든 학교 교가의 가사·악보, 약력의 출판·배포'에 관한 사항을 장악했다. 1945년 4월의 마지막 개편으로 편수과는 폐지되고 업무는 학무과로 이관되었다.

3. 내용 및 구성

여자고등보통학교는 여자에게 고등의 보통교육을 시키기 위한 곳으로 부녀자의 덕을 양성하고 국민다운 성격을 도야하고 생활에 필수적인 지식 기능을 가르치는 곳이다. 이와 같은 설립목적에 맞추어 『신편여자고등국어독본』에는 『신편고등국어독본』과 차별되는 내용들이 많이 담겨 있다. 구성상의 가장 큰 특징은 『신편여자고등국어독본』은 5개의 과가 끝날 때마다 '자습문(自習文)'이 수록되어 있다는 점이다. 자습문은 수필부터 소설에 이르기까지 그 내용이 다양하다. 내용상의 특징은 여성의 부덕(婦德) 계발(啓發)에 관한 내용이 집중되어 있다는 점이다. 자세한 내용을 살펴보면 다음과 같다.

권1 제16과 '청결'에서 '조선의 일반 부인이 세탁을 여자의 중한 임무라고 생각하는 것은 청결을 사랑하는 일종의 좋은 습관이라고 할 수 있을 것이다.'라고 강조하며, 자기의 의복, 신체, 주거를 청결히 할 뿐 아니라 많은 사람이 집합하는 곳, 또는 통행하는 곳은 각자가 청결히 하도록 마음을 써야 한다고 서술하고 있다. 제21과 '엄마의 사랑'에서는 쇠사슬을 끊고 아이에게 달려드는 사자에 맞서 자신이 다치는 것은 아랑곳하지 않고 오직 아이를 위해 덤벼드는 엄마의 강인함을 시로 표현하고 있다. 제24과 '출산보고'에서는 집을 떠나 타지에서 생활하는 언니에게 새로운 동생이 태어난 것을 알리는 편지가 실려 있다. 또한, 이어서 언니의 답장에서는 기쁨을 표현하며 지금보다 한층 더 가사일을 돕기를 권면하고 있다. 이렇듯 『신편여자고등국어독본』에는 『신편고등국어독본』에서는 볼 수 없었던 여성으로서의 행동에 대한 권유가 포함된 내용이 실려 있다.

권2의 제2, 3과에는 '황송한 부모의 마음'이란 주제의 글이 실려 있다. 작가의 어린 시절에 관한 내용으로 매일 학교에서 돌아오면 복습을 철저히 시키고 숙제를 하지 않으면 용서치 않았던 엄격한 부모님의 모습을 그리고 있다. 작문숙제를 학교에 갖고 가서 칭찬을 받았는지를 물어보고 '갑상(甲上)'을 받은 친구가 몇 명인지, 누가 대표로 작문을 읽었는지에 대해 자세히 묻는 부모는 현시대의 교육적인 관점에서는 바람직하지 못한 부모이지만 당시로서는 자식들에게 이러한 관심을 두고 매일매일의 학교생활을 살피는 부모가 적었던 탓인지 이러한 내용이 교과서에 실리고 어머니가 될 여성으로서 본받으라 강요하고 있다.

『신편여자고등국어독본』의 또 하나의 특징은 서간문(書簡文) 형태의 글이 많은 점이다. 권2에도 병문안을 묻는 편지와 가족사진을 보내는 편지글에는 권1의 제24과에 등장한 지난 가을에 태어난 '복동'이 엄마 품에 안겨 있는 것을 설명하는 문장이 등장한다. 이같이 당시에는 소식을 전달할 수 있는 수단이 편지나 전보 외에는 없어 집안에 글을 아는 사람이 편지를 써서 여러 소식을 보내는 일은 매우 중요한 일이었다. 교과서에는 편지를 쓰는 방법이나 예시가 매우 구체적으로 제시되어 있어 학습을 통해 편지를 쓸 수 있도록 교육하였다.

권3 제25과에는 '여자와 속담'이라는 제목으로 여자와 관련된 속담을 다루고 있다. '아내를 잘못 고르면 육십년을 고생한다' '여자는 천하게 키워라' 등은 남존여비 사상이 강한 일본에서 예로부터 내려오는 속담이지만 이러한 내용을 여자고등보통학교 학생들이 배우는 교과서에 실어 교육하였다는 사실은 놀랍다. 또한, 여성들은 옷과 머리장식에 소비가 많음을 지적하며 '여자의 옷은 목숨 다음'이라고 비꼬고 '시집 갈 딸이 셋이면 재산이 거덜난다'는 속담으로 여성들의 허영을 꼬집고 있는데, 당시 남성들의 여성관을 적나라하게 드러내 주는 글이라 할 수 있다.

권4의 제2과 '머리장식, 몸장식'에는 여성들의 머리장식, 몸장식에 쓰이는 장신구는 어느 것 하나 사람의 손이 가지 않는 것이 없음을 설명하며, 자연에서 채취한 금, 은, 산호, 진주, 광물 등은 모두 장식품으로 만들기 위해서는 채취하는 수고뿐만 아니라 가공하는 수고도 필요하기 때문에 비쌀 수밖에 없고 이것들을 몸에 두고자 하는 여성은 분노와 질투와 원망의 대상이 되며 이러한 장식구를 멀리하는 여성의 마음은 아름다울 뿐 아니라 사람들의 노고를 아끼고자 하는 마음이 있기 때문에 자신의 욕구를 극복함으로 절약하게 되고 이러한 근검절약으로 인망(人望)이 천우(天佑)에 닿는다. 사람의 인력이 들어간 장신구를 몸에 걸치지 말고 인망이 천우에 닿는 장신구를 몸에 다는 것이 가장 아름다우며 금은보화가 빗댈 바가 아니라고 강조하고 있다. 이러한 근검절약의 강조는 제20과에도 이어진다. 각 시기의 교과서에 등장하는 '노기장군'은 애국충신의 대표적인 인물로 평가받고 존경받는다. 『신편여자고등국어독본』에서는 그의 부인의 검소한 생활에 대한 기록이다. 평소에도 마차를 타지 않고 전철을 타고 다니는 모습이 자주 눈에 띄었고, 하루는 노기장군이 간사이 지방에서 훈련을 마치고 동경으로 돌아가는 도중 자신이 이세진궁에 들러 참배를 하고 돌아가고 싶으니 동경에 있는 아내에게 자신의 대례복을 가지고 나고야로 오라고 서신을 보냈다. 그리고 함께 참배를 드릴 것이니 아내에게도 가문의 문장(紋章)이 새겨진 기모노를 입고 오라고 했다. 그러자 노기장군의 아내는 목면으로 만든 기모노를 입고 나고야 역 앞의 여관에 도착했다. 마침 여관 주인은 초라한 차림새를 한 노기장군의 아내를 시골 노파로 생각하고 구석의 초라한 방으로 안내했다. 저녁에 되어 노기장군이 도착하고 자신의 아내가 도착해 있을거라는 말을 듣고 그 시골 노파가 노기장군의 아내임을 깨닫고 갑자기 극진한 대접을 하였다고 한다. 이처럼 노기장군의 아내는 평소 검소한 생활로 주위 사람들의 본이 되었다고 한다. 이러한 검소하고 순종적인 여성상을 강조하는 본문은 제18과 '부도(婦道)'에서도 찾아볼 수 있다. 여성의 길은 좋은 아내가 되어, 현모가 되어, 능숙하게 의무를 완수하는 것보다 중요한 것은 없다. 그리고 여자는 한번 시집가면 두 번다시 돌아갈 곳이 없다고 생각하고 남편에게 순정을 다하고 부창부수의 길을 잊지 말라고 당부하고 있다. 이러한 문장을 통하여 당시의 '여성상'에 대해 살펴볼 수 있다.

권5의 제18과, 19과에는 '토고 헤이하치로(東鄕平八郞)대장의 어머니'에 관한 글이 실려 있다. 토코 헤이하치로는 일본 해군의 군인으로 청일전쟁, 러일전쟁에 참여하며, 러일전쟁에서는 연합함대 사령장관으로 지휘를 하여 일본해 해전에서 완승을 거두어 국내외에서 영웅시되었다. 또한, '육지에는 오야마(大山), 바다에는 토고'라고 불리우며, '동양의 넬슨 제독'이라 불리울 정도로 유명세를 타고 국민에게 존경받았다. 이러한 토고를 낳은 어머니에 대해 본문에서는 아이즈 전쟁(会津戦争)에서 막내아들이 병사하고도 장례식에 눈물 한 방울 보이지 않고 남은 세 아들들이 전장에 나가는데 슬픈 표정을 지을 수 없다며 오전에 장례식을 치르고 오후에는 친척들을 모아 세 아들의 개선축하연을 벌였다고 기록하고 있다. 이처럼 강인한 어머니상을 이 글을 통하여 전하고 있다.

권6 제11과에는 쇼켄 황태후(昭憲皇太后)가 지은 시가 실려 있다. 쇼켄 황태후는 생애동안 3만 수가 넘는 시를 지은 것으로 유명하며 그 시의 일부가『쇼켄황태후어집(昭憲皇太后御集)』으로 전해진다. 그 중 교과서에 실린 시는 번역하면 '아름다운 기모노를 쌓아도 생각하는 것은 추위에서 몸을 덮는 소매도 없는 사람들의 일입니다'라는 싯구로 쇼켄 황태후는 어려서부터 매우 총명하며, 자애와 박애가 넘치는 아름다운 부덕(婦德)을 쌓아 온 것으로 존경받는다.

권7 제1과 '우리나라는 신국'에서는 예로부터 일본이 신국이라 불리우는 이유에 대해 설명하고 있다. '처음에 국토를 열어 이 나라를 만든 것은 이자나기신·이자나미신(伊弉諾神·伊弉冉神)이라고 하는 두 분의 신이며, 두 분의 신의 자녀인 아마테라스노 오오카미(天照大神)는 우리 황실의 원조이다. 그 밖에 800만의 신이라고 하는 많은 신은 모두 왕실의 먼 선조가 되시는 분들이다'고 설명하고 있다. 또한, 일본 각지에는 이러한 신들을 모신 신사가 있는데 각 신들의 역할에 따라 신사가 분리되어 있음을 설명하고 이러한 많은 신사는 국민이 조상을 숭배하는 마음에서 우러난 것이라고 설명하고 있다. 이 본문에서 800만의 신이라고 적혀 있지만 일본에서 800만이라는 숫자는 너무나 큰 숫자로 더 이상 셀 수 없다는 의미를 나타낼 때 쓰인다. 즉 일본에는 셀 수 없을 만큼 많은 신들이 존재한다는 의미이다. 제2과와 제3과에는 몇 년 후 쇼와천황(昭和天皇)이 된 황태자 히로히토(裕仁)에 관한 내용이다. 시종일관 황태자의 영민함과 지혜로움을 칭송하는 내용으로 꾸며져 있다. 앞서 언급한 바와 같이 권7이 편찬, 발행된 것은 1922년으로 당시는 다이쇼(大正)11년으로 4년 후에는 황태자 히로히토(裕仁)는 쇼와천황에 즉위한다.

권8 제11과 '여자와 화복(禍福)'에서 화복의 원인은 하늘로부터 오는 것과 자기 스스로 만드는 것의 두 가지가 있는데 현대인들은 옛날과 달리 여자의 길을 창창히 열어주어 교육받게 하고, 즐거운 가정을 만들고, 또 능숙하게 사회와 교제를 맺게 하고, 혹은 자손을 양육하는 길의 선택을 여자가 마음대로 할 수 있게 하였다. 본래 여자의 의무는 사람의 아내가 되어, 어머니가 되어, 가정을 만드는 것에 있고, 선량한 가정을 만드는 여자는 가장 복이 많다고 할 수 있다. 그러므로 여학생 시절은 미래의 가정을 꾸미는데 필요한 지식과 취미를 쌓는 것을 목적으로 해야만 한다고 강조하고 있다.

이같이 『신편여자고등국어독본』에는 『신편고등국어독본』과는 차별되는 여자의 도리를 강조하거나 귀감이 될만한 여성상을 들어 그들을 본받게 하려는 내용이 담겨 있음을 알 수 있다. 그러나 이것은 비단 『신편여자고등국어독본』에만 국한된 내용은 아닌 것 같다. 비슷한 시기에 조선총독부에서 편찬, 발행한 『여자고등조선어독본』의 내용을 선행연구를 통해 살피면, '현명한 어머니'와 제국을 위해 아낌없이 '헌신하는 어머니'를 내세웠고, 가정에서는 자식과 남편에게 헌신하며 가난한 집안을 일으키는 여성으로, 전시에는 제국을 위해 몸 바치는 여성으로 교육했다. 이 시기 조선총독부의 여자 교육정책은 '근로하는 여성'이라는 새로운 모습과 '유교적 순응주의를 당연시하는 여성'이라는 양면성을 모두 취합하고 있다고 설명하고 있어 당시의 '여성'을 향한 가치관과 시대상을 엿볼 수 있다.

4. 핵심어

여자고등보통학교, 자습문(自習文), 부도(婦道), 쇼켄 황태후(昭憲皇太后)

5. 참고문헌

정상이, 「『여자고등조선어독본』을 통해 본 여성상」, 『국학연구』 vol.18, 2011.

『여자 고등국어독본(女子高等國語讀本)』(권1-권5)

서 명 『여자 고등국어독본(女子高等國語讀本)』(권1-권5)

저 자 조선총독부

형 태 22×15(cm)

발 행 조선총독부, 권1 1920년 3월 25일, 권2 1920년 3월 25일, 권3 1921년 3월 15일, 권4 1921년 10월 15일, 권5 1922년 3월 15일, 권6 소재불명

소장처 국립중앙도서관

『여자 고등국어독본』 첫 페이지, 판권지

1. 개요

『여자 고등국어독본(女子高等國語讀本)』은 제1차 조선교육령기인 1920년에 중등교육 기관인 여자 고등보통학교에서의 사용을 목적으로 편찬, 발행되었다. 총 6권이 편찬, 발행되었으며 각 학년에 두 권씩 사용하게 되어 있다. 이 교과서가 발행되기 전인 8년 동안은 1912년에 편찬, 발행된 『고등국어독본』을 사용하였으며, 본 교과서를 기준으로 중등교육에서는 남자용과 여자용의 구별이 시작되었다.

2. 저자

조선총독부 학무국 편집과(朝鮮總督府學務局編輯課)는 1910년 10월 최초의 관제로 내무부학무국에 설치되어 '교과용도서 편찬, 배포 검정 및 인가에 관한 사항'을 담당했다. 1919년 3·1 운동 이후 총독부 기구 개편 강요로 인해, 학무국도 1919년 8월 개편으로 독립한 국이 되었지만, 편집국은 존속했다. 전시 체제로 옮긴 후 1942년 11월의 개편에서 편수과로 개칭하면서 관장하는 사항이 증가하고, '교과용 도서의 편집·발행·조사·검정 및 인가, 교원용 참고 도서의 인정·추천, 국어 조사, 국민학교의 방송·교과용 영화, 모든 학교 교가의 가사·악보, 약력의 출판·배포'에 관한 사항을 장악했다. 1945년 4월의 마지막 개편으로 편수과는 폐지되고 업무는 학무과로 이관되었다.

3. 내용 및 구성

당시의 여자 고등보통학교는 3년 과정으로 이루어져 있었다. 각 권의 서언에 '본서는 전부를 6권으로 하며 각 학년에 두 권씩 배당한다'라고 기록된 것으로 보아 전체 6권이 편찬, 발행되었을 것으로 보이나 현존하는 것은 권1-권5까지 총 5권이다.

각 권의 구성을 살펴보면, 권1부터 권5까지 각 권은 30과로 이루어졌으며 5과마다 한 개의 통독문이 실려 있어 총 35개의 단원으로 구성되어 있다. 총 175개의 단원 중 『여자 고등국어독본』에서 처음으로 등장한 독자적인 단원의 수는 49과로, 그 외는 저자명만 기입되어 있거나 기타 도서에서 인용한 것들이다. 그중 독본류에서 인용한 내용은 총 86개로 여기에서 인용한 독본류는 『국정독본(国定読本), 고등국어독본(高等国語読本), 보습독본(補習読本:日本書籍株式会社発行), 고등국어독본(高等国語読本:坪内編), 여자신독본(女子新読本), 대만국어학교교우회국어독본(台湾国語学校校友会国語読本), 고등여자신작문(高等女子新作文), 여자국어독본(女子国語読本), 고등국어독본(高等国語読本:三土編), 신정여자독본(新訂女子読本), 삼정여자국어독본(三訂女子国語読本), 과외독본(課外読本), 여자국문(女子国文), 국어독본(国語読本:坪内編), 일본어독본(日本語読本:布哇教育会編), 수정고등여학독본(修正高等女学読本), 고등국어독본(高等国語読本:金子編), 일본독본(日本読本), 고등국어독본(高等国語読本:徳富編), 실업학교국어독본(実業学校国語読本), 다이쇼국문독본(大正女子国文読本), 국어독본(国語読本:武島編), 사정여자국어독본(四訂女子国語読本), 여자일본독본(女子日本読本:坪内編)』등 모두 합하여 24종이다. 그중 같은 『高等国語読本』이라도 미츠치(三土), 가네코(金子), 도쿠토미(徳富)의 편이 있고, 『国語読本』도 츠보우치(坪内)와 다케시마(武島)의 편이 있다. 또한 『女子高等国語読本』에는 『高等国語読本』에서 인용이라고 적혀있는 과가 많이 눈에 띄는데 이것은 1912년에 조선총독부가 발행한 『高等国語読本』을 가리킨다. 그러므로 『여자 고등국어독본』에는 총 4종류의 『高等国語読本』에서 인용한 내용이 실려 있음을 알 수 있다.

각 권의 내용을 살펴보면 권1의 시작은 새로운 고등보통학교에서의 생활을 담고 있다. 또한 봄의 경치를 설명하며 봄에 나오는 꽃 이름과 벌레의 역할, 새의 종류 등에 대해 설명하고 있다. 또한, 제11과 '직물'에서는 식물과 동물에서 각각 얻을 수 있는 직물에 대해 설명하고 있다. 제12과에서는 누에를 키우는 양잠 방법에 대해 자세히 설명하고 있다. 제14과의 '신사의 정'에서는 성냥팔이 소녀와 한 신사의 이야기를 소개하며 하루 종일 성냥을 하나도 못 팔아서 굶고 있는 소녀가 한 신사에게 성냥을 사달라고 부탁하고 잔돈이 없어서 성냥을 못 사주겠다는 신사에게 돈을 잔돈으로 바꿔오겠다고 하고 사라진다. 하지만 아무리 기다려도 소녀는 오지 않고, 신사는 단념하고 집으로 돌아왔는데 저녁이 되어 그 소녀의 남동생이 집으로 찾아오고 자초지종을 설명한다. 누나는 잔돈을 바꾸러 갔다가 말에 치여 지금 죽게 생겼고 누나가 쓰러지며 돈을 잃어버리고 남은 잔돈이 이것 뿐이니 받아달라며 울며 매달리는 아이를 보며 그 집으로 찾아가보니 누나는 말에 치여 죽게 생겼고 부모님도 없이 단 둘이 생활하는데 홀로 남게 될 동생을 걱정하는 소녀에게 신사는 동생은 자기가 맡아 키울테니 걱정하지 말라고 하자 소녀는 미소를 띠며 하늘나라로 간다는 내용이다. 이 이야기는 감성이 풍부한 소녀들에게 많은 눈물을 흘리게 하는 누구나 잘 아는 '성냥팔이 소녀'의 이야기로 출처는 『여자신독본(女子新讀本)』에서의 인용이라고 되어 있다. 일본에서 『여자신독본』은 총 3번 발행되었는데 1908년의 시모타(下田)와 1921의 쿠사마츠(久松)와 1925년의 마쓰이(松井)의 버전이 있으며 시기로 보아 시모타의 『여자신독본』으로 보이며 『여자신독본』 권2의 제10과에 '성냥팔이'라는 제목의 글이 이와 같다. 시모타 지로(下田次郎)는 여자 교육가로 알려져 있으며 『여자교육』 『여학교용교육학』 등의 저서를 집필하였다.

권2의 제4과에서는 존경어를 쓰는 상황에 따라 어떠한 말을 써야 할지를 설명하고 있다. '안내를 부탁할 때, 손님을 맞이할 때, 손님을 기다리게 했을 때, 방석을 권할 때, 대면 시, 작별인사를 나눌 때, 첫 대면 시의 인사'에 대해 다양한 표현으로 설명하고 있다. 모두가 굉장히 정중하고 올바른 표현들로 이루어져 있다. 또한, '온돌과 스토브 등에 관한 난실법과 가축을 키우는 방법, 그리고 시간의 흐름을 나타내는 정오의 뜻' 등을 설명하며 여학생들이 상식을 키울 수 있도록 가르치는 내용이 많다. 또한 제20과의 '사람의 정'에서는 길을 가다 울고 있는 8살 정도의 소녀를 보고 다가가 왜 우는지를 묻자 이 소녀는 앞이 안 보이는 소녀로 지팡이가 없으면 걸을 수가 없는데 나쁜 아이들이 이 아이의 지팡이를 뺏어 어딘가에 던져버려 앞으로 걸어갈 수 없다는 것이었다. 이에 오쓰루는 주변을 샅샅이 뒤져 지팡이를 찾아 소녀에게 주고 소녀가 걸어가는 길을 계속 지켜봤다는 내용이다. 권1에서는 '신사의 정'을 다루고 권2에서는 '사람의 정'을 다뤄 정을 베푸는 것은 인간의 도리라고 교육하고 있다. 제21과와 22과에서는 '근검저축'에 대해 설명하며 '부모의 허리를 휘게 하거나 친척들에게 폐를 끼치고, 친구의 도움을 받고, 다른 사람에게 고개를 숙여 도움을 받는다면 인간다운 인간이라 할 수 없다'라고 말하며 앞으로 자라나 한 가정을 이루고 살아야하는 여성으로서 이러한 덕목들을 갖추도록 교육하고 있다. 또한, '주전자와 철주전자, 가마와 냄비, 철과 유리' 등 일상생활에서 쉽게 접하는 사물들의 재료 등에 대한 상식도 갖추도록 교육하고 있다.

권3부터 일제의 야욕이 본격적으로 드러난다. 제1과 '일장기'에서는 일장기의 빨강은 '진심, 혹은 열심'을 나타내며 이러한 혼을 평화를 상징하는 흰색으로 감싸고 있는 모습은 동쪽에 떠오르는 태양처럼 일본이 세계를 비추는 태양 같은 존재가 될 것임을 강조하고 있다. 또한 고대 아마테라스 오오카미는 태양을 상징하는 신으로 이는 만세일계의 천황의 황통을 영원무궁토록 이어 내려갈 것을 의미하며, 본래 태양이란 시작도 없고, 끝도 없고, 티도 없고 결점도 없음을 강조하며 이렇듯 일본이 세상에서 그러한 존재로 빛을 발할 것이라는 것을 상징하는 것이 일장기임을 강조하고 있다. 제11과 '청결'에서는 '조선의 일반 부인이 세탁을 여자의 중요한 임무라고 생각하는 것은 진심으로 좋은 습관이라고 하지 않을 수 없다.'라며 여성의 일상에서의 지켜야 할 덕목을 교육하고 있다. 또한, 제15과 '나이팅게일'에서는 영국의 나이팅게일이 밤낮을 가리지 않고 부상자들을 치료하며 자애의 정신을 전한 것을 기리며 적십자사가 세워지게 된 경위에 대해 설명하고 있다. 서양의 어떠한 위인보다도 여학생들을 계몽하기 위해서는 나이팅게일과 같은 선의를 베푸는 여성을 교과서에 싣는 것이 효과적이라고 판단했을 것으로 보인다. 그리고 권3에는 '도시와 시골', '태양력과 태음력' 등 일상생활에 도움이 되는 상식들을 싣고 있다.

권4는 메이지천황이 지은 단가로 시작한다. 이 단가는 1891년 메이지천황이 이세신궁에 참배하며 지은 시로 '민중이 언제까지나 평안하게 살 수 있도록 대신(아마테라스 오오카미)에게 빈다'는 내용이다. 이 외에도 여러 수의 단가를 소개하며 메이지천황을 칭송하고 있다. 제5과에서는 여자에 관련한 속담을 소개하며 남편의 성공을 위해서는 뒤에서 묵묵히 내조해야 한다고 강조하고 있다. 제10과 '요리'에서는 집안의 주부가 요리를 잘하면 한 가정이 행복하다고 설명하며 맛도 맛이지만 건강을 위해 부엌을 청결히 할 것을 강조하고 있다. 제29과 '애국부인회'에서는 청일전쟁, 러일전쟁 당시 남자들은 병역의 의무를 다하기 위해 전장으로 가고 '제국의 여자'들은 이에 따르지 않으면 안 되는 상황에서 1901년 '애국부인회'를 결성한 내용을 소개한다. 이 모임은 전사자 및 준전사자의 유족 및 폐병(廢兵)을 구제하는 일을 목적으로 하며, 전시에는 군대위문, 송영 및 위문품의 기증, 군인가족 및 부상병 위문, 전병사자의 조위(弔慰) 및 유족 위문, 군인가족 및 유족의 출산, 아동의 보육, 유족 및 폐병의 위로 등 군국의 부인으로서 할 수 있는 모든 일에 뛰어 들었다.

권5의 제6과에는 당시의 천황인 요시히토(嘉仁)천황의 성장에 대해 자세히 기록하고 있다. 시찰을 위해 1907년에는 조선에 왔음을 기록하고 매우 효심이 깊고, 박애와 자애의 마음이 넘친다고 칭송하고 있다. 이어지는 제7과 '사회봉사 정신'에서는 사람은 홀로 살 수 없기에 사회를 이루고 공동생활을 통해 안녕과 행복을 추구해야 한다고 강조하며 이를 위해 사회 질서를 유지하고 공공의 복리를 증진해야 하며 이를 '사회봉사의 정신'이라고 설명하고 있다. 제11과 '부도(婦道)'에서는 '올바른 부인의 길은 양처가 되고 현모가 되어 능히 그 임무를 다하는 것이다'라고 강조하고 있다.

이상에서 살펴본 『여자 고등국어독본』의 특징을 『고등국어독본』와 비교하면 『고등국어독본』에는 국가주의, 군국주의 등을 강조하는 본문 내용이 두드러진 것에 반해 『여자 고등국어독본』에서는 이러한 시기에 여성으로서 갖추어야 하는 덕목과 의무에 대해 강조하는 내용의 본문이 많다. 이러한 차이를 통해 당시 남자는 전쟁시에는 국가의 의무를 다하기 위해 전장으로 나가고 평상시에는 밖에 나가 돈을 벌고, 여자는 전쟁시에는 '애국부인회'를 결성하여 후방에서 할 수 있는 지원을 하며, 평상시에는 남편을 내조하는 일에 힘을 써야 한다는 사상이 강하게 드러나 있음을 알 수 있다.

4. 핵심어

애국부인회, 여자고등보통학교, 일장기, 부도(婦道), 고등국어독본

『정정 보통학교학도용 국어독본(訂正普通學校學徒用國語讀本)』
(권1-권8)

- **서 명** 『정정 보통학교학도용 국어독본(訂正普通學校學徒用國語讀本)』(권1-권8)
- **저 자** 조선총독부
- **형 태** 22.1×14.8(cm)
- **발 행** 조선총독부, 권1 1911년 3월 15일, 권2 1911년 3월 15일, 권3 1911년 3월 15일, 권4 1911년 3월 15일, 권5 1911년 3월 15일, 권6 1911년 3월 15일, 권7 1911년 3월 15일, 권8 1911년 3월 15일
- **소장처** 국립중앙도서관

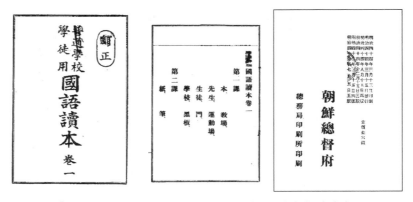

『정정 보통학교학도용 국어독본』속표지, 첫 페이지, 판권지

1. 개요

『정정 보통학교 학도용 국어독본(訂正普通學校學徒用國語讀本)』은 1910년 한일병합 직후의 과도기에 총독부에서 통감부 시기에 편찬되었던『학부편찬 통학교 학도용 일어독본』을 일부 수정하여 사용한 정정본이다. 합병 후 관공립소학교의 정식교과서로 사용되었으며 4년제였던 당시 보통학교의 수업 연한에 맞추어 한 학기에 한 권씩 4년 동안 총 8권을 이수하도록 구성되었다.

2. 저자

조선총독부 학무국 편집과(朝鮮總督府學務局編輯課)는 1910년 10월 최초의 관제로 내무부학무국에 설치되어 '교과용도서 편찬, 배포 검정 및 인가에 관한 사항'을 담당했다. 1919년 3・1 운동 이후 총독부 기구 개편 강요로 인해, 학무국도 1919년 8월 개편으로 독립한 국이 되었지만, 편집국은 존속했다. 전시 체제로 옮긴 후 1942년 11월의 개편에서 편수과로 개칭하면서 관장하는 사항이 증가하고, '교과

용 도서의 편집·발행·조사·검정 및 인가, 교원용 참고 도서의 인정·추천, 국어 조사, 국민학교의 방송·교과용 영화, 모든 학교 교가의 가사·악보, 약력의 출판·배포'에 관한 사항을 장악했다. 1945년 4월의 마지막 개편으로 편수과는 폐지되고 업무는 학무과로 이관되었다.

3. 내용 및 구성

1904년 제1차 한일협약으로 고문정치를 시작한 일본은 을사조약(1905년) 이후 통감부를 설치하여 조선을 실제적으로 통치하게 되자 교육을 통한 식민지화를 진행해 나갔다. 일본어를 외국어로 교육하기 위해 미츠치 츄조(三土忠造)가 편찬한『학부편찬 보통학교 학도용 일어독본(學部編纂普通學校學徒用日語讀本, 1907)』은 보통학교령 시기에 발행한『학부편찬 일어독본(學部編纂日語讀本)』을 그대로 사용하기에는 부족한 부분이 많아 새로 수정한 교과서이다.

1910년 8월 29일 일본은 병합을 단행하였고, 그 이듬해인 1911년 8월 23일 '덕성의 함양과 국어의 보급에 힘써 제국신민으로서의 자질과 품성을 갖추게 해야한다'라는 테라우치 총독의 명령 아래 제1차 조선교육령을 발표하였다. 총독부가「조선교육령」을 반포하고 식민지 조선의 교육방침을 확정한 이때는 병합된 지 겨우 1년이 지난 시기였다. 이 과도기에 총독부는 편의책으로 구 학부 편찬의 교과서류를 한시적으로 사용할 수밖에 없었으나, 병합을 계기로 한국의 국가적 지위가 변동되었기 때문에 구 교과서를 그대로 사용하는 것은 적절하지 않았다. 그래서 학무당국은 구 학부 편찬 교과서 중에서 부적절한 교재나 자구를 정정하여 교수할 때 주의해야 할 구체적 사항을 각 학교에 통지하는 한편, 이들 구 교과서의 정정 출판을 서둘러 1911년도 학기 초부터 정정본을 사용하도록 하였다.

『정정 보통학교 학도용 국어독본(訂正普通學校學徒用國語讀本, 1911)』은 통감부 시기에 편찬되었던『학부편찬 보통학교 학도용 일어독본(學部編纂普通學校學徒用日語讀本, 1907)』의 정정본이며, 보통학교의 모든 교과서는 통감부 시기에 편찬한 것을 급하게 수정하여 단원의 문장을 정정하고 일부 단원을 삭제하거나 또는 행을 삭제하여 과도적으로 사용하였다.

구체적인 내용을 살펴보면 권1은 단원명이 없는 본문으로 구성되어 있고, 첫 문장은 '책, 교장, 선생, 운동장, 생도, 문, 학교, 흑판'의 한자어로 이루어져 있으며 단어를 읽을 수 있도록 돕는 요미가나도 달려있지 않다. 오로지 교수하는 교수자의 발음을 따라 읽으며 학습할 수 있는 형식의 교과서이다. 당시 일본 본토의 국어교과서인『심상소학독본』이 가타카나 단어로 시작되는 것과 비교하면 한자어로 시작되는 것은 매우 특이하다. 이는 당시 조선의 사정에 따른 것인데, 보통학교에 입학하기 전 어린 나이부터 서당에서 한자를 학습하고 보통학교에 입학하는 학생들이 많았기 때문에 일본 문자보다는 한자어에 익숙한 학생들을 위한 배려였다고 한다. 또한, 한자어와 함께 가타카나를 먼저 학습한 것도 어려운 히라가나보다는 한자의 부수에서 인용한 가타카나가 학습하기에 용이하다는 점이 작용하였다.

본문의 내용은 명사가 나오고 형용사+명사의 문장으로 이루어진다. 나아가 지시대명사와 동사, 과거형과 의문형 등으로 문장이 확대되어 간다. 이때 앞에서 제시된 단어를 다시 복습하는 양상을 보이며 여러 단원을 학습한 후에는 연습문제가 있어 단어와 문장을 복습할 수 있는 구조로 되어 있다. 이러한 복습구조는 '외국어 학습서'의 특징으로 교육적인 측면에서 보면 회화 중심의 문장을 전개하여 제시하고 복습, 반복을 통해 문장을 확대해 나가는 형식으로 되어 있다. 또한,『정정 보통학교 학도용 국어독본』의 특징은 당시 일본 본토에서 쓰이던 '역사적 가나표기'방법이 아닌 소리 나는 대로 음을 표기하는 '표음적 가나표기'를 사용하고 있는 점인데 이것은 일본어를 외국어로 학습하는 학생들의 혼란을 줄이기 위한 방법이었다. 권2와 권3에서는 동사의 부정형, 사계절의 변화에 따른 본문 내용의 전개, 시계 보기, 가정형, 수동형 등을 학습한다. 권4에서는 '순사'에 대한 대화문을 예로 들어 순사를 두려워하지 말 것과 순사는 착한 사람을 보호하기 위해 존재하는 인물임을 강조하고 있다. 그리고 가을 농번기의 모습과 쌀과 곡물의 계량법과 가격을 책정하는 방법과 '꾀를 부린 말'과 '어리석은 개'의 우화를 통해 정직에 관한 교훈을 일깨우고 있다.

위와 같이 일제 당국은 보통학교에서의 일본어 교육은 일상적인 회화와 문법을 중심으로 실용적인 것을 위주로 하되, 쉽고 간결한 회화로 시작하여 읽기, 쓰기, 작문 등을 가르치고 정확한 발음에 유의할 것을 강조하고 있다. 이 당시 한국인들은 아직 일본어를 외국어로서 인식하고 있었기 때문에 실용적인 회화를 중심으로 하여 읽기와 쓰기를 가르침으로써 일본어에 대한 부담과 거부감을 덜어 주고 학습을 위한 동기부여를 하고자 하였다.

또한, 권5부터는 각 과의 제목이 있으며, 제1과에서는 신학기의 모습을 묘사하며, 제3과에서는 조선의 지도를 통해 지리적 위치를 설명하고 조선의 기후를 통해 부산과 회령의 기온차를 설명하고 있다. 이러한 기후를 바탕으로 제4과에서는 조선사람의 의복을 설명하고 있으며, 제14과에서는 일본 본토의 생활상을 보여주고 있다. 여기에서 '일본 본토의 말은 크고 상당히 강하지만, 조선은 말은 작고 약합니다'라는 문장을 통해 조선과 일본 본토의 힘의 권력의 차이를 비유하고 있다. 또한, 제19과 '섬과 반도'에서 '우리나라의 지도'를 제시하며 일본 본토와 조선 외에 대만과 카라후토(사할린)에 이르기까지 그들의 영토를 강조하고 있으며 '일본 본토는 옛날에 조선과 이어져 있었다고 한다'라는 문장을 통해 일본과 조선의 연계성을 찾고자 하였다. 이어지는 과에서는 조선의 주변 산들과 해안에 관한 설명을 통해 조선을 둘러싼 주변국과의 지리적 위치에 대해 설명하고 있다. 권6에서는 조선에서 크고 작은 홍수가 나는 이유에 대해 조선의 산에 나무가 없기 때문이며, 조선에는 방파제가 없는 강이 많이 홍수가 일어난다고 설명하며, 그렇기 때문에 조선은 겨울에 매우 춥고, 여름에 매우 더운 것도 그 때문이라고 설명하였다. 이에 따라 조선에서 나무 심는 것이 가장 필요한 일임을 강조하며, 홍콩의 예를 통해 그 옛날 영국인이 처음 홍콩을 차지했을 때 산에는 나무가 한 그루도 없었지만, 몇 번이고 다시 심어 지금은 푸르른 홍콩이 되었다라고 강조하고 있다. 또한, 제9과의 '문명국의 차이'라는 제목에서 느껴지듯이 '문명국의 사람들은 공원의 나무를 꺾거나 길에서 소변을 누거나 하지 않는다. 조선에서는 다른 사람의 집의 과일을 서리하거나 길에 대변을 누는 사람이 있다는 것은 창피한 일이다'라고 설명하고 있다. 이어지는 과에서는 '지구, 물과 육지, 낮과 밤, 과일과 채소, 동물과 식물, 위(胃)'와 같이 과학적인 내용들이 실려있다. 권7에서는 세계지도에서 검은색으로 '우리나라'라 표시하고 우리나라는 6개의 큰 섬과 반도로 이루어졌다고 설명하고 있다. 또한, 제4과에서는 일본 본토의 행정구역인 부(府)와 현(縣)에 관해 설명하며 제12과에서는 수도인 동경에 대해 소개하고, 지금의 대법원에 해당하는 재판소에 관해 설명하고 있다. 권8에서 가장 주목할 과는 제3과 '텐진조약'으로 '조선은 예로부터 청나라의 속국처럼 되어 있었는데 30년 전 우리나라가 처음으로 조선은 청나라의 속국이 아니라고 말하기 시작하여 세계 각국에서도 그렇게 인정하였는데 청나라만은 그렇게 생각하지 않아 청나라와 사이가 좋지 않았고, 경성에 있던 청나라 병사가 일본 병사에게 난폭하게 굴어 사이가 안 좋아져 서로 조선에 병사를 두기로 하였는데 이 조약을 텐진에서 만나 맺었기 때문에 텐진조약이라고 한다'라고 설명하였다. 제4과에서는 청일전쟁이 일어나게 된 배경을 설명하며, 제15과에서는 러일전쟁이 일어나게 된 배경에 대해 설명하고 있다. 이러한 역사적 배경과 함께 제16과 '러일전쟁 후의 일본'에서는 '메이지 천황은 항상 동양의 평화를 확립하는 것에 마음을 쓰고 있어 뭐든지 조선을 일본 본토와 같이 안전하게 하지 않으면 안 된다고 생각하셨습니다. 그래서 우리나라는 조선을 위해 청나라와 러시아와 두 번이나 전쟁을 해서 많은 사람이 죽고, 많은 돈도 썼습니다. 하지만 이로써 조선뿐 아니라 만주까지 평화롭게 된 것은 메이지 천황의 은혜입니다'라고 되어 있다. 이는 한일병합을 정당화하려는 그들의 정치적 야욕이 드러나는 대목이다.

이같이 일제는 조선을 강제 합병한 이후에는 보통학교에서 가르치는 일본어 교육의 요지를 지식과 덕성을 함양하는 기초를 형성하는 교육으로 삼고 있으며 특히 언어교육은 곧 국민정신을 가르치는 교육으로 식민지 국민교육의 토대라고 인식하고 있다.

따라서 그들은 겉으로는 일본어 교육을 타인의 말을 바르게 이해하며 자신의 생각이나 사고를 바르게 표현하고 전달할 수 있는 능력 즉, 언어교육의 일환으로 실시하는 것으로 말하고 있으나 사실은 국민 기초교육의 일환으로서 덕성을 함양하기 위한 교과로 인식하고 있었음을 알 수 있다. 아울러 정정을 통해 수정된 내용에는 그들의 한일병합을 정당화하기 위해 조선의 나약함, 조선 왕과 정부의 무능함 등을 강조하고 있으며 그렇기 때문에 일본이 조선을 보호하기 위해 한일병합에 이르게 되었다는 논리의 전개를 이어가고 있다.

4. 핵심어

한일병합, 텐진조약, 청일전쟁, 러일전쟁, 황국신민

5. 참고문헌

장미경・김순전, 「『일어독본』과『정정보통학교학도용국어독본』에 나타난 공간 표현의 변화 고찰」, 『일본연구』, 고려대학교 글로벌일본연구원, 2010.

팽영일, 「『訂正普通學校學徒用國語讀本』과 일본어 교육내용의 변화」, 『동북아문화연구』 45, 동북아시아문화학회, 2015.

『중등교육국문독본(中等敎育國文讀本)』(권1-권10)

서 명 『중등교육국문독본(中等敎育國文讀本)』(권1-권10)

저 자 조선총독부

형 태 22.1×15.3(cm)

발 행 조선총독부, 권1 1930년 3월 31일, 권2 1930년 10월 25일, 권3 판권지 없음, 권4 1931년 9월 25일, 권5 1932년 3월 3일, 권6 1932년 9월 25일, 권7 1933년 1월 25일, 권8 1933년 9월 20일, 권9 1934년 2월 15일, 권10 1934년 9월 30일

소장처 국립중앙도서관

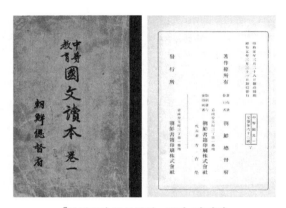

『중등교육국문독본』 표지, 판권지

1. 개요

　『중등교육국문독본(中等敎育國文讀本)』은 조선총독부가 1930년부터 5년에 걸쳐 편찬, 발행한 교과서로 5년제 '고등보통학교'학생들을 대상으로 각 학년마다 2권씩 학습하는 것을 목표로 발행된 국어(일본어)교과서이다. 1927년 가을부터 교과서 개정에 관한 조선인들의 요구가 거세지고 '조선인의 실정에 맞는 교과서 개정'을 착수한다. 하지만 자금 부족으로 인해 계속 연기되었고 1930년 3월에 들어서면서 보통학교부터 고등보통학교, 여자고등보통학교에 이르기까지 전면적인 개정을 차례로 실시하게 된다.

2. 저자

　조선총독부 학무국 편집과(朝鮮總督府學務局編輯課)는 1910년 10월 최초의 관제로 내무부학무국에 설치되어 '교과용도서 편찬, 배포 검정 및 인가에 관한 사항'을 담당했다. 1919년 3·1 운동 이후 총독부 기구 개편 강요로 인해, 학무국도 1919년 8월 개편으로 독립한 국이 되었지만, 편집국은 존속했다. 전시 체제로 옮긴 후 1942년 11월의 개편에서 편수과로 개칭하면서 관장하는 사항이 증가하고, '교과

용 도서의 편집·발행·조사·검정 및 인가, 교원용 참고 도서의 인정·추천, 국어 조사, 국민학교의 방송·교과용 영화, 모든 학교 교가의 가사·악보, 약력의 출판·배포'에 관한 사항을 장악했다. 1945년 4월의 마지막 개편으로 편수과는 폐지되고 업무는 학무과로 이관되었다.

3. 내용 및 구성

1920년대 후반부터 일기 시작한 교과서 개편의 요구는 통치방식의 변화에서도 기인한 것이지만 조선 내부의 요구가 크게 작용한 것으로 알려져 있다. 조선인의 갈망을 더 이상 묵살하기 힘든 상황에 직면했기 때문에 대대적인 교과서 개편이 이루어진 것으로 보인다. 그러나 새로운 교과서 개정에도 불구하고 조선인의 실정에 맞는 교과서 내용보다는 그들의 '황국신민화'의식을 함양하는 내용의 비중이 큰 것으로 보인다. 교과서 내용을 자세히 살펴보면 다음과 같다.

권1 제6과 '준법정신'에서는 '인류가 다른 생물체와 다른 점은 사회를 조직하고 사회생활을 하는 점이라고 할 수 있다. 그렇기 때문에 사람은 항상 사회의 법칙에 지배당하지 않으면 안 된다. 사회의 법칙이란 인류가 사회생활을 하고 있는 동안에 자연적으로 발생하고 진화해 온 것으로 꼼꼼히 살펴보면 모든 인류의 본능적인 요구로부터 생겨난 것이다. 여기에는 여러 가지 종류가 있지만 크게 나누면 국헌·국법과 도덕과 풍속·습관의 3가지로 나뉜다. 이 세 가지는 사회의 법칙으로 우리들이 인류로서 생활하고 인간으로서 행동하는 경우에는 반드시 지키지 않으면 안된다. 국헌·국법은 모든 국민의 자유를 보호하고 행복을 증진시키기 위해 국가가 정한 사회의 법칙이며, 어느 것 한 가지라도 지켜지지 않으면 공동생활의 안전을 위협받기 때문에 중요한 약속이다. 그렇기 때문에 국가의 법칙은 절대적으로 복종하려는 각오를 갖고 있지 않으면 안 된다. 스스로 법을 지키지 않으면 안 되기 때문에 이것을 자율적 준법이라고 부른다. 자율적 준법의 정신은 자치의 근본이다. 이 정신이 넘쳐나는 곳에 아름다운 자치의 꽃은 피어 향기를 발할 것이다'라고 강조하고 있다. 이러한 가치는 『보통학교 국어독본』에서 요구하는 덕목보다는 고차원적인 것이다. 『보통학교 국어독본』에서 요구하는 도덕적 가치는 남의 물건을 훔치지 않거나, 공중도덕을 잘 지키는 것 등의 기본적인 생활태도에 관한 것이었다. 학년이 올라가고 성숙한 만큼 그에 걸맞는 생활습관과 가치를 요구하고 있다.

권2 제4과, 제5과 '메이지 천황의 유물을 참배하다'에서는 궁중에서 지방 장관 일동에게 오찬을 베풀고 권전을 참배하게 한 사실을 기록하고 있다. '권전'이라고 하는 것은, 천황이 붕어한 후 1년간 황령(皇靈)을 기릴 수 있는 궁중의 어실이다. 이들은 선제(先帝)의 황령을 숭배하는 특별한 은전(恩典)을 받았다고 표현했다. 이들이 둘러 본 곳에는 스토브가 하나 놓여있는데 이것은 러일전쟁 중 한겨울에도 불을 붙이지 않았다고 한다. 그 이유는 러일전쟁으로 황군들은 만주벌판에서 혹한과 싸우며 전쟁을 하고 있는데 천황만 따뜻하게 스토브를 쬐고 있을 수는 없다며 천황이 스토브 사용을 금지하였기 때문이다. 각각의 방에는 천황에 생전에 사용하던 물건들이 전시되어 있는데 어느 것 하나 특별한 것이 없고 소박하고 낡은 것들을 새로 고쳐 쓴 흔적들이 가득하다고 전하고 있다. 이러한 글을 통해 황국사관을 고취하는 계기가 되었을 것이다.

권3 제22과에는 '정몽주(鄭夢周)'에 관한 글이 실려있다. 요약하면 '공민왕(恭愍王) 시절 성균관을 설립했을 때 정몽주로 하여금 학관을 맡게 하였는데 뛰어난 강설로 유생들을 감복(感服)하게 했다. 그 후 대사성이 되어 정몽주는 때로는 신령(新令)을 정비하고, 제복을 개정하고, 때로는 의창(義倉)을 세워 빈곤한 자들을 돕고, 공익을 위한 일을 많이 했다. 결국 공양왕(恭讓王) 3년 조정에 조력하지 않는다는 이유로 암살당한다. 포은집(圃隱集)이란 저서를 세상에 남겼고 그가 죽은 선죽교(善竹橋)와 숭양서원(崧陽書院)은 지금도 많은 방문객이 찾는다'고 적고 있다. 이 글은 여타 교과서에 실린 적이 없고『중등교육국문독본』을 편찬할 때 새로이 넣은 내용이다. 이처럼 교과서 본문에 고려의 충신을 실은 이유를 1927년 10월 20일 동아일보 기사를 통해 살펴볼 수 있다. 당시 새로운 교과서 개정의 기본 방침은 '조선에 적절한 근본적 개정'이었다. 특히 '조선적이라 함은 결코 정치적 사정에 바탕을 둔 일시적 선전 및 불합리한 관념 식부(植付)를 의미할 것이 아니라 조선의 향토색, 민족심, 전통적 사실에 대한 가장 유효유의의(有效有意義)한 계발(啓發) 및 조장(助長)이 아니면 아니될 것이다.'라고 강조하고 있다. 이와 같은 이유에서 제3기 교과서 개정에서는 조선에서 칭송받는 충신에 관한 이야기를 실었을 것이라 판단한다.

권4 제1과에는 '새로운 시대의 요구'라는 글이 실려 있다. 이 글에서 필자는 첫 번째로 '일하라! 죽을 때까지 일하라!'그리고 '일하는 것에는 여러 가지가 있지만, 신시대가 요구하는 일은 성실한 일이다. 성실하게 국가, 인류의 공익을 위해 일하는 것이다. 이러한 성실함이 현대가 두 번째로 요구하는 것이다.'고 강조한다. 세 번째로는 '남자만 일해서는 안 된다. 여자도 일하라는 것이다. 지금까지 교육은 남자에게만 그 무게를 두고 있었지만, 신시대에서는 제2의 국민을 키우는 중요한 책임을 갖고 있는 자로서 여성의 교육은 가장 중요시된다. 앞으로는 여자도 남자와 마찬가지로 교육을 받아 세계적 위인을 배출하는 책임을 남자와 함께 나눠져야만 한다.'고 강조하고 있다. 이 본문은 여성 교육의 중요성과 일하는 여성을 강조한 점에서 의미가 있다고 하겠다.

권5 제26과에는 '어느 게으른 자'라는 제목의 글이 실려 있다. 한 게으른 자가 스승을 찾아가 불평을 늘어놓았다. '어떤 사람은 빈둥거리면서도 잘 사는데 우리들은 일하지 않으면 먹고 살 수 없으니 불합리합니다.' 그러자 스승은 이렇게 대답했다. '그것은 불공평하지. 하지만 정말로 평화를 사랑하는 사람은 인간이 노동하지 않고서는 먹고 살 수 없다는 것을 알 것이다. 타인의 불합리한 사치를 즐기는 것을 부러워하기 보다는 자신이 불합리한 사치를 하지 않고 살고 있는 것에 기쁨을 느껴야 할 것이다. 그편이 그 사람의 양심을 평화롭게 하기 때문이다.'라고 강조하고 있다. 이러한 근면 성실을 강조하는 내용은 다음의 권6에도 등장한다.

권6 제1과 '다윈의 근면'에서는 찰스 다윈의 근면 성실함을 강조하고 있다. '그의 한치의 흐트러짐도 없는 일상과 집요한 성격이 만족할만한 결과에 도달할 때까지 그것을 포기하지 않고 계속하게 하였고, 이러한 점이 자연과학을 연구하기에 적합하며 이것은 하늘이 특별히 다윈에게 부여한 것이라고 할 수 있다. 그러나 그는 심신의 과로 때문에 매우 허약하여 40년간 하루도 평범한 사람처럼 건강을 향유한 적이 없으며 그 병마에 저항하기 곤란한 것은 주변 사람들의 상상을 뛰어넘는 것이었다. 오직 그의 부인만이 충실한 간호와 위로를 그에게 쏟아 그 사업을 지속할 수 있었다. 그로 인해 불후의 학설을 창설하여 수많은 저술을 남겨 위대한 업적을 학계에 남긴 것은 그가 평소 시간을 배당하는 것을 잘하고 질서있게 생활하며 소비를 절약하고 검소한 생활을 쌓아 온 결과라고 하겠다.'라며 찰스 다윈의 근면한 성품을 강조하였다.

권7 제12과 '인신(人臣)의 길'에서는 '충을 다하고 목숨을 버리는 것은 인신의 길'이라 설명하며, 제22과에서는 조선의 탑의 아름다움에 대해 설명하고 있다. 조선에서 가장 아름답고 오래된 탑은 불국사 경내에 있는 다보탑과 석가탑이라고 필자는 말하고 있다. 그중에서도 다보탑은 방형의 초대 위에 구란(勾欄)을 둘러싼 팔각의 제2층이 서 있고, 그 위에 상윤(相輪)을 얹고 있는 우아한 모양은 무엇에 비유할 수 있을까라며 칭송하고 있다. 이처럼 교과서에 조선의 문물과 조선의 풍습 등에 대한 칭찬의 글이 끊이지 않는 것은 앞서 언급한 교과서 개정에 의하여 조선의 실정에 맞는 학습을 중요시한 결과라 할 수 있다.

한편, 조선총독부가 1930년부터 중등 교육용으로 발행한 교과서『중등교육국문독본(中等教育國文讀本)』에는 그 전의 교과서와는 달리 일본 문학작품이 대거 등장하였다. 그리고 그 문학작품은 원전에서 직접 인용하기보다는 일본에서 발행된 교과서를 편집하여 수록하는 경우가 많았다. 권8에는 현재도 많은 독자를 확보하고 있는 고전 수필 작품『마쿠라노소시(枕草子)』의 본문과 비평을 소개한「청문사평(淸文私評)」이라는 글이 게재되어 있다. 이 글은 당시 일본 고전문학 연구의 권위자였던 가네코 모토오미(金子元臣)의 주석서『마쿠라노소시 평석(枕草子評釈)』이 원전이지만, 원전에서 직접 인용한 것이 아니라 일본에서 간행된 교과서『중등국어독본(中等國語讀本)』을 참조하여 만들어졌을 가능성이 매우 높다. 그 이유는 두 교과서가 사용 어휘에서 문장의 취사선택에 이르기까지 거의 일치하기 때문이다.

또한, 조선총독부가 간행한『중등교육국문독본』에는 원전인『마쿠라노소시 평석』과『중등국어독본』에는 있지만 일부 생략된 부분이 있다. 예를 들면 헤이안 시대에 성립된 와카(和歌)를 인용하는 과정에서, 신이 계신 곳을 참배했다가 만난 두 남녀가 애정 관계로 발전했음을 암시하는 부분을 삭제한 것이다. 이는 헤이안 시대 문학작품 속의「신(神)」과 일본제국에 의해 국가 신도가 강제된 식민지 조선에서의「신(神)」은 그 함유하는 의미가 다르기 때문이다. 조선총독부는 일본의 문화적 우월성을 피력하기 위해 일본 고전문학 작품을 교재화하면서도 그 고전문학 작품의 세계관이 일본제국이 식민지 조선에서 필요로 하는 세계관과 합치하지 않을 경우 삭제, 편집을 통해 고전문학 작품을 식민 지배의 도구로 활용하였다.

권9 제1과 '쇼와(昭和)유신의 의미'에서는 '오늘날 우리나라는 메이지(明治) 다이쇼(大正)의 시대를 거쳐 쇼와(昭和)의 시대가 되고 국운의 융성은 이전에는 볼 수 없었던 미증유(未曾有)를 맞이하고, 게다가 일약 세계 열강의 반열에 들어가고, 세계의 문제를 향해서도 발언권을 갖기에 이르렀지만, 여기까지 성장해 온 우리나라는 더 이상 메이지 초기의 일본이 아니라 어느 점으로 봐도 밀리지 않는 세계 1등국이 되었기 때문에 종래와 같은 서양의 것을 흉내내고 기뻐할 때가 아니다. 어디까지나 고유의 정신을 바탕으로 이것을 확충하고 발휘하여 역으로 서양 모든 나라들에 대해 정치의 모범을 보여가야 할 것이다'라고 강조하며 새로운 쇼와유신을 이루어 가야함을 주장하고 있다.

권10 제1과 '건국의 대정신'에서는 '우리 건국의 역사는 천손강림(天孫降臨)으로 시작되는 것으로 진무천황(神武天皇)에서 시작하는 것이 아니다. 우리 건국의 정신에 대해 어떠한 이해를 가져야 하냐면 먼저 첫 번째로 우리 국민은 평화를 사랑하고 대의명분을 중요시하는 것이다. 우리 일본국민은 자연을 사랑하고 봄에는 벚꽃을 쫓고 가을에는 단풍을 쫓아 즐기는 매우 낙천적인 민족성을 갖고 있다. 하지만 일단 유사시에는 불타오르는 애국심을 발휘하지만 평상시에는 가장 평화를 사랑하는 국민이다. 우리 나라는 아마테라스 오오카미(天照大御神)를 천조(天祖)로 숭배하고 있다. 그렇기 때문에 우리들은 이 건국의 대정신으로 마음을 정결케 하고 우리들의 생각을 바로잡아 결백한 마음으로 3종의 신기 중 거울을 제1위로 보는 마음을 갖고 마음의 거울에 비추어 어떠한 부끄러움도 없는 공명정대한 마음을 갖고 되돌아보지 않으면 안 된다.'라고 강조하고 있다. 이 글에서 일본인들의 황국사관이 드러난다.『보통학교 국어독본』에서 각 시기마다 교과서 본문에 등장하는, 아마테라스 오오카미로 시작하는 건국설화를 국민성과 결부하려는 이들의 이데올로기를 확인할 수 있다.

4. 핵심어

천손강림, 마쿠라노소시(枕草子), 정몽주(鄭夢周), 근면성실

5. 참고문헌

김효숙, 「미디어로서의 중등교육국문독본」, 『일본공간』 vol.26, 2019.
임순영, 「『中等教育朝鮮語及漢文讀本』을 통해 본 식민지 교과서의 이면 탐색」, 『국어교육』, vol.143,
    2013.

『중등교육여자국문독본(中等教育女子國文讀本)』(권1-권8)

서 명 『중등교육여자국문독본(中等教育女子國文讀本)』(권1-권8)

저 자 조선총독부

형 태 22.1×15(cm)

발 행 조선총독부, 권1 1932년 2월 20일, 권2 1932년 9월 25일, 권3 1933년 3월 28일, 권4 1933년
10월 10일, 권5 1934년 3월 15일, 권6 1934년 9월 30일, 권7 1935년 3월 31일, 권8 1935년
10월 8일

소장처 국립중앙도서관

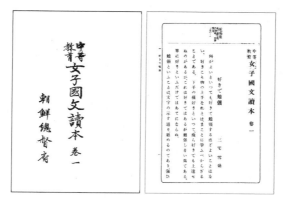

『중등교육여자국문독본』 속표지, 본문

1. 개요

『중등교육여자국문독본(中等教育女子國文讀本)』은 여자고등보통학교에서 사용할 목적으로 편찬, 발행된 국어(일본어) 교과서이다. 4년의 수업연한에 맞추어 한 해에 두 권씩 학습하게 되어 있다.

2. 저자

조선총독부 학무국 편집과(朝鮮總督府學務局編輯課)는 1910년 10월 최초의 관제로 내무부학무국에 설치되어 '교과용도서 편찬, 배포 검정 및 인가에 관한 사항'을 담당했다. 1919년 3·1 운동 이후 총독부 기구 개편 강요로 인해, 학무국도 1919년 8월 개편으로 독립한 국이 되었지만, 편집국은 존속했다. 전시 체제로 옮긴 후 1942년 11월의 개편에서 편수과로 개칭하면서 관장하는 사항이 증가하고, '교과용 도서의 편집·발행·조사·검정 및 인가, 교원용 참고 도서의 인정·추천, 국어 조사, 국민학교의 방송·교과용 영화, 모든 학교 교가의 가사·악보, 약력의 출판·배포'에 관한 사항을 장악했다. 1945년 4월의 마지막 개편으로 편수과는 폐지되고 업무는 학무과로 이관되었다.

3. 내용 및 구성

3·1운동 이후 일제의 통치 정책이 유화 정책으로 바뀌면서 조선인을 일본인으로 만들기 위한 교육의 중요성은 더욱 중요해졌다. 1922년 제2차 조선교육령에 따라 여자 고등 보통학교 규칙이 여자 고등 보통학교 규정으로 개정된 것은 이러한 상황에서였다. 일제는 여성을 학교라는 제도안으로 끌어들여 일본인과 조선인 동화의 매개체로 적극 이용하려 하였다. 개정 교육령에서 여성 교육의 목적은 '국민적 자질'의 육성이었다. 이는 개정 교육령 제8조에 잘 나타나 있다.

> 제8조 여자 고등 보통학교는 여학생의 신체 발달과 부덕의 함양에 유의하며 덕육(德育)을 실시하고 생활에 유용한 보통 지식과 기능을 가르쳐 국민으로서의 자질을 육성하고 국어에 숙달케 하는 것을 목적으로 한다.

개정된 교육령에 따라 바뀐 교과목을 살펴보면, 우선 여성에게 외국어 교육을 하기 시작하였으며, 통합 교과였던 이과와 가사를 분리하여 과학에 대한 지식과 실용 지식을 강화하였다. 또 체조를 음악과 분리하고 수업 시간을 대폭 늘려 여성의 신체 건강에도 관심을 두기 시작하였다. 정신 교육과 관련된 수신, 국어, 역사, 지리 과목의 수업 시간을 늘렸으며, 여성과 관련된 수예 과목이 빠지고 가사와 재봉 시간의 비중이 반으로 줄어들게 되었다. 이러한 교과목 개편에도 여자 고등 보통학교용 『수신서』를 보면 여성의 직분으로서 현모양처의 이데올로기는 더욱 강화되었다. 이러한 경향은 『중등교육여자국문독본』에서도 예외는 아니다. 『중등교육국문독본』에는 없었던 '여성'과 관련한 단원들이 다수 등장하며 자세히 살펴보면 다음과 같다.

권1 제25과에는 '나의 어머니'라는 제목의 글이 실려있다. 이것은 야마무로 군페이(山室軍平)가 쓴 글로 야마무로 군페이는 오카야마(岡山)의 4대 성인(聖人) 중 한 명으로 일컬어지는 사람으로 종교가이며 설교자이다. 일본인 최초 구세군 사관이 되었으며 일본인 최초로 일본군국 사령관이 된 인물이다. 야마무로 군페이는 오카야마의 가난한 집에서 8남매의 막내로 태어났다. 야마무로가 살던 환경은 산으로 둘러싸여 주변에 바다도 없고 척박하여 영양이 풍부한 음식이 없었고 유일하게 영양분을 얻을 수 있는 것은 달걀이었다. 야마무로 군페이의 어머니는 야마무로를 낳고 이 아이를 어떻게 키울지 걱정이 되어 하나님께 '이 아이가 성인이 될 때까지 건강하게 자라게 해주세요. 이 아이가 세상을 위해, 남을 위해 쓰이는 사람이 되게 해주세요. 만일 그렇게만 해주신다면 제가 평생 달걀을 먹지 않겠습니다'라고 다짐했다. 그리고 어머니는 평생 달걀을 먹지 않고 아이들을 위해 기도하며 평생을 살았다. 야마무로가 어느 날 환갑을 바라보는 어머니의 깊게 벤 주름과 굽은 허리를 보며 어머니에게 이제는 영양이 있는 음식도 드시고 자식들의 걱정은 하지말라고 당부하자 어머니는 야마무로를 구석으로 불러 꼬깃꼬깃 신문지에 싸인 2전의 동화(銅貨)를 건네주었다. 야마무로는 어머니는 자식들에게 물질을 물려주지는 못했지만 아침 저녁으로 진심을 담은 기도로 평생을 뒷받침해 준 어머니의 사랑은 잊을 수 없다고 했다.

또한, 권2 제23과에는 '맹모(孟母)'에 대한 글이 실려있다. 맹자(孟子)의 어머니로 아버지 없이 홀로 맹자를 키우며 맹자의 학업을 위해 이사를 세 번 했다는 이야기는 '맹모삼천지교'라 하여 유명하다. 어느 날 맹자가 학업을 포기하고 집으로 돌아오자 어머니는 베틀에서 짜고 있던 옷감을 꺼내 자르고 "한 번 잘라버리면 다시는 옷감으로 쓸 수 없듯이 공부도 한 번 중단하면 다시 이을 수 없다."라고 말해 학문을 중도에서 포기하지 않도록 가르쳤다. 맹자는 이 일로 크게 깨닫고 그때부터 배움에 정진하여 공자의 손자인 자사(子思)를 스승으로 모시고 대 유학자가 되어 이름을 후세에 널리 알리게 되었다. 야마무로의 어머니는 자상함을 갖춘 소극적인 어머니라면 맹자의 어머니는 강인함을 갖춘 적극적인 어머니라고 할 수 있다. 두 어머니를 통해 '현모'란 무엇인가를 교육하고 있다. 또한 '부인의 도(道)'에 대해서는 다음과 같이 설명한다.

권3 제1과 '무구의 지성(無垢の至誠)'에서는 "조신하다고 하는 것은 부인에게 있어서는 중요한 것이지만 너무 지나치면 형식에 치우쳐 따뜻한 인간미가 부족한 것처럼 보입니다. 그래서 우리나라의 부인은 사람들 앞에서는 지나치게 정을 억누르기 때문에 냉담하다. 무감정에 빠지는 경우가 있습니다. 이것은 동서양을 막론하고 예로부터 도덕이 희노애락을 색으로 드러내지 않는 것이 선이라고 여겨왔기 때문이 아닌가 생각하지만 역시 어느 정도 자신의 감정이나 기분을 얼굴색이나 태도로 나타내는 쪽이 인간미도 있고, 정도 들어 교제하기 좋다고 생각합니다. 특히 소녀시절, 처녀시절에는 천진하게, 쾌활하게, 애교있게, 가식적이지 않고, 꾸미지않고, 천진난만하게 행동하는 것이 좋다고 생각합니다. 하지만, 타인을 위한 배려, 다른 사람을 위해 최선을 다하려는 열정, 순정, 무구한 지성이 자연적으로 발휘되어 천진난만한 애교가 되고, 사려깊은 예법이 되어 아름다움이 되고, 총명이 되고 따뜻한 인정미가 되어 일부러 구하지 않더라도 만인의 사랑을 받게 될 것입니다"라고 강조하며, '조신있게 행동하되 가식적이지 않고 순수하여라'라는 당시 남성이 바라는 '여성상'에 대해 언급하고 있다.

권4 제22과 '위고의 어머니'에서는 프랑스의 낭만파 소설가 '빅토르 위고'의 어머니에 대해 '위고의 어머니는 현명하며 아이를 가르칠 때에 매우 엄격하고 위고와 두 형을 훈육할 때도 매우 무서웠다. 그러나 당시의 교육계에서는 지덕의 필요를 요구하는 풍조는 강하였지만 체육의 방법에 관해 주의를 기울이는 사람은 거의 없었음에도 불구하고 현명한 어머니는 여러 가지 방법을 강구하여 아이들의 체력 증진에 힘을 쏟았다. 또한 위고에게 문학적인 재능이 있음을 알아봤으나 오히려 위고에게 문학으로 생활을 꾸려갈 생각은 하지도 말거라. 생활의 길은 따로 강구하지 않으면 안 된다. 그렇지 않으면 진심으로 추앙받는 문학자는 될 수 없다고 가르쳤다. 이러한 강인한 어머니였기에 세계적인 문호 '빅토르 위고'를 길러낼 수 있었다'라고 교과서는 말하고 있다.

권5 제2과 '숙녀'에서 '숙녀란 무엇일까. 알고 있는 것과는 판연히 다르다. 숙녀라는 말에 해당하는 외국어도 그렇다. '젠틀맨'이라면 어떠한 것인지 알고 있는 것처럼 느껴 지지만, 레이디라고 하면 어떠한 것인지 어느 정도 의문을 갖는다. 이것은 남자는 사회에 나가 활동하고 세상의 풍파에 시달리는 것으로 실상이 알려져 있지만, 여자는 어느 정도 뒷면에 숨어 있어 알 수 없기 때문이다. 젠틀맨도 레이디도 원래 귀족의 존칭으로 사용되었지만 젠틀맨은 지금은 위치의 여부보다는 품성에 무게를 두고 가난해도 품성이 높으면 격을 높여 붙이게 되었다. 레이디도 격을 갖추는 것이 순서인데 지금은 오히려 품성이 있고 없고를 떠나 그저 위치에만 연연해 하는 것은 사회가 아직 진보하고 있지 않음을 나타내고 있다. 여성의 품성이 날로 진보하면 숙녀라는 말도 나날이 퍼져나가야 할 것이다. 이 말이 어느 정도까지 퍼지느냐에 따라 사회에서의 여성의 힘을 가름할 수 있다.'고 설명하고 있다. 이같이 당시에는 '여성'의 존재 가치를 여성 스스로가 아닌 남성에 의해 평가받는 시대였으므로 '여성상, 숙녀상'에 대한 반론이 활발하며, 어떠한 개념적인 단어로 고정화하려는 경향이 강하였다. 교과서에 실린 글들은 그러한 경향이 강하게 드러나며 그들이 생성한 이미지를 여학생들에게 주입하려는 의도가 강하였다고 볼 수 있다. 이러한 의도는 다음의 권6에서도 강하게 나타난다.

권6 제9과 '부인과 문학적 교양'에서는 '문학, 예술에 대한 교양의 정도는 바로 그 사람의 인간으로서의 가치를 나타내는 것이다. 말을 바꿔 표현하면 그 사람이 어느 정도 문학, 예술을 애호하고 이해하고 있는가에 따라 그 사람이 어느 정도 고상한 사람이며, 어느 정도 인간으로서 향유하며 풍요로운 생활을 보내고 있는가를 알 수 있다. 이러한 의미에서 문학, 예술에 대한 그 사람의 이해와 애호는 바로 그 사람의 인격을 상징하는 것임은 물론이며 문학, 예술에 대한 이해와 애호는 부인의 교양과 관련해 한층 더 중대한 의미를 지닌다는 뜻이다.'고 하였다. 부인의 인격을 문학적 교양의 있고 없음으로 판단하고 문학적 교양이 없으면 인격이 없는 사람으로 규정짓는 것은 글쓴이의 편협한 사고를 대변한다.

권7 제25과와 제26과 '우리나라 각 시대의 대표적 부인'에서는 '일본은 남존여비의 나라가 아니다. 황조 아마테라스 오오카미(天照大神)는 여성의 몸으로 우리나라 팔백만의 신의 수장으로 받들어지고 있다. 그 신칙(神勅)을 바탕으로 천손이 강림했을 때에는 아마노우즈메노 미코토(天鈿女命)와 이시코리도메노 미코토(石凝姥命)등의 여신들이 행차의 주된 열에 함께 했다. 진구황후(神功皇后)는 말할 것도 없이 이후에 많은 여제들이 즉위한 적이 자주 있었다. 부창부수(夫唱婦随)의 길은 상대(上代)부터의 가르침이지만 역사적인 여성, 다시 말해 국사에 남을 위적을 쌓은 부인도 결코 적지 않다. 우리 국민의 발달은 한편으로 여성 다시 말해 어머니되고 아내된 훌륭한 부인이 있었기 때문이며 남존여비라고 하는 것으로 어떻게 건전한 국가가 성립될 수 있을 것인가.'라고 강하게 역설하고 있다.

권8 제20과 '부인과 경제생활'에서는 '나는 부인의 경제영역이 날로 확대되고 있는 것을 보고 있지만, 우리나라에서 부인의 경제교육은 너무나도 좁고 얕다고 생각합니다. 부인의 경제활동은 부인의 본래의 특별한 장점이라고 할 수 있는 인정(人情)이 너무 드러난다고 생각하지 않으시나요? 경제의 본의인 합리적인 사고에서 너무 멀어져 있는 것은 아닐까요? 나는 부인들에게 합리적 생활을 요구합니다. 경제 행동에 대해서는 감정은 억누르기를 당부드립니다. 화폐경제에 의해 현대에서는 결국 돈을 제대로 써 주었으면 합니다. 돈에 감사할 줄 알았으면 합니다. 저축을 했으면 좋겠습니다. 하지만 이렇게 말했다고 해서 세상에서는 돈만으로 살 수 있다고 말하는 것은 아닙니다. 인간다운 생활은 돈의 많고 적음으로 따질 수 있는 것이 아닙니다. 서로에게 빵은 소중합니다. 그러나 인간은 빵만으로 살아갈 수 없는 존재입니다.'라며 합리적인 소비활동에 대해 강조하고 있다. 이는 바로 전 시기에 해당하는 1922년부터 편찬, 발행된 『신편여자고등국어독본』에서의 여성관과 차이를 보인다. 『신편여자고등국어독본』에는 여성의 '머리장식과 몸장식'에 돈을 소비하지 말고 검소한 생활을 하며, 정신의 아름다움에 집중하라는 내용과 여성에 관한 속담을 통해 남성의 눈이 비친 여성들의 허영을 비꼬았으며 여러 위인들의 아내와 어머니와의 일화를 통해 검소함의 모범을 보여주었다. 전술한 바와 같이 본 시기에는 시대적 변화와 함께 여성들의 지위의 변화도 교과서 본문을 통해 느낄 수 있으며 '일하는 여성, 경제활동을 하는 여성'을 통해 향상된 여성 인권을 느낄 수 있다.

4. 핵심어

여성교육, 맹모(孟母), 남존여비(男尊女卑), 여성상, 숙녀상

5. 참고문헌

정상이, 「『여자고등조선어독본』을 통해 본 여성상」, 『국학연구』vol.18, 2011.

『중등국어 실업학교용(中等國語 實業學校用)』(권1-권2)

서 명 『중등국어 실업학교용(普通學校國語讀本)』(권1-권2)
저 자 조선총독부
형 태 20.9×14.8(cm)
발 행 조선총독부, 권1 1943년 1월 25일, 권2 1943년 3월 28일
소장처 국립중앙도서관

『중등국어 실업학교용』 표지, 판권지

1. 개요

『중등국어 실업학교용(普通學校國語讀本)』은 제4차 조선교육령기에 실시된 중등교육 기관이었던 실업학교 학생들을 대상으로 국어(일본어) 교육을 실시하기 위해 편찬, 발행된 교과서이다. 2년의 과정에 맞추어 1년에 한 권씩 수업하도록 2권으로 구성되어 있다.

2. 저자

조선총독부 학무국 편집과(朝鮮總督府學務局編輯課)는 1910년 10월 최초의 관제로 내무부학무국에 설치되어 '교과용도서 편찬, 배포 검정 및 인가에 관한 사항'을 담당했다. 1919년 3·1 운동 이후 총독부 기구 개편 강요로 인해, 학무국도 1919년 8월 개편으로 독립한 국이 되었지만, 편집국은 존속했다. 전시 체제로 옮긴 후 1942년 11월의 개편에서 편수과로 개칭하면서 관장하는 사항이 증가하고, '교과용 도서의 편집·발행·조사·검정 및 인가, 교원용 참고 도서의 인정·추천, 국어 조사, 국민학교의 방송·교과용 영화, 모든 학교 교가의 가사·악보, 약력의 출판·배포'에 관한 사항을 장악했다. 1945년 4월의 마지막 개편으로 편수과는 폐지되고 업무는 학무과로 이관되었다.

3. 내용 및 구성

　제4차 조선교육령에 의해 교육은 군부의 통치하에 놓이게 되어 군사능력 배양을 위한 교육과정으로 개편되었다. 일제는 침략 전쟁의 패색이 짙어지자 조선인 학생을 침략 전쟁을 수행하기 위한 전시 동원 체제(戰時動員體制) 아래 편입시켜 학교를 군대의 하청기관으로 전락시켰고, 학생의 체위향상과 수련, 교련 등 전체주의적, 군사주의적, 국가주의적 교육을 실시하였다. 초등교육 기관인 국민학교는 6년 과정의 초등과와 2년 과정의 고등과로 나누고 1년 과정의 특수과를 둘 수 있었다. 또한, 1942년에 중학교령, 고등학교령, 실업학교령 등을 폐지하고 일괄적으로 통합하여 1943년 1월 21일에 중등학교령을 제정하여 수업연한을 5년에서 4년으로 단축하였다. 그로 인해 남학생은 4년과정의 중등교육 기관인 중학교로 진학하였으며 여학생은 4년 과정의 고등여학교로 진학하였다. 고등여학교는 지역에 따라 2년 과정으로 된 곳도 있었으며 실업학교는 2년 과정으로 이루어져 있었다.

　이로 인해 교과서 개정이 이루어졌고 본 책은 그 중 실업학교를 위한 국어(일본어)교과서에 해당한다. 하지만 내용을 살펴보면 전시체제 속에서 새로운 교과서를 편찬할 여유가 없었기 때문에 대부분의 내용은 1942년에 편찬, 발행한『중등국어 남자용』에서 인용하였다.

　『중등국어 실업학교용』의 권1은 32개의 단원 중 26개의 과가 동일하며, 권2는 29개의 단원 중 25개의 과가 동일하다. 모든 과에는 작자가 명시되어 있는데 작자가 명시되어 있지 않거나『중등국어 남자용』에서 인용하지 않은 과로는 권1의 제11과가 유일하다. 권1의 제11과는「성전단가초(聖戰短歌抄)」로 과의 말미에 '지나사변가집(支那事變歌集)－성전가집(聖戰歌集)'에서의 인용으로 명시되어 있다. '지나(支那)'는 중국을 가리키는 옛말로 '지나사변(支那事變)'이란 '중일전쟁'을 말한다. 중일전쟁을 앞두고 소집장을 받고 전장으로 출정하는 군인들의 심정을 9수의 단가를 통해 그들의 절절한 심정을 노래하고 있다.

　권1의 제1과에는 메이지천황이 직접 지은 단가 11수가 수록되어 있다. 메이지천황은 직접 지은 9만 3032수의 단가를 남겼고 1922년 궁내청에 의해『明治天皇御集』이 발행되었다. 그 중에서 11수를 발췌하여 교과서에 수록하였다. 이것은『중등국어 남자용』권1-1과 내용이 동일하다. 교과서의 첫 단원을 천황이 손수 지은 시로 시작한다는 것은 그들의 '황국신민화'사상이 강하게 드러나는 대목임을 알 수 있다. 제2과의 '우리들의 일본을 사랑한다'의 단원에서는 나쓰메 소세키의 제자이며 소설가, 수필가였던 나카 칸스케(中勘助)의 시를 통해 '일본은 동쪽 하늘에 떠오르는 태양이며, 빛이며, 힘이며, 생명이다'라고 표현하며, 강한 국가주의 사상을 드러내고 있다. 또한 제5과에서는 자신의 아들의 전사소식을 듣고도 슬픔을 삭히며 군을 지휘했던 노기 장군과 러일전쟁 당시 여순을 공격하다 숨진 그의 아들 노기 야스스케가 아버지에게 보낸 편지가 소개되고 있다. 이어지는 제6과에서는 러일전쟁 당시 해군중장이었던 나가타 야스지로(永田 泰次郎)가 참전한 전시상황을 그리고 있으며 그가 군을 이끌며 항전하며 '황국(皇国)의 흥폐(興廢)는 이 전쟁에 달려있다. 각자 한층 더 분발하고 노력하라'라고 외치는 그의 말을 통해 당시의 교과서에는 학생들에게 황국신민화 사상과 군국주의 사상을 주입하고 있음을 알 수 있었다. 한편, 제26과의 '하와이해전'은 '진주만 공격' 당시의 상황을 어느 중좌의 경험담을 토대로 묘사한 것으로 '그것은, 황국 흥폐의 역사적 순간이 다시 우리들에게 찾아 온 감격의 눈물이었다'며 항전을 다짐하고 Z기를 타고 포화 속으로 뛰어든 '가미카제 특공대'의 이야기를 담고 있다. 각자가 '분골쇄신'하여 임무를 수행하라는 명령에 따라 적진을 향해 날아가는 그들을 통해 다시 한번 황국신민 사상을 드러내고 있다.

권2의 제1과는 일본의 가인(歌人)인 마에다 유구레(前田夕暮)의 징병 경험담을 담고 있다. 진주만 공격이 성공적으로 끝났다는 라디오 방송을 들으며 자신의 과거를 되돌아보며 자신은 징병검사에서 을종 합격으로 보충병역으로 응모했지만 자신도 모르는 사이에 국민병역으로 편입되어 있어 출정할 수 없었음을 고백하며, 하지만 자신의 아들은 대동아건설의 성전에 참전할 수 있는 영광을 입어 기쁘게 생각하며 부대에 보급품과 기부금으로 항공편을 제공하며 격렬히 응원한다고 적고 있다. 이러한 급진적인 군국주의자들의 사례를 교과서에 실음으로써 '대동아건설'에 관한 긍정적이고 적극적인 자세를 학생들에게 주입하고 있다.

제26과 '싱가폴 공격전'은 제2차 세계대전 당시인 1942년 2월 8일~2월 15일 사이에 싱가폴에서 벌어진 연합군과 일본군과의 대전으로 긴박하고 처절했던 당시의 항전을 기록하고 있다. 이어지는 제27과에서는 '싱가폴 공격전'에서 승리한 일본군을 찬양하는 내용을 싣고 있으며 '황군(皇軍)'의 위풍당당 싱가폴 입성을 축하하는 내용을 통해 '군국주의', '황국신민화'사상을 짙게 드러내고 있다.

이상과 같이 『중등국어 실업학교용』은 2권으로 이루어져 있지만 『중등국어 남자용』에서 국가주의, 군국주의, 황국신민화 사상을 드높이는 단원을 직접 인용하여 학생들에게 주입시키고 있다.

4. 핵심어

중등교육, 실업교육, 지나사변, 싱가폴공격전

5. 참고문헌

송숙정, 「일제강점기 조선과 대만의 중등교육 학제와 일본어 교육에 관한 연구」, 『일본문화학보』 78, 한국일본문화학회, 2018.
안홍선, 「20세기 한국 중등 실업교육에 대한 역사적 고찰」, 『교육사학연구』27-2, 교육사학회, 2017.

『중등국어-남자용(中等國語-男子用)』(권1-권6)

서 명 『중등국어-남자용(中等國語-男子用)』(권1-권6)

저 자 조선총독부

형 태 21×15(cm)

발 행 조선총독부, 권1 1941년 3월 31일, 권2 1941년 9월 30일, 권3 1942년 3월 29일, 권4 1942년
9월 30일, 권5 1943년 3월 28일, 권6 소재불명, 권7 소재불명, 권8 소재불명

소장처 국립중앙도서관

『중등국어-남자용』 표지, 판권지

1. 개요

『중등국어-남자용(中等國語-男子用)』은 1941년부터 1943년에 걸쳐 발행된 중등교육을 위한 국어
(일본어)독본으로 4년의 교육과정에 맞추어 총 8권으로 편찬, 발행되었으나 현존하는 것은 권5까지인
것으로 파악되고 있다.

2. 저자

조선총독부 학무국 편집과(朝鮮總督府學務局編輯課)는 1910년 10월 최초의 관제로 내무부학무국에
설치되어 '교과용도서 편찬, 배포 검정 및 인가에 관한 사항'을 담당했다. 1919년 3·1 운동 이후 총독
부 기구 개편 강요로 인해, 학무국도 1919년 8월 개편으로 독립한 국이 되었지만, 편집국은 존속했다.
전시 체제로 옮긴 후 1942년 11월의 개편에서 편수과로 개칭하면서 관장하는 사항이 증가하고, '교과
용 도서의 편집·발행·조사·검정 및 인가, 교원용 참고 도서의 인정·추천, 국어 조사, 국민학교의 방
송·교과용 영화, 모든 학교 교가의 가사·악보, 약력의 출판·배포'에 관한 사항을 장악했다. 1945년 4
월의 마지막 개편으로 편수과는 폐지되고 업무는 학무과로 이관되었다.

3. 내용 및 구성

1941년 조선은 전시 총동원체제에 동원되게 이르렀고, 중등 국어교육은 조선인의 특수성을 고려하지 않은 채, 전면적인 군사적 가치가 학교 교육을 지배하는 국어 교수체제가 된다. 1941년 조선총독부가 편찬, 발행한『중등국어 남자용』은 총 8권으로 구성되어 있다. 하지만 1945년 해방과 함께 해방의 기쁨에 넘친 국민들은 학교와 가정에 소장하고 있던 책을 모두 불태웠으며 한국전쟁의 화마 속에서 많은 자료가 유실되어 현존하는 것은 권1-권5까지로 파악되고 있다. 권1은 26과, 권2는 23과, 권3은 27과, 권4는 22과, 권5는 24과로 구성되어 있다. 같은 시기에 편찬, 발행된『중등국어 여자용』도 총 8권으로 편찬, 발행되었으나 현존하는 것은 권1, 권2, 권5의 3권뿐이다. 당시의 중등교육의 실태를 현존하는 교과서에 한정하여 고찰해야 하는 어려움이 있지만 비슷한 시기에 편찬, 발행된『중등국어 실업학교용』은 권1의 32개 단원 중에서 6개를 뺀 나머지 26개의 단원이『중등국어 남자용』의 권1과 일치하였다. 권2도 29개의 단원 중 6개를 뺀 23개의 단원이『중등국어 남자용』과 일치하였다. 분포를 살펴보면『중등국어 남자용』의 권1-권4에 걸쳐 다양하게 발췌되었다. 당시가 전시상황이었음을 고려하면 새로이 교과서를 편찬할 여력이 부족하여 전체의 구성이 유사하다고도 판단할 수 있지만 각 시기에 반포된 조선교육령의 세부 수칙 중 제4차 조선교육령 시기의 중학교 규정과 고등여학교 규정을 살펴보면 타시기에 비교해 남녀의 차별이 거의 없이 동일한 교육 목표를 가지고 있다는 점을 강조하고 싶다. 즉, 제3조에 명시된 문구 중 '국민과는 우리나라의 문화, 그리고 국내외의 역사 및 지리에 대해서 배우도록 하며, 국체의 본래적 의의를 천명하여 국민정신을 함양하고 황국의 사명을 자각하도록 한다'라는 내용은 동일하며 중학교 규정에서는 '황국의 사명을 자각하도록 하며 이를 실천, 배양하는 것을 요지로 한다'로 되어 있는 부분이 고등여학교에서는 '황국의 사명을 자각하도록 하며, 부덕(婦德)의 계발(啓發) 배양하는 것을 요지로 한다.'라고 명시한 점만이 다름을 알 수 있다. 그러므로 조선총독부에서 교과서를 출판한 당시 이러한 점을 고려하여 공통되는 부분을 많이 포함시켰을 것으로 예상한다.

한편, 중등국어에는 각 과에 지은이와 출처가 명시되어 있어 타 시기의 교과서와는 구분되는 점이다.

구체적으로 교과서의 내용을 살펴보면,『중등국어 남자용』권1 제12과에 실린 일본의 국어학자 우에다 카즈도시(上田萬年)의 '국어의 힘 (国語の力)'에는 '언어는 이것을 사용하는 인민에게는 마치 그 혈액이 육체상의 동포(同胞)를 나타내는 것과 같으며, 정신상 동포를 나타내며 이것을 물건에 비유한다면, 일본어는 일본인의 정신적 혈액이라고 말할 수 있다. 일본의 국체(國體)와 일본 인종과는 실로 이 정신적 혈액을 통해 유지되며 결합된다'라고 하였다. 이는 강력한 언어 이데올로기를 표방하는 발언이다. 제16과에는 '모으는데 따라붙는 가난은 없다'라는 일본의 옛 속담을 들며 '근면은 일본인의 도덕(道德)이다'라고 강조하고 있다. 또한, 일하지 않는 것은 부도덕한 일이며, 양심의 가책을 느낀다고 서술하며 근면은 우리나라 건국의 정신이라고 강조하고 있다. 이를 통해 식민지 조선의 국민에게 근면의 미덕을 함양하라고 강요하고 있다.

권2의 제3과에는 '애국'이라는 단어가 공식적으로 언제부터 쓰이게 되었는지에 대해 논하며 643년 백제 의자왕 시대에 당나라와의 전쟁에서 백제가 왜(일본)에게 도움을 청했다는 '일본서기(日本書紀)'의 기록을 바탕으로 그 유래를 설명하고 있다. 당시 조선에 군대를 보낼 때 군대의 일원이었던 오오토모베노 하카마(大伴部博麻)라는 사람이 조선에 도착하자마자 당에 포로로 끌려가게 되었다. 당은 조선뿐만 아니라 일본까지도 공격할 계획을 가지고 있었고 그 소식을 듣게 된 하시노 무라지 호토(土師連富杼)라는 호족은 일본으로 돌아가 그 소식을 알리고 싶었으나 여비가 없어서 탄식하고 있었다. 오오토모베노 하카마가 자신을 노비로 팔아 그 돈으로 여비를 마련해서 일본으로 가라고 하였다. 결국, 일본은 무라지 호토의 이야기를 듣고 국방 경비를 철저히 하여 당나라로부터 지켜낼 수 있었다. 30년 후에 일본으로 되돌아 온 오오토모베노 하카마는 조정으로 초대되어 천황에게 큰 상을 받고 천황은 그의 행적이야말로 나라를 사랑하는 '애국'이라 칭하하였다. 이 일로 인해 당시부터 '애국'이라는 단어가 사용되게 되었다고 한다. 이러한 '일본서기'의 왜곡된 황국사관을 고스란히 조선인 학생들에게 심어주는 내용으로 교과서는 구성되어 있다. 제14과 '공중전(空中戰)'에는 실제 전시상황을 눈앞에서 보고 있는 듯이 생생하게 묘사되어 있어 학생들로 하여금 전쟁에 대한 공포심을 불러일으키며 이와 동시에 전쟁에 맞서 당당히 싸워 승리를 거두어야 한다는 강한 의지를 일깨우치고 있다.

제23과 '국민의 진심'에서는 부모의 명령을 아이는 듣지 않으면 안 되고 아이는 부모를 기쁘게 하지 않으면 안 된다고 강조하고 부모로부터는 무엇을 받아도 기쁜 법이다라고 설명하고 있다. 이러한 친자의 관계가 진심이면 이러한 진심이 '충'이다고 설명하고 있다. 이러한 '충'의 마음을 갖고 황실에 충성을 다하는 것이 우리 국민이다. 천황을 신처럼 존경하고 신처럼 두려워하며 부모처럼 의지하고 부모로서 감사하라. 그리고 천황의 명령이라면 어떠한 일이 있어도 복종하고 어떠한 일이 있어도 따르라고 강조하고 있다.

권3 제1과에는 1941년 12월 8일 천황이 영국과 미국에게 선전포고를 한 장면이 그려져 있다. 전날인 12월 7일은 하와이 진주만 공습이 있던 날로, 본격적인 전쟁의 시작을 앞두고 청일전쟁, 러일전쟁 당시 소학생이었던 필자가 느낀 당시의 상황과 감정을 서술하고 있다. 또한, 이날이야말로 일본의 국위선양을 할 수 있는 날이라 강조하고 있으며, 청일전쟁과 러일전쟁 당시에는 소학생의 어린 나이여서 군대에 자원할 수 없었지만 이제는 본인의 자식들이 전장에 나가 천황의 은혜에 보답할 수 있어 기쁘다고 서술하고 있다. 제4과에서는 일본의 국가인 '기미가요'에 관한 내용이 서술되어 있는데 기미가요는 처음에는 외국 작곡가에 의해 양악풍의 곡으로 세상에 소개된 바 있지만, 이것에는 야마토 정신이 깃들여 있지 않다하여 아악(雅樂)풍의 노래로 다시 만들어진 과정에 대해 소개하고 있다. 이를 통해 야마토 정신의 진수를 느낄 수 있다고 전하고 있다. 그동안 기미가요를 다룬 단원에서는 기미가요의 가사 내용을 중심으로 한 교과서 본문이 많았는데 이번 과에서는 기미가요의 음악적 가치에 초점을 맞춰 서술하였다는 점이 특이하다고 하겠다. 제26과 '하와이해전'은 진주만 공습 당시의 상황을 생생하게 묘사하고 있다. 생사를 뛰어넘은 의연한 태도로 보조 연료 탱크도 없이 폭격을 마친 비행기들은 차례차례로 적함을 향해 자폭해 갔다. 글의 말미에 진주만 상공에서 주유기는 연료가 다 떨어질 때까지 몇 번이고 몇 번이고 순회하면서 혹시라도 폭격을 맞은 일본기가 되돌아 올지도 모른다는 막연한 희망을 가지고 기다리고 있었다고 적고 있다. 당시 이러한 전쟁의 서사는 교과서를 읽는 학생들에게 황국사관을 심어주어 이러한 모든 행동들이 천황과 나라를 위한 당연한 일이라는 인식을 갖게 만들었다.

권4 제16과 '국어와 일본정신'에서는 일본 정신의 진수는 선조로부터 전해 내려오는 언어와 역대 문학을 통해서 규명할 수 있다고 설명하며, 민족 고유의 정신은 그 고유한 언어 안에 녹아 있기 때문이라고 했다. 또한, '우리들 일본국민은 천황을 아키쓰카미(現御神, 明神) 또는 아라히토가미(現人神)라 숭배하고 있고 천황은 인격을 초월한 신격을 구비하고 계시다.' 그러기에 고대 조칙(詔勅)이나 주상문(奏上文)등을 보면 아키쓰카미로서 군림하고 있다는 것을 '속일본기(續日本記)'를 통해 명확히 알 수 있다고 전하고 있다. 이렇듯 천황을 신으로 여기는 이유에 대해 고대 설화로부터 이어져 내려오는 정통성에 그 이유를 찾고 있다. 천황은 신이기 때문에 보통의 인격자의 지배에 복종하는 외국의 사례와는 완전히 그 취지가 다르기 때문에 신민이 천황을 아키쓰카미와 같이 숭배하고 섬겨야 한다고 적고 있다. 제19과에는 '싱가포르 공격전'에 관하여 기술하고 있으며 교과서 본문 안에 그림이 아닌 대포를 쏘고 있는 군인의 사진이 들어간 것은 타 시기와 비교하여 특징 있는 점이라 할 수 있다. 군인들을 '황군(皇軍)'이라 칭하며 야자나무 그늘 아래서 휴식을 취하고 있는 군인들의 사진이 첨부되어 있다. 제20과에는 전쟁의 승리를 축하하는 시가 실려있다. 이 시에는 싱가포르 공격전을 시작으로 황군이 진격하여 하와이에서는 대함대를 격침시키고, 말레이 반도에서도 군함을 침몰시키고, 홍콩을 항복시키고, 마닐라를 차지하고 대륙으로 진격하고 대영제국의 세계를 발 아래 두고, 굴복시켜 대동아 민족흥업의 기지는 전면 포석되었다고 격양된 어조로 시를 써 내려가고 있다. 교과서가 편찬될 당시는 일본이 전승을 거두며 동남아시아로 세력을 뻗치고 있을 시기였기 때문에 이러한 내용의 본문을 읽는 학생들에게는 전승국의 국민으로서의 자긍심을 느끼게 했을 것이다. 이러한 이데올로기가 일제강점이 시작되고 20여 년이 흐른 당시의 상황에서는 자연스럽게 그들을 황국신민으로 인식하게 하였을 거라 생각된다. 제19과에서는 말레이반도 부근에서 치러진 전투에 관하여 상세하게 기록하고 있다. 특히 결사항전의 날 아침 모든 대원들이 일어나 차가운 물로 몸을 씻고 전부 새옷으로 갈아입은 후 출정준비를 마친 후 비행장으로 향한다. 이때 부대장은 '정신(挺身)정신(精神)을 발휘해서 훌륭한 성과를 얻을 수 있도록! 일본 최초 작전에 참가하는 가장 영광스러운 부대 이름에 먹칠을 하는 행동을 하지않도록 전심을 다하기 바란다'고 훈시를 하고 격전의 날을 맞을 준비를 한다. 그리고 석유저장고를 공격하고 사무실을 점령하기까지의 상황을 생생하게 그리고 있다.

이상으로『중등국어 남자용』의 각 권의 내용을 살펴보았다. 전술한 바와 같이 당시 중학교 규정에 명시된 교육 목표는 '황국의 사명을 자각하도록 하며, 이를 실천, 배양하는 것'이었다. 이를 위해 교과서 내용에는 황국신민으로서의 사명을 강조하고, 그 당위성을 역설하고 이를 실천할 수 있도록 분위기를 고취하는데 집중되어 있음을 알 수 있다.

4. 핵심어

황국신민화, 언어이데올로기, 기미가요, 황국의 사명, 중등교육

5. 참고문헌

박화리, 「일제강점기 조선에서의 국어정책 – 중등국어교육을 중심으로」, 『아시아문화연구』 vol.34, 2014.

제4기 『초등국어독본(初等國語讀本)』(권1-권6)

서 명 『초등국어독본(初等國語讀本)』(권1-권6)

저 자 조선총독부

형 태 21, 3×15.1(cm)

발 행 조선총독부, 권1 1939년 3월 10일, 권2 1939년 9월 10일, 권3 1940년 5월 31일, 권4 1940년 9월 28일, 권5 1941년 3월 31일, 권6 1941년 9월 20일

소장처 국립중앙도서관

『초등국어독본』 표지, 판권지

1. 개요

『초등국어독본(初等國語讀本)』은 제4기 국어독본으로 제3차 조선교육령(1938년 3월 3일)이 반포되고 보통학교가 심상소학교(尋常小學校)로 개명하며 사용하게 된 국어(일본어)교과서이다. 제4기에는 황국신민화가 본격적으로 실시된 시기로 내선일체(內鮮一體) 사상이 본격화되며 일본 본토와 교과서를 통일하라는 지시에 따라 본 교과서는 1학년부터 3학년까지 한 학년에 두 권씩 사용하고, 4학년 과정부터는 일본 문부성에서 편찬, 발행한 『소학국어독본(小學國語讀本)』을 사용하였다.

2. 저자

조선총독부 학무국 편집과(朝鮮總督府學務局編輯課)는 1910년 10월 최초의 관제로 내무부학무국에 설치되어 '교과용도서 편찬, 배포 검정 및 인가에 관한 사항'을 담당했다. 1919년 3·1 운동 이후 총독부 기구 개편 강요로 인해, 학무국도 1919년 8월 개편으로 독립한 국이 되었지만, 편집국은 존속했다. 전시 체제로 옮긴 후 1942년 11월의 개편에서 편수과로 개칭하면서 관장하는 사항이 증가하고, '교과용 도서의 편집·발행·조사·검정 및 인가, 교원용 참고 도서의 인정·추천, 국어 조사, 국민학교의 방송·교과용 영화, 모든 학교 교가의 가사·악보, 약력의 출판·배포'에 관한 사항을 장악했다. 1945년 4

월의 마지막 개편으로 편수과는 폐지되고 업무는 학무과로 이관되었다.

3. 내용 및 구성

1938년 미나미(南次郎) 총독은 제3차 조선교육령 개정에 즈음하여 국체명징(國體明徵) · 내선일체(內鮮一體) · 인고단련(忍苦鍛鍊)의 3대 요소를 가장 적절하게 표현한 '황국신민서사(皇國臣民誓詞)'를 발표하였고, 1938년 3월 3일 제3차 조선교육령이 이 토대 위에서 제정되었다. 제3차 조선교육령에서 소학교의 교육 목적은 '아동 신체의 건전한 발달에 유의하여 국민 도덕을 함양하고 국민 생활에 필수적인 보통의 지식을 얻게 함으로써 충량한 황국 신민을 육성'하는 데 있었다. 기존에는 일본어 보급이 보통학교의 가장 중요한 목표였으나 제3차 조선교육령 시기에 이르러서는 일본어 보급이 어느 정도 진전된 것으로 보고 차원을 높여 '충량한 황국신민 육성'을 교육 목표로 삼은 것이다. 이러한 것은 교과서 내용의 변화로도 쉽게 느낄 수 있었다.

권1의 시작은 13장의 삽화로 시작한다. 삽화에는 학교생활이 그려져 있는데 치마, 저고리, 바지 차림이 아닌 서양식 교복을 입고 일본식 책가방을 들고 등교하는 학생의 모습을 볼 수 있다. 또한, 장난감 병사가 일렬로 늘어서 있는 삽화에는 '진격하라! 진격하라! 병사여 진격하라!'라는 문구가 등장하고, 전장에서 일장기를 흔들며 총과 칼을 들고 '천황폐하 만세'라고 외치는 장면에서는 군국주의 사상을 강하게 느낄 수 있다.

권2 제5과 '전쟁놀이'에서는 마을 아이들이 소나무 숲에 모여 전쟁놀이를 하는 장면이 묘사되어 있다. 양 팀으로 나누어 서로가 '솔방울 폭탄'을 던지며 솔방울 폭탄을 맞으면 '전사'하였다고 말하며 적진을 향해 진격하는 모습과 일장기를 들고 적지로 향하는 아이들의 모습을 묘사하고 있다. 아무리 놀이라고 하여도 당시 수시로 치르는 전쟁의 여파가 아동들에게까지 전해지고 있고 이러한 내용이 교과서에 고스란히 실려 있는 사실이 놀랍기만 하다. 권2에는 총 4개의 전래동화가 실려 있다. 제11과 '혹부리 영감', 제15과 '쥐 시집보내기', 제17과 '호랑이와 곶감', 제22과 '꽃 피우는 할아버지'로 일제강점기 초등교육 과정 교과서 중 전래동화가 가장 많이 소개되어 있다.

권3 제5과는 '천장절'로 1948년 '국민의 축일'이 정해지기 전까지 당대의 천황의 생일을 지키던 날이다. 당시의 쇼와천황(昭和天皇)의 탄생으로 교과서에는 아침에 학교에 가서 교장선생님의 '칙어(勅語)'대독을 듣고 언덕에 올라 마을을 내려다보니 모든 집에 일장기가 걸려 있다는 내용이 실려 있다. 제11과에는 '나라끌기'라는 제목으로 옛날에 신이 일본땅을 넓히고 싶어서 바다에 나가 멀리 동쪽에 있는 나라에 땅이 남는 것을 보고 그 땅에 큰 밧줄을 걸어 있는 힘을 다해 끌었더니 그 땅이 찢기며 물에 뜬 배처럼 끌려 왔고, 그래도 모자라 멀리 서쪽에 있는 나라의 땅을 큰 밧줄로 끌어와 지금의 일본 땅이 되었다는 내용이 실려 있다. 제22과에서는 '순사'가 다뤄지며 순사를 보자마자 서둘러 인사를 하고, 아동들이 당황하는 모습을 담고 있다. 그러자 웃으며 최근에 마을 사람들이 일본어를 잘하게 되었다고 칭찬하는 장면이 등장하는데 당시에 '순사'의 존재가 아동들에게는 두려운 존재였음을 느낄 수 있다. 권3에서는 제17과에 '일촌동자(一寸ぼうし)'의 이야기와 제25과에는 '우라시마 타로(浦島太郎)'의 이야기가 등장한다. 일촌동자는 손가락 한 마디만한 아이가 도깨비를 물리치고 얻은 도깨비방망이로 키가 큰 어른이 되어 공주와 행복하게 살게 되었다는 내용이며 우라시마 타로는 아이들에게 괴롭힘을 당하는 거북이를 구해주자 그 거북이가 우라시마 타로를 용궁으로 데려가서 용궁에서 행복한 나날을 보내다가 문득 고향이 그리워져 용궁을 떠나겠다고 한다. 그러자 용왕이 보물상자를 주면서 절대 열어보지 말

라고 한다. 고향에 돌아와보니 가족은 모두 죽고 자기가 용궁에서 산 세월이 긴 시간이었음을 깨닫고 슬픔에 보물상자를 열고 만다. 그러자 우라시마 타로는 곧바로 수염이 길게 난 할아버지로 변하고 만다. 이 우라시마 타로 얘기는 일본에서는 좋은 일을 하면 반드시 보답이 있다 라는 교훈과 약속을 지키지 않으면 벌을 받는다는 교훈을 얘기할 때 자주 등장하는 이야기다.

권4 제7과 '전화'에서는 두 아동의 통화 내용이 실려 있는데 다음 날이 '메이지절(明治節)'이니 식이 끝난 후 조선신궁(朝鮮神宮)에 함께 가자는 내용이다. 메이지절은 당시 11월 3일에 지켜지던 축일로 메이지천황의 생일이었던 날에 천황의 유덕을 기리고 메이지시대를 추모하기 위해 지키는 날이었다. 또한, 조선신궁은 현재의 남산에 있던 신궁으로 교과서에도 자주 등장한다. 제15과 '형의 입영'에서는 징집을 앞둔 형을 보내는 가족들의 마음과 모습이 묘사되어 있다. 교과서 내용 중에 형이 아침에 일어나 '청년학교' 제복으로 갈아입는 내용이 등장하고, 형을 보내는 정차장에는 촌장, 교장, 재향군인, 청년단, 청년학교의 사람들이 나와 형을 배웅하는 모습을 그리고 있다. 여기에서 '청년학교'란 1935년에 공포된 청년학교령에 의해 설치된 일본의 교육기관으로 청년학교는 의무교육 기간인 심상소학교(나중에 국민학교 초등과로 바뀜) 6년을 졸업한 후에 중등교육 기관(중학교, 고등여학교, 실업학교)등에 진학하지 않고 근로에 종사하는 청소년을 대상으로 사회교육을 실시하였다. 한편, 청년단은 일본 각지의 20-30대 청년 남녀에 의해 조직된 단체. 교과서에 등장하는 인물들이 모두 기모노와 정복을 입은 모습인 것을 보면 이것은 일제강점기 조선에서 실시된 교육기관이 아니라 일본의 '청년학교'에 다니던 형의 모습을 묘사한 것으로 보인다.

권5의 제1과는 '기미가요(君が代)' 가사의 의미에 대해 서술하고 있다. 이 노래에는 '천황의 통치는 천년, 만년 이어지리라. 돌이 큰 바위가 되고 그 바위에 이끼가 낄 때까지'라며 천황의 시대가 영원하기를 바라는 내용이 실려있다. 제2과 '하늘의 동굴'에는 태양의 신 아마테라스 오오카미(天照大神)가 하늘의 동굴에 숨어버리자 온 세상이 어둠이 휩싸이고 온갖 악행을 저지르는 괴물들로 인해 세상이 혼란해진다. 그러자 여러 신들이 모여 아마테라스 오오카미를 동굴 밖으로 나오게 하는 방법을 회의한다. 그중 한 신은 거울을 만들고, 그중 한 신은 구슬을 만들어 실에 꿰어 목걸이처럼 만들어 비쭈기나무 장대에 거울과 목걸이를 걸고, 동굴 앞에서 닭들이 울게 하였다. 하지만 아마테라스 오오카미는 동굴에서 전혀 나올 생각이 없다. 그러자 한 신이 상자로 무대를 만들고 그 위에 올라가 우스꽝스러운 춤을 추자 많은 신들이 그 모습을 보고 웃었다. 그러자 아마테라스 오오카미가 궁금함에 동굴의 문을 살짝 열고 엿보는 사이에 신들을 지키는 용사들이 문을 강제로 열고 아마테라스 오오카미를 나오게 하였다. 그로 인해 세상이 다시 밝아졌다는 내용이 담겨 있다. 아마테라스 오오카미에 관한 이야기는 각 시기의 '국어독본'에 등장한다. 제2과에 등장한 거울과 구슬은 일본에서 황실의 정통성을 증명하는 '3종의 신기(神器)'중의 두 개의 물건이다. 이어지는 제5과에는 '여덟개의 머리가 달린 이무기'가 등장하는데 아마테라스 오오카미의 남동생인 스사노오노 미코토가 지혜를 발휘하여 여덟 개의 머리가 달린 이무기를 물리치는 이야기가 그려져 있다. 이때 여덟 개의 머리가 달린 이무기의 꼬리가 검으로 변하였는데 그 검이 앞서 말한 '3종의 신기' 중 마지막인 검에 해당한다. 이러한 3종의 신기에 관한 이야기를 교과서에 실은 이유는 황실의 정통성을 확인하기 위함이며, 황국사관을 강조하기 위함이다. 초대 천황인 진무천황 이후 새로운 천황이 즉위하는 의식에서 이 3종의 신기는 다음 천황에게 전승되는 의식을 치른다. 이러한 설화가 단순한 이야기가 아닌 역사의 한 부분이라는 개연성(蓋然性)을 설명하기 위한 장치로 활용되고 있다. 제19과 '영화'에서는 매주 일요일이면 모두가 학교 운동장에 모여 단체영화를 감상하게 하는데 그 내용은 방독면을 쓰고 독가스를 뿌리는 사진과 버려진 병이나 캔 등의 폐품을 모아 그것을 판 돈으로 전쟁터의 병사들에게 위문품을 보내는 사진, 군인들이 적진에 돌격하는 모습을 그린 사진, 일장기를 들고 만세를 부르며 진격하는 사진 등을 보고 나도 모르게 '만세'라고 외치고 말았다고 하는 문장이 등장한다. 이러한 내용을 통해 군국주의 사상을 강제로 주입시키며 훈련시키는 모습을 엿볼 수 있다. 제20과 '형의 입소'는 권4 제15과 '형의 입영'과 문장이 유사하다. 다른 점은 형이 아침에 일어나 '청년훈련소'의 제복으로 갈아입는다는 내용이다. 전술한 바와 같이 권4에 등장한 '청년학교'는 일본 내지의 교육기관이며 권5에 등장한 '청년훈련소'는 조선에서 한국인을 강제 동원하기 위해 일본어 등 기초적인 교육을 실시할 목적으로 건립한 것이다. 본문에서는 형이 친척과 이웃 사람들의 배웅을 받으며 궁 앞에 모여 출정식을 거행한다. 그 자리에서 면장은 형에게 '훈련소에 입소하게 되어 축하하며, 훌륭한 군인이 되어 천황에게 충의를 다하라'라고 격려한다. 식이 끝나고 천황폐하 만세 삼창을 한 후 정차장으로 향하는 모습을 그리고 있다. 당시 교과서에 실린 이러한 내용은 학생들로 하여금 황국신민으로서 천황에게 목숨을 바치고 충성해야 하는 당위성을 강요하고 있다. 제21과에는 아마테라스 오오카미의 손자 니니기노 미코토에 관한 이야기가 실려 있다. 아마테라스 오오카미는 이제 일본은 우리 자손이 다스려야 한다며 니니기노 미코토에게 3종의 신기를 주고 지상 세계로 내려가 세상을 다스리게 하였다. 그때 많은 신들이 함께 지상으로 내려가다가 키가 크고 코가 높고 눈은 거울처럼 빛나는 용사가 나타나 하늘과 땅을 밝게 비추고 있어 신들이 내려가지 못하게 되었다. 아마테라스 오오카미는 우즈메노 미코토에게 가서 그가 누구인지 알아오라 명하고 가서 보니 사루타히코라는 용사가 니니기노 미코토를 마중 나온 것이라는 얘기를 듣게 된다. 이후 많은 신들과 니니기노 미코토는 지상으로 내려와 일본을 세웠다는 내용이 담겨 있다. 이는 앞서 등장한 3종의 신기에 관한 내용과 일본 건국에 관한 신화가 이어지고 있음을 설명하며 황실의 정통성을 강조하고 있다. 제22과에는 제주도의 '삼성혈'에 관한 유래가 실려 있다. 이 이야기는 제3기 『보통학교 국어독본』권5 제26과의 내용과 동일하다.

권6의 제6과에는 게이코우(景行) 천황의 아들 야마토타케루노 미코토(日本武尊)가 동쪽과 서쪽에 등장한 악행을 저지르는 자들을 물리친다는 내용이다. 이러한 신화를 통해 황족의 우월성을 드러내고 있다. 제10과 '방공훈련'에서는 공습경보가 울리고 등화관제 훈련을 하는 모습을 그리고 있다. 탐조등이 밝혀지고 비행기를 찾는 모습에서 기관총 소리와 조명탄까지 전쟁상황을 방불케하는 훈련을 통해 전시를 대비하고 있는 모습이 그려지고 있다. 이어지는 제11과에서는 '애국일'의 아침 모습을 묘사하고 있다. 일장기를 내걸고 전쟁터에서 고생하고 있는 병사와 전사한 군인들을 위해 묵념을 하고 엄마와 누나는 위문 봉투를 만드는 모습을 그리고 있다. 제12과에서는 군인들에게 쓴 위문편지를 소개하고 있다. 지은이의 위문편지와 그에 답한 병사의 편지가 담겨 있다. 제13과 군기제(軍旗祭)에서는 수천명의 군사들이 정렬하여 군기를 게양하고 천황의 칙어를 봉독하는 장면이 묘사되어 있다. 이와 같이 권6에서는 군국주의 사상과 황국신민화 사상이 드러나는 본문 내용이 연이어 등장하고 있다.

이같이 제4기 『초등국어독본』은 제2차 세계대전 당시에 편찬 발행되었기 때문에 전쟁과 관련한 내용이 다수 포함되어 있음을 알 수 있다. 아이들은 전쟁놀이를 하며 놀고 방공훈련을 하는 것은 일상이 되어 있다. 일요일이면 방공 예방 영화를 온 마을 사람들이 모여서 보고, 애국일에는 전쟁터에 나가 싸우는 병사들과 전사한 병사를 기리며, 여자들은 군인들에게 보낼 위문품을 싸고 학생들은 위문편지를 쓴다. 이러한 군국주의 사상이 드러나는 내용을 학생들이 자연스럽게 받아들일 수 있도록 하기 위하여 황실의 존엄과 정통성을 강조하는 황국사관을 드러내는 내용들이 다른 시기의 국어독본에 비해 다수 포함하고 있는 것도 제4기『초등국어독본』의 특징이라 하겠다.

4. 핵심어

제3차 조선교육령, 황국신민화, 내선일체, 청년학교, 기미가요

5. 참고문헌

국사편찬위원회,『배움과 가르침의 끝없는 여정』, (주)두산동아, 2005.

제5기 『초등국어(初等國語)』(제4학년상, 제5학년상-제6학년하)

- **서 명** 『초등국어(初等國語)』(제4학년상, 제5학년상-제6학년하)
- **저 자** 조선총독부
- **형 태** 21.1×14.9(cm)
- **발 행** 조선총독부, 제3학년상 1943년 1월 15일, 제3학년하 1943년 9월 10일, 제4학년상 판권지 없음, 제4학년하 판권지없음, 제5학년상 1944년 2월 28일, 제5학년하 1944년 10월 10일, 제6학년상 1944년 2월 10일, 제6학년하 1944년 9월 15일
- **소장처** 국립중앙도서관

『초등국어 제5학년 하』표지   『초등국어 제 5학년 상』판권지

1. 개요

『초등국어(初等國語)』는 제5기 국어독본으로 분류되며 1941년 3월 1일 '국민학교령'의 실시로 인해 1942년부터 새로이 발행한 국민학교용 국어(일본어)교과서 중 3학년부터 사용된 교과서다. 이전의 초등교육용 교과서와 달리 제3학년 상, 제3학년 하와 같이 각 학년별로 상하권의 구별이 되어 있다. 같은 시기의 1, 2학년용 교과서는 『요미카타(ヨミカタ, よみかた)』라는 제목으로 발행되었다.

2. 저자

조선총독부 학무국 편집과(朝鮮總督府學務局編輯課)는 1910년 10월 최초의 관제로 내무부학무국에 설치되어 '교과용도서 편찬, 배포 검정 및 인가에 관한 사항'을 담당했다. 1919년 3·1 운동 이후 총독부 기구 개편 강요로 인해, 학무국도 1919년 8월 개편으로 독립한 국이 되었지만, 편집국은 존속했다. 전시 체제로 옮긴 후 1942년 11월의 개편에서 편수과로 개칭하면서 관장하는 사항이 증가하고, '교과용 도서의 편집·발행·조사·검정 및 인가, 교원용 참고 도서의 인정·추천, 국어 조사, 국민학교의 방송·교과용 영화, 모든 학교 교가의 가사·악보, 약력의 출판·배포'에 관한 사항을 장악했다. 1945년 4

월의 마지막 개편으로 편수과는 폐지되고 업무는 학무과로 이관되었다.

3. 내용 및 구성

1943년 3월 공포된 제4차 조선 교육령의 교육 목표는 '황국의 도에 따른 국민 연성(鍊成)'에 있었다. 일제는 침략 전쟁의 패색이 짙어지자 조선인 학생을 침략 전쟁을 수행하기 위한 전시 동원 체제(戰時動員體制) 아래 편입시켜 학교 교육을 군사적 목적 달성을 위한 수단으로 이용하였다. 또한, 강인한 정신 무장을 위해 '일선동조론(日鮮同祖論)'을 강조하고 '황국신민화(皇國臣民化)' 사상을 강조하는 내용이 교과서에서 많은 비중을 차지한다. 구체적으로 그 내용을 살펴보면 다음과 같다.

제3학년 상권의 제1과에는 아마테라스 오오카미(天照大神)에 관한 이야기가 실려있다. 빛의 신인 아마테라스 오오카미가 하늘의 동굴에 숨자 온 세상이 어둠에 싸이게 되고 아마테라스 오오카미를 동굴에서 나오게 하기 위해 여러 신들이 궁리를 하여 거울과 구슬로 꿴 목걸이를 만들어 비쭈기나무 장대에 걸고 소리를 내기도하고, 축문을 읽기도 하고, 조릿대나무를 손에 들고 통을 뒤집어 만든 무대에 올라 소리를 내며 재미있게 춤을 추자 모든 신들이 웃었다. 그러자 아마테라스 오오카미가 궁금해서 동굴의 문을 살짝 열자 장정들이 동굴의 문을 강제로 열고 아마테라스 오오카미를 밖으로 데리고 나와 세상은 다시 밝아졌다는 내용이다. 이 본문은 제4기 『초등국어독본』의 권5 제2과에 같은 내용의 글이 실려있다. 제4과 '지나(支那)의 봄'에서는 전쟁 중 망중한을 즐기는 두 병사의 모습이 담겨있다. 중국 아이들이 병사들에게 친근하게 다가오고 아이들에게 캐러멜, 빙사탕 등의 간식을 나눠주고 병사들이 가르쳐준 '애국행진곡'을 함께 부르는 장면은 너무나 평온해서 오히려 위화감을 느끼게 한다. 전쟁 중이니 어린아이들에게는 적과 아군의 구별은 있었을 터인데 따스한 봄이 온 풍경 속에 스며든 병사와 아이들의 모습은 어딘가 모르게 자연스럽지 못하다. 제5과에는 아마테라스 오오카미의 동생인 스사노오노 미코토에 관한 설화가 실려 있다. 일본의 황실의 존엄과 정통성을 강조할 때 등장하는 삼종신기(三種神器) 중 제1과에 등장한 거울과 방울에 이어 스사노오노 미코토가 머리가 여덟 개 달린 이무기를 무찌르고 그중 한 마리의 꼬리가 검으로 바뀌었고, 그 검을 아마테라스 오오카미에게 바쳐 이 3가지의 물건은 일본 황실의 상징이 되었다. 이 설화는 제4기 『초등국어독본』 권5의 제5과에 같은 내용이 등장한다. 이처럼 교과서가 바뀔 때마다 아마테라스 오오카미와 그 동생 스사노오노 미코토에 관한 설화를 실어 황실의 정통성을 강조하고 있다. 제17과에는 일기가 소개되어 있는데 일기의 내용에는 대조봉재일(大詔奉載日)이 소개되어 있다. 태평양전쟁이 치러지고 있는 동안 매달 8일이 되면 천황의 조서(詔書)를 교장선생님이 봉독하는 시간을 갖는다. 일기에는 미국 알래스카주 남서부에 있는 애투 섬을 점령한 이야기가 실려있으며 일기를 쓴 아이는 '나도 크면 해군이 되고싶다'라고 적고 있다. 또한, 학교에서 돌아오니 전장에 있는 병사로부터 엽서가 도착해 있는데 엽서에는 위문품과 위문편지에 대한 감사의 답변이 적혀 있었다. 한편 7월 11일의 일기에서는 말레이시아의 병사들로부터 온 고무공을 학생들에게 나눠주는 모습이 담겨있다. 그리고 삽화에도 아이들이 운동장에서 고무공을 받는 사진이 실려 있다. 제18과에는 운동장에 모여 단체로 영화를 관람하는 모습이 그려져 있는데 영화의 내용은 일본군이 알류샨열도를 공격하는 내용과 소남항(昭南港:현재의 싱가포르)에서 일하고 있는 사람들이 영국 포로라고 아버지가 말해주는 장면이 나온다. 제5기 『초등국어』의 특징은 교과서에 흑백사진이 실려있다는 점이다. 본 과에서도 그늘에서 병사가 많은 아이들에게 일본어를 가르치고 있는 사진이 실려있다. 제19과에는 쿠안탄에서 벌어진 '말레이해전'의 모습이 생생히 묘사되어 있다. 적군의 함대를 발견한 아군의 비행기가 무선을 치자 여기저기서 용사들의 비행기가 모이기 시작하고, 몇분 후 폭격기가 두 대의 전함을 침몰시키는 장면이 자세히 그려져 있다. 제20과에는 아마테라스 오오카미의 손자 니니기노 미코토에 관한 이야기가 등장한다. 아마테라스 오오카미는 니니기노 미코토로 하여금 자자손손 일본을 통치하라 명하고 여러 신들과 함께 삼종신기인 거울, 구슬, 검을 주며 니니기노 미코토를 지상으로 내려보낸다. 이를 '천손강림'이라 부르며 니니기노 미코토의 세 아들 중 한 명이 일본의 초대 천황인 진무천황이 된다. 이 이야기는 제4기 『초등국어독본』의 권5 제21과에 같은 내용이 등장한다. 이와 같이 제3학년 상권에는 기존의 교과서에 실렸던 내용들 중 건국신화에 관련한 내용들이 중복되고 있으며, 타 시기에 비해 전쟁과 관련한 군국주의적 사상이 드러나는 내용이 늘어난 것을 알 수 있다.

제3학년 하의 제1과에는 진무천황(神武天皇)에 관한 이야기가 실려있다. 진무천황이 휴가(日向:지금의 미야자키현)를 출발해 야마토로 진격하던 중 기이(紀伊)의 구마노(熊野)라는 마을에 들렀을 때 큰 곰이 나왔다가 사라졌다. 그런데 천황을 비롯한 모든 군사들이 한꺼번에 잠에 빠지고 만다. 마침 이 마을에 다카쿠라지(高倉下)라고 사람이 밤에 이상한 꿈을 꾼다. 그 꿈에 아마테라스 오오카미가 나와 일본은 지금 매우 위험해 처해 있으니 자기가 주는 검을 천황에게 갖다주라고 하며 하늘로부터 검을 떨어트리는 것을 본다. 다음날 눈을 떠서 창고에 가보니 정말로 창고 지붕이 뚫려 있고 한 자루에 검이 있다. 다카쿠라지는 그 검을 진무천황에게 갖다주고 곰으로 위장해 나왔던 나쁜 놈들을 그 검으로 모두 물리치고 용맹하게 야마토로 진군한다는 내용이다. 제3학년 상권에서 나왔던 건국신화의 연속으로 이러한 설화를 바탕으로 한 역사성의 성립은 초등교육용 교과서 여러 곳에서 등장한다. 제5과에는 '타지마 모리(田道間守)'라는 스이닌천황(垂仁天皇:일본의 제11대 천황) 시대의 사람에 대해 서술하고 있다. 그는 스이닌천황의 명을 받들어 멀리 외국에 밀감을 닮은 귤을 찾아 떠난다. 이윽고 그는 먼 외국에서 그 귤을 구해 돌아왔는데 그가 돌아오기 1년 전에 스이닌 천황은 140세로 세상을 떠난다. 타지마 모리는 그 소식을 듣고 슬픔에 잠겨 가져온 귤의 반은 황후에게 바치고, 나머지는 천황의 무덤으로 가서 봉헌한 후에 엎드려 계속해서 울었는데 어느새인가 그의 몸은 차갑게 식어 죽고 말았다. 교과서에는 타지마 모리는 옛날 조선에서 건너 온 사람의 자손이었지만 누구에게도 뒤지지 않는 충의(忠義)의 마음이 있었다고 전하고 있다. 제7과에는 하루오의 큰아버지가 잠수함의 함장이 되어 잠수함을 보러 간 이야기와 잠수함의 구조에 대해 설명하고 있다. 특히 잠수함의 무기인 '어뢰'에 대해 상세히 설명하고 있다. 본문 마지막에는 하루오에게 크면 큰아버지처럼 잠수함을 타고 나라를 위해 일하지 않겠냐고 묻는 물음이 나온다. 나라에 대한 충성과 당시 전시상황 속에서 남자는 크면 군인이 되어 나라를 위해 희생해야 한다는 것을 당연히 받아들이도록 교과서를 통해 교육하고 있다. 이어지는 제8과에서는 일본군 잠수함이 하와이 서방해면에서 적을 찾고 있는 모습이 그려진다. 이윽고 일본군은 미군이 세계 제일이라고 자랑하는 렉싱턴 항공모함을 발견하고 어뢰를 발사해 결국 렉싱턴 항모를 침몰시킨다. 이처럼 교과서는 당시 이러한 일본군의 승전소식을 소개함으로써 군국주의 사상을 최고조로 끌어올릴 수 있는 매개체가 되었다. 제9과에는 싱가포르 함락에 대한 이야기가 등장한다. 어떠한 일이 있어도 함락되지 않을 것이라고 영국이 자부했던 싱가포르도 일본 육해군의 용맹한 병사들에 의해 함락되고 이름도 싱가포르가 아닌 소남항이라 바꾸고 이렇게 일장기가 남쪽 하늘에 펄럭이게 되었다고 자랑하고 있다. 제14과 '군기(軍旗)'에서는 "군기는 우리 육군의 상징이며, 생명이며, 빛이며, 명예이며, 천황폐하 앞으로 죽을 각오로 적지에 나아가라!"며 다른 시기에는 없었던 강한 어조로 전쟁에 참여할 것을 선동하고 있다. 이어지는 제15과에서도 대조봉재일(大詔奉載日)의 아침 풍경에 대해 묘사하며 아침에 일어나 국기를 걸고 상회(常會)가 시작되면 뜰에 나가 궁성요배(宮城遙拜)를 하며 필승기원 묵도를 한다. 전장에 나가 있지 않은 국민들도 항상 전시상황임을 깨닫고 전장에 나가 있는 병사들을 생각하며 살아가도록 훈련하고 있다. 제16과의 '병사에게'는 병사에게 감사의 마음을 담은 편지글이며 제21과의 '세 명의 용사'는 1932년 2월 22일의 전투 중 적진의 철조망을 뚫기 위해 공병들이 돌진하지만 계속 쓰러지는 상황 속에서 세 명의 병사가 포탄을 안고 철조망을 뚫기 위해 돌진하였다. 결국 포탄과 함께 그들은 죽음을 맞게 되는데 뚫린 철조망 사이를 통과하며 그들을 발견한 반장에게 사쿠에 이노스케(作江伊之助)는 '천황폐하 만세!'를 외치며 조용히 눈을 감는다. 제24과에는 산호해해전의 아침 풍경을 그리고 있다. 항공모함의 갑판에는 전투기가 만반의 준비태세를 갖추고 있고 적함을 발견했다는 무전에 따라 신속하게 진격하여 적함을 격퇴시킨다. 이처럼 제5기 『초등국어』에는 전장의 생생함을 묘사하는 내용과 일본이 승리한 대전에 관한 내용들이 주를 이루어 타 시기와는 다른 특색을 보인다.

제4학년 상권 제6과에는 쇼무천황(聖武天皇)의 황후인 고묘황후(光明皇后)가 나라(奈良)에 '세야쿠인'이라는 병원을 세우고 가난하고 병든 자들을 치료했는데 천명째 병자를 치료하는데 환자의 몸에서 빛이 나와 주변이 금빛으로 변했다는 이야기가 전해 내려오고 있다. 쇼무천황은 일본의 제45대 천황으로 황후인 고묘황후는 여러 가지 전설이 있는데 그중 하나는 승려와 사슴 사이에서 태어났다는 이야기이다. 치카이쇼닌(智海上人)이라는 승려가 수행 중에 산중에서 소변을 봤는데 그 오줌을 핥은 사슴이 인간의 아이를 낳았는데 그 여자아이의 발만은 사슴의 모양을 하고 있어 그것을 감추기 위해 버선을 신겼는데 그것이 일본사람들이 기모노를 입을 때 신는 '다비'의 기원이라고 한다. 어쩌다 마을사람들에 의해 키워진 여자아이가 하루는 모내기를 돕고 있는데 참배를 하고 돌아가다 그 마을에 들른 귀족 후지와라노 후히토(藤原不比等)가 밝게 빛나는 그 아이의 사정을 듣고 데려가 양녀로 삼았다. 훗날 이 아이가 고묘황후가 된다. 교과서에는 건국신화와 함께 많은 천황들의 무용담이 실려있다. 하나같이 신비롭고 영험한 기운을 갖고 있으며 용맹스럽다. 그런데 황후의 이야기마저 이처럼 신화에 가까운 이야기로 포장되어 있는 것은 그들이 일본 황실을 특별한 존재이며 신적인 존재라고 부상시키려는 의도임을 알 수 있다. 제7과에서 조선 전국의 국민학생들이 학용품을 아끼고 돈을 모아 비행기를 헌납하는 명명식을 거행하는 장면과 제8과에서는 전시 상황에서 공중전을 벌이는 장면을 생생히 묘사하고 있다. 학생들로 하여금 학생들의 성금을 모아 헌납한 비행기가 실전에서 얼마나 귀하게 쓰이고 있는지 깨닫게 하려는 의도의 구성이라 생각한다.

제4학년 하의 제13과에는 전쟁이 치러지는 가운데 여학생들과 부녀자들의 역할에 대해 설명하고 있다. 여학생들은 군인들이 마을을 지나는 날이면 따뜻한 차를 대접하기 위해 일손을 돕고, 때로는 군인들이 마을에서 하룻밤 신세를 질 때는 지은이의 집에서 몇몇의 군인들이 자고 가는데 집에서 목욕을 하고 양말을 빨고, 젖은 군화를 말리고, 가족들에게 새로운 무기를 설명하는 모습을 볼 수 있다. 제15과에는 국기게양대에 걸린 일장기에 관한 시가 실려있다. 시 가운데 '싱가포르, 수마트라, 자바, 솔로몬의 떠오르는 대동아의 아침햇살에 빛나기를! 이 기를 드높이자! 대동아의 구석구석까지!'라고 되어 있어 대동아 건설의 야욕이 담겨 있는 시라고 할 수 있다. 제21과에는 대포가 만들어지기까지의 과정이 담겨있다. 대포를 만드는 공정과 대포의 종류까지 세세하게 담겨 있다. 이러한 내용은 아동들의 정서는 전혀 고려하지 않고 전쟁준비를 위한 정신무장을 위한 내용들로 교과서가 구성되어 있어 전쟁의 참담함을 다시금 느끼게 한다.

선행연구에 의하면 1941년에 일본 문부성에서 발행한 『초등과국어(初等科國語)』와 1942년에 조선

총독부에서 발행한 『초등국어(初等國語)』는 그 내용이 유사하다. 특히 과의 제목이 달린 제2학년 상권 『요미카타(よみかた)』부터 제6학년 하권까지의 각 단원의 제목을 분석하면 조선의 국어독본 228단원 중 141(61.8%)개의 단원이 내용이 유사한 것으로 밝혀졌다. 그렇기 때문에 타 시기에 비해 제5기 『초등국어(初等國語)』는 본문의 문장도 길며, 당시 전시상황이라는 특수상황을 고려한 탓인지 전쟁상황을 묘사한 본문이 많음을 알 수 있다.

4. 핵심어

대동아건설, 고묘황후, 대조봉재일, 일선동조론, 황국신민화

5. 참고문헌

국사편찬위원회, 『배움과 가르침의 끝없는 여정』, (주)두산동아, 2005.

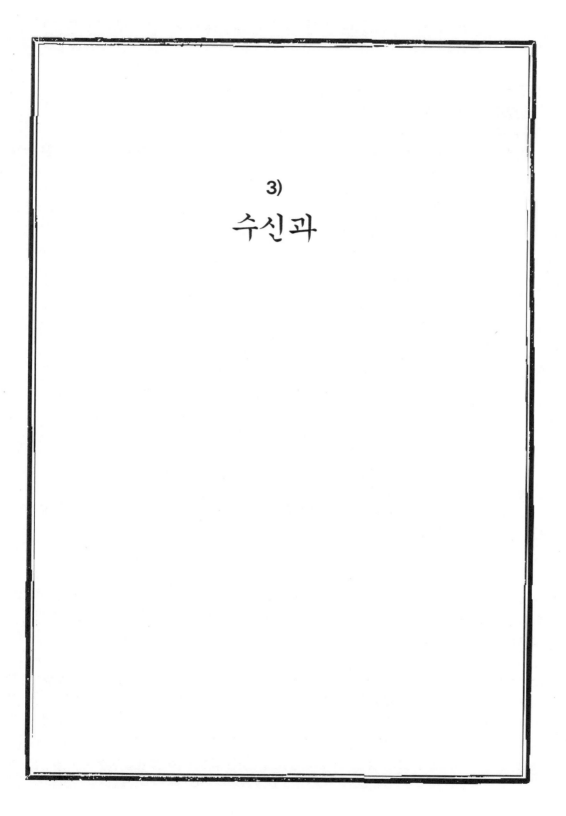

3)

수신과

『고등보통학교수신교과서(高等普通學校修身敎科書)』(권1-권4)

서 명 『고등보통학교수신교과서(高等普通學校修身敎科書)』(권1-권4)

저 자 조선총독부(朝鮮總督府)

형 태 23×15(cm)

발 행 조선총독부, 권1 1918년 9월 15일 , 권2 1919년 3월 20일, 권3 1919년 3월 20일, 권4 1922
년 3월 10일

소장처 국립중앙도서관

『고등보통학교수신교과서』권1 속표지, 판권지

1. 개요

『고등보통학교수신교과서(高等普通學校修身敎科書)』는 1918년~1922년 사이에 조선인이 재학하는
중등교육기관인 고등보통학교에서 사용된 조선총독부 편찬 수신서이다.

2. 저자

조선총독부는 1911년 8월 23일 일본의 식민지 교육 법령으로 제1차 조선교육령(1911년 8월~1922년
2월)을 공포하였다. 이 교육령은 한국인에게 일본어 습득 및 수신교육을 강조하고 있으며, 초보적인 실
업교육에 치중하여 '천황에게 순종하는 선량한 백성'을 만드는 데 주안점을 두고 있다.

이 교육령에 의하여 초등교육기관인 보통학교의 수업 기간이 6년에서 4년으로 축소되었고 보통학
교에서부터 근대적 고등교육기관인 전문학교에 이르기까지 학제가 마련되게 되었으나 경성법학전문
학교, 경성의학전문학교, 경성공업전문학교 등의 전문학교를 설립하였다고 해도 대부분은 기존의 학
교를 승격시킨 것에 불과하며 새로 신설된 것은 없다. 그나마도 인문·사회계는 배제하고 공업·농림
·의학·법률 등 기술 분야에만 제한함으로써 식민지 지배를 위한 조신인 우민화 교육과 천황에 대해
충성하는 일본인으로서의 정체성을 가지는 인간을 양성하기 위한 수단이었음을 엿볼 수 있다.

3. 내용 및 구성

『고등수신서』가 1917년에 발행되었는데도 불구하고 다음 해에『고등보통학교수신교과서』가 발행되기 시작하였는데,『고등보통학교수신교과서』는 6개월 사이에 권1~권3이 발행된 후, 3년을 두고 겨우 권4가 발행되었다. 그리고 그다음 해에는『고등보통학교수신서』가 발행되기 시작하였고 1924년에 완결되었다. 수신서 발행이 불규칙했던 이유는 조선총독부의 교과서편찬 인원 부족과 3·1 운동 후의 교육행정의 혼란 때문인 것으로 보인다.

조선총독부가『고등수신서』를 발행한 다음 해에 바로『고등보통학교수신서』를 발행한 이유는 일본의『중학수신서』를 토대로 만든『고등수신서』가 모두 문어로 서술되어 있었기 때문에 고등보통학교 학생이 쉽게 이해할 수 없었다는 점과 조선인의 일본제국 통합이라는 기능이 보다 강력하게 요구되는 보통교육 기관의 수신서로『고등수신서』는 조선총독부가 만족할 수 있는 것이 아니었기 때문으로 유추된다.

조선총독부는『고등보통학교수신교과서』권1~권3을 1919년까지 발행한 뒤 권4를 1920년쯤에 발행할 예정이었지만, 3·1운동에 대한 대응과 제2차 조선교육령 제정에 쫓겨 발행이 늦어진 것으로 추정된다. 그 사이에 내지준거주의에 입각한 제2차 조선교육령 아래에서 종래 4년제였던 고등보통학교가 일본본국의 중학교와 동일한 5년제가 되었기 때문에 새로운 수신서 편찬이 필수적인 상황이 되었으나 1922년에 그대로 권4를 발행하였다.

『고등보통학교수신교과서』권1은 총 17개의 단원으로 이루어져 있으며, 권2~권4까지는 20개의 단원으로 구성되어 있다. 권1~권3에는 38쪽이나 되는 부록이 첨부되어 있고 그 내용은 「축일(祝日)·대제일약설(大祭日略說)」과 「작법요항(作法要項)」이었다. 즉, 조선총독부는 "축일·대제일"이라는 일본제국의 의식이 있는 날에 모든 국민이 집에서 국기를 게양해서 경의를 표시하게 하는 것을 통해 조선에서도 일본 본국과 균질한 시간이 흐르고 있다는 것을 실감시키며, 일본제국의 예의범절을 제시하고 일본제국 내의 일상생활에서 발생할 마찰을 완화하려고 하였음을 엿볼 수 있다.

이 수신서를 통해 조선총독부의 국가발전법칙의 인식도 엿볼 수 있다.『고등보통학교수신교과서』권4의 제19과 「일본국민(日本国民)」에서 기술하고 있는 국가발전법칙은 복합민족국가가 융합하여 단일민족국가를 이루고, 다시 발전하여 복합민족국가를 이룬다는 것이었다. 즉, 고대 일본에는 야마토민족(大和民族)이외에도 여러 민족이 있었지만 수천 년을 거쳐 완전히 융합되었고, 고대 조선에도 여러 민족이 있었지만 수천년간 융합해서 현재 조선인이 된 것처럼 일본인과 조선인은 단일민족이 되었지만, 앞으로 대국가가 되기 위해서는 풍속, 습관을 달리하고 문화 정도를 달리하며, 언어와 혈통을 달리하는 여러 인종을 포함하는 다민족제국되는 것이 일등국으로의 국가발전을 의미한다고 기술하고 있다. 이를 통해 조선총독부는 조선인을 '일본국민'으로 일본제국에 통합하려고 하면서도 일본민족화하는 것은 부정하고 있다는 것을 엿볼 수 있으며, 이 시기의 동화주의는 제국민화적 동화주의였다고 볼 수 있다.

즉, 차별적인 불균형 아래에서 용인된 조선인의 민족성을 보지(保持)시킨 채 조선인을 일본제국에 통합하는 방법으로 수신교육에서 중시된 것은 국가의 군주인 천황에 대한 충성심의 양성이었다고 할 수 있다.

4. 핵심어

고등보통학교, 제국민화, 국가발전법칙, 복합민족국가, 동화주의

5. 참고문헌

나카바아시 히로카즈(中林裕員), 「조선총독부 고등보통학교수신서의 불규칙적 발행과 동화주의의 변천」, 『한국교육사학』, 한국교육사학회, 2021.

안홍선, 「식민지시기 중등학교의 '국민성'양성 교육 연구: 일본어, 수신과, 공민과 교과서 분석을 중심으로」, 『한 국교육사학』제37권 제3호, 한국교육사학회, 2015.

『고등보통학교수신서(高等普通學校修身書)』(권1-권5)

서 명	『고등보통학교수신서(高等普通學校修身書)』(권1-권5)
저 자	조선총독부(朝鮮總督府)
형 태	22×15(cm)
발 행	조선총독부, 권1 1923년 8월 1일 (번각본), 권2 1923년 2월 20일, 권3 1923년 12월 15일 (번각본), 권4 1924년 3월 28일(번각본)
소장처	국립중앙도서관

『고등보통학교수신서』권2 표지, 권2 판권지

1. 개요

　『고등보통학교수신서(高等普通學校修身書)』는 제2차 조선교육령이 공포된 후 1923년~1924년 사이에 조선인이 재학하는 중등교육기관인 고등보통학교에서 사용된 조선총독부 편찬 수신서이다.

2. 저자

　조선총독부는 1922년 1월 일본 본토의 교육제도에 준거하여 조선의 학제를 개편하기 위한 제2차 조선교육령(1922년~1927년)을 공포하였다. 교육령의 개정에 따라 보통학교의 수업연한을 4년에서 6년으로, 고등보통학교는 4년에서 5년으로, 여자고등보통학교는 3년에서 4년으로 연장하였으며, 독립된 사범학교와 경성제국대학을 설립하는 등 형식적으로 일본과 동일한 교육제도를 갖추고 교육 기간을 확충하였다. 그러나 이것은 학교 제도상의 차별에 대한 비난을 무마하려는 것으로 표면상의 학제와는 달리 조선인이 다니는 보통학교는 대부분 4년제였고, 일본어 수업시수는 늘렸으나 한국사와 한국지리에 관한 과목은 전면적으로 폐지되었다. 또한, 조선 내에 있는 일본인을 위한 교육제도는 일본어를 사용하는 자를 위한 교육제도라 하고, 한국인을 위한 교육제도는 일본어를 사용하지 않는 자를 위한 교육제도라 하여 교묘한 차별주의 교육정책을 시행했다. 1919년 3·1운동 이후 개정된 제2차 「조선교육령」

에서는 사이토[齋藤實] 총독의 이른바 '문화정치'를 표방하며 융화정책을 사용하였으나, 실제로는 일본식 교육을 강화하여 조선인을 일본화하고 민족정신을 말살하려는 데 있었다. 특히, 일본어와 일본 역사를 주입, 강요하여 민족의 사상을 일본화하는 것에 주안점을 두었다.

3. 내용 및 구성

1922년 조선교육령이 개정되면서 중등학교의 교육과정이 일본과 동일한 5년제로 개편되고 교과서 정책도 변화되면서 조선총독부는 1923년부터 1924년까지 총5권의 『고등보통학교수신서(高等普通學校修身書)』를 개정, 편찬하였다. 새로운 수신서를 편찬하면서 교육당국은 「조선총독부편찬교과용도서개요(朝鮮總督府編纂敎科用圖書槪要)」에서 「수신은 개인, 가정, 사회, 국가에 관한 도덕적 교재를 적당히 배열함과 동시에 조선인의 사적(事蹟)을 가능한 한 채택하기 위해 노력하고, 또한 그 기술을 평이하게 하여 실제 교수자가 운용할 여지가 있게 한다. 다만 충군애국(忠君愛國)을 과도하게 강제하거나 애국심을 고무하기 위해 적개심을 일으키는 등의 교재는 가능한 한 그것을 생략하도록 한다」라고 밝히고 있다. 교육당국이 새로운 『고등보통학교수신서(高等普通學校修身書)』의 편집 방침에서 밝히고 있듯이, '충군애국' 이나 '애국심'을 지나치게 강제하는 주제는 생략하고자 했음을 알 수 있는데, 그 이유는 오히려 조선인 학생들의 '적개심'을 유발시키는 경향이 있었다고 판단했기 때문으로 보인다. 이러한 『고등보통학교수신서(高等普通學校修身書)』의 편집 방침은 3·1운동 이후 조선인 학생들의 집단적 저항에 대한 식민당국의 대응과 수신교육의 변화 방향을 보여주는 것이라 할 수 있다.

『고등보통학교수신서(高等普通學校修身書)』의 권1의 제1과 「우리들 학교(我等の學校)」에서는 기존의 『고등보통학교수신교과서(高等普通學校修身敎科書)』권1의 제1과 「생도의 본분(生徒の本分)」의 일부를 수정하고 가필한 내용임을 알 수 있는데, 달라진 내용을 보면 '천황의 은혜'나 '교육칙어(敎育勅語)', '무신칙어(戊申勅語)'를 지켜야 한다는 서술이 생략되어 있다. 대신에 학생들은 '충량한 국민'이 아니라 '국가사회의 중견인(中堅人)'이 될 것으로 상정하고 있다. 또한, 새롭게 이 퇴계(李退溪)의 일화를 삽입하여 사제지간의 예의와 교사에 대한 존경을 강조하고 있는데, 이러한 예에서 보이는 것처럼, 새로운 『고등보통학교수신서(高等普通學校修身書)』는 그 이전까지 일본 천황과 그에 대한 충성을 노골적으로 강조했던 것이 다소 약화되고 퇴계 이황이나 율곡 이이 등 조선인 위인들을 등장시켜 수신 교육의 효과를 높이고자 했음을 알 수 있다.

『고등보통학교수신서(高等普通學校修身書)』는 총5권으로 권1은 16개의 단원으로 구성되어 있으나 권2~권5는 모두 20개의 단원으로 구성되어 있다. 제2차 조선교육령에 준거한 『고등보통학교수신서(高等普通學校修身書)』는 1924년 3월까지 전권 발행이 완료되었는데 이렇게 빠른 발행이 가능했던 것은 편찬인원이 증원되었기 때문인 것으로 보인다.

1918년~1922에 발행된 『고등보통학교수신교과서(高等普通學校修身書)』의 전반적인 덕목에서 보이는 제국민화적 동화주의의 기조와는 달리 3·1 운동 후의 민족주의 고양 안에서 발행된 『고등보통학교수신서(高等普通學校修身書)』에서는 「축일·대제일 약설」과 「작법요항」으로 구성된 부록을 삭제했는데, 이것은 제국민화적 동화주의가 조선인의 반발을 받을 가능성이 있다고 판단한 것으로 추정되며 그 결과 『고등보통학교수신서(高等普通學校修身書)』의 부록은 본문에 나온 훈언, 격언, 속담 등의 출처를 제시하는 2-5쪽 분량으로 축소되었다.

4. 핵심어

고등보통학교, 3·1운동, 국가사회

5. 참고문헌

나카바아시 히로카즈(中林裕員), 「조선총독부 고등보통학교수신서의 불규칙적 발행과 동화주의의 변천」, 『한국교육사학』, 한국교육사학회, 2021.

안홍선, 「식민지시기 중등학교의 '국민성' 양성 교육 연구: 일본어, 수신과, 공민과 교과서 분석을 중심으로」, 『한국교육사학』 제37권 제3호, 한국교육사학회, 2015.

『보통학교수신서(普通學校修身書)』(권1-권3)

서 명 『보통학교수신서 (普通學校修身書)』(권1-권3)

저 자 조선총독부(朝鮮總督府)

형 태 23×15(cm)

발 행 조선총독부, 권1 1930년 2월 5일(번각본), 권2 1930년 2월 5일(번각본), 권3 1937년 1월 10일(개정번각본), 권4 년도미상, 권5 년도미상, 권6 1934년 3월 20일(번각본)

소장처 국립중앙도서관(『보통학교수신서 (普通學校修身書)』권1~권3)

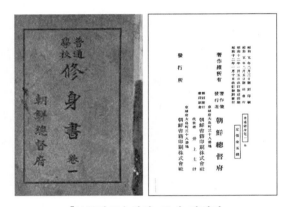

『보통학교수신서』표지, 판권지

1. 개요

　『보통학교수신서(普通學校修身書)』(권1~권6)는 조선총독부가 편찬한 책으로 권1~권2은 1930년에 번각본이 발행되었으며, 권3은 1937년에 개정번각본이 발행되었으나 권4~권5는 발행년도가 미상이며 권6은 1934년에 번각본이 발행되었다. 제1차 세계대전과 경제공황 등으로 인한 자본주의 상품시장 붕괴로 1928년에 개정되어 1938년까지 사용된『보통학교수신서(普通學校修身書)』는 근로존중과 같은 실천도덕을 중요시하는 근로주의 교육이 다루어졌으며, 이러한 교육은 문화와 의식파괴에 이어 경제적인 수탈과 착취를 가능하게 한 내용이었다.

2. 저자

　조선총독부는 1922년 1월 일본 본토의 교육제도에 준거하여 조선의 학제를 개편하기 위한 제2차 조선교육령(1922년~1927년)을 공포하였다. 교육령의 개정에 따라 보통학교의 수업연한을 4년에서 6년으로, 고등보통학교는 4년에서 5년으로, 여자고등보통학교는 3년에서 4년으로 연장하였으며, 독립된 사범학교와 경성제국대학을 설립하는 등 형식적으로 일본과 동일한 교육제도를 갖추고 교육기간을 확충하였다. 그러나 이것은 학교 제도상의 차별에 대한 비난을 무마하려는 것으로 표면상의 학제와는 달리 조선인이 다니는 보통학교는 대부분 4년제였고, 일본어 수업시수는 늘렸으나 한국사와 한국지리에 관한 과목은 전면적으로 폐지되었다. 또한, 조선 내에 있는 일본인을 위한 교육제도는 일본어를 사용하는 자를 위한 교육제도라 하고, 한국인을 위한 교육제도는 일본어를 사용하지 않는 자를 위한 교육제도라 하여 교묘한 차별주의 교육정책을 시행했다.

1919년 3 · 1운동 이후 개정된 제2차 「조선교육령」에서는 사이토[齋藤實] 총독의 이른바 '문화정치'를 표방하며 융화정책을 사용하였으나, 실제로는 일본식 교육을 강화하여 조선인을 일본화하고 민족정신을 말살하려는 데 있었다. 특히, 일본어와 일본 역사를 주입, 강요하여 민족의 사상을 일본화 또는 말살하려는 데 주안점을 두었다.

3. 내용 및 구성

제1차 세계대전과 경제공황 등으로 인한 자본주의 상품시장 붕괴로 1928년 개정되어 1938년까지 사용된 『보통학교수신서(普通學校修身書)』는 근로 존중과 같은 실천도덕을 중요시하는 근로주의 교육이 주로 다루어졌다. 이러한 교육은 문화와 의식파괴에 이어 경제적인 수탈과 착취를 가능하게 한 것이었다.

이 시기의 교육의 기본 방향은 천황에 대한 충성과 국가에 대한 봉사를 의식화하는 것이었고, 일본 민족이 만세일계의 황통을 가진 우월한 민족임을 의식화시키면서 천황와 신민과의 관계를 중심으로 모든 덕목이 교육되었다. 여기에서 유교 윤리인 '孝'는 천황폐하에 대한 멸사봉공의 '忠'으로 그 의미가 확대되고, 천황과 황후의 인자함을 내세워 모든 신민들이 어버이로서의 상하관계를 지속시키고 있음을 알 수 있다. 즉, 일본이 수신 교과서를 통하여 기르고자 한 인간상은 천황에 충성하는 일본인이었다고 할 수 있다. 일제가 전략적으로 펼쳐나갔던 보통교육정책은 점진적 동화주의와 충량한 제국신민의 양성으로서, 일제의 동화정책이란 조선인에게는 보통교육 즉 독서, 습자, 산술을 가르치는 것에 족하고 황국신민을 위한 품성과 시풍을 교화하는 데 목적이 있었다. 그러므로 이러한 목적을 달성하기 위해 보통학교를 거점으로 하여 황국신민화의 동화정책을 위한 사회교화를 펼쳐나갔음을 알 수 있다.

일제강점기에 보통학교 수신서의 간행 시기는 다섯 시기로 나뉘는데, 조선교육령이 바뀔 때와 시기 구분이 대체적으로 일치한다. 1928년부터 1937년까지는 제3기로 이 시기에 사용된 『보통학교수신서(普通學校修身書)』에서는 실천도덕을 중시하고 있다. 황국신민화의 덕목은 1학년 2개의 단원, 2학년~3학년은 3개의 단원, 4학년~5학년은 5개의 단원, 6학년은 8개의 단원에서 제시하고 있는데 학년이 올라감에 따라 그 수가 증가하고 있는 것은 제1~제2기의 수신서와 동일하다. 또한, 축제일을 비롯한 국가적인 공식행사는 전통이라는 미명 아래 천황의 이미지와 국민정서를 만들기 위한 수단으로 새롭게 창출되었는데, 메이지 정부는 특별히 일본이 '신의 나라'임을 강조하며 신화와 역사에 근거하여 헌법상 '현신인'으로 규정한 천황과, 천황가를 정신적인 구심적으로 하여 축제일을 제정하였고 이를 국가 의례화하면서 이 모든 것들을 교과서를 통해 그대로 식민지 조선의 아동교육에 이식하였다.

『보통학교수신서(普通學校修身書)』권1은 학교에 대한 적응을 우선적 과제로 하여 공동생활을 하는 데 필요한 덕목을 지도하면서 동시에 조선인에 대한 동화교육을 토대로 하여 천황에 대한 충성심을 배양하는 황국신민화의 교두보를 마련하는 것이라고 볼 수 있다. 수신교과서에서 황국신민화는 일본의 건국 유래와 역사에 나타난 천황에 대한 숭상, 천황의 신민에 대한 사랑, 천황의 위용, 천황과 관련된 국가 의례, 천황이 반포한 교육칙어 및 이에 근거하여 천황의 신민으로 충성을 다해야 하는 것 등을 주요 내용으로 수록하고 있다. 따라서 이 시기의 수신교육은 한 개인을 인격적인 존재로서 고려하는 전인교육과는 거리가 멀고 국가나 천황의 도구에 지나지 않는 수준으로 격하되고 있음을 알 수 있다.

1학년 수신서에 나타난 윤리 덕목은 황국신민화, 효도, 정직, 예절, 준법, 성실, 절제, 면학, 공경, 우정 등이 있으나 이러한 것들은 일본 천황이 다스리는 황국에서 천황에 충성하고 법과 질서를 지키며 공부를 잘하고 건강한 신민이 되기 위한 덕목으로 보편적인 덕성 함양과는 거리가 있는 것으로 보인다.

『보통학교수신서(普通學校修身書)』권2는 1학년 교과서와 분량이나 단원 수가 거의 비슷하지만 1학년 수신서와 비교하면 교과서에 제시된 삽화의 크기가 줄어들었고 내용은 대체로 3-4줄 이상 늘어나 있다. 보통학교 2학년 수신서는 학교에 대한 적응을 마친 학생들을 대상으로 동화교육 및 황국신민화의 교두보를 확장하는 것으로 볼 수 있다. 동화교육 및 황국신민화와 연관된 덕목이 1학년에 비하여 늘어나는 것이 이런 관점을 뒷받침한다.

2학년 수신서에 나타난 덕목은 황국신민화, 준법, 효도, 정직, 성실, 배려, 예절, 건강 등이 있으며 황국신민화와 관련한 것은 세 개의 단원에서 다루고 있다. 효도는 가족 윤리이지만 수신서에 등장하는 '孝'는 '忠'의 개념으로 확장되고 있는데, 궁극적으로 지향하는 바는 천황에 대한 멸사봉공의 신념을 배양하는 데 있다고 할 수 있다. 일본의 제국주의가 근대교육에서 수신교과를 초등학교 교육과정에 배치한 것은 전통적 유교 윤리의 수용이라기보다는 메이지(明治) 시대의 근대국가 수립과 더불어 국민들을 부국강병의 수단으로 관리하고 통제하기 위한 것이었다.

『보통학교수신서(普通學校修身書)』권3은 대체로 1, 2학년과 단원 수에서는 큰 차이는 없지만, 교과서의 분량은 10쪽 이상 증가하고 있다. 본문 이해를 돕기 위해 제시하는 삽화는 전체적으로 크기가 줄었으며, 삽화의 제시가 없는 경우도 있다. 3학년은 동화교육과 황국신민화 교육의 내용을 확장하는 시기로 황국신민화 교육의 토대를 1학년에서 마련하고, 2학년에서는 마련한 토대를 공고히 한 후에, 3학년에 이르러서는 토대를 확장해 나가고 있는 것으로 보인다. 3학년 수신서에 나타난 덕목은 황국신민화, 절제, 근면, 효도, 건강, 공익, 예절, 준법 등이 있는데, 3개의 단원에서 황국신민화와 관련한 제제를 다루고 있으며 1학년이나 2학년 수신서와 비교할 때 그 비중이 높다.

『보통학교수신서(普通學校修身書)』권4에서는 일본천황이 교육에 관하여 반포한 내용(교육에 관한 칙어)를 한쪽에 걸쳐 제시하고 있는데, 그 주된 내용은 신민이 충효의 도리를 다함이 국체의 정화(精華)이니, 교육의 연원도 여기에 있다는 것과 너희 신민은 덕과 학문을 닦아 공익, 사회의 의무, 나라의 헌법을 준수하고 유사시에는 충의와 용기를 가지고 봉사하며 천양무궁한 황운(皇運)을 도와야 하며, 이같이 하면 짐의 충량한 신민이라는 내용으로 이루어져 있다. 이와 같이 교과서의 시작 부분부터 노골적으로 황국신민화를 전면에 내세우는 4학년 수신서에 황국신민화 덕목이 수록된 단원은 5개의 단원에 이른다. 이를 통해 이 시기가 황국신민화의 토대를 양적으로 확장하고 있는 시기임을 알 수 있다. 4학년 수신서에 나타난 덕목은 황국신민화, 성실, 책임, 공익, 근면, 효도, 절제, 면학, 배려, 건강 등으로 수신서가 다루는 덕목의 수가 줄어든 것이 두드러진 특징이다.

『보통학교수신서(普通學校修身書)』5권에서도 4학년 수신서와 마찬가지로 목차 다음에 교육에 관한 칙어(勅語)를 한 쪽에 걸쳐 제시하고 있는데, 내용은 4학년 수신서에 제시된 것과 동일하다. 보통학교 5학년 수신서는 특히 수신서의 시작부터 조선인의 일본인화와 황국신민화를 동시에 추구하고 있다. 이것은 1, 2학년에 토대를 마련하고 3, 4학년에 마련된 토대를 확장한 것을 보통학교 5학년에 이르러 심화시키려는 의도로 해석된다. 5학년 수신서에 나타난 덕목은 황국신민화, 성실, 근면, 공익, 배려, 애국,

건강 등으로 황국신민화와 관련한 단원이 5개로 급증하면서 다른 덕목들의 수가 줄어들었으며 5학년 수신서에서 황국신민화의 내용이 보다 심화된 내용으로 제시되고 있다.

『보통학교수신서(普通學校修身書)』6권도 4, 5학년 수신서와 똑같은 내용의 '교육에 관한 칙어'를 목차 다음에 제시하고 있으며, 6학년 수신서 역시 5학년 수신서와 마찬가지로 처음 1, 2과부터 천황을 다루며 황국신민화를 노골적으로 추구하고 있다. 황국신민화가 8개의 단원에 걸쳐 수록되고 있다는 것은 고학년으로서 보통학교 교육을 마무리하는 6학년 과정의 중요성을 염두에 두고 있는 것으로 보이며, 이는 일반적으로 대부분의 사람들이 중학교나 고등학교에 진학하는 경우가 많지 않으므로 6학년 때에 조선인의 동화교육과 황국신민화 교육을 마무리하고자 하는 의도로 보인다.

4. 핵심어

보통학교, 도덕교육, 황국신민화, 동화교육, 일본인화

5. 참고문헌

김순전외,『조선총독부 초등학교 수신서(제Ⅲ기)』, 서울: 제이앤씨, 2007.

김순전·박경수,「동화장치로서『普通學校修身書』의 '祝祭日'서사」,『일본연구』, 33, 한국외국어대학교 일본연구소, 2007.

서강식,「일제강점기 하의 보통학교 수신서 변천 연구－덕목 변천을 중심으로」,『초등도덕교육』제48집, 한국초등도덕교육학회, 2015.

서기재·김순전,「한국 근(현)대의 <수신교과서>와 근대화에 대한 열망」,『일본어문학』제31집, 한국일본어문학회, 2006.

손종현,「일제 초등학교 수신교육 연구」,『한국교육』제22집, 1995.

이병담·문철수,「일제강점기의 <普通學校修身書>연구－朝鮮總督府의 식민지 교육과 이데올로기」,『일어일문학』제24집, 2004.

『보통학교수신서 생도용(普通學校修身書 生徒用)』(권1-권4)

서명	『보통학교수신서 생도용 (普通學校修身書 生徒用)』(권1-권4)
저자	조선총독부(朝鮮總督府), 1913년~1922.
형태	15×22(cm)
발행	조선총독부, 권1 1913년 6월 15일, 권2 1913년 10월 15일, 권3 1914년 10월 25일, 권4 1915년 3월 25일
소장처	국립중앙도서관

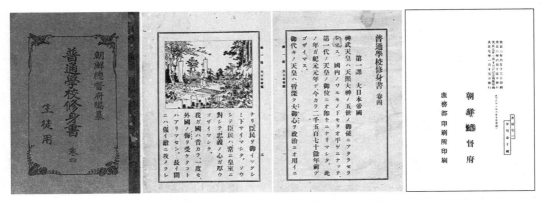

『보통학교수신서 생도용』권4 표지 및 본문, 판권지

1. 개요

『보통학교수신서 생도용(普通學校修身書 生徒用)』(권1~권4)은 조선총독부가 편찬한 책으로 1913년~1915년에 초판이 발행되었으며 1918년에 개정판이 발행되었다. 4년제 보통학교의 학생으로서 준수해야 할 사항을 비롯하여 개인이 함양해야 할 덕목이나 가정과 사회에서의 실천방안 및 황국신민의 의무에 관한 내용으로 구성되어 있다.

2. 저자

조선총독부는 1911년 8월 23일 일본의 식민지 교육 법령으로 제1차 조선교육령(1911년 8월~1922년 2월)을 공포하였다. 이 교육령은 조선인의 일본어 습득 및 수신교육을 강조하고 있으며, 초보적인 실업교육에 치중하여 '천황에게 순종하는 선량한 백성'을 만드는 데 주안점을 두고 있다.

이 교육령에 의하여 초등교육기관인 보통학교의 수업 기간이 6년에서 4년으로 축소되었고 보통학교에서부터 근대적 고등교육기관인 전문학교에 이르기까지의 학제가 마련되게 되었으나 경성법학전문학교, 경성의학전문학교, 경성공업전문학교 등의 전문학교를 설립하였다고 해도 대부분은 기존의 학교를 승격시킨 것에 불과하며 새로 신설된 것은 없다. 그나마도 인문·사회계는 배제하고 공업·농림·의학·법률 등 기술 분야에만 제한함으로써 식민지 지배를 위한 조선인 우민화 교육과 천황에 대해 충성하는 일본인으로서의 정체성을 가지는 인간을 양성하기 위한 수단이었음을 엿볼 수 있다.

3. 내용 및 구성

『보통학교수신서 생도용(普通學校修身書 生徒用)』(권1~권4)은 일제강점기에 접어든 후 1911년 제1차 조선교육령이 공포된 이후 조선총독부의 감독과 지시하에 편찬된 책이다. 제1차 조선교육령에 따라 4년제로 축소된 보통학교에서 1913년부터 1923년까지 사용된 국책 과목의 교과서로 권1에서 권3까지는 총 25과로 구성되어 있으며, 권4는 26과로 구성되어 있다. 또한, 권1과 권2는 교과서의 총 면수가 32면으로 같으며 권3은 52면, 권4는 62면으로 면수를 늘려 구성하였다.

표지, 서언, 목차, 본문, 판권면, 뒤표지가 책의 공통적인 구성요소로 서언은 모두 8개의 항목으로 구성되어 있는데, 1항은 별도의 교사용 교과서와 수신 괘도를 제공하여 교수의 편의를 제공한다는 것, 2항은 지역 실정에 맞게 필요한 설명을 보충하라는 것, 3항은 각과는 대체로 12시간을 들일 것, 4항은 학교생활에 익숙하게 하고, 점차 국민 성격 양성에 필수적인 덕에 이르게 하라는 내용이다. 5항은 규범을 각 단원에 연결하여 실습이 필요하면 연습시키라는 것, 6항은 필요에 따라 조선어를 사용할 수 있다는 것, 7항은 지식전달, 심정적 이해를 통해 덕목을 실천하도록 할 것, 8항은 다른 교과서와 연결하여 보완할 것 등을 기술하고 있다. 권4의 경우만 공통적인 교과서 구성 항목 외에 목차 앞에 '교육에 관한 칙어'를 제시하고 있는데, 그 주된 내용은 '신민이 충효의 도리를 다함이 국체의 정화(精華)이니, 교육의 연원도 여기에 있으며, 너희 신민은 덕과 학문을 닦아, 공익, 사회의 의무를 다하고 나라의 헌법을 준수하며 황운(皇運)을 도와 짐의 충량한 신민'이 되어야 한다는 내용으로 기술되어 있다. 이를 통해 일제강점기의 '수신'이라는 교과목은 보편적인 덕목에 대한 교육을 수행하기 위함이 아니라 식민지 제도교육의 통치 도구화 과정을 통해 황국신민의 행동 양식을 내면화하고 생활화하는 것을 목적으로 하고 있음을 알 수 있다.

『보통학교수신서 생도용(普通學校修身書 生徒用)』은 수신 교과서의 윤리를 학교, 가정, 사회, 개인, 국민윤리로 분류하여 교과서를 편찬하였는데, 이러한 덕목은 크게 ① 효행(孝行), 형제(兄弟), 붕우(朋友), 예의(禮儀) 등과 같은 조선의 전통적인 유교 윤리 ② 근로와 면학, 규율과 약속, 공익과 공덕, 청결과 건강과 같이 근대화 과정에서 새롭게 도입된 근대적 도덕 규범 ③ 일본의 경신숭조(敬神崇祖) 풍습 및 축일(祝日), 대제일(大祭日일), 천황폐하, 일본 국기 등과 같이 일제강점기의 지배 권력에 의해 의도적으로 강조된 덕목으로도 구분할 수 있다. 연장자에 대한 충(忠)의 개념은 천황을 중심으로 하는 식민지 제도교육의 통치 도구화 과정을 통해 전통적 의미의 충(忠)의 개념이 충군애국(忠君愛國)의 이념으로 변화되는 양상으로 전개되었으며, 근대적 도덕 규범과 관련한 일부 삽화들은 수신서 안에서 반복적으로 그려지는 동안 특정한 윤리와 결합된 전형적인 도상으로 정착되어 가는 경향을 엿볼 수 있다. 이러한 그림들은 정연한 사물의 배치 및 질서 있는 화면 구성을 통해 주제의 의미를 강조하고 위압적인 느낌을 전달하는 시각적인 효과와 더불어 어린 학생들에게 충군애국이라는 추상적 개념을 쉽게 가르칠 수 있도록 구체적 상징물 또는 일상적인 경험들과 일체화된 이미지로 나타내거나 신체적 행위규범으로 시각화하여 수신서가 요구하는 정신적 가치들을 내면화하는 도구로 활용되기도 하였다.

권1은 총 25과로 구성되어 있으나 그중 19과까지는 본문에 삽화만 사용하고 있는 특징이 있으며, 20과부터는 삽화와 함께 비교적 쉬운 문장이 2줄~3줄 정도 쓰여있다. 수신서는 학생의 도리와 지켜야 할 덕목을 교육하기 위한 도덕 교과서의 성격을 띤 아동용 교과서이므로 삽화를 이용해 학습자의 이해를 돕는 방식이 사용되고 있음을 알 수 있는데, 같은 시기의 다른 교과서와 달리 상대적으로 많은 삽화가 수록된 것이 특징이다. 따라서, 본문의 내용을 보완하는 방식으로 수록되었던 일반적인 교과서와는 달리 일제강점기의 보통학교 수신서의 삽화는 아동들의 시각적 경험을 극대화하여 수신서에서 요구하는 실천덕목 및 도덕성을 내면화하도록 만드는 자료로 활용되었다고 볼 수 있다. 특히 저학년용 교과서의 경우 추상적인 개념인 윤리 덕목들을 설명하는 데 있어 실생활에서 경험할 수 있는 구체적인 일화를 통해 쉽게 접근하도록 하고 있으며, 본문을 없애고 삽화로만 단원을 구성함으로써 단원의 주제를 명시적으로 보여주는 효과를 극대화한다. 이러한 것은 교사가 아동에게 이야기를 들려주는 식으로 수업했던 일본의 수신서 훈육방식에서 유래한 것으로, 괘도를 활용하는 수업방식이나 본문 없이 전면 삽화로 단원을 구성하는 수신서의 예는 일제강점기의 초등용 수신서에서만 볼 수 있는 특징적인 방식이라고 할 수 있다. 또한, 아이들에게 추상적인 개념을 가르치기 위해 친숙한 동물 이야기를 삽화로 싣는 경우가 많았는데, 일본의 수신서에서는 효행과 관련해서는 원숭이의 일화를 수록하는 것이 일반적인 것과는 달리 『보통학교수신서 생도용(普通學校修身書 生徒用)』에서는 조선의 어린이에게 친숙한 제비의 일화로 소재를 바꾸어 표현하였다.

권1의 대부분의 내용은 도덕 교육의 보편적인 내용으로 이루어져 있으나, 제10과에서 천황에 대해 가르치기 위해 일장기와 일본성을 배경으로 한 천황의 행차가 나오고, 제11과와 제12과에서는 부모의 은혜, 제13과에서는 할아버지와 할머니에 대한 효도를 가르치는 단원을 배치함으로써 천황에 대한 충과 부모에 대한 효를 연속선상에서 함께 가르치도록 편찬하였다. 여기서 천황에 대한 충과 부모에 대한 효를 동일시하고자 하는 의도성을 엿볼 수 있다. 그러나 권1에서는 황국신민화를 노골적으로 드러내고 있지는 않다.

권2는 권1과 같은 분량의 25과로 구성되어 있으며, 삽화와 글이 함께 제시되어 있다. 황국신민화와 관련된 내용이 제23과에서 제25과까지 걸쳐 나오며 마지막 제25과에서는 황실의 은혜를 잊지 않기 위해 몸을 단련하고 일에 힘쓰며, 효행이나 우애 화목 등을 지켜야 한다는 내용을 제시함으로써 수신서의 목적이 노골화되기 시작한다. 권2에서 눈에 띄는 것은 '근주자적 근묵자흑(近朱者赤 近墨者黑)과 같은 중국 유학의 문헌을 인용하고 있다는 점이며, 권1에서 제시한 덕목 외에 협동, 배려, 생명존중, 근면, 관용, 화목 등의 덕목이 추가되어 있다. 반면 권1에서 제시되었던 성실, 정리정돈, 존중, 보은, 친절은 생략되었다.

권3의 경우 전체 25과로 구성된 것은 권1, 권2와 같으나 처음 두 단원과 마지막 두 단원에서 천황에게 충량한 신민이 될 것을 본격적으로 제시하고 있다는 점에서 황국신민화를 노골화하기 시작한다는 차이점이 드러난다. 예를 들면, 본받아야 할 일본인을 각과의 제목으로 설정하여 의도적으로 일본인화를 추구하고 있음을 알 수 있는데, 3학년의 경우 학교생활이 어느 정도 정착단계에 접어들었다고 보고 황국신민화 교육을 가속화 하는 것에 무리가 없다는 판단을 내린 것으로 볼 수 있다. 따라서 권3을 구성하는 내용은 보편적인 도덕 교육의 내용이라기보다는 황국신민화와 일본인화를 위한 의식화 교육과 관련된 내용이 주이다. 권3에서는 수신의 덕을 닦는 것은 결국 천황의 충량한 신민이 되기 위함임을 분명하게 하고 있으며, 삽화는 25과 중에서 15개의 과에서만 제시되고 있는데, 그중에 12개의 과가 일본을 배경으로 하고 있다. 삽화에 등장하는 인물은 주로 일본인으로 조선인은 모두 일반인이지만 일본인은 천황, 학자 등으로 조선인과 사회적 지위와 학문적 업적에서도 확연하게 구분된다.

권4는 보통학교 교육을 마무리하는 시기의 수신서로 다른 수신서와는 달리 목차 앞에 '교육에 관한 칙어'를 제시하고 있으며, 마지막의 3개의 과에 걸쳐 교육에 관한 칙어의 대의를 기술하면서 보통학교 수신과목 교수상의 귀결로 삼는다는 명시를 하고 있다. 보통학교 4학년 수신서는 이전보다 한 과 늘어난 26과로 편찬되었으며 분량도 10쪽 정도 늘어났는데, 권3과 마찬가지로 보편적인 도덕 교육의 내용이 아닌 황국신민화를 의식화하려는 의도가 가장 두드러진다. 삽화는 26과 중에서 4개의 과에만 제시되어 있으며, 주로 일본을 배경으로 하고 있다. 일본인은 10개 과에 걸쳐 21명이 나오고, 조선인은 권3에서와 같이 2명의 일반인만 등장하지만, 일본인은 천황, 학자 등 사회적으로나 학문적으로 탁월한 인물을 다양하게 제시함으로써 일본인의 우월성을 내세워 식민 지배를 정당화하고 일본인화를 추구하고 있음을 알 수 있다. 권4에서는 금언을 제시하며 효경(孝經), 예기(禮記), 맹자(孟子), 논어(論語) 등의 출전을 밝히고 있는 점이 특징이다.

4. 핵심어

보통학교, 도덕교육, 황국신민화, 일본인화, 천황

5. 참고문헌

서강식, 「조선총독부 발간 초등학교 수신서 내용 분석 연구－1913~1921년을 중심으로」, 『초등도덕교육』 제27집, 한국초등도덕교육학회, 2008.

서기재·김순전, 「한국 근(현)대의 <수신교과서>와 근대화에 대한 열망」, 『일본어문학』 제31집, 한국일본어문학회, 2006.

석지혜, 「일제시대 교과서 삽화이 소년이미지 연구－초등 『수신서』를 중심으로」, 이화여자대학교 대학원 석사학위 논문, 2007.

손종현, 「일제 초등학교 수신교육 연구」, 『한국교육』 제22집, 1995.

이병담·문철수, 「일제강점기의 <普通學校修身書>연구－朝鮮總督府의 식민지 교육과 이데올로기」, 『일어일문학』 제24집, 2004.

『보통학교수신서 아동용(普通學校修身書 兒童用)』(권1-권6)

서 명	『보통학교수신서 아동용(普通學校修身書 兒童用)』(권1-권6)
저 자	조선총독부(朝鮮總督府), 1923년~1924년
형 태	15×22(cm)
발 행	조선총독부, 권1 1923년 7월 10일(번각본), 권2 1923년 5월 30일(번각본), 권3 1923년 1월 25일, 권4 1924년 1월 31일(번각본), 권5 1924년 1월 31일(번각본), 권6 1924년 2월 20일 (번각본)
소장처	국립중앙도서관

『보통학교수신서 아동용』권5 표지, 본문, 판권지

1. 개요

　『보통학교수신서 아동용(普通學校修身書 兒童用)』(권1~권6)은 조선총독부가 편찬한 책으로 권1~권3은 1923년에 번각본과 초판이 발행되었으며, 권4~권6은 1924년에 번각본이 발행되었다. 제2차 조선교육령의 공포로 6년 학제로 연장된 보통학교의 교과서로 보편적인 가치와 덕목, 조선인의 일본인화 및 황국신민화를 실천하는 내용으로 구성되어 있다.

2. 저자

　조선총독부는 1922년 1월 일본 본토의 교육제도에 준거하여 조선의 학제를 개편하기 위한 제2차 조선교육령(1922년~1927년)을 공포하였다. 교육령의 개정에 따라 보통학교의 수업연한을 4년에서 6년으로, 고등보통학교는 4년에서 5년으로, 여자고등보통학교는 3년에서 4년으로 연장하였으며, 독립된 사범학교와 경성제국대학을 설립하는 등 형식적으로 일본과 동일한 교육제도를 갖추고 교육 기간을 확충하였다. 그러나 이것은 학교 제도상의 차별에 대한 비난을 무마하려는 것으로 표면상의 학제와는 달리 조선인이 다니는 보통학교는 대부분 4년제였고, 일본어 수업시수는 늘렸으나 한국사와 한국지리에 관한 과목은 전면적으로 폐지되었다. 또한, 조선 내에 있는 일본인을 위한 교육제도는 일본어를 사용하는 자를 위한 교육제도라 하고, 한국인을 위한 교육제도는 일본어를 사용하지 않는 자를 위한 교육제도라 하여 교묘한 차별주의 교육정책을 시행했다.

1919년 3·1운동 이후 개정된 제2차 「조선교육령」에서는 사이토[齋藤實] 총독의 이른바 '문화정치'를 표방하며 융화정책을 사용하였으나, 실제로는 일본식 교육을 강화하여 조선인을 일본화하고 민족정신을 말살하려는 데 있었다. 특히, 일본어와 일본 역사를 주입, 강요하여 민족의 사상을 일본화하는 것에 주안점을 두었다.

3. 내용 및 구성

『보통학교수신서 아동용(普通學校修身書 兒童用)』(권1~권6)은 일제강점기였던 1922년 제2차 조선교육령이 공포된 이후 일시동인, 내지연장주의의 구호 아래 동화정책을 폈던 조선총독부의 감독하에서 편찬된 수신서로 1924년부터 1933까지 6년제 보통학교에서 사용된 교과서다. 조선총독부는 합병을 계기로 1911년 '교과용 도서일람'을 제정·공포하고 이를 통하여 '조선총독부 출판교과용 도서', '검정교과용 도서', '인가교과용 도서', '불인가교과용 도서', '검정무효 및 검정불허가 교과용 도서', '발매반포 금지도서'를 구체적으로 제시하여 학교에서 활용할 교과서의 편찬과 제작 등에 대한 통제를 강화하였다. 이 시기의 수신교과서는 식민권력의 정치 경제적 요구와 그것을 강제하는 이념을 가장 구체적으로 조직하여 교화하기 위한 수단이라고 할 수 있다.

『보통학교수신서 아동용(普通學校修身書 兒童用)』(권1~권6)은 모두 23과로 구성되어 있는데 학년이 올라갈수록 조선인의 일본인화 및 황국신민화 교육이 노골적으로 표면화되고 있다. 1, 2학년 교과서에서는 조선을 배경으로 한 삽화를 많이 사용함으로써 위화감이나 거부감을 줄이고자 하였다면, 본격적인 학교생활이 시작되는 3학년부터는 일본을 배경으로 한 삽화에 일본의 주요인물을 등장시켜 우월함을 직간접적으로 묘사함으로써 무의식적으로 일본적인 가치를 지향하도록 하고 있다.

권1은 「17 거짓말을 하지마라」까지는 삽화만 사용하였고, 「8. 몸을 소중히 하자」부터 'ゴミ ヲ ミチ ニ ステル ト トオル ヒト ガ メイワクシマス(쓸기를 길에 버리면, 단기는 사람 실혀하오.) '와 같이 쉬운 문장을 2줄~3줄 정도 일본어로 쓰고 하단에 같은 내용을 조선어로 병기하고 있다. 권1은 학교에 대한 적응을 우선적인 과제로 하여 공동생활을 하는데 필요한 덕목을 지도하면서 동시에 조선인에 대한 동화교육을 토대로 천황에 대한 충성심을 배양하기 위한 덕목을 제시하고 있다. 삽화는 수신서 전체에 걸쳐 제시되고 있으며 「15. 천황폐하」에서 처음으로 일본과 천황에 대해 가르치기 위해 두 개의 일장기와 일본성을 배경으로 한 천황의 행차가 등장한다. 23과 중 「15. 천황폐하」에서만 일본을 배경으로 하고 있고 나머지는 조선을 배경으로 하고 있는데, 삽화에 등장하는 사람은 대부분 조선인으로 점진적인 황국신민화를 위한 의도적 구성을 엿볼 수 있다. 등장인물은 대부분 남성으로 가부장적인 남성 중심의 가치관을 엿볼 수 있다. 권1에서 다루고 있는 수신덕목은 효도나 준법, 정직에 대한 것이 많은데 이는 부모에 대한 충성과 천황에 대한 충성을 자연스럽게 연결하고자 하는 의도성이 깔려있다고 본다.

권2는 권1과 마찬가지로 전체 23과로 구성되어 있으나 삽화의 크기가 줄어들고 삽화 위로 짧은 본문의 내용이 배치되어 있다. 어머니의 병간호를 하는 남매를 통한 효행 덕목에 관한 내용을 시작으로 우애, 자주, 면학, 건강, 관용, 약속, 준법 등 보편적인 수신덕목에 대해 다루고 있으며, 자주, 관용, 화목,

보은, 인내 등의 덕목은 권2에서 새롭게 다루어진 덕목이다. 「13. 친절」에서는 비가 올 때 우산을 씌워주며 집까지 데려다준 일본인 할머니가 등장하며 은혜를 잊지 말아야 할 것을 서술하고 있는데, 연이어 「14. 천황폐하」에서는 전차가 서 있는 것을 보고 사람들의 불편을 생각해서 돌아가는 천황의 행차 모습을 제시함으로써 은혜를 베푸는 일본인과 일본 천황을 연관하여 이미지화하는 의도를 엿볼 수 있다. 권2의 서술에서 특이한 것은 「18. 정직」에서는 '정직은 일생의 보물', 「19. 검약」에서는 '티끌 모아 태산'이라는 금언을 제시하여 해당 과에서 서술된 내용을 요약하여 정리하고 있는 점이다. 삽화는 「14. 천황」을 제외하고는 대부분 조선의 농촌을 배경으로 하고 있으며 조선인은 복동, 정남, 옥동, 정희, 순희 등의 인명이 등장하나 일본인의 이름은 등장하지 않는다.

권3은 권1, 권2와 마찬가지로 전체 23과로 구성되어 있으나 외형적인 변화로는 권1이나 권2에 비하여 12쪽~14쪽 이상 분량이 늘어났으며, 삽화의 크기가 약간씩 줄었고 「16. 자선」과 「23. 좋은 국민」에는 삽화가 없다. 그러나 내용적 변화가 있는데 조선인의 일본인화와 황국신민화를 위한 내용 분량이 권1 또는 권2에 비하여 3배로 늘어났다. 교과서의 마지막 「23. 좋은 국민」에서는 "좋은 국민이 되기 위해서는 항상 천황폐하의 덕을 공경하라"라는 직접적인 서술을 통해 그러한 의도를 본격적으로 표면화하고 있다. 또한, 교과서에 등장하는 조선인은 숙희(淑姬), 정희(正姬), 강호선(姜好善), 이퇴계(李退溪)이며, 일본인은 니노미야 킨지로(二宮金次郎), 모토오리 노리나가(本居宣長) 카이바라 에키켄(貝原益軒), 기무라 시게나리(木村重成), 나가타 사키치(永田佐吉), 이토 진사이(伊藤仁齊), 사타로(佐太郎), 마고베(孫兵衛) 등으로 일본인의 비중이 늘어났으며 대개가 위인인 반면에 조선은 이퇴계만 위인에 속한다. 이와 관련하여 수신서 내용이 대부분 일본을 배경으로 함으로써 의식적으로 조선인의 일본인화를 추구하고 있다고 할 수 있다. 권3에서 다루고 있는 주요 덕목은 효도, 정직, 예절, 절제. 배려, 생명존중 외에도 황국신민화, 면학, 우정, 공익, 근면, 자선, 건강. 인내, 사려, 관용, 보은, 정리정돈, 타인존중 등이다.

권4는 보통학교 4학년 수신서로 보편적인 도덕 덕목을 가르치고 있는 듯하지만 실제로는 식민지 교육정책 아래에서 황국신민화라는 교육목적을 그대로 반영하고 있는 교과서이다. 전체 23과로 구성되어 있으나 처음으로 목차 다음에 1~3학년 수신서와는 달리 '교육에 관한 칙어(勅語)'를 한쪽에 걸쳐 제시하고 있는데, 그 주된 내용은 '신민이 충효의 도리를 다함이 국체의 정화(精華)이니, 교육의 연원도 여기에 있다는 것, 너희 신민은 덕과 학문을 닦아, 공익, 사회의 의무, 나라의 헌법을 준수하고, 유사시에는 충의와 용기를 가지고 봉사하며 천양무궁한 황운(皇運)을 도와야 할지며, 이와 같이 하면 짐의 충량한 신민'이라는 점을 서술하고 있다. 그리고 「제19 국민의 의무」에서는 우리는 국가를 위해 힘써야 하며 법령을 따르고 조세를 납부하는 것이 국민의 의무라는 것을, 「제20 국기」에서는 우리나라의 국기는 일장기로서 소중히 해야 한다는 것을, 「제21 축일(祝日)·대제일(大祭日)」에서는 나라의 경축일이 시년, 기원절, 천장절·천장절축일 이라는 것과 천황이 제사를 지내는 여러 대제일(大祭日)을 소개하고, 22과에서는 메이지 천황의 덕행을 제시하며, 「제23 교육에 관한 칙어」에서는 천황의 교육칙어를 소개하고 있다. 이와 같이, 보통학교 3학년 수신서에서는 3개의 과에 할당된 내용이 4개의 과로 늘어나면서 그 내용도 아주 구체적이고 명확하게 표면화되어 있음을 알 수 있다.

또한, 권4에서는 「제1 뜻을 세워라」부터 「제4 형제」까지 이율곡(李栗谷)의 입지(立志), 면학, 효행, 형제애를 차례로 다루고 있으며, 「제5 건강」에서는 마츠다이라 사다노부(松平定信)가 건강에 유의하여 장수하며 나라를 위했다는 것을 소개하고 있다. 그 밖에 성실, 배려, 책임, 준법, 생명존중, 사랑, 근면,

건강, 사려, 타인존중, 노력, 황국 식민화, 공익 등에 관한 덕목을 제시하고 있다. 특이한 것은 보통학교 1~3학년 수신서와는 달리 권4에서는 다키 가쿠다이(龍鶴台)의 아내가 좋은 습관을 만들기 위해 지혜로운 방법으로 마음을 닦고 있는 내용을 다루면서 처음으로 여성의 사례를 제시하고 있다는 점과 삽화는 23과 중에서 15과에만 제시되고 있지만 「제9 뜻을 굳건히 하라」, 「제15 동물을 불쌍히 여겨라」, 「제16 박애」에서 처음으로 서양을 배경으로 한 삽화가 등장한다는 점이다.

권5에서도 4학년 수신서와 마찬가지로 목차 다음에 '교육에 관한 칙어'를 한쪽에 걸쳐 제시하고 있다. 내용은 권4와 동일하지만 권5의 경우에는 「제1 우리나라(1)」부터 조선인의 일본인화와 황국신민화를 추구하고 있다. 예를 들면, 「제1 우리나라(1)」에서는 일본 천황가의 시작과 천황을 따를 것을, 「제2 우리나라(2)」에서는 조선이 일본과의 병합을 원해 천황의 은혜를 입었다는 것을, 「제3 공민의 의무」에서는 공민으로서의 의무를 가르치고 있으며, 「제23 좋은 국민」에서는 천황을 받드는 좋은 국민이 될 것을 가르치며 황국식민화의 의지를 노골적으로 드러내고 있다. 삽화는 전체 23개 과 중에서 11개의 과에만 제시되어 있으며 등장인물의 비율은 조선인은 정민혁(鄭民赫), 이희열(李希烈), 이퇴계(李退溪), 이한음(李漢陰), 황학원(黃學源), 홍서봉(洪瑞鳳)의 어머니, 김관숙(金寬淑)등 7명이 등장하고, 일본인은 세 명의 천황 아마테라스 오미카미(天照大神), 니니기노 미코토(瓊瓊杵尊), 진무천황(神武天皇)을 비롯하여, 후루하시 겐로쿠로(古橋源六郎), 타키코(滝子), 요시다 쇼인(吉田松陰), 이토 고자에몬(伊藤小左衛門), 쿠사카 겐즈이(久坂玄瑞) 등 14명이 등장한다. 권5에서도 권4와 마찬가지로 「제8 주부의 의무」에서 요시다 쇼인의 어머니인 다키코가 헌신적인 가사노동과 부모봉양, 자녀양육을 하는 등 여성의 모범적인 역할에 대해 가르치고 있으나 여성을 주요인물로 등장시키고 있을 뿐 남성과 대등한 존재로서의 의미에는 이르지 못한다.

권6은 조상, 가문. 사회, 공익, 교육 등을 언급하는 데 있어 조선인의 일본인화 및 황국신민화에 모든 초점을 맞추고 서술하고 있다. 등장인물 중 조선인과 일본인의 비율이 크게 다르지 않으나 「제1 국운의 발전」에서는 메이지 천황의 근대화 업적을 소개하고 「제2 국교」에서는 메이지천황의 외교적 성과에 대해 요약하며 「제3 헌법」에서는 천황이 일본헌법에 의해 통치를 한다는 것을, 「제14 양심」에서는 메이지천황의 시를 예시로 양심적인 사람이 될 것을 가르치고 있다. 「제15 반성하는 삶」에서는 메이지천황의 시와 프랭클린의 일화를 소개하고 있으며 「제21 교육에 관한 칙어」~「제23 교육에 관한 칙어」까지 살펴보면 전체 23과 중 8개의 과에 메이지 천황이 등장하고 있고 황실에 관해 언급하는 경우도 4과에 걸쳐 제시하고 있어 교과서의 시작과 끝, 그리고 본문의 모범적 인물의 제시를 천황을 내세워 서술함으로써 일본 천황의 우상화와 조선인의 황국신민화를 위한 노골적 의도가 엿보인다. 삽화의 제시는 9개의 과에 머무르며 학년이 올라갈수록 삽화 제시의 비율이 줄어들고 있음을 알 수 있다.

4. 핵심어

보통학교, 도덕교육, 황국신민화, 일본인화, 천황

5. 참고문헌

김순전외, 『조선총독부 초등학교 수신서(제Ⅱ기)』, 서울: 제이앤씨, 2007.

서강식, 「1923~24년을 중신으로 한 일제강점기 하의 초등학교 수신 교과서 내용 분석 연구」, 『초등도덕교육』 제29집, 한국초등도덕교육학회, 2009.

서기재·김순전, 「한국 근(현)대의 <수신교과서>와 근대화에 대한 열망」, 『일본어문학』 제31집, 한국일본어문학회, 2006.

석지혜, 「일제시대 교과서 삽화이 소년이미지 연구-초등 『수신서』를 중심으로」, 이화여자대학교 대학원 석사학위 논문, 2007.

손종현, 「일제 초등학교 수신교육 연구」, 『한국교육』 제22집, 1995.

이병담·문철수, 「일제강점기의 <普通學校修身書> 연구-朝鮮總督府의 식민지 교육과 이데올로기」, 『일어일문학』 제24집, 2004.

『여자고등보통학교수신서(女子高等普通學校修身書)』(권1-권3)

서 명 『여자고등보통학교수신서(女子高等普通學校修身書)』(권1-권3)

저 자 조선총독부(朝鮮總督府)

형 태 23×15(cm)

발 행 조선총독부, 권1 1925년 2월 28일(번각본), 권2 1925년 5월 15일(번각본), 권3 1926년 5월 15일(번각본)

소장처 국립중앙도서관

『여자고등보통학교수신서』권1-권3 표지, 판권지

1. 개요

『여자고등보통학교수신서(女子高等普通學校修身書)』권1~권3은 1919년 3·1 운동 이후 제2차 조선교육령을 공포한 다음에 조선총독부가 발행한 여자고등보통학교(지금의 여자중학교)의 수신서이다. 권1~권2 는 1925년에 번각본을 발행했으며, 권3은 1926년에 발행되었다. 근대 여성의 생활과 일제강점기 여성의 중등교육에 대한 특성을 엿볼 수 있는 교과서이다.

2. 저자

조선총독부는 1922년 1월 일본 본토의 교육제도에 준거하여 조선의 학제를 개편하기 위한 제2차 조선교육령(1922년~1927년)을 공포하였다. 교육령의 개정에 따라 보통학교의 수업연한을 4년에서 6년으로, 고등보통학교는 4년에서 5년으로, 여자고등보통학교는 3년에서 4년으로 연장하였으며, 독립된 사범학교와 경성제국대학을 설립하는 등 형식적으로 일본과 동일한 교육제도를 갖추고 교육기간을 확충하였다. 그러나 이것은 학교 제도상의 차별에 대한 비난을 무마하려는 것으로 표면상의 학제와는 달리 조선인이 다니는 보통학교는 대부분 4년제였고, 일본어 수업시수는 늘렸으나 한국사와 한국지리에 관한 과목은 전면적으로 폐지되었다. 또한, 조선 내에 있는 일본인을 위한 교육제도는 일본어를 사용하는 자를 위한 교육제도라 하고, 한국인을 위한 교육제도는 일본어를 사용하지 않는 자를 위한 교육제도라 하여 교묘한 차별주의 교육정책을 시행했다.

1919년 3·1운동 이후 개정된 제2차「조선교육령」에서는 사이토[齋藤實] 총독의 이른바 '문화정치'를 표방하며 융화정책을 추구하였으나, 실제로는 일본식 교육을 강화하여 조선인을 일본화하고 민족정신을 말살하려 했다. 특히, 일본어와 일본 역사를 주입, 강요하여 민족의 사상을 일본화 또는 말살하려는 데 주안점을 두었다.

3. 내용 및 구성

일제강점기에는 조선인을 위한 중등교육의 기회는 엄격히 제한되었다. 일제는 고등교육의 예비과정이라고 할 수 있는 중등교육을 극도로 억압함으로써 조선인이 고등교육을 받을 수 있는 기회를 원천적으로 차단했다. 따라서 4년제 고등보통학교에서의 교육내용은 일본인 중학교에 크게 미치지 못하였는데, 개정교육령의 공포와 함께 조선총독부는 조선인의 중등교육의 기회를 넓힌다며 고등보통학교의 정원을 늘리고, 고등보통학교를 신설한다는 시책을 발표하였으나 기존의 고등보통학교의 정원을 늘리는 것에만 그쳤다. 일본이 이렇게 중등인문교육을 억압한 것은 민족의식이 사상적 수준으로 고양되어 대중화되는 것을 막기 위한 것이었다. 중등교육기관은 1938년 제3차 조선교육령 이전까지 조선인을 위한 고등보통학교, 여자고등보통학교와 일본인을 위한 중학교, 고등여학교의 이원체제를 유지하였다. 3·1운동 후 고등보통학교 수와 여자고등보통학교의 학생 수가 꾸준히 증가하였는데, 보통학교와 비교해 볼 때 중등교육에서 여학생은 상대적으로 높은 비율을 보이지만 중등교육에서 남성에 대한 여성의 비율이 높았다는 사실은 중등교육에서 여성의 교육기회가 증대했다는 의미가 아니라 중등교육 전반에 대한 일제의 억압적 정책을 반영하는 것이었다. 남학생의 경우, 중등학교의 중요한 부분은 실업학교였는데 대부분은 농업학교였다. 일제강점기의 중등학교의 전체 규모를 보면 보통학교에 비해 학교와 학생 수에서 매우 적음을 알 수 있다. 일제가 보통교육에 중점을 두고 중등교육 이상의 기회를 거의 허용하지 않는 정책으로 전반적으로 진학률이 낮았기에 상대적으로 여성의 비율이 높게 나타난 것이다.

학부가 발표한 여성의 중등교육의 목적은 '여생도의 신체 발달 및 부덕의 함양에 유의하여 이에 덕을 베풀고, 생활에 유용한 보통의 지식과 기능을 가르쳐 일본어에 숙달케 함'이라 하였다. 당시 통감부의 교육정책은 인문교육보다는 실업교육을 강조하였고, 여성교육에서도 여자에게 적절한 실제적 지식과 기예를 가르치는 것에 중점을 두었다. 중등의 수신서로는 1919년 고등보통학교 수신 교과서(권1~권4), 1923년 고등보통학교 수신서(권1~권5), 1925년 여자고등보통학교 수신서(권1~권4), 1935년 중등교육수신서(권1~권4), 1938년 중등교육여자수신서(권1~권4), 1943년 국민과 수신이 있다. 민간단체에 의한 여학교 설립이 활발히 이루어지고 있는 가운데, 1908년 4월, 칙령 제22호로 여성의 중등교육을 위한 '고등여학교'령이 공포되었다. 남성보다는 늦었지만, 신교육이 수용된 이래 여성을 위한 최초의 교육법령으로 큰 의의를 지니고 있다. 조선교육령 2차 개정 후 여자고등보통학교 중등수신서의 교수 목적은 처음에 가언선행(嘉言善行) 등을 소개하고 학생의 일상생활에 따라 도덕의 요령과 예법을 가르치며 나아가서는 점차 질서 있게 개인, 가족, 사회 및 국가에 대한 책무를 알도록 하는 것에 있었다. 수신서라는 교재의 특성상『여자고등보통학교수신서(女子高等普通學校修身書)』에서는 교육개정에도 별다른 변화가 없이 여성으로서의 도덕과 예의범절, 부덕 등 가정이라는 공간에서 황국여성으로서 갖추어야 할 본분을 교수하였다. 즉, 중등 이상의 사회에서 여자가 필요한 품격을 갖추게 하기 위해서 도덕의 예법을 중시하며 질서 있게 개인, 가족, 사회 및 국가에 대한 책무를 목적으로 하고 있음을 엿볼 수 있다.

고등여학교령 제1조에 고등여학교는 여자에게 수요(需要)한 고등보통교육 및 기예를 가르침을 목적으로 한다는 항목이 있는데『여자고등보통학교수신서(女子高等普通學校修身書)』권1의 제8과 「온화와 정조(溫和と貞操)」에서는 여자가 그 부모의 교훈, 명령에 따르지 않고, 아내가 남편에게 순종치 아니한다면 집안의 질서나 평화는 결코 지켜지지 않는다는 것을 기술하고 있다.『여자고등보통학교수신서(女子高等普通學校修身書)』의 덕목을 보면 「정숙과 온화」, 「순종」, 「덕성의 함양」, 「고부」, 「효도」 등 현모양처의 범위 내에 전통적인 여성상으로 '여자다운 여자'라는 문장이 들어 있는 단원이 있으며, 또한 학교는 훗날, 부덕을 준비하는 여자다운 여자가 되기 위한 심신의 수양을 하는 곳이라는 정의를 내리기도 하였다.

『여자고등보통학교수신서(女子高等普通學校修身書)』에는 어느 특정한 여성이 등장하지 않아 일본여성의 우월함만을 강조한『보통학교수신서』와 다르다. 일본여성으로는 사이쇼 아츠코(稅所淳子)만이 나오는데, 개명한 부인의 역할로 근대적 여성으로 제시되었다. 도시화와 근대화의 진행으로 가족 형태가 변화하기 시작하면서 단란하고 행복한 가정 속의 여성을 보여줌으로써 근대적 가족의 상을 제시하는 것이다. 또한,『보통학교수신서』에서는 어머니의 역할만을 강조한 것과는 달리,『여자고등보통학교수신서(女子高等普通學校修身書)』권2의 제9과 「心を快活に持て」에서는 「일가의 사람이 항상 쾌활한 기분을 가질 수 있고, 특히 주부가 가정의 화목과 안락의 중심이 되어 집안의 원만을 도모할 수 있으며 거기에서 가정의 행복이 실현됩니다.(一家の人が常に快活な気分を持つことが出来、とくに主婦が家庭和樂の中心となって一家の円満を計ることが出来れば、そこに一家の幸福が実現せられるのであります。)」라고 기술된 내용을 통해 아내의 역할이 전통적인 아내상 이외에도 새로운 핵가족에서의 남편의 보조자로 등장하고 있음을 알 수 있다.

권2의 제4과 「섭생과 단련(攝生と鍛鍊)」과 제6과 「사물에 충실하라(事物に忠實なれ)」에서는 대가족제도에서 부부중심의 가족으로 변화되고, 일터와 가정이 분리되면서 여성과 남성은 공동의 정서적 활동의 동반자가 되고 있음을 알 수 있다. 더 나아가 여성의 취미활동을 권유하였는데, 노래를 하고, 음악을 연주하고, 독서를 하고, 경기를 보러 다니는 신여성이 될 것을 권유하여 여성의 사회화를 장려하기도 한다. 권2의 제16과 「공익(公益)」에서는 여자가 평생 더욱 많은 시간을 보내는 가사상의 일 등은 개량을 도모해야 한다며 여성의 근대화를 촉진함을 알 수 있다.

권3의 제4과 「지능계발(知能啓發)」에서는 「옛날에는 여자에게 학문은 불필요하다고 생각했습니다만, 요즘은 크게 필요하다는 것을 인정하게 되었습니다. 옛날과는 달리 문화가 대단히 발달해 가기에 우리들의 힘을 지능의 계발에 두어 세상의 진보에 뒤떨어지지 않도록 해야 합니다. 이렇게 하지 않으면 세상의 낙오자가 되는 것은 피할 수 없을 것입니다.(昔は概して女子に學問は不必要であると思はれていましたが、今日で昔とは異なって、文化が非常に進んで来て居りますから、私どもは力を知能の啓發に注いで、世の進步に後れないやうにしなけらばなりません。さうしなければ世處して落伍者となることは免れないでせう。)」라고 기술하고 있는데, 이를 통해 여성이 전통과 근대, 구여성과 신여성 간의 조화를 강조하고 있음을 엿볼 수 있다. 그러나 한편으로는 신교육은 전통적인 여성관을 혁신한다기보다는 결혼을 잘하기 위한 조건, 세상의 진보에 뒤떨어지지 않는 수단으로 통용화 되기도 한 점은 당시 비판받기도 하였다.

권3의 제8과「온화와 정조(溫和と貞操)」에서는 여성의 정조의 중요성에 대해 언급하며 여성은 항상 자중하여 행동을 올바르게 해야 하며, 견고하게 몸을 지킨다면 온화한 가운데에서도 업신여기기 어려운 품격을 지닐 수 있다고 서술하고 있다. 당시의 평균 남성들에 비해 교육을 많이 받았던 신여성들과 달리 남학생들에게는 조혼이 허용되던 상황에서 결혼문제가 심각하기도 하였는데 신여성의 등장 이래 가장 놀라운 변화 중 하나는 자유연애, 혹은 연애지상주의의 출현이였던 점을 생각하면 신여성에게 결혼문제는 단순한 개인적 문제에 머물지 않고 동시에 사회적 문제이기도 했음을 추측할 수 있다. 왜냐하면, 공부한 여성들의 고민은 직업과 결혼으로, 사회진출과 상급학교 진학이 어려울수록 '결혼'을 통해 공적 영역과 사적 영역을 동시에 하고자 하는 욕망이 커지기 때문이다.

『여자고등보통학교수신서(女子高等普通學校修身書)』에서는 이처럼 황국신민화 교육보다는 학문의 중요성과 생활의 개선을 주제로 한 진보적인 내용들을 소개하고 있으며, 도시화와 근대화가 진행되면서 결혼과 이혼, 자유연애, 남녀교재 문제와 정조문제도 다루는 등 새로운 가치관 속에서 사회의 변화를 촉진시키는 '신여성'의 모습을 제시하기도 한다.

4. 핵심어
여성고등보통학교, 신여성, 근대, 중등학교, 여성교육

5. 참고문헌

김경일,『여성의 근대, 근대의 여성』, 푸른역사, 2004.

김순전·장미경,「조선총독부 발간『여자고등보통학교수신서』의 여성상」,『일본학연구』제21집, 2007.

문영희,『한국의 식민지 근대와 여성공간-민족의 알레고리고서 음식과 사적 노동 공간』, 도서출판 여이연, 2002.

서기재·김순전,「한국 근(현)대의 <수신교과서>와 근대화에 대한 열망」,『일본어문학』제31집, 한국일본어문학회, 2006.

유진월,『김일엽의 신여자 연구』, 푸른사상, 2006

이병담·문철수,「일제강점기의 <普通學校修身書>연구-朝鮮總督府의 식민지 교육과 이데올로기」,『일어일문학』제24집, 2004.

『ヨイコドモ(요이코도모)』/『초등수신(初等修身)』

서 명 『요이코도모(ヨイコゴドモ)1년』,『 요이코도모(ヨイココドモ)2년』/『초등수신 (初等修身)』
(3-6학년)

저 자 조선총독부(朝鮮總督府), 1939년~1941년

형 태 15×22(cm)

발 행 조선총독부, 권1 1942년 3월 26일(번각본), 권2 1942년 3월 20일(번각본), 권3 1943년 3월
5일(번각본), 권4 1943년 3월 15일(번각본), 권5 1944년 1월 15일(번각본), 권6 1944년 2
월 15일(번각본)

소장처 국립중앙도서관

『초등수신』3~6학년 속표지

1. 개요

　『ヨイコドモ(요이코도모)』(1년~2년)과 『초등수신(初等修身)』(권3~권6)은 조선총독부가 1942년에
서 1944년 사이에 편찬한 초등학교 수신교과서로 제3차 조선교육령이 시행된 이후 일본어, 일본사, 수
신, 체육 등의 교과가 강화된 시기에 발행되었으며, '충량한 황국신민 육성'을 교육 목표로 하고 있다.

2. 저자

　조선총독부는 1938년 3월 군국주의의 길을 걸으며 교육을 통해 민족 말살 정책을 펴기 위하여 제3
차 조선교육령을 공포하였다. 1938년 미나미 총독은 제3차 조선교육령 개정에 즈음하여 국체명징(國
體明徵), 내선일체(內鮮一體), 인고단련(忍苦鍛鍊)의 3대 요소를 가장 적절하게 표현한 '황국신민서사
(皇國臣民誓詞)'를 발표하였고, 이것을 토대로 제3차 조선교육령이 제정되었다. 주된 사항은 첫째, 학교
명을 일본인 학교와 동일하게 바꾸어 제도상으로는 일본인과 차별을 철폐하였으나, 일본인이 사립학
교의 교장이나 교무주임을 하는 방침이었다. 둘째, 교육목적을 뒷받침하는 내용으로 일본어, 일본사,

수신, 체육 등의 교과를 강화하였다. 셋째, 사립 중학교의 설립을 금지하였으며 학교에서 조선어 사용을 금지하였다. 소학교의 교육 목적은 아동 신체의 건전한 발달을 유의하여 국민 도덕을 함양하고 국민 생활에 필수적인 보통 지식을 얻게 함으로써 충량한 황국신민을 육성하는 데 있었다.

3. 내용 및 구성

　도덕 교과의 전신이라 할 수 있는 수신 교과는 일제강점기 이전에 공포된 소학교령이나 보통학교령을 살펴보면 우리나라에 근대식 교육이 시작되었을 때 이미 소학교의 수위 교과로 자리 잡고 있었으나 근대식 교육과 더불어 교과로 설정된 수신 교과는 일제강점기에 인격함양이라는 원래의 성격을 상당 부분 상실하고 도덕 윤리 교과와 전혀 다른 교과로 전락하였다. 1942년부터 일본이 패망하는 1945년 까지의 시기에는 수신서가 국민학교기와 전시체계에 따른 군사적 교과서로써 교육을 통한 전쟁 수행을 합리화하고 파시즘적 성향을 보이는 특징이 있다. 특히 이 시기에는 황민화 통치가 더욱 강화되고, 조선인을 대륙침략 전쟁으로 내몰아 학교 교육도 군사적 정당성을 뒷받침하기 위한 사상강화와 멸사봉공을 가르치는 것을 교육 목표로 하고 있다.

　『ヨイコドモ(요이코도모)』1년은 21개의 단원으로 전체 22쪽으로 구성되어 이전과 비교해 분량이 감소하였지만 특이한 것은 다른 수신 교과서와는 달리 단원의 제목이 제시되어 있지 않다는 점이다. 목차 앞 속지에 신사참배 삽화를 수록하고 있고 제8과까지는 부모의 손을 잡고 학교로 가는 모습이나 교실에서 공부하는 모습, 운동장에서 줄넘기나 공놀이를 하는 모습, 일본 천황의 군대 사열 및 일장기를 게양하는 아이들의 모습, 세수나, 냉수마찰, 양치질, 바른 자세로 식사하는 모습 등의 삽화가 제시되어 있다. 후반부의 제20과에서는 적을 무찌르고 천황폐하 만세를 외치는 이야기가 수록되어 있으며, 제21과에서는 일본의 어린이로 황국신민의 맹세를 가르치고 있는데, 제1과를 학교등교와 더불어 신사참배로 시작하고, 마지막 단원에서는 황국신민의 맹세로 마무리하는 것을 살펴보면 수신 교육을 통해 황국신민화를 의도적으로 추구하고 있음을 엿볼 수 있다. 삽화는 수신 교과서 21과 전체에 걸쳐 제시되고 있는데, 일본기마대와 중국 침략을 배경으로 하는 단원을 제외하고는 조선을 배경으로 하고 있지만 조선의 특징이 두드러지지는 않는다. 교과서의 등장인물은 남성 중심이며, 교과서 본문에 등장하는 조선인은 모두 일본식 이름으로 제시되고 있다. 교과서에서 제시하는 윤리 덕목으로는 효도, 준법, 면학, 우애, 우정, 건강, 자주, 정직, 정리정돈 등이며, 황국신민화와 관련된 소재는 무려 8개의 단원에서 다루면서 일본 국민으로 신민이 천황에게 충성하는 길에 대해 가르치고 있다.

　『ヨイコドモ(요이코도모)』2년은 1학년보다 1개의 과가 줄어든 20과로 이루어져 있으나, 분량은 2쪽이 늘어난 24쪽이다. 2학년 교재에서는 단원의 제목이 제시되어 있으며 속표지에는 제1대 천황인 진무 천황의 활 끝에 황금솔개가 날아와 섬광과 같은 빛을 비추며 적군을 무찌르는 모습의 삽화가 수록되어 있다. 1학년 수신서와 마찬가지로 전체적으로 보편적인 도덕적 가치 규범이 주를 이루고 있지만 1학년에 비해 황국신민화를 체계적이고 명시적으로 하고 있다. 제1과는 2학년이 되어 착한 어린이가 되는 것을, 제2과는 천장절과 기미가요를 제시하며 후반부의 제17과부터는 천황과 황국신민의 맹세를, 제18과는 기원절을, 제19과는 일본에 대한 긍지를, 제20과는 천황과 착한 어린이를 연계하여 가르치고 있다. 천황 혹은 황실에 대한 언급은 7개의 단원에 제시되고 있으며, 등장인물은 모두 일본인 이름으로 착한 어린이가 되는 것과 천황에게 충성하는 것을 연계하는 점에서 황국신민화의 의도를 노골적으로 드러내고 있다.

『초등수신(初等修身)』제3학년 수신서는 전체 분량이 1, 2학년에 비해 20쪽 정도 늘어났으며. 삽화의 크기는 줄고 본문의 내용이 많이 늘어났다. 그리고 속표지에 신사(神社)의 도리(鳥居)가 크게 수록되어 있다. 전체적으로는 보편적인 도덕 내용을 가르치고 있는 것처럼 보이지만 자세히 분석해보면 조선인의 일본인화와 황국신민화 교육이 강화되고 있는 것을 알 수 있다. 제1과에서는 건국신화 이야기를, 제3과에서는 신의 혈통을 이은 천황의 황국신민이 되어야 한다는 이야기를, 제5과에서는 덴지천황(天智天皇)이 물시계로 시간을 알려주었다는 것을, 제9과에서는 아마테라스 오미카미가 국토를 양도받을 것을, 제10과에서는 일본이 적을 물리친 소식 등을 라디오로 듣는 이야기를, 제11과는 상이군인이 된 이야기를, 제16과에서는 일장기에 관한 이야기를, 제19과에서는 중일전쟁 때 전사한 전차병의 이야기를, 제20과에서는 황후가 베푸는 온정에 관한 것을 가르치고 있는데, 3학년 수신서에서는 전쟁에 관한 언급이 6개의 단원에서 다루어지고 있는 것이 특징이라고 할 수 있다. 교과서의 등장인물은 다수가 남아 혹은 남성이며, 조선인의 이름이 없고 황국신민화와 관련된 단원이 10개로 늘어나 일본의 개국신화나 일본 국민에 대한 긍지, 전쟁과 애국을 천황에 대한 충성으로 연결하여 가르치고 있다.

『초등수신(初等修身)』제4학년 수신서는 3학년보다 4쪽이 늘어난 48쪽이며, 단원은 21개로 구성되어 있다. 속표지 안쪽에는 일본 천황이 집무하는 삽화가 제시되어 있고, '교육에 관한 칙어'와 '청소년학도에게 하사하신 칙어'가 제각각 한 쪽으로 제시되고 있어, 황국신민화를 노골적으로 추구하고 있는 것으로 보인다. 삽화나 사진은 모든 단원에 수록되어 있고 거의 대부분 일본을 배경으로 하고 있으며 조선을 배경으로 한 것은 조선 농촌에 관한 이야기를 다룬 제1과 와 조선 신궁을 다루고 있는 제12과뿐이다. 반면, 천황은 15개의 단원에 걸쳐 수록되어 있으며 천황에 대한 충성을 노래하는 기미가요와 천황과 나라를 위해 죽은 사람을 신으로 모시고 제사를 지내는 야스쿠니 신사를 각각 한 개의 과로 다루고 있다. 조선을 내지라고 부르며 소개하는 등 조선인 동화정책과 황국신민화가 더욱더 강화되었음을 알 수 있다.

『초등수신(初等修身)』제5학년 수신서는 4학년 수신서보다 20쪽이 늘어난 68쪽의 분량이며 단원 역시 1개가 더 늘어난 22과로 구성되어 있다. '교육에 관한 칙어', '청소년학도에게 하사하신 칙어'다음에 '미국 및 영국에 대한 선전의 조서'를 두 쪽에 걸쳐 제시하고 있는 점과 속표지에 삽화가 없는 점이 달라진 점이다. 내용상 전쟁에 관한 것이 6개의 과에 등장하고, 제1과에서는 대동아전쟁의 정당성을 이야기하며 황국신민화를 추구하고 있다. 20개의 과에 삽화가 수록되어 있으나 대부분 일본을 배경으로 하고 있고 등장인물 또한 모두 일본인으로 조선인이 등장하지 않으며, 천황이나 황실은 13개의 과에서 언급되고 있다. 즉, 수신서에서 일본은 천황이 다스리는 나라임을 천명하고 마지막에 천황의 치세를 언급함으로써 수신서 전체를 걸쳐 천황에 관한 것으로 기술하고 있음을 알 수 있다.

『초등수신(初等修身)』제6학년 수신서는 전체 분량이나 단원 수의 구성이 5학년 수신서와 동일하다. '교육에 관한 칙어', '청소년학도에게 하사하신 칙어' 다음에 '미국 및 영국에 대한 선전의 조서'를 수록하고 있는 점도 같으며 속표지의 삽화도 수록되어 있지 않다. 제1과에서는 메이지천황이 내린 교육칙어에 대한 설명을, 제2과에서는 천황과 국가와 집안을 위해 힘쓸 것을, 제3과에서는 천황의 청소년학도 사업에 관한 이야기를, 제4과에서는 공장은 전선에 연결되어 있으므로 열심히 일한다는 편지를, 제5과에서는 조상신과의 천황을 섬기는 이야기 등을 다루며 교재의 전반에 걸쳐 천황에 대한 충성을 반복적으로 가르치고 있고, 마지막 제22과에서는 천황을 받들어 대동아건설을 완수할 것을 이야기하며 황국신민화를 노골적으로 강화하고 있다. 전체적으로 초등학교 6학년 수신서는 보통학교 교육을 마무리하는 성격이 나타나지만, 애국심이라는 덕목은 국가 공동체보다는 천황에 대한 충성으로 귀결되고, 대동아 건설을 위하여 조선인의 일본인화와 황국신민화가 강력하게 추진되고 있음을 알 수 있다.

4. 핵심어

국민학교, 도덕가치, 황국신민화, 일본인화, 천황

5. 참고문헌

서강식, 「조선총독부 발간 제Ⅴ기 수신 교과서 분석 연구」, 『도덕윤리과교육연구』 제38집, 한국도덕윤리과교육학회, 2013.

서기재·김순전, 「한국 근(현)대의 <수신교과서>와 근대화에 대한 열망」, 『일본어문학』 제31집, 한국일본어문학회, 2006.

석지혜, 「일제시대 교과서 삽화의 소년이미지 연구-초등 『수신서』를 중심으로」, 이화여자대학교 대학원 석사학위 논문, 2007.

손종현, 「일제 초등학교 수신교육 연구」, 『한국교육』 제22집, 1995.

이병담·문철수, 「일제강점기의 <普通學校修身書>연구-朝鮮總督府의 식민지 교육과 이데올로기」, 『일어일문학』 제24집, 2004.

『정정 보통학교 학도용 수신서(訂正 普通學校 學徒用 修身書)』

서 명 『정정 보통학교 학도용 수신서(訂正 普通學校 學徒用 修身書)』
저 자 조선총독부(朝鮮總督府)
형 태 확인불가
발 행 조선총독부 인쇄소, 1911년
소장처 한국학중앙연구원

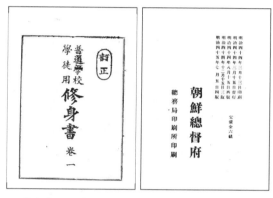

『정정 보통학교 학도용 수신서』 속표지, 판권지

1. 개요

『정정 보통학교 학도용 수신서(訂正 普通學校 學徒用 修身書)』는 '조선총독부 인쇄소'에서 1911년(明治44年) 3월 5일에 초판 발행되었다. 초판 발행되었다고는 하나, 기본적으로는 경술국치(庚戌國恥) 이전에 학부(學部)에서 편찬했던 『보통학교 학도용 수신서』의 내용들 중 일부를 가감한 것이다. 한반도의 역사나 대한제국과 관련된 내용이 삭제되었고, 삽화는 일부 교체되었으며, 같은 맥락에서 일제와 관련된 내용은 강화 혹은 미화시키는 등의 문제를 드러내고 있다.

2. 저자

조선총독부 학무국 편집과(朝鮮總督府學務局編輯課)는 1910년 10월 최초의 관제로 내무부학무국에 설치되어 '교과용도서 편찬, 배포 검정 및 인가에 관한 사항'을 담당했다. 1919년 3·1 운동 이후 총독부 기구 개편 강요로 인해, 학무국도 1919년 8월 개편으로 독립한 국이 되었지만, 편집국은 존속했다. 전시 체제로 옮긴 후 1942년 11월의 개편에서 편수과로 개칭하면서 관장하는 사항이 증가하고, '교과용 도서의 편집·발행·조사·검정 및 인가, 교원용 참고 도서의 인정·추천, 국어 조사, 국민학교의 방송·교과용 영화, 모든 학교 교가의 가사·악보, 약력의 출판·배포'에 관한 사항을 장악했다. 1945년 4월의 마지막 개편으로 편수과는 폐지되고 업무는 학무과로 이관되었다.

3. 내용 및 구성

『정정 보통학교 학도용 수신서』는 책의 구성이나 형태가『보통학교 학도용 수신서』와 흡사하다. 내용은 국한문혼용체로 기술되어 있고, 전체 4개의 권으로 구성되어 있으며, 권마다 앞에 목차가 붙어 있다. 권1-2의 경우 책을 구성하는 행(15줄)과 열(8줄)의 수가 적고 국문의 비중이 높으나, 권3-4의 경우에는 행(18줄)과 열(10줄)의 숫자가 늘어나고 한자의 비중이 큰 폭으로 증가한다는 점 역시『보통학교 학도용 수신서』와 동일하다. 주제의 숫자에는 변동이 있는데,『정정 보통학교 학도용 수신서』권1은 '학교(學校)'로부터 '약속(約束)'에 이르기까지 총 15개 주제[課]로 구성되어 있고, 권2는 '생물(生物)'로부터 '이궁존덕(二宮尊德) 이(二)'에 이르기까지 총 13개 주제로 구성되어 있으며, 권3은 '규칙(規則)'으로부터 '절제(節制)'에 이르기까지 총 12개 주제로 구성되어 있고, 권4는 '자활(自活)'로부터 '친구[朋友]'에 이르기까지 총 12개 주제로 구성되어 있다.『보통학교 학도용 수신서』와 비교하면, 4개의 권 55개 과에서 4개의 권 52개 과로 3개가 줄어든 것인데, 권2, 권3, 권4에서 각기 1개 과씩을 줄인 결과이다.

언어 표기면에서『보통학교 학도용 수신서』와『정정 보통학교 학도용 수신서』를 비교해 보면, 표기 방식도 조금씩 달라졌다는 점을 발견할 수 있다. 한두 군데만 살펴보면,『보통학교 학도용 수신서』권1의 제1과 '학교'에서는 "우리들이 처음 이 學校에 入學ᄒ얏스니 우리들이 學校에 入學ᄒ는 것은 무엇을 빈호려 홈인고 여러 가지 일을 빈화 착혼 사름이 되고져 홈이니라."라고 하였고, 제3과 '활발한 기상'에서는 "先生의 무르심을 잘 對答ᄒ고 또 모로는 것은 先生에게 무를지니라."라고 하였다. 그런데『정정 보통학교 학도용 수신서』의 동일한 부분들에서는 "우리들이 처음 이 學校에 入學ᄒ얏스니 우리들이 學校에 入學ᄒ는 것은 무엇을 빈우려 홈인고 여러 가지 일을 빈워 착혼 사름이 되고져 홈이니라."라고 하였으며, "先生의 물으심을 잘 對答ᄒ고 또 모르는 것은 先生에게 물을지니라."라고 하였다. 밑줄 친 부분에서 표기 방식의 차이가 드러나는데, 다만 여기에서는 이런 측면보다는 내용의 가감이나 삽화의 변화 등을 중심으로 하여 눈에 띄게 바뀐 부분들을 개략적으로만 언급할 것이다. 먼저『정정 보통학교 학도용 수신서』의 권1에서는 내용상으로는 크게 달라진 것이 없으나『보통학교 학도용 수신서』와 동일한 위치에 수록된 제2과 '착한 학도' 내의 삽화가 전면 교체되었다. 이어서 권2에서는『보통학교 학도용 수신서』의 제7과 '형제'가 전체 삭제되었고, 제13과 '존덕(尊德) 일'과 제14과 '존덕 이'의 넘버링 및 제목이 각각 제12과 '이궁존덕 일'과 제13과 '이궁존덕 이'로 변경되었으며, 존덕(니노미야 손토쿠)이라는 인물과 관련된 삽화가 전면 교체되었다. 그리고 권3에서는『보통학교 학도용 수신서』의 제7과 '진정한 용자(勇者)'가 전체 삭제되었다. 마지막으로 권4는『보통학교 학도용 수신서』의 제1과 '독립자영(獨立自營)'이 '자활'로 제목이 바뀌었고, 제목은 달라지지 않았지만 제6과 '황실'의 내용이 실질적으로는 완전히 교체되었으며, 제7과 '양리(良吏)'는 전체 삭제되었다.

『정정 보통학교 학도용 수신서』의 특이점을 두 가지만 제시하면, ① 첫째, 일제가 한반도에 대한 지배 야욕을 숨기지 않고 드러내고 있다. 크게 삽화와 내용적인 측면으로 구분해 살펴보면, 먼저 전자에 있어서는 권3의 제7과 '군자의 경쟁'에 수록된 삽화가 대표적인 경우이다. 이 삽화에서는 춘기 대운동회를 맞이한 학생들이 달리기를 하고 있는데, 정동이가 수동이의 머리채를 잡아당기고 있으며, 좌·우측 상단에 국기들이 그려져 있다. 본래『보통학교 학도용 수신서』권3의 제8과 '군자의 경쟁' 내의 삽화에서는 우측 상단의 국기들 중 대한제국의 국기가 가운데 있고, 위쪽으로 미국의 성조기가, 아래쪽으로 일제의 일장기가 있었다. 반면『정정 보통학교 학도용 수신서』의 해당 삽화에서는 국기들이 좌·우측을 가리지 않고 모두 일장기로 채워져 있다. 다음으로 후자에 있어서는 권4의 제6과 '황실'을 예로 들수 있다. 기존『보통학교 학도용 수신서』권4의 제6과 '황실'에서도 대한제국 황실의 역사에 대해서는 그리 강조되지 않았고, 수신(修身)과 제가(齊家), 근면한 직업 생활 등만이 충군의 길이라고 보았기에, 분명히 문제가 있었다. 그런데『정정 보통학교 학도용 수신서』의 해당 과에서는 아예 대한제국은 사라지고, 일제의 아마테라스(天照大神), 진무(神武天皇), 닌토쿠(仁德天皇), 다이고(醍醐天皇) 등이 등장하며, 그 끝에서는 "우리는 세계에 비교할 수 없는 황실을 받들어 대일본제국의 신민으로 세상에 서야 할 자인즉, 황실의 홍은(鴻恩)과 대덕(大德)을 받들어 답하여 충량한 신민이 될 결심이 있어야 할 것이다." 라고 하였다.

② 둘째, 같은 맥락에서 한반도를 식민지로 규정하면서, 학생들의 의용을 고취시키거나 자립·독립을 연상케 하는 부분들을 제거하였다.『정정 보통학교 학도용 수신서』에서는 일제와 한반도를 구별하고 있는바, 일제는 '내지(內地)'라고 표기하였고, 한반도는 '조선(朝鮮)'이라고 표현하였다. 일례로『보통학교 학도용 수신서』권2의 제12과 '청결'에서는 "우리나라 사람들"이라고 표현했던 부분을『정정 보통학교 학도용 수신서』권2의 제11과 '청결'에서는 "조선 사람들"로 바꾸었고,『보통학교 학도용 수신서』권3의 제12과 '자선'에서는 "일본국 동북지방"이라고 표기했던 부분을『정정 보통학교 학도용 수신서』권3의 제11과 '자선'에서는 "우리나라 내지 동북지방"으로 바꾸었다. 그리고 앞서 언급했던 것처럼『보통학교 학도용 수신서』의 권2, 권3, 권4에서 1개씩 줄인 과들의 명칭은 '형제', '진정한 용자', '양리'인데, 그 내용은 각각 형제의 의기투합[意合], 지혜와 신중을 겸비한 용기의 발휘, 충성과 공평 및 근검과 염직(廉直)을 갖추고 군왕과 백성을 연결시키는 어진 관리이다. 이 내용들은 읽는 이에게 의용과 애국의 마음을 야기할 수 있는 까닭에『정정 보통학교 학도용 수신서』에서 삭제된 것으로 보인다. 심지어『보통학교 학도용 수신서』권4의 제1과 '독립자영'은 그 내용이 본래 부형에게 의존하거나 의지하지 말고 부지런히 일하여 커서는 스스로 삶을 이끌어가야 한다는 것인데,『정정 보통학교 학도용 수신서』권4의 제1과 '자활'에서는 맥락은 유지하면서도 해당 과에서 세 번 등장했던 '독립자영'이라는 단어는 모두 삭제하고, 직업을 구하기 위해 노력해야 한다는 쪽으로 기술 방향을 선회하였다. 덧붙여『보통학교 학도용 수신서』권4의 제1과 '독립자영'의 마지막에 있던 격언인 "하늘은 스스로 돕는 자를 돕는다."도『정정 보통학교 학도용 수신서』권4의 제1과 '자활'에서는 삭제되었다.

『정정 보통학교 학도용 수신서』는 이미『보통학교 학도용 수신서』에서도 나타나던 한반도를 낮추어 보려는 의도가 한층 표면화되었고, 당시 국내외의 정세를 극복하기 위해 요구되던 충군·애국 관련 내용이나 제국주의에 대한 비판 의식을 북돋우는 내용은 삭제되었으며, 이 빈자리를 일제의 역사로 채우거나 미화시켰다는 점에서 문제가 있는 수신 교과서라고 평가할 수 있다.

4. 핵심어

학교, 이궁존덕(二宮尊德), 자활(自活), 황실, 내지(內地)

5. 참고문헌

박병기, 김민재 역,『근대학부편찬수신서』, 소명출판, 2012.
강정구·김종회, 「식민주의 교육담론의 內的 矛盾」,『어문연구』39(4), 2011.

『중등교육수신서(中等敎育校修書)』(권1-권2, 권4-권5)

서 명 『중등교육수신서(中等敎育修身書)』(권1-권2, 권4-권5)
저 자 조선총독부(朝鮮總督府)
형 태 22×15(cm)
발 행 조선총독부, 권1 1935년 1월 28일(번각본), 권2 1936년 3월 15일(번각본), 권3 1937년 2월 15일(번각본), 권4 1938년 2월 28일(번각본), 권5 1939년 3월 10일(번각본)
소장처 국립중앙도서관

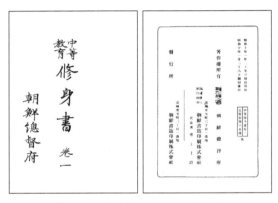

『중등교육수신서』 속표지, 판권지

1. 개요

『중등교육수신서(中等敎育修身書)』는 제2차 조선교육령이 시행되다 제3차 조선교육령이 공포된 1935년~1939년 사이에 조선인의 중등교육기관인 고등보통학교에서 중학교로 개칭이 되어간 시기에 사용된 조선총독부 편찬 수신서이다.

2. 저자

조선총독부는 1938년 3월 군국주의의 길을 걸으며 교육을 통해 민족 말살 정책을 펴기 위하여 제3차 조선교육령을 공포하였다. 1938년 미나미 총독은 제3차 조선교육령 개정에 즈음하여 국체명징(國體明徵), 내선일체(內鮮一體), 인고단련(忍苦鍛鍊)의 3대 요소를 가장 적절하게 표현한 '황국신민서사(皇國臣民誓詞)'를 발표하였고, 이것을 토대로 제3차 조선교육령이 제정되게 되었다. 주된 사항은 첫째, 학교명을 일본인 학교와 동일하게 바꾸어 제도상으로는 일본인과 차별을 철폐하였으나, 일본인이 사립학교의 교장이나 교무주임을 하는 방침이었다. 둘째, 교육 목적을 뒷받침하는 내용으로 일본어, 일본사, 수신, 체육 등의 교과를 강화하였다. 셋째, 사립 중학교의 설립을 금지하였으며 학교에서 조선어 사용을 금지하였다. 소학교의 교육 목적은 아동 신체의 건전한 발달을 유의하여 국민도덕을 함양하고 국민 생활에 필수적인 보통 지식을 얻게 함으로써 충량한 황국신민을 육성하는 데 있었다.

3. 내용 및 구성

　조선총독부가 1935년부터 1939년 사이에 발행한 고등보통학교의 『중등교육수신서(中等敎育修身書)』는 권1~권3은 20과로 구성되어 있고, 권4~권5는 17과로 이루어져 있다. 『중등교육수신서(中等敎育修身書)』는 1935년에 1월에 권1이 발행된 뒤 얼마 되지 않은 1937년 1월에 개정되었는데, 편찬에 관한 사료를 찾아보기 어려우나 개정판은 초판과 칙어·조서류(勅語·詔書類)에 차이가 나는 것으로 확인된다.

　1935년 발행본에는 「천조(天助)의 신칙(神勅)」, 「교육에 관한 칙어」, 「국민정신 작흥에 관한 칙어」만 제시되어 있으나 1937년에 발행된 개정판에는 그 외에도 「5개조(五箇條)의 어서문(御誓文)」, 「무신조서(戊申詔書)」, 「한국병합에 관한 조서」, 「천조(踐祚)후 조현(朝見)의식에서 내려주신 칙어」가 게재되어 있다. 또한, 1937년 개정판에는 그림이나 사진의 사용이 현저하게 많아졌고 문장표현도 이해하기 쉽게 변경되어 있다. 1937년 권1의 개정판에 보이는 이러한 변화들은 1936년 3월에 발행된 권2에서도 확인할 수 있다. 따라서 이 시기에 편찬 방식에 있어 어떠한 변화가 있었던 것으로 추정할 수 있는데, 당시 일본본국 문부성의 제4기 『심상소학수신서』(1933~1939)를 보면 종래의 수신서에 대한 반성을 통해 덕성 도야에 있어 정서적·의지적 방면에 중점을 두며 문장과 그림으로 아동에게 직접 감동을 주고자 하는 면을 찾아볼 수 있는데, 이를 통해 1935년~1939년에 발행된 『중등교육수신서(中等敎育修身書)』의 편찬방식의 변화를 추정할 수 있다. 또한, 이 시기의 일본제국은 정서적·의지적 덕성도야에 중점을 두는 것과 동시에 국체명징을 중요시하였는데 이는 1936년에 발행된 고등보통학교 또는 중학교의 수신서의 특징과 일치한다. 이 시기부터 고등보통학교수신서 권두에 많은 조칙이 게재되기 시작한 것을 통해서도 국체명징을 중요시한 의도를 엿볼 수 있는데, 『중등교육수신서(中等敎育修身書)』권1의 제6과 「군주의 은혜(君の恩)」, 제19과 「충군애국(忠君愛國)」과 권2의 제17과 「국체와 정체(国体と政体)」, 제18과 「황위와 황실(皇位と皇室)」, 권3의 제14과 「내선일가의 정신(内鮮一家の精神)」, 제16과 「건국의 정신(建国の精神)」, 제20과 「교육에 관한 칙어(教育に関する勅語)」에서는 국체론이나 천황에 대한 충성요구가 주제로 다루어지고 있다. 그러나 국체명징의 의도에도 불구하고 일본민족화적 동화주의가 지향된 것은 아니고 제국민화적 동화주의가 계속 유지되었다. 독립을 지향하는 민족주의가 부정되어야 하는 것은 당연하였고, 일본제국에 대한 헌신만 강조되었다. 권3의 제14과 「내선일가의 정신(内鮮一家の精神)」에서는 단원명에서 일본민족화를 연상시키지만, 그 내용은 풍속이나 습관, 언어 등이 다른 점은 조선과 일본 민족의 내선융화를 어렵게 하는 것이 아니라 오히려 풍부한 내용으로 발전시킬 계기가 된다고 기술하면서 일본인과 조선인이 융합하기 위해서는 두 민족이 마음을 열고 동포로 서로 친하게 지내는 일이 필요하다고 주장한다. 여기서 동포의 의미는 동일하게 우리를 아기로 생각해 주시고 일시동인의 인자(仁慈)를 내려주시는 천황의 신민임을 의미한다.

　다시 말해, 동일한 인종적 기반과 교류의 역사를 가지지만 민족성을 달리하는 모든 제국민이 민족성의 차이를 '풍부한 내용'을 가지는 제국민성으로 승화시키면서 동일하게 천황의 '아기'인 '동포'로 온화하고 사이좋게 지내는 것이 '일군만민'체제에서의 '내선일가(内鮮一家)'의 정신이고 이 당시의 조선총독부의 동화주의였다고 할 수 있다.

4. 핵심어

고등보통학교, 중학교, 국체명징, 내선일가, 제국민화적 동화주의

5. 참고문헌

나카바야시 히로카즈(中林裕員), 「조선총독부 고등보통학교수신서의 불규칙적 발행과 동화주의의 변천」, 『한국교육사학』, 한국교육사학회, 2021.

안홍선, 「식민지시기 중등학교의 교육 연구: 일본어, 수신과, 공민과 교과서 분석을 중심으로」, 『한국교육사학』 제37권 제3호, 한국교육사학회, 2015.

『중등교육수신서(中等教育校修書)』(권1-권3, 권5)

서 명 『중등교육수신서(中等教育修身書)』(권1-권3, 권5)

저 자 조선총독부(朝鮮總督府)

형 태 22×15(cm)

발 행 조선총독부, 권1 1940년 1월 10일(번각본), 권2 1940년 1월 25일(번각본), 권3 1940년 2월 28일(번각본), 권4 1942년 확인불가, 권5 1943년 3월 28일(번각본)

소장처 국립중앙도서관

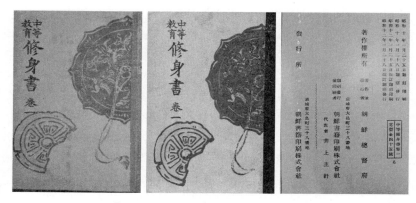

『중등교육수신서』 표지, 속표지, 판권지

1. 개요

『중등교육수신서(中等教育修身書)』는 제3차 조선교육령이 공포된 후 1940년~1943년 사이에 조선인의 중등교육기관인 고등보통학교가 중학교로 개칭이 된 시기에 사용된 조선총독부 편찬 수신서이다.

2. 저자

조선총독부는 1938년 3월 군국주의의 길을 걸으며 교육을 통해 민족 말살 정책을 펴기 위하여 제3차 조선교육령을 공포하였다. 1938년 미나미 총독은 제3차 조선교육령 개정에 즈음하여 국체명징(國體明徵), 내선일체(內鮮一體), 인고단련(忍苦鍛鍊)의 3대 요소를 가장 적절하게 표현한 '황국신민서사(皇國臣民誓詞)'를 발표하였고, 이것을 토대로 제3차 조선교육령이 제정되게 되었다. 주된 사항은 첫째, 학교명을 일본인 학교와 동일하게 바꾸어 제도상으로는 일본인과 차별을 철폐하였으나, 일본인이 사립학교의 교장이나 교무주임을 하는 방침이었다. 둘째, 교육 목적을 뒷받침하는 내용으로 일본어, 일본사, 수신, 체육 등의 교과를 강화하였다. 셋째, 사립 중학교의 설립을 금지하였으며 학교에서 조선어 사용을 금지하였다. 소학교의 교육 목적은 아동 신체의 건전한 발달을 유의하여 국민도덕을 함양하고 국민 생활에 필수적인 보통 지식을 얻게 함으로써 충량한 황국신민을 육성하는 데 있었다.

3. 내용 및 구성

『중등교육수신서(中等教育修身書)』는 기본적으로 제국민화적 동화주의를 계승하였지만, 국체명징이라는 새로운 특징을 가지고 있다. 조선총독부가 1940년~1943년 사이에 발행한 중학교의 수신교과서인『중등교육수신서(中等教育修身書)』의 권1~권3은 17개의 단원으로 구성되어 있고 권4는 현재 사료가 확인되지 않으며, 권5는 14개의 단원으로 이루어져 있다.

조선총독부는 1939년에『중등교육수신서 (中等教育修身書)』권5를 발행하였지만, 다음 해인 1940년에 다시 새롭게 권1~권3을 한꺼번에 발행한 것에 비하면 권4는 1942년에, 권5는 1943년 3월까지 발행하지 않았다. 이것은 1940년에 발행한 권1~권3의 단원 수가 1938년 발행된 권4 및 1939년 발행된 권5와 동일하게 17과인 점에서 이것들이 동일한 방침으로 편찬된 것을 추정할 수 있다. 이러한 편찬방침의 전환을 가져온 것은 조선총독 미나미지로에게 발탁된 시오바라 토키사부로(鹽原時三郎)의 학무국장 심득 취임과 제 3차 조선교육령 제정에 대한 대응이라고 볼 수 있다. 또 1943년에 발행된 권5는 1940년에 발행된 권3과 비교해 단원 수가 삭감되었는데, 이것으로 이 시기에도 조선총독부의 편찬방침에 변경이 있었던 것으로 보인다. 단 1943년에 발행된 권5는 1939년에 발행된 권5의 개정에 불과하다. 이러한 개정은 은 아시아·태평양전쟁의 전개와 일본본국에서 국체론 해석의 변경 때문인 것으로 추정된다.

1937년까지 고등보통학교수신서를 특징 짓는 조선민족성을 용인하는 서술은 1938년 이후 없어졌다. 1940년에 발행된『중등교육수신서(中等教育修身書)』권1~권3에서 주목할 것은 1935년 발행된 권1부터 1937년에 발행된 권3에는 거의 없었던 예의범절에 관한 단원이 많이 설정된 점이다. 예를 들면, 권1의 제10과「언어와 동작(言語と動作)」, 제11과「복장과 예의(服裝と例義)」, 제12과「식사와 향응(食事と饗應)」, 권2의 제4과「축제일과 예의범절(祝祭日と作法)」, 권3의 제7과「경조·위문의 예의범절(慶弔·慰問の作法)」, 제9과「교통·통신·방문·응접의 예의범절(交通·通信·訪問·應接の作法)」 등이 있다. 예의범절에 대한 강조는 1918년~1919년에 발행된『보통학교수신교과서(普通學校修身敎科書)』의 부록에도 있었으나 그 의미는 크게 다르다.『보통학교수신교과서(普通學校修身敎科書)』에서 기술하는 예의범절은 일본제국 안의 일상생활에서의 마찰을 완화 시키는 것을 목표로 하는 제국민의 예의범절이었다. 이와 달리 조선총독부의 동화주의가 제국민화로부터 일본민족화로 전환된 시기의 수신서로서 1940년에 발행된『중등교육수신서(中等教育修身書)』의 권1~권3에서 기술된 예의범절은 일본민족의 예의범절이었다. 또한, 중등교육수신서(中等教育修身書)』권5에서는 1939년에 발행된 보통학교수신교과서의 권5에서 다루어졌던 국민도덕론에 관한 단원들이 제6과「황국의 길(皇國の道)」, 제7과「황국의 길과 교육(皇國の道と教育)」, 제7과「황국의 길과 학예(皇國の道と學藝)」, 제9과「황국의 길과 종교(皇國の道と宗敎)」, 제10과「황국의 길과 정치(皇國の道と政治)」, 제11과「황국의 길과 경제(皇國の道と經濟)」과 같이 '황국의 길'로 변경되었다.

1937년까지 고등보통학교수신서를 특징짓는 조선민족성을 용인하는 서술은 1938년 이후 없어지고 그것을 대신하여 등장한 것이 '국민도덕론'이었는데 '국민도덕'을 근본적으로 규정하는 것은 건국사정이었다. 일본은 신들의 의지로 건설된 나라이기 때문에 국민의 마음에 '신국 일본'이라는 관념이 생겨 그것이 신도(神道)가 되고 경신숭조(敬神崇祖)의 미덕이 되어 일본 국민도덕의 근본이 되었다고 볼 수 있다. 따라서 '국민도덕'이란 일본민족의 도덕으로, 조선인의 민족성에 관해 아무 언급도 없이 조선인 학생들에게 이를 가르쳤다는 것은 조선인의 일본민족화가 당연한 일로 진행되었다는 것을 의미한다고 볼 수 있다.

4. 핵심어

고등보통학교, 중학교, 국체명징, 내선일가, 제국민화적 동화주의

5. 참고문헌

나카바야시 히로카즈(中林裕員), 「조선총독부 고등보통학교수신서의 불규칙적 발행과 동화주의의 변천」, 『한국교육사학』, 한국교육사학회, 2021.

안홍선, 「식민지시기 중등학교의 교육 연구: 일본어, 수신과, 공민과 교과서 분석을 중심으로」, 『한국교육사학』 제37권 제3호, 한국교육사학회, 2015.

『중등교육여자수신서(中等教育女子修身書)』(권1-권4)

서 명 『중등교육여자수신서(中等教育女子修身書)』(권1-권4)

저 자 조선총독부(朝鮮總督府)

형 태 23×15(cm)

발 행 조선총독부, 권1 판권지 확인불가, 권2 1939년 3월 25일(번각본), 권3 1940년 2월 15일(번각본), 권4 판권지 확인 불가

소장처 국립중앙도서관

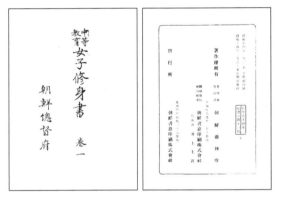

『중등교육여자수신서』 권1 속표지, 권2 판권지

1. 개요

『중등교육여자수신서(中等教育女子修身書)』권1~권4는 제3차 조선교육령이 공포된 이후 조선총독부가 1939년부터 1940년 사이에 발행한 중등교육기관의 여자 수신교과서이다. 만주사변과 중일전쟁이 일어난 전시기(戰時期)에 여성을 국가동원체제로 끌어들이려 하는 의도가 엿보이는 것으로 군국주의적 모성을 강조하는 내용이 담겨 있으며 일본의 황국여성 정책을 엿볼 수 있다.

2. 저자

조선총독부는 1938년 3월 군국주의의 길을 걸으며 교육을 통해 민족 말살 정책을 펴기 위하여 제3차 조선교육령을 공포하였다. 1938년 미나미 총독은 제3차 조선교육령 개정에 즈음하여 국체명징(國體明徵), 내선일체(內鮮一體), 인고단련(忍苦鍛鍊)의 3대 요소를 가장 적절하게 표현한 '황국신민서사(皇國臣民誓詞)'를 발표하였고, 이것을 토대로 제3차 조선교육령이 제정되게 되었다. 주된 사항은 첫째, 학교명을 일본인 학교와 동일하게 바꾸어 제도상으로는 일본인과 차별을 철폐하였으나, 일본인이 사립학교의 교장이나 교무주임을 하는 방침이었다. 둘째, 교육 목적을 뒷받침하는 내용으로 일본어, 일본사, 수신, 체육 등의 교과를 강화하였다. 셋째, 사립 중학교의 설립을 금지하였으며 학교에서 조선어 사

용을 금지하였다. 소학교의 교육 목적은 아동 신체의 건전한 발달을 유의하여 국민도덕을 함양하고 국민 생활에 필수적인 보통 지식을 얻게 함으로써 충량한 황국신민을 육성하는 데 있었다.

3. 내용 및 구성

만주사변, 중일전쟁을 일으키면서 일본이 점차 군국주의화 됨에 따라 조선총독부는 식민지 정책 수행의 하나로 2세를 생산하고 교육하는 여성을 교화대상으로 중시하게 되었다. 특히 중등여성교육을 중요시한 이유는 중등학교를 나올 정도라면 사회에 나와 다른 여성을 선도할 수 있는 입장으로 여겼기 때문이다. 일제강점기 조선의 중등교육기관은 1938년 제3차 조선교육령 이전까지 조선인을 위한 고등보통학교, 여자고등보통학교와 일본인을 위한 중학교, 고등여학교의 이원체제를 유지하였으며, 3·1운동 후 중등 여학생 수는 1920년대에서 30년대 말에 눈에 띄게 증가하였다. 따라서『중등교육여자수신서(中等教育女子修身書)』는 수신교과서라는 특성상 중일전쟁과 태평양전쟁 시기에 전쟁수행의 한 축이된 여성에게 조선총독부가 어떠한 정책을 펼치고자 하였는지 교육의 의도를 엿볼 수 있는 자료라고 할수 있다. 제3차 조선교육령에 따른『중등교육여자수신서(中等教育女子修身書)』의 교육목적은 자기, 가족, 사회 및 국가에 대한 책무를 가르쳐서 황국여성이 각별하게 갖추어야 할 본분을 알도록 하고 대국민다운 자질을 길러서 황운부익(皇運扶翼)의 길로 나아갈 수 있도록 힘써야 한다고 되어 있다. 즉, <교육에 관한 칙어>의 취지를 받들어서 충량지순한 황국의 여성이 될 수 있도록 실천궁행의 길로 이끄는것을 요지로 하는 등 현격한 변화를 보이기 시작한다. 권1의 제9과「지능과 덕기(知能と德器)」에서는수신교과서를 지식을 넓히는 과목으로 정의하기도 하였다.

『중등교육여자수신서(中等教育女子修身書)』권1~권4는 모두 각각 17개의 단원으로 구성되어 있으며 권1에서는 천양무궁의 신칙, 황국, 국기, 백성, 경신숭조, 교육 등의 덕목을 다루며, 권2에서는 국헌국법, 황실, 신민, 국운 발전, 기념일, 열심봉공 등의 덕목에 대해 기술하고 있다. 권3에서는 국민성과밝은 마음, 국민성과 쟁취, 국민정신과 소양, 국민문화와 예도, 국민성, 국민문화에 대한 덕목을 다루고있으며, 권4에서는 천황의 은혜, 황운부익(皇運扶翼), 교육에 관한 칙어 정신, 교육에 관한 칙어하사 등의 덕목을 다루고 있다.

『중등교육여자수신서(中等教育女子修身書)』에서는 국민도덕의 유래 및 특질을 이해시키는 것과 황국신민으로서의 신념을 확고히 하도록 강조하였는데, 특히 '국민'이라는 단어가 권3에서는 11회, 권4에서는 7회나 나오는 등 매우 강조되었다. 이때 '신여성'대신 '현대여성'이라는 용어가 등장하였는데, '현대여성'은 신여성의 세련되고 지적인 현대적 모습과 구여성의 성실하고 자애로운 전통적 모습이 결합된 개념이다. 그러나 이 '현대여성'이란 개념은 표면적으로 신여성과 구여성의 장점을 두루 합친 것으로 보이지만 개인적 욕망 성취보다는 가정과 미래를 책임질 자녀 양육의 의무를 여성에게 부과함으로써 결과적으로는 여성의 주체적 욕망을 억압하는 기만적 개념에 불과하다.

한편, 권4의 제16과「우리 국민의 사명(我が国民の使命)」에서는 야스쿠니 신사에서 영령들에게 황국여성의 결의를 다짐하며 절을 하는 여학생들이 삽화로 나와 있는데, 이는 가장 극단적인 '천황절대 국체 신앙주의의 교육'을 중등 여성교육에도 실행했던 것임을 알 수 있다. 또한, 권2의 제9과「무신칙어(戊申勅語)」등에서는 전쟁이 막바지로 감에 따라 수신서에서 노골적으로 전쟁의 당위성과 합리화에 대해 강조하기도 하였는데, 동양의 평화와 세계 질서의 건설로 어쩔 수 없이 전쟁을 했다는 논리를 전개하며 여자에게까지 전쟁의 일원으로 참가해야 한다고 주장하였다. 권1의 제15과「의와 용기(義と勇

気)」에서는 비상시에 있어서는 여자와 남자의 구분이 없으며 군인이 되지 못하더라도 정신은 남자와 같아야 한다고 가르치고 있다. 부인에 대한 조직화와 선전운동은 징병제 실시를 앞두고 자식과 남편을 전장으로 보내도록 독려해야 할 조선여성 교육이 중대 과제로 부상되어 '황국가풍의 확립을 위해 노력하는 황민의 어머니가 되어야 한다.'며 여성들에게 후방에서의 자세를 의식 속에 각인시키려 하였다.

권1의 제15과 「의와 용기(義と勇気)」에서는 「중일전쟁 때 조선 부인들이 평소 소중히 간직한 금비녀를 황국에 헌납하고 기꺼이 후방에서 역할을 다한 것은 의(義)가 있는 용기 있는 행동으로 칭찬받고 있습니다. 재물이 있는 경우에는 재물로, 국가비상시에 분연히 들고 일어나서 할 수 있는 모든 노력에 임하는 것은 의롭고 용감하게 황국에 바치는 행동입니다」라고 기술하고 있는데, 일본은 조선인들의 자녀 교육을 전시하(戰時下)의 임무를 수행하는 것으로 보았고 그에 따라 한 가정도 낙오가 되어서는 안된다고 내세우며, 여성에게 기존의 현모양처로 가정에서만이 아니고, 국가관과 국체관념을 지닌 직접적인 국가 구성원으로 전쟁에 필요한 인력을 만드는 것에 기여할 것을 요구하고 있음을 알 수 있다.

또한, 전시동원체제와 함께 가정은 총동원의 기초 단위로 선언되는데, 가정은 국가의 기조이며, 가정의 중심은 주부라고하였다. 조선총독부가 이런 후방에서의 역할을 여성 중심으로 삼았던 이유는 병사의 충원만이 아니라 가족을 국가공동체의 척도로 삼았기 때문인 것으로 보인다.

『중등교육여자수신서(中等教育女子修身書)』에서는 계속되는 전쟁으로 인해 전사자가 늘어남에 따라 전사자의 어머니를 테마로 한 내용이 늘고 있음을 알 수 있는데, 전장으로 떠나는 남자는 어디까지나 씩씩하고 늠름한 모습으로 그려지고 있으며 만약 남편이나 아들이 전사하면 슬픈 모습을 보이지 않고 나라가 요구하는 강한 여성으로 남아있어야 한다고 기술하고 있다. 권1 제15과 「의와 용기(義と勇気)」에 나와 있는 청일 전쟁 때의 아들을 전쟁터에 보낸 수병의 어머니와 권3의 제2과 「충효의 길(忠孝一本)」에서는 러일전쟁으로 보낸 이치타로의 어머니를 모성의 본보기로 내세워 나라를 위해 싸우다 죽는 것이 부모에게 효행을 하는 것이고, 부모의 이름을 드높이는 것이라고 하였다. 국가가 이상으로 하는 황국의 어머니의 모습은 죽음에도 슬퍼하지 않는 어머니로부터 죽음을 축복하는 어머니로 옮겨간다. 권2 제7과 「온양정숙(溫陽貞淑)」에서는 관동대지진이 일어났을 때 생사의 갈림길에서도 미소를 읽지 않았다며 일본 여성의 우수함을 알리고 있다. 서양여자로는 유일하게 나이팅게일을 등장시켰는데 부상병을 돌보는 삽화가 들어있다. 이렇게 죽음과 관련하여 언제라도 죽을 수 있는 각오를 은연중에 적음으로써 결국 나라를 위해 훌륭하게 죽을 각오를 다지도록 키워내는 것을 전쟁 중의 진정한 모성애로 규정해 놓고 있음을 알 수 있다.

권1 제4과 「신민들(み民われ)」에서는 경제가 놀랄 만큼 발달한 황국(皇國)의 백성이기에 직업을 갖게 되었다는 논리를 내세우며 건강하지 않으면 집안일이나 직업에 힘을 기울이는 것도 할 수 없다며 건강을 직업과 연결을 시키고 있다. 이러한 노동력 이념으로 가족제도의 미풍고조, 현모양처로서의 부인 역할들의 강화가 동시에 강요되었는데 이를 통해 일본 제국주의에 필요한 노동착취를 위해 가부장제 이데올로기를 적절히 이용하고 있음을 알 수 있다.

한편, 수신서에서는 전시하(戰時下)의 가정생활 조직화는 구체제를 벗어나야 한다고 하였고, 교양 있는 여성은 모두 일본 여성으로만 설정을 하였다. 권2의 제5과 「服業治産」에서는 가사노동의 과학화와 합리화에 대해서도 나열하였는데 본보기로 마쓰시타 젠니(松下禅尼)를 내세웠다. 마쓰시타 젠니는 무사의 아내로 가정경제의 절약과 검소로 남편이 전지에서 잘 싸울 수 있도록 아낌없는 물적 지원을 해준 대표적 여성으로 내세웠다. 권4의 제11과 「국민도덕과 경제(国民道德と経済)」에서는 노동력 동원과 동시에 물자 통제와 가정생활의 곤궁에 절약을 강화하고 있다. 일본은 여성들에게 후방 경제전의 전사로서 절약 정신을 요구하였다.

이와 같이 『중등교육여자수신서(中等教育女子修身書)』에서는 후방에서의 여성 역할을 두드러지게 강조하고 있다. 여성을 남성과 같이 전쟁을 수행하는 존재로 보고 개인이 국가를 위해 희생되는 상황에서 여성이 2세를 튼튼히 키워 군사력 증진에 기여하는 어머니로 변용한 부분에서 전시체제하 여성을 국가동원체제로 끌어들이려는 방편으로 사용하고자 했던 조선총독부의 의도가 여실하게 드러나 있다.

4. 핵심어

여성중등교육, 국가총동원, 황국여성, 모성

5. 참고문헌

김경일, 『여성의 근대, 근대의 여성』, 푸른역사, 2004.

김순전·장미경, 「조선총독부 발간 『여자고등보통학교수신서』의 여성상」, 『일본학연구』 제21집, 2007.

김순전·장미경, 「戰時下 중등교육여자수신서에 나타난 여성교육 정책」, 『日本語文學』 제39집, 2007.

문영희, 『한국의 식민지 근대와 여성공간—민족의 알레고리로서 음식과 사적 노동 공간』, 도서출판 여이연, 2002.

안홍선, 「식민지시기 중등학교의 '국민성'양성 교육 연구: 일본어, 수신과, 공민과 교과서 분석을 중심으로」, 『한국교육사학』 제37권 제3호, 2015.

유진월, 『김일엽의 신여자 연구』, 푸른사상, 2006.

장미경, 「<修身書>로 본 조선총독부의 '식민지 여성' 교육」, 『日本語文學』 제41집, 2008.

『초등수신(初等修身)』(권1-권6)

서 명 『초등수신(初等修身)』(권1-권6)

저 자 조선총독부(朝鮮總督府), 1939년~1941년

형 태 15×22(cm)

발 행 조선총독부, 권1 1939년년 3월 10일(번각본), 권2 1939년 3월 10일(번각본), 권3 1939년 3월
10일(번각본), 권4 1941년 3월 15일(번각본), 권5 1940년 5월 31일(번각본), 권6 1939년 3월
10일(번각본)

소장처 국립중앙도서관

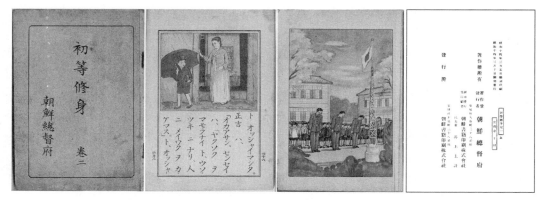

『초등수신』 권2 표지 및 본문, 판권지

1. 개요

『초등수신(初等修身)』(권1~권6)는 조선총독부가 편찬한 책으로 권1~권3, 권6은 1939년에 번각본이
발행되었으며, 권5는 1940년에 번각본이 발행되었고, 권4는 1941년에 번각본이 발행되었다. 제2차 조
선교육령의 공포로 6년 학제로 연장된 보통학교의 교과서로 보편적인 가치와 덕목 및 조선인의 일본인
화 및 황국 식민화를 실천하는 내용으로 구성되어 있다.

2. 저자

조선총독부는 1922년 1월 일본 본토의 교육제도에 준거하여 조선의 학제를 개편하기 위한 제2차 조
선교육령(1922년~1927년)을 공포하였다. 교육령의 개정에 따라 보통학교의 수업연한을 4년에서 6년
으로, 고등보통학교는 4년에서 5년으로, 여자고등보통학교는 3년에서 4년으로 연장하였으며, 독립된
사범학교와 경성제국대학을 설립하는 등 형식적으로 일본과 동일한 교육제도를 갖추고 교육기간을 확
충하였다. 그러나 이것은 학교 제도상의 차별에 대한 비난을 무마하려는 것으로 표면상의 학제와는 달
리 조선인이 다니는 보통학교는 대부분 4년제였고, 일본어 수업시수는 늘렸으나 한국사와 한국지리에

관한 과목은 전면적으로 폐지되었다. 또한, 조선 내에 있는 일본인을 위한 교육제도는 일본어를 사용하는 자를 위한 교육제도라 하고, 한국인을 위한 교육제도는 일본어를 사용하지 않는 자를 위한 교육제도라 하여 교묘한 차별주의 교육정책을 시행했다.

1919년 3·1운동 이후 개정된 제2차 「조선교육령」에서는 사이토[齋藤實] 총독의 이른바 '문화정치'를 표방하며 융화정책을 사용하였으나, 실제로는 일본식 교육을 강화하여 조선인을 일본화하고 민족정신을 말살하려는 데 있었다. 특히, 일본어와 일본 역사를 주입, 강요하여 민족의 사상을 일본화하는 것에 주안점을 두었다.

3. 내용 및 구성

『초등수신(初等修身)』(권1~권6)은 일제강점기였던 1922년 제2차 조선교육령이 공포된 이후 내지연장주의의 구호 아래 동화정책을 폈던 조선총독부의 감독하에서 1938년부터 1941년 사이에 발행된 보통학교 수신 교과서이다.

이 시기의 보통학교 수신서는 내선 일체를 비롯한 동화정책과 충량한 황민화 교육 강화를 추구하였는데, 괘도를 활용하는 수업방식이나 본문이 없이 전면삽화로 단원을 구성하는 수신서의 예는, 일제강점기의 초등용 수신서에서만 볼 수 있는 특징적인 방식으로, 『초등수신(初等修身)』(권1~권6)에서도 그림을 통한 시각적 교육의 효과를 극대화하고 있다.

따라서, 학습자는 수신서에 등장하는 소년의 이미지를 자신의 모습과 비교해 볼 수 있는 대상물로 삼게 되며, 삽화에 등장하는 긍정적인 학생의 이미지를 자신과 동일시하는 간접경험을 통해 바람직한 근대적 국민성을 내면화하도록 하고 있다. 특히 어린 학생들을 대상으로 시각적 교육 효과를 높이기 위해 1학년용으로만 수신괘도를 사용하였으며, 고학년으로 올라갈수록 점차 본문의 내용이 중심이 되어 삽화의 비중이 줄어들고 있는 형식은 동일하다.

권1과 권2의 맨 마지막 단원 「24. ヨイ コドも(착한 어린이)」는 수신서에 나온 교훈을 모두 지키는 착한 어린이가 될 것을 교훈하려는 것으로 삽화에는 학교 강당으로 보이는 실내를 배경으로 일렬로 늘어선 학생들의 뒷모습이 질서 있게 그려져 있고 학생들의 앞이나 옆으로 교사들이 서 있는 모습이 보인다. 착한 어린이 단원은 일본과 조선의 교과서 모두에서 공통적으로 강조되는 주제로, 삽화와 본문의 내용도 일본 소학교의 교과서에서 그대로 가져오는 경우가 많았다.

즉, 선생님의 가르침은 곧 수신서의 가르침과 동일한 것으로서, 선생님에게 순종하는 착한 어린이의 모습을 통해 학교 제도로 상징되는 국가 권력에 대한 충성과 순종을 요구하는 내용임을 알 수 있다. 이러한 수신서의 훈육 목적을 집약적으로 표현한 「ヨイ コドも(착한 어린이)」단원은 고학년용 수신서로 갈수록 더욱 심화 발전된 형태로 나타나게 되는데, 『초등수신(初等修身)』(권1~권6)의 권1과 권2에서는 「24. ヨイ コドも(착한 어린이)」, 권3과 권4에서는 「24. よい日本人(좋은 일본인)」, 권5에서는 「皇國臣民(황국신민)」, 권6에서는 「24.皇國臣民の覺悟 (황국신민의 각오)」로 궁극적으로는 황국신민을 목표로 하는 양상으로 발전해가는 것을 알 수 있다.

따라서, 수신서를 통해 교육받은 식민지 조선의 어린이들은 착한 어린이의 덕목을 함양해 감에 따라 점차 좋은 일본인으로 성장해나가게 되며, 궁극적으로는 황국신민의 정체성을 내면화한 존재가 되도록 하는 식민지 제도교육의 아동 훈육의 과정을 따르고 있음을 알 수 있다.

권1은 1학년 수신서로 1학년 신입생을 대상으로 지도되는 내용으로 구성되어 있다. 학교 등교하기,

학교에서 배우기, 학교에서 놀기 등을 먼저 가르치고 있고 이어 천장절과 일장기를 소재로 하며 선생님의 가르침에 잘 따르도록 하면서 효(孝)나 형제 사이의 우애, 위생, 예의 등 보편적인 도덕적 가치 규범을 제시하고 있다. 뒷부분에서는 천황에 대한 충의를 가르치며 황국신문의 맹세문으로 교과서를 마무리하고 있다. 조선인은 13개의 과에 등장하고, 일본인은 3개 과에 등장하는데, 8개의 삽화는 조선인 또는 일본인을 구분할 수 없다. 교과서의 등장인물은 남성이 훨씬 많으며, 일본 여성과 조선 여성은 소수이다. 삽화에 조선의 아동이 나오더라도 일본인 이름으로 제시되고 있는 점이 특이하다.

권2는 권1과 마찬가지로 24과로 이루어져 있고, 분량은 4쪽이 늘어난 32쪽으로 삽화의 크기가 줄어들었고, 내용은 1학년 때보다 2배 이상 늘어났다. 권1과 마찬가지로 전체적으로 보편적인 도덕적 가치 규범이 주를 이루고 있지만, 「2. 천황폐하」, 「3. 황후폐하」 등 노골적으로 일본 천황을 내세우며 황국신민화를 도모하는 단원이 대폭 늘어나 있다. 삽화는 일본보다는 조선을 배경으로 하는 단원이 많고, 「17. ショウジキ(정직)」에서는 "정직은 일생의 보배"라는 격언으로 단원의 내용을 정리하고 있는 점이 특이하다.

권3은 권1과 권2에 비해 크게 달라지지 않은 것처럼 보이나 양적으로 12쪽이 늘어나 46쪽에 이르고 있으며 삽화의 크기도 매우 줄어들었다. 수신서 속표지에는 신사의 모습을 삽화로 제시하고 있으며, 전체적으로 보편적인 도덕 규범을 가르치고 있는 것처럼 보이지만 단원의 구성을 보면 조선인의 일본인화 및 황국신민화 교육을 도모하고 있음을 알 수 있다. 또한, 삽화와 본문 내용의 대부분이 일본을 배경으로 하는 것이 큰 변화이며, 여전히 남성 중심의 가치관이 밑바탕에 깔려있다. 또한, 교과서에 등장하는 조선인 이름은 가상인물인 '윤용길'뿐이며, 일본인은 14명이 등장한다. 존중, 효도, 예절, 절제, 배려, 성실, 준법 등의 덕목을 다루고 있지만 황국신민화와 관련한 단원이 7개로 늘어나 좋은 일본인을 천황에 대한 충성과 연결하여 제시하고 있다.

권4는 권3보다 6쪽이 늘어난 52쪽이며, 속표지 안쪽에는 삽화 대신 일본군 기마대의 행렬 사진이 제시되고 있다. 그리고 수신서에서 처음으로 '교육에 관한 칙어'와 '청소년 학도에게 하사하신 칙어'를 두 쪽에 걸쳐 제시하고 있다. 이점이 권1~권3과 크게 달라진 점으로 황국신민화를 적극적으로 추진하려는 의도가 엿보인다고 할 수 있다. 삽화는 전체 24과 중에 23개의 단원에 제시되어 있지만, 조선을 배경으로 하는 것은 4개의 단원에 불과하고 거의 대부분 일본을 배경으로 하고 있다. 조선인의 이름은 교과서에서 제시되지 않고 있으며, 천황과 일본을 위해 죽은 사람을 모시고 제사를 올리는 야스쿠니 신사를 한 단원으로 다루고 있는 등 이전보다 조선인의 동화정책 및 황국신민화가 대폭 강화되고 있음을 알 수 있다. 황국신민화와 관련된 단원은 4학년 교과서에 이르러 9개의 과로 3학년 때보다 2개의 과가 늘어났는데, 이는 학년이 올라갈수록 황국신민화를 강화하고 있기 때문이며, '효도'에 관한 덕목이 다루어지지 않은 것은 '효'를 천황에 대한 충성과 연결하는 것을 벗어나기 시작했기 때문으로 추정된다.

권5는 권4와 마찬가지로 목차 다음에 '교육에 관한 칙어', '청소년 학도에게 하사하신 칙어'를 두 쪽에 걸쳐 제시하고 있으며 속표지 안쪽의 삽화는 숲속의 신사 모습으로 되어 있다. 교과서에 수록된 인물은 대부분 일본인이며 조선인으로 추정되는 남녀 학생이 수록되어 있으나 조선인의 옷차림을 한 인물은 전혀 찾아볼 수가 없다. 반면, 황실을 언급하거나 황실과 연관된 삽화는 9개의 단원으로 등장인물 중 여성이 차지하는 비율은 여전히 미미하다. 권5 수신서에 제시된 격언은 제 4과 "어버이 섬기며 정성다함이 인간의 진심의 시작이로다.", 제16과 "하면 되고 안하면 안되나니 무슨 일이나 안 되는 건 사람이 하지 않기 때문이다.", 제19과 " 충신은 효자 가문에서 나온다." 등으로 늘어나 있다. 그 밖에 천황의 선조인 아마테라스 오미카미(天照大神)를 제사하는 황대신궁의 이야기와 천황이 일본의 국체로서 모두가 천황의 신민이라는 내용을 상세하게 설명하며 황국신민화를 추진하고 있는 점이 크게 변화된 사항이다.

　권6은 권5보다 4쪽이 늘어난 64쪽으로 구성되어 있는데, 분량이 늘어난 이유는 '교육에 관한 칙어', '청소년 학도에게 하사하신 칙어' 외에 '무신조서'와 '국민정신 작흥에 관한 조서'를 추가하고 있기 때문이다. 수신서의 내용은 권5와 동일하나 일본제국의 조선 합병을 정당화하고 일본 동화정책의 정당성과 일본 천황에 대한 충성이 마땅함을 내면화시키고자 하는 의도를 엿볼 수 있다. 삽화는 거의 대부분 일본을 배경으로 하고 있으며, 수록된 인물 중에서 조선인 이름은 전혀 없고, 외국인으로는 콜롬버스가 등장하는 반면 일본인은 모두 천황이거나 다수의 실존 인물이 등장한다. 전체적으로 보통학교 6학년 수신서는 초등학교 교육을 마무리하는 성격이 나타나고 있는데, 조선인의 일본인화, 특히 황국신민화가 강력하게 추구되고 있다. 애교, 애향, 애국, 책임 등의 덕목이 결국 천황에 대한 충성으로 귀결되고, 황국신민화의 내용이 수신서의 후반부를 모두 차지함으로써 보통학교 교육의 마무리가 황국신민화임이 명백하게 드러나고 있다.

4. 핵심어

보통학교, 도덕가치, 황국신민화, 일본인화, 천황

5. 참고문헌

서강식, 「조선총독부 발간 제Ⅳ기 수신 교과서 분석 연구」, 『도덕윤리과교육연구』 제38집, 한국도덕윤리과교육학회, 2013.

서기재·김순전, 「한국 근(현)대의 <수신교과서>와 근대화에 대한 열망」, 『일본어문학』 제31집, 한국일본어문학회, 2006.

석지혜, 「일제시대 교과서 삽화이 소년이미지 연구－초등『수신서』를 중심으로」, 이화여자대학교 대학원 석사학위 논문, 2007.

손종현, 「일제 초등학교 수신교육 연구」, 『한국교육』 제22집, 1995.

이병담·문철수, 「일제강점기의 <普通學校修身書>연구－朝鮮總督府의 식민지 교육과 이데올로기」, 『일어일문학』 제24집, 2004.

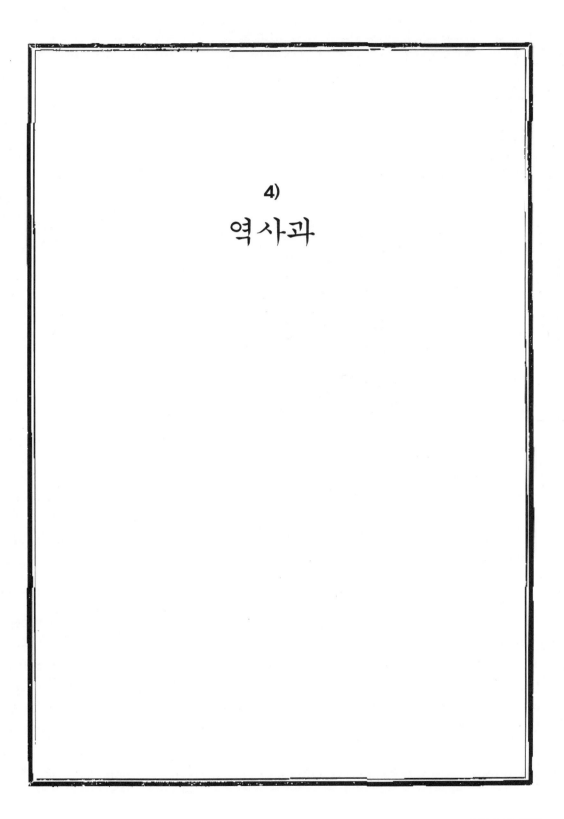

4)

역사과

『보통학교국사(普通學校國史)』(권1-권2)

서 명	『보통학교국사(普通學校國史)』(권1-권2)
저 자	조선총독부
형 태	15×22(cm)
발 행	조선총독부, 권1 1932년 3월 8일, 권2 1933년 3월 25일
소장처	국립중앙도서관

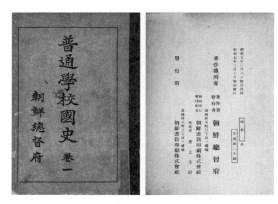

『보통학교국사』 표지, 판권지

1. 개요

『보통학교국사(普通學校國史)』(권1·권2)는 조선총독부가 편찬한 책으로 권1은 1932년 3월 8일, 권2는 1933년 3월 25일 발행되었다. 조선인을 대상으로 한 보통학교용 국사교과서로 사용되었다. 종전과는 달리 구어체로 평이하게 서술하였고, 일본사와 함께 조선사를 향토사라는 명목으로 포함하면서 별도의 과로 제시해 이원적인 내용 구성 방식을 강화하고 있다.

2. 저자

조선총독부 학무국 편집과(朝鮮總督府學務局編輯課)는 1910년 10월 최초의 관제로 내무부학무국에 설치되어 '교과용도서 편찬, 배포 검정 및 인가에 관한 사항'을 담당했다. 1919년 3·1 운동 이후 총독부 기구 개편 강요로 인해, 학무국도 1919년 8월 개편으로 독립한 국이 되었지만, 편집국은 존속했다. 전시 체제로 옮긴 후 1942년 11월의 개편에서 편수과로 개칭하면서 관장하는 사항이 증가하고, '교과용 도서의 편집·발행·조사·검정 및 인가, 교원용 참고 도서의 인정·추천, 국어 조사, 국민학교의 방송·교과용 영화, 모든 학교 교가의 가사·악보, 약력의 출판·배포'에 관한 사항을 장악했다. 1945년 4월의 마지막 개편으로 편수과는 폐지되고 업무는 학무과로 이관되었다.

3. 내용 및 구성

『보통학교국사』(권1·권2)는『보통학교국사 상』(1921년 12월 발행)과『보통학교국사 하』(1922년 12월 발행)를 개정한 것이다.『보통학교국사』(상·하)의 경우, 일본 문부성이 편찬한 제3기 국정교과서인『심상소학국사(尋常小學國史)』(상·하)에 조선총독부가 편찬한 조선사 교재를 삽입해 구성한 것에 비해,『보통학교국사』(권1·권2)는 일본사와 조선사 내용을 모두 조선총독부가 독자적으로 편찬해 발행하였다. 개정 배경으로는 ① 교육을 이용해 사회주의 사상 만연과 학생운동 빈발 등 사상문제를 해결하려는 야마나시 한조(山梨半造) 조선총독의 교육 방침, ② 일본사 중심 역사교육과 정치적 의도로 왜곡된 교과서 서술에 반발하면서, 조선사 교육 중시와 독립교과화, 조선사 내용 증가와 체계적 기술, 객관적 사실에 근거한 공정한 서술 등을 요구한 조선 민족 언론 등의 주장, ③ 대일본제국의 다민족 국가적 실태 반영, 내선융화(內鮮融化) 강조, 조선사의 향토사 취급과 분량 증가, 문화사 중시 등과 같은 재조선 일본인 교육자의 역사교과서 개선 요구, ④ 임시교과서조사위원회(1928년 8월 개최)의 보통학교용 역사교과서 편찬 방침(국체와 국가 관념의 명징, 내선융화에 필요한 조선사 내용 증가, 한국병합의의 상술 등) 등을 들 수 있다.

교과서 목차를 살펴보면, 권1의 경우,「제1 천조대신(天照大神: 아마테라스오미카미)」부터「제35 고나라 천황(後奈良天皇)」까지의 35개 과로 구성되어 있다. 그중에서 조선사 교재는「제5 옛날의 조선」,「제8 삼국의 성쇠」,「제11 신라의 통일」,「제16 고려의 왕건」,「제24 고려와 몽고」,「제32 조선의 태조」의 6개 과로 구성되어 있다. 권2의 경우,「제36 오다 노부나가」부터「제52 쇼와(昭和)의 치세(昭和の大御代)」까지의 17개 과로 구성되어 있다. 조선사 교재는「제37 이퇴계와 이율곡」,「제44 영조와 정조」,「제50 메이지 천황(明治天皇)」중「4. 조선의 국정」의 2개과 1개 항목으로 구성되어 있다. 권1과 권2 모두 목차 다음에는 천황연대표를, 권말에는 연표를 수록하고 있다. 일본사의 경우, 권1에서 신대(神代)부터 고나라 천황까지, 권2에서 오다 노부나가(전국시대)부터 현대까지를 취급하고 있는 점에서『보통학교국사』(상·하)와 동일하다. 다만, 다이쇼 천황(大正天皇) 사망과 쇼와 천황 즉위라는 변화를 반영해「제52 쇼와의 치세」를 추가하고 있다. 조선사의 경우, 권1에서 1개 과를 추가하고, 종전과는 달리 일본사와 동등하게 독립된 과로 제시하고 있다.

한편, 내용 구성 방법은『보통학교국사』(상·하)와 큰 차이가 없다. 일본사의 경우, 신대부터 현대까지의 역사적 사실을 시간 흐름에 따라 배열한 인물 중심의 연대사적 내용 구성으로 되어 있다. 그리고 조선사는 같은 시대의 일본사에 병렬하는 형태로 적절한 곳에 삽입하고 있다. 즉 일본사를 중심으로 하면서 조선사를 관련지어 배열한 이원적 내용 구성 방법을 답습하고 있다. 교과서 문체는 구어체를 도입해 평이하게 서술하도록 유의하고 있다.『보통학교국사』(상·하)가 조선인 아동의 일본어 수준과 발달단계 등을 무시한 문어체의 난해한 문장으로 되어 있다는 재조선 일본인 교육자들의 비판을 고려한 결과이다. 교과서 분량은 조선사 교재가 증가했음에도 불구하고 일본사 교재를 정선하여 전체적으로는 감소하였다. 교과서의 자료는 일본사 교재의 정선으로 필요 없게 된 삽화와 지도 등을 삭제하고, 종래의 것을 수정하거나 새로운 기술 내용에 맞추어 증가시키고 있다. 새롭게 게재된 조선사 자료는 지도 1점(삼국시대)과 삽화 2점(도산서원, 석담정사)이 있고, 일본사 자료는 신사와 절 등의 삽화(5점), 인물 초상화(3점), 현대사 부분 삽화(7점) 등이 있다.

『보통학교국사』(권1·권2)의 특징으로는 조선사 교재 증가와 체계화에 의한 이원적 역사교육 강화, 일본사 교재의 변용에 따른 식민지적 특수성 심화, 내선융화의 필요성 강조 등을 들 수 있다. 먼저, 조선인 민족 언론 등이 주장한 조선사의 독립교과화, 조선사 교과서의 독자적 편찬, 객관적이고 공정한 기술 등의 요구는 반영되지 않았다. 또한, 문화사와 경제사 서술을 늘리고 조선사 자료도 증가시키라고 하는 재조선 일본인 교육자들의 제안도 거의 수용되지 않았다. 하지만, 조선사 교재의 분량을 종전보다 증가시킴과 동시에, 고대부터 현대까지의 조선사 대요(大要)를 체계적으로 인식할 수 있게 내용을 구성함으로써, 국가사인 일본사와 향토사인 조선사의 동시 교수라는 이원적 역사교육이 강화되고 있다.

『보통학교국사』(상·하)와 비교할 때, 삭제된 조선사 교재로는 조선사의 대요를 파악하기 위해 그다지 중요하지 않다고 판단되는 인물(대각국사의 출신과 활동, 이성계의 여진 복속과 왜구 격퇴, 정조의 효심과 수원성 축조 등) 및 기타 교재(이두 사용, 최씨 무신 세력의 집권, 서양 기술 연구의 두절 등), 내용을 간략하게 해 일본사 중에 포함시킨 교재(고종 즉위와 대원군 집권, 천주교도 처벌과 프랑스 선교사 살해, 대원군 은퇴, 임오군란과 일본군 주둔, 프랑스의 강화도 침범, 미국의 통상 요구) 등이 있다. 새롭게 추가된 조선사 교재로는 긴밀한 내선 관계를 알게 하고 내선융화를 도모하는 교재(백제의 일본 불교 전래, 신라 왕자 등의 내지 귀화, 통일신라의 일본 조공, 퇴계 학문의 일본 전파 등), 중국과의 대외 관계 교재(신라의 당 복속, 강감찬의 거란군 격퇴, 고려의 금 복속, 몽고의 침략과 항전 등), 문화적 교재(불교의 삼국 전래, 당문화 전래, 몽고의복의 착용, 세조의 법전 정비, 이율곡의 향약), 정치적 변천 교재(고구려 장수왕의 평양 천도, 나제연맹, 백제의 부여 천도와 쇠퇴, 후삼국의 분열, 고려 인종 때 권신의 권력 독점과 내란, 공양왕 옹위 등) 등이 있다.

일본사의 경우, 내용 정선과 함께 새로운 교재가 선택되고 있는데, 그것에는 식민지적 특성이 강하게 반영되고 있다. 정선 대상이 된 것은 중요하지 않다고 판단되는 전쟁·변란과 정치사 교재, 일본 민족의 전통적 기억에 토대를 둔 인물의 일화, 식민지 아동에 대한 교육 내용으로 부적절하다고 판단되는 교재 등이다. 그리고 새롭게 선택된 것은 국가·국체 관념의 명징, 내선융화, 한국병합의 정당화 등 정책적 의도를 강하게 반영한 것이 많다. 특히 내선융화를 위해 도요토미 히데요시의 조선 침략에 관한 서술을 수정함과 동시에, 도쿠가와 이에야스의 조선 수교, 다이쇼 천황의 조선 시찰 등의 교재를 새롭게 선택하고 있다. 또한 한국병합의 정당화를 위해 병합의 원인과 과정, 병합 후 조선의 발전 등에 관한 내용을 수정하거나 추가하고 있다. 요컨대, 한국병합을 정당화함과 동시에, 내선융화에 의해 식민통치의 안정화를 도모하려는 의도가 강하게 반영되고 있다. 이와 같은 일본사 교육 내용의 변용은 식민지 조선의 교육 현실과 그 특수성을 고려한 역사교육이 실시되게 된 것을 의미한다.

마지막으로 『보통학교국사』(권1·권2)에서는 한일 간의 친밀한 역사적 관계와 문화적 유사성, 한국 병합의 목적과 그 정신 등을 강조하고, 내선융화의 가능성과 필요성을 강조하고 있다. 특히, 한국병합에 대해서는 동양의 평화와 조선인의 행복을 위한 것이었다는 점을 강조하고, 그것이 일시동인(一視同仁: 천황이 일본인과 조선인을 구분하지 않고 똑같은 은혜를 베푼다는 의미)의 정신에 의한 것이라고 서술하고 있다. 『보통학교국사』(권1·권2)에서 강조되고 있는 내선융화는 식민통치의 장해가 되는 일본인과 조선인 간의 대립을 해소하기 위한 방책의 하나로 제시된 정치적인 슬로건이자 이데올로기이다. 민족 차별에 대한 조선인의 반발을 억누르면서 일본인과의 협조와 친화를 강조함으로써 식민 통치를 안정화시킴과 동시에, 조선인을 일본 국민의 일원으로 포섭하려 했던 것이다. 하지만, 내선융화의 본질은 조선인에게 조선민족으로서의 민족적 정체성보다 일본국민으로서의 국민적 정체성을 상위에 둘 것을 요구하는 것이었다. 일본 민족과 조선 민족의 융화는 대등한 입장의 협력이 아닌, 일본 민족이 우위에 서서 조선 민족을 지도하는 것이었다.

4. 핵심어

내선융화, 국체명징, 한국병합, 이황, 이율곡, 신공황후, 메이지 천황, 쇼와 천황

5. 참고문헌

김한종, 「조선총독부의 교육정책과 교과서 발행」, 『역사교육연구』 9, 한국역사교육학회, 2009.

박범희, 『일제시대 초등학교 역사 교과서 내용분석』, 한국교원대학교 석사학위논문, 2000.

이명화, 「일제총독부 간행 역사 교과서와 식민사관」, 『역사비평』 계간 15호, 역사문제연구소, 1991.

장신, 「한말·일제 강점기의 교과서 발행제도와 역사 교과서」, 『역사교육』 91, 역사교육연구회, 2004.

장신, 「조선총독부 학무국 편집과와 교과서 편찬」, 『역사문제연구』 제16호, 역사문제연구소, 2006.

權五鉉, 『朝鮮總督府下における歷史敎育內容史硏究』, 広島大学校博士論文, 1999.

國分麻理, 『植民地期朝鮮の歴史教育-<朝鮮事歴の教授をめぐって>-』, 新幹社, 2010.

『초등국사(初等國史)』(권2)

서 명 『초등국사(初等國史)』(권2)
저 자 조선총독부
형 태 15×22.1(cm)
발 행 조선총독부, 권1 1937년 3월 31일, 권2 1938년 2월 28일(1939년 1월 25일 개정)
소장처 국립중앙도서관

『초등국사』 권2 표지

1. 개요

『초등국사(初等國史)』(권1·권2)는 조선총독부가 편찬한 책으로 권1은 1937년 3월 31일, 권2는 1938년 2월 28일 발행되었다. 『초등국사 권1』은 조선인 학생만이 사용하였으나, 『초등국사 권2』는 재조선 일본인 학생도 사용하였다. 내선일체 강화, 국체명징 철저 등의 편찬 목적을 관철하기 위해 내용 구성 방식이 종전 일본사와 조선사가 병렬된 이원적 구성에서 일본사 중심의 일원적 구성으로 바뀌었다.

2. 저자

조선총독부 학무국 편집과(朝鮮總督府學務局編輯課)는 1910년 10월 최초의 관제로 내무부학무국에 설치되어 '교과용도서 편찬, 배포 검정 및 인가에 관한 사항'을 담당했다. 1919년 3·1 운동 이후 총독부 기구 개편 강요로 인해, 학무국도 1919년 8월 개편으로 독립한 국이 되었지만, 편집국은 존속했다. 전시 체제로 옮긴 후 1942년 11월의 개편에서 편수과로 개칭하면서 관장하는 사항이 증가하고, '교과용 도서의 편집·발행·조사·검정 및 인가, 교원용 참고 도서의 인정·추천, 국어 조사, 국민학교의 방송·교과용 영화, 모든 학교 교가의 가사·악보, 약력의 출판·배포'에 관한 사항을 장악했다. 1945년 4월의 마지막 개편으로 편수과는 폐지되고 업무는 학무과로 이관되었다.

3. 내용 및 구성

『초등국사』(권1·권2)는 『보통학교국사』(권1·권2)를 개정한 것으로 제2차 조선교육령에서 제3차 조선교육령으로 이행하는 시기에 사용된 초등용 국사(일본사) 교과서이다. 제2차 조선교육령의 보통학교 규정이 그 편찬 근거가 되었고, 당초 사용 대상은 조선인 아동이었다. 또한, 『초등국사 권1』은 개정되지 않았지만, 『초등국사 권2』는 1939년 1월에 개정되었다. 개정판에서는 가나표기법 등의 수정과 함께 최근 정세에 관한 기술 내용을 증가시키는 정도의 부분적 개정이 이루어졌고, 내용 구성 원리나 기술 경향 등에는 거의 변화가 없다. 제3차 조선교육령의 공포와 함께, 조선인과 재조선 일본인에 적용되는 학제가 일원화되고 교과서 단일화 방침이 결정되자, 조선총독부는 1939년 먼저 소학교 6학년용 국사교과서만을 단일화해 『초등국사 권2』를 사용하게 했다. 조선의 특수 사정에 비추어 내선일체와 황국신민 의식을 함양하기 위해서는 문부성 편찬의 『소학국사』보다 『초등국사』가 적절하다는 판단에 의한 것이다. 따라서 『초등국사 권2』는 1938년에는 조선인 아동만 사용하였지만, 1939년부터 1940년까지의 2년간은 최초의 내선공용 소학교용 국사교과서로서의 기능을 수행하게 되었다. 반면에 『초등국사 권1』은 조선인 아동만을 대상으로 한 교과서로서 1937년부터 1939년까지 3년간에 걸쳐 사용되었다.

『초등국사』(권1·권2)는 1935년 3월에 설치된 임시역사교과용도서조사위원회(이하, 임시위원회)의 답신을 토대로 편찬되었다. 임시위원회 설치의 직접적인 계기는 경성제국대학 총장 야마다 미요시(山田三良)가 조선총독 우가키 가즈시게(宇垣一成)에게 제출한 "역사교과서 조사위원회 설치에 관한 건의서"(1934.12.26.)이다. 그가 건의서를 제출한 배경에는 국체명징의 요구 고양과 기존 역사교과서에 대한 비판적 논의가 있었다. 야마다는 건의서에서 "조선 여러 학교에서 역사교과서를 언뜻 보니 중등학교용 국사교과서 및 동양사교과서 중에는 조선의 사실에 관해 심하게 오류를 기재한 것도 적지 않고, 『보통학교국사』에는 국사와 상관이 없는 조선의 옛 전설, 선현의 사적 등을 아무런 관계도 없이 삽입하여 도리어 국사의 체계를 흐리게 하는 것이 있음을 알았다."라고 지적하고 있다. 임시위원회는 1936년에 초등용 국사교과서를 조사하여 조선총독부가 편찬한 『보통학교국사』(권1·권)만이 아니라, 막 개정된 문부성 편찬 『심상소학국사』(상: 1934년 3월, 하: 1935년 2월)도 검토하였다. 위원회의 조사 활동은 당초 야마다가 건의한 조선사 교재의 검토와 수정이란 활동 범위를 넘어 초·중등학교의 일본사 교재에 대한 검토까지 확대된 것이었다. 조사 결과, 임시위원회는 ①국체명징 철저, ②새로운 학술적 연구 성과를 반영한 교재 쇄신, ③조선사 교재 수정, ④내선공용에 의한 역사교과서의 단일화, ⑤4년제 보통학교의 국사과 설치와 교과서 편찬 등을 제안하였다. 조선총독부는 임시위원회의 조사 결과에 의거해 초등용 교과서의 개정을 단행하여 『초등국사』(권1·권2)를 편찬하였다.

『초등국사』(권1·권2)의 목차를 살펴보면, 권1의 경우, 「제1 천조대신(天照大神: 아마테라스 오미카미)」부터 「제30 고나라 천황(後奈良天皇)」까지의 30개 과로 구성되어 있다. 권2의 경우, 「제31 오다 노부나가」부터 「제50 쇼와의 치세(昭和の大御代)」까지의 20개 과로 구성되어 있다. 권1과 권2 모두 목차 다음에는 천황연대표를, 권말에는 연표를 수록하고 있다. 시대구분의 경우, 정권의 추이와 소재지를 중심으로 구분하고 있어 종전과 큰 차이가 없다. 과명의 경우, 저본(底本)이 된 『심상소학국사』(상·하)를 부분적으로 수정하면서도 가급적 인물명을 과명으로 사용한다는 원칙을 유지하고 있어 인물 중심의 구성 방법을 따르고 있다. 그리고 『보통학교국사』(권1·권2)에서는 조선사 내용을 독립된 과로서 제시하였으나, 『초등국사』(권1·권2)에서는 조선사 교재를 해체해 일본사 중에서 서술하고 있다. 조선사의 대요(大要)를 체계적으로 인식하기 어렵게 된 것이다.

『초등국사』(권1·권2)의 특징과 역사적 의의를 살펴보면, 첫째, 내용 구성의 특징으로 일본사와 병렬적으로 제시하였던 조선사 교재를 해체함으로써 일본사 중심의 일원적 내용 구성 방식으로 전환한 것을 들 수 있다. 조선인 아동의 입장에서 일원적 내용 구성은 국가사인 일본사를 중심으로 역사교육이 실시되고, 민족사인 조선사의 체계적인 교육은 받지 못하게 된 것을 의미한다. 하지만,『심상소학국사』(상·하)와 비교해『초등국사』(권1·권2)의 조선사 교재 분량이 많은 편이다. 식민지 조선의 특수 사정을 반영한 결과이다. 하지만, 조선사 교재는 조선사의 대요보다 고래로부터 한국병합에 의한 내선일체의 실현에 이르기까지의 한일 관계, 그리고 한국병합의 원인이 된 조선사의 대외적 종속성과 정치적 당파성 등을 알게 하기 위한 것이 중심이 되고 있다.

둘째, 교재 선택의 특징으로는 국체명징의 취지 철저, 내선일체의 강화, 국민의 해외 발전 중시 등을 들 수 있다. 국체명징의 취지를 철저하게 하기 위해 역신(逆臣)의 불충과 악정, 조정과 황실의 쇠퇴, 천황과 신하의 정치적 대립 등 국체명징의 관점에서 부적절한 교재들을 대부분 삭제하였다. 대신에 경신(敬神) 사상과 존왕양이 등을 강조한 교재를 새롭게 선택하고 있다. 만세일계의 천황이 줄곧 정치의 주체이며, 천황의 지도와 국민의 충의(존왕정신)에 의해 국가 발전과 국운 진전이 이루어진 것을 강조하기 위한 것이다. 내선일체의 정신을 함양하기 위해서는 한일 간의 친밀한 역사적 관계를 보여주는 교재를 많이 선택함과 동시에, 한국병합의 과정과 의의, 병합 후의 조선 발전 등을 강조하는 내용을 서술하고 있다. 특히 종전의 교과서에서는 등한시되었던 고려시대부터 조선 중기까지의 한일 간의 외교, 무역 관계 등에 관한 교재를 새롭게 선택함과 동시에, 고래로부터의 한일관계를 가급적 우호적인 것으로 묘사하려고 하고 있다. 하지만, 양자의 관계는 일본이 항상 조선보다 우위에 있었던 것을 강조함과 동시에, 신공황후(神功皇后)의 신라 원정, 도요토미 히데요시의 조선 침략 등을 일본의 해외 발전과 국위 선양으로 평가하고 있다. 대등하고 친밀한 관계가 아닌 일본 우위의 주종적 우호관계로 일관해서 서술하고 있는 것이다. 그것은 한국병합을 그와 같은 한일 관계의 필연적 결과로서 정당화하려고 하는 의도를 반영하고 있다. 한편, 대외관계의 교재 증가와 국민의 해외 발전에 관한 서술의 중시는 대외관계사를 경시해 온 종래의 교과서와는 대조적인 특징이다. 그것에는 일본의 대외적 팽창을 뒷받침하는 국민의 해외 발전을 위한 태도를 육성하려고 하는 의도가 반영되어 있다. 이상과 같은 교재 선택의 특징은 식민지적 특수성의 반영에 의한 교육 내용의 변용이라고 할 수 있다. 조선인 아동을 일본 국민으로 육성해 대외 전쟁에 동원하기 위해서는 보다 철저한 국체 관념의 주입, 내선일체의 강조에 의한 국민적 자각의 육성, 해외 발전의 태도 육성이 필요했기 때문이다.

셋째,『초등국사』(권2)는 최초의 내선 공용 초등학교용 국사교과서로서 역사적 의의를 가진다. 역사교과서의 단일화는『초등국사』(제5학년·제6학년)의 편찬에 의해 완전하게 실현된다. 하지만,『초등국사』(권2)는 그를 위한 과도기적 교과서로서의 기능을 수행하였다. 조선총독부가『초등국사』(권2)를 내선공용의 교과서로 사용하게 한 것은 내지의 교과서보다 국체명징과 내선일체라는 정책적 요구를 충실하게 반영하고 있다고 판단했기 때문이다.

4. 핵심어

내선일체, 국체명징, 한국병합, 해외 발전, 만세일계, 신공황후, 조선총독부

5. 참고문헌

권오현, 「임시역사교과용도서조사회의 활동과 황국신민화 역사교육」, 『역사교육논집』 30호, 역사
  교육학회, 2003.

권오현, 「황국신민화교육정책과 역사교육의 변화」, 『사회과교육연구』 제18권 제4호, 한국사회교과
  교육학회, 2011.

이명화, 「일제총독부 간행 역사 교과서와 식민사관」, 『역사비평』 계간 15호, 역사문제연구소, 1991.

장신, 「한말·일제 강점기의 교과서 발행제도와 역사 교과서」, 『역사교육』 91, 역사교육연구회, 2004.

장신, 「조선총독부 학무국 편집과와 교과서 편찬」, 『역사문제연구』 제16호, 역사문제연구소, 2006.

權五鉉, 『朝鮮總督府下における歷史敎育內容史硏究』, 広島大学校博士論文, 1999.

國分麻理, 『植民地期朝鮮の歷史敎育－<朝鮮事歷の敎授をめぐって>－』, 新幹社, 2010.

磯田一雄, 「第三次·第四次朝鮮敎育令下の国史敎科書の改訂状況－<内地>及び<満州>の国史敎科書との
  比較硏究のための覚書－」, 『成城文芸』第130号, 成城大学文芸学部, 1990.

朝鮮初等敎育硏究會 編, 『朝鮮の敎育硏究』, 1931년 12월호, 1931.

朝鮮初等敎育硏究會, 『皇國臣民敎育の原理と實踐』, 朝鮮公民敎育會, 1938.

『초등국사(初等國史)』(권1-권2)

서 명　『초등국사(初等國史) 제5학년』, 『초등국사(初等國史) 제6학년』
저 자　조선총독부
형 태　확인불가
발 행　조선총독부, 제5학년 1940년 3월 28일, 제6학년 1941년 3월 28일
소장처　국립중앙도서관

『초등국사 제5학년』 표지, 판권지

1. 개요

　『초등국사(初等國史)』(제5학년·제6학년)는 조선총독부가 편찬한 책으로 제5학년은 1940년 3월 28일, 제6학년은 1941년 3월 28일 발행되었다. 『초등국사』(제5학년·제6학년)는 황국신민 육성을 목적으로 조선 내의 전체 소학교 심상과용으로 편찬한 것이다. 종전의 인물 중심 내용구성 방식에서 탈피해, 각 학년마다 국가발전사를 중심으로 한 일본사 통사를 반복하여 구성한 것이 특징이다.

2. 저자

　조선총독부 학무국 편집과(朝鮮總督府學務局編輯課)는 1910년 10월 최초의 관제로 내무부학무국에 설치되어 '교과용도서 편찬, 배포 검정 및 인가에 관한 사항'을 담당했다. 1919년 3·1 운동 이후 총독부 기구 개편 강요로 인해, 학무국도 1919년 8월 개편으로 독립한 국이 되었지만, 편집국은 존속했다. 전시 체제로 옮긴 후 1942년 11월의 개편에서 편수과로 개칭하면서 관장하는 사항이 증가하고, '교과용 도서의 편집·발행·조사·검정 및 인가, 교원용 참고 도서의 인정·추천, 국어 조사, 국민학교의 방송·교과용 영화, 모든 학교 교가의 가사·악보, 약력의 출판·배포'에 관한 사항을 장악했다. 1945년 4월의 마지막 개편으로 편수과는 폐지되고 업무는 학무과로 이관되었다.

3. 내용 및 구성

『초등국사』(제5학년・제6학년)는 『초등국사』(권1・권2)를 개정한 것으로 제3차 조선교육령의 기본 목적인 황국신민 육성을 구현하기 위해 편찬된 소학교 심상과용 국사(일본사) 교과서이다. 양자 모두 1944년 3월에 개정되었다. 『초등국사』(제5학년・제6학년)는 아동용만이 아니라 교사용서와 편찬취의서가 모두 편찬되었다.

조선총독부는 편찬에 앞서 ① 문부성 편찬 『심상소학국사』(상・하)와 조선총독부 편찬 『초등국사』(권1・권2) 및 『국사지리』(상・하), ② 임시역사교과용도서조사위원회의 조사 결과, ③ 문부성 편찬 『소학국사편찬취의서』 및 문부성 중등학교교수요목 취지, ④ 조선의 260여개 소학교 및 사범학교 교사의 의견 조사 등을 참고하였다. 그에 근거해 국체 관념의 명징, 국민정신의 일관성 강조, 신시대에의 즉응, 대외관계 교재의 중시, 교재 배열의 쇄신, 엄정 온건한 판단력의 배양, 삽화 및 도표류의 쇄신, 문장의 평이 간명 등 8개조의 기본 방침을 결정하고, 그것에 따라 편찬을 진행하였다.

『초등국사 제5학년』의 목차를 살펴보면, 「제1 국체(くにがら)」부터 「제25 국체의 광채」까지의 25개 과로 구성되어 있다. 『초등국사 제6학년』의 경우, 「제1 황국의 목적」부터 「제30 대국민의 마음가짐」까지의 30개 과로 구성되어 있다. 양자 모두 형식적 측면에서 새로운 시도와 특색을 찾아볼 수 있다. 책 표지에는 태양, 야타가라스(八咫烏: 세 발을 가진 새 모양의 신), 상서로운 구름, 후지산 봉우리를 붉은 색조로 인쇄해, 국체의 정화와 국사(國史) 정신을 표현하고 있다. 본문 목차 외에도 삽화・지도 목차를 제시하여 학습의 편의를 돕고, 후리가나를 붙여 쉽게 읽을 수 있도록 하였다. 목차 다음에는 국체의 기반을 확정한 천양무궁(天壤無窮)의 신칙(천황의 조상신인 아마테라스 오미카미가 손자에게 내린 신칙)을 제시하고, 이어서 천황의 가계도인 "만세일계(황실가계도)"를 수록하였다. 각 과의 명칭은 종전 인물 중심이던 것을 국가 발전의 중심 사조를 나타내는 내용으로 바꾸어, 그것만으로도 국가 발전 모습을 개략적으로 파악할 수 있게 했다. 삽화와 지도는 대부분 새로 제시하였고, 선명한 사진 제판을 사용함과 동시에 일부는 컬러로 인쇄하였다. 권말에는 각 천황별로 본문의 주요 내용을 제시한 연표인 "천황 치세의 모습(み代のすがた)"을 수록하고 있다.

『초등국사』(제5학년・제6학년)의 내용 구성 특징을 살펴보면, 다음 5가지를 들 수 있다. 첫째, 인물 교재가 아닌 사건 교재를 주로 활용해 국가 발전 과정을 짚어가는 내용 구성 방법을 도입하고 있다. 즉, 천황의 성덕과 국민의 충성에 의해 조국(肇國) 정신이 실현되어, 정치, 경제, 문화, 대외관계 등의 각 분야에서 국가 발전이 이루어져 온 과정을 제시하는 교재를 선택해 배열하는 내용 구성 방식이다. 둘째, 순환법의 도입이다. 두 책에서는 각각 고대부터 현대까지 완결한 일본사 통사를 반복하여 구성하고 있다. 제5학년에서는 조국 정신과 유래, 국체 관념의 심화 과정, 국민정신의 발휘와 외래문화의 섭취 순화 과정 등 국내 발전 과정에 중점을 두고 구성하였다. 제6학년에서는 국력의 충실에 따른 일본의 대외적 발전 과정에 중점을 두고 구성하고 있다. 순환법은 중등학교 진학자가 희소한 식민지적 특수성에 대한 고려라는 측면과 함께, 일관된 국사 정신을 체득시키기 위해서는 반복 학습이 필요하다는 인식이 반영되어 있다. 셋째, 현대와의 관련 중시이다. 현재적 요구를 반영하기 위해 시간의 흐름과 관계없이 필요한 곳에 현재적 교재를 적절하게 삽입하거나, 특정 주제에 관한 사실(史實)의 역사적 변천을 제시하는 교재를 한데 모아 제시하는 등의 내용 구성을 하고 있다. 넷째, 도입 단원적인 과의 설치이다. 『초등국사 제5학년』의 제1과부터 제5과까지, 『초등국사 제6학년』의 제1과와 제2과는 각 권의 지도 정신과 목표 등을 제시하는 도입 단원에 해당한다. 교과서의 서두에 국사를 일관하는 근본 정신과 지도 목적을 제시하여 명확하게 인식시킨 후 구체적인 사실의 학습에 임하게 하려는 의도에 따른 것이다. 다섯째, 일본사 중심의 일원적 내용 구성이다. 이것은『초등국사』(권1·권2)부터 나타난 것이지만,『초등국사』(제5학년·제6학년)에서는 보다 철저하게 되었다. 일본사와 관계가 없는 조선사 교재는 대폭 삭제되어 조선사의 체계적 인식이 곤란하게 된 것이다.

다음으로 교재 선택과 서술 내용에 나타난 특징을 제시하면 다음과 같다. 첫째, 일본사를 조국정신에 입각해 팔굉일우의 국가 이상을 실현하기 위하여, 천황이 자비심을 갖고 통치하고 국민이 충의를 다함으로써 발전해 온 일관된 체계를 가진 역사로 인식하게 하고 있다. 그러한 역사인식 관점을 구체화하기 위해 정치, 경제, 문화, 대외 관계 등 각 분야의 발전 과정을 나타내는 교재를 선택하고, 그와 같은 발전이 조국정신의 현현(顯現)이며, 천황의 성덕과 국민의 충의에 의한 것임을 강조하고 있다. 둘째, 일본의 정치는 조국정신을 실현하기 위한 활동이며, 제정일치의 원리에 의해 항상 천황 중심의 통치가 이루어져 온 것, 그리고 시대의 진전에 따라 천황이 제정한 규칙(율령이나 대일본제국 헌법 등)에 근거해 정치가 이루어져 그것에 의해 점차 국력이 발전해 온 것 등을 일관되게 제시하고 있다. 또한, 충신의 충의를 강조하기 위한 방안으로 역신의 불충을 취급해 상세하게 기술하는 것은 오히려 국체의 존엄을 손상하고 충성심의 함양에도 도움이 되지 않는다는 인식에 입각해, 순역(順逆)의 분별에 근거한 서술을 고쳐 역대 천황의 성덕과 국민의 근왕 정신 발전 등을 강조하는 서술을 하고 있다. 셋째, 각 시대마다 많은 경제적 교재를 도입해 현재에 이르기까지 경제 발전의 과정과 원인, 특색 등을 파악할 수 있게 하고 있다. 경제 발전의 요인으로서는 역대 천황의 은혜와 지도 이외에 국민의 경제 활동과 외국의 영향을 들고 있다. 또한 러일전쟁에서 현재에 이르기까지의 경제 발전 양상과 앞으로의 과제(자급자족의 경제 확립과 동아공영권)를 명확하게 인식시켜, 그 과제 해결을 위해 노력하는 자세를 육성하려고 하고 있다. 넷째, 고대부터 현재에 이르는 문화의 발전 과정을 연속적으로 인식하고, 문화의 특색이나 발전 원인을 명확하게 파악하도록 하고 있다. 문화 발전의 특색으로는 외국의 선진 문화를 적극적으로 수용해 일본적 정신에 입각해 동화시킴으로써 독자적인 문화를 만들어 낸 것을 일관되게 강조하고 있다. 그리고 문화 발전의 요인으로서는 역대 천황의 은혜와 지도, 국민의 동화력, 선진 문화의 영향 등을 들고 있다. 또한 학문의 발전에 동반해 국체의 자각과 근왕 정신이 국민 중에 심화, 확대된 것이 강조되고 있다. 다섯째, 세계사에서 차지하는 일본의 지위를 명확하게 제시함으로써 동아의 중심에서 세계의 중심으로 대외적인 지위가 향상해 그것에 의해 국운의 진전과 국위의 선양이 이루어졌다는 점을 인식하게 하고 있다. 세계의 지도적 국가로서 동아의 공영, 나아가 세계 인류의 안녕과 행복을 위해 진력하는 것이 일본의 세계사적 사명이고 국민의 사명이라는 자각을 갖도록 하기 위한 것이다. 그리고 일본사의 발전 과정을 세계사적 배경에서 파악시키기 위해 각 시대마다 일본과 관계가 깊은 제 외국의 변천과 세계의 움직임을 나타내는 교재를 많이 도입하고 있다. 일본의 대륙 침략과 식민지 경영 등을 황화(皇化)의 보급과 국위 선양이라 하여 정당화함과 동시에 국민의 해외 발전을 국력의 발현이라고 하여 국민의 진취적 태도를 육성하려고 하고 있다.

여섯째, 현재 국민 생활의 유래와 변천에 관한 교재와 현재의 국가적 과제를 직접적으로 반영한 교재를 다수 도입해 현재와의 관련을 중시하고 있다. 특히, 교과서 곳곳에 대동아공영권 건설과 관련된 교재를 도입해, 그것이 팔굉일우의 국가 이상 실현을 지향한 것이며 국민적 사명인 것을 강조하고 있다. 일곱째, 조선사 서술에서는 특히 내선일체의 정신과 한국병합의 의의 등이 강조되고 있다. 일본사의 진전과 내선일체의 유래·의의를 보여주는 사례로서 조선사와 한일 관계 교재를 선택해 내선일체의 정신을 강화하려고 하고 있다. 특히, 한국병합을 팔굉일우의 국가 이상을 실현하기 위한 대동아공영권 건설의 출발점으로 위치지우고 있다. 그것은 한국병합이 조선인의 행복만이 아니라 세계 평화와 동아의 발전이라는 보편적 가치를 실현하기 위한 것이라고 정당화함과 동시에, 대동아 공영권의 건설이라는 명목 아래 진행 중인 대외전쟁에 조선인의 적극적인 참가를 촉구하기 위한 것이다.

『초등국사』(제5학년・제6학년)의 내용 구성과 기술 태도 등은 일본 문부성이 편찬한『초등과 국사』(상・하, 1943. 3)에 영향을 미쳤다. 두 책 사이에는 순환법과 '내선일체'에 대한 기술 등에서 몇 가지 차이점이 보인다. 하지만 기본적으로 구성 체제나 기술 내용 등에서 영향을 준 사실은 분명하게 확인된다.

4. 핵심어

국체, 조국(肇國) 정신, 신공황후, 만세일계, 삼종의 신기, 제정일치, 팔굉일우, 동아공영권, 내선일체

5. 참고문헌

권오현, 「임시역사교과용도서조사회의 활동과 황국신민화 역사교육」,『역사교육논집』30호, 역사교육학회, 2003.

권오현, 「황국신민화교육정책과 역사교육의 변화」,『사회과교육연구』제18권 제4호, 한국사회교과교육학회, 2011.

이명화, 「일제총독부 간행 역사 교과서와 식민사관」,『역사비평』계간 15호, 역사문제연구소, 1991.

장신, 「한말・일제 강점기의 교과서 발행제도와 역사 교과서」,『역사교육』91, 역사교육연구회, 2004.

權五鉉,『朝鮮總督府下における歷史教育內容史研究』, 広島大学校博士論文, 1999.

國分麻理,『植民地期朝鮮の歷史教育－＜朝鮮事歴の教授をめぐって＞－』, 新幹社, 2010.

磯田一雄, 「第三次・第四次朝鮮教育令下の国史教科書の改訂状況－＜内地＞及び＜満州＞の国史教科書との比較研究のための覚書－」,『成城文芸』第130号, 成城大学文芸学部, 1990.

朝鮮初等教育研究會,『皇國臣民教育の原理と實踐』, 朝鮮公民教育會, 1938.

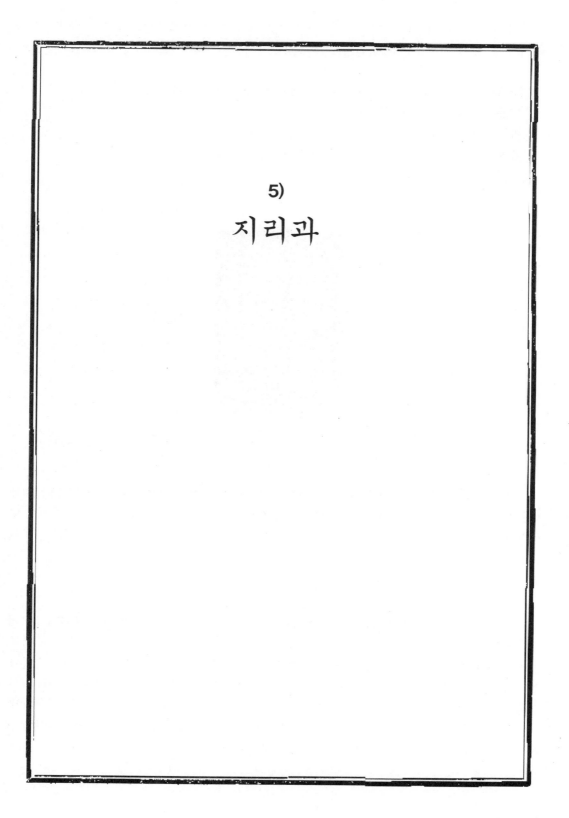

5)

지리과

『보통학교지리보충교재 아동용(普通學校地理補充敎材 兒童用)』

서 명 보통학교지리보충교재 아동용(普通學校地理補充敎材 兒童用)』
저 자 조선총독부(朝鮮總督府)
형 태 15.1×22.1(cm)
발 행 조선서적인쇄주식회사(朝鮮書籍印刷株式會社), 1923년
소장처 국립중앙도서관

『보통학교지리보충교재 아동용』 초판본 표지

1. 개요

『보통학교지리보충교재(普通學校地理補充敎材)』는 '조선서적인쇄주식회사'에서 1923년 2월 1일에 초판 발행되었다. 조선총독부가 아동용으로 편찬한 지리교과서로 본문에는 삽화가 14장 수록되어 있지만, 지도는 없다. 교과서 뒷부분에는 별도로 조선지방, 중부조선, 북부조선, 남부조선 부도가 첨부되었다.

2. 저자

조선총독부 학무국 편집과(朝鮮總督府學務局編輯課)는 1910년 10월 최초의 관제로 내무부학무국에 설치되어 '교과용도서 편찬, 배포 검정 및 인가에 관한 사항'을 담당했다. 1919년 3・1 운동 이후 총독부 기구 개편 강요로 인해, 학무국도 1919년 8월 개편으로 독립한 국이 되었지만, 편집국은 존속했다. 전시 체제로 옮긴 후 1942년 11월의 개편에서 편수과로 개칭하면서 관장하는 사항이 증가하고, '교과용 도서의 편집・발행・조사・검정 및 인가, 교원용 참고 도서의 인정・추천, 국어 조사, 국민학교의 방송・교과용 영화, 모든 학교 교가의 가사・악보, 약력의 출판・배포'에 관한 사항을 장악했다. 1945년 4월의 마지막 개편으로 편수과는 폐지되고 업무는 학무과로 이관되었다.

3. 내용 및 구성

한일병합 이후 조선총독부는 보통학교에서 지리와 역사를 정식 과목으로 설치하지 않고, 국어 과목에서 일본의 역사와 지리 일반을 교수하고, 조선어 및 한문 과목에서 조선지리의 개요를 가르치도록 했다. 이후 조선총독부는 1920년 제1차 조선교육령을 개정하여 보통학교에서 일본역사와 지리를 정식 독립 과목으로 신설하여 각각 매주 2시간씩 배정하였다. 그러나 조선총독부는 보통학교 제5학년과 제6학년의 지리 수업에 문부성 편찬『심상소학지리서 권1·권2』를 사용하도록 했다. 그리고 별도로 아동용『심상소학지리서보충교재』를 완성하여 제5학년 지리 수업에서 조선지방의 지리를 보충하여 가르치도록 했다.

1922년에는 제2차 조선교육령을 공포했으며, 보통학교 규정에는 교과목, 각 학년별 교육과정 및 매주 교수 시수 등이 제시되었다. 보통학교 규정의 지리과 교수 요지에는 '조선에 관한 사항을 상세히' 교수하도록 했다. 보통학교는 수업 연한 6년제, 5년제, 4년제가 있었다. 6년제 보통학교는 5학년과 6학년에서 지리를 각각 2시간씩 배정했으며, 5년제 보통학교는 일본역사와 지리 두 과목을 연합하여 5학년에서 5시간을 배정했으며, 4년제 보통학교에서는 일본역사와 지리를 제외하고 농업, 상업 등의 과목에서 실용 위주의 지식과 기능을 습득하도록 했다.

제2차 조선교육령 시기에도 조선총독부는 보통학교 지리 수업에서 종래와 동일하게 문부성 발행『심상소학지리서 권1·권2』를 사용하도록 했다. 그리고 별도로 아동용『보통학교지리보충교재』를 1923년에 발행하여 제5학년 지리 수업에서 조선지방의 지리를 보충하여 가르치도록 했다. 조선총독부의『보통학교지리보충교재』는 제5학년에서「대일본제국」의 총설을 교수한 후에 바로 교수할 목적으로 편찬했는데, 지방의 상황 혹은 교재 분량의 경우에 따라 제6학년 또는 적당한 때에 교수하는 것이 가능했다.

조선총독부가 1920년에 간행한『심상소학지리서보충교재』와 1923년에 발행한『보통학교지리보충교재』는 다소 차이가 보인다. 우선 교재에 학교 명칭이 '심상소학'에서 '보통학교'로 바뀐 점이다. 1920년의 교재는 문부성 발행의『심상소학지리서』와 연관지어 심상소학이라는 명칭을 사용했지만, 1923년의 교재는 식민지 조선의 학교 명칭을 따라 보통학교를 사용했다. 둘째, 교재의 크기는 동일하지만, 분량은 1920년의 교재가 44페이지, 1923년의 교재는 32페이지로 감소했다. 그러나 본문의 삽화는 1920년 교재에는 6개가 수록되었지만, 1923년의 교재에는 14개로 증가했으며, 4장의 부도(조선지방, 중부조선, 북부조선, 남부조선)가 첨부되어 지리교육의 시각화를 강조했다. 그 결과 1923년의 교재는 1920년의 교재에 비해 본문의 내용은 줄어 간략하고, 시각자료는 증가하여 아동들의 학습 부담은 경감되었다.

조선총독부 발행『보통학교지리보충교재』의 내용은 1920년의『심상소학지리서보충교재』와 달리 대일본제국에 대한 총설이 제외되었고, 모두 조선 지방을 계통적, 지역적으로 다뤘다. 본문의 내용 구성은 조선 지방, 제1 지방지, 제2 총설로 구성되었으며, 기술 분량은 대략 조선지방 3.1%, 지방지 75%, 총설 21.9%를 차지한다. 교재의 앞부분에 제시된 조선 지방은 위치·경역·면적·인구·구분이 계통적으로 간략하게 기술되었다. 제1 지방지는 중부조선(경기도·강원도·황해도), 북부조선(함경남북도·평안남북도), 남부조선(충청·전라·경상 각 남북도)으로 구분되었는데, 1920년에 간행된『심상소학지리서보충교재』의 중부조선, 북조선, 서조선, 남조선1, 남조선2와 비교하면 내용 구성이 중부, 북부, 남부의 3지방으로 단순해졌다. 종래의 황해도가 서조선에서 중부조선으로, 평안남북도가 서조선에서 북부조선으로 각각 편성된 것이 특징이다. 한편 제2 총설은 조선 지방의 지세, 해안, 기후, 주민, 산업, 교통, 통신, 교육 등을 중심으로 종합한 것이다. 교재의 내용 기술은 1920년의 『심상소학지리서 보충교재』에 비해 간략하지만, 여전히 지리적 사실 중심이며, 지명 물산의 지리로서 각 지방별 지리는 서로 중복이 적지 않다. 예컨대 중부조선과 남조선의 주요 농산물로 쌀이 계속 등장한다.

조선총독부가 1923년에 발행한 『보통학교지리보충교재』의 주요 내용은 다음과 같다. 먼저 조선 지방의 위치·경역·면적·인구·구분이다. 조선 지방은 돌출한 반도로서 북의 백두산 및 두만강·압록 강은 만주·연해주와 경계를 이루고, 남은 조선해협을 건너 내지와 상대한다. 면적은 1만 4천 여 만리, 인구는 약 7천 1백만이다. 예전에 조선 지방은 8도였지만, 지금은 13도로 나누고, 그 아래에 12부, 218군, 2도(島)이다. 제1 지방지는 각 지방별 천편일률적으로 지세, 산맥, 하천, 해안, 기후, 교통, 산업, 도읍 등을 중점적으로 다뤘다.

첫째, 중부조선(경기도·강원도·황해도)에서 지세는 동쪽 바다 방면은 산지가 많고 평야가 적으며, 경성만에 면한 지방은 한강 유역을 따라 평야가 곳곳에 펼쳐져 농업이 활발하며, 북부에는 철원대지가 있다. 산지는 태백산맥에 유명한 금강산, 오대산, 태백산 등이 있다. 하천은 한강이 태백산에서 발원하여 경기만으로 흘러들며, 하구에는 강화도가 있다. 동해안은 항만이 부족하며, 서해안은 항만과 도서가 풍부하며, 조석간만의 차이가 크며, 간석이 넓으며, 연안 일대는 제염이 적합하다. 교통은 동쪽의 산지는 불편하며, 경성은 조선 지방 교통의 중심이다. 한강은 수운의 이점이 많아 남한강은 영춘까지, 북한 강은 춘천까지 배가 다닌다. 서해안은 인천을 중심으로 내외의 항구에 정기선이 있다. 산업은 경기도의 경우 농업 중심으로 쌀, 콩, 연초를 많이 생산하며, 영등포에는 피혁 회사가 입지하며, 서해안은 제염이 행해진다. 강원도는 삼림이 넓고, 평야에는 연초 재배가 행해진다. 목축이 유망하며, 금강산은 중석을 생산하며, 장전 바다는 포경으로 유명하다. 황해도는 북부에 금과 철 등의 광산지가 유명하며, 장산곶 남쪽은 좋은 어장이다. 주요 도읍은 경성, 인천, 개성, 수원, 춘천, 철원, 해주, 겸이포이다.

둘째, 북부조선(함경남북도·평안남북도)에서 서부는 산맥이 동서로 달리며, 동부는 높은 고지대를 이룬다. 하천은 두만강과 압록강이 백두산에서 발원하며, 압록강은 황해로 흘러든다. 대동강과 청천강은 서쪽으로 흐른다. 동쪽 해안은 출입이 적으며, 북에 웅기만, 남에 영흥만이 있다. 반면 황해 연안은 굴곡이 많으며, 간석이 넓어 양항은 단지 대동강 하구의 진남포가 있을 뿐이다. 교통은 서부의 평지는 철도가 개통되었지만, 산지는 교통이 불편하다. 산업은 동부고원 지방에 대삼림이 분포하며, 평안남북 도는 밭농사가 행해지며, 양잠이 성하며, 광산에서 동·금·석탄·철 등이 생산된다. 수산은 북동부 지방 일대에 명태 어획이 성하며, 광량만 연안은 제염으로 유명하다. 주요 도읍은 원산, 함흥, 영흥, 북청, 단천, 청진, 나남, 경성, 성진, 평양, 안주, 진남포부, 신의주, 의주가 있다.

셋째, 남부조선(충청·전라·경상 각 남북도)에서 동부는 산지가 많고, 서부 및 남부는 지세가 완만하여 대 하천이 많으며, 그 연안은 평야가 풍부하다. 태백산맥과 소백산맥에서 많은 지맥이 나왔고, 노령 및 차령산맥은 그 서쪽에 있다. 낙동강·섬진강은 남으로, 금강·영산강은 서로 흐른다. 서부 및 남부의 해안은 출입이 심하며 도서가 풍부하다. 제주도는 조선 제일의 큰 섬이며, 거제도 북에 진해만, 동에 부산만이 있다. 동북의 바다에는 울릉도가 위치한다. 교통은 경부선과 호남선이 이 지방을 통과하며, 자동차 편도 적지 않다. 산업은 농업과 어업이 이 지방의 2대 산업으로 어업은 경상남도, 부산, 전라 남도 순으로 활발하다. 주요 도읍은 청주, 충주, 성환, 온양, 대전, 공주, 부여, 강경, 논산, 전주, 군산, 광 주, 목포, 대구, 경주, 부산, 울산, 장생포, 마산, 통영, 진주가 있다.

제2 총설에서 조선 지방은 일반적으로 산이 많고 평지는 총 면적의 2할 정도에 불과하다. 북동부는 고지대로 반도의 척량을 이루며, 긴 강은 서부와 남부에 많고, 하천을 따라 곳곳에 평야가 있다. 동해안은 출입이 적고 도서가 많지 않지만, 서해안과 남해안은 이와는 반대이다. 또한 동해안은 조석간만의 차가 적지만, 서해안은 조석간만의 차가 크다. 기온은 한서의 차이가 크며, 비는 6월~8월에 많다. 인구는 총 1천 7백만 정도로 주민의 분포가 가장 밀집한 곳은 남부조선이며, 중부에서 북부로 갈수록 적어진다. 산업은 쌀 중심의 농업이다. 농업 다음으로 수산업이 활발하며, 주요 광산물은 금이며, 그 외에 철, 석탄, 동을 생산한다. 상업은 아직 충분히 발달하지 않아 각지에 시장이 열리며, 임업은 북반부에서 주로 행해진다. 교통은 매우 불편했지만, 최근에 도로와 철도 등이 현저하게 개선되고 있다. 해상에는 기선이 항행하며, 통신은 점차 발달하고 있다. 조선총독부는 6국과 3부로 나뉘지며, 그 아래에 부청·군청·도청을 두었다. 교육은 보통교육이 현저하게 보급되었고, 경성 및 수원에는 각종 전문의 고등한 학교, 중등학교가 많으며, 지방의 도시에는 중등학교가 점차 증설되고 있다.

4. 핵심어

보통학교지리보충교재, 조선총독부, 조선 지방, 지방지, 총설, 부도

5. 참고문헌

朝鮮總督府, 『普通學校地理補充教材教授參考書』, 朝鮮書籍印刷株式會社, 1928.

『심상소학지리서보충교재 아동용(尋常小學地理書補充敎材 兒童用)』

서 명 『심상소학지리서보충교재 아동용(尋常小學地理書補充敎材 兒童用)』
저 자 조선총독부(朝鮮總督府)
형 태 15.1×22.1(cm)
발 행 철판인쇄주식회사(凸版印刷株式會社), 1920년
소장처 국립중앙도서관

『심상소학지리서보충교재 아동용』 초판본 표지

1. 개요

『심상소학지리서보충교재(尋常小學地理書補充敎材)』는 '철판인쇄주식회사'에서 1920년 3월 30일에 초판 발행되었다. 조선총독부가 아동용으로 편찬한 최초의 지리 교과서로서 본문에는 지도가 없지만, 삽화가 6장 수록되어 있다.

2. 저자

조선총독부 학무국 편집과(朝鮮總督府學務局編輯課)는 1910년 10월 최초의 관제로 내무부학무국에 설치되어 '교과용도서 편찬, 배포 검정 및 인가에 관한 사항'을 담당했다. 1919년 3·1 운동 이후 총독부 기구 개편 강요로 인해, 학무국도 1919년 8월 개편으로 독립한 국이 되었지만, 편집국은 존속했다. 전시 체제로 옮긴 후 1942년 11월의 개편에서 편수과로 개칭하면서 관장하는 사항이 증가하고, '교과용 도서의 편집·발행·조사·검정 및 인가, 교원용 참고 도서의 인정·추천, 국어 조사, 국민학교의 방송·교과용 영화, 모든 학교 교가의 가사·악보, 약력의 출판·배포'에 관한 사항을 장악했다. 1945년 4월의 마지막 개편으로 편수과는 폐지되고 업무는 학무과로 이관되었다.

3. 내용 및 구성

한일병합 이후 조선총독부는 1911년 제1차 조선교육령을 공포했다. 조선총독부는 보통학교 교육과정에 지리역사과를 설치하지 않고, 국어 과목에서 일본의 역사와 지리 일반을 교수하고, 조선어 및 한문 과목에서 조선지리의 개요를 가르치도록 했다. 이후 1919년 3.1 독립운동으로 일제는 무단통치에서 문화정치로 전환했다. 조선총독부는 교육에 대한 회유책으로 1920년 제1차 조선교육령을 개정하여 보통학교 수업 연한을 종래 4년에서 6년으로 연장했다. 아울러 보통학교 교육과정에서 일본역사와 지리를 정식 독립 과목으로 신설하여 각각 매주 2시간씩 교수하도록 했다. 그러나 갑작스런 결정으로 교과서가 없었기 때문에 보통학교 제5학년과 제6학년의 지리 수업은 문부성 편찬『심상소학지리서 권1·권2』를 사용하도록 했다. 게다가 조선총독부는 별도로 아동용『심상소학지리서보충교재』를 편찬했다.

이 교과서는 제5학년 지리 수업에서 문부성 발행의 『심상소학지리서』로 교수하기 전에 대략 30시간 정도로 조선 지방의 지리를 보충할 목적으로 완성되었다. 이 교과서는 본문의 내용이 간결하며, 교수자는 가능한 중복을 피하기 위해 전후의 관계에 주의하도록 했다. 또한 보통학교 교과서 가운데 국어독본, 조선어 및 한문독본, 이과서, 농업서 등의 관계 사항과 관련짓도록 했다. 나아가 인문지리에 관한 사항은 세월과 함께 변화하는 것이 많으므로 보충하여 올바르게 고치는 보정(補正)에 주의하도록 했다.

『심상소학지리서보충교재』는 총 44페이지로 내용은 크게 제1 대일본제국, 제2 조선지방으로 구성되었으며, 기술 분량은 대략 대일본제국 10%, 조선지방 90%(총설 20, 지방지 70)를 차지한다. 교과서의 기술은 지리적 사실 중심이며, 지명물산의 지리로 주요 내용은 다음과 같다.

제1 대일본제국은 우리나라의 위치와 섬들, 면적, 사방(四周), 기후와 국민, 구분 등의 내용이 기술되었다. 본문의 처음에 대일본제국의 위치와 섬들에 대해서는 아시아주의 동부에 위치하여 일본열도와 한반도로 구성되어 있다고 기술하여 식민지 조선이 대일본제국의 일부에 해당한다는 것을 인식하도록 했다. 섬들에 대해서 일본열도는 크고 작은 섬들이 동북에서 서남으로 연속하여 그 길이는 약 1천 2백리에 이르며, 4개의 주요 섬과 남서의 대만, 북에 사할린(남부), 기타 류큐열도, 치시마열도, 오가사와라제도가 있음을 언급했다. 총 면적에서 혼슈와 조선은 약 1/3을 점하며, 사방은 바다 건너에 시베리아, 만주, 미국 영토인 필리핀군도, 동부에 아메리카주가 있다. 기후와 국민은 북부는 춥고, 남부는 더위가 강열하지만, 대부분은 온화하고 강수량이 적지 않아 천산(天産)이 풍부하며, 호구가 증가하여 총 인구는 7천만에 이른다. 국민의 다수는 대화(大和) 민족이며, 이어 조선 민족으로 그 수는 약 1천 7백만이며, 홋카이도에는 아이누가 있다. 구분은 혼슈, 시코쿠, 규슈 및 류큐열도 등은 3부 43현이며, 조선과 대만에는 각각 총독부를 두어 지방을 다스리며, 그 외에 조차지로서 관동주가 있다.

이 교재의 다수를 차지하는 제2 조선지방은 크게 총설과 지방지로 구성되었다. 총설은 계통지리로서 위치·경역·면적, 지세, 기후, 주민·산업, 교통, 정치·구분 등 6개의 항목인데, 전체의 순서는 자연지리에서 인문지리로 나아가도록 배열했다. 반면 지방지는 식민지 조선의 정치 중심지로서 중부지방(경기도, 강원도)을 시작으로 북부의 북조선(함경남북도), 서조선(평안남북도, 황해도), 그리고 남부의 남조선1(충청남북도, 전라남북도), 남조선2(경상남북도) 등 5개의 지방으로 구분했다. 이들 지방은 13도를 바탕으로 5개의 지방으로 나눴는데, 1차적으로 지형과 기후 등 자연지리 요소를 고려한 것이다.

조선 지방 총설의 처음에 나오는 위치·경역·면적은 돌출한 긴 반도로 북은 백두산 및 두만강·압록강이 경계를 이루며, 남은 조선해협을 건너 내지와 상대하며, 총 면적은 1만 4천 3백 여 만리이다. 산이 7할 정도로 많은 편이며, 동북은 반도의 척골을 이루는 분수령이며, 긴 하천은 서부와 남부에 많으며, 그 주변에는 평야가 있다. 동해안은 출입이 적고, 도서가 많지 않지만, 서해안은 그 반대이며, 남해안은 다수의 반도가 돌출하여 좋은 만이 풍부하다. 기후는 한서의 차가 크고, 동계는 삼한사온이 나타나며, 비는 6월~8월에 많이 내리며, 눈은 동쪽 해안 이외에 적은 편이며, 농무는 봄과 여름에 해상에 발생하여 항행을 어렵게 한다. 남부지방에는 인구가 조밀하며, 농업과 수산업은 활발하며, 광업은 금과 동의 산액이 많으며, 상공업은 아직 발달하지 않았다. 교통은 불편하지만, 최근 도로와 철도 등이 개선되고 있으며, 항로와 통신 시설도 갖춰지고 있다. 행정 체계로서 조선총독부는 6국 및 3부가 있고, 각 도에는 도청이 있고, 그 아래에 12부, 218군, 2도(島)가 있다.

한편 조선 지방의 지방지는 각 지방별 천편일률적으로 지세, 산, 하천, 해안, 기후, 교통, 산업, 도읍 등을 중점적으로 다뤘다. 첫째, 중부조선(경기도, 강원도)은 동쪽 바다에 면한 지방은 평야가 부족하지만, 경성만에 면하는 지방은 한강 유역으로 평야가 곳곳에 펼쳐져 농업이 성하다. 유명한 산지는 금강산·오대산·태백산이 있으며, 하천은 남한강과 북한강이 흐르다가 합류하며, 해안은 동해안과 서해안의 굴곡, 조석간만의 차이가 다르다. 기후는 바다에 면한 동쪽은 온화하고, 비와 눈이 많다. 교통은 동쪽 산지가 많아 불편하며, 경성은 교통의 중심을 이루며, 한강은 수운의 이점이 많으며, 서해안은 인천을 중심으로 정기선이 있다. 경기도의 산업은 농업 중심으로 쌀, 콩, 보리, 인삼, 연초, 낙생화 등을 생산하며, 영등포에 피혁 회사가 있으며, 제염 등도 유명하다. 강원도는 목장, 연초, 바다에서의 포경, 금강산의 중석 채굴이 활발하다. 도읍은 경기도에 경성, 개성, 인천, 수원 등이 있으며, 경성부는 정치·교통·군사의 중심지이다. 강원도에는 춘천, 철원, 강릉, 원주 등의 도읍이 있다.

둘째, 북조선(함경남북도)은 반도의 동북부에 위치하며, 토지는 일반적으로 높은 대지를 이룬다. 백두산은 조선 제1의 고산으로 두만강과 압록강이 이 산에서 발원한다. 해안은 출입이 적지만, 북에 웅기만, 남에 영흥만이 있다. 기온은 한서의 차이가 심하며, 두만강 하류는 가을에 추위가 빨리 찾아오며, 동계 바람이 강하며, 남쪽 해안은 약간 온난하고, 비와 눈이 많다. 교통은 불편하지만, 함경선이 공사 중에 있으며, 일부는 이미 개통했으며, 해상 교통은 도시 간에 항로가 있다. 산업은 임업이 성하며, 농산물은 밭작물 중심이다. 광산은 동, 철, 석탄, 흑연 등의 산지로 유명하며, 수산은 동계에 명태 잡이가 성하다. 공산물은 마포와 명유가 대표적이다. 주요 도읍은 원산, 함흥, 영흥, 북청, 청진, 나진, 경성, 성진, 회령, 경흥이 있다.

셋째, 서조선(평안남북도, 황해도)은 반도의 서북부에 위치하여 만주와 경계를 이룬다. 여러 산맥이 서조선만으로 향하기 때문에 하천은 대부분 서남으로 흐른다. 평야는 중앙부에 펼쳐져 있으며, 도읍도 여기에 발달한다. 주요 산맥은 적유·묘향·멸악이 있으며, 하천은 제일의 압록강을 비롯하여 청천강, 대동강 있다. 해안은 출입이 복잡하고 도서가 많으며, 연안에는 간석이 발달하고, 광량만에는 천일제염업이 성하다. 기후는 우량이 적으며, 동계는 기온이 낮아 중강진은 가장 추운 곳이다. 교통은 북동부는 불편하지만, 서남부는 철도 및 자동차, 기선이 발달되었다. 산업은 북조선 가까운 곳에 임업이 성하며, 농업은 조, 콩, 팥 등의 밭작물을 주로 생산한다. 광업은 금광, 석탄, 철, 흑연 등이 유명하다. 주요 도읍은 평양, 해주, 사리원, 황주, 겸이포, 신의주, 의주가 있다.

넷째, 남조선(충청남북도, 전라남북도)은 전부 산맥이 분포하며, 크고 작은 하천이 그 사이를 흐르며, 기름진 들판이 넓다. 동쪽 경계의 소백산맥에서 지맥이 서남으로 달리며, 금강·만경강·동진강·영산강 유역에는 평야가 있다. 해안은 출입이 복잡하여 북에는 남양만·아산만이 있다. 기후는 해안지방이 온화하여 죽림이 많으며, 특히 제주도는 감귤류를 생산한다. 교통은 철도와 자동차가 주요 지역을 통과하며, 군산과 목포는 근해 항로의 중심지이다. 산업은 농업과 어업이 중심이며, 영산강 유역은 육지면, 충주는 연초 산지이다. 어업은 전라남도가 가장 성하며, 광업은 금, 중석을 생산하며, 공업은 한산의 저포(苧布)와 담양 등의 죽세공이 유명하다. 도읍은 소도읍이 많으며, 인구 1만 이상은 목포, 전주, 군산, 광주 등이다. 충청북도에는 청주와 충주, 충청남도는 성환, 천안, 남부는 대전, 공주, 강경, 전라북도는 군산, 김제, 정읍, 전라남도에는 광주, 목포, 순천, 여수, 제주가 있다.

다섯째, 남조선(경상남북도)은 내지와 가장 가까운 지역으로 죽령, 조령, 추풍령 등과 경계를 이룬다. 동부는 태백산맥, 북쪽 및 서쪽은 소백산맥이 있으며, 지리산은 조선 제일의 고산이다. 하천은 태백산에서 발원하는 낙동강이 이 지방을 관류하며, 서쪽에는 황강과 남강이 있다. 동해안은 사빈이 많지만 굴곡이 적으며, 남해안에는 섬들이 산재하며, 선박의 정박에 편리하며, 또한 좋은 어장을 이룬다. 해안 지방은 기후가 온화하며, 우량이 많지만, 낙동강 중류 이북은 한서의 차이가 다소 크며, 우량이 적고, 대구는 여름 기온이 높다. 교통은 수륙 모두 편리하여 철도와 자동차가 주요 도시를 통과하며, 해상은 부산을 중심으로 항로가 발달했다. 산업은 농업과 어업이 조선 지방에서 가장 성하다. 쌀, 콩, 육지면, 대마, 과실 등을 생산하며, 경상북도는 양잠업이 발달했다. 경상남도와 부산은 조선 어업의 중심지이다. 주요 도읍은 부산을 비롯하여 대구, 동래, 통영, 진주, 마산 등이다.

4. 핵심어

조선총독부, 심상소학지리서보충교재, 대일본제국, 조선 지방, 총설, 지방지

5. 참고문헌

朝鮮總督府, 『尋常小學地理書補充敎材敎授參考書』, 凸板印刷株式會社, 1920.

小田省吾, 「敎科書編纂上より見たる取扱上の注意」, 『朝鮮敎育』, 1922.2.

『초등지리(初等地理)』(5학년-6학년)

- **서 명** 『초등지리 제5학년 · 제6학년(初等地理 第五學年 · 第六學年)』
- **저 자** 조선총독부(朝鮮總督府)
- **형 태** 15.0×29.0(cm)
- **발 행** 조선서적인쇄주식회사(朝鮮書籍印刷株式會社), 1944년 · 1944년
- **소장처** 국립중앙도서관

『초등지리 제5학년』 초판본 표지

1. 개요

　『초등지리(初等地理)』(제5학년, 제6학년)은 '조선서적인쇄주식회사'에서 1944년 3월 28일에 각각 초판 발행되었다. 삽화와 지도, 도표, 그래프를 덧붙인 지리교과서로서 당시 유행했던 일본 지정학 사상이 담겨있다.

2. 저자

　이 교과서는 1943년 문부성 편찬 『초등과지리 상 · 하』를 바탕으로 완성되었다. 문부성의 국민학교 지리교과서는 1941년 국민학교 교육과정에 근거하여 발행되었다. 집필은 문부성의 도서감수관 마쓰오 토시로(松尾俊郎)가 『초등과지리 상』을, 그리고 치바현(千葉縣) 여자사범학교 교사 오사키 토라시로(尾崎虎四郎)가 『초등과지리 하』를 각각 맡았다. 문부성(1943)의 『초등과지리 상 · 하』는 조선총독부(1944)의 『초등지리 제5학년 · 제6학년』에 영향을 미쳤다. 조선총독부의 편수관보였던 우류 쓰게시게(瓜生二成)는 문부성의 국민학교 지리 교과서를 바탕으로 『초등지리 제5학년 · 제6학년』을 편집했다. 그는 1910년 후쿠오카현 출생으로 히로시마(廣島)고등사범학교를 졸업한 후에 그의 고향에서 중등학교 교사로 재직했다. 1936년에는 식민지 조선으로 건너와 전주사범학교 교유(1936~1942), 조선총독부 편수관보(1942~1944), 경성 제2고등여학교(현 수도여고) 교유(1944~1945)로 근무했다. 제2차 세

계대전 이후에는 후쿠오카에서 중등학교 교사 및 교장, 후쿠오카현 교육차장, 후쿠오카현 문화회 관장 등을 역임했다. 주요 저서는『우리 향토 후쿠오카현』(1950),『후쿠오카현의 지리』(1960),『교장착임거부사건－후쿠오카현 전후 교육사의 일 단면』(1979) 등이 있다.

3. 내용 및 구성

문부성의『초등과지리 상・하』의 집필 작업은 1942년 6월부터 시작되었다. 교과서 간행의 방침과 궤도는 문부성에 의해 미리 정해져 집필자들은 마치 레일 위를 달리기만 했다고 한다. 교과서 집필 과정에서 육군 관계자 다카하시 노리유키(高橋湯之) 소좌의 주선으로 교토제국대학 고마키 사네시게(小牧実繁) 교수와 그 문하생들을 둘러싸고 집필자와 좌담회를 가졌다. 군부와 교토학파의 일본 지정학 사상이 국민학교 지리교과서 집필에 영향력을 행사한 것이다.

문부성의 영향을 받은 조선총독부의『초등지리 제5학년・제6학년』의 교과서 표지는 아시아 지도 위에 하늘을 나는 전투기가 그려져 당시 전쟁의 분위기를 강하게 느낄 수 있다. 조선총독부의 국민학교 지리교과서는 내용구성과 기술, 문장표현, 수록된 지도 등이 문부성의 그것과 상당 부분 유사하지만, 반드시 동일하지 않다. 왜냐하면 조선총독부가 식민지 조선의 특수 사정을 고려하여 학년별 교재 체계를 문부성의 그것과 다르게 설정했기 때문이다.

먼저 문부성과 조선총독부의 국민학교 학년별 지리 교재의 체계가 동일하지 않다. 문부성은 6년제 초등과 국민학교에서 향토(4학년), 국토(5학년), 동아(6학년), 그리고 2년제 고등과 국민학교에서 세계(1학년), 국세(2학년)를 교수하도록 교재 체계를 설정했다. 반면 조선총독부는 6년제 초등과 국민학교에서 생활환경(4학년), 국토와 동아(5학년), 세계와 국세(6학년)를 가르치도록 지리교육 내용을 편성했다. 이러한 차이는 식민지 조선의 아동들은 상급 학교로의 진학률이 낮았고, 졸업과 동시에 사회생활에 들어갔기 때문이다. 따라서 조선총독부는 한층 완성된 교육을 완료하도록 문부성이 2년제 고등과 국민학교에서 교수하기로 설정했던 세계지리와 국세지리 내용을 식민지 조선의 6년제 초등과 국민학교에서 집약해서 가르치도록 했다.

조선총독부의『초등지리 제5학년』의 주요 내용은 일본의 지도, 아름다운 국토, 제도 도쿄, 도쿄에서 코베까지, 코베에서 시모노세키까지, 규슈와 그 섬들, 중앙의 고지와 호쿠리쿠・산인, 도쿄에서 아오모리까지, 홋카이도와 가라후토(樺太), 대만과 남양군도, 조선, 관동주, 대동아, 만주로 구성되었다. 그리고『초등지리 제6학년』의 내용은 지나, 인도지나, 동인도와 필리핀, 인도와 인도양, 서아시아와 중앙아시아, 시베리아, 태평양과 그 섬들, 세계, 북아메리카와 남아메리카, 유럽과 아프리카, 황국 일본으로 편성되었다.

조선총독부는 문부성의 국민학교 지리교과서를 상당 부분 그대로 수용했지만, 일부는 생략, 변경, 집약, 보완하거나 별도로 새롭게 집필한 부분도 있다. 예컨대 문부성의 지리교과서에 있는 혼슈・시코쿠・규슈는 조선총독부의 지리교과서에서 제외되었고, 제도가 있는 간토우 평야는 제도 도쿄로 바뀌었다. 반면 문부성의 지리교과서에 있는 호쿠리쿠와 산인, 중앙의 고지, 그리고 동인도와 섬들, 필리핀과 섬들은 조선총독부의 지리교과서에서 각각 중앙의 고지와 호쿠리쿠・산인, 동인도와 필리핀으로 합쳐졌다. 그 외에 조선총독부의 국민학교 지리교과서에 새롭게 등장한 부분은 아름다운 국토, 세계, 북아메리카와 남아메리카, 유럽과 아프리카, 황국 일본 등이다.

국민학교 지리교과서 편찬에서 일대 쇄신은 내용 구성이다. 그것은 종래의 정태지리에서 동태지리로, 항목주의에서 중점주의로, 동심원적 확대주의에서 도쿄 중심의 지리로 바뀌었다. 정태지리에서 동태지리로의 내용 구성은 종래의 조선 지방, 가라후토 지방, 홋카이도 지방 … 등 지방별 구분을 철폐하고, 그 대신 등질의 기준에 근거하여 도쿄에서 코베까지, 코베에서 시모노세키까지, 도쿄에서 아오모리까지, 부산에서 경성까지, 경성에서 신의주까지, 경성에서 나진까지 등과 같이 대체로 도쿄를 중심으로 간선 철도를 따라 철도 여행을 하듯이 그 연선 지대를 동적으로 고찰하도록 했다. 이는 아동들에게 변화하는 각 지역의 특성을 상호관련적, 연속적, 다각적, 구체적, 실감적, 다이나믹하게 인식하도록 한 것이다. 따라서 아동들에게 지리교육은 교실에서의 지루한 수업이 아닌, 가상의 열차 속에서 즐거운 지리 여행을 지향했다고 할 수 있다. 한편 교육 내용을 간선 철도에 따른 동태지리로 편성한 것은 아동들에게 황국 일본의 수려한 모습을 실감적으로 인식시켜 국토애를 육성시키기 위함이었다. 아동들에게 국토와 국세의 구체적, 실감적, 자극적 인식은 국토애와 국민적 자각으로 연결되며, 이러한 애정과 자각은 황국의 지리적 사명을 달성하기 위한 동기와 행동으로까지 연결될 수 있다는 논리이다. 이러한 일련의 과정은 아동들에게 팔굉일우(八紘一宇)라는 일본 중심의 세계관을 형성시키기 위한 것이며, 당시 전쟁에 협력할 수 있도록 국민학교 지리교육에 부여된 과제였다.

둘째, 항목주의에서 중점주의로의 내용 구성이다. 국민학교 제도가 실시되기 이전에 발행되어 과도기용으로 사용된 문부성의『심상소학지리서 권1・권2』, 그리고 조선총독부의『초등지리 권1・권2』는 일본지리를 지방별로, 세계지리는 6대주로 나누어 각각 구역, 지세, 기후, 산업, 교통, 도읍 등 항목별로 편성되었다. 그러나 새롭게 개정된 문부성의 1943년『초등과지리 상권・하권』, 그리고 조선총독부의 1944년『초등지리 제5학년・제6학년』은 종래 소학교 지리교과서의 획일적인 일본지리의 지방별 구성이 폐지되고, 세계지리는 대주별 구분이 사라지거나 변형되었다. 게다가 일본지리와 세계지리의 지역 기술은 구역, 지세, 기후, 산업, 교통, 도읍 등 항목식・병렬식이 폐지되고, 주제 중심의 중점주의로 바뀌었다. 예컨대 홋카이도와 가라후토라는 부분에서 풍부한 수산, 농장과 목장, 활발한 펄프 공업 등이다. 이러한 중점 주제는 기계적・획일적인 지역 기술에서 탈피함과 동시에 종합적 측면에서 그 지역의 지위와 특색을 명확히 보여준다.

셋째, 동심원적확대주의에서 도쿄 중심의 지리로의 내용 구성이다. 조선총독부는『초등지리 제5학년』에서 종래 일본지리에 최초로 조선 지방을 학습한 다음, 일본 본토를 나아가는 지방별 내용 편성을 폐지했다. 조선총독부는 제도 도쿄를 학습한 뒤에 남으로 나아가고, 다시 북으로 향하며, 다음에는 대동아로 나아가도록 지리 교재를 배열했다. 도쿄 중심의 지리는 황위가 널리 사방으로 반짝반짝 빛나는 것을 의도한 것이다. 이처럼 일본 제국주의는 국민학교 아동들에게 수도 도쿄 중심의 세계관, 나아가 일본 중심의 세계관을 형성시키고자 했다. 이러한 사항은 히틀러의 독일 중심 세계관의 기초를 이룬 지정학 사상이 국민학교 지리교육에까지 피상적인 침투를 보인 것이다. 결국 이러한 내용 구성은 아동중심주의에서 국가주의로의 전향이었으며, 이는 일본 제국주의가 소위 대동아공영권의 형성에 있어서 국민학교 아동들에게 황국 일본 중심의 세계관을 육성시키기 위함이었다.

국민학교 지리교과서의 문장 표현과 내용 기술 방식도 매우 새롭다. 종래 소학교 지리교과서의 '~이다', '~였다' 등의 문어체는 국민학교 지리교과서에서 '~입니다', '~합니다' 등의 경어체와 구어체 표현으로 바뀌었다. 게다가 '말하자면 … 라고 할 수 있습니다', '마치~와 같은', '꼭 ~처럼' 등의 대화체와 비유 표현, 그리고 '~해 보세요', '~를 조사해 봅시다', '~를 바라 봅시다' 등의 지시 표현도 빈번히 사용되었다. 이는 아동들에게 틀에 박힌 지루하고 딱딱한 지리교과서가 아닌, 읽기 쉽고 알기 쉬운 이야기

형식의 친근한 지리교과서를 의도한 것으로 지역을 실감적, 감동적으로 인식시키기 위함이다.

　문부성 지리교과서 집필자의 증언에 따르면, 국민학교 지리교과서 문장이 밝고 막힘이 없는 것은 전적으로 이노우에 다다스(井上趏) 편집 과장의 손에 의한 것이다. 그는 국어과 도서감수관으로 명성을 떨친 사람이다. 지리교과서에서 일본열도를 "마치 한 무리의 구슬처럼 이어져 …" 등의 문장은 도저히 필자가 표현할 수 없는 부분이라고 언급했다. 너무나 문학적인 표현이 지나쳐 신(神)적인 말도 등장하여 지리와 같은 과학을 기초로 하는 교과는 난감한 점도 있었다.

4. 핵심어

조선총독부, 초등지리, 일본의 지도, 아름다운 국토, 조선, 대동아, 황국 일본

5. 참고문헌

심정보, 「1930년대 일본의 지리교육계에서 이루어진 지리구 논쟁이 문부성과 조선총독부의 지리교육에 미친 영향」, 『사회과교육연구』 12(1), 한국사회교과교육학회, 2005.02.

심정보, 「태평양전쟁기의 일본 지정학 사상과 국민학교 지리교육」, 『한국지리환경교육학회지』 23(3), 한국지리환경교육학회, 2015.12.

『초등지리서(初等地理書)』(권1-권2)

서 명 『초등지리서(初等地理書)』(권1-권2)
저 자 조선총독부(朝鮮總督府)
형 태 15.1×22.5(cm)
발 행 조선서적인쇄주식회사(朝鮮書籍印刷株式會社), 1932년 · 1933년
소장처 국립중앙도서관

『초등지리서 권1』 초판본 표지

1. 개요

『초등지리서(初等地理書)』(권1, 권2)는 '조선서적인쇄주식회사'에서 1932년 3월 28일, 1933년 4월 15일에 각각 초판 발행되었다. 삽화와 지도, 도표를 덧붙인 보통학교 제5학년, 제6학년의 지리교과서로서 당시 최신의 지리학 연구 성과와 통계 자료 등이 반영되었다.

2. 저자

이 교과서에는 저작이 조선총독부로 명기되어 있지만, 당시의 신문과 문헌의 기록에 따르면 집필자는 도쿄고등사범학교의 다나카 게이지(田中啓爾, 1885~1975) 교수이다. 그는 메이지(明治) 중기에 태어나 주로 다이쇼(大正), 쇼와(昭和) 시기에 활약한 일본의 지리학자이다. 주요 전공 분야는 인문지리학으로 특히 지지학에 관심이 많았고, 학교교육과 관련하여 지리교육론 분야에도 업적을 남겼다. 그는 지리 연구자 및 교육자로서 일본의 지리학계와 지리교육계에 지대한 영향을 미쳤다. 나아가 그의 연구 및 교육 활동은 식민지 조선에도 영향을 주었는데, 그에게 지도받은 한국의 유학생은 전후 한국의 대학에서 지리학 및 지리교육의 학문적 초석을 다지는데 기여했다. 당시 저명한 지리학 교수로서 교육 및 연구 활동은 주목할 만하다. 1920년에는 문부성 재외연구원으로 구미 여러 나라에서 유학했으며, 귀국 이후 1923년부터 도쿄고등사범학교 교수로 재직했다. 중등교원(지리과) 검정시험위원(1923~1945),

조선총독부 교과서 편찬위원(1930), 일본지리학회 회장(1952~1954) 등을 역임했다. 주요 저작으로 『독립과학으로서의 지리학』(1923), 「일본의 지리구」(1927), 『중등일본지리』(1927), 『중등외국지리』(1928), 『지리학의 본질과 원리』(1949) 등이 있다.

3. 내용 및 구성

조선총독부가 1932년 『초등지리서 권1』, 1933년 『초등지리서 권2』를 편찬하기 전까지 식민지 조선의 보통학교에서는 문부성 편찬 『심상소학지리서 권1』과 『심상소학지리서 권2』를 국내에 들여와 아동들에게 가르쳤다. 그리고 조선총독부는 별도로 아동용 『보통학교지리보충교재』를 1923년에 발행하여 『심상소학지리서』의 조선지방 대용 교재로서 사용했다.

조선총독부는 보통학교 아동용 지리교과서 편찬과 관련하여 어떤 교재 내용을 선택할 것인가에 대한 근본 방침을 1929년의 개정 보통학교 규정에 명시했다. 지리교재 선택의 방침은 ① 향토의 실세, ② 우리나라의 지세·기후·구획·도회·산업·교통 등, ③ 만주지리의 대요, ④ 우리나라와의 관계에 있어서 중요한 제국의 간단한 지리, ⑤ 지구의 형상·운동 등의 대요이다. ①과 ②는 일본지리, ③과 ④는 세계지리, ⑤는 계통지리 교재에 관한 내용이다. 이전의 규정과 비교할 때에 주목할 사항은 향토의 실세에서 시작한다는 내용이 국토지리에 추가된 것이다.

이는 향토교육의 강조로서 그 배경은 1927년 세계경제공항 이후 일본 자본주의의 한계를 교육적 견지에서 극복하고자 한 것이다. 그리하여 1930년대 일본 본토와 식민지 조선의 모든 초중등학교는 교육의 향토화를 지향했다. 교육의 지방화와 실제화, 획일적 교육의 극복을 슬로건으로 교사는 향토에 존재하는 다양한 소재를 수집 및 발굴하여 아동들에게 교수하고자 했다. 이러한 시대적 배경으로 조선총독부는 아동의 생활무대로서 향토 조선을 중심으로 보통학교 지리교과서를 편찬했다.

1932년에 간행된 『초등지리서 권1』의 주요 내용은 우리나라, 조선 지방, 가라후토(樺太) 지방, 홋카이도(北海道) 지방, 오우(奧羽) 지방, 간토우(關東) 지방, 주부(中部) 지방, 긴키(近畿) 지방으로 구성되었다. 그리고 1933년에 간행된 『초등지리서 권2』의 내용은 주고쿠(中國) 및 시코쿠(四國) 지방, 규슈(九州) 지방, 대만 지방, 우리 남양위임통치지, 관동주, 일본 총설, 대양주, 아프리카주, 남아메리카주, 북아메리카주, 아시아주, 유럽주, 일본과의 관계, 일본과 세계, 지구와 표면으로 편성되었다. 지리교과서의 내용은 각 지역의 지리적 지식을 사실적으로 기술하는 방식을 취했다.

내용 구성과 관련하여 조선총독부 편찬 『초등지리서』의 특징은 일본지리에서 조선지방을 가장 앞부분에 배치하고, 각 지방별 지리를 북에서 남으로 배열한 점, 그리고 세계지리는 남반구를 북반구의 다른 주보다 먼저 교수하도록 한 점이다. 이러한 내용 편성은 문부성 편찬 『심상소학지리서』와 비교가 되지 않을 정도로 쇄신을 도모한 것이다. 그 이유는 다나카 게이지가 『초등지리서』를 저술함에 있어서 페스탈로치의 교육사상에 근거한 아동중심주의와 과학적 지지학을 접목시켜 지방별, 대주별로 내용을 편성했기 때문이다. 조선총독부의 『초등지리서』를 문부성의 『심상소학지리서』와 비교할 때에 내용 구성의 특징은 다음과 같다.

먼저 조선총독부의 『초등지리서』에 나타난 일본지리의 내용 편성이다. 문부성 편찬 『심상소학지리서』의 일본지리 부분은 제도(帝都)가 위치한 간토우(關東) 지방을 가장 앞에 두고, 이어서 오우 지방, 주부 지방, 긴키 지방, 주고쿠 지방, 시코쿠 지방, 규슈 지방으로 남하하고, 다음으로 북으로 나아가는 방법을 취해 홋카이도 지방, 가라후토(樺太) 지방, 마지막에는 당시 식민지였던 대만 지방, 조선 지방, 관동주, 남양군도를 배열하고, 일본 총설로서 총괄하였다.

반면 조선총독부 편찬『초등지리서』의 일본지리는 문부성의 그것과는 달리 조선 지방을 가장 먼저 배우도록 배열하고, 그 내용도 다른 지방보다 많은 분량을 할애했다. 그리고 종래와 달리 더 상세하게 북에서 남으로 나아가는 방식을 취했다. 그런 다음 일본열도로 옮겨가 최북단 가라후토 지방에서 점차 남하하여 홋카이도 지방, 오우 지방, 간토우 지방, 주부 지방, 긴키 지방, 주고쿠 및 시코쿠 지방, 규슈 지방, 대만 지방, 우리나라 남양위임통치지, 관동주에 이르고, 마지막에 일본 총설로서 총괄하였다. 이는 다나카 게이지가 일본지리의 내용을 편성함에 있어서 향토 조선에서 일본열도로, 그리고 북부지방에서 남부지방으로 교수하는 것이 바람직하다고 판단했음을 보여주는 것이다.

일본지리의 내용 편성에 대한 다나카 게이지의 사고방식은 아동의 심적 발달을 우선적으로 고려한 것이다. 첫째, 향토 조선에서 일본 열도로 나아가도록 배열한 것은 가까움, 쉬움, 직관적 등의 페스탈로치 교육사상에 근거한 것이다. 게다가 산업 발달 수준이 낮은 향토 조선에서 메이지(明治) 이래 산업 발달이 이루어진 일본 열도로 나아가도록 교육 내용을 배열한 것도 당시 향토교육운동과 페스탈로치 교육사상의 결부였다. 둘째, 북부 지방에서 남부 지방으로의 배열은 아동들에게 지형, 식생, 농업과 수산업, 교통 등 지리적 경관의 추이를 북에서 남으로 자연스럽게 이해하도록 한 것이다.

다음은 조선총독부의『초등지리서』에 나타난 세계지리의 내용 편성이다. 문부성 편찬『심상소학지리서』의 세계지리 부분은 아시아주를 가장 먼저 다루고, 이어서 유럽주, 아프리카주, 북아메리카주, 남아메리카주, 대양주 순으로 배열했다. 그러나 조선총독부 편찬『초등지리서』는 문부성의 그것과는 전혀 다른 방식으로 세계지리 내용을 편성했다. 즉 조선총독부는 문부성의『심상소학지리서』에서 가장 나중에 다루었던 남반구의 대양주를 먼저 배열하고, 이어서 아프리카주, 남아메리카주, 그리고 북반구의 북아메리카주, 아시아주, 유럽주 순서로 세계지리 내용을 편성했다.

이러한 배열은 쉬움에서 어려움으로, 미개척 지역에서 기개척 지역으로라는 흐름을 아동들이 자연스럽게 파악하도록 한 것이다. 이와 관련하여 다나카 게이지는 가깝고 간단한 지역에서 복잡한 지역으로라는 원리에 근거하여 세계지리 내용을 남반구에서 북반구로 편성했던 것이다. 당시 이와 같은 내용 편성은 문부성의『심상소학지리서』와 비교가 되지 않을 정도로 예상 밖이라는 것에 동감하며, 얼핏 보더라도 쇄신을 통감하며, 문부성의 그것보다 훨씬 진보한 것이다. 그리하여 조선총독부는 일본 본토보다 한 걸음 앞서 신흥지리학의 사상에 입각하여 우량의 교과서를 활용하게 된 것이다.

이처럼 다나카 게이지는 페스탈로치의 교육사상에 근거한 지리교육론을 교육의 실험으로서 식민지 조선의 보통학교 지리교육에 적용했다. 그 원리는 아동의 심력을 고려하여 지리 내용을 가까움에서 먼 곳으로, 쉬움에서 어려움으로, 단순함에서 복잡함으로 교수 및 학습하도록 편성한 것이다. 게다가 유사한 지역과의 비교 및 대조, 유추를 통해 아동들에게 지역을 효율적으로 이해시키려고 했다. 무엇보다 그는 서구의 교육학 및 지리학 사상을 우리의 실정에 맞게 응용하여『초등지리서』의 내용을 구성하고 기술한 것은 당시의 시점에서 진보적이고 과학적인 역작으로 평가된다.

한편 조선총독부 발행의『초등지리서 권1·권2』(1932·1933)는 1937년『초등지리 권1·권2』, 1940년『초등지리 권1』1941년『초등지리 권2』로 부분적으로 개정되었다. 1937년 개정부터 교과서 명칭에 '서(書)'라는 글자가 제외되었는데, 그것은 자칫하면 지도를 경시하여 지리서를 독본적으로 얼버무리는 경향, 즉 지리교과서의 서물화(書物化)를 피하기 위함이었다. 개정을 거듭함에 따라 내용 구성은 큰 변동이 없었지만, 기술 분량은 지속적으로 증가했다.

4. 핵심어

조선총독부, 초등지리서, 보통학교, 우리나라, 조선 지방

5. 참고문헌

심정보, 「조선총독부 편찬 다나카 게이지의 초등지리서에 나타난 페스탈로치의 교육사상」, 『한국지리환경교육학회지』 22(3), 한국지리환경교육학회, 2014.12.

慶尙北道教育會, 『地理教育의 研究』, 朝鮮書籍印刷株式會社, 1933.

4
일제강점기 사찬 독본

『문예독본(文藝讀本)』(권1-권2)

- **서 명** 『문예독본(文藝讀本)』(권1-권2)
- **저 자** 이윤재(李允宰, 호는 桓山, 한뫼, 1888~1943)
- **형 태** 12.5×18.5(cm)
- **발 행** 진광당(震光堂), 1931년
- **소장처** 국립중앙도서관

『문예독본』 3판 표지, 판권지

1. 개요

『문예독본(文藝讀本)』(상, 하권)은 '진광당'에서 1931년 5월 5일에 초판 발행되었다. 삽화와 각주를 덧붙인 최초의 작문 교과서로, 당시의 유명한 문학자, 사학자 등이 쓴 시, 동화, 시조, 수필, 단평, 해제 등이 수록되어 있다.

2. 저자

이윤재는 항일독립투사이자 국어학자이고 사학자이다. 1927년 계명구락부의 조선어사전 편찬위원으로 활동하고, 한국학 전문잡지 『한빛』을 편집 · 발행하였다. 1929년 조선어연구회, 조선어사전편찬위원회의 집행위원, 1930년 한글맞춤법통일안의 제정위원이 되어 국어통일운동의 중심인물로 활동하였다. 1932년에는 조선어학회 기관지 『한글』의 편집 및 발행 책임을 맡았으며, 1934년에는 진단학회에 가입하여 국사 연구에 참여하였다. 1937년 수양동우회사건에 관련되어 서대문 감옥에 투옥되어 1년 반의 옥고를 치렀다. 1942년 조선어학회사건으로 홍원경찰서에 붙잡혀 함흥형무소에 복역하던 중 일제의 혹독한 고문으로 55살에 옥사하였다. 1947년에 유고집 『표준한글사전』이 간행되었다. 이 책은 조선어학회에서 발표한 '한글맞춤법통일안'과 사정된 '조선어표준말모음'을 기준 삼아 처음으로 엮은 책이다. 주요 저서로 『성웅 이순신』, 『도강록』(박지원 작 초역), 『문예독본』 등이 있다.

3. 내용 및 구성

『문예독본』은 상, 하 두 권이다. 상권은 25개, 하권은 18개 단원이고, 모두 권말에 '한글 철자일람표'를 부록으로 붙여놓았다. 동화, 시, 소설, 서간문, 사화(史話), 논설문 등 다양한 문종(文種)의 글이 수록되었고, 단원마다 필자의 이름과 문종이 명기되어 글의 특성을 느낄 수 있도록 하였다. 상권과 하권은 각기 난이도를 조절해서 단원을 배치하였고, 분량도 1년의 학습 기간에 맞추어 교과서로서의 특성을 갖추었다. 상권에는 동요와 편지와 노래, 일화 등 비교적 쉬운 내용의 글들이, 하권에는 평론이나 해제 등 난도 높은 글들이 수록되었다. 상권에 수록된 글은 짧고 평이한 문장의 문예문이 중심이고, 하권에는 추상적이고 긴 문장의 논설과 비평문이 많다. 수록 인물은 방정환, 이은상, 한정동, 현상윤, 이광수, 주요한, 김억, 이태준, 정인보, 염상섭, 현진건, 김동인, 이병기, 김동환, 변영로, 홍명희, 양주동, 민태원, 박팔양, 문일평, 최학송, 이윤재 등 당대의 명망가들이다.

『문예독본』 책머리의 「예언」에서 이윤재는 "이 책은 중등 정도 이상 모든 학교에서 조선어과의 보습과 작문의 문범(文範)으로 쓰기 위하여 편찬한"다고 책의 목적을 명기하였다. '문범'이라는 말처럼, 작문에 활용하기 위한 모범 문장을 제시하는 데 책의 목적이 있었다. 그런 의도에서 동화, 시조, 시, 소설, 기행문, 서간문 등과 사화와 일화, 논문, 설명문 등의 다양한 문종의 글을 수록하였고, 그래서 『문예독본』은 '문예'가 아니라 '작문' 교재라는 것을 알 수 있다. 국어학자이자 교육가인 이윤재가 편찬했다는 점도 『문예독본』의 성격과 의도를 시사해준다. 「예언」에서 "재료 선택에 대하여는 상허 이태준, 수주 변영로, 노산 이은상, 송아 주요한 여러 지우의 도움"을 받았다고 했고, 이윤재는 그렇게 선택된 텍스트를 원문 그대로 수록하지 않고 문장을 바로잡거나 생략하는 등의 손질을 가한 뒤 수록하였다. 산만하고 지리한 문장을 간결하고 명징하게 정리하였고, 추상적인 비유를 삭제하는 등 문장을 다듬어서 다양한 문종의 문범을 보여준 것이다.

『문예독본』의 특이점은 '목차'에서 글의 제목 뒤에 '문종'을 명기한 점이다. '작은 용사(동화)', '맹모와 지은(사화)', '따오기(동요)', '궁예의 활(소설)', '불국사에서(기행)', '북청 물장수(신시)', '대무대의 붕괴(희곡)', '조선문학의 개념(평론)' 등으로 문종을 명기하여 글의 성격을 제시했는데, 이는 '작문의 문범'을 보이겠다는 의도와 관계된다. 상권에는 방정환의 동화 「작은 용사」, 이은상의 사화 「맹모와 지은」, 한정동의 동요 「따오기」, 이태준의 수필 「화단」, 이광수의 소설 「궁예의 활」 등의 문학 작품과 장백산인(이광수)의 논문 「의기론」, 민태원의 일화 「월남 선생의 일화」 등 25편의 글과 함께 부록으로 「한글 철자법 일람표」가 수록되어 있다. 하권에는 이노산의 송(頌) 「죽송」, 주요섭의 동화 「구멍 뚫린 고무신」, 박팔양의 시 「봄의 선구자」, 문일평의 수필 「백제의 가요」, 정인보의 해제 「고산자의 대동여지도」 등 문학 작품과 평론 18편과 「한글 철자법 일람표」가 부록으로 실려 있다. 이렇게 수록된 문종은 모두 19개로 소설과 시조가 각 5편, 기행과 평론이 4편씩으로 가장 많다. 상권에는 동요와 노래, 스케취, 편지가 1편씩 수록되었고, 하권에는 상권에 없던 평론(단평)과 해제가 5편이 수록되었다. 수록 작품은 이광수가 가장 많은 5편이고, 이은상이 4편, 이태준, 정인보, 이병기, 현진건, 주요한, 변영로가 각 2편, 방정환, 한정동, 박종화, 김동환, 양주동, 홍명희, 염상섭, 현상윤, 나빈, 김동인, 민태원, 주요섭, 최학송, 박팔양, 문일평 등은 각 한편씩이다.

『문예독본』에 수록된 글들은 주로 희생정신, 효도, 고향과 산천에 대한 그리움과 예찬, 절개, 국가에 대한 충성 등을 내용으로 한다. 첫 글인 「작은 용사」에서는 '여러 사람을 구원하기 위하여 자기 한 몸의 고생을 감수하는 희생'의 고귀함을 언급한다. "희생의 정신보다 더 거룩한 정신은 없"다는 내용으로,

단순한 개인의 희생이 아니라 나라와 국가를 위한 희생 곧, 멸사봉공의 정신을 말한다. 그것은 「의기론」에서는 세상에 남아 있는 모든 불의를 없앨 수 있는 의기(義氣)로 언급되고, 「윤씨의 사」에서는 일신의 이익을 앞세워 절의를 저버린 신숙주에 대한 의분으로 표현되며, 「대무대의 붕괴」에서는 이천만 조선인이 깨어나기를 소망한 김옥균의 우국충정으로 제시된다. 「낙화암을 찾는 길에」에서는 나라를 위한 희생이, 「불국사에서」는 일본에 저항한 박제상의 의기가 언급된다. 이들 단원은 모두 국가가 위태로울 때 과감히 개인을 버리고 나라에 헌신한 인물들의 일화이고, 그래서 글의 주제는 '애국심'과 긴밀하게 연결되어 있다.

이와 같이 『문예독본』에 가장 많이 수록된 것은 애국심으로, 특히 외적과 맞서 싸운 인물들의 충절이 강조된다. 「불국사에서」는 불국사 경내를 둘러보면서 다보탑과 석가탑에 대한 감상을 서술한 뒤 관련된 두 개의 일화를 덧붙여 놓았다. 하나는 영지(影池)에 얽힌 아사달과 아사녀 이야기이고, 다른 하나는 박제상을 사지로 보낸 아내가 남편을 기다리다가 망부석이 되었다는 내용이다. 두 일화를 소개하면서 화자는 조국에 대한 충절을 목숨과 맞바꾼 박제상을 애도한다. 「낙화암을 찾는 길에」는 나당 연합군이 백제 궁성을 함락할 때 비빈과 궁녀들이 몸을 던져 죽은 낙화암을 찾아 그 혼을 기리면서 "차라리 몸을 던져 어복리에 장할망정 저 국수(國讐)에게는 더러이지 않겠다는 백제의 혼"을 추모하고, 「대무대의 붕괴」는 꺼져가는 나라를 구하려다 비운의 죽음을 당한 김옥균의 우국충정을 기린다. 여기서는 동양이라는 대무대에서 활동해야 할 김옥균이 살해되는 장면을 희곡으로 보여주고, "전 동양을 살리고 죽이는 것이 모두 청국의 흥망에 좌우되는 것"이라는 주제를 제시한다. 「이충무공 묘에서」는 "우리 민족의 은인이요 족혼(族魂)의 조상"으로 이충무공을 기리며, 「행주산성 전적」은 일병을 대파하여 일국도원사가 된 권율의 공적을 소개한다.

다음으로 많은 비중을 차지하는 것은 사라진 것들에 대한 회한과 그리움이다. 「따오기」는 돌아가신 어머님에 대한 그리움을 내용으로 하고, 「고향에 돌아와서」는 '시대의 변천이 무섭고, 너무도 엄청난 극변에 놀라지 않을 수 없다'고 하면서 사라진 고향에 대한 안타까움을 서술한다. 특히 '산은 무너지고 강은 끊어진다 치더라도 대대로 의좋든 이웃마저 어떤 이는 서간도, 어떤 이는 일본, 누구는 도시, 그렇지 않으면 정처 없이 보따리를 짊어지고 유랑하는 모습'을 안타까워하는데, 이는 일제 강점 이후 유리걸식하는 민족의 참상을 단적으로 표현한 것이다. 「백두산 갓든 길에」(변영로)에서 언급되듯이, 그것은 잃어버린 고국에 대한 탄식과 그리움의 정서이다. 백두산은 이제 "우리의 옛터"가 되었고, 그것을 자각하자 "인 홍이 잦기도 전에 눈물 벌서 흐"른다. 그래서 천지 가에 팔베개를 하고 누우니 '안 진 죄지은 듯해서 가슴이 자로 뛴'다는, 곧 국가와 국토 상실에 대한 회한과 자책을 표현한다. 「대무대의 붕괴」(사극)에서 말하는 것도 상실에 대한 회한과 안타까움이다. 구한말의 개화론자 김옥균의 죽음을 서술하면서 "주추 놓고 기둥 세워 완전한 동양의 기초를 닦아놓은 뒤에 조선문제도 해결시키겠다든 선생님의 대무대는 인제 영영 문어져버렷습니다. 아아, 원통하구나."라고 탄식한다. 「죽송」에서는 지금은 전설로만 전해지는 만파식적에 대한 아쉬움이 토로된다.

『문예독본』은 발간된 지 얼마 되지 않아 재판이 예고될 정도로 큰 반향을 일으켰는데, 그것은 『문예독본』이 조선총독부 간행의 교재와는 달리 조선의 역사와 인물을 주된 내용으로 한 데 원인이 있다. 관공립 학교의 교재가 아니기에 일제의 정책이나 이념을 수록할 필요가 없었고, 또 검정의 대상도 아니었기에 편자의 의도대로 민족의 역사와 정신을 온전하게 피력할 수 있었다. 게다가 '문예'가 사회적으로 널리 소통되던 시절이어서 '문예독본'이라는 책명 역시 세간의 관심을 끌기에 충분했다. 『문예독본』에 수록된 작품의 상당수는 해방 후 교과서에 재수록되는 등 교과서 정전으로 자리 잡는다. 한정동의 「따오기」는 해방 이후 초등학교 교과서에 반복적으로 수록되면서 국민 동요가 되었고, 현진건의 「불국사에서」는 기행문의 전범이 되었으며, 김동환의 「북청 물장수」는 여전히 문학 교과서에 수록되어 애독되는 영예를 누리고 있다. 그런 점에서 『문예독본』은 책명처럼 문학 작품의 전범을 제시한 교재로 평가되기도 한다.

4. 핵심어

문예독본, 이윤재, 한글 철자일람표, 작문의 문범, 방정환, 이광수, 이은상, 한정동, 현진건

5. 참고문헌

「환산 이윤재 선생 특집호」, 『나라사랑』 13, 외솔회, 1973.
강신항, 「이윤재」, 『한국근대인물백인선』, 동아일보사, 1970.
강진호, 「한글 문체의 정립과 조선의 정신 ─ 『문예독본』을 중심으로」, 『한국문학연구』, 동국대한국문학연구소, 2016.12.
구자황, 「근대 독본의 성격과 위상 2 ─ 이윤재의 『문예독본』을 중심으로」, 『상허학보』, 2007.6.
김덕규, 「환산 이윤재 선생의 생애와 그의 업적」, 『김해문화』, 2002 가을・겨울.
문혜윤, 「문예독본류와 한글 문체의 형성」, 『어문논집』, 민족어문학회, 2006.
이장렬, 「환산 이윤재의 출생지와 '구주탄생'」, 『지역문학연구』, 2004 가을.
박용규, 『이윤재』, 역사공간, 2013.

『문장독본(文章讀本)』

- **서 명** 『문장독본(文章讀本)』
- **저 자** 이광수(李光洙, 호는 춘원, 1892~1950)
- **형 태** 확인불가
- **발 행** 대성서림(大成書林) · 홍지출판사(弘智出版社), 1937년
- **소장처** 국회도서관

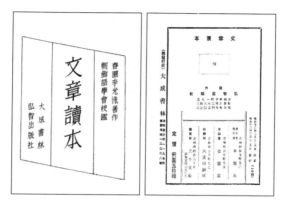

『문장독본』 속표지, 판권지

1. 개요

『문장독본(文章讀本)』(전 1권)은 '대성서림'에서 1937년에 초판 발행되었다. 이광수가 신문이나 잡지 등에 발표한 글들 중 일부를 모아 '문장독본'이라는 단행본으로 편찬했다. 시, 소설, 기행, 일기, 야담, 회상기, 시극 등 다양한 문종(文種)의 글과 문학과 수양에 관한 논문들이 수록되어 있다.

2. 저자

이광수는 문학가이자 평론가, 언론인이다. 친일단체 일진회의 후원으로 1905년 일본에 유학, 대성중학교와 메이지 학원에서 수학하고 1915년 와세다대학 철학과에 입학했다. 1919년 도쿄 유학생들의 2.8 독립선언서 작성에 참여했다는 이유로 학업을 그만 두었다. 1917년 신한청년당 활동 자금을 모으기 위해 우리나라 근대 장편소설로 알려진 『무정』을 총독부 기관지였던 『매일신보』에 연재했다. 다음해 단행본으로 출간한 『무정』은 당시 1만부가 팔릴 정도로 독자층의 인기를 끌었다. 이후 이광수는 여운형의 추천을 받아 1919년 대한민국 임시정부에서 활동하였고, 독립신문의 발행에 참여했다. 1922년 5월 잡지 『개벽』에 민족개조론을, 1924년 동아일보에 '민족적 경륜' 등을 연이어 발표하여 사상의 논란을 일으켰다. 이후 『재생』, 『마의태자』, 『단종애사』, 『흙』 등 장편 소설들을 연재 발표했다. 1926년 동아일보 편집국장에 이어 1931년에 조선일보로 옮겨 장편 소설들을 비롯한 여러 글을 발표했다. 이후

1939년 친일 어용 단체인 조선 문인 협회 회장을 맡았고 스스로 창씨개명을 했으며 일본의 학도병으로 나갈 것을 독려하는 내용의 연설을 다수 했다. 해방 이후 북한으로 갔으며 1950년 폐결핵으로 사망한 것으로 알려져 있다. 주요 작품으로 『무정』, 『재생』, 『단종애사』, 『흙』, 『꿈』 등이 있고, 『문학이란 하오』, 『문사와 수양』 등 다수의 논설이 있다.

3. 내용 및 구성

『문장독본』은 표지와 '춘원이광수선생과 필적' 사진, 이광수의 '자서(自序)', 목차에 이어 29개의 단원이 순서대로 배열되어 있다. 각 단원은 내용이나 문종의 일정한 기준 없이 구성되어 있다. 이광수는 『문장독본』의 편찬 의도나 목적에 대하여 명확하게 밝히지는 않았다. 그러나 『문장독본』이 나오게 된 배경을 「자서」에서 확인할 수 있다.

> 나는 내가 쓴 글로 文章讀本을 만들 자신도 의사도 없다 나는 아직 文章道에 있어서 습작시대다. 그러므로 비록 이름만이라도 文章讀本이라고 붙이기를 원치아니하지마는 이왕 나의 친구 申君이 내 글을 수집하여서 발행한다는 호의를 거절할 이유도 없어서 그의 의사를 존중하기로 하였다. 印刷된 것을 보면 또한 버리기아까운듯한것도 잇다. 文章讀本으로 말고 그저 내 文集의 하나로 보아주시기를 바란다. 綴字法은 斯界의 權威이신 恒山李允宰先生이 全部修正하신것으로 先生께 깊이 感謝하는바이다. 이 글들을 蒐集하야 發行하기에 힘쓰신 申順石君과 및 大成書林 主姜殷馨氏에게 感謝하는 뜻을 표한다.
> 丁丑春 白岳山下에서 著者識 　　　　　　　　　　　(이광수, 「자서」, 『문장독본』, 대성서림, 1937)

『문장독본』은 신훈석이 이광수의 글을 수집하여 편찬했다고 쓰고 있다. 「자서」에서 "나는 내가 쓴 글로 文章讀本을 만들 자신도 의사도 없다 나는 아직 文章道에 있어서 습작시대다."라고 밝힌 것으로 보아 이광수는 '독본'의 제명을 붙인 '문장독본'이라면 적어도 '문장도(文章道)'를 갖추고 있어야 한다는 생각이 있었던 것으로 추측된다. 그러나 이광수의 친구였던 신훈석은 이광수의 글 중에서 '문장도'를 보여주기에 충분한 글들을 수집하고 제목을 '문장독본'으로 하여 편찬한 것으로 보인다. 「자서」에서 "나의 친구 申君이 내 글을 蒐集하여서 발행한다는 호의를 거절할 이유도 없어서 그의 의사를 존중하기로 하였다. 철자법은 斯界의 권위이신 恒山李允宰先生이 전부 수정하신 것"에서 글을 수집하고 책의 제목을 '문장독본'으로 정하고자 했던 신훈석(申順石)이 뜻과 이윤재가 전체 교정을 한 것을 존중한 것으로 보인다. 문학가이자 평론가였던 이광수의 글을 수집하여 '독본'으로 편찬했다는 점은 『문장독본』의 성격과 의도를 보여준다. '동화'라는 문종으로 수록한 「다람쥐」는 이광수가 1936년 4월 『동화』에 발표한 글이다. '일기'라는 문종으로 수록한 「유학시대의 일기」 중에서 「16년 前에 東京의 모中學에 留學하던 十八歲 少年의 告白」은 1925년 『조선문단』에, '문학'에 관한 논설로 수록한 「文學과 文士와 文章」는 1935년 『한글』에, '기행'으로 수록한 「동경에서 경성까지」는 1917년 『청춘』에, 같은 '기행'으로 수록한 「충무공유적순례」는 1930년 『동아일보』 등에 발표했던 글이다. 이와 같이 이광수가 신문이나 잡지 등 여러 지면에 발표한 글들 중에서 신훈석이 '문장도'에 적합한 글들을 한 권의 책으로 묶었고, 이를 전체적으로 이윤재가 교정한 것이다. 『문장독본』은 소설과 시, 동화 등의 순수 문예 작품들과 문학론이나 수양론 등 난도 높은 평론식의 글들이 함께 수록되어 있다.

『문장독본』의 특이점은 '목차'에서 글의 제목 아래 '문종(文種)'을 명기한 점이다. '산냇소리(시)', '다람쥐(동화)', '모르는 女人(소설)', '檀君陵(기행)', '京城서 東京까지(기행)', '文學槪論(문학)' 등으로 문종을 명기하여 글의 성격을 제시하는데, 이는 문종과 작문의 문범을 보이겠다는 의도와 관계된다. 『문장독본』에 수록된 문종은 모두 11종으로 기행 6편, 문학 4편, 시 4편, 동화 3편, 수양 3편, 소설 2편, 일기 2편, 회상기(回想記) 편과 논문, 시극(詩劇), 야담이 각각 1편 등이다. 이광수의 소설과 시, 동화, 기행 등 다양한 작품이 수록되어 있어서 이광수 문학의 맛을 느낄 수 있도록 하였다. '수양'과 '문학'은 문종이라기보다 개인의 수양, 문학과 작법에 대한 이광수의 관점을 잘 보여주는 내용들로서 논문의 성격에 가까운 것으로 보인다. 29개 과로 구성된 단원은 다음과 같다.

> 白馬江上에서' 외 기행 5편/ '文學과 文士와 文章' 외 문학 3편/ '산냇소리' 외 시 3편/ 다람쥐 외 동화 2편/ '공경' 외 수양 2편/ '사랑에주렸던이를' 외 소설 1편/ '留學時代의 日記' 외 일기 1편/ '文壇生活 三十年을 돌아보며' 외 회상기 1편/ '靑年에게 아뢰노라' (논문) 1편/ 줄리어스 씨서(시극) 1편/ 提上의 忠魂(야담) 1편

소설로는 「사랑에 주렸던 이를」, 「모르는 女人」 시 「서울로 간다는 소」, 「靑春」, 「산으로 바다로」 일기에는 「留學時代의 日記」, 「나의 少年時代」 기행문으로는 「白馬江上에서」, 「檀君陵」, 「忠武公遺蹟巡禮」, 동화로는 「병정」, 「두남의 보고」, 시극 「줄리어쓰씨서」 등과 '수양(修養)'론으로 「공경」, 「사람은 무엇하러 사나」, 「당신은 무엇이 되려오」 그리고 문학과 문장에 대한 관점을 보여주는 「文學과 文士와 文章」「文學槪論」「小說家가 되려는 분에게」, 「中庸과 徹底」 등이 수록되어 있다.

『문장독본』에서 가장 많은 비중을 차지하는 문종은 기행문이다. 「東京에서 京城까지」는 11편의 서간문의 형식으로서 이광수가 일본의 '동경'을 떠나 "右便에 아직 새벽 빛에 싸인 琵琶湖를 보면서 午前 六時頃에 京都에 내렸다. K兄을 찾아가서, 우선 한잠 실컷 자고나서, 닭고기와 앵두 실컷 얻어먹고, 이번에야말로 실컷 京都 구경을 하리라"(第八信) 등 '경도'를 거쳐 "太田을 지나서, 十五分쯤 와서는 검하고 아삭바삭한 산머리로서 붉은 太陽이 쑥 베어진다. 이것은 一年만에 처음보는 朝鮮의 太陽이다. 붉디붉은 태양이다.'(第十一信)" 등 '대전'을 거쳐 '경성'에 도착하는 여정에서의 견문과 감상을 중심으로 하고 있다. 「檀君陵」에서는 "江東의 檀君陵을 奉審하려고 自働車로 平壤을 떠나" "萬壽臺와 乙密臺를 거쳐서 牧丹峯을 돌아 흥부를 거쳐 海岩山 서쪽을 스쳐서 大城山 東쪽으로 東北을 向하여" 가는 여정을 통해 여행지의 지리와 역사에 대한 이광수의 감회를 시적 표현과 함께 서술하고 있다.

> 檀君이 그저께요 東明王이 어제께라/기동 半萬年이 눈감았다 뜰 사이니/無窮할 生命 혀오매 꿈결인 듯 하여라//
>
> (이광수, 「단군릉」에서)

> 大同江 몇 구비요 千구비요 萬구비라/흘러 흘러 흘러 하늘 끝에 닿았어라/끊인듯 이어 흐름이 저 강물과 같아라//
>
> (이광수, 「단군릉」에서)

『문장독본』에는 「동경에서 경성까지」, 「단군릉」 외에도 「白馬江上에서」, 「상해에서」, 「忠武公遺蹟巡禮」, 「京城서 東京까지」 등 기행문이 6편이 수록되어 있다. 체험 중심의 기행문에서 심미성을 중시하는

기행문 등에 이르기까지 다양한 기행문을 통해 기행문의 성격과 변화하는 모습을 목격할 수 있다.

『문장독본』에 수록된 시는 「산냇소리」, 「서울로 간다는 소」, 「靑春」, 「산으로 바다로」 등 4편이다. 이 시들은 경향성을 지닌 작품보다는 자연에 관한 감흥이나 애상 등을 서정적으로 노래하는 작품들이 대부분이다.

> 오오, 구찮은 내야/너는 밤에도 아니 자고/내 눈 뜨기를 기다렸더냐// 고달픈 내 영혼이/ 새벽에 졸아 눌 때 놀래어 깨었더냐// 구찮게도 시끄럽게 소리 질러/하룻밤 모처럼 쌓았던 꿈자취를/사정도 없이 쓸어가려노나//　　　　　　　　　　　　　　　　　　　　　　(이광수, 「산냇소리」)

> …그러나 靑春은 간다. 젊은이는 늙고, 아름답던것은 미워지고 힘있던 것은 弱하여진다. 人生의 事業과 歡樂이 모두 靑春의 일이어늘, 靑春은 꿈과 같구나, 눈깜작할 새로구나…　　　(이광수, 「청춘」 일부)

> 산에 산으로 가세/골짜기에 물 소리/수풀 길에 새 소리/구름밭에 다람쥐/여름 산으로 가세//
> 바다 바다로 가세/푸른 물결 흰 물결/갈매기 떼 고기 떼/떠오르는 달맞이/여름 바다로 가며//
> 　　　　　　　　　　　　　　　　　　　　　　　　　　　　　　(이광수, 「산으로바다로」)

『문장독본』에는 「다람쥐」, 「병정」, 「두남의 보고」 등 '동화(童話)'로 분류된 작품이 3편이다. 「다람쥐」는 1936년 4월 『동화』에 발표된 작품으로서, '아빠'인 '나'가 '아들'인 '영근이'와 있었던 일을 동화 형식으로 풀어낸 이야기이다. 다람쥐장에서 쳇바퀴만 도는 다람쥐 모습을 본 아들이 마침내 다람쥐를 풀어주는 과정이 이야기의 중심을 이루고 있다.

> 『아빠, 나 다람쥐 놓아 줄테야. 놓아 주어도 살지?』합니다.
> 『그럼 살지.』
> 『무얼 먹고?』
> 『제 마음대로 돌아다니면서 주어먹고.』
> 『아빠, 나 다람쥐 놓아 줄테야.』
> 『오, 그러려무나. 착하다』
> 하고 나는 눈물이 솟음을 깨달았읍니다.

「다람쥐」는 다람쥐를 소재로 한 아버지와 아들의 이야기이고, 「병정」은 총장난감을 소재로 한 아버지와 아들의 이야기, 「두남의 보고」는 학교 공부를 소재로 아버지와 아들의 이야기이다. 수록된 동화는 주로 주변 일상에서 겪고 있는 문제를 아버지에게 질문하고 아버지가 지혜와 지식을 심어주는 내용으로 계몽적인 성격이 강하다. 이광수는 윤석중, 방정환 등 아동문학가와의 인연이 있었고, 동아일보 편집국장의 자격으로 7주년을 맞은 잡지 『어린이』에 축사를 쓰기도 했을 만큼 어린이와 아동문학에 관심을 보였다. 『문장독본』의 첫 과인 「공경」은 목차에서 '수양'으로 분류되고 있지만, 1934년 12월 『아희생활』에 발표한 글로서 '악아'들을 대상으로 어린이와 어른 간의 예법을 공경으로 강조하고 있다.

『문장독본』에는 시나 동화, 소설 등 작품 외에 문학과 작가, 혹은 작법에 관한 논문 성격의 글도 다수 수록되어 있다. 「文學槪論」이라는 제목의 글에서 이광수는 "아직 우리 朝鮮에서는 此種의 著述이 있단

말을 듣지 못하였다"라고 말한 뒤, 문학을 연구하는 이와 문학을 감상하는 이, 그리고 문학을 창작하는 이를 위한 기초 지식으로서 '문학개론'의 필요성을 주장하고 있다. 「文學槪論」은 '일. 문학개론과 문학사', '이. 문학은 왜 있나', '삼. 문학은 무엇인가(一)', '사. 문학은 무엇인가(二)', '사. 문학은 무엇인가(三)' 등의 제목 아래 '문학의 어의(語義)', '문학의 요구(要求)', '동기와 작자의 인격', '작품-감상-비평-가치' 등의 주제로 문학의 본질적 특성에 관한 원론 차원의 지식을 담고 있다. 「文學과 文士와 文章」에서는 "지금 드린 말씀에서 우리는 文學의 두가지 要素를 얻는데 그것은 文士의 人格의 힘과 文士의 文章의 힘"이라고 강조하고 "문학을 좋은 문학, 사람을 크게 감동할수 있는 문학, 인류 중에 가장 높은 인격을 가진 사람을 감동할 수 있는 문학, 實人生에 많은 波瀾과 經驗을 쌓기에 인생의 쓴맛 단맛을 본 사람도 감동할 수 있는 문학, 그 문학을 읽은 뒤에는 독자에게 그것을 읽기 전보다 인생의 새로운 높고 깊은 感激을 경험하게 하는 문학-이러한 문학을 짓고 못 짓는 것은 그 作者의 人格과 文章의 힘에서 찾을 수밖에 없는 것"이라고 하며, 작품을 쓰는 문사에게 '소질'과 '인격'이 필요함을 강조하였다. 「小說家가 되려는 분에게」에서는 소설 작법에서 동기와 구상, 기교에 대하여 설명한 뒤 '소설가가 되고자 하는 이가 가장 정성과 시간과 정력을 많이 들여서 동정심과 자연과 인생의 밑바닥까지 꾀뚫려 들여다볼만한 觀察力이다. 그리하고, 인생 생활의 천태만상을 마음 속에 現出시킬만한 想像力의 뒤를 자유로 따라가면서 묘사하고 기록할만한 語文力을 기르는 것'으로 동정심과 관찰력, 어문력을 소설가가 배우고 수양해야 할 항목으로 제시하고 있다.

『문장독본』은 이광수의 기행문, 동화, 시, 소설, 일기 등과, 평론, 논설문 등 다양한 내용과 문종의 글을 모아서 '이광수의 독본'을 만들기를 의도했던 것으로 보인다. 「문학개론」이나 「문학과 문사와 문장」, 「경성서 동경까지」 등을 통해 문학이나 문사, 조선 문학 등 이광수의 문학관이나 글쓰기, 작가에 대한 관점을 잘 보여주는 글들을 수록했다는 점에서 문학 독본으로서의 성격을 볼 수 있다. 그러나 목차에서 밝힌 문종에서 발표 당시에는 '동화'였던 공경이 '수양'으로 분류되고 있는 점이나 '문학', '수양' 등과 '논문'이 명확하지 않게 분류되고 있는 점에서 일정한 기준을 찾기가 어렵다. 비슷한 시기에 보다 완비된 형태의 문예독본류가 나온 것을 보면, 이광수가 자서에서 밝힌 바와 같이 『문장독본』은 이광수의 문집의 성격에 가까운 것으로 보인다.

4. 핵심어

문장독본, 이광수, 문학개론, 수양, 문사, 청년

5. 참고문헌

김윤식, 『이광수와 그의 시대』 1·2, 솔, 2008.
문학과사상연구회, 『이광수문학의 재인식』, 소명출판, 2012.
한국문학연구소, 『이광수연구』, 태학사, 1984.

『문장체법(文章體法)』

- **서 명** 『문장체법(文章體法)』
- **저 자** 이종린
- **형 태** 22.2×15.2(cm)
- **발 행** 보서관(普書館), 1913년
- **소장처** 국립중앙도서관

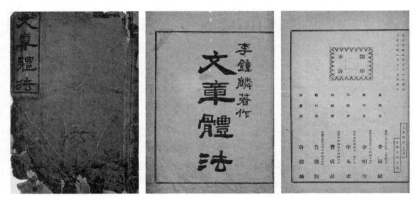

『문장체법』 표지, 속표지, 판권지

1. 개요

『문장체법(文章體法)』(상, 하권)은 이종린(1883~1950)이 발행한 작문 교재로서 1913년 7월에 '보서관(普書館)'에서 발되었다. 이 책은 대표적인 국한문혼용의 작문 교재 중 하나로 평가되는데 특히 고전적인 한문 문장의 작문법을 지키는 것의 중요성을 강조했다는 점에서 그 특징이 있다.

2. 저자

『문장체법(文章體法)』의 저자 이종린(1883~1950)은 충남 서산 출신으로 아호는 황산(凰山), 도호는 보암(普菴)을 사용했다. 「제국신문」 기자로 활동한 바 있으며 「대한민보」에 반일 논설 기고하였고, 「독립신문」의 주필로도 활약하였다. 이후 1910년 천도교에 입교하여 「천도교월보」 주임으로 활동하고, 1920년에는 최초의 종합잡지인 「개벽」의 사장을 역임하기도 하였다. 1937년 무렵부터는 일제의 침략전쟁을 미화하고 학병 참여를 권장하는 글을 남기는 등 친일 행적을 보이기 시작하였으며, 광복 이후에는 그의 이러한 행적으로 인해 반민특위에 체포되어 심판을 받기도 하였다. 그러다가 한국전쟁이 발발하면서 북한군에 체포되었다가 옥중에서 병환으로 가석방된 이후 이내 사망한 것으로 알려졌다. 이종린은 박학다식하고 웅변에 매우 능한 것으로 알려졌으며, 단편소설 「모란봉」(1910), 「해당화 하몽천옹」, 「가련홍」 등을 발표하였고, 장편소설로는 「만강홍」, 「사촌몽」 등의 작품을 남기기도 하였다. 또한 한자교습서인 「몽학이천자」(1914)와 문집인 「황산집」 등을 발간하여 저술가로서의 업적도 다수 남기었다.

3. 내용 및 구성

『문장체법(文章體法)』은 국한문체 작문 교본의 대표작 중 하나로서 일제 강점 이후의 급변하는 상황 속에서 변화하는 문체적 양상을 보여주는 자료로 평가된다. 이 책이 출간되던 1910년대는 다양한 글쓰기 양식이 혼재되던 시기로서 사회문화적 위기에 대응할 수 있는 작문 양식이 필요해지게 되었고, 이것이 다양한 작문 교본이 출간하게 된 배경으로 작용하던 시기였다. 즉 1910년 일제 강점 이후를 전환점으로 한문 전통의 능동적 적용은 수구적이거나 친일적인 방향으로 퇴보하게 되었는데 『문장체법(文章體法)』은 이각종의 『실용작문법』(1912)과 더불어 이러한 과정을 잘 보여주는 국한문체 교본의 대표작 중 하나라고 할 수 있다. 또한 이들은 단순한 작문 교재로서의 역할뿐 아니라 당시의 사회적, 문화적 상황도 살필 수 있는 자료로 보이는데 왜냐하면 당시의 교본은 작문 교재로서의 역할뿐 아니라 독본으로서도 기능하였기 때문이다.

이 책은 상권과 하권으로 구성되어 있으며, 책의 첫머리에는 의암 손병희의 '題'가 붙어 있으며 그 다음에는 언론인으로 활동한 이종일의 서문, 그리고 자신이 쓴 서문 등을 포함하고 있다. 또한 이 시기에 출판된 작문 교재들은 수사학적 내용을 먼저 기술하고 그 다음 다양한 양식에 따른 작문 형식을 예시하고 있는 구성을 공통적으로 보인다.

이 책의 편찬 의도는 책의 앞부분에 있는 두 편의 서문, 즉 이종일이 쓴 서문과 이종린 자신이 직접 쓴 서문을 통해 그 대강을 살펴볼 수 있는데 다음은 이종일의 서문에 나타난 내용 중 일부를 보인 것이다.

> 文豈徒然者哉아 人聲之最貴者言이오 言聲之最貴者文아라 古來聖賢豪傑之士ㅣ 未始不急於言文而尤於文者는 言惟一時而止者오 文其萬世之傳者라 一時之聲은 其或磨滅이어니와 萬世之聲은 不可回收ᄒ나니…… 經傳史策이 各有體法ᄒ야…… 今之爲文者는 或不知文有體法ᄒ고
> (글이 어찌 공연한 것이리오! 사람의 소리 중 가장 귀한 것은 말이요, 말소리 중 가장 귀한 것이 글일라. 예전부터 성현과 호걸 선비들이 말과 글을 급하게 한 적이 없고 글에 있어서는 더욱 그러했던 것은 말은 한 때로 그치는 것이지만 글은 만세에 전하는 것이기 때문이라. 한 때의 소리는 닳아 없어지거니와 만세의 소리는 회수할 수 없으니…… 경전과 사서와 책문(策文)이 모두 각각의 체법(體法)이 있어서…… 지금의 글 쓰는 자들은 글에 체법이 있는 줄을 모르고 그저 글자를 모은 것을 좇아서 글을 쓰고 있으니)

책의 서문에서도 밝힌 바와 같이 이 책에 수록된 글은 주로 한문 문장의 전통을 지켜야 한다는 수구적인 입장을 반복해서 피력하고 있는데, 예시문도 주로 『고문진보』, 『서경』 등의 한문 고전에서 채집하고 있다. 『문장체법』에서 인용한 한문 고전 목록으로는 이 밖에 『당송팔대가』, 『좌전』, 『상서』, 『예기』 등이 포함되어 있으며, 또한 '유자법(類字法)', '허자법(虛字法)' 등과 같이 한문 문법을 설명하는 내용도 적지 않은 분량을 할애한 반면, 국문에 대한 기술은 보이지 않는다. 주제와 관련해서도 자강독립, 국문교육에 대한 내용이 없다는 것이 한계로 지적될 수 있다.

한편 서문의 내용에는 한문 전통의 문장 체법, 문식에 대한 강조가 두드러진다. 즉 한문 전통에 대한

수구적 추종을 표현하고 있으며 '국문'은 한문 작문이나 독해를 위한 수단 정도로만 인식하고 있다. 이는 체제에도 그대로 반영되어 수사법 체제는 서구적인 수사법의 영향이 가장 적게 나타났으며, 한문의 '文則'을 그대로 수록하고 있는 특징을 보인다.

□ 수록 저자 및 글의 주요 내용

이 책에 수록된 글들은 전통적인 한문의 양식을 변형 없이 취사선택하여 제시하고 있는데 다음과 같은 한문 체제의 산문 양식을 다양하게 제시하고 있다.

序記(雜記) 傳(合傳, 外傳, 自傳, 小傳, 家傳), 紀, 錄, 誌(墓誌), 碑, 碣, 祝, 禱, 詰, 諫, 奏, 疏, 箚子, 訟, 頌, 誦, 謳, 謠, 文(弔文, 祭文), 誄, 狀(行狀) 등

4. 핵심어

작문, 교본, 국한문체, 한문, 문법, 고전, 문식

5. 참고문헌

임상석, 「1910년 전후의 작문교본에 나타난 한문전통의 의미:『實地應用作文法』,『實用作文法』,『文章體法』 등을 중심으로」,『국제어문』 42, 2008.
임상석, 「1910년대 초, 한일 "실용작문"의 경계」,『어문논집』 61, 2010.

『시문독본(時文讀本)』

서 명	『시문독본(時文讀本)』
저 자	최남선(崔南善, 호는 六堂, 1890~1957)
형 태	14.9×21.9(cm)
발 행	신문관(新文館), 1918년
소장처	국립중앙도서관

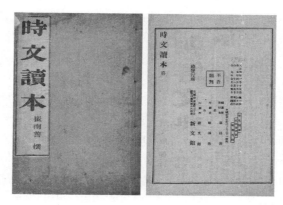

『시문독본』 표지, 판권지

1. 개요

『시문독본(時文讀本)』은 근대적 출판사 신문관(新文館)과 고전 연구 기관 조선광문회(朝鮮光文會)의 출판, 학술 운동 결과물이 선별·집적된 책이다. 근대의 지식 및 한국어 문장의 형태를 보급하려는 두 가지 의도가 반영되어 있다.

2. 저자

최남선은 계몽사상가, 출판인, 문인이다. 1904년 관비 유학생으로 일본에 처음 건너갔고, 1908년 와세다대를 중퇴하고 조선으로 돌아와 출판사 신문관을 설립하였다. 이곳에서 『소년』을 비롯하여 『붉은저고리』, 『아이들보이』, 『새별』, 『청춘』 등의 근대 잡지를 발행하였다. 1910년 조선학을 연구하고 고전 및 사전을 발간·편찬하는 조선광문회를 조직하여 조선의 역사, 지리, 과학, 문화를 정리·보급하는 데 힘썼다. 1919년 「기미독립선언서」 작성에 가담한 혐의로 체포되어 약 2년 8개월 동안 옥고를 치렀다. 출옥 후 민족의 자립과 자조, 조선의 정체성 수립을 강조하는 집필 활동을 이어나갔다. 그러나 1928년 일제가 설치한 관변 단체인 조선사편수회 위원으로 들어갔고, 1936년부터 1938년까지 조선총독부 중추원 참의를 지냈으며, 1939년 만주국 건국대학의 교수로 부임하고 일제의 침략 전쟁을 지지하면서 변절자의 낙인이 찍혔다. 해방 후인 1949년 반민특위에 체포되었다가 풀려났다. 당뇨병과 중풍으로 투병하다가 1957년 자택에서 숨을 거두었다. 민족주의자이자 계몽주의자였으나 반역자의 오명도 뒤집어 쓴 복합적, 모순적, 선도적 인물이었다. 주요 저서로『시문독본』,『심춘순례』,『백팔번뇌』,『조선상식문 답』등이 있다.

3. 내용 및 구성

『시문독본』의 초판은 1916년 1월에 간행되었다. 초판은 권1과 권2가 묶인 형태였고, 각 권당 32과 총64과로 구성되었다. 그러나 1918년 4월에 개정 증보되면서 권1, 권2에서 각각 3편씩의 글이 빠지고 1편씩 새로 추가되었으며, 권3과 권4가 보강되면서 각 권당 30과 총120과의 체재를 갖추었다. 이 형태 가 1926년 10월의 8판까지 이어진다. 개정 증보를 거친 2판부터 8판까지를 '정정합편(訂正合篇)'으로 부른다. 따라서『시문독본』은 권3과 권4가 함께 수록된 1918년 이후의 판본을 정본으로 삼아야 한다.

「머리말」은 초판과 정정합편이 동일하다. "아름다운·내·소리·넉넉한·내·말·한껏·잘된·내·글씨· 이·올과·날로·나이·된·내·글월·이로도·굿센·나로다."라는 문장으로 시작한다. 몇 개의 문장으로 구성된 이 짧은 머리말은 "말로 글로" "나를 세우라"는 내용을 담았고, 한자어 없이 우리말로만 문장을 쓰려는 실험을 했고, 띄어쓰기와 문장부호에 대한 인식을 드러냈다. 「머리말」의 말미에는 "한샘"이라 는 최남선의 순우리말 호가 기재되었다. 바로 뒤에 이어지는 「예언」도 다섯 항목으로 이루어졌다는 점에 서 초판과 정정합편이 동일하다. 그러나 마지막 항목의 내용에 큰 차이가 있다. 초판의 마지막 항목 은 1) 체언과 조사, 어간과 어미를 소리 나는 대로 이어서 표기하는 연철과, 구분하여 표기하는 분철이, 2) 된소리를 표기하기 위해 ㅅ을 활용하는 경우와 같은 자음 글자 두 개를 겹쳐서 쓰는 경우가, 3) '르불 규칙'과 'ㅡ탈락'이 일어나는 용언을 표기하는 방식이 언급되었다. 즉, 당대 맞춤법을 정하는 데 논란이 되었던 문제들에 대한 최남선의 입장이 담겨 있다. 그런데 정정합편의「예언」마지막 항목은 "이책의 用語는通俗을爲主하얏스니學課에쓰게되는境遇에는師授되는이가맛당히字例·句法에合理한訂正을더할 必要가잇슬것"으로 내용이 축소되었으며, 띄어쓰기를 하지 않은 채 한자 표기를 통해 의미의 오해가 없 도록 하였다. 또한,「예언」은 본문에 실린 글 대부분이 그렇듯이, 한자 표기가 드러난 국한문체를 사용 하였다.

「머리말」과「예언」에 사용된 문체의 차이, 그리고 초판「예언」과 정정합편「예언」의 내용상의 차이 는 이즈음 최남선의 어문의식에 변화가 있었다는 점을 암시한다. 주시경 등이 추구하였던 한글맞춤법 규범이나 순우리말 위주의 문장 쓰기의 방향을 따르지 않고, 한자나 한자어를 사용하여 글을 짓는 것이 당시 "시문(時文)"의 방향이었다. 이 책의 제호(題號)로 사용된 "시문"은 '일반적으로 통용되는 표기 및 문장', 즉 '시속(時俗)과 통속(通俗)에 부합하는 형태의 표기 및 문장'이란 의미를 가진다.「예언」과 마 찬가지로, 본문에 수록된 글들은 애써 순우리말로 표현을 바꾸어 제시하지 않았고, 전반적으로 한자 표 기를 드러낸 상태의, 한문식 문법이 많이 사라진 한국어 문장을 사용하고 있다.「머리말」에서 드러나는 순우리말 실험과「예언」및 본문에서의 "시문"이 공존하는 것은,『시문독본』이 한국어 문장에 대한 자 각을 가지면서도 문장의 규범과 형태를 가르치고 계도하는 입장에 있지 않고, 수용자가 폭넓게 사용하 고 적용할 수 있는 보편 문장을 보급하려고 한 의도가 있다는 점을 보여준다.

『시문독본』의 특이점은, 수록된 글들 대다수가 신문관에서 간행한『붉은저고리』,『새별』,『청춘』등 의 잡지나 단행본들에서 가져온 것이거나 조선광문회가 출간한 한문 전적 및 시조집, 야담집에서 뽑히 고, 번역된 것이라는 점이다.「시조 이수」에 실린 이이, 이황의 시조는 신문관에서 1913년 출간한『가

곡선』에서 뽑혔고, 「용기」, 「정몽란」, 「상해서」는 신문관에서 간행한 잡지『붉은저고리』, 『청춘』에서 나왔다. 「서고청」, 「남의 장단」, 「덕량(德量)」, 「상진」에 소개된 서고청, 황희, 상진의 일화는『국조명신록』, 『대동명신전』을 출전으로 한다. 「심양까지」, 「허생」, 「환희기」는 박지원의『열하일기』에서 뽑힌 것인데,『열하일기』는 1911년 조선광문회에서 출간된 바 있다. 이는『시문독본』의 또 다른 특이점, 조선의 문화와 교양을 수립하려는 의도로 이어진다.『시문독본』이전의 독본들은 서구의 위인, 서구의 사회 조직, 문물 등을 소개함으로써 발전된 서양의 체제와 문화를 모방하려는 경향이 강했다. 그러나『시문독본』은 우리 국토를 기행하고, 그 아름다움을 감상하며, 우리의 역사와 문화를 확인하는 글을 다수 수록함으로써 한국에 대한 지식을 수립하고 확장하려고 한다.

권1에서 권4까지 수록된 글들은 몇 가지의 갈래로 내용을 분류할 수 있다. 첫째, 생활의 근면, 시간의 엄수, 용기, 의지, 목표 지향적 삶의 태도 등 교훈적 의미를 전달하는 글(「입지」, 「생활」, 「용기」, 「활발」, 「때를 아낌」, 「문명과 노력」, 「견인론」, 「확립적 청년」; 「염결(廉潔)」, 「콜럼보」, 「참마항(斬馬巷)」, 「시간의 엄수」, 「이의립」, 「서경덕」, 「패러데이」, 「마르코니」, 「견딜성 내기」 등)이 있다. 「입지」는 뜻을 세우고 전력을 다하여 대공(大功)과 성명(盛名)을 이룰 것을 주문한다. 「생활」은 근로(勤勞)하여 자립할 것을 요구하고, 「문명과 노력」은 역사를 만들고 문명을 이루는 근본이 노력이라는 점을 강조한다. 새 시대가 요구하는 삶의 태도를 역설하고, 그런 생활로 나아갈 것을 설득하는 내용의 글들이다. 이와 의도는 같으나 「염결」, 「콜럼보」, 「참마항」 등은 본받을 만한 인물을 내세워 그 인물에 얽힌 일화를 소개하는 형태를 취한다. 「염결」은 "부(富)와 불로(不勞)의 이득"을 취하지 않고 깨끗하고 고결하게 사는 것을 강조하면서 유응규, 이공수, 노극청 등에 얽힌 일화를 소개했고, 「콜럼보」는 온갖 어려움을 뚫고 신대륙 발견에 성공한 콜럼버스의 의지와 강인함을 보여주었으며, 「참마항」은 김유신이 자신의 의지를 다지기 위해 말의 목을 베어 버리는 이야기를 다루었다.

둘째, 동물의 생태나 과학 발전의 수준 등 근대적 지식을 설명하는 글(「제비」, 「구인(蚯蚓)」, 「개미 나라」, 「사자」; 「삼림의 공용(功用)」, 「물이 바위를 뚫음」, 「정재비행(呈才飛行)」 등)이 있다. 제비, 지렁이, 개미, 사자 등의 생김새, 습성, 생태 등을 묘사하여 그것이 날씨를 예측하거나 농사에 도움이 되는 측면을 기술한다. 「삼림의 공용」은 삼림의 역할과 유용함을 설명하였고, 「정재비행」은 일본 체류 중 구경했던 곡예비행을 이야기하였다. 비행기 조종사의 용기와 의지를 칭찬하고, 근대 문명의 발전을 한눈에 보여주는 비행기 및 비행의 대단함을 찬탄하였다. 외부 세계에 대한 지식을 전달하는 것을 목표로 한다.

셋째, 우리 국토의 아름다움이나 세계의 지리를 확인하게 하는 글(「천리춘색」, 「만물초」, 「백두산등척」, 「만폭동」, 「화계에서 해 떠오름을 봄」, 「오대산등척」, 「영동의 산수」, 「해운대에서」, 「서울의 겨울 달」; 「상해서」, 「심양까지」 등)이 있다. 「천리춘색」은 남대문역에서 기차를 타고 신의주에 이르는 길의 봄 경치를 묘사한다. 열차 여행 중 중간 중간 내려 개성, 평양의 주요 고적과 절경을 구경한다. 「만물초」는 조선 전기 문인이자 서예가인 양사언이 금강산의 바위 생김새를 예찬한 글이고, 「백두산등척」은 조선 후기의 문인 서명응이 백두산의 등성이와 봉우리, 천지(天池)의 웅장함을 묘사한 글이다. 「상해서」는 이광수가 배로 중국 상해에 도착해 하선하기 전날 밤의 연안 풍경을 그렸다. 「심양까지」는 조선 후기의 박지원이 사신(使臣)의 일원으로 압록강을 건너 중국 심양까지 가는 여정을 그렸다.『열하일기』에 수록된 내용이다.

넷째, 조선의 역사와 문화를 기술한 글(「조선의 비행기」, 「아등의 재산」, 「우리의 세 가지 자랑」 등)이다. 「조선의 비행기」는 3과에 걸쳐 수록되었는데, 첫째 과에서는 서양의 육지, 바다, 하늘 정복의 역사를 간략히 언급하고 비행기의 발전 과정을 소개하였다. 둘째 과에서는 조선에서도 이미 비행가가 있었다는 점을 언급했고, 셋째 과에서는 선인의 발명과 업적이 전승되지 못함을 한탄하고 우리 민족의 가능성을 높이 평가하고 있다. 「아동의 재산」도 3과에 걸쳐 수록되었다. 고분벽화, 고려 대장경, 활판 인쇄술, 훈민정음, 관상과 기후 예측술 등을 소개하고 그 우수성을 설명하였다. 권4의 가장 마지막 30과는 「고금 시조선」인데, 한글을 통해 이루어진 문학 장르인 시조 60편을 소개하였다.

이러한 내용을 담은 글의 형식도 다양하다. 격언이나 속담, 시나 시조 등 운율을 가진 글, 어떤 인물의 교훈적 일화를 소설적으로 구성한 글, 수필이나 기행 등의 생활문, 논설적 어조의 글 등이 있다. 권1, 권2와 권3, 권4는 한자 포함 비중이나 내용의 난이도가 전자에 비해 후자가 높다. 교육적인 목적을 가지고 뒤의 권으로 갈수록 내용의 심도를 높이려는 의도가 있었다고 할 수 있다. 권3, 권4에는 같은 글이 여러 과에 걸쳐 길게 이어지는 시리즈물도 많아 긴 호흡으로 내용을 따라가야 한다.

『시문독본』에는 지식과 교양의 형성을 위한 다양한 내용이 있으며, 글의 형식에 대한 다양한 예시가 있다. 시속의 문장인 시문체를 통해 전범이 되는 한국어 문장을 보급하려고 하였다. '한국에 대한 지식 및 교양'을 '한국어 문장'으로 설명하려는 의도가 담긴 책이다.

4. 핵심어

시문독본, 최남선, 신문관, 조선광문회, 시문, 통속, 한국학의 형성, 한국어 글쓰기

5. 참고문헌

구자황, 「최남선의 『시문독본』 연구 – 근대적 독본의 성격과 위상을 중심으로」, 『과학과 문화』 3권 1호, 서원대학교 미래창조연구원, 2006.02.

류시현, 『최남선 평전』, 한겨레출판, 2011.

박진영, 「최남선의 『시문독본』 초판과 정정 합편」, 『민족문학사연구』 40권, 민족문학사연구소, 2009.08.

임상석, 「『시문독본』의 편찬 과정과 1910년대 최남선의 출판 활동」, 『식민지 한자권과 한국의 문자 교체』, 소명출판, 2018.

임상석, 「『시문독본』과 국학의 모색」, 『식민지 한자권과 한국의 문자 교체』, 소명출판, 2018.

『실용작문법(實用作文法)』

서 명 『실용작문법(實用作文法)』
저 자 이각종(李覺鍾)
형 태 확인불가
발 행 博文書館, 1912년
소장처 국립중앙도서관

『실용작문법』 표지

1. 개요

　『실용작문법(實用作文法)』은 박문서관(博文書館)에서 1912년에 간행한 작문교본으로서 일제강점기의 급변하는 사회문화적 환경 속에서 국한문혼용 글쓰기의 대표적인 교재로 꼽힌다. 그러나 일제강점기라는 시대적 배경 속에서 당대의 사회문화적 문제의식을 반영하기보다는 일본의 글쓰기 양식을 그대로 도입하고, 내용적으로도 현실과 동떨어진 예문이나 일제의 식민지 정책을 미화하는 문장들을 수록하였다는 점에서 그 한계가 있다.

2. 저자

　이각종(1888~1968)은 대구 출신으로 1908년 보성전문학교 법률과를 졸업하고 이후 일본 와세대 대학에서 유학하였다. 기호흥학회(畿湖興學會)에서 활동한 바 있으며, 해당 학회에서 발간하는『기호흥학회월보』에 연재하던『실리농방(實理農方)』(1909)을 출판하기도 하였다. 1910년대부터 총독부의 관원으로 재직하였고 군수, 학무국 촉탁 등을 지냈으며, 황국신민서사의 문안 작성에도 참여하는 등 일제의 식민지 정책에 깊이 관여하였다. 해방 이후에는 친일 인사로 규정되어 반민특위의 재판을 받던 중 정신 이상으로 풀려난 바 있다. 최근 발간된『친일인명사전』(민족문화연구소 2008)에도 민족을 배반한 친일파 명단에 이름이 올라 있다.

3. 내용 및 구성

책은 앞머리에 두 편의 서문(박영효, 이용직의 서)과 저자 자신의 서문(舌代)을 포함하고 있으며, 상편인 '문장 통론(通論)'과 하편인 '문장 각론(各論)'으로 구성되어 있다. 상편은 다시 제1장 총론, 제2장 수사법, 제3장 구성법으로 구성되고, 하편은 제1장 문체, 제2장 사생문(寫生文), 제3장 의론문(議論), 제4장 유세(誘說)문, 제5장 보고문, 제6장 송서(送序)와 책의 서문(書序文), 제7장 변박문(辨駁文), 제8장 축하문(祝賀文), 제9장 조제문(弔祭文), 제10장 금석문(金石文), 제11장 전기문(傳記文) 등으로 이루어져 있다. 이와 같이 수사법이나 총론에 해당하는 내용을 먼저 서술하고 이어 각 세분된 글쓰기 양식을 서술하는 구성 방식은 이 당시의 작문 교재에서 공통적으로 발견되고 있는 양식이다.

이 책에는 집필자인 이각종의 서문(舌代)을 비롯하여 모두 세 편의 서문이 실려 있다. 서문의 저자는 당시 문예구락부 총재이자 중추원의 후작이었던 박영효, 경학원의 부제학이었던 이용직으로 되어 있다. 이들은 모두 당시 일제의 식민지 정책에 적극 동조하였던 친일주의자들이었으며, 이러한 배경 하에 계몽운동을 주도하였다는 특징이 있다.

이 책의 편찬 의도는 책의 앞부분에 포함된 이용직의 서문과 저자인 이각종의 서문을 통해 어느 정도 짐작할 수 있다. 즉 이용직의 서문에 따르면 다음과 같은 내용이 포함되어 있다.

> "作文은 人生必修의 業이라 小則日常의 記錄과 隣里의 通信이며 大則同情을 天下에 求ᄒ고 德敎를 萬世에 遺홈이 皆此作文의 力에 依치 아님이 無ᄒᄂ니 (중략) 頃者에 吾徒李君이 此에 所鑑이 有ᄒ야 素蘊을 述ᄒ야 一書를 編ᄒ니 盖其意ㅣ 初學者로 ᄒ야곰 斯道의 初程을 了解ᄒ고 簡便히 文章의 實用을 達코져 홈이오 其書ㅣ 記述이 明詳ᄒ고 方法이 簡易ᄒ야 可以淺近이며 可以高尙을 如意習得ᄒ기에 最히 適切ᄒ지라"

> (작문은 인생에서 필수적인 일이라 작게는 일상을 기록하고 이웃과 소통하며, 크게는 동정(同情)을 천하게 구하고 덕교를 만세에 남기는 것이 모두 작문의 힘에 의존하지 않은 것이 없나니 (중략) 이에 이군이(저자인 이각종을 말함) 생각한 바가 있어 책 한 편을 편집하니 그 뜻이 초학자로 하여금 이치의 기초 과정을 이해하고 간편히 문장의 실용을 배우게 함이고 그 책의 기술이 명확하고 방법이 간단하여 가벼운 것이나 고상한 것이나 그 뜻을 습득하기에 가장 적절한 것이라)

즉 이각종의 작문 교재가 초학자가 작문을 공부하는 데 적절한 방법과 내용으로 구성되어 있음을 논하고 있다. 또한 저자인 이각종의 서문의 일부를 살펴보면 다음과 같다.

> "本書ᄂ 初學者를 爲ᄒ야 朝鮮語及漢文의 作法大要를 述ᄒ 者ㅣ니 其材料를 重히 實地應用에 適合ᄒ 者를 取ᄒ 故로써 實用作文法이라 命名홈이라 從來朝鮮語及漢文에셔ᄂ 作文의 事實이 有ᄒᄂ 作法上體制方式의 硏究가 乏홈으로 初學者로 ᄒ야곰 苦勞를 費케 ᄒ야 隨而實地應用에 自由自在히 ᄒ지 못ᄒ 不便을 生홈은 識者의 同感되ᄂ 바ㅣ라 故로 本書ᄂ 重히 方法의 敎示及練習의 便에 用力ᄒ야 讀者學者로 ᄒ야곰 簡便히 作文의 能力을 得ᄒ기에 務홈이라"(이 책은 초학자를 위하여 조선어와 한문의 작문법을 서술한 것으로 그 재료를 실제응용에 적합한 것으로 취하였으므로 실용작문법이라 명명하였다. 기존의 조선어와 한문에서도 작문에 대한 것이 있지만 실제 작문법을 위한 연구가 부족하여 초학자들이 활용하기에는 어려움이 많아서 실제로 자유롭게 활용하기에 불편한 점이 많다는 것은 모두가 동감하는 바이다. 따라서 이 책에서는 방법의 교시와 연습을 편하게 하는데 주력하여 초

학자들이 간편하게 작문의 능력을 얻는 것을 주된 목적으로 하였다.)

이각종이 서문에서 거듭 강조하여 밝힌 바와 같이『실용작문법』은 실제 작문 방법의 습득에 주된 초점을 두고 있음을 확인할 수 있다. 그러나 방법상의 특징은 차치하고 수록문의 주요 내용을 살펴보면 산업 기술의 장려나 개인적 수양에 관한 글, 당송팔대가(唐宋八大家)의 전범적 문장 등이 상당 부분을 차지하고 있어 당시 시대적인 주요 현안과는 거리가 먼 것으로 보인다. 특히 도쿄부(東京府) 지사(知事)가 일본 황태자의 책봉을 축하하는 문장, 총독부 정무총감(政務摠監)이 쓴 공업전습소(工業傳習所) 설립을 기념하는 문장 등이 수록되어 있는 것으로 볼 때 일제의 식민지 통치에 동조하려는 편찬 의도를 쉽게 파악할 수 있다.

『실용작문법』에서는 서문에서 드러난 바와 같이 '국문'이라는 용어는 쓰이지 않고 조선어나 언문(諺文)이라는 용어가 사용되며, 국한문 대신에 '신체문(新體文)'이란 용어가 쓰이고 있다. 또한 여기서 다루고 있는 문체는 언문과 국한혼용문(新體文)뿐 아니라, 한문까지 포함하고 있음은 서문에서도 확인되고 있다.

『실용작문법』은『실지작문법』과 더불어 이전의 한문 산문 체제와는 다른 분류의 체제를 설정하고 있다는 점에서 더욱 주목할 만하다. 특히『실용작문법』은 수사법과 관련된 부분이 전체 이백 여 쪽 중 절반을 넘어서, 예문이 삼분의 이 이상을 차지하는 다른 두 책과 그 체제가 다르고 가장 정밀한 수사 체계를 보여주고 있어서 그 산문 체제도 서구적 수사법의 영향이 가장 직접적으로 드러난다. 그러나 수사 범주의 예로 거론된 글들은 모두 구양수 등의 전범적 한문 문장과 일본의 문장 그리고『혈(血)의 누(淚)』및『실지작문법』의 것이어서『실지작문법』이 수록문의 문장을 이용해 독자적으로 수사의 전범을 구성하려 했던 것과는 달리, 그 독자적 노력을 거의 찾을 수 없다.

4. 핵심어

작문, 국한문혼용, 초학자, 실제응용, 언문, 신체문, 수사법

5. 참고문헌

임상석, 「1910년 전후의 작문교본에 나타난 한문전통의 의미:『實地應用作文法』,『實用作文法』,『文章體法』등을 중심으로」,『국제어문』42, 2008.
임상석, 「1910년대 초, 한일 "실용작문"의 경계」,『어문논집』61, 2010.
정우봉, 「근대계몽기 작문 교재에 대한 연구」,『한문교육연구』26, 2007.

『실지응용작문대방(實地應用作文大方)』(권1-권2)

서 명 『실지응용작문대방(實地應用作文大方)』(권1-권2)

저 자 영창서관편집부(강의영, 1889-1945)

형 태 14.9×21.9(cm)

발 행 영창서관편집부(永昌書館編輯部), 1921년

소장처 한국학중앙연구원

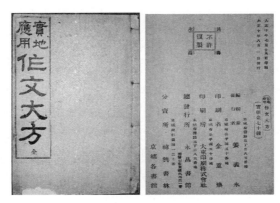

『실지응용작문대방』표지, 판권지

1. 개요

『실지응용작문대방(實地應用作文大方)』은 '영창서관'에서 1921년 발행되었다. 1책 상·하편 총 126쪽으로 이루어져 있으며 한문작문법 학습을 위해 간행되었다. 1909년 간행된『실지응용작문법(實地應用作文法)』과 1913년 간행된『문장체법(文章體法)』의 내용을 중심으로 취사선택하여 편집된 내용으로 이루어진 것이 특징이다.

2. 저자

강의영(姜義永)은 박문서관에서 근무하다가 1913년에 영창서관을 세우면서 출판업에 종사하게 되었으며, 1920, 30년대에는 사업가로서도 성공하였다. 이러한 성공을 바탕으로 1944년에는 유하재단을 세운 후 현 이화여고의 초대 재단이사장이 되었으나, 이듬해 사망하였다. 당시의 출판 관행에 따라 강의영의 이름이 '저작 겸 발행자'로 남아있다. 영창서관은 강의영이 서울 종로 3가에 설립하였고, 첫 출판문은 척독류(尺牘類)인 것으로 알려졌다. 초기 주요 출판물로는『시행가정척독(時行家庭尺牘)』,『무쌍신식간독(無雙新式簡牘)』을 비롯한 척독과『시대청년수양창가집(時代靑年修養唱歌集)』,『세계유행명곡집(世界流行名曲集)』등 창가집으로 연간 매출액이 6만여원(1930년초)을 기록하였다고 한다. 신용확보를 제일의 목적으로 삼고, 박리다매를 위주로 성장한 영창서관은 이 밖에도 문방구 등 여러 분야와

소설·수양서·위인전기서·사상서·철학·종교서·각본서·음악서·동화·동요서·경서(經書)·법첩서(法帖書)·교과서·참고서·어학·문법서·자전(字典) 및 사전 등 총판업도 겸하였다. 광복 이후 1960년대에 서울 종로구 관훈동으로 이전하여 소매만을 전문으로 하는 서점을 경영하다 폐업하였다.

3. 내용 및 구성

본문의 내용 중 상편은 41쪽 분량으로 '제1장 문장(文章)의 통론(通論)', '제2장 허자용법(虛字用法)', '제3장 문장총칙(文章總則)', '제4장 문장체제(文章體製)'의 총 4개 장으로 구성되어 있으며 기초적인 문법 지식, 수사법, 한문허자용법, 장르구분 등을 서술하였다. 하편은 73쪽 분량으로 '문장각체(文章各體)'라는 제목 아래 '제1장 논(論)', '제2장 설(説)', '제3장 전(傳)', '제4장 기(記)', '제5장 서(序)', '제6장 발(跋)', '제7장 제(題)', '제8장 사(辭)', '제9장 문(文)', '제10장 서(書)', '제11장 찬(贊)', '제12장 송(頌)', '제13장 명(銘)', '제14장'까지 총 14개 장으로 구성되어 있다. '논, 설, 전, 기' 등의 장르 구분에 따라 예시문을 수록하였다. 이 가운데 문법에 관련된 내용은 제1장 제3절의 '작문(作文)의 각종품사(各種品詞)'에 집중되어 있다. 품사를 '명사, 대명사, 동사, 조동사, 형용사, 조사, 접속사, 부사, 감탄사'의 9품사를 두고 이들이 결합하여 문장을 형성하는 규칙에 대해 설명하였다. 또 제2장 '허자용법'도 한문 문법에 관련된 내용이어서 한문 문장에 기반을 둔 글쓰기를 하는 경우 참고할 만한 저술이다. 본문에 작은 글씨로 주석을 붙였고, 예시문들은 한문과 국한문체를 절반 정도의 비중으로 편성하였다. 이 책은 1920년대 당시까지 전통적인 한문 지식이나 수사 운용에 근거한 글쓰기에 대한 수요가 이어지고 있었다는 상황을 증언하는 자료로서의 자치가 있으며, 한문 전통의 수사가 분과학문에 근거한 글쓰기 속에서 갈수록 그 입지를 잃어가는 추세에 대한 반동으로 간행되었다는 평을 받는다.

전술한 바와 같이 『실지응용작문법(實地應用作文法)』과 1913년 간행된 『문장체법(文章體法)』의 내용을 중심으로 취사선택하여 편집된 책이지만, 나름의 기준을 가지고 있다. 또한 근대 초기의 작문교본이나 여타 독본과는 달리 편집의 구체적인 출처가 드러난 드문 자료로서 그 학술적 의의를 갖는다. 특히 이 책의 글쓰기는 단순히 한문전통을 고수하는 데에 있다기보다는 "한문전통과 국학문체의 근대적 지향을 교착"(임상석)하는 데 목적을 두고 있다. 한문전통에 국한된 『문장체법』의 수사법 항목들을 산정하고 30종을 상회하는 『실지응용작문법』의 수사법 관련 항목들을 간소화하는 한편, 그 예시문에서는 한문전통의 문장과 국한문체 문장을 거의 동일한 비중으로 배치하여 한문과 국한문체 작문법을 절충한 양상을 보이고 있기 때문이다. 그럼에도 이 수사법을 절충하려는 노력은, 구체적인 글쓰기의 실천으로까지 이어지지는 못한다.

책의 서문을 보면 다음의 내용이 있다.

> 무릇 생명을 품은 종류들이 되어서는 모두 진화의 성향과 향상의 마음이 있다. 문장도 역시 이와 같아, 문자가 있던 이래로 세대는 깊고 멀어졌고 사물은 번성하였다. 포부가 풍부하고 학식이 굉박한 지경이면 기술은 반드시 신이함에 집착하고 마음은 이미 복잡한 곳으로 달려간다. (중략) 문법이 행해진 지 오래다. 글을 짜는 가르침이 깊도다. 유부와 편작의 뛰어남으로도 고황의 병을 치료할 수 없고, 장석의 기술로도 굽은 재목에 제도할 수 없으며 한 손만 가지고는 퇴적된 돌무더기를 치워서 흐르게 할 수 없다. 대성(大聖) 선니(宣尼, 孔子)는 이로써 세상과 함께 하시고 대유(大儒) 자여(子與, 孟子) 역시 시세에 스스로 따르셨으니, 그 헛되이 수고롭고 무효함보다는 차라리 시속을 따라서 유익

함을 취하리라. 그대는 망령되이 말하지 말라. 혹자는 "예예"하며 물러난다. 그리하여 이 말들을 엮어서 이로써 시문을 쓴다.

문장의 발전 속에서 나타난 문법과 구성의 요령은 공자와 맹자 같은 성인, 현인들도 같이 하신 것이라는 말을 통해『실지응용작문대방』은 그 정당성을 강화하고 있다.

상편을 보면,『실지응용작문법』의 총론을 수정하고 수록한 총론이 있다. 이 글을 보면 첫 문장에 '문장'은 언어의 대표이고, 문장을 창작하는 이유는 사람의 사상감정을 발표하기 위함이라고 쓰여있다. 또한 문장을 쓰려는 자는 필히 고금서적을 다독하고, 천지만물과 일용사위(日用事爲)에 명료박통해야 하며, 문자의 운용과 문체의 조직법을 완전히 해득한 후에야 써야 한다고 강조하고 있다. 이렇게 해야만 문장이 비로소 완전한 의의를 발현하기 때문이다. 정확한 문장의 사용을 강조하면서 이를 위해 여러 공부가 필요함을 드러내는 대목이다. 이때 중요하게 서술하는 부분을 보면, 문장창작에는 4개의 體段을 필요로 하는데 그것은 기(起), 승(承), 포(鋪), 결(結)이다. 기는 문두를 제기하는 것이므로 취지가 명확히 드러나야 하는 것으로 사람에 비유하면 머리와 얼굴, 눈썹과 눈을 뜻하는 것(頭面眉目)이고, 승은 그 글의 의의를 드러내는 것으로 사람의 목구멍(咽喉)에 비유할 수 있으며, 포는 말하고자 하는 바의 맥락이 관통하여야 하는 것이므로 사람의 가슴, 마음(心胷)에 비유할만 하고, 결은 글을 정리하는 것으로 신속함을 요하니 사람의 손과 발(手足)에 비유할 수 있다고 하였다. 이를 작문가의 네 가지 원칙이라고 정리하면서 이때 포 후에 서(叙)를 두는 등의 단계를 확장할 수 있으며 기와 결 이외에는 필요에 따라 단계를 증가, 감축하는 것이 창작자에 달려있는 것이라고 했다. 뒤이어 본격적으로 작문의 단계와 문장 구성요소, 용법에 대한 서술이 이어지며, 하편(2권)에서는 읽기 자료들이 제시되어 있다. 문장 각체로 들어가면서 여러 학자들의 글이 본격적으로 소개된다. 이들은 모두 생몰년대의 차이는 있으나 뛰어난 문장가로 이름을 알린 이들이며, 여기 소개된 글들은 그들의 주요 저서다. 송대 이후 성리학의 선구자였던 당나라 문학가 겸 사상가인 한유(韓愈, 768~824), 북송 시대의 유학자로 성리학의 기초를 닦은 주돈이(周敦頤, 1017~1073)나 중당기(中唐期)의 시인인 유종원(柳宗元, 773~819), 사마천 등이 대표적이다.

『실지응용작문대방(實地應用作文大方)』은 상편에서는 기본적인 문법과 문장의 체계를 교육하고, 하편에서는 고급 읽기자료를 제시함으로써 작문법의 기초와 응용을 모두 다룬다.

4. 핵심어

실지응용작문대방, 강의영, 영창서관, 문장체제, 문법

5. 참고문헌

임상석, 「1920년대 작문교본,『실지응용작문대방(實地應用作文大方)』의 국한문체 글쓰기와 한문전통」,『우리어문연구』39, 우리어문학회, 2011.

정성임, 「국내 간행 한문법 교과서의 부사 범주 연구－개화기와 일제강점기에 간행된 한문법 교과서를 중심으로」,『한중인문학연구』69, 한중인문학회, 2020.

최호석, 「영창서관의 고전소설 출판에 대한 연구」,『우리어문연구』37, 우리어문학회, 2010.05.

하동호, 「태화서관 주문서 소고」,『출판학연구』24, 한국출판학회, 1982.

한국민족문화대백과사전

『어린이독본(어린이讀本)』

서 명	『어린이독본(어린이讀本)』
저 자	새벗사(새벗社)
형 태	18.3×12.5(cm)
발 행	회동서관(滙東書館), 1928년
소장처	국립중앙도서관

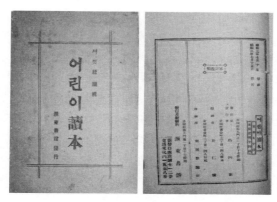

『어린이독본』 표지, 판권지

1. 개요

『어린이독본』은 '회동서관'에서 1928년 7월 간행되었다. 어린이의 지식과 의욕을 고취하는 내용의 글을 묶었으며, 전래동화, 전설, 창작동화, 시, 수수께끼 등 다양한 장르의 글을 실었다.

2. 저자

'새벗사'는 월간 어린이 잡지 『새벗』을 간행한 잡지사이다. 새벗사는 '새벗회'에서 시작하였다. 새벗회는 천도교소년회, 조선소년단, 중앙기독소년부, 명진소년회, 불교소년회 등과 함께 당시 활발히 활동하던 어린이 단체로, "현대 소녀의 지식을 계발할 목적으로 잡지 『새벗』을 발행(「소년 잡지 발행」, 『매일신보』, 1925.09.05)"하였다. 새벗사의 초창기 2년은 새벗회 멤버인 노병필(盧炳弼)이 운영하였는데, 『새벗』이 성황리에 판매되면서 사세(社勢)가 확장하였다. 지방 여러 곳에 새벗사의 지사가 생겼고, '대리부'가 신설되어 서적뿐 아니라 학용품까지 취급하였다. 확장·이전을 거듭한 새벗사는 1926년 8월 '종로통 2정목 42번지'에 위치했다가, 1927년 3월에 영업부만 남기고 『새벗』의 편집부를 '체부동 7번지'에 따로 마련하였다. 1927년 10월에는 새벗사 대구지사 지사장이던 고병교(高丙敎)를 사장으로 영입하고, 영업부와 편집부를 한군데로 합쳐 '다옥정 27번지'로 이전하였다. 『새벗』 창간 2주년 특집호부터 사장 고병교, 주간 노병필 체제가 이루어진다. 고병교는 회동서관 창업주의 장남으로 회동서관 대구지점장이기도 했다. 1928년 7월에 간행된 『어린이독본』의 저작 겸 발행자는 고병교이다. 판권지에는 고병돈(高丙敦)으로 기재되어 있으나 이는 고병교의 오기(誤記)로 보인다.

3. 내용 및 구성

『어린이독본』에는 창작동화, 번역동화, 전래동화, 시, 수수께끼, 역사 이야기, 지식 이야기 등 다양한 종류의 글 31편이 수록되어 있다. 과(課), 장(章)의 구분이나 분류 없이 31편의 글이 쭉 이어져 있다. 각 글마다 필자(혹은 번역자, 번안자)의 이름이 기재되어 있다. 최남선, 주요한, 이익상, 최서해, 최독견 등 문인의 글이 실려 있고, 연성흠, 염근수, 최병화, 유도순, 한정동 등 소년 운동에 참여하였던 아동 문학가의 글도 실려 있다. 신명균, 이중화 등 국어학자의 글도 있는데, 이들도 당대 아동 잡지의 필진 중 하나였다. 어린이를 염두에 둔 쉽고 짧은 형태의 글이 대부분이고, 시와 수수께끼 빼고는 모든 글이 어린이 독자에게 이야기하는 형태로 되어 있다.

새벗사의 『어린이독본』은 서문이나 예언이 달려 있지 않아 그 발간 경위를 파악하기 힘들다. 책 앞에 목차가, 책 뒤에 판권지가 있을 뿐이다. 발간 경위를 추측해 보자면, 1920년대 방정환 혹은 천도교로 대표되는 소년 운동의 영향을 받아 왕성하게 간행되었던, 어린이를 대상으로 한 독물(讀物) 중 하나로 이해할 수 있다. 1920년대에는 1) 어린이를 대상으로 하는 잡지가 창간되고, 활발하게 간행되었다. 대표적으로 『어린이』(1923.03~1934.02), 『신소년』(1923.10~1934.05), 『새벗』(1925.11~1933.03), 『아이생활』(1926.03~1944.01), 『별나라』(1926.06~1935.02, 1945.12~1946.02) 등이 있다. 2) 주로 번역이나 번안의 형태이긴 했으나 동화집이 출간되었다. 세계 여러 나라 동화를 모은 방정환의 『사랑의 선물』(1922)은 1920년대 전반기 최고의 베스트셀러였다. 3) 모범이 되는 읽을거리를 엮은 어린이 대상 '독본(讀本)'이 발간되었다. 이 중 『초등시문필독』(1923), 『보통학교 조선어독본』(1923) 등은 학년급이 낮은 학생들을 대상으로 한 교과서였기 때문에 '어린이'라는 시기와 대상에 초점을 둔 것이라고 보기 어렵다. 방정환이 주재한 잡지 『어린이』에서 1927년 1월부터 1930년 12월까지 총 20회에 걸쳐 '어린이독본'이라는 코너명을 내걸고 읽을거리를 제공한 적이 있다. 이것은 "공립학교에서까지 등사하여 읽히는 고귀한 것(『별건곤』 15호, 1928.08, 129면)"으로, 관찬(官撰) 교과서를 대신하는 명실상부한 '교과서'였다. 새벗사의 『어린이독본』은 단행본으로 출간되었는데, 당대 소년 운동에서 일깨우고자 한 어린이의 성격과 의기를 불러일으키는 데 적합한 읽을거리가 담겨 있다. 다만, 이 책은 『새벗』에 실린 기사를 모은 형태가 아니며, 『새벗』의 부록으로 발매된 것인지 확인되지 않는다. 새벗사에서는 1926년 8월에 재미있는 읽을거리를 모아 『새벗』의 부록을 출판한 바 있다. 호응이 좋아서, 다음에는 '고금기담집'을 내자, '세계소년소녀명단편소설집'을 내자, '포복절도 고금소화집'을 내자는 등의 의견이 답지했다는 『새벗』의 편집 후기가 있다. 『어린이독본』이 『새벗』의 여름방학 특집호의 부록으로 발간되었을 가능성도 있으나 확실하지 않다.

『어린이독본』의 특이점으로 글의 구성이 『새벗』과는 다르다는 점을 들 수 있다. 『새벗』에 비해 『어린이독본』에 묶인 글들이 보다 진지하다. 『새벗』은 1) '동화', '전설', '기담(奇談)', '사담(史談)', '미담(美談)', '미화(美話)', '가화(佳話)', '애화(哀話)', '비애소설(悲哀小說)', '훈화(訓話)', '동요' 등의 장르 명칭 하에 전래동화, 창작동화, 창작동시/동요, 동서양 위인 이야기, 주위들은 소문 등이 실려 있다. 2) '소화(笑話)', '허허대학' 코너에는 선생님의 질문에 대한 우등생과 낙제생의 재치 있는 한마디 답변 등 재미있는 짧은 글이 실렸다. 3) '신지식', '상식주머니', '사립 척척학교' 코너에는 '바다의 넓이가 육지의 세 배'와 같은 과학, 지리, 역사 등에 대한 간단한 상식이 들어있다. 4) '금언(金言)'이나 '격언'을 알려주기도 한다. 5) 현상모집 공고와 현상모집에서 뽑힌 작품이 실려 있다. 현상모집은 동화, 동요, 작문(편지글), 지방전설, 자유화(自由畵), 습자(習字) 등의 분야에 걸쳐 하고 있으며, 매호 어떠한 글이든지 보내달라는 부탁을 한다. 실리는 글의 수준도 문학적으로 완성도가 높은 것이 아니었다. 6) 십자말풀이 문제와 지난 호의 답이 실린다. 답을 보낸 독자에게는 상금도 주었다. 아동문학 연구자 이재철은 "기왕의 『어린이』지가 적극적인 민족의식 고취에 앞장을 서고 초기 『신소년』이 그와는 달리 소극적이며 타협적인 편집 태도를 취한 데 반하여 『새벗』은 그 사이를 왕래한 것 같은 절충적 중간지적 경향이 강했다(『한국현대아동문학사』, 일지사, 1978, 111면)"고 평가한 바 있는데, 이는 앞의 2), 3), 4), 5), 6)의 경향, 즉 독자의 요구에 부응하여 재미있는, 낮은 난이도의 글을 제공하고, 독자의 참여를 넓히고자 했던 편집 방향에 대한 언급이라고 할 수 있다. 이로 인해 『새벗』은 독자가 세 배나 격증하기도 했고, 개성, 대구, 당진 등에 『새벗』 배포를 위한 지사를 두기도 했다. 그런데, 『어린이독본』에는 수수께끼에 해당하는 1편을 제외하고 모두 1)의 범주에 드는 글만 담겨 있다.

『어린이독본』에 실린 총31편 글의 저자는 다음과 같다: 최남선, 주요한, 이익상, 유순희, 박팔양, 오천석, 양재응, 이중화, 강병주, 최서해, 유광열, 연성흠, 최병화, 이강흡, 앤더슨, 강근수, 유도순, 민태원, 한정동, 신명균, 진우촌, 신재환, 안준식, 최독견, 이정호. 주요한이 3편, 오천석·양재응·신명균·진우촌이 2편, 나머지는 모두 1편씩 실렸다. 앤더슨은 덴마크의 동화 작가 안데르센이다. 이렇게 원작자만 밝혀진 경우도 있고, 번역자가 원작자인 것처럼 표시된 경우도 있고, 번역자만 표시되고 원작자는 기재되지 않은 경우도 있다.

『어린이독본』에 수록된 글들은 1) 정직이나 용기, 동정의 마음 등 어린이가 갖추어야 할 태도, 2) 조선인이 알아야 할 역사나 조선인에게 필요한 지식을 담고 있다. 1) 어린이가 갖추어야 할 태도를 이야기한 글은 몇 가지 종류로 나뉜다. 첫째, 신화나 민담 등 전해 내려온 이야기에 기반을 둔 글이다. 「동명성왕의 소년시대」는 고구려를 건국한 동명성왕이 어린 시절부터 보여준 비범함을, 「양만춘 장군」은 고구려 장군 양만춘이 수만의 당나라 군사를 물리친 지략과 용기를, 「성삼문 어른」은 조선시대 단종을 위해 죽은 성삼문의 절개를, 「윤회 어른」은 조선 전기 대제학이자 병조판서를 역임한 윤회가 다른 사람에게 보여준 정(情)을 이야기하였다. 우리나라뿐 아니라 동서양의 영웅 이야기도 실려 있다. 「형가」는 중국 전국시대 자객 형가가 자신을 우대한 연나라를 위해 목숨을 바쳤다는 점을, 「비스막의 소년시대」는 독일 재상 비스마르크가 어려서부터 몸이 튼튼하고 마음이 굳셌다는 점을, 「나파륜」은 프랑스 황제 나폴레옹이 전쟁을 잘했기 때문만이 아니라, 남을 아끼고 지식이 많았으므로 사람들이 우러러 본 것이었다는 점을 이야기하였다. 둘째, 서양 동화를 번역한 듯한 글이다. 「소년 용사의 최후」는 소년 카사비앙카가 '절대 있던 자리에서 움직이면 안 된다'라는, 배의 함장인 아버지의 명령을 지키기 위해 불붙은 배에서 타 죽은 이야기다. 소년의 의지가 굳음을 보여주고자 한 듯하다. 이는 오천석이 간행한 번역동화집 『금방울』(광익서관, 1921.08)에 실리기도 하였다. 「말승냥이와 개」는 "목에 쇠사슬을 매고 살찌기보다 마르더라도 내 마음대로 살겠다"는 말승냥이의 발언에 주제가 담겨 있다. 「어여쁜 마음」은 선장의 딸인 경희가 삼등실 친구 은순이의 엄마를 위해 일등실의 인형과 가방을 자신이 훔쳤다고 거짓 고백한 이야기다. 아버지는 경희에게 큰 실망을 하였다가 은순 모녀를 위해 한 거짓말임이 밝혀지면서 경희를 크게 칭찬한다. 「빛나는 훈장」은 미국 남북전쟁 중 병약한 친구 대신 파수를 보다가 잠깐 졸아 총살당할 위기에 처한 오빠를 구하고자 어린 여동생이 혼자 먼 거리를 여행해 링컨을 만나고 오빠를 구한다는 이야기이다. 다른 이를 위하는 마음을 강조하고 있다.

2) 조선인의 역사에 대한 글은, 책의 가장 첫 번째에 실린 「조선 사람 우뚝」이다. 조선 사람은 한반도로 이주하여 농사를 지을 줄 모르는 원주민에게 농사짓는 법을 가르쳐 주었다고 한다. 그래서 "미개한" 사람들이 농사를 짓게 되고, 농작물을 지키고자 성을 쌓게 되었으니, 이것이 다 우리 민족의 공이라는 것이다. "조선 사람은 옛날의 동방세계에 있어서 처음 나온 문명한 떨거지"라고 한다. 이것은 최남선의 글인데, 우리의 역사를 어린이의 눈높이에 맞추어 설명하려는 의도와, 어린이들에게 민족적 자부심을 느끼게 하려는 의도가 가미되어 확인되지 않은 사실을 기술하기도 하였다. 조선인으로서 자부심을 느낄 만한 내용이다. 조선인에게 필요한 과학적인 지식을 담고 있는 글도 있다. 「사람은 햇빛을 먹는다」는 미래에는 힘들여 농사짓지 않고 태양 광선으로 먹을 것을 생산하는 시대가 올 것이라는 희망찬 상상을 펼친다. 비행기나 라디오가 30년 전엔 공상이었지만 지금은 현실이 되었다면서 말이다. 「식물계의 마술쟁이」는 종자 개량에 대해 다룬다. 어떤 미국 사람이 종자를 개량하여 빨간 들국화, 주먹만 한 자두, 나무에서 수확하는 감자 등을 만들어 냈다고 한다. 「사람은 햇빛을 먹는다」, 「식물계의 마술쟁이」는 둘 다 주요한의 글이다.

이밖에 세상과 삶에 대해 상상하고 경험하게 해주는 창작동화, 번역동화, 전래동화도 실려 있다. 「봉사씨 이야기」에는 봉오리가 터져 땅에 떨어진 씨앗을, 참새에게 먹히지 말고 내년 봄에 고운 싹을 틔우라고 흙 속에 묻어주는 아이가 등장한다. 「아이다의 꽃」은 밤새 춤을 추느라 바쁜 꽃의 비밀을 안 어린 아이가 시들어 죽은 꽃을 장사 지내주는 이야기이다. 전래동화로는, 호랑이에게 물려 죽을 뻔한 남매가 동아줄을 타고 하늘로 올라가 해와 달이 된 「해와 달」, 새엄마의 딸 때문에 연못에 빠져 죽은 은주의 억울한 사연이 연못가에 난 갈대로 만든 피리로 밝혀진다는 「갈대피리」, 남해 용왕님의 병을 고치기 위해 붙들려간 토끼가 꾀를 써서 빠져나오는 「토끼와 별주부」 등이 실려 있다. 특히, 「토끼와 별주부」에는 원래는 존재하지 않는 새로운 스토리가 가미되었다. 남해 용왕이 사신을 보낸 것에 대한 답례로 이순신이 거북선을 타고 용궁에 내려가고, 병들어 다 죽어가는 남해 용왕을 보고 이순신이 토끼의 간을 먹으라는 처방을 알려주며, 토끼를 놓친 별주부에게 하늘을 날던 백학이 이제마의 고려청심환 한 알을 떨어뜨려준다. 최독견이 서술하였다. 또한, 곡조를 붙여 동요로 부를 수 있도록 운율이 딱딱 맞는 동시들, 친구에게 보내는 사과 편지 1편, 최서해의 기행문 1편이 실렸다.

4. 핵심어

어린이독본, 새벗사, 동화, 동요, 동시, 번역, 주요한, 오천석, 신명균

5. 참고문헌

『새벗』1권 2호, 1925.12.

『새벗』2권 2호, 1926.02.

『새벗』2권 7호, 1926.07.

『새벗』2권 8호, 1926.08.

『새벗』3권 10호, 1927.11.

『새벗』4권 1호, 1928.01.

『새벗』, 4권 11호, 1928.11.

「소년 잡지 발행」, 『매일신보』, 1925.09.05

「명일로 임박한 소년운동 기념일」, 『매일신보』, 1925.04.30.

「새벗사 확장」, 『동아일보』, 1927.03.20.

「새벗사 확장 이전」, 『동아일보』, 1927.10.08.

마상조, 「두 『새벗』 이야기」, 『아동문학평론』 31권 2호, 아동문학평론사, 2006.05.

이윤석, 「신문 기사로 보는 회동서관」, 『근대서지』 20, 근대서지학회, 2019.12.

이재철, 『한국현대아동문학사』, 일지사, 1978.

이종국, 「개화기 출판 활동의 한 징험－회동서관의 출판문화사적 의의를 중심으로」, 『한국출판학연구』 49, 한국출판학회, 2005.12.

장정희, 「새벗 해제」, 『한국 근대문학 해제집IV－문학잡지(1907~1944)』, 국립중앙도서관, 2018.

『이십세기 청년독본(二十世紀 靑年讀本)』

서 명 『이십세기 청년독본(二十世紀 靑年讀本)』
저 자 강하형(姜夏馨)
형 태 18.9×12.6(cm)
발 행 태화서관(太華書館), 1922년
소장처 국립중앙도서관

『이십세기 청년독본』 표지, 판권지

1. 개요

『이십세기 청년독본(二十世紀 靑年讀本))』은 '태화서관'에서 1922년 11월 발행되었다. 총20장으로 이루어져 있으며 각 장당 3~5편씩의 글이 묶여 총 68편의 글이 실렸다. 부록으로 위인의 좌우명과 수신 요령, 동서양에서 뽑은 격언이 붙어 있다. 청년의 수양, 처세, 성공에 대해 설명하고 설득하는 글이 담겼다.

2. 저자

강하형은 태화서관의 사장이다. 당시의 출판 관행에 따라 강하형의 이름이 '저작 겸 발행자'로 판권지에 기재되어 있다. 강하형은 출판업에 종사하여 큰 부를 이룬 영창서관 강의영(姜義永, 1894~1945)의 종질(從姪)이다. 강의영과 사촌지간인 강기영(姜箕永)의 장남으로 생몰년은 알 수 없다. 강의영의 종질이었지만, 강의영과 비슷한 나이대였다는 것만 추측할 수 있다. 태화서관은 '종로 3정목 85번지'에 있었다. 강하형이 저작 겸 발행자로 나선 태화서관의 대표 출판물로는 『이십세기 청년독본』, 『위인 성공의 경로』, 『농촌 청년의 진로』 등이 있다.

3. 내용 및 구성

『이십세기 청년독본』에는 청년의 수양, 처세, 성공에 대한 설명문, 논설문이 실려 있다. '제1장 청년 편'에서 청년은 어떠한 사람이어야 하는지 언급하고 나서, 2장부터 20장까지는 청년이 갖추어야 할 자세와 태도를 설명하였다. 2장부터 20장까지는 모두 '청년의 ○○편'이라는 제목이 붙었다. 2장 전진, 3장 입지(立志), 4장 처세, 5장 지기(志氣), 6장 생활, 7장 정육(情育), 8장 희망, 9장 활동, 10장 노력, 11장 번민, 12장 실천, 13장 책임, 14장 자각, 15장 수양, 16장 자제(自制), 17장 성공, 18장 행복, 19장 도덕, 20장 행로를 다룬다. 각 장마다 3~5편씩의 짤막한 글들이 실렸다. 부록으로 '화성돈 일상생활의 좌우명', '복택 옹의 수신요령', '동서 격언의 선초(選抄)'가 붙어 있다.

서문은 "실사회의 교훈과 징계(懲誡)를 적(積)하여 비로소 일개의 독립한 인격을 조성"하기 위해 "수신양심(修身養心)"이 필요하다고 하였다. 이 사회에 필요한 청년이 되기 위해 획득해야 할 자질이 있고, 이 자질을 획득하기 위해서는 스스로 몸과 마음을 닦을 필요가 있다는 것이다. 서문 뒤로 이어지는 범례는 다섯 가지 항목으로 이루어졌다. 첫째, 책 출판의 목적은 청년의 "원만한 이상과 고상한 수양"을 위한 것이다. 둘째, 책은 짧은 글 68편을 모아 20장으로 분류되는 간명한 체제로 이루어져 있는데, 이는 "자습자해(自習自解)"를 위해서이다. 셋째, 수록된 글이 주로 담고 있는 내용은 "수양(修養)"에 관한 것인데, "청년 처세"를 위해 이 내용을 알 필요가 있다. 넷째, 이것을 익힌다면 청년은 "인류생활에 행복과 고원한 이상의 건설자"가 될 수 있다. 다섯째, 부록으로 실린 좌우명, 수신 요령, 동서 격언을 본받아 이를 "실행궁천(實行躬踐)"해야 한다. 즉 서문과 범례에서는 크게 세 가지를 이야기하고 있다. 1) 행복, 지식, 인격, 명예, 가치 등은 스스로 획득하는 것이라는 점, 2) 이것을 획득할 수 있는 방법이 있는데 그 방법을 항목별로 요약하여 책에 실어 두었다는 것, 3) 이를 익혀서 사회에 나가 실천하는 것이 청년으로서의 책임과 의무라는 점이다.

『이십세기 청년독본』의 특이점은 1920년대 청년 담론의 적극적인 반영이 드러난다는 것이다. 청년은 새 시대에 새롭게 요구된 주체였다. 아이도 어른도 아닌, 폭넓은 나이대를 포괄하는 불특정한 존재이면서도, 배우거나 실천하여 민족의 미래를 책임져야 할 무거운 책무를 부여받은 존재였다. 1900년 무렵부터 청년은 민족의 '계몽', '자강', '독립'을 책임질 주체였다. 그러던 것이 1910년대 후반부터는 청년에게 인내, 근면, 자립 등의 개인적 덕목에 대한 수양을 요구하였다. 얼핏 민족의 계몽, 자강, 독립을 위해 스스로의 단련을 요구하는 논리로 이어지는 것처럼 보이지만, 사실 여기에는 청년 담론의 변화가 포함되어 있다. 최남선의 『자조론』(1918)이나 이광수의 「민족개조론」(1922), 「민족적 경륜」(1924) 등에서는 '자조', '개조', '실력', '노력', '수양' 등을 요구하였다. 개개인의 노력이 근대 문명국가로 이어지는 수단이라고 하였다. 하지만 실제적인 측면에서 개개인의 노력은 입신출세를 보장하는 방식이 되었다. 『이십세기 청년독본』에는 "일명 수양편"이라는 부제가 달려 있다. 청년의 "자조", "수양"을 통해 청년의 자질이 형성되므로, 우선 내면의 무엇인가를 닦은 이후에 사회에 나가 "처세"에 힘쓰면 "성공"할 수 있다는 내용을 담고 있다. 이전에는 청년들을 '민족', '국민', '국가' 등과 연관 지었다면, 이 책에서는 주로 "사회"와 연결하여 이야기하고 있다. 여기서의 "사회"는 개개인이 모여 이룬 단위이며 큰 대의명분을 추구하지 않는 일상의 영역이었다. "사회"에 나아가서 무엇인가를 이루기 위한 개인의 인내, 노력, 자립이 중요했다. 그 개인이 바로 '청년'이다.

'제1장 청년편'에서, 가치와 이상을 가지는 사람, 자신 안에 있는 자질을 각성하여 그것을 갈고닦아 밖으로 드러낸 사람을 청년이라고 말하였다. 청년에게 "수양"이 필요하다고 하는 것도 이러한 이유에서이다. '제2장 청년의 전진편'은 청년이 무엇을 목표로 삼아야 할 것인지를 설명한다. 현대는 영웅이 가진 인격을 도모하려고도 국가를 위해 희생하려고도 하지 않고 오직 개인의 쾌락을 추구한다고 하면서, 전진해야 할 방향을 잘 세워야 한다고 말한다. '제3장 청년의 입지편'에서는, 과거에도 미래에도 없을 내가 이 시대에 인생의 가치와 책임을 실현하기 위해서는 "수양"이 필요하며, 언제나 "고상한 향상"을 위해 힘써야 한다고 하였다. '제4장 청년의 처세편'에서는, 장차 가정에서 독립하여 사회생활을 하기 위해서 "사회의 추세를 통찰"하면서 "인세(人世)의 간고(艱苦)"를 이겨나가고 "적극적으로 처세의 생활"을 해야 한다고 하였다. '제6장 청년의 생활편'은, "경쟁"을 통해 문화가 발전하는 것이니 "정체"해 있지 말고 끊임없이 노동하고 활동하라고 하였다. '제13장 청년의 책임편'은, 무한한 책임을 가지고 있는 청년이기에 배우고 또 배우고, 나아가고 또 나아가야 하는데, 이것이 청년의 사명을 다하는 것이라고 하였다. '제15장 청년의 수양편'에서는 "명상", "직관(直觀)", "관찰"의 중요성을 언급하였다. '제16장 청년의 자제편'에서는, 사치와 허영심을 버리고 신체를 강건하게 만드는 일에 먼저 힘쓰고 욕정을 억제할 줄 알아야 한다고 하였다. '제17장 청년의 성공편'에서는, 성공이 "견인(堅忍)"하고 "내구(耐久)"하는 사람에게만 주어지는 것이라고 하였다. '제20장 청년의 행로편'에서는 "인생의 행로는 철도 여행과 같다"고 하면서 시간에 맞추려고 뛰어갔다가는 운명의 열차가 이미 출발한 뒤일 것이라고 한다. "인격수양에 노력하면 행로에 지남침(指南針)을 득(得)"할 것이라고 하였다.

부록의 첫 번째 글 「화성돈의 일상생활의 좌우명」에는, 미국의 초대 대통령 조지 워싱턴이 가졌던 좌우명 51개가 실려 있다. 조지 워싱턴은 "세계 유수(有數)의 위인이고 청년의 양범(樣範)적 인물"인데, 자신에게는 엄격하였으나 타인에게는 관대했고, 세상에 대해서는 원만하였으나 일에 대해서는 용의주도하였다고 한다. 이런 인물의 좌우명을 보물처럼 여기고 참고하라고 하였다. 두 번째 글 「복택 옹의 수신 요령」은 일본의 사상가이자 교육자 후쿠자와 유키치의 수신 요령 24개를 나열하였다. 세 번째 글 「동서 격언의 선초」에는 "명예를 실(失)한 인(人)은 생자(生者) 중에 사자(死者)니라"와 같은 동서양 격언 86개가 실려 있다.

이 책의 판권지 뒤에 두 권의 책 광고가 실려 있다. 하나는 『위인 성공의 경로』이고, 다른 하나는 『보통학교 졸업 성공입신법』이다. 『이십세기 청년독본』과 같은 시기에 나온 태화서관의 단행본들이다. 『위인 성공의 경로』에 대한 선전 문구에는 사람은 성공을 위해 살아야 한다, 성공을 하는 사람의 자질과 성공의 수단(방법)이 있다, 그 자질과 수단을 가장 잘 보여주는 것은 위인이다, 위인의 이야기를 살펴봄으로써 "활(活)수양 활교훈"을 얻을 수 있다고 한다. 『보통학교 졸업 성공입신법』은 특히 "지방청년"을 겨냥하여 앞길에 있는 위험과 장애물을 정복할 용맹아, 분투아가 되어야 한다고 한다. 우선 자기를 알아야 제대로 된 목적을 정할 수 있고, 목적을 잘 정해야 자기의 행복을 얻을 수 있다고 한다.

『이십세기 청년독본』은 청년, 입지, 처세, 노력, 실천, 책임, 자각, 자제 등에 대해 이야기한다. 이러한 자질과 덕목을 쌓는 수양을 통해 청년은 사회에서 성공할 수 있다. 『이십세기 청년독본』에 실린 글들, 그리고 광고의 책들은 개인의 입신출세를 염두에 두는, 근대 초기의 '자기 계발서'라고 할 수 있다.

4. 핵심어
청년독본, 강하형, 태화서관, 청년운동, 청년담론, 자조론, 수양론, 처세, 성공, 좌우명, 격언

5. 참고문헌

소영현, 「근대 인쇄 매체와 수양론·교양론·입신출세주의−근대 주체 형성 과정에 대한 일고찰」,
　　　『상허학보』18, 상허학회, 2006.

최호석, 「영창서관의 고전소설 출판에 대한 연구」,『우리어문연구』37, 우리어문학회, 2010.05.

최희정, 「1910년대 최남선의『자조론』번역과 '청년'의 '자조'」,『한국사상사학』39, 한국사상사학
　　　회, 2011.

하동호, 「태화서관 주문서 소고」,『출판학연구』24, 한국출판학회, 1982.

허재영, 「1920년대 초 청년운동과 청년독본의 의의」,『어문론집』68, 중앙어문학회, 2016.

『조선문학독본(朝鮮文學讀本)』

서 명 『조선문학독본(朝鮮文學讀本)』
저 자 이광수 외, 정현웅 장정
형 태 350쪽, 19.3×13.1(cm).
발 행 조선일보사출판부, 1938.10.
소장처 국립중앙도서관, 서울대학교 중앙도서관

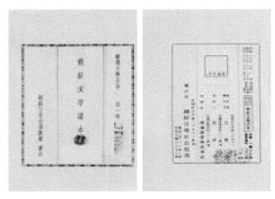
『조선문학독본』 속표지, 판권지

1. 개요

『조선문학독본』은 '조선일보사출판부'에서 1938년 10월 1일에 초판 발행되었다.

2. 저자

서문을 쓴 이훈구(1896~1961)는 충청남도 서천 출생으로, 1938년 조선일보사에서 주필 겸 부사장을 역임하였다. 수원농림학교를 거쳐 1924년 일본 동경대학 농학과에서 3년간 수료하였고, 이후 미국으로 건너가 1927년 캔자스주립농과대학 대학원을 수료하고 위스콘신대학에서 철학 박사학위를 받았다. 1930년 중국 난징[南京]의 금릉대학(金陵大學)에서 교수가 되었고, 다음 해에 귀국하여 숭실전문학교의 교수를 하다가 1938년에 조선일보사의 주필 겸 부사장이 되었다. 1941년 12월 20일, 친일 잡지사 동양지광사(東洋之光社) 대표 박희도가 주최한 '미영타도대좌담회'에 참석한 바 있는데, 일제에 적극적으로 협력하지는 않은 것으로 판단된다.

3. 내용 및 구성

『조선문학독본』은 1938년 조선일보 출판부에서 펴낸 『신선문학전집』 4종 중의 제1권이다. 제2권은 『여류단편걸작집』이고, 제3권은 『신인단편걸작집』이며, 제4권은 『조선아동문학집』이다. 이 네 권에 나누어 아동물과 여성작가 단편과 신인 단편소설을 각각 수록한 관계로,『조선문학독본』에는 거기에 수록되지 않은 기성 작가들의 수필과 시(시조)를 주로 수록하였다.『조선문학독본』의 편찬 취지는 이훈구의 다음 「서(序)」에서 확인할 수 있다.

이번에 다시 「신선문학전집」으로 솔 사권을 발행할 계획을 세우고 위선 제1착으로 「조선문학독본」을 상재하기로 하였다. 그 내용으로는 현대조선문단의 거벽 사십여 인이 그들의 자신 있는 명문을 필재(筆載)하였고 따라서 평론 기행 수필 시 시조필(時調筆) 백 삼십여 편의 주옥같은 문장이 수집되어 있다. 그 가운데로 나타나는 총체는 말로 형언한다면 문학계의 일금자탑이라고 아니할 수가 없다. 그러므로 누구던지 인생의 독본으로 예술의 독본으로 작문의 독본으로 또는 문예의 독본으로 읽으면 한문의 「고문진보(古文眞寶)」 이상의 진가를 발견할 것을 확신 불의(不疑)하는 바이다.
조선문화의 차종 독본이 출판되기는 이 조선문학독본으로 써 그 효시가 된다고 하여도 과언이 아니다. 더욱히 상기한 바와 같은 내용과 형식을 구비한 것은 실로 이 문학독본이 최초요 또 최후라고 할 수 있는 것이다. 그러므로 조선 독서계에 크드라한 파문이 권기(捲起)되고 문예의 진보와 발전에 공헌과 기여가 또한 적지아니 할 것을 자신하는 바이다

(이훈구, 「序」,『조선문학독본』, 조선일보출판부, 1939).

『조선문학독본』은 4권으로 기획된 '신선문학전집'의 제1권으로, "거벽 사십여 인이 그들의 자신 있는 명문을 필재"하여 "누구든지 인생의 독본으로 예술의 독본으로 작문의 독본으로 또는 문예의 독본"으로 활용하기 위한 취지로 간행했다고 한다. 당시 조선일보사의 주필 겸 부사장으로서 이훈구는 이 『조선문학독본』이 중국의『고문진보』 이상의 진가를 발휘할 수 있을 것이라고 확신한다.『고문진보』는 중국의 전국시대부터 송대까지의 시문을 송나라 황견(黃堅)이 엮은 책으로, 고시(古詩)와 고문(古文)의 교과서로서 조선시대 서당 등에서 고문의 체법(體法)을 익히기 위한 학습용 교재로 사용했던 선집이다.『조선문학독본』이 조선의 대표적인 문인들의 시와 수필을 수록했다는 점에서 모범적인 글을 수록한『고문진보』에 비유한 것으로 보인다.

『조선문학독본』에는 수록된 작품은 수필 27과, 시 16과, 기행 4과, 시조 1과이다. 목차에서는 단원마다 문종을 밝혀놓았고, 본문에서는 필자의 이름과 함께 호(號)를 적어놓았다. 단원마다 문종을 밝힌 것은『조선문학독본』이 문종에 따른 글의 모범을 보여주려는 의도에서 비롯된 것으로 짐작되지만, 주 대상은 학생보다는 일반인이었던 것으로 짐작된다. 48개 과로 구성된 목차는 다음과 같다.

병과 秋와 자연(수필) 외 5편 이광수 / 예술과 성직(수필) 외 1편 문일평 / 산거(시) 외 2편 한용운 / 국록(수필) 김동인 / 수선화 피기를(수필) 박영희 / 인생(시조) 외 7편 이은상 / 해인사 기행(기행) 외 1편 함대훈 / 슬픈 우상(시) 정지용 / 출가소녀의 최초 경난(수필) 이기영 / 한잔 포도주를(시) 임화 / 기념연극 하든 때(수필) 유진오 / 내 고향(시) 외 1편 김억 / 노변잡기(수필) 이헌구 / 꽃(시) 외 3편 주요한 / 동해안(기행) 외 3편 노자영 / 칠월의 바다에서(수필) 고 심훈 / 수선(시) 외 6편 김동명 / 국화(수필) 장덕조 / 옆집 중학생(수필) 박태원 / 훌늉한 새벽이여(시) 외 2편 신석정 / 백운부(수필) 김진섭 / 고향(시) 외 2편 고 박용철 / 부덕이(수필) 김남천 / 幌마차(시) 외 2편 노천명 / 바람은 남풍(시) 김동환 / 愛菊의 변(수필) 백철 / 모란이 피기까지는(시) 외 1편 김영랑 / 나의 이니스푸리이(수필) 외 1편 김환태 / 종달새 곡보(수필) 백신애 / 청앵기(수필) 이원조 / 수상(시) 외 4편 김광섭 / 단

발령을 넘으며(기행) 이무영 / 송도 잡기(수필) 채만식 / 진달내(수필) 엄흥섭 / 고성가도(시)외 2편 백석 / 봄밤(수필) 모윤숙 / 세계의 아침(시) 외 1편 김기림 / 새화(수필) 안회남 / 낙엽을 태우면서 (수필) 이효석 / 섬생활 단편(수필) 이석훈 / 문학족보(수필)외 1편 김문집 / 설심(수필) 최정희 / 시 냇가(시) 외 1편 박팔양 / 바다의 소품(수필) 김기진 / 수선화(시)외 1편 박종화 / 麥藁帽(수필) 이선 희 / 바다(수필) 이태준 / 희랍의 여행(기행)외 1편 정인섭

수록 저자는 소설가로 이광수, 김동인, 이기영, 김남천 등이고, 시인으로도 한용운, 이은상, 정지용, 임화, 김억 등이며, 평론가로는 문일평, 이헌구, 김진섭, 백철, 김환태, 이원조, 김문집 등으로 좌익과 우 익을 가리지 않고 모두 당대의 명망가들로 구성되었다. "현대 조선문단의 거벽(巨擘) 사십여 인"의 "주 옥같은 문장"을 수집해서 구성한 것이다. 『조선문학독본』에 수록된 작품의 상당수는 해방 후 국어와 문학 교과서에 다시 수록되면서 교과서 정전으로 자리 잡는다. 함대훈의 「해인사 기행」, 김진섭의 「백 운부」, 김영랑의 「모란이 피기까지는」, 김환태의 「나의 이니스푸리이」, 이효석의 「낙엽을 태우면서」, 이은상의 「성불사의 밤」, 이선희의 「맥고모」 등은 지금도 교과서에서 볼 수 있는 작품들이다.

수록된 글들은 주로 신변잡기나 과거에 대한 회상, 그리움 등 다양한 내용으로 되어 있다. 이광수의 「병과 秋와 자연」은 도회의 병실에서 1년을 지낸 감상과 석왕사에 내려가 느낀 감회를 기록하였다. 병 실에 누워서 하늘도 보고 산도 보고 창경원 수풀에 살아오는 새들이 오가는 것을 보면서 사람은 자연 품에서 떠나려 하여도 떠날 수 없다는 것을 깨닫는다. 석왕사에 와서는 특별한 송림을 감상하고, 석왕 사 계곡미는 평범의 조화에 있다는 것을 말한다. 다시 병실에서 하늘을 선회하는 솔개 행렬을 보면서 "젊은 것들아 갈지어다! 북으로 가서 너희들의 새나라를 세울지어다!"라는 감상을 토로하기도 하였다. 김남천의 「부덕이」는 보통학교에 다니던 어린 시절에 집에서 기르던 부덕이라는 개에 관한 일화이다. 물에 빠졌을 때 부덕이가 나를 물고 옅은 데로 끌어내서 살았기 때문에 부덕이는 생명의 은인이라는 내 용이다. 김환태의 「나의 이니스피리이」는 가을에 머슴을 따라다니며 소풀을 뜯어서 말렸고, 겨울에는 여물을 썰고 소죽을 쑤었다. 그랬더니 이듬해 첫봄에 소가 새끼를 낳았는데, 마치 동생을 보던 날처럼 기뻐 밤새도록 잠을 자지 못했다는 이야기로, 그 시절이 나의 가장 행복하던 시절이고 '내 마음의 고향' 이라는 내용이다. 엄흥섭의 「진달래」는 산이 많은 조선을 찬란하게 빛내는 것은 진달래꽃이다. 진달래 는 조선의 정서를 가장 잘 나타내는 꽃이다. 그래서 "조선은 산의 조선인 동시에 진달래의 조선"이라는 내용이다. 이효석의 「낙엽을 태우면서」는 낙엽 타는 냄새같이 좋은 것이 없다는 것, 그것은 "가제 볶아 낸 커피의 냄새"나 "잘 익은 개금 냄새"와 같다는 것. 갈퀴를 손에 들고는 어느 때까지든지 연기 속에 우뚝 서서 타서 흩어지는 낙엽의 산데미를 바라보며 향기로운 냄새를 맡고 있노라면 별안간 맹렬한 생 활의 의욕을 느끼게 된다는 내용이다. 이기영의 「출가 소녀의 최초 경난」은 밤낮 도망갈 궁리만을 하다 가 18세에 군 임시고로 채용되어 월급 십원을 받은 뒤 남행 차를 타고 마산과 부산을 돌던 일화를 기록 하였다. 유진오의 「영화시대」는 어린 시절 우미관으로 도적 구경을 다녔던 이야기와 졸업식 당일에 기 념연극을 성공적으로 했던 일화를 소개한다. 고(故) 심훈 「칠월의 바다에서」는 죽음을 예언이라도 하듯 이, 뱃전에 턱을 괴고 앉아서, 부유(蜉蝣)와 같은 인생의 운명을 생각하고, 까닭 모르고 살아가는 내 몸 에도 조만간 닥쳐올 주검의 허무를 미리 탄식하였다는 내용이다. 박태원의 「옆집 중학생」은 옆집에 여 학생이 수다스럽게 생활하다가 이사를 가고 대신 남학생이 하숙을 들었는데, 이들은 더 수선스럽고 소 란해서, 아내는 차라리 먼젓번의 여학생들이 그래도 나았다고 말한다는 내용이다. 문일평의 「예술과

성직」은 예술의 성직은 작가 개체의 생명을 연장함에 있는 것보다도 시대상을 반영하며 민족성을 구현함에 있다. 선민(先民)의 전통을 이은 우리 후예는 그 영혜(靈慧)의 원천이 마르지 않은 이상 우리의 자각과 노력으로 예술계에 또다시 활개를 칠 수 있을 것이라는 내용이다.

수록된 시도 어떤 경향성을 갖기보다는 다양한 서정을 담고 있다.

> 띠끌 세상을 떠나면/ 모든 것을 잊는다 하기에/ 산을 깎아 집을 짓고/ 돌을 뚫어 새암을 팠다/ 구름은 손인냥하여/ 스스로 왔다 스스로 가고/ 다 늙은 파수꾼도 아니언만/ 밤을 새워 문을 지킨다/ 새소리를 노래라하고/ 솔바람을 거문고라 하는 것은/ 옛사람의 두고쓰는 말이다//
>
> (한용운, 「산거(山居)」)

> 성불사 깊은 밤에 그윽한 풍경소리/ 주승은 잠이 들고 객이 홀로 듣는고나/ 저 손아 마저잠들어 혼자 울게 하여라. // 댕그렁 울릴제면 더울릴까 맘조리고/ 끊이면 또 들리라 소리나기 기다려저/ 새도록 풍경소리더리고 잠못이뤄 하노라. //
>
> (이은상, 「성불사의 밤」)

이런 다양한 내용의 글을 통해서 "인생의 독본으로 예술의 독본으로 작문의 독본으로 또는 문예의 독본"으로 읽히기를 의도하였다. 그렇지만 그런 의도나 주장과는 달리 "사십여 인이 그들의 자신 있는 명문을 필재"한 관계로 산만하고 정제되지 않은 글도 여럿 목격된다. 편자를 통해서 일정한 의도와 경향의 작품을 묶지 않고, 대신 '서문'만을 제시한 것은 그런 사실과 무관하지 않을 것이다. 이러한 독본이 출판되기는 이 『조선문학독본』이 '효시가 된다고 하여도 과언이 아니'라고 했지만, 사실은 이보다 정선된 형태의 문학독본이 1929년의 『현대 조선문예독본』(정열모)과 1931년의 『문예독본(文藝讀本)』(이윤재)으로 나온 바 있다.

4. 핵심어

조선문학독본, 이광수, 정현웅, 이헌구, 「해인사 기행」, 「백운부」, 「모란이 피기까지는」, 「나의 이니스푸리이」, 「낙엽을 태우면서」, 「성불사의 밤」, 「맥고모」

5. 참고문헌

박숙자, 「독본의 원리로서의 문학」, 『한국문학이론과 비평』 53, 한국문학이론과비평학회, 2011.12.

『중등조선어작문(中等朝鮮語作文)』

서 명 『중등조선어작문(中等朝鮮語作文)』
저 자 조한문교원회
형 태 확인불가
발 행 창문사, 1928년
소장처 국립중앙도서관

『중등조선어작문』 표지

1. 개요

　『중등조선어작문(中等朝鮮語作文)』은 '창문사'에서 1928년 발행되었다. 근대 독본, 특히 작문 교재 성격의 텍스트로서는 뚜렷한 분기와 진화를 보여주는 책이라 평가된다.

2. 저자

　편집 주체인 '조한문교원회(朝漢文敎員會)'는 당시 조선총독부가 발행한 교과서 『조선어급한문독본』을 가르치던 조선어 교원들이 일제 당국의 검정을 받기 위해 만든 단체로 추측된다. 여기서 주목해야 할 인물은 바로 '강매(姜邁)'다. 같은 해 창문사에서는 배재학당 교사인 강매(1878~1941)가 편찬한 1책 5권의 작문교재 『중등조선어작문』이라는 동명의 책을 출간한 바 있었다. 그러나 이 글에서 다루는 『중등조선어작문』은 강매의 이름으로 낸 판본과 비교했을 때 표기법상의 차이는 없지만, 예문을 많이 추가해 약 90페이지가량 그 분량이 늘어난 판본이므로 그런 점에서 강매를 저자로 보고 이에 대해 간략히 정리하고자 한다. 근원(槿園) 강매는 1878년 충남 천안군 풍세면에서 태어나 25세까지 고향에서 한문과 유학을 공부한 후 1904년 양잠학교에 입학하였다. 1907년 일본대학 법과대학에 입학하여 3년간 법률을 공부하고 잠시 귀국했다가 1911년 다시 일본대학 고등사범 수법과(修法科)에서 공부한 후 1912년 졸업했다. 이후 배재학당의 교사가 되었다. 한글학자이자 에스페란트 연구가이기도 했으며 조선중앙

일보와 시대일보의 편집국장을 역임하기도 하였다. 대표적인 저작물로『한문문법제요(漢文文法提要)』,
『조선어문법제요(朝鮮語文法提要)』등이 있다.

3. 내용 및 구성

1920년대 배재고보(배재학당) 교사진은 당대 일류 교육자들과 학자들로 이루어져 있었다. 그중 이
중화, 강매는 정인보 등과 학문의 경지를 나란히 하는 학자들로 평가된다. 이 책의 편집주체인 조한문
교원회는 당시 총독부 발행의『조선어급한문독본』을 가르치던 조선어교원이 일제 당국의 검정을 받기
위해 만든 단체로 추측되고 있는바 언급한 인물들은 거기 속했을 가능성이 크다.『중등조선어작문(中
等朝鮮語作文)』은 근대 전환기 여타의 작문서와 달리 국문체 중심의 예문과 각종 작문 이론, 특히 수사
법을 본격적으로 다룬 작문교재라는 점에서 그 의의를 찾을 수 있다. 본문은 기본적으로 한글로 표기하
되 괄호 안에 한자를 병기하거나 주요 어휘를 한자로 표기한 국한문혼용체를 사용하였다. 구자황은 이
책이 오늘날 작문 교재의 원형을 보여준다는 점에서 1931년 이윤재의『문예독본』(1931)과 쌍벽을 이
루는 텍스트라 평했다. 이 책은 특히『시문독본』(1916)에서『문예독본』(1931)으로 이어지는 독본의 흐
름과 그 계보를 살피는 데 유용하다는 평을 받고 있는데, 예컨대 1권 1과에 실린 최남선의「공부의 바다」
는 일찍이『시문독본』에, 2권 4과에 실린 노래「잔디밧」과 3월 16과에 실린 일기문「심양까지」또한『시
문독본』에 실렸던 것을 재수록한 것이기 때문이다.

책의 예언(例言)을 보면, 이 책의 전반적인 구성과 발간 목적 등을 한눈에 확인할 수 있다. 먼저 1책 5권
으로 구성된 이 책의 1권에는 작문의 기초지식이 담겨 있고, 2권 이상으로는 그 정도를 점차 향상시키
고자 한다고 쓰여 있다. 특히 2권 중에는 '시조(時調)'의 작법을 가르치고, 매 권마다 시조와 노래들을
편입하여 독자의 취미(趣味)를 기르게 하고 서간문을 비롯한 기타 작법을 가르치는 데 있어서는 특히
조선 고유의 자료를 통해 작문 지식을 얻는 동시에 역사, 지리, 풍속들에 관한 지식을 부지중에 양성(養
成)케 하겠노라 쓰고 있다. 1928년 '조한문교원회' 판본에서 추가된 내용은 대개 시조와 편지와 관련되
어 있다는 점에서 이 책은 어문민족주의의 계보를 잇는 것은 물론 당대 시조부흥운동의 양상이 반영된
텍스트로 볼 수 있다. 매권마다 수사법(修辭法) 일반을 넣어 작문상 기초지식을 증진케 하겠다는 대목
에 뒤이은 "本書의 朝鮮語 使用에 對한 正音用法은 朝鮮總督府 編纂敎科書用法에 準함"이라는 문장이 두
드러진다.

그 목차와 구성을 살펴보면『중등조선어작문(中等朝鮮語作文)』모두 1책 5권으로 이루어져 있고, 각
권은 모두 30과로 총 150개의 단원으로 구성되었다. 1권의 경우 <글쓰는 법> 연작이, 2권의 경우 <修辭
法> 연작이, 3권은 <편지>와 <시조>가, 4권은 <感想表現의 方法> 연작과 <편지>, 5권은 <修辭摠說> 연
작과 여러 장르의 글쓰기가 주류를 이루고 있다. 대부분 강매의 글로 채워져 있지만, 이광수의 논설과
기행문, 최남선의 기행문과 시조, 권덕규의 논설과 전기문을 비롯하여 일본의 저명한 작가와 문필가 등
의 이름도 다수 찾아볼 수 있다. 본문의 구성상의 특징으로는 근원 강매의 글이 아닌 다른 이의 글을 가
져와 수록한 경우에는 본문의 하단에 짤막한 글에 대한 설명을 달고 있는 경우가 있다는 점이다. 이때
'評者 曰'로 시작하는 경우도 있고, 그저 감상이나 평을 달고 있는 경우도 있다.

구체적으로 본문의 내용을 살펴보면, 단연 눈에 띄는 것은 단연 <글쓰는 법-글은 무엇인고> 연작이
다. 저자명의 자리에 쓰인 근원문고(槿園文稿)라는 글자를 통해 이 작문법에 관련된 글이 강매에 의해
쓰인 것이며, 그만큼 이 책의 성격을 설명하는 중요한 글이라는 사실을 알 수 있게 된다. 그는 이 글의

첫 시작인 1편에서 "글은 『생각-말-글씨-글』 이러한 차례로 볼 수 있"다고 말하고, 2편에서는 이 책에 있어 글이라 하는 것은 '우리글씨' 즉 정음(正音)으로만 된 것과 정음과 한자를 섞어 쓴 것을 이른다고 설명한다. 3편에서는 '방법의 합당함'을 강조하는데, 이는 곧 글의 성격과 목적, 장르에 따라 글의 방법이 합당해야 한다는 뜻이다. 그러면서 4편인 <글쓰는 법-보이는대로 생각나는대로 쓸것>에서는 글을 쓰는 것을 어려워하지 말고, 무엇이는 보이는 대로, 생각나는 대로 써야 한다고 말한다. 특히 어떠한 것을 보았을 때 느끼는 자신의 감정을 거짓 없이 솔직하게 표현하는 것이 중요하다고 강조한다. 5편 <글쓰는 법-평이하게 쓸 것>에 이르면, 글쓰기를 처음 배우는 사람들이 글을 미려하게 꾸미는 데 치중하는 경향이 있으나 이는 좋은 것이 아니고 평이한 언사와 자구를 쓰더라도 자신의 생각을 유감없이 표현하면 족한 것이라고 말한다. 즉 자신의 생각이 곧 글이 되는 것이니, 기본적으로 글쓰기를 할 때에는 자신의 감정이나 생각을 솔직하게 표현하고자 해야 하고 그 장르나 글의 성격에 맞게 합당한 방법을 찾되 언사(言辭)나 자구의 활용에 있어 지나치게 멋을 내서는 안된다는 것이다. 그렇다면 자신의 생각을 유감없이 표현한다는 것은 어떤 의미인가? 이는 6편 <글쓰는 법-실상대로 쓸 것>에서 엿볼 수 있다. 그는 구체적으로 두 가지 방법을 제안한다. 그의 표현을 그대로 옮기자면, 하나는 대상의 각 부분에 대해 낱낱이 그리는 것이고, 다른 하나는 대상의 한 부분을 집어내 특별히 그리는 것이다. 이는 7편으로 이어지는데 실상을 동작대로 쓰라는 말로, 사건의 진행을 시간순서대로 차례 있게 쓰는 연습을 하라고 권하고 있다. 글감을 찾아 그 목적에 맞추어 차례대로 쓰면 글은 자연히 아름답게 될 것이라는 게 그의 설명이다. 그 이후로도 강매는 만일 맘속에 어떠한 견식(見識)이 없을 때는 가볍게 붓을 들어서는 안 된다는 조언과 글의 핵심내용이 잘 드러날 수 있도록 풀이로 쓸 것, 자신의 정념에서 우러나는 것을 진정으로 쓸 것 등을 강조한다.

편지글에 대해 가르칠 때는 '알지 못하는 사이에서의 인사편지'와 그 '대답', '오랫동안 消息이 막혔던 사이에서의 편지'와 그 '대답', '學業을 勸勉하는 편지'와 그 '대답'과 같이 관계와 목적에 따라 상세히 그 예문을 제시하고 응용하여 사용할 수 있도록 하고 있다. 그 밖에도 '감사를 표하는 편지'와 그 '대답'을 비롯해 묘목과 서책을 청구하는 편지와 그 대답, 친구에게 안부를 전하는 편지와 그 대답, 입학을 축하하는 편지와 그 대답 등을 상세히 상황에 따라 기술하여 제시하였다.

수사법에 대해 가르칠 때는 '정신을 집중할 것', '자기를 표현할 것' 등 다소 추상적으로 느껴지는 서술들로 채워져 있기는 하지만, 사실을 보고 그대로 쓰는 기사문(記事文)과 서사문(敍事文)의 수사법, 일기문(日記文)의 작법, 실물이나 경치를 있는 그대로 그리는 사생문(寫生文), 해설문(解說文) 등으로 글의 성격별로 나누어 그 오묘한 차이와 작법의 특징에 대해 상세히 기술하는 것은 물론 이에 해당하는 여러 문인의 글을 가져와 예시로 제시하고 있다. 이때 두드러지는 것은 사생문의 例로 실린 최남선의 글로 <華溪에서 해써오름을 봄>이 그것이다. 일반적으로 독본에서 읽기자료로 가장 많이 실리는 것 중에 하나가 계절의 변화를 미려한 문장으로, 또는 담백하게 서술하는 여러 문인의 글이다. 특히 자연에 대한 묘사는 빼놓을 수 없는 것인데 이 글을 보면 "붉어 붉으레하야", "썰기썰기", "서성서성", "수멀수멀", "둥글둥글", "우적우적", "쌀낭쌀낭" 등 반복되어 강조되는 형용구들이 눈에 띈다. 이 글을 실은 것은 한글의 다양한 변형 및 표현법을 통해 수사법의 멋을 깨닫게 하려는 의도로 보인다.

시조에 대해 가르칠 때는 좀 더 구체적으로 문장의 구성을 따지는 것이 특징이다. 글의 자수(字數)를 가장 먼저 알아야 한다고 쓰면서 '초-중-결'로 나누어 시조의 형식을 이루는 기본 글자 수 등을 예시를 통해 상세히 설명하고, 그 예시를 다양하게 들어 쉽게 이해할 수 있도록 글을 구성했다.

『중등조선어작문(中等朝鮮語作文)』은 수사법, 즉 말이나 글을 다듬는 기교나 방법을 가르치는 데 초점을 둔 책이다. 1권으로부터 5권까지의 구성 중 핵심적인 책의 근간이 되는 주제의식은 모두 근원 강매의 글에서 확인할 수 있다. 각 권의 구성은 특별히 난이도를 중심으로 배치되었다고 보기는 어려우며, 다만 1권에 <글쓰는 법> 연작을 쓴 것은 이 책의 기본이 되는 지식과 바탕이 되는 생각과 사상을 앞부분에 제시한 것으로 이해할 수 있다. 각 권의 구성은 모두 정확히 30개의 단원으로 이루어져 있으나 그 구분이 실상 철저하지는 않다. 1권의 마지막에 다루던 내용이 2권 첫 부분으로 그대로 이어지기도 하는 등 각 권으로 구분되어 있기는 하나 사실상 하나의 통권으로 보는 것이 구성상으로나 그 성격상으로 온당해보인다. 기교나 방법을 가르치는 책이기는 하나 미려하게 글을 쓰는 법보다는 소박하고 정직하게 자신의 생각을 전달하는 방법에 대해 가르친다는 점에서 기본에 충실한 작문서라 볼 수 있다.

4. 핵심어

중등조선어작문, 조한문교원회, 강매, 작문, 글 쓰는 법

5. 참고문헌

구자황·문혜윤 편, 「해제 : 근대 작문 교재의 분기와 진화」, 『중등조선어작문』, 경진, 2011.

『초학시문필독(初學詩文必讀)』

서 명	『초학시문필독(初學時文必讀)』
저 자	이기형(李起馨)
형 태	15.1×21.8(cm), 95쪽
발 행	중앙인쇄소 1923년
소장처	서울대학교 중앙도서관

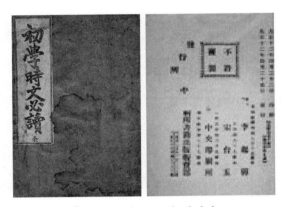

『초학시문필독』 표지, 판권지

1. 개요

『초학시문필독』은 학문을 처음으로 배울 때 반드시 읽어야 할 시문(時文)을 모아 발행한 교과용 도서이다. 대정(大正) 12년(1923) 4월 25일 중앙인쇄소서적출판판매부에서 발행되었다. 서문이 없고 목차와 본문과 판권지로 구성된 전체 95쪽의 책이다.

2. 저자

이기형(李起馨)에 대해서는 알려진 정보가 거의 없다. 1922년 경성(京城) 광문사(廣文社)에서 발간한 『중화민국인물지(中華民國維新人物誌)』(세로 18cm, 132쪽)의 저자가 '李起馨'으로 되어 있으나 동일한 인물인지는 알 수 없다.

3. 내용 및 구성

『초학시문필독(初學時文必讀)』은 학문을 처음으로 배우는 '초학'이 반드시 읽어야 할 그 시대의 글 곧, 시문(時文)을 모아 놓은 책이다. 1923년(대정 12년) 4월 25일 중앙인쇄소서적출판판매부에서 발행되었다. 서문이 없고 목차와 본문과 판권지로 구성된 전체 95쪽의 책이다. 서문은 없으나 책의 마지막 단원인 「여우인론문서(與友人論文書)」에서 책의 취지를 우회적으로 밝혀 놓았다.

弟가 학교에 在한 지가 今에 사년이라 장차 졸업이 되되 作文一道에 모름이 所得이 無하니 만일 겨우 교과서에다가만 用心하면 곳 意思는 有하나 詞意가 無하야 文機가 도리여 塞하고 당송제걸작에 至하야는 程度가 甚히 高하니 요컨딕 吾輩에 능히 讀할 바가 안니라 玆에 聞하니 某선생이 著한 初學時文必讀이 有하다 하야 弟가 열람하니 筆法이 流利하고 詞意가 淸新하야 茅塞이 頓開하고 文思가 爲하야 一進하니 兄은 맛당히 急히 買하고 失時치 말나 弟某는 拜라

학교에 4년을 다녀 장차 졸업이 임박했지만 작문의 방법을 모르니 만일 교과서에만 마음을 쓰면 생각은 있으나 문장이 없고 문기(文機)가 막히니 우리들이 능히 읽을 바가 아니다. 이에 들으니 모선생이 초학시문필독을 지었다고 하여 읽어보니 필법에 유리하고 사의가 청신하여 막힌 게 뚫리고 글을 짓기 위한 생각(文思)이 일진하니 급히 사서 읽으라는 내용이다. 이를테면 필법과 문사(글을 짓기 위한 생각)를 기르기 위한 의도로 지은 책이라는 것이다. 그런 관계로 전통적인 글쓰기 형식을 빌려 공자를 비롯한 동양의 성인들의 말을 인용하고 풀이하였다. 목차는 필자를 적지 않고 제목만을 나열한 총 102과 이다.

석천(釋天), 논일(論日), 논위인(論爲人), 원학(原學), 효행론(孝行論), 우애론(友愛論), 논수신(論修身), 택우론(擇友論), 입지론(立志論), 권학론(勸學論), 오조반포론(烏鳥反哺論), 논봉(論蜂), 육잠기(育蠶記), 설상(說桑), 설풍(說風), 논수화지공용(論水火之功用), 논기선기차지편리(論汽船汽車之便利), 설식물(說植物), 설동물(說動物), 지육론(智育論), 덕육론(德育論), 체육론(體育論), 유항론(有恒論), 인귀자립론(人貴自立論), 설옥(說玉), 박애론(博愛論), 합군론(合群論), 논민여국지관계(論民與國之關係), 공공물지불가훼상설(公共之物不可毁傷說), 열보설(閱報說), 논필여도지우열(論筆與刀之優劣), 논청결지유익(論淸潔之有益), 설미균(說黴菌), 설현미경(說顯微鏡), 설미신(說迷信), 설공덕(說功德), 계견유식수설(鷄犬有職守說), 논호표우마지구별(論虎豹牛馬之區別), 논빈부(論貧富), 진흥실업론(振興實業論), 통상론(通商論), 지승어부론(智勝於富論), 논독서지법(論讀書之法), 논사자지법(論寫字之法), 뇌근설(腦筋說), 논노동지유익(論勞動之有益), 설상림(說森林), 설죽(說竹), 설국(說菊), 설도(說稻), 설염(說鹽), 논절지공용(論鐵之功用), 석시신종(釋時辰鐘), 논광음의석(論光陰宜惜), 논일기(論日記), 유공원기(遊公園記), 관후희기(觀猴戲記), 인승설(引繩說), 연혁설(沿革說), 논사학(論史學), 논여학(論女學), 자유설(自由說), 원법(原法), 논박람회(論博覽會), 기적십자회지연기(記赤十字會之緣起), 작탄설(灼彈說), 설뇌전(說雷電), 설홍예(說虹蜺), 설혜성(說彗星), 설린(說燐), 일위제광지원설(日爲諸光之原說), 논등화지공용(論燈火之功用), 오색변(五色辯), 오관변(五官辯), 기성오성변(記性悟性辯), 설지주(說蜘蛛), 논교(論蛟), 설원(說猿), 설편복(說蝙蝠), 설경어(說鯨魚), 괴뢰설(傀儡說), 논모험(論冒險), 논조기지익(論早起之益), 경사론(敬事論), 계교긍설(戒驕矜說), 검박론(儉朴論), 안분설(安分說), 조수설(操守說), 적축론(積蓄論), 폐물이용설(廢物利用說), 영귀설(靈魂說), 점몽변(占夢辨), 경쟁설(競爭說), 유지사경성론(有志事竟成論), 권학(勸學), 호문설(好問說), 학생자습설(學生自習說), 이천하위이임론(以天下爲己任論), 애향론(愛鄕論), 설촌거지락(說村居之樂), 복용국화설(服用國貨說), 논유학지익(論遊學之益), 여우인론문서(與友人論文書)

서술의 구체적인 방식은 제목을 제시하고, 그 말을 국한문으로 설명하고, 한글로 그 뜻을 풀이하였

고, 마지막에 주석으로 주요 글자나 단어의 뜻을 풀이해 놓았다.

釋天
天爲空氣하니 凡地之外에 無所憑依者는 皆空氣也ㅣ오 亦皆天也ㅣ니 天固有形이오 而無質也ㅣ니라
하날은 空氣가 되니 무릇 쌍외에 의지한 바가 업는 것은 모다 空氣요 또한 모다 하날이니 하날은 진실로 形狀만 잇고 바탕은 업나니라
註釋 空氣 空氣는 不可見이오 人以手로 回面揮之면 則覺有風하니 風卽空氣也라 憑의지할빙 質바탕질

단원은 대부분 논(論)과 설(說)과 기(記)와 변(辯)인데, 논은 논설문이고, 설은 설명문, 기는 시간의 변화에 따른 어떤 현상의 기록이며, 변은 시비를 가려 참과 거짓을 판별하는 내용의 글이다.

'논(論)'의 대표적인 글은 논일(論日), 논위인(論爲人), 효행론(孝行論), 우애론(友愛論), 논수신(論修身) 등인데, 일과 위인과 효행과 우애, 수신을 논한 글이다. 논일(論日)은 사람이 다만 해가 동에서 나와서 서로 드러가는 줄만 알고 해가 정한 위치가 있음은 알지 못한다, 지구로 인하여 돌아가니 그럼으로 나오는 것이 되어야 보이고, 들어가는 것이 되어야 보이는 것이고, 해는 진실로 능히 스스로 출입하는 것이 되지 못한다는 내용으로, 지동설을 설명한다. 논위인(論爲人)은 스스로 사람된 도리를 배워야 할 것이라는 내용이고, 효행론(孝行論)은 효도로써 근본을 삼으라는 내용이며, 논수신(論修身)은 사람에게 도덕이 가장 중요하니 수신의 과정은 곧 도덕을 강론하는 것이라는 내용이며, 택우론(擇友論)은 공자의 말을 인용해서 자기만 못한 자는 벗하지 말라는 내용이다.

'설(說)'에는 설상(說桑), 설풍(說風), 설식물(說植物), 설동물(說動物) 등이 대표적인데, 설상은 뽕나무의 특성에 대한 설명이고, 설풍은 바람의 원리와 함께 바람과 공기는 둘이지만 기실 하나라는 설명이고 설식물(說植物)은 식물은 쌍자엽과 단자엽과 무자엽의 3대과로 나뉜다는 내용이며, 설동물(說動物)은 동물의 종류에 대한 설명이다. 설죽(說竹)은 죽은 성장 속도가 빠르고 죽순은 식료품이 된다는 내용이고, 설국(說菊)은 국화는 백 가지 꽃 가운데 가장 고상한 자로, 옛사람이 은사라고 했다는 내용이며, 설도(說稻)는 벼를 만드는 신고, 농가의 신고를 알아야 한다는 내용이고, 설염(說鹽)은 소금은 식물을 조화하는 긴요품으로 인생에 가히 하로도 없지 못할 것이라는 내용이며, 논철지공용(論鐵之功用)은 농기와 병기와 기타 기명 제구가 쇠로써 만들어진다는 내용을 설명한 글이다.

'기'로는 육잠기(育蠶記), 관후희기(觀猴戱記), 기적십자회지연기(記赤十字會之緣起)가 대표적이다. 육잠기는 누예는 처음에는 애벌레(蚝)로 나왔다가 그 형상이 개미와 같고 좀 자라서는 껍질을 벗어야 비로소 누예 형상을 이루고, 한번 자고 두 번 자고 해서 사면(四眠)에 이르면 누예가 늙어서 실을 토하여 고치를 만들고 번데기가 되니 만일 열흘 안에 고치를 켜지 않으면 번데기가 불나뷔가 되어 나온다는 내용이다. 유공원기(遊公園記)는 친구와 함께 공원에 가서 노는데, 문에 들어가니 방초는 일제히 푸르고 푸른 버들은 느러져 있고 조그만 산을 올라 둘러보니 일망무제 하여 눈이 상쾌하고, 누대와 연못과 정자와 행각 가는데 이르니 둥글게 둘이고 굽게 꺽김이 붓으로 다 기록하기 어려워 귀가하여 그 빼어난 경관을 취하여 기록한다는 내용이다. 관후희기(觀猴戱記) 일요일에 교외에 나갔다가 사람들이 둘러서 구경하는 원숭이노름을 보았다. 원숭이가 사람의 옷을 입고 대칼을 가젓스며 양을 타서 말을 삼고 진으로 드러가는 형상을 하니 중인이 보고 깃버하야 돈을 주었다는 내용이다. 기적십자회지연기(記赤十字

會之緣起)는 적십자회를 만들게 된 연유와 적십자회의 역할을 기록한 글이다.

　'변(辯)'으로는, 오색변(五色辯), 오관변(五官辨), 기성오성변(記性悟性辯)이 대표적이다. 오색변은 빛이 세 가지 원류로 나뉘니 홍남황(紅藍黃)이 이것이요 그 나머지 모든 빛은 모두 이 삼원류로 말미암아 서로 배합하야 된 것이라는 것을 말한 뒤, 거기에 흑과 백을 합해서 오색이라고 한다는 내용이다. 오관변(五官辨)은 이목구비심을 일으되 오관이라 함은 그 능히 깨닫는 것을 맛튼으로써인데, 곧 귀는 소리를, 눈은 빛을, 코는 맛을, 입은 맛을 깨닫는 것이니, 이 네가지에 심(염통)은 피를 맞은 집이 되니 이를 합해서 오관이라는 내용이다. 기성오성변(記性悟性辯)은 사람이 기억하는 성이 있고 깨닫는 성이 있으니 기억성은 작은 뇌에 매이고 깨닫는 성은 큰 뇌에 매여서 작은 뇌가 큰 뇌보다 넉넉한 자는 사람이 도로혀 어리석고 큰 뇌가 작은 뇌보담 넉넉한 자는 사람이 반다시 지혜로운지라 우리 동쪽 사람들은 어찌 가히 기억하여 외우는 것만 일삼느냐는 내용이다.

4. 핵심어

초학시문필독, 논(論), 설(說), 기(記), 변(辯)

『현대조선문예독본(現代朝鮮文藝讀本)』

서 명	『현대 조선문예독본(現代朝鮮文藝讀本)』
저 자	정열모(鄭烈模), 1895~1968.
형 태	180쪽, 21.8×14.6(cm), 선장본(線裝本), 국한문혼용
발 행	수방각(殊芳閣), 1929.4
소장처	국립중앙도서관

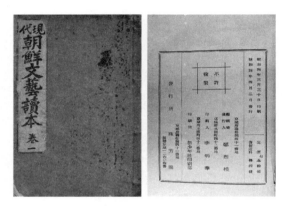

『현대조선문예독본』 표지, 판권지

1. 개요

『현대 조선문예독본』은 '수방각'에서 1929년 4월 2일에 초판 발행되었다. 학생들의 독서력을 향상 시키기 위해 편찬된 책으로, 동요에서 동화와 희곡, 설명문과 위인전기 등 다양한 장르의 글을 수록하 였다.

2. 저자

정열모는 호는 백수(白水), 필명으로 취몽(醉夢), 취몽생(醉夢生), 살별 등을 사용하였다. 충북 보은군 회북면 중앙리에서 태어났다. 회인보통학교와 경성고등보통학교를 졸업하였다. 경성고보 재학 중 주 시경의 조선어강습원 중등과와 고등과를 수료하고, 1921년 3월부터 1925년 3월까지 4년간 와세다대 학(早稲田大學) 고등사범부 국한문과에서 수학하였다. 귀국 후 조선어학회에 가입하여 한글맞춤법통 일안, 표준어 사용, 외래어 표기 등을 연구하였다. 대종교 항일 비밀결사체인 귀일당을 이홍수, 안호상, 이극로, 이세정 등과 함께 주도하였다. 김천 고등보통학교 교장을 역임하고, 1942년 10월 조선어학회 사건으로 최현배, 이희승, 이극로, 이윤재 등과 함께 검거되어 함흥형무소에서 3년간 복역하였다. 1946년 국학전문학교 학교장, 한글문화사 대표 및 숙명여대 초대 문과대학장을 역임하였다. 1949년 6월 홍익 대학 학장에 취임하였으나, 소위 홍대프락치 사건이 일어나자 사임하였다. 6.25전쟁 중에 월북하여 김일성대학 교수, 사회과학원 원장, 조국평화통일 상임위원 등을 역임하였고, 1967년 평양에서 사망하였다. 저서로는 『동시작법』, 『현대조선문예독본』, 『신편고등문법』, 『초급국어문법독본』, 『고급국어문법독본』 등이 있다.

3. 내용 및 구성

『현대조선문예독본 권일』은 '수방각'에서 1929년 4월 2일에 초판 발행되었다. 서문으로 '범례(凡例)'가 제시되고, 이어 목차와 본문, 판권지가 첨부된 180쪽 분량의 책이다. 판권지에는 '소화4년 3월 30일 인쇄' '소화4년 4월 2일 발행', '편집 겸 발행인 정열모', '발행소 수방각' 등이 명기되어 있다. 책의 첫 쪽에는 "소년기에서 청춘기로 올마가는 모든 절믄이와 밋 그네를 자녀로 거나리느신 만천하 부형에게 드리는 맘의 선물"이라는 구절이 실려 있다. 「범례」에서 정열모는 "본서는 모든 고등정도학교 생도의 자학자습으로 인한 독서력을 양성하기 위하야 평이한 문자로 된 취미기사(記事)를 만히 취하되, 재료는 될 수 있는 데까지 다방면에서 구하엿노라."고 하여 편찬 의도가 독서력 향상에 있음을 밝혔다. 학년에 따라 내용을 달리해서 제1권에서는 '동심'을, 제2권에서는 '자연감상'을, 제3권에서는 '인문'을, 제4, 5권에서는 '문예'와 '사상'을 중심으로 편찬될 예정이라고 기획 의도를 밝혔지만 실제로 간행된 것은 1권뿐이고, 해방 후인 1946년 6월에 『한글문예독본 담권』이 간행되었다. 그리고, "본서의 철자법에는 가장 심신(審愼)한 용의(用意)를 하엿노라"고 해서, 철자법에 매우 유의하였다는 것, 그렇지만 "아즉 빈약한 우리 출판계에 잇서서는 여러 가지 불비가 만코 쏘 시속이 조선어의 새철자법을 이해하지 못하는 혐의(嫌疑)가 잇스므로 불철저하나마 관용에 다소 정리를 가하엿노라."고 밝혔다.

『현대조선문예독본』의 목차는 '1, 입학', '2, 편지', '3, 작은배'에서부터 '37, 물나라의 배판', '38, 물결에 피는 꽃', '39, 수중대처'까지 모두 39개 단원으로 되어 있다. 전체 단원 중에서 현대시, 신체시, 시조 등 운문은 7개이고, 동화와 소년소설 등 서사문은 13개, 희곡은 1개, 수필과 위인전이 14개, 설명문이 4개이다. '현대조선문예독본'이라고 했지만, 문예에 국한하지 않고 다양한 장르의 글을 수록하였다. 필자로는 김상암(「작은배」), 주요한(「빗소리」), 김동명(「명상의 노래」), 방정환(「난파선」), 시조의 길재, 원천석, 정몽주, 이황, 박팽년, 정태연(「물방아」), 권덕규(「방타 이야기」), 고한승(「해와 달」), 양봉래(「만물초」), 이광수(「물나라의 비판」) 등이고, 「제비」 「잡초」 「입지」 등 25개 단원은 표기되어 있지 않다. 글의 말미에 글의 출처를 밝혔는데, 「작은배」는 『조선문단』, 「빗소리」는 『아름다운 새벽』(주요한 시집), 「난파선」은 『사랑의 선물』(방정환이 번역·편찬한 세계명작동화집) 등 6개는 조선의 잡지나 작품집이고, 13개 단원은 '오가와', '소-마', '사마사키', '오카', '아쿠다가와', '히로쓰' '소진관', '하큐슈' '요시에' '오호루이' 등 일본의 작가들이며, 출전을 밝히지 않은 「참마항」, 「컬럼버스」, 「정몽주」, 「박연」, 「서경덕」은 최남선의 『시문독본』에서 그대로 옮겨 놓았다.

『현대조선문예독본』에는 중학교에 입학하는 이남(二男)의 편지글에서부터 기행문, 동화, 위인전, 희곡 등 다양한 장르의 글이 수록되어 있다. 첫 과 「입학」은 합격통지서를 받은 학생의 감회와 함께 입학식에서 "장래 사회의 중견이 되오 국가를 흥용케 할 책임을 질머진 국민"이 되어야 한다는 훈시를 듣고 결의를 다지는 내용이다. 「편지」의 "ㄱ, 입학 후 모교 선생님에게"는 입학 후 모교 선생님에게 감사하는 맘을 전하고 친구 김대성 군의 안부를 묻는 내용이고, "ㄴ, 입학치하"는 선생님이 입학을 치하하고, 김대성이 집안 사정으로 진학하지 못하고 상점의 점원이 되었다는 소식과 함께 장래 무슨 일을 하더라도 훌륭한 조선사람이 되어야 한다는 당부가 언급된다. 곧, "조선은 아프로 세계 각국의 문명을 흡수하여

한 새로운 문명을 건설하여야 합니다. 이거슨 조선사회의 중대한 책임인 동시에 또 유쾌한 사업일 거시외다. 훌륭한 조선사람은 사회를 위하여, 이 사업의 일부를 써마터야 합니다." 3과인 「작은배」에서는 "큰 배 하나 / 작은 배를 달고 간다"는 내용의 김상암의 시가 제시되고, 4과 「제비」에서는 봄이 오자 남쪽 나라에서 돌아온 제비가 옛집의 문이 걸려 있고 다정하게 자기를 살펴주던 아이가 사라지고 없는 것을 확인하고는 옛집을 버리고 어디론지 날아갔다는 내용이다. 5과 「빗소리」는 주요한의 "비가 옵니다 / 쓸우에 창박게 지붕에 / 남 모를 깁븐 소식을 / 나의 가슴에 전하는 비가 옵니다/"라는 내용의 시가 소개된다.

『현대조선문예독본』에서 많은 비중을 차지하는 것은 우리나라의 옛 인물들이다. 8과 「참마항」에서는 신라의 명장이자 삼국을 통일한 김유신의 젊은 시절의 일화가 소개되고, 23과 「정몽주」에서는 "몸과 목숨을 마쳐 고려조의 마즈막 비치(빛)"된 정몽주의 충절이 소개되며, 30과 「서경덕」은 서경덕의 어린 시절의 일화가 제시된다. 22과 「회고」와 23과 「정몽주」에는 옛 인물에 대한 그리움과 임금을 향한 충절의 시조가 제시된다. "오백년 도읍지를 필마로 도라드니 / 산천은 의구커늘 인걸은 어대간고 / 어즈버 태평연월이 꿈이런가 하노라."(길재), "흥망이 유수하니 만월대도 추초로다 / 오백년 왕업이 목적에 부쳣스니 / 석양에 지나는 손이 눈물겨워 하노라"(원천석), 그리고 정몽주의 "이몸이 죽어죽어 일백번 고쳐 죽어 / 백골이 진토되어 넋시라도 잇고없고 / 님향한 일편단심이야 가실줄이 잇스랴"와 이황과 박팽년의 임에 대한 충절의 시조와 함께 "천하사를 양견(兩肩)에 담착(擔着)"하고 산 정몽주가 찬양된다. 뒤이어 이황의 "청산은 엇지하여 만고에 푸르르며, 유수는 엇지하여 주야에 긋지아넛는고, 우리도 긋지지 말아 만고 상청하리라."라는 시조가 제시된다.

이런 내용들에 비추자면 『현대조선문예독본』은 문학 작품을 통해서 옛 성현과 왕조에 대한 그리움과 충절을 기리고 환기하려는 의도를 갖는 것을 알 수 있다. 「만월대의 딸기」에서는 그런 의도가 동화처럼 서술된다. 화자는 만월대가 무엇인지 모르는 학생들에게 "개성에 잇는 옛날 고려나라의 대궐터"이고, 그것을 알기 위해서 "개성의 지리와 고려의 역사"를 알아야 한다고 말하면서 만월대는 '고려의 첫님검 왕건 태조가 이곳에 굉장하고 찬란한 대궐을 지은 후 공양왕까지 무릇 삼십사대, 사백칠십년동안 영화를 극한 자리'라는 것을 말한다. 지금은 잡초로 우거진 것을 안타까워하면서 그곳에 널려 있는 딸기를 따먹는 동화같은 장면을 연출한다. "나는 멀리멀리 이곳에 와서 우리 할아버지들의 사시던 터에서 딸기 싼 것을 한업는 영광으로 안다. 우리 할아버지들의 영혼이 지금까지 이곳에 게시다면 이 어린 손자가 멀리멀리 남쪽나라에서 와서 당신들 사시던 터에 아장아장 거러다니며 당신네들의 생전에 당신네들 몸에 빙빙 돌던 산피빗가튼 딸기를 싸고 먹고 하는 나를 보시고, 사랑스러운 맘에 당신네들 품속에 담속(담뿍) 안어주고도 시펏슬는지 누가 알겟느냐?" 어린 소년이 되어 조상들의 영혼이 깃든 만월대에서 딸기를 따먹고 어리냥을 부려보고 싶다는 심정은 조국에 대한 그리움과 회한으로 이해할 수 있다. 그런 심리에서 "산천은 의구커늘 인걸은 어대간고", "님향한 일편단심이야 변할줄이 잇스랴", "남은 다 자는 밤에 내 어이 홀로 쌔어, 옥장 기픈곳에 잠든 님을 생각는고"라는 시조를 삽입한 것이 아닐까.

『현대조선문예독본』에서 다음으로 많은 비중을 차지하는 것은 외국 동화와 위인에 대한 글이다. 「컬럼버스」는 컬럼버스가 여러 고난 끝에 "초지(初志)를 고치지 아니하고 용기가 꺽기지 아니하야 죽도록 줄곳 활동"하여 신대륙을 발견했다는 내용이다. 「난파선」은 영국 리버풀에서 200명을 태운 배가 폭풍으로 난파하자 선장은 "나는 내 직무에 죽을 터이다"라고 하면서 선원들을 구명정으로 보내고 자신은 배에 남고, 주인공인 12살짜리 이태리 소년은 자신은 가족이 없기 때문에 배에 남아도 된다는 생각에서, 많은 가족이 기다리는 동갑의 소녀를 구명보트에 태워 보내고 자신은 침몰하는 배에 남는다는 이야기이다. 「애국소년」은 앞의 글과 연결되는 내용으로 11살 된 이탈리아 소년이 요술꾼에게 팔려 프랑스와 스페인 등지를 순회 흥행하다가 가혹한 대우를 견디지 못하고 자국 영사관의 도움으로 귀국하는 과정에서, 다른 승객의 동정을 받아서 많은 돈을 얻었지만 승객들이 이탈리아를 흉보는 소리를 듣고는 돈을 내친다는 이야기로, "암만 곤궁해 쌔저도 우리나라 흉보는 놈들의 돈은 엽전 샐닙도 밧기 실타"는 내용이다. 「신실한 고직이」는 러시아 농부의 일화를 통해서 "만흔 돈을 가지고도 유용하게 쓸 줄 모르는 사람"을 비판하는 내용이고, 「너의 모」는 전쟁 중에 죽인 적의 시체에서 어머니의 사진을 발견하고 그 어머니에게 사죄의 편지를 쓴다는 내용이다. 곧, 내가 당신의 아들을 죽인 것은 전쟁이라는 잔인무도한 악마가 시킨 짓이라는 것. 이에 그 편지를 받은 적군의 어머니가 편지를 읽고 자식이 다시 살아나 편지를 보낸 듯하다는 소회를 말한 뒤 "죽이거나 죽는 것이 각각 국가를 위함이오 개인끼리는 아모 원염도 업는 것입니다. 다 같은 하나님의 아들로서 서로 참된 사랑을 주고 밧고 하는 까달깁니다."라고 말하고, 전쟁이 끝나고 평화가 오면 우리집으로 당신을 초대해서 가족처럼 지내고 싶다는 내용이다. 「방타이야기」는 <흥부전>과 <혹부리 노인>을 결합한 내용이다. 아우는 엄청난 부자이지만 인색하고 욕심이 많은 인물이고, 형은 착하고 욕심이 없는 인물이다. 형은 파랑새를 따라 산속으로 갔다가 도깨비를 만나서 요술방망이를 얻는다. 형은 그 소문을 듣고 동생을 따라 하지만 도깨비에게 잡혀 방망이를 훔쳐 간 것으로 오해를 받아 코끼리처럼 코가 튀어나온다는 내용이다. 「아미산의 전설」은 어머니로부터 들은 아미산의 전설 이야기. 역사(力士)인 남매가 목숨을 걸고 힘자랑을 하다가 목을 베는 내기를 시작하자, 어머니는 "두 자식을 나라니(나란히) 키우지 못할진대 차라리 딸자식을 주겨버리자"는 결심에서 누이를 방해하고, 마침내 아들이 이겨서 누이를 죽인다. 어머니가 누이를 방해한 사실을 말하자 아들은 "어머니가 저를 속엿습니다. 올치 아니한 生은 정당한 死만 못합니다"라고 말한 뒤 칼을 던지고 가슴을 쳐서 죽고, 이에 어머니는 미쳐서 주변을 배회한다는 이야기이다.

『현대조선문예독본』은 이와 같이 다양한 내용과 장르의 글을 통해서 학생들의 독서력 향상을 도모하였다. 정열모가 '문예'라는 말을 앞세운 것은 '문법가는 말의 형식을 살피지만 문예가는 말에다 생명을 불어넣는 존재'라고 믿었기 때문이다. 그런 취지에서 문예뿐만 아니라 위인전과 설명문 등 다양한 양식의 글을 수록하였고, 그것을 통해 독서력 향상뿐만 아니라 옛 왕조에 대한 그리움과 충절을 환기하고 궁극적으로 조국을 회복해야 한다는 생각을 설파한 것으로 보인다.

4. 핵심어

현대조선문예독본, 정열모, 수방각, 김상암, 주요한, 김동명, 방정환, 길재, 원천석, 정몽주, 이황, 박팽년, 고한승, 이광수

5. 참고문헌

류덕제, 「최초의 동요 창작 지침서, 정열모의 『동요작법』」, 『근대서지』, 근대서지학회, 2016.6.

최기영, 「백수 정열모의 생애와 어문민족주의」, 『한국근현대사연구』 25, 한국근현대사학회, 2003.

정기호, 『정렬모 말본 연구』, 육일문화사, 2001.

유목상, 『얼음장 밑에서도 물은 흘러』, 한글학회, 1993.

정열모, 「이날을 긔렴하여 – 조선어독본 결덤과 다행한 소식」, <조선일보>, 1927.10.24.

『현대청년수양독본(現代靑年修養讀本)』

서 명 『현대청년수양독본(現代靑年修養讀本)』
저 자 박준표(朴埈杓), 필명 哲魂, 생몰년도 미상.
형 태 확인불가
발 행 영창서관(永昌書館), 1923년.
소장처 국립중앙도서관

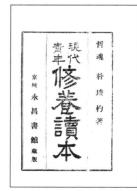

『현대청년수양독본』 속표지, 판권지

1. 개요

『현대청년수양독본』은 1923년 8월 21일 영창서관에서 발행되었다. 이 책은 제1편 수양론, 제2편 사상론으로 구성되어 있으며 각각 25장씩 총 50장으로 이루어진 324쪽 분량의 저작이다. 수양론은 개인의 노력과 교양 등의 주제를, 사상론은 교육, 문화, 희생 등의 주제를 다루고 있다.

2. 저자

박준표는 딱지본 대중소설 작가이다. 1924년 무렵부터 반도소년회, 신진소년회를 조직하고 『반도소년』, 『선명』과 같은 소년소녀잡지를 발행하였다. 1926년 3월에는 정홍교, 고장환, 이원규, 문병찬 등과 함께 경성 소년지도자 연합회인 '오월회' 집행위원으로 선출된 바 있다. 또한 그는 소년소녀잡지 간행 및 아동문학 작품의 번역 및 창작 이외에도 다양한 실용서적을 저술하였다. 현재 박철혼이 저술한 것으로 확인된 실용서는 『(실지응용) 연설방법』(광한서림, 1923), 『과외독본』(고금서해 · 봉문관, 1923), 『(실지응용) 최신일선척독』(영창서관, 1923), 『삼대수양론』(태화서관, 1923), 『십분간연설집』(박문서관 · 신구서림, 1925), 『신식양잠및양봉법』(박문서관, 1927), 『문예개론』(문창서관, 1927), 『농촌청년의 활로』(삼광서림, 1929), 『무산대중의 문화적 사명』(박문서관, 1930) 등이다.

3. 내용 및 구성

독본이란 편찬자가 모범이나 정수가 될 만하다고 여기는 글을 묶어 놓은 책이다. 식민지 시기 독본은 대체로 국어(일어), 조선어, 문학, 문예 장르로 구별되었으며 교과서로서의 위상을 지녔다. 그러나이 외에도 노동자를 위한 『노동독본』(1928), 농민을 위한 『농민독본』(1930), 일반인을 위한 『대중독본』(1931) 등 정규교육 바깥에서 활용된 여러 종류의 독본이 존재했다. 1920년대 이후 등장한 청년을위한 독본으로는 강하형(1922)의 『(20세기)청년독본』, 편집부(1925)의 『(청년)수양신독본』, 정도영(1929)의 『신시대처세독본』 등이 있다.

구자황(2010)은 이 시기 청년독본의 특징을 세 가지 지적한다. 첫째, 다양한 형태와 판본에도 불구하고 유사한 체재와 비슷한 내용을 띤다. 청년의 입지, 처세, 생활, 이상, 사업 등 실용적 매뉴얼이 대부분이다. 둘째, 청년을 위한 자기계발의 논리는 지식에서 출발하여 인격과 내면 그리고 수양을 거쳐 결국처세와 성공을 강조하는 패턴을 띤다. 이는 고립된 개인의 내면과 관념적 수양을 강조하는 데에 머문다. 셋째, 청년독본이 강조하는 수양론의 온정주의화이다. 수양론의 원천인 사무엘 스마일스(Samuel Smiles, 1859)의 '자조론'은 일상생활에서 출발해 정치적·사회적 변혁을 위한 에토스를 형성한다는의미를 지녔으나 수양론으로 변질되면서 그 의미를 잃고 일제의 보호와 지도에 의거한 온정주의로 대체되었다.

구자황(2008)은 1920년대 독본문화가 발달한 이유로 일제의 식민지 동화정책을 꼽는다. 일제가 동화정책을 추진하는 과정에서 필요한 교육적 수단이 독본으로 표현되었다는 것이다. 제2차 교육령(1922.2.4) 시행은 그 핵심으로서, 학교와 교과서 판매망을 확대하고 일본어 교육을 제도권 교육으로정착시킨다. 어문민족주의 언어관 하에서 조선어 교육을 통어하는 전략을 구사한 것이다. 이른바 '충량한 신민'의 양성에서 '순량한 신민'의 양성으로의 전환, 곧 기본적인 문식력의 보급이 이때부터 주가된다.

이러한 시대적 맥락 위에서 1923년 간행된 박준표의 『현대청년수양독본』은 1920년대 초에 활발히전개된 청년운동을 뒷받침한 수양론을 담고 있다. 당시는 신풍, 김제, 익산, 강계, 나주 등 여러 지역에서 청년 중심의 수양회가 조직되었다. 이들은 자수(自修)와 자양(自養)을 중심에 둔 수양론을 강조하였다. 1926년 도산을 중심으로 조직된 수양동우회, 조선청년회연합기성회, 불교청년회, 기독교청년회, 수양청년회 등이 대표적이며 70여 개가 넘는 단체가 있었다. 박준표의 『독본』에 앞서 발간된 것이 강하형(1922)의 『20세기 청년독본』인데 '일명 수양론(一名修養論)'이라는 부제가 달려 있다. 이 책은 청년의 이상과 목표, 처세와 생활, 책임과 자각, 수양의 방법, 청년의 도덕과 행로와 같은 주제들로 구성되어 있으며 개인과 자아의 수양을 강조한다.

박준표의 『독본』은 강하형과 같은 계열의 청년독본이다. 허재영(2016)에 따르면 박준표의 『독본』은당시의 시대사조나 사상운동과 좀 더 긴밀한 관련을 맺고 있다는 점에서 강하형의 그것과 차이를 보인다. 이 책은 최문하(崔文夏)의 서문, 범례, 자서, 제1편 수양론, 제2편 사상론으로 구성되어 있다. 제1편수양론은 청년, 수양, 가정, 교훈, 습관, 자각, 생활1, 생활2, 천직, 인격, 면학, 학생, 노력, 운명, 재물, 성공, 학문, 직업, 향상, 책임, 행로, 문명, 역사1, 역사2, 문학 등 총 25장으로 구성되어 있다. 제2편 사상론은 시대, 교육, 문화, 희생, 개조, 사회, 노동, 종교, 경제, 봉사, 사상, 평등, 인성, 동권, 주의, 의식, 예술, 위기, 오류, 사조, 심미, 민족, 자유, 해방, 인생 등 총 25장으로 구성되어 있다.

서술방식은 주로 번호를 매겨 주장을 간명하게 내세우고 이를 길게 부연하는 방식을 취하고 있다.

예를 들어, 제2편 사상론의 「교육」 장에서는 "1. 타락된 우리 사회를 멸망에서 구원할 근본방책은 교육을 진흥함에 있다. 2. 시대에 순응할 교육은 적어도 정의인도의 관념이 강한 박애심이 많은 자발적 인물을 양성하라. 3. 신지식을 흡수하는 동시대에 시대사조의 추이를 명확히 관찰하여야 한다." 「문화」 장에서는 "1. 사회문화의 향상발전을 위하여 전력을 들여 공헌하리라는 신념을 이제부터 미리 정하라. 2. 신종교사상이라 함은 뇌평부동(牢乎不動)의 생명에 종교의 사실을 가리키는 것이다. 3. 신문화창조의 도정은 신종교사상에 신뢰하여 가는 도정이다." 「희생」 장에서는 "1. 정의의미 있는 생활을 요구하는 것에 희생하라. 2. 시대의 고민은 가장 진실한 청년남녀에게만 이해되며 심각하게 뉘우쳐 한탄하고 번뇌하게 된다. 3. 자유와 정열이 충만한 생활의 영원미에 투철코저 희생하라"라고 서술한다. 수양론 서적답게 실용적인 내용의 소개보다는 내면의 개조를 강조하는 특징을 보여준다.

수양과 사상을 강조하는 당시 독본들은 근대 계몽 이후 편찬된 교과용 도서인 독본과 시문독본(時文讀本)과 차이를 보인다. 교과용 독본과 시문독본은 학교교육과 사회교육용 교과서인 반면 청년독본은 청년의 도덕, 실천 의지 및 사회 지도자로서의 책임감을 강조한다. 청년의 자기 개조야말로 수양의 목표였으며 이를 바탕으로 사회에 봉사하는 확장된 사회교육서로서 독본들을 평가할 수 있다. 당시 독본들이 청년의 자기 개조에 강조점을 두고 있다는 사실은 곧바로 그 한계가 된다. 1920년대 초 벌어진 일련의 청년운동은 1920년 창간된 『동아일보』와 『개벽』 등을 중심으로 사상운동, 문화운동, 민족운동을 벌였으며 이는 식민지 현실에 대한 정치적·사상적 저항을 지향했다. 반면 대체로 연설조의 내용을 담고 있었던 청년독본들은 식민지 상황에 대한 비판에 둔감했다고 볼 수 있다.

4. 핵심어

청년, 수양, 자각, 문명, 개조, 사상, 민족

5. 참고문헌

구자황, 「근대 독본문화사 연구 서설」, 『한민족어문학』 53, 2008.
구자황, 「근대 독본의 성격과 위상(3): 1930년대 독본의 교섭과 전변을 중심으로」, 『반교어문연구』 29, 2010.
배정상, 「딱지본 대중소설의 작가 철혼 박준표 연구」, 『대동문화연구』 107, 2019.
허재영, 「1920년대 초 청년운동과 청년독본의 의의」, 『어문론집』 68, 2016.

5

해제 대상 교과서 목록

해제 대상 교과서

시 기	발간 주체	발 행 처		종 수
개화기 (1895~1910)	관찬 독본	대한제국 학부		25
	사찬 독본	민간단체·개인		69
일제강점기 (1910~1945)	관찬 독본	조선총독부 (일본문부성)	조선어과	15
			국어과(일본어)	15
			수신, 지리, 역사과	19
	사찬 독본	민간단체·개인		13
합 계				156

① 개화기 관찬 독본

도서명	편저자	발행권자	출판사	발행년도
사민필지	헐버트			1889
국민소학독본	학부편집국	학부		1895
소학만국지지	학부편집국	학부		1895
유몽휘편	학부편집국	학부		1895
소학독본	학부편집국	학부		1895
조선역대사략	학부편집국	학부		1895
조선역사	학부편집국	학부		1895
조선지지	학부편집국	학부		1895
숙혜기략	학부편집국	–		1895
조선약사 십과	학부편집국	학부		1895
만국약사	학부편집국	학부		1896
신정심상소학	학부편집국	학부		1896
국문정리	리봉운	학부	국문국	1897
지구약론	학부편집국	–		1897
동국역대사략	학부편집국	학부		1899
보통교과 동국역사	현채	학부		1899
서례수지 / 셔례슈지	존 프라이어(傅蘭雅)	학부		1902
중등만국지지	矢津昌永 撰 주영환·노재연(역)	학부		1902
보통학교학도용수신서	학부편집국	학부	동경 삼성당서점 인쇄	1907
보통학교학도용국어독본	학부	학부	한국정부인쇄국 인쇄	1907
한문독본	학부	학부		1907
보통학교학도용한문독본	학부	학부		1907
국어독본	학부	학부		1907
보통학교학도용일어독본	학부	학부	대창서점 인쇄	1907
한국지리교과서	학부편집국	학부		1910

도서명	편저자	발행권자	출판사	발행년도
여재촬요	오횡묵	학부		1894
대한지지	현채	광문사		1899
역사집략	김택영	-		1905
만국사기	현채	-	김상만책사	1905
만국사기 속편	현채	-	김상만책사	
대동역사	정교			1905
정선만국사	김상연	-	황성신문사	1906
초등소학	대한국민교육회	김상만 외	경성일보사	1906
초학디지(初學地誌)	엘리자베스 밀러	대한예수교서회		1906
윤리학교과서	신해영	보성중학교	보성관	1906
신정동국역사	원영의, 유근	휘문관		1906
월남망국사	현채	보성관		1906
중등교과동국사략	현채	보성관		1906
중등수신교과서	휘문의숙	휘문의숙	휘문관	1906
초등소학	보성관	보성관	-	1906
고등소학독본	휘문의숙편집부	휘문의숙	휘문의숙인쇄부	1906
신정중등만국신지지	김홍경	광학서관		1907
초등윤리학교과서	안종화	김상만	광학서포	1907
초등대한지지	안종화, 유근	김상만	광학서포	1907
대한신지지	장지연	휘문관		1907
신찬외국지지	진희성	광학서포		1907
동서양역사	현채	보성관		1907
신편대한지리	김건중	보성관		1907
유년필독	현채	현채	휘문관	1907
유년필독 석의	현채	현채	일한도서인쇄주식회사	1907
몽학한문초계	원영의	보성관	중앙서관	1907
고등소학수신서	휘문관	휘문의숙 편집국	휘문관	1907
부유독습	강화석	이준구	황성신문사	1908
대한지지교과서(고등소학대한지지)	대동서관	대동서관		1908
문답대한신지지	박문서관편집부	노익형		1908
초등작문법	원영의	이종정 임원상	-	1908
초등소학수신서	유근	김상만	광학서포	1908
초등본국역사	유근	김상만	광학서포	1908
노동야학독본	유길준	유길준	경성일보사	1908
보통교과대동역사략	유성준	박학서관		1908

도서명	편저자	발행권자	출판사	발행년도
동양사교과서	유옥겸	유옥겸	우문관	1908
동몽수신서	이덕무, 이풍호	우문관		1908
초등여학독본	이원긍	변형중	보문사	1908
녀ᄌ독본	장지연	김상만	광학서포	1908
최신초등소학	정인호	정인호	우문관	1908
초등대한역사	정인호	옥호서림	-	1908
보통교육국민의범	진희성	-	의진사	1908
대한문전(金)	최광옥	안악면학회	보성사	1908
국어철자첩경	한승곤	평양광명서관	경성우문관	1908
문장지남	최재학	-	휘문관	1908
초등국어어전	김희상	김희상	유일서관	1909
중등동양사	유승겸	유일서관		1909
녀ᄌ소학수신서	노병희	노익형	박문서관	1909
초등수신	박정동	-	동문사	1909
실지응용작문법	최재학	휘문관		1909
초등본국약사	박정동(흥사단)	김상천	동문관	1909
초등대동역사	박정동	김태옥	동문사	1909
유학자취	윤치호	-	-	1909
초등본국역사	안종화	안태영	광덕서관	1909
대한문전	유길준	융문관	동문관	1909
중등만국사	유승겸	남궁○	유일서관	1909
초목필지	정윤수	안태형	보문사	1909
최신초등대한지지	정인호	정인호	광덕서관	1909
최신고등대한지지	정인호			1909
신찬초등소학	이상익, 현채	현채	보성사	1909
초등수신교과서	안종화	-	광학서포	1910
초등대한지리	안종화		광덕서관	1910
신정중등만국지지	송헌석	남궁○	광동서국	1910
신찬초등역사	유근	안태영	광덕서관	1910
서양사교과서	유옥겸	유진태	광한서림	1910
국어문법	주시경	주시경	박문서관	1910
보통교과수신서	휘문관	-	휘문관	1910
몽학필독	최재학	-	-	-
보통교육한문신독본	이종하		광덕서관	1910

③ 일제강점기

■ 조선어과(조선어독본)

	교육령	도서명	편저자	발행권자	출판사	발행년도
초등교육	제1차 조선교육령	정정보통학교학도용 한문독본	조선총독부	조선총독부	총무국인쇄소	1911
		정정보통학교학도용 조선어독본	조선총독부	조선총독부	총무국인쇄소	1914~1915
		보통학교 조선어급한문독본	조선총독부	조선총독부	총무국인쇄소	1916
	제2차 조선교육령	보통학교 조선어독본	조선총독부	조선총독부	조선서적인쇄 주식회사	1923~1924
		보통학교 고등과 조선어독본	조선총독부	조선총독부	조선서적인쇄 주식회사	1925
		보통학교 조선어독본	조선총독부	조선총독부	조선서적인쇄 주식회사	1930
		조선어독본	조선총독부	조선총독부	조선서적인쇄 주식회사	1937
	제3차 조선교육령	초등조선어독본	조선총독부	조선총독부	조선서적인쇄 주식회사	1939
		간이학교용 초등조선어독본	조선총독부	조선총독부	조선서적인쇄 주식회사	1939
중등교육	제2차 조선교육령	중등교육 조선어급한문독본	조선총독부	조선총독부	조선서적인쇄 주식회사	1933
		중등교육 여자조선어독본	조선총독부	조선총독부	조선서적인쇄 주식회사	1936~1937
	제1차 조선교육령	고등 조선어급한문독본	조선총독부	조선총독부	총무국인쇄소	1913
		고본 고등 조선어급한문독본	조선총독부	조선총독부	총무국인쇄소	1913
	제2차 조선교육령	신편 고등조선어급한문독본	조선총독부	조선총독부	조선서적인쇄 주식회사	1924
		여자고등조선어독본	조선총독부	조선총독부	조선서적인쇄 주식회사	1925

■ 일본어과(국어독본)

교육 단계	교육령	도서명	편저자	발행권자	출판사	발행년도
초등교육	제1차 조선교육령	정정 보통학교학도용 국어독본	조선총독부	조선총독부	조선총독부 인쇄국	1911
		보통학교 국어독본	조선총독부	조선총독부	총무국인쇄국	1912~1915
	제2차 조선교육령	보통학교 국어독본	조선총독부	조선총독부	주식회사 수영사	1923~1924
		보통학교 국어독본	조선총독부	조선총독부	조선서적인쇄 주식회사	1930~1935
		간이학교 국어독본	조선총독부	조선총독부	조선서적인쇄 주식회사	1935

	교육령	도서명	편저자	발행권자	출판사	발행년도
중등 교육	제3차 조선교육령	초등국어독본	조선총독부	조선총독부	조선서적인쇄 주식회사	1939~1941
	제4차 조선교육령	초등국어	조선총독부	조선총독부	조선서적인쇄 주식회사	1943
중등 교육	제2차 조선교육령	중등교육 국문독본	조선총독부	조선총독부	조선서적인쇄 주식회사	1930~1934
		여자고등국어독본	조선총독부	조선총독부	조선서적인쇄 주식회사	1920~1925
		고등국어독본	조선총독부	조선총독부	조선서적인쇄 주식회사	1922
		(신편)여자고등국어독본	조선총독부	조선총독부	조선서적인쇄 주식회사	1926
		(신편)고등국어독본	조선총독부	조선총독부	조선서적인쇄 주식회사	1924
	제3차 조선교육령	중등국어(여자용)	조선총독부	조선총독부	조선서적인쇄 주식회사	1938~1943
		중등국어(남자용)	조선총독부	조선총독부	조선서적인쇄 주식회사	1938~1943
	제4차 조선교육령	중등국어(실업학교용)	조선총독부	조선총독부	조선서적인쇄 주식회사	1943

■ 수신과

	교육령	도서명	편저자	발행권자	출판사	발행년도
초등 교육	제1차 조선교육령	정정보통학교학도용수신서	조선총독부	조선총독부	총무국인쇄소	1911
		보통학교수신서(생도용)	조선총독부	조선총독부	총무국인쇄소	1913~1915
	제2차 조선교육령	보통학교수신서(아동용)	조선총독부	조선총독부	조선서적인쇄 주식회사	1923~1924
		보통학교수신서	조선총독부	조선총독부	조선서적인쇄 주식회사	1937
		초등수신	조선총독부	조선총독부	조선서적인쇄 주식회사	1939
	제3차 조선교육령	요이코도모(1, 2학년) 초등수신(3-6학년)	조선총독부	조선총독부	조선서적인쇄 주식회사	1942
중등 교육	제1차 조선교육령	고등보통학교 수신교과서	조선총독부	조선총독부	조선서적인쇄 주식회사	1918~1922
	제2차 조선교육령	고등보통학교 수신서	조선총독부	조선총독부	조선서적인쇄 주식회사	1923~1924
		여자고등보통학교 수신서	조선총독부	조선총독부	총무국인쇄소	1925~1926
		중등교육 수신서	조선총독부	조선총독부	총무국인쇄소	1935~1943
	제3차 조선교육령	중등교육 수신서	조선총독부	조선총독부	조선서적인쇄 주식회사	1939~1940
		중등교육 여자수신서	조선총독부			1939~1940

■ 지리과

교육령		도서명	편저자	발행권자	출판사	발행년도
초등교육	제2차 조선교육령	심상소학지리서보충교재 아동용	조선총독부	조선총독부	철판인쇄주식회사	1920
		보통학교지리보충교재 아동용	조선총독부	조선총독부	조선서적인쇄주식회사	1923
	제4차 조선교육령	초등지리서	조선총독부	조선총독부	조선서적인쇄주식회사	1932~1933
		초등지리서(5, 6학년)	조선총독부	조선총독부	조선서적인쇄주식회사	1944

■ 역사과

교육령		도서명	편저자	발행권자	출판사	발행년도
초등교육	제2차 조선교육령	보통학교 국사	조선총독부	조선총독부	조선서적인쇄주식회사	1932~1933
	제3차 조선교육령	초등국사	조선총독부	조선총독부	조선서적인쇄주식회사	1937`1938
	제4차 조선교육령	초등국사	조선총독부	조선총독부	조선서적인쇄주식회사	1940~1941

■ 사찬 독본

도서명	편저자	발행권자	출판사	발행년도
실용작문법	이각종	-	박문서관	1912
문장체법	이종린	-	보성관	1913
시문독본	최남선	-	신문관	1918
실지응용작문대방	강의영	-	영창서관	1921
이십세기 청년독본	강하형	-	태화서관	1922
초학시문필독	이기형	-	중앙인쇄소	1923
현대청년수양독본	박준균	-	영창서관	1923
중등조선어작문	조한문교원회	이광종	창문사	1928
어린이독본	새벗사편	-	회동서관	1928
현대조선문예독본	정열모	-	수방각	1929
문예독본	이윤재	-	한성도서	1931
문장독본	이광수	-	대성서림	1937
조선문학독본	이광수 외	방응모	조광사	1938

근대 한국학 교과서 해제

초 판 인 쇄	2022년 06월 20일
초 판 발 행	2022년 06월 27일
편 자	성신여대 인문융합연구소
발 행 인	윤석현
발 행 처	제이앤씨
책 임 편 집	최인노
등 록 번 호	제7-220호
우 편 주 소	서울시 도봉구 우이천로 353 성주빌딩
대 표 전 화	02) 992 / 3253
전 송	02) 991 / 1285
전 자 우 편	jncbook@hanmail.net

ⓒ 성신여대 인문융합연구소, 2022 Printed in KOREA.

ISBN 979-11-5917-215-1 94370   정가 56,000원